W0083503

ISLAND

CHRISTINE SADLER | JENS WILLHARDT

Land & Leute

Gletscher und Vulkane, Elfen und Geächtete	12	Skifahren im Winter	27
Tipps zur Routenplanung	14	Tauchen	28
Aktivitäten	17	Vogelbeobachtung	28
Angeln	17	Wal- und Seehundbeobachtung	29
Fahrradfahren	18	Wander- und Trekkingparadies Island	30
Gletschertouren	19	Nach Grönland!	35
Golf	20	Das geologische Küken	38
Kajak	21	Flora und Fauna	63
Nordlicht-Beobachtung	22	Klima, Wetter, Reisezeit	72
Rafting	23	Kunst und Kultur	76
Reiten und Reiterferien	23	Geschichte und Politik	106
Rundflüge – Island aus der Vogelperspektive	25	Gesellschaft	135
Schwimmbäder und Hot Pots	26	Wirtschaft	147

Reisepraktisches

Anreise	158	Landkarten	188
Unterwegs in Island	162	Literaturtipps	189
Wissenswertes von A bis Z	172	Medien	192
Alkohol – der schwarze Tod	172	Naturschutz und Ökologie	193
Arbeiten in Island	173	Notfälle	195
Ausrüstung	173	Öffnungszeiten	195
Diplomatische Vertretungen	175	Post (Póstur)	196
Einkaufen/Souvenirs	175	Preise	196
Essen und Trinken	177	Reiseveranstalter für Gruppen- und Individualreisen	197
Feste, Feiertage und andere Ereignisse	183	Rollstuhlfahrer	199
Fotografieren	184	Sicherheit/Gefahren	199
Geld und Umtausch	185	Strom	199
Gesundheit/ Medizinische Versorgung	185	Telefonieren	199
Informationen im Internet	186	Übernachten	200
Mit Kindern auf Tour	188	Zeit	206
		Zoll und Einreise	206

Die Reiseziele

Reykjavík ___ 210

Halbinsel Reykjanes ___ 239

Keflavík und Njarðvík	241	Garður und Landspitze Garðskagi	248
Halbinsel Miðnes	247		

Sandgerði	249	Von Grindavík nach	
Die Westküste bis Grindavík	252	Hafnarfjörður: Südküste	260
Grindavík	254	Hafnarfjörður	264
Von Grindavík nach		Von Krýsuvík	
Hafnarfjörður: Nordküste	257	nach Þorlákshöfn	275
Blaue Lagune	257	Þorlákshöfn	276

Die Westmännerinseln _____ 278

Der Goldene Zirkel _____ 296

Von Reykjavík bis Þingvellir	297	Laugarás mit Zoo	318
Þingvellir: zwischen		Am Tungufljót entlang	
den Welten	300	über Reykholt	319
Wo das Alþingi tagte …	301	Reykholt	319
Zu Geysir und Gullfoss	306	Bischofssitz Skálholt	320
Laugarvatn und seine Quellen	306	Von Skálholt zur Südküste	323
Geysir, Strokkur & Co.	310	Zu Öko-Dorf	
Gullfoss, der		und Explosionskratern	323
„Goldene Wasserfall"	314	Fahrt zwischen den Flüssen	325
Vom Gullfoss zum		Entlang der Þjórsá nach Stöng	325
Bischofssitz Skálholt	316	Ausgrabungsstätte Stöng	328
An der Hvítá entlang über Fluðír	316	Museumshof Þjóðveldisbær	329
Flúðir	316		

Die grüne Südküste _____ 330

Von Reykjavík nach Hveragerði	332	Weiterfahrt nach Osten/	
Hveragerði	333	Abstecher ins Umland	342
Versorgungsort Selfoss	337	Der Vulkan Hekla	344
Abstecher ins		Saga-Ort Hvolsvöllur/Fljótshlíð	346
malerische Eyrarbakki	338	Wanderparadies Þórsmörk	349
… und nach Stokkseyri	340	Vom Seljalandsfoss nach Skógar	354
Hella	341	Skógar: ein Wasserfall	
		und Þórðurs Museen	354

Die Eiswelt im Südosten _____ 359

Vík í Mýrdal	361	Die Eisbergseen	374
Kirkjubæjarklaustur	365	Höfn	377
Torfkirche Núpsstaður	368	Vestrahorn	379
Der Skeiðarársandur	368	Wandergebiet Lón/Lónsöræfi	380
Gletscherpark Vatnajökull	369		

Die Ostfjorde _____ 383

Álftafjörður und Hamarsfjörður	387	Auf der Ringstraße	
Djúpivogur und Papey	387	nach Egilsstaðir	388

Der Fjord Berufjörður	389	Der einsame Mjóifjörður	399
Breiðdalsvík	390	Seyðisfjörður	400
Stöðvarfjörður	391	Egilsstaðir	407
Der Franzosenfjord		Ausflug zum den See Lagarfljót	411
Fáskrúðsfjörður	392	Wandergebiet	
Alutown Reyðarfjörður	393	Borgarfjörður eystri	413
Abstecher nach Eskifjörður …	394	Bakkagerði	
… und Neskaupsstaður	398	(Borgarfjörður eystri)	414

Mývatn und der Nordosten _____ 418

Von Egilsstaðir zum Mývatn	420	Alternative:	
Alternative: Ásbyrgi-Schlucht,		Die Treibholzküste	449
Dettifoss, Húsavík	422	Torfgehöft Bustarfell	450
Halbinsel Tjörnes –		Vopnafjörður	451
berühmter Fossilienfundort	427	Bakkafjörður und	
Húsavík	428	Kirche Skeggjastaðir	452
Vulkanwelt am Mývatn	432	Þórshöfn	453
Reykjahlíð und Skútustaðir	435	Raufarhöfn	455
Zwischen Mývatn/		Kópasker	458
Húsavík und Akureyri	445		

Akureyri und der Nordwesten _____ 459

Akureyri	460	Hofsós	505
Insel Grímsey: Islands		Bischofssitz Hólar	507
nördlichster Punkt	480	Von Varmahlíð nach Blönduós	511
Rundfahrt durch das		Blönduós	512
Tal der Eyjafjarðará	481	Alternative: Halbinsel Skagi	515
Von Akureyri nach Varmahlíð	484	Torfmuseum Glaumbær	515
Varmahlíð	486	Sauðárkrókur	517
Alternative:		Skagaströnd	522
Halbinsel Tröllaskagi	489	Von Blönduós	
Vogelinsel mit Ausblick: Hrísey	491	zum Hrútafjörður	525
Dalvík	492	Abstecher in die grünen Täler	
Die Täler in der		und nach Þingeyrar	527
Umgebung von Dalvík	495	Halbinsel Vatnsnes	529
Ólafsfjörður	497	Hvammstangi	531
Siglufjörður	500		

Der Westen _____ 533

Vom Hrútafjörður nach Borgarnes	533	Die Höhlen	
Borgarnes	536	im Hallmundarhraun	546
Ausflug nach Reykholt		Akranes	548
und Húsafell	540	Um den Hvalfjörður	
Reykholt	541	nach Reykjavík	554

Halbinsel Snæfellsnes und Region _____ 560

Von der Ringstraße nach		Grundarfjörður	576
Snæfellsnes und Dalir	561	Ólafsvík	578
Búðardalur	562	Der Snæfellsjökull	580
Die Nordküste von		Hellissandur-Rif	583
Snæfellsnes	568	Arnarstapi	589
Die zahllosen Inseln		Die Südküste	
im Breiðafjörður	568	von Snæfellsnes	592
Stykkishólmur	570		

Die Westfjorde _____ 596

Die Strandirküste im Osten	598	Die Fjorde im Westen	622
Von der Ringstraße		Flateyri	623
nach Hólmavík	598	Þingeyri	627
Hólmavík	602	Der Südwesten mit	
Von Hólmavík in den Norden	604	dem Látrabjarg	631
Drangsnes	604	Bíldudalur	631
Djúpavík	606	Tálknafjörður	634
Die Küste am Ísafjarðardjúp	609	Patreksfjörður	635
Von Hólmavík nach Ísafjörður	609	Zum Vogelfelsen Látrabjarg	637
Súðavík	613	Die einsame Südküste	641
Ísafjörður	615	Abstecher nach Reykhólar	642
Abstecher nach Bolungarvík	619	Trekking in Hornstrandir	645
Bolungarvík	620		

Das unbewohnte Hochland _____ 651

Unterwegs im Hochland	653	Geothermalgebiet	
Kjölurpiste und Kerlingarfjöll	655	Landmannalaugar	675
Fumarolen und Solfataren		Weiterfahrt nach Osten	
in Hveravellir	657	zur Schlucht Eldgjá	683
Abstecher zum Geothermal-		Für Profis: Fjallabaksleið	
gebiet Kerlingarfjöll	661	syðri/Mælifellssandur	685
Der Sprengisandur	664	Ausflug von der Südostküste	
Der Südteil: Von Hrauneyjar		zur Laki-Vulkanspalte	687
zur Hütte Nýidalur	665	Herðubreið und Askja	689
Der Nordteil: Hütte Nýidalur		Von der Herðubreið zur Askja	692
bis Wasserfall Goðafoss	667	Verbindungsstrecke F 910:	
Abstecher und Alternativpisten		Askja – Jökuldalur – Snæfell	695
nördlich von Nýidalur	669	Geothermalgebiet Kverkfjöll	696
Für absolute Profis: Die Pisten		Der Vulkan Snæfell	699
von der Sprengisandur		Kaldidalur	703
zum Vulkan Askja	671	Abseits der Touristenwege:	
Landmannalaugar und Eldgjá	673	Arnarvatnsheiði	705

Etwas Isländisch	706
Register	720

Kartenverzeichnis

Island Übersicht		vordere Umschlagklappe	
Reykjavík Übersicht		hintere Umschlagklappe	
Akranes	550/551	Süden	332/333
Akureyri	468/469	Südost (1)	362/363
Askja und Ódáðahraun	694	Südost (2)	372/373
Ausgrabungsstätte Stöng	93	Tafelberg	691
Busplan Hochland	673	Talgletscher	61
Dettifoss	425	Trekking auf dem Laugarvegur	681
Egilsstaðir	409	Trekking nach Bakkagerði	405
Geologie	51	Vesturdalur	425
Goldener Zirkel	298/299	Vogelfelsen	67
Hafnarfjörður	268/269	Wandergebiet Bakkagerði	416/417
Heimaey	283	Wandergebiet Hengill	336
Hekla	344	Wanderung am Snæfellsjökull	582
Jahresniederschlag	73	Wanderung in Angmassalik	37
Kjölurpiste/Hveravellir	657	Wanderung	
Langanes	455	in Hornstrandir	646/647
Museumshof Laufás	448	Wanderung	
Mývatn	433	Landmannalaugar	677
Naturschutzgebiet Reykjanes	263	Wanderung Lónsöræfi	382
Nordostisland	422/423	Wanderung:	
Nordwesten	460/461	Kirkjubæjarklaustur	367
Ostfjorde	385	Wanderwege auf der	
Östliches Hochland/		Halbinsel Reykjanes	250/251
Sprengisandur	653	Wanderwege im Glerárðalur	480
Þórsmörk	351	Wanderwege in der	
Reykjahlið	437	Þingvellir-Senke	305
Reykjanes	240	Westen	535
Reykjavík Zentrum	218/219	Westfjorde	600/601
Snæfell – Lón	700/701	Wo das Alþingi tagte	301
Snæfellsnes	564/565		

Zeichenerklärung für die Karten und Pläne

Asphaltstraße	)(	Brücke für Wanderer	Hütte	☺	Post
Piste		Picknick-/Rastplatz	Jugendherberge		Bushaltestelle
Wanderweg		Kirche/Kapelle	Leuchtturm	Ⓜ	Museum
Fähre	✈	Flughafen/-platz	Vogelfelsen	Ⓐ	Apotheke
Gletscher	Δ	Campingplatz	Walbeobachtungstour		Supermarkt
Gewässer	Ⓕ	Furt	Wander-/ Trekkingroute		Heiße Quellen
Verlassene Farm	Ⓣ	Tankstelle	∩ Höhle		Wasserfall
Krater		Schwimmbad	★ Sehenswürdigkeit		Burg
Berggipfel	⊓	Hügelgrab	ⓘ Information		Schiffswrack
	EC	Geldautomat	Parkplatz		Felsen

Verzeichnis der Wanderungen

Reykjanes
Im Naturschutz-
gebiet Reykjanes 261
Bei Hafnarfjörður 274

Westmännerinseln
Zu Vögeln und Vulkanen 294

Goldener Zirkel
Im Nationalpark Þingvellir. 304
Bei Laugarvatn 308
Bei Stöng 328

Die grüne Südküste
Bei Hveragerði 335
Wandergebiet Þórsmörk 350

Eiswelt im Südosten
In Vík 362
In Kirkjubæjarklaustur 367
Nationalpark Skaftafell 372
Wandergebiet Lónsöræfi 380

Ostfjorde
Im Berufjörður 389
Bei Neskaupsstaður 399
Bei Seyðisfjörður 403
Bei Borgarfjörður eystri 415

Mývatn und der Nordosten
In Ásbyrgi 424
Im Mývatn-Gebiet 438

Akureyri und der Nordwesten
Bei Akureyri 479
Im Tal der Eyjafjarðará.... 484
Im Öxnadalur 486
Bei Dalvík 494
Bei Siglufjörður 504
Bei Hólar 509
Bei Blönduós 512
Bei Sauðárkrókur 519
Bei Skagaströnd 524
Bei Staðarskáli 527

Der Westen
Bei Borgarnes 540
Bei Húsafell 546
In Akranes 554
Am Hvalfjörður 559

Halbinsel Snæfellsnes und Region
Bei Grundarfjörður.. 578
Bei Ólafsvík 580

Besteigung des Snæfellsjökull 581
Bei Arnarstapi 590
An der Südküste 595

Die Westfjorde
In den Bjarnarfjörður 605
Beim Drangajökull 610
Am Mjóifjörður 612
Bei Ísafjörður 619
In der Umgebung von Flateyri 625
Bei Þingeyri 629
Beim Vogelfelsen Látrabjarg 640
Bei Reykhólar 644
In Hornstrandir 646

Das unbewohnte Hochland
In Hveravellir 657
In Kerlingarfjöll 663
Ab/bei Nýidalur 666
In Landmannalaugar 676
In der Eldgjá 684
An der Herðubreið 690
An der Askja 693
Am Kverkfjöll 697
Besteigung des Snæfell 699

Trekkingtouren
T1 Nach Egilsstaðir 397
T2 Gerpir – zwischen Reyðar-
und Norðfjörður 397
T3 Nach Süden: Mjóifjörður/
Neskaupsstaður 404
T4 Nach Norden nach Bakkagerði 404
T5 Über die Gagnheiði
nach Breiðavík 416
T6 Vom Dettifoss nach Ásbyrgi 426
T7 Halbinsel Langanes 454
T8 Von Hesteyri nach Hornvík 646
T9 Zum Vogelfelsen Hornbjarg 650
T10 Hvítárnes – Hveravellir 658
T11 Auf dem Laugarvegur 679
T12 Landmannalaugar –
Leirubakki/Str. 26 682
T13 Vom Langisjór zur
Hütte Hólaskjól 682
T14 Auf dem Strútsstígur 682
T15 Durch die Lavawüste 694
T16 Snæfell-Lónsöræfi 701

Am Goðafoss

Land & Leute

Gletscher und Vulkane, Elfen
  und Geächtete   → 12
Tipps zur Routenplanung   → 14
Aktivitäten   → 17
Das geologische Küken   → 38
Flora und Fauna   → 63

Klima, Wetter, Reisezeit   → 72
Kunst und Kultur   → 76
Geschichte und Politik   → 106
Gesellschaft   → 135
Wirtschaft   → 147

Kverkfjöll – Gletschertour an einem Traumtag

Gletscher und Vulkane, Elfen und Geächtete

Tosende Wasserfälle und blubbernde Schwefelquellen, bizarre Lavafelder und aufbrausende Geysire, spitze Aschekegel, nebelverhangene oder sonnendurchflutete Fjorde, von zahllosen Vögeln bevölkerte Vulkaninseln, einsame Frostschuttebenen, frostige Gletscherkappen, karge Hochlandöde und reine, glasklare Luft, die an schönen Tagen den Blick bis zum Horizont freigibt: All das ist Island.

Aber nicht nur. Hart am Polarkreis schmiegen sich bunte Häuschen an 1000 m hohe Fjordflanken, im grünen Flachland liegen verträumte Kirchlein verstreut im saftigen Weidegebiet, grasen Tausende Pferde und Schafe. Selbst in winzigen Orten sind Künstler aufzuspüren, nicht zu reden von den versteinerten Trollen und den Elfen …

Das alte Island hat viele Geschichten zu erzählen – von Geächteten, Wettkämpfen und von der See, von den Unbarmen der Natur, denen sich die Menschen immer wieder stellen mussten. Tauchen Sie in die Vergangenheit ein in einem der zahlreichen historischen Torfgehöfte oder gehen Sie auf Entdeckungsreise in einem der liebevoll arrangierten Heimatmuseen.

„Das trotzige Ende der Welt" ist ein Paradies für Wanderer, Bergsteiger, Angler, Golfer, Reiter, Radler, Vogelbeobachter oder Kajakfreaks. Man besteigt Vulkanflanken, besichtigt schlammige Quellen, genießt Badewonnen in geothermalen Schwimmbädern oder winzigen natürlichen Heißwasserpools. Langweilig wird es auf der Insel eigentlich nie – selbst in den einsamsten Gegenden lässt sich links und rechts des Weges etwas entdecken.

Zur ersten Orientierung (siehe Karte vordere Umschlagklappe)

Reiseplanung: Wer nicht pauschal reist, sollte sich zunächst über das Verkehrsmittel Gedanken machen. Das Fahrrad ist in Wind und Wetter nicht jedermanns Sache. Mit dem Bus kann man Island gut bereisen, selbst das Hochland. Wer lieber ein eigenes Fahrzeug hat, kann einen Mietwagen buchen oder sein Privatauto auf der Fähre mitbringen. Viele Reiseveranstalter haben auch individuelle Rundreisen im Programm. In der Hochsaison muss man Unterkünfte i. d. R. vorbuchen, nur wer zeltet oder einen Camper hat, ist dann völlig flexibel und kann sich vom Wetter bei der Planung leiten lassen. Größter Anbieter von Unterkünften ist Icelandic Farm Holidays mit Gästehäusern in fast jeder Region Islands.

Geothermale Bäder: Am beliebtesten, aber auch am stärksten auf Touristen ausgerichtet sind die Blaue Lagune auf Reykjanes (S. 257) und das Mývatn Nature Bath im Nordosten (S. 436). Ein ursprüngliches Badeerlebnis hat man in den zwischen Bergen und Meer gelegenen Bädern in den Westfjorden (S. 604, 606, 608, 611, 631, 635, 637, 642).

Feuer, Eis, Wasserfälle: Vulkanlandschaften um den See Mývatn im Norden (S. 432 ff.), der Geysir „Strokkur" im Goldenen Zirkel (S. 310 ff.), der Gletscherpark Skaftafell (S. 371), die Wasserfälle Gullfoss (S. 314) und Dettifoss (S. 425), das Geothermalgebiet Landmannalaugar (S. 673), der Eisbergsee Jökulsárlón (S. 374), die Allmännerschlucht (S. 300).

Vögel, Wale und Seehunde: Waltouren per Boot von Húsavík (S. 428), Dalvík (S. 493) und Ólafsfjörður (S. 497) aus, Papageientaucher auf den Westmännerinseln (S. 294), der große Vogelfelsen Krýsuvíkurberg auf Reykjanes (S. 261), die von Vögeln bevölkerte Steilküste Látrabjarg in den Westfjorden (S. 639), Seehunde auf der Halbinsel Vatnsnes (S. 530 f.) und das Robbenzentrum in Hvammstangi (S. 532).

Einsamkeit und Fjordidylle: In den Ostfjorden nördlich von Seyðisfjörður (S. 399 ff.), in Húsavík (S. 428), im Norden um Siglufjörður (S. 500), in den gesamten Westfjorden (S. 596 ff.).

Strandspaziergänge: in Vík (S. 362), dem südlichen Snæfellsnes (S. 592) oder an den südlichen Westfjorden auf weißem Sand (S. 637 ff.).

Hochlandabenteuer: Zwischen den Gletschern auf den Pisten Kjölur (S. 655) und Sprengisandur (S. 664), den Pisten zu den Vulkanen Askja und Herðubreið (S. 689).

Das alte Island: Museumsgehöfte Keldur (S. 343), Skógar (S. 355), Stöng (S. 328), Glaumbær (S. 515), Grenjaðarstaður (S. 445), Laufás (S. 448), Bustarfell (S. 450) und Árbær in Reykjavík (S. 236). Historischer Versammlungsort Þingvellir (S. 301), Auswanderermuseum Hofsós (S. 506), Heringsmuseum Siglufjörður (S. 503), die sechs erhaltenen Torfkirchen (S. 236, 368, 372, 482, 507, 511).

Sagas, Wikinger und erste Siedler: Wikingermuseum in Keflavík (S. 247), Eiríksstaðir und Leifsbúð im Westen bei Búðardalur (S. 563 f.), Landnahmezentrum in Borgarnes (S. 539), Sagamuseum (S. 237) und Settlement-Ausstellung in Reykjavík (S. 230), Sagazentrum Hvolsvöllur im Süden (S. 346).

Übernatürliches: Götterausstellung im Laxá-Kraftwerksstollen bei Húsavík (S. 445), Zaubereimuseum in Hólmavík in den Westfjorden (S. 603 ff.), Geistermuseum in Stokkseyri (S. 340), Elfenschule in Reykjavík (S. 232), Elfentouren in Hafnarfjörður (S. 268).

Das moderne Island: Nachtleben und Kunst in Reykjavík, Kunst in Akureyri.

Außergewöhnliche Unternehmungen für jedermann: Kajak fahren in den Lagunen an der Südküste (S. 340) oder in der Wildnis von Hornstrandir (S. 612 f., 617), Gletscherwanderung mit dem Ranger am Kverkfjöll (S. 689) oder mit Mountainguides bei Skaftafell (S. 371), Rafting auf der Jökulsá (S. 488), Bootsfahrt auf die Insel Papey (Ostfjorde) (S. 387), die „echte" Mitternachtssonne auf der Insel Grímsey (S. 480).

Für Ausdauernde, Hartgesottene, Expeditionsteilnehmer: die Hochlandpisten Gæsavatnaleið (S. 671) und Arnarvatnsheiði (S. 705), Wanderung durch alle Ostfjorde, Überquerung des Sprengisandur zu Fuß, Transversale des Vatnajökull, Umrundung der Westfjorde per Kajak.

Aufregende Wanderungen: siehe S. 31.

Ein äußerst beliebtes Ziel: der Jökulsárlón

Tipps zur Routenplanung

Jeder wird bei der Reiseplanung schnell merken, dass Island wahrlich nicht mit Attraktionen geizt, die Vielzahl der Regionen macht es unmöglich, Island in wenigen Tagen ganz kennen zu lernen. Klassisch ist eine Inselumrundung, bei der man alle Facetten des Landes erleben kann, inkl. Torfgehöfte, Vogelfelsen und Vulkangegenden. Viele Reisende verbinden einen Teil Islands mit einer Hochlanddurchquerung, etwa den Süden mit Landmannalaugar oder den Osten mit der Sprengisandur oder den Westen mit der Kjölur. Die Kombination besonders kontrastreicher Regionen ist in jedem Fall reizvoll. Wer es gründlicher und kontemplativer mag oder eine Wanderreise unternimmt, konzentriert sich ganz auf einen bestimmten Landesteil, der dann intensiv bereist wird. Beruhigend ist allein, dass man letztlich nicht viel falsch machen kann, da an allen Ecken und Enden Attraktionen warten.

Reykjavík: In der nördlichsten Hauptstadt können sich Kunstliebhaber, Gourmets und am Wochenende Partygänger gut und gerne ein paar Tage aufhalten. Die meisten statten allerdings der Kapitale nur eine Stippvisite von ein bis zwei Tagen ab.

Umrundung der Insel: Auf der Ringstraße liegen ca. 1300 km vor Ihnen, für die Sie mindestens zwei, besser drei Wochen einplanen sollten, wenn es nicht zu hektisch werden soll. Abstecher und Wanderungen lohnen allerorten – lassen Sie möglichst das Wetter entscheiden. Dieses Buch informiert Sie zuverlässig über alle Möglichkeiten.

Halbinsel Snæfellsnes – Island im Kleinformat: Die schlanke und landschaftlich ausgesprochen schöne Halbinsel nördlich von Reykjavík ist ein guter Kompromiss für alle, die nur wenig Zeit haben und trotzdem einen umfassenden Eindruck vom Land bekommen möchten, denn hier finden sich viele naturräumliche Besonderheiten Islands, darunter Krater, Lavahöhlen, Vogelfelsen und mit dem Snæfellsjökull der berühmteste Gletscher Islands. Der Nationalpark an der Westspitze und die sich über die gesamte Halbinsel erstreckende Bergkette laden zu Wanderungen ein, in den bunten Orten finden sich gute Restaurants und Museen. Nur blubbernde heiße Töpfe fehlen auf Snæfellsnes.

Die karge Halbinsel Reykjanes: Erstmalig nach Island Reisenden sei es verziehen, wenn sie der kargen, hochlandähnlichen Halbinsel, auf der sie bei der Ankunft mit dem Flugzeug landen, weniger Beachtung schenken als anderen Regionen. Da jedoch die meisten ohnehin die Blaue Lagune aufsuchen werden, liegt es nahe, von hier aus eine kurze Tour entlang der Südküste zu unternehmen, wo das Salzfischmuseum in Grindavík, einer der größten Vogelfelsen Islands sowie ein Naturschutzgebiet mit heißen Quellen und vielen Wandermöglichkeiten einen gelungenen Einstieg bieten. Zahlreiche Wanderwege durchziehen die Halbinsel, die von „Islanderfahrenen" wegen ihrer Ruhe geschätzt wird.

Goldener Zirkel – die Touristenregion schlechthin: In diesem relativ dicht besiedelten, kleinen Gebiet, nur einen Katzensprung von der Hauptstadt entfernt, finden sich mit dem Geysir Strokkur, dem mächtigen Wasserfall Gullfoss und dem Nationalpark Þingvellir, der auf der UNESCO-Weltkulturerbeliste steht, einige der größten Attraktionen Islands, die sich jeder bei seiner ersten Reise über die Insel ansehen will. Anschaulicher als in Þingvellir kann man sich wohl nicht über Plattentektonik informieren. Eine Rundfahrt durch die Region dauert nur ein paar Tage, doch laden alle Attraktionen dazu ein, länger zu verweilen.

Die Westmännerinseln – Leben in der Lava: Auf der grünen, von Vögeln umschwirrten Inselgruppe vor der Südküste kann man aus erster Hand erfahren, was alles passieren kann, wenn Vulkane ausbrechen und Lava einen Ort verschüttet. Geboten werden Museen, Filmvorführungen, Wandermöglichkeiten und Bootsausflüge.

Die grüne Südküste und die Eiswelt im Südosten: Die Strecke Reykjavík – Höfn kann im Notfall in einem Tag durcheilt werden, man bringt sich dabei jedoch um einiges: einen Ausflug in die malerischen Küstenorte Eyrarbakki und Stokkseyri (1/2–1 Tag), eine Wanderung im geothermalen Hengill-Gebiet (1/2–1 Tag) und einen Ausflug zur Dachschlucht (1 Tag). Lohnenswert ist ein Hochlandabstecher zur Laki-Spalte (1 Tag, per Bus oder Jeep). Kaum ein Naturliebhaber lässt sich eine Tagestour ins Wanderparadies Þorsmörk, einen Ausflug im Nationalpark in Skaftafell (1/2–1 Tag) und einen Stopp am fotogenen Eisbergsee Jökulsárlón entgehen.

Die Ostfjorde – bunte Fjordromantik: Fjordgenießer können sich hier ausleben und jeden Fjord umrunden. Ansonsten kann mit der Ringstraße abgekürzt werden. Lohnenswert ist ein Abstecher nach Eskifjörður und in die Nachbarfjorde (1–3 Tage). In der Umgebung von Egilsstaðir locken einige reizvolle Ziele. Für ausgiebige Wanderungen ist das Gebiet nördlich von Seyðisfjörður ideal (1–4 Tage).

Naturschauspiele im Nordosten: Hier befinden sich die Hauptreiseziele Mývatn mit all seinen vulkanischen Spezialitäten, die Schlucht Ásbyrgi, die Wasserfälle Dettifoss und Goðafoss und das Torfhausmuseum Grenjaðarstaður. Ein Stopp zur Walbeobachtung im Fjordort Húsavík gehört bei den meisten zum Standardprogramm. Wer Zeit hat und die Einsamkeit mag, dem sei die Küstenstraße im Nordosten empfohlen („Treibholzküste"; 1½–2 Tage).

Der vielfältige Nordwesten: Für den Nordwesten braucht man Zeit. Dies ist eine Region mit drei großen Halbinseln und vielen Tälern, von denen alle ihre Reize haben, die man bei der Fahrt entlang der Ringstraße überhaupt nicht sieht. Auch Akureyri, die „Hauptstadt des Nordens", lohnt mit Museen und Botanischem Garten, Cafés und Läden zu einem Zwischenstopp. Wer sich für nur *einen* Abstecher entscheiden muss, dem sei die mehrtägige Rundfahrt um die größte der Halbinseln, Tröllaskagi, mit ihrer imposanten Bergwelt empfohlen. Von Dalvík starten Walbeobachtungstouren und in den nahe Tälern Skíðadalur und Svarfaðardalur lässt es sich hervorragend wandern, in Siglufjörður steht das wohl beeindruckendste Museum des Landes, das Heringsmuseum, südlich davon die Torfkirche Gröf. Der Nordwesten hält zahllose andere Attraktionen bereit, darunter das berühmteste Torfmuseum Islands Glaumbær, Bootsausflüge zu den Inseln Drangey, Hrísey und Grímsey, die Torfkirchen Viðimýri und Saurbær, viele Reithöfe, den Bischofssitz Hólar, das Robbenzentrum in Hvammstangi. Für kurze Ausflüge in die Täler seien der Eyjafjarðardalur südlich von Akureyri (1 Tag) und der Vatnsdalur südlich von Blönduós (1/2 Tag) empfohlen, die beide abwechslungsreich und landschaftlich sehr schön sind.

Die Westfjorde – einsam und imposant: Die meisten Islandreisenden, die das erste Mal auf die Insel kommen, sparen sich diese große, abgelegene Fjordwelt für ein weiteres Mal auf. Diese Region kann man nicht „auf dem Weg mitnehmen", wer hierher fährt, fährt auch einmal ganz herum, über Stichstraßen hin und zurück, über Pässe, um zahllose Fjorde. Es lohnt sich, alleine für die Westfjorde nach Island zu kommen, in denen Tafelberge und einsame, mit Vögeln übersäte Fjorde ein gewaltiges Naturerlebnis garantieren. Den Vogelfelsen Látrabjarg kann man jedoch auch aufsuchen, wenn man keine Zeit für eine komplette Rundfahrt hat: Hierfür nimmt man die Fähre von Stykkishólmur auf Snæfellsnes nach Brjánslækur und von dort den Bus.

> Weitere Tipps finden Sie am Anfang der einzelnen Regionskapitel, Routentipps für Radler im Kapitel „Unterwegs mit dem Fahrrad".
> Tabelle mit den wichtigsten Entfernungen siehe S. 731.

Der geschichtsträchtige Westen: Der Westen, die Region östlich von Snæfellsnes, wird von vielen nur durchquert. Es lohnt sich jedoch, einen Abstecher zum historischen Ort Reykholt und weiter in das Tal hinein zu unternehmen, das an die Grenze zum Hochland, zu Höhlen und zu der von Gletschern umrahmten Piste Kaldidalur führt. Ebenfalls lohnenswert ist eine Fahrt um den Hvalfjörður und zu den Museen von Borgarnes und Akranes.

Hochland – Eis- und Lavawüsten: Ein Abstecher ins Hochland ist für viele die Krönung einer Islandreise. Entweder durchqueren Sie das Hochland auf der Kjöluroder Sprengisandurpiste (je 1–2 Tage, mit Abstechern und Wanderungen länger) oder Sie steuern im Süden das Hochlandmekka Landmannalaugar an (1–2 Tage). Hier beginnt eine klassische Trekkingtour. Einen kurzen Pkw-Abstecher ins Hochland bietet übrigens die Ringstraße im Nordosten en passant. Vulkanfreaks ziehen im nordöstlichen Hochland Askja, Herðubreið und der vereiste Vulkan Kverkfjöll an (für Jeepfahrer 2–4 Tage, Touren und Ausflüge auch per Bus möglich).

Eine Walbeobachtungstour steht bei den meisten Touristen auf dem Programm

Aktivitäten

Ein Land, in dem weitgehend unberührte Natur und Wildnis so viel Platz einnehmen wie in Island und in dem sich auf relativ kleinem Raum eine solch einzigartige Vielfalt an Landschaftsformen unter reinster Luft präsentiert, ist für Outdoor-Aktivitäten wie geschaffen. Die Geothermalgebiete, die kargen Berge, die grünen Heidehügel und die einsamen Täler, die eisigen Gletscher und die strömenden Flüsse, die glitzernden Seen und Fjorde und das allgegenwärtige Meer, sie alle laden zum Naturerlebnis der einen oder anderen Art ein. Hinzu kommen die Schwimmbäder und Reitpferde. Naturbeobachter ziehen die kreischenden, kreisenden, nistenden und nach Nahrung jagenden Vögel oder die majestätisch gleitenden Wale an, nicht zu vergessen im Winter das Nordlicht. Nach Island fährt man, um draußen zu sein, um aktiv zu sein. Anders kann man das Land nicht erleben.

Angeln

Island mit seinen zahllosen klaren und sauberen Lachs- und Forellengewässern in unberührter Natur ist ein Angelparadies.

Angeln („stangaveiði") ist neben Golf und Reiten eine typische Freizeitaktivität; der Fischfang ist jedoch reglementiert, Angler benötigen eine Lizenz, bevor sie loslegen können. Die Flussläufe sind Lebensraum von fünf Fischarten. Diese sind nicht alle „echte" Süßwasserfische, manche wandern zeitweise ins Meer. Die vorkommenden Arten sind *Lachs* (Atlantic salmon), *Forelle* (brown trout), *Wandersaibling* (Arctic char), *Flussaal* (European eel) und *Stichling* (stickleback). Beste Zeit für den Lachsfang ist Mitte Juni bis Mitte September, Forelle fischt man – mit regionalen

Guter Fang garantiert

Unterschieden – von April/Mai bis Ende September/Oktober. Für eingeführte Angelausrüstung gelten strenge Desinfektionsbestimmungen (siehe „Einreise").

Lizenzen: Sie können unterwegs meist an Tankstellen, ausgeschilderten Bauernhöfen oder bei der Touristinformation erworben werden. Die Preise beginnen bei umgerechnet etwa 10 € pro Tag für den Forellenfang und enden bei über 1000 € pro Tag für den Lachsfang in Spitzenflüssen wie der Laxá á Ásum. Hier muss bisweilen Jahre im Voraus gebucht werden, Forellenfang ist hingegen spontan möglich. Die beste Lösung für begeisterte Angler ist die Angelkarte Veiðikortið für ca. 35 €, mit der den ganzen Sommer lang in rund 35 Seen rund um das Land geangelt werden kann. ✆ 5174515 www.veidikortid.is.

Beliebte Reviere: Sog-Fluss 65 km östlich von Reykjavík, Hvolsá am Beginn der Westfjorde, Laxá í Dölum nördlich von Snæfells-

nes, Grimsá westlich des Langjökull, Breiðdalsá in den Ostfjorden, Rangá in Südisland, Miðfjarðará in Nordwestisland, Viðidalsá in Nordwestisland, Langá bei Borgarnes oder Laxá beim Mývatn.

Adressen: *Federation of Icelandic River Owners*, Hagatorg, 107 Reykjavík, ✆ 5531510, www.angling.is (mit Statistik); *Angling Club Lax-Á*, Kópavogur, ✆ 5316100, www.lax-a.is; *Angling Service Strengir*, Smárarimi 38, 132 Reykjavík, ✆ 5675204, www.strengir.is (auch auf Deutsch); Icelandic Farm Holidays (siehe Kap. A–Z, „Übernachten"), *Reykjavík Angling Club*, Háaleitisbraut 68, 103 Reykjavík, ✆ 5686050, www.svfr.is (bieten auch Packages an).

Verleih: Veiðihornið, Siðumúli 8, Reykjavík, ✆ 5688410, www.veidihornid.is.

Fahrradfahren   siehe auch Kapitel „Unterwegs"

Wer nicht gleich das ganze Land mit seinem eigenen oder einem geliehen Rad erkunden mag, aber trotzdem gern radelt, dem seien Tagestouren mit Mietbikes empfohlen.

Die Westmännerinsel Heimaey ist übersichtlich und hat genau die Größe für eine Raderkundung (auch wenn man natürlich mit Wind rechnen muss!) – wer Lust

Radfahren und Zelten: trotz des Wetters eine beliebte Reiseart (Skaftafell)

hat, bucht eine Tour ab Reykjavík. Auch am See Mývatn gibt es einen Mountainbikeverleih: Entweder man fährt auf eigene Faust an den vulkanischen Sehenswürdigkeiten vorbei oder man bucht eine geführte Runde. Auch in vielen weiteren Orten lassen sich mittlerweile Mountainbikes leihen (siehe in den einzelnen Orten).

Anbieter: *Reykjavík Bike Tours,* geleitet von der freundlichen Deutschen Ursula und ihrem Mann Stefan, organisiert Touren u. a. in Reykjavík, im Goldenen Zirkel (25 km, ISK 16.000), zur Blaue Lagune oder auf die Westmänner (ISK 23.000, 7 km per Rad); ✆ 6948956, www.icelandbike.com. Am Mývatn: *Hike and Bike,* ✆ 8994845, www.hikeandbike.is.

Gletschertouren

Aufs Gletschereis, mit Erfahrung oder spontan und ohne große Vorkenntnisse: Wenn Sie das reizt, finden Sie am Vatnajökull-Nationalpark in Skaftafell mehrmals am Tag startende Touren – ein reizvolles Erlebnis, bei dem einem die Dimensionen der Gletscher erst richtig klar werden.

Im Hochland gibt es zudem **Gletscherwanderungen** am atemberaubenden Kverkfjöll-Massiv, hier noch mit einer Zugabe, da verbunden mit dem Besuch eines Geothermalgebiets. Das Öffnen der Gletscherspalten legt eine Tour im Sommer (Juli bis September) nahe, denn zuvor sind die Spalten unter dem Schnee verborgen. Zum Naturerlebnis auf dem Eis gehören das Überschreiten von Schmelzwasserströmen, das Besteigen von Moränen und der Blick auf Eisfälle an Geländestufen. Wegen der technischen Anforderungen und der Gefahr einer Wetterverschlechterung und dem Aufkommen von Nebel empfehlen wir, sich einer geführten Tour anzuschließen.

Eisklettern ist im Winter an gefrorenen Wasserfällen oder im Sommer an Gletschern, z. B. dem Sólheimajökull, für Geübte möglich. Vor gefährlichen Touren

sollte man sich bei der Wacht Lands-
björg (siehe „Notfälle") registrieren lassen – ansonsten empfehlen wir geführte Touren.

Auf einigen Gletschern kann man sich
auch mit **Hunde- oder Motorschlitten**
fortbewegen. Das Angebot an Touren
mit **Superjeeps**, also mit überdimensio-
nalen Reifen ausgestatteten PS-Boliden,
wurde in letzter Zeit stark ausgeweitet.
Nicht jedem gefallen dabei der Lärm
und Gestank, den die Fahrzeuge in die
majestätische weiße Höhe bringen,
deren große Faszination für viele doch
eigentlich gerade von ihrer Unberührt-
heit und Stille abseits menschlicher Aktivitäten und Zivilisation ausgeht.

Hütten auf dem Eis: vgl. Kap. Übernachten.

Eisklettern: *Mountainguides*, www.mountain
guides.is/DayTours/IceClimbing; Bergmenn,
✆ 6989870, www.bergmenn.com. Touren
für 160 € bei 3 Pers.

Mit Jeep/Motorschlitten: Touren werden
z. B. am Snæfells-, Mýrdals-, Vatna- und
Langjökull angeboten, siehe in den einzelnen Regionen.

Mit Hundeschlitten: *Dog Steam Tours*
bietet von Mai bis Sept. etwa einstündige
Ausflüge mit dem Hundeschlitten auf Gletscher im Süden des Landes. Auf das Eis

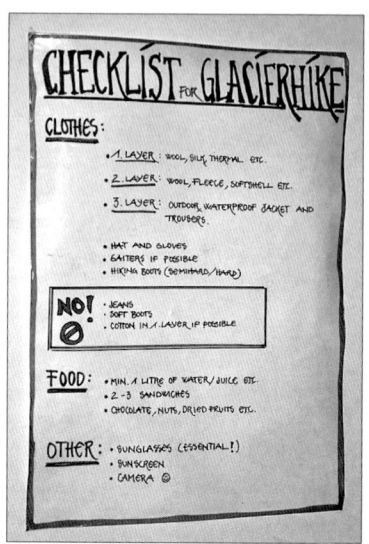

An alles gedacht?

hinauf geht es mit Jeep oder Glacier Truck,
dann beginnt die Schlittenfahrt. Im Winter
finden die Touren im Hochland statt oder,
bei genug Schneefall, auch um Reykjavík.
Neben den kurzen Touren auf Anfrage auch
lange Expeditionen.   ✆ 4141500/8991791,
www.dogsledding.is.

Golf

**Golf ist in Island Breitensport, die Plätze liegen oft herrlich in Lavafeldern,
an Kratern oder im Fjord. Einem Golftag steht kaum etwas im Wege, die
Ausrüstung kann man meist leihen.**

Was die Zahl der Vereinsmitglieder angeht, kommt Golf gleich hinter Fußball, dem
populärsten Sport im Land. Mittlerweile gibt es 65 Anlagen, die meist gegen eine
Gebühr von 15–20 € pro Tag auch Touristen offen stehen; die großen Plätze in der
Hauptstadtregion sind etwas teurer.

≫≫ Unser Tipp: Einige Plätze sind auf
reizvolle Art in die formenreiche Lavalandschaft eingebettet, so v. a. der 18-Loch-
Golfplatz im *Herjolfsdalur* auf der Westmännerinsel Heimaey. Neben zahlreichen Anlagen mit 9 Löchern gibt es noch 15 weitere
mit 18. Die mit 5.963 m längste Spielstrecke
ist auf dem ältesten Golfplatz des Landes,
dem *Grafarholtsvöllur* bei Reykjavík, zurückzulegen. Das anspruchsvollste Terrain bietet der am Nordwestende der Halbinsel
Reykjanes gelegene *Hólmsvöllur* in Leira
bei Keflavík. In der Lava und mit Meerblick
spielt man in *Hafnarfjörður*. Der Platz in
Þingeyri ist für sein Loch Nr. 9 bekannt.
Weltweite Berühmtheit erlangte der *Ja-
darsvöllur* in Akureyri, der nördlichste 18-
Loch-Golfplatz der Welt, wo jeden Sommer
die **Arctic Open** stattfinden, ein internationales Turnier, bei dem im Glanz der Mitter-

nachtssonne der Golfschläger geschwun-
gen wird. ⟪

Gästehaus mit Golfplatz: Hotel Laki in
Kirkjubæjarklaustur, Gistihús Leifsstaðir bei
Akureyri, Lónkot bei Hofsos, Gistiheimilið

Geysir beim Geysir, Icelandair Hótel Hamar
bei Borgarnes, Hof Nes im Reykholtsdalur,
Hof Suður-Bár und Gistiheimilið Langaholt
auf Snæfellsnes.

Adresse: www.golf.is.

Kajak

**Als Insel komplett vom Meer umgeben und mit zahlreichen Fjorden ausge-
stattet, bietet Island Seekajakfahrern ein reizvolles und zugleich heraus-
forderndes Terrain.**

Den Seevögeln und Walen, Robben und Delfinen kommt man bei keiner Reiseart
näher als bei dieser, die zudem Blicke auf Küste, Klippen, Berge und Gletscher
ermöglicht, wie sie von Land aus nicht möglich sind. Beliebt für kürzere Touren ist
die Inselwelt des Breiðafjörður, für längere die große Fjordwelt der Westfjorde mit
ihren zahlreichen unbewohnten Meeresarmen. In Stokkseyri bietet sich eine Tour
durch die Lavalagunen an. Nichts für Anfänger, aber bei isländischen Kajakfahrern
beliebt ist eine Tour auf dem Skagafjörður, z. B. von Hofsós zur Insel Drangey. Besonders Abenteuerlustige und Erfahrene umpaddeln sogar das ganze Land. Veranstalter bieten geführte Touren an und an einigen Orten können Kajaks für Trips auf
eigene Faust entliehen werden.

Adressen: *Kajakferðir Stokkseyri* bietet
kurze, geführte Touren entlang der Südküste in Lavalagunen. ☏ 8965716, www.kajak.is.

North Explorers haben einfache Touren um
Ísafjörður und anspruchsvollere im Ísa-
fjarðardjúp im Programm. ☏ 4563322, www.
NorthExplorers.com.

> **⟫ Unser Tipp: Kajaktour im Jökulfirðir ⟪**
>
> Der sich weit in Richtung Polarkreis ausstreckende, äußerste Nordwesten
> von Island ist eine einsame Region und eines der wildesten Gebiete des Lan-
> des. Ans Straßennetz angebunden waren die Halbinseln um den Fjord Jökul-
> firðir nie, doch wohnten hier einst viele Menschen. Sie erinnern nur noch
> zerfallene Torfhöfe und verwitterte Häuser, die vereinzelt auf Klippen oder
> Landzungen dem Wind trotzen und einen Hauch von Melancholie verbreiten.
> Die Menschen gingen, zurück blieb die von zahlreichen Fjorden und Buchten
> zergliederte, schroffe Landschaft mit steil ins Meer abfallenden, von Schnee-
> feldern geschmückten Tafelbergen, mit Kieselstränden voller Muscheln und
> Treibholz, mit schmalen, grünen Tälern, erfüllt vom Rauschen der Wasserfälle.
> Besser als mit dem Kajak lässt sich diese Region nicht erfahren, die so ge-
> schützt liegt, dass auch unerfahrene Paddler sich hierher wagen können.
> Luft und Wellen teilt man mit den Vögeln, von denen es hier Millionen gibt.
> Als Paddler ist man mitten unter ihnen. An den Stränden huschen Polar-
> füchse, auf Felsen und Sandbänken aalen sich die Seehunde in Scharen.
> Gezeltet wird an gurgelnden Bächen, die aus Tälern mit für isländische Ver-
> hältnisse geradezu üppiger Vegetation hinabrauschen. Als die Menschen
> vor 50 Jahren fortzogen und mit ihnen Schafe und Pferde, holte sich die
> Natur ihr Land zurück, ließ winzige arktische Blumen, Farne und Moose so-
> wie ausgedehnte Blaubeerfelder sprießen. Und über allem thront in 900 m
> Höhe der Gletscher Drangajökull.
> **Versorgung:** Der gesamte Proviant muss mitgebracht werden. Für die Anrei-
> se mit dem Boot siehe „Trekking in Hornstrandir", S. 645.

Kajakfahren in der Einsamkeit der Westfjorde

Hof Heydalur im Mjóifjörður (Westfjorde) bietet geführte Touren und verleiht Kajaks. ✆ 4564824/4564842, www.heydalur.is.

Ögur Travel veranstaltet kurze und längere Trips im Ísafjarðardjúp und Jökulfirðir. ✆ 8571840, www.ogurtravel.com.

Hlynur Oddsson in Seyðisfjörður bietet Touren in den Ostfjorden zwischen einigen Stunden und zwei Tagen. ✆ 8653741 www. iceland-tour.com.

Weitere Anbieter/Verleihe in den Kapiteln der einzelnen Regionen.

Nordlicht-Beobachtung

Das Spektakel der „Aurora Borealis" mit seinen fantastischen Lichtspielen taucht die winterliche Landschaft in ein gespenstisches Licht – keine noch so gute Lichtinstallation kann da mithalten (vgl. Farbfoto vor/nach S. 480). In den nächsten Jahren sind für Island relativ gute Bedingungen vorhergesagt.

Das Phänomen rührt daher, dass geladene Teilchen im Bann des Erdmagnetfeldes zu den Polen hin treiben und durch Ionisierung die Moleküle der Atmosphäre zum Leuchten bringen – die Polarlichter entstehen mit ihrem magischen grünen, bläulichen, rötlichen oder violetten Schimmer. Je stärker der Sonnenwind, desto intensiver fallen die Nordlichter aus, sie können auch schon am Nachthimmel im September zu sehen sein. Für die nächsten Jahre ist eine erhöhte Sonnenaktivität vorausgesagt.

Sonnenaktivität: Eine Karte wird veröffentlicht von der amerikanischen National Oceanic and Atmospheric Administration unter www.swpc.noaa.gov/pmap/pmapN.html.

Pakete: Von Icelandic Farm Holidays, bestehend aus Mietwagen, einer Nacht in der Hauptstadt, zwei Nächten auf der Farm Vatnsholt bei Selfoss (siehe dort) oder im Hotel Anna nahe Hvolsvöllur (siehe dort). Auch das Hotel Ranga bietet Nordlichtpackages an (mit nächtlichem Weckservice; Galerie auf der Homepage www. hotelranga.is). In Tassiilaq in Grönland (s. u.) sind Nordlichtferien spektakulär vor der Kulisse einer Bergkette zur einen Seite und dem Polarmeer mit Eisbergen zur anderen.

Rafting

In einem Land mit so ungezähmten Flüssen wie Island ist beim River Rafting der Anstieg des Adrenalinspiegels gewiss kein Problem.

Die meisten Rafting-Touren finden im Süden auf der Hvítá und im Norden auf Vestari-Jökulsá und Austari-Jökulsá statt. Bei den Anbietern gehören gründliche Einweisung und Trockenübungen genauso zum Programm wie die Bereitstellung von Outfit und Ausrüstung. Mitzubringen sind ein Handtuch, Badezeug, warme Kleidung und Schuhe zum Wechseln.

Adressen: *Arctic Rafting* bietet von Mitte Mai bis Mitte Sept. regelmäßig im Süden (nahe Geysir) Touren auf der Hvítá von Drumboddstaðir aus, im Norden (südlich von Varmahlíð) Touren auf der Vestari-Jökulsá und der Austari-Jökulsá. ✆ 5627000/ 8238300, www.arcticrafting.com.

Bátafjör Bakkaflöt veranstaltet empfehlenswerte Touren in Nordisland auf Vestari-Jökulsá und Austari-Jökulsá. ✆ 4538245, www. riverrafting.is.

Reiten und Reiterferien

Man sagt, keine Sportart passe besser zu den isländischen Wetterverhältnissen als das Reiten – bei sommerlicher Hitze und winterlicher Kälte, bei Regen, Sturm und Schnee kann geritten werden.

Das Islandpferd, das zwei Drittel des Jahres ein zottiges Winterfell aus dichtem Woll- und langem Dickhaar trägt, ist wind- und wetterfest. Zudem ist keine Fortbewegungsart besser geeignet als der Ritt auf dem Islandpferd, um beim Reisen die Kultur und Tradition der Isländer kennen zu lernen. Das Pferd gehört fast ebenso zum Land wie die Vulkane und Wasserfälle und verfügt über Eigenschaften, die auch Ungeübten unvergessliche Reittouren ermöglichen. Reiten ist in Island keine elitäre Angelegenheit, es gehört fast so zum Leben wie das Schwimmen. Die Isländer verbindet ein tiefes Zusammengehörigkeitsgefühl mit ihrem Pferd, ohne das für sie ein Leben auf der unwirtlichen Insel wohl niemals möglich gewesen wäre. Es symbolisiert Freiheit und Lebenslust, Unabhängigkeit und Ausdauer. Die vielen im Land angebotenen Reittouren folgen häufig historischen Pfaden, wie einst geht es an den Stränden die Küste entlang, werden abseits der Straßen Berge und Hügel bezwungen, Flüsse und unwegsames Hochland durchquert. Die Isländer meinen, dass, wer nicht wenigstens einmal auf dem Pferderücken durch die Landschaft geritten ist, ihr Land nicht kennen gelernt habe.

Reittouren in herrlicher Umgebung

Besonders beliebt für Reitausflüge sind die Täler um Varmahlíð im Skagafjörður, der als der Fjord der Pferde gilt, der Goldene Zirkel mit Þingvellir, Gullfoss und Geysir, der Bereich des Mývatn, die Gegend um den Vulkan Hekla bei Hella und das Geothermalgebiet Landmannalaugar, die Halbinsel Snæfellsnes und die Region um die Jugendherberge Húsey bei Egilsstaðir im Nordosten.

Wohl kaum ein Ross eignet sich auch für den Ungeübten besser als das Islandpferd. Zum einen trägt es den Reiter im Tölt (siehe Kap. „Islandpferde") sanft und bequem

Mit 50 Pferden durch das Hochland

auch über das schwierigste Gelände, zum anderen hat es sich in den harten Jahrhunderten seit der Besiedlung viele gute Eigenschaften zugelegt: Es ist ausdauernd
und widerstandsfähig, anpassungsfähig und geduldig. Es ist freundlich, wenn auch
manchmal recht temperamentvoll, zuverlässig, aufmerksam und anspruchslos. Es
verfügt über ein ausgezeichnetes Orientierungsvermögen; auch bei Dunkelheit und
Nebel weiß es immer, wo es langgeht. Verbürgten Geschichten zufolge fanden
schon Pferde, die per Schiff an andere Orte des Landes gebracht wurden, Hunderte
von Kilometern vom Hof entfernt, ihren Weg zurück nach Hause. Die Pferde-
verleiher bemühen sich, für Ungeübte gutmütige Tiere herauszusuchen, sodass zumindest kurze Ausritte problemlos möglich sind. Lange Touren hingegen sollten
allein von den Ansprüchen an die reiterliche Kondition her nicht unterschätzt werden.

Touren: Zahlreiche Bauernhöfe bieten geführte, meist kurze Reitausflüge in die Umgebung an. Typisch ist ein ein- bis zweistündiger Ausritt, z. B. zu einem Wasserfall,
einer Flussmündung oder an einem Fluss
entlang. Bei einigen Anbietern muss man
länger vorbuchen, bei manchen geht's
spontan nach einem Anruf. Für einen Ein-
stundenritt sind um die 25–40 €/Pers. zu veranschlagen. Adressen im Reiseteil; Ge-
samtauflistung der Höfe erhältlich bei
Icelandic Farm Holidays, Síðumúli 13, 108
Reykjavík, ☎ 5702700, 🖅 5702799, www.farm
holidays.is.

Angeboten werden auch längere Reittouren von einem Tag bis zu 14 Tagen. Zumeist
wird abseits der Straßen durch die unbe-
zwungene, gewaltige Natur geritten, wo
nicht mit viel Komfort gerechnet werden
kann. Die Unterbringung erfolgt in Berghütten, Gästehäusern, Gemeindehäusern oder
im Zelt. Geritten wird mit einem bis mehreren Handpferden, die von den Reitern am
Zügel mitgeführt werden. Auf längeren
Touren ist es üblich, dass etwa jede Stunde
das Pferd gewechselt wird. Die Verpflegung
besteht aus kräftiger Hausmannskost.

Saison: Die Reithauptsaison dauert von Ende Juni bis Anfang September, mittlerweile
werden aber auch vereinzelt kleinere Wintertouren angeboten. Von Oktober bis Dezember haben die Pferde allerdings „Reitfe-

rien" und ihnen werden die Hufeisen abgenommen. Auch das Winterreiten hat seinen Reiz: In Begleitung tanzender Nordlichter geht es durch das verschneite Land, über winterlich karge Strände und bei Frost kann über die vereisten Seen geritten werden.
Ausrüstung: Zum Schutz der Pferde vor ansteckenden Krankheiten darf kein gebrauchtes Sattelzeug mit auf die Insel gebracht werden. Wer eigene Reitkleidung und Stiefel mitbringt, muss nachweisen, dass sie desinfiziert worden sind.

Empfehlungen zu schönen Reiterhöfen und kleineren Veranstaltern finden Sie am Beginn der Regionskapitel unter „Tipps zur Region". Internettipps für Pferdefreunde: www.islandpferdeforum.de, www.ipzv.de, www.taktklar.de.

Veranstalter: Viele deutsche Reiseveranstalter haben Reittouren in ihrem Islandprogramm. Die großen isländischen Veranstalter organisieren mehrstündige bis mehrtägige Reittouren in ganz Island, immer mit englisch, manchmal auch mit deutsch sprechender Begleitung. Bei der Buchung einer mehrstündigen Tour sollte man bedenken, dass nie die gesamte Dauer einer Tour geritten wird (und schon gar nicht immer im Tölt); die Zeit im Sattel reduziert sich je nach Vorbereitung, Ziel und sonstiger mit dem Ausflug verbundener Aktivitäten (Mahlzeit, Besuch eines Schwimmbades etc.). Die größten Veranstalter sind:

Íshestar, Sörlaskeið 26, 220 Hafnarfjörður, ✆ 5557000, www.ishestar.is. Im Sommer zahlreiche Reittouren zwischen zwei und zwölf Tagen und unterschiedlicher Schwierigkeit, z. B. um den See Mývatn, über die Hochlandpiste Kjölur und zu den Attraktionen des Goldenen Zirkels. Außerdem von Frühjahr bis Herbst viele mehrstündige Ausritte, z. B. zur Blauen Lagune. Angeboten werden auch Touren zum Schafab- und Pferdeauftrieb.

Eldhestar („Feuerpferde"), Vellir, 810 Hveragerði, ✆ 4804800, www.eldhestar.is. Im Sommer zahlreiche längere Reittouren zwischen zwei und neun Tagen, z. B. in der Region Goldener Zirkel, auf der Halbinsel Snæfellsnes, rund um Vulkane und Gletscher, in der Lava um die Blaue Lagune. Auch kurze mehrstündige Ausritte.

Schaf- und Pferdeabtrieb – das große Herbstspektakel

Mitte bis Ende September werden die Schafe von den Weiden im Hochland hinab ins Tal getrieben – es ist Abtrieb, *réttir* (engl. round-up). Um die in alle Himmelsrichtungen verstreuten Tiere zusammenzusuchen, machen sich große Trupps von Reitern mit Hunden auf in die Berge und treiben die Schafe hinunter in große Pferche. Hier werden sie nach Besitzern getrennt. Der Schafabtrieb hat den Charakter eines Volksfestes, das innerhalb von zwei Wochen von einer Region des Landes zur nächsten zieht; traditionelle Lieder werden gesungen, Country läuft im Radio und nach der Rückkehr ins Tal wird bis in die Nacht hinein gefeiert. Mittlerweile können auch Touristen an dem Ereignis teilnehmen, ebenso am Abtrieb der Herden wilder Pferde in der letzten Septemberwoche; viele Reittourenveranstalter haben den Abtrieb im Programm. Die Termine sind auf der Seite des Bauernverbandes www.bondi.is nachzulesen oder in den Touristinformationen zu erfragen, wo man sich auch anmelden kann.

Rundflüge – Island aus der Vogelperspektive

Bei schönem Wetter und guter Sicht ist es überwältigend, die vielfältigen Landschaftsformen aus der Luft zu sehen, z. B. die verschiedenen Krater am See Mývatn oder die Gletscherzungen und sich zum Meer schlängelnden Flussläufe im Nationalpark Vatnajökull bei Skaftafell (vgl. Ortsbeschreibungen).

Hot Pots sind bei Touristen und Einheimischen gleichermaßen beliebt

Schwimmbäder und Hot Pots

Schwimmbäder, so heißt es, sind ein guter Platz, um Einheimische kennen zu lernen – hier trifft man sich entspannt im Hot Pot. Aufregender ist es, in einer natürlichen Quelle oder einem heißen Fluss mitten in wilder Natur zu baden. Sich in einem milchig-türkisblauen Badesee treiben lassen kann man in der Blauen Lagune, die das Kraftwerk auf der Halbinsel Reykjanes nahe dem internationalen Flughafen in einem eintönigen Lavafeld hervorgezaubert hat, und im Nature Bath im Norden inmitten der bizarren Vulkanwelt am See Mývatn.

> **Lesetipp:** Jón G. Snæland und Þóra Sigurbjörnsdóttir: Thermal Pools in Iceland. Skrudda 2010.

Dank der geothermalen Energie hat fast jeder noch so kleine Ort sein Schwimmbad, *sundlaug („sündlöüch")*. Schwimmen ist in Island *der* Nationalsport schlechthin. Die dampfenden Thermalbäder, meist Freibäder, sind 28–30 °C warm, verfügen häufig über Sauna, Solarium und Whirlpool und so gut wie immer über Heißwasserbecken, die 37–45 °C warmen *Hot Pots.* Hier trifft man sich nach Feierabend und klönt, egal, ob sich am Beckenrand der Schnee türmt oder es gerade mal wieder regnet; bisweilen finden sogar geschäftliche Zusammenkünfte im Hot Pot statt. Das hat eine lange Tradition: Im 13. Jh. ließ sich Dichter und Staatsmann Snorri Sturluson in Reykholt einen Hot Pot anlegen, die *Snorralaug,* die zehn Leuten Platz bot und in der Snorri sich mit seinen Männern zu Besprechungen traf. Dieser historische Badeplatz ist heute noch in Reykholt zu besichtigen. Er ist der einzige aus alter Zeit, denn früher mieden die Isländer die natürlichen heißen Quellen. Diese Plätze waren ihnen unheimlich und sie hatten Angst um ihr Vieh. Heute sind die natürlichen Pools bei ihnen genauso hoch geschätzt wie bei erschöpften Radlern und Wanderern. Die Isländer sind zudem davon überzeugt, dass gerade das Zusammenspiel aus kalter Luft und heißem Wasser einen ausgesprochen positiven Einfluss auf die Gesundheit hat. Ein Bad im geothermalen Wasser gilt auch als bestes Rezept gegen einen Kater.

Eintritt ca. 3 €, Kinder die Hälfte. Es ist Pflicht, sich vorher gründlich mit Seife zu duschen – und zwar ohne Badekleidung!

Wellness in Reykjavík – Spa City

Eine heiße Lavastein-Massage, bei der Öl aus isländischen Kräutern in den Körper gewalkt wird – *Mecca Spa* macht's möglich. Der dem Hotel Saga in Reykjavík angeschlossene Wellness-Tempel verwöhnt seine Gäste zwischen Fitness-Studio, Dampfbad und Jacuzzi mit einer Vielzahl an Massagen und exklusiven Anwendungen auf der Basis von Algen oder Kräutern. Von diesen modernen Bädern gibt es mittlerweile einige in der Hauptstadt, die im Jahr 2000 offizielles Mitglied des Europäischen Heilbäderverbandes wurde und sich seither *Spa City* nennt – Thermalbadestadt. Im *Laugar Spa* nahe dem Campingplatz erwartet Sie ein riesiges Wellness-Zentrum mit Schwimmbädern, Beauty- und Massagestudio und Gymnastiksälen. Das Hilton Hotel wirbt im *NordicaSpa* mit „Vulkanbehandlung" und „Schmetterlingstherapie".

Zig Millionen Tonnen des gesundheitsfördernden Wassers vulkanischen Ursprungs werden jährlich aus der heißen Erde in die Kapitale gepumpt. Ein Teil davon speist die sieben Schwimmbäder und die Gesundheitsoasen. Das Wasser soll nicht nur ein wahrer Jungbrunnen sein, sondern hat nachweislich positive Auswirkungen auf Gesundheitsprobleme wie Arthritis, Herz- und Lungenerkrankungen und Asthma. Und auf die Psyche, denn es entspannt Körper und Seele und lässt Stress und Anspannung dahinschwinden.

Information: *SPA City Reykjavík* listet alle Angebote, www.spacity.is. *Laugar Spa*, Sundlaugavegur 30a, ☎ 5530000, www.laugarspa.is, Mo–Fr 6–23.30, Sa/So 8–22/20 Uhr, ISK 4990, *Mecca Spa* im Hotel Saga, ☎ 5641011, www.mecca spa.is, *NordicaSpa* im Hotel Hilton, ☎ 4445090.

Skifahren im Winter

Skifahren ist in Island ein beliebter Wintersport. Im Norden der Insel dauert die Saison bis Ende Mai.

Insgesamt 90 Skilifte bringen Abfahrtsski-Begeisterte die Berge hinauf; das mit elf Pisten größte Skigebiet ist Bláfjöll südlich von Reykjavík. Als das beste gilt jedoch die bergige Region bei Akureyri auf der Halbinsel Tröllaskagi mit Höhen bis knapp 1300 m. Skizentren liegen hier v. a. bei Akureyri, Dalvík, Ólafsfjörður und Siglufjörður.

Adresse: Das Skigebiet Hlíðarfjall, das zweitwichtigste des Landes, liegt 7 km von Akureyri entfernt. Hier ist Langlauf oder Abfahrt möglich, die Lifte fahren bis 995 m hoch. Verleih von Skiausrüstung und Snowboards. Ein privater „Ski-Bus" fährt im Winter Fr–So tägl. 3-mal hoch und runter, ☎ 8963569, www.ttv.is.

Skitouren: Das Unternehmen *Bergmenn Mountain Guides* organisiert professionell geführtes mehrtägiges Skibergsteigen und Skitourengehen auf der Halbinsel Tröllaskagi, mit Übernachtung in Klængshóll. ☎ 6989870, www.bergmenn.com.

Tauchen

Dass sich von den Top Ten der Tauchgebiete dieser Welt eines in Island befindet, ist nur wenigen bekannt. Wo aber sonst kann man wie im Þingvallavatn in klarstem Wasser zwischen Amerika und Europa hin- und hertauchen? Die tiefe Spalte *Silfra* („Silber") im Mittelatlantischen Rücken ist mit konstant 1– 3 °C kaltem Wasser gefüllt, das sich über Jahrtausende von den Gletschern durch die Lava vorgearbeitet hat und so klar ist, dass man im Schnitt mehr als 100 m weit sehen kann. Ein weiteres einzigartiges Taucherlebnis bietet *Strýtan* im *Eyjafjörður*, wo eine über 50 m hohe Säule heißen, geothermalen Wassers, in der Kabeljau auf- und abschwimmt, aus 70 m Tiefe aus dem Meeresboden aufsteigt.

Adressen: *Diveiceland.com* unter Leitung von Héðinn Ólafsson, der in Hafnarfjörður ein Tauchzentrum betreibt, ist ein viel gelobter Anbieter, der Trips in die Top-Tauchgebiete des Landes (u. a. Silfra, Strýtan) anbietet. Auch Tauchkurse für Anfänger und PADI-Kurse. ✆ 6993000, www.diveiceland.com.

DIVE.IS, das PADI Dive Center in Reykjavík, hat Touren zu den wichtigsten Tauchgebieten und zu diversen anderen Plätzen unweit von Reykjavík im Programm. ✆ 6632858, www.dive.is.

Vogelbeobachtung

Nicht nur für versierte Vogelkundler, die alle Federkleider auseinanderhalten können, ist Island ein Paradies. Auch der ornithologische Analphabet ist fasziniert, wenn er den gefiederten Tieren beim Nisten, Füttern, Herumtapsen, Auffliegen, Segeln und Jagen zusieht. Auf der Insel im Nordatlantik können amerikanische neben europäischen Arten gesichtet werden, dazu arktische Vögel, die sonst auf Grönland oder Spitzbergen anzutreffen sind. Die beste Beobachtungszeit ist Mitte Mai bis Ende Juni – dann sogar rund um die Uhr.

Etwa 80 Arten brüten in Island, manche von ihnen leben ganzjährig hier, manche sind Zugvögel, die regelmäßig auf die Insel kommen. Neben den Brutvögeln gibt es Durchzügler im Frühjahr und Herbst, Sommergäste, die auf der Südhalbkugel brüten (Großer Sturmtaucher und Dunkler Sturmtaucher) oder Wintergäste wie z. B. manche arktische Vögel, die weiter im Norden dem Nistgeschäft nachgehen (so der Knutt, der in Afrika überwintert). Ab und an verirrt sich auch ein Vogel nach Island, weil Stürme ihn abgetrieben haben. Summa summarum sind in Island fast 400 Arten nachgewiesen.

Vogelwelten: Arktische Arten, die auch in Island brüten, sind das seltene Thorshühnchen, die Dickschnabellumme und die Eismöwe. Die Polarmöwe gastiert im Winter in Island, im Sommer brütet sie in Grönland. Prachteiderenten findet man ebenfalls v. a. im Winter auf der Insel. Spatelente, Kragenente und Eistaucher brüten u. a. in Nordamerika, innerhalb Europas allerdings nur in Island (am Mývatn).

Hot Spots: Das Enteneldorado schlechthin ist der See Mývatn, zusammen mit seinem Abfluss Laxá. Hier brüten sämtliche isländischen Entenarten. Seevögeln aller Couleur begegnet man auf Schritt und Tritt auf den Westmännerinseln, auch den fotogenen Papageientauchern. Sehr einfach sind diese zu beobachten im Hafen von Borgarfjörður eystri im nördlichen Osten. Ein riesiger Vogelfelsen liegt in den Westfjorden, der berühmte Látrabjarg, zwei weitere große mit Tausenden von Seevögeln befinden sich im Süden auf der Halbinsel Reykjanes: Krýsuvíkurberg und Hafnaberg. Im Tiefland von Eyrarbakki werden 25 Brutvögel im sumpfigen Flói-Reservat gesichtet (Sterntaucher, Alpenstrandläufer, Uferschnepfe, Bekassine u. a.). In der flachen Grundmoränenlandschaft der Melrakkaslétta sind zahlreiche Vögel zu beobachten (Watvögel), eine besondere Ballung findet sich am nordwestlichen Rand der Ebene am Fels „Rauðinúpur" (z. B. Dickschnabellummen und der andere Vögel jagende Gerfalke). In der Schlucht Ásbyrgi nisten am leicht zugänglichen See Botnstjörn Rotdrossel, Pfeifente, Odinshühnchen und Eissturmvogel.

Neue Entwicklungen: In letzter Zeit wurden mehr Singvögel beobachtet, wie Waldschnepfe und Wildgoldhähnchen, wohl wegen der voranschreitenden Aufforstung. Die Amsel hat es sich in Reykjavík häuslich eingerichtet. Wegen Nahrungsknappheit findet man brütende Papageientaucher nunmehr v. a. im Norden. Die genauen Ursachen wie veränderte Meeresströmungen und Nahrungskonkurrenz mit Fischen werden noch erforscht.

Lesetipps

Die Vogelbibel: Jóhann Óli Hilmarsson: Isländischer Vogelführer. Reykjavík 2011.

Für Papageientaucherfans: Jóhann Óli Hilmarsson: Papageientaucher.

Die Übersicht: Fuglakort Íslands von Mál og Menning, Poster mit Vogelarten im Landkartenformat.

Internet: Ausführliche Seite für Einsteiger und Profis: http://notendur.hi.is/yannk/indexeng.html. Interessant auch die Listen und Galerien unter www.fauna.is, www.fuglar.is, www.aves.is, www1.nams.is/fuglar/index, www.iww.is und www.iceland-nh.net.

Karten und regionale „Bird Trails": Beobachtungskarten werden am Mývatn im Vogelmuseum und in Djúpivogur in der Information ausgegeben. Für Nordostisland gibt es eine Karte mit Standorten (erhältlich z. B. auf der Farm Ytra-Lón bei Langanes): www.birdtrail.is/ www.visitnortheasticeland.is/birding-trail.

Zum Reservat „Flói" bei Eyrarbakki gehört die Seite www.fuglarvernd.is.

Beobachtungshäuschen: Im Osten in Djúpivogur (www.birds.is/fuglavefuren/), am Mývatn und im Flói-Reservat. Borgarfjörður eystri (www.puffins.is), im Westen beim Hof Illugastaðir auf der Halbinsel Vatsnes, bei Rif auf der Farm Snæfellsnes, bei der Farm Gauksmýri, im Svarfaðardalur bei Dalvík, in den Westfjorden nahe Hólmavík und in Reykhólar im Süden in Sandgerði (alle Letztgenannten an Seen).

Museen: Ausgestopfte Vögel sind für eingefleischte Vogelbeobachter sicher unattraktiv, wer jedoch einen Überblick gewinnen will, sollte in Reykjavík das Vogelmuseum mit gut gemachten Präparaten (und fantastischen Fotos an den Wänden) besuchen. Weitere Exponate im Reykjavíker Vorort Kópavogur, im Vogelmuseum am Mývatn (www.fuglasafn.is), im Naturkundemuseum in Ólafsfjörður, im Naturhistorischen Museum in Bolungarvík und im Heimatmuseum Hvoll in Dalvík.

Veranstalter: Gavia Travel, ☎ 5113939 www.gaviatravel.com, auch Tagestouren. Erlingsson Naturreisen, ☎ 06251/989 920, www.naturreisen.is.

Wal- und Seehundbeobachtung

Es ist aufregend, auf dem Nordatlantik zu schippern und Ausschau nach den Großsäugern zu halten – kaum ist einer auftaucht, lauern an Bord alle gespannt auf den „deep dive" und darauf, dass der Wal seine Heckflosse zuvor malerisch aus dem Wasser wölbt.

Manchmal zeigen die Tiere auch ihre Flossen oder drehen sich auf den Rücken – ein Fest für Fotografen. Über ein Dutzend **Walarten** tummelt sich in isländischen

Gewässern, u. a. Finn-, Sperm-, Zwerg- und Buckelwal. **Seehunde** beobachtet man an vielen Küstenabschnitten, z. B. bei Höfn, in den Westfjorden oder bei der Jugendherberge Húsey bei Egilsstaðir, vor allem aber auf der Halbinsel Vatnsnes im Nordwesten – hier leben zwischen 1500 und 2000 Exemplare.

Ausgangspunkte von Beobachtungstouren: **Wale**: Húsavík, Dalvík, Reykjavík, Ólafsfjörður, Hauganes (nördlich von Akureyri); **Seehunde**: Hvammstangi.

Schauspiel im Fjord

Mit dem Schwanz zuerst

Wale sind faszinierende Lebewesen. Pottwale wie Moby Dick können 2000 m tief tauchen. Fast 10 m hoch ist die Blasfontäne der Blauwale, deren Herz so groß wie ein Auto ist. Allein ihre Zunge wiegt über 6000 Kilo! Wale schlafen nie und einige Arten werden 90 Jahre alt. Sie unterhalten sich mit Tönen und Gesängen. Island ist für sie vor allem ein reicher Fischgrund. Auf über 15.000 schätzt man allein die Zahl der Finnwale vor Islands Küste. Zwergwale soll es sogar 50.000 geben. Die Paarung findet bei vielen Arten in der Karibik oder vor Afrika statt. Um nicht während der Geburt zu ertrinken, werden die jungen Wale mit dem Schwanz zuerst geboren. Immer wieder stranden Wale, manchmal ganze Herden, z. B. wenn das Leittier erkrankt und die anderen ihm in den Tod folgen.

Wander- und Trekkingparadies Island

Durch dampfende Schluchten, über bunte Berge, zu tosenden Wasserfällen oder über zerklüftete Lavaströme – Wandern in Island schenkt unvergessliche Erlebnisse in weitgehend unberührter Landschaft abseits der Zivilisation, sei es auf ausgetretenen Pfaden oder in weglosem Gelände. Besondere Tipps finden Sie in den Kapitelanfängen, genaue Beschreibungen bei den einzelnen Orten.

Die Wanderrouten zu den Hauptsehenswürdigkeiten in Naturschutzgebieten und Nationalparks sind meist in gutem Zustand, mit Fußgängerbrücken ausgestattet, mit Schildern versehen und mit Holzpflöcken markiert – somit ohne Schwierigkeiten zu begehen. Trittsicherheit und die Bereitschaft, hin und wieder eine sumpfige

Stellen zu passieren, erfordern jedoch fast alle Wanderungen. Auf manchen Touren müssen die Füße vom Schuhwerk befreit werden, um einen Bachlauf oder gar einen Fluss zu durchwaten. Isländer kennen Markierungen erst seit kurzem, und deren Notwendigkeit erschließt sich bis heute nicht jedem, schließlich geht man ja zum Schafabtrieb einfach so in die Berge und kennt jeden Hügel in- und auswendig. Rentierjäger stolpern sowieso überall dem Wild hinterher, und sei es auf den höchsten Frostschuttflächen. Wundern Sie sich also nicht, wenn ein Isländer Ihnen ohne Wimpernzucken erklärt, man gehe halt einfach in einem großen Bogen auf den Berg hinauf – wenn Sie sich darauf einlassen, es den Isländern nachzutun, müssen Sie selbst den Weg über Bäche, Sumpfebenen, Felsstufen, Schuttflächen und vielleicht ein Altschneefeld finden, was schon etwas Entdeckungslust und Erfahrung voraussetzt.

»» Unsere Tipps «««

In die eisige Gletscherwelt: Streifen Sie im Nationalpark Vatnajökull in Skaftafell im Südosten zwischen den Gletscherzungen umher!

Zu Vulkankegeln, Lavasäulen, Schluchten und Wasserfällen: Streunen Sie in der lavasäulenverzierten Schlucht Ásbyrgi im Nordosten oder im Wanderparadies ist Þórsmörk im Süden herum. In den Ost- und Westfjorden bietet fast jeder Fjord Gelegenheiten für kurze und intensive Streifzüge zu Wasserfällen. Spaziergänge und viele kleine Touren in der wüsten und zugleich sehr ästhetischen Vulkanwelt gehören am See Mývatn im Nordosten zum Pflichtprogramm. Eine idyllische Wasserfallwanderung beginnt ab Skógar im Südwesten, in Heidelandschaft geht es hoch zum Hengifoss bei Egilsstaðir im Osten, der von der Natur mit einem perfekt designten Hintergrund versehen wurde.

Durch rauchende und blubbernde Geothermalgebiete: Baden Sie im heißen Fluss im Hengill-Gebiet in Südisland bei Hveragerði, marschieren Sie durch dampfende Berge in den Kerlingarfjöll-Bergen an der Kjölurpiste im Hochland und erkunden Sie bunte Berge und bemooste Lavaströme in Landmannalaugar im südlichen Hochland.

Aufregende Bergbesteigungen: Wir empfehlen die Touren auf den Vulkan am Gletscherrand Snæfell im östlichen Hochland, zum „Eingang zum Mittelpunkt der Erde" Snæfellsjökull auf der gleichnamigen Halbinsel, auf den Hausberg von Akureyri „Súlur" oder auf den Snækollur im Hochland nahe dem Kjölurroute im Geothermalgebiet Kerlingarfjöll. Einfach ist u. a. die Besteigung des Svartafell bei Eskifjörður, hier beginnt man ab der Passhöhe und steigt auf knapp über 1000 m, manchmal steht man dann über den Wolken. Lassen Sie das Wetter entscheiden! „Das Tor zur Hölle" Hekla im Süden ist unmarkiert und derzeit nicht zu empfehlen.

Trekking-Traumtouren: Zu den meisten Ausgangspunkten gelangt man mit dem Bus. Beliebt und ohne besondere Schwierigkeiten sind die 2-Tage-Tour in einer lieblichen Schlucht vom Dettifoss nach Ásbyrgi und die 3-Tage-Route in Gletschernähe im Bereich der Kjölurpiste im Hochland. Technisch einfach und sehr beeindruckend sind Touren verschiedener Länge (2–4 Tage) im farbenfrohen Fjord Borgarfjörður eystri in den Ostfjorden. Auch auf der schwarzen Halbinsel Reykjanes ist ausgedehntes Trekking möglich. Die „Standardroute" ist allerdings die relativ stark frequentierte Strecke Landmannalaugar-Skógar, die neuerdings am Nordende noch um einen Tag oder sogar vier Tage verlängert werden kann.

Flussüberquerung auf die einfache Art

Zwei weitere reizvolle Touren befinden sich im südlichen Hochland: vom See Lángisjór Richtung Süden an einem der wildesten und gefährlichsten Gletscherflüsse Islands entlang (kein Bus) und auf dem Strútsstígur nördlich des Mýrdalsjökull. Alle diese Touren sind entweder mit dem eigenen Zelt möglich oder mit Hüttenübernachtungen.

Ein großer Naturgenuss sind die in jedem Fall ein Zelt und Erfahrung erfordernden Trekking-Routen im Svarfaðardalur, in den verlassenen Ostfjorden bei Gerpir oder auf der verlassenen Halbinsel Langanes im Nordosten. Wer selbst keine Vögel als Lebewesen um sich haben will, kann die düsteren Lavafelder des Odáðahraun auf einer 2-Tage-Hütten-Tour erkunden. Anspruchsvolle Strecken und Herausforderungen selbst für Erfahrene sind die verlassenen Buchten von Hornstrandir in den Westfjorden (ohne Hütten) sowie die Tour vom Vulkan Snæfell in die Lónsöræfi bei Höfn (mit Hütten).

Anspruchsvolle Touren: Schwierigere bzw. unmarkierte Touren setzen ebenso wie Gletscherbegehungen besonderes Know-how und Erfahrung voraus. Lavaplatten können einstürzen, Steine können von Gletscherkanten rollen, der Boden in Geothermalgebieten kann brüchig sein, Flüsse können reißender sein als gedacht. Wenn Nebel aufkommt, kann es ruckzuck dahin sein mit der Orientierung, außer wenn es eng gesetzte Markierungsstöcke gibt – was nur selten der Fall ist. Unerwartet kann ein Sturm aufziehen und der Wind orkanähnliche Stärke erreichen, besonders im Hochland. Dort kann es in den Aschewüsten zudem extrem unangenehme Sandstürme geben. Bedenken Sie, dass man in vielen Gegenden des Hochlands kein reines Trinkwasser schöpfen kann. Wer trotz fehlender Erfahrung nicht auf anspruchsvolle Touren verzichten will: Ranger, Bergführer und die Wandervereine bieten in vielen Gebieten erlebnisreiche Touren an.

Aktive Vulkane: Zwei Vulkane stehen „kurz" vor einem Ausbruch, Hekla und Katla gelten als fällig – die Vorwarnzeit kann kürzer sein als die Dauer des Abstiegs!

Karten und Wegmarkierungen: Wanderkarten werden von Wandervereinen und der Naturschutzbehörde herausgegeben, teils sind Wege auch auf den kommerziellen Landkarten oder in den jährlichen Prospekten der lokalen Touristinformationen eingezeichnet. Bedenken Sie jedoch, dass Karten bei Druck gelegentlich schon wieder veraltet sein können, besonders im Hochland, z. B. weil Wege wegen Erosion verlegt wurden oder Fußgängerbrücken weggeschwemmt sein können. Die Unterhaltung von Markierungsstäben ist eine fordernde Aufgabe, da aufgrund der rauen Bedingungen oder sich die Hörner reibenden Schafe hin und wieder Pflöcke „verschwinden". Auf weniger begangenen Strecken vergeht manchmal etwas Zeit, bis die Markierungen wieder in einen Topzustand versetzt werden. Erkundigen Sie sich immer vor Ort nach den aktuellen Bedingungen!

Magnetische Abweichung: Der magnetische Nordpol der Erde fällt nicht mit dem geografischen zusammen. Vielmehr zieht der Pol im Norden der Erde das Nordende eines magnetischen Materials, wie z. B. eine Kompassnadel, an. Im Norden befindet sich also paradoxerweise der magnetische Südpol; dieser liegt ein wenig abseits vom geografischen Nordpol. Die daraus resultierende Missweisung in Relation zum geografischen Nordpol kann in Island im Osten ca. 14°W, im Westen 22°W betragen. Die Abweichung verändert sich mit 0,3° pro Jahr.

Karten: Aufgrund der großen Wanderbegeisterung der Touristen und der Reykjavíker wurden viele Wanderkarten mit großem Maßstab einzelner Regionen herausgegeben (vgl. Regionskapitel). Auch die Zahl der markierten Wanderwege nimmt von Jahr zu Jahr zu.

Steinhaufen-Markierungen: Es gibt zahlreiche historische Reit- und Postwege quer über die ganze Insel, die seit urlanger Zeit mit Steinmännchen markiert sind und bisher von Touristen noch kaum entdeckt sind.

Organisierte Wandertouren, Organisationen: *Ferðafélag Íslands*, „FÍ", Iceland Touring Association, Mörkin 6, 108 Reykjavík, ✆ 5682533, www.fi.is (auch auf Deutsch), ein- bis mehrtägige Wandertouren.

Útivist, Laugavegur 178, 105 Reykjavík, ✆ 5621000, www.utivist.is.

www.ganga.is, Tourenverzeichnis, leider noch nicht auf Englisch;

Íslenska Alpaklúbburinn, The Icelandic Alpine Club, www.isalp.is.

"You are on your own ..."

... versuchen die Isländer den Touristen gebetsmühlenhaft beizubringen. Sie sollen den gesunden Menschenverstand gebrauchen, denn nicht alles, was Gefahren birgt, ist mit Warntafeln versehen. Isländer wundern sich jedes Jahr über Ausländer, die sich in Lavahöhlen wagen, ihre Füße in kochende Schlammquellen stecken und Wasserfälle an den rutschigsten Stellen direkt am Abgrund beobachten. Aggressive Brutvögel sind in einigen Küstengebieten die Hauptgefahr für Touristen – entweder wandert man nicht zur Brutzeit oder man verhindert das Schlimmste, indem man einen Stock als Angriffsziel anbietet. Insbesondere im Hochland und in verlassenen Gegenden abseits markierter Wege gilt: Man ist selbst verantwortlich für das, was man tut, und man muss seine Fähigkeiten, seine Kondition, die Dynamik der Flüsse und die Wetterbedingungen selbst einschätzen können – eine Kultur der Absicherung oder gar Sperrung bei Gefahr gibt es in Island nur an einigen Haupttouristenattraktionen! Kleine Wanderrunden auf markierten Pfaden sind jedoch in der Regel völlig problemlos, ein wenig Trittsicherheit vorausgesetzt. Weitere Hinweise finden Sie unter www.safetravel.is.

Wagemutig: zum Baden in die Lavahöhle

Lesetipp: Jón G. Snæland: Huts and Lodges in Iceland. Skrudda 2010. Der Automechaniker Jón hat alle Hütten abgeklappert und dokumentiert!

Berghütten: Werden neben FÍ und Ùtivist betrieben von: *Ferðafélag Akureyrar*, Strandgata 23, ☎ 4622720, www.ffa.is, Hütten an der Askja und Sprengisandur (Bilder im Netz), *Ferðafélag Austur-Skaftfellinga*, Hütten in der Lónsöræfi www.gonguferdir. is, *Ferðafélag Fljótsdalshéraðs*, ☎ 8635813, www.fljotsdalsherad.is/ferdafelag, Buchung unter ☎ 8635813, u. a. Hütte Snæfellsskáli und Hütten bei Borgarfjörður eystri. *Ùtivist*, Laugavegur 178, 105 Reykjavík, ☎ 5621000, 🖷 5621001, www.utivist.is. Gletscherforschungsgesellschaft *Jöklarannsóknafélag*, Isländische Glaziologische Gesellschaft, ☎ 8930742, www.jorfi.is, 7 Hütten an und auf Gletschern (keine regulären Touristenunterkünfte).

Ausrüstung: Vgl. Kap. „Ausrüstung".

Falls die Ideen ausgehen, hier weitere Anregungen:

- aus einer Quelle Mineralwasser schöpfen (Snæfellsnes)
- auf der „heiði" Blaubeeren pflücken (August/September)
- am Atlantik baden (Reykjavík)
- in einer heißen Quelle ein Ei kochen (Hveragerði)
- in einer Kirche übernachten (Stöðvarfjörður)
- eine Toilette mit Warmwasserspülung benutzen (Sprengisandur)
- an einer Tankstelle das Auto waschen
- im Hochland Trollbrot suchen (vgl. Kap. „Geologie")
- über die Spalte zwischen den Kontinenten hüpfen (Halbinsel Reykjanes)
- mit den Isländern Hot Dogs und Softeis essen
- Steine schwimmen lassen (Bimssteine an der Askja nehmen)
- vor dem Einschlafen Schafe zählen

Nach Grönland!

Tasiilaq („ruhiges Wasser") in Grönland ist eine andere Welt und hat mit Island wenig mehr als den Breitengrad gemeinsam. Die Gegend um die Hauptstadt Ostgrönlands ist ein herrliches Wander- und Trekkinggebiet.

Wer nach Grönland kommt, sucht meist ein besonderes Naturerlebnis – egal, ob Sie für zwei oder 14 Tage kommen. Unsere Tipps: Gehen Sie auf Walbeobachtung in kleinen Booten, fahren Sie nach *Nogtivit* zur Inlandseiskappe, unternehmen Sie eine Tour in den *Johan-Petersen-Fjord*, in den mehrere Gletscher strömen, fahren Sie mit dem Boot zur Siedlung *Tinite* oder mit dem Hundeschlitten auf den Gletscher oder zur riesigen Eiswand des *Karale-Gletschers* – allesamt unvergessliche Erlebnisse. Wer mit den Eisbergen auf du und du sein will, leiht sich ein Kajak. Nicht nur bei schlechtem Wetter kann man mit der grönländischen Welt im Ort in Berührung kommen – schlendern Sie durch die wenigen Gassen und besichtigen Sie das kleine, aber interessante Museum! Im Winter werden Schneeschuh- und Pulkatouren angeboten.

Information: Zur Wanderplanung ist das *Red House* ein kompetenter Ansprechpartner, www.east-greenland.com (auch auf Deutsch), ☎ 00299-981650. Robert ist Anlaufstelle für alle Belange, gerne schon vor der Ankunft kontaktieren. Zudem gibt es im Ort eine Touristinformation (ein Privatunternehmen). Statistische Info über Grönland: www.statgreen.gl.

Wetter: Oft gefühlt besser als in Island, da weniger Wind bläst. www.dmi.dk (nur für wenige Tage), ansonsten bei Robert.

Einkaufen/Ausgehen: Zwei *Supermärkte* mit günstigen Preisen und riesigem Sortiment (inkl. einfache Kopf-Moskitonetze gegen Mücken), Tankstelle, vier Kioske (dort auch Eis, Kaffee, Bücher) und Post. Abends empfehlen wir den Klubben oder die Bar am Hafen.

Briefmarken: Tasiilaq ist der Sitz der grönländischen „Filatelie", die 1989 von Kopenhagen hierher verlegt wurde. 18–20 der begehrten Marken werden pro Jahr herausgegeben und von hier an ca. 25.000 Sammler verschickt; www.stamps.gl.

Übernachten: Wir empfehlen das *Red House*. Das DZ kostet 735 DKK, SSU in weiteren Häusern nebenan 280 DKK (Küche).

Grönland ist karg

Vermittlung von Unterkünften in umliegenden Dörfern bei Grönländern. Großes Frühstücksbüfett 90 DKK. Zelten 60 DKK/Pers. Wasser, Toiletten, Bänke, Aufenthaltszelte, Zeltvermietung. Melden Sie sich unbedingt vorher an und vereinbaren Sie einen Abholservice von Kulusuk (Flughafen).

Karte: Vandrekort Ostgroenland 1:100.000. Seen und Gletscher haben sich verändert! Vor Ort erhältlich, besser aber schon mitbringen.

Flüge von Island: nach Kulusuk (KUS) mit Air Iceland im Sommer mehrmals die Woche, www.airiceland.is, ☎ 5703030. Buchbar auch bei deutschen Reisebüros.

Gefahren: Die Schlittenhunde sind angekettet, Polarfüchse nicht auf Menschen aus. Der Fallwind Pitarak kann Orkansturmstärke erreichen. Infos im Red House.

Kulturelle Besonderheiten: Blicken Sie als Mann Frauen nicht in die Augen, es könnte als eindeutige Aufforderung missverstanden werden. Gehen Sie behutsam mit dem Fotoapparat um. Die Einheimischen wollen keine „Zootiere" sein.

Wandern und Trekking: Kurze Touren (½– 3 Tage) ab Tasiilaq sind problemlos möglich. Die Halbinsel ist ein Trekkingparadies. Gletscher müssen nicht unbedingt überquert werden, sie sind zudem oft verrissen und nicht einfach zu überqueren. Ausgetretene Wanderwege gibt es nicht – aber gerade das macht den Reiz aus. Wer größere Touren bzw. Expeditionen unternehmen will, sollte wegen Schlechtwettertagen genug Zeit und gute Ausrüstung mitbringen, evtl. bei Robert Peroni einen Guide anheuern und ein Satellitentelefon oder Gewehre mieten.

Buchung: Am unkompliziertesten ist eine vorgebuchte Grönlandreise, z. B. mit Wüstenwandern, Island Erlebnisreisen, NaturPur oder Nordwind-Reisen. Große Anbieter sind Hauser und Wikinger.

Das Red House von Robert Peroni

Der heitere Südtiroler Robert versucht mit viel Engagement, seinen Gästen das soziale Gefüge und die einheimische Kultur nahe zu bringen: Wenn ein Gast kommt, soll er nicht zu den Exoten fahren, sondern zu Menschen – den *Inuit*. Den Einstieg erleichtert die hervorragende Küche im Roten Haus, die Lokales mit Mediterranem kombiniert. Grönland ist von außen schwer zu durchschauen und zu verstehen, das beginnt schon bei den Namen. „Manche Kinder haben zehn Namen, sie tragen die von Verstorbenen weiter", erklärt Peroni, der sein Herz an Ostgrönland verloren hat. Die Jäger sind hoch angesehen und spielen in der Gesellschaft eine besondere Rolle, denn ein Clan aus 30–40 Personen wird von 2–3 Jägern mit Fleisch versorgt. Doch die eisige Welt ist kein Idyll von Naturmenschen. Die dänische Verwaltung veränderte die Gesellschaft und Amerikaner nahmen Land in Beschlag, um Horchstationen zu betreiben. Heute kämpfen die Grönländer mit „importierten" Erscheinungen wie Arbeitslosigkeit und Alkoholismus. Die Lage ist verzwickt: Weder gibt es ein Zurück zur alten Gesellschaft, noch kann die europäische Wirtschaftswelt so einfach kopiert werden. Auch das versucht Robert zu erklären – den Grönländern sei positive Konkurrenz so fremd ist wie Besitzdenken. Die Mentalität ist eher fatalistisch, Ereignisse nimmt man wortlos hin. Wenn es im Winter düster wird, versteht man die Grönländer besser, im Zwielicht wirkt die Landschaft magisch und das rationale Denken wird unbedeutender ...

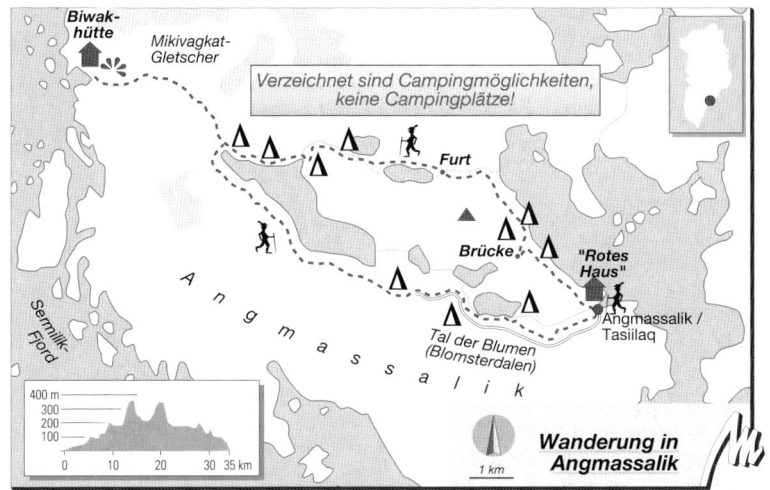

Wanderung in
Angmassalik

🏃 Wanderung

Die 11-Seen-Wanderung (2–3 Tage): Herrliche und leichte Wanderung für jedermann von Fjord zu Fjord. Zeltplätze und Wasser kein Problem. Wer kein Zelt hat, kann in einer der beiden kleinen, dunklen Biwakhütten übernachten. Ausgetretene Wege gibt es nur stellenweise, die Orientierung ist aufgrund der Seen dennoch sehr einfach. Gelegentlich ist blockiges Material zu überqueren.

In Tasiilaq folgt man dem Uferweg fjordeinwärts. Sie geraten in eine erstaunlich grüne Landschaft mit vielen arktischen Blütenpflanzen – bei gutem Wetter ein Idyll! Wenn Sie nachmittags gestartet sind, schlagen Sie ruhig hier Ihr Lager auf. Man geht im weite-

ren Verlauf auf der rechten, nördlichen Seite um den großen See und den Hang hinauf zum nächsten kleinen, manchmal fast trockenen See, der dicht mit Wollgras umwachsen ist. Unterwegs haben Sie einen fantastischen Blick auf kleine Gletscher. Erklimmen Sie eine weitere Stufe, um am höchsten Punkt der Wanderung zu stehen und die Eisberge im Nachbarfjord dahinschwimmen zu sehen. Bei guter Sicht reicht der Blick auf das gigantische Inlandeis. Wir empfehlen, unterhalb der Nothütten („Biwakschachteln"; steigen Sie dort ab, nicht am Fluss!) zu zelten und am nächsten Morgen in einer langen Tour auf der anderen Seite der Seen zurückzulaufen.

GPS-Daten: siehe www.michael.mueller-verlag.de.

Stricklava im Hochland

Das geologische Küken

Feuer und Eis – das sind die gewaltigen Naturkräfte in Island. Heiden, Hochebenen, Wiesen, Wüsten, Gletscher, Geysire, Buchten, Berge – das sind die Elemente der isländischen Natur. Vor allem aber sind es die Kontraste und Farbenspiele, die die Faszination der Insel am Rand der bewohnbaren Welt ausmachen. Mal ist es neblig, mal gleißend hell, mancherorts sandig-schwarz oder saftiggrün, mal brettflach, mal steil und schroff.

Das einsame Eiland im Nordatlantik ist die zweitgrößte europäische Insel nach Großbritannien und geologisch das jüngste Land Europas. Gleichzeitig ist seine Entstehung noch nicht zum Abschluss gekommen. Die vorgelagerte Insel *Surtsey* beispielsweise, nach dem mythologischen Feuerriesen *Surtur* benannt, tauchte in den sechziger Jahren nur wenig südlich von Island entfernt an der Meeresoberfläche auf. Mit etwa 103.000 qkm ist die Insel etwa so groß wie Bayern und Baden-Württemberg zusammen (bei einer Einwohnerzahl von Augsburg!). Zum europäischen Festland ist es ein Stückchen weiter, die Entfernung Island–Norwegen beträgt 970 km, zum vereisten Grönland ist es nur ein Katzensprung von 290 km, die benachbarten Färöer-Inseln sind 420 km weit und Schottland ist 800 km entfernt.

Entstehung: Auf halbem Weg zwischen Moskau und New York türmte sich durch das Auseinanderdriften zweier Erdplatten auf dem „mittelatlantischen Rücken" Land auf: Island. Es ist beiden Erdplatten zuzurechnen: Mitten durch die Insel verläuft der trennende Graben zwischen Amerika und Europa, verbunden mit einem heißen Magmareservoir in der Tiefe, das immer wieder Vulkanausbrüche nährt.

Die berühmte Gletscherlagune Jökulsárlón im Südosten

Landschaften:
von lieblich bis gewaltig

Die Gestalt Islands ist das Ergebnis des ständigen Ringens von Feuer und Eis. Von den Wäldern und Fluren mitteleuropäischer Art ist es ein weiter Schritt zur unruhigen Natur der Insel. Dort kann man sich vorstellen, wie es in Mitteleuropa gegen Ende der Eiszeit vor einigen tausend Jahren ausgesehen hat, dort lassen sich die geomorphologischen Vorgänge in Zusammenhang mit Vergletscherung, wie sie sich zwischen Nordsee und Alpen abspielten, in der Gegenwart beobachten – und manchmal direkt miterleben.

Zahlenspiele

Gesamtfläche: 103.100 qkm, davon vegetationsbestanden: 23,805 qkm. Mit Fischereigrenze: 758.000 qkm

Kultivierte Fläche: 1,5 %, Weide 1,3 %, Seen 2,9 %, Wald 1 %, Lava 11 %, Gletscher 12 %

Höhenstufung: Gebiete <200 m: 24 %, 200–700 m: 49 %, > 700 m: 26 %

Größe: etwa 500 x 300 km

Küstenlinie: über 6000 km

Höchster Berg: 2.110 m Hvannadalshnjúkur

Längster Fluss: Þjórsá, 230 km

Einwohnerzahl: 313.376 (2008), davon im Großraum Reykjavík 196.564, Einwohnerdichte: 3,0 EW/qkm

Koordinatenposition: Nord-Süd: Rifstangi 66°32' n. B. (Insel Kolbeinsey 67°07'), Kötlutangi 63°23' n. B. (Insel Surtsey 63°17')
Ost-West: Bjarnartangar 24°32' w. L., Gerpir 13°30' w. L. (Insel Hvalbakur 13°16').

Die Vulkaninsel liegt auf demselben Breitenkreis wie Alaska oder Sibirien. Dennoch sind die Temperaturen bei weitem nicht so extrem wie dort. Das ozeanische Klima und der Golfstrom bringen den Küstenbereichen moderate Temperaturen. Nicht nur Vulkane, Gletscher und unwirtliche, gleichwohl geheimnisvolle Lavaformationen bedecken die Insel, sondern auch Weide- und Ackerland. Tiefe Fjordarme zergliedern die Küste im Osten und Norden, von hoch aufragenden Bergen eingerahmt. Daneben bedecken Moorlandschaften ein Zehntel der Fläche. Knapp 12 % des Landes sind vereist.

Die grünen Tiefländer: Die landwirtschaftliche Hauptbedeutung kommt in Island den Tiefländern zu, die größtenteils von Flüssen aufgeschüttet wurden. Ihr fruchtbarer Boden erlaubt Weidehaltung und bescheidenen Gartenbau (v. a. Kartoffeln). Größere Gebiete befinden sich im Süden Islands, zwischen dem Zentrum Selfoss und der Treibhausstadt Hveragerði oder um Borgarnes nördlich von Reykjavík („mýrar"). Der nasse Boden der Feuchtwiesen wurde an vielen Stellen durch Anlegen von Entwässerungskanälen nutzbar gemacht.

Fjordlandschaften: Die mächtigen „Flutbasalte", die im Laufe der Jahrmillionen durch ausgeflossene Lava aufgeschichtet wurden, bilden insgesamt etwa die Hälfte der Oberfläche Islands. Gletscher schliffen sich ein, sodass Fjorde entstanden, ähnlich wie in Norwegen. Die Gipfel erreichen im Ostland über 1000 m Höhe. Die Entdeckung fossilführender Kohleschichten (isl. surtarbrandur) in den Westfjorden führt zu dem Schluss, dass die Eruptionen, die die Flutbasalte im Laufe vieler Millionen Jahre ausströmen ließen, in gewissen Abständen erfolgten und dazwischen eine ansehnliche, sogar warm-gemäßigte Vegetationsschicht das junge Land erobern konnte.

Das öde Hochland: Das unbewohnte Hochland bildet das Zentrum der Insel — unwirkliche, schwarze Wüsten aus Lava. Ob man sie nun als unheimlich, trostlos oder abenteuerlich empfindet, die Stille der übermächtigen Natur ist auf jeden Fall beeindruckend. Meere aus Felsstücken wechseln sich ab mit Schuttflächen und angewehten Sand- und Aschehügeln. Dunkle Felsen, Grate, Bergrücken, durch weiße Eiskappen und manchmal von rötlichen Schlacken aufgelockert. An Niederschlag mangelt es meist nicht, allerdings versickert das Wasser durch das poröse Lavagestein schnell in den Untergrund. Andernorts entspringen dann außergewöhnlich klare Quellen — das Wasser wurde auf seinem Weg durch die Gesteinsritzen wie durch Filter gereinigt. Auch die Ringstraße durchquert im Nordosten ein solch geheimnisvolles Gebiet.

Tundra/„heiði"-Landschaften: Der Begriff „Tundra" muss für viele Landschaften herhalten. Im Lexikon allgemein als Vegetation jenseits der polaren Baumgrenze gefasst, ist es hier eher ein Sammelbegriff für baumlose Vegetationsformen, die im Isländischen „heiði" heißen.

Unbedingt auf dem Weg bleiben!

Die Verwitterung – bröselnde Steine und fließende Böden

Nicht nur vulkanische Aktivität mit allerlei imposanten Nebenerscheinungen wie heißen Quellen, Geysiren und fauchenden Dampfquellen prägen die Landschaft, nicht nur Gletschertätigkeit, sondern auch Wind- und Wassererosion sowie Bergstürze, Muren und andere Massenbewegungen führen zu markanten Formen. Die Zersetzung von Gestein geht unter den extremen klimatischen Bedingungen schnell vonstatten. Einige Erscheinungen der Verwitterung sind besonders augenfällig. Im Landesinneren kann der Wind den vegetationslosen Untergrund leicht angreifen und abtragen. Die Verwitterung aber nur als Zerstörung zu werten wäre verfehlt, sie ist eine Voraussetzung für die Bildung von Boden. Dessen Alter ist durchgängig jünger als 10.000 Jahre: Erst nach der Eiszeit konnte sich Boden herausbilden. Erwartungsgemäß sind Frost und damit Bodenfrost wegen der hohen nördlichen Lage typisch. Die gestaltende Wirkung von Temperaturen um den Gefrierpunkt ist an zerbrochenem Gestein und den charakteristischen Buckelwiesen (Bülten, isl. Þúfur) oft eindrucksvoll beobachtbar.

Frost sprengt Steine (Frostsprengung): Genügend Wasser und um 0° C schwankende Temperaturen sind die Grundvoraussetzung für diese auffällige Erscheinung *zersplitterter Steine*. Die Eigenschaft des Wassers, sich bei Abkühlung auszudehnen, versetzt den Frost in die Lage, Gestein zu sprengen. Die poröse Struktur isländischer Laven macht es dem Wasser zudem leichter, in Ritzen einzudringen. Im gefrorenen Zustand vergrößert sich das Wasservolumen und wirkt mit starker Kraft auf die Porenwände. Wiederholt sich der Vorgang des Auftauens und Gefrierens oft genug, führt dies zum Brechen des Gesteins, wobei kleine Schutthalden aus Bruchstücken mit scharfen Kanten entstehen.

Frost bringt Muster in den Boden (Frostmusterböden): Bei häufigem Frostwechsel wandern im Boden größere Gesteinsstücke nach oben; darunter sammelt sich feineres Material an. Das Gestein wird also an der Oberfläche sortiert *(Polygone)*. Dieser Vorgang ist nur bei nicht zu wasserarmen Böden beobachtbar.

Die Erklärung: Im Winter gefrierendes Bodenwasser drückt bei der damit verbundenen Volumenvergrößerung die Partikel des Bodens nach oben, der Boden hebt sich. Taut er wieder auf, schmelzen die Eisstücke, kleinere Gesteinskörner können zuerst nachsacken. Nach vielen Vorgängen dieser Art hat sich ein typischer Frostboden gebildet, größere Steine und Kiesel drückt es an die Oberfläche, wo sie auf der hügeligen Aufwölbungsform seitlich abgleiten und großflächig in einem ringförmigen Muster angeordnet erscheinen. Leichte Hangneigung lässt daraus ein Streifenmuster entstehen. In flachen, aber windigen Gebieten können ganze Steinebenen entstehen. Auffällig ist ein drittes Phänomen: Feinkörnige Böden mit hohem Grundwasserspiegel

„Trollbrot" – eine Folge des Frostes

und einer Vegetationsdecke als Auflage wandeln sich durch Eisbildung in den oberen Schichten häufig in eine Landschaft aus kleinen Grashügeln, Buckelwiesen oder **Bülten**. Auf den trockeneren Erhebungen wachsen auffallend andere Pflanzenarten.

Boden gerät ins Fließen („Solifluktion"): Bereits 2° Hangneigung reichen aus, um im Sommer auftauenden Boden ins Rutschen zu bringen. Doch warum? Bei geeigneten Temperaturen tränkt sich auftauender Boden mit Wasser; dies geschieht aber nur an der Oberfläche, da es nicht tiefer in den dauergefrorenen Untergrund dringen kann. Der Boden an der Oberfläche bzw. der wasserreiche Boden-Gestein-Brei gleitet schließlich auf den gefrorenen Bereichen hangabwärts.

Boden geht verloren (Bodenabtragung): Wind weht eigentlich immer über Island, nicht selten stürmt es kräftig – und das hat Folgen für den Boden. In unseren Breitengraden sorgt normalerweise die Vegetationsdecke für den Zusammenhalt des Bodens. Der geringe Bewuchs weiter Regionen Islands erlaubt es dem Wind, ungeschützten Boden anzugreifen und Bodenpartikel wegzuwehen *(„Deflation")*. Nicht zu unterschätzen ist dabei die Wirkung von *Flugsand*. Wie ein Sandstrahlgebläse vermag er sogar Gestein auszuhöhlen und abzuschmirgeln.

Flüsse, Seen und Wasserfälle: Wasser im Überfluss

Ausgenommen in den trockeneren Gebieten im Hochland und im Norden kann man sich in Island über mangelnden Niederschlag nicht beklagen. Unzählige Rinnsale, Bäche und Flüsse durchziehen das Land. Sie werden vom Regen und vom Schmelzwasser der Gletscher gespeist.

Die Wirkung der fließenden Gewässer auf die Landschaft ist enorm: Schon kurze Wasserläufe schneiden sich in die steinigen und kargen Hänge tief ein. Schiffbar ist allerdings keiner der Flüsse, die Strömung und das Gefälle sind zu stark. In Island unterscheidet man drei Flusstypen: Gletscherflüsse (isl. *jökulsá*), Quellflüsse (isl. *lindá*) und Wildwasserflüsse (isl. *dragá*).

Milchige Gletscherflüsse und Sander: Beladen mit allerlei Material, Schlamm, Erde und zerkleinertem Gestein vermögen es insbesondere die Gletscherflüsse, ganze Ebenen aufzuschütten. An der Südküste entstanden auf diese Weise ausgedehnte dunkle und kahle Flächen. Das isländische Wort hierfür, **sandur,** ist als Sander in die geologische Fachsprache übernommen worden. Viele Kilometer reichen diese Schotterflächen ins Meer hinaus. Wenn man weiß, dass diese immensen Gesteinsmengen zu einem Gutteil erst nach der letzten Eiszeit aufgeschüttet wurden, bekommt man eine Vorstellung von den Massen, die Wasser transportieren kann. Derzeit ändert sich die Küstenlinie nur noch geringfügig (Vulkanausbrüche wie der von 1996 ausgenommen). Abtragung und Aufschotterung durch das Meer halten einander die Waage. Der Vegetation sind die Bedingungen auf den Schotterflächen zu widrig, das Gletscherwasser ist zu kalt, die Strömung zu stark und die Lage der Flüsse veränderlich. Die **Wasserführung** schwankt mit der Temperatur, nachmittags wird der höchste Wasserstand erreicht. Nicht nur bei starker Wasserführung schlängeln sich reißende und früher kaum passierbare Bäche durch die Sandstrecken des Südens. Gletscherflüsse führen naturgemäß im Sommer viel und mit allerlei Stoffen befrachtetes Wasser, im Winter weniger und klares Wasser, manchmal nur ein Zehntel der Sommermenge. Im Sommer dominiert dann farblich ein schlammiges Grau oder milchiges Weiß (z. B. *Hvítá* = der weiße Fluss). Unangenehmer Schwefelgeruch strapaziert mancherorts die Nase: Den *Fúlilækur* (Südisland) benannte man schonungslos nach den ihm entweichenden Gasen **„Gestankfluss".**

Ein wilder Gletscherfluss bahnt sich seinen Weg

Quellflüsse und Wildwasserflüsse: Das ganze Jahr gleich viel Wasser führen die Quellflüsse, da der jahreszeitliche Einfluss marginal ist. Wildwasserflüsse hingegen, wie z. B. die *Fnjóská* in Nordisland, haben je nach Niederschlag eine höchst unregelmäßige Wasserführung.

Die **Wasserqualität** ist nur in den mineralienreichen Bächen zweifelhaft, ansonsten kann man getrost aus kleinen Rinnsalen Trinkwasser schöpfen. Wasseruntersuchungen an kohlensäurehaltigen Quellen erlauben sogar eine Zuordnung zu Heilwässern. Die Bäche in Feuchtwiesen plätschern meist auf rotem Grund, dessen Färbung auf Ausfällungen von Eisenverbindungen zurückgeht. Die Energie der Flüsse wird an vielen Stellen zur Stromerzeugung genutzt und ist zur Deckung des Stromverbrauchs mehr als ausreichend.

Verheerende Gletscherläufe (isl. jökulhlaup)

Mindestens so zerstörerisch wie glutheiße Lavaströme sind gefürchtete Gletscherläufe mit Abflussmengen bis über 100.000 m³/Sek. Bricht ein Vulkan unter einer Eisdecke aus, vermag der Druck, den die Mengen an neu entstandenem Schmelzwasser ausüben, den Eispanzer zu heben. Das kochend heiße Wasser strömt dann die Vulkanhänge hinab. Solch ein starker Wasserabfluss reißt alles, was im Weg steht, mit sich und Flutwellen aus Schlamm, Geröll und Eisbrocken bahnen sich ihren Weg. Welche ungeheure Wirkung ein Gletscherlauf haben kann, führte 1918 die „alte Hexe" Katla im Süden Islands vor: Die Naturkatastrophe schwemmte Material mehrere Kilometer weit weg, die Küstenlinie wurde um einige Kilometer meerwärts versetzt. Grænalón, ein See am Vatnajökull, entleert sich von Zeit zu Zeit auf diese Weise, bis 2000 m³/Sek. Wasser (manche Schätzungen halten mehrere 10.000 m³/Sek. für möglich) gurgeln dann zum Meer. Der letzte größere Gletscherlauf fand 1996 am Skeiðarársandur statt.

Seen: Sie sind typisch in Heidelandschaften und feuchten Ebenen. Im Hochland hingegen versickert das Wasser schnell im lockeren Untergrund. Viele der stehenden Gewässer blieben klein und namenlos, allerdings gibt es auch Seen von der Größe des Chiemsees, wie das *Þingvallavatn* und das *Þórisvatn* nördlich des Vulkans Hekla.

Warum gibt es in Island so viele Seen? Verschiedene Prozesse können für die Bildung eines Sees verantwortlich sein, wesentlich sind Austiefung und Abdämmung. Das *Þingvallavatn* entstand entlang einer geologischen Bruchlinie. Den Grund des langen und schmalen *Lögurinn* (111 m tief) bei Egilsstaðir im Osten Islands und die Eintiefungen der Seen der Arnarvatnsheiði haben Eismassen ausgeschliffen. Moränenwälle begrenzen im Gebiet der Gletscherzunge so genannte *Zungenseen*. Ein Sonderfall und äußerst fotogener See ist der *Jökulsárlón* südwestlich von Höfn. Gemächlich treiben dort Eisberge auf das Meer zu, in einem See, dessen Grund viele Meter tiefer als der Meeresspiegel liegt! Natürliche Stauseen bilden sich auch, wenn Lavaströme, wie im Falle des *Mývatn*, den Wasserabfluss blockieren. Auch Bergstürze können Flüsse eindämmen, allerdings sind diese oft recht klein und kurzlebig. Eine andere Gruppe sind die Küstenseen, die vom Meer nur durch Sandablagerungen getrennt werden. Ohne den Vulkanismus gäbe es eine weitere Spielart nicht, die Krater- oder Calderaseen. Bekannteste und von faszinierender Farbgebung sind der 12 qkm große und 217 m tiefe *Öskjuvatn* des Vulkans Askja im nördlichen Hochland und das *Víti* der Krafla nahe des Mývatn.

Das Land der Wasserfälle: Wasserfälle bringen es in Island bis zu Fallhöhen von 200 m. „Nur" 42 m tief stürzt der fotogene *Dettifoss* über eine Stufe hinab – er ist dafür der mächtigste Wasserfall Europas. Verschiedene Erscheinungen führen zur Bildung eines Wasserfalls, die klassischen Voraussetzungen sind unterschiedlich harte Gesteinsschichten und tektonische Absätze: Geologische Bewegungen im Untergrund äußern sich auf der Oberfläche oft in Spaltenbildung oder Einbrüchen und Aufwölbungen. Der *Ófærufoss* im Hochland, der leider sein Aussehen änderte (siehe Kap. Hochland), fällt an einer geologischen Spalte hinab in die Tiefe. Als sich die vom Eispanzer entlastete Insel nach der letzten Kälteperiode anhob, lag an der Mündung mancher Bäche eine Stufe bzw. die Steilküste. Beispiele hierfür sind der *Seljalandsfoss* und der *Skógafoss* im Süden von Island.

In Island gibt es noch zwei weitere Typen, hervorgerufen durch Vulkanismus oder Vergletscherung. Harte Basalte bilden Geländestufen, die vom Wasser nur langsam abgeschliffen werden. *Dettifoss* im Nordwesten und *Gullfoss* im Goldenen Zirkel (beide mit einer beeindruckenden Schlucht) gehören zu dieser Sorte.

Poröse Lava gibt den *Hraunfossar* im Westen der Insel in idyllischer Landschaft die Gelegenheit, aus einer Steilstelle einer Wand zu entspringen. Fotogene Basaltsäulen umrahmen *Svartifoss* im Skaftafell-Nationalpark und *Aldeyjarfoss* an der Sprengisandur-Piste. Der *Hengifoss* bei Egilsstaðir verdankt seine Existenz zurückweichendem Eis: Gletscher, die aus einem Seitental im Gletscherhauptstrom münden, schliffen ein Tal von geringerer Tiefe aus als das Haupttal. An der Stelle, an der der Nebengletscher dazustieß, fällt das Seitental

Wasserfall (Kapitel)	Fallhöhe
Dettifoss (NO)	42 m
Goðafoss (NO)	12 m
Hraunfossar (W)	1–2 m
Skógafoss (SW)	62 m
Svartifoss (SO)	ca. 8 m
Gullfoss (GZ)	32 m
Glymur (W)	190 m
Háifoss (GZ)	122 m
Hengifoss (NO)	110 m
Seljalandsfoss (SO)	65 m

stufenartig ab. Nach dem Abschmelzen des Gletschers verfolgt ein Wasserlauf aus solch einem seitlichen Tal als Wasserfall seinen Weg in die Tiefe.

Es gibt übrigens auch einen **Gletscherfall** (im Nationalpark Skaftafell), bei dem von Zeit zu Zeit Eis über eine Geländestufe hinabpoltert.

Geologie: Feuer und Eis

Die Geburt der Insel begann vor etwa 25 Millionen Jahren. Island liegt auf der geologischen Naht zwischen Europa und Amerika und wird jährlich um 1 bis 2 cm breiter! Vulkankatastrophen, die Macht der Gletscher, der raue Wind und Erdbeben verändern das Aussehen der Insel ständig. Quer durch die Insel verlaufen aktive Vulkanzonen.

Island liegt nicht per Zufall dort, wo es liegt: Eine geologische Dehnungszone zieht sich hier durch den Ozean zwischen Amerika und Europa. Aus dem Erdinneren aufquellende Lava hat genau in dieser Dehnungszone ein Gebirge, den *mittelatlantische Rücken,* aufgetürmt, das eindrucksvolle Gräben und Spalten durchziehen – was in Island direkt zu sehen ist! Die *Plattentektonik* erklärt diese Dehnungszone: Die beiden Platten in der „Erdkruste" mit den Kontinenten Amerika und Europa treiben auseinander. Eine geologische Preisfrage war es lange, warum ausgerechnet an der Stelle Islands das sonst untermeerische Basaltgebirge so hoch aufgetürmt ist. Island, so erklären die Geologen, liegt an einer Stelle, an der besonders viel Material aus dem Erdmantel nach oben strömt, an einem *„hot spot".*

In insgesamt **drei aktiven Zonen** dringt in Island immer wieder Magma empor, das sich als Lava auf der Erdoberfläche verteilt. Im Westen erstreckt sich eine solche Zone von der Halbinsel Reykjanes in nordöstlicher Richtung bis Zentralisland und weiter in Richtung der Insel Jan Mayen als Kolbeinsey-Rücken, eine andere von den Vestmannaeyjar im Süden bis nach Nordisland. Hinzu kommt drittens die Halbinsel Snæfellsnes. Wer mehr wissen will: Lebende Erde. Facetten der Geologie Islands von Ari Trausti Guðmundsson, Mál og Menning 2011, vielerorts in Island erhältlich. Empfehlenswert ist auch der Film „Eine phantastische Reise durch ein phantastisches Land" von Stefan Erdmann, www.islandfilm.de.

Erdgeschichte: Amerika und Europa trennen sich

Der mittelatlantische Rücken: „Die Entstehung der Kontinente und Ozeane" – diesen Titel trug das 1915 erschienene Werk des Geologen *Alfred Wegener.* Wie auf Wasser schwimmende Eisberge stellte sich Wegener das Driften der Kontinente auf den tieferen Erdschichten vor. Er rekonstruierte einen ursprünglich zusammenhängenden Kontinent und nannte ihn Pangäa. Den Anstoß zur Theorie gab die gute Passform zwischen den Erdteilen beiderseits des Atlantiks. Einige Unstimmigkeiten und fehlende Begründungen verhinderten die verdiente Anerkennung seiner Hypothese der Kontinentalverschiebung. Die Tücke liegt hierbei im Detail, selbst heute sind viele Erklärungsversuche pure „Geopoesie".

Der Beweis: Die Idee der Kontinentalverschiebung wurde erst viele Jahre nach Wegener wieder aufgegriffen, als man mit neuen Methoden Belege hierfür gewann. Untersuchungen der magnetischen Ausrichtung im ozeanischen Gestein (z. B. von Magnetitmineralen) bewiesen, dass der Ozean zwischen den Kontinenten tatsächlich im Lauf der Zeit breiter wird („sea-floor-spreading"): Beim Abkühlen ausdringender Lava richten sich bei einer bestimmten Temperatur die Minerale nach dem Erdmagnetfeld aus, das sich, und das ist der Clou, in der Erdgeschichte ständig umpolt! Auf dem Meeresgrund ergibt sich somit ein magnetisches Streifenmuster, je nach Alter des Gesteins. Datierungen durch Vergleich der magnetischen Ausrichtung von Gesteinen bekannten Alters belegten eine Zunahme des Gesteinsalters mit größerer Entfernung vom Scheitel eines untermeerischen Gebirges, womit Wegeners Idee bewiesen ist. Es bildeten sich also zwischen Amerika und Europa immer neue ozeanische Krusten.

Doch warum? Bewegungen des unter hohem Druck stehenden und flüssigen Gesteins im Erdmantel sind vermutlich verantwortlich. Im oberen Bereich des Mantels kühlen sich dessen Gesteinsmassen ab, im unteren Bereich dagegen werden sie erwärmt. Heißes Material steigt auf, teilt sich an der harten Kruste und sinkt abgekühlt wieder hinab. Wie in einem Wasserkocher entsteht ein „Konvektionsstrom", der die so genannten „Lithosphärenplatten", zu denen unsere Kontinente gehören, auseinanderschiebt. Die ozeanische Kruste dehnt sich dabei an vielen Stellen, bricht irgendwann auf, in den Riss strömt Magma aus dem Erdinneren nach und füllt Spalten und Risse im Meeresboden. Auf diese Weise bildet sich laufend neuer Meeresboden, an den Rändern driftet der vorhandene Boden (bzw. die „Erdplatten") ab und der Ozean wird immer breiter. Da die Erde eine Kugel ist, tauchen dafür an anderen Stellen Platten in den Erdmantel ein, wie an der Westküste Amerikas, oder werden aufeinandergeschoben und bilden dabei Gebirge, immerhin 9 km hoch im Himalaya.

Eine Gletscherzunge

Das Ergebnis: Die heutige Erdoberfläche besteht zu 34 % aus kontinentaler Kruste, im Durchschnitt etwa 35 km mächtig, und zu 66 % aus der viel dünneren ozeanischen Kruste. Der mittelatlantische Rücken erhebt sich als Gebirge bis 2500 m über dem Meeresboden, die Breite liegt meist bei 500–2000 km. Der Scheitelgraben, einige hundert Meter tief, durchzieht den Rücken. Weltweit erstrecken sich die mittelozeanischen Gebirgszüge auf über 60.000 km Länge auf dem Meeresgrund der Ozeane, mit Breiten bis 4000 km und Höhen bis 3000 m vom Meeresgrund. Nur an wenigen Stellen auf der Erde kann man den tektonischen Graben des ozeanischen Rückens wie in Island an Land direkt betrachten, besonders gut in Þingvellir in Südwestisland, wo man an verschobenen Schollen und Rissen im Erdboden die geotektonischen Prozesse hautnah erleben kann: Der Graben erweitert sich jährlich um die erwähnten 1–2 cm, was allerdings nicht kontinuierlich geschieht, sondern in Dehnungsperioden, die mit Vulkantätigkeit verbunden sind. Auch an anderen Stellen ragt der mittelatlantische Rücken über den Meeresspiegel (u. a. *Jan Mayen* nördlich von Island, *St. Helena* oder bei den *Azoren* westlich von Portugal). Von den Gebirgen des Festlandes unterscheiden sich die mittelozeanischen Rücken u. a. durch einen Grabenbruch und das Auftreten von auffälligen Querverwerfungen, die mechanisch bei den Bewegungen der Platten entstehen.

Zurück zu Wegener: Das von ihm konzipierte Pangäa existierte tatsächlich, aber ein Urkontinent war es nicht, der Superkontinent entstand vielmehr aus Plattenbewegungen vor 400–300 Mio. Jahren. Der heutige Atlantik weitete sich vor 200 Mio. Jahren, als die Kontinente auseinanderzudriften begannen: Nordamerika und Afrika trennten sich, Afrika und Südamerika sowie Europa und Nordamerika folgten vor 120 bzw. 100 Mio. Jahren. Als sich Grönland von Europa in der Zeit der Oberkreide (vor 65 Mio. Jahren) löste, war der Platz für Island geschaffen.

Die Entstehung Islands über einem Hot Spot: Der Graben, der den mittelatlantischen Rücken durchzieht, verläuft also genau durch Island. Fälschlicherweise sah Wegener Island noch als einen Überrest des Urkontinents Pangäa an, der dort blieb, wo sich Europa und Amerika auseinanderbewegten. Das geringe Alter der Insel schließt diese Vorstellung aus: Als das Auseinanderdriften in Gang kam, existierte Island sicherlich noch nicht. Heute erklärt die *Hot-Spot-Theorie* die Existenz der Insel als übermeerischen Teil des Rückens. Man versteht unter einem Hot Spot ein Gebiet mit besonders hoher Temperatur im Erdmantel, folglich bildet sich unter der Erdplatte eine Aufschmelzungszone des Krustenmaterials. An der Erdoberfläche tritt an dieser Stelle vermehrt vulkanische Tätigkeit auf. Die Vulkane Hawaiis beispielsweise verdanken ihre Existenz allein diesem Phänomen. Ein solcher „heißer Fleck" ist ortsfest und ändert seine Position kaum. Im Falle Islands treffen als Besonderheit ein Hot Spot und die Dehnungszone des mittelatlantischen Rückens zusammen! Man nimmt an, dass sich vor 25 Mio. Jahren die Dehnungszone verlagerte und nun genau über dem Hot Spot zu liegen kam. Gewaltige Lavamengen formten einen Basaltsockel auf einem Querrücken zum mittelatlantischen, nach einem schottischen Ozeanforscher des 19. Jh. *Wyville-Thomson-Rücken* genannt. Das Alter dieser „Thule-Basalte" schätzt man auf 60 Mio. Jahre. Dieses Gestein wurde auch in Irland, Grönland und Schottland nachgewiesen. Die Mächtigkeit beträgt bis zu 10 km! Vor 17–20 Mio. Jahren, erdgeschichtlich gesprochen im Jungtertiär (frühes Miozän), war dann die Stunde einer neuen Insel gekommen: Die ersten Gesteine erstarrten über dem Meeresspiegel und die Geschichte Islands begann.

Gesteine, Minerale und Lavaformen

Bei einem Vulkanausbruch fließt Lava mit bis zu 1250° Celsius aus Kratern und Spalten. Etwa 90 % Islands bestehen aus dem daraus gebildeten vulkanischen Gestein, nur ein kleiner Teil sind Sedimentgesteine, die aus verwitterten, transportierten und abgelagerten Gesteinspartikeln verfestigt wurden. Basaltsäulen, die bunten Rhyolithberge und das vulkanische Glas Obsidian sind besondere Attraktionen Islands.

Lavagestein ist nicht Lavagestein: Da Island in einer geologischen Dehnungszone liegt, steigt immer wieder *Magma* (griech. Teig), heiße, flüssige und gashaltige Gesteinsschmelze, an die Oberfläche und erstarrt zu *Lava*. Entscheidend für die Art des Ausbruchs ist der Kieselsäuregehalt (SiO_2): Rhyolithisch nennt man sie ab einem Gehalt größer als 65 %, kieselsäurearm unterhalb von 52 %, dazwischen intermediär.

Farblich hebt sich für jeden erkennbar kieselsäurereiches Gestein durch eine hellere Tönung von den grau-schwarzen, kieselsäurearmen Basalten ab. Basaltische Laven sind gasarm und dünnflüssig und ergießen sich in relativ ruhigen Fluss über die Landschaft (*effusiver* Ausbruch), rhyolithische hingegen sind gasreich und zähflüssig. Solch viskoser Magmabrei verstopft den Förderkanal und ein immenser Druck kann sich aufbauen, der sich wie bei einem aus einer Sektflasche springenden Korken entladen kann. Bei solchen *explosiven* Ausbrüchen werden vor allem zu Lockermaterialien *(Tephra)* zersplitterte Lava in die Luft gejagt. Oft sind Vulkanausbrüche in Island gemischt, explosiv und effusiv.

Magmatite nach Erstarrungsort:	basaltisch	intermediär	rhyolithisch
Vulkanite (Erdoberfläche)	Basalt	Andesit	Rhyolith
Plutonite (Erstarrung in der Tiefe)	Gabbro	Diorit	Granit

Basalte und Basaltsäulen: Typisch für Basalt sind die eckigen Säulen, die jedoch keineswegs nur ein isländisches Kuriosum sind. Viel zitierte Vorkommen sind am Svartifoss im Skaftafell Nationalpark, wo ein Bach etwa 10 m malerisch vor einer Basaltsäulenwand hinabplätschert, Arnarstapi auf Snæfellsnes, Kirkjubæjarklaustur (der berühmte „Kirchenfußboden"), am Aldeyjarfoss an der Sprengisandur oder im Tal der Jökulsá á Fjöllum (Nordisland). Die Säulen stehen in Abkühlungsrichtung, also in der Regel senkrecht zur Fließrichtung. Für ihre Bildung ist eine Volumenverkleinerung im erkaltenden Lavageistein verantwortlich. Der Clou: Erstarrt Lava in Hohlräumen mit gerundeten Wänden oder als Kissenlava (s. u.) im Wasser, besitzen die Säulen eine „radialstrahlige" Anordnung, was besonders faszinierend aussieht.

Wenn Lava auf Wasser trifft: Hyaloklastit (griech. *hýalos* = Glas und *klásis* = Zerbrechen): Durch Kontakt von Lava mit Wasser, sei es aus einem Calderasee oder Schmelzwasser eines Gletschers, kommt es zur Entstehung eines glasigen Materials: Da die Abkühlung des heißen Magmas schnell vorangeht, kann das Gestein nicht auskristallisieren und es erstarrt vorher zu Glas – das bei Explosionen oder durch schnelle Abkühlung in kleine Splitter zerbricht.

Entglaster Hyaloklastit: Palagonit (abgeleitet vom Fundort Palagonia auf Sizilien) ist ein aus Hyaloklastit durch den Prozess der Entglasung hervorgegangenes Gestein: Mit der Hyaloklastitentstehung sind meist kleine Hohlräume verbunden, die das Glas zertrümmern. Im Laufe der Zeit, auch unter dem Einfluss geothermaler Aktivität, verfestigen sich die Gesteinsteile zu so genanntem Palagonittuff oder mit gröberen Bestandteilen zu Palagonitbrekzie (isl. *Pursaberg*), ein braunes oder schwarzes, manchmal scharfkantiges Gestein. In Island ist hierfür die Bezeichnung *móberg* gebräuchlich (ursprünglich bezog sich der Ausdruck eher auf die bräunliche Oxidationsfarbe des zuvor schwarzen Glases). Eine Unmenge an Bergen in Island besteht aus diesem Material!

ist an erster Stelle das Eystra- und Vestrahorn bei Höfn in Südisland zu nennen. Die dortige dunkle Gesteinsfärbung verleiht den Bergen ein gespenstisches Aussehen. Das Material kann auch grüngrau oder weißgrau sein.

Bunt wie Murmeln – Rhyolith („Fließstein"): Die Vorkommen werden oft auch Liparit genannt. Rhyolith stammt nicht direkt aus Mantelmaterial, sondern aus Magmakammern mit 800–900° C heißem Material. An der Erdoberfläche hebt sich seine gelbgraue, grüne, rötliche oder weißliche Färbung besonders gut von tiefschwarzen Lavaflächen ab. Aus diesem Gestein bilden sich auch zähflüssige Lavaströme, die deswegen relativ hoch aufgetürmt sind. Rhyolithberge sind Fotografenlieblinge: z. B. die Berge bei Borgarfjörður (eystri/Nordostisland), der Ljósufjöll (= Hellberg), die Smjörfjöll (= Butterberge) oder die Berge bei Landmannalaugar. Besonders an Zentralvulkanen ist Rhyolith oft zu finden.

Der Stein, der Feuer bannt – Obsidian (isl. *Hrafntinna* = Rabenstein): Meist schwarzes, scharfkantiges und glattes Glas, das zugleich ein Halbedelstein ist, aus kieselsäurereicher, rhyolithischer Lava bei schneller

Abkühlung entstanden. Die Oberfläche sieht oft muschelförmig aus. Fundorte sind Hrafntinnuhraun bei Landmannalaugar und der Hrafntinnuhryggur in der Nähe des Mývatn. Früher glaubte man, dass der dunkle Stein Brände verhindert. In den 1930er bis 50er Jahren wurden die Wände einiger öffentlicher Gebäude mit Obsidian-Splittern verziert.

Andesit hat seinen Namen von den Anden in Südamerika, in Island förderte die Hekla solche intermediären Materialien in Tuffform. Die Andesite Islands werden in der Literatur häufig auch als Islandite geführt.

Granite (von lat. *granum* „Korn"), die in kontinentaler Kruste oft vorkommen, sind in Island selten zu finden.

Minerale: Beim Erkalten der heißen Lavaströme kommt es zum Auskristallisieren verschiedener Minerale, die Wasser dann wieder lösen kann. Da im Gestein beim Abkühlen Risse und Hohlformen entstehen, kann ins Gestein mineralienangereichertes Wasser eindringen und es können sich in den Hohlräumen so genannte *Drusen* (bei partieller Füllung des Raumes) und *Mandeln* (bei vollständiger Raumausfüllung) bilden. Es entstehen beispielsweise auch Pyrit und Quarz in verschiedenen Varietäten, Kalkspat wie in Helgustaðir bei Eskifjörður und Zeolith wie am berühmten Fundort Teigarhorn bei Djúpivógur.

Ausstellungen: Ansehnliche Mineraliensammlungen sind zu bewundern bei Petra in Fáskrúðsfjörður, in Teigarhorn und im Museum in Neskaupsstaður (alle in Ostisland) sowie im Museumskomplex in Akranes.

Asche, Lapilli, Schlacken und Bomben: Ausgeworfene Gesteinsfragmente unterteilt man je nach Partikelgröße in Asche (Gesteinsstaub bis 2 mm Durchmesser), Lapilli (2–64 mm) und Blöcke/Bomben (über 64 mm). Über der Hekla wurde beispielsweise 1766 eine Aschensäule von 5000 m Höhe beobachtet. Das staubige Material wird vom Wind weit weggetragen. Norwegen, Schottland, Holland und auch Deutschland bekamen schon die Auswirkungen isländischer Vulkanausbrüche zu spüren. Die Aschen bilden nach rascher Verwitterung relativ fruchtbaren Boden. Bomben sind im Flug abgekühlte und verformte Lavafetzen, die wie Birnen, Eier oder manchmal wie Kanonenkugeln aussehen. Im Inneren tragen sie Farbabstufungen, die die Abkühlung von außen nach innen widerspiegeln. Schlacken sind glasige und poröse Magma und entstehen, wenn Lava fontänenartig in die Luft gejagt wird. Fallen sie vor ihrer Erstarrung zu Boden, verbacken sie zu „Schweißschlacken".

Der akribische isländische Vulkanhistoriker Thoroddsen berichtet: „Bei dem Ausbruch der Hekla wurde 1510 ein Mann 45 km von der Ausbruchsstelle erschlagen. Derselbe Vulkan warf am 5. April 1766 dreibis vierpfündige Lavastücke 22,5 km weit. Am 29. Juli ergoss sich aus der Kraterreihe des Laki ein Regen von glühenden Bomben über Fljótshverfi (20–30 km entfernt) und am 26. Juni desselben Jahres schleuderte dieser Vulkan viele glühende Schlacken ungefähr 90 km weit, bis nach Þórsmörk. Am 14. Oktober 1845 spie die Hekla Schlacken und Bomben 3000 m hoch in die Luft."

Tuffe, Ignimbrite und Bimsstein: Ausgeworfene Lockermaterialien *(Tephra)* schichten sich am Boden auf. Durch Zementierung entstehen daraus dann Tuffe. Vom lateinischen *ignis* (Feuer) und *nimbus* (Wolke) abgeleitet sind die hellen Ignimbrite. Vorausgegangen ist eine Glutwolke, die entsteht, wenn eine von zähen Lavamassen verstopfte Austrittsöffnung eines Vulkans durch den aufgestauten

Gasdruck frei gesprengt wird. Das heiße Gas strömt aus und reißt Gesteinspartikel mit sich. Dieses Gas-Partikel-Gemisch rauscht die Hänge des Vulkans herab und hinterlässt eine Spur der Zerstörung. Der Hvítserkur bei Borgarfjörður eystri besteht aus solchen Ignimbriten. Gasblasen im Eruptionsmaterial schaffen ein leichtes und poröses Lavagestein, den Bimsstein, der so leicht ist, dass er auf Wasser schwimmt. Im Umkreis der Hekla und der Katla (Mýrdalssandur) bildeten sich Tuffe aus Bims. Deren Farbskala reicht von Weiß bis Grau.

Lava: blockförmig oder gestrickt: Knapp ein Zehntel des Landes ist von Lava der Nacheiszeit bedeckt. Lavafeld ist nicht gleich Lavafeld. **Block- oder Brockenlava** (isl. *apalhraun*) und Fladen- oder Schollenlava (isl. *helluhraun*) sind die Hauptarten. Welche Form ausgebildet wird, hängt von der chemischen Zusammensetzung, der Temperatur und den daraus resultierenden Fließeigenschaften ab. Je höher der Kieselsäureanteil und je niedriger die Lavatemperatur ist, desto zähflüssiger verhält sie sich. Die Geschwindigkeit eines Lavastroms kann bei starker Hangneigung und geringer Viskosität (d. h. basisches Magma) bis zu 100 km/h erreichen.

Fladenlava besteht aus basischen, gasarmen, dünnflüssigen und besonders heißen Schmelzen, deren Erstarren relativ lange andauert, bis die heiße Gesteinsschmelze bei etwa 700 °C hart wird. Sie breitet sich flächig aus und erstarrt mit glatter Oberfläche. Werden durch nachfolgende Laven die Fladen zusammengeschoben, werden sie zu Schollen zusammengedrückt. In solcher Schollenlava finden sich unter Aufwölbungen oft Hohlräume. Eine Sonderform ist *Seil-* oder *Stricklava*. In Lava, die an der Oberfläche schon am Erkalten ist, erzeugen Bewegungen wulstige Muster verdrehter Falten (vgl. Bild). Blocklava ist 10–30 m mächtig und entsteht v. a. bei Spalteneruptionen. Diese Lavaströme sind im Gegensatz zu Schollenlava uneben und schwierig zu begehen – das beim Erkalten entwichene Gas hinterlässt eine blockartige, scharfkantige Oberfläche.

Sonderform Kissenlava: Unter Seen, im Meer oder unter Eis wird austretende Lava gleichsam abgeschreckt. Die Temperatur sinkt rasch. Wenn das Wasser gleichzeitig unter hohem Druck steht, etwa in großer Wassertiefe oder durch einen dicken Eispanzer, können die Gase nicht entweichen und es bilden sich Lavakissen (Pillowlava). Beim Kontakt mit dem Wasser bekommt die Lava einen glasigen Überzug, der irgendwann an einer Stelle zerspringt, an der dann neues Gestein herausfließen kann und neue Kissen herauswachsen – so als drückte man immer wieder Zahnpasta aus einer Tube, vergleicht der isländische Geologe Þorleifur Einarsson. In der Regel messen solche Kissen 0,5–1 m im Querschnitt.

Lavatunnels und -höhlen: Ähnlich wie der kilometerlange Túnel de Atlántida auf Lanzarote sind Lavatunnel auch auf Island bekannt. Voraussetzung hierfür ist, dass ein gering viskoser Lavastrom an der Oberfläche schnell abkühlt, während die Schmelze darunter noch fließt. Wenn keine Lava mehr nachströmt, bleiben röhrenartige Tunnel und Höhlen zurück. Oft haben sich aus Gesteinstropfen an der Tunneldecke Lavastalaktiten gebildet. Die „Lebensdauer" der Hohlräume ist auf der geologisch aktiven Insel nicht allzu groß; Erdbeben bringen die Hohlräume leicht zum Einsturz. Teilweise sind die Höhlen erst durch das stete Nagen der Erosion zugänglich geworden. Manche Hohlräume und Wölbungen verdanken ihre Existenz aber auch der Brandung, Bergstürzen oder tektonischen Bewegungen, die Erdschollen zusammenschieben und verkeilen. In Westisland kann man in die beiden bekannten und sagenumwobenen Höhlen Surtshellir und Stefánshellir nordwestlich vom Langjökull einsteigen. Sie sind Teil eines mehrere Kilometer langen Tunnels. In Südisland kann man sich auf dem Weg nach Þorlákshöfn in einem Lavafeld an den Raufarhólshellir heranwagen. Die isländischen Höhlen sind stark einsturzgefährdet; oft ist in den Gängen Schnee, Eis und Wasser. Begehbar ist der Lofthellir am Mývatn.

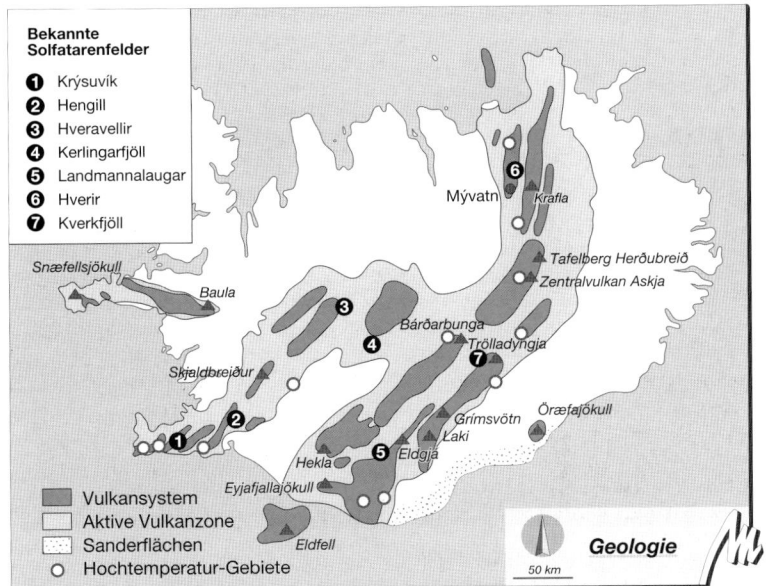

Bekannte Solfatarenfelder
1. Krýsuvík
2. Hengill
3. Hveravellir
4. Kerlingarfjöll
5. Landmannalaugar
6. Hverir
7. Kverkfjöll

Vulkansystem
Aktive Vulkanzone
Sanderflächen
Hochtemperatur-Gebiete

Snæfellsjökull
Baula
Skjaldbreiður
Mývatn
Krafla
Tafelberg Herðubreið
Zentralvulkan Askja
Bárðarbunga
Trölladyngja
Grímsvötn
Öræfajökull
Laki
Hekla
Eldgjá
Eyjafjallajökull
Eldfell

Geologie
50 km

Vulkanausbrüche: Alle Jahre wieder

Etwa 200 Vulkane in etwa dreißig Vulkansystemen wurden in Island gezählt. In den drei aktiven Vulkanbereichen registrierte man seit der Besiedlung ungefähr 500 Ausbrüche, die in der Nacheiszeit ausgeworfene Lavamenge wird auf 500 Kubikkilometer geschätzt. Durchschnittlich kommt es
alle fünf Jahre zu einer Eruption.

Größere Ausbrüche gibt es freilich nicht so oft, zuletzt war es 1996 unter dem Vatnajökull der Vulkan Bárðarbunga – die viertgrößte Eruption des 20. Jh. in Island,
von den Eruptionsmassen gelangte aber nur ein Bruchteil in die Luft. Kleiner, aber
mit riesigem Medienecho waren die Ausbrüche von 2010 und 2011, als Vulkanasche den europäischen Flugverkehr in die Schranken wies.

Vulkane im Museum

Einen Eindruck von der Dramatik und Ästhetik eines Ausbruchs bekommt
man bei Filmvorführungen und in Foto-Ausstellungen: Auf den Westmännerinseln kann man Videos vom 1973er Ausbruch ansehen und eine Ausstellung
zur Entstehung der Insel Surtsey besuchen. Eindrücke vermitteln auch das
Museum im Südwesten auf der Farm Leirubakki zur Dauerbedrohung Hekla
und ein neues Mini-Museum zum Flugzeug-Schreck Eyjafjallajökull. In der
Hauptstadt buhlen drei Videoshows um das Interesse der Zuschauer. Die
künstlerische Darstellung bildet den Schwerpunkt des Vulkanmuseums in
Stykkisholmur auf der Halbinsel Snæfellsnes.

Dampfende Lava – ein Naturschauspiel

Wie die Gestalt eines Vulkans letztlich aussieht, hängt von mehreren Faktoren ab: der Art des Magmaaufstiegs, d. h. der Form des Förderschlotes, der Gestalt der Ausbruchsstelle, von der Menge, Temperatur (bis etwa 1250 °C), der Ausbruchshäufigkeit und Art der vulkanischen Förderprodukte, neben silikatischen Oxiden Wasserdampf, Kohlendioxid, Schwefel, Ammoniak, Eisen, Phosphor u. a. Vulkane, die einen festen Förderschlot aufweisen, werden *Zentralvulkane* genannt. Die andere Erscheinungsform ist der *Spaltenvulkanismus*, bei dem aus Spalten Lava empordrängt. Man unterscheidet in den aktiven Zonen etwa dreißig Vulkansysteme, die in Form einer dieser beiden Typen tätig werden und Gase, Lockergestein und flüssige Lava ans Tageslicht befördern.

Interessante Links: www.norvol.hi.is (isländisches Vulkaninstitut, bietet auch eine geologische Karte), www.earthice.hi.is (Institut für Erdwissenschaften), www.wissen.swr.de.

Spaltenvulkanismus: Eldgjá, Laki, Lúdent & Co.

Das flüssige Gestein strömt nicht immer auf der ganzen Linie aus, sondern an mehreren Stellen entlang der Spalte. Kleine Krater entstehen, die häufig zusammengewachsen sind und ineinander übergehen. In Island häufen sich wegen der Lage in einer Dehnungszone typischerweise die Spalteneruptionen. Auf diese Weise sind die Basaltdecken der Fjorde (Flutbasalte) entstanden, ebenso die auf 40 km Länge ausgedehnte Eldgjá (Feuerspalte) nördlich des Mýrdalsjökull oder die Insel Heimaey. Folgenreich waren auch die Spaltenergüsse des Lúdent-Prengslaborgir-Systems am Mývatn. Als am schicksalsträchtigsten für die Geschichte der Insel ist die aschefördernde Eruption der Lakispalte in Südisland bekannt: 1783/84 riss hier die Erde auf 32 km Länge auf. Über 14 km^3 Lava strömten aus hundert Kratern über das Land und verwüsteten es.

Vulkanspektakel und Katastrophen seit 1961

1961	26. Okt. – 7. Dez.: **Askja**-Ausbruch, 11 qkm werden von Lava bedeckt
ab 1963	Mit **Surtsey** entsteht eine neue Insel vor der Südküste
1970	5. Mai – 5. Juli, **Hekla**-Eruption mit ca. 30 Mio. m³ Auswurfvolumen
1973	23. Januar–Juli: Auf der Westmännerinsel **Heimaey** fördert eine Eruptionsspalte 240 Mio. m³ Lava, Asche und Bimsstein, begräbt den halben Ort Vestmannaeyjar und vergrößert die Insel um 2,2 qkm
1975	Die **Leirhnjúkur**-Spalte am Mývatn ergießt 0,5 qkm Lava
1977	27. April: Neue Krater entstehen im Bereich der **Krafla**-Caldera 8. Sept.: Aktivitäten im **Kraflagebiet**, ein unterirdischer Lavafluss kann durch ein Bohrloch bis an die Erdoberfläche dringen
1980	16. März: Eine Kraterspalte an der **Krafla** tut sich für einige Stunden auf 10. – 18. Juli und 18. – 24.Okt.: **Krafla** – zwei 6 und 7 km lange Spalten 17. – 22. Aug.: Ein **Hekla**-Ausbruch bedeckt 24 qkm Fläche mit Lava
1981	30. Jan. – 4. Feb.: Ein neuer Krater an der **Krafla** auf 2 km Länge 10. – 14. April: **Hekla** stößt wiederum einige Millionen Kubikmeter Lava aus
1983	29. Mai – 4. Juni: **Grímsvötn**-Ausbruch unter dem Vatnajökull
1984	4. – 18. Sept.: **Krafla** speit Lavaströme von einer 10 km langen Spalte aus
1991	17. Jan. – 11. März: **Hekla** begräbt 20 qkm Fläche unter frischer Lava
1996	30. Sept. – 13. Okt.: **Barðabunga** unter dem Vatnajökull bricht nach einem Erdbeben der Stärke 5 aus. Die Ringstraße wird durch einen Gletscherlauf an einigen Stellen weggewaschen!
1998	18. – 28. Dez.: **Grímsvötn** unter dem Vatnajökull bricht aus auf einer 1,3 km langen Spalte. Ein Aschepilz reicht 10 km hoch in den Himmel.
2000	26. Feb. – 8. März: **Hekla** eruptiert, eine 7 km lange Spalte öffnet sich und 18 qkm werden mit Lava bedeckt (0,11 km³).
2004	**Grímsvötn**-Ausbruch, 14 km hohe Aschesäule.
2010	**Eyjafjallajökull**, zwei Ausbrüche, die den europäischen Flugverkehr zeitweise lahmlegen. Krater und Lavastrom auf dem Fimmförðuháls können übrigens auf einer Wanderung besucht werden!
2011	**Grímsvötn**, kurzes vulkanisches Hüsteln mit Ascheauswurf und kilometerhoher Eruptionswolke.

Vermutlich haben sich einige weitere schwieriger zu registrierende Ausbrüche in dieser Zeit unter Eisschilden oder unter der Meeresoberfläche abgespielt. Als nächstes scheinen Hekla und Katla an die Reihe zu kommen.

Zentralvulkanismus: Ritterschilde und Aschekegel

Stratovulkane (Schichtvulkane): Sie sind aus wechselnden Lagen von Lava und Lockergestein aufgebaut, wie der italienische Vesuv oder der Fudschijama in Japan und sehen so aus, wie man sich einen ordentlichen Vulkan vorstellt. Ein solcher „geschichteter" Vulkan bildet sich bei gemischten Eruptionen, die über ein längeres

Zeitintervall sowohl effusiv als auch explosiv ablaufen. Die Kegel des Schichtvulkans sind wesentlich steiler als die eines Schildvulkans. Auf Island verbergen sie sich oftmals unter einer Eiskappe.

Vorkommen: Eyjafjallajökull, Tindfjallajökull und Öræfajökull in Süd- bzw. Südostisland, der mythische Snæfellsjökull. Ein Sonderfall istdie gefürchtete, rückenförmige Hekla –ein Stratovulkan auf einer Spalte.

Effusiv (ausströmend) entstandene Schildvulkane (isl. dyngja):

Flach geneigte Hänge geben dem Vulkanbau das Aussehen eines niedergelegten Ritterschildes. Sie können so gering geneigt sein, dass das ungeübte Auge sie in der Landschaft fast nicht erkennt! Wiederholte oder über lange Zeit andauernde effusive Eruptionen lassen diesen Vulkantypus entstehen. Kennzeichnend ist eine punktförmige Austrittsstelle dünnflüssiger Lava, die einen symmetrischen Kegel formte. Die weltweit bekanntesten Vulkanbauten dieses Typus sind die hawaiischen Schildvulkane Mauna Kea und Mauna Loa, die 9000 m über Meeresboden aufgetürmt sind!

Vorkommen: Über die Insel Island verteilen sich über 20 nacheiszeitliche Schildvulkane, z. B. Skjaldbreiður im Süden oder Trölla-dyngja im Norden. Werfen Sie einen Blick auf eine Karte mit Höhenlinien!

Effusiv entstandene Lavaringwälle (isl. eldborg):

Miniaturausgabe des Schildvulkans, entstanden in nur einer einzigen effusiven Eruption. Um die Ausbruchstelle eines solchen „Feuerrings" baut sich ein Ring aus vulkanischem Gestein auf, in dessen schüsselförmiger Mitte sich Wasser an der steilwandigen Ringwand sammeln kann.

Vorkommen: Auf Snæfellsnes Eldborg im Hnappadalur und bei Krýsuvík.

Explosiv entstandene Ringwall-Vulkane (isl. öskugígur):

Musterfall dieser Formenfamilie ist der berühmte *Hverfell* am Mývatn mit 1 km Durchmesser, eine vulkanische Augenweide. Der Krater wird von Lockermaterial gebildet. Ein Stück

Kunst im Hveravellir

weiter ragt die „Hrossaborg" zwischen Grímsstaðir und dem Mývatn aus einem Lavafeld. Anzumerken ist, dass dieser Typ auch auf Spalten auftritt: Die Vatnaöldur sind eine Reihe von Kratern in Südzentralisland nördlich der Hekla auf einer Spalte, die um 870 aktiv war, gerade als Island besiedelt wurde. Die Lakagígar und die Gebilde im Berserkjahraun, eine alte Kegelreihe auf einer berüchtigten Eruptionsspalte, gelten als weitere explosive Kegel.

Schlackenkegel (isl. klepragígar):

Kurz andauernde fontänenartige Ausbrüche erzeugen diese vulkanische Form, bei der sich ausgeworfene Lavafragmente nach dem Erkalten in der Luft ringförmig am Boden um die Ausbruchstelle anhäufen. Treffen die emporgeschleuderten Lavafetzen in nahezu flüssiger Form auf den Boden auf, schichten sich die flach geformten Schlacken langsam auf und verbacken dabei. Man spricht in diesem Fall auch von Schweißschlackenkegeln (isl. *gjallgígur*). Beim Herabfallen erstarrte Schlackestücke formten Vulkankegel, z. B. *Búðaklettur* auf der Halbinsel Snæfellsnes oder den *Grábrók*-Kegel bei Borgarnes.

Wassergeburten

Subglaziale Vulkane/Tafelberge: Ausbrüche unter einer Eisdecke (subglaziale Eruptionen) wirken besonders verheerend: Schlammige Gletscherläufe schwellen an, wenn sich die weniger dichte Eismasse abhebt und das angeschmelzte Wasser unter dem Gletscherschild abfließt (s. o.). Zu den gefürchtetsten Vulkanen unter Gletschern zählen die Grímsvötn (Ausbruch 2011), Katla (1918) unter dem Mýdalsjökull und der überraschend 2010 (zuvor 1821-23) ausgebrochene Eyjafjallajökull westlich davon.

Eine Spezialität der isländischen Landschaft sind **Tafelberge.** Sie entstanden bei Eruptionen unter einem mächtigen Eispaket. Das berühmteste Beispiel ist die Herðubreið (1.682 m), die man auf der Reise im östlichen Hochland und Nordisland sofort an ihren steil aufragenden Felswänden erkennt, die den Göttersitz über der Lavawüste abstützen (Grafik zur Entstehung im Kap. Hochland).

Submarine Vulkane: Stoßen die heißen Materialien durch Wasser hindurch an die Oberfläche, wie 1963 auf der Insel Surtsey, vollzieht sich ein gewaltiges Schauspiel, denn wenn Lava und Meerwasser zusammentreffen, bewirkt der Temperaturunterschied von 700–1.250 °C explosionsartige Reaktionen. Dampfwolken stehen über dem Vulkan (ebenso bei subglazialen Ausbrüchen). An den Küsten Islands stößt man häufig auf Ruinen alter Meeresvulkane, die aus den grauen Schotterflächen herausragen.

Vorkommen: Submarine Tuffberge sind z. B. an der Südküste zu finden: von West nach Ost Dyrhólaey, Pétursey, Hjörleifshöfði und Ingólfshöfði.

Geologische Leckerbissen: Pseudokrater, Maare und Calderas

Pseudokrater: Eine eigenartige Spezies, sie sind nämlich keine Vulkankrater. Fließt Lava über Wasserflächen wie Moore, Seen, Sümpfe oder Bäche, verdampft das Wasser beim Kontakt mit der heißen Masse sofort. Es kommt zu kleinen Explosionen, wenn der Wasserdampf durch die Lava nach oben drängt. Als Ergebnis bilden sich bizarre kegelförmige Krater, die es auf 400 m Durchmesser bringen können.

Vorkommen: am Mývatn (z. B. *Skutustaðir, Insel Geitey*) und auf dem gleichen Lavastrom im *Laxárdalur* und *Aðaldalur* (zwischen Húsavík und Mývatn, touristisch nicht erschlossen) und das große Pseudokraterfeld der *Landbrotshólar* auf der Eldgjá-Lava von 930 n. Chr. im Südosten bei Kirkjubæjarklaustur (ebenfalls touristisch nicht erschlossen).

Maare: entstehen, wenn Grundwasser mit Magma in Verbindung kommt und explosiv nach oben schießt. Das dabei ausgeworfene Material verteilt sich großräumig und ein tiefes Loch bleibt zurück. Ein Maar ist also kein Teil eines Zentralvulkans, um es herum findet man keine frischen Lavaprodukte, sondern nur mitausgeschleudertes Material.

Beispiele das *Grænavatn* („Grünwasser") bei Krýsuvík, die Maarreihe *Valagjá* nördlich der Hekla (touristisch nicht erschlossen), das viel bestaunte *Víti*-Maar der Krafla, das Víti der Askja sowie *Ljótipollur* bei Landmannalaugar (alle mehr oder weniger gut erreichbar).

Caldera (span. Kessel): Eine solche runde Eintiefungsform in einem Vulkan entsteht, wenn nach einem Ausbruch die Spitze oder die obere Region einer Magmakammer zusammensackt und in der Folge auch der obere Teil des Vulkans einstürzt.

Die Größenverhältnisse sind dabei bisweilen erstaunlich. Auf 5 km Durchmesser kommt der Öræfajökull, auch an der Askja ist ein riesiger Krater eingesackt. Die Kverkfjöll-Caldera ist komplett mit Eis gefüllt.

Ins Mark – das Iceland Deep Drilling Project

Über 4000 Meter tief sollte im Rahmen einer Machbarkeitsstudie zur Energiegewinnung im Krafla-Vulkansystem gebohrt werden, um sog. superkritischen Wasserdampf mit immensen Drücken und Temperaturen von um die 500° C zu gewinnen. Bei 2100 m war erst einmal Schluss mit dem wahnwitzigen Erdkrustenanstich: Eine Magmablase wurde getroffen, was kleine Explosionen hervorrief. Zuletzt wurden im August 2011 Tests mit dem heißen Dampf durchgeführt – wer daneben stand, wähnte sich mitten in der Apokalypse, immerhin konnte das Geräusch des winzigen Bohrlochs mit dem Lärm einer Armada startender Düsenjets konkurrieren. Und es geht weiter: Ähnliche Tiefbohrungen werden im Hengillgebiet bzw. auf Reykjanes durchgeführt werden. Infos unter www.iddp.is (mit Videoclips).

Heiße Quellen und Geysire

Sie finden Island grausam kalt? Dann sollten Sie schnurstracks in einer heißen Quelle planschen! Leider sind diese Naturbäder nicht überall zu finden, und manche Quellen sind kochendheiße blubbernde Schlammlöcher, die dafür ein besonderes Naturschauspiel sind. In Geothermalgebieten entweicht auch fauliger Schwefelgeruch dem Boden, schießen Fumarolen Wasserdampf in die Luft. Am berühmtesten ist das Geysirgebiet Haukadalur, in dem alle fünf bis zehn Minuten heißes Wasser als Fontäne etwa 20 Meter in die Höhe jagt.

Beim Blick auf die Landkarte stößt man nicht selten auf Orte mit Namensbestandteilen wie *„hver"* (heiße Quelle), *„laug"* (warme Quelle), *„reykur"* (Rauch, Dampf), *„volgra"* (lauwarme Quelle) und *„varm"* (warm). Recht einfallsreich zeigten sich die alten Isländer auch bei der Benennung der Quellen selbst (vgl. Kap. Geysir und Hveragerði).

>>> Unser Tipp: Am aufregendsten sind die Geothermalgebiete Hengill bei Hveragerði, Hverir am Mývatn und im Hochland Kverkfjöll, Hveravellir an und Kerlingarfjöll nahe der Kjölurpiste (mit Hot Pots), Landmannalaugar und am Askja-Víti (vgl. Karte „Geologie", S. 51). Auf Reykjanes wartet die Blaue Lagune auf Sie, am Mývatn das Nature Bath. <<<

Die Geothermalgebiete spielen besonders in der Energiewirtschaft eine wichtige Rolle, vor allem zur Versorgung der Bevölkerung mit Heizwärme. Mehr als 85 % der Isländer sind an geothermales Heißwasser angeschlossen und so wachsen am Polarkreis sogar Tomaten, denn die heißen Quellen versorgen auch die Gewächshäuser von Hveragerði oder bei Reykholt mit Wärme. An weiteren Ideen zur Nutzung der Wärme mangelt es keineswegs; sie ist einsetzbar in Betrieben als Prozesswärme, zur Hausheizung, zur Heutrocknung, zur Beheizung von Schwimmbädern, in Wollwaschanlagen und zum Trocknen von Fisch.

Wenn es faucht und brodelt – Fumarolen und Solfataren: Schleier, Fahnen, Wirbel und Wolken aus Dampf liegen über Quellen, wenn sehr heißes Wasser gasförmig der Erde entweicht. Solche Dampfquellen, so genannte Fumarolen (lat. *fumus* = Rauch), trifft man nur in den Hochtemperaturgebieten in der aktiven Vulkanzone an. Chemische Verbindungen aus Schwefel und Eisen erzeugen die graublaue Farbtönung von brodelnden Schlammquellen. Fauliger Geruch streicht in der Nähe von Solfataren (lat. *sulfur* = Schwefel) um die Nase, es riecht wie in Teufels Küche. Der Sauerstoff der Luft reagiert mit dem Schwefelwasserstoff im Wasserdampf (Oxydation), dabei entsteht Schwefel, dessen Kristalle eine gelbe Kruste um die Austrittsstelle bilden. Der Boden ist meist sehr zerlöchert und dünn, Warnschilder und Sicherheitsmaßnahmen sind durchaus ernst zu nehmen. Sorglosigkeit führt zu Verbrennungen!

Geysire: Während manche Quellen vor sich hin brodeln, andere nur ein paar Blasen werfen, schießt eine Springquelle Wasser in rhythmischer Abfolge tosend in die Luft. Das isländische Wort für „springen" gab Wasser auswerfenden

Eruption des Strokkur

Erscheinungen die Bezeichnung „Geysir", inzwischen weltweit als Fachausdruck gebräuchlich (auch die Amerikaner nennen ihren „Old Faithful" im Yellowstone Nationalpark so). Im Haukadalur faucht der Strokkur, derzeit sind die Kollegen zwischen Mývatn und Húsavík (Ystihver) und bei Hveragerði (Grýla) stumm.

Warum springt die Quelle? Die Aktivität des Geysirs ist ein wunderliches Phänomen, fast jeder, der eine Eruption sieht, kommt ins Grübeln über die Hintergründe für die Ausbrüche. Im 17. Jh. sah Bischof Þorlákur Skúlason im Verbrennen unterirdischen Schwefels den Grund für die hohe Temperatur des Wassers und vermutete, dass Winde es an die Oberfläche schleuderten. Realistischer ging *Robert Bunsen* die Erscheinungen an, die er nach seiner Islandreise von 1846 mit einer plötzlichen Druckentlastung einer über 100 °C heißen Wassersäule erklärte: Schwappe etwas Wasser durch das Entweichen von Wasserdampf über die Ränder des Geysirbeckens, dann sei der auf der Wassersäule noch auflastende Wasserdruck geringer als zuvor. Das unter Druck stehende Wasser in der Tiefe sei nun überhitzt und fange, da es ja über 100 °C warm sei, sofort das Kochen an, was zu einer Eruption führe. Heutige Erklärungen begründen die Druckentlastung mit Gasen, die im Wasser gelöst waren, bei steigenden Temperaturen jedoch entweichen. Eine wichtige Rolle scheint auch die Form des „Geysirschlotes" zu spielen: Biegungen ermöglichen die

Ansammlung größerer Dampfmengen; die explosionsartige Ausdehnung ist dadurch gewaltiger. Nach der Eruption strömt das Wasser in die Erdröhren zurück – Druck für einen neuen Ausbruch kann sich aufbauen. Die Lebensdauer von Geysiren wird durch Erdbeben begrenzt. Andererseits können Springquellen nach seismischer Tätigkeit wieder aktiv werden. Ökologisch eher eine zweifelhafte Angelegenheit ist die künstliche Wiederbelebung mittels Zufuhr immenser Mengen Schmierseife. Den Großen Geysir im Haukadalur brachten, bevor Umweltschützer es unterbanden, nur Unmengen von Seife wieder zur Explosion; seit dem Erdbeben von 2000 ist er wieder verhalten zum Leben erweckt (siehe Kap. Goldener Zirkel).

Was passiert im Untergrund?

Die Temperatur der Erdkruste nimmt mit der Tiefe durchschnittlich um 3 °C pro 100 m zu, doch Islands vulkanischer Untergrund bewirkt eine Steigerung der Temperaturzunahme auf wesentlich höhere Beträge, bei Krýsuvík 35 °C je 100 m, abseits des Dehnungsbereichs etwa 10–15 °C. Die Wissenschaft unterscheidet Nieder- und Hochtemperaturgebiete. Als Grenzmarke zur Einteilung hat man den Wert 150 °C in 1 km Tiefe festgesetzt. In den 250 **Niedertemperaturgebieten** herrschen Quellen basischen Charakters (oft mit Sinterablagerungen) vor, hingegen in den über 20 **Hochtemperaturgebieten** saure, schwefelige Quellen.

Niederschlagswasser, das im Untergrund aus Basalt versickert, bewegt sich durch Gesteinsporen oberhalb Wasser stauender Schichten. Ein paar Jahrzehnte bis zu mehreren tausend Jahren kann es dauern, bis das Wasser nach vielen Kilometern Weglänge, auf denen es Wärme aufgenommen hat, an der Erdoberfläche als Quelle wieder auftaucht. Bevor das Wasser oder der Wasserdampf an der Oberfläche erscheint, konnten sich auf dem Weg durch das Gestein verschiedene chemische Substanzen lösen. In der Mehrzahl sprudeln schwefelhaltige Quellen an die Oberfläche, auch eine Vermischung mit salzhaltigem Meerwasser kann eintreten – so in der beliebten Blauen Lagune bei Keflavík. Die pro Sekunde 180 Liter mit 97 °C fördernde *Deildartunguhver* bei Reykholt zählt wegen ihres hohen Stickstoff- und Sauerstoffgehalts zu den alkalischen Quellen. Auch kohlensäurehaltige Quellen hat man ausfindig gemacht, im Hengill-Gebiet, in Südostisland nahe Höfn und an der Südküste von Snæfellsnes – nehmen Sie einen Becher mit auf Ihre Wanderung (vgl. S. 592/593).

Erdbeben: Rutsche und Risse

Bei allen gefährlichen Naturkräften, Vulkanausbrüchen, brühheißen Wasserdämpfen – schwere Erdbeben sind in Island nicht so häufig, dass man sich davor fürchten müsste. Ein Wanken der Erde von geringerer Stärke zeigt normalerweise keine Menschen bedrohenden Auswirkungen: Einige Berghänge kommen ins Rutschen, Quellen erscheinen an anderen Orten, versiegte sprudeln wieder, möglicherweise tun sich Erdspalten auf. Seit der Besiedelung wurde erst von etwa fünfzig größeren Erdbeben berichtet, die auch Gebäude zerstörten. In Island ereignen sich Beben hauptsächlich in der aktiven Vulkanzone, die stärksten vornehmlich in der Tjörnes-

Bruchzone im Norden und in Südisland. Im 18. Jh. verlegte man aus diesem Grund den Bischofssitz von Skálholt nach Reykjavík. Nach einem größeren Erdbeben am Þingvallavatn 1789 berichtete man über 4 m lange Risse, zudem soll sich der Boden um einen halben Meter gesenkt haben. Ein 15 km langer Riss entstand 1896 in Südisland. 1934 ereignete sich ein starkes Beben bei Dalvík (Stärke 6,25), 1976 waren fast alle Häuser in Kópasker beschädigt (Stärke 6,5). In mehreren Serien bebte 2000 in Südisland die Erde mit einer Stärke von 6,6. Im Mai 2008 war es wieder so weit, punktuell ereignete sich ein Erdbeben der Stärke 6,3.

Aktuelle Info: http://hraun.vedur.is, Erdbeben der vergangenen 48 Std., alle 2 Min. aktualisiert.

Gletscher: Die Eisriesen der Insel

11 % der Fläche Islands sind unter Gletschern begraben – problemlos würden sie ganz Zypern (9851 qkm) bedecken. Alleine der Vatnajökull dehnt sich auf einer unermesslich großen Fläche von 8050 qkm aus. Der größte Alpengletscher, der mächtige Aletsch, wirkt dagegen geradezu niedlich. Island wird seinem Ruf unter Geologen als Lehrmeister aller Phänomene auch auf glazialem Gebiet gerecht. Alle Gletschertypen lassen sich auf der Insel finden, die Spuren der Vereisung, Gletscherschrammen, Moränen, Abschmelzhohlformen usw., sind allerorten gegenwärtig.

Entstehung: Gletscher bilden sich dann, wenn der Schnee im Sommer nicht abschmilzt. Die *Schneegrenze* liegt am Vatnajökull bei 1000–1400 m Höhe. Tauen und gefrieren abgelagerte Schneemassen wiederholt, findet eine Verdichtung zu Firn und in 20–30 m Tiefe weiter zu Eis statt. Dieses Eis hat durch den auflastenden Druck eine besondere Kristallstruktur, anders als Eis auf Flüssen oder Seen, das eher geradlinig aufgebaut ist. Ist der Gletscher 30–50 m mächtig, beginnt er wegen seines eigenen Gewichts hangabwärts zu kriechen. Dabei bricht das gleitende Eis

Auf dem Gletscher Kverkfjöll im Hochland

Gesteinsstücke aus dem felsigen Untergrund, der dadurch langsam abgetragen wird. Gletscherschrammen sind der sichtbare Beweis. Im Gegensatz zu Wasser bewegt Eis Gesteinsmaterial, ohne dass es nach Größe sortiert wird. So kann man Hügel mit unsortierten Gesteinsstücken oft als vom Gletscher hinterlassene „Moräne" identifizieren. Die Geschwindigkeit, mit der sich die Eismasse talwärts schiebt, ist recht unterschiedlich. Werte von 1 m am Tag bis 25 m (!) wurden gemessen. Treffen Feuer und Eis aufeinander, muss das nicht unbedingt zu einer Katastrophe wie einem ungeheuren Gletscherlauf führen. Im Bereich heißer Quellen schmilzt das kochende Wasser beim Bahnen eines Weges unter dem Eis, in dem weißen Kristallschild des Gletscher kommt es zu faszinierenden *Eishöhlen*, wie am *Kverkfjöll* am Nordrand des Vatnajökull.

Gletscher	Fläche (qkm)
Vatnajökull	8160
Langjökull	950
Hofsjökull	925
Mýrdalsjökull	596
Drangajökull	160
Eyafjallajökull	77
Tungnafellsjökull	48

Interessante Links: www.g-o.de; www. nat.is/travelguideeng/glaciers.htm (Beschreibung aller Gletscher), www.hi.is/~oi (Professor Ólafur Ingólfsson, ausführliche Informationen zu Veränderungen der Gletscher); Satellitenbilder unter http://rapidfire. sci.gsfc.nasa.gov/gallery/?search=iceland.

Jeder tickt anders: Gletschertypen

Plateaugletscher: Flächenhaft begraben sie die Landschaft, ausgenommen nur ein paar vom Eis nicht überzogene Gipfel, die mit dem grönländischen Begriff *Nunataks* bezeichnet werden. Das Eis des Vatnajökull erreicht 1000 m Dicke, immer wieder genährt von den extremen Niederschlagsmengen am Südteil der Gletschermassen. Die Eiskappen des Lang-, Hof-, Mýrdals-, Dranga- und Eyjafjallajökull zählen mit ihren kleineren Ausmaßen als der Vatnajökull ebenfalls zum Plateautypus. In Grönland sind übrigens fast 90 % der Insel von 2000–3000 m dickem Eis überdeckt.

Talgletscher: Von Plateaugletschern fließen *Eiszungen* in Tälern ins Vorland hinab. Meist nehmen die langsamen Ströme die Breite des gesamten Tals ein. Bestes Beispiel sind die Eiszungen, die sich vom Vatnajökull ins Tal erstrecken. Eis verhält sich an der Oberseite eines Gletschers spröde, anders die unter dem Eigendruck des Eises stehenden unteren Lagen, sie reagieren zähflüssig. Fließt der Gletscher über ein Hindernis oder drücken ihn Talwände zusammen, wird die Oberfläche in Eisbruchstücke zerlegt und *Gletscherspalten* reißen auf. Querspalten ergeben sich über Unebenheiten oder einem Gefällesprung. Zerrungen im Eis durch Reibung des Gletschers am Talrand erzeugen Randspalten. Längsspalten treten dort auf, wo der Gletscher Gelegenheit hat, sich zu den Seiten auszudehnen, und sich verbreitert.
Kare: Sind die Bedingungen zur Firn- und Eisbildung gegeben, bilden sich an hoch gelegenen Hängen oder Mulden *Kargletscher*. Schließlich bleibt nach dem Abschmelzen des Eises eine wannenförmige Hohlform übrig. In ihnen vermuten die Isländer Wohnsitze der Trolle! In der Realität sammelt sich hier leicht Regenwasser als so genannter *Karsee* an.

Die Hinterlassenschaften: Lesen Sie in der Landschaft!

Als Bildhauer der Natur schleifen und bearbeiten Gletscher stetig das Gestein, transportieren Gesteinsmaterial und lagern es an anderen Stellen wieder ab. Ein 1000 m dicker Gletscher drückt mit 90 kg auf jeden Quadratzentimeter Untergrund, errechnete der Geologe Þorleifur Einarsson. Sie hinterlassen einen reichen Formenschatz an Erosions- und Akkumulationsformen.

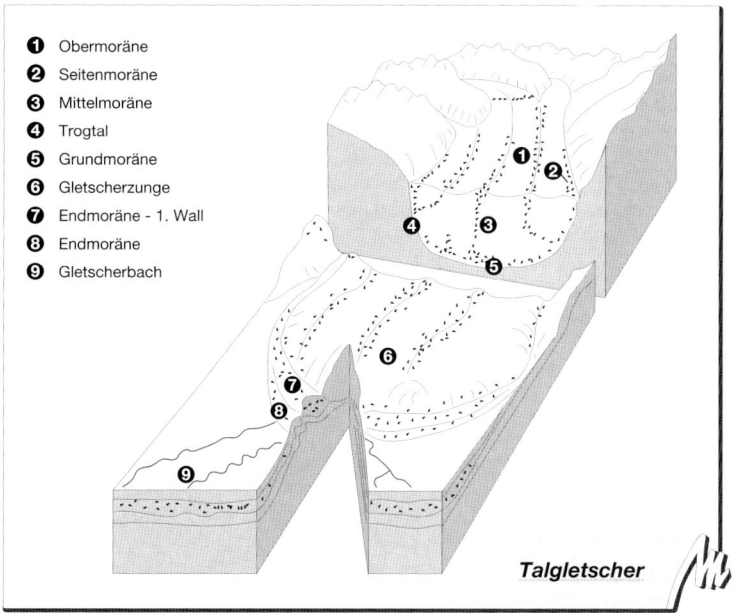

Talgletscher

1. Obermoräne
2. Seitenmoräne
3. Mittelmoräne
4. Trogtal
5. Grundmoräne
6. Gletscherzunge
7. Endmoräne - 1. Wall
8. Endmoräne
9. Gletscherbach

Erosionsformen: Die abschmirgelnde Wirkung des Eises auf sämtliche Hindernisse wegen der gewaltige Drucklast eines Gletschers schufen typische U-förmige *Trogtäler*. An den Rändern der Eismassen erkennt man meist gut die Trogschulter, die nicht selten von herabrauschenden Wasserfällen und Bächen verziert wird. Manchmal bleiben *Inselberge* bestehen wie *Kirkjufell* auf Snæfellsnes oder der *Akrafjall*.

Gletscherschrammen geben als Abschliffe an Felswänden oder am Untergrund die Richtung der Gletscherbewegung in ehemals vergletscherten Gebieten Aufschluss.

Rundhöcker (isl. *hvalbak*) sind vom Eis abgeschliffene Felsen, die buckelartig geformt wurden, vorzufinden z. B. im Borgarfjörður, Eyjafjörður oder dem Fljótsdalur. Auf der Leeseite sind diese Formationen steiler als auf der Luvseite.

Akkumulationsformen: *Moränen.* Am Talende eines Gletschers, der Gletscherzunge, sammelt sich Schutt als Endmoräne an. Im Eis mitgeführtes Material, bis zur Größe von Felsbrocken liegt wie von Geisterhand verteilt nach Zurückziehen des Gletschers auf dem Untergrund. Das an den Wänden des Tales abgetragene und mitfließende Gesteinsmaterial bildet die so genannte *Seitenmoräne.* Fließen zwei Gletscher zusammen, formen die aufeinanderzulaufenden Seitenmoränen eine *Mittelmoräne*, die nach dem Abschmelzen noch zu sehen ist.

Häufig bleiben vom Eis transportierte Felsbrocken auf dem Grundmoränengeschiebe als *Findlinge* zurück. Schließlich bleiben noch die zahlreichen *Toteislöcher* zu erwähnen, die im Landschaftsbild als Mulden erscheinen. Diese verdanken ihre Existenz Eisblöcken, die von Schuttmaterial umschlossen abschmelzen und eine solche kesselförmige Einbuchtung des Grundes hinterlassen.

Die *Schmelzwasserflüsse* führen eine immense Fracht an Material mit sich. Im Vorland des Gletschers häufen die Bäche das Gestein an – je weiter weg vom Gletscher, desto feiner, die großen Brocken können nicht so weit mitgeschleppt werden. Die aufgeschütteten Ebenen südlich des Vatn- und im Bereich des Mýrdalsjökull, so genannte *Sander* (isl. *sandur*), bestehen aus nach Korngröße sortierten Gesteinsbrocken.

Es war schon wärmer …

Nacheiszeit („Holozän"): Zur Eiszeit war die Insel noch vom Eis überdeckt. Das weltweite Zurückweichen der Eismassen vor 10.000 Jahren im Zuge der Klimaerwärmung ließ den Meeresspiegel ansteigen und das Land begann sich nach der Befreiung von den schweren Eispaketen zu heben. Das heute hauptsächlich besiedelte Gebiet in Küstennähe lag damals also größtenteils unter Wasser. In vielen Metern Höhe sind **ehemalige Brandungsterrassen** gut erkennbar und in 100 m Höhe tauchen zum Beweis an vielen Stellen versteinerte Muscheln und Fischknochen auf. Vor 9000 Jahren konnten sich allmählich Birken auf Island ausbreiten, das Auftreten von Moosen und Mooren 2000 Jahre später lässt auf ein relativ feuchtes Klima zu dieser Zeit schließen. Vermutlich wurde es so warm, dass vor 3000 Jahren gar keine Gletscher mehr existierten und erneut Birken günstige Wachstumsbedingungen vorfanden. Die klimatisch besseren Bedingungen schwenkten vor 2000 Jahren (im so genannten Subatlantikum) um. Kälteres und feuchteres Klima dominierte, der Wald wurde zurückgedrängt, die heutigen Gletscher entstanden und breiteten sich aus.

Zur Zeit der Besiedlung befand sich Island wieder in einer wärmeren Phase. Der Vatnajökull war kleiner als heute, der Ok mit seiner Eiskappe scheint bei seiner Namensgebung eisfrei gewesen zu sein; heute würde man ihn wohl Okjökull nennen. In manchen Landesteilen war Getreideanbau möglich, auch konnte Holzwirtschaft getrieben werden. Dann verschlechterte sich das Klima, es trat eine kühlere Periode ein. Im 19. Jh. erreichten die Gletscher eine maximale Ausdehnung, seitdem ziehen sie sich zurück und seit Mitte des 20. Jh. befindet sich das Klima in einer besonders warmen Periode. In den Westfjorden verkleinerte sich der Drangajökull; der benachbarte Gláma, der zu Beginn des 20. Jh. noch 200 qkm maß, verschwand völlig! Das Abschmelzen der Gletscher hat sich in den letzten Jahren beschleunigt.

Raues Klima der Gegenwart: Kälte im Hochsommer und Sturmböen mit 30 m/sec.

Iceland's next Topmodels

Flora und Fauna

Islandpferde

Im Sommer gehören große Herden grasender Islandpferde aller Farbvarianten ebenso zur Landschaft wie die zahllosen Schafe. Insgesamt leben rund 76.000 dieser robusten, kleinen Pferde auf der Insel, teilweise halbwild, größtenteils als Reitpferd gezüchtet (vgl. auch Kap. „Aktivitäten").

Die freundlichen, charakterfesten Islandpferde stammen direkt von den stabilen und muskulösen Fjordponys ab, mit denen die ersten Siedler die Insel erreichten. Sagabewusste Isländer halten sie sogar für Nachkömmlinge des achtbeinigen Rosses Sleipnir, auf dem der Dichtergott Óðin ritt. Andere Pferde sind nie auf die Insel gekommen; schon im 10. Jh. erließ das Alþingi zum Schutz der Rasse ein Importverbot. Dieses besteht noch heute und geht so weit, dass kein Pferd, das einmal die Insel verlassen hat, wieder zurück darf. Die isländischen Reiter haben deshalb bei internationalen, im Ausland ausgetragenen Turnieren schlechte Karten – ihr bestes Pferd steht mit Sicherheit zu Hause im Stall. Abgesehen vom arabischen Vollblut gibt es aufgrund des Importverbots keine andere derart rein gezüchtete Pferderasse wie die am Nordpolarkreis. Durch die fast tausendjährige Isolation bewahrte das Islandpferd einige Besonderheiten, die dem Pferd im übrigen Europa im Laufe der letzten Jahrhunderte abgezüchtet wurden. Eines der bedeutendsten Charakteristika ist die Beherrschung von fünf anstelle von drei Gangarten, die es als Reitpferd so interessant macht: Neben Schritt, Trab und Galopp läuft das Islandpferd auch im

Pass und im *Tölt.* Im Pass springt es von einem gleichseitigen Beinpaar auf das andere, was bei hohem Tempo von Vorteil sein kann. Das Beste aber ist der Tölt, eine anmutige und für den Reiter äußerst bequeme Gangart, die in jedem Tempo geritten werden kann. Die Fußfolge ist die gleiche wie beim Schritt, doch statt zu schreiten, läuft das Pferd. Durch den gleichmäßigen Vierertakt wird der Reiter nicht durchgeschüttelt wie beim Trab, sondern sanft und gleichmäßig getragen – wie auf dem Sofa, weshalb die Pferde auch „Sofatölter" genannt werden.

Das Backenpferd

Das Pferd fand Erwähnung in den Eddas und in zahlreichen Sagas, prägte Gedichte und Erzählungen und sogar die isländische Sprache. Zahllose Sprichwörter und Redensarten beziehen sich auf das Pferd: Ein Mensch, der hoch hinauswill, aber doch nichts zustande bringt, ist jemand „der im Passgang reiten wollte". Ein risikofreudiger Isländer „reitet gern über die Furt" – früher wurden Flüsse zu Pferd oder watend überquert und das war mitunter lebensgefährlich. Ein Schulkind, das sitzen geblieben ist, „lahmt sich" aus der Klasse, gute Schüler hingegen sind „Pferde im Schreiben" oder in einem anderen Fach. In Island gibt es auch keine Leseratten, sondern „Lesepferde" und statt einer Backpfeife bezieht man hier ein „Backenpferd".

Der Ausbruch der Laki-Spalte 1782–83 gefährdete den Pferdebestand in Island – durch die giftigen Vulkangase verendeten in vielen Gegenden die Weidetiere, von den ursprünglich 30.000–40.000 Pferden blieben nur 8000 übrig. Von den 3000 Stuten darunter stammen alle heutigen Islandpferde ab. Vorübergehend waren die Tiere in der Folgezeit kleinwüchsiger als normal, heute haben sie wieder ihr Gardemaß erreicht.

Beim Tölt wird kein Tropfen verschüttet

Jeep, Trecker und Mähmaschine ersetzten das Pferd, und heute hat es nur noch die Aufgabe, im Herbst den Abtrieb der Schafe von den Hochweiden ins Tal zu begleiten. Aber auch dabei wird es bereits von Flugzeugen unterstützt.

Die Isländer haben ihren einst unentbehrlichen Helfer als Reitpferd wieder entdeckt; über das ganze Land verstreut liegen mittlerweile Dutzende Reitvereine mit Tausenden Reitern. Im Gegensatz zu den *Herdenpferden,* die nicht geritten werden, verbringen die *Reitpferde* die Zeit von Dezember bis Juni im Stall. Die Herdentiere werden im Herbst in die Nähe des Hofes getrieben, wo sie bis zum Frühjahr bleiben, wenn es zurück auf die grünen Hochlandweiden geht. In strengen Wintern erhalten sie Heu als Zufutter und – als typisch isländische Feinschmecker – Salzhering, reich an Vitaminen, Eiweiß und Fett. Islandpferde sind spätreif und langlebig. Erst mit sieben Jahren gelten sie als ausgewachsen, sind dafür aber noch mit über 20 Jahren einsatzfähig. Weil sie auch im Ausland die Herzen der Pferdefreunde eroberten, werden Islandpferde seit 1960 exportiert. Jährlich gelangen rund 3000 nach Mitteleuropa, Skandinavien und Nordamerika. Allein in Deutschland leben ca. 20.000 Islandpferde.

Turniere: *Landsmót* ist ein von 1950 bis 1998 alle vier, seither alle zwei Jahre an einem anderen Ort in Island stattfindendes Großturnier. Bis zu einer Woche lang werden die besten Reit- und Zuchtpferde vorgestellt sowie Rennen und Wettbewerbe abgehalten. Mittlerweile nehmen hunderte Pferde am Turnier teil, bis zu 15.000 Zuschauer aus dem In- und Ausland reisen an. Die nächsten Turniere kann man unter www. landsmot.is (auch auf Deutsch) nachsehen. Beim traditionellen *Gæðingakeppni-Turnier* werden Pferde auf einer 300-m-Ovalbahn vorgestellt und es wird das beste Reitpferd ausgewählt. Die Internationale Föderation der Islandpferdefreunde (FEIF, www.feif. org) organisiert alle zwei Jahre die *Weltmeisterschaft*, die in einem der Mitgliedsländer (außer Island) stattfindet.

Internet: www.eidfaxi.is (alles über das Is-

landpferd, auch deutsch), www.ipzv.de (Islandpferdereiter- und Züchterverband), www. taktklar.de (Online-Islandpferde-Magazin).

Pferdevorführungen

Interessierte bekommen hier – zu festgelegten Terminen oder auf Anfrage – in familiärer Atmosphäre Islandpferde des Hofes mit ihren typischen Charakteristika vorgestellt, können Fragen stellen, sich den Hof anschauen etc. Zu empfehlen sind z. B. im Skagafjörður die **Höfe Varmilækur** (www.varmilaekur.is) (S. 488) und **Flugumýri** (www.flugumyri.com) (S. 510) sowie in Reykholt in Südisland der **Hof Fridheimar** (S. 320).

Wale siehe Kap. „Aktivitäten" (S. 29)

Fuchs, Bär und Ren

Der Polarfuchs *(Alopex lagopus)* schweift weiß, grau, rötlich, gelblichbraun oder bläulich gefärbt auf der Insel umher. Die einsame **Melrakkaslétta**, die „Polarfuchsebene" im Nordosten der Insel, ist eines ihrer Hauptreviere – wo sie sich knapp am Polarkreis im Winter in der Tat „Gute Nacht" sagen dürften. Vermutlich kam der Polarfuchs einst auf Eisschollen herangetrieben. Als Nahrung dienen ihm Beeren, Eier, Schneehühner, verschiedene Vögel oder Kadaver von Seehunden, Robben und Rentieren. Bei den isländischen Bauern ist der Fuchs verständlicherweise äußerst unbeliebt, bedroht er doch die Schafherden und Eiderenten. Im Verkauf von Fellen sah man bisher den einzigen Nutzen der Füchse. Mit wechselndem Erfolg und Unterbrechungen wurden seit den 1930ern Füchse und Nerze in Farmen gezüchtet – heute werden ca. 30 Tonnen Pelz exportiert.

Eisbäralarm!

Eisbären *(Ursus maritimus)* haben es schon öfter nach Nordisland geschafft, wenn strenge Winter bzw. geeignete Meeresströmungen es ihnen erlaubten, auf Treibeisschollen die Küste zu erreichen und an Land zu springen. Spuren hinterließ der weiße Bär nicht nur in Pferde- und Schafherden, sondern auch in Namen wie Bjarnarfjörður – Bärenfjord. 2008 bekam Island gleich zweimal bärigen Besuch aus Grönland, 2010 und 2011 strandeten erneut Eisbären auf der Insel (siehe Kasten S. 522). Zu besichtigen sind Eisbären (ausgestopft) u. a. im Heimat- und Naturkundemuseum von Húsavík und in Museen in Ólafsfjörður, Sauðárkrókur, Dalvík und Blönduós.

Rentiere: 1771 wurden 13 Rentiere *(Rangifer tarandus)* eingeführt, die jedoch die harten Winter in karger Landschaft nicht überlebten. Die Ansiedelung des Rentiers glückte schließlich und heute hat sich die Zahl der Tiere bei etwa 6000 bis 7000 stabilisiert. Ihr Lebensraum sind einsame Ostfjorde und der Bereich nördlich des Vatnajökull. Eine gewisse Zahl darf jährlich zwischen Anfang August und Mitte September erlegt werden (Infos unter www.mjoeyri.is oder www.huntingiceland.com).

Vögel und Vogelfelsen

Die Vogelklippen mit ihren lautstarken Bewohnern sind ein Markenzeichen Islands. Ein weltweit bekannter Beobachtungsplatz ist der Látrabjarg in den Westfjorden, einer der größten Vogelfelsen der Erde – vergessen Sie das Fernglas nicht! An Seen und Flüssen wie im Mývatngebiet brüten nahezu alle Entenarten Islands. Nach Limikolen fahnden Vogelfreunde in den Tiefländern, z. B. im Flói-Reserve.

Da in isländischen Museen oft nur die kryptischen einheimischen oder die zungenbrecherischen wissenschaftlichen Namen als Beschriftung auftauchen, werden diese im Folgenden mitangeführt. Zum Thema Vogelbeobachtung s. Kap. „Aktivitäten".

Seevögel

Nisten in Stockwerken: Auch wenn es für den Laien zugeht wie auf einem chaotischen Pausenhof, eine gewisse Ordnung gibt es bei den Vogelfelsen am Meer doch. Unten nistet in Felsnischen die Gryllteiste *(teista/Cepphus grylle)*, zu erkennen an ihren roten Füßen und der roten Schnabelinnenseite. Das mittlere Stockwerk bevölkert neben der Eismöwe *(hvítmáfur/Larus hyperboreus)* die Dreizehenmöwe *(rita/Rissa tridactyla)*, ein Vielflieger, der in die Antarktis pendelt und in seiner Lebenszeit dreimal die Strecke zum Mond abspult, nur den Zug gerechnet. Die Trottellumme *(langvia/Uria aalge)* ist mehr im Norden zu sehen, z. B. auf der Insel Drangey, auf der Halbinsel Langanes oder in Hornstrandir. 25 % dieser Spezies haben eine auffällige Farbvariante mit einem weißen Ring um die Augen. Der Tordalk *(álka/Alca torda)* ist der Trottellumme nicht unähnlich, hat jedoch einen stark gebogenen Schnabel und einen weißen Streifen am Rücken – anzutreffen z. B. auf den Westmännern oder am Látrabjarg in den Westfjorden. Ganz oben am Fels auf der Grasnarbe nistet der Papageientaucher (siehe Kasten im Kap. Westmännerinseln), der Höhlen in die Erde gräbt und insofern mit dem nackten Fels nichts anfangen kann.

Der König der Lüfte unter den Seevögeln ist der Basstölpel *(súla, Morus bassanus)* – ein Schwergewicht unter den gefiederten Isländern, der dennoch sehr elegant unterwegs ist: Pfeilschnell taucht er beim Jagen mit angelegten Flügeln oft recht tief unter die Wasseroberfläche. Wenn man ihn sehen will, muss man entweder ein Boot besteigen (in den Westfjorden oder in Reykjavík zur Insel Eldey), auf dem Landweg kommt man in seine Nähe nur im entlegenen Nordosten (auf der Halbinsel Langanes oder an der Nordwestecke der Melrakkasletta). Die Jungen sind übrigens noch braun, erst mit den Jahren wird das Federkleid so weiß, wie es sich für ein elegantes Wesen gehört.

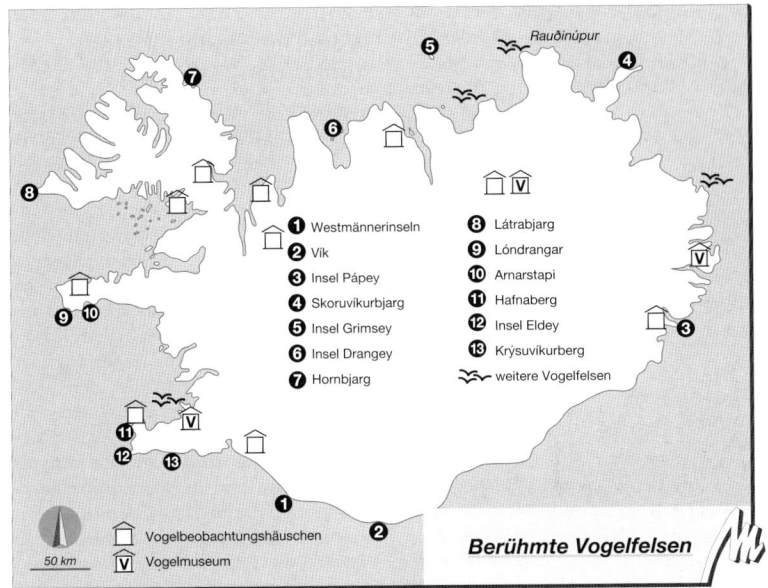

❶	Westmännerinseln	❽	Látrabjarg
❷	Vík	❾	Lóndrangar
❸	Insel Pápey	❿	Arnarstapi
❹	Skoruvíkurbjarg	⓫	Hafnaberg
❺	Insel Grimsey	⓬	Insel Eldey
❻	Insel Drangey	⓭	Krýsuvíkurberg
❼	Hornbjarg	➳	weitere Vogelfelsen

Vogelbeobachtungshäuschen
Vogelmuseum
50 km

Berühmte Vogelfelsen

Nachtschwärmer: Auf den Westmännern verbreitet, aber nur nachts unterwegs und deshalb am einfachsten im Museum zu sehen, sind die kleinen Seevögel Sturmschwalbe *(sjósvala/Hydrobates pelagicus)* und Wellenläufer *(stóra sjósvala/ Oceanodroma lencorhoa)*.

Berühmt Berüchtigte: Der Eissturmvogel *(fýll/Fulmarus glacialis)* ist verwandt mit dem Albatros, sieht aber einer Möwe nicht unähnlich. Er hat eine Röhre auf dem Schnabel und ist in Küstennähe sehr verbreitet. Auf Angreifer, auch als solche wahrgenommene Menschen, spuckt er öligen Mageninhalt. Die Skua *(skúmur/ Stercorarius skua)* ist eine sehr aggressive Vogelart, sie brütet v. a. im Südosten und auch an den berühmten Gletscherseen – nehmen Sie sich in Acht! Die Schmarotzermöwe *(kjói/Stercorarius parasiticus)* belässt es nicht bei Verteidigung, sie stiehlt Nahrung von anderen Vögeln wie dem Papageientaucher oder der Küstenseeschwalbe.

Mit Nest oder ohne: Krähenscharbe *(toppskarfur/Phalacrocorax aristotelis)*, Kormoran *(dilaskarfur/Phalacrocorax carbo)* und der Basstölpel (s. o.) fertigen ihre Nester aus Algen, in der Regel mit Federn stabilisiert. Die meisten Möwen hingegen bauen Nester, die für Mitteleuropäer nach Nest aussehen. Sie rupfen hierfür braunes trockenes Gras des Vorjahres aus. Ganz schön risikofreudig wirkt es, wenn Trottellumme, Dickschnabellumme *(stuttnefja, Uria lomvia)* und Tordalk ihr Ei einfach auf den Felsvorsprung legen. Die Eier sind jedoch so geformt, dass sie nicht leicht hinabrollen, was nicht bedeutet, dass ein aufgescheuchter, hektisch auffliegender Vögel nicht die Brut vom Fels fegt. Der Austernfischer (s. o.) verzichtet auch auf ein Grasnest, geht aber weniger Risiko ein, er legt das Ei immerhin in eine Sandkuhle.

Vögel im Landesinneren und in den Tiefländern

Zigtausende von Gänsen brüten im Sommer in isländischen Hochlandoasen, z. B. die Kurzschnabelgans *(heiðagæs/ Anser brachyrhynchus)* in Þjórsárver. Das Alpenschneehuhn *(fjallarjúpa /Lagopus muta)* ist in Island mit über 100.000 Brutpaaren nahezu allgegenwärtig in den Heidelandschaften – im Sommer bräunlich gescheckt, im Winter schneeweiß. Das Tier ist ein klassischer Weihnachtsschmaus für Isländer und ein Alltagsgericht für den Gerfalken *(fálki/Falco rusticolus)*, der sich ganzjährig in Island aufhält. Er ist allerdings weniger häufig anzutreffen als der kleinere und in Westeuropa überwinternde Merlin *(smyrill/Falco columbarius)*. Drei Eulenarten zeigen sich in Island, die Sumpfohreule *(brandugla/ Asio flammeus)*, äußerst selten die Scheeeule *(snæugla/Bubo scandiacus)* und die Waldohreule *(eyrugla/Asio otus)*. In den Birkenwäldchen trällert der ein oder andere Sperlingsvogel, etwa der Zaunkönig und der Birkenzeisig. Watvögel oder Limikolen brüten in sumpfigen Gebieten im Hochland oder in den Tiefländern, als Frühlingsbote gilt den Isländern der goldbraun gesprenkelte Goldregenpfeifer *(heiðlóa/ Pluvialis apricana)* – nicht zu verwechseln mit dem ebenfalls stark verbreiteten und ähnlich gemusterten Alpenstrandläufer *(lóuþræll/Calidris alpina)*. Auffallend rot und deswegen leicht auszumachen ist der in fast allen Küstengebieten heimische Austernfischer *(tjaldur/Haematopus ostrolagus)*, der einen sehr langen roten Schnabel, rote Beine und rote Augen hat. Der Regenbrachvogel *(spói/Numenius phaeopus)* fällt mit seinem langen Schnabel etwas aus der Reihe.

Varúð - varpland
Fuglar á vegi

Vegetation – vielfältiger als vermutet

Einheimische Ausflügler lieben ihre wenigen lauschigen, kleinen Wäldchen, Sammler die Heiden voller Blaubeeren und Fotografen die giftgrünen Moosstreifen auf schwarzen Vulkanen. Gehen Sie auf Entdeckungsreise! Wer einen Überblick über die isländische Flora haben will, besucht den Botanischen Garten in Akureyri.

Leben unter Extrembedingungen: Die Temperaturen sind niedrig, die Windgeschwindigkeiten oft hoch, die Bodendecke dünn und die Lava porös. Ein großer Teil der Insel ist zu rau und nicht oder nur spärlich bewachsen. Doch auch in den kargen Frostschuttflächen und Lavawüsten des Hochlands gedeihen Überlebenskünstler, die besondere Finten entwickelt haben, um sich an die harten Bedingungen anzupassen. Es wundert jedoch nicht, dass die Zahl der Blütenpflanzen in Island mit ca. 450 viel niedriger ist als in Mitteleuropa. Besonders faszinierend sind übrigens die Hochlandoasen wie *Herðubreiðalindir*, die „Quellen am Herðubreið", berühmt für den *Engelwurz*, der freilich auch in vielen anderen Gegenden der Insel wächst und als Medizin- oder Gewürzpflanze genutzt wird.

Fossilien und Surtarbrandur

Die relativ warme Klimaphase des Tertiärs erlaubte es zunächst Pflanzen, die ausgesprochen feucht- und warmgemäßigtes Klima bevorzugen, wie Rebenarten, Fenchelgehölzen, Tulpenbäumen und anderen Laubbäumen, auf der noch fjordlosen Insel zu gedeihen. Vor etwa 7 Mio. Jahren überwogen in einem abgekühlten Klima Nadelbäume wie Fichte und Kiefer, Weiden, Erlen und Birken. Drei Millionen Jahre später – es gab bereits Gletscher – nahmen deren Stelle allmählich Gräser und Weiden ein, die Birken konnten sich unter kühlen Gegebenheiten weiter behaupten. In Mooren, die zu Braunkohleflözen verdichtet wurden, sind Überreste dieser Millionen Jahre alten Vegetation erhalten geblieben. Die Torfe, die sich später chemisch umwandelten und durch den Druck der aufliegenden Schichten entwässert wurden, konservierten Blätter, Samen, Pollen und Pflanzenbestandteile. An fossilen Tieren fand man bisher nur Kleingetier wie eine Hickory-Laus und eine einsame Mücke. Die erhaltenen *Braunkohleschichten*, die schwarz und oftmals glänzend und in denen Pflanzenreste erstaunlich gut erkennbar sind, nennt man auf Isländisch Surtarbrandur. Taufpate für diesen Gesteinsschichten-Namen ist also wieder einmal der Feuerriese Surtur. Im so genannten Surtarbrandsgil-Tal in den Westfjorden sind Blätter von Tulpenbäumen *(Magnolia)*, Fenchel, Birken, Ulmen, Mammutbäumen *(Sequoia)*, Eichen und den Wärme liebenden Weinreben in fossiler Form zwischen anderen Gesteinsschichten gelagert (siehe S. 637). Etwa 50 fossile Arten sind heute bekannt.

Tertiäre Fossilien: Selárdalur, Steingrímsfjörður, Mókollsdalur, Tjörnes.

Grünere Zeiten: Die Insel hat bereits einige Millionen Jahre Besiedlung durch Pflanzen hinter sich. Mit den Wellen und dem Wind und auch durch Zugvögel gelangten Pflanzen dorthin – es überrascht nicht, dass die Flora der norwegischen

ähnelt. Wie die Besitznahme von Lava-
landschaften durch Pflanzen vor sich
geht, wird seit einigen Jahren auf der
blutjungen Insel Surtsey beobachtet,
worüber man sich auf der Westmännerinsel Heimaey informieren kann. Alten
Berichten zufolge war in Island die Vegetation zur Zeit der Landnahme übrigens üppiger als heute, bis zu 30 % der
Inselfläche waren damals mit Birken
bestanden. Die Abholzung durch den
Menschen und die Überweidung durch
Schafe dezimierten die Pflanzendecke.
Orts- und Flurnamen auf „-skog", „-
mörk" und „-holt" bezeichnen Wald
und erinnern an grünere Zeiten.
Wälder – Lieblingsorte der Isländer:
Stürme und Winde zwingen Birke,
Eberesche und Weide, die eigentlich
schon der Strauchschicht zugerechnet
werden, in eine krüppelhafte Gestalt.
Mit dem, was man als Mitteleuropäer
landläufig unter Baum versteht, kann
ein isländisches Bäumchen an Statur
nicht mithalten. Noch vor einigen Jahren und vor größeren Aufforstungs-
maßnahmen wuchsen Bäume außerhalb gepflegter städtischer Vorgärten
gar nur in äußerst begünstigten und geschützten Gebieten wie Hallormstaður
in Ostisland, Vaglaskógur bei Akureyri,
in der Felsschlucht Asbýrgi in der Nähe
des Dettifoss, im Tal Þórsmörk und am
Rand des Gletschergebiets Skaftafell.
Höhenstufen – von dicht bis schütter:
Der Küstensaum wird von Pflanzen bestanden, die mit dem hohen Salzgehalt
zurechtkommen – besonders lebens-
tüchtig sind dort der Strandhafer, die
Salzmiere mit ihren fleischigen Blättern
und die Strandkamille mit ihrer auffälligen gelbweißen Blüte. Die Grünländer
in den Ebenen sind Weideland, oft ent-
wässerte Moore. Sumpfiges Grasland
(isl. myrar) ist aber nach wie vor verbreitet und leicht zu erkennen am
Wollgras mit seinen weißen Büscheln,
dessen Stängel früher als Docht für
Tranlampen verwendet wurden. Typisch
für Island ist in etwas höheren Lagen
die Heidelandschaft mit niedrigen

Pflanzen, die Frost und Wind besser trotzen als etwa die Birken. Im Spätsommer werden hier Krähen- und Heidelbeeren gesammelt.

Leben im Kochtopf

Selbst vor heißem Wasser macht die Natur nicht Halt. Um heiße Quellen und Bäche bildet sich eine spezielle Vegetation aus. Noch erstaunlicher ist es, dass auch in blubbernden Schlammtöpfen und giftgelben Schwefelquellen Lebewesen munter dahinvegetieren, auch wenn die Kost einseitiger ist, als es die eines spartanischen Trekkingtouristen je sein könnte: Wasserstoff, Kohlendioxid und ein bisschen Schwefel reichen den primitiven Organismen. Weitere Infos in der Ausstellung im Geothermiepark in Hveragerði.

Mit der Höhe wird es unwirtlicher, und die geschlossene Vegetationsdecke geht in eine inselhafte Vegetation mit Polsterpflanzen über. Leicht zu entdecken sind z. B. das dunkelrot bis lila blühende arktische Weidenröschen, das Hornkraut mit weißer Blüte, Strandnelken, Arktischer Thymian und das Stengellose Leimkraut mit seinen Miniblüten – letztere allesamt rosa blühend. Dicht am Boden kauern auch Zwergweiden mit kleinen runden Blättern. Moose und Flechten, von denen es mehrere hundert Arten gibt, geben in der Höhe den Ton an, bis auch sie aufgeben müssen, wenn ganzjährig miserable Bedingungen herrschen oder Schneeauflagen Bestand haben. Wenn Sie einen Bergrücken zwischen zwei Fjorden überqueren, können Sie das Spektrum der Vegetationstypen bestens verfolgen!

Das Islandmoos – ein altes Heilmittel

Für einen Teeaufguss gesammelt, soll es gegen Erkältungen helfen, auch vorbeugend (vgl. Kap. „Essen und Trinken"). Allerlei Wirkungen hat man der Pflanze nachgesagt, die auch in Mitteleuropa wächst und hierzulande schon lange bekannt war – ein Frankfurter Apotheker brachte Mitte des 19. Jh. die ersten Pastillen an den kränkelnden Mann. Wer auf seiner Reise ein Halskratzen verspürt und sich einen Tee aufgießen möchte, findet das Islandmoos fertig getrocknet in den Regalen von Souvenirläden. Die Aufschrift lautet *fjallagrös* – was nach Gras klingt, obwohl es keines ist. Ein Moos ist es übrigens auch nicht, auch wenn es so aussieht, sondern eine Flechte, eine Lebensgemeinschaft aus Pilz und Alge!

Moospolster und Moosstreifen – von graugrün nach giftgrün: Alte Lava ist oft eingehüllt in einen dicken graugrünen Moosteppich, der vom Grauen Zackenmützenmoos gebildet wird. Grün ist es bei Regen, grau bei Trockenheit. Wenn Wasser schnell im Untergrund verschwindet, haben es Pflanzen schwer. Grün sind Quellaustritte oder feuchtere Hangbereiche. Besonders faszinierend sind Berghänge, an denen nur schmale Vegetationsstreifen sehr fotogen rabenschwarze Berghänge leuchtend grün verzieren. Ein Avantgardekünstler könnte keine besseren Formen finden, ein Sprayer kein leuchtenderes Neon auftragen!
Internet: www.floraislands.is, www.iceland-nh.net.

Lesetipp: Hörður Kristinsson, Die Blütenpflanzen und Farne Islands, Reykjavík 2010.

Mit Kleidung aus Schafshaut trotzten Fischer jahrhundertelang dem isländischen Wetter

Klima, Wetter, Reisezeit

Nomen ist nicht unbedingt Omen – eiskalt ist Islands Klima bei weitem nicht überall, das Meer sorgt für relativ geringe Temperaturschwankungen. Einige der letzten Sommer waren sogar sehr sonnenreich! Der Golfstrom ist zwar verantwortlich für ein milderes Klima, als es die nördliche Lage vermuten lässt, im Vergleich zu Mitteleuropa sind die Sommer jedoch kurz und kühl.

Die guten Nachrichten: Wenn Sie im Sommer mit Temperaturen von 8–16 °C im Schatten im Tiefland rechnen, liegen Sie nicht falsch. An sonnigen Tagen kann es an windgeschützten Orten sommerlich warm werden, Isländer gehen dann selbst wenn die 20 Grad nicht erreicht sind im T-Shirt mit gutem Beispiel voran. 2008 wurden sogar Hitzerekorde über 29 °C verzeichnet. Bei schönem Wetter erlaubt die klare Luft zudem eine weite Sicht, die in Island nur Wolken und Nebel, nicht aber Häuser und Wälder verstellen. Die Sonnenscheindauer variiert von 1249 Stunden im Jahr in Reykjavík bis 962 Stunden in der „Hauptstadt des Nordens" Akureyri. Gewitter sind sehr selten, Blitz und Donner wird man auf der Insel kaum beobachten können.

Regen und Wind: Die Niederschläge sind nicht einheitlich verteilt, der Norden ist trockener, im Süden erreichen die Werte tropische Größenordnungen – mit dem Unterschied, dass es nicht nur zwei Stündchen am Tag lauwarm regnet. Das Wetter ist hingegen sehr wechselhaft, das berüchtigte Islandtief beschert Regen, Niesel, Nebel, Graupel oder Schneefall in allen Varianten. In der Regel meldet sich der erste *Schneefall* im Hochland Ende August oder Anfang September. Die Tage mit geschlossener Schneedecke, die besonders im Norden schon mal 2 m Dicke erreichen kann, gehen normalerweise Anfang April bis Ende Mai zu Ende.

Windig ist es sehr oft, besonders im Hochland, wo man ohne Sonnenschein in zu dünner Kleidung leicht auskühlt. Es ist nicht unwahrscheinlich, dass Sie auch ein paar stürmische Tage erwischen, an denen Zelten nicht zur Diskussion steht und das Öffnen der Autotür schwer fällt. An exponierten Stellen wie Berggipfel, Passhöhen und Fjordspitzen können dann 15–20 m/sec Windstärke leicht überschritten werden. Wenn Sie dann allerdings bei einem Isländer über das Wetter klagen, wird er Ihnen höchstwahrscheinlich nur wortkarg entgegenhalten, dass das doch noch gar nichts sei. Nichtsdestotrotz haben die Isländer den schönen Begriff *glugga-veður*, wörtlich übersetzt „Fensterwetter": Dieses herrscht an sonnigen Tagen mit klarem Himmel, an denen der Sturm jedoch derart tobt, dass man sich selbst als Isländer die Landschaft lieber von drinnen durchs Fenster ansieht.

Sonnenaufgang und -untergang	10.6.	21.6.	15.7.	29.7.	19.8.	26.8.
Reykjavík	3.03	2.55	3.41	4.25	5.31	5.53
	23.53	0.04	23.24	22.41	21.29	21.04
Akureyri	1.58	1.26	2.56	3.51	5.07	5.30
	0.29	1.01 (22.)	23.37	22.43	21.23	20.56

Quelle: University Almanac

Tageslänge: Die Tage sind im Sommer sehr lang, für die Pflanzenwelt ein kleiner Ausgleich für die Kürze des Sommers. Aber auch Reisende profitieren davon, denn im Hochsommer ist der nahende Abend kaum ein Grund, Quartier zu nehmen. Es wird nicht richtig dunkel, ab 23 Uhr ist es nur dämmrig. Vom 14. bis 28. Juni scheint im Norden Islands die Sonne ohne Unterbrechung. Zwar steht sie nicht

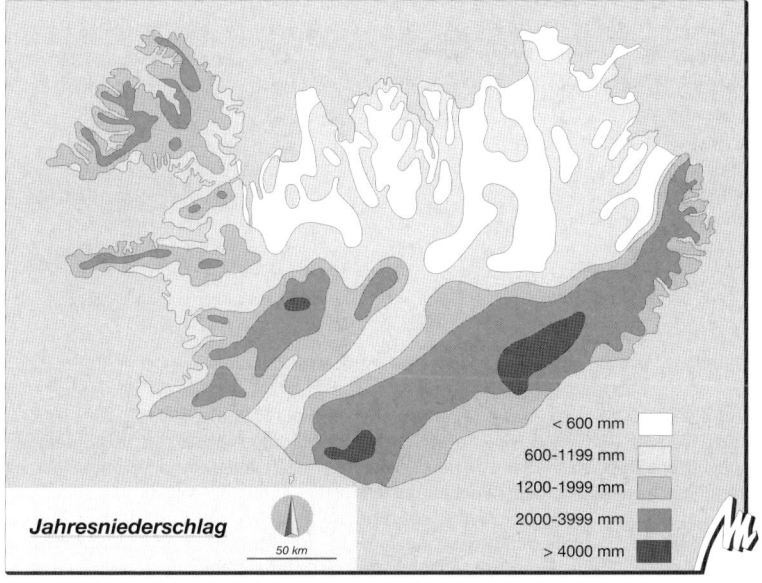

Jahresniederschlag

50 km

< 600 mm	
600-1199 mm	
1200-1999 mm	
2000-3999 mm	
> 4000 mm	

ganz über dem Horizont, aber ein Teil der Scheibe spitzt darüber – ansonsten verteilt die Lichtbrechung und Streuung in der Atmosphäre ein diffuses, dämmriges Licht. Für zwei Wochen also kann man die *Mitternachtssonne* bewundern, die „echte" lässt sich auf der Insel Grímsey am Polarkreis erleben. Erschreckend kurz ist die winterliche Tagesdauer: 3 Std. 5 Min. in Akureyri, 2 Std. 13 Min. auf Grímsey (weitere Infos im Kap. A–Z unter „Zeit").

Klima und Witterung: Die instabilen Witterungsverhältnisse in Island werden von der Lage der so genannten Polarfront, die die kalten Luftmassen des Nordens von den feuchtwarmen Luftmassen des Südens trennt, und dem aktuellen Zustand der Tiefdruckgebiete bestimmt. Im Süden dieser Wetterscheide herrschen feuchte und warme, nördlich davon trockene und relativ warme Sommer. Liegt die Polarfront für längere Zeit stabil südlich der Insel, herrschen kühle Temperaturen vor, im umgekehrten Fall steht ganz Island unter dem Einfluss der südlichen Luftmassen. Die Höhenzüge im Süden der Insel sind die entscheidende Barriere für die feuchte Luft. Befindet sich die Polarfront nördlich davon, regnen sich die Luftmassen an den Bergen aus, der Norden ist von Trockenheit geprägt. Liegt die Front südlich, bleibt der Sommer an der Südküste trocken. Generell lässt sich feststellen, dass Südisland das mildere Klima besitzt. Zentralisland ist nicht mehr so stark vom Meer beeinflusst, die Winter halten mit sieben Monaten länger an, es ist kälter als in der Küstenregion. In den Fjorden weichen die Wetterverhältnisse oft etwas von der allgemeinen Wetterlage ab, ebenso muss man in der Nähe von Gletschern mit eisigen Temperaturen rechnen. Andererseits können föhnartige Winde erstaunlich hohe Temperaturen herbeiführen.

	Reykjavík			Akureyri		
	Ø Lufttemperatur (Min./Max. in °C)		Ø Niederschlag (in mm)	Ø Lufttemperatur (Min./Max. in °C)		Ø Niederschlag (in mm)
Jan.	-3,0	1,9	75,6	-5,5	0,9	55,2
Febr.	-2,1	2,8	71,8	-4,7	1,7	42,5
März	-2,0	3,2	81,8	-4,2	2,1	43,3
April	0,4	5,7	58,3	1,5	5,4	29,2
Mai	3,6	9,4	43,8	2,3	9,5	19,3
Juni	6,7	11,7	50,0	6,0	13,2	28,2
Juli	8,3	13,3	51,8	7,5	14,5	33,0
Aug.	7,9	13,0	61,8	7,1	13,9	34,1
Sept.	5,0	10,1	66,5	3,5	9,9	39,1
Okt.	2,2	6,8	85,6	-0,4	5,9	58,0
Nov.	-1,3	3,4	72,5	-3,0	2,6	54,2
Dez.	-2,8	2,2	78,7	-5,1	1,3	52,8

Daten: Meteorologisches Büro, Reykjavík. Mittelwerte für die Messperiode 1961–1990

Reisezeit: Die Monate Juni, Juli und August sind die Hauptreisezeit. In der letzten Augustwoche schließen viele touristische Einrichtungen und Mitte September scheint das Land nach dem Abtrieb der letzten Schafe langsam in Winterschlaf zu verfallen. In diesen kurzen Wochen des Herbstes nimmt die Vegetationsdecke auf den Lavafeldern leuchtende Gelb-, Rot- und Goldtöne an. Der Großteil der Touristen ist abgereist, der Sommer wirkt noch nach – für Wanderer und Radfahrer lohnt es sich, das Land für kurze Zeit in einem anderen, glühenden Licht zu sehen.

Wolkenverhangene Berge sind der Normalfall

In der zweiten Septemberhälfte beginnt häufig schon der Winter. Zwar können die kommenden Monate auch im Dämmerlicht recht reizvoll sein, aber das Vorankommen wird zum einen durch äußerst eingeschränkten Busverkehr erschwert, zum anderen ist die Fortbewegung mit dem eigenen Fahrzeug nach starkem Schneefall nur noch mit Allradantrieb möglich und selbst das nur mit Mühen. Das touristische Angebot ist stark reduziert, bedeutende Preisnachlässe bei der Anreise und in den noch geöffneten Übernachtungsbetrieben machen den Islandurlaub im Winter aber günstiger als im Rest des Jahres. Verstärkt versuchen die Isländer, ihr Land den Touristen auch in der dunklen Jahreszeit schmackhaft zu machen. Ein Kurztrip nach Reykjavík, Skitouren über die Gletscher und durchs Hochland, Klettern am vereisten Wasserfall, Hundeschlittentouren – an Möglichkeiten mangelt es nicht und fern von Massenandrang und Kommerz hat der Wintersport in Island einen besonderen Reiz. Wo in der Welt gibt es zudem wie hier die Möglichkeit, nach einem langen Tag auf Skiern in der kalten Winterluft in einen dampfenden Hot Pot zu steigen und die müden Glieder zu strecken? Dennoch steckt der Wintertourismus noch in den Kinderschuhen, auch wenn mittlerweile fast alle deutschen Reiseveranstalter Wintertouren im Programm haben und Icelandair mit Sonderangeboten lockt.

Wetterinformation: ✆ 9020600 (Durchwahl 44) und www.vedur.is/english (Wetter und Wettervorhersage). Regionalkarten mit genauen Messdaten von Wetterstationen: www.vegagerdin.is/english oder www.belgingur.is. Eine gute Alternative ist der norwegische Wetterbericht unter www.yr.no.

Hochland: Faustregel: Der Sommer reicht von Mitte Juli bis Mitte August.

Verbindungen: Der Fährbetrieb wird auf manchen Strecken außerhalb der Sommermonate eingestellt, der Busfahrplan radikal umgestellt, Hochlandpisten und einige Passstraßen sind gesperrt.

Übernachten: siehe Kap. „Wissenswertes von A bis Z".

Freiluftkunst in Reykjavík

Kunst und Kultur

Sprache – das Juwel der Nation

Das Isländische gehört zu den nordgermanischen Sprachen und ist mit dem Altwestnorwegischen verwandt. Im Lauf der Jahrhunderte hat es sich so wenig geändert, dass die Isländer die mittelalterliche Edda und andere alte Schriften ohne Schwierigkeiten im Original lesen können.

Wer vor Auslandsreisen einen kleinen Sprachkurs absolviert, um sich vor Ort wenigstens ab und an mal in der Landessprache verständlich machen zu können, stellt sich beim Isländischen einer unbarmherzigen Herausforderung. Die Sprache könnte grammatisch kaum komplizierter sein und weist ein faszinierend verwirrendes Flexionssystem auf, das selbst vor der Beugung von Namen nicht Halt macht. Eine weitere Hürde ist die Aussprache – ein Lob dem, der bei seiner ersten Islandreise den Ort Kirkjubæjarklaustur richtig aussprechen kann. Ein Glück also, dass man sich mühelos mit Englisch durchschlagen kann; insbesondere die jüngeren Isländer verfügen über ausgezeichnete Fremdsprachenkenntnisse. Jemanden zu treffen, mit dem man Deutsch reden kann, kommt vor, ist aber nicht selbstverständlich. Grundsätzlich kann nur die Verständigung mit älteren Menschen manchmal schwierig werden. Aber auch wenn die Sprache schwierig ist, sollte man sich vor der Reise etwas mit ihr beschäftigt haben, um isländische Hinweisschilder wenigstens sinngemäß zu verstehen (siehe Sprachführer im Anhang).

Sprachgeschichte: Die im Altnorwegischen verwurzelte Sprache geht, wie alle skandinavischen Sprachen außer dem Finnischen, auf das Nordgermanische zurück. Seit 1530 hat sich die isländische Sprache nicht mehr nennenswert verändert.

Die ersten Siedler brachten unterschiedliche Dialekte aus Norwegen mit. Wegen der großen Mobilität auf der kleinen Insel und insbesondere durch die allsommerliche Alþingiversammlung, zu der Bewohner aller Landesteile anreisten, verschwanden sie jedoch schnell und die Sprachentwicklung verlief dann über das ganze Land auffallend einheitlich.

Bis Mitte des 11. Jh. wurde im gesamten nordischen Raum das Altnordische gesprochen. Dann begann eine Spaltung in die ost- und westnordische Sprachgruppe; zu letzterer gehören neben der isländischen die färöische und die westnorwegische Sprache. Nun setzte eine von den anderen nordischen Sprachen unabhängige Entwicklung des Isländischen ein, das sich als außergewöhnlich konservativ erwies, weshalb fast von einer Nicht-Entwicklung gesprochen werden muss: Vereinfachungen, die sich in anderen nordischen Sprachen durchsetzten, gab es in Island nicht. Ein kleines Beispiel sind die Laute *hl*, *hr* und *hn*, die nicht, wie im Dänischen und Schwedischen, zu *l*, *r* und *n* verkürzt wurden: Brotlaib heißt in Island noch immer *hleifur* und Ring *hringur*. Als wesentlicher Grund für die außerordentliche Stabilität der isländischen Sprache muss die Abgeschiedenheit der Insel gesehen werden; daneben übte die von der Bevölkerung hoch geschätzte altisländische Literatur einen normierenden Einfluss aus. Änderungen setzten sich lediglich in der Aussprache durch; sowohl bei Vokalen als auch bei Konsonanten kam es vor 1530 zu Lautveränderungen. Das alte Isländisch würde heute kaum mehr verstanden werden. Da die Sprache ansonsten aber praktisch unverändert geblieben ist, bereitet das Lesen der mittelalterlichen Sagas im Original keine Probleme.

Die Sprache erhielt über das letzte Jahrtausend zahllose Begriffe für jedes mögliche geografische Detail im Land und ist reich an islandtypischen, durch die Vergangenheit geprägten Ausdrücken. Wenn etwas nicht gut ist, ist es „nicht viele Fische wert", nach übermäßigem Alkoholkonsum ist man „betrunken wie ein Schaf" und wer allein und auf sich selbst gestellt ist, ist „alleine in einem Boot".

Sprache und Schrift: Mit dem Christentum übernahmen die Isländer das lateinische Alphabet, die ersten Bücher wurden zu Beginn des 12. Jh. verfasst. In der Überzeugung, dass das Lesen und Schreiben „bequemer werden muss", gab ein unbekannter Verfasser um 1150 den *Ersten Grammatischen Traktat* heraus, eines der ersten heute noch erhaltenen Prosawerke. Hiermit erhielten die Isländer ein ihrer Sprache angemessenes Alphabet: Einige nicht benötigte Konsonanten (*c*, *q*, *w*, *z*) wurden aus dem lateinischen Alphabet herausgenommen, vor allem aber andere Konsonanten und Vokale hinzugefügt, um den besonderen isländischen Lauten einen Buchstaben zuzuweisen. Dies ist der Grund, warum zwei Runenzeichen im isländischen Alphabet weiterleben: ð/Ð und þ/Þ, die wie ein stimmhaftes bzw. stimmloses englisches *th* gesprochen werden.

Isländisch heute: Obwohl die keltischen Siedler, das Christentum, dänische und norwegische Herrschaft und Handelskontakte das Isländische von Beginn an mit neuen Wörtern und Begriffen konfrontierten, wurden über die Jahrhunderte hinweg nur wenige Elemente und Lehnwörter aus anderen Sprachen übernommen. Reste keltischen Sprachguts sind noch in einigen wenigen Orts- und Personennamen erkennbar (z. B. *Papós*). Typische Lehnwörter, die im Zuge der Christianisierung aufkamen, sind *biskup*, *prestur* und *klaustur* (Bischof, Pfarrer und Kloster). Nach der Reformation aber schlichen sich aus der Verwaltungssprache Dänisch etliche dänische Begriffe in den Wortschatz ein. Hier setzten im 19. Jh. die Freiheitskämpfer an. Im Zuge der Unabhängigkeitsbewegung sorgten sie für eine Rückbesinnung auf die isländische Sprache und Kultur; es begann das Bemühen um eine

Reinigung der Sprache von ausländischen Einflüssen. Mit Erfolg: Dänische Lehnwörter wurden fast komplett beseitigt und durch isländische Begriffe ersetzt; wo es keinen isländischen Ausdruck gab, wurde durch bildhafte Umschreibung und mit Fantasie einer geschaffen.

Seit 1964 wacht das isländische Sprachkomitee offiziell über Veränderungen der Sprache und nötige Anpassungen. Ziel ist es, Fremdwörter aus dem Wortschatz auszumerzen und aus alten isländischen Wörtern neue zu bilden, die den heutigen Erfordernissen gerecht werden. Denn was soll man mit all den Gegenständen machen, die es im Mittelalter nicht gab, die aber einen Namen brauchen, nur bitte keinen ausländischen? Jeder Bewohner der Republik, die sich *lyðveldi* (Volksmacht) nennt, kann Vorschläge unterbreiten, aus denen das Komitee auswählt. Der isländisch-eigentümliche Wortschatz ist groß: Der Faden *síma* wurde zum Telefon *sími*, Elektrizität heißt *rafmagn* und damit Bernsteinkraft (eine Batterie ist folglich *rafhlaða*, ein Bernsteinbehälter), die Polizei ist der Gesetzesregler *lögregla*, das Radio *útvarp*, also Auswurf, und wer eine CD hören möchte, legt einen *geisladiskur* ein, einen Strahlenteller. Die Übersetzung für Computer ist *tölva*, was so viel heißt wie Zahlenwahrsagerin – das Wort ist ein Derivat aus *völva*, Wahrsagerin, und *tölur*, Zahlen. Die sprachbewussten Isländer sind eifrige Benutzer der *tölva* und so verklagten sie einst Bill Gates für seine Weigerung, bei Windows-Programmen die isländische Sprache zu berücksichtigen – mit Erfolg. Die E-Mail hat in Island den schönen Namen *netfang*. Bei manchen Begriffen benutzen die Isländer trotz Sprachpurismus die international gebräuchlichen Ausdrücke neben den isländischen Neuschöpfungen. Sie fahren mit dem Taxi oder *leigubíll*, auf Deutsch Mietauto, sowohl ins Konzert als auch ins Tonspiel oder

Foss heißt Wasserfall

Liedervergnügen und lauschen dort zugleich der Schlagharfe und dem *pianó*. Andere ausländische Wörter haben sich entgegen aller Bemühungen ganz durchgesetzt, z. B. *video* und *mínúta*, *rómanftískur* und *hippi*. Und in der gesprochenen Sprache hört man auch immer mehr „sletta", d. h. isländisch ausgesprochene englische Wörter: Dann wird bespielsweise aus E-Mail einfach *í-meil* und aus cool *kúl*.

Angesichts der geringen Bevölkerungszahl und zunehmenden Internationalisierung der Geschäfts- und Medienwelt ist die Besorgnis der Isländer um ihre Sprache zu verstehen, gilt diese doch als ein Schlüssel für das Überleben der Nation und für

Gute Fahrt!

das Bewusstsein einer reichen Vergangenheit mit einer selbstständigen Kultur. Ihre Sprache, so die 1996 aus dem Amt geschiedene Präsidentin Vigdís Finnbogadóttir, sei für die Isländer das Juwel ihrer Identität.

Ungewohnt ist der Wechsel der Endung der Straßenbezeichnungen bei *Adressenangaben*. Hier wird meist der Dativ des Ortes verwendet. So wird *gata* zu *götu*, *stígur* zu *stíg*, *holt* zu *holti* und *tún* zu *túni*, *vegur* zu *vegi* und *vogur* zu *vogi*. Außerdem muss man darauf gefasst sein, dass sich *Ortsnamen* durch Flexion stark verändern. Um dem Leser Verwirrungen zu ersparen, wird im vorliegenden Buch weitgehend der Nominativ verwendet.

Sprachkurse in Reykjavík: *Mímir-símenntun* bietet eine Vielzahl an Kursen, morgens und abends, für Anfänger und Fortgeschrittene. Ofanleiti 2, ✆ 5801800, www.mimir.is.

Betri árangur, sehr empfehlenswerter, praktisch aufgebauter Unterricht in kleinen Gruppen; Kursdauer normalerweise 20 Stunden. Suðurlandsbraut 6, ✆ 8977995 (Inga), www.learningicelandic.com.

The School of Icelandic bietet das ganze Jahr über 4-wöchige Intensivkurse. Ármuli 5, ✆ 5881169, www.angelfire.com/pro/icelandic.

Árni Magnússon Institute for Icelandic Studies bietet in Zusammenarbeit mit der Universität Sommerkurse in Isländisch an. Þing-

holtsstræti 29, ✆ 5626050, www.arnastofnun. is/page/a_inter_courses_in_icelandic.

Endurmenntun Háskóla Íslands, das Institut für Weiterbildung hat auch Sprachkurse im Programm. Dunhagi 7, ✆ 5254444, www. endurmenntun.is.

Alþjóðasetur/Interkulturelles Zentrum, veranstaltet 2- oder 3-mal die Woche Abendkurse. Laugavegur 71, ✆ 5309300, www.ahus.is.

Sprachkurse im Internet: Die Universität Islands bietet den Anfängerkurs www. icelandic.hi.is. Ein Programm zur Aussprache des Isländischen findet man unter www.lesheimur.com.

Literatur – ein reiches Erbe

Die Edda-Dichtung und die Sagas, die im Island des Mittelalters entstanden, zählen zu den erstaunlichsten literarischen Leistungen der Welt – bis heute gehören sie zum größten kulturellen Erbe der isländischen Nation.

Der Grund dafür, dass es auf der abgeschiedenen Insel zu einer im skandinavischen Raum einzigartigen literarischen Blüte kam, liegt wohl gerade in dieser Isolation. Sie ermöglichte es den Isländern, sich ungestört von Unruhen und Kriegen den Büchern zu widmen; durch die Seeverbindungen mit Skandinavien bestand trotzdem Kontakt mit anderen Kulturen.

Jahrhundertelang waren Götter- und Heldengeschichten, Berichte über historische Ereignisse und die altgermanische Dichtung von Generation zu Generation mündlich weitergegeben, aber kaum schriftlich festgehalten worden. Dies änderte sich im Jahre 1000 mit der Übernahme des Christentums: Bischöfe und weltliche Gelehrte fuhren zur Ausbildung nach Deutschland, England oder Frankreich und brachten Kenntnisse der fremden Kultur und Gelehrsamkeit sowie Bücher mit auf die Insel. Das lateinische Alphabet löste die Runenschrift ab und die Isländer begannen, selber Bücher zu schreiben. Die kirchlichen Institutionen, allen voran die Bischofssitze in Skálholt und Hólar und im 12. Jh. die Klosterschulen, wurden zu Zentren der Bildung und des literarischen Schaffens. Auch die Pfarrhöfe mächtiger Goden, wie Oddi oder Haukadalur, entwickelten sich schnell zu wichtigen Kulturstätten des Landes. Kirchliche und weltliche Bildung gingen hierbei Hand in Hand.

Geschrieben wurde mit Gänsefedern auf Pergament aus Schafs- oder Kälberhaut. Für die Flateyjarbók, das umfangreichste isländische Manuskript, wurden die Häute von 113 Kälbern benötigt. Die erste bekannte Schrift in isländischer Sprache war die Gesetzessammlung *Grágas*, die vermutlich 1118 abgeschlossen war. Eine Abschrift aus dem 12. Jh., der *Codex Regius*, ist bis heute erhalten. Kirchliche Werke wurden aus dem Lateinischen übersetzt, daneben entstanden Schriften über weltliche einheimische Themen, insbesondere zu erzieherischen Zwecken. Mitte des 12. Jh. entwickelten sich zwei weitere Arten von Literatur: Geschichtswerke und Genealogien.

Ari Þorgilsson der Weise: Der bemerkenswerteste Geschichtsschreiber der damaligen Zeit war *Ari Þorgilsson* (1067/68–1148). Er wählte für seine nach 1122 geschriebene Geschichte des isländischen Volkes von der Landnahme bis zum Anfang des 12. Jh., die *Íslendingabók*, als erster Historiker seine Muttersprache und stellte so die Weichen für die isländische Geschichtsschreibung. Die zuvor von Aris Förderer, *Sæmundur Sigfússon* dem Gelehrten (1056–1133), der als der erste isländische Autor gilt, verfasste Geschichte über das Leben der norwegischen Könige war noch in Latein geschrieben. Ein anderes bedeutendes Werk war die *Landnámabók*, das Buch der Landnahme, das von Herkunft und Landbesitz etwa 430 früher Siedler erzählt. Vom Landnahmebuch sind drei Fassungen erhalten, die alle im 13. Jh. entstanden, sich aber auf ältere, verlorene Fassungen stützen. Der ursprüngliche Text bestand fast ausschließlich aus – wahrscheinlich zuverlässigen – Genealogien. Zur Belebung fügten ihm die späteren Verfasser Anekdoten bei, die den literarischen, nicht aber den historischen Wert erhöhen. Dennoch hat wohl kaum ein anderes Land so detaillierte Informationen über seine frühen Siedler. Man nimmt an, dass ein großer Teil der ersten Version, von der heute jede Spur fehlt, die aber den nachfolgenden Werken als Hauptquelle diente, im 11. oder 12. Jh. von Ari Þorgilsson verfasst wurde.

niup að þiozu og kome þa þlaz vpp vz sio Eʀ m̄ kaup̄ reða aꞃ̄loi
z að logmale rettu og sþilia sʀ þ e gioz en suo þa a lweigande
ꞃ̄iozu þzie alnar long þieple aull og þan aꞃ smeeꞃe Eñ reka m̄
z vid allañ o relgdañ þñ e þʒ rek̄ vpp z suo huale þa alla e þaz
ꞃpa þunk̄ a lð̄ nea m̄ valldi og suo a þñ þa huale alla e þʒ rek̄
  Sa madz eꞃ land ai a þaz þa allañ og ꞃzupla alla z zoslunga
ꞃa alla og suo eꞃ m̄ drepz þaz sel Hañ a þaz og hꞃislur allaz z þa
nga z ꞃ̄iska alla nea þaz rek̄ þlei señ a lð̄ eñ v þa ai reka m̄
deigande a þʒ og þluummgaz allaz z vogrek allt og huale þa alla
þ m̄m hlaupa a lð̄ vpp og veið allaz J netlogum ꞇ J þiozune Eꞃ
z þlyꞇz J netlogū þa a reka m̄ þñ Eñ eꞇz vtaz eꞃ vidz z ma þo sia
z a boꞃde þa a sa m̄ eꞃ ioꞃd a og allt þ eꞃ þaz þlyꞇ Eñ þioru mad
allt þ ꞇ J netlogum þlyꞇz hut ꞇ net eꞃ lagt aꞃ landi edz slðe Eꞃ
edz eþiaz liþia þ lðe mz þa ai sa þ og reka þñ allañ eꞃ sun þylg
megnuld a næst nea mz logū sie þza komnt um hual að þeꞇta
þ hual rek̄ a þiozu mz þa sʀ sa eꞃ a lðe byz þaz næst þeꞇta hual
þñ hu ꞇ þiozu a og hami slikz þ staꞃz sut ꞇ þzi sþilur leiþulida
þott lðz dromn bue sialꞃz a ioꞃdu Hñ sʀ þeꞇta hual þm ꞃzeslum
e sie o steuðe eñ reip þau z ad tueggia m̄ oꞃ̄xle hallde hut o sie
boꞃn añaz end vm stock edz stem Rient eꞃ þm ad slða þeslaz
z sialꞃzu hualñu og eꞃ suo e þeslz þa abyꞃgizt þñ e þo ad vt taki
malñ eꞃ sum eꞃ þeslaz slupz a landi eñ sinnz z hual þa a sa hua
e ndz atte þo ad a añaꞃz þiozu kome Hñ sʀ J buꞃt þlyꞃua hua
huoꞃt ꞇ þñ vill a slipi edz eꞃkiñ og neyta þaz einkis nea vaꞇz
haꞃa Eñ eꞇz vi sþynsam m̄ saña þ mz eidi ad hualz sie vz þell
nn vaz ralt þa a sa eñ J þo ad vt raki og abyꞃgizt ad aullu
z añaꞃ a hual Hñ a þegaꞃ e hualz e komn ad senda mañ þñ e
re þullu daglerdum þñ eꞃ reka a Eñ lðbue sʀ slða hual til ꞃioꞃd
igs z þz m̄ eꞃ þñ þaz til þaz vl eꞃ reka m̄ þiemz e hꞃs loghꞃz vm
dsm̄   þa slu þsr zada þñ e oꞃboꞃn e Eñ eꞇz þlei m̄ eiga þʒ J
ka þa sʀ þm oꞃd gioꞃa eꞃ mest a J eñ hma hlut sʀ hñ vaꞃduei
ꞇ hñ eigi sialꞃz og abyꞃgizt vid hanðuoꞃnum smū Þu slʀ m̄

Die Sagas

Saga heißt „Geschichte" – ein für Form und Inhalt passender Name: Es handelt sich um eine Erzählung dessen, was einst geschehen ist. Gemeinsame Merkmale der Sagas sind die Sprache und der Stil. Vom Stoff her lassen sie sich in verschiedene Untergruppen unterteilen, von denen die Königssagas und die Isländersagas die wichtigsten sind.

Die Königssagas: Diese Sagas, von denen die erste wohl in der ersten Hälfte des 12. Jh. entstand, hatten vor allem die Geschichte der norwegischen Monarchen zum Thema. Während einige Verfasser sich an die Tatsachen hielten, wurden die Monarchen in anderen Sagas nach dem Vorbild der Heiligenlegenden als christliche Helden dargestellt. Das Glanzstück ist die zu Beginn des 13. Jh. von *Snorri Sturluson* (1178–1241), dem wohl berühmtesten isländischen Sagaverfasser, geschriebene *Heimskringla*, so genannt nach ihren ersten Worten „der Kreis der Welt". Diese stilistisch hervorragende Geschichte der norwegischen Könige besteht aus sechzehn einzelnen Sagas.

Þórs Hammer ist ein beliebtes Schmuckstück

Die heldenhaften Isländersagas: Die Königssagas treten in ihrer Beliebtheit und Bedeutung hinter den zwischen 1200 und 1350 entstandenen *Isländersagas* zurück. Diese erzählen Geschichten aus dem ersten Jahrhundert des Freistaates. Die Zeitspanne zwischen 930 und 1030 wird deshalb auch Sagazeit genannt. Über den Ursprung der Isländersagas, und damit auch über ihren historischen Wahrheitsgehalt, herrscht Unklarheit. Im Gegensatz zu den Königssagas sind sie allesamt anonym überliefert, man weiß nicht, wie viel an den Geschichten während der jahrhundertelangen mündlichen Weitergabe verändert worden ist. Dafür, dass die Wahrheit mit der Zeit zumindest leicht verfälscht wurde, sprechen u. a. die vielen Verklärungen und Übertreibungen und die Tatsache, dass Sagas unterschiedlich von dem gleichen Ereignis berichten.

Das Thema der meisten heute noch erhaltenen knapp vierzig Isländersagas sind Streitigkeiten und Fehden. In der blutigen und chaotischen Sturlungenzeit, die mit der Unterwerfung unter die norwegische Krone endete, und kurz danach niedergeschrieben, erinnern sie wehmütig an die Zeit, in der das isländische Rechtssystem noch funktionierte und man nicht um Macht kämpfte, sondern um Ehre. Im Mittelpunkt der Erzählungen stehen Männer oder Frauen aus den führenden Geschlechtern und dem wohlhabenden Bauerntum. Der Stil der Sagas ist kurz und

knapp, die Ereignisse folgen fast verwir-
rend rasch aufeinander. Um den Erzählungen Leben zu verleihen, haben die
Verfasser kunstvoll direkte Rede und
Dialoge in ihre Werke eingebaut, besonders an den Stellen, an denen die Hand-
lung sich zuspitzt. Dies war das stilisti-
sche Mittel, Gedanken und Gefühle der
Charaktere zu vermitteln, von denen die
Schreiber ja nichts wissen konnten.
Schließlich musste der Schein unbeding-
ter Sachlichkeit gewahrt bleiben. Die
Sprache der Isländersagas hat nichts mehr
mit dem einst aus dem Ausland über-
nommenen Gelehrtenstil zu tun. Sie lesen sich wie mündliche Überlieferungen.

Die längste und berühmteste Isländersaga ist die *Njáls saga*, die vom weisen
Njáll und seinem ritterlichen Freund
und „lichten Helden" Gunnar von Hlíðarendi berichtet (siehe auch S. 348). Zu
den beliebtesten und romantischsten
Sagas gehört die *Laxdœla saga*, in deren
Mittelpunkt die stolze und leidenschaftliche Guðrún Ósvífursdóttir steht, die
ihren Liebsten, den sie fälschlich für un-

Kleine Götterfigur aus Bronze,
wahrscheinlich Donnergott Þór

treu hielt, umbringen ließ (siehe S. 526). Eine Anzahl Sagas hat das Schicksal Geächteter zum Thema; die wichtigste von ihnen ist die *Grettis saga* (siehe S. 521).
Lieblingsheld ganzer Generationen war Egill Skallagrímsson, dessen Leben in der
Egils saga wiedergegeben wird (siehe auch S. 536 ff. u. 593): Der größte Skalde Islands hatte so lobenswerte Charakterzüge wie Treue und Mut und besaß hervorragende dichterische Fähigkeiten, war aber auch trink- und kampfsüchtig, habgie-
rig und grausam. Aufgrund eines Streits mit dem Wikingerkönig Erik Blutaxt
zum Tode verurteilt, konnte er nur mit einem in der Nacht vor seiner Hinrichtung verfassten Lobgedicht auf den König sein Leben retten. Mit hoher Wahrscheinlichkeit wurde die *Egils saga* von Snorri Sturluson verfasst. Sie ist die einzige Isländersaga, bei der sich Hinweise auf den Autor finden lassen.

Im späten 13. Jh. begann allmählich der Verfall der Sagaschreibung. Je größer die
Zeitspanne zwischen den wiedergegebenen Ereignissen und ihrer Niederschrift
wurde, desto mehr nahm die Zuverlässigkeit der Informationen ab. Zu den letzten
großen Erzählungen gehört das um 1300 zusammengestellte Sammelwerk der *Sturlunga saga*, das die Auseinandersetzungen der isländischen Goden und damit den
Zerfall des Freistaates behandelt. Das Kernstück der *Sturlunga saga*, die *Íslendinga
saga*, wurde von Snorris Neffen Sturla Þórðarson verfasst.

Die Sagas heute: Die Sagaliteratur spielt im Bewusstsein der isländischen Bevölkerung eine bedeutende Rolle. Es ist eine Selbstverständlichkeit, wenigstens mit den
wichtigsten Erzählungen und Charakteren vertraut zu sein. Man ist stolz auf die
literarischen Überlieferungen und identifiziert sich mit den unbezähmbaren Sagahelden, an die immer wieder gerne erinnert wird – ein kraftvoller Sekundenkleber

trägt den Namen „Grettistak", die größte Limonadenmarke Islands ist „Egils". Einige Aussprüche sind zu geflügelten Wörtern geworden, z. z. B. Gunnar von Hliðarendis Seufzer *„fögur er hlíðin"* („wie schön sind die Berge"), den er aussprach, als er beschloss, seinem Verbannungsurteil nicht zu folgen, und der im Unabhängigkeitskampf des 19. Jh. zu einem patriotischen Schlagwort wurde. Die Bemerkung Njálls, *„með lögum skal land byggja"* („mit Gesetzen erbauen wir unser Land"), steht auf jedem isländischen Polizeiauto. Die Sagas sind heute beliebter Stoff für Romane, Filme und Theaterstücke.

Árni Magnússon und die isländischen Pergamente

Nach den Verwüstungen der Klöster durch die Reformatoren waren die Pergamente im ganzen Land verstreut und befanden sich in übelstem Zustand auf den Bischofssitzen und Pfarrhöfen oder in Privatbesitz. Schlimmstenfalls schimmelten sie unachtsam zusammengeknüllt als Pergamentfetzen in den feuchten Hütten vor sich hin und wurden in der größten Not zum Flicken von Schuhen und Hosen verwendet oder gar gegessen. Im 17. Jh. gelangten viele Manuskripte nach Dänemark und Schweden, wo ein reges Interesse an der mittelalterlichen Geschichte der nordischen Länder erwacht war.

Dass zu Beginn des 18. Jh. so gut wie alle Schriften vor dem Verschwinden gerettet wurden, ist dem isländischen Professor für Geschichte und Geografie an der Universität von Kopenhagen und Kustos im königlichen Archiv, Árni Magnússon (1663–1730), zu verdanken. Er begann früh mit dem Sammeln isländischer Handschriften, um sie den nachfolgenden Generationen zu erhalten. Letztendlich widmete er dieser Aufgabe mit Hingabe und Sorgfalt sein ganzes Leben. Er stöberte und sammelte, kaufte Manuskripte aus dem Ausland zurück, schrieb diejenigen ab, die er nur ausleihen konnte, und bemühte sich, die Geschichte einer jeden Handschrift zurückzuverfolgen. Als er zu Beginn des 18. Jh. zehn Jahre lang von Hof zu Hof reiste, um die erste Volkszählung Islands durchzuführen, konnte er auch in den entlegensten Winkeln nach fehlenden Handschriften suchen. Für ihren Transport zum Hafen waren am Ende dreißig Packpferde notwendig. Mit dem Schiff gelangten die Schätze nach Dänemark und in der Bibliothek von Kopenhagen arbeitete Árni bis an sein Lebensende an der Sammlung.

1728 zerstörte der große Brand von Kopenhagen einen Großteil der Universitätsbibliothek. Die Mehrzahl von Árnis Büchern und Aufzeichnungen wurde ein Raub der Flammen. Die meisten der ältesten und kostbarsten Stücke – Sagahandschriften und Gesetzbücher – konnten zwar gerettet werden, Árni Magnússon aber kam über die Tragödie nicht hinweg und starb zwei Jahre nach dem großen Brand. Seine Handschriftensammlung vermachte er auf dem Totenbett der Universität in Kopenhagen. Die Manuskripte verblieben über 250 Jahre in Kopenhagen, fanden aber nach 1971 ihren Weg zurück auf die Insel, wo sie im Árni-Magnússon-Institut in Reykjavík sorgfältig verwahrt und studiert werden (siehe S. 235). Die Leidenschaft, mit der Árni Magnússon dem Sammeln der Handschriften nachging, kann man in der „Islandglocke" von Halldór Laxness nacherleben: Eine der Hauptfiguren des Romans, Arnas Arnaeus, geht auf Árni Magnússon zurück.

Die Eddas und die Kunst der Skaldik

Um 1220 verfasste Snorri Sturluson die Edda, sein berühmtes Handbuch der Poesie. Auf eine zuvor verfasste Sammlung von Götter- und Heldenliedern wurde später derselbe Name übertragen, weshalb es zwei Eddas gibt.

Warum dieser Name für Snorris Werk gewählt wurde – „Edda" bedeutet „Urgroßmutter" –, weiß man nicht. Einige Wissenschaftler vermuten seine Herkunft im lateinischen edo, „ich veröffentliche, ich verfasse".

Snorris Prosa-Edda: Die von Snorri verfasste Edda besteht aus drei Teilen. Der erste, *Gylfis Betörung*, gibt einen umfassenden, unterhaltsamen Einblick in die nordische Mythologie. Snorri präsentiert die Asen als ein unter Óðins Führung aus Asien nach Skandinavien eingewandertes Volk, das im Norden wegen seiner Zauberkräfte als Götterfamilie verehrt wird. Asien ist bei Snorri gleichbedeutend mit Asenland. Diese Einwanderungsfabel hat keine sehr alten Wurzeln, die Beschreibung der mythologischen Götterwelt ist eindeutig von christlichem Einfluss geprägt. Gylfi empfängt Offenbarungen einer heidnischen Dreieinigkeit, Óðin erscheint als eine Art Gottvater. Das dominierende Thema ist der Kampf der Asen gegen die Riesen, also der Streit zwischen Gut und Böse. Þór, der stärkste der heidnischen Götter und ihr Beschützer, ist immer wieder gen Osten unterwegs, um Zwerge, Riesen und Trolle zu bekämpfen.

Der zweite Teil der Edda ist *Die Dichtersprache*, eine Einführung in die Kunst der Skaldik. Snorri versuchte hier vergebens, die skaldische Dichtung in ihrer ursprünglichen Form, die nun endgültig vor dem Verfall stand, zu retten. Den dritten Teil bildet das Strophenverzeichnis *Háttatal*, ein skaldisches Preislied zum Ruhme des norwegischen Königs, bei dem der Stil im Vordergrund steht: Das Gedicht hat 102 Strophen und ebenso viele Metren, die im Anschluss an jede Strophe erklärt werden.

Die anspruchsvolle Skaldik: Die Skaldik ist wahrscheinlich aus dem Nordwesten der Britischen Inseln mit den Einwanderern nach Island gelangt, wo sie rasch ihren Höhepunkt erreichte: Der erste isländische *Skalde*, Egill Skallagrímsson (900–983), gilt auch als der beste. Schon seit der Mitte des 10. Jh. trugen am norwegischen Königshof hauptsächlich isländische Skalden ihre Preisgedichte vor, erzählten von Schlachten und Wikingerzügen, lobten oder verspotteten Könige und andere Herrscher. Form und Stil der Skaldendichtung waren, was das Versmaß und die Reime angeht, äußerst kompliziert und ihre Beherrschung war eine schwere Kunst. Vom Skalden wurde auch Kreativität erwartet, v. a. in der Verwendung von *Heitis* und *Kenningar*. Heitis, poetische Synonyme von Wörtern aus der Umgangssprache, waren noch relativ einfach einzusetzen. Kenningar hingegen, bildliche Umschreibungen von Begriffen durch mehrere substantivische Elemente, stellten sowohl an den Skalden als auch an den Zuhörer mitunter die größten Anforderungen. Als Umschreibung für eine Schlacht konnte man „Sturm des Rabenweins", also „Blutsturm", finden, aber auch „schauderhafter Sturm der Planke von Skögul" – hier musste der Zuhörer dann schon wissen, dass es sich bei Skögul um eine Walküre handelt, deren „Planke" ein Schild ist. Bei einigen Kenningar hatten die Zuhörer Anhaltspunkte, bei anderen mussten sie sich auf ihr Wissen und ihre Kombinationsgabe verlassen. Die Skalden durften keine Kenningar gebrauchen, die schon von einem anderen Dichter verwendet worden waren. Sie erfuhren hohe Wertschätzung und es verwundert nicht, dass heute 400 von ihnen mit Namen bekannt sind. Von der skaldischen Dichtung sind nur einzelne Strophen überliefert, die in Sagas oder in Snorris Edda zitiert wurden.

Die Liederedda: 1643 fielen Bischof Brynjólfur Sveinsson Pergamente mit einer anonym überlieferten Liedersammlung in die Hände. Er war davon überzeugt, dass es sich hierbei um eine zu Beginn des 12. Jh. von Sæmundur Sigfússon verfasste Edda handele, die Snorri für seine Edda als Quelle gedient habe. Tatsächlich enthält diese Handschrift viele Gedichte, die Snorri im ersten Teil seiner Edda zitiert oder erwähnt hat. Dass aber Sæmundur der Verfasser ist, gilt als unwahrscheinlich. Einige der Lieder sind vermutlich schon im 8., die meisten wohl im 10. und 11. Jh. entstanden und damit teilweise lange vor Sæmundurs Zeit.

Heute wird die Sammlung *Poetische Edda* oder *Liederedda* genannt oder, im Gegensatz zu Snorris Jüngerer Edda, die *Ältere Edda*. Der größte Teil umfasst die Götter- und Heldenlieder. Die Götterlieder sind didaktische oder dramatische Werke mit mythologischem Inhalt. Am Anfang steht die *Völuspá* („Der Seherin Weissagung"), trotz vieler Unklarheiten eines der angesehensten Eddalieder, das die Geschichte des ganzen Universums und der Götter erzählt und mit dem Weltuntergang *ragnarök* endet. Das längste Götterlied ist *Hávamál*, die altertümlichste und sittengeschichtlich bedeutsamste aller germanischen Spruchsammlungen, die mit allerhand Ratschlägen und Warnungen aufwartet. So wird beispielsweise zur Gastfreundschaft gemahnt, von Schwatzhaftigkeit und ungezügeltem Biergenuss abgeraten und die Pflege von Freundschaften angeraten – Letzteres schon im Hinblick auf die nächste Fehde. Die Heldenlieder gehören zu den Sagen germanischer Herkunft und berichten über Helden, die in der Völkerwanderungszeit auf dem europäischen Festland ihre Taten vollbrachten.

Warum der Lachs am Schwanz spitz zuläuft

Loki, der listige Gott des Feuers, war von zwiespältigem Charakter. Er konnte wohltätig und auch zerstörerisch sein und säte ständig Zwietracht unter den Göttern. Seine schlimmste Tat beging er, als er auf heimtückische Weise Baldur, den von allen geliebten Gott der Sonne und weisen, barmherzigen Sohn Óðins, umbringen ließ und damit den Untergang des Asenreiches einläutete. Um sich vor den aufgebrachten Göttern in Sicherheit zu bringen, baute er ein Haus mit vier Türen, aus dem er in alle Himmelsrichtungen schauen konnte. Auf seinem Hochsitz Hlidskjalf, von dem er die ganze Welt überblicken konnte, erspähte Óðin das Haus schnell. Als er sich ihm mit den anderen Göttern näherte, verwandelte Loki sich in einen Lachs und sprang in den nahen Wasserfall Fránangursfoss. Hier versteckte er sich zwischen den Steinen und entschlüpfte so dem von den Göttern  ausgeworfenen Netz. Als er aber gerade darüber hinwegspringen wollte, gelang es Þór, Loki am glitschigen Schwanz zu erwischen und durch kräftiges Zudrücken festzuhalten. Snorris Edda zufolge ist der Lachs seitdem am Schwanz so schmal.

Rittersagas und Rímur, Romantik und Realismus

Nach 1350 entstanden keine Isländersagas mehr. Der Geschmack hatte sich geändert, zudem war das Land durch Naturkatastrophen und Fremdherrschaft geschwächt – die Voraussetzungen für kulturelle Glanzleistungen waren dahin, die Blüte der isländischen Literatur war vorbei.

Von Norwegen angeregt, übersetzten die Isländer seit Mitte des 13. Jh. französische Ritterromanzen und verfassten nach 1300 *Rittersagas*. In diesen Erzählungen, die mitunter in fernen, exotischen Ländern spielten und deren Hauptthema die Liebe war, wurde dem historischen Wahrheitsgehalt nur wenig Bedeutung beigemessen. So kommen auch klassische Märchenmotive wie böse Stiefmütter oder Verzauberungen vor. Noch unglaubwürdiger lesen sich die „Sagas der alten Zeiten", die seit Mitte des 13. Jh. aufgezeichnet wurden und von Ereignissen der frühen Wikingerzeit berichten. Die Handlungen wurden mit der Zeit so fantastisch, dass viele Sagas aus dem Spätmittelalter heute unter dem Begriff *Märchensagas* zusammengefasst werden.

Sagas in Versform: Vom 14. Jh. an entstanden *rímur*, lange epische Lieder mit kompliziertem Versmaß, die von der Skaldik die Verwendung von Heitis und Kenningar übernahmen und als umgestaltete Sagas mehr oder weniger wahrheitsgetreu von vergangenen Ereignissen berichten. Musikalisch vorgetragen, stellten sie an langen Winterabenden und in den Zeiten der Armut eine willkommene Zerstreuung dar und erfreuten sich bis ins 19. Jh. hinein großer Beliebtheit. Im späten Mittelalter verfassten die Isländer fast nur noch Literatur in Versform. Neben rímur schrieben sie weitere weltliche Gedichte, deren Themen hauptsächlich Volkserzählungen und Märchen waren, vor allem aber entstanden fromme Werke. Das berühmteste isländische religiöse Gedicht aller Zeiten ist das im 14. Jh. wahrscheinlich von *Bruder Eysteinn* verfasste Werk „Lilja". Dieses großartige Drama mit hundert Strophen über die Auseinandersetzung zwischen Gut und Böse, zwischen Christus und seiner Mutter und dem alten Feind Satan, beeindruckte die Isländer damals so sehr, dass es hieß, jeder Dichter hätte es gerne verfasst. Der berühmteste Autor religiöser Gedichte in der vorreformatorischen Zeit war der letzte katholische Bischof *Jón Arason*. Die protestantischen Bischöfe wandten sich gegen rímur und weltliche, unterhaltsame Literatur. Nach der Reformation wurden deshalb hauptsächlich geistliche Schriften, Lieder und Gedichte verfasst und übersetzt. In den grellsten Tönen wurden mit Vorliebe die Sündhaftigkeit der Menschen geschildert und die Qualen der Hölle ausgemalt.

Wiederaufleben der Literatur: Die von Jón Arason um 1530 ins Land gebrachte Druckerpresse erwarb Bischof *Guðbrandur Þorláksson* und druckte hiermit 1584 in Hólar die von ihm ins Isländische übersetzte Heilige Schrift. Die Guðbrandsbibel, das zweite Buch in isländischer Sprache, das im Lande selbst gedruckt wurde, gilt als Markstein für den Beginn der neuisländischen Literatur. Im 17. Jh. kam es zu einem Wiederaufleben wissenschaftlicher Studien und, in bescheidenem Rahmen, der Geschichtsschreibung: *Arngrímur Jónsson* der Gelehrte (1568–1648) beispielsweise verfasste einige Werke über das Land und seine Geschichte. Der herausragende Dichter des 17. Jh. war der Pfarrer *Hallgrímur Pétursson* (1614–74), der durch seine klangvollen Passionslieder über die Grenzen Islands hinaus bekannt wurde. Im 18. Jh. erreichte die Not in Island ihren Höhepunkt. Dass dennoch einige bemerkenswerte Schriftsteller und Poeten hervortraten, zeigt, wie sehr die Literatur dem Volk Trost und Hoffnung bedeutete. Die größte wissenschaftliche und literarische Leistung dieses Jahrhunderts erbrachte *Eggert Ólafsson* (1726–1768). Er reiste jahrelang als Student der Naturwissenschaften mit seinem Kommilitonen *Bjarni Pálsson* (1719–1779) durch Island, um die natürlichen Ressourcen sowie Kultur und Bräuche der Bevölkerung zu erforschen. Die Ergebnisse fasste er in einem langen Reisebericht zusammen, der in mehrere Sprachen übersetzt wurde und bis heute eine wichtige Quelle über das Island des 18. Jh. darstellt. Eggert Ólafsson betätigte sich auch als Poet unter dem Einfluss der Aufklärung, die Island in der zweiten Hälfte des 18. Jh. erreichte. Wichtigster Förderer der Aufklärung war der Präsident des Obersten Gerichts in Reykjavík, *Magnús Stephensen* (1762–1832), der Bücher über die rationale Philosophie verfasste. Der Pfarrer *Jón Þorláksson* (1744–1819) gilt als der größte damalige Dichter.

Über die Romantik zur Moderne: Im 19. Jh. kam es zu einer Rückbesinnung auf die Edda und die alten Sagas. Im Zuge des Unabhängigkeitskampfes entwickelte sich eine von romantischem Denken und Nationalismus beeinflusste Dichtung, die sich hauptsächlich mit den Schönheiten des Landes, der Reinheit der Sprache und dem neu aufkeimenden Nationalgefühl beschäftigte. Eine der Leitfiguren war der naturalistische Dichter *Jónas Hallgrímsson* (1807–1845). Im 19. Jh. diente die Dichtkunst immer mehr der Verherrlichung des Unabhängigkeitskampfes. Zu den berühmtesten Dichtern dieser Epoche gehört der Pfarrer *Matthías Jochumsson* (1835–1920), der zum tausendjährigen Jubiläum der Besiedlung des Landes 1874 den Text für die Nationalhymne schrieb. Um die Jahrhundertwende machte der Romantik dem Realismus Platz. Zu seinen Vorreitern gehörte der spätere Islandminister *Hannes Hafstein* (1861–1922), der als Dichter hochgeschätzt war, als er die politische Szene betrat. Ein anderer realistischer Dichter war *Einar Benediktsson* (1864–1940).

Moderne isländische Literatur

Die isländische Gegenwartsliteratur bietet, unter anderem durch das Zusammenwirken verschiedener Generationen von Schriftstellern, eine nie gekannte Vielfalt an Formen und Themen.

Zu Beginn des 20. Jh. verließen viele junge Isländer ihre Heimat, weil sie sich im Ausland bessere Bedingungen erhofften. Die meisten gingen nach Dänemark und schrieben dort in dänischer Sprache über isländische Themen, wie *Jóhann Sigurjónsson* (1880–1919), der vor allem mit seinem später verfilmten Drama „Eyvindur aus den Bergen" internationale Aufmerksamkeit auf sich zog. *Guðmundur Kamban* (1888–1945) behandelte in seinen Novellen und Schauspielen zum einen historische isländische Themen, zum anderen übte er Kritik an der modernen Zivilisation. *Gunnar Gunnarsson* (1889–1975) wurde durch seine von Nationalstolz gekennzeichneten Romane und Novellen berühmt. In mehr als dreißig Sprachen wurden die in Deutsch geschriebenen Kinderbücher *Jón Sveinssons* (1857–1944) übersetzt (siehe S. 473).

In Island selbst kam es nach der Unabhängigkeit von Dänemark zu einem Wiederaufblühen kultureller Aktivitäten. Einer der hervortretenden Schriftsteller war *Þórbergur Þórðarson* (1889–1974), der 1924 mit „Brief an Laura" das – stilistisch gesehen – erste moderne Buch Islands schrieb. Er griff geistreich und humorvoll in Essays, Anekdoten und autobiographischen Erzählungen die bestehende Ordnung in Island an. Kein anderer moderner Schriftsteller aber hat die literarische Welt Islands so nachhaltig beeinflusst wie *Halldór Laxness* (1902–1998). Seine häufig gesellschaftskritischen Romane folgen mit ihrem knappen Stil der Tradition der Saga-Literatur, wobei sich die Sprache bewusst an das Isländisch der ärmsten Leute hielt, denn nur dieses, so Laxness, sei etwas wert. Von Mitte der zwanziger bis Mitte der sechziger Jahre dominierte Laxness, dessen einstiges Wohnhaus heute als Museum geöffnet ist (siehe S. 297), die literarische Szene; 1955 erhielt er den Nobelpreis für Literatur (siehe Kasten).

Moderne Dichtung: *Steinn Steinarr* (1908–58) war der erste Dichter, der sich von den metrischen Regeln abwandte und in seinen Gedichten soziale Missstände und Schattenseiten des Lebens aufdeckte. Damit bereitete er wie *Jón úr Vör* (1917–2000), der als erster ein ganzes Buch mit Gedichten in freien Rhythmen veröffentlichte, den Boden für die „wahren Revolutionäre" moderner isländischer Dichtung. Mit der Ausrufung der Republik 1944 kam es zu einer Öffnung des Landes nach außen, die für frische Impulse auch in der literarischen Szene sorgte. Die jungen Dichter, beeinflusst von ausländischen Poeten wie den französischen Surrealisten oder T. S. Eliot, entfernten sich von Romantik, Realismus und strengen Versformen. Es wurde nicht mehr patriotisch das agrarische Island heraufbeschworen, vielmehr reflektierten die Gedichte die tiefgreifenden Umwälzungen im Land und die Probleme der modernen Industriegesellschaft. Die fünf Vorreiter der neuen Lyrik, *Hannes Sigfússon, Einar Bragi, Stéfan Hörður Grímsson, Sigfús Daðason* und *Jón Óskar*, die alle ihren eigenen Stil verfolgten, wurden zunächst als „Atomdichter" verspottet, angelehnt an einen Versager in Halldór Laxness' Roman „Atomstation". Ihr Einfluss auf die Dichtkunst Islands aber war enorm. Bis heute ist die Lyrik durch eine faszinierende Vielfalt gekennzeichnet. Seit den siebziger Jahren sind das Großstadtleben und der Kontrast zwischen Stadt und Land beliebtes Thema. Zu den Größen der poetischen Moderne zählt *Baldur Óskarsson* (geb. 1932), dessen Lyrik sich u. a. durch einen vieldeutigen Wortschatz und Bezugnahme auf kulturelle Mythen auszeichnet und von dem bislang vierzehn Gedichtbände erschienen sind. Einer der populärsten Gegenwartsdichter ist *Þórarinn Eldjárn* (geb. 1949), der auch als Geschichtenerzähler einen guten Ruf hat und von dem 2011 „Die glücklichste Nation unter der Sonne. Geschichten aus Island" erschien. In der jüngeren Dichtergeneration ist vor allem *Sjón* (geb. 1962) bemerkenswert, ein vielseitiger Surrealist mit viel Gefühl für Sprache, der sich auch als Musiker, Drehbuchautor und Romanschriftsteller einen Namen gemacht und das künstlerische Leben im Land enorm geprägt hat. Seine für Björk in ihrer Rolle in Lars von Triers Film „Dancer in the Dark" verfassten Songtexte brachten ihm eine Oscar-Nominierung ein, für seinen Kurzroman „Schattenfuchs" (*„Skugga-Baldur"*) erhielt er 2005 den Literaturpreis des Nordischen Rates. Auf Deutsch übersetzte Gedichte Sjóns können Sie auf www.lyrik line.de lesen. Die experimentelle Poesie von *Eiríkur Örn Norðdahl* (geb. 1978) wird als „erbarmungslos engagiert" bezeichnet – einen Eindruck bekommt man auf www.norddahl.org.

Die Prosa der Republik: Die moderne isländische Literatur entdeckte zum einen in der Vergangenheit eine reizvolle Quelle für Romanhandlungen, zum anderen in der Suche des Einzelnen nach einer Identität und in der Frustration über die postmoderne Welt zum Ende des 20., Beginn des 21. Jh. Die Beziehung zwischen Mensch und der bedrohlichen Natur nimmt nach wie vor eine wichtige Rolle ein, Humor wird groß geschrieben. Auch Großstadtromane sind populär.

Thor Vilhjálmsson (1925–2011) und *Guðbergur Bergsson* (geb. 1932) verdrängten in den späten sechziger Jahren die episch-realistische, seit Jahrzehnten durch Halldór

Laxness bestimmte Literatur im Sagastil. Guðbergur Bergsson legte 1966 mit „Tómas Jónsson Bestseller" den ersten experimentellen Roman Islands vor. 1968 folgte Thor Vilhjálmsson mit der Novelle „Schnell schnell sagte der Vogel", die sich wie alle folgenden Romane des Autors durch sprachliche und formale Raffinesse auszeichnete. Mit seinem 1988 mit dem Literaturpreis des Nordischen Rates ausgezeichneten historischen Kriminalroman von 1986, „Das Graumoos glüht", machte sich Thor Vilhjálmsson auch über die Grenzen Islands hinaus einen Namen. Der Wegbereiter des Modernismus in der isländischen Prosa war Gründungsmitglied des renommierten Reykjavíker Literaturfestivals. 2011 erschien sein 1998 mit dem Isländischen Literaturpreis ausgezeichnetes Werk „Morgengebet" in deutscher Übersetzung.

Die modernen Schriftsteller behandeln meist aktuelle, sozialkritische und gesellschaftlich relevante Themen. Zu nennen sind hier *Svava Jakobsdóttir* (1930–2004), die vor allem über die Stellung der Frau in der Gesellschaft schrieb, und *Frída Á. Sigurðardóttir* (geb. 1940), die ähnliche Themen wählt. In den siebziger Jahren kam es zu einem Neorealismus in Dichtung und Prosa. Reykjavík wurde jetzt zur wichtigsten Bühne der Romanhandlungen. Beispiele dafür sind die Werke von *Einar Már Guðmundsson* (geb. 1954). Letzterer schaffte 1982 mit „Die Ritter der runden Treppe" mit faszinierendem Erzählstil seinen Durchbruch und sammelte seither zahlreiche Preise. 1995 erhielt er, der zugleich poetisch und humorvoll schreibt, für „Engel des Universums" den Literaturpreis des Nordischen Rates. „Fußspuren am

In der Sprache der Sagas: Halldór Laxness

Im April 1902 wurde Halldór Guðjónsson im damals dörflichen Reykjavík geboren. Er wuchs auf dem nahen Bauernhof Laxness auf, dessen Namen er später übernahm. Nach kurzem Besuch des Reykjavíker Gymnasiums schrieb er mit 17 Jahren unter dem Einfluss Knut Hamsuns seinen ersten Roman „Kinder der Natur". Dann zog es ihn für Jahre in die Welt hinaus. Er reiste nach Skandinavien, setzte sich in Deutschland mit dem Expressionismus auseinander, konvertierte zum Katholizismus und lebte 1922–23 in einem Benediktinerkloster in Luxemburg. Nach einem Aufenthalt in Italien beschäftigte er sich in Frankreich zwei Jahre mit dem Surrealismus. In den USA erlebte er den Beginn der Großen Depression und wurde, unter dem Eindruck der bedrückenden Lebensumstände der ausgebeuteten Schicht und durch seine Bekanntschaft mit Upton Sinclair, zum überzeugten Sozialisten.

Seine vielfältigen persönlichen Erfahrungen hatten starken Einfluss auf Laxness' schriftstellerische Laufbahn. Sein erster bedeutender, stark autobiografischer Roman „Der große Weber von Kaschmir" (1927), ist noch von seiner katholischen Überzeugung geprägt. Ein Isländer entflieht der bürgerlichen Enge seiner Heimat, stürzt sich in die europäischen Metropolen und entscheidet sich nach einem Klosteraufenthalt für die Hinwendung zu Gott. Das expressionistische Werk galt aufgrund seines Stils als Bruch mit der traditionellen isländischen Prosa. In der 1929 in Amerika verfassten Essaysammlung „Das Buch des Volkes" verdeutlichte sich der Übergang Laxness' zum Sozialismus. Auch die nachfolgenden Werke waren sozialkritisch. Aus Amerika zurückgekehrt, schrieb Laxness in den dreißiger Jahren drei Romane über die Armut in Island: „Salka Valka" (1931/32), „Sein eigener Herr" (1934–36) und „Weltlicht" (1937–40). Wie in den meisten späteren Romanen gab Laxness seinen Charakteren zeitlose und universelle Gültigkeit, indem er sie als Symbole für den Kampf um mehr Menschlichkeit darstellte. Laxness war immer auf der Seite der kleinen Leute. 1943–46 entstand die Trilogie „Die Islandglocke", der

Himmel" über das Leben seiner Großeltern und ihrer zehn Kinder war eine Zeit-lang des meistverkaufte Buch in Island. In seinem Sachbuch „Wie man ein Land in den Abgrund führt: Die Geschichte von Islands Ruin" rechnet er mit den Urhebern der Finanzkrise ab, die den Isländern ihren Stolz raubten. Auch die Werke von *Einar Kárason* (geb. 1955) verkaufen sich in Auflagen von mehreren Zehntausend. Kárason wurde nach 1983 durch seine tragikomische Romantrilogie über eine isländische Großfamilie in einem Barackenviertel in Reykjavík während der Besatzungszeit bekannt. Diese Familiensaga, die durch die meisterhafte Abbildung von menschlichen Beziehungen begeistert, wurde 1997 verfilmt. Andere folgten. Für den Roman „Versöhnung und Groll" über den Bürgerkrieg im isländischen Mittelalter erhielt er 2008 den Isländischen Literaturpreis. Zu den meistgelesenen Autoren gehört weiterhin *Hallgrímur Helgason* (geb. 1959), dessen Roman „101 Reykjavík" als Film in ganz Europa ein Erfolg wurde und der 2001 für das äußerst originelle Werk „Vom zweifelhaften Vergnügen, tot zu sein", dessen Protagonist offensichtlich den Nobelpreisträger Halldór Laxness darstellt, mit den beiden wichtigsten isländischen Literaturpreisen ausgezeichnet wurde. In diesem 600 Seiten starken Roman wacht der greise Schriftsteller Einar Grímsson ohne Erinnerung auf einer Wiese auf und befindet sich mitten in einem seiner Romane. Mit seiner lyrisch-bildhaften Sprache beeindruckt der ebenfalls preisgekrönte *Jón Kalman Stefánsson* (geb. 1963), von dem bisher sieben Romane auf Deutsch übersetzt wurden, die alle auf begeisterte Leser stießen. Dazu gehört die in den zwei Bänden „Der Sommer hinter

bislang beste historische isländische Roman und Laxness' berühmtestes Werk, vom isländischen Volk als Nationalepos aufgenommen und mittlerweile in 16 Sprachen übersetzt. Es erzählt von einem verarmten Bauern, der sich in Islands dunkelster Zeit, um die Wende zum 18. Jh., jahrzehntelang in einem Mordprozess verantworten muss, von einem Gelehrten, der sein Leben dem Sammeln und Bewahren isländischer Handschriften opfert und dafür der Liebe und menschlichem Glück entsagt, und von der schönen Bischofstochter Snæfríður, der „Islandsonne".

In der politischen Satire „Atomstation" (1948) kritisierte Laxness die Stationierung des amerikanischen Militärs in Keflavík – ein Buch gegen den Krieg, ebenso wie der nachfolgende, auf der mittelalterlichen „Schwurbrüdersaga" aufbauende und sie ins Gegenteil verkehrende Roman „Die glücklichen Krieger" (1952). Hierin interpretiert Laxness das Heldentum der Wikingerzeit als blutrünstige Mordlust, als Gier nach Macht und Besitz. Das Buch – sozusagen eine Anti-Saga – kam bei den Isländern gar nicht gut an. Sie änderten ihre Meinung erst, als Laxness 1955 mit dem Nobelpreis ausgezeichnet wurde. Die nachfolgenden Romane „Das Fischkonzert" (1957) und „Das wiedergefundene Paradies" (1960) ließen keine politische Tendenz mehr erkennen. Nach der Niederschlagung des Aufstands in Ungarn durch die Sowjets kehrte Laxness sich endgültig vom Sozialismus ab. Über die Gründe für seine einstige politische Überzeugung schrieb er 1963 in seinen selbstkritischen autobiografischen Aufzeichnungen „Zeit zu schreiben". Nach „Das wiedergefundene Paradies" folgten mehrere Theaterstücke und 1968 „Am Gletscher", ein hintergründiges Buch über einen seltsamen Pastor am Snæfellsjökull.

Laxness schrieb 62 Werke in 68 Jahren – Romane, Kurzgeschichten, Essays, Memoiren, Theaterstücke. Dazu kamen Zeitungsartikel über jedes erdenkliche Thema. Seine Bücher wurden in 43 Sprachen übersetzt. Es wundert nicht, dass bei seiner Beerdigung am 8. Februar 1998 gesagt wurde, das 20. Jahrhundert in Island sei das Jahrhundert von Halldór Laxness gewesen.

dem Hügel" und „Das Licht auf den Bergen" zusammengefasste Romantrilogie über das Leben in einem Dorf weitab von Reykjavík, in das langsam, aber sicher die Moderne Einzug hält. Erwähnt werden muss auf jeden Fall auch *Steinunn Sigurðadóttir* (geb. 1950), die poetisch, humorvoll und ideenreich in Lyrik und Prosa schreibt und die isländische Literaturszene entscheidend mitgeprägt hat. Eine der bekanntesten Journalistinnen Islands ist *Kristín Marja Baldursdóttir* (geb. 1949), die 1995 mit dem Kriminalroman „Möwengelächter", der später auch verfilmt wurde, einen Riesenerfolg landete und seitdem noch mehrere Romane geschrieben hat, von denen v. a. „Die Eismalerin" und der Nachfolgeroman „Die Farben der Insel" hervorzuheben sind. Auch der ideenreiche *Gyrðir Elíasson* (geb. 1961) zählt zu den großen isländischen Autoren. Er verfasst Lyrik, Romane und Kurzprosa und wurde 2011 für seine Novellensammlung „Milli trjánna" mit dem Literaturpreis des Nordischen Rats ausgezeichnet. Zur jüngeren Generation bemerkenswerter Autoren gehört *Steinar Bragi* (geb. 1975), dessen düsterer Roman „Frauen" 2008 bei Lesern wie Kritikern ein Sensationserfolg war und 2011 auch auf Deutsch erschien. In Island schon lange ein Star und in Deutschland mittlerweile der erfolgreichste isländische Schriftsteller ist der Krimiautor *Arnaldur Indriðason* (geb. 1961). Sein schwermütiger Kommissar Erlendur und seine genaue Betrachtung isländischer Lebensumstände brachten ihm schon mehrmals den Nordischen Krimipreis ein. Beliebt sind auch die Krimis von *Yrsa Sígurðadottir* (geb. 1963) über die Mordfälle aufklärende Anwältin Þóra, von denen sechs auf Deutsch erhältlich sind. Auch *Stella Blómkvist* schreibt Krimis, die ins Deutsche übertragen werden. Der Name ist ein Pseudonym, niemand weiß, wer sich dahinter verbirgt.

„Es ist möglich", schrieb der isländische Literaturexperte Friðrik Rafnsson, „dass der europäische Leser in den zeitgenössischen isländischen Romanen etwas Exotisches, Unschuldiges, Primitives, Naives und Niedliches findet. Wenn das so ist, irrt er sich jämmerlich." Das dürfte spätestens 2011, als Island Gastland der Frankfurter Buchmesse war, jedem klar geworden sein.

Architektur – von Torf zu Wellblech

Bis ins 18. Jahrhundert gab es in Island keine Dörfer, geschweige denn Städte. Das Leben spielte sich in Gehöften auf dem Lande ab, wo sich eine islandtypische Architektur entwickelte – aus Torf und Grassoden.

Die naturräumlichen Bedingungen, die schwierigen Lebensverhältnisse und die zur Verfügung stehenden Baumaterialien ließen jahrhundertelang keine architektonischen Meisterwerke zu. Die Städte sind jung und können schon deshalb nicht mit imposanten historischen Gebäuden aufwarten. Verstreut im Land findet man jedoch reizvolle Denkmäler isländischer Baukunst.

Das isländische Gehöft: Leben unter dem Grasdach

Die früheste Siedlungsweise brachten die Neuankömmlinge im 9. Jh. aus Norwegen mit. Während sich dort jedoch in weiten Teilen des Landes die Holzbauweise durchsetzte, musste in Island aufgrund des knappen Holzangebots weiterhin auf Torf, Bruchstein und Grassoden zurückgegriffen werden. Diese Baustoffe standen in Hülle und Fülle zur Verfügung. Die Siedlungsform war der Einzelhof, da die Völ-

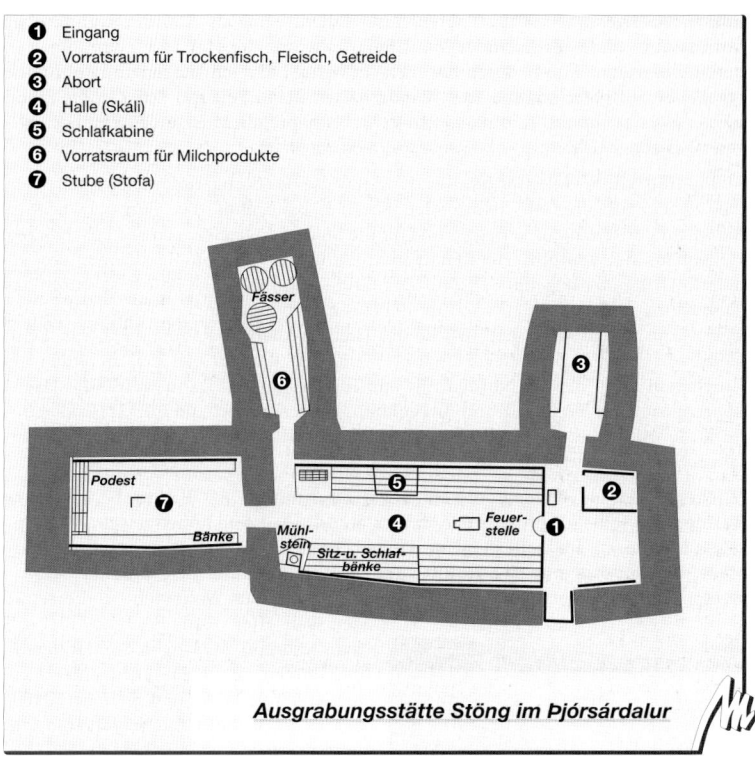

❶ Eingang
❷ Vorratsraum für Trockenfisch, Fleisch, Getreide
❸ Abort
❹ Halle (Skáli)
❺ Schlafkabine
❻ Vorratsraum für Milchprodukte
❼ Stube (Stofa)

Ausgrabungsstätte Stöng im Þjórsárdalur

ker der Germanen keine miteinander verbundenen Wohnsitze kannten. So setzten die Siedler jedes Gehöft für sich alleine bevorzugt auf kleine Anhöhen und in die Nähe von ganzjährig fließendem Wasser. In der Landnahmezeit bestanden die Höfe nur aus einem großen Langhaus *(skáli)*, das 50 m lang sein konnte und normalerweise keine Nebenräume hatte. Dies änderte sich ab etwa ab 1100; das große Langhaus war offensichtlich zu schwierig zu beheizen.

Das Beispiel Stöng: Über die Bauweise der Torfhäuser in der Zeit des Freistaates geben die freigelegten Grundmauern des wahrscheinlich 1104 bei einem Hekla-Ausbruch verschütteten Bauernhauses *Stöng* im Þjórsá-Tal Aufschluss. Das Hauptgebäude war ein in zwei Teilhäuser untergliederter, rund 30 m langer Bau mit drei Räumen, zu dem durch eine seitlich versetzte Außentür in der Vorderfront Zutritt bestand. Anders als bei den Gehöften der ersten Siedler waren nun an die Rückwand im rechten Winkel zwei kleine Seitenhäuser angefügt. Wichtigster Raum war weiterhin die zentrale, große, mit fest gestampftem Lehmboden ausgestattete Halle *(skáli)*, die sowohl als Aufenthaltsraum und Küche als auch als Schlafraum diente. Entlang der Seitenwände verliefen hölzerne Plattformen, auf denen man tagsüber sitzen und nachts schlafen konnte, in der Mitte des Raumes befand sich die steingesetzte Feuerstelle. Den abgeteilten Wohnraum *(stofa)* mit Tischen und Bänken nutzten die Frauen zu Arbeiten wie Spinnen und Nähen. Von den kleinen, durch schmale Gänge abgetrennten Seitenhäusern diente eins als Abort, das andere als Vorratsraum und Milchkammer *(búr)*. Belüftet wurde der Hof durch Öffnungen in den Dächern und Türen, durch die auch ein wenig Licht eindringen und der Rauch der Feuer abziehen konnte. Die Wände hatten keine Fenster. Das Gehöft Stöng wurde 1974 im Þjórsá-Tal rekonstruiert, wo es heute als Museumshof zu besichtigen ist (siehe S. 329).

Kleine Häuschen, viele Gänge: Aus der Bauweise des Stöng-Hofes entwickelte sich eine zweckmäßigere Gehöftsform: der „Korridor-Bauernhof". Der Eingang wurde in die Mitte des Gebäudes verlagert und an die Stelle des großen, schwer beheizbaren Hallenbaus mit komplizierter Dachkonstruktion trat ein Komplex kleiner, von einem Korridor abzweigender Räume. Der Grund für diese neue Bauweise waren das kalte Klima und das Fehlen von Brennholz – man musste andere Wege finden, um sich warm zu halten, deshalb wurde das Haus in kleinere Räume aufgeteilt. Beim Hausbau schichtete man dicke, niedrige Wände auf, die in früher Zeit im Süden aus Bruchstein und Torf, im Norden nur aus Torf bestanden. Dann wurde die Dachkonstruktion aus Treibholz und Birkenknüppeln gezimmert und mit Grassoden bedeckt. Je wohlhabender die Bauern waren, desto mehr Räume gruppierten sich um den zentralen, langen Korridor.

Wichtiger Teil eines jeden Anwesens war die *baðstofa*. Als Badestube, in der es wärmer sein sollte als im Rest des Hauses, war die baðstofa höher gelegt als die anderen Räume, lag am weitesten vom Eingang entfernt und besaß eine eigene Feuerstelle. Dies machte man sich zunutze und verlagerte mit der Zeit sämtliche Aktivitäten in diesen Raum – die baðstofa entwickelte sich zur Wohnstube und ersetzte den skáli. Hier wurde gegessen, hier saß man während der langen Winterabende beisammen, um beim Licht einer kleinen Öllampe Wolle und Seile herzustellen. Es gab Gehöfte mit Schlafkammern, normalerweise aber schliefen alle Bewohner in der baðstofa, die sie mit ihrer eigenen Körperwärme beheizten. Die bis zu 2 m dicken Torfwände waren ideal, um die Wärme zu speichern. Mit ihrer Bedeutung nahm auch die Größe der baðstofa zu, bis sie zum größten Raum des Gehöfts wurde. Im 19. Jh. wurde der Baustil noch einmal verändert: An der Vorderfront wurden links und rechts vom Eingang nach Frontgiebel-Bauweise mehrere kleine Häuser angefügt, zu denen nur von außen Zugang bestand. Auf wohlhabenden Höfen mit einer Holzverschalung herausgeputzt, machte diese Reihe Torfhäuschen einen fast eleganten Eindruck.

Die baðstofa des
Museumshofes Glaumbær

Das Torfhaus hielt die Kälte ab, konnte normalerweise Erdbeben widerstehen und trotzte schlechtem Wetter. Es musste aber alle fünfzig Jahre renoviert werden, sonst konnte es selbst in Gebieten mit geringem Niederschlag keine hundert Jahre überdauern. Das Leben in den feuchten, dunklen Hütten wird auch nicht allzu vergnüglich gewesen sein. Man lebte dicht gedrängt beieinander und die schlechten hygienischen Verhältnisse leisteten der Ausbreitung von Krankheiten und Seuchen Vorschub. Ein Bauer klagte einst: „Wir leben wie in Mauselöchern". Im späten 19. Jh. fielen dann doch viele Torfgehöfte Erdbeben zum Opfer und nach dem Zweiten Weltkrieg waren fast alle verlassen oder abgerissen worden; Beton und Wellblech ersetzten Torf und Gras. Manche der alten Wohnhäuser wurden zu Ställen und Scheunen umfunktioniert und sind noch heute, halb zerfallen, vereinzelt auf Feldern zu finden, ganz wenige waren tatsächlich auch noch bis in die 1980er Jahre bewohnt. Einige Torfgehöfte sind zu musealen Zwecken restauriert worden und lohnen unbedingt einen Besuch. Die bekanntesten sind Glaumbær (S. 515), Laufás (S. 448), Grenjaðarstaður (S. 445), Árbær (S. 236) und Bustarfell (S. 450).

Farbenfrohe Dörfer und Städte

Für den Bau von reinen Wohnhäusern verlor Torf bereits gegen Mitte des 18. Jh. an Bedeutung und wurde von Holz, seltener von Stein, abgelöst. Es fehlte an Ziegeleien und Kalk, und weil die Steinbauweise aufgrund der ständigen Erdbebenbedrohung ohnehin wenig sinnvoll war, gab es auch keine Maurer. Nur unter Zuhilfenahme dänischer Architekten, Arbeitskräfte und Baumaterialien konnte deshalb 1752–55 auf der Insel Viðey als erstes Steingebäude des Landes eine Residenz für den Landvogt Skúli Magnússon errichtet werden, das damals größte und heute älteste erhaltene Wohnhaus Islands. Neben fünf Kirchen entstanden in dieser teuren Bauart im 18. Jh. nur noch die Residenz des Landarztes auf Nes (Reykjavík), das ehemalige Zuchthaus in Reykjavík (heute Regierungsgebäude) und der Königshof von Bessastaðir, seit 1941 Residenz des isländischen Präsidenten.

Größere Verbreitung fand die Holzbauweise. Ende des 18. Jh. begannen dänische Kaufleute, an den isländischen Handelsplätzen aus importiertem Holz schlichte Wohnhäuser, Geschäfte und Speicher zu bauen; die besten Beispiele hierfür finden sich heute in Ísafjörður. Als zu Beginn des 19. Jh. isländische Arbeitskräfte an die Küste zogen, sie ebenfalls mit dem Bau von Blockhäusern. Um die Wende zum 20. Jh. tauchten Holzfertighäuser auf, die norwegische Herings- und Walfänger aus der Heimat mitgebracht hatten. Der Import dieser größeren und besseren Häuser war noch kostspieliger als die Einführung von Bauholz, also bauten isländische Bauherren sie anhand von Katalogen einfach nach. So entstanden Anfang des 20. Jh. große, helle, hübsch ornamentierte und bunt angestrichene Holzgebäude, von denen noch einige in Akureyri zu sehen sind. Nach mehrmaligen großen Bränden wurde die Holzbauweise 1914 durch neue Baugesetze untersagt.

Das andauernde Betonzeitalter: Recht früh griff man auf Beton als zweckdienlichstes Baumaterial zurück. Die ersten isländischen Betongebäude entstanden 1876–81 in Gardar in Akranes und schon Anfang des 20. Jh. war diese Bauweise gang und gäbe, entstanden in Reykjavík Betonbauten beträchtlicher Größe. Die Architekten lassen sich gerne von der grandiosen isländischen Natur inspirieren.

Zum Schutz vor der Witterung wird den Häusern bereits seit Ende des 19. Jh. vielfach ein buntes Wellblechkleid verpasst. Dabei muss es nicht stillos zugehen – häufig wurden die Wellblechfassaden in der Art des Neoklassizismus und Jugendstils verziert. Mit bunten Anstrichen versehen, bringt das Wellblech Farbe in die Häuserlandschaft. Besonders eindrucksvoll wird dies bei einem Blick vom Turm der Hall-grímskirkja in Reykjavík auf das Häusermeer der „Stadt der bunten Dächer" deutlich.

Fast gigantomanisch sind die in den letzten Jahren in Reykjavík und Akureyri entstandenen Konzert- und Konferenzgebäude Harpa bzw. Hof, die keinen traditionellen Stilen mehr folgen.

Winzige Kirchen und kleine Kathedralen

Von den Gotteshäusern, die bis ins 17. Jh. errichtet wurden, ist keines erhalten. Aus schriftlichen Quellen und alten Abbildungen lässt sich entnehmen, dass es zahlreiche, den norwegischen Stabkirchen ähnelnde Holzkirchen gegeben haben muss. 1998 wurde der Beweis geliefert, als bei Ausgrabungen in der Nähe von Seyðisfjörður an der Ostküste die Reste einer Stabkirche ans Tageslicht kamen.

Auch beim Kirchenbau wurde notgedrungen auf im Land verfügbare Baumaterialien zurückgegriffen. So entstanden winzige, aus Torfsoden und Steinen erbaute und mit Grassoden bedeckte Saalkirchen, deren Gebälk aus Treibholz gefertigt wurde. Mit selten mehr als 5–6 m Länge und 3–4 m Breite boten diese *Torfkirchen* nur etwa 25 Menschen Platz. Sechs dieser jetzt unter Denkmalschutz stehenden Kirchen, von denen drei noch als Pfarrkirchen dienen, finden sich heute im Land verstreut. Bei ihnen handelt es sich allerdings um Holzkirchen, deren Seitenwände und Dächer mit Torf und Steinen geschützt werden. Bei dieser Bauweise ließ sich auch schlechtes Holz von alten Kirchen oder Treibholz verwenden. Die Torfkirchen ducken sich demütig ins Gras und weisen sich nur durch das Kreuz am Giebel oder, wie in Saurbær am Eyjafjörður (S. 482), durch eine Glocke als Gotteshäuser aus. Die mit 6 x 2,5 m kleinste Torfkirche steht in Núpsstaður am Skeiðarársandur (S. 368), die jüngste, von 1887, etwa 60 km östlich in Hof. Weitere schöne Beispiele sind die Kirchen Gröf (S. 507) und Víðimýri (S. 511) im Nordwesten sowie Árbær im Freilichtmuseum Árbæjarsafn in Reykjavík (S. 236).

Die kleinste Torfkirche Islands – Núpsstaður

Ein Riss in der Erde nördlich des Mývatn ▲

In Moos verpackte Lava ▲▲
Lava hat viele Gesichter: Stricklava ▲

▲▲▲▲ Skúas (AS)   ▲▲ Austernfischer (AS)   ▲▲▲▲ Papageientaucher (AS)   ▲▲ Kormorane (AS)
▲▲ Dreizehenmöwe (AS)   ▲ Gryllteiste (AS)   ▲▲ Odinshühnchen (AS)   ▲ Basstölpel (AS)

Landmannalaugar – Skalli ▲▲
Landmannalaugar – Bláhjnúkur ▲

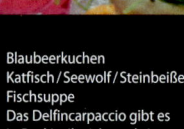

▲▲▲▲ Schellfisch
▲▲▲ Pastete
▲▲ Snuður
▲ Hummer

Blaubeerkuchen
Katfisch / Seewolf / Steinbeißer
Fischsuppe
Das Delfincarpaccio gibt es
in Reykjavík nicht mehr!

Geräuchertes Pferdefleisch
Lachs
Pferdesteak
Papageientaucher

Im 18. Jh. wurden unter größten Schwierigkeiten fünf bis heute erhaltene *Steinkirchen* errichtet. Die erste entstand 1757–63 auf dem Bischofssitz in Hólar, eine 20 m lange und 9 m breite Kathedrale aus rotem Sandstein (S. 507). Es folgten die Landakirkja auf Heimaey (S. 292), die Kirche vor dem Königshof Bessastaðir (S. 274), die auf der Insel Viðey (S. 236) und die Kathedrale in Reykjavík (S. 230).

Mitte des 19. Jh. besserten sich die Lebensverhältnisse. Die Torfkirchen verschwanden, verstärkt wurde wieder Holz verwendet. Nachdem zuerst kleine, mit Teer bestrichene Gotteshäuser entstanden, die sich lediglich im Baumaterial von den Torfkirchen unterschieden, änderte sich allmählich der Baustil; u. a. wurden die Gebäude größer und erhielten einen Turm. Zu den schönsten Holzgotteshäusern dieser Zeit gehört die vom ersten isländischen Architekten *Rögnvaldur Ólafsson* (1874–1917) entworfene und 1906/07 gebaute, kreuzförmige Kirche in Húsavík (S. 431). Ende des 19. Jh. wurden zwei der bemerkenswertesten Kirchen aus Stein gemauert: in Hvalsnes auf Reykjanes (S. 250) und in Þingeyrar am Húnafjörður (S. 528).

Zu Beginn des 20. Jh. verdrängte auch bei den Sakralbauten Beton das Holz als Baumaterial. Wie bei seinen weltlichen Bauten arbeitete der einstige Staatsarchitekt *Guðjón Samúelsson* (1887–1958) in die Kirchen islandtypische Elemente hinein. Nach seinen Entwürfen entstanden z. B. die mehrere Stilarten vermischende Eiskathedrale von Akureyri (S. 476) und die katholische Landakotkirkja in Reykjavík. Guðjóns größtes und letztes Werk, die Hallgrímskirkja in Reykjavík (S. 229), soll mit ihren hoch aufragenden Reihen von Betonsäulen am Turm und dem abgestuften Dach an zerklüftete Berge und Gletscher erinnern, während das hohe, schlichte, weiße Kirchenschiff die kargen Weiten des Landes symbolisiert. Seit einigen Jahrzehnten entstehen nur noch spektakulär aufgemachte, auffallend große Kirchen, ungeachtet dessen, dass die Isländer kaum mehr in die Kirche gehen. Es ist deshalb kein Zufall, dass sich viele dieser modernen Kirchen ihrer guten Akustik rühmen – die isländischen Bauherren bauen jetzt häufig Kirchen und Konzertsäle in einem. Das beste Beispiel ist die Kirche in Blöndúos, andere finden sich in Ólafsvík, Stykkishólmur, Ytri-Njarðvík und Skagaströnd.

Maler, Bildhauer und andere Künstler

Seit Beginn des 20. Jahrhunderts machen isländische Maler und Bildhauer mit hervorragenden Werken von sich reden. Aber auch in den Jahrhunderten zuvor hatte sich, ungeachtet der schwierigen Lebensbedingungen, eine bemerkenswerte gegenständliche Kunst entwickelt.

Große Bedeutung hatte seit Beginn der Besiedlung die *Holzschnitzerei*, was sich an der Fülle der Ausstellungsstücke im Nationalmuseum ablesen lässt. Ein großer Teil der damaligen Haushaltsgegenstände und Möbelstücke wurde aus Holz hergestellt und kunstvoll mit verschlungenen romanischen Ranken verziert. Eine Besonderheit war das „Bettkantenbrett", das nachts – zwischen Bett und Matratze gesteckt – das Bettzeug stramm hielt. Neben Ornamenten trug es als Schnitzwerk ein Gebet, das vor dem Schlafengehen stumm hergesagt wurde. Die Isländer entwickelten für die Schnitzkunst ihr eigenes, dekoratives und für Laien kaum entzifferbares Alphabet *(höfthaletur)*. Die besten Schnitzer stellten für die Kirchen Kruzifixe, Heiligenbilder, Madonnenfiguren und Kirchenbänke her. Mit der Holzknappheit im 18. Jh. setzte der Niedergang der Schnitzkunst ein. Das bemerkenswerteste erhaltene Kunstwerk aus Holz ist die im Nationalmuseum ausgestellte Kirchentür von Valþjófsstaðir aus der Zeit um 1200.

Hölzerner Löffelkasten aus dem Jahr 1649

Ein weiteres Zeugnis für die frühe Volkskunst sind die im Mittelalter gefertigten *Textilarbeiten*. Für die Kirchen webten die Frauen prächtige Wandteppiche, bestickten Altardecken und Messgewänder. Für den Hausgebrauch entstanden kunstvoll verzierte Decken, Kissen, Bänder und Volkstrachten. Heute sind aus der Zeit vor 1900 keine Stücke mehr erhalten. Beachtlich war auch die *Gold- und Silberschmiedekunst*. Meist wurden Schmuck, Tabakdosen und Verzierungen für Trachten hergestellt, seit dem Jahr 1000 auch Trinkkelche, Altarkrüge und andere kirchliche Gegenstände. Als während der Reformation viele Kirchen geplündert wurden, kam ein großer Teil dieser Kunstwerke nach Dänemark.

Auch die Wurzeln der *Malkunst* reichen bis ins Mittelalter zurück, als auf Pergament geschriebene Handschriften mit prachtvollen Illustrationen geschmückt wurden. Diese Bilder sind stark vom gotischen Einfluss geprägt, doch fand dieser auch Ergänzung durch einen romanisch-isländischen Stil. Eines der schönsten Beispiele ist die *Flateyjarbók* von 1390. Die Abschnittsinitialen sind häufig mit Formen verziert, die sich, entlang der Seitenränder fortgeführt, im unteren Teil der Seite mit einer bunten Zeichnung vereinen. Dargestellt sind Pflanzen- und Tiermotive und Szenen aus der jeweiligen Saga. Ab dem 15. Jh., als das Pergament an Bedeutung verlor, kam die Malkunst für fast die gesamte Kolonialzeit zum Erliegen.

Moderne Malerei: Mit der nationalen Aufbruchstimmung ab Mitte des 19. Jh. begannen sich auch die Bildenden Künste allmählich wieder zu beleben. Ihren wahren Aufschwung aber nahm die Malerei erst mit Beginn des 20. Jh. Mehrere ausgezeichnete, hauptsächlich in Kopenhagen ausgebildete Maler traten nun hervor. Fast alle mussten vorher als Knechte oder Matrosen Geld verdienen, um die teure Ausbildung an der Kunstakademie bezahlen zu können. In ihren Bildern setzte sich diese Künstlergeneration hauptsächlich mit der isländischen Landschaft und den ihr innewohnenden übernatürlichen Mächten auseinander.

Bestickte Altarkleidung, wahrscheinlich aus dem 16. Jahrhundert

Einer der frühen Wegbereiter war *Þórarinn B. Þorláksson* (1867–1924), nachhaltiger aber wurde die isländische Kunstwelt von *Ásgrímur Jónsson* (1876–1958) geprägt. Beeinflusst von den französischen Impressionisten, malte er lichtdurchflutete Landschaften und wundersam anmutende Bilder mit Motiven aus Sagas und Volksmärchen. Im Stil des Expressionismus widmete sich auch *Jón Stefánsson* (1881–1963) in seinen späteren Bildern der Landschaftsmalerei, woraufhin 1929 sein wohl berühmtestes, die Kulisse des Herðubreið einfangendes Werk „Sommernacht" entstand.

Der beliebteste Avangardist in der modernen Malerei war *Jóhannes Sveinsson Kjarval* (1885–1972). Ungewohnt realistisch fing er die isländische Natur ein. Er entwickelte einen eigenen, unverwechselbaren Stil, zugleich impressionistisch und abstrakt. Aus der realen Landschaft ließ Kjarval Visionen entstehen, Fantasiegestalten aus alten Volkssagen, und verlieh seinen Werken damit etwas verträumt Mystisches. In der Kunstgalerie Kjarvalsstaðir in ist heute der Großteil der Werke Kjarvals ausgestellt (siehe Kap. „Reykjavík", S. 233).

Fantasievolle Illustrationen isländischer Märchen zeichnen *Guðmundur Þorsteinsson* (1891–1924) aus, besser bekannt als *Muggur*. Sagas und Volksmärchen illustrierte auch *Gunnlaugur Scheving* (1904–72), seine Hauptmotive aber waren der arbeitende Mensch und die Seefahrt: Der Künstler wurde berühmt für seine monumentalen Ölgemälde im kubistischen Stil, die Fischer bei ihrer täglichen, harten Arbeit zeigen.

Als nach dem Ersten Weltkrieg die Öffnung des Landes nach außen begann, schlug sich dies in der Malerei durch einen stärkeren Einfluss der internationalen Kunstströmungen nieder. Auch die abstrakte Malerei gelangte auf die Insel. Ihr großer Vorreiter in Island und Skandinavien war *Svavar Guðnason* (1909–88). Auch die wohl bekannteste isländische Künstlerin *Nína Tryggvadóttir* (1913–68) wechselte in der Malerei mit der Zeit vom Expressionismus zur Abstraktion. Internationale Anerkennung erlangte sie für ihre abstrakten Glasmalereien; 1958 schuf sie vierzehn Glasfenster für die romanische Kirche in Langweiler. *Kristján Davíðsson* (geb. 1917) war der erste Künstler, der zur Ausbildung in die USA anstatt nach Kopenhagen, Oslo oder Paris ging. Vom abstrakten Impressionismus wechselte er in den 60er Jahren zum Expressionismus. Mit seinen Bildern voller Spontaneität und Farbkraft, die er mit meterlangen Pinseln aus Birkenholz malt, gilt er heute als der größte noch lebende Maler seiner Generation.

Von der Moderne zur Postmoderne: Nach dem Zweiten Weltkrieg begann mit dem wirtschaftlichen Aufschwung eine Blüte von Kunst und Literatur. Der einzige moderne isländische Künstler, der schon früh internationale Berühmtheit erlangen konnte, ist *Guðmundur Guðmundsson* (geb. 1932), besser bekannt als *Erró*. Seine Bilder im surrealistischen, von Pop Art beeinflussten Stil stellen hauptsächlich das postmoderne, von Maschinen und Technik geprägte Zeitalter in seiner Unmenschlichkeit dar. 1965 gründeten einige Künstler den Verband junger Künstler, *SÚM*, um neue Ideen wie Fluxus und Pop Art verstärkt umzusetzen. Neben Malern schlossen sich dieser Gruppe auch Konzeptkünstler, Graphiker, Architekten und Tänzer an. Erste Anerkennung erfolgte anlässlich des Kunstfestivals 1972. SÚMs Bedeutung nahm aber bald ab, als eine neue Künstlergeneration hervortrat, die sich im Rahmen eines neuen Expressionismus bewegte. 1978 sorgten Künstler wie *Helgi Þorgils Friðjónsson* (geb. 1953) dafür, dass sich die Avantgarde-Aktivitäten von der SÚM-Galerie in die Suðurgata 7 verlagerten. Hier hielt z. B. *Halldór Ásgeirsson* (geb. 1956) seine erste Einzelausstellung ab. Der in Paris ausgebildete Künstler machte sich vor allem mit seinen originellen Werken aus geschmolzener Lava einen Namen. Ebenfalls 1978 gründeten Künstler *The Living Art Museum* (LAM), das sich seither das Sammeln, Katalogisieren und Ausstellen zeitgenössischer Kunst zur Aufgabe macht. Die Nonprofit-Galerie in Reykjavík, die zum kritischen Umgang mit Kunst ermuntert, organisiert heute acht bis zehn Ausstellungen im Jahr.

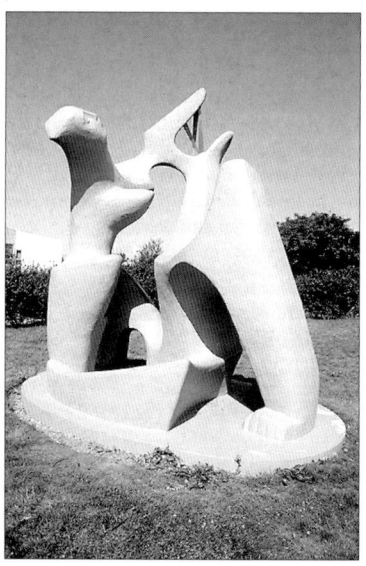

Im Skulpturengarten des Ásmundur Sveinsson-Museums

Helgi Þorgils Friðjónsson stellte in seinen Werken alltägliche und banale Themen verzerrt und absurd verfremdet dar und läutete damit eine neue Richtung ein. Die postmoderne Haltung setzte sich durch – alles war jetzt möglich, alles erlaubt. Der Künstler malt noch heute; seine von der Natur inspirierten Bilder haben häufig einen Bezug zu Religion und Mythologie. Zu den anerkannten zeitgenössischen Künstlern zählt auch *Sigurður Árni Sigurðsson* (geb. 1963), der abstrakte Gärten und Landschaften gemalt und das Logo für die Kulturhauptstadt Reykjavík 2000 entworfen hat. Auf seinen neuen

Bildern geschieht real nicht viel, aber durch die Assoziation, die sie auslösen, scheint alles mögliche zu passieren. *Georg Gudni* (geb. 1961) machte sich mit seinen mystisch anmutenden, geometrischen Ölbildern in gedämpften Farben und mit imaginärer isländischer Landschaft als Motiv bereits auch außerhalb Islands einen Namen. Bestimmt die postmoderne Sichtweise die isländische Malerei auch bis heute, so doch nicht ausschließlich. Die monumentalen Gemälde des erfolgreichen Künstlers *Jón Óskar* (geb. 1954) gehören beispielsweise nicht dazu.

Die jüngste Künstlergeneration macht u. a. mit Installationen, großformatigen Fotos und Performance-Art auf sich aufmerksam.

Isländische Bildhauerkunst: In der *Bildhauerei*, die aufgrund des Fehlens von brauchbarem Steinmaterial ebenfalls erst im 19. Jh. begann, finden sich nur wenige herausragende Künstler. Der erste bemerkenswerte isländische Bildhauer war *Einar Jónsson* (1874–1954). Er schuf eine große Anzahl der Bronzeskulpturen, die heute Reykjavík schmücken, u. a. den ersten Siedler Ingólfur Arnarson und die Dichter Jónas Hallgrímsson und Hannes Hafstein. Nach

„Der Geächtete" von Einar Jónsson

der Jahrhundertwende waren Einar Jónssons zugleich realistisch und verträumt romantische Skulpturen häufig von den nordischen und isländischen Sagas, aber auch von der griechischen Mythologie geprägt. Das bekannteste Werk aus dieser Zeit, das den Einfluss Auguste Rodins aufweist und den künstlerischen Durchbruch brachte, ist die Skulptur „Der Geächtete" von 1901 nahe der Eiskathedrale in Akureyri. Viele seiner Arbeiten sind in seinem ehemaligen Atelier und Wohnhaus in Reykjavík, dem Einar-Jónsson-Museum, ausgestellt (siehe S. 234).

Der bedeutendste moderne Bildhauer ist *Ásmundur Sveinsson* (1893–1982). Er setzte sich in seinen häufig monumentalen Skulpturen viel mit der Natur und den arbeitenden Menschen auseinander. Bezeichnend hierfür sind seine Standbilder in Reykjavík wie „Die Wasserträgerin" auf dem Hügel Öskjuhlíð oder „Der Schmied" an der Snorrabraut. Aber auch in den Sagas, in der Bibel und in der Technologie fand der Künstler Quellen der Inspiration. Das vor der Universität aufgestellte Werk „Sæmundur und der Seehund" ist das beste Beispiel für die bildhauerische Umsetzung isländischer Legenden. Einen umfassenden Überblick über Ásmundur Sveinssons Arbeiten erhält man in Reykjavík im Ásmundarsafn, dem früheren Wohnhaus und Atelier des Künstlers, und dem dortigen Skulpturengarten (siehe S. 234).

Ein weiterer ausgezeichneter isländischer Bildhauer war *Sigurjón Ólafsson* (1908–82), dessen expressionistische Werke bevorzugt aus isländischem Basalt entstanden. Der Großteil seines Schaffens ist im Sigurjón-Ólafsson-Museum in Reykjavík zu besichtigen (siehe S. 235). Sigurjón Ólafsson war der frühe Lehrmeister von *Gerður Helgadóttir* (1928–75), die als Bildhauerin, Mosaikbildnerin und Glasmalerin wirkte und internationale Anerkennung fand. Zu ihren herausragenden Arbeiten gehören die bunten Glasfenster der Kirche zu Skálholt, dem einstigen Bischofssitz. Zu Ehren der Künstlerin erhielt die 1994 in Kópavogur eröffnete Kunstgalerie, die im Besitz von 1360 ihrer Arbeiten ist, den Namen Gerðarsafn. Eine der führenden zeitgenössischen Bildhauerinnen ist *Steinunn Þórarinsdóttir* (geb. 1955), von der in Island über zwanzig Werke an öffentlichen Plätzen zu sehen sind. Bei ihren Figuren, Köpfen und Büsten konzentriert sie sich stilistisch auf das Wesentliche.

Musik von „tvísöngur" bis Ice-Pop

Jahrhundertelang tat sich in der isländischen Musikszene nur wenig. Auf den Gehöften wurde die traditionelle Volksmusik gepflegt, in der Kirche sang man religiöse Lieder. Erst mit der Aufbruchstimmung im 19. Jahrhundert widmete man sich der Weiterentwicklung der Musik.

Lange Zeit kannten die Isländer als musikalische Begleitung nur den ein- und zweistimmigen Gesang. Der *tvísöngur*, ein kräftiger, langsamer, zweistimmiger Männergesang, geht wahrscheinlich auf die Rezitationsform skaldischer Gedichte zurück. Daneben gab es die *rímnalög*, komplizierte Rezitationsgesänge mit Stabreim, die in schwungvollem Tempo von historischen Begebenheiten berichteten. Ihr Zweck war offensichtlich, die Arbeitsgeräusche in der *baðstofa* zu übertönen. Irgendwann tauchten zwei einfache Begleitinstrumente auf: *fiðla* und *langspil*, Saiteninstrumente mit zwei bis vier Saiten. Im Jahr 1000 fand mit dem Christentum die Kirchenmusik ihren Weg auf die Insel. Die Orgel setzte sich nicht durch, verbreiteter war das Harmonium – es konnte nicht nur leichter erlernt, sondern auf dem Pferd oder mit dem Schlitten auch besser transportiert werden. 1594 gab Bischof Guðbrandur Þorláksson die *Graduale* heraus, eine Sammlung evangelischer Kirchenlieder, die bis ins 19. Jh. hinein das wichtigste Gesangbuch blieb.

≫ Unser Tipp: Für an traditioneller isländischer Musik Interessierte lohnt das Zentrum für Volksmusik in Siglufjörður einen Besuch (siehe S. 502) ≪

Klassik bis heute: Mit dem nationalen Aufbruch Mitte des 19. Jh. änderte sich die Musikszene schlagartig. Isländische Komponisten studierten nun im Ausland und brachten romantische Einflüsse, neue Musikinstrumente und europäische Kompositionen ins Land. 1878 wurde die erste Blaskapelle gegründet. Um zu verhindern, dass die alte isländische Volksmusik in Vergessenheit geriet, sammelte der Geistliche *Bjarni Þorsteinsson* (1861–1938) die traditionellen Lieder, schrieb sie auf und veröffentlichte sie in seinem Werk „Íslenzk Þódlög" („Isländische Volksmusik"). Komponist *Sveinbjörn Sveinbjörnsson* (1847–1927) widmete als erster Isländer sein Leben vollständig der Musik. Von ihm stammt die Melodie zur Nationalhymne „Ó, guð vors lands!", die auf der Eintausendjahrfeier der Besiedlung 1874 zum ersten Mal gesungen wurde. Komponist und Organist *Páll Ísólfsson* (1893–1974), der 1930 die Festkantate zum tausendjährigen Jubiläum des Alþingis schrieb, war fast ein halbes Jahrhundert die Leitfigur des isländischen Musiklebens und 1950 Mitbegründer des isländischen Symphonieorchesters.

Pionier der isländischen Gegenwarts-musik war der in Leipzig ausgebildete Dirigent und Komponist *Jón Leifs* (1899–1968), der den größten Teil seines Lebens in Deutschland verbrachte. Seine Orchester- und Kammermusik baut auf traditioneller Volksmusik und den Liedern der Älteren Edda auf, so die „Isländische Ouvertüre", die „Liebeslieder der Edda" oder die von Franz Liszts Faust-Symphonie beeinflusste „Saga-Symphonie", die fünf große Sagas musikalisch porträtiert. Mit seiner schroffen, abrupten und schwer zugänglichen Musik machte sich Jón Leifs unter dem isländischen Publikum anfänglich nicht unbedingt Freunde, doch werden seine Kompositionen heute im In- und Ausland mit wachsender Begeisterung aufgenommen. Auch andere Komponisten, wie *Jón*

Jeder drückt sich irgendwie aus

Ásgeirsson (geb. 1928) und *Atli Heimir Sveinsson* (geb. 1938), sorgen für eine kreative Umsetzung und Wiederbelebung traditioneller Sprache und Kultur in der Musik.

Wichtiger Bestandteil des öffentlichen isländischen Musiklebens sind die zahlreichen Chöre, das isländische Ballett, die Oper und das isländische Symphonieorchester, das größere Konzerttourneen ins Ausland unternimmt.

Ice-Pop: Im Bereich der Rock- und Popmusik gelang Island in den 1980er Jahren der internationale Durchbruch. Neben *Mezzoforte* mit ihrem Mix aus melodischen Harmonien, Funk und Rhythm muss hier die Jazz-Punk-Formation *Sugarcubes* erwähnt werden. Deren in London lebende Sängerin *Björk* feiert inzwischen schon lange mit ihrem von unkonventionellem Pop bis Jazz reichenden Repertoire Erfolge: Bereits ihr 1993 erschienenes Album „Debut" wurde millionenfach verkauft, sie erhielt zahlreiche internationale Auszeichnungen und machte auch aus ihren folgenden Alben Verkaufsschlager. Ihre bisher letzte Solo-CD war 2011 „Biophilia". Björk, die in einer Hippiegemeinde in Island aufwuchs und in ihrer Jugend in Punkbands sang, gelingt es, Popmusik zu machen, die zugleich experimentell und zugänglich ist.

Björk singt mittlerweile fast ausschließlich in Englisch. Anders das Quartett *Sigur Rós*, das sich seit seinem Album „Ágætis byrjun" („Guter Anfang") im Jahr 1999 zur populärsten isländischen Band emporgeschwungen hat, zur Leitfigur der Musik-szene. Jón Birgisson, der seine Gitarre mit einem Cellobogen spielt, singt die Texte zu der seidenen, sphärischen Musik, die isländische Landschaften widerzuspiegeln scheint, in Isländisch oder der eigens kreierten Sprache „Hopelandic" – einer Mischung aus Isländisch und Englisch – und im Falsett. Die Musik ist gekennzeichnet durch sehr lange Songs, die sich wie Geschichten weiterspinnen von einem Stück zum nächsten, durch Klanglandschaften immenser Weite. Äußerst sehens- und hörenswert ist die DVD „Heima" („Zu Hause") von 2007 mit Aufnahmen einer Tour durch Island, bei der die Band an ungewöhnlichen Orten unter freiem Himmel spielte. 2011 erschien mit „Inni" ein zweiter Live-Film, ein Konzertmitschnitt, in dem bewusst nichts von der Band ablenkt. Die gleichnamige Live-CD ist umfangreicher als der Film – ein Doppelalbum mit fünfzehn Titeln von den fünf Studioalben.

Sich bewusst an der isländischen Sprache und Kultur zu orientieren, zu experimentieren und nicht im musikalischen Einheitsbrei von internationalen Trends mitzumischen, auch wenn der Erfolg im Ausland dann auf sich warten lassen kann oder niemals kommt – diese Stärke zeichnet heute viele isländische Musiker aus. Und immer mehr ziehen genau deswegen die Aufmerksamkeit von amerikanischen Plattenfirmen auf sich, werden auf dem Iceland Airwaves Festival in Reykjavík entdeckt, einem der Top-Musikfestivals Europas. Vorreiter der kreativen isländischen Musik war die aus einer Schülerband erwachsene Band *Stuðmenn*. Ihr von verschiedensten musikalischen Einflüssen geprägtes, 1976 erschienenes Debüt-Album „Sumar á Sýrlandi" wird als Beginn einer eigenständigen isländischen Musikszene gesehen und ist bis heute ein Klassiker.

Mindestens ebenso populär wie Sigur Rós ist *Mugison*, der Folk mit Elektronik mischt und interessant arrangierte Songs bastelt. Beeinflusst sei er von Tom Waits, so Mugison. Sein Album „Mugimama: Is this Monkey Music?" brachte ihm 2005 vier von fünf möglichen isländischen Music Awards ein.

Den Sprung zum internationalen Erfolg schaffte 1997 *GusGus* mit seinem Debüt-Album „Polydistortion". Die aus Filmemachern, Songwritern, Schauspielern und anderen Künstlern bestehende Truppe wurde berühmt mit ihren musikalischen Multimedia-Shows und ihrem mit Pop angereicherten, tanzbaren Elektrosound.

Erwähnt werden müssen auch die Kultband *Múm*, die bei ihrer experimentellen Musik elektronische Klänge mit akustischen Instrumenten mischt, und *Mínus*, die sich keiner Musikszene zuordnen lassen wollen. Weitere wichtige Bands: das rockige *Apparat Organ Quartett* aus vier Keyboardspielern mit Drummer, *Trabant* mit psychedelischem Elektro-Pop und *Maus*, die eine Mischung aus Punk und isländischer Folklore bieten. Erwähnung verdient auch *Emilíana Torrini*, die mit ihrer zarten Stimme bezaubert. Zu den neueren Entdeckungen gehören die junge Country-Sängerin *Lay Low*, deren Album „Please don't hate me" 2006 in Island vergoldet wurde, sowie die Folk- und Indie-Musikerin *Ólöf Arnalds* mit ihrem verwunschenen Folkpop.

Musik im Internet: Unter www.icelandicmusic.com können gegen Gebühr Songs oder ganze Alben heruntergeladen werden. Auf www.nordische-musik.de stehen zahlreiche CD-Kritiken.

Kinofilme mit Tiefe und Poesie

Filmregisseurin Krístin Jóhannesdóttir stellte die Besonderheit des isländischen Films heraus: Es sei diese „Spannung zwischen Gegenwart und Vergangenheit, zwischen Land und Stadt, zwischen der Insel und der Welt draußen, zwischen Zauber und Materialismus, zwischen Mensch und den Naturkräften."

Auch wenn bereits 1906 das erste Kino in Reykjavík eröffnet wurde, begann die Filmgeschichte der Insel eigentlich erst 1979 mit dem „Filmfrühling". Die Gründung des Isländischen Filmfonds ermöglichte die Produktion der ersten rein isländischen Spielfilme: Mit „Land og synir" („Land und Söhne") von *Ágúst Guðmundsson* und „Óðal feðranna" („Das Ahnenhaus") von *Hrafn Gunnlaugsson*, die beide in Form eines Familiendramas das Problem der Landflucht in den dreißiger Jahren behandeln, sowie dem Kinderfilm „Veiðiferðin" („Der Angelausflug") von *Andrés Indriðason* beginnen 1980 die isländischen Kinospielfilme.

Wegen des schmalen Budgets des Filmfonds wird vorzugsweise in oder nahe Reykjavík gedreht und müssen immer wieder durch Co-Produktionen Gelder von außerhalb gesucht werden. Häufig werden Themen aus isländischer Geschichte und Gegenwart aufgegriffen. *Águst Guðmundsson* (geb. 1947) verfilmte 1981 mit „Utlaginn" („Der Geächtete") die *Gísli saga*; den Stoff zu seinem 1984 gedrehten Streifen „Gullsandur" („Goldener Sand") stellte die Stationierung amerikanischer Truppen in Keflavík. Gerne auf die Leinwand gebracht werden auch isländische Romane, z. B. von Halldór Laxness. Laxness' Tochter *Guðný Halldórsdóttir* (geb. 1954) drehte u. a. 1989 den Film „Kristnihald undir jökli" („Am Gletscher"). Die Regisseurin, Drehbuchautorin und Filmproduzentin, deren Filme mehrfach mit Edda-Awards ausgezeichnet wurden, gehört zu den produktivsten Regisseuren Islands und setzt in ihren Filmen auch aktuell in der Gesellschaft diskutierte Themen um.

Grandiose Filme gelangen dem erfolgreichsten isländischen Regisseur *Friðrik Þór Friðriksson* (geb. 1954) u. a. 1997 mit „Devil's Island", der Verfilmung von Einar Kárasons Roman „Die Teufelsinsel" (siehe S. 190), und 1999 mit „Englar alheimsins" („Engel des Universums") nach dem gleichnamigen Roman von Einar Már Guðmundsson (siehe S. 190), der auch das preisgekrönte Drehbuch schrieb. Schon lange zuvor hatte der Autodidakt auf sich aufmerksam gemacht: 1992 erzählte er auf einfühlsame Weise in „Börn náttúrunnar" („Kinder der Natur") von zwei alten Leuten, die sich aufmachen, um ihre letzten Tage am Ort ihrer Jugend in den Westfjorden zu verbringen. Der Film wurde mit 23 internationalen Preisen ausgezeichnet und für den Oscar für den besten ausländischen Film nominiert. Es folgten u. a. „Cold Fever", ein amüsantes *road movie* über die Abenteuer eines jungen japanischen Geschäftsmanns im winterlichen Island, „Bíódagar" („Kinotage") über die Kindheit eines Isländers in den sechziger Jahren und „Islandfalken", der wie die anderen Filme durch beeindruckende Bilder isländischer Landschaften bezaubert.

Baltasar Kormákur (geb. 1966) schaffte 2000 mit „101 Reykjavík" seinen erfolgreichen Einstieg als Filmproduzent. In der Verfilmung des gleichnamigen Romans von Hallgrímur Helgason (siehe S. 190) geht es um Hlynur Björn, der mit Ende 20 noch bei seiner Mutter wohnt, durch den Tag gammelt und von Sozialhilfe lebt. Abends tourt er durch die Clubs von 101 Reykjavík. Ein Typ, wie er Islandbesuchern auf den ersten Blick nicht auffällt, nach Aussage des Hlynur-Darstellers Hilmir Snær Guðnason gibt es davon aber auch hier auf der Insel mittlerweile eine ganze Menge. Kormákur setzte seine Filmproduktion 2002 fort, als er u. a. das Theaterstück „Hafið" („Die kalte See") verfilmte: eine düstere Geschichte über einen alten Fischer im Ruhestand, der vor dem Hintergrund der Fischereiindustrie mit ihrer Quotenregelung das Familienerbe regeln muss. 2006 schuf Kormákur mit „Mýrin" („Der Tote aus Nordermoor"), einer Verfilmung des Kriminalromans von Arnaldur Indriðason, 2008 mit dem an das Drama „Ivanov" von Tschechow angelehnten Streifen „Brúðguminn" zwei der erfolgreichsten isländischen Filme aller Zeiten.

Äußerst bemerkenswert war 2003 der Film „Nói Albino" von *Dagur Kári Pétursson* (geb. 1973), der auch Musiker in der Band Slowblow ist, die den Soundtrack zum Film stellte. In diesem Film, Dagur Káris erstem, geht es um den Außenseiter Nói, der mit seiner Großmutter in den Westfjorden lebt, nirgendwo dazugehört und nur eines möchte: fliehen. Ein poetischer, nachdenklich stimmender Film, der für einen Oscar nominiert wurde und zahlreiche Preise gewann, auch auf internationalen Festivals.

Die ersten Siedler (Sagamuseum Reykjavík)

Geschichte und Politik

Ultima Thule und seine frommen ersten Bewohner

Den frühesten Hinweis auf eine weit im Norden gelegene Insel Thule oder Ultima Thule gab der griechische Seefahrer und Geograf Pytheas von Massilia, dem heutigen Marseille, nachdem er von seiner um 325 v. Chr. unternommenen Forschungsreise nach Britannien zurückgekehrt war.

„Ultima Thule" hatte bei den damaligen Kosmographen eher metaphorische denn topographische Bedeutung und galt als das nördliche Ende der Welt, furchterregend und unüberwindbar. Mit seinen Feuer speienden Vulkanen, Massen an Eis und Schnee und langen Monaten der Finsternis entsprach Island diesen Vorstellungen nur zu gut. Untersuchungen ergaben jedoch, dass es Pytheas wohl eher an die Küsten Mittelnorwegens als nach Island verschlagen hat und er sich irrtümlich auf einer Insel glaubte. Für diese Annahme sprechen sowohl seine mit isländischen Gegebenheiten z. T. so gar nicht in Einklang zu bringenden Landschaftsbeschreibungen als auch die Tatsache, dass er Thule bewohnt vorfand. Da der Originalbericht Pytheas' verloren gegangen ist, wird eine abschließende Beurteilung erschwert. Die Bezeichnung Thule wurde aber später tatsächlich auf Island übertragen und bis ins Mittelalter hinein als Name für die Insel benutzt.

Auch drei jüngst bei Ausgrabungen in Südostisland zu Tage beförderte römische Kupfermünzen aus der Zeit kurz vor 300 n. Chr. lassen keine sicheren Schlüsse auf frühen menschlichen Besuch auf der Insel zu. Da bei den Münzen Gegenstände normannischer Herkunft gefunden wurden, handelt es sich bei den Kupfertalern wahrscheinlich um Beutestücke, die im Gepäck der Wikinger im 9. oder 10. Jh. ihren Weg nach Island fanden. Fragen werfen auch die im 9. Jh. niedergeschriebenen Berichte über die Reisen des heiligen Brendan auf. Diesen zufolge verschlug es ihn und andere Geistliche um 520 n. Chr. auf der Suche nach einem verschollenen Mitbruder auf eine kahle Vulkaninsel mit Geysiren im Nordatlantik. Hiermit kann nur Island gemeint sein, doch ist die Authentizität der Berichte fraglich. Damit bleibt vieles über mögliche frühe menschliche Aktivitäten in Island im Dunkeln.

Gesichert ist, dass die Insel seit der zweiten Hälfte des 8. Jh. gezielt aufgesucht und zumindest vorübergehend bewohnt wurde. Der irische Mönch Diculus erzählte 825 in seinem Buch „Liber de mensura orbis terrae" von irischen Priestern, die sich im Jahr 795 von Februar bis August auf einer Insel namens Thule aufgehalten hätten. Ihren Berichten zufolge war es dort zur Mittsommerzeit auch nachts so hell, dass man noch um Mitternacht Läuse aus seinen Gewändern klauben konnte. Tatsächlich machten sich irische Mönche im Mittelalter in lederbespannten Booten aus Weidengeflecht, den „curraghs", über den Atlantik in Richtung Westen auf, um Orte der Abgeschiedenheit zu finden, an denen sie ungestört Gott dienen könnten. Zuerst ließen sie sich auf den Färöern nieder, bevor die Fahrt nach Island bzw. Thule weiterging, das sie spätestens Ende des 8. Jh. erreichten.

Ob die Iren in Island feste Niederlassungen gründeten, ist ungewiss. Wahrscheinlich kamen sie sporadisch und nur wenige versuchten, sich unter den rauen Bedingungen eine Existenz aufzubauen. Sicher ist jedoch, dass sich Mönche in Island aufhielten, als im 9. Jh. die ersten Wikinger an der Südküste anlegten. Von ihrer Begegnung mit den Norwegern berichtete Ari Þorgilsson der Weise (1067/68–1148) im 12. Jh. in seinem Isländerbuch *(Íslendingabók)*, das die früheste Geschichte des Landes nachzeichnet. Hiernach verließen die von den nordischen Neuankömmlingen *papar* („Pfaffen") genannten Iren recht bald nach deren Ankunft das Land. Doch scheint ihr Aufbruch überstürzt und fluchtartig erfolgt zu sein, denn es heißt, sie hätten wertvolle irische Bücher, Glocken und Krummstäbe zurückgelassen. Dies deutet darauf hin, dass sie von den Wikingern vertrieben wurden. Als einzige Spuren erinnern heute Ortsnamen wie Papey oder Papafjörður an die frommen Gäste. Ihr flüchtiger Aufenthalt im Land fand außerdem Erwähnung im Prolog des Landnahmebuches, der Besiedlungsgeschichte Islands aus dem 13. Jh.

Die Wikinger – kühne Seefahrer und Namensgeber

Vom 8. bis ins 11. Jahrhundert zogen die Wikinger als Seeräuber, als Landnehmer oder Staatsgründer durch die europäischen Gewässer. Dabei kamen sie auch nach Island.

Mit ihren hochseegängigen Schiffen waren die Wikinger ihren Gegnern weit überlegen und starteten zu immer kühneren Überfällen. Während die Kriegszüge der Schweden vorwiegend in den Ostseeraum und nach Russland führten und sich die Dänen dem Kontinent zuwandten, segelten die Norweger zu den Britischen Inseln und weiter gen Westen. Nicht erstaunlich also, dass *Naddoður*, der erste Wikinger, der bekanntermaßen nach Island kam, ein Norweger war. Im Jahr 860 verlor er auf dem Weg zu den Färöern im Unwetter die Orientierung und fand sich in den Fjorden Ostislands wieder. Neugierig erkundeten er und seine Leute das Land, bevor sie wieder in See stachen und Naddoður die Insel *Snæland*, Schneeland, taufte.

Wenig später steuerte der Schwede Garðar Svárvarsson Island an, offensichtlich in der Absicht, das Land näher zu erkunden. Er umsegelte die Insel und überwinterte am Fjord Skjálfandi im Norden. Die Stelle, an der er und seine Leute einige Häuser errichteten, heißt bis heute *Húsavík*, „Hausbucht". Nach seiner Inselumrundung segelte Garðar fort und gab dem Land selbstbewusst den Namen *Garðarshólmi*, die „Insel von Garðar".

Der wohl erste Wikinger, der 860 mit Sack und Pack lossegelte, um sich in Island niederzulassen, war der Norweger *Flóki Vilgerðarson*. Laut Landnahmebuch nahm

er drei Raben mit, die er mit übernatürlichen Kräften versehen hatte und die ihm als Wegweiser dienen sollten. Einen nach dem anderen ließ er los – der erste verschwand wieder in Richtung Norwegen, der zweite kehrte zum Schiff zurück, der dritte aber flog voraus und geleitete Flóki und seine Leute sicher nach Island. Ein fruchtbarer Fjord im Nordwesten wurde als zukünftiges Zuhause gewählt. Dort erwartete die Neuankömmlinge so ein Fisch- und Vogelreichtum, dass sie den Sommer nur damit verbrachten, zu fischen und Eier zu sammeln und darüber die Heuernte für das Vieh vernachlässigten. Die Tiere verhungerten im folgenden, harten Winter und Raben-Flóki war gezwungen, im nächsten Frühjahr nach Norwegen zurückzukehren. Als er vor der Abreise auf einen Berg stieg und von dort aus nur einen Fjord voller Packeis entdeckte, gab er dem Land in seiner Enttäuschung seinen endgültigen Namen – Island.

Dem Ruf nach nicht zimperlich: die Wikinger (Sagamuseum Reykjavík)

Die kurze, friedliche Landnahmezeit

Das Jahr 874 gilt offiziell als der Beginn der isländischen Besiedlung. Die Zeit der sogenannten Landnahme begann.

Der Norweger Ingólfur Arnarson und sein Eidbruder Hörleifur Hróðmarsson waren in der Heimat wegen Streitigkeiten mit dem Verlust ihres Landbesitzes bestraft worden. Nach einer kurzen Erkundungsfahrt nach Island beschlossen sie, hierhin auszuwandern und verließen mit Familie, Vieh und Hausstand endgültig ihre Heimat. Dem alten Asenglauben verhaftet, vertraute Ingólfur sein Schicksal den Göttern an: In der Nähe von Island warf er die mitgeführten Hochsitzpfeiler seines Hauses in Norwegen, ein Paar mit Götterbildern verzierte Pfosten, ins Meer und gelobte, sich dort anzusiedeln, wo sie nach dem Willen der Götter an Land gespült würden. Vorerst ließ er sich im Südosten nahe des heutigen Nationalparks Skaftafell nieder, während Hörleifur weiter gen Westen segelte. Drei Jahre sollte es dauern, bis Ingólfur endlich seine angeschwemmten Hochsitzsäulen in einer kleinen

Bucht an der Südwestküste fand. Aus heißen Quellen stieg weißer Dampf auf und so nannte Ingólfur sein neues Zuhause *Reykjavík*, „Rauchbucht".

Die Periode zwischen 870 und 930 gilt als die Epoche der Besiedlung. In dieser Zeit soll der größte Teil des bewohnbaren Landes zu Siedlungszwecken aufgeteilt worden sein. Ausgrabungen auf den Westmännerinseln ergaben allerdings, dass sich dort bereits im 7. oder 8. Jh. Einwanderer aus Südwestnorwegen niedergelassen hatten. Über sie gibt es keine Informationen, auch im wichtigsten Quellenbericht über die Besiedlung Islands, dem *Landnahmebuch* (siehe Kap. „Literatur", S. 80), werden sie nicht erwähnt. Vielleicht passten sie nicht in dieses Verzeichnis von 430 frühen Siedlern – hier fanden, angefangen mit Naddoður, nur die Namen der vornehmsten Neuankömmlinge Aufnahme, jeweils mit Erläuterungen zu Abstammung, Familie und dem ausgewählten Siedlungsplatz.

Darüber, woher die Einwanderer kamen, sagt das Landnahmebuch so gut wie nichts. Vorherrschend ist die Annahme, dass die meisten aus dem westlichen und südwestlichen Norwegen stammten und z. T. längere Zeit in Irland, England oder auf den Färöer-Inseln verbracht hatten. Der Grund für den Exodus aus Norwegen war die Politik des Königs *Harald Schönhaar*, der Ende des 9. Jh. versuchte, das vor allem im Westland in zahlreiche unabhängige Kleinkönigreiche zersplitterte Norwegen unter seiner Herrschaft zu vereinen. Viele mächtige Norweger, Adlige und Großbauern, sahen in der Flucht die einzige Möglichkeit, der Unterdrückung und Entmachtung zu entgehen. Nach Harald Schönhaars Feldzug nach Britannien boten auch die Britischen Inseln keinen sicheren Unterschlupf mehr. In Island aber gab es Land und Freiheit im Überfluss und so segelten die Nordmänner mit keltischen Sklaven und Dienstleuten weiter gen Westen.

Diese Besiedlungsgeschichte passt den Isländern gut – wer ist nicht gerne königlicher Abstammung. Ausgrabungen in verschiedenen Landesteilen deuten aber darauf hin, dass das Land gleichermaßen – wenn nicht hauptsächlich – von Menschen aus dem Norden Norwegens besiedelt wurde. Beispielsweise findet man sowohl bei der Bauart der Gehöfte als auch bei der von den ersten Siedlern angewendeten Bestattungsform, die anhand von über 300 quer über das Land verteilten Gräbern aus der Wikingerzeit untersucht werden konnte, starke Parallelen zu Nordnorwegen.

Zu Beginn der Besiedlung hatte jeder das Recht, sich so viel Land zu nehmen, wie er wollte. Die Form der Besitzergreifung bestand darin, dass man sich das ausgewählte Gebiet auf irgendeine Art mit Feuer für den eigenen Gebrauch „heiligte" oder „weihte". Das Landnahmebuch berichtet von einem Siedler, der einen Brandpfeil über einen Fluss schoss und sich so das am anderen Ufer gelegene Land aneignete. Da Maßhalten nicht gerade zu den Tugenden der Wikinger zählte, teilten sich schon bald vier mächtige Familien fast ein Drittel des gesamten Landes. Nach altem Recht aber galt unbewirtschaftetes Land als herrenlos und durfte von neuen Siedlern noch einmal „geheiligt" werden. Weil keine der vier Familien ihren gesamten Besitz bearbeiten konnte, wurde dieser deshalb ohne viel Zank und Streiterei mit den zahlreichen Neuankömmlingen geteilt. Um allzu großen Landaneignungen vorzubeugen, durften Männer bald nur das Land besiedeln, das sie innerhalb eines Tages mit in Sichtweite voneinander in den Boden gesteckten Fackeln eingrenzen konnten. Frauen kam nur das Gebiet zu, um das sie eine junge Kuh von Sonnenaufgang bis Sonnenuntergang herumführen konnten.

Die fruchtbaren Küstenstriche des Landes unter 200 m waren bald aufgeteilt, sodass die Besiedlung auch auf höher gelegene Täler oder Fjordabschnitte überging.

Es ist nicht bekannt, wie viele Menschen am Ende der Landnahmezeit in Island wohnten, die Schätzungen schwanken zwischen 30.000 und 60.000. In jedem Fall eine hohe Zahl, denn die Siedler brachten Familie, Freunde, Verwandte, Dienstleute und Sklaven mit. Die Neuankömmlinge führten anfänglich ihre von Norwegen her gewohnten Lebens- und Wirtschaftsaktivitäten weiter, rodeten das damals noch weitgehend bewaldete Land, bauten Gerste an und hielten Vieh. Bald schon wurde klar, dass das raue Klima einige Anpassung erforderte: Wegen der kurzen Vegetationsperiode kam es häufig zu Missernten, und abgesehen vom genügsamen Schaf eignete sich aufgrund des kargen Futterangebots kaum ein Tier für die Viehzucht. An die später eingegangenen Wirtschaftszweige Ackerbau und Schweinezucht erinnern heute nur noch Ortsnamen wie *Akranes* („Ackerlandzunge"), *Svínadalur* („Schweinetal") usw. Als Entschädigung boten die Gewässer vor allem Lachs und Forellen im Überfluss. Der Lachsfang wurde noch Jahrhunderte später in einem solchen Umfang betrieben, dass das Gesinde darum gebeten haben soll, diesen Fisch nur sechsmal die Woche essen zu müssen, und die Hunde sich verkrochen, wenn sie merkten, dass Lachs auf den Tisch kam. Für etwas Abwechslung auf dem Speiseplan sorgten Vögel und Eier. Die schwierigen Lebensbedingungen stellten an alle Siedler neue Anforderungen und führten allmählich zur Herausbildung eines Volkes mit eigener Identität.

Der Freistaat und seine Verfassung

Da die Siedler zu unterschiedlichen Zeiten und von verschiedenen Orten nach Island kamen und sich nach Belieben auf der Insel verteilten, gab es nur eine regellose Streuung von Einwandererhaufen, aber keine übergeordnete soziale und politische Ordnung.

Mancher der wohlhabenderen Siedler baute nach seiner Ankunft einen Tempel *(hof)*. Indem dieser Zulauf von Leuten aus der Nachbarschaft erhielt, bildeten sich Tempelgemeinden heraus, wie sie aus Norwegen bekannt waren. Die Tempelbesitzer oder Häuptlinge, Goden *(goði)*, kümmerten sich zunächst nur um die Pflege des Tempels und die Leitung des den Göttern gewidmeten Opferdienstes. Bald übernahmen sie auch weltliche Funktionen, setzten Grundregeln für ihre Gebiete fest, leiteten das Gerichtswesen und sorgten für Frieden in der Gegend. So entstand mit der Zeit eine Reihe kleiner, mehr oder weniger unabhängiger Godentümer *(goðorð)*, die jedoch rechtlich keine geografisch geschlossenen Bezirke darstellten: Jeder war frei in der Wahl seines Goden und konnte in einen anderen Bezirk überwechseln, mochte dieser noch so weit entfernt liegen. So blieb die Macht des Goden kontrollierbar und abhängig von seiner Fähigkeit, im Sinne der Gemeinde zu regieren.

Die politischen Funktionen der Goden erforderten Volksversammlungen. Die einzelnen Bezirke beriefen deshalb lokale *Things* ein, auf denen sich die Mitglieder der Godentümer über Gesetze und Regeln einigen konnten. Die unterschiedliche Rechtsprechung in den verschiedenen Gemeinden führte unvermeidlich zu zahllosen Streitigkeiten, und so wurden bald die Vorteile einer landeseinheitlichen Gesetzgebung erkannt. Zum „Gesetzholen" schickten die Goden 927 den weisen, aus einer rechtskundigen Familie stammenden *Úlfljótur* nach Norwegen, damit er die dortige Rechtsordnung studiere. Nach drei Jahren kehrte er mit einer ausführlichen, an die Lebensbedingungen in Island angepassten Gesetzessammlung zurück. Daraufhin kam es zum Zusammenschluss aller über das Land verstreuten Thingbezirke zu einem Hauptthing, dem *Alþingi*. Als Ort des neuen Parlamentes waren die

Þingfelder *(Þingvellir)* nordöstlich von Reykjavík ausgewählt worden; vom dortigen Gesetzesfelsen *(lögberg)* verkündete Úlfljótur im Juni 930 zum ersten Mal isländisches Recht. Hiermit war zum Ende der Landnahmezeit der unabhängige isländische Freistaat gegründet.

Harald Blauzahns Eroberungspläne und das Wappen der Republik

Skandinavische Könige waren von Beginn der Besiedlung Islands an darauf aus, die Insel im Atlantik zu unterwerfen. Einer von ihnen war Harald Blauzahn, im 10. Jh. dänischer Monarch. Über dessen gescheitertes Unternehmen berichtet Snorri Sturluson in seiner im 13. Jh. verfassten *Ólafs saga Tryggvasonar*. Danach war Harald Blauzahn rasend vor Zorn, weil die Isländer Spottverse auf ihn gedichtet hatten, nachdem schiffbrüchige isländische Seefahrer in Dänemark schlecht behandelt worden waren. Der König entschied, Kriegsschiffe nach Island zu entsenden und das Land endgültig unter das Joch zu zwingen. Zuerst schickte er einen Zauberer, der die Landeplätze der Insel erkunden sollte. In Gestalt eines Wals schwamm dieser zur isländischen Küste, doch wo immer er an Land gehen wollte, stießen ihn die Schutzgeister der Insel zurück: Im Osten fauchte ihn ein Drache an, im Norden fiel ein Geier über ihn her, im Westen verwehrte ihm ein Furcht erregender Ochse den Zutritt und im Süden stellte sich ihm ein Riese mit einem Eisenstab in der Hand in den Weg. Diese vier Schutzgeister, die Harald Blauzahn zur Aufgabe seiner Eroberungspläne zwangen, schmücken heute das Wappen der Republik.

Da die sorgfältig ausgearbeitete Verfassung Machtmissbrauch verhindern sollte, gab es keine zentrale Staatsmacht. Das Parlament setzte sich aus den 36 Goden als stimmberechtigten Mitgliedern zusammen. Im Jahre 965 stieg ihre Zahl auf 39, später auf 48. Die Goden waren an bestimmte Regeln gebunden. Sie verloren ihr Amt, wenn sie dem Alþingi unentschuldigt fernblieben oder auch nur unpünktlich erschienen, und mussten nach jeder Abstimmung eine Erklärung über ihr Wahlverhalten abgeben. Vorsitzender des Alþingi und einzige Amtsperson des Staates war – allerdings nur während der beiden Wochen im Jahr, in denen das Parlament tagte – der Gesetzessprecher. Ihm fiel die Aufgabe zu, in seiner dreijährigen Amtszeit die Gesamtheit der Gesetze, also bei jeder Parlamentssitzung ein Drittel, vom *lögberg* aus zu verkünden und in Rechtsfragen zu beraten. Er hatte die mächtigste Position im Alþingi inne: Ließ er Gesetze aus, ohne dass jemand dem Beachtung schenkte, galt das Gesetz als nicht mehr rechtsgültig. Seine Hauptaufgabe erübrigte sich erst 1117 mit der Niederschreibung des Gesetzestextes *Grágás*.

Das Alþingi bestand aus zwei Abteilungen, der richterlichen und der gesetzgebenden. Die Goden hatten in beiden ihren Sitz. Im Rechtsausschuss *(lögrétta)* saßen neben den Häuptlingen auch beratende Beisitzer und, in christlicher Zeit, ein Bischof und später ein zweiter. Die endgültige Mitgliederzahl belief sich auf 147. Die *lögrétta* war zuständig für die Verabschiedung von Gesetzen und ihre Auslegung. Zur Ausübung der juristischen Gewalt wurde in jedem Landesviertel eine lokale Gerichtsbarkeit mit jeweils 36 Richtern eingesetzt. Für die Behandlung der Fälle, die an den regionalen Gerichtshöfen nicht gelöst werden konnten, wurde im Jahr 1004 ein Oberstes Gericht als „Fünftes Recht" eingerichtet.

Auf eine Exekutive wurde bewusst verzichtet. Eine Bedrohung von außen schien nicht gegeben und ein Rechtsstreit im Lande wurde als Privatsache betrachtet. Jeder musste zusehen, wie er zu seinem Recht kam – es lag in der Hand des Klägers, ein auf dem Alþingi gesprochenes Urteil selber zu vollstrecken. Letzteres lautete im harmlosesten Fall auf Geldstrafe, im schlimmsten auf zeitlich begrenzte oder lebenslängliche Verbannung. Dazwischen gab es nichts.

Ausgestoßen

Die Acht hieß auch „Waldgang" *(skóggangur)*, was darauf hindeutet, dass sie den Isländern von Norwegen her bekannt war, wo der Geächtete in den großen Wäldern untertauchte. Bei der Vollstreckung der Acht halfen sämtliche Bürger mit. Wer einem Friedlosen Schutz gewährte, machte sich mitschuldig. Die Verbannten waren folglich dazu verurteilt, sich durch Überfälle und Diebstahl am Leben zu halten, und fristeten, ausgestoßen aus der Gesellschaft, Jahre oder gar den Rest ihres Lebens in abgelegenen Gebieten des Hochlandes, wenn es ihnen nicht möglich war, die Insel zu verlassen.

Häufig kam der Streitfall aber gar nicht vor das Alþingi, weil der Kläger es vorzog, das Urteil selber zu bestimmen. Sonst musste er sich nämlich bis zur nächsten Thingsitzung gedulden und die Unmengen ausgeklügelter, geradezu grotesk anmutender Formalitäten der Prozessführung in Kauf nehmen, die das Gesetz vorschrieb. All dies entfiel bei einem Fehdezug. Hierbei zeigten sich die Isländer dann nicht selten als die wahren Söhne des hammerschwingenden Gottes Þór und entschieden sich für eine blutige Rache.

Auch nach der Gründung des Alþingi blieben die weitgehend autonomen Godentümer bestehen und in jedem Landesviertel wurde jährlich an drei Stellen ein Frühjahrsthing abgehalten. Nur Fälle, die auf diesen Versammlungen nicht erledigt werden konnten, kamen im Sommer vor das Alþingi. Die Fahrt dorthin unternahmen die Goden nicht allein. Jeder von ihnen hatte Anspruch darauf, von jedem Zehnten derjenigen seiner Thingleute begleitet zu werden, denen die Reise aufgrund ihrer wirtschaftlichen Lage zugemutet werden konnte. Die anderen neun, die zu Hause blieben, mussten einen Teil der Reisekosten des Goden tragen. Jeder wohlhabende freie Mann im Land konnte sich also zum Alþingi melden. Ein Herbstthing in den einzelnen Bezirken diente der Bekanntmachung all dessen, was auf dem Alþingi geschehen und beschlossen worden war.

Hinter dem Freistaat stand die Idee von gleichem Recht und gleichen Chancen für alle. Nachdem gegen 1100 die Sklaverei abgeschafft worden war, hatte Island tatsächlich fast den Status einer klassenlosen Gesellschaft erreicht. Die freigelegten Gräber aus der Wikingerzeit bestätigen dies: Niemand wurde aufwändiger oder prunkvoller als andere bestattet. Die Grundschicht der freien Bauern war aber zweigeteilt in die Gruppe derer, die aufgrund ihres Wohlstandes das Recht und die Pflicht hatten, sich an den Alþingifahrten zu beteiligen, und die Gruppe der Ärmeren, die ausgeschlossen blieben. Zudem gab es die Knechte und Arbeiter, die wie kleine, selbstständige Bauern geachtet wurden, und als unterste Stufe der Gesellschaft die Höker und Händler, die mit ihrer Ware durchs Land zogen, sowie Herumtreiber und Bettler, denen niemand so recht traute. Insgesamt lässt sich vermuten, dass es sich bei dem isländischen Freistaat um die zur damaligen Zeit letzte Bastion in Europa handelte, in der das Volk noch Einfluss, wenn nicht gar die Macht hatte.

Vom Donnergott zum Christentum

Über den Götterkult vor der Zeit der Christianisierung ist wenig bekannt. Viele isländische Quellen berichten über die heidnische Götterwelt, doch stammen diese Dokumente größtenteils aus dem 13. Jahrhundert, als Island lange schon christianisiert war. Der Spielraum für die Interpretation mündlich überlieferten Wissens über die Religion der Vorväter war also groß.

Die frühen Isländer waren dem Glauben an das gewaltige nordische Göttergeschlecht der Asen verhaftet. Dem mächtigen Þór, Gott des Donners, der Winde und der Wolken, und anderen Göttinnen und Göttern wurde in Tempeln gehuldigt. Über die Kultfeiern ist wenig bekannt. Geopfert wurden wohl vornehmlich Pferde, mit deren geheiligtem Blut die Wände der Tempel besprengt wurden. Das Fleisch der vom Goden oder Priester geschlachteten Tiere wurde anschließend gemeinsam verspeist. Insbesondere Þór fand kultische Verehrung. Als Schutzherrn der Bauern, der im Gewitter die Fruchtbarkeit schenkte, waren die Isländer bemüht, ihn zu loben und sanft zu stimmen; sein Hammer Mjölnir wurde als Amulett um den Hals getragen. Sogar einige Orte wurden nach Þór benannt, z. B. Þórsmörk und Þórshöfn. Óðin als Gott der höchsten Weisheit und Lenker von Kriegsgeschick wurde von Dichtern in schriftlichen Quellen verehrt. Hohe Ehre erwiesen die Isländer auch den Fruchtbarkeitsgöttern Freyr und Njörd sowie der zauberkundigen Liebesgöttin Freya von der Götterfamilie der Wanen. Insgesamt war der Götterglaube in Island wohl wenig institutionalisiert; jeder einzelne konnte sich seinen individuellen Schutzgott erwählen und ihm im eigenen Tempel huldigen.

Unter den Siedlern, insbesondere den über Irland und die Hebriden eingewanderten, fanden sich auch Christen. Ein Fjord in den Westfjorden trägt schon seit frühester Zeit den Namen des großen Heiligen Irlands, St. Patrick: Patreksfjörður. Viele der Christen, die sich mitunter ihre eigene kleine Kirche bauten, glaubten aber auch nach ihrer Bekehrung weiterhin an die Asengötter und verehrten sowohl Christus als auch Þór. Es konnte schließlich nur von Vorteil sein, sich die Stärken verschiedener Gottheiten zunutze zu machen, die nach Vorstellung vieler Skandinavier verschiedene Einflussbereiche hatten. Das Landnahmebuch berichtet von Helgi dem Mageren, „welcher zwar die Taufe empfangen hatte, und an den Christ zu glauben behauptete, ja sogar einen Hof nach ihm Kristnes benannte, aber doch in Nothfällen, und zumal wenn es sich um die Seefahrt handelte, den Þór anrief, und von ihm sich den Ort seiner Niederlassung anweisen ließ." Nach der Gründung des Freistaates scheinen sich viele Christen wieder dem Asenglauben zugewandt zu haben, offensichtlich jedoch mehr aus einer allgemeinen Hinwendung zur Tradition als aufgrund wirklicher religiöser Überzeugung. Die Machtstruktur der neuen Föderation bevorzugte den alten Glauben, zumal die politisch mächtige Stellung der Goden Ergebnis ihrer anfänglich ausschließlich religiösen Bedeutung war. Da der Götterglaube keine feste Organisation kannte und eher Sache eines jeden einzelnen war, konnte er sich nicht gegen die mit Macht in Nordeuropa einziehende christliche Religion behaupten.

Im Jahr 995 bestieg Wikingerhäuptling *Ólafur Tryggvason* in Norwegen den königlichen Thron. Als guter Christ sorgte er nicht nur erbarmungslos für die Bekehrung seines Volkes, sondern schickte auch Missionare über das Meer. Die Christianisierung Islands bot ihm die Aussicht, endlich der Godenherrschaft auf der Insel ein Ende zu bereiten. Die Missionare schafften es zwar, in Island einige vornehme

Das alte Island - ein typisches Stickbild

Häuptlinge zur Taufe zu überreden, wurden aber wegen Mordes oder anderer Verbrechen immer recht schnell wieder des Landes verwiesen. König Ólafur drohte
deshalb tobend, jeden in Norwegen angetroffenen heidnischen Isländer zu ver-
stümmeln oder zu töten. Dies konnten zwei junge Isländer verhindern: *Gissur der
Weise* und *Hjalti Skeggjason*, bereits getaufte Häuptlinge, beruhigten den König
und versprachen, in ihrem Land das Christentum zu predigen. Neben ihrer religiösen Überzeugung und der Furcht vor der Umsetzung der Massakerpläne waren für
dieses Versprechen kommerzielle Gründe ausschlaggebend: Für erfolgreichen Handel war Island auf gute Kontakte zu Norwegen angewiesen.

Im Juni 1000 präsentierten Gissur und Hjalti ihre Forderung nach Übernahme des
Christentums auf dem Alþingi. Eine große, aufgebrachte und in zwei kompromiss-
lose Lager gespaltene Volksmenge hatte sich in Þingvellir eingefunden. Man kündigte Recht und Frieden förmlich auf und rüstete sich für den blutigen Kampf. Die
heidnische Partei beschloss gar, ihren Göttern zwei Menschen aus jedem Landesviertel zu opfern, um sich ihre Hilfe zu sichern. Die Christen wollten daraufhin
zwei der besten Männer aus jedem Viertel zu einem heiligen Leben weihen lassen.
In dieser für isländische Verhältnisse ungewöhnlich feindseligen Situation, in der
die Aufkündigung der Gesetze und damit der Zusammenbruch des Staates drohte,
behielten einige Männer einen klaren Kopf und suchten nach einer friedlichen Lösung. Letztendlich wurde dem weisen heidnischen Gesetzessprecher *Þorgeir von
Ljósavatn* die Entscheidung über den Streit überlassen. Unter der Last dieser Bürde
zog sich Þorgeir bis zum folgenden Tag zum Nachdenken zurück. Dann verkündete
er seinen Entschluss, der eine Einmischung des fanatischen norwegischen Königs
abwenden sollte. Vom Gesetzesfelsen aus erklärte er in einer eindringlichen Rede,
dass die Einheit der Nation durch einen Kompromiss bewahrt werden müsse. Der
Heide erklärte das Christentum zur Staatsreligion und hielt alle Isländer an, sich
taufen zu lassen. Doch durften sie weiterhin ihren alten Göttern heimlich opfern,
außerdem sollte das kirchliche Verbot des Essens von Pferdefleisch nicht gelten.

Kinder sollten weiterhin unmittelbar nach ihrer Geburt ausgesetzt werden dürfen, wenn die Eltern nicht wussten, wie sie ihr Kind ernähren sollten. Waren die Heiden über Þorgeirs Schiedsspruch auch nicht glücklich, so erkannten sie ihn doch murrend als Landesgesetz an. Viele ließen sich auf der Stelle in heißen Quellen nahe Þingvellir taufen, nachdem das Wasser des Þingvallavatn hierfür als zu kalt befunden worden war.

Die Epoche des Friedens

Während der ersten Jahrzehnte war die Kirche schwach. Es fehlte an Priestern und Gotteshäusern sowie an einem angepassten Kirchenrecht. Da die Annahme des christlichen Glaubens ein politischer Akt gewesen war, blieben Staatsform und Rechtsgrundlage die alten.

So änderte sich auch nicht viel, als die Goden begannen, die Tempel auf ihren Höfen abzureißen und Kirchen zu errichten, und Missionsbischöfe aus dem Ausland kamen, um Priesterschulen einzurichten. Das politische Geschick lag weiterhin ausgeglichen in den Händen der Häuptlinge, die nun eben von Asenpriestern zu christlichen Priestern geworden waren. Die isländische Kirche wurde keine selbstständige Macht im Staate, sondern eine weltlich dominierte Volkskirche, die den Landesgesetzen unterstand. Der Papst in Rom war weit weg; einige christliche Regeln, vor allem das Zölibat, fanden noch keinerlei Beachtung – einem Geistlichen werden dreißig, einem anderen gar fünfzig Kinder nachgesagt. Die Priester blieben Bauern und Fischer und lebten ohne Sonderrechte unter den gleichen Bedingungen wie die übrige Bevölkerung.

Wie Ólafur Tryggvason, der im Jahre 1000 in einer Schlacht fiel, waren auch die nachfolgenden norwegischen Könige darauf aus, den isländischen Freistaat zu zerschlagen und seine Bevölkerung unter norwegische Herrschaft zu bringen. König Ólafur Haraldson setzte bereits 1016 das Verbot des heimlichen Opferns und der anderen auf dem Alþingibeschluss vereinbarten Ausnahmen durch. Dass die Isländer dies akzeptierten, zeigt, dass sie mit dem Wechsel zum Christentum zufrieden waren. In ihren Vorstellungen hatte der christliche Gott gegen Þór gesiegt und es galt, sich mit dem mächtigen neuen Gott gut zu stellen. Norwegische Versuche, die Isländer vom Nutzen eines Beitritts zum Königreich zu überzeugen, fruchteten jedoch nicht. 1022 kam es daraufhin zu einem Pakt zwischen Norwegen und Island, der die gegenseitigen Rechte und Pflichten der beiden Länder ordnete.

Anschließend herrschte in Island innen- und außenpolitisch erst einmal Ruhe, weshalb die Zeit bis 1120 als Epoche des Friedens bezeichnet wird. Die christliche Religion, von vielen angesehenen Goden unterstützt, schlug dauerhaft Wurzeln. 1056 übernahm mit dem in Herford zum Priester ausgebildeten *Ísleifur* der erste isländische Bischof sein Amt. Weil es noch keinen Bischofssitz gab, ließ er sich auf dem Hof seiner Familie in Skálholt nieder, wo er ein theologisches Seminar gründete. In seinen schonungslosen Versuchen, auch den letzten seiner Landsleute zu bekehren, musste Ísleifur Kritik von denen einstecken, die an traditionellen Bräuchen festhielten. Nach Ísleifurs Tod im Jahre 1080 übernahm sein Sohn *Gissur* die Nachfolge. Dieser muss außerordentlich beliebt gewesen sein, denn 1097 gelang ihm mit Unterstützung einiger Goden die Einführung des Kirchenzehnten. Damit waren die Isländer, lange vor ihren Nachbarn in den anderen nordischen Ländern, zum ersten Mal zur Zahlung einer Steuer verpflichtet.

Graben für die Nation – hier in Gásir

Tausend Jahre und ein Millionenfonds

Dass man auf der Reise durchs Land schon seit Jahren immer wieder auf archäologische Ausgrabungsstätten trifft, hat mit dem tausendjährigen Jubiläum des Christentums im Jahre 2000 zu tun: Anfang 2001 richtete die
isländische Regierung aus diesem Anlass die „Archaeological Heritage
Agency of Iceland" und einen Fonds in Millionenhöhe ein, mit dem die
Erforschung und Bewahrung des kulturellen und religiösen Erbes Islands gefördert und sicher gestellt werden sollen. Einige Projekte sind von kurzer
Dauer, andere erstrecken sich über Jahre, je nach Erfolg der Ausgrabungen.
2010 wurde an 25 Orten im Land gegraben.

Mit der Zeit entstanden im ganzen Land zahlreiche Kirchen und Kapellen aus Torf
und Grassoden, bis jedes Tälchen ein Gotteshaus besaß. Als Gegenstück zum Bistum in Skálholt wurde 1106 in Hólar im Norden Islands ein zweites Episkopat eingerichtet. Das Bischofsamt übernahm dort Jón Ögmundsson, der in Hólar eine
Kathedrale errichtete und ein weiteres Priesterseminar gründete. Als ein Mann der
Reformen benannte er die Wochentage um, damit sie nicht mehr an die heidnischen Götter erinnerten. Auf seine Bemühungen hin kam es im 12. Jh. zur Einrichtung zahlreicher Klöster. Sie sollten großen Anteil am Aufblühen der isländischen
Kultur haben (siehe Kap. „Literatur").

Langsam begann die von Gissur eingeführte Abgabenpflicht die Machtstrukturen
im Land zu verändern. Die Steuereinnahmen gingen zu je einem Viertel an den
Bischof, die Kirche, die Priester und die armen Leute. Besitzer der Kirchen waren
die Goden, die häufig auch das Priesteramt innehatten. Weil sie zudem den für die
Armen bestimmten Anteil kontrollierten, fiel ihnen der größte Teil der Abgaben
zu. Das leicht verdiente Geld legten sie in Landbesitz an, den sie an Bauern ver-
pachteten. Die Thingleute gerieten damit als Pächter oder Arbeiter in eine bis dahin unbekannte Abhängigkeit von den Goden. Die Zeit, in der Häuptling und Anhänger aufeinander angewiesen waren und sich im alltäglichen Leben durch nichts
unterschieden, ging zu Ende. Im 12. und frühen 13. Jh. wurde die Konzentration der
Macht offensichtlich. Die Godentümer waren von jeher nicht nur vererbbar, sie

konnten auch verliehen oder verkauft werden. Mit dem aus Kirchenzehnt und Pachteinnahmen angehäuften Reichtum brachten einzelne Goden mehr und mehr Godentümer in ihre Gewalt. Auf dem Alþingi kämpften die mächtigen Persönlichkeiten mit allen Mitteln um die Durchsetzung eigener Interessen, ohne sich um das Wohl der Föderation und die Aufrechterhaltung der einst gleichmäßigen Machtverteilung unter den Goden zu scheren. So beherrschten im 13. Jh. einige wenige, heftig rivalisierende Familien das gesamte Land.

Die blutige Sturlungenzeit

Während in Island eine Zeit der Bürgerkriege und blutigen Fehden anbrach, stabilisierte sich in Norwegen die Monarchie. Im Jahrhundert zuvor war Islands skandinavischer Nachbar hauptsächlich mit innenpolitischen Angelegenheiten beschäftigt. Jetzt aber konnte der norwegische König seine Aufmerksamkeit wieder auf die Ausdehnung seines Herrschaftsbereiches in Richtung Westen lenken.

Unterstützung fand er bei der Kirche, die sich endlich die unabhängigen isländischen Geistlichen unterordnen wollte. Der Weg war schon geebnet, da Bischof Guðmundur von Hólar alle Auseinandersetzungen zwischen weltlichen und geistigen Autoritäten in Island dem Urteil des Erzbischofs von Niðaros in Norwegen unterstellt hatte – von kirchlicher Seite wurde bereits der Rat von außen gesucht. Als 1237 beide Bischofssitze in Island vakant waren, besetzte der Erzbischof sie unter Nichtbeachtung der isländischen Tradition, nach der das Alþingi für die Nominierung zuständig war, kurzerhand mit zwei Norwegern. Sie forderten die Trennung der kirchlichen von den weltlichen Machthabern – in einem Land, in dem es sich bei diesen meist um ein und dieselbe Person handelte.

Der norwegische König *Håkon Håkonarson* machte sich die durch Fehden und Zersplitterung gekennzeichnete politische Situation in Island zunutze. Von alters her war es Brauch, dass vornehme junge Isländer nach Norwegen gingen, um sich für eine gewisse Zeit in die Gefolgschaft des Königs aufnehmen zu lassen. Nach ihrem Ausscheiden blieb lediglich ein Vertrauensverhältnis, aber keine Verpflichtung. Håkon führte eine neue Regelung ein, indem er von diesen Isländern einen Treueid auf Lebenszeit schwören ließ. So abgesichert, unterstützte er einzelne isländische Mächtige und verpflichtete sie im Gegenzug, ihr Land mit allen Kräften der Macht des Monarchen zu unterstellen. Der erste dieser Gefolgsmänner war *Snorri Sturluson* aus dem Clan der *Sturlunger*, der mächtigsten Familie im Land, die der Epoche ihren Namen gab. Da er seiner Aufgabe, Island unter norwegische Herrschaft zu bringen, offensichtlich wenig Beachtung schenkte, wurde er 1241 im Auftrag des Königs von einem anderen isländischen Gefolgsmann ermordet (siehe Kap. „Der Westen", S. 541 f.). Schon zuvor war der Großteil der mächtigen Sturlungerfamilie 1238 in der Schlacht von Örlygsstaðir umgebracht worden, in der verfeindete Goden mit großen Scharen ihrer Thingleute aufeinandertrafen.

König Håkon spielte die führenden Goden noch zwei Jahrzehnte gegeneinander aus. Nach zahlreichen Gefechten waren fast alle führenden Isländer, die er als Gefolgsmänner ausersehen hatte, um sein Bestreben nach Vorherrschaft durchzusetzen, tot. Gissur Þorvaldsson, als einziger unter ihnen noch am Leben, erhielt 1258 von Norwegen den Titel eines Herzogs und übernahm als Untertan des Königs die Macht im Land. Als er nichts tat, um die Vorherrschaft der Krone zu sichern, zwangen norwegische Abgeordnete Gissur mit Unterstützung der Bischöfe dazu, die politische Vormacht und Steuerhoheit in norwegische Hände zu geben. Die Isländer hatten keine Wahl mehr, zumal sie, mittlerweile wegen des Holzmangels

Snorri Sturluson, Gode und Poet

ohne eine eigene Flotte, im Import wie im Export stark von Norwegen abhängig waren. 1262 überredete Gissur vor dem Alþingi die führenden Goden, dem König den Treueid zu schwören. Bis 1264 hatten sich alle Goden der norwegischen Krone unterworfen. Damit war der Freistaat zerbrochen. Die Ursache lag im Fehlen einer Exekutivgewalt: Zuerst war es nicht möglich, die Machtkonzentration bei einzelnen Goden zu verhindern, und als anschließend während der Fehden keine der führenden Persönlichkeiten stark genug war, die für die Rückkehr zum Frieden erforderliche Macht zu etablieren, wurde sie außerhalb gesucht. Geregelt wurde das Verhältnis zwischen den beiden Ländern 1264 im Alten Pakt *(gamli sáttmáli)*. Herzog Gissur wurde als isländischer Gouverneur, dem König treu ergeben, eingesetzt. Die Isländer verpflichteten sich, den norwegischen Monarchen als ihren Herrscher anzuerkennen und ihm jährlich Steuern zu zahlen. Als Gegenleistung wurde ihnen versprochen, mit ihren isländischen

Gesetzen im Lande in Frieden gelassen und jeden Sommer mit mehreren Schiffsladungen lebenswichtiger Waren beliefert zu werden. Für die Isländer wichtiger Bestandteil des Vertrages war das Recht, die Verbindung aufzulösen, sollten die Landesrechte von norwegischer Seite verletzt werden.

Dunkle Jahrhunderte brechen an ...

Mit dem Beginn der Fremdherrschaft markiert das Jahr 1262 einen Wendepunkt in der isländischen Geschichte. In vielerlei Hinsicht sollte sich nun für mehrere Jahrhunderte alles zum Schlechten umkehren.

Trotz des Alten Paktes griff Norwegen in die inneren Angelegenheiten des Landes ein. Als erstes wurden die isländischen Gesetze unter König Magnús Hákonarson einer gründlichen Revision unterzogen und 1271 und 1281 die ersten Gesetzbücher des Landes herausgebracht. Sie enthielten im Wesentlichen norwegisches Recht. So wurde beispielsweise die seit frühester Zeit ausgeübte Blutrache verboten, vor allem jedoch wurde die gesetzgeberische Macht des Alþingi beschränkt. Der König löste die ihm unliebsamen Godentümer auf und ersetzte sie durch territorial geschlossene Verwaltungsbezirke. An die Spitze des ganzen Landes setzte er einen Gouverneur, manchmal auch mehrere, bei denen es sich zuweilen um Norweger handelte. Ab 1354 verpachtete der damalige König Magnús Eiríksson Island gar mitsamt der dazugehörenden Einkünfte an seine Gouverneure. Auch Macht und Einfluss der Kirche steigerten sich beträchtlich, als diese gegen Ende des 13. Jh. den weltlichen Großbauern jede Kontrolle über den geistlichen Bereich absprach. Der Bischof von Skálholt, Árni Þorláksson, auf dessen Drängen bereits 1275 ein neues, den weltlichen Gesetzen übergeordnetes kanonisches Recht eingeführt worden war, setzte 1297 durch, dass alle Güter, auf denen Gotteshäuser errichtet waren, in den Besitz der Kirche übergehen sollten. Dies ermöglichte es den Bischöfen, große Reichtümer in Form von Landbesitz und Kirchen anzuhäufen; zusätzlich floss die Kirchensteuer nun direkt in ihre Hände. Aus den Grundbesitzern und Erbauern der Gotteshäuser wurden Pächter der Kirche, die Priester unterstanden fortan den Bistümern. Das Vermögen der Kirche wuchs beständig an – im 16. Jh. gehörte ihr fast die Hälfte des isländischen Grundbesitzes. Verschlimmert wurde die Lage dadurch, dass der Papst die Bischofssitze mit Ausländern besetzte, die weniger an ihren geistlichen Pflichten als am Gewinn interessiert waren.

Im Jahr 1387 geriet Island mit Norwegen unter dänische Herrschaft, womit die Eingriffe in isländische Angelegenheiten noch zunahmen. Zudem hatte das Land unter Naturkatastrophen zu leiden. Durch Vulkanausbrüche, wie den der Hekla 1341, wurden ganze Landschaften zerstört, sodass viele Bauern ihren gesamten Besitz verloren und ihre Höfe verlassen mussten. Klimaveränderungen brachten extrem strenge Winter, immer öfter drang Treibeis bis an die isländischen Küsten vor. Missernten und Hungersnöte waren die Folgen. Seuchen wie Pocken und die Pest rafften Tausende von Menschen dahin – im Lauf des 14. Jh. nahm die Bevölkerung um etwa zwei Drittel ab. In Geschichten aus damaliger Zeit heißt es, die Pest hätte sich so rasch verbreitet, dass von fünfzehn Besuchern einer Beerdigung nur vier oder fünf wieder nach Hause zurückkamen. Bettler und Heimatlose überschwemmten die Insel, Gesetzesübertretungen aller Art waren an der Tagesordnung.

Stockfisch und das englische 15. Jahrhundert

Der Fischfang hatte bis zum 15. Jahrhundert nur für die Selbstversorgung der Isländer Bedeutung. Seinen Weg über das Meer fand Fisch nur als Proviant auf Handelsfahrten. Häute und aus Schafswolle hergestelltes, grobes Tuch waren die einzige Ausfuhrware des Landes.

Als durch die Klimaänderung der Getreideanbau zurückging, kam es notgedrungen zu einer Intensivierung der Fischerei als einem wesentlichen Zweig der Ernährung. Im Frühjahr versammelten sich Bauern und Knechte am Strand, um mit offenen Booten und primitiven Gerätschaften auf das Meer hinauszuziehen und bis zur Heuernte soviel Fisch wie möglich an Land zu ziehen. In der Ausweitung des Fischfangs wurde eine Möglichkeit erkannt, den in der krisengeschüttelten Zeit fast zum Erliegen gekommenen Handel durch das neue Exportgut Fisch, insbesondere Stockfisch und Lebertran, wieder zu beleben. Neben der Unze Silber und der Elle Tuch erlangte der Fisch infolgedessen auch als Werteinheit an Bedeutung. Noch im 18. Jh. wurde der Preis für Bücher in Fischen angegeben.

Im 13. und 14. Jh. hatte sich Norwegen den Monopolhandel mit Island gesichert und das Land in vollkommene Abhängigkeit gebracht. Von 1413 an bauten auch die Engländer Handelsbeziehungen mit der Insel auf. Sie brachten bessere und billigere Waren mit und waren deshalb als neue Handelspartner gern gesehen. Vor allem aus dem Westen und Süden des Landes strömten Menschen zu den Küsten, um sich als

Fischer zu verdingen und von dem neuen Wirtschaftswachstum zu profitieren. Die Engländer kontrollierten bald den gesamten Islandhandel, zumal sie begannen, selber in den reichen isländischen Gewässern zu fischen. Schon 1428 waren 150 englische Schiffe vor der Küste beschäftigt. Dies wurde in Island weniger gerne gesehen, doch stellten die Engländer auf ihren Schiffen auch Isländer an und zahlten gute Löhne. Ihr Einfluss wurde so groß, dass zeitweise sogar beide Bischofssitze mit Engländern besetzt waren. Die Dänen waren beunruhigt und versuchten, der englischen Präsenz in Island einen Riegel vorzuschieben. Auf Weisungen und Verbote reagierten die englischen Kaufleute jedoch mit Plünderungen ganzer Küstenorte und brachten im Kampf 1467 sogar einen Repräsentanten des Königs um.

Fischtrockengestell

Bei deutschen Hansekaufleuten fanden die Dänen Unterstützung. Um den Engländern im Stockfischhandel das Ruder aus der Hand zu nehmen, wandten sie ihre Aufmerksamkeit von Bergen in Norwegen nach Island. Insbesondere die Hamburger Kaufleute wurden schnell zu ernst zu nehmenden Konkurrenten der Engländer. In der Folgezeit kam es immer wieder zum offenen Handelskrieg zwischen England und der Hanse. Nun durch die deutsche Stärke im Islandhandel beunruhigt, erteilte der dänische König 1490 England und Holland die Handelserlaubnis. Während die Holländer wenig Interesse zeigten, kam es zwischen den Engländern und den Deutschen von 1486 bis 1532 noch zu acht heftigen Zusammenstößen. Der dänische König Christian II. befand sich zu dieser Zeit in großen finanziellen Nöten. Kurz vor seinem Fall 1523 versuchte er deshalb zweimal, Island zu verkaufen. Sowohl Amsterdam als auch England lehnten jedoch dankend ab. Ihr Interesse an Island beschränkte sich auf den Fisch.

Der Gefechte müde, zog sich England von der isländischen Küste zurück und gab 1558 seine letzte Fischereistation auf Heimaey auf. Die deutschen Kaufleute setzten ihre Geschäfte mit Island fort, bis Dänemark zu Beginn des 17. Jh. die vollständige Kontrolle über den Handel an sich riss.

Die Reformation und ein Märtyrer

Nachdem Martin Luther 1517 in Deutschland mit seinem Protest gegen den Ablasshandel die Reformation eingeleitet hatte, erreichte der Protestantismus bald die skandinavischen Länder.

1536 bestieg Christian III. den dänischen Thron und setzte das Luthertum in Dänemark, Norwegen und auf den Färöern durch. Für ihn war die neue Kirchenordnung vorteilhaft – indem sie ihn zum Oberhaupt der Kirche erhob, steigerte sie seine

Macht, und weil ihm die Kontrolle über sämtliche Besitztümer der Kirche zufiel, brachte sie ihm auch Reichtum. In Island wurde der neue Glaube als Ketzerei angesehen und konnte nur mit Waffengewalt durchgesetzt werden. Dem dänischen König kam es gelegen, dass der Bischofssitz in Skálholt 1541 neu zu besetzen war. Nachdem der letzte Bischof sich mit aller Macht dagegen gewehrt hatte, dass Klöster geräumt und Mönche vertrieben wurden, war sein Nachfolger *Gissur Einarsson* ein Anhänger Luthers, der in seiner kurzen Amtszeit alles tat, um den Protestantismus im Land zu verbreiten. Der Bischof in Hólar, *Jón Arason*, widersetzte sich jedoch und bat den König, seinem alten Glauben treu bleiben oder mit all seinen Besitztümern auswandern zu dürfen. Dem Süden des Landes stand daraufhin ein protestantischer Bischof, dem Norden weiterhin ein katholischer vor. Einige Jahre war der Frieden gewahrt.

Als Gissur Einarsson 1548 starb, startete Jón Arason die Gegenreform. Der König erklärte ihn deshalb für vogelfrei, was den überzeugten Katholiken jedoch nicht daran hinderte, den neuen Bischof in Skálholt gefangen zu nehmen und zum Parlament zu reiten, um sich die Erlaubnis abzuholen, auch der Diözese Skálholt vorzustehen. Anschließend etablierte er das aufgelöste Kloster in Viðey wieder. Für seinen unermüdlichen Kampf gegen den neuen Glauben und für seinen Widerstand gegen den König genoss Jón Arason bei den Isländern große Bewunderung und Verehrung und ging als Nationalheld in die Geschichte ein. Er war auch auf kulturellem Gebiet aktiv, gilt als einer der besten Poeten seiner Zeit und brachte nach einem Besuch in Hamburg um 1530 die erste Druckerpresse nach Island. Sein Versuch, den katholischen Glauben zu retten, misslang jedoch – 1550 wurde er im Auftrag des Königs gefangen genommen und mit zweien seiner Söhne in Skálholt enthauptet. Aus Rache tötete eine Gruppe Nordisländer alle Dänen, die mit der Exekution zu tun hatten.

Das Luthertum wurde jetzt im ganzen Land durchgesetzt, sämtliche Klöster wurden aufgelöst und katholische Zeugnisse und Kunstwerke mit Bann belegt oder zerstört. Der dänische König konfiszierte die Güter der Kirche, wodurch die Isländer etwa ein Fünftel ihres Grundbesitzes verloren.

Das dänische Handelsmonopol

Bis Ende des 16. Jahrhunderts kontrollierten deutsche Hansekaufleute den Islandhandel. Dann lief ihnen die dänische Konkurrenz den Rang ab. 1602 setzte sie ein Handelsmonopol durch, das bis 1787 Bestand hatte und die rücksichtslose Ausbeutung Islands mit sich brachte.

Nur Handelsbevollmächtigten waren jetzt Geschäfte mit Island erlaubt. Eine königliche Verordnung legte zwanzig Häfen mit dazugehörigen festen Marktbereichen fest, in denen die Monopolinhaber für die „ausreichende Zufuhr guter und unverfälschter Handelsware zu sorgen und sie zu den üblichen Preisen" zu verkaufen hatten. Die dänischen Kaufleute, nur an der fetten Beute der isländischen Fischer interessiert, nahmen es mit ihren Pflichten nicht so genau. Sie legten die Preise für eingeführte Waren willkürlich fest, verkauften Produkte von schlechter Qualität und ließen mit dringend benötigten Gütern wie Korn, Mehl und Salz, Kupfer und Eisenwaren, Tauwerk und Angeln auf sich warten. Die Isländer standen dem machtlos gegenüber. Da sie sich mit dem Verkauf des Fisches innerhalb des Marktbezirkes zu halten hatten, waren sie dem jeweiligen Händler mit Haut und Haar preisgegeben; für den Handel an fremden Fjorden waren hohe Geldbußen ausgesetzt.

Doch viel besser sah es da ohnehin auch nicht aus und auf geheimen Handel mit Ländern wie Holland, England oder Deutschland standen noch höhere Strafen. Deutsche Hansekaufleute bemühten sich aus Leibeskräften, alte Handelslizenzen zurückzuerlangen. Als Dänemark durch den Krieg mit Schweden 1643–45 in arge Geldnot geraten war, boten Hamburger Kaufleute König Christian IV. „zwey oder drey Tonnen Goldes gegen Verpfändung der Provinz Ißland" an – vergebens.

Nicht nur wirtschaftlich war Island auf Gedeih und Verderb von Dänemark abhängig, auch politisch verlor es den letzten Einfluss, als König Frederik III. 1662 die absolute Monarchie einführte. Unter Zwang und, wie es heißt, unter Tränen unterschrieben die Isländer die Anerkennung der neuen Regierungsform, womit der Alte Pakt von 1262 aufgehoben und die nationalen Gesetze unwirksam wurden. Die klimatischen Bedingungen sorgten mit Eis an den Küsten und schlechtem Pflanzenwuchs für eine Verschärfung des schon aufgrund der Handelsbedingungen akuten Nahrungsmangels. Es kam so weit, dass sich Ende des 17. Jh. im Ostland eine ganze Gemeinde aufmachte, um mit dem Pfarrer an der Spitze betteln zu gehen.

Der König erkannte, dass etwas unternommen werden musste, um der Not in Island Einhalt zu gebieten – und damit nicht zuletzt die dänischen Einkünfte zu sichern. So bekamen die Kaufleute 1702 den Befehl, gerechter mit der Bevölkerung umzugehen. Eine zweiköpfige Kommission wurde entsandt, die Situation auf der Insel zu erfassen und Verbesserungsvorschläge auszuarbeiten. Diese erste Volkszählung, die insgesamt zehn Jahre dauern sollte, deckte auf, dass 4.059 bewohnten Hofstellen etwa 3000 wüstgefallene Höfe gegenüberstanden und die Bevölkerung auf nur noch 50.358 Einwohner gesunken war. Während die Kommissionäre noch damit beschäftigt waren, dänische Kaufleute zu gerechterem Verhalten anzuhalten und juristische Fehler zu berichtigen, kam es 1707 zu einer Pockenepidemie, die etwa 18.000 Menschen dahinraffte.

Für Veränderungen sorgte der 1749 als erster Isländer mit dem Amt des Vogtes betraute *Skúli Magnússon*. Er sah im Handelsmonopol die Hauptursache für den katastrophalen Zustand des Landes und erkannte, dass der einzige Ausweg aus Unterdrückung und wirtschaftlicher Stagnation in der Übernahme der Handelskontrolle durch Isländer und dem Verbleib der Gewinne im Land lag. Er initiierte die Gründung einer Teilhabergesellschaft, die 1752 mit Zustimmung des Königs Manufakturen einzurichten begann: Spinnereien, Webereien, Färbereien, Gerbereien, Seilereien für die Fischerei sowie Salz- und Schwefelanlagen. Neue Maschinen und Geräte wurden importiert, z. B. ersetzte das Spinnrad nun die Handspindel. Auch für die Landwirtschaft und den Fischfang wurden effektivere Methoden entwickelt bzw. von Norwegen oder Dänemark übernommen, die ersten seetüchtigen Deckschiffe ersetzten offene Ruderboote. Diese kleine industrielle Revolution lief zwar gut an, doch weigerten sich die dänischen Kaufleute, die in den Manufakturen hergestellten Waren bei ihren Handelsgeschäften zu berücksichtigen. Sie spürten, dass die Reformen nur auf ihre Kosten Erfolg haben konnten. Zudem fehlte es der Teilhabergesellschaft trotz tatkräftiger Unterstützung des Königs stets an Mitteln, sodass sie 1764 hoch verschuldet von der dänischen Monopolgesellschaft übernommen wurde, die den Islandhandel kontrollierte und die dänischen Kaufleute in ihrem Boykott unterstützte. In den folgenden Jahrzehnten gerieten die Manufakturen langsam wieder in Vergessenheit.

Das Interesse des Königs, die Zustände in Island zu verbessern, führte 1770 wieder zur Entsendung eines mit der Erarbeitung von Vorschlägen beauftragten Komitees auf die Insel. Nur wenige der vorgebrachten Anregungen, wie Verbesserungen im

Straßen- und Brückenbau, Restauration und Neubesiedlung verlassener Höfe und Ausbau der Schifffahrt, wurden aber umgesetzt, so 1776 die Gründung des Postdienstes. Außerdem wurden 1771 aus Norwegen Rentiere eingeführt. Die Isländer lernten jedoch nie, diese Tiere als Haustiere zu züchten, und noch heute leben einige Tausend wild im Hochland und im Osten der Insel.

Auch in diesen miserablen Zeiten verschonte die Natur Island nicht. Ausbrüche der Vulkane Katla 1755 und Hekla 1766 verwüsteten viele Höfe und ganze Landstriche. Erdbeben verursachten besonders im Süden des Landes starke Schäden; in Skálholt stürzten 1784 mit Ausnahme der Kathedrale alle Gebäude ein. Mit Abstand die schlimmste Katastrophe aber war der Ausbruch der Vulkanspalte Laki 1783. Eine gigantische Menge glühender Lava strömte aus den Kratern ins Hochland und dann in die Niederungen, wo sie sich zum größten Lavafeld ausbreitete, das je in historischer Zeit durch einen einzigen Ausbruch entstand. Giftgase traten aus und beeinträchtigten die Vegetation, was weitere Missernten und eine erneute dramatische Hungersnot in fast allen Landesteilen zur Folge hatte. Scharen

Der erste Vogt Skúli Magnússon

von Bettlern durchstreiften das Land und es wird geschätzt, dass allein zwischen 1783 und 1784 neun- bis zehntausend Menschen verhungerten. Die Situation in Island war so verzweifelt, dass der König in Erwägung zog, die Insel zu evakuieren und die Bevölkerung nach Dänemark umzusiedeln. So weit kam es nicht, doch war das Elend Anlass genug, 1787 das ohnehin nur noch Verluste einbringende Handelsmonopol zu lockern. Es heißt manchmal, dass von all den Plagen, die Island in den dunklen Jahrhunderten heimsuchten, das dänische Handelsmonopol die schlimmste war.

Aufbruch zur Unabhängigkeit

Ende des 18. Jahrhunderts war vom Glanz des alten Parlaments Alþingi in Þingvellir nicht viel übrig geblieben. 1798 trat es zum letzten Mal auf den Þingfeldern zusammen, bevor es im selben Jahr nach Reykjavík umsiedelte. Eine Zeit des Umbruchs begann.

1800 schafften der dänische König und führende Isländer das Alþingi mit der Begründung, es sei unnütz geworden, ganz ab und etablierten dafür ein Oberstes Gericht. Um die gleiche Zeit wurden der Bischofssitz in Hólar aufgelöst und das

Episkopat und Seminar von Skálholt nach Reykjavík verlegt. Eine Zeit des Umbruchs begann. Das erste Viertel des 19. Jh. blieb weiterhin schwierig. Die isländische Bevölkerung brauchte Zeit, um sich von den zahlreichen Katastrophen zu erholen, und hatte unter dem infolge der napoleonischen Kriege stark reduzierten Schiffsverkehr zu leiden. Es kam erneut zu einem drastischen Mangel an allen importierten Bedarfsgütern.

In dieser Zeit schwappte die Welle des neuen romantischen Denkens von Westeuropa nach Island über. Nach den sorgenvollen Jahrhunderten formte sich nun das Bewusstsein über den Wert nationaler Traditionen – des mit alten Sagas, Balladen, Heldendichtungen, Legenden und Geschichtsschreibung so reichen literarischen Erbes, der lediglich von gebildeten Leuten zugunsten des Dänischen abgelegten, ansonsten aber in ihrer ursprünglichen Form lebendig gebliebenen isländischen Sprache, der natürlichen Schönheiten des Landes. Die Kunst des Schreibens fand wieder Anhänger, so z. B. *Magnús Stephensen*, der eine große Anzahl philosophischer Veröffentlichungen hervorbrachte und als die kulturelle Leitfigur der Epoche gilt. Seit dem 13. Jh. hatte Island nicht mehr eine vergleichbare Blütezeit literarischer Schöpfung erlebt. Ein wichtiges Ereignis war 1816 die Gründung der *Isländischen Literarischen Gesellschaft (Hið íslenzka bókmenntafélag)* durch den dänischen Linguisten Rasmus Christian Rask.

Das mit der romantischen Bewegung Europas eng verbundene Nationalbewusstsein erwachte auch in Island und verstärkte den Wunsch nach der Unabhängigkeit des Landes. Genährt wurde dieses Bestreben von den Ausläufern der bis auf die Insel vordringenden, liberalen Strömungen nach der Julirevolution in Frankreich 1830. Eine Gruppe politisch engagierter isländischer Studenten setzte in Kopenhagen die Neuetablierung des Alþingi durch. Im Bewusstsein, zur Leitfigur der neuen Bewegung berufen zu sein, nahm der Pastorensohn *Jón Sigurðsson* (1811–79) die Zügel in die Hand. Da das neue Parlament nie so sein würde wie das historische Alþingi, sollte es nicht in Þingvellir tagen, sondern in Reykjavík, dem zukünftigen Zentrum des politischen und nationalen Lebens des Landes. Das Alþingi trat daraufhin 1845 in der Lateinschule in Reykjavík als beratende Versammlung mit zwanzig öffentlich gewählten und sechs durch den König ernannten Mitgliedern neu zusammen.

Mit Jón Sigurðsson begann der eigentliche Kampf um die Unabhängigkeit Islands. Nachdem der dänische König 1848 seine absolute Machtposition aufgegeben und die konstitutionelle Monarchie eingeführt hatte, forderte der Freiheitskämpfer eine Verfassung, die volle politische Rechte für Island im Rahmen einer Personalunion mit Dänemark garantierte. Diese revolutionären Ziele stießen in Dänemark, das in Island einen Teil seines Königreiches sah, auf starken Widerstand. Alle Verhandlungen blieben vorerst fruchtlos. Nach dem verlorenen Krieg gegen Preußen ging Dänemark 1864 gar so weit, Island dem preußischen Minister Bismarck als Gegengabe für einen dänisch bevölkerten Teil Schleswigs anzubieten. Jón Sigurðsson konnte zunächst im ökonomischen Bereich Erfolge verbuchen: Gegen die heftige Opposition der dänischen Kaufleute wurde 1854 das Handelsmonopol aufgehoben. Nach zweieinhalb Jahrhunderten wirtschaftlicher Unterdrückung war der Weg für den Handel mit jeder beliebigen Nation freigegeben. Langwierige Verhandlungen und eine unnachgiebige Haltung führten auch zu einem politischen Durchbruch: Während der Feierlichkeiten zum tausendjährigen Jubiläum der Besiedlung Islands 1874 überreichte der dänische König – der erste Regent, der je seinen Fuß auf isländischen Boden setzte – den Isländern eine Verfassung. Dem Alþingi wurde wieder die legislative und finanzielle Hoheit zugesichert, wenn auch alle Gesetze dem König zur Zustimmung vorgelegt werden mussten. Die Rechtsprechung wurde isländischen Gerichten übertragen, die allerdings dem Obersten Gerichtshof in Kopenhagen unterstanden. Der König behielt sich die Exekutive vor, wobei der Islandminister des dänischen Kabinetts und der königliche Gouverneur in Island die meisten Angelegenheiten in seinem Namen regeln sollten. Die Verfassung erfüllte damit zwar nicht alle Wünsche und Forderungen der Isländer, war aber ein wichtiger Schritt auf dem Weg zur Unabhängigkeit.

Jetzt kam Bewegung in das Volk. 1885 öffnete die erste Bank, die einen großen Teil zur Entwicklung von Industrie und Gewerbe beitrug. Der Fischfang erlebte einen Auftrieb, als effektivere Fanggeräte eingeführt wurden und 1902 das erste motorisierte Boot nach Island kam. Nach Kabeljau wurde nun der Hering zu einem wichtigen Exportgut. An den Küsten entstanden kleine Fischerdörfer, das Land erlebte einen Bauboom: Volksschulen und weiterführende Bildungsinstitutionen wurden gegründet, die ersten Krankenhäuser eingerichtet, der Straßen- und Brückenbau vorangetrieben. Die Bevölkerungszahl nahm rapide zu. Nachdem Island 1801 noch

Freiheitskämpfer Jón Sigurðsson

ca. 47.000 Einwohner gezählt hatte, waren 1900 schon 79.000 zu verzeichnen, obwohl in den Jahrzehnten nach 1870 bis zu 20.000 Isländer den Problemen auf der Insel entflohen und nach Nordamerika auswanderten. Parallel dazu setzte mit der Stagnation der Landwirtschaft eine Abwanderung vom Land in die Fischerdörfer und Städte ein. Hatte Reykjavík 1801 nur etwa 300 Einwohner, so stieg die Zahl bis 1901 auf über 5000 an.

Bis 1904 war die Zeit politisch durch engagierte Debatten über das zukünftige Regierungssystem gekennzeichnet. Nach Jón Sigurðssons Tod 1879 bildeten sich im Alþingi zwei Richtungen heraus: Die eine plädierte lediglich für die Übernahme der inneren Angelegenheiten durch einen im Land ansässigen Gouverneur, die andere forderte die Besetzung des Ministeramtes für Island mit einem Isländer, der mit Amtssitz in Kopenhagen dem isländischen Parlament verantwortlich sein sollte. Die liberale Regierung in Dänemark überließ die Entscheidung den Isländern, die sich 1903 in allgemeinen Wahlen für die Ernennung eines isländischen Ministers aussprachen. Am 1. Februar 1904 übernahm der Jurist, Politiker und Dichter *Hannes Hafstein* als erster Isländer dieses Amt. Neben vielen anderen Modernisierungen ist ihm vor allem die Einführung des Telegrafen zu verdanken. Es heißt, dass erst hiermit das Mittelalter in Island endgültig zu Ende ging. Eine Vielzahl neuer Produktionsmaschinen wurde eingeführt und erste kleine Wasserkraftwerke nahmen den Betrieb auf. Die Fischindustrie gewann durch die Übernahme des Trawlers weiter an Bedeutung. Auch das Bildungswesen wurde reformiert und 1907 die Schulpflicht eingeführt. 1911 kam es zur Gründung der ersten Universität in der Hauptstadt Reykjavík.

In den Auseinandersetzungen um die zukünftige Beziehung zu Dänemark gründete sich 1908 die Unabhängigkeitspartei, die sich für eine kompromisslosere Haltung gegenüber dem dänischen Nachbarn einsetzte als die Selbstverwaltungspartei. Mit dem rapiden Wachstum in der Fischindustrie und anderen Gewerbezweigen kam es zur Entstehung einer Arbeiterschicht und daraufhin 1915 zur Gründung der ersten sozialistischen Partei. Ein Jahr später spaltete sich hiervon ein Flügel als Sozialdemokratische Partei ab und im selben Jahr formierte sich als Vertreterin für die Interessen der Bauern die Fortschrittspartei. Im Parlament wurde viel gestritten und debattiert, doch wurden auch einige wichtige Verfassungsänderungen durchgesetzt, z. B. 1915 die Einführung des Frauenwahlrechts oder 1918 die Annahme der blau-weiß-roten Flagge als Nationalflagge.

Die konstitutionelle Einschränkung der dänischen Macht ließ noch bis 1918 auf sich warten. Während des Ersten Weltkriegs war Island auf sich selbst gestellt, die Verbindung zu Dänemark durch militärische Aktivitäten auf See beschnitten. Als logische Folge dieser Entwicklung kam es nach Kriegsende zur Unterzeichnung eines Unionsvertrages, der Island vom 1. Dezember 1918 an zum freien, unabhängigen Königreich erklärte, das mit Dänemark nur noch in Personalunion verbunden blieb. Nach Ablauf von 25 Jahren sollten beide Länder entscheiden, ob sie eine weitere Verlängerung des Vertrages wünschten.

Stürmische Übergangszeit

Schritt für Schritt übernahmen die Isländer die Zuständigkeit für alle Angelegenheiten, die aufgrund des Unionsvertrags noch vorübergehend in dänischer Hand lagen, z. B. die Außenpolitik. Ein wichtiger Grundsatz des neuen Staates war die weltweite Neutralität bei allen militärischen Konflikten.

Mit dem Ende der Auseinandersetzungen mit Dänemark verlagerte sich die politische Zielsetzung jetzt vorwiegend auf die innen- und wirtschaftspolitische Zukunft. Dies führte zur Spaltung oder Auflösung der alten Parteien. Ihre Überbleibsel und andere Splittergruppen schlossen sich zu neuen Parteien zusammen, viele verschiedene Gruppierungen entstanden, keine Regierung blieb lange im Amt. 1929 beruhigte sich die Lage, als sich Konservative und die liberalen Parteien zu einer neuen Unabhängigkeitspartei formierten, die 90 Jahre lang ohne Unterbrechung die stärkste isländische Partei blieb. Ein Jahr später feierten die Isländer mit großen Festlichkeiten das tausendjährige Jubiläum des Alþingi.

Nach einigen Jahren des wirtschaftlichen Wachstums durch technischen Fortschritt in Fischindustrie und Landwirtschaft und damit verbundene infrastrukturelle Verbesserungen wurde auch Island nach 1930 Opfer der Weltwirtschaftskrise. Exportmärkte erwiesen sich als instabil, Firmen machten Bankrott und die Arbeitslosigkeit stieg. In diese Zeit fällt die Gründung einer Nationalsozialistischen Partei in Reykjavík im Jahr 1933, einer lauten, nicht sehr großen Gruppe.

Im Zweiten Weltkrieg war Island wegen seiner Lage mitten im Nordatlantik von großem strategischem Interesse. Nachdem die deutsche Wehrmacht am 9. April 1940 in Dänemark einmarschiert war, fürchteten die Briten die Gründung deutscher Militärbasen auf der Insel und landeten am 10. Mai unverhofft in Reykjavík. Noch einen Monat zuvor hatte ihnen die isländische Regierung die Einrichtung von Militärbasen untersagt. Der heftige Protest gegen die Missachtung der isländischen Neutralität verhallte unbeachtet. So wurde begrüßt, dass die Briten versprachen, das Land so bald wie möglich wieder zu verlassen. Ihre Anwesenheit zeigte allerdings auch rasch positive Konsequenzen: Es gab bei dem Bau von Gebäuden, Flugplätzen, Straßen, Baracken und anderen Einrichtungen so viel zu tun, dass die Arbeitslosigkeit sank, die Löhne stiegen und die Industrie wieder aufblühte.

Im Juli 1941 lösten die Amerikaner mit Einverständnis des Alþingi die Briten auf der Insel ab – den Isländern erschien es vorteilhafter, durch ein neutrales Land beschützt als durch ein in den Krieg verwickeltes besetzt zu sein. Mehr noch als ihre Vorgänger brachten die Amerikaner Arbeit und Geld ins Land und das Verhältnis der Bevölkerung zu den Streitkräften war in einigen Gegenden recht gut. Man traf sich in den Restaurants und Cafés, die wie Pilze aus dem Boden schossen, und die Soldaten kamen auch auf die Gehöfte, um Fleisch aus Konservenbüchsen, Früchte, Bonbons und andere – in isländischen Augen – Luxusartikel gegen Milch, Eier, Brot und Fisch einzutauschen. Bisweilen waren 45.000 amerikanische Soldaten und weitere aus Kanada, Großbritannien, Norwegen, Polen und Südafrika in Island stationiert, und das bei einer Bevölkerungszahl von 121.500 im Jahr 1940. Die große Zahl ausländischer Militärangehöriger brachte jedoch auch soziale Probleme, führte zu Neid und Missgunst. Die Bevölkerung blieb gespalten in ihrer Haltung gegenüber der Stationierung ausländischen Militärs auf der Insel. Deren Sinn verdeutlicht sich darin, dass in den isländischen Gewässern während des Krieges mehr deutsche U-Boote versenkt wurden als irgendwo anders in der Welt. Durch die Versenkung zahlreicher Handelsschiffe verloren aber auch 225 Isländer ihr Leben.

Mit der deutschen Besetzung Dänemarks war jeder Kontakt zu Island unterbrochen worden. Dass die königlichen Pflichten daraufhin von den Isländern übernommen werden mussten – ab 1941 wählte das Alþingi zu diesem Zweck ein als Souverän wirkendes Staatsoberhaupt – verstärkte die Absicht, den Unionsvertrag mit Dänemark nach seinem Auslaufen 1943 nicht zu erneuern. Zwar wurden einige Stimmen laut, dass es höflicher wäre, mit dieser gewichtigen Entscheidung zu warten, bis Dänemark wieder frei sei, Anfang 1944 aber beschloss das Parlament die Aufhebung des Vertrages. Nachdem sich in der folgenden Volksabstimmung über 97 % der isländischen Bevölkerung für diese Entscheidung ausgesprochen hatten, konnte am 17. Juni 1944, dem Jahrestag des Geburtstages von Jón Sigurðsson, im historischen Þingvellir vor einer Menge von 25.000 Menschen feierlich die Republik Island ausgerufen werden. Erster Präsident wurde der frühere Botschafter *Sveinn Björnsson* (1881–1952), der 1941 schon das Amt des Staatsoberhauptes übernommen hatte. Mit der Ausrufung der Republik wurde schlagartig eine rasante Entwicklung in Politik und Wirtschaft, Bevölkerung, Gesellschaft und Kultur in Gang gesetzt. Der isländische Lebensstil hatte sich bereits durch den ausländischen Einfluss während des Krieges stark verändert, neue Produkte und Geld waren ins Land gekommen. Nun aber fanden in bisher ungeahntem Tempo überall Veränderungen statt. Man sagt, Island sei mit einem Satz von der Wikingerzeit in die Gegenwart gesprungen oder direkt vom Pferderücken in den Düsenjet. Ein prominenter Isländer drückte es so aus: „Dass ich zu Beginn des 20. Jahrhunderts geboren wurde, berechtigt mich zu der Aussage, ich sei 1000 Jahre alt."

Ausgediente Bootsteile dienten lange Zeit als „Wartehallen" auf Flugplätzen

Republik Island und die Welt

Als der Krieg 1945 zu Ende ging, zeigten die Amerikaner keine Neigung, ihre Streitkräfte wie versprochen von der Insel abzuziehen. Nach viel anfänglichem Hin und Her blieben sie noch 61 Jahre lang.

Zunächst überließ die isländische Regierung den Amerikanern die Nutzung des Flughafens nur bis 1947, damit sie ihre Flugzeuge zur Versorgung der Alliierten auftanken könnten. Im Oktober 1946 baten die USA darum, über einen Zeitraum von 99 Jahren Land für eine Militärbasis pachten zu dürfen, um weiterhin die strategischen Lagevorteile Islands im Atlantik nutzen zu können. Unter der Bevölkerung brach eine starke Protestwelle aus. Die Militärbasis wurde als überflüssig angesehen und eine fremde Großmacht im Land war eben nach der Erlangung der Souveränität unerwünscht. Ministerpräsident Ólafur Þórs von der Unabhängigkeitspartei verlangte den Abzug aller amerikanischer Kräfte, und von 1947 bis 1951 war die Insel frei von jeglicher militärischer Präsenz. 1946 trat Island den Vereinten Nationen bei und war 1948 Gründungsmitglied der OEEC (heute OECD) sowie ein Jahr später des Europarates. Ebenfalls 1949 erfolgte – nach heftigen Debatten im Parlament, Protesten in der Bevölkerung und dem ersten öffentlichen Aufruhr im Land – der Beitritt zur NATO. Trotz Drängens der Beitrittsgegner, zur alten Neutralität zurückzukehren, strebte die konservative Regierung die Mitgliedschaft in einem Verteidigungsbündnis an. Als sich Dänemark und Norwegen für die NATO entschieden und damit keine Hoffnung mehr auf ein nordisches Verteidigungsbündnis bestand, folgte Island den beiden skandinavischen Nachbarn in den Nordatlantikpakt. Bedingung war, dass es keine eigenen Truppen aufstellen müsste und dass zu Friedenszeiten keine ausländischen Truppen im Land stationiert würden. Doch es kam anders: 1950 brach der Koreakrieg aus und die USA forderten im Namen der NATO die Zustimmung zur Verlegung von Truppen auf die Insel mit der Begründung, der Weltfriede sei gefährdet und das unbewaffnete Island nicht in der Lage, sich zu verteidigen. Im Verteidigungsvertrag von 1951 stimmte die isländische Regierungskoalition aus Fortschritts- und Unabhängigkeitspartei der Stationierung von US-Soldaten auf dem Flughafen Keflavík und dem Ausbau dieses Luftstützpunktes zu; die USA übernahmen im Gegenzug die militärische Verteidigung des Landes. Damit war der einst so hoch postulierten Neutralität ein Ende gesetzt.

1952 wählte Island die Mitgliedschaft im Nordischen Rat, einem Beratungsorgan aller nordeuropäischen Staaten, das sich für die Festigung der wirtschaftlichen, sozialen und kulturellen Zusammenarbeit engagiert. Später schloss sich die Nation dem Internationalen Handelsabkommen GATT und der UNESCO an.

Im Oktober 1986 geriet das Land mit einem Schlag ins Zentrum der Weltöffentlichkeit, als sich Michail Gorbatschow und Ronald Reagan in Reykjavík, sozusagen auf halber Strecke zwischen Moskau und Washington, zu Abrüstungsverhandlungen trafen. Der Anfang vom Ende des Kalten Krieges wurde absehbar. 1991 trat Island in der weltpolitischen Arena noch einmal in den Vordergrund, als es als erstes Land die Souveränität Estlands, Litauens und Lettlands anerkannte. Die Unabhängigkeitsbestrebungen der drei baltischen Staaten hatte man in Erinnerung an die eigene Geschichte mit regem Interesse verfolgt und unterstützt.

Zur Stärkung ihrer Position im nordischen Raum schlossen sich Island, Grönland und die Färöer-Inseln 1985 zu einem parlamentarischen Komitee zusammen, das sich seit 1997 „West Nordic Council" nennt. Dessen hauptsächliche Ziele sind die Förderung der Interessen der drei Länder, Ressourcenmanagement und -schutz und die Bewahrung des kulturellen Erbes einer jeden Nation.

2006 wurde das amerikanische Militär aus Kostengründen und wegen der gesunkenen strategischen Bedeutung Islands nach Ende des Kalten Krieges vollständig von der Insel abgezogen (siehe auch Kap. „Reykjanes", S. 246). 2007 einigte man sich mit Norwegen darauf, dass das Heimatland der ersten Siedler auf der Insel in Zukunft die militärische Schutzfunktion für Island übernehmen würde. Außerdem vereinbarte Island zur Überwachung der isländischen Küste eine Zusammenarbeit mit der dänischen Marine. 2008 beschloss die Regierung noch die Einrichtung eines dem Außenministerium unterstehenden Verteidigungsinstituts.

Das Match des Jahrhunderts

Bobby Fischer, so wird gesagt, hat Island bekannt gemacht. Und zwar 1972, als der gebürtige Amerikaner in Reykjavík bei der Schachweltmeisterschaft auf spektakuläre Weise den Russen Boris Spassky schlug und den Weltmeistertitel holte. Das legendäre Schachbrett wurde im Nationalmuseum ausgestellt, ebenso der beim Match genutzte Tisch und Sessel. Die Partie löste ein wahres Schachfieber aus und schien die Isländer regelrecht zu inspirieren, denn zahlreiche Spieler machten sich in der Folgezeit einen Namen. Die isländische Schachtradition ist lang – in der Sagasammlung Heimskringla aus dem frühen 13. Jh. findet sich der erste Hinweis. Das Spiel war kurz zuvor von einem Bischof aus England mit zurück auf die Insel gebracht worden und entwickelte sich nun rasch zum Nationalsport. Der Höhepunkt des Schachs aber ist und bleibt das Jahr 1972. Der in Island bis zu seinem Tod populäre Bobby Fischer erhielt, weil in Not, im Jahre 2005 die isländische Staatsbürgerschaft. 2008 starb er in einem Krankenhaus in Reykjavík.

England und Island im Kabeljaukrieg

Die Amerikaner hatten sich zur Verteidigung Islands verpflichtet, die Verhinderung der Kabeljaukriege aber stand nicht in ihrer Macht.

Schon seit dem frühen 15. Jh. hatten sich Fischer aus anderen Ländern aufgemacht, um in den reichen isländischen Gewässern auf Fang zu gehen. Auch ohne klar definierte Fischereizone hatten sie es akzeptiert, nicht näher als bis auf 16 Meilen an die Küste vorzudringen – eine Übereinkunft, die mit den stärker werdenden Fangaktivitäten immer mehr an Bedeutung gewonnen hatte. 1901 jedoch hatte Dänemark die Hoheitszone um Island auf nur drei Meilen festgelegt. Mit dieser Regelung sah sich das Land auch nach dem Zweiten Weltkrieg noch konfrontiert, als Hochseetrawler aus England, Deutschland und anderen Ländern begannen, konsequent die isländischen Fischgründe zu entleeren. Den Isländern missfiel hieran nicht nur die starke Konkurrenz, schon bald zeigte sich, dass ihre bedeutendste Rohstoffquelle und wichtigste Wirtschaftsstütze hoffnungslos überfischt wurde; ein drastischer Rückgang der Kabeljaubestände zeichnete sich ab. Also dehnte Island die Fischereizone 1952 auf vier Seemeilen aus und schloss zum Schutz der Laichgebiete Buchten und Fjorde für Trawler. Alle Länder erkannten die neuen Grenzen an, nur England protestierte scharf und boykottierte für die folgenden Jahre isländische Fischprodukte. Die Lage verschärfte sich 1958, als Island ausländische Trawler hinter eine Grenze von zwölf Meilen verbannte und England die Regelung als einziges Land nicht beachtete.

Vorsichtshalber von britischen Marineeinheiten begleitet, fischten die Engländer beharrlich weiter innerhalb der Grenze; der erste Kabeljaukrieg begann. Die Auseinandersetzungen gingen so weit, dass ein britisches Marineschiff die Mannschaft eines isländischen Küstenschiffes gefangen nahm, um so die Verhaftung der englischen Trawlermannschaft zu verhindern. Drei Jahre sollte es dauern, bis die Engländer nach Aushandlung eines Kompromisses, der ihnen in den kommenden zwei Jahren noch begrenzten Fischfang in den Hoheitsgewässern gestattete, die 12-Meilen-Zone anerkannten. Wie wichtig eine Beschränkung des Fischfanges war, zeigte sich besonders krass Ende der sechziger Jahre, als die Überfischung zu einem Zusammenbruch des atlantisch-skandinavischen Heringsstammes und der Heringsindustrie führte. Dennoch ging der Streit wieder los, als die neue isländische Koalitionsregierung die Fischereizone 1972 auf 50 Meilen ausdehnte. Neben Großbritannien protestierte jetzt auch Deutschland mit dem Argument, dass Islands Entscheidung ohne eine Zustimmung des Internationalen Gerichtshofes ungültig sei. Beide Länder ignorierten die neue Grenze. Der zweite Kabeljaukrieg brach aus, als die britische Regierung Fregatten entsandte, um ihre Fischereiflotte vor der „Geheimwaffe" der Isländer zu schützen: Die Besatzungen der Küstenwachschiffe hatten damit begonnen, den illegalen Fischern innerhalb der 50-Meilen-Zone kurzerhand die Netze zu kappen. Die gewalttätigen Auseinandersetzungen in den Hoheitsgewässern, bei denen Fischer- und Wachboote gerammt und ein britischer Trawler gar manövrierunfähig geschossen wurden, fanden erst ein Ende, als die isländische Regierung im September 1973 androhte, ihren Botschafter aus Großbritannien abzuziehen.

Diesmal hielt der Friede nur zwei Jahre. 1975 dehnte Island die Fischereizone auf 200 Meilen aus. Wieder kam es zu gewaltsamen Auseinandersetzungen, woraufhin Island 1976 seine diplomatischen Beziehungen zu Großbritannien abbrach und mit

Moderne Fischer bei der Arbeit

der Kündigung seiner NATO-Mitgliedschaft drohte. Die NATO betrachtete diesen dritten Kabeljaukrieg mit äußerster Sorge, weil sie nicht den strategisch günstigen Militärstützpunkt in Kevlavík aufgeben wollte. England hatte aber keine andere Wahl, als den isländischen Beschluss anzuerkennen, denn 1977 dehnte die Europäische Gemeinschaft ihre eigenen Fischereigrenzen auf 200 Seemeilen aus. Heute haben isländische Fischer innerhalb der 200-Meilen-Zone das alleinige Nutzungsrecht. Mit Fangquoten wird über den Erhalt der Fischbestände gewacht.

Regierungsform und die turbulente politische Szene

Mit der bis heute nur wenig veränderten Verfassung von 1944 wurde Island eine parlamentarisch-demokratische Republik.

Der Präsident: An der Spitze der Republik steht ein direkt vom Volk gewählter Präsident, der vornehmlich repräsentative Pflichten wahrnimmt und das Land nach außen vertritt. Zu seinen Aufgaben zählt die Ernennung und Entlassung der Kabinettsmitglieder und Regierungsbeamten. Der Präsident kann mit Zustimmung des Premierministers das Parlament auflösen, nach Billigung durch das Alþingi Notverordnungen erlassen sowie vom Parlament beschlossene Gesetze ablehnen und einem Volksentscheid unterwerfen. Folglich besitzt er für kaum eine Amtshandlung, die das partei- oder tagespolitische Geschehen beeinflusst, die alleinige Entscheidungsbefugnis. Die Verfassung verpflichtet ihn zudem, sich politischer Äußerungen strikt zu enthalten.

Die Amtsperiode des isländischen Präsidenten beträgt formal vier Jahre, doch ist es ein ungeschriebenes Gesetz, dass jeder Präsident so lange im Amt bleiben kann, wie er will. So sah die Republik in ihrer Geschichte erst vier Präsidenten. Unter ihnen war auch eine Frau, *Vigdís Finnbogadóttir* (geb. 1930), die das Amt von 1980 bis 1996 innehatte. Die Isländer sind stolz darauf, dass die in Grenoble und Paris ausgebildete Philologin, die vor ihrer Wahl als Französischlehrerin, Fremdenführerin und Leiterin des Stadttheaters Reykjavík tätig war, die erste Frau in Europa war, die vom Volk zum Staatsoberhaupt bestellt wurde. 1996 wurde *Ólafur Ragnar Grímsson* (geb. 1943) zum fünften Präsidenten der Republik gewählt. Der frühere Vorsitzende der sozialistischen Volksallianz, der in Großbritannien studiert und als erster Isländer in Politikwissenschaft promoviert hat, galt in den achtziger Jahren als führende Figur der isländischen Linken. Der ehemalige Chefredakteur von *Þjóðviljinn* („Der Volkswille") hatte einen Lehrstuhl an der Universität Reykjavík inne und machte sich 1988–1991 als Finanzminister mit starken Sparambitionen einen Namen. Im August 2008 wurde er für vier weitere Jahre in seinem Amt bestätigt.

Das Parlament: Das Alþingi besteht seit 1991 aus einer Kammer mit 63 Abgeordneten, die nach dem Verhältniswahlrecht für jeweils vier Jahre gewählt werden. Wahlberechtigt sind alle Isländer über 18 Jahre. Das Land ist in acht Wahlkreise eingeteilt, von denen Reykjavík vierzehn, Reykjanes acht und die verbleibenden sechs Wahlkreise je fünf bzw. sechs Abgeordnete stellen. Die verbleibenden neun Mandate werden, abhängig von der Anzahl der Wähler bei den vorherigen Wahlen, unter den Wahlkreisen aufgeteilt. Das Alþingi hat die gesetzgebende Gewalt inne.

Die Exekutive: Die ausführende Gewalt liegt in den Händen der aus einem Ministerpräsidenten und elf Ministern zusammengesetzten Regierung. Da das Kabinett dem Parlament verantwortlich ist, können nur parlamentarisch gewählte Politiker ins Kabinett berufen werden.

Auf regionaler Ebene liegt die ausführende Gewalt jeweils bei dem höchsten Beamten der 27 Verwaltungsbezirke *(sýslur)*, in die das Land aufgeteilt ist. Diese so genannten *sýslumenn* (Kreisrichter) gibt es schon seit dem 14. Jh., bis vor kurzem oblag ihnen neben der Exekutive auch die Judikative.

Politisches Leben: Das politische Leben in Island ist turbulent und unbeständig, im Alþingi stehen die Zeichen immer auf Sturm. Die Schriftstellerin *Kristín Steinsdóttir* bezeichnete Island als das Land der kleinen Könige. Und da jeder König nun mal immer Recht hat, werden sich die Isländer gerade im Parlament nur selten einig. Bisher blieben die wenigsten Regierungen für die gesamte Legislaturperiode im Amt, vor allem in den 70er und 80er Jahren kam es durch Parteispaltungen und Neugründungen mehrfach zu Regierungskrisen. 2009 führte der Druck des Volkes zu vorzeitigen Neuwahlen (s. u.). Bis heute schaffte es auch noch keine Partei, die absolute Mehrheit zu erhalten, sodass immer wieder Koalitionen mit bis zu vier Parteien die Regierungsgeschäfte übernehmen. Da bei der Regierungsbildung die Einzelpersonen eine wichtigere Rolle spielen als die Ideologien, ist jede Koalition möglich. Die Links- oder Rechtsorientierung der Parteien sollte ohnehin nicht überbewertet werden. Ein immer wiederkehrender Diskussionspunkt im Parlament war und ist eine Mitgliedschaft Islands in der EU.

Um die volle Kontrolle über seine Fischereizone zu behalten, war Island bis vor kurzem neben der Schweiz das einzige EFTA-Land, das noch keinen Antrag auf Mitgliedschaft in der EU gestellt hatte. Nach langwieriger Aushandlung eines Kompromisses über Fangquoten mit den EU-Staaten sicherte sich die Atlantikinsel 1993 wenigstens den Zugang zum europäischen Wirtschaftsraum (EWR) und damit den zollfreien Absatz von Fisch und Fischprodukten. 2001 trat Island gemeinsam mit den vier skandinavischen Nachbarn dem Schengener Abkommen bei und schaffte damit die Grenzkontrollen für Bürger aus EU-Ländern ab.

Die Parteien: Im Alþingi sind schon seit längerer Zeit fünf Parteien vertreten. 2009 kam eine weitere hinzu, die sogenannte Bürgerbewegung, die im Zuge der Proteste wegen der Finanzkrise entstand und bei den Wahlen 2009 gleich 7,2 % der Stimmen erhielt. Einer der Abgeordneten schied noch im selben Jahr aus der Partei aus, die übrigen gründeten eine neue Gruppe, *Die Bewegung*.

Island will in die EU – oder doch nicht?

Vor der Finanzkrise war sie ewiger Streitpunkt, der neuen Regierung erschien sie als einzige Lösung: die Mitgliedschaft in der EU, langfristig verbunden mit der Einführung des Euro. Im Sommer 2009 reichte Island nach wochenlangen Verhandlungen und knapper Abstimmung im Parlament offiziell sein Beitrittsgesuch ein, im Sommer 2011 begannen die Beitrittsverhandlungen. In einigen Themenbereichen ging es zügig voran, und durch seine Teilnahme am EWR hat Island ohnehin schon lange 80 % der Gesetze des EU-Binnenmarktes übernommen. Schwierige Themen aber bleiben die Fischerei und die Landwirtschaft – die Fischer fürchten zum einen das Eindringen ausländischer Fischer in ihre Gewässer, zum anderen die Festlegung und Vergabe der Quoten von Brüssel statt von Reykjavík. Die Landwirte haben u. a. die Sorge, nach einem EU-Beitritt Islands nicht mehr wettbewerbsfähig zu sein. Ein weiterer Stolperstein bei den Verhandlungen ist die Entschädigung ausländischer Anleger nach dem Zusammenbruch der Internetbank Icesave. Am Ende wird das isländische Volk per Referendum über das Ja oder Nein eines Beitritts entscheiden. Zurzeit wäre es ein Nein – 2011 sprachen sich 60 % dagegen aus. Zwei Drittel der Isländer waren aber zumindest dafür, dass die Verhandlungen fortgesetzt werden.

Die *Unabhängigkeitspartei*, die jahrzehntelang die stärkste Fraktion im Alþingi war und meist über 30 % der Stimmen erhielt, ist eine breit gefächerte, rechtsliberale Partei mit Rückhalt in allen gesellschaftlichen Schichten, vor allem jedoch in den Bereichen Industrie und Handel. Sie sprach sich immer gegen einen EU-Beitritt aus. Anders die *Sozialdemokratische Allianz*, die bei den Wahlen 2009 die Unabhängigkeitspartei vom ersten Platz verdrängte: ein 1999 gegründeter Zusammenschluss aus der post-kommunistischen *Volksallianz*, der *Sozialdemokratischen Partei*, dem linkspopulistischen *Volkserwacher* und der *Frauenliste* (einer nur Frauen zugänglichen Partei, die seit 1981 für die Befreiung der Frau kämpfte, v. a. um die gleichberechtigte Berücksichtigung der „weiblichen Werte" und „besonderen Erfahrungen der Frauen" in der Politik, und ab 1983 ununterbrochen im Alþingi vertreten war) – die Sozialdemokraten forderten als erste isländische Partei bereits 1994 den EU-Beitritt des Landes. Drittstärkste Partei ist die *Grüne Linke*, eine Splittergruppe der Volksallianz. Sie setzt sich für Umweltschutz und soziale Gerechtigkeit ein, der EU-Beitritt ist innerhalb der Partei heftig umstritten. Die politisch in der Mitte angesiedelte *Fortschrittspartei* vertritt von jeher die Interessen der dünner besiedelten Landesteile. Die schwächste Partei im Alþingi ist die 1998 als Protestpartei gegründete *Liberale Partei*, eine kleine Mitte-Rechts-Partei, die sich vor allem für die Fischereipolitik einsetzt.

Die „Kochtopfrevolution" und der Linksruck: Im Herbst 2008 trieb die Finanzkrise Island an den Rand des Ruins (siehe Kap. „Wirtschaft") und die Menschen auf die Straße. Bis ins Jahr 2009 hinein versammelten sich jeden Samstag Tausende Isländer in Reykjavík vor dem Parlamentsgebäude, protestierten unter lautem Geschepper von Töpfen und Pfannen gegen unzureichendes Handeln und mangelnde

Information der Regierung und forderten deren Rücktritt und Neuwahlen. Demonstrationen in diesem Umfang mit teilweise über 6000 Teilnehmern hatte es seit dem Streit um Islands NATO-Beitritt 1949 nicht mehr gegeben. Eine Umfrage ergab, dass fast 70 % der Bevölkerung die Regierung nicht mehr unterstützten. Ende Januar 2009 trat daraufhin zuerst der Wirtschaftsminister zurück, bevor Ministerpräsident *Geir H.*

Lauter Protest gegen die Regierung

Haarde von der Unabhängigkeitspartei, seit 2006 im Amt, wenige Tage später das aus den Wahlen 2007 hervorgegangene Regierungsbündnis aus Unabhängigkeitspartei und Sozialdemokratischer Allianz für beendet erklärte. Die politischen Geschicke gingen in die Hände einer Übergangsregierung aus Sozialdemokraten und Grünen Linken über. Als Ministerpräsidenten vereidigte der Präsident die Sozialdemokratin und bisherige Sozialministerin *Jóhanna Sigurðadóttir*, die damit als erste Frau im Land den Posten als Regierungschefin übernahm. Neuwahlen wurden für April 2009 festgesetzt. Bei diesen kam es zum größten Linksruck in der isländischen Geschichte; die Sozial-

demokraten erhielten knapp 30 % der Stimmen und damit sechs Prozent mehr als die Unabhängigkeitspartei, die ihr schlechtestes Ergebnis seit Bestehen einfuhr. Die Grüne Linke brachte es auf fast 22 %, womit das linke Lager erstmals seit Gründung der Republik 1944 eine absolute Mehrheit hat. Das Bündnis aus Sozialdemokratischer Allianz und Grüner Linken erhielt 34 der 63 Sitze im Alþingi, Jóhanna Sigurðadóttir blieb Ministerpräsidentin. Wirtschaftliche und soziale Stabilität, soziale Gerechtigkeit, nachhaltige Entwicklung, den Aufbau eines nordischen Wohlfahrtsstaats – dies und mehr versprach die neue Koalition ihren Bürgern. Auch Gesetze zur Lösung der Bankenkrise wurden anvisiert. Mit weiteren Samstagsversammlungen vor dem Parlament versuchten viele Isländer, von Anfang an Druck auf die neue Regierung auszuüben, und verschiedene Aktionsgruppen kämpften für die Interessen besonders hart vom Bankencrash getroffener Bürger.

Für Unmut in der Bevölkerung sorgen mittlerweile nicht nur die Beitrittsverhandlungen mit der EU, die Kürzungen im Gesundheitssystem und in anderen Bereichen, sondern auch die Tatsache, dass die Regierung aufgrund von internationalem Druck beschloss, die durch den Zusammenbruch der Internetbank Icesave, bei der 300.000 Kunden aus Großbritannien und den Niederlanden mehrere Milliarden angelegt hatten, entstandenen Schulden zurückzuzahlen. In zwei Volksabstimmungen stimmten die Isländer gegen das Gesetz, worauf die Regierung sich im April 2011 einem Misstrauensvotum stellen musste. Sie überstand es knapp. Zwei Abgeordnete der Grünen Linken waren da bereits aus der Fraktion ausgetreten, ein dritter folgte – die Icesave- und die Europapolitik sorgen auch für Zwist in der Koalition. Das Volk, das nicht für die Machenschaften der „Finanzwikinger" zahlen will, begann im Herbst 2011 erneut mit einer bewährten Methode des Protests: Mehrere Tausend Menschen demonstrierten vor dem Parlamentsgebäude.

Literaturtipp: Jón R. Hjálmarsson: Die Geschichte Islands – von der Besiedlung bis zur Gegenwart, Reykjavík 2009.

Demonstration vor dem Regierungsgebäude

Gesellschaft

Knapp 320.000 Menschen leben auf der Insel am Nordpolarkreis. Mit einer Bevölkerungsdichte von drei Einwohnern pro Quadratkilometer ist Island das am dünnsten besiedelte Land Europas.

Da rund 63 % der Isländer im Raum Reykjavík leben und aufgrund der naturräumlichen Gegebenheiten nur ca. 15 % der Landesfläche bewohnbar sind, sagt dieser Mittelwert jedoch nicht viel aus – die Siedlungsstandorte konzentrieren sich in der Hauptstadtregion, im südwestlichen Tiefland, in den Tallandschaften und entlang eines schmalen Küstenstreifens rund um die Insel. Das Landesinnere über einer Höhe von 200 m hingegen ist menschenleer.

Bevölkerungsentwicklung: Nachdem Island in der Landnahmezeit vornehmlich von norwegischen Wikingern und deren keltischen Sklaven und Dienstleuten besiedelt worden war, kamen keine Einwanderer mehr. Das isländische Volk entwickelte sich frei von fremden Einflüssen und ist deshalb durch eine außergewöhnlich starke ethnische Homogenität gekennzeichnet. Auch wenn Kelten und Norweger sich schnell vermischten, blieb ein ethnisches Bewusstsein der einstigen Verschiedenheit lange bestehen; es lässt sich wohl teilweise auf die ständischen Unterschiede zurückführen. In der alten isländischen Literatur tauchen deshalb nur selten Berichte über die Kelten auf, deren Anteil an den ersten Inselbewohnern, Blutuntersuchungen zufolge, sehr hoch gewesen sein muss: 30 % der Isländer stammen von Kelten ab – eine Erklärung dafür, warum der dunkelhaarige Typ in Island prozentual häufiger vorkommt als in Norwegen. Es wird auch angenommen, dass die vom isländischen Volk im Mittelalter hervorgebrachten, bemerkenswerten kulturellen

Leistungen auf diese Vermischung der keltischen mit der nordischen Rasse zurückzuführen sind. Nur wenige Orte erinnern an die frühen keltischen Einwanderer,
z. B. die Írá, der Irenfluss, im Süden des Landes.

Nach ständigen Rückschlägen durch die harten Lebensbedingungen nahm die Bevölkerung erst ab 1850 mit dem Einsetzen der ersten technisch-industriellen Entwicklung rasant zu. Zwischen 1825 und 1925 verdoppelte sich die Einwohnerzahl
auf 100.000, schon 1967 wurde die 200.000 überschritten. Die Erklärung liegt in der
in Westeuropa nur von Irland übertroffenen hohen Geburtenrate von über 13, während die Sterbequote zu den niedrigsten, die Lebenserwartung mit 79,5 Jahren für
Männer und 83,5 Jahren für Frauen zu den höchsten der Welt zählt. Diese Extrem-
werte, verbunden mit einer äußerst geringen Kindersterblichkeit, erklären auch den
hohen Anteil junger und alter Menschen – 21 % der Isländer sind jünger als 15 Jahre und gut 12 % älter als 65. 2011 waren 44 Isländer über 100 Jahre alt. Für die hohe
Lebenserwartung nennen die Isländer alle möglichen Gründe – von der sauberen
Umwelt und den starken Familienbanden über ihren aktiven Lebensstil und das
Schwimmen in den geothermalen Freibädern bis zu ihrem Glauben an das Übernatür-
türliche. Vielleicht hat sie etwas damit zu tun, dass die Isländer laut einer internationalen Studie zu den glücklichsten Menschen der Welt zählen. Vielleicht ist sie
genetisch bedingt – 2002 isolierte die Biotechnologie-Firma deCODE das Gen „Me-
thuselah", das ihren Vergleichsstudien zufolge für die Langlebigkeit der Isländer
verantwortlich sein soll. Zwischen 2010 und 2011 verzeichnete Island einen mit
0,3 % historisch niedrigen Bevölkerungszuwachs, der seine Ursache in der weiterhin starken Abwanderung ins Ausland – vor allem nach Norwegen – aufgrund der
Finanzkrise hatte. In den drei Jahren nach dem Crash gingen insgesamt 8000 Menschen, zwischen 2009 und 2010 sank die Bevölkerungszahl deshalb gar um 0,4 %.
2010 verließen im Schnitt fünf Menschen am Tag das Land. Dieser Trend hielt
auch 2011 an.

Dorthin, wo die anderen sind!

Der Anteil der in der Fischerei und mehr noch in der Landwirtschaft Beschäftigten sank in den letzten Jahrzehnten ständig, während im industriel-
len Bereich und in jüngster Zeit besonders im Dienstleistungsgewerbe ein
beträchtlicher Anstieg zu verzeichnen war. 1940 waren 32 % der Isländer in
der Landwirtschaft tätig, heute sind es weniger als 3 %. Parallel dazu begann
eine Wanderungsbewegung in die Städte und vor allem nach Reykjavík, welche das Sozialstruktur nachhaltig veränderte: 1910 lebten 67 % der Isländer
auf Einzelhöfen und in geschlossenen Siedlungen bis 200 Einwohner, mittlerweile sind es unter 15 %. Der Landflucht sucht die Regierung – wenngleich in begrenztem Rahmen – mit Förderprogrammen für die kleineren
städtischen Zentren entgegenzuwirken. Dennoch hält die Binnenmigration
Richtung Hauptstadtregion an. Vor allem in den Westfjorden, aber auch in
Ost-, Nord- und Westisland stößt man immer wieder auf verlassene und
wüstgefallene Gehöfte. Etwa ein Drittel der 6400 Höfe in Island ist verlassen.

Isländer und Nicht-Isländer: 2010 waren 8 % der isländischen Bevölkerung nicht in
Island geboren. Das ist etwas weniger als vor der Finanzkrise, aber dennoch viel –
1990 betrug die Zahl gerade mal 3 % und fast die Hälfte der Zugewanderten waren

Längst ein alltägliches Bild: Einwanderer aus aller Welt

Skandinavier mit ihrer den Isländern ähnlichen Kultur. Allein zwischen 2004 und 2006 verdoppelte sich die Zahl an Einwanderern. Sie kamen vor allem zum Arbeiten, in der Bau- und Fischindustrie, in Restaurants und Hotels, kamen wegen der für sie guten Löhne, kamen vor allem aus Polen. Sie machen die Jobs, an denen die Isländer kein Interesse mehr haben. Aber es gibt auch Einwanderer, die für immer bleiben wollen. Sie haben das Gesicht Reykjavíks, aber auch vieler kleiner Orte im Land bereits deutlich verändert. In einigen Fischerdörfern in den Westfjorden kommt bis zu ein Viertel der Einwohner aus Polen. Mehr als vervierfacht hat sich seit 1990 die Zahl der asiatischen Bürger, beispielsweise von den Philippinen oder aus Thailand. Viele Einwanderer kommen seit kurzem auch aus Litauen oder Ex-Jugoslawien. In Reykjavík gibt es mittlerweile nicht nur pakistanische Take-outs und portugiesische Fusion-Restaurants, es ist auch die erste Ghettobildung von Einwanderern in Vororten wie Árbær zu verzeichnen. Ein interkulturelles Zentrum in Reykjavík hilft den Immigranten beim Einleben und bietet Sprachkurse an.

Aufgrund seiner Geschichte und Kultur ist Island eigentlich alles andere als ein Einwandererland. Von Kriegen verschont und auf ihrem Eiland hoch im Norden geografisch von anderen Nationen abgeschnitten, machten die Isländer bis zur Mitte des letzten Jahrhunderts so gut wie keine Erfahrung im Umgang mit Fremden. Die wenigen Kontakte, die man zu Ausländern hatte, waren nach der langen dänischen Fremdherrschaft von Misstrauen geprägt. Bis zur Ankunft britischer Streitkräfte im Zweiten Weltkrieg, die manchmal als die „zweite Entdeckung" Islands seit Ingólfur Arnarson bezeichnet wird, mussten sich die Isländer nie wirklich mit anderen Kulturen auseinandersetzen. Außerdem entstand durch das gemeinsame Erdulden und Überstehen von Katastrophen und der Abhängigkeit unter Fremdherrschaft sowie durch den langen Unabhängigkeitskampf und den Stolz auf das kulturelle Erbe ein starkes Wir-Gefühl. Dies erschwert die Integration alles Fremden in die Gemeinschaft. Wer dazugehören möchte, muss sich an feste Regeln halten.

Bloß nicht *heimskur* sein

Über 2000 isländische Studenten studieren im Ausland. Das Auslandsstudium ist nicht nur beliebt, sondern auch die einzige Möglichkeit, an den heimischen Hochschulen nicht angebotene Fachrichtungen zu belegen, zu promovieren oder sich in bestimmten Berufszweigen zu spezialisieren. Am liebsten gehen sie nach Dänemark, in die USA oder nach England. Hier macht es sich bezahlt, dass alle Schüler in Englisch als erster und Dänisch als zweiter Fremdsprache unterrichtet werden. Der Auslandsaufenthalt junger Menschen wird stark gefördert. Das Wort für dumm ist auf Isländisch *heimskur*, streng übersetzt „Stubenhocker" – *heimskur* ist derjenige, der zu Hause sitzt und nichts von der Welt gesehen hat. Die meisten jungen Isländer zieht es in die Welt hinaus; viele verbringen Jahre weit weg von zu Hause. Aber sie kommen fast alle zurück.

Eine große Familie ...

Die Familie ist in Island von größter Bedeutung. Auch wenn man nicht mehr wie früher mit drei Generationen unter einem Dach lebt, kümmert man sich umeinander, hält zueinander und verbringt so viel Zeit wie möglich zusammen. Als Tourist wird man den ganzen Sommer hindurch Zeuge riesiger Familientreffen auf Campingplätzen und in Gemeindehäusern. Auffallend ist auch, wie kinderlieb das Land ist – im Schnitt bringt jede Frau hier 2,2 Kinder zur Welt (dies ist die höchste Fruchtbarkeitsziffer in Europa), das erste im Alter von 26 Jahren.

Bei einer europäischen Vergleichsstudie zum Thema Kinderfreundlichkeit in neun verschiedenen Ländern belegte Island vor einigen Jahren Platz eins. Bewertungskriterien waren beispielsweise das Angebot an Kindergartenplätzen, der Anteil kinderreicher Familien, kinderloser und erwerbstätiger Frauen und die Anzahl der Kinder je Frau. Fast zwei Drittel aller Frauen in Island haben mehr als zwei Kinder, nur 7 % bleiben kinderlos; in Deutschland sind es 21 %. In Island gilt es als komisch, keine Kinder zu haben.

Rund 60 % der Kinder kommen unehelich zur Welt – geheiratet wird später mal. Seit einer Gesetzesänderung zum Erziehungsurlaub stehen Mutter und Vater je drei Monate berufliche Auszeit zu, um Zeit mit dem Neugeborenen zu verbringen, die restlichen drei Monate kann der eine oder der andere zu Hause bleiben. Im Mai 2000 verabschiedete Island zudem als zweites Land der Welt nach Dänemark ein Gesetz, das es in gleichgeschlechtlicher Ehe lebenden Isländern ermöglicht, das Kind des Lebenspartners als Stiefkind zu adoptieren.

Hauptsache unabhängig

Laut einer europäischen Studie ist es den Isländern vor allem wichtig, ihre Kinder zu unabhängigen Menschen zu erziehen. Unabhängigkeit steht bei 85 % der Befragten ganz oben auf der Werteliste, höher als bei jeder anderen Nation. Dies spiegelt eine in der Bevölkerung fest verwurzelte Abscheu vor Unterwerfung, das tief sitzende Verlangen nach Unabhängigkeit.

Fast genauso wichtig wie die Familie sind den Isländern die Freunde. Schon in der Älteren Edda findet sich in den Reden des Hohen („Hávamál") der Ratschlag, gute Freunde oft aufzusuchen, „denn Strauchwerk grünt und hohes Gras auf dem Weg, den niemand wandelt." Dazu passt, dass 92 % der Isländer einen Internetanschluss haben und 60 % Mitglied bei Facebook sind – man will in Verbindung bleiben können.

Die Bäume Islands sind Stammbäume: Die häufig zitierte, scherzhafte Behauptung, in Island sei jeder mit jedem verwandt, ist bei der Überschaubarkeit der isländischen Gesellschaft gar nicht so abwegig. Nach Aussage eines amerikanischen Gelehrten könnte fast jeder Isländer beweisen, dass er von dem letzten katholischen Bischof Jón Arason abstammt, der bei seinem Tod im Jahr 1550 neun uneheliche Kinder hinterließ. Die Isländer können ihre Ahnenkette tatsächlich oft bis ins 16. Jh. und weiter zurück verfolgen. Sie wissen über ihren Stammbaum bestens Bescheid und kommen selbst den entferntesten Verwandten aus längst vergangenen Zeiten auf die Spur. Lernen sich zwei Isländer kennen, wird oft erst mal nach gemeinsamen Vorfahren gesucht.

Dieses auffallende Interesse an der Genealogie hat vielleicht seinen Grund in dem Fehlen von Familiennamen auf der Insel. Nach altgermanischem Brauch trägt der Isländer als Nachnamen den durch die Silbe *-son* bei Söhnen und *-dóttir* bei Töchtern erweiterten Vornamen des Vaters oder, in Ausnahmefällen, der Mutter. Heißt der Vater beispielsweise mit Vornamen Jón, so heißt Sohn Ólaf mit Zunamen Jónsson, Tochter Anna Jónsdóttir. Da die Frau bei der Heirat ihren Vaternamen nicht aufgibt, können in einer Familie bis zu vier verschiedene Nachnamen vorkommen. Laut Gesetz ist es verboten, einen neuen Familiennamen anzunehmen; er würde nicht offiziell registriert werden.

Das ist Island: kinderlieb und modern

Als es noch nicht so einfach war wie heute, die Vaterschaft eines Kindes festzustellen, musste manchmal der Name Hansson (oder -dóttir) als Ausweg herhalten: Neben einem Männernahmen ist das Wort Hans in Island auch ein Pronomen, das so viel bedeutet wie „von ihm". Blieb der Erzeuger im Dunkeln, war das Kind einfach vage ein „Sohn (bzw. eine Tochter) von ihm".

Das Telefonbuch erscheint Nicht-Isländern wie eine Auflistung von Mitgliedern einer Familie oder Sippe: Aufgrund des Fehlens von Familiennamen erfolgt die Anordnung alphabetisch nach den Vor- oder besser Eigennamen. Hinter dem Nachnamen folgt der Beruf. Für diesen Eintrag braucht man keinen Nachweis, und so gab es im Land 2011 neben Schildkrötenflüsterern, Genies, Seifenblasen- und Vampirspezialisten laut Telefonbuch auch 91 Prinzessinnen und sieben Prinzen.

Ein Volk auf der Gen-Datenbank?

Seit 1996 die Biotechnologie-Firma *deCODE Genetics* gegründet wurde, wird die einzigartige Homogenität der isländischen Gesellschaft zu genetischen Forschungszwecken genutzt. Dem ist auch dienlich, dass jeder Isländer seinen Stammbaum jahrhunderteweit zurückverfolgen kann, dass Kirchenbücher mit Aufzeichnungen von Todesfällen und ihren Ursachen über die Jahrhunderte erhalten geblieben sind und dass bereits seit 1915 innerhalb des zentralen Gesundheitssystems Patientendaten säuberlich gesammelt und archiviert werden. deCODE verspricht sich durch seine Forschung ein besseres Verständnis der Entstehung von Krankheiten. Das Thema sorgte in den ersten Jahren für viel Aufruhr und hitzige Debatten. Erkrankte Menschen hoffen auf bessere Behandlungsmöglichkeiten, z. B. bei Krebs. Skeptische Stimmen warnen jedoch vor mangelndem Datenschutz, vor einem „gläsernen Volk" und Missbrauch.

Die klassenlose Gesellschaft: Vielleicht liegt es an der Namensregelung, durch die viele Isländer gleiche Namen tragen, dass eine Vorliebe für Kose- und Spitznamen besteht. Außerdem ist das Duzen üblich; mit Ausnahme des Bischofs werden alle mit dem Vornamen angeredet. Dies ist Ausdruck des Gemeinschaftsgefühls unter den Isländern. Sie bezeichnen ihre Gesellschaft gerne als klassenlos. Zwar stiegen die Einkommensunterschiede zwischen den Bestverdienenden und dem Durchschnittsisländer in den Jahren vor dem Sturz der Banken dramatisch an, zwar gab es neben dem Leben in Reichtum schon immer das in Armut, doch sind die Klassenunterschiede tatsächlich relativ gering, ist das isländische Volk eine weitgehend egalitäre, liberale und familiäre Gesellschaft. Jeder ist greifbar, wie berühmt er auch sein mag. Selbst der Präsident steht jedem für ein Interview zur Verfügung, der darum bittet.

In dieser Gesellschaft, in der das Geschichtsbewusstsein ein wichtiger Stützpfeiler der nationalen Identität ist, gilt es als die größte Ehre, sich auf irgendeine Art und Weise einen Namen zu machen und selber in die Geschichte einzugehen. Und in dieser kleinen Gemeinschaft, in der jeder wichtig ist, kann man ziemlich leicht berühmt werden, zumal keine sehr engen Moralvorstellungen darüber vorherrschen, was zu diesem Zweck „erlaubt" ist und was nicht. Mit ihrer individualistischen Art stehen die Isländer Gesetzen und Vorschriften eher distanziert gegenüber, verabschiedeten allerdings selber schon manch extravagante Bestimmung: Bis Mitte der 1980er Jahre war es strikt verboten, in Reykjavík einen Hund zu halten – nach dem Ausbrechen einer Hundekrankheit war beschlossen worden, dass der Vierbeiner nicht ins Stadtleben passt. Der Laugavegur, die Flaniermeile im Stadtzentrum, ist noch heute hundefrei. Bis vor einigen Jahren gab es donnerstags kein Fernsehen und mittwochs keinen Alkoholausschank. Von 1908 bis 1989 herrschte ein Bierverbot, das erst aufgehoben wurde, als es ohnehin durch Gemische findiger Kneipiers, das Angebot ausländischen Biers auf dem Flughafen Keflavík und den Verkauf von Heimbrau-Sets ausgehöhlt war.

Vielleicht liegt es daran, dass es als Ehre empfunden wird, zu dieser Gemeinschaft zu gehören, dass die Kriminalitätsrate in Island verschwindend gering ist. Wenn sie betrunken sind, schlagen die Isländer zwar Krawall und in Reykjavík nehmen die Delikte zu, ernsthafte Verbrechen gibt es jedoch kaum. Größere Sorgen bereiten die

Selbstmordrate und der Drogenkonsum. In den letzten Jahren wurden immer wieder Drogen beschlagnahmt und Dealer verhaftet. Dennoch gilt Reykjavík als eine der sichersten Hauptstädte der Welt.

Nach dem Weltfriedensindex, der 2011 zum fünften Mal vom *Institute for Economics and Peace* unter Prüfung von 153 Ländern erstellt wurde, ist Island das friedlichste Land der Welt. Bewertungskriterien sind z. B. die Militärausgaben, Korruption, die Kriminalitätsrate und der Respekt vor den Menschenrechten.

Leseratten und Bücherwürmer

Den ersten isländischen Siedlern wird ein hoher Bildungsstand nachgesagt und seit etwa 1800 gibt es in Island kein Analphabetentum mehr. Der hohe Stand der Kultur wurde im Mittelalter an der Produktion literarischer Werke deutlich. Die Tradition wird fortgesetzt: Jeder zehnte Isländer bringt im Laufe seines Lebens eine Schrift heraus. Wer etwas zu Papier gebracht hat, kann sein Werk problemlos in einem der 37 isländischen Verlage drucken lassen. Schlimmstenfalls trägt er die Kosten für den Druck selber. Genauso groß wie das Schreibvergnügen ist die Leselust. Nirgendwo in der Welt wird jährlich eine höhere Anzahl Buchtitel pro Kopf der Bevölkerung produziert und konsumiert als in Island – und das, obwohl immer mehr Isländer in ihrer Freizeit nie ein Buch lesen; vor allem bei Kindern nimmt das Interesse am Lesen rapide ab. Jährlich kommen etwa 1500 neue Bücher auf den Markt, Tendenz steigend, davon ein knappes Drittel Übersetzungen. Die meisten Werke erscheinen pünktlich im November und Dezember, denn Bücher, insbesondere Belletristik, sind eines der beliebtesten Weihnachtsgeschenke. Neben Büchern sind drei Tages- und über 50 weitere Zeitungen sowie 650 Fachzeitschriften, Unterhaltungs- und Kulturmagazine gerade genug, um den Bildungshunger der Isländer zu stillen.

Schriftsteller Einar Már Guðmundsson ist davon überzeugt, dass die Liebe der Isländer zur Literatur ihre Ursache in Natur und Klima des Landes hat. Die Vorfahren hätten im Dunkeln gesessen und sich Geschichten erzählt. Sein Kollege Arthúr Bollason meint, das Leben als Isländer sei „eine poetische Leistung", die sozusagen zum Dichten inspiriere. Zum Lesehunger passt es, dass 35 % der Isländer einen Hochschulabschluss haben und es auf der kleinen Insel acht Hochschulen gibt.

... und Konsumgesellschaft

Die Isländer sind ausgesprochen konsumfreudig. Was neu ist, was hip ist, muss her, von den modischsten Klamotten über das neueste Smartphone bis hin zu Vierradmotorrädern, Campinganhängern oder Sommerhäusern, von denen jeder zehnte Haushalt irgendwo im Land eines besitzt. Immer wieder gibt es einen neuen Trend, dem man folgen „muss", wenn man dazugehören will. Und das will so gut wie jeder, denn in einer so kleinen Gesellschaft ist kaum Platz für eine Gegenkultur. Der Schriftsteller Sigurður A. Magnússon verglich seine Landsleute mit unreifen Jugendlichen, die die Welt stets voller Neugierde und Erfahrungshunger sehen und – wie ihre Wikingervorfahren – ständig nach neuen Entdeckungen Ausschau halten. Eine liebevolle Beschreibung für eine Konsumkultur, die ihre Erklärung möglicherweise auch in einem „Kleines-Land-Komplex" und in einer Geschichte der Entbehrungen findet. Durch die Finanzkrise ist der Konsumrausch erst einmal zum Stillstand gekommen, wird mehr nachgedacht, was eigentlich wirklich gebraucht wird, wird Altes noch mal recycelt, weniger angeschafft. Dies sehen viele Isländer positiv – man steht jetzt, wo die Zeiten härter sind, nicht mehr fast außerhalb der Gesellschaft, wenn man nicht zwei Jeeps besitzt.

Autos sind schon lange ein Ausdruck des isländischen Wohlstands. Der Nutzen des fahrbaren Untersatzes ist bei den großen Distanzen unbestritten, nach amerikanischem Vorbild werden aber selbst die kürzesten Wege mit dem Kraftfahrzeug zurückgelegt. Als gelte es, den vielen rechtlichen Bestimmungen zum Schutz der Umwelt zu trotzen, kommen in Island auf 1000 Einwohner 640 Autos. Ein hochgelegter Superjeep ist nicht nur wichtig für die Mobilität im Winter und im Hochland, er ist auch ein Statussymbol – weshalb er nie in der Garage steht – und gehört für die Isländer fast zu den Notwendigkeiten des täglichen Lebens.

Autokorso

Freitagabends starten die isländischen Jugendlichen ihren Autokorso, *das* Wochenendvergnügen überhaupt und die beste Möglichkeit, das Jahr zwischen dem 17. und 18. Geburtstag zu überbrücken, in dem man zwar schon Auto fahren, aber noch nicht in Bars gehen darf. Stundenlang fahren sie gemächlich in Dörfern und Städten im Kreis, immer die gleichen Strecken, um zu sehen und gesehen zu werden, mit Cola bewaffnet, die Musik auf volle Lautstärke gedreht.

Auch auf kulturellem Gebiet wird nicht gespart: Die Isländer geben viel Geld für Opern- und Theaterabende aus und besuchen eifrig Konzerte, Museen und Galerien. Vom hohen Lebensstandard, einem der höchsten weltweit, zeugt zudem die Wohnsituation. In etwa der Hälfte aller Wohnhäuser wohnt nur eine Familie, bei den meisten Haushalten sind die Bewohner auch die Eigentümer ihres Wohnraums. Die Isländer legen großen Wert auf die eigenen vier Wände. Sie verbringen viel Zeit zu Hause und brauchen Platz für die Kinder, zudem sind die Winter lang und dunkel.

Widersprüchlichkeiten

Während die Isländer stolz an ihre mehr als 1000 Jahre zurückliegende Vergangenheit und ihre Traditionen erinnern, geben sie sich in ihren Lebens- und Konsumgewohnheiten kosmopolitisch und modern. Dieses widersprüchliche Verhalten scheint zum Land zu gehören wie die Gegensätze in der Natur. Denn verhalten sich die Isländer auch wie eine große Familie, so liefern sie sich doch mit Vergnügen hitzige Diskussionen und neigen in der Politik zu Aggression. Sie sind zugleich leidenschaftliche Patrioten und überzeugte Pazifisten. Ihr Maskottchen ist der Papageientaucher, doch haben sie keine Scheu, ihn genüsslich zu verspeisen. Sie sind stolz darauf, die mittelalterlichen Sagas im Original lesen zu können, doch haben sie noch kein ausführliches einsprachiges Wörterbuch auf den Markt gebracht. Sie preisen die unverdorbene Natur und reine Luft in ihrem Land und durchqueren dieses mit umweltverschmutzenden Superjeeps.

Arbeitswut: Schon vor der Krise stellte sich die Frage, wie sich die Isländer diesen Wohlstand leisten können, in einem Land mit insgesamt hohen Lebenshaltungskosten. Zum Teil, indem sie von früh bis spät arbeiten. Viele haben einen zweiten Job nebenbei, Überstunden sind an der Tagesordnung, wer kann, verdient im Sommer noch als Reiseleiter oder Vermieter von Gästezimmern etwas dazu. Die wöchentliche Arbeitszeit ist in den letzten Jahren gesunken, mit durchschnittlich 44 Stunden für Männer und 35 für Frauen jedoch weiterhin sehr hoch. Auch nach den Arbeitsplatzverlusten durch die Finanzkrise lag die Beschäftigtenquote 2011 bei über 76 %; der OECD-Durchschnitt beträgt knapp 65 %. Der Anteil berufstätiger Frauen ist mit 77 % ebenfalls sehr hoch. Dieser Arbeitseifer ist nur dadurch möglich, dass fast allen Kindern ab dem Alter von eineinhalb Jahren Krippenplätze zur Verfügung stehen. Auch Tagesmütter oder Familienangehörige kümmern sich um die Kinder, die Ganztagsbetreuung nach der Schule ist geregelt und das ganze Jahr hindurch werden zahlreiche Sport- und andere Freizeitaktivitäten angeboten.

Schon früh wird mit dem Geldverdienen angefangen, erst spät wieder aufgehört: In den Sommermonaten arbeiten im ganzen Land Schüler und Studenten in Grünanlagen, Hotels, Geschäften, Touristenbüros und Tankstellen, überall dort, wo Aushilfskräfte gebraucht werden. Mit 67 Jahren ist zwar das Rentenalter erreicht, wer möchte, kann aber noch ein paar Jahre weiterarbeiten. Und das tut etwa ein Drittel aller Beschäftigten im Rentenalter.

Frauen auf die Straße!

Im Oktober 2010 gingen allein in Reykjavík 50.000 Frauen auf die Straße, um für eine Verbesserung ihrer Bedingungen zu demonstrieren. 35 Jahre war es her, dass 25.000 Isländerinnen im Oktober 1975 versucht hatten, mit einem großen Generalstreik, der das ganze Erwerbsleben lahm legte, Lohnverbesserungen, eine größere Beteiligung der Frauen in Politik und Wirtschaft sowie höhere Achtung vor der Doppelbelastung durch Beruf und Familie durchzusetzen. Noch heute verdienen Frauen im Durchschnitt 24 % weniger als ihre männlichen Kollegen – Tendenz steigend – und finden sich so gut wie nie unter den Spitzenverdienern. Von 63 Abgeordneten im Alþingi sind heute aber 43 % Frauen. Und während drei Jahrzehnte lang keine Regierung mehr als eine Ministerin hatte, lagen in den letzten Regierungen jeweils drei bis vier Ministerien in weiblicher Hand. Mit Jóhanna Sigurðardóttir wurde 2009 zudem das erste Mal in der isländischen Geschichte eine Frau Ministerpräsidentin. Die Sozialdemokratin ist laut isländischer Presse zugleich die weltweit erste lesbische Ministerpräsidentin. Im Juni 2010 heiratete sie die Schauspielerin Jónína Leósdóttir – und machte damit als Erste in Island Gebrauch von dem gerade verabschiedeten Gesetz, das die Ehe auch für gleichgeschlechtliche Paare öffnete.

Trotz aller noch vorhandenen Ungerechtigkeiten und Ungleichheiten ist die Gleichberechtigung der Geschlechter in Island laut einer Studie des *World Economic Forum* 2010 in Island so hoch wie nirgendwo anders.

Die Isländer neigen nicht unbedingt dazu, für morgen vorzusorgen, sie leben lieber heute. Und weil selbst mehrere Jobs nicht das für die hohen Ansprüche nötige Geld einbringen, zahlt hier jeder mit Kreditkarte und hat hohe private Schulden. Der

Wohnwagen, den Isländer seit ein paar Jahren aus den USA kommen lassen und im Sommer jedes Wochenende zu irgendeinem Campingplatz ziehen, bekam im Land schnell den Beinamen „Schuldenschwanz". 2011 gaben über 50 % aller Haushalte an, Schwierigkeiten zu haben, über die Runden zu kommen; fünf Jahre vorher waren es immerhin schon 35 %.

Die Arbeit dient in Island aber nicht nur dem Gelderwerb, sondern auch der Selbstachtung. In diesem Land, wo man früher zum Überleben hart arbeiten musste, ist das Nichtstun verpönt. Es würde gegen die Ehre verstoßen, keinen vollen Arbeitseinsatz zu zeigen. Der Arbeitsmoral kam es die längste Zeit zugute, dass eine verschwindend geringe Arbeitslosigkeit herrschte. Noch im April 2008 belief sie sich nur auf 1 %. Nach der Finanzkrise aber stieg sie rasant an und lag Ende 2011 noch bei knapp 6 %.

Lesetipp: Amüsante Einblicke in die Eigenheiten der Isländer gibt das 2011 erschienene Buch „The Little Book of the Icelanders" von Alda Sigmundsdóttir, als E-Book zu beziehen unter http://icelandweatherreport.com, ab 2012 voraussichtlich auch in Printform erhältlich.

Kirche und Religion

Neugeborene übernehmen automatisch die Religionszugehörigkeit der Mutter. In den häufigsten Fällen werden sie damit zu Mitgliedern der evangelisch-lutherischen Staatskirche, die gut 77 % der isländischen Bevölkerung auf sich vereint.

Seit 1874 herrscht in Island völlige Religionsfreiheit und so gibt es noch zahlreiche andere Religionsgemeinschaften. Die größte ist – ungefähr gleichauf mit der Freikirche in Reykjavík – die katholische Kirche mit 3 % der Isländer als Mitglieder. Anfang der 70er Jahre sorgte der Dichter und Schafzüchter Sveinbjörn Beinteinsson (1924–93) aus Borgarfjörður für eine Wiederbelebung des Heidenkults. Seither werden in Island auch wieder die altgermanischen Asengötter wie Óðin und Þór verehrt. 0,5 % der Isländer, Tendenz steigend, sind Anhänger dieser kleinen Glaubensgemeinschaft ásatrúarfélagið, die seit 1973 offiziell anerkannt ist. Der Hohepriester (allsherjargoði) – seit 2003 der Komponist Hilmar Örn Hilmarsson, der für seine Filmmusik zu „Kinder der Natur" den europäischen Filmpreis erhielt – ist berechtigt, Paare zu trauen und Beisetzungen vorzunehmen.

Das unsichtbare Volk – Elfen, Feen, Trolle und Geister

Wer sich wundert, dass die Straße plötzlich aus scheinbar unerklärlichen Gründen einen großen Schlenker macht, kann sicher sein: Im Felsbrocken am Straßenrand wohnen Elfen.

Nach Aussage des Volkskundlers Árni Björnsson ist jeder 500. Einwohner Islands ein Geist. Da sind z. B. die Wiedergänger, Geister der Verstorbenen. Sie steigen aus ihren Gräbern und treiben ihr Unwesen, weil zu ihren Lebzeiten eine Angelegenheit nicht geklärt wurde oder weil sie ohne eine lieb gewonnene Sache nicht aus

Das böse Trollweib Grýla

dem Leben scheiden wollten. Oder auferstandene Tote mit zweimal so viel Kraft wie normale Sterbliche, die von lebenden Menschen angerufen und losgeschickt werden, um einen Feind zu bestrafen. Aber es gibt nicht nur Geister – über 150 Seiten füllt das Lexikon *„Íslenskt Vættatal"* von Árni Björnsson, eine Auflistung der auf der Insel lebenden übernatürlichen Wesen wie Trolle, Elfen und Gnome.

Die *Elfen* wohnen am liebsten in Steinen und Hügeln. Überall im Land erinnert die in Orts- und Straßennamen zu findende Silbe *álf* („Elfe") an ihre Präsenz. Man sagt, dass sie wie ihre menschlichen Nachbarn Rinder und Schafe züchten, und es kommt angeblich vor, dass ein Farmer für seine unsichtbaren Kollegen etwas Heu auf dem Feld liegen lässt. Im Fall, dass Letztere unter dem Feld wohnen, wird um den „verzauberten Ort" herumgemäht, um die Elfen nicht zu stören. Elfen sind gerne in der Nähe der Menschen und versuchen manchmal, einen von ihnen in ihre Welt zu locken. Kommt es zu intimen Kontakten zwischen Elfen und Menschen, entstehen *huldufólks* („versteckte Leute"), Mischwesen, die ungefähr einen Kopf kleiner sind als Menschen, aber fast genauso aussehen. Auch riesige *Trolle* sollen in den weiten Lavawüsten und in den Bergen zu Hause sein. Sie sind die Kinder der Nacht – werden sie von der Morgensonne überrascht, verwandeln sie sich in Stein. Von vielen merkwürdigen Gesteinsformationen wird deshalb gesagt, sie seien Trolle, die zu lange draußen geblieben sind. Trolle gelten als dumm und hässlich, aber auch als ehrlich. Im Isländischen gibt es deshalb das Adjektiv *trölltryggur*, „trollehrlich", um jemanden zu beschreiben, dem man vertrauen kann.

Noch zahlreiche andere Wesen leben im Verborgenen: Licht- und Blumenfeen mit zarten Flügeln, Zwerge und Gnome, in Gebüschen tanzende Liebliche, Nymphen und Luftgeister sowie die bis zu mehrere hundert Meter großen Berggeister.

Der Glaube der Isländer in all die unsichtbaren Mitbewohner hat seine Wurzeln in der heidnischen Tradition. Der Grund für seine große Bedeutung wird besonders in den auf der Insel waltenden Naturkräften gesehen, die sich für die Menschen jahrhundertelang jeder rationalen Erklärung entzogen. In den unberechenbaren Vulkanen, den zischenden Solfataren und fauchenden Geysiren sowie in den endlosen Lavafeldern vermuteten die Isländer übernatürliche Wesen am Werk. Daneben trugen die Isolation der Insel, das Leben auf den abgeschiedenen Höfen und die langen, dunklen subarktischen Winter zur Aufrechterhaltung des Glaubens bei. Den Ergebnissen einer Umfrage der Universität Reykjavík zufolge verneinen noch heute nur 10 % der Bevölkerung die Anwesenheit übernatürlicher Wesen. Denn selbst wenn sie noch keinen begegnet sind oder nicht einmal wirklich an sie glauben, so gefällt den Isländern der Gedanke, dass ihre Insel nicht so unbewohnt ist, wie sie scheint, und sie sehen keinen Anlass, die Existenz anderer Wesen in Zweifel zu ziehen.

Die Isländer sind im Allgemeinen stolz auf ihr verborgenes Volk, behandeln es mit Rücksicht und Respekt und überlassen ihm bereitwillig Platz auf der Insel. Hin und wieder kommt es jedoch unfreiwillig zu Zusammenstößen. Bei den Bagger- oder Sprengarbeiten zum Bau von Straßen gingen schon manches Mal Pressluftbohrer und Baggerschaufeln zu Bruch, so z. B. beim Álfshólfsvegur („Elfenhügelweg") in Kópavogur. Jedes Mal wurde der Schluss gezogen, dass man sich gerade an einem „verzauberten Ort" zu schaffen machte und sich die in den Felsen und Steinen wohnenden Wesen der Zerstörung ihrer Behausungen widersetzten. Man entschied sich dafür, sie in Ruhe zu lassen und einen Schlenker in die Straße einzubauen – traditionell droht demjenigen Unglück, der den verborgenen Wesen in die Quere kommt. Um solche Zwischenfälle und die dadurch entstehenden Kosten zu vermeiden, wird vor Beginn großer Bauarbeiten häufig in alten Sagas und mythischen Erzählungen geblättert, ob vielleicht etwas über Elfenwohnstätten an dem zur Baustelle auserkorenen Ort überliefert ist. Dann kann man von vornherein den Ärger vermeiden bzw. die Wesen zum Umzug bitten. Für den Bau der Ringstraße wurde das Medium Zophanias Pétursson eigens dafür eingestellt, die übernatürlichen Wesen aufzufinden und sie zu bitten, die Fahrbahn zu räumen. Hätten sie sich widersetzt, wäre die Straße umgelegt worden.

In Hafnarfjörður ist kein Zweifel mehr darüber möglich, wo sich die Zwerge und Elfen aufhalten könnten. Auf einem eigens erstellten Stadtplan hat das Medium Erla Stefánsdóttir alle Wohnstätten übernatürlicher Wesen eingezeichnet, die sich hier in besonders großer Zahl niedergelassen haben sollen. Die Tatsache, dass der Stadtplan vom Tourismuskomitee der Stadt herausgegeben und in der Touristeninformation in Hafnarfjörður erhältlich ist, macht deutlich, dass die Bewahrung des Glaubens an das unsichtbare Volk auch durch das Interesse ausländischer Touristen unterstützt wird. Dieses Interesse ist so groß, dass in Hafnarfjörður auch Stadtrundgänge zum verborgenen Volk angeboten werden (siehe S. 268) und es seit 1994 in Reykjavík eine Elfenschule gibt, die Islandbesuchern einen Nachmittagskurs in Sachen unsichtbares Volk anbietet (siehe S. 232).

Wer die verborgenen Wesen und die Natur als ihren Lebensraum nicht respektiert, dem mangelt es nach Erla Stefánsdóttir auch an Respekt vor sich: „Die Menschen ... zerstören damit auch etwas in sich selbst."

Island lebt vom Fischfang

Wirtschaft

Islands Wirtschaft basiert heute zu einem Gutteil auf Fisch und Aluminium: Gesalzener, gefrorener und getrockneter Fisch wird in alle Welt exportiert und Aluminium an mehreren Standorten zu günstigen Strompreisen verhüttet. Reykjavík hat sich zudem in den letzten Jahren zu einem florierenden Wirtschaftsstandort mit Unternehmen der IT-Branche und Medizintechnik entwickelt. Doch 2008 brach „kreppa", die Wirtschaftskrise, über Island herein, beendete die Zockerei der Bankerkaste und beutelte das Land schwer, bis an die Grenze des Staatsbankrotts. Der Tourismus hingegen entwickelt sich erfolgversprechend und zieht Investoren aus verschiedensten Branchen an.

In der Zeit nach dem Zweiten Weltkrieg erlebte Island eine rasante Modernisierung und die Entwicklung zu einem typisch skandinavischen Sozialstaat, inklusive der Idee des Wohlstands für alle. Diese Zeiten, als Gewinne in Firmen tendenziell als unanständig galten, waren spätestens Mitte der 1990er Jahre vorbei. Die Politik setzte auf Privatisierung und die Liberalisierung des Marktes, selbst in der Fischerei und der Agrarwirtschaft. Islands Wirtschaft erlebte einen starken Konzentrationsprozess und Reykjavík wurde zu einem modernen Wirtschaftszentrum mit einem aufstrebenden Bankensektor.

Die kurze Ära der „Finanz-Wikinger"

Das Land erlebte einen Wirtschaftsboom ohnegleichen, es schien unverwundbar und als ökonomisches Vorzeigeland mit bewundernswert hohem Pro-Kopf-Einkommen.

Munter wurde privatisiert, fusioniert und in großem Stil Kapital angelegt. Auch im Ausland, insbesondere in England und Skandinavien kauften sich isländische Investoren – von Zeitungen als „Finanz-Wikinger auf Beutezug" wahrgenommen – für Milliarden von Dollar ein. Die Wirtschaft wurde von einem Grüppchen von Bankern, Geschäftsleuten und Politikern kontrolliert, die dem Casinokapitalismus keine Grenzen setzten, nicht zuletzt, weil sich die großen Geldinstitute gegenseitig großzügig Kredite gewährten. „Die Wikinger werden wild", hieß es angesichts des rasanten Expansionskurses bewundernd und alarmierend zugleich in europäischen Zeitungen.

2007 und 2008 kam dann das dicke Ende. Islands Volkswirtschaft kam mit der amerikanischen Wirtschaftskrise ins Trudeln, dem Kaufrausch wurde auf dramatische Weise ein jähes Ende gesetzt, haarscharf schrammte das Land am Staatsbankrott

vorbei. Das kollabierte Finanzwesen wurde weitgehend verstaatlicht und im Ausland händeringend nach Kreditgebern gesucht. Der internationale Währungsfonds und nordische Nachbarn verhinderten das Schlimmste. Die Krone geriet dennoch in den Abwärtsstrudel und verlor die Hälfte an Wert, die Arbeitslosigkeit und die Zahl der Insolvenzen schnellten nach oben. In der Folge der Krise wurden auch die Diskussionen um die Einführung des Euro neu angefacht. Die in den Boomjahren fast schon verstummten Stimmen, die eine Abkehr der Liberalisierungspolitik der 1990er Jahre forderten, waren wieder deutlich zu vernehmen. Island hat sich seit der Krise erstaunlich gut geschlagen, schnell arrangierte man sich mit dem Status quo, viele krempelten die Ärmel hoch

und realisierten flott neue Geschäftsideen. Die Arbeitslosigkeit ist erstaunlich niedrig, was auch auf die Auswanderung zurückzuführen ist. Isländer bleiben – quasi als Gegenstück zum vorsichtigen Deutschen – investitions- und risikofreudig und diskutieren wieder große Pläne. Seit der Finanzkrise sind freilich hierfür ausländische Investoren hoch willkommen, und manches Großprojekt vermag es, das ganze Land für eine Weile zu hypnotisieren.

Wirtschaftsdaten (Stand 2011)

Beschäftigte: 175.000 von 318.500

GDP: 38.000 €/Kopf (in Kaufkraftparitäten)

Anteile nach Sektoren: Landwirtschaft/Fischerei 5 %, Industrie 25 %, Dienstleistung 70 %

Beschäftigte nach Sektoren: 2,9 % Landwirtschaft, 2,7 Fischerei, 18,7 %

Industrie, 75,7 % Dienstleistungen

Arbeitslosigkeit: 6 %

Inflation: 2,8 %

Anteil des Exports nach Dtl.: 14,1 %

Anteil des Imports von Dtl.: 7,5 %

Quellen: www.hagstofa.is; www.cia.gov.

„Þetta reddast" – Wird schon werden!

Wenn man sich im Land umsieht, ist von der Krise – abgesehen von mancherorts unfertigen oder leer stehenden neuen Apartmentblöcken – nichts zu entdecken. Dicke Superjeeps kurven nach wie vor herum, Reykjavík glänzt mit einer beeindruckenden Skyline und modernen Glaspalästen, neue Straßen werden zügig gebaut, ehrgeizige Investitionspläne in den Reykjaviker Kanzleien diskutiert. Die Wirklichkeit hinter der Fassade ist jedoch oft bestürzend, auch wenn viele Gelassenheit demonstrieren und die Finanzkrise mit einem Vulkanausbruch vergleichen, mit dem man eben zurechtkommen muss, dem man nicht zu viel katastrophisierende Aufmerksamkeit schenken will. Hunderte Firmen gingen bankrott, zahlreiche private Haushalte stecken in der Klemme und können Kredite nicht zurückzahlen, insbesondere Häuslebauer. Das liegt daran, dass die Banken Kredite in ausländischer Währung empfahlen, da diese nicht wie die isländischen mit einem automatischen Inflationsausgleich mit variablem Kreditzins verbunden waren. Wurde beispielsweise beim Kauf eines Hauses für 30 Mio. Kronen ein Eurokredit in Höhe von 20 Mio. Kronen aufgenommen, entstand mit dem Verfall der Krone eine Kreditlast von 40 Mio. Kronen und der Kreditnehmer befand sich urplötzlich in einer ausweglosen Situation. Linderung schuf die Verlängerung der Kreditlinien durch die Banken oder ein Kreditschnitt auf 110 % des Hauswerts.

Politik und Justiz versuchten, eine Welle von Zwangsversteigerungen abzuwenden. Je höher die Schulden waren, desto besser konnte man mit den Banken verhandeln – was vielen Normalbürgern sauer aufstieß. Vielen halfen die Maßnahmen jedoch nicht, um ihren Besitz zu behalten, sie leben nun als Mieter in Häusern oder Wohnungen, die den Banken gehören. Letztendlich ist fast jeder in Island von der *kreppa* betroffen: Im Baugewerbe wurden viele arbeitslos, einige gingen in die Privatinsolvenz, Löhne wurden in vielen Sektoren nicht erhöht oder gar gekürzt, gleichzeitig stiegen Steuern und Kosten für Wasser, Sprit, Sport oder Musikschule, was die Durchschnittsfamilie deutlich trifft. Die Kaufkraft der Isländer ist also deutlich gesunken und der Ottonormalverbraucher muss den Gürtel enger schnallen. Tausende Gastarbeiter verließen die Insel, und auch bei den Isländern setzte eine Auswanderungswelle in skandinavische Länder ein – der erste Bevölkerungsrückgang seit 1889 war das Ergebnis.

Definitiv vorbei sind die Zeiten, in denen man einfach bei der Bank anrief, um die Kreditlinie mal eben für einen Shoppingausflug nach London zu erhöhen. Während junge Leute ohne Mittel früher leicht an einen Kredit kamen, um sich zur Familiengründung eine Wohnung zu kaufen, manchmal mit 100 % der Kaufsumme, müssen sie nun i. d. R. 20 % selbst aufbringen. In einem Land, in dem es kaum Mietwohnungen gibt, ist der Wohnungs- bzw. Hauskauf der Normalfall. Die Hauspreise sind trotz Krise noch hoch und weit über dem Niveau vor dem Boom, wohl so gewollt von Politik und Banken, die die Häuser mit hohen Werten in den Bilanzen führen.

Trotz alledem: Isländer stecken ihren Kopf nicht mutlos in den Sand: Wie eh und je ist positives Denken angesagt und die seit Jahren bewährte Redewendung „Þetta reddast", das wird schon, soll auch über diese Krise helfen. Ebenso der Einfallsreichtum – ganz ohne das Leben zu sehr einschränkende Haushaltsbücher, wie sie der strenge deutsche Schuldenberater empfiehlt.

Literatur: Ásgeir Jónsson: Der Fall Island. Wie internationale Spekulanten ein Land an den Rand des Staatsbankrotts brachten, FinanzBuch 2009; Einar Már Guðmundsson: Wie man ein Land in den Abgrund führt, Hanser 2010; Halldór Guðmundsson: Wir sind alle Isländer. Von Lust und Frust, in der Krise zu sein, btb 2009.

Privatleute zwischen Konsumrausch und Kreditfalle

Das Zeitalter des Konsums begann mit der Präsenz des amerikanischen Militärs in Keflavík, das im Land einen beispiellosen Innovationsschub bewirkte, der die Torfhüttenbewohner ins 20. Jh. katapultierte. In den 1980ern kam es zu einer Inflationsphase mit Raten bis zu 100 %, mit denen man jedoch seelenruhig lebte, solange Güter, die den Lebensstandard hoben, eingeführt werden konnten – koste es, was es wolle. „Es ist generell teuer, ein Isländer zu sein", war Halldór Laxness' lapidare Antwort bei der Nobelpreisverleihung 1955 in Stockholm auf die Frage eines Journalisten, ob es nicht ein wenig teuer sei, einen amerikanischen Luxuswagen auf schlechten Straßen zu fahren. Der Konsumrausch hielt an, mit dem Wirtschaftsboom im 21. Jh. wurde vielfach auf Pump ein Leben in Luxus finanziert, die teuerste Küche, der dickste Jeep, die sonnigsten Urlaubsreisen – das Beste war gerade gut genug. Die jüngste Finanzkrise trieb die Inflation erneut auf zweistellige Werte und neben Firmen und Gemeinden auch Tausende Privatleute in Zahlungsschwierigkeiten oder gar in den Ruin.

Island und der Fisch

Aufstieg zur Fischereination: In den ersten Jahrhunderten der Besiedlung dominierte die Eigenproduktion die Wirtschaft, exportiert wurden Wollwaren und Daunen in kleinem Maßstab. In der norwegischen Zeit spielte der Fischfang eine stärkere Rolle, mit dem dänischen Handelsmonopol entglitt die Ressource Fisch jedoch den Isländern. Mit der Lockerung und später der Beendigung des Monopols setzte eine neue Ära des isländischen Fischfangs ein, die mit der Motorisierung zu Beginn des 20. Jh. einen Höhepunkt fand. Nach und nach wurden die Häfen der vielen kleinen Fjordorte im Land ausgebaut.

Diversifizierung und Rationalisierung: Die Dominanz der Fischerei im Wirtschaftsleben wurde auch als Problem wahrgenommen, zumal die Erträge schwankten und ganze Bestände ausgerottet wurden – das Verschwinden des Herings ist ein deutliches Beispiel für die Empfindlichkeit der Fischerei. Folglich schrieb sich die Politik mehr Unabhängigkeit von der Fischerei auf die Fahnen, Industrieansiedelung war das Zauberwort. Der Exportanteil des Fischs sank von nahezu 100 % auf heute etwa 40 %. Mit Rationalisierung und großen Fangschiffen, eigentlich schwimmende Fabriken, sank die Zahl der Beschäftigten, nur noch 5 % der Erwerbstätigen sind in der Fischwirtschaft beschäftigt.

Fangflotte: Nur noch ein paar Tausend Seeleute fahren zur See; meist landen sie ihre Fänge zur Weiterverarbeitung in Fischfabriken an, die so manchen Fjordort mit gewöhnungsbedürftiger Duftnote überziehen. Auf den großen Trawlern werden die Fänge sofort zu Gefrierfisch verarbeitet. In Fischfabriken zu arbeiten ist alles andere als ein Traumjob; hauptsächlich Frauen und z. T. Ausländer schuften und versuchen die Monotonie mittels MP3-Player zu übertönen.

Die knapp 60 Trawler (heute haben Hecktrawler die Seitentrawler abgelöst) sind hochtechnisiert und verfügen über Echolotgeräte, die den Meeresgrund abtasten und die Geschwindigkeit sowie den Standort des ausgelegten Netzes aufzeichnen. Kutter sind trotz Modernisierung nicht selten geworden oder ausgestorben; von kleiner dimensionierten Häfen aus operieren immer noch ca. 800 Boote unter 100 t.

Die *Fangmenge* schwankte in den letzten Jahren zwischen 1 und 2 Mio. t pro Jahr. Wirtschaftlich interessant sind nur gut zwei Dutzend der insgesamt über 150 in den nahen Gewässern vorkommenden *Fischarten*. Die größten Anteile haben Hering, Dorsch (engl. *cod*), Schellfisch *(haddock)*, Lodde *(capelin)*, Seelachs *(saithe)*, Seewolf *(catfish)* und Scholle *(plaice)*. Der Garnelenfang (shrimps) verringerte sich im Laufe weniger Jahre auf Bruchteile früherer Mengen. Die Ladungen der Netze enden als Gefrierfisch, Salzfisch, Stockfisch, Leberöl, Lebermehl, Fischmehl und Rogenpackungen.

Nicht jeder Fjordort jagt denselben Meerestieren hinterher, man ist spezialisiert (was die derzeitige Quotenregel in gewisser Weise fördert). Höfn beispielsweise hat einen Namen als Zentrum im Hummerfang.

Zum **Walfang** siehe Kap. „Der Westen" (Hvalfjörður)

Walfang begann in Island um 1880, wurde 1915 beendet und später erneut wieder aufgenommen.

Trockenfisch oder Stockfisch (isl. *harðfiskur*): kann nur mit bestimmten Fischen wie Schellfisch oder Kabeljau hergestellt werden; bei fettreichen Arten würde das Fett recht schnell unangenehm ranzig. Stockfisch spielt heute nur noch eine geringe Rolle, andere Methoden zur Haltbarmachung verdrängten das ehemalige Hauptexportprodukt – und damit auch die typischen Trockengestelle, an denen die Fische „zum Himmel stanken". Tipp: mit Butter essen!

Salzfisch: (isl. *saltfiskur*) wurde früher auf den Klippen zum Trocknen ausgelegt – daher die andere Bezeichnung Klippfisch.

Aquafarming: Neueres Kind der Fischerei ist die Zucht von Lachs und Saibling in Bassins an Land oder in Käfigen vor der Küste. 5000 t werden derzeit produziert, mit einem weiteren Anstieg ist zu rechnen.

Das Dilemma des Fischereiwesens – Meilen und Quoten

Die Gewässer um Island sind sehr fischreich. Kein Wunder, denn der warme Golfstrom, der um Island zirkuliert und sich mit kühleren, sauerstoffreichen Wassermassen mischt, sowie die geringe Meerestiefe auf dem Schelfsockel schaffen günstige Voraussetzungen zur Vermehrung der Meeresfauna. Doch lange Zeit war der Fischfang im Nordatlantik ein gefährliches Unterfangen – die kleinen Holzboote waren dem unruhigen Meer kaum gewachsen. Besserung brachte der Einsatz von Segelschiffen im 19. Jh. Das Augenmerk richtete sich nun auf den im Norden entdeckten Hering. Mit dem Aufkommen von motorgetriebenen Trawlern ab 1905 wurden innerhalb kurzer Zeit die Segelboote verdrängt. Nach dem Ersten Weltkrieg ermöglichte es der Einsatz von Kühlschiffen, frischen Fisch auf Eis gelagert (isl. *ísfiskur*) zu transportieren. Nach dem Zweiten Weltkrieg setzte sich tiefgefrorener Fisch im Handel durch und ausgeklügeltere Fang- und Verarbeitungsmethoden modernisierten die isländische Fischerei.

Mit der Phase der Technisierung weitete sich auch der Radius der Fischerei aus und der Nordatlantik wurde so zu einem „Kriegsgebiet", in dem um Rechte und Territorien hartnäckig verhandelt wurde. Für Island, das jahrhundertelang seine eigenen Ressourcen als dänischer Untertan nicht nutzen konnte, kam der Frage der Meilen und der Fangquoten eine existentielle Bedeutung zu. Vor allem mit England wurde im Zeitraum von 1958 bis 1976 um den Kabeljau gerangelt. Das Ergebnis: von 1975 bis heute dehnt sich das Fischterritorium von den ursprünglichen 3 bzw. 12 auf 200 Seemeilen oder 758.000 qkm aus, also die siebenfache Landesfläche.

Die 1950er und 60er waren die großen Zeiten des Heringsfangs. Die Fjordorte waren das isländische Klondike, die Häfen zum Bersten mit Schiffen und Salzfässern belegt. Doch die Fanggewinne waren teuer erkauft: Die Gewässer wurden katastrophal überfischt. Ein Quotensystem war die politische Antwort. Doch wurden die Fangquoten nicht an Orte, sondern an Schiffe gebunden und sind somit verkaufbar. So sind letztendlich die kleinen Häfen die großen Verlierer dieses Strukturwandels.

Trotz dickem Fell: auch Schafe suchen Windschutz

Landwirtschaft: Milch und Lammfleisch

Das kühle Klima und die Natur Islands erlauben Landwirtschaft nur in geringem Umfang; ihre wirtschaftliche Bedeutung sank während des letzten Jahrhunderts zu Gunsten der Fischerei beträchtlich. Heute trägt die Agrarproduktion etwa 1,4 % zum Bruttosozialprodukt bei. Die Wiesen und Weiden werden zur Schaf- und Rinderhaltung genutzt. Auf spärlichen 1,5 % der Bodenfläche wird Ackerbau betrieben.

Möglich ist die Landwirtschaft im Wesentlichen in den Küstenbereichen, insbesondere in den Tiefländern im Südwesten und Norden sowie an den Säumen der Fjorde. Die isländischen Farmer sind eingebunden in ein System von staatlichen Regulierungen (wiederum ein Quotensystem) und Unterstützungsmaßnahmen. Viele strecken ihre Fühler aus nach neuen Erwerbsquellen wie Fisch- und Nerzzucht oder, weitaus tragfähiger, nach lukrativen Gästebeherbergungen im Sommer.

Bevor zu Beginn des Jahrhunderts die Fischerei ausgeweitet wurde, lebte noch 80 % der Bevölkerung auf dem Lande. Um einen Hof herum war der Bereich des „tún" angelegt, der Hauswiese. Es kostete einige Mühen und Anstrengungen, einen solchen Bereich einzuzäunen und der frostbedingten Buckelbildung entgegenzuwirken. Im Verhältnis zum gesamten Grundbesitz macht sich die Hauswiese eher klein aus, der Hauptertrag an Heu, von dem es abhing, wie viel Vieh den Winter überdauern konnte, wurde und wird hier erbracht. In den letzten Jahren kam es zu starken Konzentrationsprozessen. Einige Bauern haben sich bei der Expansion hoch verschuldet und leiden nun unter dem steigenden Ölpreis, steigenden Düngerpreisen und der Finanzkrise.

Das Bonmot „Unterhalte dich mit einem isländischen Bauern niemals über die Ernte, das Heu oder das Wetter, sondern über Shakespeare, Goethe und Einstein" wirft überspitzt ein Licht auf den hohen Bildungsstand im ländlichen Sektor: Ein hoher

Heumahd im August in den Ostfjorden

Anteil der Bauern genoss eine Ausbildung oder Fortbildungstage in einem landwirtschaftlichen College wie Hólar im Norden oder Hvanneyri im Borgarfjörður.

Rinderhaltung und Molkereiwirtschaft: Ca. 125 Mio. Liter Milch werden jährlich verarbeitet. Über 20.000 Milchkühe weiden auf den Wiesen; die isländische Kuh hat eine relativ hohe Milchleistung. Einige Bauern plädieren jedoch dafür, den Import von Hochleistungskühen zu gestatten. Der Staat subventioniert den Milchpreis.

Schafe: Der Bestand von 780.000 Schafen Anfang der 70er Jahre, als etwa dreimal so viele Schafe wie Menschen die wenigen grünen Landstrike bevölkerten, reduzierte sich auf knapp unter 500.000. Die drückende Sorge vor Überweidung durch die Tiere milderte sich in der Folge. Ziegen sind nur etwa einige Hundert gemeldet.

Treibhäuser: Die Wärme der Erde gestattet es, in Gewächshäusern Anbau zu betreiben. Hier gedeihen Obst und Gemüsesorten, die sonst nicht in Island wachsen würden. Die viel zitierten Glashäuser des Ortes *Hveragerði* bringen Blumen und Gemüse wie Gurken, Paprika und Tomaten hervor. Mit den Preisen von Importgemüse kann man dennoch nicht mithalten.

Ernte: In der kurzen viermonatigen Vegetationsperiode gedeihen freilich kaum andere Nutzpflanzen als Kartoffeln, Kohl und Rüben. So verwundert es nicht, dass die einheimische Bevölkerung von der Landwirtschaft nur in Teilen ausreichend versorgt werden kann; immerhin ist Island unabhängig bei Fleisch, Geflügel, Eiern und Milch und es kann sich zu einem guten Teil mit eigenem (Treibhaus-)Gemüse versorgen; Getreide freilich muss eingeführt werden. Ernte (2009): 9500 t Kartoffeln, 16.881 t Getreide (Vervielfachung in wenigen Jahren), 1484 t Tomaten, 1452 t Gurken.

Aluminium: der neue Gott, der neue Teufel

Eine industrielle Revolution ähnlich der im Europa des 19. Jh. erlebte das ferne und rohstoffarme Island nicht. Die bedeutenden Werke in dem kleinen Staatswesen sind auch heute noch an einer Hand abzuzählen – zu klein ist der lokale Absatzmarkt. Produziert werden neben Zement Produkte für den Fischfangsektor und

Dünger für die Landwirtschaft. Doch ein Zauberwort beherrscht den Industriestandort Island: Aluminium. Konkurrenzlos günstige Energiepreise sind es, die diese stromintensive, exportorientierte Branche anlocken. Die Alu-Produktion stieg in den letzten Jahren rasant, zusätzlich zum Standort Straumsvík auf Reykjanes wurden weitere Fabriken am Hval- und am Reyðarfjörður aus dem Boden gestampft (vgl. Kasten S. 265). Investiert wurden allein dort über 1,5 Mrd. Dollar gegen den erbitterten Widerstand von Naturschützern, da ein riesiges Gebiet im Hochland zur Energiegewinnung überflutet wurde (vgl. Kap. „Hochland"). Aller Widerstand scheint zwecklos zu sein. Die nächsten zwei Schmelzen sind schon lange in Planung (allerdings liegen beide Projekte aus verschiedenen Gründen erst mal auf Eis). Die Befürworter argumentieren, dass dringend Arbeitsplätze in den abgelegenen Regionen entstehen müssten – nicht nur wegen der Finanzkrise, sondern auch vor dem Hintergrund, dass in den meisten Fjordorten durch die Einführung eines Quotensystems durch den Staat die Fischerei mehr oder weniger zum Erliegen kam.

Energie aus Wasser und Erdwärme

iel mehr Nutzen als zum Wäschewaschen zog man früher aus dem heißen Wasser nicht – heute heizen fast 90 % der isländischen Bevölkerung mit Erdwärme. Kein Land gönnt sich einen höheren Stromverbrauch pro Kopf – die dunklen Winternächte wollen mit hohen Wattzahlen erhellt werden.

Das Heizen mittels Erdwärme begann in kleinem bereits 1933 Maßstab. Erst als ausgefeiltere Bohrtechniken bereitstanden – das erforderliche Bohrloch ist 1 bis 2,5 km tief –, konnte die neue Energieform von Bauernhöfen und Gemeinden kon-

Geothermie-Kraftwerk

sequent genutzt werden. Schwimmbäder und Gebäude werden an vielen Orten des Landes umweltfreundlich mit geothermischer Energie beheizt. Der Einfluss der Erdwärme geht so weit, dass in entsprechenden Orten die Lage der heißen Quelle den Standort von Gebäuden bestimmt; besonders Schulhäuser mit vielen Räumen wurden nahe an Quellen errichtet. Heute werden sogar die Gehsteige von Reykjavíks Innenstadt beheizt.

Träume: Island hat das Glück, dank der heißen „Erdkruste" immense Energievorräte zu besitzen, was Raum für Träume von vielen Aluminiumschmelzen oder vom ölfreien Wasserstoffzeitalter gibt. 2003 wurden bereits Brennstoffzellen-Busse in der Hauptstadt in Dienst gestellt. Immer wieder erscheinen Pläne in den Zeitungen, Island zum Vorreiter der Elektromobilität zu machen. „Grüne Energie" ist ein Dauerbrennerthema in Island, auch in Bereichen außerhalb von Wasserkraft und Geothermie. In Akureyri soll aus Schlachtabfällen bald Biodiesel produziert werden.

Geothermale Kraftwerke: Berühmt ist das Krafla-Kraftwerk am Mývatn. Die Anlage Svartsengi auf Reykjanes, das die Umgebung mit heißem Wasser versorgt, ist unter einem anderen Namen bekannt geworden: Seine Abwasser speisen die Blaue Lagune auf der Halbinsel Reykjanes. Die Produktion stieg von 5112 GWh 1996 auf über 9925 GWh 2006 und 16.835 2009, davon 4553 geothermal.

2008 wurde mit dem Kárahnjúkar-Projekt im Hochland ein riesiger Staudamm fertig gestellt, der soviel Strom erzeugt wie ein kleines Kernkraftwerk. Derzeit wird an der Tungnaá das 95 MW-Kraftwerk Búðarháls errichtet, ausgerüstet von einer Deutschen Firma, die Fertigstellung ist 2013 vorgesehen. Die Wasserkraft-Produktion stieg von 4678 GWh 1995 auf 12.297 GWh im Jahr 2009.

Wasserkraft: Da die Flüsse im Norden und Nordosten zu weit von den Siedlungszentren entfernt sind, kamen zunächst v. a. die großen Wasserläufe des Südwestens (Hvitá, Tungnaá und Þjorsá) zur Nutzung in Frage.

Öl und Gas: Neuerdings wird auch nach fossilen Brennstoffen wie Öl und Gas gesucht (Jan-Mayen-Rücken). Mehr Infos unter www.os.is.

Tourismus: Goldgrube für zwei Monate

Ein Traumland für Abenteurer war die Insel schon im 19. Jh. Hatte man die mühevolle Schiffspassage hinter sich gebracht, brach man als Forschungsreisender oder Lustreisender zu den geheimnisvollen Merkwürdigkeiten der Insel mit den „feuerspeyenden Bergen" auf. Zu Fuß oder im Sattel erkundeten die Reisenden den „Sneffel", den Geysir „Strokker" oder die dampfenden Quellen. Die Zeiten einer einsamen Islandreise sind vorbei. Rund 54.377 Deutsche kamen 2010 in Island an, der Großteil im Sommer. Fast jedes Jahr nach den kurzen Sommermonaten kann das statistische Büro einen neuen Rekord der Besucherzahl vermelden. Die Statistik zählt insgesamt 3 Mio. Übernachtungen von Ausländern und Isländern in mittlerweile knapp 800 Beherbergungsbetrieben, wovon 18 % auf Campingplätze fallen. Stark zugenommen hat auch die Zahl der Kreuzfahrtschiffe, mittlerweile legen allein in Reykjavík alljährlich um die 80 Ozeanriesen an. Viele Isländer haben sich anstecken lassen vom nach wie vor anhaltenden Boom und der Hoffnung auf hohe Einkünfte aufgrund kaufkräftiger Touristen, die in Euro kalkulieren und deswegen klaglos bezahlen. Einige Vermieter haben die Preise weit stärker erhöht als es der Durchschnittsinflation entspräche und so keine Einkommensverluste durch die Krise, wie in vielen anderen Branchen nicht möglich ist. Doch die Hoffnung, in wenigen Jahren als Vermieter oder Touranbieter reich zu werden, könnte trügerisch sein, die Saison ist einfach zu kurz.

Pferdeparadies Island

Reisepraktisches

Anreise   → S. 158

Unterwegs in Island   → S. 162

Wissenswertes von A bis Z   → S. 172

Island aus der Vogelperspektive – Blick auf Pseudokrater am Mývatn

Anreise

Mit dem Flugzeug

Aus der Luft erreicht man Island von deutschen Flughäfen aus innerhalb von drei bis vier Stunden. Inmitten eines eintönigen, oft wolkenverhangenen Lavafelds landet man auf dem Flughafen Keflavík, etwa 50 km von der Hauptstadt entfernt.

Am Markt aktiv sind derzeit Icelandair, die Discount-Fluglinie Iceland Express und der Charteranbieter Air Berlin. 2011 kündigte eine neue isländische Airline, WOW Air, an, ab Frühjahr 2012 Ziele in Europa anzufliegen.

Icelandair offeriert oft Sonderpreise, insbesondere zu bestimmten Events in Reykjavík; www.icelandair.de.

Fluglinien und Routen Icelandair bietet 2012 Direktverbindungen ab Frankfurt, München und Hamburg an. Mit Umsteigen in Frankfurt oder Kopenhagen sind in Kooperation mit Scandinavian Airlines Flüge ab anderen deutschen Flughäfen möglich. Sommer- und Winterflugplan unterscheiden sich; im Sommer wird 10-mal die Woche von/nach Frankfurt, 3-mal die Woche von/nach München und 2-mal die Woche von/nach Hamburg geflogen. Rechnen Sie mit Preisen ab 400 € für Hin- und Rückflug. ℡ 069-299978, www.icelandair.de.

Iceland Express fliegt im Sommer 1- bis 3-mal pro Woche nonstop ab Frankfurt-Hahn im Hunsrück, ab Berlin und ab Friedrichshafen, im Winter zurzeit nur von Berlin. Die günstigsten Preise können zwischen 80 und 150 € für den einfachen Flug variieren. ℡ 040-30187420, www.icelandexpress.de.

Air Berlin fliegt von Mitte Juni bis Mitte August bzw. Anfang Sept. (München und Düsseldorf) 2- bis 3-mal die Woche direkt von Berlin, Hamburg, Düsseldorf, Stuttgart, München sowie Wien; mit Umsteigen Abflug von Hannover, Basel und Zürich möglich. Es gibt Spartarife ab 120 € für eine Flugstrecke. ℡ 01805-737800, www.airberlin.com.

Kinderermäßigungen Kinder unter 2 Jahren fliegen bei allen Airlines für 10 % des regulären Preises. Kinder unter 12 J. bekommen bei Icelandair 25 %, bei Iceland

Express 25–50 %, bei Air Berlin 67 % Vergünstigung (plus Steuern, Gebühren etc.).

Anschlussflüge in Island Nötig ist ein Flughafenwechsel von Keflavík nach Reykjavík. Infos bei Air Iceland (siehe Kap. „Unterwegs").

Gepäckmenge Bei allen Airlines 20 kg, bei Air Berlin für Besitzer einer topbonus-Card (Silver/Gold oder Service Card) 30 kg.

Fahrradmitnahme Keine Fluglinie befördert Drahtesel gratis. Bei Icelandair müssen 28 € pro Strecke hingeblättert werden, bei Iceland Express 30 € (bei Online-Reservierung 20 % Ermäßigung) und bei Air Berlin 50 € bzw., wenn das Rad nicht 24 Std. vor Flug angemeldet wird, 100 € (Besitzer der oben genannten topbonus Cards zahlen nichts; die Silver und die Gold Card sind kostenlos). Das Rad muss bei Icelandair und Air Berlin vor dem Flug angemeldet werden, da pro Flug nur eine begrenzte Zahl Räder mitgenommen wird. Icelandair verlangt, dass das Fahrrad in einem Fahrradkarton oder einer Fahrradtasche verstaut ist; möglich ist es auch, das Rad mit quer gestelltem Lenker, herausgenommenen Rädern und abgebauten Pedalen einfach mit allen Einzelteilen in eine Plane einzupacken. Die lässt sich dann in Island problemlos mit auf Tour nehmen (Fahrradkartons können ansonsten ohne Gebühr beim Zeltplatz in Keflavík gelagert werden, wenn man die erste und letzte Nacht der Reise dort übernachtet). Erfahrungsgemäß werden Fahrräder beim Rückflug auch unverpackt mitgenommen. Iceland Express verlangt, dass der Lenker quer gestellt und die Pedale abgenommen werden, bei Air Berlin muss das Fahrrad in einer Hülle o. Ä. aufgegeben werden. Bei jeder Art des Transports ist grundsätzlich der Reifendruck abzusenken.

Ankunft am Leifur-Eiríksson-Flughafen Keflavík

Im Ankunftsterminal des in den letzten Jahren kräftig erweiterten internationalen Flughafens finden sich Bank, Geldautomaten (bei den Gepäckbändern und im Eingangsbereich), Autovermieter (u. a. Europcar und Hertz), ein Coffee-Shop und eine Touristinformation mit Buchungsservice (1. Juni bis 31. Aug. 5.30–17.30 und 21–1.30 Uhr), zudem Dutyfree-Shops, in denen auch bei der Ankunft eingekauft werden kann. Wer einen kleinen Alkoholvorrat mit auf die Reise nehmen möchte, sollte hier vorsorgen. Auch Landkarten lassen sich gut vor Verlassen des Terminals kaufen. Transportmittel zum und vom Flughafen ist der Zubringerbus (Flybus), der in 45–60 Min. die Hauptstadt Reykjavík erreicht. Tickets bekommt man im Terminal am Schalter oder am Automaten beim Ausgang, nicht beim Fahrer. Man kann sie auch schon vor der Reise im Internet kaufen (www.re.is/Flybus). Erster und einziger Halt in Reykjavík (nach, bei Bedarf, Stopps in Hafnarfjörður und Garðabær) ist der Busbahnhof; für den anschließenden Transfer zu allen größeren Hotels, zu Campingplatz und Jugendherberge sowie zum Flughafen Reykjavík muss man dort in Kleinbusse umsteigen (Ticket ISK 1950, mit weiterem Transfer ISK 2500, Kinder bis 11 Jahre umsonst, bis 15 J. halber Preis). Flughafennahe Unterkünfte vgl. Kap. Keflavík (Reykjanes). Außerhalb des Flughafengebäudes fallen die Kunstwerke „Regenbogen" und „Düsennest" ins Auge.

Inlandsflüge: Das Flugzeug ist eine wesentliche Säule des isländischen Verkehrswesens und ein durchaus übliches Verkehrsmittel, z. B. um vom Norden nach Reykjavík zu gelangen, und sei es nur zum Einkaufen. Das Gepäck ist auf 20 kg beschränkt.

Preise Der Flug Reykjavík–Akureyri kostet ab 65 €. Air Iceland bietet zudem Wochenendspecials und Tagestouren zum Mývatn, nach Grímsey (beide um 150 €) und zu vielen anderen Zielen an, auch nach Grönland (ab 450 €).

Adressen Air Iceland, Reykjavíkurflugvöllur, ✆ 5703000; Eagle Air, Reykjavíkurflugvöllur, ✆ 5624200.

www.airiceland.is, www.eagleair.is.

Mit dem Schiff

„Es gibt keinen gewaltigeren Anblick als Island, wie es aus dem Meer emporsteigt", schrieb Halldór Laxness in der Islandglocke. Wer mit dem Schiff anreist, braucht jedoch ein bisschen Zeit.

Mit der Fähre: Werden Sie Teil der Roadshow, die jede Woche im dänischen Hirtshals stattfindet und reihen Sie Ihr Gefährt ein zwischen all die anderen Pkws, Caravans, Enduro-Motorräder, Jeeps und hochgerüsteten Offroad-Trucks, die auf Einlass in die mächtige Island-Fähre warten. Die 2002 vom Stapel gelaufene *MS Norröna* der *Smyril Line* verkehrt von Anfang April bis Ende Oktober einmal wöchentlich zwischen Hirtshals im Norden Dänemarks und Seyðisfjörður an der isländischen Ostküste. Der Vorteil der Fährpassage ist neben der Mitnahmemöglichkeit des eigenen Fahrzeugs die langsame Annäherung an das Reiseziel.

Überfahrt mit der Norröna

Die 164,5 m lange und 30.000 PS starke *MS Norröna* hat im März 2003 die gleichnamige alte Fähre abgelöst und zieht seitdem mit einer Geschwindigkeit von 21 Knoten über die See. Sie kann etwa 800 Autos und knapp 1500 Fahrgäste in ihrem Bauch unterbringen. Für Zeitvertreib auf der rund 48 Stunden dauernden Überfahrt ist gesorgt: Schwimmbad, Kino, Spielhalle, Kinderprogramm, Cafés und Bars und ein kleiner Laden sorgen für Abwechslung. Viele Reisende sitzen allerdings am liebsten in ihren Liegestühlen auf dem mit Glas eingefassten, halboffenen Sonnendeck – wenn das Wetter passt. Kulinarisch bietet die *MS Norröna* ein Büfett-Restaurant (ab 25 €), ein À-la-carte-Restaurant und eine relativ günstige Cafeteria (mit Kinder-Spielecke). Selbst mitgebrachte Verpflegung kann in verschiedenen Bereichen verköstigt werden. Das Autodeck wird während der Reise verschlossen, man sollte also nichts Wichtiges im Auto liegen lassen, z. B. die Reisetabletten – es kann stürmisch werden auf dem Nordatlantik – oder den Schlafsack, wenn man die Nächte auf einer Liege verbringt. In einer Kabine sind sechs bis neun Liegen untergebracht (die oberste Liege bietet ca. 45 cm Raum bis zur Decke!), sodass die stickige Luft schon nach der ersten Nacht viele Leute mit ihrem Schlafsack auf den Gang treibt. Wer schlecht schläft, hat aber vielleicht das Glück, in den frühen Morgenstunden zu sehen, wie Island aus dem Meer emporsteigt. Wer es verpasst, tröste sich damit, die ebenfalls beeindruckenden Färöer gesehen zu haben: Nach dem Ablegen in Tórshavn beginnt eine etwa 1½-stündige, faszinierende Fahrt durch die Inselwelt.

Fahrplan In der Hochsaison (2012: 16. Juni bis 24. Aug.) ist Di 9 Uhr Abfahrt in Hirtshals und wird Do 7.30 Uhr Seyðisfjörður erreicht. Am Mi liegt die Fähre ab 15 Uhr eine halbe Stunde in Tórshavn auf den Färöern vor Anker. Die Rückfahrt beinhaltet eine Übernachtung mehr als die Hinfahrt, also drei: Die *Norröna* verlässt Seyðisfjörður Mi 20 Uhr, kommt Do 15 Uhr in Tórshavn an, wo sie bis 21 Uhr bleibt, und erreicht Hirtshals Sa 10 Uhr. In der Nebensaison gelten andere Fahrzeiten, Abfahrt von Hirtshals ist dann Sa.

Preise und Ermäßigungen Die Fähre hat 2-, 3- und 4-Bettkabinen (alle mit WC und Dusche) sowie Liegen in 6er- und 9er-Kabinen. Es gibt Pakete, deren Preis von Saison, Zahl der Reisenden und Fahrzeug bzw. Fahrzeuggröße abhängt. Das Paket für 2 Pers. mit Pkw bis 1,9 m Höhe und 5 m Länge kostet beispielsweise 371/484/682 € (NS/MS/HS) für den einfachen Weg. Motorrad- und Fahrradfahrer zahlen 1 Pers. und Rad 190/273/355 € bzw. 131/160/190 € für eine Strecke. Für eine Liege oder ein Bett in der Kabine ist ein Zuschlag zu zahlen, der je nach Saison (bei den Betten auch je nach Größe und Lage der Kabine) variiert; Zuschlag für eine Liege 23/38/54 € (inkl. 2-mal Tagesgericht in der Cafeteria), für eine 4-Bett-Innenkabine 92/224/324 € pro Fahrt. Ermäßigungen gibt es für Kinder (3–11 J.), Kinder unter 2 J. fahren umsonst mit.

Smyril Line bietet auch 1- bis 2-wöchige Pakete aus Fährfahrt und Übernachtungen sowie geführt Busreisen an.

> www.smyril-line.com,
> www.smyrilline.de

Buchungen Deutschland: *Smyril Line Deutschland*, Sell Speicher Wall 55, 24103 Kiel, ℡ 0431-200886, ℻ 2008870.

Dänemark: *Smyril Line Danmark*, Kai Lindbergs Gade 200, DK-7730 Hanstholm, ℡ 45-96550360, ℻ 96550361.

Island: *Smyril Line*, Stangarhyl 1, 110 Reykjavík, ℡ 354-5708600, ℻ 5529450.

Färöer: *Smyril Line Faroe Islands*, Yviri við Strond, P.O. Box 370, FO-110 Tórshavn, ℡ 298-345900, ℻ 345901.

> In der Hauptsaison fährt die *Norröna* Sa 12.30 Uhr von Hirtshals nach Tórshavn, das So 21.30 Uhr erreicht wird. Dann kehrt sie nach Hirtshals zurück, um für die Fahrt am Di die Islandpassagiere einzusammeln. Wer also auf dem Weg nach Island ein paar Tage Zwischenstopp auf den Färöern einlegen möchte, kann schon die Samstagsfähre nehmen und dann Mi 15.30 Uhr von Tórshavn nach Island weiterfahren. Der Preis erhöht sich dadurch pro Person um 16 € (Färöische Ausreisesteuer).

Mit dem Containerschiff: Diese Transportmöglichkeit bietet sich für alle an, die nicht selber Tage und Nächte auf hoher See verbringen, aber gern ihr eigenes Auto in Island zur Verfügung haben möchten. Nachteile sind die hohen Kosten, die lange Transportzeit und ein wenig Papierkram (hierüber informieren die Reedereien). Ist das Auto an seinem Bestimmungsort angekommen, dauert es noch ein bis zwei Tage, bis die Container gelöscht und die Autos abholbereit sind.

Reederei Samskip Ein Containerschiff verkehrt einmal die Woche ab **Cuxhaven**, in 6 Tagen erreicht es Reykjavík. Ein Motorrad kostet hin/zurück 1100 €, ein Pkw bis 20 cbm cbm hin/zurück 2150 €, bis 30 cbm 2800 €. Hinzu kommt der Bunkerzuschlag, derzeit 20 US $/cbm (www.samskip.is).

Deutschland: *Samskip* GmbH, Konsul-Smidt-Straße 82, 28217 Bremen, ℡ 0421-30470, ℻ 3047212, Mo–Fr 8.30–17 Uhr.

Island: *Samskip*, Kjalarvogur, 104 Reykjavík, ℡ 4588000, ℻ 4588100.

Reederei Eimskip Die Containerschiffe *Dettifoss* und *Goðafoss* nehmen einmal wöchentlich Fahrzeuge mit. Jeden Mi geht's von **Hamburg** nach Reykjavík, wo

das Schiff am darauffolgenden Di ankommt. Pkw bis 30 cbm kosten hin/zurück 1551 €, Motorräder 671 € (Stand 2011). Einige Gebühren kommen noch dazu, auch ein Bunkerzuschlag. Außerdem muss das Fahrzeug versichert werden. Eimskip verschickt bei Interesse eine E-Mail mit ausführlichen Informationen (www.eimskip.com).

Passagierfahrten auf Containerschiffen werden leider nicht mehr angeboten.

Deutschland: *Eimskip*, Brandsende 6, 20095 Hamburg, ℡ 040-3233300, ℻ 32333060, Mo–Fr 8.30–17 Uhr.

Island: *Eimskip*, Klettagarðar 2, 104 Reykjavík, ℡ 5257000, ℻ 5257009.

Nie in der Busspur fahren!

Unterwegs in Island

Das natürliche Fortbewegungsmittel war jahrhundertelang das Pferd. Noch vor 100 Jahren gab es nennenswerte Straßen nur im Bereich der Hauptstadt. Frühere Beschwerlichkeiten wie das Warten, bis bei Ebbe der Fjord passierbar ist, Flussüberquerungen in Kisten an Seilen oder Fährpassagen über reißende Gletscherflüsse sind passé. Trotzdem sei, egal ob man motorisiert reist oder mit Muskelkraft das Land erkundet, davor gewarnt, sich zu viele Kilometer pro Tag vorzunehmen. Die Wetterverhältnisse und der Zustand der Straßen machen schnell einen Strich durch die Rechnung. Eine Eisenbahn gibt es in Island übrigens nicht.

Mit Auto und Motorrad

In Island werden ständig neue Wegstrecken asphaltiert und Brücken sowie Tunnels fertiggestellt, die die Strecke verkürzen oder über schwer passierbare Stellen helfen. Dies gilt nicht mehr nur für die Ringstraße, sondern auch für abgelegene Regionen wie die Westfjorde, und ist eine enorme Leistung für ein Land mit so wenigen Einwohnern.

Die Länge des Straßennetzes wird offiziell mit 13.000 km angegeben. Seit 1974 umrundet die Ringstraße *(Hringvegur)* auf knapp 1.340 Straßenkilometern die Insel; dabei spart sie die großen Halbinseln und die meisten Fjorde aus. Sie ist inzwischen mit Ausnahme von wenigen Kilometern vollständig asphaltiert und folglich für alle Fahrzeugtypen befahrbar. Die einzigen vierspurigen Straßen im Land sind die Ausfallstraßen Reykjavíks. Ein Großteil des Straßennetzes besteht aus Schotterstraßen, deren Schlaglöcher und „Wellblech"-Partien keine hohen Geschwindigkeiten erlauben. Frisch aufgeschottert sind sie ein Gräuel für Radler. Die Verbindungen durch das Hochland sind ausschließlich Pisten, die unterschiedlich schwierig zu befahren sind. Die längsten und bei Touristen beliebtesten Pisten sind die *Kjölur*, deren Flussläufe inzwischen zum Bedauern der „Allradfahrer" überbrückt sind, und die legendäre *Sprengisandur*. Abgelegene Pisten sind nicht mit Orientierungsstäben markiert.

Viele (Neben-)Straßen sind im Winter geschlossen, manchmal auch länger, je nach Zustand der Piste. Die Brücken im Land sind oft nur einspurig angelegt und in diesem Fall mit Schildern angekündigt, bisweilen auch mit Blinklichtern. Sie zweispurig auszubauen hat im Straßenbau – abgesehen von viel befahrenen Abschnitten der Ringstraße – keine Priorität; wegen des verhältnismäßig geringen Verkehrsaufkommens kommt es kaum zu Kollisionen. Im Tunnel- und Brückenbau unternimmt Island in den letzten Jahren gewaltige Anstrengungen, um die Erreichbarkeit abgelegenerer Ecken zu verbessern. Seit 1998 ist der 5,7 km lange Tunnel unter dem Hvalfjörður nördlich von Reykjavík offen, seit 2005 einer zwischen Reyðarfjörður und Fáskrúðsfjörður in den Ostfjorden. Ein in zwei Abschnitte unterteilter, insgesamt 11 km langer Tunnel zwischen Ólafsfjörður und Siglufjörður auf der Halbinsel Tröllaskagi im Norden wurde 2010 fertiggestellt.

Wer genug Zeit für die Anreise mit der Fähre hat und hohe Mietwagenpreise vermeiden will, kann problemlos sein eigenes Auto mitbringen. Die Frage ist aber, ob man seinem Auto die isländischen Straßenverhältnisse zumuten will und kann. Mit einem normalen Pkw ist mittlerweile das Hochland auf der Kjölur zu durchqueren (für nicht geländegängige Mietwagen ist dies allerdings verboten – auch diese Piste ist folglich nicht ohne ihre Tücken). Will man aber sein Fahrzeug nicht innerhalb eines Urlaubs um Jahre altern lassen, sind einem manche Nebenstraßen und Pisten ins Landesinnere versperrt. Eine bei längerem Aufenthalt möglicherweise lohnende Alternative zum Mietwagen oder der langen Anreise per Fähre ist der Autokauf vor Ort. In Reykjavík gibt es zahllose Gebrauchtwarenhändler, bei denen mit etwas Glück ein reisetaugliches Auto preisgünstig zu erwerben ist. Schwieriger ist der Verkauf, wenn es schnell gehen muss. Für eine Zeitungsannonce bleibt kaum Zeit und die Autohändler arbeiten nur auf Provisionsbasis.

Eine Tabelle mit den wichtigsten **Entfernungen** finden Sie auf S. 731.

Nummerierung Die Straßen sind nach Region und Qualität bzw. Funktion nummeriert. Die Ringstraße darf sich mit der „1" schmücken, die anderen Hauptverkehrswege tragen zweistellige Nummern. Im Gegensatz zur Ringstraße sind die zweistelligen Straßen noch nicht alle geteert, Schotter und Schlaglöcher, „Wellblech" und Spurrillen prägen diesen Typ weiterhin auf einigen Strecken. Noch eine Kategorie schlechter sind die Pisten mit dreistelliger Nummer. Steht gar ein „F" davor, ist ein Durchkommen (mit selten überbrückten Bächen und Flüssen) meist nur im Sommer und mit einem geländegängigen Fahrzeug gewährleistet. Die niedrigste Kategorie sind die nicht-nummerierten Wege, die vom Staat nicht betreut werden.

Fahren im Winter Nach Schneefall werden die Straßen geräumt – allerdings nicht alle und nicht immer. Eine Klassifikation legt fest, ob eine Straße täglich oder nur an einigen Tagen in der Woche geräumt wird. Die nicht berücksichtigten Straßen müssen die Farmer in eigener Regie räumen oder den Staat damit beauftragen. Priorität haben große Ansiedlungen, Häfen und Schulorte.

Tanken Die Dichte des Tankstellennetzes ist i. d. R. ausreichend; Versorgungslücken bestehen im Hochland und in entlegenen Regionen. Zapfsäulen in abgelegeneren Gegenden werden häufig von Farmern betrieben (auf der 1:500.000er-Karte sind auch die saisonalen Tankstellen eingetragen). Fast alle Zapfsäulen erfordern „Sjálfafgreiðsla", Selbstbedienung. So gut wie immer muss mit Hilfe von Geldautomaten getankt werden, die nur Kreditkarten (oft auch EC-Karten) und Prepaid-Karten akzeptieren (von N 1 z. B. zu ISK 3000, 5000 und 10.000 erhältlich). Funktioniert die Kreditkarte mal nicht, was durchaus vorkommt, können die Angestellten der meisten Tankstellen mit einer Karte aushelfen und man kann dar bezahlen. Manchmal haben die Zapfsäulen und die Läden dahinter jedoch gar nichts mehr miteinander zu tun. In Orten mit über 800 Einwohnern hat fast immer eine Tankstelle bis 23.30 Uhr offen.

Pannenhilfe und Verhalten bei einem Unfall Sollte man in einen Unfall verwickelt sein, ist zunächst die Polizei zu informieren (Notruf 112); der Unfallort sollte möglichst nicht verändert werden. Als nächstes kontaktiert man, soweit mit einem Mietwagen unterwegs, den Autoverleih, ansonsten den isländischen Automobilclub (s. u.), danach die Versicherung. Der ADAC bietet in seinem Euro-Schutzbrief Erstattung für Pannenhilfe und Abschleppen.

Fahrradmitnahme Wer sein Fahrrad außen am Auto mitführt (aufgrund der rauen Straßenverhältnisse ist ein solider Heckgepäckträger das einzig Vernünftige), sollte an eine Schutzplane denken. Wind und Wetter lassen den Drahtesel schnell rosten.

Infos für Biker Jakob Þór Guðbjartsson, „Iceland overland – handbook and planning guide for motorcyclists", Garðabær 2005. Das Buch beschreibt 53 Motorradrouten durch das Hochland. Zusätzlich bietet es wichtige Informationen zu Vorbereitung, Ausrüstung, Fahrweise und Verhalten bei Aktivitäten in unwegsamem Gelände.

Informationen zu den Straßen können landesweit unter ☎ 1777 bzw. im Internet unter www.vegagerdin.is eingeholt werden.

Pisten: In abgelegenen Gebieten und im Hochland gibt es fast nur Pisten, die mal in besserem Zustand sind, mal in schlechterem. Die Fahrbedingungen wechseln mit dem Wetter und dem Lauf der Jahreszeiten. Die geschotterten Nebenstraßen in bewohnten Regionen sind normalerweise vorsichtig mit einem normalen Pkw zu bewältigen, die Pisten in verlassenen Gebieten und im Hochland sind meist ausschließlich mit Allradfahrzeugen – meist nur mit Geländewagen – oder Zweirädern passierbar und für nicht geländegängige Mietwagen häufig ausdrücklich verboten. Es ist ratsam, auf sehr abgelegenen und schwierigen Strecken mit zwei Fahrzeugen zu reisen, um sich gegenseitig helfen zu können. Fahrräder wie Motorfahrzeuge müssen auf Pisten immer wieder auf lockere Schrauben oder gebrochene Teile überprüft werden. Die Strecken in Zentralisland werden jedes Jahr zu neu festgelegten Zeiten freigegeben.

Fahrweise *Schotterstraßen* erfordern besonnenes Fahren; mit der Bodenhaftung geht leicht auch die Kontrolle über das Fahrzeug verloren, jährlich passieren viele Unfälle mit Touristen, die ihr Fahrzeug überschätzen. Insbesondere für den, der es nicht gewohnt ist, sich auf dem losen Kiesmaterial zu bewegen, geben manche Einheimische mit ihrem rasanten Tempo kein gutes Vorbild ab. Die Geschwindigkeit muss an Wege mit *Schlaglöchern* angepasst sein. Begegnen sich zwei Fahrzeuge auf unbefestigter Straße, hält reduzierte Geschwindigkeit den Schaden durch hoch geschleuderte Steine gering. *Wellblechpisten* sind der Feind jedes Stoßdämpfers.

Ein Farbwechsel der Straße deutet oft auf einen anderen Belag hin, der grundsätzlich durch Schilder angekündigt wird. Manchmal ist es auch nur ein plötzlich auftauchendes versandetes Wegstück. Nach langen *Regenfällen* ist es ratsam, sich nicht zu sehr am Rand der Straßen und Wege zu bewegen, das Bankett könnte teilweise weggerissen oder unterspült sein. Das Schild „Blindhæðir" markiert unübersichtliche Kuppen und fordert dazu auf, sich rechts zu halten und langsam auf den Hügel zuzufahren.

Tiere auf der Fahrbahn In besiedelten Gegenden muss immer mit Tieren auf der Fahrbahn gerechnet werden. Dann heißt es stehen bleiben oder langsam weiterfahren. Schafe sind unberechenbar, wechseln beim Weglaufen zuweilen noch im letzten Moment die Richtung und rennen genau vors Auto. Nachts sollte man vorsichtig sein – es können immer Schafe auf der Straße stehen und liegen. Rechtlich gesehen hat der Farmer die besseren Karten: Es ist Pflicht, für Viehschäden aufzukommen.

Viehgitter Die Eisenroste in der Straße sollen vor allem Schafe daran hindern, die Straße als Schlupfloch aus ihrem eingehegten Weidegebiet zu benutzen. Die Gitter in gemäßigter Geschwindigkeit anzugehen erspart gelegentlich das unangenehme Einbrechen in Schlaglöcher, die sich mit Vorliebe davor und dahinter bilden. Es kann auch sein, dass einzelne Rohre beschädigt sind oder Lücken im Gitter bestehen.

Wichtige Regeln zum Furten Eines vorweg – Flüsse in Island sind in den seltensten Fällen reguliert; Wasserstand und Kraft verändern sich je nach Tages- und Jahreszeit und Wetter. Kleinere Gletscherflüsse führen morgens sehr viel weniger Wasser als abends, es sei denn, im Herkunftsgebiet herrschen sehr tiefe Temperaturen. Damit Sie nicht als stecken gebliebener Abenteurer zum Schnappschussobjekt werden:

1. Vor dem Befahren einer Straße mit schwierigen Furten immer den Wasserstand der Flüsse erfragen.

2. Vor dem Überqueren breiter, stark strömender oder undurchsichtiger Flüsse die Tiefe und den Zustand des Untergrundes untersuchen. Niemals blindlings alten Reifenspuren folgen!

3. Kleinere Personenwagen, bei denen die Maschine nicht ausreichend geschützt ist (besonders die Luftansaugung muss hoch liegen, die Elektrik und die Bremsen könnten ebenfalls vehement Einspruch erheben) sind ungeeignet!

4. Manche Flüsse sind geradeaus zu nehmen, manche mit einer Kurve, die flussabwärts weist. Ratschläge von anderen Reisenden veralten schnell!

5. Die beste Stelle ist nicht unbedingt da, wo der Fluss am schmalsten ist und schon

gar nicht da, wo alle entlangfahren (die Furt ist hier meist ausgetieft).

Versicherungen zahlen in der Regel keine Schäden, die beim Furten entstehen. Jedes Jahr bleiben in Island einige Dutzende Fahrzeuge in Flüssen stecken, die von Touristen z. B. besonders gerne in der Krossá/Þórsmörk.

Fahren Sie in Furten möglichst langsam, um einen Motorschaden durch sich aufstauendes Wasser zu vermeiden!

Verkehrsregeln   Rechtsverkehr. Fahren abseits der Straßen und Pisten ist verboten. Es besteht Gurtpflicht und auch tagsüber muss mit Abblendlicht gefahren werden. Höchstgeschwindigkeiten: Im Ort 50

(immer öfter auch 35), auf Schotterpisten 80, auf Asphalt 90 km/h. Nach Alkoholgenuss darf nicht gefahren werden – bei 0,5 Promille kann bereits der Führerschein entzogen und ein Bußgeld erhoben werden.

Strafen   Beispiele: bei 100 statt 90 km/h ISK 10.000, bei 115 statt 90 km/h ISK 50.000.

Reifendruck   Auf Sand (ebenso wie für die Spezialjeeps auf dem Gletschereis) ist es ein alter Trick, den Reifendruck zu erniedrigen; das frisst zwar Energie, verbessert aber die Traktion. Manometer nicht vergessen!

Adressen   Umferðarstofa (Verkehrsbüro), Borgartún 30, Reykjavík, ✆ 5802000, www.us.is. Auf der Internetseite lässt sich eine Broschüre über sicheres Fahren in Island herunterladen.

Félag Íslenskra Bifreiðaeigenda (Isl. Automobilclub), Borgartún 33, Reykjavík, ✆ 4149999, www.fib.is.

Mietfahrzeuge: Ein Überblick über das Angebot führt schnell zu zwei Erkenntnissen: Die Auswahl an Vermietern ist groß, gleichzeitig scheint keine gnadenlose Konkurrenz zu herrschen. Im Sommer ist wegen der großen Nachfrage eine zeitige Vorausbuchung noch von der Heimat aus anzuraten, entweder direkt beim Autoverleih, über das Internet oder über einen Reiseveranstalter (vgl. Kap. „Wissenswertes von A bis Z"). Letztere haben spezielle Offerten im Angebot. So gut wie alle Verleihe bieten die Bereitstellung des Autos am Flughafen an (manchmal mit Aufpreis verbunden).

≫ Unser Tipp: Einige Anbieter wie Hertz offerieren zu fairen Preisen auch Navigationsgeräte mit einer sehr guten Karte. ≪

Man kann zwar mit einem Pkw, sogar mit einem Kleinwagen, einige Hochlandstrecken bewältigen – die Verleiher schließen das jedoch aus!

selbst ein kleiner Jeep ungeeignet (vgl. Kap. „Hochland").

Günstige Internetangebote bei www.holidayautos.de.

Preise   Das Preisniveau ist mit 100–200 € für Pkw und bis zu 400 € pro Tag für Geländefahrzeuge sehr hoch. Der kleine und kompakte, populäre Geländewagen Suzuki Jimny kostet 150 €/Tag. Wochenangebote sind nur wenig billiger. Lassen Sie sich nicht eilfertig auf maximal 100 km/Tag ein, Sie werden sich schnell ärgern. An Fahrzeugtypen ist – außer Cabrios – fast alles zu haben. Zwar kann man auch mit einem Ford Fiesta die Insel umrunden, wer aber Hochlandabenteuer erleben möchte, ist auf ein vierradgetriebenes, hochbeiniges Fahrzeug angewiesen, für manche Pisten ist

Adressen   Geysir Car Rental, Blikavollur 5, Keflavík, ✆ 8934455, www.geysir.is, sitzt direkt am Flughafen und hat mit dem Lada Niva einen einfachen, aber ruppigen und verhältnismäßig günstigen Geländewagen im Programm.

Keflavik Car Rental, Holtsgata 54, Njarðvík, ✆ 7776111, www.kefcar.is, ebenfalls in Flughafennähe, ist ein kleiner, sehr persönlicher Verleih mit flexiblem, hilfsbereitem Besitzer.

Hertz, Flugvallarvegur, ✆ 5224400, www.hertz.is, bietet eine große Toyota-Flotte; mehrere Filialen im Land.

Island wird am besten auf eigene Faust erkundet

Die Fluglinie Iceland Express bietet in Zusammenarbeit mit **Budget**, Vatnsmýrarvegur 10, ✆ 5626060, www.budget.is, Mietwagen-Angebote.

Weitere große Anbieter:

Aka, Vagnhöfði 25, ✆ 5674455, http://frontpage.simnet.is/aka, **Átak**, Smiðjuvegur 1, Kópavogur, ✆ 5546040, www.atak.is; **Sixt**, Borgartún 33, ✆ 5402220, http://is.sixt.com; **Bilaleiga Akureyrar/Höldur – Eurorent Iceland**, Tryggvabraut 12, Akureyri, ✆ 4616000, www.holdur.is (der größte Autoverleih im Land); **Hasso**, Smiðjuvegur 34, Kópavogur, ✆ 5553330, www.hasso.is; **SS Car Rental**, Iðjustígur 1a, Keflavík, ✆ 4212220, www.isholf.is/carrentalss.

Gebrauchtwagen zu günstigeren Preisen bietet **Cheap Jeep**, Skulagata 30, Reykjavík, ✆ 5626555, www.cheapjeep.is.

Ein Verleih für Campervans ist **Happy Campers**, Rofabær 9, Reykjavík, ✆ 5787860, www.happycampers.is.

Versicherungen Meist ist die Unfallversicherung in die Rate schon eingerechnet. Einige Autovermieter bieten vor Ort auch an, die Police gegen Aufpreis zu verändern, um die Selbstbeteiligung zu verringern. Nach den jüngsten Vulkanausbrüchen gibt es seit Neuestem auch eine optionale Versicherung gegen die Schäden durch Sandstürme und Ascheregen („Sand & Ash Damage Waiver").

Vor dem Start Kontrollieren Sie Reserverad, Reifendruck und den Zustand der Wischerblätter. Monieren Sie bei der Übernahme auffällige Lackschäden. Diese werden i. d. R. mit einem Aufkleber markiert.

Trampen/Mitfahrzentrale: Trampen ist möglich, aber weder eine zuverlässige Art der Fortbewegung noch eine bequeme, selbst wenn man wind- und wasserdicht eingepackt am Straßenrand wartet. Im Bereich der touristischen Hauptattraktionen und auf der Ringstraße stehen die Chancen laut Leserauskünften am besten. Abseits gilt so etwas wie das „Gesetz der Wüste": Herrscht äußerst wenig Verkehr, sind die Fahrer (vor allem Touristen, wenn sie nicht zu sehr mit Gepäck beladen sind) am ehesten bereit, anzuhalten und jemanden mitzunehmen.
  Mitfahrzentrale: www.samferda.net.

Im Sommer verkehren zahlreiche Linien- und Ausflugsbusse

Mit dem Bus

Das isländische Überlandbusnetz ist für die dünne Besiedlung sehr gut ausgebaut, obgleich einige Linien in letzter Zeit eingestellt wurden, und dies
nicht nur in entlegenen Regionen. Im Sommer fahren „hochhackige" Spezi-
albusse über die Hochlandrouten.

Busfahren in Island ist bequem und einfach. Es muss nicht im Voraus gebucht werden und das Aussteigen ist so gut wie jederzeit und überall möglich. Gezahlt wird
immer der Preis bis zum nächsten offiziellen Halt. Oftmals genügt auch ein Hand-
zeichen, um den ankommenden Bus auf freier Strecke zum Anhalten zu bringen. Es
gibt mehrere Busgesellschaften, größte ist *Sterna*, die den überwiegenden Teil des
Landes abdeckt. Ihr Busfahrplan, in dem auch einige Strecken anderer Linien auf-
geführt sind, ist kostenlos an Busbahnhöfen und in Touristinformationen erhältlich. Für Busfahrten auf Reykjanes, in den Ostfjorden und im Nordosten benötigt man noch die Pläne der für den jeweiligen Landesteil zuständigen Busgesellschaft. Der größte Anbieter von geführten, meist eintägigen Busausflügen ist *Reykjavík Excursions* (www.re.is).

Gesellschaften Sterna (v. a. Süden, Nordwesten und Westen), www.sterna.is; SBA
Norðurleið (Nordosten), www.sba.is, Aust-
fjarðaleið (Osten), www.austfjardaleid.is;
Stjörnubilar (Westfjorde), www.stjorn
ubilar.is; Stræto (Großraum Reykjavík), www.
straeto.is; sbk (Reykjanes), www.sbk.is.

Einzeltickets Busfahren ist nicht ganz billig, zumindest, solange nicht die günstigen
Buspässe und Ermäßigungen genutzt werden. Ein Beispiel: Die einfache Fahrt von
Reykjavík nach Akureyri (389 km) kostet etwa ISK 11.000.

Buspässe Die Busgesellschaft Sterna hat
sechs Pässe im Angebot, erhältlich u. a. in

Reykjavík am BSÍ-Busbahnhof, Vatnsmýrarvegur 10, und in der Jugendherberge, in
Akureyri am Busbahnhof, Hafnarstræti 77,
sowie online unter www.sterna.is.

Full Circle Passport (15. Mai bis 15. Sept.):
Der Pass ohne Zeitlimit erlaubt für
ISK 35.000 eine Umrundung der Insel auf der
Ringstraße (eine Fahrtrichtung).

Full Circle & Westfjords (1. Juni bis 31. Aug.):
Diese Variante für ISK 51.000 gewährt zusätzlich eine Umrundung der Westfjorde, leider
ohne Abstecher nach Látrabjarg, aber inkl.
Fähre von Stykkishólmur nach Brjánslækur.

West Iceland and Westfjords (1. Juni bis
31. Aug.): Für ISK 25.000 kann man auf einer

Rundreise von Reykjavík aus die Westfjorde bereisen. Nur gültig in einer Fahrtrichtung, inkl. Fähre von Stykkishólmur nach Brjánslækur, aber ohne Abstecher zum Vogelfelsen Látrabjarg.

Snæfellsnes and National Park (20. Juni bis 31. Aug.): Mit diesem Pass kann man von Reykjavík aus für ISK 15.000 die Nordküste von Snæfellsnes und den Gletscher auf der Halbinsel erkunden.

East Circle (25. Juni bis 5. Sept.): Unterscheidet sich vom Full Circle Passport dadurch, dass im Westen statt der Ringstraße die Kjölurpiste gefahren wird. Mit Abstecher zum Kerlingarfjöll, Gullfoss und Geysir. ISK 36.000.

Golden Circle (1. Juni bis 31. Aug.): Für ISK 8000 kann man von Reykjavík aus die Attraktionen im Südwesten besuchen: Þingvellir, Gullfoss, Geysir.

Fahrradmitnahme In den Bussen ist jeweils Platz für etwa 3 bis 5 Fahrräder (manchmal ist vor Ort eine Anmeldung nötig, damit nicht der kleine Bus kommt – der kann nämlich schon mit Paketen beladen sein!). Die Hochland-, aber auch einige normale Busse verfügen über eine spezielle Fahrradaufhängung unter der Windschutzscheibe oder am Heck. Bei schlechtem Wetter und tiefen Furten erhalten die Drahtesel eine Schlammdusche, werden aber wenigstens nicht zerkratzt. Das kann in den anderen Bussen passieren, wo sie in den Gepäckraum wandern. An radelnde Fahrgäste gewöhnt, behandeln Busfahrer die Räder jedoch grundsätzlich sehr pfleglich, legen kein Rad auf die Schaltung, versuchen es aufrecht zu verstauen usw. Ist der Gepäckraum voll, erlauben manche Fahrer auch eine Unterbringung im Gang zwischen den Sitzen. Kosten: etwa ISK 2000/Fahrt. Einige Busgesellschaften nehmen Räder umsonst mit, häufig kommt es einfach auf den Busfahrer an, ob und wie viel der Transport kostet.

Gepäckaufbewahrung Am Terminal in Reykjavík, ab ISK 500/Tag.

Sommer- und Winterfahrplan unterscheiden sich erheblich. Einige Linien werden im Winter komplett eingestellt. Die in diesem Buch verzeichneten Angaben zu den Verbindungen in den einzelnen Regionen beziehen sich auf den Sommerfahrplan. Konzessionen für Busstrecken werden alle paar Jahre neu vergeben. Dies führt jedes Mal dazu, dass eine Strecke von einem neuen Anbieter bedient wird. Damit verbunden sind Umstellungen im Routenplan und gelegentlich auch Verlegungen der Haltestellen, was in kleinen Orten allerdings nicht dramatisch ist.

Mit dem Fahrrad

Wer die Herausforderung sucht, kann Island auch mit dem Fahrrad erobern. Zähe Kämpfe gegen Wind und Regen sind an der Tagesordnung. Im Hochland sind die Bedingungen klimatisch und in punkto Straßenverhältnisse noch um einiges härter. Die Reiseplanung sollte sich weniger auf die Tageskilometer als auf die Ausrüstung konzentrieren.

Radler sind nahezu überall in Island anzutreffen, insbesondere bei deutschen Bikern ist die Umrundung der Insel beliebt. Nicht nur mit dem asiatischen Leitspruch „Der Weg ist das Ziel" überlebt man die rauen Bedingungen, oft entschädigt die Eindringlichkeit der Natur für alle Anstrengungen. Auf höheren Energieverbrauch sollte man sich einstellen, die Kälte und der Wind werden ihren Tribut fordern, doch keine Sorge: Spaghetti gibt es überall zu kaufen. In größeren Orten (und das kann in Island eine Siedlung mit 300 Einwohnern sein) deckt man sich am besten immer so ein, dass die Verpflegung auf jeden Fall bis zum nächsten Ort reicht. Der Kraftaufwand, den der Wind kostet, lässt sich verringern, wenn man zu zweit ist und im Windschatten des Vordermannes fährt. Auch der überzeugteste

Einzelkämpfer wird in Island geneigt sein, einem Kollegen ein Stück gemeinsamer Wegstrecke anzubieten. Besonders in den Fjorden erlebt man den Wind einmal als Segen, auf der anderen Seite als grausamen Bremser. Ein Biker berichtete, ihm sei in einem Fjord so starker Gegenwind entgegengestürmt, dass er sein Rad nicht mehr s c h i e b e n konnte. Auf windstillere Tage zu warten, ist meist die falsche Taktik. Am besten kultiviert man die Einstellung, dass es Tage geben wird, an denen man frierend, hungrig, auf der Suche nach einer Waschmöglichkeit in Regen und bei starkem Gegenwind über schlechte Straßen holpert – dann ist man fast hochlandtauglich und es wird keine Enttäuschungen geben, getreu der Devise: Es kann nur besser werden. Um einiges wertvoller werden einem die Tage mit Sonnenschein, Trockenheit und vielleicht sogar 20 °C erscheinen. Nebenstrecken, die frisch aufgeschottert sind, stellen ein ärgerliches Hindernis dar, mühsam und zäh geht es über scharfkantiges, grobes Material.

Tipps zur Routenplanung

Rundtour (3–5 Wochen): Einmal rund um die ganze Insel zu fahren ist Absicht der meisten, die das erste Mal kommen, und ein guter Einstieg. Für eine Rundtour sollte man sich auf jeden Fall genug Zeit nehmen, denn um das Land zu erleben, heißt es häufig verweilen und die Gegend zu Fuß erkunden. An Orten wie Skaftafell oder Þorsmörk vorbeizurauschen, ohne mindestens einen Wandertag eingelegt zu haben, ist fast schon ein Sakrileg. Ein Abstecher nach Landmannalaugar oder die **kurze** Fahrt über die Piste Kaldidalur vermitteln auch auf einer Rundfahrt, die ja ansonsten auf der Ringstraße verläuft, ein Gefühl von Hochland. Der Weg über Landmannalaugar im Hochland erspart einem im Süden die mittlerweile recht befahrene Ringstraße.

Durchs Hochland (je eine Woche einplanen): Die Insel lässt sich auf zwei Hochlandpisten durchqueren. Die einfachere Wahl ist die Kjölur-Route mit überbrückten Furten, die als besonderen Reiz auf halbem Wege ein Geothermalgebiet mit heißen Quellen zu bieten hat. Macht man noch den empfehlenswerten Abstecher zum Kerlingarfjöll, kommt man sogar zu einem zweiten Geothermalgebiet. Auf dem Weg Richtung Reykjavík sollten auf jeden Fall die Klassiker Gullfoss, Geysir und Þingvellir eingebaut werden. Auf der Kjölur ist es aber, da sie einfacher zu befahren ist, einiges mehr los als auf der Alternativstrecke Sprengisandur weiter östlich. Diese Route bietet Einsamkeit und Hochlanderleben pur, doch muss man sich auf einige schwere Furten und steinige Abschnitte gefasst machen. An heißen Quellen kommt man leider nicht entlang. Mit kilometerlangen Wellblechabschnitten ist zu rechnen. Beliebt ist außerdem die Fjallabaksleið nach Landmannalaugar. Eine echte Herausforderung sind die Pisten zur Askja und zum Kverkfjöll. Für alle Strecken gilt: Allein das unberechenbare Wetter kann einen im Hochland mehrere Tage kosten.

Die Fjorde im Westen (4–5 Wochen): Eine andere sehr lohnenswerte Tour ist die Rundfahrt um Snæfellsnes und die Westfjorde, die per Fähre von Snæfellsnes aus erreicht werden. Dies ist ein ganz anderes Erlebnis als das Hochland, auch wenn große Teile der Westfjorde abgelegen und einsam sind. Hier ist die bergige Welt der Fjorde mit viel Farbe, vielen Seevögeln, viel Abwechslung, mit zahllosen Wasserfällen und zwei kleinen Gletschern. Wir empfehlen, auch die Stichstraßen zu fahren, z. B. hoch zum Schwimmbad Krossnes. Von Hólmavík kann man den Bus zurück in die Hauptstadt nehmen.

Reykjavík: Einen Besuch der Hauptstadt sollte man sich für das Ende der Tour aufheben, um den Luxus der Zivilisation im Kontrast zu den Entbehrungen der Tour so richtig genießen zu können.

Im Hochland sind besondere Tücken zu bewältigen

Das Fahrrad Ein Mountainbike ist in Island das geeignetste Rad – was nicht heißt, man könne nicht auch mit einem 28-Zoll-Tourenrad um die Insel gondeln. Dann sollte man jedoch sehr sorgfältig überlegen, ob man sich ins Hochland wagen will – die nächste Werkstatt kann sehr weit entfernt sein. Auf keinen Fall sollte man die Fähigkeiten seines Materials überschätzen. Empfindliche Teile sind schnell abgebrochen. Zahlreichen Radfahrern brach auf den Schotterpisten schon der Lowrider. Bei Brüchen von Streben und Trägern ist man in abgelegenen Gebieten auf sich allein gestellt und muss sich zumindest provisorisch zu helfen wissen. Deshalb gilt die oberste Devise des Radlers, Gewicht zu sparen, keinesfalls für Werkzeug!

Werkzeug und Ersatzteile Luftpumpe, Konusschlüssel, Speichendreher, Flickzeug; Zahnkranzabzieher, Maul- und Inbusschlüssel, Ersatzmantel, Speichen (hierbei auf verschiedene Längen achten, sowohl vorne/hinten als auch hinten links/rechts bestehen Unterschiede), Klebeband, Draht, Öl und Kugellagerfett, Brems- und Schaltzug, Ersatzschrauben und -muttern, evtl. Kettennietenzieher (feine Aschen, Sande und Überlastung können zum Reißen der Kette führen).

Fahrrad-Clubs Icelandic Mountain Bike Club, Brekkustígur 2, 101 Reykjavík, ✆ 5620099, www.mmedia.is/ifhk. Icelandic Cyclists' Federation, ✆ 6904801, Engjavegur 6, 104 Reykjavík, www.lhm.is.

Internet http://forum.bikefreaks.de, www.bikingiceland.com.

Gruppenreisen Hjólaferðir/Blue Biking, Stekkjarhvammur 60, 220 Hafnarfjörður, ✆/℡ 5652089, http://frontpage.simnet.is/bluebiking/. Deutsche Reiseveranstalter haben mitunter auch Radreisen im Programm; vgl. www.fahrradreisen.de.

Inlandsflüge siehe Kap. „Anreise"

Qual der Wahl: Island ist fast überall spannend

Wissenswertes von A bis Z

Alkohol – der schwarze Tod

„Falls ein Schiff hier an der Küste strandet, das Alkohol an Bord hat, oder wenn solche Gegenstände an Land treiben, soll der Gemeindevorsteher im Verhinderungsfalle des Polizeidirektors die Alkoholbehälter sofort unter Verwahrung nehmen und sie unter Siegel legen." (1928/30)

Bis 1989 war Island „trocken gelegt", dann aber kam es zur Lockerung der ehemals harschen Regelungen und Gesetze. Für teures Geld wird heute getrunken, was beliebt; die Alkoholsteuer ist die höchste in Europa. Alkoholika dürfen erst an Erwachsene ab 20 Jahren verkauft werden und sind nur in lizenzierten Bars, Restaurants und staatlichen Monopolläden, *Vínbúð*, erhältlich, von denen es in fast jedem größeren Ort einen gibt – eine Übersichtskarte inklusive Öffnungszeiten findet sich unter www.vinbudin.is. Für ein Glas Bier in einer Bar müssen umgerechnet etwa 5–6 € gezahlt werden, ein Glas Wein kostet um die 7 €. Wer auf Wein oder starkes Bier trotzdem nicht verzichten möchte und über 20 Jahre alt ist, kauft den gestatteten Anteil (siehe „Einreise und Zoll") besser zu Beginn der Reise zollfrei auf der Fähre oder am Flughafen Keflavík. Im Supermarkt bekommt man bisher nur das relativ günstige Leichtbier mit 2,25 % Alkohol, in den Monopolläden, derer es 48 im ganzen Land gibt (www.vinbudin.is, gesamtes Sortiment), ist eine Dose Bier, z. B. *Víking, Thule* und *Egils gull,* für um die 1,50–2 € zu haben. Die Bezugnahme auf Egill Skallgrímsson ist nicht zufällig, ersäufte der trinkfeste Sagaheld doch Kummer und Sorgen grundsätzlich mit Unmengen von Gerstensaft und dichtete kraftvolle Verse gegen die Abstinenzler.

Brennivín: In den grünen Flaschen mit schwarzem Etikett brodelt eine traditionelle isländische Spezialität, die mit Vorsicht zu genießen ist: *Brennivín* (Branntwein), eine Art Schnaps aus Kartoffeln, mit Kümmel gewürzt. Der Spitzname „Schwarzer Tod" *(svarti dauði)* kommt nicht von ungefähr, selbst leichter *brennivín* kann qualvolle Nachwirkungen haben ... Nach dem Genuss von *hákarl* (siehe „Essen") ist *brennivín* allerdings das beste Verdauungsgetränk.

Gegen die Kälte?

Arbeiten in Island

Vor allem bei jungen deutschen Frauen ist es beliebt, zumindest einen Sommer lang in Island zu arbeiten, bevorzugt auf einem Reiterhof. Angebote gibt es zumeist genug, denn im Sommer werden überall im Land saisonale Arbeitskräfte benötigt, insbesondere in Gästehäusern oder als Helfer in einem Workcamp. Im Folgenden ein paar nützliche Adressen für alle, die für kurze oder längere Zeit arbeitend im Land bleiben wollen.

Formales: Folgen Sie den Links auf www.botschaft-island.de, www.utl.is (Ausländerbehörde Islands) und www.island.is.

Vermittlung auf Bauernhöfe/Gästehäuser/ Au pair: Ninukot Employment Agency, Siumúli 13, ✆ 5612700, www.ninukot.is.

Vermittlung auf Reiterhöfe: www.fakur.is; Reiterverband Islandpferde, www.ipzv.de; Landwirtschaftsverband, www.bondi.is. Auf www.eidfaxi.is finden sich Pferdehöfe unter *Kleinanzeigen/Sonstiges*.

Weitere Arbeitsvermittlungen: Reisegewerbeverband, www.saf.is; Arbeitsagentur, www.arbeitsagentur.de (für Arbeit in Fischfabriken und auf Höfen). Sehr ausführlich informiert www.europaserviceba.de.

Workcamps: Gegen Kost und Logis (z. T. kein eigenes Zimmer), kann von Hafenmauer streichen über Wanderwege herrichten bis Rasen mähen alles sein. Anbieter: z. B. www.seeds.is, www.veraldarvinir.is.

Unterkunft: Wer auf einer Farm arbeitet, kann dort auch wohnen. Ansonsten bieten Apartmentvermieter und einige Gästehäuser (zu finden z. B. auf www.visitreykjavik.is) Angebote für Langzeitaufenthalte in der Hauptstadt außerhalb der Touristensaison. In Reykjavík kann man, Isländischkenntnisse vorausgesetzt, Zimmer auch in den Zeitungen Morgunblaðið (www.mbl.is) und Fréttablað (www.frettabladid.is) sowie auf www.leiga.is oder leigulistinn.is finden.

Ausrüstung

Im isländischen Sommer tragen viele Isländer luftige Sommerkleidung. Touristen nicht. Sie sind vermummt und erkennbar an bunten Regenjacken, und das zu Recht: Der isländische Regen ist kein Kinderkram und mit starken Winden ist auch bei herrlichstem Sonnenschein zu rechnen. Auch wenn 2008 Temperaturrekorde von 29 °C gemeldet wurden und man mit etwas Glück einen echten T-Shirt-Tag erwischt, muss mit schlechtem Wetter und schnellen Wetterumschwüngen in Island

Glücklich, wer Trekkingsandalen dabei hat!

immer gerechnet werden. Ab und an ist der ganze Sommer miserabel und kaum als solcher zu bezeichnen – 2011 wurde der kälteste Sommer seit 60 Jahren beklagt. Packen Sie also eine wind- und regendichte Jacke und eine Regenhose ein. Ins Gepäck gehören unbedingt auch Mütze, Handschuhe, Schal und Thermo-Unterwäsche, sehr gut einzusetzen auch bei Fähr- und Walbeobachtungsfahrten. Wer Winterklamotten einpackt, denkt kaum an Badesachen – zu Unrecht, denn was wäre ein Islandaufenthalt ohne den Besuch eines der zahllosen geothermal beheizten Schwimmbäder oder einer natürlichen Quelle!

Vergessen Sie nicht, vor der Reise die Imprägnierung Ihrer Ausrüstung zu erneuern!

Wanderausrüstung: Feste Wanderschuhe sind Pflicht. Gut zu gebrauchen sind Stöcke und auf einigen Wanderungen auch Schuhe/Sandalen für Fluss- oder Bachdurchquerungen (plus Handtuch, am besten ein kleines Trekkinghandtuch). Wer Gipfel mit Schneefeldern besteigt oder im Hochland bei jedem Wetter gerüstet sein will, dem empfehlen wir eine Hochtourenausrüstung mit 3-Lagen-Material und ggf. Gamaschen. Ansonsten verfahren Sie am besten nach dem bewährten Zwiebelprinzip (Thermounterwäsche, Wollpullover/Fleece, wind- und wasserdichte Wanderjacke oder Softshell plus Regenjacke). Lavahänge bestehen oft aus scharfkantigem Material – eine Hose aus robustem Material ist sinnvoll. Bei ge-

führten Gletscherwanderungen werden Steigeisen gestellt.

Campingausrüstung: → „Übernachten"

Reiseapotheke: Die besonderen Anforderungen an die Reiseapotheke halten sich in Grenzen. Wind und lang anhaltender Nieselregen erhöht die Gefahr von Erkältungen. Fiebermittel gehören ins Gepäck, Vitamintabletten können ebenso wenig von Schaden sein wie Mittel gegen Mückenstiche. Verletzungen beim Wandern und Radfahren sind immer möglich; zur Grundausstattung der Reiseapotheke zählen Rettungsdecke, Desinfektionsmittel, Wundheilsalben und natürlich Verbandsmaterial.

Einkaufen vor Ort: In Island sind Ausrüstungsgegenstände kaum kostspieliger als bei uns, v. a. wenn man zollfrei einkauft. Gut sortierte Bekleidungsgeschäfte finden Sie in den großen Orten, Kocher und Zelte v. a. in der Hauptstadt (Genaueres in den einzelnen Kapiteln).

Sonstiges: Denken Sie auch an eine Sonnen- bzw. Gletscherbrille. *Sonnenschutzmittel* sind nötig wegen der Abstrahlung der Gletscher und des Ozonlochs. Der nahezu immer wehende Wind trocknet die Haut aus, packen Sie genügend *Feuchtigkeitscreme* ein. Verfrorene Füße freuen sich in Hütten und Gästehäusern über Hüttenschuhe oder -socken. Zum Beobachten von Vögeln, Seehunden und Walen sollte ein *Fernglas* ins Gepäck. Auf eine *Stirnlampe/ Taschenlampe* kann man im Juli wegen der Helligkeit eigentlich verzichten, in Höhlen braucht man sie aber auch zu dieser Jahreszeit. Einige wenige Hochlandhütten verfügen nicht über Strom und Beleuchtung. Seit einigen Jahren kommt es an warmen Sommertagen verstärkt zu regelrechten Fliegenplagen; hier hilft ein *Mückenhut.*

Alles ändert sich!

Die Isländer sind mobil. Nicht nur, dass es mittlerweile im Land mehr Autos als Führerscheine gibt. Alle zwei Jahre seinen Job zu wechseln ist durchaus nicht ungewöhnlich. Oder man probiert spontan, nebenbei ins Tourismusgeschäft einzusteigen und als Tourenanbieter mit einem Superjeep, mit einem Zeltplatz oder mit der Eröffnung eines Gästehauses etwas Geld zu verdienen. Oft übernehmen sich die Glücksritter und ein neuer versucht sein Glück. Mit dem Besitzer wechselt der Name, wechselt die Telefonnummer, wechselt die Speisekarte – schlimmstenfalls jedes Jahr. Auch sonst ist der Wandel das Stetige: Touristinformationen ziehen gerne mal um, Hotels schließen sich einer Kette an, um zwei Jahre später wieder auszusteigen, kleine, gemütliche Gästehäuser auf dem Lande werden – im Falle hoher Auslastung – zu unpersönlichen Sommerhotels umgebaut oder – im gegenteiligen Fall – geschlossen, Campingplätze mit neuen Einrichtungen versehen. Angenehm ist es, dass die Isländer jetzt häufig Cafés und Bistros statt Pommesbuden eröffnen, auf lokale Produkte in der Küche mehr Wert legen und traditionelle Feste wieder aufleben lassen.

Diplomatische Vertretungen

Deutsche Botschaft: Laufásvegur 31, 101 Reykjavík, betreut die 1000 Deutschen in Island; Publikusverkehr Mo–Fr 9–12 Uhr, ✆ 5301100, Rufbereitschaft ab 16.30 unter ✆ 6637800. www.reykjavik.diplo.de.

Deutsche Honorarkonsuln sind in Akureyri (✆ 5628062), Ísafjörður (✆ 4504500) und Seyðisfjörður (✆ 4721402) zu finden.

Österreichisches Generalkonsulat: Orrhólar 5, ✆ 5575464 (gehört zur Botschaft Kopenhagen).

Schweizerisches Generalkonsulat: Laugavegur 13, 101 Reykjavík, ✆ 5517172 (gehört zur Botschaft Stockholm).

Isländische Botschaften und Konsulate: Isländische Botschaft, Rauchstraße 1, 10787 Berlin, ✆ 030-50504000, ✆ 50504300, www.iceland.is/de, Mo–Fr 9–16 Uhr. **Botschaft in Wien**: Naglergasse 2, 1010 Wien, Mo–Fr 9–16 Uhr, ✆ 01-5332771, ✆ 5332774. www.iceland.org/at. **Permanent Mission in Genf**, Avenue Blanc 69, CP 86 CH Geneva 20, ✆ 022-7171700, ✆ 7161707.

Einkaufen/Souvenirs

Lebensmittel: In fast jedem Ort sind Lebensmittel für den täglichen Bedarf erhältlich, in den ganz kleinen Ortschaften verkaufen Tankstellen Grundnahrungsmittel. Orte ab ca. 1000 Einwohner sind i. d. R. mit einem ausgewachsenen Supermarkt und einer Bäckerei ausgestattet. Wochenmärkte, Metzgereien oder Fischhandlungen gibt es außerhalb der Kapitale so gut wie keine – Fisch und Fleisch sind meist nur abgepackt im Supermarkt erhältlich. An Lebensmitteln ist alles zu haben; selbst das Angebot an **Obst und Gemüse**, das entweder von weit her oder aus dem Gewächshaus kommt, ist zumindest in den größeren Supermärkten durchaus zufrieden stellend. Seit kurzem findet man dort auch Bio-Produkte. Die angebotenen Tomaten stammen im Sommer zumeist aus Island. Beim Brotkauf werden Sie das leckere, dunkle und süße Roggenbrot **rúgbrauð** finden oder das bei den Isländern so beliebte Toastbrot. Wer viele Lebensmittel aus Deutschland mitnehmen möchte, sei an die Zollvorschriften erinnert (siehe „Einreise und Zoll").

》 Unser Tipp: Achten Sie auf die *Discounter* Bónus (mit einem rosa Sparschwein als Logo), die es zurzeit im Land in elf Orten gibt, vor allem im Westen und mehrere im Großraum Reykjavík. Verkauft wird Markenware zu Preisen auf mitteleuropäischem Niveau, dies gilt auch für Gebäck, Obst und Gemüse, http://bonus.is. **《**

Outdoorausrüstung: v. a. in Reykjavík und Egilsstaðir (siehe dort).

Souvenirs: *Das* Souvenir überhaupt sind *Wollwaren* mit typisch isländischen Mustern: insbesondere der Islandpullover *(lopapeysa)*, aber auch Westen, Jacken, Socken, Handschuhe, Mützen, Decken usw. Beliebt sind in den letzten Jahren auch Handgelenkwärmer und Schals aus einer Mischung aus Wolle und Seide. Im ganzen Land gibt es Kunsthandwerksläden und Galerien, in denen Bewohner aus der Umgebung ihre selbst gefertigten Produkte von häufig hoher Qualität anbieten. Das Angebot in Reykjavík ist oft teurer als auf dem Land. Am einfachsten lässt sich die Qualität von Wollwaren durch das Hochnehmen des Ärmels feststellen: Gehen die Maschen im Achselbereich auseinander, wird der Pulli nicht sehr viel Freude bereiten. Wer modischere Wollwaren sucht als die klassischen Mitbringsel, sollte durch die Boutiquen in Reykjavík schlendern.

Auch handgearbeiteter *Silberschmuck* ist ein beliebtes Mitbringsel. Vielfach werden *Steine* und *Mineralien* angeboten, aus denen zudem Schmuck und Ziergegenstände hergestellt werden, vom Papageientaucher bis zum Troll. Ein islandtypisches Souvenir ist *Keramik aus Lava* (z. B. Kerzenständer). Es ist bemerkenswert, wie die Isländer aus natürlichen Materialien wunderschöne Kunstwerke herzustellen verstehen. Ihrer Kreativität sind dabei keine Grenzen gesetzt Wer Kulinarisches mitnehmen will, kann geruchssicher eingeschweißten Lachs besorgen; Teetrinker nehmen isländische Kräuter mit nach Hause.

Souvenirs von Kreativen

Beim Herumstöbern in Läden und Galerien stößt man auf so manches originelle Produkt, sei es Keramik mit Lavaasche-Glasur, sei es ein in Fischhaut gebundenes Tagebuch oder eine kunstvoll bemalte Treibholzplanke. Eher als Gag wird isländische Luft in der Dose verhökert, witziger ist da schon ein Häufchen Vulkanasche vom letzten Ausbruch. Basalt wird vergoldet, in dem er als Eiswürfelersatz für den Drink an den Mann gebracht wird, ähnlich clever ist der Verkauf von Seife aus Gletscherwasser. Neuzugang auf dem Souvenirmarkt sind T-Shirts mit Zungenbrechern der isländischen Sprache.

Zollfrei einkaufen: In zahlreichen Geschäften, durch das Zeichen „tax-free-shopping" zu erkennen, kann zollfrei eingekauft werden. Der Tourist bekommt dann bei

Hält richtig warm: ein Islandpullover

der Ausreise ca. 15 % des Kaufpreises erstattet, vorausgesetzt, er führt die Ware spätestens drei Monate nach Kaufdatum aus. Einschließlich Mehrwertsteuer muss der Einkauf pro Geschäft allerdings mindestens ISK 4000 betragen.

Das Verfahren: An der Kasse des Geschäfts wird ein Tax-Free-Cheque ausgestellt, der zwecks Rückerstattung zusammen mit dem Reisepass in Reykjavík in der Touristinformation (9–18 Uhr, in der Nachsaison 9–17 Uhr, oft lange Schlangen wegen Registrierung der Kreditkarte), bei ITM in der Bankastræti 2 oder bei der Abreise am Flughafen Keflavík bei der Bank im Duty-Free-Bereich vorgelegt wird. Wenn der zu erstattende Betrag ISK 5000 übersteigt, ist ein Ausfuhrstempel vom Zoll nötig (reine Formsache, in der Abflughalle). Den Betrag kann man sich gleich auszahlen lassen oder man bekommt ihn (bei Einwurf des Tax-Free-Formulars neben der Auszahlstelle) auf die Kreditkarte zurückerstattet. Der Vorteil dabei ist, dass man nicht lange anstehen muss. Nach der Auszahlung muss das Formular innerhalb von 30 Tagen am Flughafen eingeworfen werden. Wer das Land mit der Fähre Norröna verlässt, schickt die Quittung (im Refund-Kuvert, das man beim Einkauf erhält) ein und erhält den entsprechenden Betrag in Form eines Schecks oder einer Überweisung.

Internet: www.eurorefund.com oder www.global-blue.com.

Essen und Trinken

„Verði þér að góðu" – möge es gut bekommen! Das fällt in der Regel nicht schwer, ist doch die Qualität von isländischem Lamm und frischem Fisch meistens tadellos.

Neben Lamm und Fisch werden Rind und Geflügel zubereitet, hin und wieder stehen auch nicht unumstrittene Spezialitäten wie Vogel, Ren, Pferd oder Wal auf der Speisekarte. Als Beilage gibt es traditionell und in einfachen Lokalen Kartoffeln bzw. Reis und eine Handvoll Gemüse. Zur preislichen Orientierung: ein Gericht kostet umgerechnet etwa 12–20 €, ein Mittagsmenü um 15–25 €, abends verlangen viele, auch Bauernhöfe, um die 35 €. Isländisches Quellwasser gibt's immer kostenlos.

Für Vegetarier herrschen im Land der Fisch- und Fleischesser keine paradiesischen Zustände; verstärkt bieten Restaurants jedoch zumindest ein oder zwei vegetarische Gerichte sowie Salat an. Die Produkte aus dem Treibhaus sind mit unter freiem Himmel gewachsenen nicht zu vergleichen und ein großer Teil der Ware kommt aus dem Ausland, immer mehr Köche legen aber Wert auf frisches Gemüse und lokale Produkte und Kräuter wie z. B. Engelwurz. Mit Sandwichs, Käsebrot, Pfannkuchen und Skyr kommt man ansonsten als Selbstversorger sehr gut über die Runden. Die Naturkostläden in Reykjavík und Akureyri sind gut sortiert und führen viele deutsche Produkte zu vernünftigen Preisen.

Haute Cuisine: Immer öfter machen in den Restaurants des Landes sehr gute, zum Teil mit internationalen Preisen ausgezeichnete Köche auf sich aufmerksam, die exzellente und innovative Gerichte kreieren. Häufig lassen sie sich im Ausland inspirieren und versehen die isländische Küche dann z. B. mit einem italienischen Touch oder orientalischer Würze („fusion"). Originalität ist insbesondere in der Hauptstadt gefragt, die aus Sicht der Meisterköche zu klein ist für mehrere Restaurants, die dasselbe anbieten. Gourmets kommen hier mittlerweile zur Mittagszeit recht preisgünstig auf ihre Kosten.

Trinkwasser: Bedenkenlos können Sie Wasser aus Quellaustritten schöpfen – für Geothermalgebiete gilt das allerdings nicht. Leitungswasser ist überall genießbar und von guter Qualität. Schmecken Sie warmes Leitungswasser vorher ab, nicht dass es aus einer heißen Quelle kommt und Ihr Tee ein wenig schwefelig gerät.

Mittagsbüfetts, Tagesgerichte, Tagessuppe ...

Viele Restaurants bieten ein täglich wechselndes Tagesgericht, zumeist mit frisch gefangenem Fisch, dazu eine Suppe vorweg und einen Kaffee hinterher, für umgerechnet ca. 14–20 €. Mittags ist es fast überall günstiger als abends. Nur eine Tagessuppe mit *refill*, frischem Brot und Butter kostet ca. 6–12 €, manchmal ist auch hier ein Kaffee inklusive. Zurzeit im Land recht populär sind an den Werktagen Mittagsbüfetts mit vielfältigem Angebot. Sie weisen ein ebenso gutes Preis-Leistungs-Verhältnis auf wie die in einigen Restaurants angebotenen Salat- und Pastabars. In manchen Orten bieten Lokale mittags für die Arbeiter der Gegend günstig ein reichhaltiges Menü an (ca. 10–15 €), an dem man sich auch als Tourist für den Rest des Tages ausreichend stärken kann. Abendessenbüfetts in Hotels kosten um die 30–35 €.

Isländische Spezialitäten

Lamm: Lammfleisch wird traditionell in der Fleischsuppe angeboten, die fast überall im Land in Gästehäusern, Bistros, Museumscafés oder auch Tankstellenimbissen bereit steht (s. u.). Als Vorspeise wird gern geräuchertes Lamm gereicht, als Hauptgericht gegrilltes Lamm. Übrigens: Lamm, das in Island serviert wird, stammt auch immer aus Island!

Fisch: Dem Nicht-Isländer vertraut ist Lachs (*lax*, engl. salmon). Frischer Wildlachs ist in den meisten Ortschaften von Mai bis September erhältlich, Zuchtlachs und gefrorenen Lachs gibt es das ganze Jahr. Der Lachs wird gekocht, gebraten, geräuchert oder vom Grill gegessen. Forellen (*silungur*, engl. trout) kommen in mehreren Arten vor. Frisch oder geräuchert als Aufschnitt gegessen werden Lachsforelle (*urriði*, engl. brown trout) bzw. Seesaibling (*bleikja*, engl. arctic char); sie zählen zu den Lachsfischen und stammen aus Wildbeständen oder Zucht.

Wenn Sie den Tagesfang („catch of the day") bestellen, können Sie in der Regel nichts falsch machen, in manchem Restaurant ist es den Köchen das liebste Gericht, hier kommt der gerade angeschaffte Fisch in die Pfanne, hier können sie sich austoben und müssen sich nicht starr an Speisekartenvorgaben halten ... Lecker sind Seelachs (auch Köhler; *ufsi*, engl. saithe), Dorsch (*þorskur*, engl. cod, in Portugal berühmt als bacalhau), Seewolf (*steinbítur*, engl. catfish), Rotbarsch (*karfi*, engl. redfish) und Heilbutt (*lúða*, engl. halibut). Ýsa (sprich: „isa") ist Schellfisch (engl. haddock) und wurde früher in Island viel gegessen, da die meisten anderen Fischarten in den Export kamen. Einige Restaurants bieten Walfleisch an, berühmt ist das *Þrír Frakkar Hjá Úlfari* in Reykjavík. Weitere Infos zu Fischfang und Fischzucht unter www.fisheries.is, wer händeringend nach einem deutschen Namen für einen isländischen Fisch sucht, findet alles im Marine Animal Dictionary unter www.hafro.is.

Hummer: Mai/Juni bis Mitte August ist Hummersaison. Hummer (*humar*, engl. lobster) wurde in Island erst spät entdeckt. Bis Mitte des 20. Jh. landete er gelegentlich als Beifang in den Netzen und wurde weggeworfen! Heute werden von Hummerliebhabern Höchstpreise gezahlt, ein Gericht kostet umgerechnet zwischen 30 und 45 €. Günstiger kommt eine Hummersuppe (mittags ab 9 €). Einige Restaurants haben sich auf Hummer spezialisiert, z. B. bei Eyrarbakki, in Stokkseyri, Höfn und Reykjavík.

Vögel: Seevögel (*svartfugl*) werden oft mariniert und kurz geräuchert. Lecker ist z. B. *Langvía* (Trottellumme). Gerne isst man auch Papageientaucher (*lundi*, engl. puffin). Beliebt sind zudem Graugans (*grágæs*) und Kurzschnabelgans (*heiðagæs*) oder das Alpenschneehuhn (*rjúpa*), ein traditionelles Weihnachtsessen. Dabei

wird das Fleisch angebraten und dann 30 Min. gekocht. Es schmeckt nach Beeren. Ab Anfang September wird gelegentlich gebratene Stock- oder Krickente angeboten. Interessierte können Vögel in einem Feinkostladen in Reykjavík kosten (siehe dort).

Ren: Da nur wenig Bestandsentnahmen möglich sind, steht Rentier nur in einigen Restaurants auf der Speisekarte, z. B. als Fleischklops, geräuchert oder mariniert. Am größten ist die Chance, wenn Sie in einem Gästehaus übernachten, das einem Jäger gehört (besonders im Nordosten, z. B. Eskifjörður), oder in einem Edelrestaurant dinieren.

Pferdefleisch: Früher war gesalzenes oder geräuchertes Pferdefleisch *(hestur/ hrossakjöt)* lebenserhaltend für die Bauern. Pferd schmeckt geräuchert oder als Steak, wird aber selten angeboten (z. B. im Humarhúsið in Reykjavík).

Fast Food: Isländer lieben Pizza, Hamburger, Sandwichs und Hot Dogs, auf dem Land ist die Tankstelle hierfür das erste Haus am Platze, das auch im September noch geöffnet hat. Pizza bekommt man fast überall, meistens in mehreren Größen und mit frei wählbaren Zutaten für umgerechnet ca. 8–15 €. Hamburger sind ebenfalls allerorts zu haben und kosten mit Beilage 8–12 €.

Brot: Nur in größeren Orten werden Sie eine Bäckerei finden, ansonsten kauft man Brot im Supermarkt. Toastbrot gibt es in allen Varianten, manchmal auch Baguette. Das süße Roggenbrot *rúgbrauð* ist eine leckere Alternative. Am Mývatn können Sie es sogar frisch geothermal gebacken erwerben! Roggenteig wird von manchen Haushalten dazu in Milchkartons gefüllt, die in eine Waschtrommel gepackt werden. Diese wird dann bei Námafjall (Mývatn) 1 m tief in heißer Erde versenkt, wo der Teig 24 Stunden gebacken wird. Das Brot heißt im Laden *hverabrauð*.

Süße Leckereien: Schleckermäuler können sicher den in jeder Bäckerei und allen Supermärkten zu findenden *kleinur (kleina)* viel abgewinnen, süßem, länglich geformtem Schmalzgebäck, oder auch *snúður*, großen Schnecken mit Schoko- oder Karamellguss (übrigens auch als Kosename verwendet). Kaffeehäuser bieten meist leckere, selbst gebackene Kuchen an. Besonders zu empfehlen sind Rhabarber-, Blaubeer- und Schokoladenkuchen. Zu einer Schokolade passt eine frische Waffel *(vöflur)* mit Blaubeeren und Sahne. Aus Großmutters Zeiten stammt die Pfannkuchenart *lummur*, die in Restaurants jedoch nur selten zu bekommen ist. Spezialisiert auf diese lebkuchengroßen Küchlein, die mal mit Hafer, mal mit Reis zubereitet und mit Marmelade *(með sultu)* oder mit Sahne *(rjóma)* verzehrt werden, ist das Torfgehöft Sænautasel im Hochland. Alternativ gibt es die etwas größeren *skonsur* oder *pönnukökur (pönnukaka)*, flach und eher wie Crêpes, jedoch nicht zu verwechseln mit *flatkökur*, die direkt über dem Feuer den letzten Schliff bekommen und gerne mit pikantem Belag verzehrt werden. Am besten durchprobieren!

Mjólk ist nicht gleich mjólk: Isländer sind stolz auf ihre gesunde Milch, was sich auch im Durchschnittskonsum von fast 200 Liter pro Kopf und Jahr niederschlägt. Testen Sie die verschiedenen Produkte, um Ihre Lieblingsmilch zu finden … Léttmjólk ist fettarme Milch, Nýmjólk ist eine reiche Vollmilch, AB mjólk birgt probiotische Bakterien, G-mjólk ist ultrahocherhitzt, Súrmjólk ist „Sauermilch" und schmeckt wie Trinkjoghurt. Sie ist auch in verschiedenen Geschmacksrichtungen zu finden. Rjómi ist süße Sahne. Besonders lecker ist Skyr, s. u.

Traditionelles:

Kjötsúpa: Gesund und lecker ist die isländische Fleischsuppe, auf die viele Restaurants besonders stolz sind. Es handelt sich hierbei um eine Suppe mit magerem Lammfleisch und viel Gemüse, darunter Kartoffeln, Weißkohl und Möhren.

Hangikjöt: ist die Lieblingsspeise vieler Isländer und das traditionelle Weihnachtsgericht. Es handelt sich um geräuchertes Lammfleisch, das ohne Salz bei niedriger Temperatur ca. 1½ Stunden gekocht und dann warm oder kalt gegessen wird, z. B. mit Kartoffeln, Béchamelsoße und grünen Erbsen. In Scheiben geschnitten ist Hangikjöt auch als Aufschnitt beliebt, v. a. auf Fladenbrot.

Saltkjöt: ist gepökeltes Lammfleisch, das ohne Salzzugabe 1½ Stunden gekocht und warm oder kalt mit Kartoffeln, Rüben oder Erbsensuppe gegessen wird.

Júgu: ist geräucherte Fleischwurst, die warm oder kalt gegessen wird, ein traditioneller Reiseproviant.

Slátur: sind in Magenhäute eingenähte Schafswürste, die während der Schlachtzeit im September/Oktober hergestellt werden. Es gibt zwei Arten: *blóðmör* (Blutwurst) aus Blut, Mehl, Nierenfett und Gewürzen und *lifrarpylsa* (Leberwurst), die statt Blut gehackte Lammleber enthält. Schafswürste werden drei Stunden gekocht und mit Kartoffel- oder Steckrübenpüree verspeist.

Papageientaucher: Fast schon eine Mutprobe, sind die Tierchen doch so niedlich. Gegessen wird nur die auf unterschiedliche Art zubereitete Brust.

Plokkfiskur: gestampfter Kabeljau. Das ehemalige Arme-Leute-Essen erlebt derzeit eine Renaissance. Besonders lecker ist es überbacken, mit körnigem Pfeffer versehen und mit *rugbraud* serviert.

Harðfiskur: „Eine der wichtigsten Speisen auf Island ist ungesalzener, getrockneter Fisch, der roh, nur auf dem Stein mürbe geschlagen, mit Butter, am liebsten ungesalzen und in Gärung übergegangen, als Mittagsmahl verzehrt wird", notierte Poestion 1885. Die Zeiten haben sich ein wenig geändert, jedoch ist harðfiskur immer noch beliebt, wenn auch für Touristen beim ersten Mal etwas gewöhnungsbedürftig. Es handelt sich bei harðfiskur um luftgetrockneten Schellfisch, Kabeljau oder Katfisch. Weil Trockenfisch direkt aus der Packung gegessen werden kann, z. B. mit Butter, ist er als Imbiss sehr beliebt. Man bekommt ihn auch tiefgefroren in kleinen Stücken.

Moostee: Oft in Handwerksläden zu erstehen. Oder: Eine kleine Menge Moos waschen und 5–10 Minuten kochen; evtl. Zucker zugeben. Geduldige 30–40 Min. ziehen lassen, dann entfaltet der Tee seine volle Wirkung gegen einen rauen Hals. Ggf. noch wilden Thymian hinzufügen.

Moosmilch: In köchelnde Milch eine kleine Menge gewaschenes Moos geben, 2–3 Min. aufkochen. Eine Messerspitze Salz und Zucker hinzufügen.

Skyr ist eine sehr schmackhafte Spezialität: eine quarkähnliche, sehr fettarme Milchspeise, die entweder ganz ohne Zutaten oder aber mit Milch bzw. Sahne gegessen wird; dazu gibt es Zucker oder Beeren. Man bekommt Skyr im Handel pur oder schon mit Früchten oder Beeren gemischt oder als Trinkskyr (skyr drykkur).

Furchterregendes: Beim Lesen der Speisekarte kann sich gelegentlich das Gefühl einstellen, das eine oder andere Angebot könnte das Leben eher verkürzen. Wenn U. v. Troil 1779 vermerkte, dass es „keine große Wolllust sein kann, sich mit der Art und Weise, wie die Isländer ihre Speisen zubereiten, zu beschäftigen", muss er an solche Speisen gedacht haben:

Svið: ist etwas besonders Ausgefallenes: gesengter Lammkopf. Die Lammköpfe werden gut gesäubert 1½–2 Std. in Salzwasser gekocht und dann warm oder kalt gegessen, z. B. mit Kartoffeln oder Kartoffelpüree. Isländer halten diese Speise für einen praktischen Reiseproviant; es gibt gesengte Lammköpfe auch in Dosen und als Kopfsülze (sviðasulta, auch im Supermarkt).

Hákarl: (fermentierter Haifisch) dürfte nicht jedermanns Sache sein, raue Isländer aber lieben es, ihn wie eine Süßigkeit zu knabbern. Nur der Grönlandhai ohne Nieren kann für diese islandtypische Delikatesse verarbeitet werden, denn nur er hat den begehrten Ammoniakgeschmack. Der frische nierenlose Hai ist allerdings zum menschlichen Verzehr nicht geeignet. Also wird er seit alters in Streifen geschnitten und einen Winter lang am Strand vergraben oder einfach 2–3 Monate in Holzkisten gesteckt und so „entgiftet". Anschließend wird das vergorene Fleisch für 4–6 Monate im Freien zum Trocknen aufgehängt, um dann, außen braun und innen weiß, in kleine Würfel geschnitten und in Einmachgläsern verwahrt zu werden. Der Hai wird von den Isländern zu besonderen Anlässen genossen, die ihn allerdings selber ohne einen Schluck *brennivín* kaum verdauen können.

Ebenso ungewöhnlich für Außenstehende sind die gesäuerten Widderhoden **Hrútspungar**. Besonders zum Fest Þorrablót werden sie gerne verzehrt. Ebenfalls zu den Nahrungsmitteln für eingefleischte Islandfans gehören **Selshreyfar** (Robbenflossen), **Hvalrengi** (saures Walfett), **Kæst skata** (Rochen), manchmal gestampft als **skotustappa**.

Rezepte im Internet: www.ispferde.de/rezepte.htm.

Das Volk der Kaffeetrinker

Die Isländer sind das Volk der Kaffeetrinker. Sie trinken den schwarzen Muntermacher immer und überall und noch am späten Abend; selbst in Supermärkten, Banken oder Postämtern steht nicht selten eine große Kaffeekanne zur kostenlosen Selbstbedienung für die Kunden bereit. In Restaurants und Cafés gibt es nach nordamerikanischer Sitte *refill* – man wird nicht mit einer kleinen Tasse abgefertigt, sondern bekommt nachgeschenkt oder gleich eine ganze Kanne auf den Tisch gestellt. Dies gilt allerdings nicht für Kreationen wie Latte Macchiato oder Cappuccino, die in den letzten Jahren auch in Island überall Einzug gehalten haben. Dass auf den Tischen normalerweise ein Zuckertopf mit Raffinade und einer mit Würfelzucker steht, hat seinen Grund: Der Großteil der Isländer rührt nach alter Tradition keinen Zucker in den Kaffee, sondern steckt ein Zuckerstück zwischen Zunge und Gaumen und trinkt das

Barista in Reykjavík

starke Gebräu „durch den Zucker". So bleibt der Kaffeegeschmack besser bewahrt (diese Angewohnheit gab übrigens der Rockgruppe *The Sugarcubes* ihren Namen). Der Zuckerkonsum ist hoch – kein Land in Europa verbraucht im Jahr mehr körnige Süße als Island. Auch wenn der Kaffee zum Alltag gehört, ist er das auserwählte Getränk, um in den engen Tälern und Fjorden nach dem dunklen Winter die Rückkehr des Sonnenlichts zu feiern. Früher konnte man sich nichts anderes leisten als eine Tasse heißen Kaffee und Pfannkuchen, um erleichtert die ersten Sonnenstrahlen des Jahres zu begrüßen. Einst feierte man im Stillen, heute trifft man sich in großer Runde zum *Sólarkaffi* – dem Sonnenkaffee.

Feste, Feiertage und andere Ereignisse

Neben den christlichen Festen, die häufig mit heidnischen Bräuchen vermischt wurden, gibt es in Island eine Anzahl Feiern ohne festes Datum, die mit der Arbeit, der Jahreszeit oder dem Klima in Verbindung stehen. In den meisten Orten findet einmal im Jahr ein Familienfestival statt, bei dem Bewohner und zu diesem Zweck angereiste Fortgezogene gemeinsam feiern. Besondere Feste in einzelnen Orten sind dort erwähnt.

Þorrablót – das Mittwinterfest

Vom Mittwinterfest Þorrablót wird schon in der Sagaliteratur berichtet. Nach alter isländischer Zeitrechnung beginnt zwischen dem 19. und 25. Januar der Monat Þorri, der vierte Wintermonat. Sein Anfang markiert die Mitte des Winters. Þorri wurde bis ins 19. Jh. hinein in Gedichten als alter Mann personifiziert, schlecht gelaunt und harsch, der freundlich zu empfangen war, sonst rächte er sich mit schlechtem Wetter. In der Mitte des 19. Jh. war es deshalb üblich, dass der Hausherr zu Beginn des Monats Þorri – nur mit einem Bein in der Hose und das andere Hosenbein hinterherschleifend – ums Haus sprang, um Þorri willkommen zu heißen. Þorrablót wurde später, als alte heidnische Bräuche romantisiert wurden, als gute Gelegenheit zum Feiern und Dichten wieder entdeckt. Im 20. Jh. dann entwickelte sich Þorrablót in verschiedenen Regionen des Landes zu einem geselligen Abendessen – der Übergang zur urbanen Gesellschaft ließ das Interesse für alte Esstraditionen wieder aufleben und so wurde aus der einstigen Bitte um gutes Wetter ein Schmaus mit *Þorramatur*: traditionellen Gerichten wie geräuchertem Lammfleisch und gesengtem Lammkopf sowie in Salzlake konservierten Köstlichkeiten wie Salzfleisch, Walspeck, Blut- und Leberwurst; dazu gibt es Fisch, Geselchtes, Flachbrot und natürlich *brennivín*. Zahlreiche Vereine und Gesellschaften im ganzen Land richten alljährlich ihr Þorrablót-Fest aus, selbst im Ausland, wo in den isländischen Gemeinden in den USA und Kanada gefeiert wird.

An dem Donnerstag, der dem 20. April am nächsten ist, findet **Sumardagurinn fyrsti** statt, Sommeranfang. Die Rückkehr des kleinen Brachvogels und der Schnepfe kündigt den Sommer an. Es gilt als gutes Omen, wenn Winter und Sommer durch Frost in der Nacht „zusammenfrieren". Das kann leicht passieren, denn sommerlich ist es im April noch lange nicht. Noch im 19. Jh. überreichte man sich zum Sommeranfang Geschenke – das Schenken zum Sommer war weitaus wichtiger als zu Weihnachten. Heute wird der Sommeranfang wie Karneval gefeiert und die warme, helle Jahreszeit mit Umzügen, Straßenfesten und Strandpartys begrüßt.

Sjómannadagurinn, Seemannstag, ist ein nationales Ereignis Anfang Juni zu Ehren der Seemänner; gefeiert wird mit Schwimm- und Ruderwettbewerben, Tauziehen und Umzügen. In einigen Küstenorten ist dies das größte Fest des Jahres.

Am 17. Juni ist **Unabhängigkeitstag**, an dem insbesondere in Reykjavík mit Umzügen, Straßenmusik und -tanz sowie Straßentheater und anderen Vergnügungen der Ausrufung der Republik am 17. Juni 1944 in Þingvellir gedacht wird.

Am längsten Tag des Jahres feiern die Isländer **Mittsommer**. Der Tradition nach hat der Mittsommernachtstau magische Heilwirkung; nackt in ihm hin- und herzurollen soll so ziemlich alle Gesundheitsprobleme beheben. Wer es versuchen will, sollte nicht vergessen, dass es im Mittsommer nie dunkel wird!

Gesetzliche Feiertage

1. Januar	Neujahr
März oder April	Gründonnerstag
	Karfreitag
	Ostersonntag/ -montag
Ende April	Sommeranfang
1. Mai	Tag der Arbeit
Mai oder Juni	Himmelfahrt
	Pfingstsonntag/- montag
17. Juni	Unabhängigkeitstag
1. Mo im Aug.	Angestelltenfeiertag
24. Dezember	Heiligabend
25. Dezember	1. Weihnachtstag
26. Dezember	2. Weihnachtstag

Ohne Feierlichkeiten beginnt zwischen dem 21. und 27. Oktober mit **Vetrakoma** der Winter. Von Anbeginn an feierten die Isländer die Wintersonnenwende; der Name für das Fest war **Jól**. Mit der Übernahme des Christentums ersetzte das Weihnachtsfest die Feier der Sonnenwende, der Name Jól aber blieb erhalten. St. Nikolaus in seiner Funktion als Weihnachtsmann wurde erst im 20. Jh. aus Deutschland und Dänemark importiert. Jahrhundertelang glaubten die Isländer an mindestens neun Weihnachtsmännchen, heute machen sich in der Adventszeit 13 Weihnachtsmännchen mit Namen wie Löffellecker oder Schüsselkratzer auf den Weg von den Bergen ins Tal. Die Weihnachtsmännchen verwandelten sich mit der Zeit drastisch. Von kinderfressenden Unholden wurden sie zu schelmischen Burschen, die zu den Menschen kommen, um zu naschen oder den Kindern Geschichten zu erzählen. In den 1950er Jahren begannen sie, dem Weihnachtsmann zu gleichen, als sie anfingen, sich rot zu kleiden.

Heute lassen die isländischen Kinder in den 13 Nächten vor Weihnachten einen Schuh im Fenster. Nachts kommt eines der Weihnachtsmännchen, und war das Kind artig, hinterlässt es eine Leckerei, war es unartig, nur eine Kartoffel. Am Weihnachtsabend werden dann unter dem Weihnachtsbaum Geschenke überreicht. Einige kulinarische Traditionen werden aufrechterhalten: Viele Isländer essen am Weihnachtsabend das saftige Schneehuhn *(rjúpa)* und am ersten Weihnachtstag das nach altem Rezept geräucherte Lammfleisch. An **Silvester** begrüßen die Isländer mit Mitternachtsfeuerwerk das neue Jahr. Die Weihnachtszeit dauert bis zum 13. Tag nach Weihnachten, dann ist auch das letzte Weihnachtsmännchen in die Berge zurückgekehrt. Mit einem Elfentanz wird nun die Zeit des Elfenkönigs und seiner Königin eingeläutet, bevor der Alltag wieder einkehrt.

Das tolle Wochenende

Ein Ereignis, das die meisten Touristen miterleben, ist **Verslunarmannahelgi**, das wegen des Feiertags für Banken und Handel am ersten Montag im August verlängerte Wochenende. Alle Isländer sind an diesen drei Tagen unterwegs, kommen zusammen, zelten und feiern ausgelassen mit Barbecues und Alkohol, v. a. in den Nationalparks. Mitunter geht es ziemlich wild zu – besonders beliebte Gebiete wie Skaftafell und Þórsmörk oder den Zeltplatz in Akureyri sollte man vielleicht besser meiden. Die Westmännerinseln haben an diesem Wochenende ihr eigenes Fest, die weithin bekannte Þjóðhátíð Vestmannaeyjar, die zahlreiche junge Isländer auf die Inseln zieht.

Fotografieren

Ausrüstung: Mindestens eine Ersatzbatterie sollte wegen der Wirkung niedriger Temperaturen auf jeden Fall im Gepäck sein. Bevor Sie ein Stativ einpacken, bedenken Sie, dass sie es bei starken Winden nicht unbedingt einsetzen werden können. Ein Blasebalg hilft, die Linse staubfrei zu halten.

Analog: Normalerweise wird ein 100-ASA-Film völlig ausreichen. Mit Filmen besser zu Hause ausreichend eindecken.

Vorsichtsmaßnahmen: Neben staubiger Luft und Regen sind in Island die heißen Wasserdämpfe in den geothermalen Gebieten nebst ihren aggressiven schwefeligen Entgasungen Gefahren für das Material. Unterwegs schützen Objektivköcher und Schutztaschen die Linsen vor zu starken Vibrationen auf holperigen Wegen (besonders im Hochland).

Planung: Vor allem in den Fjorden und bei Wasserfällen lohnt ein Blick auf die Landkarte, um abschätzen zu können, zu welcher Tageszeit eine Siedlung, ein Strand oder ein Vogelfelsen Sonnenlicht erhält.

Fotogeschäfte/Entwicklung/Reparatur: Entwicklungsstellen und Fotogeschäfte finden sich vor allem in den größeren Orten bzw. in Shoppingmalls (nur selten gut ausgestattet).

Fachadresse: in Reykjavík Hans Petersen, Ármúli 38, ✆ 4121800 (Mo–Fr 10–18 Uhr, auch Entwicklung und Verkauf von Filmen).

Geld und Umtausch

Die isländische Währungseinheit ist die Isländische Krone (*króna*, Abk. ISK). Die heute gültigen Münzen und Scheine gibt es zum größten Teil seit der Währungsreform 1981, als 100 Kronen auf 1 Krone reduziert wurden, um die Spuren der Inflation zu beseitigen. Münzen sind zu 1, 5, 10, 50 und 100 Kronen im Umlauf. Die silbernen und bronzenen Geldstücke erzählen vom Land: Auf der Rückseite sind die vier Schutzgeister der Insel abgebildet – Riese, Ochse, Drache und Adler – und auf der Vorderseite die Grundlage der isländischen Wirtschaft: Fische. Banknoten werden im Wert von 500, 1000, 2000, 5000 und 10.000 Kronen ausgegeben.

Umtausch: Der Umtausch ist in Island günstiger als zu Hause. Da sowohl am Flughafen als auch am Fähranleger Banken zum Zeitpunkt der Ankunft geöffnet sind und hier zusätzlich Geldautomaten zur Verfügung stehen, ist es nicht nötig, Kronen von daheim mitzubringen. Die meisten Banken in Island sind mittlerweile mit Geldautomaten ausgestattet, an vielen lässt sich Geld mit der EC-Karte abheben.

Nie ohne Kreditkarte

Gilt besonders für Autofahrer, da Benzin vielerorts nur an Automatentankstellen erhältlich ist. Vergessen Sie nicht Ihre PIN! (Weitere Informationen zu Tankstellen siehe Kap. „Unterwegs in Island").

Kreditkarte: Selbst für die kleinsten Beträge wird in Island auf die Plastikkarte zurückgegriffen, man kann sogar einen Liter Milch oder einen Kaffee mit der Kreditkarte bezahlen, ohne verdutzt angesehen zu werden. In manchen Gästehäusern wird sie aber nicht akzeptiert. Mietwagenfahrer sollten eine Kreditkarte bei sich haben, um überall tanken zu können und sich eine Barzahlung (Pfand) von umgerechnet 500–600 € zu ersparen. Die Autovermietungen benötigen die Kreditkartennummer für den Fall, dass unerwartete Kosten durch Tickets für Falschparken, Reparaturen o. Ä. anfallen.

Trinkgeld: ist in Island grundsätzlich in allen Preisen inbegriffen. Extragelder werden nicht erwartet und sind unüblich. Ausgenommen sind Reiseleiter und Fahrer von Pauschalreisegruppen und Sightseeingtouren.

Geldüberweisung im Notfall: Garantiert schnell, aber teurer sind die Dienste des „Western Union Money Transfer" (www.westernunion.com, in allen Landsbanki-Filialen im Land, in Reykjavík z. B. Austurstræti 11, Landsbanki-Service Center ✆ 4104000), das verspricht, innerhalb weniger Minuten Geld auszuzahlen.

Kartensperrung: Alle Kreditkarten können unter ✆ 0049-116116 gesperrt werden.

Gesundheit/Medizinische Versorgung

Die medizinische Versorgung gewährleisten etwa 50 Krankenhäuser und zahlreiche Gesundheitszentren (*Heilsugæslustöðvar*), Gemeinschaftspraxen mit den wichtigsten Fachärzten. Die medizinische Versorgung gilt als sehr gut, Arzt- und Krankenhauskosten sind jedoch sehr hoch. Reisende aus EWR-Ländern benötigen die Europäische Krankenversicherungskarte (EHIC), die bei in Deutschland Versicherten automatisch auf der Rückseite der Versicherungskarte aufgedruckt ist. Nehmen Sie also einfach Ihre Karten mit nach Island und legen Sie sie ggf. beim Arzt vor, dann trägt Ihre Kasse die anfallenden Kosten. Ansonsten muss eine etwaige ambulante oder stationäre Behandlung vollständig selbst bezahlt werden. Ein Rücktransport nach einer schweren Erkrankung oder einem Unfall ist mit der EHIC allerdings nicht abgedeckt. Es wird deshalb empfohlen, noch einen privaten Auslandskrankenversicherungsschutz mit Rückholversicherung abzuschließen. *Medikamente* bekommt man nur in der Apotheke *(apótek)*, die sich in so gut wie jedem Ort findet. Es gibt zwei pharmazeutische Ketten, *lyf og heilsa* und *lyfja*. *Krankenhäuser* sind auch in Island durch ein rotes Kreuz symbolisiert (siehe auch „Notfälle").

Informationen im Internet

Zahlreiche Portale, Werbeseiten, Vereine, Zeitungen, Foren und Privatleute informieren im Internet über Island. Die Regionen Islands bieten eigene Portale.

Fremdenverkehrsamt: Visit Iceland, Rauchstr. 1, 10787 Berlin, ☎ 030-50504200., info@ icetourist.is, www.icetourist.de, ist zuständig für Deutschland, Österreich und die Schweiz. Download von Katalogen, zahlreiche Infos zu Land und Reisemöglichkeiten, Veranstalter.

Vereine: *Gesellschaft der Freunde Islands* e. V., gegründet 1913, Gertrudenstr. 3, 20095 Hamburg, ☎ 040-336969 und 794189850, www.islandfreundehamburg.de;

Deutsch-Isländische Gesellschaft e. V., gegründet 1955, Apostelnstraße 7, 50667 Köln, ☎ 0221-2725370, www.islandgesellschaft.de. Am Samstag vor dem 1. Advent findet das Kölner Island-Kolloquium statt. Das Sekretariat der DIG ist in den Räumen der Buchhandlung C. Roemke & Cie. untergebracht.

Nachrichten: www.icelandreview.com, www. mbl.is/english (Zusammenstellung aus Iceland Review, Icenews und Grapevine).

Veranstaltungen: www.musik.is, www. grapevine.is, www.exploreiceland.is (alle englischsprachig).

Gay: www.gayice.is.

Englischsprachige Reiseportale: Sehr zu empfehlen ist www.iww.is vom Autor und Fotografen Jóhann Ísberg. Ebenfalls interessant sind www.samkoma.com und www.travelnet.is.

Seiten von Islandfans: www.iceland.de von Dietmar Schäffer

www.eldey.de von Michael Feldmann

www.isafold.de von Dieter Graser (besonders für das Hochland, Trekkingtourenberichte)

www.islandfan.de von Josef Laumann

www.ourfootprints.de von Jutta & Tom (mit einer digitalen Landkarte)

www.claus-in-island.de von Claus Sterneck

www.island-olaf.de von Olaf Kähler

www.zauber-des-nordens.de von Marco Asbach.

Regionsportale: Links finden Sie auf der Startseite von www.icetourist.de. Weitere Links in den Regionskapiteln.

Foren: www.islandreise.info

www.forum.islandreise.info

www.geysir.com

www.iceland-forum.com

www.island-forum.com.

Reportagen/Berichte: www.lomur.de von Jürgen Weckler (Wanderungen, Gletscherüberquerungen), www.abenteuerreisen.de; www.islandhanomag.de; www.outdoor-aktiv.com (u. a. Bericht einer Vatnajökull-Transversale); www.paisland.de von Torsten Mahler (Radler).

Publikationen für Touristen: www.heimur. is/world (Prospekte und Broschüren zum Herunterladen), www.grapevine.is.

Versandhandel: www.nordis-shop.de, www.arktis-verlag.de, www.nordland versand.de, www.nordicstore.net.

Webcams: www.vegagerdin.is.

Kulturknigge und Umgangsformen

Auf den ersten Blick fallen Unterschiede im zwischenmenschlichen Umgang kaum auf. Man merkt lediglich schnell, dass die Isländer zurückhaltend sind und sich nie aufdrängen. Wer sie kennen lernen will, sollte den ersten Schritt tun und mit einem *„godn deien"* (guten Tag) auf die Isländer zugehen. Dann trifft er auf überwältigende Gastfreundschaft und Hilfsbereitschaft. Wenn sie irgendwie können, tun die Isländer alles, um anderen zu helfen. Kaum einem Gästehausbesitzer würde es einfallen, Touristen im Regen stehen zu lassen, nur weil das Haus voll ist. Zur Not räumen manche sogar das eigene Bett.

Die Isländer sind generell flexibel und spontan; hat man als Reisender ein Problem, einen Wunsch oder eine Frage, liegt die Lösung meist nur einen Telefonanruf entfernt. Dann wird auch nach Feierabend die Werkstatt oder das Museum aufgeschlossen oder der Bauer zieht dem unachtsamen Touristen schnell mit dem Trecker das Auto aus dem Graben. Probleme werden hier nicht als Hindernis gesehen, sondern eher als Herausforderung. Pünktlichkeit ist für Isländer eher eine flexib-

le Größe. Schließlich wissen sie, dass ei-nem unvorhersehbare Ereignisse wie ein Wetterumschwung leicht einen Strich durch die Rechnung machen können und dass eine exakte Vorausplanung nicht immer möglich, aber auch nicht zwingend notwendig ist. Sie begegnen dem Leben mit einer wohltuenden Gelassenheit. Wer eine Idee hat, setzt sie um, ohne sich groß Gedanken zu machen. Ob es klappt, wird man schon sehen.

Wird man zu Isländern nach Hause eingeladen, sollte man darauf achten, beim Betreten des Hauses die Schuhe auszuziehen (diese Sitte wird auch in Jugendherbergen, Schwimmbädern und anderen Einrichtungen gepflegt, normalerweise macht ein Schild darauf aufmerksam). Mehrmaliges und höfliches Bedanken (möglichst auf Isländisch, „takk") ist eine Selbstverständlichkeit. Dasselbe gilt für den Eintrag ins Gästebuch. Die Isländer haben diese mit Danksagungen, Episoden und Unterschriften gefüllten Bücher überall ausliegen, es gehört zum guten Ton, sich darin zu verewigen. Eines sollte man jedoch unbedingt unterlassen: sich im Gästebuch über den isländischen Wald lustig zu machen.

Deutsche haben den schlechten Ruf, sich in Restaurants und Cafés üppig Kaffee nachzuschenken, statt sich auf zwei Tassen zu beschränken – hier ist, wie anderswo auch, Zurückhaltung angebracht. In manchen Cafés stellen die Besitzer in der Touristensaison keinen Würfelzucker mehr auf den Tisch, obwohl er für Isländer ja zum Kaffeetrinken dazugehört (siehe S. 182), weil der Zuckerverbrauch sonst unrealistische Ausmaße annimmt, die weißen Stückchen kiloweise das Lokal verlassen. Gästehausbesitzer bitten darum, beim Frühstücksbüfett nicht „den Tisch mitzuessen". Es ist eine Unsitte von Touristen, das Büfett auszunutzen, um sich mit Reiseproviant einzudecken. Ein belegtes Brötchen zum Mitnehmen muss bezahlt werden. Deutsche stehen zudem im Ruf, sich gerne zu beschweren, besonders über Preise. Isländer können das nicht nachvollziehen, besonders, wenn sie nicht viel mehr verdienen als die Reisenden. Sehen Sie es also nach, wenn man sich über Beschwerden beschwert.

Literaturtipp: *Gebrauchsanweisung für Island*, Piper 2011, von dem deutsch-isländischen Schriftsteller und Übersetzer Kristof Magnusson.

Mit Kindern auf Tour

Da Island ein sehr kinderfreundliches Land ist, wird man sich als Familie überall willkommen fühlen. Die meisten Kinder lieben das Abenteuer und die Abwechslung; in einem so vielfältigen Land wie diesem kann man leicht ein kurzweiliges Programm planen, ohne zu viele Autokilometer am Tag zurücklegen zu müssen. Besondere Freuden bereiten tosende Wasserfälle, blubbernde Schwefelquellen, der Geysir, die Gletscherlagune Jökulsárlón (Bootsfahrt), die Lavaformationen am Mývatn, schwarze Strände (z. B. in Vík) und Angebote wie die Traktortour nach Ingólfshöfði. Ein Pferdeausritt kann das Highlight einer Islandreise sein, ebenso eine Walbeobachtungstour. Der Zoo in Reykjavík ist auch bei isländischen Familien beliebt. Interessant sind auch alte Torfgehöfte, besonders wenn dort – wie beispielsweise in Sænautasel – Pfannkuchen und heiße Schokolade angeboten werden. Die geothermalen Lagunen reizen mindestens ebenso. Wer ein paar Tage am selben Ort bleiben kann, dem empfehlen wir die Jugendherberge *Húsey* nördlich von Egilsstaðir (Deutsch sprechender und kinderlieber Besitzer). Viele Gästehausbesitzer machen aus einem Doppelzimmer kurzerhand ein Familienzimmer, wenn der Bedarf besteht. Auf noch bewirtschafteten Höfen, die Übernachtung anbieten, dürfen Kinder auch mit zum Melken oder mit den Tieren auf dem Hof spielen. Immer mehr Campingplätze sind mit einem einfachen Spielplatz ausgestattet.

Trampoline sind in!

Zoos und Museen für Kinder: Kleine private Streichelzoos finden Sie in Klaustursel zwischen Egilsstaðir und Mývatn und in Laugarás (Goldener Zirkel). In Borgarfjörður eystri steht ein kleines Abenteuerhaus für Kinder, in Stokkseyri könnte das Geistermuseum locken, in Husavík baumeln riesige Skelette von der Decke des Walmuseums.

Preise: In den Übernachtungsbetrieben, Schwimmbädern, Museen und Bussen zahlen Kinder unter 12 Jahren grundsätzlich die Hälfte des Erwachsenenpreises, in manchen Fällen sogar gar nichts. In den Restaurants gibt es fast immer Kindergerichte.

Literaturtipp: Gabriele Schneider schrieb „Das Island-Reisebuch für Kinder", mit dem sich auch Kinder auf die Reise vorbereiten können. 2. Auflage 2010, zu bestellen unter www.hausbucht.de oder www.island buecher.de, 12 € plus Versand.

Landkarten

In Island sind die gängigen Karten am Flughafen, in Touristenbüros der größeren Zentren wie Akureyri oder Egilsstaðir, in Nationalparks (Skaftafell, Ásbyrgi etc.), Souvenirläden, Buchhandlungen und einigen wenigen Tankstellen erhältlich, und das weitaus billiger als in Deutschland. Meist wird nur eine Auswahl an Karten geführt, wer einen Überblick über das gesamte Angebot, insbesondere die 100.000er-

Karten haben will, muss nach Reykjavík (vgl. Kapitel Reykjavík). Bei der Kartenauswahl sollte man darauf achten, dass Schwimmbäder, Tankstellen und andere Einrichtungen verzeichnet sind. Rechnen Sie damit, dass Wander- und Detailkarten nicht immer sofort wieder neu aufgelegt werden und folglich nicht mehr überall erhältlich sind. Einige Regionen geben jährlich aktualisierte, kostenlose Karten mit detaillierten Informationen über die touristische Infrastruktur heraus.

Kommerzielle Herausgeber: Herausgeber sind Ferðakort (www.ferdakort.is) und der Verlag Mál og menning (www.forlagid.is). Das Vermessungsamt Landmælingar Íslands produziert seit 2007 nicht mehr selbst, bietet aber Karten zum Download an, einige kostenlos (www.lmi.is). Auf www.maps.nokia.com findet man Island in Karten-, Gelände- und Satellitenansicht.

Wanderkarten: In den Regionen sind verschiedene äußerst empfehlenswerte Faltkarten von verschiedenen Herausgebern erhältlich, z. B. in den Ost- und in Westfjorden sowie auf der Halbinsel Tröllaskagi (siehe Regionskapitel). Auch die beiden kommerziellen Anbieter haben gute Wanderkarten im Angebot ("serkort", 1:100.000), derzeit 12 Blätter bei Mál og menning und 6 Blätter bei Ferðakort – die Wegführung kann allerdings veraltet sein. Eine interaktive Karte, in der man sich Hütten und Wanderwege anzeigen lassen kann, finden Sie unter www.ganga.is/kort/ (isländisch). Eine Route ist nur dann anzeigbar, wenn es ein Fernglassymbol gibt (Route anklicken, dann auf "meira" klicken, dann auf den Reiter "Myndir").

Die Touristinformation Egilsstaðir bietet an, lokale Wanderkarten vom Nordosten gegen Gebühr nach Deutschland zu verschicken, einfach anmailen.

Touristenkarten *(ferðakort)*: Die klassische Karte ist die Touristenkarte 1:500.000 vom Herausgeber Ferðakort, auf der Entfernun-

gen, die verschiedenen Straßenverhältnisse und die wichtigsten infrastrukturellen Einrichtungen (Tankstellen, Zeltplätze, Gästehäuser, Schwimmbäder, Museen usw.) verzeichnet sind (ca. 12 €). Mál og menning hat eine 1:600.000er Konkurrenzkarte im Angebot. Diese Karten reichen für die meisten Unternehmungen mit Fahrrad, Bus und Auto aus, sind aber für Wanderer ungeeignet. Am besten ersteht man sie gleich bei der Einreise am Kiosk im Flughafen, sofern man per Flugzeug kommt.

Regionalkarten: Besonders geeignet für Radler und Jeepfahrer, die auch auf unnummerierten Tracks fahren wollen: Vier 1:300.000er Blätter von Mál og menning. Ferðakort bietet einen Kartensatz im Maßstab 1:250.000. Fürs Hochland offerieren beide Verlage eine Karte *Hálandið*. Wer alles ganz genau haben will, kauft sich die 1:100.000er Box von Mál og menning ("altaskort") mit 31 Blättern.

Digitale Karten/GPS: Ferðakort hat CD-Roms im Angebot, auf denen sich verschiedene Karten sowie die Software befinden, mit der die Karten u. a. beschrieben und Distanzen vermessen werden können. Für kartenfähige Garmin-GPS-Geräte finden Sie eine sehr zu empfehlende kostenfreie Karte auf www.ourfootprints.de (unter "GPS").

Kartenversand: Karten gibt es auch bei www.arktis-verlag.de von Norbert Schehle in Kempten oder bei www.nordis-shop.de.

Literaturtipps

Ben Gurion, Staatsmann des wie Island auf seine Buchtradition stolzen israelischen Volkes, zollte den Isländern mit einem Kompliment Respekt – er meinte, die Juden seien wohl das Volk des Buches, die Isländer aber das Volk der Bücher. Neben der beeindruckenden mittelalterlichen Literatur sollten man nicht die vielen bemerkenswerten modernen isländischen Schriftsteller vergessen, deren Werke bei uns im Buchhandel erhältlich sind. Die übersetzten Romane kauft man besser vor der Reise in Deutschland, da sie in Island viel teurer sind.

Mittelalterliche Literatur Zur Buchmesse 2011 wurden die Isländersagas von dreizehn Übersetzern neu übertragen: **Isländersagas – Kassette**, hg. v. Klaus Böldl,

Andreas Vollmer u. Julia Zernack, Fischer 2011. Die fünf Bände (darunter ein Begleitband) sind auch einzeln erhältlich.

Die schönsten isländischen Sagas, hg. v. Arthúr Bollason, Insel 2011. Ein guter Einstieg – u. a. die Sagas von Egill, Njáll und Grettir.

Die Eddas bekommt man günstig bei Reclam: *Die Edda des Snorri Sturluson*, *Die Heldenlieder der Älteren Edda*, *Die Götterlieder der Älteren Edda* sowie eine gebundene Ausgabe der *Götter- und Heldenlieder der Älteren Edda*.

Die einzige textgenaue Übersetzung der Älteren Edda bietet allerdings der Manesse Verlag: **Die Edda. Götter- und Heldenlieder der Germanen.** Ebenfalls im Programm: Snorri Sturlusons **Prosa-Edda**, 2011 neu aufgelegt.

Literatur der Gegenwart Anthologien **Die schönsten Erzählungen Islands**, hg. v. Soffía Auður Birgisdóttir, Halldór Guðmundsson u. Gert Kreutzer, Insel 2011. Die bekannten Stimmen Islands präsentieren das moderne Island, vor allem deren Bewohner.

Die Gaben des Himmels, hg. v. Kolbrún Haraldsdóttir u. Hubert Seelow, Steidl 2011. Zeitgenössische Autoren erzählen aus Island, die Geschichten decken die Zeit vom Zweiten Weltkrieg bis nach dem Bankencrash ab.

Romane Einar Már Guðmundsson: *Die Ritter der runden Treppe*, btb 1999. Ein sechsjähriger Junge schildert einige Tage seines Lebens inmitten einer grauen Betonwüste am Rande von Reykjavík; die kindliche Perspektive wechselt immer wieder unversehens mit der des Erwachsenen. Unbedingt empfehlenswert.

Einar Már Guðmundsson: *Engel des Universums*, btb/Goldmann 2001. Aus der Perspektive seines geisteskranken Bruders Páll beleuchtet Guðmundsson Islands überstürzten Aufbruch in die Moderne.

Einar Kárason: *Die Teufelsinsel*, btb 2011, *Die Goldinsel*, btb 2011, und *Das gelobte Land*, btb 2011. „Island-Trilogie" über das Leben einer Großfamilie am Rande der Gesellschaft in einem heruntergekommenen Barackenviertel in Reykjavík in den 1950er Jahren.

Einar Kárason: *Versöhnung und Groll*, btb 2011. Mal keine moderne Familiensaga, sondern, wie zuvor schon *Feindesland*, ein faszinierender historischer Roman, aus zahlreichen Perspektiven erzählt. Diesmal geht es um die kriegerische Zeit Mitte des 13. Jh., als sich zwei verfeindete Familienclans – einer davon die mächtigen Sturlunger – unversöhnlich gegenüberstehen. Eine Heirat zwischen den zwei Parteien soll für Frieden sorgen. Erhielt den Isländischen Literaturpreis.

Guðmundur Óskarsson, *Bankster*, Frankfurter Verlagsanstalt 2011. Ein melancholischer Roman zum Thema Bankenkrise: Markús und seine Freundin Harpa verlieren 2008 beide ihren Job bei der Bank; Harpa nimmt schnell eine Stelle aus Aushilfslehrerin an, Markús aber gerät in eine Krise, unter der auch die Beziehung leidet. Erhielt 2009 den Isländischen Literaturpreis.

Gunnar Gunnarsson: *Schwarze Vögel*, Reclam 2009. Fesselnder Krimi, der auf einer authentischen Geschichte basiert: 1802 war ein ehebrecherisches Paar in den Westfjorden zum Tod verurteilt wurde, weil vieles dafür sprach, dass sie ihre Ehegatten umgebracht hatten. In neuer Übersetzung, sehr empfehlenswert.

Gyrðir Elíasson: *Ein Eichhörnchen auf Wanderschaft*, Walde + Graf 2011. Sigmar, der auf einem Hof bei Verwandten lebt, versucht der Langeweile mithilfe seiner Fantasie zu entgehen. Eines Tages malt er sich selbst als Eichhörnchen – und verwandelt sich dann in eben dieses. Das Eichhörnchen geht auf Wanderschaft ...

Von **Halldór Laxness** sind zahlreiche Romane in deutscher Sprache gebunden und als Taschenbuch erhältlich (erschienen vor allem im Steidl Verlag). Die 2011 von Steidl herausgegebene, kleinformatige Werkausgabe „Halldór Laxness – Sein Werk" umfasst zwölf Bände. Von Halldór Guðmundsson erschien 2002 bei Steidl die erste deutschsprachige Biografie über Halldór Laxness. 2007 folgte bei btb eine mehr als 800 Seiten starke, akribisch recherchierte und spannend zu lesende weitere Biografie (3. Aufl. 2009), 2011 bei Steidl eine Neuauflage von „Halldór Laxness – Sein Leben".

Hallgrímur Helgason: *101 Reykjavík*, dtv 2011. Der 28-jährige Hlynur ist arbeitslos, wohnt noch bei seiner Mutter und verbringt seine Tage gammelnd vor dem Fernseher oder Computer, die Nächte in den Clubs von 101 Reykjavík. Einziges Lebensziel: aufwachen, bevor es dunkel wird. Er sieht keinen Sinn darin, sein Leben zu ändern, aber familiäre Verwicklungen bewirken schließlich genau dies.

Hallgrímur Helgason: *Rokland*, Klett-Cotta 2006. Böddi, nach Jahren in Berlin in sein

Heimatkaff zurückgekehrt, kämpft gegen die allgemeine Verflachung und Verblödung seiner Landsleute. Als er es nicht mehr aushält, nimmt er sein Pferd und startet einen Amokritt nach Reykjavík. Eine – wie immer bei diesem Autor – wortgewaltige Gesellschaftssatire, viel gelesen, viel gelobt.

Jón Kalman Stefánsson: *Das Knistern in den Sternen*, Reclam 2008. Sehr bildhaft geschriebene Familiengeschichte, die vier Generationen umfasst und in der die erzählerische Perspektive zwischen diesen hin- und herwechselt. Sehr empfehlenswert!

Jón Kalman Stefánsson: *Sommerlicht, und dann kommt die Nacht*, Reclam 2011. Lose miteinander versponnene Geschichten und Lebenswege der Bewohner eines kleinen Ortes ganz oben im Westen, erzählt in der dem Autor eigenen bildhaften Sprache.

Kristín Marja Baldursdóttir: *Hinter fremden Türen*, Fischer 2005. Kolfinna Karlsdóttir, arbeitslos und frustriert, geht bei reichen Leuten putzen. Deren Lebensstil beeindruckt sie. Aber wie schafft man sich selber so einen? Wie bekommt man ein schönes Leben? Ein witziger und tiefgründiger Roman.

Kristín Marja Baldursdóttir: *Die Eismalerin*, Fischer 2008. Die Geschichte von Karitas, jüngster Tochter der Witwe Steinunn, die in den schwierigen Zeiten Anfang des 20. Jh. alles tut, um ihren Kindern Schul- und Ausbildung zu ermöglichen. Karitas wird Malerin. Aber durch ihre Begegnung mit Sigmar nimmt ihr Leben eine Wendung. Ausgesprochen anschaulich geschrieben.

Kristín Steinsdóttir: *Im Schatten des Vogels*, C. H. Beck 2011. Eine autobiographisch geprägte Geschichte, die 2011 mit dem Isländischen Frauenliteraturpreis ausgezeichnet wurde. Es geht um Pálína Jónsdóttir, die im späten 19. Jh. im Osten Islands am Fuße eines Gletschers aufwächst und von Kind an keinen inneren Frieden findet.

Sjón: *Schattenfuchs*, Fischer 2011. Ein bisschen mystisch, ein bisschen dunkel, kurz und intensiv: Im Winter 1883 beerdigt Pfarrer Baldur den Sarg, in dem Abba liegen soll. Es liegen aber Steine darin.

Steinar Bragi: *Frauen*, Kunstmann 2011. Die junge Künstlerin Eva, die von ihrer großen Liebe Hrafn verlassen wurde und der es schlecht geht, trifft sich in New York mit einem isländischen Banker, der ihren nächsten Dokumentarfilm fördern will. Er bietet ihr an, sein Apartment in Reykjavík zu hü-

ten. Einmal dort, bekommt sie mehr und mehr das Gefühl, in eine Falle gelockt worden zu sein.

Steinunn Sigurðardóttir: *Herzort*, rororo 2003. Harpa, 31 Jahre, macht sich mit ihrer 15-jährigen Tochter und ihrer besten Freundin von Reykjavík auf in die Ostfjorde, ihre Heimat. Anlass: Die drogenabhängige Tochter soll auf Ortswechsel wieder auf die gerade Bahn gebracht werden. Für Harpa selber wird die Reise eine Fahrt zur Selbsterkenntnis. Erhielt 2005 den Isländischen Literaturpreis.

Steinunn Sigurðardóttir: *Der gute Liebhaber*, Rowohlt 2011. Ein Mann sucht nach 17 Jahren und einer Reise um die halbe Welt in Reykjavík seine Jugendliebe wieder auf. Er will noch einmal um sie werben, aber natürlich läuft die Sache nicht so wie geplant. Ein kluges Buch über die Liebe.

Thor Vilhjálmsson, *Morgengebet*, Osburg Verlag 2011. Island im 13. Jh.: eine blutige Zeit, ein Land im Umbruch. Sturla Sighvatsson gehört zu der mächtigen regierenden Sturlungerfamilie. Nachdem er sich in Schuld verstrickt hat, reist er nach Rom, um beim Papst Vergebung zu suchen. Es wird eine Reise zu sich selbst. Das Buch, das mit Umberto Ecos „Der Name der Rose" verglichen wurde, porträtiert eindrucksvoll das europäische Mittelalter.

Krimis Von Arnaldur Indriðason sind bereits zahlreiche Krimis und Thriller auf Deutsch erschienen (bei Lübbe, viele 2011 neu aufgelegt), die begeistert gelesen werden, darunter die Serie um Kommissar Erlendur, einen nachdenklichen Mann, dem die Fälle innerlich oft zusetzen, und seine Crew von der Reykjavíker Kripo. Das beliebteste Buch ist *Todeshauch*: Beim Bau einer Wohnsiedlung in Reykjavík kommt ein menschlicher Knochen ans Licht. Nachforschungen decken Familientragödien und katastrophale Lebensumstände auf. Erlendur ermittelt ...

Moderne isländische Lyrik Isländische Lyrik, hg. von Silja Aðalsteinsdóttir u. a., Insel 2011. In dieser Anthologie findet sich die ganze Bandbreite der isländischen Lyrik, von der Edda bis zur Gegenwart.

die horen, Zeitschrift für Literatur, Kunst und Kritik, 2011, Bd. 242: Bei betagten Schiffen – Islands „ATOMDICHTER". Der Aufbruch in die Moderne.

Eiríkur Örn Norðdahl: *IWF! IWF! OMG!*

OMG!, Kozempel & Timm 2011. Experimentelle, skurrile Lyrik.

Baldur Óskarsson: *Tímaland/Zeitland*, Klein-

heinrich 2000. Das Lebenswerk des, so ein Rezensent, „Grandseigneurs der isländischen poetischen Moderne". Mit Aquarellen.

„Sagenhaftes" auf der Frankfurter Buchmesse 2011

2011 war Island als erstes skandinavisches Land Ehrengast der Frankfurter Buchmesse. Für die „Literaturnation" war es eine einzigartige Möglichkeit, zu zeigen, wie groß ihr Beitrag zur Weltliteratur tatsächlich ist. Für die deutsche Leserschaft war es ein Glück: Wurden im Jahr 2000 gerade einmal zehn isländische Bücher ins Deutsche übersetzt, waren es 2011 über zweihundert. Mittelalterliche Schätze wurden neu übersetzt, Klassiker neu aufgelegt, altbekannte und neue Autoren verstärkt ins Deutsche übertragen. Auch der Auftritt selber sorgte für Begeisterung, allein schon wegen des Pavillons, der das Lesen unter Einsatz moderner Medien als sinnliche Erfahrung präsentierte und nach Art der in Island verbreiteten Heimbibliotheken zum Lesen animierte. Lesungen, Vorträge, Videos und ein umfangreiches Begleitprogramm brachten den Besuchern nicht nur das „Herzstück der isländischen Kultur" nah, sondern machten auch deutlich, was für eine beeindruckende Nation auf dieser Insel lebt, die in den letzten Jahren v. a. wegen Bankenkrise und Aschewolken in die Schlagzeilen gekommen war.

Medien

1913 kamen die beiden ersten, heute noch existierenden Tagezeitungen heraus: Morgunblaðið und Vísir. Letztere vereinte sich 1981 mit dem Dagblaðið zu dem Blatt Dagblaðið Vísir (DV), heute ein Boulevardblatt. Das Morgunblaðið war ehemals das Sprachrohr der konservativen Unabhängigkeitspartei und die größte und wichtigste Tageszeitung, die auch in weniger konservativen Kreisen geschätzt wurde. Nachdem jedoch 2009 der ehemalige Regierungschef Davíð Oddsson, der als Zentralbankchef eine zentrale Rolle in der Finanzkrise spielte, zum Chefredakteur wurde, ging es mit der Zeitung bergab, sie verlor ein Viertel ihrer Abonnenten und hat nur noch eine Auflage von 30.000. Vierzig Angestellte mussten gehen, andere gingen freiwillig. Seit 2001 erscheint eine dritte Zeitung, das kostenlose Fréttablaðið, von dem 90.000 Exemplare verteilt werden. Der Verlag 365, in dem es erscheint, gehört Ingibjörg Pálmadóttir und ihrem Mann Jón Ásgeir Jóhannesson, die ebenfalls in den Finanzskandal verstrickt sind. Die Tageszeitung DV wurde 2010 von der Kunsthändlerin Lilja Skaftadóttir gekauft, die aus dem Blatt die einzige wirklich unabhängige Tageszeitung Islands machen will. Prompt stieg die Zahl der Abonnenten um 20 %, die Zeitung hat nun eine Auflage von 14.000.

Für Touristen ist v. a. der – bisweilen deutlich von Zeitung zu Zeitung variierende – Wetterbericht interessant, in manchen Buchgeschäften sind aber auch deutschsprachige Zeitungen zu finden.

Englischsprachige Zeitschriften: Bei *Iceland Review* erscheint seit 1963 viermal jährlich die auf Glanzpapier gedruckte Zeitschrift *Iceland Review*. Hierin finden sich mit schönen Fotos bereicherte Reportagen über landschaftliche, kulturelle und historische Aspekte des Landes, leider aber auch viel Werbung und kommerzielle Seiten und immer weniger Information. Ein Jahresabonnement kostet 36 €. Bogartún 23 12, 105 Reykjavík, ✆ 5127575, www.icelandreview.com.

Radio: Das Radio eroberte nach Verabschiedung des ersten Rundfunkgesetzes 1928 die Insel. 1930 wurde die staatliche

Norwegische Architektur in Seyðisfjörður (Ostfjorde) ▲▲
Einsames Gehöft auf der Halbinsel Tröllaskagi ▲

▲▲ Torfkirche Víðimýri im Nordwesten
▲ Am Hafen von Eskifjörður (Ostfjorde)

▲ Im Torfmuseum Glaumbær

Gehöft auf der Halbinsel Snæfellsnes ▲▲
Alte Holzhäuser in Akureyri ▲

▲ ▲ Historische Holzkirche Búðir auf Snæfellsnes
▲ Moderne Betonkirche in Stykkishólmur (AS)

Rundfunkanstalt *Ríkisútvarpið (RUV)* gegründet, die anfangs vier Stunden am Tag ausstrahlte. Die Isländer waren von dem neuen Kommunikationsmittel begeistert. Seit 1983 gibt es zwei öffentliche Sender, *Rás 1* und *Rás 2*, die heute rund um die Uhr senden und im ganzen Land empfangen werden. Auf *Rás 1* (FM 93,5) hört man vor allem klassische Musik und Dokumentarsendungen, auf *Rás 2* (FM 90,1) Popmusik und Aktuelles. RUV hat den Auftrag, die isländische Sprache, Geschichte und Kultur zu fördern. Insgesamt gibt es viele Textbeiträge. Anders bei den seit 1986 aufkommenden privaten Sendern, die sich am amerikanischen Rundfunk orientieren. Der älteste und beliebteste ist *Bylgjan* (Die Welle, FM 98,9) mit viel Musik. Von den rund fünfzehn privaten Sendern strahlen nur wenige landesweit aus. *Rás 1* hat vom 1.6. bis 31.8. tägl. um 8 Uhr eine Zusammenfassung der Nachrichten auf Englisch im Programm. *BBC World Service* empfängt man in Reykjavík rund um die Uhr auf FM 94,3, im Rest des Landes nur über die Kurzwelle.

Fernsehen: Zum Fernsehen kamen die Isländer über die Amerikaner. Die hatten seit 1955 ihre eigene Fernsehstation auf der Militärbasis in Keflavík. 1961 wurde die Station ausgebaut, sodass auch ein großer Teil der isländischen Bevölkerung das Programm empfangen konnte. Das stieß nicht überall auf positive Resonanz. Es wurde befunden, dass Island es nicht nötig habe, auf das Fernsehprogramm eines anderen Landes angewiesen zu sein, noch dazu auf das der USA – man fürchtete sich vor Volksverdummung und war auf die USA wegen des umstrittenen Militärstützpunktes ohnehin nicht

gut zu sprechen. Also wurde *RUV* 1966 zur Rundfunk- und Fernsehanstalt erweitert und die Isländer bekamen mit *Sjónvarp* ihren eigenen staatlichen Sender, der zunächst nur dreimal die Woche ausstrahlte. 15 Jahre lang blieb der ganze Juli fernsehfrei. Mittlerweile aber kann das ganze Jahr und jeden Tag ferngesehen werden. 1986 nahm der erste Privatsender, *Stöð 2*, seine Arbeit auf, seit 1995 gibt es weitere Privatsender. Seither kommen amerikanische Filme wieder in die isländischen Wohnzimmer. Sie werden nicht übersetzt; in Island läuft alles mit Untertiteln. Wie populär die Filme bei den Kids sind, erkennt man an deren Englischkenntnissen. Vor allem in der Umgangssprache sind sie fit. Per Satellit können auch ausländische Programme empfangen werden.

Information über alles, was sich kulturell in Reykjavík tut, bietet die zweiwöchentlich erscheinende, kostenlose Zeitschrift **The Reykjavík Grapevine**, die zudem in jeder Ausgabe einige kritische ausführliche Artikel zu aktuellen isländischen Themen publiziert. The Grapevine avancierte mit der Zeit von einem kleinen Blatt für Touristen, das nach Aussage des Herausgebers über andere Dinge informieren will als über Gullfoss und Geysir, zu einer alternativen Stimme, die auch von der isländischen Szene gelesen wird. The Grapevine ist auch online zu lesen, www.grapevine.is.

Naturschutz und Ökologie

Insel der frischen Luft, des sauberen Wassers, der heilen und unberührten Natur – die Reisebroschüren preisen Islands Umwelt seitenweise. Die Isländer sind zu Recht stolz auf ihre Gletscher, Moosteppiche, Schwefelberge, Wasserfälle und alle anderen Refugien der „ursprünglichen Natur". Staudamm-Großprojekte und die mit ihnen einhergehenden Aluminiumschmelzen jedoch gefährden diese Natur und haben bereits unwiderrufliche Schäden angestellt. Sie rufen nationale wie internationale Proteste hervor, ebenso der wieder aufgenommene Walfang.

Das Sündenregister: Auch Island hat seine Umweltvergehen im Sündenregister stehen. Die moderne Lebensweise greift in die Natur ein – die dichte Besiedlung um Reykjavík nimmt problematische Dimensionen an, Verkehrsstaus sind an der Tagesordnung – zumal es bei der Mehrheit verpönt ist, öffentliche Verkehrsmittel zu benutzten. Auch die wenigen isländischen Industrieanlagen arbeiten nicht schadstofffrei.

Helfen Sie mit!

Müll darf nicht vergraben werden, die Erosion trägt den Boden zu rasch ab; das Material wird im isländischen Klima nur allmählich zersetzt.

Treibholz gehört den Bewohnern und ist nach strengen Regeln aufgeteilt.

Feuermachen ist auf bewachsenem Untergrund verboten.

Pflanzen sind auf Wanderwegen und Jeeppisten schnell beschädigt; vermeiden Sie, die Vegetation zu schädigen, und pflücken Sie keine Blumen.

Fahren abseits von Wegen ist verboten, da es der Erosion Vorschub leistet! Spuren im Hochland erhalten sich oft jahrelang, bis die Natur sie weggewischt hat.

Mineralien und Fossilien dürfen nicht zu kommerziellen Zwecken gesammelt werden; Hammer und Meißel dürfen nicht verwendet werden, um Mineralien abzuschlagen; in Schutzgebieten darf keines der verlockenden Minerale entfernt werden.

Lavastalaktiten stehen unter Naturschutz.

In den **Vogelschutzgebieten** gelten besonders strenge Bestimmungen; der Zugang in der **Brutzeit** ist an einigen Stellen untersagt.

Naturschutz: Mehr als 19,15 % des Landes stehen unter Protektion, ein Großteil davon befindet sich im 2008 (dem Jahr der Fertigstellung des Kárahnjúkur-Staudamms) eingerichteten Vatnajökull-Nationalpark, dessen Entwicklung allerdings noch in den Kinderschuhen steckt. Schwierig sind immer wieder die Verhandlungen mit den Farmern, denen das Land gehört. Sie müssen überzeugt werden, dass gefährdetes Land und Naturwunder unter Schutz gestellt werden müssen. In der Praxis mündet das in einen Vertrag, in dem ein Status quo festgeschrieben wird – die Verantwortung für den Erhalt der Landschaft wird dem Farmer abgenommen. Er hat sich dann nicht um Toiletten, Wege und Vorsorge vor Unfällen zu kümmern. Die Nationalparks hingegen sind Landbesitz des Staates.

Probleme durch Tourismus: Immer mehr Touristen bringen wachsende Müllberge und zunehmenden Verkehr mit sich. Hochproblematisch ist das so genannte „Off-Road-Fahren" (vgl. Kasten) – die Ranger können ein Lied davon singen. Nicht alle Wanderer halten sich an die ausgewiesenen Wege. Auch das Aufschichten von Steinmännchen ist vielen Rangern ein Dorn im Auge. Überlegungen zur Einführung des Verursacherprinzips und zu einer finanziellen Belastung der Reisenden gemäß dem Schaden, den sie hervorrufen, konnten sich allerdings nicht durchsetzen. So werden bislang weder Eintrittspreise in Naturparks noch ein Wegezoll im Hochland erhoben.

Massive Eingriffe: Verzweifelt haben viele Isländer gegen den Bau des riesigen Kárahnjúkur-Dammes im Hochland gekämpft – vergebens (vgl. Kap. „Hochland"). Und man weiß, dass in den Schubladen des

Rettet das Hochland!

Energieversorgers Landsvirkjun weitere umweltzerstörerische Pläne liegen (vgl. Kap. „Reykjanes").

Walfang: Dass Walfleisch mittlerweile wieder auf dem Teller landet, ist legal – vgl. Kap. „Der Westen".

www.savingiceland.org informiert sehr ausführlich, besonders interessant ist die Karte der gefährdeten Gebiete. **Icelandic Environment Association**, www. landvernd.is, einige ältere englische Artikel zu grundlegenden Problemen; **Iceland Nature Conservation Association** (Náttúruverndarsamtök), www. inca.is; **Environment Agency of Iceland** (Umhverfisstofnun), www.ust.is.

Notfälle

Gesundheit: In jedem Ort gibt es einen medizinischen *Notdienst*, zumindest über Mobiltelefon erreichbar (siehe auch Kap. „Gesundheit").

Lebensrettung: *Icelandic Association For Search And Rescue*, Verband isländischer Rettungsmannschaften, Skógarhlíð 14, Reykjavík, ✆ 5705900, www.landsbjorg.is oder www.icesar.is.

Passverlust: Bei Passverlust ist die deutsche Botschaft in Reykjavík aufzusuchen, hier bekommt man einen vorläufigen Reisepass zur Einreise nach Deutschland ausgestellt (in ca. 2–3 Tagen), ggf. wird kurzfristig ein Passersatzpapier zur Rückreise ausgestellt (Gebühren laut Passgebührenverordnung). Der Antragsteller muss möglichst andere Ausweise (z. B. Führerschein) mitbringen oder seine Identität durch eine schriftliche Versicherung von Mitreisenden bestätigen lassen. www.reykjavik.diplo.de.

Notruf (Polizei, Krankenwagen, Feuerwehr): ✆ 112

Öffnungszeiten

Die wichtigste Regel: Mit dem Ende der Schulferien ändert sich alles (vgl. Kap. „Klima, Wetter, Reisezeit"), besonders drastisch in abgelegenen Gebieten, wo der Herbst schon Mitte August eingeläutet wird und die Öffnungszeiten zurückgefahren werden. Ende August ändern sich die Öffnungszeiten dann grundlegend, selbst in Reyjavík macht sich das Ende der Sommerferien bemerkbar. Eine Aufschrift wie „bis 1. 9." ist übrigens manchmal eine in beide Richtungen flexible Angabe.

Behörden und Ämter: Mo–Fr 9–17 Uhr, Juni–August häufig 8–16 Uhr.

Meist zeigt eine gehisste Flagge schon von Ferne an, dass geöffnet ist.

Geschäfte: Mo–Fr 9–18 und Sa 10–14, teilweise bis 16 oder 18 Uhr. Größere Supermärkte haben häufig sieben Tage in der Woche und bis spät in den Abend hinein geöffnet, zuweilen bis 23 Uhr. Eine Ausnahme ist der beliebte, günstige Discounter

Bónus mit vergleichsweise kurzen Öffnungszeiten (überall Mo–Do 12–18.30, Fr 10–19.30, Sa 10–18 und So 12–18 Uhr). Einige wenige Supermärkte sind rund um die Uhr geöffnet. Souvenirgeschäfte und Kunsthandwerksläden öffnen häufig auch sonntags.

Museen: Die Mehrzahl der Museen außerhalb Reykjavíks hat nur im Sommer reguläre Öffnungszeiten, zumeist tägl. 10–17 Uhr; einen „museumsfreien Tag" wie in Deutschland gibt es nicht. Typisch ist bei der Angabe von Öffnungszeiten der Zusatz „und nach Vereinbarung". In der Regel genügt ein Anruf, um auch im Winter die Ausstellung besichtigen zu können.

Post: Abgesehen von den Postämtern in kleinen Dörfern mit kürzeren Öffnungszeiten in größeren Orten 8.30/9–16 Uhr. Länger als üblich und auch am Samstag haben einige Postämter in Reykjavík geöffnet sowie manche winzigen Postfilialen, die in Tankstellen oder Supermärkten untergekommen sind.

Bank: In größeren Orten Mo–Fr 9.15–16 Uhr, in kleineren kürzer, z. B. nur vormit-tags. Die Bank am Flughafen Keflavík hat den ganzen Tag über geöffnet.

Tankstellen: Tankstellen haben sehr lange Öffnungszeiten; sie öffnen zwischen 7 und 9 Uhr (bzw. am Wochenende 10 Uhr) und schließen oft erst um 23.30 Uhr. Getankt wird ohnehin meist an Automatensäulen.

Kunst und Kultur: Während die Museen Sept.–Mai nur eingeschränkt offen haben, ist dies die Spielzeit von Theater und Oper.

Post (Póstur)

Viele Postämter wurden in Island wegrationalisiert. In den betroffenen Orten bekam die Post häufig einen Schalter in der Bankfiliale zugeteilt, manchmal auch im Supermarkt oder in der Tankstelle. Bisweilen verschwand sie ganz. Infos unter www.postur.is.

Gebühren: Ein normaler Brief (50 g) kostet derzeit im Inland ISK 97, per Luftpost/ Schiffspost nach Europa ISK 165/140, nach Amerika ISK 220/155. Für Postkarten gelten dieselben Preise. Die Luftpost („A-póstur") wird mit blauen Aufklebern kenntlich gemacht, die Schiffspost („B-póstur") mit grünen. Luftpostbriefe sind zumeist innerhalb von zwei bis vier Tagen in Mitteleuropa.

Postlagernde Briefe oder Päckchen (Poste restante): kann man sich an jedes Postamt der Insel schicken lassen und unter Vorlage des Ausweises abholen.

Adresse für Philatelisten: Frímerkjasalan, Stórhöfði 29, Reykjavík, www.stamps.is.

Preise

Ein Islandurlaub kann durchaus günstig gestaltet werden, wenn man in Jugendherbergen, einfachen Gästehäusern, Bauernhöfen der untersten Kategorie oder Hochlandhütten im eigenen Schlafsack übernachtet. In den touristischen Zentren sind Schlafsackunterkünfte jedoch kaum zu finden. Die Kosten für Hotel- und Gästehauszimmer liegen deutlich über dem europäischen Durchschnitt. Deswegen und wegen der vergleichsweise hohen Mietwagenpreise (vgl. Kap. „Unterwegs") zählt Island zu den teuersten Reiseländern der Welt. Allerdings versöhnen Discountsupermärkte den finanziell gebeutelten Reisenden. Selbstversorger müssen sich insofern über die Nahrungsmittelpreise keine großen Sorgen machen. Radeln und Wildzelten schonen die Finanzen maximal.

Saftige Preisanstiege: Während man in Deutschland ab 3 % Preissteigerung zu murren geneigt ist, waren in Island in den letzten Jahren 10–15 % pro Jahr der Normalfall, insbesondere im Tourismusbereich. Hier haben viele Isländer ihr Einkommen in Europreisen stabil gehalten und können es deswegen gar nicht nachvollziehen, wenn Preissteigerungen von Kronenpreisen empören. Nahrungsmittel und Restaurantpreise sind hingegen für Europäer günstiger geworden. Für Isländer ist vieles wesentlich teurer geworden, sie haben einen deutlichen Kaufkraftverlust hinnehmen müssen.

Studenten: Ermäßigungen mit der internationalen Studentenkarte, Infos unter www.isic.org.

Lebensmittel: Bei Bónus kann man relativ günstig einkaufen, manchmal günstiger als in Deutschland. Kleine Läden und Tankstellenshops sind teuer.

Essen gehen: ist mittlerweile nicht mehr so kostspielig, die Preise sind in Euro gerechnet etwas unter das alte Niveau gefallen und entsprechen den Preisen in deutschen Urlaubsregionen oder Großstädten. Ein Tagesgericht von guter bis hervorragender Qualität ist für umgerechnet ca. 12–20 € zu erstehen, Tagessuppen (oft mit refill, Brot und Wasser, manchmal auch mit Kaffee) kosten zwischen 6 und 12 €. Zahlreiche Restaurants verhelfen zu einem relativ günstigen Mittagessen (vgl. „Essen").

Übernachtung: Es fällt nicht leicht, für ein Doppelzimmer auf einem einfachen Hof ohne viel Service umgerechnet 80 € zu zahlen, von den Preisen in Stadt- und Country Hotels ganz zu schweigen; bis 200 € sind möglich. Ein feines Zimmer in Reykjavík kann sogar 400 € kosten.

Kleingruppen oder Familien finden in Sommerhäusern für umgerechnet ca. 80–120 € eine sehr komfortable und relativ preiswerte Unterkunft, manchmal ist ein privater Hot Pot inklusive.

Richtig günstig: sind die Kosten fürs Telefonieren; Nationalparks verlangen keinen Eintritt und auch die Eintritte für Schwimmbäder sind überraschend niedrig. Kaffee ist etwas günstiger als in Deutschland.

Organisierte Ausflüge: Eine 2½-stündige Gletscherwanderung oder eine Walbeobachtungstour kosten um die 30 €, ein Tagesausflug ins Hochland 80–120 €.

Reiseveranstalter für Gruppen- und Individualreisen

Standardangebote sind eine geführte Rundreise oder eine individuelle Mietwagenrundreise. Informieren Sie sich dabei über die Tagesstrecken und die Unterkünfte, damit sie nicht in den vergleichsweise wenig ansprechenden Hotelkästen der ersten Generation landen.

ASI Wanderreisen, AlpinSchule Innsbruck, In der Stille 1, A-6161 Natters/Tirol, ☎ +43 (0)512-546000, 📠 +43(0)512-546001, bietet Wander- und Skiwanderreisen, www.asi.at.

Icelandic Farm Holidays, vgl. Kap. „Übernachten", www.farmholidays.is, v. a. Rundtouren von einer bis zwei Wochen Länge.

Traumcamping am Wasserfall

Ice-Zeit, Schorrmühlstr. 25, 95349 Thurnau, ☎ 09228-99139, 📠 5446, ist spezialisiert auf Island, www.ice-zeit.de.

Island Erlebnisreisen, Heinrich-Schacht-Str. 58, 22880 Wedel, ☎ 04103-9000770, 📠 900777, Islandspezialist mit vielfältigem Programm; bietet neben Gruppenreisen jeder Art auch alle Bausteine für das eigene Gestalten der Reise, macht Vorschläge für Individualreisen und stellt maßgeschneiderte Touren zusammen, www.islanderlebnis.de.

Island ProTravel, Witts Allee 30, 22587 Hamburg, ☎ 040-286687-0, 📠 28668710, hat eine Vielzahl unterschiedlichster Reisen im Programm, www.islandprotravel.de.

Island-Reisen, Kurfürstendamm 125a, 10711 Berlin, ☎ 030-8231435, 📠 8231405, bietet u. a. Reisen für Mini- und Kleingruppen sowie für Familien, www.island-reisen.de.

insel*zeit*reisen, Am Klopp 21, 66620 Nonnweiler-Kastel, ☎ 06873-203552, ist auf die Westmännerinseln spezialisiert und bietet Reisen zwischen 10 und 13 Tagen, bei denen mit Ruhe und Zeit erkundet wird, www.inselzeitreisen.de.

Natur-Pur-Reisen, Rieselfeldallee 12, 79111 Freiburg, ☎ 0761-808006, 📠 808051, bietet individuelle und geführte Touren, www. natur-pur-reisen.de.

Nordland Touristik, Im Outdoorhaus, Scheibenstr. 3, 87435 Kempten, ☎ 0831- 5215935, 📠 5215950, hat u. a. Rundreisen im Programm, www.nordlandtouristik.de.

Nordwind Reisen GmbH, Maximilianstr. 17, 87700 Memmingen, ☎ 08331-87073, 📠 47624, ist auf Island, Grönland und Spitzbergen spezialisiert, www.nordwindreisen.com.

Kneissl Touristik, Linzer Str. 4–6, A-4650 Lambach, ☎ +43(0)7245-20700, bietet Reisen mit unterschiedlichen Schwerpunkten an, www.kneissltouristik.at.

Katla Travel, Bürkleinstr. 20, 80538 München, ☎ 089-2421120, 📠 24211220, ist auf Island spezialisiert und bietet neben Gruppen- und Themenreisen auch Reisebausteine, www.katla-travel.is.

set geo-aktiv reisen GmbH, Holzbacher Str. 11, 94081 Fürstenzell, ☎ 08502-9171780, 📠 9171789, Spezialveranstalter mit umfassendem Angebot, auch mit regionalen Schwerpunkten, auch Wohnmobile, Grönlandbausteine, www.set-geo-aktiv.de.

Studiosus, Riesstr. 25, 80992 München, ☎ 089-500600, 📠 50060100, bietet Studienreisen nach Island, darunter viele Wanderstudienreisen, auch in Kombination mit Grönland, www.studiosus.com.

Wikinger Reisen, Kölner Str. 20, 58135 Hagen, ☎ 02331-9046, 📠 904704, ein Veranstalter mit viel Erfahrung, hat u. a. zahlreiche Rundreisen mit Wandern und eine 15-tägige Trekkingtour im Programm, www. wikinger-reisen.de.

Geothermalgebiete sind nicht ungefährlich!

Rollstuhlfahrer

Ansprechpartner für alle Fragen ist die isländische Behindertenorganisation.
Sjálfsbjörg Landssamband Fatlaðra, Hátún 12, 105 Reykjavík, ☎ 5500360, www.sjalfsbjorg.is.

Sicherheit/Gefahren

Ein isländischer Autor meinte einmal, dass Meteorologen die Einzigen wären, die auf der Insel gefährlich leben – stimmen ihre Vorhersagen nicht, bekämen sie von den Bauern Morddrohungen. Ganz so harmlos geht es in Island natürlich nicht zu, auch wenn man sich sowohl in der Stadt als auch in den endlosen Weiten der isländischen Natur durchaus sicher fühlen darf und viele Isländer auf dem Land ihre Häuser oder Autos nicht abschließen. Eine Garantie auf Sicherheit gibt es jedoch auch in Island nicht, besonders im Großraum Reykjavik. Die größte Gefahr für Touristen sind allerdings vermutlich Vogelangriffe zur Brutzeit bei einer Küstenwanderung. Der Rückzug ist dann die beste Verteidigung, die zweitbeste besteht darin, einen Stock oberhalb des Kopfes zu halten, um vom Kopf als Angriffsziel abzulenken.

Im Falle eines Falles ...

Mit einem Vulkanausbruch ist natürlich nicht jeden Tag zu rechnen, im Süden der Insel wird allerdings ein Ausbruch von Katla und Hekla erwartet. Gefährlich sind dann nicht nur die feinsten Aschepartikel, sondern auch giftige Gase. Falls der Ausbruch unter einem Gletscher erfolgt, ist mit rasend schnellen, immensen Schmelzwasserabflüssen zu rechnen. Im Falle eines Ausbruchs der Katla wird mit Geräuschbomben und Leuchtfeuern gewarnt. Der Zivilschutz empfiehlt sogar, im Bereich der Katla eine Notausrüstung inkl. Notration und ausreichend Trinkwasser mit sich zu führen.

Strom

Die elektrische Spannung beträgt die bei uns üblichen 220 Volt, nur im Ausnahmefall trifft man auf eine unbekannte Stecker-/Steckdosenart.

Telefonieren

Island verfügt über ein modernes Telekommunikationsnetz, das Direktwahl über Satellitenfunk in alle Welt einschließt. Die Isländer nutzen ihre mobilen Fernsprecher mit Leidenschaft, fast jeder will immer und überall erreichbar sein, und sei es noch auf dem Gletscher. Dass jeder so gut wie immer telefonisch erreichbar ist, ist für die Touristen von Vorteil – wenn sie ein öffentliches Telefon finden, was sich eher schwer gestaltet, oder ihr Handy dabeihaben. Ein Nachteil der Tatsache, dass das Telefonieren an Ort und Stelle für die Isländer selbstverständlich ist, besteht darin, dass man leicht in die ärgerliche Situation kommen kann, sein Gästehaus verschlossen vorzufinden, mit einem Zettel an der Tür, der dazu auffordert, mal eben bei den Besitzern anzurufen.

In fast allen Teilen des Landes besteht Empfang – es lohnt sich, das eigene Handy mitzubringen und sich eine Prepaid-SIM-Karte zu kaufen, sei es zum Erkundigen nach aktuellen Öffnungszeiten, zur Zimmer- oder zur Fährbuchung. Wer unterwegs feststellt, dass er eine gebuchte Unterkunft später als 18 Uhr erreichen wird, sollte dies unbedingt dem Vermieter mitteilen. Telefonläden (v. a. Vodafone) sind in allen größeren Orten vertreten; ein „Starter Kit" kostet etwa 15 €. Wer am Flughafen ankommt, kann z. B. in der Shoppingmall von Hafnarfjörður eine SIM-Karte besorgen. Karten zum Auffüllen des Kontos gibt es an jeder Tankstelle, in den meisten Touristinformationen, Hotels und in vielen Läden (ggf. dort bei der Aktivierung helfen lassen).

Im gedruckten *Telefonbuch* erscheint die Auflistung der Teilnehmer nach Vornamen wunderlich, sie hat aber eine ganz einfache Erklärung (siehe Kap. „Gesellschaft", S. 139). Online-Telefonbuch: www.simaskra.is.

Öffentliche Telefone: gibt es in großen Tankstellen, Hotels und bei manchen Touristinformationen. Kartentelefone sind weit verbreitet, Telefonkarten zu ISK 500, 1000 und 2000 gibt es in Postämtern und Tankstellen und einigen Touristinformationen. Am günstigsten telefoniert man mit einer International Calling Card, z. B. von Callit.is. Telefonieren von Münzfernsprechern ist beschwerlich. Einige Telefone akzeptieren Kreditkarten.

Vorwahlen: Nach Island 00354, von Island nach Deutschland 0049, nach Österreich 0043, in die Schweiz 0041. Von den deutschen Vorwahlen dann die erste 0 weglassen.

Übernachten

Noch im 19. Jh. boten nur die Kirchen Reisenden Unterschlupf für die Nacht, heute gibt es eine große Vielfalt an Übernachtungsmöglichkeiten für jeden Geschmack und Geldbeutel: Hotels der Mittel- und Spitzenklasse, private Gästehäuser, Ferien auf dem Bauernhof, Sommerhäuser, Jugendherbergen, Berghütten, Schlafsackunterkünfte und Campingplätze. Viele Gästehäuser und Bauernhöfe bieten Selbstversorgern eine Küche, in den Sommerhäusern ist zumindest eine Kochnische vorhanden. WLAN („Wifi") ist, außer in den einfachen Unterkünften, fast überall zu haben.

Im Sommer wird es fast überall eng, besonders in Reykjavík, Akureyri, im Südwesten (Region Goldener Zirkel), auf Snæfellsnes und am Mývatn sowie mittwochs und donnerstags in Seyðisfjörður und Egilsstaðir (vor Ankunft und Abfahrt der Fähre *Norröna*). In diesen Orten und Gegenden steigen die Preise im Sommer stark an. Da viele Reisegruppen im Land unterwegs sind und die Touristenzahlen bei einem nur langsam wachsenden Bettenangebot weiter steigen, sollte in der Hauptsaison von Ende Juni bis Mitte August vorgebucht werden.

Im Reiseteil dieses Buches ist ein Einzelzimmer mit EZ, ein Doppelzimmer mit DZ abgekürzt. SSU bedeutet Schlafsackunterkunft. Die Preisangaben beziehen sich auf die Hochsaison inkl. Frühstück.

Frühstück: Frühstück wird meist in Form eines Büfetts angeboten und kostet umgerechnet etwa 7–10 €. Je nach Anbieter ist die Qualität sehr unterschiedlich, die Palette reicht von einfach bis vielfältig und üppig, mit selbst gemachter Marmelade und frisch gebackenem Brot.

Klassifizierung: Seit dem Jahr 2000 haben alle Übernachtungsbetriebe die Möglichkeit, sich vom Icelandic Tourist Board bewerten und einer Kategorie (1 bis 5 Sterne) zuteilen zu lassen. Hotels mit mehr als zwei Sternen bieten ausschließlich Zimmer mit Bad und mindestens 18 m² Größe. Alle Hotels bieten Frühstück, die mit mehr als einem Stern verfügen zudem über einen Speisesaal für das Abendessen. Ab drei Sternen sind alle Zimmer mit TV und Telefon ausgestattet. Ab vier Sternen muss ein „à la carte"-Restaurant im Haus sein.

Preise im Steilflug: Nach der Halbierung des Werts der Isländischen Krone infolge der Finanzkrise 2008 haben viele Vermieter die Kronenpreise in den letzten Jahren so angehoben, dass das alte Euro-Preisniveau wieder erreicht oder gar überschritten wurde. Pro Jahr muss man mit 10 oder mehr Prozent Preissteigerung bei Beherbergungsbetrieben rechnen. Falls Steuern angehoben werden, dürften die Preiserhöhungen noch üppiger ausfallen. Die Preise in diesem Buch sind also bei Drucklegung bereits veraltet – sie können nur als Vergleich dienen!

Hotels: Hotels der Spitzenklasse, häufig zu Ketten wie Icelandair Hotels oder Fosshotels zusammengeschlossen, finden sich längst nicht mehr nur in Reykjavík, Keflavík und Akureyri. Ergänzt werden sie durch Mittelklassehotels, die teils neu sind, teils renoviert und teils recht nüchtern oder gesichtslos sind. Einige warten indes mit familiärer Atmosphäre auf. Die verstreut auf der Insel liegenden Häuser haben unterschiedliche Standards, sind aber grundsätzlich sauber und gepflegt und bieten meist Zimmer mit Bad und TV.

Tophotels finden Sie in Reykjavík und Akureyri, in Südisland das Hotel Rangá östlich von Hvollsvöllur (S. 347), in Hvalfjörður das Hótel Glymur (S. 558), im Hochland am Südende der Sprengisandur das Hálendið, auf Snæfellsnes das Hótel Búðir (S. 591), in Borgarnes das Hótel Hamar (S. 538), in Hafnarfjörður das Viking Hotel (S. 270) und am Mývatn das Gígur (S. 438).

Preise: Die Preise variieren nach Region und Ausstattung, für ein DZ ohne Bad in einem Mittelklassehotel sind umgerechnet mindestens 80 € zu zahlen, in besseren Hotels kostet ein DZ mit Bad ca. 150 €, in Reykjavíks Edelherbergen sogar um 230–400 €.

Internet: Hotelketten: http://icelandairhotels.is, www.fosshotel.is, www.hringhotels.is, www.keahotels.is.

Die Edda-Hotels – Übernachten im Internat: In den Schulferien von Anfang/Mitte Juni bis Mitte/Ende August werden viele Internatsschulen des Landes als Sommerhotels betrieben. 13 davon gehören zu der Hotel-Kette Edda, die wiederum der Gruppe Icelandair Hotels untersteht. Die Ausstattung der Zimmer ist generell zweckmäßig. Meist handelt es sich um Doppelzimmer mit getrennten Betten, Tisch, Schrank und Waschbecken, manchmal haben die Zimmer auch ein eigenes Bad. Wo die Internate vergrößert werden, wird das Edda-Hotel ausschließlich um topmoderne Zimmer mit Bad bereichert. Zimmer mit Bad, TV und Telefon laufen als Edda PLUS-Zimmer. Fast alle Edda-Hotels avancierten in den vergangenen Jahren zu 2- oder 3-Sterne-Hotels. Den Edda-Hotels ist häufig ein Schwimmbad angeschlossen, die Kantine der Schule dient im Sommer als Restaurant, in dem es vergleichsweise günstig typisch isländische Gerichte gibt. Die Hotels haben oft eine sehr freundliche Atmosphäre.

www.hoteledda.is

Preise: Für alle Edda-Hotels gelten Einheitspreise: DZ mit Waschbecken/Bad umgerechnet 71/114 €; EZ mit Waschbecken/

Viele Bauernhöfe haben für Touristen erweitert

Bad 56/92 €, DZ/EZ PLUS 132/105 €, Frühstück 9 €. Manche Edda-Hotels bieten auch Schlafsackunterkünfte an, im Zimmer für 24 €, im Schlafsaal für 9–14 €. Mehrmaliges Übernachten in Edda-Hotels während der Reise durchs Land lohnt sich – die fünfte Nacht ist kostenlos.

Adresse: Hótel Edda, ✆ 4444000 (zentrale Reservierung für alle Hotels). Auf der Internetseite finden sich auch die Öffnungszeiten der einzelnen Hotels.

Sommerhotels: In den Sommerferien werden auch andere als Internate betriebene Bildungseinrichtungen zu Hotels umfunktioniert. Sie werden privat betrieben und gehören nicht zum Verband der Edda-Hotels, bieten deshalb auch nicht immer deren Leistungen (z. B. Restaurant, Schwimmbad). Die Preise liegen zumeist etwas unter denen der Edda-Hotels. Auch einige Studentenheime sind im Sommer für Touristen geöffnet.

Zimmer und Sommerhäuser auf Bauernhöfen: Weit über 150 zum Dachverband *Icelandic Farm Holidays* gehörende Bauernhöfe vermieten Zimmer. Manchmal finden sich diese im Wohnhaus selbst, häufig aber schläft man in neu errichteten Gästehäusern oder in ehemals zu Wohnzwecken genutzten, nun aber für Touristen umgestalteten Häusern auf dem Hof, in angebauten nüchternen Zweckbauten oder auch in kleinen, gemütlichen, holzverkleideten Sommerhäusern. Nicht alle Höfe sind noch bewirtschaftet und bei der Ausstattung der Zimmer und Häuser gibt es große Unterschiede. Auf manchen Gehöften sind die Räume großzügig mit allen Annehmlichkeiten ausgestattet, auf anderen wiederum eher einfach und schlicht eingerichtet; manchmal erinnern die Zimmer an private Gästezimmer. Mal haben die Gäste Zugang zu einer Küche, mal nicht. Auf nicht mehr bewirtschafteten Höfen bauen die Isländer seit einiger Zeit gerne Ställe und Heuschober zu Unterkünften um. Einige Farmer haben Häuser mit Hotelcharakter errichtet, inkl. Rezeption und Speisesaal (so genannte Country Hotels).

So sehr sich Ausstattung und Aufmachung der Höfe auch unterscheiden, fast überall wenden die Gastgeber viel Mühe und Liebe auf. Morgens wird ein zumeist reichhaltiges Frühstück angeboten. Viele Familien bieten nach Vorbestellung auch ein Abendessen an, die Country Hotels oft Büfets. Auf manchen Gehöften werden zusätzlich Angellizenzen verkauft oder Ausritte angeboten; manchmal gibt es hierbei für Gäste einen besonderen Tarif. Die Bewohner kennen sich gut in ihrer Gegend aus und können oft wertvolle Tipps zu Wanderungen oder zur Reiseplanung geben. Alle Farmen sind zur Einhaltung bestimmter Qualitätsstandards verpflichtet, darunter auch ökologische. Icelandic Farm Holidays wurde bereits mit verschiedenen Preisen, auch im ökologischen Bereich, ausgezeichnet.

Die zum Dachverband **Icelandic Farm Holidays** gehörenden Höfe sind in diesem Buch mit (FH) gekennzeichnet. Angeboten werden Pakete aus Übernachtungen und Mietwagen; Sie können aber auch per E-Mail einen Buchungswunsch für bestimmte Farmen mit Übernachtungsdatum an den Verband richten. www.farmholidays.is.

Preise: Für die Zimmer gibt es vier Kategorien („cat"). Pro Person fallen bei Buchung über den Verband im DZ bei cat I/II ca. 45–50 €, bei cat III/IV mit privatem Bad ca. 60–75 € an. SSU kostet ca. 30 €. Für 4 Personen im Sommerhaus sollten Sie mit 80–120 € rechnen.

Open Vouchers: Erhältlich für cat I/II oder II/IV zu ähnlichen Preisen wie bei fester Reservierung. Nur für die Nebensaison und außerhalb der touristischen Brennpunkte zu empfehlen, da man nur in den 24 Stunden vor dem Abend der Übernachtung buchen kann.

Adresse/Broschüren: Dachverband *Ferðaþjónusta bænda* (Icelandic Farm Holidays), Síðumúli 13, 108 Reykjavík, ☎ 5702700, 🖷 5702799. Der Verband gibt eine englische Informationsbroschüre mit Auflistung bzw. genauen Beschreibungen der einzelnen Bauernhöfe heraus (die isländische Variante enthält auch Telefonnummern und E-Mail-Adressen), daneben eine Faltkarte mit Telefonnummern, zu finden auch in den Touristinformationen vor Ort.

Gästehäuser in Ortschaften: Die Gästehäuser sind im Ort das, was die Bauernhofunterkünfte auf dem Land sind. Auch sie unterscheiden sich erheblich in Ausstattung und Komfort. Wie auf den Höfen, so ist auch in den Gästehäusern in der Regel sowohl das Übernachten in Betten als auch im Schlafsack möglich. Die Preise variieren stark, Frühstück hier ebenfalls umgerechnet ca. 8–10 €.

Sommerhäuser – ideal für kleine Gruppen und Familien: Zahlreiche Übernachtungsbetriebe, auch einige Hotels, Jugendherbergen oder Campingplätze, vermieten Sommerhäuser; die Unterbringung in gemütlichen Blockhäusern ist im ganzen Land beliebt. Teilweise gehören auch sie zu Icelandic Farm Holidays (s. o.) und erfüllen deren Qualitätsstandards. So mancher Hof stellt als zusätzliche Übernachtungsmöglichkeit noch Holzhäuschen in den Garten. Eine Blockhütte für 4 Personen mit Kochgelegenheit und Bad kostet ca. 80–130 € pro Nacht (mit eigenen Schlafsäcken). Die Häuschen werden oft auch an zwei Personen vermietet.
Icelandic Farm Holidays, s. o.; Viator Summer Houses, http://viator.is.

Jugendherbergen (JH) – die „Zugvogelheime": Es gibt 37 Jugendherbergen mit mehr als 1100 Betten in Island – meist sind es gemütliche, bunte Häuser. Die Herbergen bieten meistens Dreibett-, Vierbett- oder Sechsbett-Zimmer; Einige bieten auch Doppel- und Familienzimmer an. Es gibt keine Altersbeschränkung, die Vorlage eines Jugendherbergsausweises ist nicht erforderlich, wenngleich aus finanziellen Gründen empfehlenswert. Wie die Bauernhöfe müssen auch die Jugendherbergen bestimmte Qualitätsstandards erfüllen; mehrere Herbergen dürfen sich „Green Hostel" nennen, das Nordische Schwanen-Label tragen die Hostels in Reykjavík.

Öffnungszeiten: Viele Häuser sind ganzjährig geöffnet oder nur im Dezember für ein paar Wochen geschlossen; die anderen nehmen frühestens ab März und nicht länger als bis Oktober, oft auch nur für die drei Sommermonate Gäste auf.

Preise: Jede Herberge hat ihre eigenen Preise, die in den Regionskapiteln angegeben sind. Bei Buchung auf der zentralen Homepage zahlt man für ein Bett im Dorm (Mehrbettzimmer/Schlafsaal) ISK 2900/3300. Für DZ, Familienzimmer und für Zimmer in Reykjavík werden Zuschläge fällig. Bettlaken kosten extra, ebenso das Frühstück (etwa 8 €).

Adresse: HI Iceland, Borgartún 6, 105 Reykjavík, ✆ 5756700, 🖳 5530353. info@hostel.is, www.hostel.is.

Die Jugendherbergen sind auf den Regionskarten in den einzelnen Kapiteln eingezeichnet. Eine ausführliche Broschüre mit Beschreibung der Herbergen gibt es bei unten genannter Adresse oder per Download von der Homepage. Die zentrale Homepage bietet auch Mietwagenpakete an.

Ólafur und Anna - Ihre Gastgeber in der JH Berunes (Ostisland)

Schlafsackunterkünfte (SSU): Für den, der unter einem schützenden Dach schlafen möchte, aber weder Komfort braucht noch viel Geld ausgeben möchte oder kann, sind die Schlafsackunterkünfte das Richtige. Sie fallen sehr unterschiedlich aus: Man kann in Edda-Hotels, Bauernhöfen und den meisten Sommerhäusern mit dem eigenen Schlafsack ohne Bettwäsche im Bett eines Doppelzimmers schlafen. Günstiger ist es, wenn Mehrbettzimmer angeboten werden oder regelrechte Schlafsäle (Dorms), wie z. B. in Reykjavík. Nur selten gibt es noch die Möglichkeit, im Sommer in einigen wenigen Orten in Klassenzimmern von Schulen oder Gemeindehäusern *(Félagsheimili)* in großen Sälen zu schlafen. Einige Anbieter offerieren Schlafsackplätze im Doppelzimmer nur in der Nebensaison. Die Preise für SSU liegen umgerechnet meist zwischen 15 und 30 €.

Camping: Zelten ist bei Ausländern beliebt, da man sehr flexibel ist und sehr günstig übernachtet. Einige Bauernhöfe und Gästehäuser sowie die meisten Ortschaften, und seien sie noch so winzig, unterhalten einen Campingplatz mit einer gemähten Wiese, oft sehr hübsch gelegen, aber nicht immer windgeschützt. Campen ist in Island sehr unkompliziert, abgezirkelte Parzellen sind unbekannt und es gibt nur selten eine Rezeption. Meist kommt abends jemand vorbei, um das Geld einzusammeln. In abgelegenen Regionen sind die Gemeindeplätze oft gratis. Die Ausstattung ist – verglichen mit dem durchschnittlichen europäischen Standard – überwiegend sehr einfach. Duschen dürfen nicht standardmäßig erwartet werden, man kann allerdings häufig aufs Schwimmbad nebenan ausweichen. In den touristischen „Brennpunkten" ist die sanitäre Infrastruktur schnell überlastet. Gelegentlich gibt es Picknickbänke, eine Kochhütte oder eine Waschmaschine. Seit die Isländer das Reisen mit Wohnwagen entdeckt haben, sind alle größeren Plätze mit Stromanschlüssen versehen. Genaue Angaben über die einzelnen Zeltplätze finden sich im Reiseteil.

Camping im Hochland: Im Hochland sind Zeltplätze neben den Hütten ausgewiesen, es gibt meist keinen Windschutz und nicht immer eine Grasnarbe!

Öffnungszeiten, Preise: Geöffnet sind die öffentlichen Plätze in der Regel von Anfang Juni bis Ende August, danach kann man die Wiese einfach so nutzen (allerdings sind die sanitären Einrichtungen dann meist verschlossen). Häufig kostet die Nacht umgerechnet ca. 6–8 € pro Person (in abgelegenen Orten z. T. kostenlos). Ein spezielles Angebot ist eine online, auf den beteiligten Campingplätzen, auf der Fähre Norröna oder in Postämtern erhältliche Campingkarte, deren Besitzer nebst Partner und Kindern auf derzeit über 40 Plätzen beliebig oft übernachten können (ca. 120 €). www.campingcard.is.

Wild zelten: Bisher ist es noch im gesamten Land außerhalb der Nationalparks gestattet, wild zu zelten. Befindet man sich dabei offensichtlich auf Privatland oder ist ein Gehöft in der Nähe, muss man selbstverständlich um Erlaubnis fragen. Sie wird oft ohne Zögern gegeben. Auf allen Plätzen, vor allem beim Zelten in der empfindlichen Vegetation des Hochlands, ist besonders auf die Reinhaltung und den Schutz der Natur zu achten!

Ausrüstung Kocher: Primus- und Campinggas-Kartuschen sind an fast allen Tankstellen erhältlich. Am Campingplatz in Reykjavík kann man sich an den „leftovers" bedienen. Auch Spiritus für umgerechnet etwa 8 € die Literflasche führen die meisten Tankstellen (roter „Rauðspritt"). Ein Benzinkocher leistet in jeder Situation gute Dienste, allerdings meist erkauft mit lästigem Düsenputzen in unregelmäßigen Abständen.

Zeltausrüstung: Das Zelt muss auf jeden Fall wasserdicht und windstabil sein, da nur wenige Zeltplätze guten Windschutz bieten. Schon mancher Zeltplatz erinnerte nach einem typisch isländischen Sturm an einen Scheiterhaufen. Dennoch haben einige Reisende bewiesen, dass man sich auch mit einem Discounterzelt durch Island schlagen kann – im Notfall kann man ja doch eine Hüttenunterkunft buchen. Wir raten aber davon ab, zumal sich das Wetter im Lauf der Nacht auch ändern kann. Achten Sie auf ein stabiles Gestänge und Abspannmöglichkeiten. In den Tiefländern und den Hochlandoasen zeltet man meist auf Wiesengrund. An der Askja allerdings ist es sandig und steinig, in Landmannalaugar ist der Boden hart und steinig. Hier ist eine Unterlage hilfreich, ebenso überall im Hochland außerhalb der Oasen. Eine gute *Isomatte* muss wegen der Kälte auf jeden Fall mit.

Berghütten: Der isländische Wanderverein *Ferðafélag Íslands* bzw. die ihm angeschlossenen regionalen Vereine unterhalten ebenso wie *Útivist* und einige private Unternehmer in abgelegenen, häufig landschaftlich reizvollen Regionen Berghütten, die in der Regel mit einer Küche ausgestattet sind. Einige betreut in der Hochsaison ein Hüttenwart, insbesondere in Nationalparks und an den Haupthochlandpisten.

Adressen der Wandervereine und Hüttenführer siehe Kapitel „Wandern"; ein Hüttenknigge ist im Kapitel „Hochland" zu finden.

Preise: Rechnen Sie mit umgerechnet 20–30 € (SSU).

Ausstattung: Die Ausstattung ist normalerweise einfach, aber Kochmöglichkeiten

sind meist vorhanden. Lebensmittel hat man natürlich mitzubringen. Es versteht sich auch von selbst, die Hütte in ordentlichem Zustand zu hinterlassen und die Übernachtungsgebühr in den hierfür vorgesehenen Kasten zu legen.

Buchung: Es kommt vor, dass eine Hütte durch Vereinsmitglieder oder Reitergruppen belegt ist, deshalb sollte man sich zuvor mit dem Hüttenwart bzw. dem Verein in Verbindung setzen und nachfragen.

Schutzhütte am Gletscherrand

Schutzhütten: Mit den Berghütten nicht zu verwechseln sind die orangefarbenen Schutzhütten an kritischen Stellen im Hochland, an Bergpässen und an menschenleeren Stränden, die nur im Notfall betreten werden dürfen, z. B. wenn aufgrund extrem schlechter Wetterverhältnisse kein Voran- kommen mehr möglich ist. In den Hütten befinden sich Telefon, Funkgerät, Lebensmittel und Brennmaterial. Wer in einer Schutzhütte übernachten muss, hat selbstverständlich die aufgebrauchten Vorräte zu ersetzen.

Zeit

„Die Sonne sinkt nicht mehr unter den Horizont, weil sie immer da ist, ist sie kein Zeitmaß mehr" – so erlebte ein Islandfahrer die Tagesstruktur im Sommer. Wer bei Helligkeit schlecht schlafen kann und sich nicht darauf verlassen will, dass überall ein Rollo vorhanden ist, nimmt eine Schlafbrille mit. Im Herbst und Winter sind die Tageslängen so weit im Norden natürlich kürzer, im Oktober ist es in Reykjavík von 7.30 bis 19 Uhr hell, im Januar nur noch von 11.20 bis 15.45 Uhr.

Die Uhren zeigen in Island das ganze Jahr hindurch *Greenwich Mean Time* (GMT) an. Im Winter ist die Uhr deshalb für Mitteleuropäer eine Stunde zurückzustellen, im Sommer wegen der mitteleuropäischen Sommerzeit zwei Stunden.

Zoll und Einreise

An Reisepapieren ist lediglich ein drei Monate gültiger Personalausweis oder Reisepass erforderlich. Seit Island dem Schengener Abkommen beigetreten ist, entfällt bei der Ankunft am Flughafen die Passkontrolle. Staatsbürger der EU sowie der Schweiz können bis zu drei Monate im Land bleiben.

Kinder: Minderjährige benötigen einen gültigen Kinderausweis, Kinderreisepass, Reisepass oder Personalausweis. Für Kinder bis zum vollendeten 16. Lebensjahr genügt auch die Eintragung in den Reisepass eines Elternteils (seit dem 1. 11. 2007 nicht mehr möglich).

Einfuhrbeschränkungen/Zollvorschriften: Pro Person dürfen *Lebensmittel* im Wert von bis zu ISK 18.500 und bis zu 3 kg Gewicht zollfrei eingeführt werden. Eier und Milchprodukte sind hiervon ausgeschlossen, die Einfuhr von frischem, getrocknetem oder geräuchertem Fleisch, Geflügel und Wurst ist nur gestattet, wenn die Produkte laut Zoll „fully cooked" sind. Die Einfuhr *alkoholischer Getränke* ist nur für Reisende ab 20 Jahren erlaubt. Zollfrei sind hierbei 1 l Spirituosen ab 21 % und zusätzlich 1 l Wein und 6 l ausländischen Bieres, alternativ 3 l Wein und 6 l Bier oder 1 l Hochprozentiges und 9 l Bier oder 12 l Bier. Reisende ab 18 Jahren können 200 Zigaretten oder 250 g anderer *Tabakwaren* einführen. Der zollfreie Einkauf ist auf der Fähre nach Seyðisfjörður, für Flugreisende bei der Ankunft im Duty-Free-Shop Keflavík möglich. Weitere Infos unter www.tollur.is.

Die Einfuhr von *lebenden Tieren* ist nur mit besonderer Genehmigung des isländischen Landwirtschaftsministeriums erlaubt.

Angel- und Reitausrüstungen müssen entweder neu oder durch einen Veterinär nachweislich frisch desinfiziert sein. Die Angelausrüstung wird sonst gegen eine Gebühr beim isländischen Zoll desinfiziert. Der Betrieb von *Funkgeräten* ist nur mit Genehmigung möglich, die Einfuhr von *Jagdwaffen* ohne besondere Genehmigung der isländischen Polizeibehörden strikt verboten.

Fahrzeug: Das Fahrzeug kann bis zu einem Jahr zollfrei eingeführt werden Es darf nicht zu gewerblichen Zwecken benutzt oder an Dritte verliehen oder verkauft werden. An Papieren sind *Führerschein*, *Kraftfahrzeugschein* und ein *Versicherungsnachweis* erforderlich (in Deutschland, Österreich und der Schweiz gemeldete und versicherte Fahrzeuge gelten auch in Island als versichert, die grüne Versicherungskarte ist nicht nötig). Bei der Einreise muss eine Erklärung („Declaration for Temporary Duty Free Importation of a Motor Vehicle") ausgefüllt werden. Verkauft werden kann das Fahrzeug nicht ohne Zahlung von Einfuhrzöllen. Kraftstoff darf nicht in Reservekanistern eingeführt werden, der Tank darf aber mit bis zu 200 l Benzin gefüllt sein.

Adressen: *Isländisches Zollamt*, Tollstjórinn, Tryggvagata 19, 101 Reykjavík, ☎ 5600300, www.tollur.is.

Nobody is sad

Viereinhalb Stunden mattes Tageslicht – so sieht der kürzeste Tag des Jahres in Reykjavík aus. In den von hohen Fjorden umrahmten Bergen des Nordwestens lässt sich die Sonne im Winter gar nicht sehen. Dennoch kommt die durch den Mangel an hellem Licht ausgelöste Winterdepression „Seasonal Active Disorder" (SAD) in Island nicht häufiger vor als beispielsweise in New York. Die Isländer schlafen einer Studie zufolge im Winter erstaunlicherweise nicht einmal mehr als im Sommer. Sie verbrauchen nur sehr viel mehr Energie, da sie zum Beispiel ihre Hauptstadt durch künstliche Beleuchtung in ein wahres Lichtermeer verwandeln und die Lampen zu Hause meist den ganzen Tag brennen lassen, auch wenn sie in der Arbeit sind. Selbst Friedhöfe bekommen eine bunte Festbeleuchtung. Ansonsten ist die dunkle Jahreszeit die Zeit der Besinnung, der Bücher, des Kunsthandwerks, die Zeit der Theater- und Konzertbesuche und Partys. Und eine Zeit der Vorfreude auf die langen, hellen Sommernächte.

Natürlicher Hot Pot am Meer in den Westfjorden

Die Reiseziele

Reykjavík   → S. 210
Halbinsel Reykjanes   → S. 239
Die Westmännerinseln   → S. 278
Der Goldene Zirkel   → S. 296
Die grüne Südküste   → S. 330
Die Eiswelt im Südosten   → S. 359
Die Ostfjorde   → S. 383
Mývatn und der Nordosten   → S. 418

Akureyri und
   der Nordwesten   → S. 459
Der Westen   → S. 533
Halbinsel Snæfellsnes
   und Region   → S. 560
Die Westfjorde   → S. 596
Das unbewohnte
   Hochland   → S. 651

Blick von der Hallgrímskirche

Reykjavík (ca. 120.000 Einwohner)

„Ingólfur zog im Frühling von der Heide hinab und nahm seinen Wohnsitz dort, wo seine Hochsitzsäulen an Land getrieben waren. Er siedelte sich in Reykjavík an. Dort stehen die Hochsitzsäulen in einem Küchenhaus.".

(Aus der Landnámabók)

Bunte Dächer zieren das Zentrum der „nördlichsten Hauptstadt der Welt", und am alten Hafen schaukeln die Fischkutter. Die Stadt ist jedoch nicht nur ein idyllisches Polarnest – internationaler Standard gibt den Ton an, man ist up to date und in vielem dem Festland voraus. Die Besucher lieben es gleichwohl, durch die Viertel mit den historischen Häusern zu spazieren und gute Ausstellungen aufzusuchen, die von Tagen erzählen, als die „Rauchbucht" wirklich noch ein Weiler am Nordmeer war. Interaktiv gestaltet ist das Museum zur Besiedlung, anschaulich informiert der Parcours zur Sagageschichte und die wertvollsten Fundstücke stellt das Nationalmuseum aus. Reisende genießen gerne die kreativ-dynamische Atmosphäre in „101 Reykjavík" mit seinen bunten Wellblechhäuschen, Boutiquen, Kunstgalerien und Cafés mit Livemusik. Wer es den Einheimischen nachtun will, entspannt sich in einem der Bäder oder geht im beheizten Ozean planschen.

Für viele ist Reykjavík der letzte Stopp auf ihrer Islandreise – auch auf die Gefahr hin, nach Fahrten durch einsame Hochlandwüsten in der geschäftigen, pulsierenden Großstadt einen kleinen Kulturschock zu erleiden. Warum aber selbst bei einem kurzen Aufenthalt auf der Insel hierher kommen, wenn Mývatn, Geysir und der Nationalpark Vatnajökull mit ihren Naturwundern so unglaublich fesselnd sind? Ganz einfach – weil hier die andere Hälfte von Island zu sehen ist. Der Charme der Hauptstadt, die eine Islandreise abrundet, erschließt sich problemlos, wenn man die Schnellstraßen verlassen hat. Galerien mit Avantgardekünstlern, urgemütliche Cafés und holzverkleidete Pubs reihen sich in der Innenstadt aneinander, und kreative Köche warten auf Kundschaft, um die Spezialitäten des Landes zu servieren. Der alte Hafen hat sich in den letzten Jahren zu einem neuen Touristenliebling entwickelt – dank der Finanzkrise sind die Bebauungspläne für gesichtslose Apartmenttürme in den Schubladen verschwunden und Kneipen, Restaurants, Vulkanikinos und Touranbieter konzentrieren sich zwischen dem alten Werftgelände und dem Kreuzfahrtanleger. Am Wochenende beginnt in der Kapitale das berüchtigte Partyleben, die High Society stolziert über die Ausgehmeile und die Alternativen setzen sich mit auffälligem Retro-Outfit in Szene.

Tipps zur Stadt

Übernachten Sie in einem der alten Häuser im Zentrum von Reykjavík. Falls Geld keine Rolle spielt, wählen Sie die stilvoll designten Hotels Borg (S. 218) oder 101 (S. 218). Unglaublich, aber möglich: **Baden** bei Sonnenschein im beheizten Atlantik (S. 217). Bei schlechtem Wetter können Sie sich im Laugar-Spa verwöhnen lassen (Kapitel Aktivitäten). Steigen Sie auf den Turm der Hallgrímskirche im Morgenlicht (S. 229) und stehen Sie im Abendlicht zusammen mit objektivbehangenen Fotografen an der Wikingerschiffskulptur. Gute Musikberatung bekommt man beim **Plattenhändler** im 12tónar (S. 216). **Familien** dürften die Pools in den Schwimmbädern, der Zoo (S. 238), der See Tjörnin mit Enten, Schwänen und Möwen interessieren, daneben die Saga-Ausstellung (S. 237) und das Árbær-Freilichtmuseum (S. 236) mit vielfältigen Wochenendaktivitäten und der Sammlung von altem Spielzeug im Haus Landakot. Eine Kinderecke gibt es im Kunstmuseum Kjarvalsstaðir, im Nationalmuseum und in der Stadtbücherei (beide inkl. Spielzeug und Verkleidezimmer). Das Cafe Laundromat hat ein großes Spielzimmer, spezialisiert auf Kleinkinder mit Eltern ist das Café Iðunnarepplið beim See Tjörnin am Templarsund 3.

Geschichte

Ingólfurs Landnahme und die Geschichte mit den Holzbalken: Die Story zur Besiedlung ist geradezu mythisch: Um das Jahr 870 hatte laut Landnahmebuch *Ingólfur Arnarson*, wie es Brauch war, seine mit geschnitzten Götterabbildungen verzierten Hochsitzpfeiler in die Meeresfluten geworfen. Die Strömung trieb sie westwärts in die karge Bucht mit den rauchenden Quellen beim Esja-Massiv – hier sollte der norwegische Wikinger und offiziell der erste Siedler seinen Hof errichten, nachdem sein Knecht die Holzbalken hier gefunden hatte. Der Landnehmer Ingólfur gab dem neuen Zuhause den Namen „Rauchbucht", obwohl der Recke wohl eher Dampf als Rauch erblickte. Heute thront sein Denkmal mitten im Zentrum auf dem Hügel *Arnarhóll*. Der Bericht des Landnahmebuchs wird archäologisch gestützt. Bei Grabungen konnten die Grundmauern eines nordischen Langhauses in der Nähe des Sees *Tjörnin* entdeckt werden, die in einer kurzweiligen Ausstellung zu bestaunen sind (s. u.). Von geschichtlicher Bedeutung war der Ort ansonsten für Jahrhunderte nicht – es gab lange Zeit einfach nur drei Bauernhöfe in *Nes* (heutige Halbinsel *Seltjarnarnes)*, in *Reykjavík* und in *Laugarnes*.

Vom Bauernhof zum Bischofssitz: Die dänische Krone kam im 13. Jh. in den Besitz von *Bessastaðir*, *Gufunes* und später in den von *Nes*, dessen Anwesen mit der Insel Hólmur zur Handelsstation wuchs und damit hochinteressant war. Im 17. Jh. verleibte sich das Königshaus den wichtigen Hof Reykjavík ein.

Die Basis dafür, dass Reykjavík eine wichtigere Rolle in Wirtschaft und Politik spielen konnte, legte *Skúli Magnússon*, der heute als „Vater der Stadt" gilt. Er betrat 1749 als damaliger Landvogt mit Residenz in *Bessastaðir* (siehe Kap. „Reykjanes") die politisch-ökonomische Szene. Er bewirkte zahlreiche Entwicklungen, die zum Aufschwung der Rauchbucht führten. Skúli vertrat vor dem König seine Pläne und engagierte sich für das Wohlergehen der Isländer in der Zeit des entwicklungshemmenden dänischen Handelsmonopols. Wenig später konnte der Betrieb von Fell- und Wollverarbeitung aufgenommen werden. Der Gewerbeaufseher, der fachkundige Arbeitskräfte nach Island holte und so die Weiterentwicklung förderte, blickt von seinem Denkmalsockel in der Aðalstræti, ein Werk *Guðmundur Einarssons* von 1951.

Die dänischen Monopolisten stellten sich einem solchen, für sie schädlichen Einsatz natürlich vehement entgegen und wussten geschickt das Aufblühen einer eigenen isländischen Wirtschaft zu verhindern. Der restriktive dänische Umgang mit Island änderte sich allerdings nach der Laki-Katastrophe von 1783, als der Not entgegengewirkt werden musste und eine neue Handelspolitik umgesetzt wurde. Von Skúlis Anstrengungen war zwar nicht viel übrig geblieben, aber immerhin wurde in seiner Zeit der Stadtkern angelegt.

Mit der Verleihung des Stadtrechts 1786 ernannte der dänische König den Ort mit dreißig Wohnungen und 167 Einwohnern zum *„kaupstaður"* – aus dem Bauernhof war eine Handelsstadt geworden und das Handelsmonopol ein weiteres Stückchen gelockert worden. Nicht nur im Bereich der Fischerei steigerte sich allmählich die Bedeutung der Stadt, sondern auch mit der Verlegung des Bischofssitzes und der Lateinschule 1784 von Skálholt in die Rauchbucht. 1843/44 siedelte auch das Recht sprechende *Alþingi* nach Reykjavík über. Dänische Kaufleute, die nicht gerade gern gesehen waren, übten weiterhin einen starken Einfluss aus, zumal die Handelseinschränkungen noch bis 1854 galten.

Weiterhin schwierig blieb die Versorgung Reykjavíks auf dem Landwege. Lavafelder und die Berge des Hochlandes waren große Hindernisse auf dem Weg zu anderen Zentren und den landwirtschaftlich genutzten Gebieten. Die Entwicklung schritt langsam weiter. 1842 verbot die Verwaltung der Stadt den Bau von Torfhäusern. 1874 erhielt das Parlament Gesetzgebungsbefugnis. Die Stadt konnte schließlich mit dem Aufbau eines ausgebauten Wegenetzes ihren Aufschwung nehmen.

Das moderne Reykjavík: Die Einwohnerzahl stiegen im Zuge der Technisierung der Fischwirtschaft deutlich an, innerhalb der ersten zehn Jahre des 20. Jh. verdoppelte sie sich auf knapp 12.000 – und Reykjavík war immer noch weit von einer Großstadt entfernt. „Eine merkwürdige Stadt", es gebe „kein Militär, keine Droschken und keine Trambahn und nur drei Polizisten", krittelte 1923 der Reisende Pudor überheblich. Dass es einmal einen großen Flughafen geben würde, konnte er nicht ahnen, mit den Schienenfahrzeugen sollte er allerdings Recht behalten. Das Zeitalter der Wellblech-Architektur ging zu Ende, der Hafen wurde ausgebaut, die Insel wurde ans Telegrafennetz angeschlossen, die Universität und die isländische Schifffahrtsgesellschaft *Eimskip* wurden gegründet. Die britische Besatzung in Reykjavík löste ab Mai 1940 einen Nachfrage- und Modernisierungsschub aus, der ein wesentlicher Motor für die folgende Stadtentwicklung war.

Touren durch die Stadt

Geführte Radtour: u. a. Reykjavík Biketours, geführt von den freundlichen Deutschen Ursula und Stefán, 2½ Std./7 km für ISK 4000. ✆ 6948956, www.icelandbike.com.

Katzentour mit Birna: der besondere Spaziergang durch die Stadt, „mit den Augen einer Katze", 1½–2 Std. für ISK 7000/Pers. bei 2 Pers. Ein Geheimtipp! ✆ 8628031, www.birna.is.

Literaturtouren der Stadtbücherei, jeden Do im Sommer, manchmal auch Krimitour. Tryggvagata 15, ✆ 4116100. Die Stadt plant die Ausschilderung von literarischen Wegen.

Reykjavík im 21. Jahrhundert: Reykjavík ist heute – nach einem im Land konkurrenzlosen Aufstieg – eine ausgewachsene Großstadt mit den dazugehörenden Begleiterscheinungen und Insignien: staugefährdete Stadtautobahnen, gesichtslose Hochhausblocks mit Plattenbau-Charme am Stadtrand, Graffittiwände in der Innenstadt und Essensausgaben für die Armutsbevölkerung – aber auch eine international bedeutsame Musik- und Kunstszene, ein Hauch von kosmopolitischem Flair, eine Uferskyline und moderne Glaspaläste. Glanzstück ist die wie ein überdimensioniertes Kristall wirkende Konzerthalle Harpa neben dem alten Hafen. Das architektonische Meisterwerk beeindruckt durch die von Ólafur Eliasson entworfene und in verschiedenen Farben schimmernde Glasfassade, die das monumentale Bauwerk zum neuen Wahrzeichen der Stadt macht. Weitere Pläne zur Stadtentwicklung liegen auf Eis, manch einer träumt noch vom ersten isländischen 5-Sterne-Hotel in der Innenstadt, viele wollen den Inlandsflughafen verlegt sehen, um Land in 1a-Lage zu gewinnen, und das alte Werftgelände möchten manche nach Akranes verbannen.

Basis-Infos (→ Karte S. 218/219)

Verschiedene Broschüren und Shopping-Guides kann man in der Touristinformation und an anderen Orten erhalten. Sehr nützlich ist der Stadtplan mit Busroutenverzeichnis.

Information Tourist Information Centre, Aðalstræti 2 am Ingólfstorg, freundlich und kompetent. Im Sommer tägl. 8.30–19 Uhr, im Herbst Mo–Fr 9–18, Sa 9–16, So 9–14 Uhr. Buchung von Busexkursionen, Flügen etc. Die **offizielle Stadthomepage** (inkl. Eventkalender) ist www.visitreykjavik.is.

Gepäckaufbewahrung   am BSÍ Bus-Terminal (1. Tag ISK 500), in der Jugendherberge und am Campingplatz.

Polizei Hverfisgata 113–115, ✆ 4441000.

Internet In der Stadtbücherei *borgarbókasafn*, Tryggvagata 15, Mo–Do 10–19, Fr 11–19, Sa/So 13–17 Uhr; in der Jugendherberge und in den Touristinformationen. Internet-

café groundzero 🔟 am Frakkarstígur 8/ Ecke Laugavegur. Fast alle Cafés bieten einen kostenlosen WLAN-Zugang.

Bitte beachten: Die große Information in der Bankastræti 2 ist ein Privatunternehmen, nicht die offizielle Information! Nachahmer gibt es zuhauf: In der ganzen Innenstadt sind kommerzielle Touristinformationen wie Pilze aus dem Boden geschossen.

Die Gehsteige der Innenstadt bekommen eine Heizung

Warmwasser gratis und beheizte Gehwege

Rund 50 Bohrlöcher, die durchschnittlich 500–2000 m tief reichen, versorgen Reykjavík mit Warmwasser. Professionelle Bohrungen begannen in Reykjavík ab 1928 im Laugardalur, 14 Liter Wasser pro Sekunde mit einer Temperatur von 87 °C wurden gefördert. 1930 wurde das erste Gebäude, eine Schule, mit dieser natürlichen Energieform beheizt. Seit 1970 sind nahezu alle Wohnhäuser der Stadt mit Heißwasser versorgt. Das geothermal erhitzte Wasser stammt hauptsächlich aus der Umgebung. Den Rest der Versorgung deckt das Hengill-Hochtemperaturgebiet. Das dortige Wasser wird aufgrund seiner aggressiven Mineralien und Gase nicht direkt ins Rohrleitungsnetz gespeist, sondern zur Erwärmung kalten Wassers verwendet. In der Innenstadt werden die Gehsteige von einem Gewirr an Warmwasserleitungen erwärmt und eisfrei gehalten.

Hin & weg

Stadtbus Derzeit fahren die Busse auf knapp 30 Routen mit den Knotenpunkten **Lækjartorg** im alten Stadtkern (kein Verkaufsschalter), **Hlemmur** etwas östlich davon und im Osten **Grensás**, **Mjódd** sowie **Ártún**. Immer mal wieder kommt es zu Umnummerierungen, Fahrplanänderungen oder der Verlegung von Routen – unbedingt vor Ort erkundigen oder unter www.bus.is nachsehen!

Die meisten Busse fahren von 7 bis 22 Uhr je nach Linie alle 20 oder 30 Minuten. Wer umsteigen will, muss ein 75 Min. gültiges Linienwechselticket verlangen (isl. *skiptimiði*/engl. *transfer ticket*). Das Ticket kostet

für alle über 6 Jahre ISK 350 (passender Betrag!). Ansonsten gibt es 11er-Scheine (ISK 3000) und Tages- bzw. Dreitageskarten (ISK 700/1700). Ticketverkauf in Info, an den großen Busbahnhöfen und in einigen Hotels und Hostels.

Bustransfer zum internationalen Flughafen Entweder mit dem flybus von Reykjavík Exkursions (℡ 5621011, www.flybus.is) oder mit iceland excursions (℡ 5401313, www.greyline.is). Busse verschiedener Größe bringen Reisende zum Flughafen ab dem BSÍ-Busterminal für ISK 1950 und ab bestimmten Hotels für ISK 2500 mit Reykjavík Exkursions bzw. 2000 mit greyline (Liste im Internet, icelandexcursions steuert mehr Unterkünfte an.). Anfang September den Fahrplanwechsel beachten! Fahrradmitnahme auf Anmeldung und gegen Gebühr.

Taxi In der Stadt etwa ISK 2000–2500, Hreyfill, ✆ 5885522, oder **BSR** ✆ 5610000.

Überlandbusse Nahe dem See Tjörnin am Vatnsmýrarvegur 10 liegt der Busbahnhof (Aufschrift Reykjavík Excursions/BSÍ), in dem die verschiedenen Gesellschaften Schalter unterhalten. Geöffnet 4.30–24 Uhr,

Anfahrt mit verschiedenen Stadtbussen. Im Terminal Infobroschüren und Übersichtskarten. Geldautomat, Gepäckaufbewahrung (ISK 500/Tag), einfaches Self-Service-Restaurant, dekoriert mit historischen Busbildern. Zahlreiche Ausflüge sind von hier möglich (s. u.), für viele besonders interessant der „Golden Circle" (um ISK 8500), die Blaue Lagune, die mehrmals tägl. angefahren wird (mit Eintritt ISK 6300). Weiteres in den Kapiteln Wissenswertes A–Z, Unterwegs und den Regionskapiteln.

Tricks und Tipps zur Stadterkundung

Parken: Falls Sie mit einem Wagen reisen, lassen Sie ihn lieber bei der Unterkunft stehen, in der Innenstadt geht es zu wie in anderen europäischen Städten und Parkplätze sind rar. Wenn Sie einen ergattern können, sind nur moderate ISK 70–150/Std. fällig.

Reykjavík Welcome Card: Viele Museumseintritte, Busfahren und Schwimmbadeintritt inklusive. Für 12, 24 oder 72 Std. ISK 1900, 2400 oder 2900. Erhältlich in der Touristinformation, am Campingplatz, in einigen Hostels oder an den Busterminals. Ausführliche Broschüre.

Buspässe: Das Stadtbusunternehmen Strætó verkauft Tages- und Dreitagespässe zu ISK 700 bzw. 1700 (am Lækjartorg oder Hlemmur kaufen).

Fahrrad- und E-Bike-Verleih: Borgarhjól, Hverfisgata 50 (im Zentrum), Mo–Fr 8–18, Sa 10–14 Uhr, ✆ 5515653, borgarhjol.is. Verleih auch an der Jugendherberge bzw. am Campingplatz (ca. ISK 4200/Tag). E-Bikes und E-Scooter bei **Scooter Rental**, am alten Hafen, 2 Std. ISK 3315. ✆ 6153535, www.puffin scooter.is.

»» Unser Tipp: an der Küste entlang fahren! Einige Radwege wurden eingerichtet. **«««**

Stadtmagazine mit Veranstaltungskalender: Im Sommer erscheinen monatlich „What's on in Reykjavík" (www.whatson.is) und ein Magazin mit flotter Schreibe namens „Grapevine" (www.grapevine.is). Einmal im Jahr wird der Reykjavík City Guide, der die wichtigsten Events listet, aufgelegt (www. icelandtoday.is).

Versorgung/Einkaufen (Karte Umschlagklappe hinten und S. 218/219)

Die wichtigsten Einkaufsstraßen sind Laugavegur, Skólavörðustígur und die Straßen zwischen Tjörnin und altem Hafen. Weitere Einkaufsmöglichkeiten bieten die Malls **Kringlan** (vgl. Umschlagkarte, Mo–Mi 10–18.30, Do bis 21, Fr bis 19, Sa 10–18, So 13–17 Uhr), und **Smáralind** in Kópavogur an der Stadtautobahn (Hagasmári 1, Mo–Fr 11–18, Do bis 21, Sa 11–18, So 13–18 Uhr, www.smaralind.is). Für viele ist auch das Gewerbegebiet **Skeifan** an der Miklabraut (nahe Grensásvegur) mit 24h-Supermärkten und Outdoor-Ausrüstern interessant.

Apotheke Kein Rund-um-die-Uhr-Service, aber tägl. 7–1 Uhr nachts Lýfja, Lagmúli 5, etwas außerhalb. In der Innenstadt z. B. Lyfja am Laugavegur 16, Mo–Fr 9–18.30, Sa 11–16 Uhr.

Arzt/Krankenhaus Notfalltelefon ✆ 112 (24 Std.), Beratungstelefon ✆ 1770, Infos über Zahnarztnotdienst unter ✆ 5750505. Notaufnahme im Krankenhaus Borgarspítali, Fossvogur, ✆ 5602000.

Bäckereien Einen guten Ruf im Zentrum haben die „Sandholt" **21**, Laugavegur 36 (der junge Chef nimmt regelmäßig an Chocolatier-Wettbewerben teil), und die Bernhöftsbakari **87**, Bergstaðastræti 13. Nahe am Camping liegt die Bäckerei Kornið **104**, Hrísateigur 47/Ecke Laugalækur (tägl. geöffnet).

Lopapeysa   –   Islandpullover ... sind *das* Mitbringsel aus Island und in der Innenstadt überall zu haben. Unsere Tipps: Viking in der Hafnarstræti 3, Aka, Hafnarstræti 19, Handknitting Association am Skólavörðustígur 19. Einige Wollwaren nebst ausgestopften Vögeln in der Boutique Geysir am Skólavörðustígur 16.

Banken In der Innenstadt z. B. Arion am Hlemmur oder Landsbankinn in der Austurstræti 11. Wenn die Banken geschlossen haben, kann man auf die Touristinfo ausweichen (8% Kommission). Mehrere Automaten am Laugavegur und in der Austurstræti.

Bioläden Yggdrasill **111**, Rauðararstígur 10 nahe Hlemmur, große Auswahl, **Heilsuhúsið 44**, Laugavegur 20b, heilsu búðin **64**, Ecke Njallgata/Klapparstígur, **Frú Laugar 105**, kleiner Laden mit konventionellen und Bio-Produkten nahe Campingplatz, Laugalækur 6. Viele Supermärkte, auch der günstige Krónan, haben eine Bioecke. Die Preise sind nicht viel höher als bei uns.

Bücher/Landkarten Mál og menning **37**, Laugavegur 18, Mo–Fr 9–22, Sa/So 10–22 Uhr, Café. Eymundsson **68**, Austurstræti 18, Mo–Fr 9–22, Sa 10–22, So 10–22 Uhr, und Skólavörðustígur 11 (Mo–Fr 9–22 Sa/So 10–22 Uhr), ausländische Zeitungen, Islandliteratur, Landkarten, Café. Iðnú Bókabúð **115**, ideal für speziellere Karten, Brautarholt 8, etwas außerhalb des Zentrums, Mo–Do 9–17, Fr 9–16 Uhr. Für sein Landkartensortiment wirbt auch die Verlagsbuchhandlung Forlagið **100** im alten Hafen, Fiskislóð 39.

Fahrradladen   Örninn,   Skeifan   11d, Ersatzteile und Reparatur. ✆ 5889890, www. orninn.is.

Outdoor-Equipment In der Innenstadt: Fjallakofinn, *Laugavegur 11*, **Zoon 51**, Flagshipstore in der Bankastræti 10 (tägl. 10/11–18 Uhr), Cintamani **36**, Flagshipstore in der Bankastræti 7 (tägl. 8–22 Uhr), 66° North-Laden **40**, Bankastræti 5 (10–18, So 11–17 Uhr). Im Gewerbegebiet Skeifan: Vernünftige Zelte gibt es bei Íslensku Alparnir, Faxafen 8, ✆ 5342727, www.alparnir.is, Everest útivistarverslun, ✆ 5334450, www. everest.is. Nebenan 66°North, Faxafen 12, ✆ 5356676.

Post Pósthússtræti 5, Mo–Fr 9–18 Uhr. Auch die Buchläden und die Touriinfo verkaufen Briefmarken.

Supermärkte Einige sind 24 Stunden geöffnet, z. B. in der Austurstræti. Einen Bónus **108** finden Sie in der Innenstadt am Laugavegur 59 oder am Hallveigarstígur 1, Mo–Do 11–18.30, Fr 10-19.30, Sa 10–18, So 12–18 Uhr; **10–11**, nahe Campingplatz, Laugalækur, tägl. geöffnet. Kurz vor der Hallgrímskirche am Skólavörðustígur **Krambuð** (tägl. geöffnet).

Hast du Töne?

Ideal als Mitbringsel oder Reisebegleitung sind CDs mit Musik aus Islands quirliger Musikszene. Wir empfehlen ein Plattendealer Jóhannes und Lárus im **12tónar 71**, Skólavörðustígur 15, Mo–Fr 10–18, Sa 10–16, So 13–17 Uhr (bei gutem Wetter wollen sie eigentlich den Laden schließen…). Tipps für Musik passend zur Landschaft: Sigur Rós, Rökkurró, Emiliana Torrini, Eivör, Ólöf Arnalds, Seabear, mugison oder gusgus. Espresso kostenlos, Hörecke. Kleine Filiale auch in der Konzerthalle Harpa.

Sport und Touren

Golf verschiedene Plätze, beliebt ist der 18-Loch-Platz unter den braunen Wassertanks Richtung Mosfellsbær.

Schwimmbäder Insgesamt 7 öffentliche Bäder, einige sind von früh bis spät geöffnet, Änderungen wg. Sparmaßnahmen möglich. Liste auf reykjavík.is, auf „culture and leisure" klicken.

Kaum zu glauben: Baden im und am Ozean! Hinter dem Hotel am Stadtflughafen wird in der Bucht Nauthólsvík heißes Wasser ins Meer geleitet! Goldgelber Sandstrand, bei gutem Wetter wie an der Costa Brava. Umkleide (10–20 Uhr) und Hot Pot vorhanden (vgl. Kap. Aktivitäten).

Laugardalslaug, größtes und beliebtestes Bad. Hallenbad und 50-m-Freibad beim Campingplatz, Wasserrutsche und Hot Pots, Sauna, Salzwasserpot, Dampfbad. ✆ 4115100.

Árbæjarlaug, modernes und v. a. bei Familien beliebtes Freibad mit Wasserrutschbahn, Dampfbad, Sauna, Solarium und Hot Pots. Fylkisvegur, ✆ 4115200. Wenn Sie es den Einheimischen nachmachen wollen, verdrücken Sie nach dem Bad eine pylsa, ein Würstchen.

Laugar Spa → Kap. Aktivitäten.

Touren Mehrere Anbieter für **Whale Watching,** ca. 3 Std. Länge, alle mit Ticketschaltern am alten Hafen: z. B. **Elding,** ISK 8000, besser vorbuchen, ✆ 5553565, www.elding. is. **Sjósigling,** ISK 7000, ✆ 5625700, www. sjosigling.is.

Papageientaucher-Tour, Puffin Express, etwa bis Mitte August, Abfahrt im alten Hafen, 20 €. ✆ 8920099, www.specialtours.is.

Touren ins Land werden in der Touristinformation oder in verschiedenen Verkaufsstellen in der Stadt. *Reykjavík Excursions* unterhält zudem einem Ticketschalter am Busterminal, ✆ 5805400, www.re.is. Am Lækjartorg ist das Büro von *Iceland Excursions,* ✆ 5401313, www.grayline.is. Häufig gebucht werden der Goldene Zirkel und die Blaue Lagune (kann man auch mit der Fahrt zum Flughafen kombinieren).

Stadt der Festivals (→ Kunstfeste, S. 234)

Gay Pride: Alljährlich am 2. Augustwochenende, eine Mischung aus Christopher-Street-Day und Familienfest; bei gutem Wetter man hat den Eindruck, die ganzen Stadt sei auf der Straße. www.samtokin78.is.

17. Juni: Der Nationalfeiertag wird im Stadtzentrum ausgiebig gefeiert, Parade, ideal auch für Kinder, abends wird in den Straßen getanzt.

Festival of the Sea: 1. Wochenende im Juni, die Seenotrettung präsentiert sich, es gibt einen Kajakwettbewerb und andere Aktionen, ein kinderfreundliches Fest. Man kann sich auch Schiffe ansehen.

Reykjavík Marathon: Ende August. Tausende von Ausländern joggen mehrere Kilometer durch Reykjavík. Teilnahmeinfos unter ✆ 5353700. www. marathon.is.

Herbst/Winter: **Jazzfestival** Ende Aug./Sept. (www.reykjavikjazz.com), **Filmfest** im Sept./Okt. (www.filmfest.is), **Musikfestival Icelandic Airwaves** im Oktober, **food and fun** im Februar.

⌒ Übernachten/Camping   (Karte Umschlagklappe hinten und S. 218/219)

Die Übernachtungskapazitäten sind in Reykjavík nicht nur während Messen oder Konferenzen schnell ausgebucht, eine **Reservierung** ist selbst im Spätsommer in jedem Fall mehrere Tage im Voraus nötig, zumal einige Gästehäuser dann schließen und an Studenten vermieten. Viele Häuser bieten Küchen, fast alle sogar WLAN. Wer keinen Platz mehr findet, dem hilft die Touristinformation weiter. In der Kategorie Hotels gibt es einige Designhotels, die das Zeitalter des Betonkastencharmes hinter sich gelassen haben. Die Tophotels bieten i. d. R. Superior-Zimmer und Junior-Suiten. Manche Gästehäuser bzw. Hotels vermieten auch Apartments. Budgetalternative sind die Dorms mit einfachen Stockbetten – wer zeitig

Übernachten
3 Domus
4 Reykjavík Residence
12 Center Hotel Klöpp
19 Radisson Blu 1919
22 Hótel 101
24 Reykjavik Backpackers
28 Frón
39 Hotel Skjaldbreið
45 Reykjavík Downtown Hostel
59 Metropolitan
61 Álfhóll
62 Three Sisters
66 Butterfly
69 Center Hotel Plaza und Hotel Reykjavík
73 Pisa
76 Reykjavík Centrum

79 Hotel Borg
80 Thor
82 Our house guesthouse
86 Ísafold
90 Salvation Army Guesthouse
91 Óðinsvé
92 Leifur Eiríksson
94 Oðinn
95 Loki
96 Chez Monique
99 Sunna

Cafés
2 Kaffivagninn
7 Café Haiti
13 Té og kaffi
15 Tíu dropar

17 Grai Kötturinn
18 Svarta Kaffið
23 Hemmi und Valdi
25 Dillon
29 Boston
37 Sufistinn
42 Uncle Tom's Cabin
46 Kaffibarinn
48 Kaffi Mokka
52 Kaffitár
72 Café Paris
84 Stofan Café
88 Café Babalu
89 C is for cookie
97 Loki

Nachtleben
9 Rosenberg
16 Pub 11
26 Næstibar
30 Trúnó und Bar
33 Oliver
35 Sólon
47 Prikið
49 Vegamót
50 Sódóma
53 Dubliner (Pub)
56 Bakkus
74 English Pub
75 Thorvaldsen
81 Jómfruim
85 NASA

oder für die Nachsaison bucht, bekommt allerdings manchmal ein normales DZ zum ähnlichen Preis. SSU im DZ ist in Reykjavík in der Hochsaison kaum zu haben. Die Nebensaison beginnt in einigen Häusern bereits am 1. September, Unterkünfte sind dann oft um 30 %, im Winter gar um 40 % günstiger. Einige Vermieter stellen auch für den Sommer Spezialpreise ins Netz, Preisvergleich lohnt. Manche Hotels verlangen unterschiedliche Raten je nach Wochentag. **Internet**: Listen unter www.visitreykjavik.is und www.icetourist.is, Buchungsplatformen sind www.booking.com, www.hostelbookers.com, www.hostelworld.com, www.hrs.com und www.hotel.de.

Top-Hotels   101 22, gestaltet von der Künstlerin Ingibjörg S. Pálmadóttir. Mitten im Zentrum. 38 Zimmer, exzellentes Restaurant. Empfehlenswert! DZ ISK 62.900, Suite ab ISK 89.000. Hverfisgata 10, ☎ 5800101, 101hotel@101hotel.is, www.101hotel.is.

Borg 79, zentrale Lage; komfortables Hotel von 1930 im Art-Deco-Stil, individuell ausgestattete Räume. Hervorragendes Restaurant *silfur*. DZ ab 310 €. Pósthússtræti 11, ☎ 5511440, hotelborg@hotelborg.is, www.hotelborg.is.

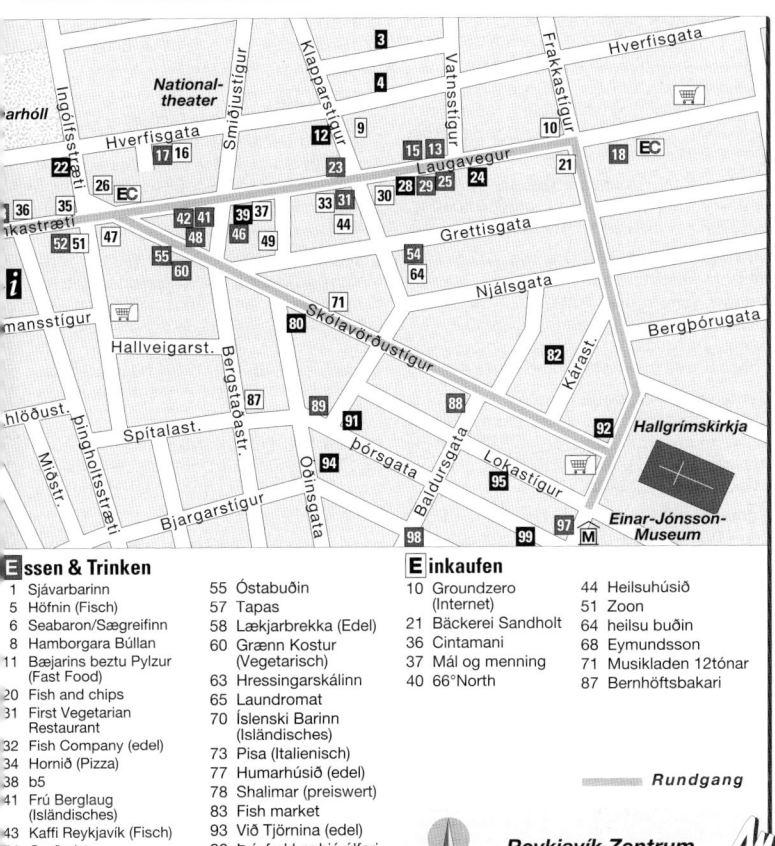

E **ssen & Trinken**

1 Sjávarbarinn
5 Höfnin (Fisch)
6 Seabaron/Sægreifinn
8 Hamborgara Búllan
11 Bæjarins beztu Pylzur (Fast Food)
20 Fish and chips
31 First Vegetarian Restaurant
32 Fish Company (edel)
34 Hornið (Pizza)
38 b5
41 Frú Berglaug (Isländisches)
43 Kaffi Reykjavik (Fisch)
54 Garðurinn

55 Óstabúðin
57 Tapas
58 Lækjarbrekka (Edel)
60 Grænn Kostur (Vegetarisch)
63 Hressingarskálinn
65 Laundromat
70 Íslenski Barinn (Isländisches)
73 Pisa (Italienisch)
77 Humarhúsið (edel)
78 Shalimar (preiswert)
83 Fish market
93 Við Tjörnina (edel)
98 Þrír frakkar hjá úlfari

E **inkaufen**

10 Groundzero (Internet)
21 Bäckerei Sandholt
36 Cintamani
37 Mál og menning
40 66°North

44 Heilsuhúsið
51 Zoon
64 heilsu buðin
68 Eymundsson
71 Musikladen 12tónar
87 Bernhöftsbakari

Rundgang

Reykjavík Zentrum

100 m

Reykjavik Centrum **76**, 93 Zimmer. Versuchen Sie, ein Zimmer im alten Haus zu ergattern! Unter dem Haus ist das Settlement-Museum. Exzellenter Service, eleganter Stil. ISK 38.000-54.600. Aðalstræti 16, 5146000, info@hotelcentrum.is, www. hotelcentrum.is.

Hilton Reykjavík Nordica **122**, größtes Hotel Islands. Spa, Gourmet-Restaurant Vox. Tipp: Frühstücksbüfett auch für Nichtgäste (ISK 2850). DZ ab ISK 35.000. Suðurlandsbraut 2, 4444000, icehotels@icehotels.is, www.reykjavik.nordica.hilton.com.

Icelandairhotel Reykjavik Natura (früher Loftleiðir) **126**, Flughafenhotel mit geschmackvoll eingerichteten Zimmern, Restaurants und Konferenzsälen und Spa. DZ ab ISK 32.000. Flughafen Reykjavík, 4444000, icehotels@icehotels.is, www.ice landairhotels.is.

Radisson Blu 1919 **19**, mitten im Zentrum in einem alten Bürohaus von 1919. 30 Standardzimmer (260 €), daneben 29 Deluxe-Zimmer, 10 Business-, und 17 Junior-Suiten, 2 große Suiten. Pósthússtræti, 5991000, reservations.1919.reykjavik@radissonblu.com, www.1919.reykjavik.radissonblu.com.

Radisson Blu Saga Hótel **112**, in der Nähe des Universitäts-Campus, großer Hotelkasten mit 209 Zimmern. DZ ab 170 €. Im

Gebäude zwei bekannte Restaurants: „The Grill" (im 8. Stock mit schöner Aussicht, für manche wäre hier ein Michelin-Stern angemessen) und „Skrúður", hübscher Wintergarten mit Lunch-Büfett. Hagatorg, ℡ 5259900, Reservations.saga.reykjavik@radissonsblu.com, www.radissonblu.is.

Center Hotel Arnarhvoll **103**, DZ mit Bad und TV 140–160 €, Spa. Ingólfsstræti 1, ℡ 5958540, www.centerhotels.is.

Mittelklassehotels Óðinsvé **91**, ca. 40 hübsch gestaltete Zimmer, auch Deluxe-Zimmer/Suiten und Apts. DZ ISK 30.900. Kastenbau am Óðinstorg in schöner Umgebung, Þórsgata 1, ℡ 5116200, odinsve@hotelodinsve.is, www.hotelodinsve.is.

Center Hotel Plaza **69**, mitten im Zentrum und gut ausgestattet. Viele Zimmer, aber keine anonyme Atmosphäre. DZ 180–300 €. Aðalstræti 4, ℡ 5901400/5958500, plaza@plaza.is, www.plaza.is.

Center Hotel Klöpp **12**, 46 Zimmer mit Bad und TV, DZ 130–150 €. Klapparstígur 26, ℡ 5958520, www.centerhotels.is.

Center Hotel Skjaldbreið **39**, 33 Zimmer mit Bad und TV. DZ ab 130–150 €. Laugavegur 16, ℡ 5958510, www.centerhotels.is.

4th Floor Hotel **110**, helle Zimmer, Studios und Apts. in verschiedenen Stockwerken des Gebäudes von ISK 11.900 bis 39.900. Laugavegur 101, ℡ 5113030, info@4thfloorhotel.is, www.4thfloorhotel.is.

Leifur Eiríksson **92**, DZ 21.200, Zimmer auch in einem Haus gegenüber, einen Katzensprung vom Portal der Hallgrímskirche gelegen. Skólavörðustígur 45, ℡ 5620800, info@hotelleifur.is, www.hotelleifur.is.

The Metropolitan **59**, ordentlich, aber unspektakulär, gute Lage, einige der 31 Zimmer sind relativ klein. DZ ISK 20.000. Ránargata 4a, ℡ 5111155, metropolitan@metropolitan.is, www.metropolitan.is.

Frón **28**, an der Haupteinkaufsstraße. Zimmer und Apts., DZ ISK 20.900. Laugavegur 22a, ℡ 5114666, info@hotelfron.is, www.hotelfron.is.

Sjómannaheimilið Örkin **121**, außerhalb des Zentrums. DZ mit Bad 21.000 €, auch größere Zimmer. Brautarholt 29, ℡ 5680777, info@hotelorkin.is, www.hotelorkin.is..

Gästehäuser Anna **124**, unspektakuläres ehemaliges Botschaftsgebäude nahe dem Busterminal im Villenviertel, Zimmer bei Anna Tryggvadóttir, die lange im Ausland

lebte, DZ ca. ISK 16.200-19.500, auch EZ und TZ. Smáragata 16, ℡ 5621618, anna@guesthouseanna.is, www.guesthouseanna.is.

Flóki Inn **118**, 14 Zimmer mit Kühlschrank und TV, Wintergarten. Weitere Zimmer werden in der Umgebung vermietet in der Flókagata 5 und in der Skeggagata 6 (auch Dorms). DZ ohne Bad ISK 16.500 mit Frühstück. Flókagata 1, ℡ 5521155, info@hotelfloki.is, www.hotelfloki.is.

Galtafell Guesthouse **116**, vier Appartements und vier DZ im Souterrain und in Nebengebäuden einer herrschaftlichen weißen Stadtvilla von 1916, in der die Kunstliebhaber Þórey und Árni residierten. Nahe Tjörnin-See. Ab ISK 15.500/Nacht. Laufásvegur 46, ℡ 5514344, galtafell@emax.is, www.galtafell.com.

Andrea **113**, DZ ISK 15.500 inkl. Frühstück, als SSU ISK 4500 im Dorm. Küche. Njarðargata 43, ℡ 8991773, book@aurorahouse.is, www.aurorahouse.is.

⟩⟩⟩ Unser Tipp: Álfhóll 61, beim elfenverliebten Kristján Már in einem gemütlichen Haus von 1928. Drei Studios und acht Zimmer ohne Bad, DZ ISK 15.500. Ránargata 8, ℡ 8981838, alf@islandia.is, www.islandia.is/alf. **⟨⟨⟨**

Aurora **113**, freundliche Atmosphäre in einem Haus von 1949, Zimmer in verschiedener Größe. Küche. DZ ISK 15.300. SSU für ISK 4500–6500 im DZ. Freyjugata 24, ℡ 5525515/8991773, book@aurorahouse.is, www.aurorahouse.is.

⟩⟩⟩ Unser Tipp: Baldursbrá 114, mit Hot Pot und Sauna, in neuen DZ in Tjörnin-Nähe, bei Evelyn aus der Bretagne, familiär geführt. Aufenthaltsraum vorhanden. DZ ISK 15.000, SSU ISK 5500. 8 weitere DZ in der Tjarnargata 46 beim Nationalmuseum, wo einst der amerikanische Konsul wohnte. Laufásvegur 41, ℡ 5526646, www.randburg.is/is/baldursbra/. **⟨⟨⟨**

Loki **95**, neun freundliche Zimmer, z. T. mit Kunstwerken dekoriert. 8 DZ ohne Bad mit Frühstück ISK 14.000. Lokastígur 24a bei der Hallgrímskirche, ℡ 8640944, loki101@loki101.is, www.ghloki.is.

Chez Monique **96**, bei Monique aus der Normandie, gegenüber dem Rathaus, hübsche EZ bis Viererzimmer, DZ ISK 15.000. Küchen. Tjarnargata 10b, ℡ 5623377, www.chezmonique.is.

Guesthouse 101 **110**, ordentliche DZ (ISK 11.900 ohne Frühstück), auch Triple. Alles in Rot-Weiß gehalten. Laugavegur 101, Ecke Snorrabraut, ✆ 5626101, ✆ 5626105, guest house101@simnet.is, www.iceland101.com.

Von **109**, altes, weißes Haus neben dem Bónus. 7 DZ ohne Bad (ISK 11.000 ohne Frühstück, als SSU ISK 9000), 3 DZ im Obergeschoss, Küche, Aufenthaltsraum, Balkon über der Haupteinkaufsstraße. Laugavegur 55, ✆ 5621739 und 8991773, www.gesthusvon.is.

Thor **80**, Zimmer mit Blick über die Dächer der Stadt, Küche. Nur im Sommer, sonst an Studenten vermietet. DZ ohne Bad ISK 15.000. Skólavörðustígur 16 im vierten Stock, ✆ 5521954 oder ✆ 8622890.

Pisa **73**, angenehm eingerichtete DZ mit oder ohne Bad zu ISK 9900 oder 15.900, Lækjargata 6b, ✆ 5787200, www.pisa.is.

Butterfly **66**, hübsch eingerichtete Zimmer in einem grünen Häuschen. Auch zwei Appartements. DZ ab 105 €, Küche. Ránargata 8a, ✆ 8941864, butterfly@simnet.is, www.butterfly.is.

Our house Guesthouse **32**, in 101 Reykjavík, gemütliche Sofaecken im ehemaligen Wohnhaus von Bedda, 3 DZ á ISK 14.000, im Edel-Dorm ISK 5000. Frühstück zum Selbermachen. Leihräder, Dachterrasse, Sauna. Kárastígur 12, ✆ 8474943. www.ourhouse.is

Three Sisters **62**, 8 Studios, alle sehr unterschiedlich, mit TV, Bad und Küche in einem Haus von 1928. Weitere Studios einige Schritte weiter in der Ægisgata 4, innen ordentliche Zimmer in Blautönen. DZ 115 €, Familienapt. 155 €. Ránargata 16, ✆ 5652181, threesisters@threesisters.is, www.threesisters.is.

KEX **106**, vom 4er bis 16er-Dorm (ISK 3800–4300) über DZ mit Gemeinschaftsbad bis zum Familienraum (ISK 14.800-22.400); von Fünfjährigen aufgenommene Fotos in den Zimmern (folglich aus ungewohnter Perspektive). Innenstadtnahe Lage, angeschlossen ist ein trendiges Bistro (s. u.). Skúlagata 26, ✆ 5616060. www.kexhostel.is

Oðinn **94**, elf angenehme DZ in einem Haus aus den 1920ern, nahe Hallgrímskirche, nur im Sommer. Vom Frühstücksraum (zugleich Küche) Blick über die Dächer. Ruhige Gartenecke, freundliche Besitzer! Ca. 79 €. Oðinsgata 9, ✆ 5613400, info@odinn reykjavik.com, www.odinnreykjavik.com.

Salvation Army Guesthouse **90**, Küche, großer Aufenthaltsraum, ordentliche Zimmer. Beliebt bei Touristen, aber nichts für Leute mit Berührungsängsten. DZ ISK 10.600, SSU ISK 3000. Kirkjustræti 2, ✆ 5613203, guesthouse@guesthouse.is, www.guest house.is.

Ísafold **86**, villenartiges Haus, ordentliche Zimmer mit dem Charme vergangener Zeiten. Weitere Räume in der Bárugata 20. Bárugata 11, auch TZ und Studio/Apt., DZ ISK 18.400. ✆ 5612294, www. isafoldguest house.is.

Snorri **120**, in einer ehemaligen Bäckerei, nahe Hallgrímskirche. Küche. Einfaches DZ mit Frühstück ISK 13.400, mit Bad und TV ISK 18.400. Auch TZ. Snorrabraut 61, ✆ 5520598, guesthousereykjavik@guest housereykjavik.com, www.guesthouse reykjavik.com.

Sunna **99**, hübsche DZ mit und ohne Bad für ISK 15.600 bzw. 19.600 nahe der Hallgrímskirche in einem modernen, unspektakulären Bau. Þórsgata 26, ✆ 5115570, sunna @sunna.is, www.sunna.is.

Reykjavík Residence **4**, Hotel mit gut ausgestatteten DZ ab 190 €, über der Straße Gästehaus mit hübschen DZ/Viererzimmern in einem alten Wellblechhaus zu ISK 14.900, kleine Küche. Anmeldung in der Hverfis gata 45.

Budget Guesthouse 101 **110**, 11 ordentliche DZ (ISK 9900 mit Frühstück), 4 Triple. Alles in Rot-Weiß gehalten. Laugavegur 101, Ecke Snorrabraut, ✆ 5626101, guesthouse 101@simnet.is, www.iceland101.com.

Travel Inn **119**, 12 Zimmer. Sóleyjargata 31 nahe Busterminal und Tjörnin, ✆ 5613553 oder 6915659, dalfoss@dalfoss.is, www.dalfoss.is.

Igdlo **125**, „Iglu", einfach und ordentlich, vom EZ bis zum 8er-Dorm, SSU ISK 4700, DZ ISK 12.900, Familienzimmer ISK 19.900. Frühstück extra. Gunnarsbraut 46. www.guesthouseigdlo.com.

Egilsborg **117**,17 Zimmer (EZ, DZ, TZ und Familienzimmer). Pro Nacht ca. 35–40 €/Pers. – Buchungsmaschinen checken! Der hilfsbereite Besitzer vermietet auch Autos. Þverholt 20, ✆ 5621290/8964461, ghviking@ isholf.is, www.egilsborg.is.

Domus **3**, DZ bis 14er-Dorm, SSU zu ISK 3900. Nüchterner großer Aufenthaltsraum mit Küche. Rezeption im Hotel in der Hverfisgata 45.

Reykjavik Backpackers **24**, ein typischer Globetrotterstützpunkt mit vielen Aktivitäten, nicht nur „hot dog partys", sondern auch gemeinsame Touren oder Kneipentour am „pub crawl friday", mithin ideal für Alleinreisende. Große stylishe Bar/Cafeteria mit Bussesseln, außerdem Infotheke, Tourverkauf, Schließfächer und Dachterrasse. Küche nur im 4. Stock. Vom DZ (ISK 11.990) bis zum Bett im 8er-Dorm für günstige ISK 3290. Laugavegur 28. ☎ 5783700. www.reykjavikbackpackers.com.

Jugendherbergen Reykjavík City Hostel **107**, 1,5 km vom Zentrum; angenehmes Haus mit ca. 180 Betten, z. T. mit eigenem Bad (ISK 11.000/13.400), Dorm ISK 3300–4200/2700–3700). Frühstück ISK 1200, Waschmaschine, Tischtennis, drei Küchen, Aufenthaltsraum. Terrasse. Bus Nr. 14. Sund-laugavegur 34, ☎ 5538110, www.hostel.is

Reykjavík Downtown Hostel **45**, relativ neues Haus, Küche und kleiner Aufenthaltsraum in rotem Häuschen im Hinterhof. Schicke Cafeteria. DZ mit Bad ISK 16.900/18.800, ohne Bad ISK 13.000/15.400, Dorm ISK 4200/4800 bzw. ISK 6200/6800. Vesturgata 17 nahe am alten Hafen, ☎ 5538120, reykjavik downtows@hostel.is, www.hostel.is

Camping Camping Reykjavík, großer, gut geführter Platz bei der Jugendherberge mit allen Annehmlichkeiten (Dusche inkl., Küche, Grillplatz, Waschmaschine, Trockner). ISK 1100/Pers., Gepäckaufbewahrung ISK 5/-Tag. Fahrradverleih. Sundlaugavegur 32, ☎ 5686944. Zwei Sommerhäuser für ISK 7500 (2–3 Pers). Bus Nr. 14.

(Essen & Trinken   (Karte Umschlagklappe hinten und S. 218/219)

Abgesehen von Burgern bestimmen auch in der Hauptstadt Lamm und Fisch die Karte – was nicht heißen soll, dass nicht auch Wal, Hai, Vögel oder gar Pferd im Angebot sind. Geöffnet sind Restaurants in der Regel ab 11.30 Uhr, sonntags wird meist allerdings erst ab 18 Uhr serviert. Abends raten wir generell zur Reservierung. Mittags liegen die Preise übrigens deutlich unter denen der Abendkarte. Essenstipps finden sich auch in der Rubrik „Cafés/Bistros", mitunter werkeln dort auch hervorragende Köche. Die Preise bewegen sich zwischen 5 und 8 € für Tagessuppen, 8 und 15 € für einfache Gerichte und zwischen 12 und 25 € für Hauptgerichte am Abend. Bei feineren Adressen ist für 35–55 € ein exquisites Mehrgänge-Menü zu haben, was in der Regel deutlich günstiger kommt als die Addition der einzelnen Gänge. Ein Lunchgericht in einem Edelrestaurant ist mitunter

Speisen im Kolabrautin in der Konzerthalle

kaum teurer als Gerichte in einem teureren Bistro. Die Qualität ist durchweg gut bis hervorragend, wobei man den Unterschied von Bistroküche und Spitzenkoch natürlich merkt. Seit der Finanzkrise werden zur Freude vieler Touristen verstärkt lokale Produkte verarbeitet. Hervorragende Restaurants finden Sie in auch einigen Hotels, z. B. das Vox im Hilton, das Silfur im Hotel Borg und das Grill im Hotel Saga. Einige Restaurants haben eine romantische *cognacstofa*, in der man zu später Stunde den Abend noch genießen kann.

》》 Unser Tipp: Lækjarbrekka 🔢, feines aber nicht elitäres Lokal in einem gemütlichen und stilvoll eingerichteten Haus von 1834 mit Terrasse. Hai mit Brennivín zum Versuchen, Papageientaucher oder Hummersuppe als Vorspeise. Hervorragende Hauptgerichte, z. B. „Lamm und Hummer" zu ISK 5500 oder Walsteak zu ISK 4800. 3-Gang-Menü mit verschiedenen Schwerpunkten ab ISK 6900. Bankastræti, ✆ 5514430. **《《**

Við Tjörnina 🔢, hier man hat das Gefühl, in die Privatwohnung einer alten Konsulswitwe vor hundert Jahren zu kommen. Doch seit ca. vielen Jahren residiert hier ein exzellentes Lokal mit Cognacstofa! Wechselnde Speisekarte, Gerichte in hoher Qualität. Zuvorkommender Service, akustisch begleitet von isländischen Musikklassikern der 50er und 60er. Sa/So erst ab 18 Uhr. Templarsund 3, nahe Tjörnin, ✆ 5518666.

Fischbüfett im Sjávarbarinn 🔢, helles, freundliches Lokal mit Fischpostern an den Wänden. Magnús, zuvor Koch auf Frachtern, in Hotels und an der Kochschule, bietet ein Büfett mit ausgesuchten und frischen Fischen. Günstiges Büfett mittags zu ISK 1600 (Mo–Fr), abends ISK 2800. Plokkfiskur ISK 1500 (auch im Büfett enthalten), Catch of the day ISK 2900. Besonders lecker ist die Fischsuppe mit Hummer für ISK 2400. Geöffnet 10/11 bis 21, So ab 16 Uhr. Grandagarður 9, gegenüber dem Seefahrtsmuseum, ✆ 5173131, www.sjavarbarinn.com.

Humarhúsið 🔢, sehr stilvoll in einem alten Haus von 1849. Exzellente Hummersuppe. Besondere Empfehlung des Hauses ist die Delikatesse „humar & hestur" (ISK 4980), also Hummer und Pferdefilet, das bei 70°C gegart wurde. Das Dinner wird begleitet von isländischen Schlagern. Cognacstofa. Amtmannstíg 1, ✆ 5613303.

Þrír frakkar hjá Úlfari 🔢, der Name „drei Franzosen" rührt her von den früheren französischen Besitzern. Kleines, feines Fischlokal mit langer Tradition, mit Fischen dekoriert. Bekannt für Walfleisch. Lecker sind auch gratinierter Plokkfiskur als Gourmetvariante des Arme-Leute-Essens (mittags günstige ISK 2250). Weitere Tipps sind Trottellumme mit Pilzen und Blauschimmelkäsenote oder gebratener Papageientaucher.Mo–Fr ab mittags und tägl. ab 18 Uhr. Baldursgata 14, zwischen Hallgrímskirche und Tjörnin, ✆ 5523939, www.3frakkar.com.

Kolabrautin 🔢, Edelrestaurant in der Konzerthalle Harpa, benannt nach dem ehemaligen Kohlehafen, hervorragende isländische Gerichte mit mediterranem Touch, z. B. mit Auberginen oder Pinienkernen. Blick auf die Boote im Hafen, open kitchen. Mittagsmenü für interessante ISK 3850, abends 4 Gänge ISK 7600. Mit etwas Glück wird der Nachtisch als Event zelebriert und das Eis am Tisch mit Stickstoff zubereitet. ✆ 5199700.

Fish Company 🔢, wie in Island nicht ungewöhnlich mit einer Versetzung des Hauses verbunden, ausgestattet mit vielen besonderen Details, etwa der Bardeko aus alten hölzernen Kirchenfenstern. Hervorragende Fischsuppe. Fusion-Küche mit kunstvoll designten Gerichten, zu empfehlen ist z. B. das Menu „Around Iceland" für ISK 7900. Mittagsmenü mit gutem Preis/Leistungsverhältnis (ISK 2800). Der Salat kommt oft in einer großen Holzschale. Tipp für Qualitätsbewusste ohne überbordenden Geldbeutel: fish of the day für ISK 1990. Vesturgata 2a, ✆ 5525300. www.fishcompany.is.

Perlan 🔢, sprich: „perdlan". „Das Auge isst mit", gilt im Speisesaal über den Heißwassertanks nicht nur für die hervorragenden Gerichte – der Blick über die Stadt ist das Faszinosum dieses Restaurants, das sich innerhalb von 90 Minuten einmal im Kreis dreht. 4-Gänge-Menü für ISK 7490. ✆ 5620200.

Fish market 🔢, ansprechend gestaltet aus Bambus und Holz von alten Fischtrockengestellen. Küchenchefin Hrefna Rósa ist stadtbekannt. Im Souterrain offene Küche, in der ein spezieller Grill mit 1200° C betrieben wird. 8-Gänge-Menü für Anspruchsvolle ISK 8900. Laut Condé Nast 2008 einer der besten Restaurantneulinge weltweit. Sa/So nur abends. Aðalstræti 12, ✆ 5788877.

››› Unser Tipp: Höfnin **5**, empfehlenswertes Fischlokal in einem restaurierten Fischerschuppen mit Blick auf die Boote im alten Hafen. Chef Brynjar, selbst aus einer Seemannsfamilie, kocht hier mit Liebe und Engagement. Die Fischsuppe wird am Tisch aufgegossen! Tägl. auch ein vegetarisches Gericht. Geirsgata 7c, ✆ 5112300 www.hofnin.is. **‹‹‹**

Reykjavík ist schnelllebig: Verzagen Sie nicht, wenn Sie ein Restaurant, ein Café oder einen Nachtclub nicht finden sollten: Schnell ändert sich in Reykjavík ein Name, denn ein neuer Besitzer, der sein Glück versucht, ist eher die Regel als die Ausnahme.

Kaffi Reykjavík 43, ursprünglich war das Gebäude das alte Pier-Haus, von der Firma Koch & Henderson 1863 errichtet. Genutzt wurde es als Warenlager, als Postlager und als Textiliengeschäft, bis es 1994 nach Um- und Anbauten schließlich zum Café Reykjavík wurde. Stark beworbenes Büfett. Vesturgata 2.

Pisa 73, freundliches Restaurant im Souterrain, catch of the day, Pizza und leckere Cannelloni, alles in einer winzigen Küche zubereitet. Im Sommer Mittagsbufett. ✆ 5627335. Lækjargata 6b, ✆ 5787200.

Horniö 34 („Die Ecke"), freundlicher Bistro-Raum mit Pizzaofen. Angeschlossen ist eine Kunstgalerie. Küche von 11 bis 23 Uhr. Hafnarstræti 15, ✆ 5513340.

››› Unser Tipp: Tapas **57**, man fühlt sich sofort im Süden in einer gemütlichen Taverne, überzeugende Küche, auch noch zu später Stunde. Immer dabei: selbst gebackenes Brot und Olivenpaste. Unsere Tipps sind die isländischen Tapas, preislich zwischen ISK 950 und 1350, u. a. Papageientaucher in Brennivín-Blaubeersauce, Salzfisch oder Cranberry-Wal. Verschiedene Tapas-Menus, z. B. Selección de litoral ISK 4790, 7 Tapas zu ISK 5590 inkl. Dessert. Auch Ve-

getarisches. Vesturgata 3b, nahe der Touristinformation, ✆ 5512344. **‹‹‹**

Laundromat 65, Nachfolger eines Clubs, stimmig designt in Rottönen über dem einzigen Waschsalon der Stadt. 25 Biersorten und ein richtig guter Hamburger mit 200 g (ISK 1890) lassen bei den meisten Kunden keine Wünsche offen. Wer's gesünder mag, bestellt Ginger-Mango-Saft. Süße Sünde ist der Skyrkuchen. Außerdem im Angebot ein reichhaltiger Brunchteller mit Pfannkuchen (Mo–Fr bis 12 Uhr, am Wochenende 10–16 Uhr). Flinker Service von aufmerksamen Bedienungen. Happy hour fürs Bier, außerdem book exchange (oder Verkauf für ein paar Groschen). Mo–Do 8–1, Fr 8–3, Sa 10–3, So 10–1 Uhr. Austurstræti 9.

Fish and chips 20, irreführender Name, denn mit britischer Imbisskultur hat diese beliebte Taverne am Hafen wenig gemein. Letzter Einlass um 9 Uhr. Besonderheit ist das „organic food" – ein hoher Prozentsatz der Gerichte ist Bio. Verschiedene Fischarten werden hier frittiert angeboten, nach eigener Zusammenstellung oder Tagesgerichte zu ISK 2000–2500. Tryggvagata 8, ✆ 5111118.

Shalimar 78 („Königsgarten"), Mittagessen Mo–Fr ISK 1450, Abendessen ISK 1650, schmeckt hervorragend! Tipp: dazu ein Knoblauchnan. Die pakistanischen Besitzer Amir und Bina schaffen es tatsächlich, in polaren Breiten fernöstliche Atmosphäre zu verbreiten. Austurstræti 4, ✆ 5510292.

Vogelfleisch! Die Óstabuðin **55** am Skólavörðustígur 8 nahe der Hallgrímskirche „tarnt" sich als Käseladen, inseriert kaum, ist aber auch eine Art Gourmetbistro zur Mittagsstunde! Jóhann hat im Keller sieben Tische aufgestellt und bietet Tagesfisch für ISK 1380, Tagessuppe für ISK 690 und einen riesigen, sehr leckeren Salatteller mit Vogelfleischstreifen für ISK 1200.

Vegetarische Küche Grænn Kostur **60**, Imbiss mit Tagesgericht zu ISK 1490 oder Tagessuppe mit Hummus und Brot für ISK 890. Schneller Service. Tägl. 11.30–21, So 13–21 Uhr. Skólavörðustígur 8 (Rückseite).

››› Unser Tipp: First Vegetarian Restaurant **31**, Dóra und Halldór offerieren leckere vegetarische Gerichte aus aller Welt, freitags mit indisch-pakistanischem Touch. Hummus mit Brot zu allen Gerichten; Fantastische Kuchen, z. B. Pecan Pie für ISK 890. Tagesgericht ISK 1650. Auch Biowein. Nette Atmosphäre und absolut empfehlenswert. Mo–Sa 11.30–22, So 17–22 Uhr. Laugavegur (Eingang um die Ecke vom Klapparstígur im 1. Stock), ℘ 5528410. ≪≪

Krúska 123, immer ein vegetarisches Gericht neben Fleischgerichten in einem „Healthfood-Store", von Ernährungsspezialisten der Uni wurde der Quinoa-Salat (z. T. mit Biozutaten) zusammengestellt – wem dieser zu puristisch ist, kann eine Sauce verlangen. Zu Trinken gibt's Ingwersaft. Suðurlandsbraut 12, nahe Hilton und Camping. ℘ 5575880, www.kruska.is.

Garðurinn 54, kleines Bistro mit vielen Bildern von Guru und Meditationslehrer Chinmoy an allen Wänden, was nicht verhindert, dass es an der Theke ein wenig Gedränge gibt ... Immer ein vegetarisches Gericht, wechselnd aus allen Weltregionen. Tipp: ½ Portion Suppe und ½ Portion Hauptgericht kombiniert für ISK 1600. Hervorragendes Brot und leckerer Schokokuchen. Mo–Fr 11–18.30 Uhr, Mi kürzer, Sa 12–17 Uhr. Klapparstígur 37, ℘ 5612345.

Spezielle Empfehlungen

Bæjarins beztu Pylzur 11, wohl das billigste „Gericht" der Stadt: Hot Dogs, am besten einer „með öllu". In der Mittagszeit lange Schlangen am Stand zwischen Kólaportið und Tryggvagata.

Hamborgarar Búllan 8, die im Bratdampf sachte rockenden Köche bruzzeln hier Hamburger. Untergebracht im alten, halbrunden Waaghaus am alten Hafen, amerikanisiertes Ambiente. Ca. ISK 1390 mit Pommes und Cola. Tägl. 11.30–21 Uhr. Geirsgata 1.

Seabaron/Sægreifinn 6, der Seebär Kjartan und seine Damen servieren im alten Hafen den Gästen auf Holzbänken im Wintergarten, in einem winzigen Raum sitzen sie auf Plastikfässern und rückwärtig im Bistro auf Stühlen. Hummersuppe für ISK 1100, gegrillte Spießchen zu je ISK 1300–1900 (z. B. Wal). Tägl. 11.30–23 Uhr.

Cafés/Bistro/Nachtleben (Karte Umschlagklappe hinten und S. 218/219)

Cafés verstehen sich in der Regel auch als Bistros; Sandwichs, Panini und gelegentlich Mexikanisches stehen auf der Speisekarte. Günstig sind die Tagessuppen. Tun Sie es den Isländern nach und schneien Sie ins Kaffeehaus, um „bara tíu drópar", zehn Tropfen Kaffee, zu nehmen. Die Idee einer Happy Hour für Cocktails ist leider noch nicht nach Reykjavík durchgedrungen. Infos zu Liveauftritten im grapevine-Magazin.

b5 33, übergroße Lampenschirme und Sofalehnen, Mischung aus retro und modern in einem alten Bankgebäude. Bistro mit Burgern, nachmittags oft ruhig. Am Wochenende abends bis in die Puppen Treffpunkt der trendigen Society, die Alkoholisches auch schon mal flaschenweise bestellt. Bankastræti 5.

≫≫ **Unser Tipp:** KEX 106, nennt sich Gastropub, eröffnet 2011 von fünf Freunden, die sich aus der Schulzeit oder der Fußballnationalmeisterschaft kannten. In den USA und in Berlin haben sie Möbel zusammengesammelt und in die Halle im 1. Stock einer Keksfabrik aus den 1930ern geschafft. Blick aufs Meer, Terrasse im Hinterhof, gekachelte Bar, Wohnzimmerecke, Sofaecke unter alten Landkarten (auch deutschen). Im kulturellen Leben bereits nach wenigen Monaten eine feste Größe, verschiedenste Leute treffen hier aufeinander, Studenten, Normalo-Traveller, Politiker, Künstler und Celebrities zwischen 30 und 45, die einen Hauch von sex-in-the-city-Atmosphäre verbreiten. Zum Lunch ein Fleisch- oder vegetarisches Gericht (mit Suppe) für ISK 1400, abends Restaurant mit wechselnden Gerichten mit relativ günstigen Preisen. Skúlagata 26 nahe der Wikingerschiffskulptur. ≪≪

Café Babalu 88, ein Ort, um mit dem Schreiben eines Romans zu beginnen. Gemütliche Sitzecken mit bunt zusammengewürfelten alten Möbeln, Bücherecke, kleine Dachterrasse. Hier bleibt man leicht ein paar Stunden hängen und knabbert am Käsekuchen (mit Frischkäse). Besitzer Glenn kommt aus New York. Tägl. 11–23 Uhr. Skólavörðustígur 22a.

> Wandelbar: Viele Cafés sind wahre Verwandlungskünstler. Problemlos wird ein verschlafen-gemütliches Vormittagscafé ein quirliges Bistro für einen Lunch break, am späten Nachmittag zu einem Pub und am Wochenende nach Mitternacht ein Tanzschuppen.

Café Paris 72, gemütlich und seit Jahren beliebt bei Touristen aller Couleur. Bistroküche mit Crèpes, allerdings auch ausgewachsene Hauptgerichte. Brunch. Vom Banker bis zum Studenten trifft sich hier alles. Bei Sonne ein echtes Straßencafé, abends unkomplizierte Kneipe, auch Cocktails. Tägl. ab 8 Uhr. Austurstræti 14, d. h. direkt am Platz Austurvöllur.

Kaffitár 52 („Kaffeeträne"), Kaffee frisch aus der Rösterei, gut besuchtes und gemütliches Café. Ideal zum Aufwärmen mit einem Cappuccino mit „gemalter" Milchschaumfigur, vielleicht noch ein Schokokuchen obendrein. Mo–Sa ab 7.30, So 10–17 Uhr. Bankastræti 8.

Frú Berglaug 41, auf zwei Stockwerken und mit alten Schwarzweißphotos dekoriert, die Bedienungen sind mit Schürzen behangen. Serviert „Mömmumatur", gemeint sind traditionelle isländische Speisen (z. B. „sample platter" zu ISK 3450), auch Sandwiches und Salat. Tägl. 11–23 Uhr, Laugavegur 12.

>>> Unser Tipp: **Café Loki 97**, perfekt, um traditionelles isländisches Essen zu kosten. Helles, freundliches Café und Bistro mit Blick auf die Hallgrímskirche, gut gemanagt von Hrönn, die auch Textilien gestaltet. Im Gang Fotos der Hallgrímskirche in allen Lebenslagen und unterschiedlichem Licht. Werktags Fleischsuppe und Mittagsmenu von ISK 1200 bis 1750. Mo–Mi 10–18, Do–Sa 10–21, So 10–21 Uhr. Lokastígur 28. <<<

Kaffivagninn 2, ein ganz anderes Caféerlebnis, abseits der Kunstszene, bei den Alten und Armen, insbesondere den Seebä-

ren. Mit Glück trifft man auf einen, der noch auf Hornstrandir aufgewachsen ist. Wenn keiner mit einem sprechen mag, ist es allein der Blick hinaus auf die Docks und die kleinen Boote wert, hier eine Stippvisite abzustatten. Tägl. 8–18 Uhr. Im alten Hafen, Grandagarður 10.

Prikið 47 („Hühnerstange"), seit 1951 und damit ältestes noch bestehendes Kaffeehaus der Kapitale, was die dominierenden Brauntöne erklärt. Mo–Fr ab 8, Sa/So ab 12 Uhr. Einfache Gerichte wie Sandwiches. Am Wochenende Clubbetrieb (s. u.). Morgens ideal für ein Hangover-Frühstück. Bankastræti 12.

Tíu dropar 15, ideal für eine Pause vom Boutiquenparcours für einen Pfannkuchen oder ein getoastetes Sandwich oder um den alten Damen beim Tratsch zuzusehen. Auch viel studentisches Publikum. Liebevoll eingerichtet, einige Stickgemälde und alte Landkarten, im Souterrain. Mo–Fr 9–18, Sa 10–18, So 12–18 Uhr. Laugavegur 27.

C is for cookie 89, nach der Alphabet-Eselsbrücke des Krümelmonsters der Sesamstraße benannt, betrieben von Bibliothekaren aus Polen, viele Einheimische aus der Kunstszene, die auf den Wohnzimmersesseln fläzen. Serviert werden Tofusandwiches, polnischer Käsekuchen mit Cookie-Boden und Illy-Kaffee. Mo–Fr 9–18 Uhr. Týsgata 8, nahe der Hallgrímskirche.

Sólon 35, an einer Tasse Kaffee in diesem Café kommt man fast nicht vorbei, will man in die Reykjavíker Szene schnuppern. Elegante Studenten, Künstler, Banker, Autoren und Schauspieler gehen hier ein und aus. Kaffee wird in Thermoskannen gereicht. Besonderheit: Ausstellungen im Caféraum und im Obergeschoss. Tagessuppe und Tapas: Sa Dancefloor im 1. Stock. So–Do ab 11, So ab 12 Uhr. Bankastræti 7, Ecke Laugavegur.

Sufistinn 37, Café im Obergeschoss des Buchladens Laugavegur 18, Muffins, Kuchen Marke Karamelbombe, Crèpes und Sandwiches. Mo–Fr 9–22, Sa/So 10–22 Uhr. Bücher, die nicht eingeschweißt sind, dürfen hier eingesehen werden. Te og kaffi in den Eymundsson-Buchhandlungen im Zentrum 68.

>>> Unser Tipp: **Svarta Kaffið 18**, Suppe im Brotlaib ISK 1450 (auch vegetarisch). Die Suppen werden morgens von Hotelköchen angerührt und sind deswegen von guter

Qualität! Gemütliche, leider etwas dunkle Bistrokneipe. Tägl. ab 11.30 Uhr. Laugavegur 54. «

Kaffi Flóra, in einem Gewächshaus im botanischen Garten, Tagessuppe, Salate, Smørrebrød. Tipp: Sa/So Brunch von 11 bis 14 Uhr, ca. ISK 2500. Tägl. 10–22 Uhr.

Té og kaffi  13, *die* Teestube der Stadt. Viele Teesorten und guter Kaffee. Mo–Fr 8–18, Sa 10–17 Uhr. Laugavegur 27.

Café Haiti 7, die Haitianerin Elda und Methusalem (Nachkomme von Methusalem Methusalemsson vom Torfgehöft Bustarfell) rösten hier am alten Hafen in einer kleinen Maschine karibischen Kaffee – und der ist ungewohnt stark. Beliebt sind Fischsuppe und Quiche. Terrasse. Am Wochenende oft Bands mit Bossa Nova oder Klezmer. Geirsgata 7b.

Íslenski Barinn 70, gemütliche Kneipe mit verspiegelter Bar, urisländische „Leckereien" z. B. hákarl mit brennivín für ISK 1200. Auch Papageientaucher, Wal, harðfiskur als Tapa oder als Hauptgericht. 23 isländische Biersorten. Pósthússtræti 9.

Kaffi Mokka 48, seit 1958 so gut wie unverändert. Hier stand die erste Espresso-Maschine Islands. Viele Stammkunden. Tipp: die Waffeln. Tägl. 9–18.30 Uhr. Skólavörðustígur 3a.

Kofinn/Uncle Toms Cabin 42, gemütliches Café, abends Kneipe (Fassbier und Wein) am Wochenende auch Party. Die Cafétische stehen ein halbes Stockwerk tiefer als der Gehsteig. 10–1 Uhr, Fr/Sa länger. Laugavegur 2.

Vegamót 49 („Kreuzung"), relativ günstige Tagesangebote, gute Küche, z. B. Hähnchen, Pasta, Fisch, leckere Burger. Bei Sonnenschein ist die Hinterhofterrasse ein „place to be". Ab 11.30 Uhr. Vegamótastígur 4.

Stofan Café 84, von einem Piloten und einem Klamottenladenbetreiber eröffnet, Kaffee und heiße Schokolade, haben aber auch Bier und Wein im Schrank. Evtl. treffen Sie auf Bóel, isländischer Barista-Champion von 2009, die auch auf europäischer Ebene an Wettbewerben teilnimmt. Entspannung ist auf den alten Sofas garantiert, die nicht nur die vielen Laptopgäste zu schätzen wissen. 10 bzw. 11–23 Uhr. Aðalstræti 7.

Grai Kötturinn 17 (graue Katze), fast wie in einem kleinen Buchantiquariat. Öffnet um 7/8 Uhr, schließt um 15 Uhr. Hverfisgata 16a.

Cafés und Bistros sind durchgestylt

Hemmi und Valdi 23, Mischung aus Café und Pub in einem alten Haus, Fensterfront zur Flaniermeile, klein und sehr gemütlich, ideal zum Herumlümmeln, oft nur Pfannkuchen und Tageskuchen. Die Keramiktassen können hinterher relativ günstig erworben werden! Ab ca. 11 Uhr bis 1 bzw. 3 Uhr. Laugavegur 21.

Pubs Dillon für Leute um die 25–35 (s. u.), **Næstibar** 26 in der Ingólfsstræti 1a, Künstler, keine Altersgrenzen und nicht die typische Reykjavík-Atmo – viele Drinks, kein Dancefloor. „Oldies" um die 35 gehen gern auch in die **Ölstofan** neben dem Vegamót.

Mehrere englische/irische Pubs, u. a. **Dubliner** 53 – Fassbier und Troubadoure bringen Irland nach Island, tägl. ab 15 Uhr in der Hafnarstræti 4. Daneben Pubatmo im Hamburgergrill **Hressingarskálinn** 63 („Hresso" in der Austurstræti 20, oft Troubadoure), im **Pub 11** 16 in der Hverfisgata (eher rockig) oder im authentisch hergerichteten **English Pub** 🎂 in der Austurstræti 12. Alle in gewohnt unkomplizierter Atmosphäre.

Clubbing Die Altersgruppe 30+ zieht es zum Vorglühen ins **KEX** (s. o., gerne die etwas cooleren Leute, bis ca. 23/24 Uhr), 25+ ins **Dillon** 🎂, ein gediegene Kneipe auf zwei Stockwerken am Laugavegur 30. Zum Finale geht's dann in den Dauerbrenner **Kaffibarinn** 🎂 in der Bergstaðastræti 1 (s.o.), Drehort des Kultfilms 101 Reykjavík, der als einer der wenigen Clubs nicht out of date wird, oder ins trendige **Boston** 🎂 am Laugavegur 28b. Im **Oliver** 🎂 am Laugavegur 20 machen DJs Stimmung, das Motto lautet „party like an animal". Im b5 (s. o.) und **Vegamót** (s. o.) landen tendenziell eher die jugendlicheren Reichen und Schönen, die Young Professionals geben sich auch im **Austur** in der Austurstræti 7 ein Stell-

dichein. Im **Prikið** 🎂 legen DJs guten Hiphop auf, die Kupferlampen über der Theke schwingen lässig mit, junges Publikum zwischen 20 und 30. Von Leuten 40+ wird das **Thorvaldsen** 🎂 am Austurvöllur angesteuert. Das **Bakkus** 🎂 war bei Drucklegung extrem populär, viele junge Leute, Bohemiens, Musiker und Hobbypoeten, Tryggvagata 22.

Gay Trúnó 🎂 und direkt daneben **Barbara** 🎂, Laugavegur 22 – auch „straight people" schauen vorbei.

Konzerte im Sódóma 🎂, Tryggvagata 22, http://sodoma.is, auch internationale Künstler, im **Rosenberg** am Klapparstígur 🎂, viele isländische Musiker, oft Jazz und Blues, im **Jómfruin** 🎂 im Sommer jeden Sa Jazz im Hinterhof. Im **NASA** 🎂, die größte Diskohalle des Landes, wechselnde Veranstaltungen, auch Elektro.

Heiße Nächte – be trendy!

Reykjavíks Nachtleben ist bekannt für seine ausgelassenen Nächte, in denen expressiv Gekleidete in kleinen Clubs durchtanzen, und wird in einem Atemzug mit New York, London oder Berlin genannt. Die Finanzkrise kühlte die Szene ein wenig herunter, man feiert mit einem Tick weniger Glamour und Exklusivität.

Das berühmte Party-Prozedere hat sich indes im Kern nicht geändert, höchstens insofern, dass die Vorglühphase verlängert scheint. Ab 23 Uhr hat man noch den Eindruck, dass der Hund begraben ist, dann nimmt die Dichte des Autokorsos auf dem Laugavegur und in den Kneipen langsam zu, um 0.30 kommt man problemlos überall rein und ab 2 Uhr geht es in einigen Clubs richtig los, normalerweise ohne Eintritt: Bands legen sich ins Zeug, DJs legen auf, die ersten Gläser gehen zu Bruch. Den ein oder anderen drängt es dann weiter zur nächsten Kneipe und coole Jungs und stöckelnde Schönheiten bevölkern die Hauptstraße. Manche machen sich auf den Weg zum nächsten Pub oder Club, welche in Sachen Stil und Publikum jeweils wenig variieren: entweder stylish schick, lässig britisch oder teenagerschrill. Unterwegs legt man gerne eine Pause bei einem der Waffel- und Hotdogwägen ein, die dann am Lækjartorg und Umgebung warten. Das Schlangenstehen vor den Etablissements ist übrigens ein wenig zurückgegangen, nur bei den angesagtesten Clubs bildet sich ein kleiner Stau, was den Fremden wenigstens abschätzen lässt, welche Bar gerade „in" ist. Das Ende der Sause ist auf 4.30 Uhr vorverlegt worden. Großraumdiskos gibt es abgesehen vom Veranstaltungsort NASA nicht, Reykjavik hat eine Szene mit vielen kleinen Clubs. Auf schicke oder trendige Kleidung wird außerhalb von Pubs nach wie vor Wert gelegt, in den Clubs sind Jeans eher verpönt. Seit 2007 herrscht übrigens ein Rauchverbot. Das Mindesteintrittsalter liegt bei 20 Jahren, manchmal auch 22. Die Jugend wünscht sich nach wie vor eine Absenkung auf 18 Jahre, was den Vorteil hätte, dass die ausgesperrten Teenager nicht das Auto zur Bier-Lounge erklären oder auf der Straße und in Parks herumlungern und tiefe Schlucke aus versteckten Mantelflaschen oder Handtaschendosen nehmen.

Entenfüttern am Tjörnin mitten in Reykjavík

Alt-Reykjavík zwischen Hallgrímskirche und Hafen

Museen, Cafés und Läden ziehen einen Besuch schnell in die Länge – nicht zuletzt, wenn der Regen den Tagesablauf diktiert. Start der beiden vorgeschlagenen Stadtrunden ist die Busstation Lækjartorg gegenüber dem Arnarhóll, auf dem die Statue von Ingólfur steht, und gegenüber einigen ehrwürdigen Gebäuden wie dem Regierungsgebäude *Stjórnarráðið*.

Route 1: Man geht den Skólavörðustigur bergan und stößt schnell auf die *Hallgrímskirche* mit der *Leifur-Eiríksson-Statue* und auf das *Einar-Jónsson-Museum*. Wenn man den Frakkastígur hinabgeht, gelangt man auf die Haupteinkaufsmeile Laugavegur mit zahlreichen Cafés und Klamottenläden und bummelt zurück zum Lækjartorg.

Route 2: Man folgt der Hafnarstræti, die ursprünglich am Wasser entlang führte. Wo diese auf die Aðalstræti stößt, steht das *Falkenhaus* (Nr. 10): Die isländischen Falken des dänischen Königs wurden hier gefangen gehalten, bis sie nach Dänemark transportiert wurden. Das Haus von 1764 darf sich das älteste Haus der Stadt nennen. Über die *Austurstræti* lässt es sich, indem man in die *Pósthússtræti* einbiegt, zum *Parlament* (s. u.) und zur *Kathedrale* schlendern. Auf dem Austurvöllur wurde die Statue von Jón Sigurðsson (1811–1879) platziert, einer zentralen Figur im Ringen um die Selbstständigkeit Islands. *Suðurgata* oder *Tjarnargata*, die neben *Seltjarnanes* und *Garðabær* zu den vornehmeren Wohngegenden zählen, führen am See *Tjörnin* entlang zum *Nationalmuseum* und zum *Universitätsgelände*. Vor der Universität erhebt sich das Standbild von Sæmundur dem Weisen.

Hallgrímskirkja: Die größte Kirche Islands mit der Lavasäulen-Optik trägt den Namen des Dichters *Hallgrímur Pétursson* (1614–1674), dessen berühmtes Werk die „Passionshymnen" sind. Architekt war *Guðjón Samúelsson*, der auch für die kühnen Kirchenkonstruktionen in Akureyri und das Nationaltheater verantwortlich ist. 1937 ging das Großprojekt in Planung, 1945 konnte der Bau beginnen.

Schlussendlich wurde die Kathedrale 1986 eingeweiht. Beachtung verdient die Christusstatue des Künstlers *Einar Jónsson* (1948), der von den Färöern zum Geschenk gemachte Fischkutter und das „Martyrium" von *Sigurjón Ólafsson* in einem Seitenschiff. Auf der 15 m hohen und 25 Tonnen schweren Orgel werden häufig Konzerte gegeben.
Mo–Fr 9–17, im Sommer 9–20 Uhr, Turm (73 m) 9–17 Uhr. ISK 500.

Altes Gymnasium/Menntaskólinn: Gleich zwei Nobelpreisträger brachte diese Schule hervor: *Halldór Laxness* und *Niels Finsen*. Laxness erhielt 1955 den Nobelpreis für Literatur. Das Gymnasium hatte er ohne Abschluss verlassen, sein miserables Zeugnis hängt heute im Korridor. Finsen wurde 1903 für seine Leistungen auf dem Gebiet der Medizin ausgezeichnet: Er war der Erfinder der Lichttherapie. Vor der Schule stehen *Ásmundur Sveinssons* Skulptur „Face of the Sun" (1960) und eine Pallas Athene.

War es Ingólfur? Die Settlement-Ausstellung „871+-2"

Unter einem bunten Holzhäuschen, im Keller der Vergangenheit, wurden die Ruinen eines Langhauses aus dem 10. Jh. gefunden. Die Ausstellung ist kurzweilig aufgezogen, rund um das Langhaus werden verschiedene Fragen zur Ansiedlung des Menschen in Reykjavík prägnant beantwortet; zugleich wird der Besucher in die Situation der Siedler versetzt, indem Fotos den Blick auf das noch unverbaute Land vor über tausend Jahren simulieren. Unter einer Vulkanascheschicht aus dem Jahr 871 (+- 2 Jahre) wurden Zeugen früher Besiedlung gefunden. Interessant sind auch die Ergebnisse jüngerer Forschungen zur Herkunft der Isländer, die z. T. aus Genuntersuchungen gewonnen wurden.

Tägl. 10–17 Uhr, ISK 1000. Aðalstræti 16, ✆ 4116370, www.reykjavik871.is. Im Vorort Garðabær kann man zudem Ruinen eines Langhauses aus dem 9. Jh. besichtigen (Hofsstaðir/Kirkjulund nahe der auffälligen weißen Viðalins-Kirche, touchscreen, kostenlos).

Regierungsgebäude: Im „Stjórnarráðshúsið" war ganz früher das Gefängnis untergebracht – heute hat der Präsident seinen Amtssitz hier. Vor dem Haus steht links die Statue von König Christian IX. Ihm zur Seite blickt *Hannes Hafstein*, erster Minister Islands, vom Denkmalsockel. Beide Standbilder sind Werke des Künstlers *Einar Jónsson* (s. u.).

Parlament Alþingishús: Seit 1881 tagen die für die Politik Islands maßgeblichen Damen und Herren hinter diesen schweren Mauern aus grauem Stein. Das Regierungsgebäude im kolonialen Stil entwarf der dänische Architekt *Mehldal*. Der Basaltbau löste damals die alte Versammlungsstätte zur Rechtsprechung *Þingvellir* (siehe Kap. „Goldener Zirkel", S. 296) ab. Das Gebäude hatte im Laufe der Jahre verschiedene Funktionen zu erfüllen, denn das Haus beanspruchten auch die Landesbibliothek, die Antikensammlung und die Universität.

Kathedrale Dómkirkjan: Als der Bischofssitz von Skálholt nach Reykjavík verlegt wurde, entschloss man sich, mit Unterstützung des dänischen Königs eine neue Kathedrale zu errichten und die alte Kirche zu ersetzen. Der Bau ging langsam voran, erst 1796 konnte das Gebäude eingeweiht werden – damals fanden noch fast alle Bewohner der Stadt in dem Gotteshaus Platz! Mit der Auflösung des Bischofssitzes in Hólar/Nordisland 1802 wurde die Kirche das religiöse Zentrum des Landes. 1847 musste gründlich renoviert und umgebaut werden, der dänische Architekt *Win-*

strup gab der Kirche ihr heutiges neoklassizistisches Aussehen. Sehenswert ist neben dem Altarbild von 1847 das Taufbecken aus Marmor des isländischstämmigen Dänen *Albert Thorvaldsen*, ein Geschenk an die Isländer.

Auch dieser Bau hatte in seiner Geschichte auch völlig andere Aufgaben: Die Nationalbibliothek und das Nationalmuseum wurden in ihren Anfängen hier untergebracht, aber auch für profane Angelegenheiten wie zur Lagerung zweier Feuerwehrpumpen nutzte man das Gebäude.
Mo–Fr 10–16.30 Uhr.

Stadtsee Tjörnin, Rathaus mit der Reliefkarte: Am Nordostufer des Sees Tjörnin wurde das moderne Rathaus (erbaut 1987–1992) platziert. Im Erdgeschoss ist eine Reliefkarte Islands aufgebaut. Auf verblüffende Art und Weise findet sich an der Fassade ein Charakteristikum des Landes wieder: „Wasserfälle" rinnen die moosbewachsene Fläche herab. Das Projekt war zunächst umstritten, da eigens ein Bereich des Sees aufgeschüttet werden musste und die eigenwillige Architektur sich nicht gerade stimmig in die Umgebung aus älteren, zierlichen Häusern einfügt. Der See ist bekannt für die fünfzig Vogelarten, die hier wohnen, vornehmlich Schwäne und Enten. Im Winter sind es eher die Schlittschuhläufer, die den See beleben.
Ráðhús: Mo–Fr 8–19, Sa/So 10–18 Uhr. Tjarnargata 11.

Schätze aus allen Jahrhunderten – das Nationalmuseum: Nachdem 1860 im Norden Islands ein altes Wikingergrab entdeckt worden war, kam es 1863 zur Gründung eines Antiquitätenmuseums in Reykjavík – heute zeigt es die wertvollsten Kulturdenkmäler und Ausgrabungsfunde, darunter den silbernen Hammer „Þórshamar". Auf das Glanzstück des Museums, eine kleine Statuette des *Gottes Þór* aus Bronze, stößt man gleich, wenn man die Treppe hinaufgeht. Links daneben auf dem Boden ist eine weiß gepunktete Linie angebracht – sie markiert die Größe der Schiffe der norwegischen Besiedler. Aus der Wikingerzeit sind besondere Schätze ausgestellt, z. B. ein voll erhaltenes Schachspiel aus einem der Wikingergräber, die im Boden eingelassen sind. Gefunden wurde in einem Frauengrab – klischeehaft! – ein Kamm, in einem Männergrab ein Schwert und ein Pferdegeripple. Ein überzeugender Hinweis darauf, dass es sich um Wikinger handelte: Mann brauchte das Pferd, um nach Walhalla reiten zu können. Eine Vitrine mit ausnehmend hübschen Broschen zeigt vermutlich Schmuckstücke von ganz normalen Siedlern – wie sie wohl gekleidet waren, kann in einer Mappe angesehen werden. Ein großer Umbruch war der Vertrag mit Norwegen von 1262 (eine Kopie in Buchform liegt aus), mit dem die Unabhängigkeit freiwillig aufgegeben wurde – nicht zum Nachteil! Unter der Krone wurden Fisch und Tran exportiert, v. a. nach Bergen – und Gegenstände aus Europa kamen ins vermeintlich so isolierte Island, z. B. Büffelhörner aus Spanien, die in Island verziert und als repräsentative Trinkgefäße genutzt wurden (wenn man so will, der Superjeep der damaligen Zeit). Der hintere Bereich im 1. Stock ist Sakralia gewidmet, die zugleich wesentliche Stationen der isländischen Geschichte zeigen. Hier hängt das Gewand des letzten Katholikenbischofs Jón Arason (1484-1550), der wegen seines Kampfes gegen die dänische Herrschaft bis heute hohes Ansehen genießt und dessen Verdienst es war, eine Druckerpresse nach Island bringen zu lassen – er wurde allerdings geköpft, bevor er sie nutzen konnte. Der protestantische Bischof Guðbrandur Þorláksson (1541/42-1627), der erste Isländer, von dem man weiß, wie er aussah, ließ damit seine berühmte Bibel drucken, von der noch eine Handvoll Exemplare existieren, einige im Besitz des Nationalmuseums. Sie war auf Isländisch verfasst und damit ein Meilenstein auf dem Weg zur Selbstwahrnehmung als eigenes Volk.

Die Elfenschule

Wussten Sie, dass 80 % aller Isländer von Elfen und anderen übernatürlichen Wesen Notiz nehmen und wiederum 26 % von ihnen sogar fest an deren Existenz glauben? Dass die bunt bemalten Elfenhäuser aussehen wie Bienenkörbe, Tonnen oder Türme? Nein? Dann müssen Sie in die Elfenschule. Dort erklärt der viel beschäftigte Historiker Magnús H. Skarphédinsson seit 1994 neugierigen Touristen einmal in der Woche das Wichtigste über Elfen und andere im Verborgenen lebende Wesen – wer sie sind, was sie tun, wo sie leben, wie sie aussehen, warum sie sich verstecken. Bisher sind bekanntermaßen etwa 5 % der isländischen Bevölkerung Elfen begegnet und man weiß, dass diese in Größe, Gestalt und Kleidung stark variieren. Elfen sind gerne in der Nähe der Menschen, ebenso die Mischwesen *huldufólks* („versteckte Leute"). Bei Gudbjörg Konrads, einer zurückhaltenden älteren Dame aus Reykjavík, wohnen einige von ihnen im Garten. Denn als deren ursprüngliche Wohnstatt mit einem Einkaufszentrum überbaut wurde, lud sie sie

ein, in hinter das Haus geschleppte Lavabrocken umzuziehen. Nicht allen unsichtbaren Bewohnern widerfährt so ein Glück, aber um wenigstens einige zu behüten, hat die Stadt Reykjavík zwölf ihrer Wohnstätten unter gesetzlichen Schutz gestellt. Wie z. B. die der Elfen am Ortsausgang, wo sich die Ringstraße teilt, um sich auf den Weg nach Akureyri und Vík zu machen. Als die Straße hier 1971 asphaltiert und etwas verlegt wurde, war ein Stein im Weg. Man versuchte, ihn wegzuschaffen, aber von da an zerbrachen Baumaschinen, wurden Arbeiter krank. Das Medium Zophanias Pétursson kannte den Grund: Der Stein war bewohnt und die Elfen wehrten sich gegen die Zerstörung ihrer Häuser. Zophanias konnte ihnen das Einverständnis dafür abringen, zwei Wochen lang auszuziehen, damit der Stein in dieser Zeit vorsichtig 15 m weiter befördert werden könne. Dabei zerfiel der Felsbrocken zwar in zwei Teile, die Elfen zogen aber ohne Klagen wieder ein. Dann sollte die zweispurige Fahrbahn auf vier Spuren erweitert werden. Aber der Stein war wieder im Weg und mittlerweile hatte die Stadt ihn eingezäunt und unter Schutz gestellt. Fünf Jahre lang endete die vierspurige Straße vor dem Stein. Dann aber beschloss die Stadtverwaltung, die Elfen mit Hilfe eines Mediums noch einmal zum Einlenken zu bewegen und die Straße weiter zu verbreitern.

Die 10.000–20.000 unsichtbaren Bewohner Islands können sich sichtbar machen, wenn sie wollen. Um nicht genauso bedroht zu sein wie Tiere, bleiben sie jedoch gerne im Verborgenen. Den meisten Kontakt mit den geheimnisvollen Wesen haben Kinder, denn, so Magnús, bis zum Alter von sieben Jahren haben die Menschen übersinnliche Fähigkeiten. Er selber erhielt bereits einige Geschenke von unsichtbaren Bewohnern. All denen, die keinen Lichtschein um die von Elfen bewohnten Steine wahrnehmen können, erzählt er in der fröhlichen Schule von seinen in vielen Jahren der Forschung gewonnenen Kenntnissen.

Fr 15 Uhr, für 3 bis 4 Std. ca. 39 €, inkl. dt. Textbuch und Transport zu einem speziellen Ort. Vorlesung in Englisch mit Kaffeepause. Elfenmuseum geplant. Álfaskólinn/The Elfschool, Síðumúli 31, 108 Reykjavík, ☎ 5886060 und 8944014 (Magnús), salo@salo.is.

Im Obergeschoss wird das 17. bis 20. Jh. präsentiert. Interessant ist die Nische, in der Zwielichtiges und Kirchliches nebeneinander liegen, links ein originales Hexenbuch, rechts eine handschriftliche Kopie der Hallgríms-Psalmen. Wer geachtet werden wollte, hatte Bücher zuhause stehen, und wenn er sie selbst abschrieb! Eine kleine Hütte zeigt eindrücklich, wie beengt die normalen Isländer lebten, als nach Klimaverschlechterung, Vulkanausbrüchen und entsprechendem Viehverlust alle Familienmitglieder in einem Raum lebten. Das 20. Jh. wird auf einem Gepäcklaufband präsentiert – ein gutes Symbol dafür, dass den Isländern das Flugzeug heute so wichtig ist wie den Siedlern das Boot. Gegenüber dem Museum steht im *Museumspark* eine Kopie der Skulptur „Der Vogelfreie" (isl. *útlaginn*), *Einar Jónssons* Meisterwerk (das Original steht in Akureyri).

Tägl. 10–17, ab Sept. Di–So 11–17 Uhr. ISK 1.000 (Senioren 50 %). Im Winter Mi freier Eintritt. Viel Multimedia. Die beson- ders wichtigen Artefakte befinden sich in schwarzen Vitrinen. ☎ 5302200, Suðurgata 41. Busse Nr. 1, 3, 6, 12 und 14. www.natmus.is.

Kunst in Reykjavík

Nationalgalerie: Ausstellungen zeitgenössischer und klassischer Künstler.
Tägl. außer Mo 11–17 Uhr. ISK 800, Mittwoch frei. Listasafn Íslands, Fríkirkjuvegur 7, am Tjörnin. ☎ 5159600, www.listasafn.is.

Hafnarhús/Städtische Galerie: In den Sälen der Galerie werden alle paar Monate wechselnde Ausstellungen mit Arbeiten berühmter, hauptsächlich isländischer Künstler gezeigt. Präsentiert wird jeweils eine Auswahl der insgesamt 5000 Werke, die sich im Besitz der Galerie befinden und die insbesondere einen Einblick in die moderne Kunst des Landes geben. Das Highlight des Museums sind die Bilder von Erro alias Guðmundur Guðmundsson, geb. 1932 in Ólafsvík. Seine Werke sind im Comicstil gehalten, dabei sehr farbenfroh und detailliert, die Themen kommen aus Politik, Mythologie und Technik. Empfehlenswert!
Tägl. 10–17 Uhr. ISK 1000. Das Ticket gilt auch für Kjarvalsstaðir und Ásmundarsafn. Tryggvagata 17, nahe der Touristinformation. Nette Cafeteria mit Hafenblick. ☎ 5901200, www. listasafnreykjavikur.is.

Kjarvalsstaðir: *Jóhannes Sveinsson Kjarval* (1885–1972) gilt als einer der überragenden isländischen Künstler des 20. Jh. Mit seinen unverwechselbaren Landschaftsbildern spielte er eine wichtige Rolle beim Aufbruch der bildenden Kunst im Zuge des Unabhängigkeitskampfes. Kjarval, der seine Ausbildung in London und Kopenhagen erhielt und einige Jahre in Italien und Frankreich verbrachte, verfügte über ein ungewöhnlich tiefes Einfühlungsvermögen in die isländische Natur. So gelang es ihm in seinen stark vom Symbolismus beeinflussten, geheimnisvoll anmutenden Bildern, neben der Schönheit des Landes auch die unsichtbaren Kräfte der Natur und ihre vielfältigen Stimmungen zum Ausdruck zu bringen. Kjarval ermunterte die Isländer mit seinen Gemälden dazu, die Natur und die Menschen ihrer Insel mit anderen Augen zu sehen. Damit nahm er in der Kunstszene der damaligen Umbruchszeit eine herausragende Stellung ein. 1968 überließ Kjarval einen großen Teil seiner Werke, die heute über das ganze Land verstreut sind, der Stadt Reykjavík. Sie sind im Kjarvalsstaðir ausgestellt. Im Abstand von sechs Wochen finden hier wechselnde Ausstellungen namhafter Künstler statt.
Tägl. 10–17 Uhr, ISK 1000 (Ticket gilt auch für Ásmundarsafn und Städtische Galerie.). Mit Café, Bibliothek und Museums-Shop. Flókagata. Busse 11 und 13. ☎ 5901200, www.lista safnreykjavikur.is.)

Art Festival, seit 1970, www.artfest.is. Theaterfestival lókal, Anfang September, www.lokal.is. Culture Night, am 3. Augustwochenende, das größte Kulturfest der Stadt, alle Arten von Events und viele Veranstaltungen. Einige Leute öffnen ihre Häuser für Gäste und bieten Kaffee und Waffeln an. www. menningarnott.is. Zudem gibt's die Museumsnacht im Februar und den DesignMarch, vier Tage mit Ausstellungen und Events. Berühmtheiten: Ólafur Eliasson lebt in Berlin und arbeitet bevorzugt mit horizontalen Linienstrukturen (www.olafureliasson.net). Gabriella Friðriksdóttir ist eine viel beachtete Videokünstlerin und gestaltete für Björk CD-Cover. Ragna Robertsdóttir arbeitet z. B. mit Heklaasche. Sigurður Guðmundsson lebt in China und machte sich als Skulpturist und mit Performances einen Namen. Steinunn Thorarinsdóttir ist in der ganzen Stadt zu bewundern, im Hotel 101, im Hotel 1919 und mit Figuren auf dem Laugavegur. Steina Vasulka (Steinunn) ist Videokünstlerin und lebt in den USA. Sie greift typisch isländische Motive auf. Gerne gekauft werden die abstrakten Bilder und Reliefs der Künstler Hulda Hákon, Árni Bartels oder Hrefna.

Galerie-Empfehlungen: gallerí I8 (28), www.i8.is, Tryggvagata 16, gegründet von der quirligen Edda Jonsdóttir; Reakjavík Art Galleri, Skúlagata 30, www. reykjavikartgallery.is, Di–So 13–17 Uhr.

Design-Mitbringsel finden Sie im Kirsuberjatréð in der Vesturgata 4 (Mo–Fr 10–18, Sa 11–15 Uhr, www.kirs.is) oder im Kraum in der Aðalstræti 10 (Mo–Fr 9–18, Sa/So 12–17 Uhr), www.kraum.is. Dort finden sich neben schickem Woll- und Keramikdesign kreative Artikel wie Ringe mit Mooseinlage, Spaghettizähler oder eine Anleitung zum Vulkanbrotbacken.

Internetportale: www.cia.is (Center for Icelandic Art), www.umm.is (Portal isländischer Künstler).

Skulpturenmuseum Ásmundur Sveinsson: Der Skulpturengarten und das Museum mit seinen wechselnden Ausstellungen im Laugardalur gehören zu den am meisten geschätzten Sehenswürdigkeiten der Stadt. Der Künstler *Ásmundur Sveinsson* (1893–1982), der als Tischler und Holzschnitzer anfing und sein Handwerk bis 1919 erlernte, ging dann, wie es üblich war, nach Kopenhagen und Stockholm (1920–1926), um dort zu studieren. Bis 1929 lebte er in Paris, erst dann kehrte er nach Island zurück. Die Skulpturen in und vor dem Haus mit seiner eigenwilligen Architektur bestechen durch ihre herbe Schönheit und detailgetreue Klarheit. Im Kuppelraum hört sich das leiseste Geräusch an wie von fernen Lautsprechern übertragen. Ásmundur war überzeugt, dass er nie ein guter Bauer sein würde. Und so war das Lebensthema für ihn „Kultur und Skulptur" – glücklicherweise, wie die Nachwelt behaupten kann.

Im Sommer tägl. 10–16 Uhr, ISK 1000 inkl. Audioguide; Ticket gilt auch für Kjarvalsstaðir und Hafnarhús. Sigtún, Busse Nr. 2, 14, 15 oder auch 17/19. Von der Jugendherberge in Laufentfernung. ☎ 5901200, www.listasafnreykjavikur.is.

Einar-Jónsson-Museum: Im Museum neben der Hallgrímskirche sind über einhundert der z. T. recht pompösen Werke des berühmten Bildhauers versammelt. *Einar Jónsson* (1874–1954) war der erste Isländer, der sich entschloss, Kunst zu studieren. Der „Dichter der Bildhauerei" schuf – von der Klassik beeinflusst und von isländischen Traditionen inspiriert – vorwiegend mystisch-religiöse Werke. Das von ihm selbst entworfene und für ihn eingerichtete Haus „Hnitbjörg" ist von einem Skulpturengarten umgeben. Auch die damals sehr luxuriösen Wohnräume werden gerne gezeigt. Berühmte Werke Einars sind „Die Zeit", „Ingólfur Arnarson", „Geburt der

Psyche", „Der Ausgestoßene", „Yggdrasill", „Die Wasserträgerin", „Gewissensbisse" und „Die Welle der Zeiten".
Di–So 14–17 Uhr, ISK 600. Njarðargata, ✆ 5513797, www.skulptur.is.

Kulturhaus/Ausstellung des Handschrifteninstituts Árni-Magnússon: Dieses Institut bewahrt eines der wertvollsten Erben der isländischen Kultur, nämlich 1.650 zurückgekehrte Handschriften und Tausende mittelalterliche Dokumente und Urkunden. Seit Beginn des 18. Jh. befanden sich keine Manuskripte mehr im Land. Den größten Teil hatte der isländische Gelehrte *Árni Magnússon* (1663–1730) gesammelt und nach Kopenhagen gebracht, um die kostbaren Schriften vor der in Island drohenden Vernichtung zu bewahren (siehe Kap. Literatur). Ende des 19. Jh. setzte ein jahrzehntelanger Kampf der Isländer um die Rückgabe der Manuskripte ein. Erst nach mehrjährigen Gerichtsverhandlungen stimmte Dänemark 1961 der Rückgabe all derer Manuskripte zu, die eindeutig dem isländischen Kulturerbe zuzurechnen sind. Im April 1971 feierten Tausende von Isländern im Hafen von Reykjavík die Ankunft des wertvollen Codex Regius (ältere Edda) und der Flateyjarbók. Bis 1997 hatten auch die letzten hundert Manuskripte ihren Weg zurück nach Island gefunden. „Man war nicht in Island, bevor man das nicht gesehen hat", wirbt der Museumsleiter.

„Gewissensbisse" von Einar Jónsson

Tägl. 11–17 Uhr, ISK 700, Mi kostenlos, Hverfisgata 15, ✆ 5451400, www.am.hi.is, Seite des Kulturhauses www.thjodmenning.is.

Sigurjón-Ólafsson-Museum: Das von der Witwe Sigurjóns 1984 gegründete Museum stellt an die 200 Skulpturen des 1982 verstorbenen Bildhauers aus Eyrarbakki/Südisland aus. Geboren 1908, studierte er in Dänemark an der Kunstakademie und erweiterte seinen Horizont mit einem Aufenthalt in Rom. 1945 kehrte er nach Island zurück. Sein Stil bewegt sich von Experimentierkunst über abstrakte Kunst bis hin zu realistischen Darstellungen. Dienstags im Sommer Konzerte.

Im Sommer Di–So 14–17 Uhr, ISK 500. Laugarnestangi 70, am Küstenstreifen zwischen altem und neuem Hafen. Bus Nr. 12 bis „Laugarnestangi" oder Nr. 5 Richtung Selás bis „Héðinsgata", von der Jugendherberge in Laufentfernung. Im Sommer Konzerte. ✆ 5532906, www.lso.is.

Kópavogur Art Museum – Gerðasafn: wechselnde Ausstellungen.
Di–So 11–17, Mi gratis. Hamraborg 4 nahe der Kirche und dem Busbahnhof in Kópavogur (Bus Nr. 1). ✆ 5700440, www.gerdasafn.is.

Das neue Wahrzeichen der Stadt

Weitere Museen und Sehenswürdigkeiten

Freilichtmuseum Árbæjarsafn: Knapp 30 Torfhütten, Wohn- und Handwerkerhäuser aus dem 19. Jh. sind hier zu besichtigen, Leser schwärmten, wie ungemein viel es „fürs Auge und für die Sinne" bietet. Der Komplex, der 1957 eingerichtet wurde, zeichnet ein Bild vom Leben in früheren Zeiten mit alten Möbelstücken und Gerätschaften. Alt-Reykjavík ist hier nicht nur als Fassade aufgebaut, sondern ist belebt von in Trachten (die sonst nur am Nationalfeiertag getragen werden) gekleideten Museumswärtern. Viele Besucher lieben den kleinen Bonbonladen.

Die Kirche von 1842 aus Skagafjörður wurde eine Zeit lang als Wohnraum genutzt und dient nun wieder als Kirche, die bei den Reykjavikingur beliebt zum Heiraten ist. Der alte Hof war bis 1945 bewohnt – die Stadt bekam ihn geschenkt und quartierte hier erst einmal Alkoholiker ein.

Juni–Aug. tägl. 10–17 Uhr, ISK 1000. Sonntags Events, z. B. Ende Juli Heumachen oder im Juli ein Oldtimertreffen. Samstags Reiten. Mehrmals die Woche Führungen (Info ✆ 4116300), www.reykjavikmuseum.is. Besuchen Sie das nostalgische **Café Dillon.**

Tipp: Pfannkuchen mit Marmelade aus hier geerntetem und eingekochten Rhabarber oder flatkökur!

Anfahrt: Bus Nr. 12, mit dem Auto zunächst auf der Ausfallstraße Richtung Mosfellsbær, dann in den Ortsteil Árbær rechts abbiegen und der Beschilderung folgen.

Ausflug zur Insel Viðey: Die kahle und seit 1943 verlassene, hervorragend zur Vogelbeobachtung geeignete „Waldinsel" ist mit nur 1,7 qkm die größte Insel im Kollafjörður, mit dem Heljarkinn erreicht sie gerade 32 m an Höhe. Das Inselinnere wird Heimaey (Heimatinsel) genannt. Hier befinden sich die Residenz Viðeyjarstofa und die Kirche. Die Besiedlung der Insel ist ab dem 10. Jh. nachzuweisen, eine Kirche existierte seit dem 12. Jh. Im Jahr 1225 wurde das Kloster St. Augustin gegründet; 1539 wurde es von den Dänen geplündert und säkularisiert. Jón Arason, letzter katholischer Bischof Islands, konnte das Kloster zurückerobern (1550), stellte es wieder her und stattete es mit Verteidigungsanlagen aus, bevor es später endgültig zerfiel. 1751 ging Viðey an Skúli Magnússon über. Für ihn wurde 1755 die Viðeyjarstofa fertig gestellt – das erste Steingebäude Islands. Daneben steht die turmlose und zweitälteste Kirche (1774 eingeweiht; im Sommer findet hier alle zwei Wochen ein Gottesdienst statt). Im 20. Jh. kam es im Zuge des Hafenbaus zur Errichtung des kleinen Dorfes Sundabakki. Die einzigen erhaltenen Gebäude aus dieser Zeit sind das Schulgebäude und ein altes Wasserreservoir. Zwischen Lennons Geburts- und Todestag (9.10./8.12.) leuchtet die Lichtskulptur „Imagine Peacetower". **Fähre, Räder:** Fähre mehrfach tägl. ab Sundahöfn, 2-mal tägl. ab altem Hafen. Fahrräder stehen am Fähranleger. www.elding.is.

Medizinmuseum Nesstofa: Das Gebäude Nesstofa wurde 1761–63 als eines der ersten Steinhäuser für den in Dänemark ausgebildeten Arzt Bjarni Pálsson errichtet. Er unterrichtete angehende Ärzte und Hebammen, ebenso gehörte die Versorgung des Landes mit Medikamenten zu seinen Aufgaben. Er beeinflusste entscheidend die Gründung einer medizinischen Fachhochschule 1876. Bis zu diesem Zeitpunkt fand die gesamte medizinische Ausbildung in der Nesstofa statt. In den Räumen des hier eingerichteten Medizinmuseums lassen sich Gerätschaften und Skurrilitäten ab dem 18. Jh. bestaunen. Ebenso sehenswert ist die Ausstattung von Apotheken um 1900 im daneben liegenden Pharmazeutischen Museum (Neueröffnung geplant) www.nesstofa.is

Penismusum: wurde von Húsavík im Norden Islands hierher verlegt. Penisse von allen Wänden, eingelegt und getrocknet, darunter auch ein menschliches Exponat. Ein Exemplar wurde als Pferdepeitsche genutzt. Der ca. 60-jährige Uni-Dozent Sigurður begann mit der Sammlung, als er einmal ein derartiges Geschenk aus Scherz erhielt und „weil es ja sonst keiner gemacht hat". Tägl. 11–18 Uhr, ISK 1000. Laugavegur 116, ✆ 8687966 und 5616663, www.phallus.is.

Nationalbibliothek: So ziemlich alles, was in Isländisch gedruckt wurde, lässt sich hier aufspüren. Highlight ist eine Bibelsammlung mit Ausgaben in über 1200 Sprachen. Daneben lagert hier die Kollektion der seltenen Schachbücher von Willard Fiske. Im Sommer Mo–Fr 8.15–22, Fr bis 19, Sa 10–17, So 11–17 Uhr. ✆ 5255600, www.bok.hi.is.

Perlan/Sagamuseum: Das wie die Hallgrímskirche weithin sichtbare zweite, futuristische Wahrzeichen der Stadt ist das Heißwasserreservoir mit immensem Fassungsvermögen auf dem Hügel Öskjuhlíð. 18 Millionen Liter Wasser umgeben den Besucher. Architektonischer Clou ist die Funktion der

Die Hallgrímskirkja

Stahlträger, in denen an kühlen Tagen heißes Wasser zirkuliert und die so die Temperatur des Gebäudes konstant halten. Palmen aus Florida sprießen im Wintergarten. Tägl. 10–22, Restaurant ab 18.30 Uhr. Aussichtsplattform 10–21 Uhr. www.perlan.is.

Das *Sagamuseum* zeichnet mit Figuren anschaulich gestaltet wichtige Stationen der Geschichte nach. Audioguide (auch dt.). Tägl. 10–18 Uhr, ISK 1800. ✆ 5111517, www.sagamuseum.is.

The Living Art Museum: Ausstellungen und verblüffende Installationen, organisiert von verschiedenen Künstlern. Das Museum mit 5000 Kunstwerken der 60er und 70er Jahre wurde 1978 ins Leben gerufen und wird von einer Gesellschaft (über 100 in- und ausländische Künstler) verwaltet. Di–So 12–17 Uhr, Eintritt frei. Nýlistasafnið, „nylo", Skúlagata 28, ✆ 5514350, www.nylo.is.

Naturgeschichtliches Museum im Vorort Kópavogur: Geologie und Zoologie, wenig kommentiert. Interessant ist der Peitschenangler (isl. lúsifer), ein grimmig schauender Tiefseefisch. Mo–Do 10–19, Fr 11–17, Sa/So 13–17 Uhr. Eintritt frei. ℡ 5700430, www. natkop.is. Hamraborg 6a.

Naturgeschichtliches Museum: derzeit geschlossen, Zukunft ungewiss.

Seefahrtsmuseum Víkin: Große Ausstellung. Interessant sind das Küstenwachtschiff, eine alte Funkerkabine und das 35-Min.-Video über die Heringsfischerei. Tägl. 11–17 Uhr, ISK 1000. Grandagarður 8, am Hafen, ℡ 5179400, www.sjominjasafn.is.

Botanischer Garten: Gegründet 1961 zum 175-jährigen Stadtgeburtstag. 2,5 ha und 5000 Arten. Nahe dem Campingplatz am Rande des Stadtparks. Skúlatún 2.

Zoo/Familienpark: 10–18 Uhr, ISK 600, Sa/So ISK 700. Nahe Campingplatz, verschiedene Veranstaltungen.

Vogelmuseum: Über 100 Vögel in Vitrinen, sauber gestaltet von den Unternehmern von Sjósigling (Whale Watching) – selbst wer mit Vögeln nichts zu tun hat, kann den Bildern im Café etwas abgewinnen. ISK 1000, kostenlos für Sjósigling-Whalewatcher. Geirsgata 9, ℡ 5622700, www. sjosigling.is.

Fotografie-Museum (Ljósmyndasafnið) Sammlung alter Fotografien. In der Stadtbücherei, 6. Stock, Mo–Fr 12–19, Sa/So 13–17 Uhr, Eintritt frei. Tryggvagata 15, ℡ 5631799, www.photomuseum.is.

Münzsammlung: Münzen und Banknoten. Falls der Kurator und Münzliebhaber Anton Holt da ist, wird er Sie kurzweilig in einige Geheimnisse einweihen. Mo–Fr 13.30–15.30 Uhr und nach Vereinbarung. Kalkhofnsvegur 1, im schwarzen Zentralbankgebäude, ℡ 5699662. Eintritt frei.

Haus Höfði: Das Haus, in dem Reagan und Gorbatschow 1986 zu ihrem Gipfeltreffen zusammenkamen. Einer der wenigen international bedeutsamen „historischen Orte" Islands und insofern für manche ein Foto wert. In Borgartún.

Vulkanausbrüche im Kino

Villis Vulkane – kurzweilige Volcano Show im Red Rock Cinema: Eine Schatzkammer der besonderen Art sind die Vorführräume und Studios des Filmemachers *Villi Knudsen*. Der Mann mit dem trockenen Humor ist wie auch schon sein Vater stets wachsam, um sofort mit einer Kamera zur Stelle zu sein, wenn sich Eruptionen anbahnen. Da einige Spalten sich gelegentlich nur für einige Stunden auftun, ist das nicht gerade der einfachste, aber in Island ein krisensicherer Job. Die letzten Jahre waren freilich ergiebig. Jetzt heißt es für ihn wieder warten. Derweil zeigt er in seinen wie ein Alternativkino hergerichteten Räumen gekonnte Zusammenstellungen aus seinem Archiv mit unterhaltsamen Kommentaren. Geologische und physikalische Karten und Fotografien bilden das Interieur und den thematischen Hintergrund für die bewegenden Bilder der Eruptionen von Hekla, Askja, Krafla und der Vulkane unter dem Vatnajökull.

Mehrmals täglich 1- oder 2-stündige Vorführungen, auf Deutsch 17.30 Uhr. ISK 1800/2000. Hellusund 6a, zwischen Hallgrímskirche und Stadtsee, ℡ 5513230 oder 8459548, www.volcanoshow.is.

Cinema No. 2: Minikino, mehrere Filme im Angebot, u. a. „The Eruption" 2012 (12 Min.), ein Film über Hekla (7 Min.) und einer über die geologische Geschichte namens „Birth of an Island" (45 Min., auch auf Deutsch).

Vorführungen ab Mittag, ISK 800 (zwei kurze Filme) – ISK 1200 (ca. 60 Min.). Geirsgata 7b, im alten Hafen. ℡ 8986628. www.lifsmynd.is/cinemano2.

Volcano House: 20-Min.-Filme zu Heimaey 1973 und zum Eyjafjallajökullausbruch 2010, auf Deutsch um 9 und 21 Uhr. Ein Café ist angeschlossen.

ISK 2000 für beide Filme. Tryggvagata 11/Ecke Geirsgata, beim alten Hafen. ℡ 5551900, www.volcanohouse.is.

Idylle am Hliðarvatn

Halbinsel Reykjanes

Aber Farben konnten wir sehen an den Solfataren von Reykjanes! Das zersetzte Gestein und mineralische Niederschläge bilden mit ihren verschiedenartigsten Tönen wundervolle Muster, wie jene verblichener alter Seidenbrokate. Die tiefsten, wärmsten und die zartesten duftigsten Töne vereinigen sich in natürlichster Harmonie; Carmin, Preußisch Blau, Schieferfarben, Gelbrot, Zinnober, alle Ockertöne, Lichtgelb des Schwefels und helles Blaugrau der kochenden Schlammpfuhle schaffen mit wenig kurzem Gras und smaragdgrünem Moos, der einzigen Vegetation, aus dieser Einöde ein Paradies für das Auge.

(Ina von Grumbkow, 1908)

Islands südwestlicher Zipfel bietet mit Hunderten von Kratern, dampfenden Solfataren und kilometerlangen Verwerfungen geologisches Anschauungsmaterial. Ornithologisch Interessierte finden kilometerlange Vogelfelsen und Wanderer historische Pfade.

Für Flugreisende ist Reykjanes der erste Kontakt mit Island. Viele lassen sich von den kahlen Lavaflächen um den Flughafen abschrecken und schenken der Halbinsel nur wenig Beachtung. Zugegebenermaßen fehlt es ihr an Attraktionen wie Wasserfällen und Gletschern, und frisches Grün ist nur spärlich zu finden. Ein paar Seen zieren die Halbinsel, doch gibt es keinen einzigen Fluss; die Vegetation ist karg. Dennoch ist auf Reykjanes einiges Interessante zu entdecken und dazu gehört weit mehr als das Badeparadies *Blaue Lagune*. Für manche macht auch gerade die

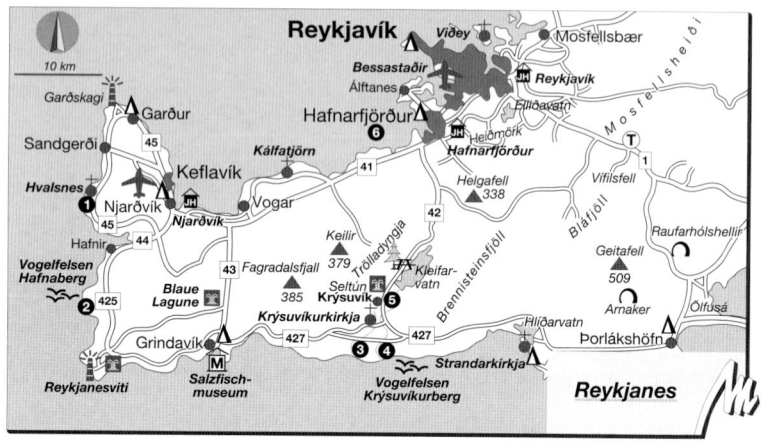

hochlandähnliche Kargheit von Reykjanes ihren Charme aus. Wir empfehlen deshalb, nicht direkt vom Flughafen auf der verkehrsreichen Überlandstraße nach Reykjavík zu fahren, sondern in Richtung Grindavík abzubiegen, das an der Blauen Lagune vorbei erreicht wird. Von hieraus kann man entweder über einen kleinen, reizvollen Umweg durch das Naturschutzgebiet Reykjanes nach Reykjavík fahren oder weiter an der ruhigen Südküste entlang zur Ringstraße. Auch ein Abstecher zur Westküste mit dem Vogelfelsen Hafnaberg ist vom Flughafen aus problemlos möglich. Durch diese kurzen Umwege bietet sich isländisches Naturerlebnis von Anfang an.

Touren: Þorsteinn Gunnar aus Grindavík, der Reykjanes in- und auswendig kennt, bietet im Rahmen seines Unternehmens Salty Tours von den Teilnehmern hoch gelobte, sehr persönliche Touren mit Kleinbus auf der Halbinsel an. ✆ 8205750, http://salty tours.is.

Streckeninfo/Tipps für Radler: Die Halbinsel ist verhältnismäßig flach, und mit Ausnahme eines gut 10 km langen Abschnitts im Naturschutzgebiet Reykjanes (Str. 42) sind alle Hauptstraßen mittlerweile geteert. Die Nebenstraße 428 durch das Naturschutzgebiet Reykjanes darf aufgrund ihres schlechten Zustands nur noch mit Jeeps befahren werden.

Geologie: Reykjanes ist eine stiefelförmige Fläche westlich einer imaginären Linie von Reykjavík bis zur Mündung der *Ölfusá*. Quer über die Halbinsel erstreckt sich der südwestliche Seitenarm des Mittelatlantischen Rückens, der sich am *Kap Reykjanes* aus dem Meer an die Oberfläche erhebt und seit ein paar Jahren auf einer Brücke zu überqueren ist. Ihm ist es zu verdanken, dass sich die Halbinsel fast ausschließlich aus Vulkanen und Lavafeldern aufbaut. Die größtenteils in der Nacheiszeit während der letzten 12.000 Jahre entstande-

nen und damit aus geologischer Sicht sehr jungen Lavamassen bedecken 70 % der Halbinsel. Die letzten Vulkanausbrüche ereigneten sich im 14. Jh. Seither hat sich der Vulkanismus hier auf untermeerische Eruptionen beschränkt, doch kann er auch zu Land jederzeit wieder aufflackern. Kleine Erdbeben sind häufig. Zwischen den Lavafeldern ragen sanft abgerundete Palagonit-Tuffberge aus der Umgebung, im Pleistozän unter dem Druck der Gletscherbedeckung entstanden.

Tipps zur Region: Besuchen Sie das **Salzfischmuseum** in Grindavík (S. 256) und das **Wikingermuseum** bei Keflavík (S. 247). Verweilen Sie etwas im **Naturschutzgebiet** Reykjanes um Krýsuvík, das dampfende, heiße Quellen, Bergzüge zum Wandern und mit Krýsuvíkurberg den größten **Vogelfelsen** des Landes bietet (S. 261). Interessant ist die Fahrt an der Westküste mit Abstechern zum Vogelfelsen Hafnaberg (S. 252), schön die Küste beim Leuchtturm am **Kap Reykjanes** mit **Solfatarenfeld** (S. 253), das allerdings durch den Bau eines Geothermalkraftwerks seine Ruhe verloren hat. In diesem findet man aber eine interessante Ausstellung zum Thema Energie. Planen Sie etwas Zeit für **Hafnarfjörður** ein (S. 264), die bunte Stadt in der Lava. Falls Sie direkt vom Flughafen Keflavík nach Reykjavík durchstarten, bietet sich für einen ruhigen Einstieg als **Übernachtung** das Hotel Vogar im gleichnamigen Dörfchen an (S. 260). (Wer sich mit dem Taxi dort hinfahren lässt und den Leihwagen für den nächsten Tag zum Hotel bestellt, spart einen Tag Mietwagengebühr.) Weitere Übernachtungstipps sind in Hafnarfjörður das Gästehaus Helguhús und das Viking Hotel (S. 270), in Grindavík das Gästehaus Borg (S. 255), in Keflavík das Hótel Berg und das Guesthouse 1x6 (S. 243). **Gut essen** kann man in Keflavík im Kaffi Duus (S. 244), in Hafnarfjörður bei Tilveran und im Gamla Vínhúsið (S. 271), in Grindavík in der Sjómannastofan Vör und im Salthúsið (S. 256), in Sandgerði bei Vitinn (S. 250). Cafétipps sind das Kaffihús T-bær bei der Strandarkirkja (S. 276) und Bryggjan in Grindavík (S. 256). Beenden Sie Ihren Islandurlaub mit einer Umrundung der kleinen idyllischen **Halbinsel Miðnes** nordwestlich von Keflavík, wo Sie z. B. in Garður ein großes Heimatmuseum mit Restaurant, zwei Leuchttürme und zahlreiche Vögel erwarten (S. 248).

Keflavík und Njarðvík („keblawik", zus. knapp 14.000 Einw.)

Der betriebsame, beständig anwachsende Doppelort lockt vor allem mit seiner guten Infrastruktur. Auch die Museen Duushús und Víkingaheimar lohnen einen Besuch.

Keflavík ist eine der größten Städte des Landes, das Verwaltungs- und Dienstleistungszentrum der Halbinsel und der nach Reykjavík zweitgrößte Exporthafen Islands – insgesamt ein moderner Ort mit funktionalem Charakter. Stil und Charme hat er jedoch am alten Hafen, wo die jahrhundertealte Handelsgeschichte des Ortes ihre Spuren hinterlassen hat. Hier, am Ende der verkehrsberuhigten Hafnargata und in der Nähe des Busbahnhofs, finden Besucher ein Museum in einem historischen Gebäudekomplex, mehrere Kunsthandwerksgalerien und das schönste Restaurant der Stadt: das Kaffi Duus.

Die sich unmittelbar südwestlich anschließende Zwillingsstadt Njarðvík mit ihren gut ausgebauten Hafenanlagen ist geschäftig und farblos – mit Ausnahme des kleinen historischen Stadtteils Innri-Njarðvík, der die längste Zeit isoliert und idyllisch am Wasser lag, nun aber direkt an Neubaugebiete grenzt. Keflavík und Njarðvík bilden gemeinsam mit dem winzigen Ort Hafnir (siehe S. 252) die Gemeinde *Reykjanesbær*.

Geschichte: Keflavík heißt übersetzt Treibholzbucht. Man erzählt, dass der Name gewählt wurde, weil Ingólfur Arnarsons Sklaven auf der Suche nach den Hauspfosten ihres Herrn hier in der Bucht Treibholz fanden. Im Jahre 1566 wurde Keflavík als englischer Handelsort das erste Mal erwähnt. Noch 1703 wohnten hier nur sechs Menschen, an Bedeutung gewann der Ort erst, als eine Springflut im Jahr

1798 den wichtigen Handelsplatz *Básendar* an der Westküste vollständig vernichtete und der dänische Monopolhandel hierher verlegt wurde. Jahrhundertelang blieb Keflavík wichtiger Handelsplatz. In den 1960er Jahren war die Stadt im ganzen Land bekannt als das „Liverpool of Iceland" – zahlreiche Bands und Musiker machten Keflavík zur Wiege der isländischen Rockmusik.

Der alte Teil von *Njarðvík*, Innri-Njarðvík, wurde bereits 1269 erstmals erwähnt und war von Beginn an eine wichtige kirchliche Stätte, weshalb er auch Kirkju-Njarðvík („Kirchen-Njarðvík") genannt wurde. Sehr viel jünger ist Ytri-Njarðvík.

Basis-Infos

Information Im Einkaufszentrum Krossmói, ℡ 4213520, 1. Juni bis 31. Aug. Mo–Fr 9–17, Sa 10–14 Uhr, sonst Mo–Fr 9–16 Uhr, www.visitreykjanes.is. Information am Flughafen in der Ankunftshalle 1. Juni bis 31. Aug. 5.30–17.30 und 21–1.30 Uhr.

Hin & weg Bus vom Busbahnhof Keflavík, Grófin 2–4, ℡ 4206000, www.sbk.is; von/ nach Reykjavík tägl. bis zu 8-mal, nach Sandgerði und Garður tägl. bis zu 10-mal. Zwischen Keflavík, Njarðvík und Hafnir tägl. zahlreiche Abfahrten. Zur Blauen Lagune fährt direkt vom Flughafen tägl. 6-mal die Blue Line von Reykjavik Excursions, www. re.is, davon 3-mal über Alex Guesthouse, B&B Guesthouse, Flughótel, die Jugendherberge und B&B Keflavík. In umgekehrter Richtung ist dies der einzige Bus von Keflavík zum Flughafen.

Taxi: ℡ 4214141 (zum Flughafen ca. ISK 2500).

Versorgung In Keflavík Alkoholgeschäft (EZ Krossmói), Apotheke (EZ Krossmói und Suðurgata 2), Arzt (Skólavegur 8), Autowerkstatt (**Gests Bjarnasonar**, ℡ 4213537), Banken (alle mit Geldautomat, u. a. Hafnargata 57 u. 91), Polizei (Hringbraut 130), Post (Hafnargata 89), Tankstellen.

Bäckerei Nýja Bakari mit Café in Keflavík, Hafnargata 31, Mo–Fr 7.30–18, Sa/So 8.30/9–16 Uhr. **Valgeirs Bakari** in Ytri-Njarðvík, Njarðarbraut, Mo–Fr 8–18, Sa/So 9–16 Uhr. Große Bäckerei mit Café auch bei Bónus, Mo–Fr 7.45–17.30, Sa/So 9–17 Uhr.

Bücher Eymundsson, Sólvallagata 2/Ecke Tjarnargata in Keflavík, Mo–Fr 9–18.

Fahrradreparatur Útisport, Ecke Hafnargata/Norðfjörðsgata, Mo–Fr 10–18, Sa 11–16 Uhr.

Feste Am 1. Wochenende im September (Do–So) wird mit unschlagbar umfangreichem Programm *Ljósanótt*, die „Nacht des Lichts", gefeiert. Musik, Kunstausstellungen, Filme, Sport, Theater, Feuerwerk und Spiele – alles wird geboten. Höhepunkt ist die Entzündung der Lichtinstallation an der Steilküste Berg bei Grófin.

Lebensmittel 10–11, Hafnargata/Skólavegur, tägl. 24 Std., **Nettó**, großer Supermarkt in Njarðvík, Krossmói, Mo–Fr 10–19, Sa/So 10/12–18 Uhr. **Bónus** an der Kreuzung 41/46, Mo–Do 12–18.30, Fr 10–19.30, Sa/So 10/12–18 Uhr. **Kasko** in der Nähe vom Zeltplatz, Aðalgata, Mo–Do 11.45–18.30, Fr/Sa 10–19/18 Uhr.

Schwimmbad In Keflavík beim Sportplatz, Sunnubraut 31, Mo–Fr 6.45–20, Sa/So 8–18 Uhr, Frei- und Hallenbad mit Hot Pots. In Njarðvík am Grundarvegur nahe der Kirche.

Souvenirs/Kunsthandwerk Svarta Pakkhúsið, Hafnargata 2, tägl. 13–17 Uhr, im früheren Kühlraum der ehemaligen Fischfabrik wird vielfältiges und schönes Kunsthandwerk von etwa 25 Künstlern aus Keflavík angeboten. In jeder Art, Größe und Preisklasse ist etwas dabei.

Zwischen Busbahnhof und Kaffi Duus liegt die Kerzenwerkstatt **Jöklaljós**, Di–Sa 13–17.30 Uhr, wo Sólrún kunstvolle Kerzen zieht und verkauft, oft viel zu schön und originell zum Abbrennen. Besonders beeindruckend ist das „Glacier Light". Genau daneben ist die sehenswerte Glasbläserei **Iceglass**, tägl. 11–18 Uhr; Lárus G. und Gulla produzieren und verkaufen hier Gefäße, Schalen, Flaschen und Figuren.

In der **Gallery átta**, Hafnargata 26, Mo–Fr 13–18, Sa 11–16 Uhr, gibt es hochwertiges Design verschiedener Künstler.

Stapafell Giftstore, Hafnargata 50, tägl. 10–12, 13–18 und 19–21, So erst ab 13 Uhr, bietet mehr Souvenirs als Kunsthandwerk, dazu ein paar von Frauen aus der Gegend gefertigte Wollwaren.

Übernachten/Camping

Manche Hotels und Gästehäuser bieten ihren Gästen kostenlosen oder günstigen Flughafentransfer.

Hotels **Hótel Keflavík**, seit über 25 Jahren von derselben Familie geführtes 4-Sterne-Hotel mit Fitnessraum, Solarium, Sauna, Konferenzraum und wärmerer Atmosphäre als das Flughótel. Die Bilder in der Lobby malte der Manager selbst. 70 Zimmer mit Bad, TV, Telefon. Im stilvollen Café Iðno (11–22, Sa/So 12–22 Uhr), Gerichte à la carte, mittags zudem ein gesundes „lifestyle menu". DZ ISK 28.800. Vatnsnesvegur 12, ℘ 4207000, stay@kef.is, www.kef.is.

Flughótel, 4-Sterne-Icelandair-Hotel mit großzügigen Zimmern mit allem Komfort; 63 Zimmer, davon 18 mit Luxusausstattung. Sauna, Hot Pot, Konferenzräume. Das *Restaurant Vocal* serviert mittags leichte Gerichte, abends exquisite Speisen ab ISK 3600. DZ ISK 26.800, Frühstück extra. Hafnargata 57, ℘ 4215222, keflavik@icehotels.is, www.icelandairhotels.com.

≫ Unser Tipp: Hótel Berg, schönes neues Hotel in ganz ruhiger Lage mit herrlichem Blick auf den Kleinboothafen, ein Mix aus Country Style und Eleganz mit warmem Flair. 11 (ab 2012 voraussichtlich 17) gut eingerichtete Zimmer mit Bad, Kühlschrank, TV, Safe. DZ 97 €. Bakkavegur 17, ℘ 4227922, berg@hotelberg.is, www.hotel berg.is. ≪

Hótel Keilir, familiengeführtes Hotel auf drei Etagen in komplett renoviertem Gebäude mitten im Ort. 40 helle Zimmer mit Bad, TV, Telefon, Minibar, einige mit Balkon, mehr als die Hälfte hat Blick auf das Meer. DZ ISK 18.800; je nach Buchungslage evtl. günstiger. Hafnargata 37, ℘ 4209800, info@hotelkeilir.is, www.hotelkeilir.is.

Gästehäuser Gistiheimilið Keflavík, gehört zum Hótel Keflavík. 6 Zimmer, alle mit TV. DZ ISK 13.800 inkl. Frühstück und Fitnesseinrichtungen im Hotel. Vatnsnesvegur 9, ℘ 4207000.

≫ Unser Tipp: Guesthouse 1x6, eines der originellsten Gästehäuser im Land, in der Nähe von Duushús und Busbahnhof. Die meisten der urigen Möbel baute der freakige Besitzer Daniel aus Treibholz oder anderem recycelten Holz, jedes der farbenfrohen, gemütlichen Zimmer spiegelt Kreativität und Spaß am Unkonventionellen. Im Prinzip ist das ganze Haus ein Kunstwerk. Sechs individuell gestaltete Zimmer; Küche, Bad. Im Garten Hot Pot. DZ ISK 16.000. Vesturbraut 3, ℘ 4212282, booking@1x6.is, www.1x6.is. ≪

B&B Keflavík, großes Gästehaus auf dem ehemaligen Militärgelände in unmittelbarer Flughafennähe mit sehr freundlichen und hilfsbereiten Besitzern. 53 geräumige Zimmer mit Bad für 1–6 Pers. Fitnessraum, Aufenthaltsraum, Küche, Waschmaschine u. a. m. Alte Schilder weisen darauf hin, dass auch die Amerikaner dieses Gebäude schon als Hotel nutzten. Frühstück ab 4.30 Uhr, kostenloser Flughafentransfer. DZ ISK 15.000. Valhallarbraut 761, ℘ 4265000, gistihus@internet.is, www.bbkeflavik.com.

Alex, ein weiteres großes Gästehaus nah am Flughafen, bei der Str. 41. Für die Aufbewahrung von Gepäck werden ISK 500/Tag verlangt, außer für Fahrradboxen (siehe „Camping"). Mit Fahrradverleih. In ehemaliger großer Garage 25 moderne Zimmer für 2–5 Pers., einige mit WC; kleine Küche. DZ ab ISK 11.400. Zudem 19 Sommerhäuser für 3–4 Pers. mit Bad und Kochgelegenheit, ISK 13.400/2 Pers. Alle Preise inkl. Frühstück, Hot Pot und Transport zum Flughafen. Zusätzlich zwei Zimmer für SSU, DZ ISK 6000. Aðalgata 60, ℘ 4212800, alex@alex.is, www.alex.is.

B&B Guesthouse, mitten im Ort, 13 Zimmer mit Waschbecken für 1–4 Pers.; vier Bäder, Wohnzimmer, Küche, Waschmaschine. Kostenloser Flughafentransfer. Besitzer wohnt nebenan. DZ ISK 10.700. Hringbraut 92, ℘ 4218989/8674434, bbguesthouse @simnet.is, www.bbguesthouse.is.

Þverholt 5, der Name des Gästehauses ist auch die Adresse; in großem Wohnhaus das gesamte mit Stil und Geschmack dekorierte Untergeschoss für Gäste. Vier hübsch gestaltete Zimmer für 1–3 Pers., Küche, großes Wohnzimmer, Waschmaschine. DZ ISK 9000 ohne Frühstück. ℘ 8639280, guesthousekef@gmail.com, www.guest housekef.com.

JH FIT Hostel, 7 km vom Flughafen, ganzjährig geöffnete moderne Herberge mit 80

Betten in 26 Zimmern mit 1–8 Betten. Mehrere Küchen und Bäder; Hot Pot. Frühstück, Gepäckaufbewahrung. Ab ISK 2500 für JH-Mitglieder, sonst ab ISK 3100. Fitjabraut 6a in Njarðvík, ☎ 4218889, fithostel@fithostel.is, www.fithostel.is.

Camping Alex, in absoluter Flughafennähe an der Aðalgata 60 (zweigt von der Str. 41 ab), gehört zum Gästehaus Alex. Relativ ungeschützter, kleiner Platz; die Zelte stehen oft dicht an dicht. Schutzhütte aus Holz zum Kochen und Essen. Radler können hier ihre Fahrradbox aufbewahren lassen; hierfür muss gleich bei der Ankunft für die erste und letzte Nacht der Reise gezahlt werden. Transport vom/zum Flughafen ISK 500. ISK 1100/Pers. inkl. Dusche.

Essen & Trinken

Fast alle Restaurants liegen in der Hafnargata. Restaurants in den Hotels s. o.

≫ Unser Tipp: Kaffi Duus, rotes Haus mit großer Holzterrasse im alten Teil Keflavíks, vom herzlichen Besitzer Bói selbst gezimmert. Schöner Blick auf den alten Hafen, hervorragende Küche. Tagsüber gibt es günstig frisch gefangenen Fisch und Fleisch, ab ISK 1700 inkl. Suppe und Kaffee, auch Salate, Pasta und Sandwichs für den schnellen Hunger; Mo–Fr Lunchbüfett ISK 1700. Ab 18 Uhr stehen à la carte zahlreiche weitere leckere Gerichte zur Auswahl, darunter Lamm, gemischte Meeresfrüchte und üppige Specials wie das exzellente Seafood trio à la Duus, ISK 3980. Nachmittags locken Kuchen und Kaffee, abends Bier. Tägl. ab 11 Uhr. Duusgata 10, ☎ 4217080. ≪

Ráin, großes, freundliches Restaurant mit rund 25 Jahren Familientradition, 30 m Fensterfront zum Wasser hin. Berühmt für frischen Fisch ab ISK 3700 und die Hummersuppe. Am Wochenende ab 23 Uhr immer Livemusik und Tanz, für Leute ab 25. Die Bar ist wohl die gemütlichste im Ort. Tägl. 12–15 und 18–22 Uhr, Bar bis 1, Fr/Sa bis 3 Uhr. Hafnargata 19a, ☎ 4214601.

Thai Keflavík, stilvolles, von einem Isländer und seiner thailändischen Frau betriebenes Thai-Restaurant mit großer Auswahl. Curry-Gerichte mit Fleisch oder Fisch, Vegetarisches, z. B. gemischtes Gemüse mit Tofu, Suppen, Salate, Nudeln und Reis. Auch zum Mitnehmen. Mo–Fr 11–14 Uhr verschiedene Gerichte im Angebot für ISK 1500. Bei schönem Wetter kann man draußen sitzen. 11.30–22 Uhr, Bar länger. Hafnargata 39, ☎ 4218666.

Langbest, seine Pizza kann man sich selbst zusammenstellen: Pizza Margherita in vier Größen oder Knoblauchbrot ist die Grundlage, als Extras gibt es ca. 20 Zutaten. Auch viele Hamburger, Sandwichs u. a. m. Cafeteria-Atmosphäre. 11–22 Uhr. Hafnargata 62, ☎ 4214777.

Panda, günstiges chinesisches Restaurant mit Café-Atmosphäre und großer Auswahl – Meeresfrüchte, Nudeln, Fleisch, Reisgerichte, Vegetarisches ... Nichts ist teurer als ISK 1700. Mo–Fr drei Tagesangebote für ISK 1300. 11–22 Uhr, Sa/So ab 16 Uhr. Hafnargata 30, ☎ 4218060.

Cafés Für einen Kaffee geht man ins **Kaffi Duus** (s. o.) oder in die **Bäckerei**; an der Stapabraut bei Innri-Njarðvík nahe der Kreuzung 41/46 lädt zudem die Kafferösterei **Kaffitár** zu Kaffeespezialitäten und Kuchen, Mo–Fr 9–17, Sa 11–17 Uhr.

Fastfood **Olsen Olsen Diner**, amerikanisch aufgezogener Diner mit Hamburgern, Steaks und den berühmten Hoogies: riesigen gefüllten Sandwichs ab ISK 995. Tägl. 11–22 Uhr. Hafnargata neben Ráin.

Rétturin, Cafeteria neben dem Supermarkt, hier gibt es Huhn, Fisch und Schwein für ISK 1500 sowie drei wechselnde Tagesgerichte. Mo–Fr 11–14 und 17–20 Uhr. Hafnargata 51.

In der Hafnargata auch **Subway**, der Take-out **Ungó Pizza** und **Kentucky Fried Chicken**; schön essen kann man auf der Wiese mit Picknicktischen am Wasser am Anfang der Hafnargata gegenüber von Ungó Pizza.

Bar/Pub **Paddy's**, Irish Pub am Nordpolarkreis im Besitz eines Isländers. Gemütliche Kneipe mit Guinness, Kilkenny und anderem Bier vom Fass. Fr und Sa immer Livebands. Tägl. 17–1, Fr/Sa bis 5 Uhr; öffnet früher, wenn Fußballspiele laufen. Hafnargata 38.

Sehenswertes

Am alten Hafen in Keflavík, wo kleine Boote im Wasser schaukeln, stehen noch ein paar historische Gebäude aus der Zeit, als Keflavík Handelsort war. Dazu gehören die Reste eines *Handelshauses* und das rote *Wohnhaus* des dänischen Kaufmanns Peter Duus von der gleichnamigen Handelsdynastie, beide aus dem 19. Jh. Peter Duus kaufte 1848, in der Ära des blühenden dänischen Handelsmonopols, den ganzen Ort Keflavík. Der Duus-Komplex wird seit 2002 komplett renoviert und zum Museum und Kulturzentrum umgebaut.

Schiffe, Kunst und Geschichte im Duushús: Die Dauerausstellung im ersten Saal besteht aus einer kunterbunten Flotte – einer Kollektion an Modellschiffen. Über 100 detailgetreu nachgebaute Miniaturen isländischer Fischerboote aus unterschiedlichen Epochen erzählen von der Arbeit auf See. Grímur Karlsson, selber ehemals Seemann und Fischer, fertigte sie (und weitere) in 20-jähriger Arbeit an.

An den Wänden informieren Fotos und Texte über die Entwicklung des Fischfangs in Island. Die Kunstgalerie nebenan präsentiert im mehrmonatigen Wechsel moderne Kunst, in einem weiteren Saal behandeln Sonderausstellungen Themen mit Bezug zu Keflavík. Zurzeit gibt eine anschauliche Ausstellung Einblick in Leben und Arbeit auf der ehemaligen Militärbasis. Einer der ältesten Kinosäle Islands wird wegen seiner guten Akustik u. a. für Konzerte genutzt. An der Restaurierung des letzten Gebäudeteils, der einst als Lagerhaus diente und in Zukunft Ausstellungen beherbergen soll, wurde 2011 noch gearbeitet. Mo-Fr 12–17, Sa/So 13–17 Uhr, Eintritt frei. Vom Museum gelangt man direkt ins Kaffi Duus. Duusgata 2–8, ✆ 4213769.

Hinter dem Kleinboothafen Grófin mit seiner bei Kindern beliebten Trollhöhle erstreckt sich die 10 m hohe Steilküste *Berg*, auf der man mit schönen Ausblicken wandern kann. Jedes Jahr im September verwandelt sich Berg in eine nächtliche Lichtinstallation, seit der Künstler Steinþór Jónsson im Jahr 2000 auf 500 m Küste zwanzig Strahler installierte, die das schroffe Gestein während der dunklen Jahreszeit in ein faszinierendes Gewirr aus Licht und Schatten

Der Regenbogen der Künstlerin Rúri begrüßt alle Fluggäste

verwandeln. Die Entzündung der Lichter ist der Anlass für das enorm populäre Festival *Ljósanótt* (siehe S. 242). In der Nähe der Duus-Häuser steht in der Hafnargata ein *Fischerdenkmal* von Ásmundur Sveinsson.

Halbinsel Reykjanes → Karte S. 240

Studenten statt Soldaten: Luftwaffenstützpunkt Keflavík

1951 stimmte die isländische Regierung der Stationierung von US-Soldaten in Keflavík und dem Ausbau des Militärstützpunktes zu. Von Anfang an kam es zu regelmäßigen Protestmärschen der isländischen Bevölkerung, die fürchtete, ihre hart erkämpfte Souveränität und ihre kulturelle Identität zu verlieren. Um den Kontakt zwischen Einheimischen und Amerikanern deshalb so gering wie möglich zu halten, wurden die Soldaten räumlich isoliert auf der Militärbasis angesiedelt – sie verrät sich westlich der Kreuzung 41/44 durch eine Siedlung mit ockerfarbenen Apartmentblöcken – und strengen Ausgangsbestimmungen unterworfen.

Die Ressentiments in der Bevölkerung blieben dennoch bestehen. 1956 verabschiedete das von einer linksliberalen Koalition geleitete Parlament daraufhin eine Resolution, die den Abzug der Truppen vorsah. Mit dem Aufstand in Ungarn und dem darauf folgenden Einmarsch des Warschauer Paktes sowie dem Ausbruch der Suez-Krise aber wurde die Idee wieder auf Eis gelegt. Die linksliberale Regierung, die 1971 antrat, wollte erneut den Abzug der Amerikaner erreichen, u. a. weil man fürchtete, im Ernstfall zum Spielball zwischen den Großmächten zu werden. Das Vorhaben wurde jedoch ein weiteres Mal aufgegeben, da die Ergebnisse der von einer Bürgerinitiative durchgeführten Unterschriftenaktion eine mittlerweile durchaus positive Resonanz auf den Verteidigungsvertrag zeigten. Denn aus ihm entstanden wirtschaftliche Vorteile: Zum einen ersparte er den Isländern die 2–5 % des Bruttosozialproduktes, die andere NATO-Staaten in die Rüstung stecken, zum anderen schuf er Hunderte Arbeitsplätze. So kam es nach der Abwahl der Regierungskoalition 1974 lediglich zur Unterzeichnung einer Vereinbarung, die die Zahl der auf der Insel stationierten Soldaten reduzierte. Aus Angst vor einer Verflachung der isländischen Kultur durch das amerikanische Fernsehprogramm wurde zudem entschieden, dass sein Empfang zukünftig nur noch über Kabel möglich sein sollte. Weiterhin verpflichteten sich die USA, mit dem Bau eines zivilen Flughafengebäudes in Keflavík für eine Trennung zwischen zivilem und militärischem Luftverkehr zu sorgen.

Das Ende des Kalten Krieges zog nach 1991 eine Reduzierung der Truppenstärke nach sich; die Zahl der Militärflieger und Jagdflugzeuge schrumpfte. 2003 begann die Basis zur Kostensenkung mit weiteren Umstrukturierungen und der Freisetzung von Arbeitskräften. Es folgten langjährige Verhandlungen, bis die USA im März 2006 einseitig beschlossen, ihre Truppen noch im selben Jahr komplett von der Insel abzuziehen. Sie würden anderswo benötigt. Im Oktober stand die Siedlung mit ihren Wohnblöcken, Schulen und Spielplätzen plötzlich leer. Jedoch nicht lange, denn noch im selben Jahr wurde die Firma Kadeco gegründet, um die Umwandlung der Basis und ihre Nutzung für zivile Zwecke zu steuern, 2007 entstand das Bildungszentrum „Keilir Atlantic Center of Excellence", das den Großteil der Gebäude kaufte. Hier wird nun Studenten günstiger Wohnraum geboten sowie auf Universitätsniveau in vier Bereichen gelehrt und geforscht. Außerdem bereitet Keilir junge Leute mit Berufsausbildung oder praktischer Erfahrung auf das Studium an der Universität vor. Mittlerweile beleben 1800 Studenten die einstige Militärbasis, die nun Ásbrú heißt. 2008 wurde noch die Gründung des Unternehmerzentrums Eldey beschlossen, das Unternehmer bei Projekten und der Realisierung von Innovationen unterstützt.

Ein Teil der Gebäude wird zu Lagerzwecken genutzt, zwölf kauften die Atlantic Film Studios. Start-up Verne Global richtete in der Siedlung ein „grünes" Rechenzentrum ein. Die Kapelle am Ort übernahm die Staatskirche. Touristen finden in Ásbrú ein Gästehaus (s. o.); es gibt einen Supermarkt und eine Pizzeria. Vieles ändert sich – manches blieb: so die zweisprachigen Straßennamen, die Nummerierung der Gebäude und die eigenartige Atmosphäre.

Wikingerschiff und die Reisen der Wikinger: Im auffallenden neuen Gebäude nahe am Wasser zwischen Innri- und Ytri-Njarðvík ist bereits von außen die *Íslendingur* zu sehen: die originalgetreue Replik eines Wikingerschiffes in der Art, wie Leifur Eiríksson es um das Jahr 1000 für seine Fahrt von Island nach Nordamerika nutzte (siehe S. 567). Keflavík kaufte das 23 m lange Segelschiff, das im Sommer 2000 auf den Spuren Leifurs von Westisland über den Atlantik segelte, von seinem Erbauer und Kapitän Gunnar Marel Eggertsson. Zugegebenermaßen mangelt es an einem Bezug Keflavíks zu Leifur; der geeignetere neue Heimathafen wäre Búðardalur gewesen, aber in diesem Fall entschied das Geld. Außer dem Wikingerschiff informiert das Museum anhand von Tafeln, Artefakten, Karten und Modellen über die Reisen der Wikinger nach Nordamerika; man erfährt etwas über Schiffsgräber und über die in den letzten Jahren in Hafnir durchgeführten Ausgrabungen eines Langhauses aus der Wikingerzeit. Und natürlich geht es auch um die Tour im Jahr 2000.
Víkingaheimar: Tägl. 10–18 Uhr, ISK 1000. Víkingabraut 1, ✆ 4222000, www.vikingaheimar.is.

In *Ytri-Njarðvík* („Äußeres Njarðvík") lohnt die 1979 geweihte, moderne Kirche aus hellem Beton am Reykjanesvegur aufgrund ihrer eigenwilligen, dreieckigen Form einen Besuch. Als Kontrast dazu findet man im historischen *Innri-Njarðvík* („Inneres Njarðvík") eine der wenigen aus behauenem Stein erbauten Kirchen Islands (von 1886), Mi–So 13–17 Uhr. Das in einem Haus von 1906 untergebrachte *Heimatmuseum* gleich nebenan (selbe Öffnungszeiten) spiegelt die typischen Lebensverhältnisse einer besser gestellten Familie in der damaligen Zeit wider. Hinter der Kirche steht u. a. eine Skulptur zum Gedenken an einen der größten isländischen Gelehrten, *Jón Þorkelsson Þorcillius* (1697–1759), die ihn selbst mit zwei Schülern darstellt.

Wie das Leben in einer Fischerhütte im frühen 20. Jh. aussah, lässt sich im Gehöft *Stekkjarkot* in der Nähe des Museums Víkingaheimar nachvollziehen. Die ursprünglich 1855–57 erbaute, einsam auf der Wiese stehende Farm aus Torf und Stein wurde von ihren wechselnden Besitzern mehrmals verlassen. Da es ihnen lange verboten war, Tiere wie Schafe oder Kühe zu halten, waren sie komplett vom Meer abhängig. Die 1924 endgültig aufgegebene Hütte wurde 1993 renoviert, originalgetreu eingerichtet und als Museum eröffnet.
Mi–So 13–16 Uhr, Eintritt frei. Das Gehöft liegt an der Zufahrtsstraße nach Innri-Njarðvík, der Njarðarbraut. ✆ 4216700.

Halbinsel Miðnes   (Str. 45, ca. 40 km)

Zwischen Leuchttürmen und Fischerorten findet man Ruhe und Entspannung, ein Naturzentrum und ein reiches Vogelleben.

Die kleine, im Nordwesten spitz ins Meer hinausragende Halbinsel liegt nur einen Steinwurf vom Flughafen Keflavík entfernt. Im Gegensatz zum übrigen Reykjanes war sie in der Nacheiszeit vorübergehend vom Meer bedeckt und wurde fast bis auf den letzten Hügel eingeebnet. Die Lavafelder sind alle älter als die letzte Kaltzeit und seit langem mit dichtem Moos bedeckt. In früheren Jahrhunderten befanden sich auf dieser flachen, Sturm und Brandung ausgesetzten Halbinsel die wichtigsten Handelsplätze und Fischerdörfer in Reykjanes, heute liegt Miðnes im Schatten damals unbedeutender Orte wie Keflavík.
Auf der Str. 45 geht es von Keflavík aus am Küstenabschnitt Hólmsberg mit schroff abfallenden Vogelfelsen entlang nach *Leira*, einst Handelsplatz, heute nur eine Gruppe von Höfen und, mittendrin, einer der anspruchsvollsten Golfplätze Islands.

Garður und Landspitze Garðskagi　(ca. 1450 Einw.)

Für Besucher ist Garður vor allem wegen seines reichen Vogellebens bei den beiden Leuchttürmen in Garðskagi, wegen seines Museums mit Restaurant und Meeresblick und des ruhigen Zeltplatzes interessant. Die Küste ist berühmt für ihre Sonnenuntergänge, die abends viele Menschen anlocken.

Das kleine Fischerdorf war zu Beginn des 20. Jh. mit 650 Einwohnern der größte Ort auf Reykjanes. Der Großteil der Fischer verließ jedoch das Dorf, als mit Beginn des motorisierten Fischfangs ein neuer Hafen in Sandgerði fertig gestellt wurde, von dem aus sich bessere Fangmöglichkeiten boten.

In früheren Jahrhunderten wurde hier oben im nördlichsten Zipfel von Reykjanes auch Ackerbau betrieben; davon ist nichts mehr zu sehen. Der Name des Ortes lässt sich auf einen Wall zurückführen, den Bauern wohl einst zum Schutz vor Schafen errichteten.

Hin & weg Bus ab Post tägl. bis zu 10-mal nach Sandgerði und Keflavík, ✆ 4206000.

Versorgung Arzt, Autowerkstatt (✆ 4227272/8530960), Bank (mit Geldautomat), Post (Mo–Fr 11–15 Uhr), Supermarkt (Mo–Fr 9–21, Sa 10–21, So 12–19 Uhr).

Festival Ende Juni findet auf Garðskagi das „Sonnenuntergangsfestival" mit Musik, Kunst und Unterhaltung statt.

Kunsthandwerk Auf dem Museumsgelände präsentieren im ehemaligen Haus des Leuchtturmwärters mehr als 60 Schaffende ihr Kunsthandwerk; das Angebot ist groß und vielfältig, reicht von Wollwaren über Schmuck und Glasschalen bis zu Marmelade. Tägl. 13–17 Uhr.

Schwimmbad Garðbraut, Mo–Fr 6.30–21,

Sa/So 10–16 Uhr; Freibad mit Hot Pots.

Camping Camping Garður, ruhiger, von Vögeln umschwirrter Campingplatz auf großer, grüner Wiese bei den Leuchttürmen und hellem Sandstrand; mit WC, Warmwasser, kostenlos, ✆ 4227108.

Essen Tveir Vitar, im Heimatmuseum bei Leuchttürmen und Zeltplatz, tägl. 12–22 Uhr. Restaurant mit großer Fensterfront und Terrasse mit Blick auf das Meer und den Sonnenuntergang, spezialisiert auf frischen Fisch aus der Gegend. Suppe, Salatbar und Fisch des Tages mittags ISK 1450, abends ISK 2200, abends noch verschiedene andere Gerichte. Hausgemachter Kuchen.

Imbiss in der Tankstelle am Heiðartún, Mo–Fr 9–22, Sa 10–23, So ab 11 Uhr.

Sehenswertes

Vögel, Leuchttürme und Heimatmuseum in Garðskagi: Am Pfarrhof Útskálar mit heller Kirche (um 1860) vorbei führt die Straße nach *Garðskagi*, der äußersten Landspitze von Miðnes. Es bietet sich eine weite Sicht auf die Bucht Faxaflói und an klaren Tagen bis zum Snæfellsjökull. In dieser malerischen Gegend stehen die Schmuckstücke Garðurs: zwei Leuchttürme von 1897 und 1944. In dem älteren, rot gestreiften Turm am Wasser war einst eine Station zur Vogelbeobachtung untergebracht. Der neue, weiße Leuchtturm ist der höchste des Landes. Ornithologen kommen um Garðskagi reichlich auf ihre Kosten: fast 200 Vogelarten wurden bereits ausgemacht, darunter viele Zugvögel. Verschiedene amerikanische Spezies, die sonst in Island nicht zu finden sind, können hier beobachtet werden. Im Frühjahr und Herbst ziehen Gänse vorbei, im Frühsommer sind Eiderenten mit Küken zu sehen. Hinter dem großen Leuchtturm steht das umfangreiche *Heimat- und Seefahrtsmuseum (Byggðasafn)* von Garður. Zahllose Geräte aus Handwerk und Landwirtschaft, aus Fischerei und Schifffahrt, aus Schulen, Läden, Kirchen, Küchen, Höfen erzählen aus der Geschichte Garðurs, darunter auch eine mehr als 100 Jahre alte Reiseorgel und ein Ruderboot von 1887. In einer Halle funkelt eine riesige Privatsammlung polierter, bunter Motoren aus der Zeit von 1924 bis 1977. Zu sehen ist auch das erste automatische analoge Mobiltelefonsystem, NMT, das von 1986 bis 2010 auf Reykjanes in Betrieb war.

Tägl. 13–17 Uhr und nach Vereinbarung, Eintritt frei. Leuchtturm auf dem Gelände auf Anfrage geöffnet. Oben Café/Restaurant. ℰ 4227220.

Weiterfahrt: An der Westküste von Miðnes mit Sandstränden geht es durch flache, grüne Marschlandschaft gen Süden.

Sandgerði

(ca. 1700 Einw.)

Sandgerði lockt Besucher v. a. mit seinem Naturzentrum an. Die auffällige Skulptur gegenüber dem Fußballfeld soll die Vergänglichkeit des Menschen im Gegensatz zur Ewigkeit des Meeres ausdrücken: Der Mann, aus einfachem Eisen errichtet, wird irgendwann wegrosten, die Meereswogen vor ihm aber, aus rostfreiem Stahl gebaut, werden weiterhin im Sturm branden.

Hin & weg Bus von/nach Keflavík und Garður bis zu 10-mal tägl., ℰ 4206000.

Versorgung Arzt, Autowerkstatt, Bank (Geldautomat) und Post, Supermarkt (Mo–Fr 9–21, Sa 10–21, So 12–19 Uhr), Tankstelle mit Imbiss (9–23, Sa/So ab 10 Uhr).

Internet In der Tankstelle, kostenlos.

Kunsthandwerk Listatorg, Galerie beim Naturzentrum, tägl. 13–17 Uhr. Hochwertiges, originelles Kunsthandwerk von etwa zehn Künstlern, die mit unterschiedlichen Materialien arbeiten. Im Nebenraum kann jeder, der möchte, seine Bilder ausstellen.

Schwimmbad Suðurgata (bei der Schule), Mo–Fr 8–21, Sa/So 10–18/16 Uhr; neues Freibad mit Wasserrutsche und Hot Pot.

Übernachten Sommerhäuser Þoroddsstaðir, (FH), einige Kilometer nördlich von Sandgerði an der näher am Wasser entlanglaufenden Parallelstraße zur Str. 45, in grenzenloser Ruhe. Besitzer Ingimar baute die drei hübschen Holzhäuser selbst. Je 2 DZ, Bad, Küche, Sofa und TV, Terrasse mit Hot Pot. Haus inkl. Bettwäsche und Handtücher für 2 Pers. ISK 14.000, jede weitere Pers. ISK 1000. ℰ 4237748/8937523.

Der vergängliche Mensch und das ewige Meer

Camping Camping Sandgerði, neuer Zeltplatz auf ungeschützter Wiese mit Dusche und Waschmaschine, ISK 500/ Pers. Byggðavegur.

Essen Vitinn, gemütliches Restaurant und Café mit viel Holz und Antiquitäten aus Fischfang und Landwirtschaft, seit 30 Jahren von denselben Besitzern betrieben. Vor allem berühmt für seinen Fisch, ab ISK 3400, es gibt aber auch kleine Gerichte und Mo–Fr ein Lunchbüfett. Beliebt ist abends das 2-Gänge-Gericht aus Meeresfrüchtesuppe und Schalentieren für mind. 2 Pers. Auch Kaffee, Kuchen und Waffeln. Tägl. 11.30–21 Uhr. Hafnargata 44, ✆ 4237755.

Mamma Mia, die Pizzeria serviert neben Pizzen auch Sandwichs und Burger. Tägl. ab 17 Uhr. Tjarnargata 6, ✆ 4237377.

Naturzentrum und Vogelbeobachtung: In einer ehemaligen Fischfabrik untersuchen Mitarbeiter des marinen Forschungsinstituts das Leben auf dem Meeresgrund rund um Island. Interessierte Naturfreunde können im ersten Stock eine einzigartige Sammlung winziger Kreaturen aus den Tiefen des Ozeans betrachten und erfahren anhand von Vitrinen, Informationstafeln und Aquarien auch vieles über das reiche Fisch- und Vogelleben um Sandgerði, über die Pflanzenwelt und das Leben am Strand und im Teich. Wer möchte, kann sich im Zentrum Bücher und Ausrüstung leihen, um draußen auf Erkundungstour zu gehen, und dabei aufgestöberte Naturschätze mit ins Zentrum bringen, um sie dort genau unter die Lupe zu nehmen. Die Vogelwelt am nahen Teich lässt sich von einem hierfür aufgestellten Häuschen aus beobachten; den Schlüssel erhält man im Zentrum.

Eine neue Ausstellung ist dem Polarforscher *Jean Charcot* (1867–1936) gewidmet, der auf seinen Reisen zwölfmal in Island Station machte. Verschiedene Effekte lassen den Eindruck entstehen, man befände sich geradewegs auf dem Forschungsschiff. **Zentrum Fræðasetur**: Mo–Fr 9–17, Sa/So 13–17 Uhr, ISK 600. Garðvegur 1, ✆ 4237551.

Weiterfahrt Richtung Stafnes: Schon von weitem ist die 7 km hinter Sandgerði einsam am Meer stehende *Hvalsneskirkja* zu sehen. Das kleine, 1887 geweihte Gotteshaus mit buntem Holztürmchen wurde wie die Kirche in Innri-Njarðvík aus behauenem Bruchstein erbaut, eine Seltenheit in Island und zugleich Zeugnis des früheren Wohlstands in dieser Gegend. *Hallgrímur Pétursson*, der in Island allseits bekannte Dichter der Passionshymnen, war hier von 1644 bis 1651 Pfarrer. In dieser Zeit verstarb noch im Kindesalter seine Tochter Steinunn, woraufhin er die Elegie *Allt eins og blomstrið eina* verfasste, die noch heute bei vielen Beerdigungen in Island gesungen wird. Man nimmt an, dass er selbst auch den bei Bauarbeiten 1864 ans Tageslicht beförderten, heute im Chor der Kirche aufbewahrten Grabstein für

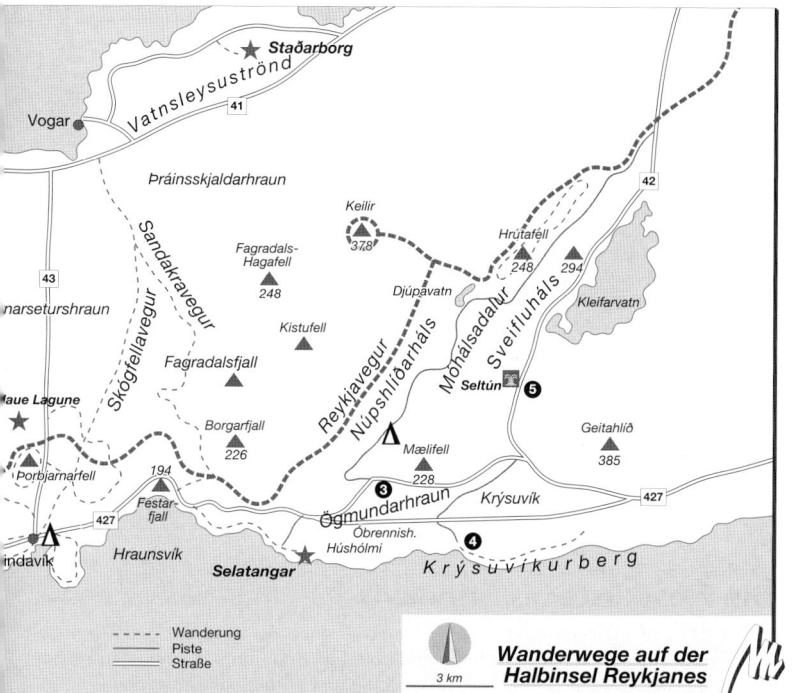

Wanderwege auf der
Halbinsel Reykjanes

3 km

- - - - Wanderung
───── Piste
═════ Straße

seine Tochter gemeißelt hat. Der Stein ist zerbrochen, ein paar Zahlen und Buchstaben fehlen, doch ist er der größte Schatz der Kirche. Da niemand in der Nähe ist,
um auf das Gotteshaus Acht zu geben, ist es leider immer verschlossen.

Knapp 2 km hinter der Kirche zweigt rechts die Zufahrt nach *Stafnes* ab (Schild);
links geht es durch eintönige Lava und vorbei an den „Galgenfelsen" (Gálgar), wo
der Überlieferung nach einst Hinrichtungen stattfanden, weiter zur Kreuzung mit
der Str. 44 nach Keflavík bzw. Hafnir. Das ist erst seit kurzem so, denn bis die Amerikaner die Militärbasis verließen, endete die Straße hier. Der Abzweig nach Stafnes
führt zu einem Parkplatz vor dem gelben Leuchtturm. Auf diesem idyllischen
Fleckchen befand sich im 17. und 18. Jh. ein wichtiges Fischereizentrum.

Wanderung

(→ Karte S. 250/251)

Básendar (1) (hin/zurück ca. 2 km): Ein
ausgeschilderter Fußweg führt vom
Parkplatz aus nach Básendar, das während des dänischen Handelsmonopols
zwei Jahrhunderte lang zu den bedeutendsten Handelsplätzen Islands gehörte. Als 1799 eine Springflut das Dorf
vernichtete, wurde der Handel nach

Sandgerði und Keflavík verlagert. Grasbewachsene Ruinen erinnern an die
vergangene, blühende Zeit. Es ist auch
möglich, am ehemaligen deutschen
Handelsplatz *Þórshöfn* vorbei um die
ganze Bucht herum bis nach *Hafnir* zu
laufen (11,5 km, 3–4 Std.).

Reykjanes entdecken: zu Fuß durch die Wildnis

Auf uralten Hauptverbindungswegen, die einst zu Fuß oder mit dem Pferd zu-rückgelegt wurden, ziehen sich heute quer über die Halbinsel mehrere Wan-derwege, von denen viele markiert und ausgeschildert sind. Für ernsthaft Inte-ressierte lohnt sich die Anschaffung der 2011 in 2. Auflage erschienenen Luft-bildkarte von Reykjanes im Maßstab 1:50.000 („Activity Map", Verlag Loftmyn-dir), auf der sämtliche Wanderwege mit Picknickplätzen, Aussichtspunkten etc. verzeichnet sind. Alle mit einer durchgezogenen orangen Linie dargestell-ten Wanderwege sind mit Pflöcken markiert. Auf der Karte ist auch der *Wan-derweg Reykjavegur* eingetragen, eine 114 km lange Route in Längsrichtung, die von der Steilküste beim Leuchtturm Reykjanesviti im Südwesten bis zum aktiven Vulkangebiet Hengill im Osten beim Þingvallavatn führt. Die leichte Strecke, die abgesehen von der Gegend um das Bláfjöll nirgends höher geht als 300 m, führt trotz der Nähe zu den am dichtesten besiedelten Gebieten Is-lands durch eine fast hochlandähnliche, sehr karge Wildnis. Ursprünglich soll-ten entlang der Route Hütten aufgestellt werden, doch wurde dieser Plan auf-gegeben. Gute Campingmöglichkeiten bestehen alle 4 bis 5 km. Beim Blick auf die Karte wird noch einmal deutlich, dass Frischwasser auf Reykjanes äu-ßerst knapp ist! Tipps zu Wanderungen gibt die Touristinformation in Keflavík. Für die exakte Beschreibung der Trekkingtour auf dem Reykjavegur lohnt ein Blick auf www.isafold.de.

Die Westküste bis Grindavík   (Str. 44/425, ca. 35 km)

Die Westküste hat erstaunlich viel zu bieten – einen der größten Vogelfelsen Is-lands und eine breite Sandstrandbucht, tosende Brandung, Krater, dampfende Quellen, Eruptionsspalten und eine Ausstellung im Geothermalkraftwerk.

Hafnir (ca. 110 Einw.): Hafnir ist es ein verträumtes kleines Dorf, in dem es nicht einmal einen Laden oder ein Schwimmbad gibt. Früher war es wegen seines guten Naturhafens ein bedeutender Handelsposten und Fischerort, woran noch einige alte Häuser und die dunkle Holzkirche (etwa 1860) erinnern. Welche Mächte drau-ßen vor der Küste toben können, wurde nicht zuletzt 1870 klar, als der über 100 m lange Dreimaster *Jamestown* unbemannt in der Nähe angetrieben wurde. Die Be-satzung konnte nie gefunden werden, nur das Bauholz, das der Schoner geladen hatte, wurde teilweise gerettet. Der 3000 kg schwere Anker des Geisterschiffs liegt neben dem Friedhof. Am südwestlichen Ende der Hafnargata schräg gegenüber der Kirche stehen am Wasser ein paar rasengedeckte Häuschen mit Steinwällen und Holzverschalung, die letzten Reste des einstigen Groß-Gehöftes Kotvógur aus einer Zeit, als es hier geschäftiger zuging. 2003 wurden hinter der Kirche die Reste eines Torf-Langhauses entdeckt, das zwischen 770 und 880 n. Chr. verlassen wurde – was bedeuten könnte, dass bereits vor dem Jahr 874, das bisher als Beginn der Be-siedlung Islands gilt, Menschen auf die Insel kamen, um hier zu leben. Bei Ausgra-bungen in den letzten Jahren ans Licht beförderte Artefakte und Knochen sind im Wikingermuseum in Njarðvík ausgestellt.

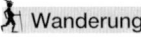 **Wanderung**   (→ Karte S. 250/251)

Zum Vogelfelsen Hafnaberg (2) (hin ca. 3 km, 45 Min.): 5 km südlich von Hafnir führt von einem Parkplatz aus ein mit

Steinmännchen außerordentlich gut markierter Wanderweg zu einem der größten Vogelfelsen Islands. Hier brüten von Juni bis Anfang Juli Unmengen an Seevögeln in den schroff abfallenden, 30 m hohen Steilklippen, insbesondere Dreizehenmöwen, Krähenschaben, Eissturmvögel und verschiedene Lummenarten. Papageientauchern gefällt es hier nicht – auf den Klippen fehlt weitgehend die Grasnarbe, in die sie ihre Höhlen graben könnten. So gibt es nur einige wenige, in nördlicher Richtung. Vor der Küste lassen sich mit etwas Glück auch Kleinwale beobachten.

Halbinsel Reykjanes → Karte S. 240

Weiterfahrt zum Kap: Weiter auf der Str. 425 sind raue, mit kleinen Kratern gesprenkelte Lava und tiefe Spalten deutliche Zeichen dafür, dass die Landschaft von vulkanischer Aktivität geprägt ist. Hier erhebt sich der mittelatlantische Rücken über die Meeresoberfläche, der das Land aus geologischer Sicht in zwei Hälften teilt. Wo genau, ist leicht zu erkennen: Seit ein paar Jahren überspannt östlich der Straße eine kurze Fußgängerbrücke die „Schlucht zwischen den zwei Kontinenten". Die Idee war clever; plötzlich interessieren sich viel mehr Leute als früher für Plattentektonik, fahren hierher und laufen kurz von Europa nach Amerika und zurück.

Einer der Hauptzeugen des Vulkanismus ist die Eruptionsspalte *Stampar*, deren letzter Ausbruch im Jahr 1268 registriert wurde. Ein gewaltiger Lavastrom ergoss sich über eine Fläche von 80 qkm und vergrub einige Häuser. An der Straße befindet sich ein Parkplatz, in einem kurzen Spaziergang kann einer der Krater bestiegen werden. Von oben bietet sich ein guter Überblick über die zerfurchte Landschaft.

Zu Leuchtturm und Geothermalgebiet: Wo die Straße zum Kap und zum Leuchtturm *Reykjanesviti* abzweigt, steht schon lange eine Anlage zur Salzgewinnung aus dem heißen Meerwasser, das in 900–1000 m Tiefe in die Gesteinsschichten des Kap Reykjanes strömt – das teure Salz wird von Gourmetrestaurants geschätzt und gekauft. Auch eine Anlage zum Trocknen von Kabeljau gehört seit Jahren zum Bild. 2006 ging hier am Kap, wo die Erde dampft, nun auch ein großes Geothermalkraftwerk mit einer Kapazität von 110 MW in Betrieb, das die Aluminiumschmelzen bei Hafnarfjörður und Akranes mit Energie versorgt.

Power Plant Earth: In dieser sehr sehenswerten, anschaulich aufgemachten und teilweise interaktiven Ausstellung im neuen Kraftwerk geht es um die Themen Universum – Energie – Mensch. Dabei kann man z. B. zwischen den Planeten unseres Sonnensystems umherlaufen oder am eigenen Leibe spüren, wie sich eines der Erdbeben anfühlt, das einst eine Region in Island erschütterte. Zum Schluss erhält man einen Hinter-Glas-Einblick in die Geothermalkraftwerkshalle. Draußen lohnt noch der kurze Spaziergang zum durch Zulauf aus dem Kraftwerk dampfenden Meer. Auch die auf Reykjanes unter freiem Himmel platzierten Planeten sind Teil der Ausstellung.

Sa/So 12.30–16.30 Uhr, ca. ISK 1000. Anfahrt: Abzweig nach Reykjanesviti nehmen, nach 500 m rechts abbiegen und links hinter das große Gebäude fahren. Eingang auf der Rückseite des Turbinenhauses. www.powerplantearth.is.

Die Straße nach Reykjanesviti führt am Leuchtturm vorbei bis zur reizvollen Steilküste. Noch vor dem Leuchtturm weist ein Schild den Weg zur Quelle *Gunnuhver* im gleichnamigen *Geothermalgebiet*, das 1967 durch Erdbeben und damit verbundene Krustenbewegungen entstand. Der Name Gunnuhver stammt der Volkssage nach von der bösartigen Gunna, die Anfang des 18. Jh. des Mordes verdächtigt und auf Rat eines Weisen in diesen brodelnden Topf getrieben wurde. Das 1 qkm große Geothermalgebiet ist der Namensgeber für Reykjanes, „rauchende Landzunge". Das Eigenartige an diesem Geothermalgebiet ist, dass es sich beim Wasser in manchen Schlammtöpfen um Regenwasser handelt. Durch die Bohrtätigkeiten für das

Geothermalkraftwerk steigerte sich die Aktivität der Fumarolen enorm. Holzstege führen nun durch das Gebiet.

Auf der Klippe *Valahnúkur* erhob sich 1878 der allererste Leuchtturm Islands. Nachdem er jedoch schon neun Jahre später bei einem Erdbeben eingestürzt war und von der Klippe zu fallen drohte, musste er abgerissen werden. In den Steilwänden nisten in großer Zahl Silbermöwen, Eissturmvögel, Dreizehenmöwen und Raben. Von oben bietet sich ein schöner Ausblick über den Südwestzipfel von Reykjanes und zur 70 m steil aufragenden, kahlen Insel *Eldey* („Feuerinsel") 14 km südwestlich vom Kap, die in den Sommermonaten von Zehntausenden von Zugvögeln aufgesucht wird. Hier ist mit etwa 70.000 Tieren die wohl größte Basstölpelkolonie der Welt beheimatet. Seit 1940 ist Eldey Vogelschutzgebiet; allein um sich der Insel zu nähern, bedarf es einer besonderen Genehmigung. Zur Beobachtung der Vögel wurde 2008 eine Webcam auf der Insel installiert.

Vor keiner Küste Islands sind submarine Vulkanausbrüche häufiger als hier im Bereich des mittelatlantischen Rückens. Die Küste vor dem Kap Reykjanes wurde deshalb immer wieder durch die Entstehung mehr oder weniger standhafter Inseln und Schären umgestaltet. Die 51 m hohe, von Seevögeln bevölkerte Klippe *Karlinn* („Alter Mann") genau vor der Steilküste vermochte der tosenden Brandung zu trotzen. 2011 war hier im Südwesten von Reykjanes die Anlage eines neuen, 16 km langen und aus drei Teilstücken bestehenden sog. „100-Krater-Wanderwegs" geplant.

Weiterfahrt nach Grindavík: Zurück auf der Str. 425, geht es mit einigem Abstand an der pechschwarzen Felsküste *Staðarberg* vorbei, die für ihre vom Meer modellierten Klippen, Türme, Grotten und Brandungstore einen Abstecher lohnt – darunter das ausgeschilderte Felsloch Brimketill, von dem man sagt, dass ein Troll es zum Baden nutzte.

Grindavík

(knapp 3000 Einw.)

In Grindavík locken ein Museum zu Fang und Verarbeitung von Salzfisch und die Besichtigung einer Fischfabrik. Außerdem wartet der Ort mit etwas auf, was es in Island seit dem Jahr 1000 nicht mehr gegeben hat: mit einem heidnischen Tempel.

Grindavík, seit 1343 Handelsort und Fischerdorf, war im Mittelalter Anlass heftiger Machtkämpfe unter Kaufleuten, die 1532 in der Schlacht von Grindavík gipfelten. Englische Händler wurden von der deutschen Konkurrenz der Hanse und von verbündeten isländischen und dänischen Kaufleuten gewaltsam gezwungen, einen ihrer letzten Fischereistützpunkte in Island aufzugeben.

Da die Fischgründe vor der Küste zu den besten in ganz Island zählen, ist Grindavík heute trotz seiner gefährlichen Hafeneinfahrt einer der größten Fischereistandorte des Landes; die Bevölkerung wächst beständig an. Der Hafen ist entsprechend groß und gut ausgebaut. Hier stehen von Seevögeln umkreiste Fischfabriken, Gefrierhäuser und Lagerhallen.

Schön ist das Viertel um die kleine Wellblechkirche am südlichen Ende der Víkurbraut mit alten, bunten Häusern. Das 1909 von der einstigen Fischersiedlung Staður hierher verlegte Gotteshaus wird seit der Einweihung der modernen Kirche 1982 nicht mehr für religiöse Zwecke genutzt.

Die letzten Riesenalken

1844 wurden auf Eldey die letzten beiden flügellosen, bis zu 50 cm großen Riesenalken *(Pinguinus impennis)* geschossen. Nachdem Erderschütterungen durch submarinen Vulkanismus den Seevogel von der Klippe Geirfuglasker, dem letzten ihm verbliebenen ungestörten Nistplatz, vertrieben hatten, hatte er auf der Hauptinsel Zuflucht gesucht. In Kanada, Grönland und auf den Färöern wegen seines guten Geschmacks schon ausgerottet, wurde der einst im ganzen Nordatlantik verbreitete Riesenalk nun auch von den Isländern gejagt, um auf dem Teller oder in den naturhistorischen Museen zu enden. Wer heute einen dieser großen Vögel sehen möchte, muss sich mit dem ausgestopften Exemplar im Institut für Naturgeschichte in Reykjavík oder der Skulptur hier am Kap zufrieden geben.

Basis-Infos

Information Im Salzfisch-Museum, tägl. 10–17 Uhr. Hafnargata 12a, ✆ 4201190, www.visitgrindavik.is.

Hin & weg Bus ab N1-Tankstelle, von/nach Reykjavík über Blaue Lagune tägl. 3-mal.

Versorgung Alle Einrichtungen in der Víkurbraut. Im EZ Vikurbraut 62: Alkoholgeschäft, Apotheke, Arzt, Bank, Buchladen. Weiter die Straße hinunter: Autoverleih (Rás, Nr. 17, ✆ 4267100), Bank mit Geldautomat sowie Post (beide Nr. 56), Polizei (Nr. 25), N1-Tankstelle (7–23.30 Uhr, mit Kiosk, Fastfood und Eis).

Autowerkstatt Vélsmiðjan Grindavíkur, Seljabót 3, ✆ 4268540 und ✆ 852542.

Einkaufen Supermarkt Nettó, Víkurbraut 60, Mo–Fr 10–19, Sa/So 10/12–18 Uhr.

Bäckerei, Gerðavellir 17, Mo–Fr 7–18, Sa/So 7/8–16 Uhr, mit Tisch.

Fahrradverleih MTB-Verleih am Zeltplatz, ISK 4200/Tag.

Mountainbiketouren ATV Adventures bietet verschiedene geführte MTB-Touren in der Gegend um Grindavík. ✆ 8573001, www.atv-adventures.com/rent-a-bike.

Pferdeverleih Arctic Horses, tägl. um 11.30 und 15.30 Uhr 1-stündiger „Lighthouse Ride" durch das Lava und zur Küste südlich von Grindavík, andere Ausritte auf Anfrage immer möglich. Hestabrekka 2, ✆ 8480143, www.arctichorses.com.

Schwimmbad Austurvegur, Freibad mit Hot Pots, Rutsche, Sauna. Mo–Fr 7–20, Sa/So 10–17 Uhr.

Übernachten/Camping/Essen

Übernachten Arctic B&B, gelbes Gästehaus hinter dem Zeltplatz und beim Hafen mit 8 freundlichen Zimmern für 1–3 Pers. DZ 70 €. Austurvegur 28, ✆ 6961919, stay@arcticbandb.com, www.arcticbandb.com.

»»» Unser Tipp: Heimagisting Borg, im großen, roten Haus an der Ecke Vikurbraut. Auf zwei liebevoll gestalteten Etagen 5 DZ, 2 EZ, ein Familienzimmer, Wohnzimmer, Küche, Essraum und zwei Bäder. Waschmaschine. DZ ISK 12.000. Borgarhraun 2, ✆ 8958686, bjorksv@hive.is, www.guesthouseborg.com. **«««**

Gistihús Fiskanes, im Gebäude einer Fischfabrik am Hafen, in dem im Winter ausländische Arbeiter wohnen. Vom Äußeren nicht abschrecken lassen! Ende Juni bis Ende Aug. 11 jüngst renovierte DZ mit Bad und Küchenzeile und 4 EZ. Waschmaschine. DZ ISK 12.000 ohne Frühstück, als SSU ISK 7000. Hafnargata 17–19, ✆ 8976388.

Camping Grindavík, großer, neuer 5-Sterne-Zeltplatz mit ein wenig Windschutz durch Wälle und großem Spielplatz. Servicehaus mit Tischen, Herden, Mikrowelle. Waschmaschine. ISK 900/Pers. An der Ecke Austurvegur/Hafnargata, ✆ 6607323.

Der Sonnentempel von Grindavík

Essen Sjómannastofan **Vör**, große, freundliche, familiengeführte Seemannsstube mit vielen Stammgästen, spezialisiert auf Fisch. Beliebt ist das Tagesgericht mit Suppe, Salat und Kaffee für ISK 2000. Auch Gerichte à la carte und Fisch des Tages. 11–16 Uhr. Hafnargata 9, ✆ 4268570.

Salthúsið, empfehlenswertes Restaurant im großen Holzhaus aus Estland gleich hinter dem Ortseingang. Verschiedene Fischgerichte, darunter Salzfisch, Lachs, Hummer, aber auch Lammfilet, anderes Fleisch und leichte Gerichte. Gäste, die für ein ruhiges Abendessen kommen, können im gemütlichen Kaminraum sitzen. Tägl. 13–22 Uhr. Stamphólsvegur 2, ✆ 4269700.

Bryggjan, hübscher neuer Coffeeshop genau am Hafenbecken im Besitz der netten Familie, die im selben Gebäude die Netzmacherei betreibt. Zwischen Fotos zu

Fischfang und -verarbeitung wird mittags jeden Tag eine andere Suppe serviert, zudem gibt's das „Fischerfrühstück", belegte Brote, Kuchen und Waffeln. Alles ist hausgemacht. Mo–Fr 8–23, Sa/So ab 10 Uhr. Miðgarður 2, ✆ 4267100.

Mamma Mía, große, etwas kühle Pizzeria. 30 Pizzen jeder Art und für jeden Hunger; Burger und Snacks. 12–22 Uhr. Hafnargata 7a, ✆ 4269966.

Kanturinn, rustikales Restaurant und Pub, serviert Gerichte vom Grill und mit asiatischem Touch, alles unter ISK 1600. Tägl. 16–22 Uhr oder länger, Fr/Sa manchmal Livemusik. Hafnargata 6, ✆ 4269999.

Bárinn, eine weitere Pizzeria, relativ ungemütlich, aber erfolgreich. Mo–Fr 17–22, Sa/So ab 12 Uhr. Hafnargata 6.

Sehenswertes

Salzfisch und Energiegewinnung: Mitten im Hafengebiet steht ein großes, modernes Museum, in dem sich unten alles um Islands einst wichtigstes Exportgut dreht – den Salzfisch, der im späten 19. Jh. Stockfisch von den vordersten Rängen der Ausfuhrwaren verdrängte und noch immer eine wichtige Rolle in der Wirtschaft des Landes spielt. Grindavík ist einer der größten Salzfisch-Exporteure auf der Insel, und zwischen Karren voller Salzfisch und Leuten bei der Arbeit, zwischen alten Bildern und Gerätschaften, Hütten und Booten, Vogelgeschrei und Stimmengewirr erfahren Besucher alles über die Zubereitung dieser salzigen Ware und über die Entwicklung der Salzfischindustrie mit all ihren Höhen und Tiefen. Im Obergeschoss ist seit kurzem eine anschauliche Ausstellung zu Vulkanismus, Erdbeben und Geothermalenergie mit speziellem Bezug zu Island und Reykjanes zu sehen.

Saltfisksetur und Jarðorka: Tägl. 19–17 Uhr, ISK 1.200. Audioführung durch das Salzfischmuseum auch auf Deutsch. Mit Café. Hafnargata 12a, ℡ 4201190.

„Xperience Fish"

In einer etwa 15-minütigen Führung taucht man in der Fischfabrik Stakkavík ein in die islandtypische Welt der Fischverarbeitung mit all ihren Gerüchen und Geräuschen. Wer möchte und sich vorher anmeldet, bekommt anschließend eine Fischsuppe serviert.

Mo–Fr 9–12 und 13–15 Uhr, ISK 700, mit Verzehr von Fischsuppe ISK 2200. Bakkalág 15b, ℡ 4208000.

Sonnentempel: Der überzeugte Asenanhänger und Künstler *Tryggvi Hansen* baute in Grindavík mehrere heidnische Stätten, von denen jedoch nur eine vollendet wurde: der *Sonnentempel* gegenüber der neuen Kirche. Der Bau des Tempels wurde von der Stadtverwaltung sofort als potenzielle Touristenattraktion erkannt, und ohne viel Zögern wurden die Baugenehmigung erteilt und Finanzen bereit gestellt. Dass Tryggvi es aber ernst meinte und auch an anderen Plätzen im Ort begann, Steine aufeinander zu schichten, wurde nicht mehr begrüßt. Für andere heidnische Stätten wurde deshalb die Bauerlaubnis verweigert; sie blieben unvollendet.

Von Grindavík nach Hafnarfjörður: Nordküste (Str. 43/41, 37 km)

Für die Fahrt zur „Wikingerstadt" Hafnarfjörður nahe Reykjavík bieten sich von Grindavík aus zwei Möglichkeiten. Die Strecke entlang der Nordküste ist etwas kürzer und weniger interessant als die an der Südküste, führt aber kurz hinter Grindavík auf der Str. 43 an einem der größten Highlights Islands vorbei: der Blauen Lagune. Sie macht sich schon aus der Ferne mit einsamen Dampfschwaden bemerkbar. Wer den Anblick dieses einmaligen, in die Lava eingebetteten Bades von oben genießen möchte, kann knapp 1 km hinter dem nördlichen Ortsausgang von Grindavík die steile Piste auf den Aussichtsberg *Þorbjarnarfell* (243 m) hinaufwandern. Parallel zur Str. 43 führt eine direkte Verbindungsstraße von Grindavík zur Blauen Lagune.

Blaue Lagune

Etwa 400.000 Besucher jährlich zieht die „Bláa Lónið" vor Grindavík an. Kaum ein Reisender lässt sich den Sprung in dieses originale Bad entgehen.

Der Beginn des ursprünglichen Bades war reiner Zufall: Es entstand mit dem geothermischen Kraftwerk, das seit 1978 die umliegenden Ortschaften und den Flughafen mit Heißwasser und Strom versorgt.

1969 ermittelten Bohrungen 5 km nördlich von Grindavík in *Svartsengi* („schwarze Wiese") ein Hochthermalfeld mit Temperaturen über 200 °C in bis zu 2000 m Tiefe.

Badeparadies Blaue Lagune

Zum allseitigen Bedauern beförderte man jedoch eine Salzlauge ans Tageslicht, die wegen ihrer korrosiven Eigenschaften nicht direkt in die Häuser geleitet werden kann. Also entschied man, die heiße Flüssigkeit im Kraftwerk zum Erhitzen von Süßwasser und zur Stromerzeugung in Dampfturbinen zu nutzen. Die Blaue Lagune entstand als Auffangbecken für das geothermale Wasser, gespeist von stark mineralhaltigem Wasser mit einer Temperatur von 20–80 °C, reich an blaugrünen Algen, Mineralsalzen und Kieselsäure, die dem Wasser eine himmelblau-milchige Farbe verleihen. Das Ergebnis war eine äußerst bizarre Kulisse: Vor stählernen, glänzenden Röhren, Tanks und Schornsteinen, aus denen riesige weiße Dampfwolken zischen, tummelten sich die Badenden im warmen Salzwasser, die beruhigende Wirkung der Mineralsalze, die belebende des Kieselschlamms genießend. 1984 entdeckte ein Badender zufällig, dass das mineralisierte Wasser seine Schuppenflechte *(Psoriasis)* linderte, und bald hatten wissenschaftliche Forschungen die heilende Wirkung der Blauen Lagune bei Hautkrankheiten bestätigt. Daraufhin wurde auf dem Kraftwerksgelände ein Badehaus zur Behandlung von Psoriasispatienten gebaut, und Hautpflegeprodukte wurden auf den Markt gebracht. Mittlerweile gibt es mehrere Serien an Cremes, Ölen, Lotionen und Seifen.

Das neue Bad: Weil mehr Platz für das Kraftwerk benötigt wurde, musste die Blaue Lagune umziehen. Etwa 2 km vom anfänglichen Standort und viel zu weit von den brodelnden Schornsteinen entfernt, als dass man diese noch zischen hören könnte, ruft seit 1999 die neue Blaue Lagune zum Badevergnügen. Bei ihrem Design wurde nicht gespart: Für 7 Mio. US-Dollar entstanden ein 5000 qm großer Milchsee und supermoderne Einrichtungen in der uralten Lava. Der Boden des Bades mit seinen 5 Mio. Litern Wasser ist eben, nicht mehr zackig und spitz wie der Lavaboden in der ersten; es kann auch niemand mehr ertrinken, denn das Wasser ist nirgendwo tiefer als 1,50 m. Mit den vom Kraftwerk stammenden, kochend heißen *Hot Spots* ist es vorbei; an acht Stellen wird 42 °C heißes Wasser in die Lagune gepumpt, das sich dann rasch mit dem kühleren vermischt, die Durchschnittstemperatur des Sees beträgt 37–39 °C. Man findet auch kaum noch Kieselschlamm, den man sich in der alten Lagune so herrlich auf den Körper schmieren konnte. Das Bad ist gezähmt. Im *state-of-the-art*-Eingangszentrum mit künstlerischem Dekor aus Lava, Basalt und Aluminium vergnügen sich die Besucher in Souvenirladen, Bistro und Gourmet-Restaurant, wenn sie nicht gerade versuchen, mit den Armbändern mit Computerchip klarzukommen, mit denen sie die Schranke zum Bad passieren und ihren Schrank in den riesigen Umkleidekabinen schließen und öffnen. Für exklusive, zahlungskräftige Gäste wurde ein luxuriöser Extrabereich angefügt. Für Psoriasis-Patienten gibt es auf dem Gelände eine Klinik.

Bláa Lónið 1. Juni bis 31. Aug. tägl. 9–22 Uhr, sonst 10–21 Uhr, ISK 4800 (!). Unterschiedliche Massagen und Behandlungen, mit Voranmeldung. Die Hautreinigungs- und Pflegeprodukte sind alle im Shop erhältlich, hier auch Souvenirs. Im Eingangsbereich Geldautomat. ℡ 4268800, www.blue lagoon.com.

Hin & weg Bus: von Reykjavík und zurück mit netbus tägl. 5-mal (inkl. Eintritt ISK 5900), zum Flughafen tägl. 2-mal, ℡ 5112600, www. netbus.is. Der Blue Lagoon Express fährt 11-mal tägl. von Reykjavík (inkl. Eintritt ISK 6300) und 10-mal zurück sowie 8-mal vom, 6-mal zum Flughafen, ℡ 5805400, www.re.is. Von/nach Grindavík tägl. 3-mal.

Ausflüge Pferd: Íshestar veranstaltet tägl. um 10 und 14 Uhr 6-stündige Ausflüge von seinem Reitzentrum in Hafnarfjörður. 1½– 2 Std. wird durch die Lava geritten, dann geht es mit dem Bus zur Blauen Lagune, 79 € (ohne Eintritt), ℡ 5557000.

Übernachten Northern Light Inn, für seinen guten, herzlichen Service und das hervorragende Essen gelobtes Hotel bei der Blauen Lagune, mitten in der Lava. Stilvoll und gemütlich, familiäre Atmosphäre. 32 Zimmer mit Bad, TV, Telefon. Im Restaurant mit Panoramablick Fisch ab ISK 2800, Lamm, Vegetarisches, Suppen, Salate sowie Kaffee und Kuchen. DZ ISK 35.500 inkl. Flughafentransfer. ℡ 4268650, welcome@northernlightinn.is, www.northern lightinn.is.

Essen Im Empfangszentrum der Blauen Lagune gibt es das **Bistro Blue Café** (Sandwichs, Kaffee) und ein originell in die Lava eingebautes **Gourmet-Restaurant**, in dem mittags ein Büfett mit isländischen Spezialitäten und ab 15.30 Uhr hochpreisige Gerichte (Fisch ab ISK 4000) serviert werden. Zu empfehlen ist das **Northern Light Inn**, hier gibt es von 11.30–13.30 und 18–20.30 Uhr schmackhafte Gerichte (s. o.).

Weiterfahrt: Durch 700 Jahre alte Lava führt die Straße schnurgerade 14 km gen Norden. Vor der Kreuzung mit der Str. 41 lädt der Forellensee Seltjörn zum Angeln ein. Reizvoller als die Fahrt auf der Überlandstraße (der verkehrsreichsten Straße in Island) durch weitere endlose, schroffe Lavafelder ist dann – besonders für Radfahrer – der kleine Umweg über die 3 km östlich der Kreuzung abbiegende, ruhige Küstenstraße 420, die herrliche Ausblicke über die Küste bietet.

Vogar (ca. 1150 Einw.): Jahrhundertelang profitierte der Ort von den fischreichen Fanggründen vor Vogastapi und war eines der bedeutendsten Fischereizentren auf Reykjanes. Als Motorboote die offenen Ruderboote ablösten, war seine Glanzzeit jedoch beendet – für die neuen Schiffe war der Hafen zu klein. Heute wächst die Bevölkerung durch Zuwanderung aus Reykjavík. Im 19. Jh. wohnte hier Jón Daníelsson, genannt Jón der Starke. Angeblich schleppte er einen 450 kg schweren Felsbrocken, der ihm auf seinem Feld im Weg lag, mit bloßer Muskelkraft weg. Dieser Stein liegt zur Erinnerung vor der Schule; für Jón wurde ein Denkmal errichtet.

Hin & weg Auf Anfrage hält der Bus zwischen Reykjavík und Keflavík (tägl. bis zu 7-mal) in Vogar, vorbestellen unter ℡ 4206000.

Taxi ℡ 8941153

Versorgung Arzt, Bank (Mo–Fr 9.15–12.30 und 13.30–16 Uhr), Geldautomat in der

Tankstelle (7.30–20, Sa/So erst ab 10/12 Uhr), hier auch kleiner Supermarkt und Post.

Schwimmbad Freibad mit Hot Pot, Mo–Fr 9–20, Sa/So 10–15 Uhr.

Übernachten Ocean Front Iceland, 4 km östlich von Vogar an der Straße 420 in schönem, komplett renoviertem Farmhaus von 1929; viel Charme und herrliche, friedliche Lage nahe am Meer. Vermietet wird ein hübsches Apartment für 2–4 Pers. mit Schlafzimmer, Küche, Bad, Wohnzimmer, Hot Pot. ISK 24.000 ohne Frühstück, mind. 2 Nächte. ✆ 8986760, oceanfronticeland@gmail.com, www.oceanfronticeland.is.

≫≫ Unser Tipp: **Hotel Vogar/Motel Best**, der freundliche, viel gelobte Komplex ist zu Recht stolz auf seine guten Betten aus Kanada (in den Zimmern mit Bad). Zu empfehlen für die erste oder letzte Nacht der Reise

(nur 13 Min. zum Flughafen). Der hilfsbereite Besitzer und gelernte Koch Guðmundur serviert ab 7.45 Uhr ein vielfältiges Frühstücksbüfett, wer früher abreisen muss, kann sich am Abend zuvor ein Frühstückspaket zubereiten. 29 gut ausgestattete Zimmer mit TV (auch deutsche Kanäle) und Bad, DZ ISK 21.000. 7 Zimmer für 2–3 Pers. ohne Bad, DZ ISK 18.000; zwei Bäder im Flur. Drei Apartments für bis zu 5 Pers. mit Bad und Küchenzeile ISK 28.000. Stapavegur 7, ✆ 8664664, hotelvogar@simnet.is, www.hotelvogar.is. ≪≪

Essen Gamla Pósthúsið, schräg gegenüber vom Hotel Vogar, startete im Sommer 2011 und will neben Pizza auch traditionelle isländische Gerichte servieren, z. B. frische Muscheln, Lachs und Lamm. Di–Fr 17–23, Sa/So 14–23 Uhr. Tjarnargata 26, ✆ 4246800.

Von Grindavík nach Hafnarfjörður: Südküste

(Str. 427/42, 50 km)

Die Strecke führt durch das Naturschutzgebiet Reykjanes, das sich mit markanten Bergen, heißen Quellen, türkisgrünen Seen und Islands größtem Vogelfelsen von Krýsuvík bis kurz vor Hafnarfjörður erstreckt und zu Wanderungen einlädt.

Eingefasst wird das 300 km² große Naturreservat von den beiden imposanten Bergrücken Trölladyngja im Westen und Brennisteinsfjöll im Osten, zwischen denen sich quer über die Halbinsel die Str. 42 hindurchschlängelt.

Bei der Recherche 2011 war auf der Strecke von Grindavík bis hinter Krýsuvík, die bisher weitgehend auf einer Schotterpiste zurückgelegt werden musste, und weiter nach Þorlákshöfn eine Asphaltstraße im Bau. Im Naturschutzgebiet verläuft sie näher am Meer als die alte Straße und umgeht die Kreuzung mit der Straße 42. Die alte Straße wird geschlossen werden, nicht jedoch der bereits geteerte Abschnitt im Naturschutzgebiet östlich und westlich der Straße 42. Hier sollen die beiden Straßen parallel verlaufen; die folgenden Angaben beziehen sich auf die Fahrt auf dem nördlicheren, alten Abschnitt.

Zuerst geht es 24 km nach Krýsuvík. Hinter Grindavík führt die Straße 427 oberhalb der weiten Bucht *Hraunsvík* auf das ockerfarbene *Fiskidalsfjall* (194 m). An einem Aussichtspunkt vorbei fährt man um den erloschenen Vulkan *Festarfjall* (190 m) aus vorgeschichtlicher Zeit, von dem nur noch eine Hälfte steht – den Rest hat die Meeresbrandung weggespült. Wieder unten an der Küste, breitet sich bald das weite, mit seinen von weichem Moos bedeckten, schroffen Lavablöcken fast verwunschen wirkende *Ögmundarhraun* aus, dessen Lava wahrscheinlich im Jahr 1151 floss. Hier beginnt das Naturschutzgebiet Reykjanes. 15 km hinter Grindavík zweigt von der nördlicheren, alten Straße links die nur für Allradfahrzeuge zugelassene, sehr kurvenreiche, steinige und bisweilen steile, 22 km lange Schotterpiste 428 ab. Sie führt zwischen den Bergrücken Núpshlíðarháls und Sveifluháls durch das moosgrüne Tal *Vigdísarvellir*, vorbei an den sumpfigen Feuchtwiesen *Krokamýri* und dem Forellensee *Djúpavatn*, und trifft hinter dem Sveifluháls auf die Straße 42. Da sie von den meisten Reisenden links liegen gelassen wird, findet man hier neben herrlicher Bergkulisse, Blumen in der Lava und vereinzelten Schafen auch absolute Stille.

1 km vor der Kreuzung mit der Str. 42 stand am Bæjarfell über 150 Jahre lang die winzige Holzkirche *Krýsuvíkurkirkja* von 1857, die nach einer Renovierung 1964 neu geweiht und dem Nationalmuseum übergeben worden war. Durch Brandstiftung einiger Jugendlicher wurde das kleine Juwel 2010 vollständig vernichtet. Noch im selben Jahr begannen Zimmermänner – Lehrer und ihre Schüler – an einer Berufsfachschule in Hafnarfjörður unter Anwendung traditioneller Methoden mit dem Nachbau. Läuft alles nach Plan, füllt das neue Kirchlein im alten Gewand ab 2012 die in der Landschaft entstandene Lücke.

Halbinsel Reykjanes → Karte S. 240

🏃 Wanderungen und Abstecher   (alle ausgeschildert → Karte S. 263)

Selatangar: Gegenüber dem Bergrücken Núpslíðarháls führt eine ca. 1,5 km lange Jeep-Piste durch die Lava in die Nähe der Ruinen von zahlreichen alten, aus Lavablöcken aufgeschichteten Fischerhütten zwischen Treibholz und Blumen (vom Ende der Piste noch ca. 15 Min. zu Fuß). Bis 1880 wurde von hier aufs offene Meer gerudert, um die auf den Einfluss des Golfstroms zurückzuführenden, reichen Fanggründe vor der Küste auszubeuten.

Húshólmi und Óbrennishólmi (3) (leicht): Hier sind die letzten Reste von Häusern zu sehen, die im Jahr 1151 beim Vulkanausbruch verschüttet wurden. Laut Wissenschaftlern war dies der erste Hof in Krýsuvík. Der Wanderweg nach Óbrennishólmi (ca. 2,1 km) beginnt 1 km östlich der Abzweigung der Piste nach Selatangar, der Wanderweg nach Húshólmi (ca. 2,5 km) etwas weiter östlich beim Berg Mælifell. Es kann auch von Óbrennishólmi nach Húshólmi weitergewandert werden. 2011 waren Informationstafeln und ein neuer Wanderweg geplant.

Vogelfelsen Krýsuvíkurberg (4) (leicht): Mit seinen steilen Klippen von knapp 5 km Länge und an der höchsten Stelle 70, sonst zumeist 50 m Höhe ist dies einer der größten Vogelfelsen Islands. Hier brüten Myriaden von Seevögeln, vor allem Seemöwen und Trottellummen. Die hierhin führende, bei der letzten Recherche äußerst schlechte (!) Piste beginnt ca. 2 km westlich von der Abzweigung der Str. 42 (ausgeschildert). Spätestens nach knapp 5 km ist bei der Furt (die 2011 allerdings eher eine große Pfütze war) am Vogelfelsen Schluss für die Autos, der Rest der Strecke muss zu Fuß zurückgelegt werden. An der Küste angekommen, führt dann eine Piste steil hinauf auf die Klippe. Auf fast 5 km Länge bietet sich hier ein Paradies für Ornithologen. Die gesamte Klippe abzuwandern dauert etwa 2 Std. Bereits nach ca. 30 Min. ist der kleine Leuchtturm erreicht; im Gras unterhalb des Turms nisten einige Papageientaucher, die einzigen am Krýsuvíkurberg. Bisweilen können vom Vogelfelsen aus Wale beobachtet werden. Außerdem finden sich vor der Küste häufig Seerobben ein.

Weiterfahrt durchs Naturschutzgebiet: Weiter geht es gen Norden auf der guten Str. 42, die als Schotterpiste zwischen zwei Kraterseen hindurchführt: Westlich der

Geothermalgebiet Seltún – Rundweg zwischen heißen Quellen

Straße liegt das Maar *Gestsstaðavatn*, östlich mit türkisgrüner Färbung das etwa 45 m tiefe *Grænavatn* in einem Explosionskrater. Hier beginnt ein kurzer Wanderweg zum *Austurengjahver* (s. u.).

Etwa 3 km nördlich der Kreuzung bei *Seltún* dampft es nahe der Straße – Krýsuvík liegt in einem Geothermalgebiet und an dieser Stelle befinden sich einige der zahlreichen Lehm- und Schwefelquellen, die hier am Südosthang des Palagonitrückens *Sveifluháls* blubbern. Sie liegen oftmals versteckt und sind nur auf Wanderungen über den Höhenzug zu entdecken, in dem bis Anfang des 20. Jh. Schwefel abgebaut wurde. Seit einem Erdbeben im Juni 2000, dem schwersten Südlandbeben seit 1912, ist Seltún ruhiger als zuvor, der größte Hexenkessel zischt nicht mehr. Auch die häufigen kleinen Erdstöße auf Reykjanes lassen die Aktivität im Seltún-Gebiet erlahmen. Ein Spaziergang auf dem Rundweg aus Holzstegen ist dennoch auf jeden Fall zu empfehlen. Auch auf der Ostseite der Straße kochen mehrere Schlammtöpfe. Einer ist *Fúlipollur* gleich gegenüber; beeindruckend ist die mächtige Dampfquelle *Austurengjahver* bei Litla-Lambafell, die 1924 durch ein Erdbeben entstand und über einen 1,6 km langen Pfad vom Parkplatz am Grænavatn zu erreichen ist.

Das bei der Weiterfahrt auftauchende, ursprünglich 10 qkm große und bis zu 97 m tiefe *Kleifarvatn* ist der drittgrößte See des Südlandes. Er wird markant eingerahmt von der steilen, schroffen Felswand des *Sveifluháls* im Westen und den weicheren, grünen Abhängen einer Hochebene und der *Vatnshlíð* im Osten. Der See, angeblich von einem walgroßen Wasserungeheuer bewohnt, entstand einst durch Absinken des Bodens. Schon immer änderte er in mehrjährigen Intervallen seinen Wasserstand als Reaktion auf die bei Niederschlag und Verdampfung im Hochthermalfeld Krýsuvík eintretenden Grundwasserschwankungen. Bei dem Beben im Juni 2000 aber öffneten sich unter dem See Spalten und Risse und das Kleifarvatn begann langsam auszulaufen. Innerhalb weniger Jahre sank der Wasserstand um mehrere Meter ab und die Fläche des Sees reduzierte sich um 30 %. Plötzlich tauchten Strände mit dampfenden, heißen Quellen auf, wo früher Leute ihre Angel ins Wasser hielten. Nach letztendlichem Wiederanstieg des Wasserstands sorgten viele kleine Beben im Frühjahr 2009 und 2011 für ein bis Herbst 2011 andauerndes weiteres Auslaufen.

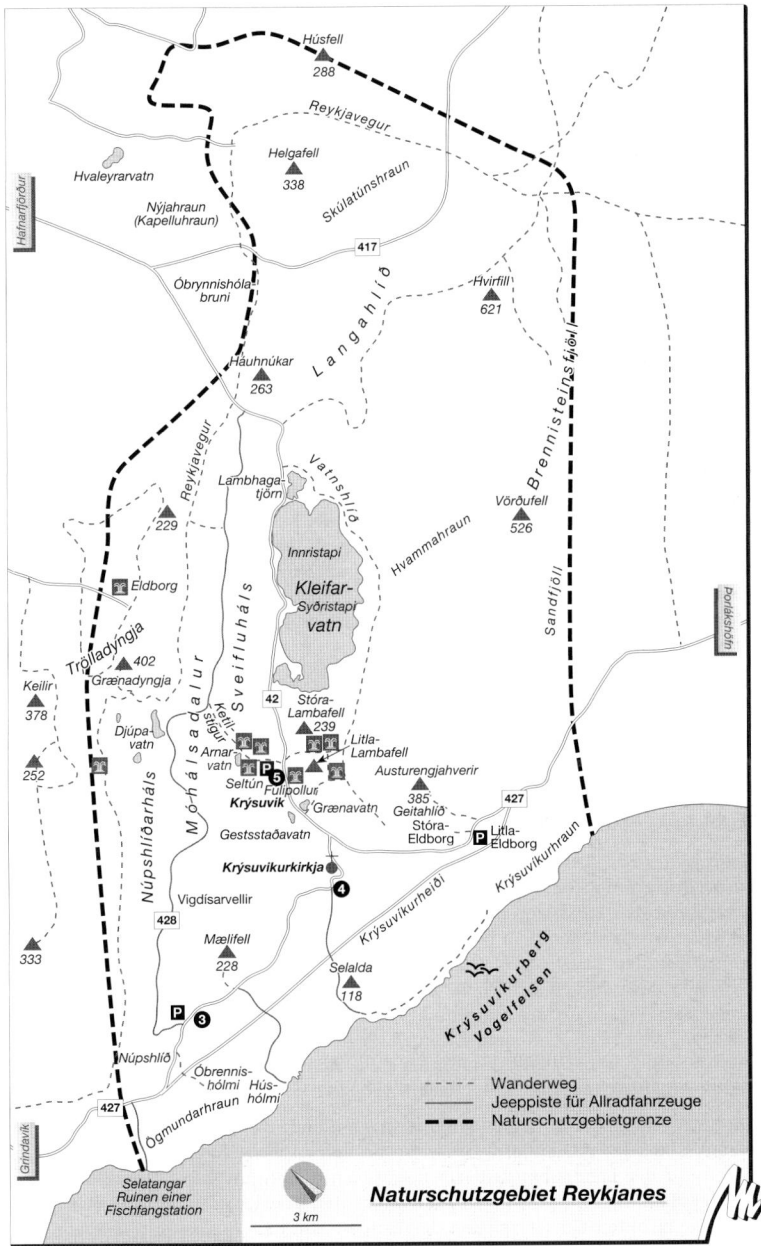

Hafnarfjörður

Húsfell
288

Reykjavegur

Helgafell
338

Skúlatúnshraun

Hvaleyrarvatn

Nýjahraun
(Kapelluhraun)

417

Óbrynnishóla-
bruni

Hvirfill
621

Háuhnúkar
263

L a n g a h l í ð

Reykjavegur

Lambhaga-
tjörn

Vatnshlíð

Hvammahraun

Vörðufell
526

B r e n n i s t e i n s f j ö l l

229

Eldborg

Innristapi

Kleifar-
Syðristapi
vatn

S a n d f j ö l l

Þorlákshöfn

Trölladyngja
402

Græðadyngja

Keilir
378

Djúpa-
vatn

252

S
v
e
i
f
l
u
h
á
l
s

M
ó
h
á
l
s
a
d
a
l
u
r

Ketil-
stígur

42

Stóra-
Lambafell
239

Litla-
Lambafell

Arnar-
vatn

P

5

Seltún

Fúlipollur

Krýsuvík

Grænavatn

Austurengjahverir

385
Geitahlíð
Stóra-
Eldborg

427

N
ú
p
s
h
l
í
ð
a
r
h
á
l
s

333

Gestsstaðavatn

Krýsuvíkurkirkja

4

Litla-
Eldborg

P

Krýsuvíkurheiði

Krýsuvíkurhraun

Vigdísarvellir

428

Mælifell
228

Selalda
118

K
r
ý
s
u
v
í
k
u
r
b
e
r
g
Vogelfelsen

P

3

Núpshlíð

Óbrennis-
hólmi

Hús-
hólmi

427

Grindavík

Ögmundarhraun

Selatangar
Ruinen einer
Fischfangstation

- - - - - Wanderweg
───── Jeeppiste für Allradfahrzeuge
━ ━ ━ Naturschutzgebietgrenze

Naturschutzgebiet Reykjanes

3 km

Die Straße schlängelt sich auf wunderschöner Strecke zwischen dem insgesamt 15 km langen und am höchsten Punkt 397 m aufragenden Sveifluháls und dem stillen Kleifarvatn hindurch. Kleine Landspitzen mit bizarren Tuff-Formationen ragen in den See hinein. Hinter dem Vatnshlíðarhorn überwindet die Straße eine starke Steigung und führt, nun asphaltiert, aus dem Naturschutzgebiet hinaus. Die Landschaft weitet sich und an der Str. 417 vorbei, die in das bei Skifahrern beliebte Naturschutzgebiet *Bláfjöll* führt, erreicht die Straße durch Neubaugebiete hindurch die Überlandstraße, einen Steinwurf vom Stadtzentrum Hafnarfjörðurs entfernt.

Angeln: Lizenzen für das Kleifarvatn in Hafnarfjörður bei Veiðibúðin, Strandgata 49.
Camping: Schöne Zeltmöglichkeit im Vigdísarvellir an der Str. 428 auf großer grüner Wiese.

🏃 Wanderung   (→ Karte S. 263)

Die Karte „Walking and Hiking in Krýsuvík" mit Erklärungen zu Fauna, Geologie, Geschichte etc. ist in der Touristinformation in Hafnarfjörður zu bekommen. Wer kurze Wanderungen im Naturschutzgebiet mit längeren Wanderungen auf der Halbinsel verbinden will, für den lohnt sich die Anschaffung der Wanderkarte mit Luftbild von Loftmyndir, 1:50.000. Vor allem auf der Str. 428 sind ansonsten immer wieder Wanderungen ausgeschildert.

Ketilsstígur über den Sveifluháls (5) (3,5 km, steil, Trittsicherheit nötig): Der ausgeschilderte Weg beginnt am Parkplatz Seltún. Er führt geradewegs auf den Berg hinauf und am kleinen See *Anarvatn* und vielen Fumarolen vorbei bis in 300 m Höhe. Bei schönem Wetter reicht der Blick weit über das Kleifarvatn und die umliegenden Berge bis nach Hafnarfjörður. An der heißen Quelle Ketill vorbei geht es hinunter in den *Móhálsadalur* zwischen Sveifluháls und Núpshlíðarháls, oder aber man umrundet einfach den See und geht wieder hinab zum Parkplatz Seltún.

Hafnarfjörður   („habnafjörthur", ca. 26.000 Einw.)

Kein Ort in Island pflegt die Wikingertradition so begeistert wie Hafnarfjörður. Die Partnerstadt von Cuxhaven bezieht ihren Charme aus bunten, in die Lava gebetteten Häusern und besitzt sogar ein unsichtbares Schloss.

Trotz hoher Bevölkerungszahl und nur 15 km Entfernung zur Hauptstadt Reykjavík ist die drittgrößte Stadt des Landes ein geradezu malerisches Städtchen mit freundlichen, von den Landsleuten gern als „Ostfriesen Islands" geneckten Einwohnern. Errichtet wurde sie auf dem vor 7000 Jahren aus dem 5 km entfernten Krater *Búrfell* geflossenen Lavafeld *Búrfellshraun*, und in geschützten Vertiefungen in der schroffen Lava ducken sich noch viele farbenfrohe, von baumbestandenen Gärten umgebene Häuser aus der Zeit um die Wende zum 20. Jh. In der Lava wimmelt es angeblich von Elfen, Gnomen, Zwergen, Feen und anderen unsichtbaren Bewohnern. Das Medium Erla Stefánsdóttir hat einen Stadtplan erstellt, auf dem ihre Wohnstätten eingezeichnet sind. Er ist für ISK 1500 in der Touristinformation erhältlich.

Die „Stadt in der Lava" liegt hufeisenförmig am Ende der gleichnamigen Förde. Ihr Name, übersetzt „Hafenfjord", verweist auf den ausgezeichneten Naturhafen, der schon vor der Landnahmezeit von nordischen Seefahrern erwähnt wurde. Heute verfügt Hafnarfjörður über einen gut ausgebauten Trawlerhafen und vor allem über den zweitgrößten Umschlaghafen des Landes. Von hier verlässt u. a. das vor den Toren der Stadt produzierte Aluminium die Insel (siehe Kasten "Krieg gegen das Land").

„Krieg gegen das Land": Aluminiumschmelzen

Nobelpreisträger Halldór Laxness sprach angesichts des rücksichtslosen Umgangs der Isländer mit ihrer Natur bereits 1970 von einem „Krieg gegen das Land". Dabei kritisierte er auch die Pläne der Nationalen Energiebehörde, die Insel mit Aluminiumhütten zu übersäen.

Aluminiumhütten gehören zu den Produktionsstätten mit dem höchsten Stromverbrauch, Island hat Geothermalenergie und reißende Flüsse und somit keine Sorge um dahinschwindende Energieressourcen. 1966 kam es deshalb zu einem Vertrag mit dem Schweizer Konzern Alusuisse. Er besiegelte die Gründung des Tochterunternehmens Íslenska Álfélagið hf., das in Straumsvík eine Elektrolyseanlage errichtete, während Island im Gegenzug 100 km östlich von Reykjavík an der Þjórsá das Wasserkraftwerk Búrfellsvirjkun baute, um die Aluminiumhütte mit Strom zu versorgen. Damit das Endprodukt direkt zu den Welthäfen verschifft werden konnte, verpflichtete sich die Stadt Hafnarfjörður zudem zum Bau eines Hochseehafens. Die Produktion ist durch zu Niedrigstpreisen angebotenen Strom in Island so kostengünstig, dass die für die weiten Transportwege des Rohstoffs Bauxit und des Endprodukts Aluminium anfallenden Beträge mehr als ausgeglichen werden. Unter dem Motto „Lowest Energy Prices!!" versuchte die isländische Regierung 1995, weitere ausländische Investoren anzulocken.

Von 1995 bis 1997 wurde die Aluminiumhütte Straumsvík um 60 % vergrößert und die Produktion erheblich gesteigert. Dieses Projekt war die größte ausländische Investition seit zwei Jahrzehnten, aber nicht die letzte: Seit 1998 steht auch am Hvalfjörður bei Akranes eine Aluminiumhütte. Ihre Kapazität wurde bis 2007 von 90.000 auf 260.000 t erhöht. Und 2008 ging in Reyðarfjörður an der Ostküste die Hütte Fjarðaráál mit der hohen Anfangskapazität von 320.000 t Aluminium im Jahr an den Start. Dieses Projekt war in der Bevölkerung von Anfang an schon wegen der mit dem Bau des benötigten Kraftwerks einhergehenden Überflutung von 57 qkm Hochlandwildnis äußerst umstritten.

Die Produktion der mittlerweile zu 100 % dem kanadischen Alu-Riesen Rio Tinto Alcan gehörenden Schmelze in Straumsvík sollte eigentlich bis 2011 auf enorme 460.000 t erweitert werden. Im Frühjahr 2007 aber votierten die Bürger Hafnarfjörðurs in einer Befragung mit knapper Mehrheit (50,3 %) gegen den Ausbau. Für viele Isländer ist die Aluminiumproduktion längst nicht mehr das wirtschaftliche Allheilmittel. Sie haben die derzeit amtierende Stadtverwaltung auf ihrer Seite. Durch eine Modernisierung des Werkes soll die Produktion nun ohne Vergrößerung bis 2014 auf „nur" 228.000 t gesteigert werden.

Schon lange sind im Land zwei weitere Schmelzen in Planung, deren Zukunft jedoch ungewiss ist: Im Herbst 2011 erklärte Alcoa seinen Rückzug von dem Vorhaben, im Norden bei Húsavík ein Werk zu bauen; mit dem Bau einer Schmelze in Helguvík auf der Halbinsel Reykjanes wurde vor einigen Jahren voreilig begonnen, doch ist bis heute nicht klar, woher die benötigte Energie kommen soll. Vielleicht ist doch eine Wende in Sicht.

Literaturtipp: Eine äußerst kritische Auseinandersetzung mit der einseitigen Konzentration der Regierung auf den Bau von Aluminiumschmelzen, viele Hintergrundinformationen und interessante Ideen liefert Andri Snær Magnason in seinem Buch *Traumland: Was bleibt, wenn alles verkauft ist?*, orange-press 2011. Das isländische Original verkaufte sich im Land 18.000-mal und wurde 2007 mit dem isländischen Literaturpreis ausgezeichnet. 2010 erhielt der Autor für sein Buch den KAIROS-Preis der Alfred-Töpfer-Stiftung.

In den letzten Jahren wurde an verschiedenen Stellen neuer Wohnraum gebaut, der die Nachfrage trotz des ständigen Wachstums der Stadt aufgrund der Folgen der Finanzkrise übertraf. Im Zentrum entstanden direkt am Wasser zahlreiche Apartmentblöcke – ein harter Stilbruch in dem bunten Viertel mit historischen Häusern, der bei vielen Bewohnern für Unmut sorgt, zumal ein großer Teil der Wohnungen nun leer steht. Ein weiteres großes Neubaugebiet wuchs in Vellir auf der südlichen Seite der Überlandstraße aus der Lava.

Für Touristen lohnt der Besuch u. a. wegen des hübschen Stadtbilds, der Parks und Museen und des einzigen Wikingerrestaurants und -hotels im Land. Wer nach langer Fahrt durchs Land mal wieder etwas Deutsches lesen möchte, findet in der Bücherei mit ihrer großen Abteilung für deutsche Bücher und Filme Romane und Sachbücher (Mo–Fr 10–18 Uhr, hier auch Internet).

Geschichte

Das erste Mal fand Hafnarfjörður im Landnahmebuch Erwähnung: Flóki Vilgerðarson landete bei seiner Erkundungsfahrt im Jahr 860 unfreiwillig an der Landzunge Hvaleyri im Westen der Stadt. Der Wind um Reykjanes war ausnahmsweise einmal so schwach, dass nicht gesegelt werden konnte. Flóki und seine Mannen wurden abgetrieben und legten bei Hafnarfjörður an.

Erinnerung an die Kirche der Hamburger Kaufleute

Handelsplatz der Hamburger: Bereits um 1415 kamen die Engländer, um sich Hafnarfjörður mit seinen guten Hafenbedingungen und ergiebigen Fischgründen als Handelshafen zu sichern. Jahrzehntelange heftige Rivalitäten mit deutschen Hansekaufleuten aber endeten 1518 in einem Scharmützel mit englischer Niederlage. Hafnarfjörður wurde nun zum wichtigsten Handelsplatz der Hamburger Kaufleute, die hier Wohn- und Geschäftshäuser und 1533 sogar eine Kirche bauten. Deutsche Pfarrer hielten dort bis 1603 Gottesdienste ab. Vermutlich wurde die Kirche 1608 abgerissen. Auf Wunsch Hafnarfjörðurs wurde 2003 zur Erinnerung an Islands erste protestantische Kirche am Wasser eine von dem Hamburger Künstler Lupus geschaffene Skulptur aus isländischem Basalt und deutschem Edelstahl in Form eines gotischen Bogens aufgestellt.

Der Vater von Hafnarfjörður: Auch unter dem dänischen Handelsmonopol 1602–1787 blieb Hafnarfjörður einer der wichtigsten Handelsplätze und der bdeutendste Hafen Islands. Die anschließende Entwicklung der Stadt ist vor allem *Bjarni Sívertsen* (1763–1833) – der Familienname ist die dänisierte Form seines Vaternamens Sigurðsson – zu verdanken, einem der ersten isländischen Handelsunternehmer, der durch die Gründung eines Handelskontors, einer Reederei und eines Fischunternehmens für ein Aufblühen der Wirtschaft sorgte und deshalb auch als „Vater von Hafnarfjörður" bezeichnet wird.

Durch den Übergang zu seetüchtigen Deckschiffen ergaben sich gegen Ende des 19. Jh. neue Arbeitsmöglichkeiten im Fischfang. Der erste isländische Trawler hatte 1905 hier seinen Heimathafen. Die Stadt wuchs rasch an und erhielt 1908 das Stadtrecht. Von Vorteil für die Entwicklung Hafnarfjörðurs war auch die Lage an der Überlandstraße zwischen Reykjavík und Keflavík, die 1965 gebaut wurde.

Die Herkunft der Elfen

Der Legende nach machte Gott sich einst auf, um Adam und Eva einen überraschenden Besuch abzustatten. Sie führten ihn im ganzen Haus herum und stellten ihm auch ihre Kinder vor. Allerdings nicht alle, denn Eva hatte keine Zeit mehr gehabt, sie sämtlich zu baden, und wollte nicht, dass Gott die ungewaschenen sehe. Gott aber ließ sich nicht täuschen und rief aus, was vor ihm versteckt würde, solle auch vor den Menschen verborgen bleiben. So wurden die ungewaschenen Kinder für das menschliche Auge unsichtbar. Von ihnen stammen die Elfen ab, die nur dann für einen Menschen sichtbar werden, wenn sie es wünschen. Die Menschen hingegen sind die Nachfahren der gebadeten Kinder.

Halbinsel Reykjanes → Karte S. 240

Basis-Infos (→ Karte S. 268/269)

Information/Internet Im Rathaus, Mo–Fr 8–16 Uhr (Sa/So im Museum Pakkhúsið). Kostenlose Broschüre „The Town in the Lava" mit zahlreichen Infos und Stadtplan. Strandgata 6, ✆ 5855500, www.visithafnarfjordur.is.

Hin & weg Bus von/nach Reykjavík alle 15 oder 30 Min. ab Einkaufszentrum Fjörður (Linie S1), www.straeto.is, ✆ 5402700; mit dem Flybus von Restaurant Fjörukráin (andere Straßenseite) zum Flughafen (rechtzeitig an der Straße stehen und Zeichen geben). **Taxi:** ✆ 5550888.

Apotheke Im EZ Fjörður, Mo–Fr 9–18, Sa 11–16 Uhr.

Arzt Sólvangur, Sólvangsvegur 2, ✆ 5502600, **St. Jósephs-Krankenhaus**, Suðurgata 41, ✆ 5550000.

Autowerkstatt Zahlreiche Werkstätten am Helluhraun und am Reykjavíkurvegur stadtauswärts in Richtung Reykjavík.

Bank In der Strandgata, der Fjarðargata,

am Reykjavíkurvegur und im EZ Fjörður, fast alle mit Geldautomat. Geldautomat auch im EZ Fjörður.

Bäckerei Dort daglegt brauð **18**, gemütliche Bäckerei mit Café im Eckhaus, gestaltet wie eine Bäckerei aus vergangener Zeit. Große Auswahl an Brot, Kuchen und Kleingebäck. Mo–Fr 7.45–17.30, Sa/So 9–16 Uhr. Strandgata 49.
Eine weitere Bäckerei/Konditorei mit Café im EZ Fjörður, Mo–Sa 8–18, Fr bis 19, Sa bis 18.30 Uhr.

Einkaufen Am zentralsten liegt der Supermarkt im **EZ Fjörður 17**, Fjarðargata 13–15, tägl. 9–24 Uhr. Weitere große **Supermärkte** an den Ausfallstraßen, z. B. der günstige **Bónus 9**, Hjallahraun/Fjardarvegur, Mo–Do 12–18.30, Fr 10–19.30, Sa/So 10/12–18 Uhr, **Krónan 23**, Strandgata/Ecke Fornubúðir, Mo–Sa 11–21, So 12–21 Uhr, **Krónan 11**, Reykjavíkurvegur, Mo–Fr 11–21, Sa/So 10–21 Uhr. **Alkoholika** im EZ Fjörður, Mo–Do 11–18, Fr 11–19, Sa 11–18 Uhr. **Frischen Fisch**

findet man in der Firskbúðin, Trönuhraun 9 (nahe Hótel Hafnarfjörður), Mo–Fr 9–18 Uhr, **Bücher** bei Eymundsson, Strandgata 31, Mo–Fr 9–18, Sa 10–14 Uhr. Gamla Matarbúðir, Austurgata 47, Mo–Fr 10–18, Sa 12–16 Uhr, verkauft **isländische Kräuter**, Tees, Marmeladen, isländisches Moos u. a.

Fahrradreparatur Fahrradladen Hjóla sprettur ❸, Mo–Fr 10–18, Sa 10–16 Uhr. Dalshraun 13.

Feste Ende Mai/Anfang Juni läuft das Kunst- und Kulturfestival „Bright Days". Mitte Juni ist der Platz um das Restaurant Fjörukráin vier Tage lang Schauplatz des Internationalen **Wikingerfestivals**, bei dem traditionelle Spiele und Sportwettkämpfe, Bootsrennen, Theaterspiele, ein Wikinger-Kunsthandwerksmarkt usw. stattfinden.

Outdoorartikel Beim Ausrüster Fjallakofinn ❻, Mo–Fr 10–18 Uhr. Reykjavíkurvegur 64.

Polizei Flatahraun 11, ☎ 5253300.

Post im EZ Fjörður.

Sport und Touren

Elfentouren Di und Fr um 14.30 führt Sibba Interessierte auf einem 1½-stündigen Spaziergang in die Welt des in der Stadt lebenden verborgenen Volkes, auf dem es für die meisten mehr zu hören als zu sehen gibt. ISK 3900 inkl. Stadtplan „Hidden Worlds Map", der auch in Deutsch erhältlich ist. Start bei der Touristinformation, Infos und Buchung unter ☎ 6942785.

Die Seherin und Künstlerin Ragnhildur Jónsdóttir begann 2011, sog. „Elf Walks" durch den Park Hellisgerði anzubieten, auf Englisch jeden Di 11 Uhr. Bei dem 40-minütigen Spaziergang erfährt man ebenfalls viel über das verborgene Volk. Im „Little Elf Garden House" lässt es sich anschließend Kaffee trinken. ☎ 6943153, www.elfgarden.is.

Reitausflüge Von seinem Reitzentrum aus bietet Íshestar etliche interessante Touren und Ausflüge, von denen viele auch für Ungeübte geeignet sind. Für 59 € geht es z. B. 2-mal tägl. 1½–2 Std. durch die Lava um den Berg Helgafell. ☎ 5557000, www.ishestar.is.

Schwimmbäder Suðurbæjarlaug, Hringbraut 77, Freibad mit Hot Pots, Sauna, Mo–Fr 6.30–20.30, Sa/So 8–18/17 Uhr.

Ü̈bernachten
2　Hótel Hafnarfjörður
10　Guesthouse
　　Hafnarfjörður
14　Maríubær
16　Arahus Guesthouse
19　Helguhús
21　Viking Hotel

Essen & Trinken
1　Serrano
4　American Style
5　Dong Huang
7　Hrói Höttur
12　Gamla Vínhúsið
15　Tilveran
20　Fjörukráin
22　Kænan

Cafés
13　Súfistinn
17　Café Aroma

Nachtleben
8　Irish Pub
12　Pub A. Hansen

Einkaufen
3　Hjóla sprettur
　　(Fahrradladen)
6　Outdoorladen
　　Fjallakofinn
9　Supermakt Bónus
11　Supermakrt Krónan
　　(Filiale 1)
17　Einkaufszentrum Fjörður
18　Bäckerei 'Dort daglegt
　　brauð'
23　Supermakt Krónan
　　(Filiale 2)

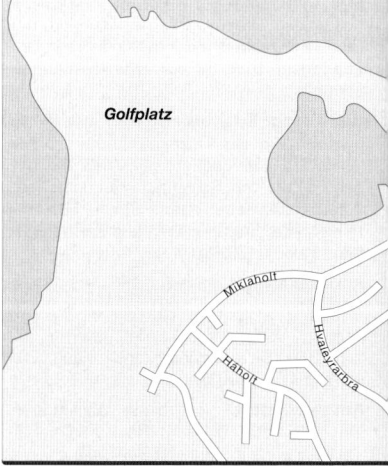

Golfplatz

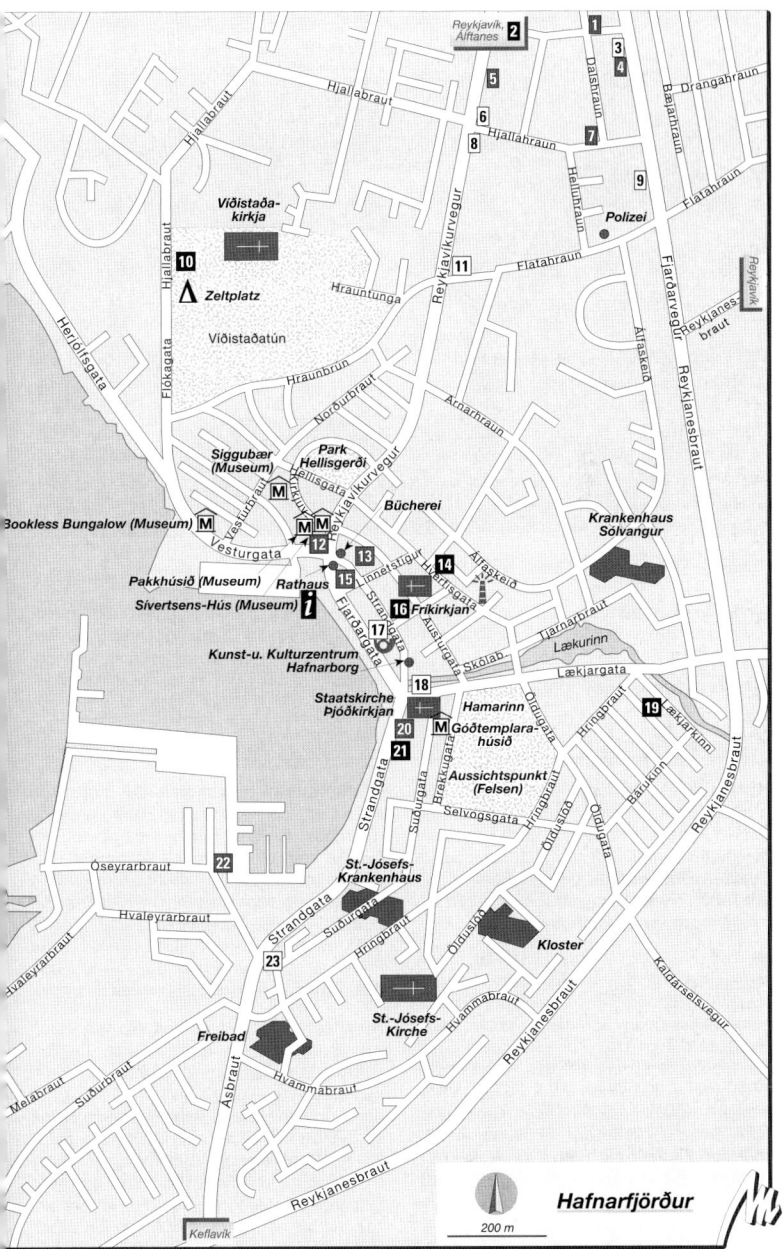

Hafnarfjörður

200 m

Historisches Flair mitten im Zentrum

Ásvallalaug, Ásvellir 2, topmodernes Hallenbad etwas außerhalb, gleiche Öffnungszeiten.

Wanderungen Geführte Wanderungen auf den Berg Helgafell bietet der Veranstalter **Mountain Climbing**, Di und So 9.30 Uhr, ISK 9850. Im Sommer auch Abendtouren. ✆ 8917074, www.mountainclimbing.is.

Übernachten/Camping

(→ Karte S. 268/269)

Hotels Hótel Hafnarfjörður **2**, modernes, großes Hotel mit Stil. Freundliche Zimmer für 1–3 Pers. mit Bad, viele auch mit Kochgelegenheit und/oder Kühlschrank, sowie Studio-Apartments für bis zu 6 Pers. DZ ab ISK 20.900. Reykjavíkurvegur 72, ✆ 5409700, info@hhotel.is, www.hhotel.is.

》》》 Unser Tipp: Viking Hotel **21**, stimmungsvoll nordisches Gästehaus mit warmer Atmosphäre im dunklen Holzhaus einer ehemaligen Schmiede, neben dem Restaurant Fjörukráin, im „Viking Village". Die Dekoration im Hotel, das zum Verkauf angebotene Kunsthandwerk, alles repräsentiert die Kultur der Isländer, Grönländer und Färöer. 42 große, gut möblierte und gemütliche Zimmer mit Bad. Zwei kleine Studios. Hot Pot und Sauna. Ab 2012 soll es zusätzlich noch etwa 15 kleine Torfhäuser geben, jeweils mit DZ und Bad. DZ ab ISK 17.500. Strandgata 55, ✆ 5651213, vikings @vikingvillage.is, www.vikingvillage.is. 《《《

Gästehäuser Maríubær **14**, hübsches Apartment für 4–5 Pers. in Haus von 1926; die netten Besitzer wohnen darüber. Zwei DZ, die auch einzeln vermietet werden, gut ausgestattete Küche, Wohnzimmer, Bad und Zugang zum Garten mit Blumen und großer Terrasse nur für die Gäste. DZ ISK 9000, ganzes Apt. ISK 16.000. Preise ohne Frühstück. Smyrlahraun 6, ✆ 8589004, mariubaer@mariubaer.is, www.mariubaer.is.

》》》 Unser Tipp: Helguhús **19**, ein Haus zum Wohlfühlen in ruhiger Lage, 10 Min. Fußweg zum Zentrum. Zwei liebevoll eingerichtete DZ unter dem Dach, Frühstück mit den sympathischen älteren Besitzern Helga und Axel; im Souterrain Apartment mit 1 EZ, 1 DZ und einem Dreibettzimmer, ebenso hübsch, mit Küche, Bad und eigenem Eingang, bei Bedarf werden die Zimmer einzeln vermietet. DZ ISK 12.500, Apt. ISK 20.500. Lækjarkinn 8, ✆ 5552842/8619279, helguhus@ helguhus.is, www.helguhus.is. 《《《

Arahus Guesthouse 🔟, 1. Juni bis 31. Aug., mitten im Zentrum eine Etage für Gäste unter dem Dach mit vier hellen, freundlichen DZ und einem EZ, alle mit TV. Bad, Küche, Waschmaschine. DZ ISK 10.000 ohne Frühstück. Strandgata 21, ✆ 5551770/ 8981771.

Guesthouse Hafnarfjörður 🔟, 15. Mai bis 15. Sept., am Park Víðistaðatún unter Leitung der Pfadfinder, mehr Herberge als Gästehaus. 10 Zimmer für 2–6 Pers. Kein Frühstück. Waschmaschine. Küche kann genutzt werden; vom Speisesaal schöner Blick auf Park und Kirche. DZ ISK 9200 (SSU, Bettzeug ISK 900/Pers.). Hjallabraut 51, ✆ 5650900, info@hafnarfjordurguesthouse.is, www.hafnarfjordurguesthouse.is.

Camping Hafnarfjörður, ruhiger Platz mit Duschen im Park Víðistaðatún bei Skulpturen und Bäumen unter derselben Leitung wie das Guesthouse Hafnarfjörður, mit Waschmaschine. Küche im Gästehaus kann genutzt werden. ISK 1000/Pers. ✆ 5650900.

Essen/Cafés/Nachtleben

(→ Karte S. 268/269)

Restaurants Tilveran 🔟, freundliches und gemütliches Restaurant nahe am Wasser mitten im Zentrum, v. a. beliebt für Fisch. Mittags leichte Gerichte, Angebote wie Fisch oder Fleisch des Tages mit Suppe für etwa ISK 2000. Abends Fisch ab ISK 2.800, Fleisch ab ISK 4000, 3-Gänge-Menüs. Mo–Fr 11.30–14 und 18–21 Uhr, Fr bis 22, Sa/So 18–22/21 Uhr. Linnetstígur 1, ✆ 5655250.

Gamla Vínhúsið 🔟, stilvolles, sehr beliebtes Restaurant in einem der ältesten Häuser Hafnarfjörðurs von 1880; war von 1912 bis 1960 Seemannsladen. Zwischen Holzbalken, Weinflaschen und -kisten wird die Spezialität des Hauses serviert: auf Eichenholzscheiten gegrilltes Rinder- oder Lammsteak, ab ISK 3850. Isländische Fisch- und Fleischgerichte. Oben Pub. Mo–Fr 12–13.30 und tägl. 18–21.30 bzw. Fr/Sa bis 22.30 Uhr. Vesturgata 4, ✆ 5651130.

Fjörukráin 🔟, einzigartiges, originelles Restaurant mit gehobener Küche in einem von außen an eine Stabkirche erinnernden Haus von 1841. Kleine Auswahl bester Fleisch- und Fischgerichte ab ISK 3500 bzw. 4700, auch traditionelle isländische Fleischsuppe sowie vegetarische Gerichte. Wer's ruhig möchte, speist im eleganten Speisesaal *Fjaran*. Unter demselben Dach befindet sich der Saal *Fjörugarðurinn*, in dem es im Wikingerstil abgeht – in rustikaler, häufig lautstarker Atmosphäre wird an langen Tischen geschmaust, getrunken und gefeiert. Das „Viking Dinner" für ISK 8700 umfasst u. a. Hai und Trockenfisch, Lamm, Skyr und natürlich Wikingerschnaps und Bier. „Wikinger" treiben dabei mit den Gästen ihre Spielchen. Fr/Sa manchmal Livemusik und Tanz. Tägl. 18–22 Uhr, Bar länger. Strandgata 55, ✆ 5651213.

maður lifandi, vegetarische Cafeteria mit kleinem Laden (u. a. deutsche Biosäfte und Müsliriegel) im Kulturzentrum Hafnarborg. Mo–Fr zwei Tagesgerichte und Salatbar, tägl. Suppe des Tages und Gerichte wie Gemüselasagne, Quiches und Dinkelpizza. Die meisten Zutaten aus biologischem Anbau. Auch Kuchen, Torten, Saftbar. Tägl. 11–17, Do bis 21, Sa/So ab 12 Uhr. Strandgata 34.

Kænan 🔟, großes, preisgünstiges Restaurant im Cafeteria-Stil am Hafen mit vielen Stammgästen und netter Atmosphäre. Der freundliche Besitzer legt Wert auf isländische Küche nach Hausmacherart. Zwei Tagesgerichte (Fisch und Fleisch) ISK 1500, belegte Brote, Suppe, kalte und warme Sandwichs, Kaffee und Kuchen und Kleingebäck. Mo–Fr 7–17, Sa 9–14 Uhr. Óseyrarbraut 2, ✆ 5651550.

Serrano 🔟, Schnellrestaurant nordöstlich vom Zentrum mit „Fresh Mex Food", hier gibt es günstig Burritos, Quesadillas und Nachos. Tägl. 11–21, So ab 12 Uhr. Dalshraun 11, ✆ 5554492.

Dong Huang 🔟, in der Geschäftszeile verstecktes, beliebtes und günstiges chinesisches Restaurant mit großer Auswahl, u. a. Suppen, Lamm, Rind, Ente, Fisch, Nudeln, Vegetarisches. Mo–Fr 11.30–14 und 16.30–21.30 Uhr, Sa/So nur abends. Reykjavíkurvegur 68, ✆ 5556999.

American Style 🔟, das stimmungsvollste Fastfood-Restaurant. Bestellt und bezahlt wird vorne, serviert an den Tischen inmitten von großen Fotos und ungewöhnlichem Dekor. Es gibt Hamburger und Sandwichs, Pita, Steaks, Salat und Bier. 11–23 Uhr. Dalshraun 13, ✆ 5556610.

Hrói Höttur 🔟, in rustikaler Atmosphäre Pizza, Hamburger, Sandwichs, Pita, Suppe und kleine Gerichte vom Grill. Im Take-out 25 % Preisnachlass. Tägl. 11–22 Uhr. Hjallahraun 13, ☎ 5652525.

Für **Hot Dogs** geht man zum Imbissstand am Parkplatz Fjarðargata in der Nähe vom EZ Fjörður, tägl. 10.30–22 Uhr.

Cafés/Bars Súfistinn **13**, im ältesten Steinhaus Hafnarfjörðurs von 1910 werden exotische, frisch geröstete Kaffeesorten aus aller Welt serviert, am Tag zudem Crêpes, Bagels, Burritos, leichte Gerichte und selbst gebackene Kuchen und Torten. Bei Alt und Jung sehr beliebtes Café auf zwei Etagen, bei gutem Wetter kann man draußen sitzen. Mo–Fr 8.15–23.30, Sa/So ab 10/12 Uhr. Strandgata 9.

Café Aroma 17, im 1. Stock des EZ Fjörður mit Hafenblick, empfehlenswert. Mo–Fr mittags vielseitiges Büfett und warmes Tagesgericht, den ganzen Tag Suppen, Salate, Pasta, große Burger und mehr, zudem Kuchen und Törtchen. Auch Brunch. Alles ist hausgemacht. Mo–Mi 10–23, Do–Sa 10–1 Uhr.

A. Hansen 12, gemütliches Pub über dem Restaurant Gamla Vínhúsið, 20–1, Fr/Sa 20–3 Uhr. Donnerstags kostet das Bier hier statt ISK 850 nur 600. Vesturgata 4.

Irish Pub 8, großes Pub, an und in dem nur das Guinness irisch ist. Trotzdem ganz nett. Mo–Fr 17–1, Sa 17–3, So 12–1 Uhr. Reykjavíkurvegur 60.

Sehenswertes

Der beste Ausgangspunkt, um etwas über die Stadt und ihre Geschichte zu erfahren, ist der Platz an der Vesturgata beim Restaurant Gamla Vínhúsið. Hier stehen drei der sechs Häuser des Heimatmuseums, die anderen sind nicht weit entfernt.

Seit dem hundertsten Geburtstag der Stadt 2008 ist der Eintritt in alle Museen umsonst, was sich jedoch mit jedem neuen Haushaltsjahr ändern kann.

Pakkhúsið: Das blaue, restaurierte Lagerhaus *Brydepakkhús* von 1865 beherbergt Ausstellungen zur Entwicklung der Stadt. Vom Eingangsbereich, in dem Sonderausstellungen stattfinden, geht es mit der ausführlichen englischen Broschüre „Thus it was ...“ voller Infos und Anekdoten durch die Abteilung zur Geschichte der Stadt von den Anfängen bis heute. Alles ist nach Themen gegliedert, hier sieht man Salzfisch und ein Ruderboot, dort die Originalstühle eines der ersten Kinos in Island, hier ein altes Feuerwehrauto, dort einen zerschlissenen Handball und uralte Skier. Die Objekte werden durch Filme und Fotos ergänzt. Im zweiten Stock ist eine Spielzeugausstellung untergebracht.
1. Juni bis 31. Aug. tägl. 11–17 Uhr, sonst Sa/So 11–17 Uhr. Vesturgata 8, ☎ 5855780.

Sívertsens-Hús: Direkt daneben liegt im ältesten Gebäude der Stadt, 1803–1805 in Kopenhagen gebaut, das ehemalige Domizil des Handelsunternehmers *Bjarni Sívertsen* (1763–1833), der 1800 im Gebäude des jetzigen Restaurants nebenan ein Handelskontor einrichtete, wenig später ein Fischereiunternehmen und eine Schiffswerft gründete und so für einen wirtschaftlichen Aufschwung in Hafnarfjörður sorgte. Das kleine Museum ist mit Möbeln und Gegenständen aus Bjarnis Zeit eingerichtet, um so authentisch wie möglich die damaligen Lebensverhältnisse einer Familie aus der Oberschicht aufzuzeigen. Vom „Vater von Hafnarfjörður“ selber, der als alter Mann mehr Geld hatte als die isländische Regierung, sind hier z. B. ein paar Möbel, ein Teleskop, eine Uhr und eine Briefschatulle von 1807 zu finden.
1. Juni bis 31. Aug. tägl. 11–17 Uhr. Vesturgata 6.

Beggubúð: Der kleine Laden von 1906, der ursprünglich in der Strandgata stand und in dem 94 Jahre lang verkauft wurde, steht nun am Platz hinter den beiden

oben genannten Museen und ist auf der einen Seite so hergerichtet wie in alten Zeiten; auf der anderen Seite sind alte Radios ausgestellt.
1. Juni bis 31. Aug. tägl. 11–17 Uhr. Vesturgata 6.

Siggubær: Dieses verwinkelte Häuschen von 1902 gibt einen Eindruck davon, wie Arbeiter- und Fischerfamilien zu Beginn des 20. Jh. wohnten. Als Teil des Heimatmuseums ist es das Gegenstück zum Wohnhaus des wohlhabenden Sívertsen.
1. Juni bis 31. Aug. Sa/So 11–17 Uhr. Kirkjuvegur 10.

Bookless Bungalow: Der aus bauhistorischer Sicht in Island einzigartige Bungalow wurde wohl 1918 vom schottischen Fischereiunternehmen Bookless Bros Ltd. errichtet. Die Brüder Bookless bauten 1911 den ersten Kai für Hochseeschiffe in Hafnarfjörður und führten andere Neuerungen ein; ihre Fischfabrik war eine der größten und fortschrittlichsten im Land. Im Museum sieht man, wie der Speisesaal damals ausgesehen haben mag – die über hundert Jahre alten Möbel stammen aus Schottland – und erfährt anhand von Texten (Broschüre mit Texten auf Englisch), Fotos und Gegenständen etwas über die von Veränderungen und ausländischem Einfluss geprägte Fischereigeschichte der Stadt in den ersten Jahrzehnten des 20. Jh.
1. Juni bis 31. Aug. tägl. 11–17 Uhr. Vesturgata 32.

Góðtemplarahúsið: Dieses 1886 von den Guttemplern errichtete Gebäude mit seinem großen Saal war für die Bewohner Hafnarfjörðurs lange Zeit sehr bedeutend, wurde es doch als Theater und Konzertsaal, für Tänze und Gottesdienste, Vorträge und Versammlungen genutzt; die ersten 20 Jahre war dies auch Sitz der Stadtverwaltung. Bei der letzten Recherche 2011 beherbergte es eine Kunstausstellung.
1. Juni bis 31. Aug. Sa/So 11–17 Uhr. Suðurgata.

Kunst- und Kulturzentrum Hafnarbjorg: Eine wichtige Adresse für Kunst und Kultur in Island, die stark den internationalen Austausch fördert. Das Zentrum in den weißen Hallen zeigt in mehrmonatigem Wechsel Ausstellungen zeitgenössischer isländischer und internationaler Künstler sowie manchmal historische Sammlungen. In den Gästeapartments und Ateliers unter dem Dach können Künstler übergangsweise wohnen und ungestört ihrer Arbeit nachgehen. Regelmäßig stehen im Zentrum Konzerte, Vorträge und Lesungen auf dem Programm.
Tägl. außer Di 12–17, Do bis 21 Uhr. Strandgata 34, ☎ 5550080.

Stadtrundgang zu Kirchen und Parks: In der Nähe des Kulturzentrums steht an der Suðurgata die helle lutherische *Staatskirche Þjóðkirkjan*. Im Hintergrund erhebt sich der Felsen *Hamarinn*, der den Hamarkotslækur und die Innenstadt überragt. Er trägt Gletscherschrammen aus der letzten Kaltzeit; an ihm ist die Lava vor 7000 Jahren vorbeigeflossen. Von oben bietet sich ein schöner Ausblick auf den Hafen und die Stadt. Der schroffe Hügel ist angeblich das Felsenschloss von Elfen königlicher Abstammung und wird vom leuchtenden Schein eines engelhaften Wesens überstrahlt. Der mitten durch die Stadt fließende Bach *Hamarkotslækur* wurde 1904 auf Initiative eines Privatmannes zur Stromerzeugung gebändigt, woraufhin das erste Elektrizitätswerk Islands entstand.

Südlich des Felsens steht in ruhiger Wohngegend hoch über der Stadt am Jófriðastaðir die 1993 geweihte katholische *St.-Jósefs-Kirche* mit drei postmodernen Giebeln und vielen Säulen. Noch ein wenig höher liegt das *Kloster Klaustrið*, ein großes, unauffälliges Gebäude, das nach 1940 als Quartier für das britische Militär diente. 1946 erwarb der holländische Karmeliterinnen-Orden das Kloster, bis 1998 lebten polnische Karmeliterinnen in diesem einzigen geschlossenen Konvent Islands. Die Schwestern gründeten in den 1920er Jahren das in der Nähe liegende St.-Jósefs-Krankenhaus.

Etwas weiter in nordwestlicher Richtung stehen auf einem Lavahügel am Linnetstígur die gelbe Kirche *Fríkirkjan* und am Vitastígur, versteckt hinter der Hausnummer 12, das 1900 erbaute Wahrzeichen der Stadt – der winzige Leuchtturm *Vitinn*, der den Seeleuten bis 1979 den Weg in den Hafen wies. Geht man die Hverifsgata weiter hinauf, taucht an der Ecke Hellisgata/Reykjavíkurvegur der kleine verwunschene Park *Hellisgerði* („Höhlengarten") auf, so benannt, weil sich in dem bizarren Lavarücken, der sich quer durch den Ziergarten zieht, eine Höhle befindet. In diesem sorgfältig gepflegten Park voller Büsche, bunter Blumen und knorriger Bäume soll sich die beeindruckendste Ansiedlung von Elfen, Zwergen, Gnomen und Lichtfeen in der ganzen Stadt befinden. In der grün umrankten, rauen Lava wohnen sie angeblich dicht an dicht in all ihrer Vielfalt. 1999 wurde im Höhlengarten der nördlichste Bonsaipark der Welt eröffnet, in dem im Sommer seither – geschützt durch einen nachts verschlossenen Zaun und Videoüberwachung – 70 bis 80 wertvolle isländische Bäumchen zu sehen waren. Um Geld zu sparen, ließ die Stadt sie 2011 erstmals das ganze Jahr über in ihrem Winterquartier stehen; Zukunft ungewiss.

Weiter nordwestlich befindet sich die große Parkanlage *Víðistaðatún*, eine grüne Oase mitten in der Lava. Zwischen Bäumen und Büschen liegen ein Sport- und ein Zeltplatz, und hier stehen zahlreiche moderne Skulpturen isländischer und internationaler Künstler. Die meisten wurden nach den Kunstfestivals 1991 und 1993 von den Künstlern gestiftet, sind äußerst farbenfroh und nicht zu übersehen. Auf einem Hügel im Park steht die helle, halbkreisförmige *Víðistaðakirkja*. Interessant in ihrem Inneren ist das vom spanischen Künstler *Baltasar* geschaffene moderne Fresko der Bergpredigt. Manchmal finden in der Kirche auch Konzerte statt.
Mo–Fr 10–12 und 14–16 Uhr.

Wanderungen/Ausflüge   (→ Karte S. 240)

Jedes Jahr veranstaltet die Stadt eine Art geografische Wander-Rallye. Hierfür gibt es eine kostenlose Karte („Ratleikur") mit Luftaufnahme, auf der alle Wanderwege und Fragen verzeichnet sind. Die Karte ist zwar ausschließlich isländisch beschriftet, aber jedem zu empfehlen, der kleine Wanderungen unternehmen möchten.

Aussichtsberg Helgafell (6) (einfach): Weniger als 10 km südlich von Hafnarfjörður erhebt sich der Hyaloklastitberg Helgafell (338 m), von dem sich ein guter Ausblick über Hafnarfjörður, die Bucht Faxaflói und Reykjavík bietet. Zufahrt zum Berg besteht über den *Kaldárselsvegur*, der östlich des Zentrums von der Str. 41 abzweigt. An den Lavaformationen von Gjár vorbei, die von den Bewohnern Hafnarfjörðurs als kleines Dimmuborgir (Mývatn) angesehen werden, geht es bis zu einem Parkplatz. Von hier ist der 2,8 km lange, markierte Wanderweg auf den Berg ausgeschildert. Geführte Wanderungen s. o.

Präsidentensitz Bessastaðir: Vom Reykjavíkurvegur zweigt die Str. 415 zur Landzunge Álftanes ab. Am Ufer des Bessastaðatjörn entlang, taucht vor dem Hintergrund der Hauptstadt am anderen Ufer des Skerjafjörður bald rechts vorne der malerische alte Herrensitz *Bessastaðir* mit seiner kompakten weißen Kirche auf. Seit 1941 befindet sich hier die Residenz des Staatspräsidenten. Der Hof hat eine lange Tradition.

Anfang des 13. Jh. gehörte **Bessastaðir** dem berühmt-berüchtigten Historiker und Politiker *Snorri Sturluson*. Nach dessen Ermordung wurde der Hof
vom norwegischen König konfisziert, der ihn zum Sitz des königlichen Ver-
walters machte. Von 1805 bis 1846 beherbergte Bessastaðir die höhere
Schule und war dann in Privatbesitz, bis es 1941 dem Staat vermacht wurde.
Das Wohnhaus wurde 1761–66 als Amtmannssitz für den dänischen Gouverneur errichtet und gehört damit zu den ältesten Steinhäusern des Landes.
Später wurde es durch Anbauten erweitert. Die heutige Steinkirche entstand
von 1777 bis 1823. Zu den interessanten Objekten im Innenraum gehören
u. a. das dreiteilige, 1921 von *Guðmundur Þorsteinsson* (*Muggur*) gefertigte
Altargemälde, kupferne Kerzenleuchter von 1734, eine mit Basreliefs des
Künstlers *Ríkarður Jónsson* geschmückte Kanzel und die Fenster mit Bildern,
die aus der isländischen Kirchengeschichte erzählen.

Von Krýsuvík nach Þorlákshöfn   (Str. 427, 42 km)

**Durch die von Kratern und Tuffbergen gesprenkelte Lavalandschaft führt
die Straße 42 an der ruhigen, wenig befahrenen Südküste gen Osten.**

Durch die grasbewachsene Lava fährt man am knapp 400 m hohen, zwischeneis-
zeitlichen Schildvulkan *Geitahlíð* vorbei, der auf einer 2 km langen, steilen Wanderung erklommen werden kann. Ihm zu Füßen liegt der schwarz-rote Krater *Stóra-
Eldborg*, der mühelos in einem kurzen Fußmarsch zu besteigen ist. Im sich rechter
Hand ausbreitenden Lavafeld *Krýsuvíkurhraun* befinden sich etwa 20 der über 700
auf Reykjanes gefundenen Höhlen. Bald
ragt linker Hand die schroffe Bergwand
Herdísarvíkurfjall auf. Nördlich von ihr
erstreckt sich der Bergrücken *Brennisteinsfjöll*, von dem früher zahlreiche
Lavaströme bis hinunter zum Meer geflossen sind. Wo die Felswand besonders
steil ist, stürzte die Lava fast wie ein
Wasserfall in die Tiefe. Ein in Island le-
bender Schotte versuchte einst, im
Osten der Berge Schwefel abzubauen,
erlitt dabei jedoch eine ziemliche Pleite.
Als Erinnerung blieb nur der Name
Brennisteinsfjöll („Schwefelberge"). Am
Ende des Naturschutzgebiets beginnt
die kleine Bucht *Herdísarvík* mit ihren
breiten, grauen Stränden voller Treibholz. Kurz hinter dem Forellensee
Hlíðarvatn zweigt die etwa 3 km lange
Zufahrt zur *Strandarkirkja* ab. Von hier
nach Þorlákshöfn geht es nahe am Meer
entlang über eine niedrige Hochebene
durch ruhige, einsame Landschaft.

Reiche Strandarkirkja

Abstecher zur Strandarkirkja: Dem Geschrei der Seevögel und dem salzigen Geruch des Meeres entgegen, führt die Stichstraße zu den wenigen Häusern des ehemals blühenden Fischerdorfes *Selvogur* („Seehundsbucht"). 1703 wurden hier 154 Bewohner gezählt, heute sind es nur noch zwölf. Erosion und Sandverwehungen haben das einst fruchtbare Weideland zerstört. Als Gegenmaßnahme wurde nach 1930 ein Deich errichtet und mit der Anpflanzung von Strandhafer und Lupinen begonnen. Vom schwarzen Strand lässt sich ganz Reykjanes bis zum Kap überblicken, und mit etwas Glück können Robben beobachtet werden. Auf diesem friedlichen Fleckchen Erde steht die *Strandarkirkja* (tägl. 8.30–19 Uhr). Über das genaue Datum und den Ursprung ihrer Errichtung herrscht Unklarheit. Der Legende nach geriet im 11. oder 12. Jh. ein isländischer Bauer, der in Norwegen Bauholz geholt hatte, auf dem Rückweg mit seinem Schiff in einen schweren Sturm, betete um Rettung und gelobte, mit dem Bauholz an dem Ort eine Kirche zu errichten, an dem er heil an Land gelangen würde. Kaum hatte er dieses Gelöbnis ausgesprochen, erschien ein Lichtengel und wies dem Schiff die Richtung, bis es in einer Sandbucht auf festen Grund lief. Auf der Düne über der Landestelle wurde daraufhin eine Kirche gebaut. Das jetzige Gotteshaus wurde 1888 aus norwegischem Holz errichtet und ab 1967 grundlegend renoviert. Seine bedeutendsten Schätze sind ein alter, vergoldeter Kelch im gotischen Stil und ein Teller aus dem 14. Jh. Von Anfang an wurden der Kirche wundertätige Kräfte nachgesagt, und Gläubige überbrachten als Dank für erhörte Bitten Geschenke. Heute erhält das einsame Gotteshaus aus der ganzen Welt Dankesgaben zugeschickt und gehört zu den reichsten Kirchen in Island. Die 1950 neben der Kirche aufgestellte Skulptur *Landsýn* aus hellem Granit erinnert an den segensreichen Lichtengel. Von Selvogur führt eine 15 km lange Wanderung entlang der Küste nach Þorlákshöfn.

Übernachten/Camping/Essen   T-bær **Kaffihús Selvogi** ist ein schöner Zeltplatz mit Café nah am Wasser und in grenzenloser Ruhe. Im Café mit Terrasse gibt es selbst gebackene Leckereien, Suppe und Sandwichs, Wein und Bier (tägl. 8–23, Do erst ab 14 Uhr). Besitzerin Sigfríður ist berühmt für ihre Gastfreundschaft und ihre Pfannkuchen. Für ISK 1200 gibt es von 8–10 Uhr auch Frühstück. Camping ISK 700/Pers. Im Garten kleine Hütte für 3 Pers. mit Kochgelegenheit, ISK 2000/Pers. Dusche für alle ISK 400. ☏ 4833150.

Pylsuvagninn, kleiner Imbisswagen an der Zufahrtstraße.

Þorlákshöfn   („thorlaukshöpn", ca. 1500 Einw.)

Die Umgebung lockt mit Wanderwegen, Þorlákshöfn selbst ist für Touristen nur noch als Versorgungsort interessant.

Bis 1951 stand hier lediglich ein Gehöft mit vier Einwohnern; heute ist Þorlákshöfn der größte Ausfuhrhafen für von der Hekla gewonnenen Bimsstein, ein moderner Ort, geprägt von seinen Hafenanlagen. Wegen der günstigeren Hauspreise ziehen Leute aus Reykjavík hierher und nehmen das tägliche Pendeln in Kauf. Bis 2010 zog Þorlákshöfn auch Touristen an, weil von hier die Fähre zu den Westmännerinseln fuhr. Das aber ist seit Eröffnung des neuen Hafens in Bakki Vergangenheit.

Mit seinem Namen hält Þorlákshöfn die Erinnerung an den einzigen isländischen Heiligen, *St. Þorlák* (1130–1193), wach, der 1178 Bischof in Skálholt wurde und nach dem über sechzig Kirchen in Island benannt sind. In der 1985 geweihten Þorlákskirkja mit ihrem aus 56 Stücken zusammengesetzten Altargemälde von *Gunnsteinn Gislason* wird ein Messgewand von ihm aufbewahrt.
Kirche: Juni–Aug. Sa/So 14–18 Uhr und nach Vereinbarung, ☏ 4833661.

In der Nähe der Kirche sind noch Ruinen von Hütten zu erkennen: Im 18. und 19. Jh. kamen mehrere hundert Menschen zum Sommer- und Winterfischfang nach Þorlákshöfn und wohnten hier jeweils ein paar Monate. Keiner blieb das ganze Jahr.

Basis-Infos

Information/Internet In der Bücherei, Mo–Mi 9–18, Do 9–19, Fr 9–17, Sa 11–14 Uhr. Rathaus Ölfusa, Hafnarberg 1, ☎ 4803830, www.olfus.is.

Hin & weg Bus: tägl. 1-mal von/nach Reykjavík, fährt Mo–Fr nur bei vorheriger Anmeldung mind. 6 Std. vorher unter ☎ 5511166.

Versorgung Alkoholgeschäft, Apotheke, Arzt, Autowerkstatt (Bíliðjan, ☎ 4833540 und 8529217), Bank (Geldautomat in der Tankstelle), Post.

Einkaufen Supermarkt Kjaroval, Mo–Fr 11–19.30, Sa 12–18 Uhr; Selvogsbraut 20. Bäckerei, groß und freundlich, mit Café; hier auch Grundnahrungsmittel. Mo–Fr 7.30–17 Uhr. Selvogsbraut 41.

Kunsthandwerk Gallerý Viss, kleine, hübsche Galerie mit netter Atmosphäre, in der von geistig Behinderten vor Ort angefertigtes Kunsthandwerk verkauft wird. Mo–Fr 9–13 Uhr. Unubakki 4, 1. Stock.

Schwimmbad Topmodernes Freibad mit Hot Pots und Sauna, Mo–Fr 7–21, Sa/So 10–17 Uhr. Hafnaberg 41.

Übernachten/Essen

Camping Þorlákshöfn, neu angelegter Platz zwischen Schwimmbad und Kirche mit Windschutz durch Wälle und Zaun. ISK 900/Pers. inkl. Dusche im Schwimmbad. ☎ 4833807.

Essen Viking Pizza, neue, nur abends geöffnete Pizzeria. Tägl. 17–22 Uhr. Selvogsbraut 41, ☎ 4835950.

Happy Hour, neues Pub unter netter Leitung einer Isländerin und eines Argentiniers, boten bei der Recherche 2011 für den Anfang nur Sandwichs nach argentinischer Art, Nachos und Tapas. Tägl. 10–23, Do–Sa bis 3 Uhr. Unubakki 4, ☎ 6950039.

Skálinn, Imbiss in der Tankstelle. Tägl. 8–22, Sa/So ab 9/10 Uhr. Óseyrarbraut 17.

Hafið Bláa, auf Hummer spezialisiertes Restaurant außerhalb von Þorlákshöfn an der Straße nach Eyrarbakki mit wunderbarem Blick aufs Meer. Tägl. 11–23 Uhr Hummersuppenbüfett (ISK 1990), abends umfangreiches Hummerbüfett (ISK 5900). Auch zahlreiche Gerichte à la carte, von leichten Gerichten über Fisch des Tages bis zu „Surf & Turf": Lamm und Hummer gemeinsam serviert. Tägl. 11–23 Uhr. ☎ 4831000.

Höhle Raufarhólshellir: Die mit 1350 m zweitlängste Lavahöhle Islands liegt in 32 m Tiefe rund 8 km nördlich von Þorlákshöfn an der Str. 39 im *Eldborgarhraun.* Der Parkplatz befindet sich knapp 3 km nördlich der Kreuzung der Straßen 38, 39 und 380 auf der östlichen Seite (ausgeschildert). Ein Schild zeigt den Verlauf der Höhle an. Am südlichsten der vier Deckeneinbrüche direkt am Parkplatz steht ein Steinmännchen; andere Öffnungen sollte man wegen Einsturzgefahr meiden. Eine gute Taschenlampe muss zur Hand sein, denn unten ist es stockdunkel und aus der Decke gefallene Lavabrocken versperren den Weg. Der Lavatunnel führt zu schönen Eisformationen, am Höhlenende glänzen erstarrte Lavakaskaden. Alles ist sehr bröckelig, mit dem Herausbrechen weiterer Lavastücke muss man immer rechnen. Die Steinformationen stehen unter Naturschutz und dürfen nicht beschädigt werden.

Höhle Arnaker: Diese 510 m lange Höhle mit nicht weit vom Eingang zu findenden Eisgebilden wird über die 8 km nördlich von Þorlákshöfn abzweigende Str. 380 erreicht. Eine Leiter ermöglicht den Einstieg (an Taschenlampe und Kopfschutz denken).

Die Westmännerinseln sind einen Ausflug wert!

Die Westmännerinseln

Surtur fährt von Süden mit flammendem Schwert, / Von seiner Klinge scheint die Sonne der Götter. / Steinberge stürzen, Riesinnen straucheln, / Zu Hel fahren Helden, der Himmel klafft. (...) / Schwarz wird die Sonne, die Erde sinkt ins Meer, / Vom Himmel fallen die heitern Sterne. / Glutwirbel umwühlen den allnährenden Weltbaum, / Die heiße Lohe beleckt den Himmel. / Sie sieht auftauchen zum andern Male / Aus dem Wasser die Erde und wieder grünen. / Die Fluten fallen, darüber fliegt der Aar, / Der auf dem Felsen nach Fischen weidet.

Lieder-Edda: Der Seherin Weissagung (Völuspá)

Die Hauptinsel Heimaey mit der Stadt Vestmannaeyjar erscheint wie ein riesiger, von Menschen bewohnter Vogelfelsen. Viele Vogelkolonien erreicht man leicht zu Fuß, perfekten Überblick bietet eine Bootstour. Empfehlenswert ist der Besuch einer der drei Vulkankrater – die Dramatik des verheerenden Ausbruches des Vulkans Eldfell von 1973 lässt sich im Kino oder im Café Vinnaminni nachvollziehen. Surtsey, eine 1963 „geborene" Insel, kann nur per Boot umrundet, nicht aber betreten werden. Sehr gelungen gestaltet sind das Heimatmuseum und das Surtsey Visitor Center.

Der Volkssage nach warf ein Unhold die Inseln einst von der *Hellisheiði*, einer Hochebene auf Reykjanes, ins Meer. Nach wissenschaftlicher Erklärung entstand der Archipel in den letzten 10.000 Jahren, als etwa achtzig submarine Krater kraftvoll Lava ausspieen; lediglich die Anfänge der nördlichen Region Heimaeys reichen bis in die letzte Kaltzeit zurück.

Dank der Meereslage verzeichnen die Westmännerinseln die höchste Durchschnittstemperatur in ganz Island. Der Frühling setzt hier drei Wochen früher ein
als in den anderen Landesteilen. Mit Wind, vielmehr mit teilweise orkanartigem
Sturm, ist allerdings immer zu rechnen. Die Wetterstation im Süden von Heimaey
gilt als die windreichste in Europa – 10 m/s und mehr sind keine Seltenheit! Wenn
der Meeresgott Ægir so wütet, ist der Seegang rau und die Erosion nagt verstärkt
an den Basalthöhlen.

Die Inselgruppe: Etwa 8 km von der Hauptinsel entfernt liegen an den südöstlichen
Ausläufern der aktiven Vulkanzone über mehr als 1000 qkm verteilt die Westmännerinseln (Vestmannaeyjar): 15 Vulkaninseln aus Tuff- und Lavadecken sowie 30
Felsen. Die meisten Inseln sind winzig, zerklüftet und unwirtlich, alle sind von steilen Klippen umgeben.

Die Hauptinsel: Vor 6000 Jahren bestand Heimaey lediglich aus einzelnen Felsen
älterer Vulkanruinen. In den folgenden tausend Jahren entstanden kleine Inseln, allen voran die heutige Südspitze Heimaeys *Stórhöfði*. Durch vor etwa 5000 Jahren
aus dem Vulkan Helgafell (226 m) fließende Lavaströme wurden Felsen und Inselchen miteinander verbunden. Einige hundert Jahre später bekam das Helgafell
durch eine zweite Eruption seinen Schlackenkrater aufgesetzt, und durch eine Ge-
röllbank wurde letztendlich auch die nördliche Insel *Heimaklettur* mit Heimaey
verbunden. Einstige Inseln wie *Sæfjall*, *Kervíkurfjall* und *Litlhöfði* ragen heute als
kleine Berge über die Inseloberfläche. Seinen bislang letzten Schliff bekam Heimaey
durch den Vulkanausbruch des 1973, bei dem der rote Krater Eldfell entstand.

Tipps zur Region: Viele besuchen die Insel im Rahmen eines Tagesausflugs
– man kann hier jedoch gut und gerne auch zwei Tage verbringen. Sehen Sie
sich die **„Vulcanic Film Show"** im Félagsheimili an (S. 290) und holen Sie sich
dort im Veranstaltungshaus Insidertipps zu Wanderungen und Sehenswürdigkeiten (beschriftete Fotos). An **Wanderungen** empfehlen sich die Touren zu
den Kratern Helga- oder Eldfell mit Stopp beim blühenden Lavagarten (S. 295)
und zu den Papageientaucherkolonien an der Westküste (S. 294). Es lohnt ein
Besuch des unterhaltsamen **Heimatmuseums** (S. 291) und der **Stabkirche** bei
Skansinn (S. 292). Trinken Sie einen **Kaffee** im Varmó oder Vinnaminni (S. 290)
und **übernachten** Sie bei der hilfsbereiten deutschen Reiseleiterin Ruth im
Gästehaus Hreiðrið (S. 289).

Heimat aller Vögel

Voller zerfurchter Felsen draußen im Meer gelegen und mit Ausnahme von Heimaey unbewohnt, sind die Westmännerinseln ein besonderer Anziehungspunkt für
Seevögel: Im Frühjahr kehren sie wegen des milden Klimas häufig eher zurück als
anderswo in Island und treffen sich an den Kliffs und Felsen zur Brut. Von den insgesamt 70 in Island brütenden Vogelarten suchen 30 zu diesem Zweck die Westmännerinseln auf, darunter Eissturmvögel, Trottel- und Dickschnabellummen,
Gryllteisten, Tordalken und Papageientaucher. Viele Vogelarten verweilen auf dem
Durchflug für kurze Zeit auf den Inseln. Die zweitgrößte Basstölpel-Kolonie Islands
findet sich hier, vor allem aber eine in Island unübertroffene Zahl Papageientaucher. Ihr Bestand auf dem Archipel wurde lange Zeit auf mehrere Millionen geschätzt,

Papageientaucher mit Heringsfang im Schnabel

Papageientaucher – Clowns im Frack

Die höchstens 35 cm großen Papageientaucher nisten in den grünen Hängen in selbst gegrabenen Löchern, die sie jedes Jahr erneut zur Brut aufsuchen. Untersuchungen zufolge bleiben sich die Paare offensichtlich ein Leben lang treu. Die Weibchen legen ein einziges Ei, über das sie zum Ausbrüten einen Flügel breiten. Papageientaucher sind ruhig und friedlich, kreischen nicht so viel wie die anderen Seevögel und setzen sich bei schönem Wetter mitunter stundenlang ins Gras und starren aufs Meer hinaus, ohne auch nur einen einzigen Flügelschlag zu tun. Ein Glück für jeden Fotografen – wohl kaum ein Vogel posiert so geduldig vor der Kamera wie der Papageientaucher, der mit seinem schwarzen Frack und seinem weißen Clowngesicht mit gestreiftem Schnabel und feinen Strichen um die Augen, die ihm einen zugleich verschmitzten und etwas sentimentalen Ausdruck verleihen, eines der begehrtesten Motive darstellt. Im Flug wirkt er fast etwas plump. Man kann sich kaum vorstellen, dass er es im Winter bis nach Neuseeland oder Südafrika schafft.

Die Vögel kommen Mitte April zurück und bleiben bis Anfang September. Die beste Zeit, sie zu beobachten, ist traditionell im Juli und August, wenn die Jungen geschlüpft sind und die Eltern zur Futterbeschaffung hin- und herfliegen.

Die Kinder der Westmännerinseln haben ein besonderes Verhältnis zu den Papageientauchern, zumindest wenn Jungvögel da sind: Sind sie 40 Tage alt (etwa Mitte bis Ende August), hören die Eltern mit dem Füttern auf und Hunger treibt sie aufs Meer hinaus. In Richtung des Mondlichts wollen sie ihren ersten Flug antreten. Die meisten verwechseln aber das Licht des Mondes mit dem Schein der Straßenlaternen und erleuchteten Fenster in Vestmannaeyjar und fliegen nachts in Massen direkt in den Ort, wo sie unsanft landen und nicht mehr weiter wissen. Bis der letzte Vogel seinen richtigen Weg gefunden hat, dürfen die Kinder nachts lange draußen bleiben und mit Pappkartons durch die Straßen ziehen, um Hunderte kleiner Papageientaucher aufzusammeln. Sie werden über Nacht mit nach Hause genommen und am nächsten Tag am Meer fliegen gelassen, wo sie sich als gute Schwimmer selbst versorgen können. Da es verboten ist, Jungvögel zu essen, bleibt keiner zurück. Die jungen, noch etwas farblosen Vögel lassen sich dann für zwei Jahre nicht mehr sehen.

doch wird seit einigen Jahren ein dramatischer Rückgang beobachtet. Nur wenige Jungvögel kamen in den letzten Sommern durch. Das Problem liegt in der Nahrungsbeschaffung – es mangelte an Sandaalen, der Hauptbeute der Papageientaucher.

Vogelfang und Vogelschmaus: Die Bewohner von Vestmannaeyjar machen sich das reiche Vogelleben auf den Inseln schon seit Beginn der Besiedlung zunutze – sowohl die Vögel als auch ihre Eier sind beliebte Leckerbissen. Um an die Eier der in den steilen Felswänden nistenden Eissturmvögel und Trottellummen heranzukommen, entwickelte man eine nicht ungefährliche Methode: An ein Seil gebunden, ließen die Männer sich von den Felsen herab und schwangen sich von Nest zu Nest. Bei jungen Leuten wurde das Seilschwingen trotz tödlicher Unfälle und eines darauf folgenden Verbots zu einer beliebten Freizeitbeschäftigung und herausfordernden Mutprobe. Heute werden zu besonderen Anlässen, wie z. B. beim Volksfest, Vorführungen gegeben.

„Zum Fressen gern" hatten die Bewohner der Westmännerinseln vor allem die Papageientaucher. Sie wurden im Flug mit langen Käschern mit großen Netzen gefangen, dann wurde ihnen sofort der Hals umgedreht. In der Jagdzeit zogen sich Gruppen von Männern in die einsam in den Felsen gelegenen Häuser zurück, die manchem Besucher schon bei der Überfahrt auffallen werden. Jede Mannschaft hatte ihr eigenes Revier, ihr eigenes Haus, häufig nur per Seil durch steilen Aufstieg zu erreichen. Gegessen wurde vom Papageientaucher nicht mehr als die Brust, gesalzen, geräuchert oder gebraten. Aufgrund des reduzierten Bestands darf derzeit auf den Westmännern nicht gejagt werden.

Feuergott Surtur schafft eine neue Insel: Surtsey

Der von 1963 bis 1967 andauernde und bisher letzte größere submarine Vulkanausbruch vor den Vestmannaeyjar kam etwas überraschend – seit 1896, als Zeugen auf dem Meer südöstlich von Hellisey „Feuer aufblitzen" sahen, waren keine vulkanischen Vorgänge mehr beobachtet worden.

Erste Zeugen der Eruption waren Seeleute: Am 14. November 1963 um 6.30 Uhr bemerkte der Maschinist des vor den Westmännerinseln kreuzenden Fischerbootes Isleifur II einen intensiven Schwefelgeruch, dem Schiffskoch fielen verwunderliche Schlingerbewegungen des Bootes auf, bevor er im Südosten Rauchwolken aufsteigen sah. Die Eruptionssäule aus Dampf, vulkanischen Gasen und feinkörnigen Aschen, die um 8 Uhr 60 m hoch in die Luft schoss, wuchs rasant an und erreichte während des Ausbruchs zeitweilig eine Höhe von 9000 m. Aus der 130 m tiefen und 500 m breiten Eruptionsspalte stiegen in Intervallen von 30 Sekunden Wolken aus vulkanischem Lockermaterial, so genannte *Tephrasäulen*, bis zu 150 m hoch empor. Schon in der ersten Nacht tauchte eine aus Aschen und Schlacke bestehende, 10 m hohe Insel aus dem Meer. Sie wuchs unaufhaltsam und war am 19. November 60 m hoch und 600 m lang. Bereits im Dezember gab man ihr nach dem Vorschlag eines Geologieprofessors den Namen Surtsey – in Anlehnung an den Feuerriesen *Surtur* aus der nordischen Mythologie, der bei der Götterdämmerung die Welt in Flammen setzt.

Erosion durch das Meer: Von Beginn an nagte die Meeresbrandung an der Insel. Surtsey schrumpfte und wuchs wieder, war bald länglich, bald rund. Nach vorübergehender kurzer Eruptionspause bildete sich im Februar ein neuer Krater. Ihm ist es zu verdanken, dass die Insel heute noch existiert, denn er begann im April 1964 mit dem Ausstoß von Lava. Im Krater bildete sich ein glühender Lavasee, von dem aus bis zum April 1965 Lavaströme zum Meer hin abflossen und dort über den ständig den Angriffen des Meeres ausgesetzten, abgelagerten Lockerprodukten einen Schutzwall gegen die Brandung aufbauten. Am 17. Mai 1965 endete die Eruption auf Surtsey fürs Erste. Bis dahin waren insgesamt etwa 1 km^3 Lava und Lockermassen gefördert worden. Die vulkanische Tätigkeit verlagerte sich nun in die Umgebung, wobei einige hundert Meter von Surtsey entfernt zwei weitere Inseln entstanden. Nur aus Lockerstoffen aufgebaut, verschwanden sie jedoch schon bald wieder im Meer. Im August 1966 setzten erneut Lavaausbrüche auf Surtsey ein, am 5. Juni 1967 erlosch der Vulkan. Zurück blieb eine 2,8 qkm große Insel, zu zwei Dritteln aus Lava und zu einem Drittel aus Lockermassen aufgebaut. Da diese Lockermassen die Lava unterspülen, setzt das Meer Surtsey unerwartet heftig zu, ließ steile Klippen entstehen und hat die Größe der Insel mittlerweile auf 1,35 qkm und damit auf die Hälfte seiner Originalgröße reduziert. Der Kern der Insel aus Palagonittuff, etwa so groß wie ein Basketballfeld, wird aber voraussichtlich Tausende von Jahren intakt bleiben.

Ein Paradies für Wissenschaftler und UNESCO-Welterbe

Auf Surtsey lässt sich beobachten, wie und in welcher Folge lebende Organismen sich auf neu geschaffenem Land ansiedeln. Schon während des Ausbruchs wurde die Insel deshalb im Mai 1965 zum Naturschutzgebiet erklärt und eine Schutzhütte mit Forschungslabor eingerichtet. Bereits im ersten Sommer nach dem Ausbruch gelangten mit dem Wind, dem Meer und durch Vögel Samen nach Surtsey und im Juni 1965 siedelte mit dem Kreuzblütlergewächs Meersenf *(Cakile arctica)* die erste Gefäßpflanze auf der Insel, zehn Jahre später wurden 18 Arten höherer Pflanzen gezählt. Auch die Tiere ließen nicht lange auf sich warten. Schon im Dezember 1963 wärmten sich Möwen auf der Insel die Füße, bald tauchten Fliegen und Schmetterlinge auf und im Frühjahr 1964 begannen Zugvögel, hier eine kurze Verschnaufpause einzulegen. 1970 brüteten mit einem Eissturmvogel- und zwei Gryllteistenpärchen die ersten Vögel auf Surtsey. Inzwischen werden 89 Vogelarten gezählt, die sich auf der Insel zu Tausenden sammeln, zuweilen nur auf dem Durchflug; die Zahl der hier brütenden Vogelarten hat sich auf zwölf erhöht, darunter mehrere Möwenarten. Die große Möwenkolonie sorgt für eine kräftige Düngung des Bodens, wodurch sich in ihrem Siedlungsgebiet blumenbestandenes Grasland ausgebreitet hat. 2005 zog das Gras zehn Papageientaucherpaare an. Über 60 höhere Pflanzen und über 300 Arten Insekten und andere Kleinstlebewesen wurden schon registriert und an der Küste tummeln sich Seehunde und Wale – Surtseys Bilanz kann sich sehen lassen. 2008 wurde die Insel zur UNESCO-Welterbestätte erklärt.

Da das schrumpfende Eiland als Wissenschaftsstation genutzt wird, ist es Besuchern nicht zugänglich. Sie könnten Pflanzen zerstören oder unabsichtlich neue Arten einbringen.

Touren: Wer sich einen Eindruck von Surtsey verschaffen möchte, kann es auf Rundflügen oder bei Bootstouren aus der Entfernung beobachten. Rib Safari, 3 Std. für ISK 13.500/Pers. ab 5 Passagieren.

Informationen zur Insel im modernen und anschaulich gestalteten Visitor Center in der Stadt Vestmannaeyjar, Filmausschnitte und ein digitales Inselmodell. Tägl. 11-17 Uhr, ISK 500. Info auch unter www.surtsey.is.

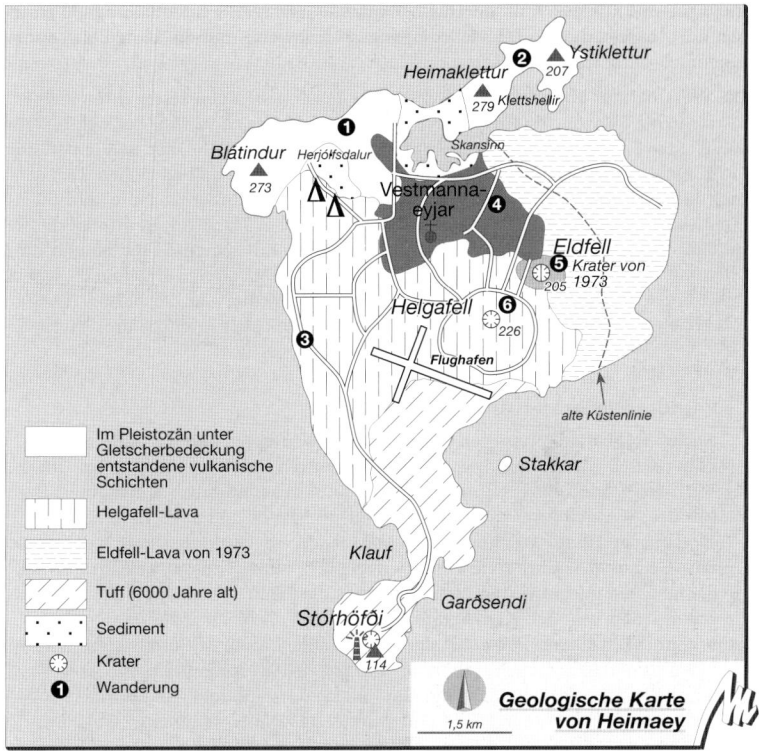

Geologische Karte von Heimaey

Legende:
- Im Pleistozän unter Gletscherbedeckung entstandene vulkanische Schichten
- Helgafell-Lava
- Eldfell-Lava von 1973
- Tuff (6000 Jahre alt)
- Sediment
- Krater
- Wanderung

1,5 km

Westmännerinseln

Heimaey und Stadt Vestmannaeyjar

Die 13,5 qkm große Insel Heimaey ist mit Abstand die größte der Westmännerinseln und zugleich die einzige bewohnte. Vestmannaeyjar ist eine hübsche, bunte Stadt, der man es nicht ansieht, dass sie vor gar nicht langer Zeit aus der Asche auferstanden ist, schon gar nicht, wenn man auf der Grünfläche vor dem Rathaus einen Sommertag mit Blick auf die markante Skulptur „Tröllkerlingin", die Trollfrau, von Ásmundur Sveinsson genießt.

Erste Siedlungsspuren: Dem Landnahmebuch zufolge sind die Westmännerinseln erst seit Beginn des 10. Jh. besiedelt. 1971 im Herjólfsdalur westlich des Ortes durchgeführte Ausgrabungen widerlegten jedoch diese Angaben: Unter Vulkanasche aus dem Jahr 896 wurden Gebäudereste und Artefakte ans Tageslicht befördert, die darauf schließen lassen, dass bei Ausbruch des Vulkans bereits Menschen auf der Insel wohnten. Nach genaueren Untersuchungen der Grabungsfunde, die auf Siedler aus Südwestnorwegen hindeuten, stammen die untersten Siedlungsreste sogar aus dem 7. oder 8. Jh., womit Ingólfur Arnason gar nicht der erste isländische Siedler Islands gewesen wäre. Nach den Ergebnissen neuerer Bodenuntersuchungen muss schon Ende des 9. Jh. durch Überweidung eine starke Bodenabtragung stattgefunden haben, die die Lebensbedingungen erschwerte und die Besiedlung wahrscheinlich unterbrach.

Die Westmänner kommen: Die nächsten Besucher gaben den Inseln ihren Namen. Es waren die Sklaven von Ingólfur Arnasons Blutsbruder *Hjörleifur*, der sich 874 am südlichsten Punkt Islands angesiedelt hatte. Als er im Frühjahr säen wollte und nur einen Ochsen zur Verfügung hatte, ließ er seine Sklaven den Pflug ziehen. Das nahmen diese ihm übel, brachten ihn und seine Begleiter kurzerhand um und flüchteten sich mit den zurückgebliebenen Frauen und aller Habe auf die Inseln, die sie im Südwesten erspäht hatten. Erzürnt fuhr Ingólfur mit seinen Knechten und hinüber und erschlug die Sklaven. Da sie Iren, „Westmänner", waren, erhielten die Inseln den Namen *Westmännerinseln*. Der erste bekannte Siedler war der Bauer *Herjólfur Bárðarson*, der sich um 900 im heute nach ihm benannten Herjólfsdalur niederließ.

Plündernde Piraten an Islands Küste

Nachdem Seeräuber aus verschiedenen Ländern bereits einige Male an der isländischen Küste ihr Unwesen getrieben hatten, starteten Algerier im Jahr 1627 den folgenschwersten, als „Türkenraub" bekannt gewordenen Angriff. Mit drei Schiffen erreichten sie die Ostküste Islands und auch Heimaey, wo sie dänische Handelsschiffe erbeuteten, Frauen vergewaltigten und Teile der Bevölkerung massakrierten. Die Überlebenden wurden zusammengetrieben, die jüngsten und stärksten unter ihnen auf die Schiffe geschleppt. Die anderen wurden mit der Kirche und den anderen Gebäuden zusammen verbrannt; 34 Insulaner ließen bei dem Überfall ihr Leben. Mit ihren insgesamt mehr als 350 Gefangenen – darunter 242 von den Westmännerinseln – segelten die Piraten zurück nach Algerien, um sie dort auf dem Sklavenmarkt zu verkaufen. Verwandte in Island und großherzige Dänen sammelten Geld, um die Sklaven freizukaufen. Erst neun Jahre nach dem Überfall wurden 37 Isländer freigelassen, von denen wiederum nur 13 wieder die Heimat erreichten.

Reiche Fischgründe: Die reichen Fischgründe um die Inseln waren ein guter Grund für eine weitere Besiedlung. Vestmannaeyjar war im 13. Jh. einer der zehn Hafen- und Handelsplätze Islands. Im 15. Jh. sicherten sich die Engländer hier die Vorherrschaft und betrieben Handel und Fischfang. Nirgendwo in Island blieben sie so lange wie auf den Westmännerinseln, wo sie erst 1558 ihre letzte Fischereistation aufgaben. Ein Modernisierungsschub setzte ein, als 1904 das erste Motorboot nach Vestmannaeyjar kam und sich die Bevölkerungszahl durch neue Arbeitsmethoden rasant erhöhte: zwischen 1910 und 1920 um 320 % auf knapp 2500. 1918 wurde Vestmannaeyjar das Stadtrecht verliehen.Heute lebt nur ein winziger Bruchteil der Gesamtbevölkerung Islands hier, dennoch haben die Westmännerinseln einen beträchtlichen Anteil am isländischen Fischexport.

1973: Glühende Lava verändert Heimaey

Insgesamt 240 Millionen Kubikmeter Lava, Asche und Bimsstein wurden gefördert und die Insel wurde um 2,2 qkm auf 13,5 qkm vergrößert. 400 der 1345 Häuser lagen unter Asche und Lava begraben, darunter auch eine große Fischfabrik, 400 weitere waren zerstört. Die Bergungsmannschaften gruben mit Ausdau-

Die meisten Inseln sind fest in der Hand der Vögel

er jedes Haus, von dem zumindest das Dach noch herausschaute, und auch die Fischfabrik wieder aus.

Die älteren Leute hatten es kommen sehen. Denn der Überlieferung nach bricht Unglück über Heimaey herein, wenn jene drei Dinge eintreten, die wenige Wochen vor dem Ausbruch allesamt geschehen waren: Der bewohnte Teil der Insel überschritt nach Westen hin eine bestimmte Grenze, die Wasserquelle des Hofes Kirkjubær war versiegt und der Sohn eines amtierenden isländischen Bischofs auf der Insel Pfarrer geworden. Das Unglück bemerkte eine Frau, die in der Nacht vom 23. Januar 1973 um 2 Uhr aus dem Fenster schaute und einen Feuerstrahl am Himmel erblickte.

Eine Spalte öffnet sich, ein neuer Krater entsteht: Nur wenige Kilometer östlich des Orts hatte sich eine 1,6 km lange Spalte geöffnet, aus der Dutzende, mehrere hundert Metern hohe, bis zu 1100 °C heiße Lavafontänen aufschossen. Glücklicherweise war nach dem schweren Sturm am Vortag die gesamte Fischereiflotte im Hafen, sodass die Boote sofort zur Evakuierung der knapp 5200 Seelen zählenden Bevölkerung eingesetzt werden konnten. Innerhalb von nur vier Stunden und mit beeindruckender Ruhe wurden fast alle Menschen mitsamt ihrer Haustiere per Schiff und Flugzeug zur Hauptinsel gebracht. Um auch die Tiere des städtischen Meerwasseraquariums zu retten, wurden diese einfach wieder in den Atlantik entlassen.

Die vulkanische Aktivität konzentrierte sich am ersten Tag hauptsächlich auf einen Punkt in der Mitte der Spalte. Dort entstand innerhalb der folgenden Monate ein heute 205 m hoher Berg, der Krater *Eldfell* („Feuerberg"). Die größte Bedrohung stellten zu Beginn die Massen an Asche dar, die auf den Ort niederfielen und ihn bis zu 5 m hoch begruben. Bergungshelfer schaufelten unermüdlich, letztendlich aber doch vergeblich, Asche von den Hausdächern, um diese vor dem Einsturz zu bewahren. Dann wurde der unaufhörlich vordringende Lavastrom zum Problem.

Die harten Kerle von Vestmannaeyjar

Die Bewohner der Westmännerinseln gelten als abgehärtet und widerstandsfähig. So schnell kann ihnen nichts etwas anhaben, was sich auch in der Art zeigte, wie sie mit dem Vulkanausbruch auf Heimaey 1973 umgingen. Die Festlandsisländer halten die „Westmänner" für äußerst eigenwillig, was vor allem mit deren Lokalpatriotismus zu tun hat. Als ungestüme und aufsässige Individualisten überlegten die Inselbewohner hier draußen in den 50er Jahren ernsthaft, von Island unabhängig zu werden.

Zäh, kernig und gestählt: Gerne erzählen die „Westmänner" Geschichten, die dieses Bild bestätigen. Ein Hinweis auf das, was zwei Seeleute Verwunderliches vollbracht haben, bietet sich bei solcher Gelegenheit an: Am 13. Februar 1928 erlitt das Boot Sigriður VE 240 an der Westküste Heimaeys Schiffbruch. Den fünf Seeleuten an Bord gelang es, sich auf einen Felsvorsprung zu retten, bevor das Boot sank. Den Männern blieb keine andere Wahl, als die 60 m hohe, steile und eisbedeckte Felswand zu erklimmen, vor der sie standen und die als unbezwingbar galt (und eigentlich noch immer gilt). Der Maschinist *Jón Vigfússon* versuchte es und kam durchnässt und starr vor Kälte tatsächlich irgendwie oben an. Durch den tiefen Schnee lief er dann in den Ort und holte Hilfe für seine zurückgebliebenen Kameraden.

Ein anderes Schiff, Hellisey VE, kenterte am 11. März 1984, als seine Fangnetze sich ca. 6 km östlich von Vestmannaeyjar am Meeresboden verfingen. Alles ging so schnell, dass die Rettungsboote nicht mehr geöffnet werden konnten. Vier Männer ertranken sofort in den kalten Fluten, der 22-jährige Steuermann *Guðlaugur Friðþórsson* aber trotzte der Meerestemperatur von 7 °C und den starken Gegenströmen und schaffte es, an Land zu schwimmen. Dort kam er nach sechs Stunden halb tot an – normalerweise überlebt man in eiskaltem Wasser kaum länger als eine halbe Stunde – und lief barfuß über die scharfkantige Brockenlava zum Ort, den er ohne Pulsschlag erreichte. Unterwegs hatte er allerdings, von Durst geplagt, noch genug Kraft, mit geballter Faust das Eis zu zerschlagen, das sich auf dem Wasser einer Schafstränke gebildet hatte. Guðlaugurs außergewöhnliche Schwimmleistung erweckte die Neugier eines Londoner Instituts, das ihn daraufhin untersuchte und feststellte, dass die Fettschicht seiner Haut der einer Robbe ähnelte. Bilder und Zeitungsausschnitte finden Sie im Heimatmuseum.

Um zu verhindern, dass glühende Lavabrocken in die Häuser fielen und sie entzündeten, wurden noch in der ersten Woche 15.000 der dem Vulkan zugewandten Fenster mit Wellblech vernagelt. Nach nur fünf Tagen bedeckten bereits ca. 35 Mio. m^3 Lava eine Fläche von 1,35 qkm und formten eine wellenförmige, schwarze Landschaft auf der Insel. Die Explosionswolke erreichte zeitweilig eine Höhe von 9000 m. Ohne Unterbrechung arbeiteten die Helfer und brachten Wertgegenstände und Vieh in Sicherheit. Mitte Februar drangen gefährliche Gase, z. B. Kohlenoxyd, durch das beschädigte Kanalisationssystem in die Wohnungen. Nach ersten Krankheitsfällen evakuierte man bis auf 300 Bergungshelfer auch die letzten auf der Insel verbliebenen Bewohner. Hilfe aus dem Ausland wurde übrigens zuerst dankend abgelehnt. Erst bei den Aufräumarbeiten halfen 19 Nationen mit.

Hafen in Gefahr: Der Lavastrom wälzte sich mit einer Geschwindigkeit von 30 m pro Tag vor und die Gefahr wuchs, dass die Hafeneinfahrt von der Lava verschlossen würde. Dies hätte das Ende der Fischerei, der wichtigsten Existenzgrundlage der Bevölkerung, bedeutet. Auf Vorschlag eines isländischen Wissenschaftlers wurde der Lavastrom mit Meerwasser aus Wasserkanonen bespritzt, um ihn abzukühlen und zum Stillstand zu bringen. Stündlich prasselten 4500 t Flüssigkeit auf die heiße Lava und als 6 Mio. m^3 Wasser niedergegangen waren, war dem Fluss einer etwa gleich großen Menge Lava tatsächlich Einhalt geboten worden. Die Hafeneinfahrt hatte sich durch den Lavastrom von 800 m auf 200 m verengt und so war eine Art Fjord entstanden, der Hafenanlagen und Fischereiflotte seitdem einen guten Schutz vor der Brandung bietet.

Findige Isländer: Der Vulkanausbruch war ein so einschneidendes Erlebnis, dass sich die Zeitrechnung der Insulaner häufig auf die Zeit vor und nach 1973 bezieht. Neben dem verbesserten Hafen sprangen noch ein paar weitere Vorteile heraus: Die Vulkanasche konnte zur Verlängerung der Landepiste am Flughafen, zum Bau neuer Straßen und zum Auffüllen eines Neubaugebietes verwendet werden. Außerdem wurde, nachdem Bohrungen in der neuen Lava in 30 m Tiefe eine Temperatur von einigen hundert Grad ergeben hatten, ein spezielles Fernheizungssystem aufgebaut und die Hitze der Lava eine Zeit lang zur Beheizung und Warmwasserversorgung sämtlicher Häuser auf der Insel genutzt.

Basis-Infos

Information Im Buchlanden, Mo-Fr 9–22, Sa/So 10–17 Uhr. Wanderkarte und kostenlose Broschüre mit Stadtplan und Verweis auf alle touristischen Einrichtungen hier und an den Fähranlegern. Bárustígur 2, ✆ 4882555, www.vestmannaeyjar.is.

Hin & weg Fähre Herjólfur von Landeyjar (bei schlechtem Wetter wie früher ab Þorlákshöfn in 2 Std. 45 Min.) nach Heimaey, 5-mal tägl., Fahrzeit 35 Min., Preis pro Fahrt ISK 1.000, Jugendliche 12–15 Jahre ISK 500, Kinder frei, Auto ISK 1600 (sollte reserviert werden), Rad kostenlos. Auskunft und Buchung unter ✆ 4812800,, (http://eimskip.com/EN/iceland_domestic/herjolfur. Achtung: Am ersten Wochenende im August ist die Fähre wegen des Volksfests, im Juni wegen der alljährlichen Kinder-Fußballmeisterschaften i.d. R. ausgebucht. An Feiertagen eingeschränkter Fährverkehr. Zwischen Reykjavík/Hvolsvöllur einige auf die Abfahrtszeiten der Fähre abgestimmte Busverbindungen mit Sterna (Linie 900).

Flugzeug: Flughafen 2–3 km südlich des Orts. Tipp: Es ist ratsam, bei der Anreise mit dem Flugzeug zunächst nur den Hinweg zu buchen, da immer damit zu rechnen ist, dass Flüge gestrichen werden, weil Nebel aufzieht. Man kann dann flexibel reagieren und die Fähre zurück nehmen. Eagle Air, ✆ 5624200, www.eagleair.is.

Taxi: Eyjataxi, ✆ 6982038 oder Bryndís unter 8971190.

Versorgung Alkoholgeschäft, Apotheke (Vesturvegur 5), Arzt (Krankenhaus, Sólhlíð 10), Banken (Kirkjuvegur 23; Bárustígur 15, beide mit Geldautomat), Polizei (Faxastígur 42), Post (Vestmannabraut 22).

Bäckerei Bakarí Vilberg, Bárustígur 7, Mo–Fr 7.30–17.30, Sa 8–16, So 10–16 Uhr, Bäckerei mit Café (Tagessuppe). Arnór Bakarí, im Komplex am Vesturvegur, Mo-Fr 8–18, Sa 9–16 Uhr.

Bücher Gibt es ebenso wie Landkarten bei Eymundsson, Bárustígur 2, Öffnungszeiten siehe Information.

Einkaufen Supermarkt **Krónan** am Strandvegur neben der Olis-Tankstelle, tägl. 11–19 Uhr. Supermarkt **Vöruval**, im Kuppelbau am Vesturvegur 18, Mo–Fr 7.30–19, Sa/So 10/11–19 Uhr.

Feste/Veranstaltungen Das Wochenende nach dem 3. Juli wird als das **Ende des Vulkanausbruchs 1973** zelebriert. Samstagnacht läuft an vielen Orten Livemusik, darunter in den bunten Schuppen beim Hafen. Das größte Fest ist am Wochenende

Westmännerinseln

vor dem ersten Montag im August (und einschließlich dieses Montags) das **Volksfest** im Herjólfsdalur (siehe unten).

Tankstellen　Mehrere Tankstellen, zumeist 8–23.30 Uhr, am Wochenende morgens etwas später.

Turbulenter Sommer: Beliebtester Sport auf Heimaey ist Fußball – alljährlich werden hier die isländischen Fußballmeisterschaften der Kinder und Jugendlichen abgehalten. Berühmt sind die Westmännerinseln aber besonders für ihr jedes Jahr am langen Wochenende Anfang August stattfindendes Volksfest *Þjóðhátíð Vestmannaeyja*, für Tausende junge Festlandsisländer Anlass für einen Ausflug nach Heimaey. Ihren Ursprung hat die Feier in einer Festveranstaltung zum tausendjährigen Jubiläum der Besiedlung Islands im August 1874: Starker Sturm hinderte die Bewohner der Westmännerinseln damals daran, zur Nationalfeier nach Þingvellir zu reisen, und so feierten sie eben alleine auf Heimaey. Seit 1901 wird nun jedes Jahr gefeiert. Der *Herjólfsdalur* verwandelt sich dann in einen großen Festplatz mit Buden und Karussells, es wird musiziert und getanzt, am Tag finden Sportwettbewerbe statt und am steilen Kliff *Fiskahellanef* werden Vorführungen im Seilschwingen gegeben. Nachts prasseln Lagerfeuer, Feuerwerke werden abgebrannt. Natürlich fließt auch der Alkohol in Strömen – wohl der Grund, warum viele ältere Inselbewohner es vorziehen, an diesem Wochenende die Flucht zu ergreifen.

Aktivitäten/Sport

Angeln　Viking Tours bietet Hochseeangeln, im Café Kró erkundigen. ℘ 4884884.

Golf　Der 18-Loch-Golfplatz im Herjólfsdalur direkt am Steilufer zählt zu den 100 besten der Welt. ℘ 4812363.

Reiten　Gunnars Horse Rental, geritten wird viel in der neuen Lava und entlang der Küste zu den Papageientauchern, bei Interesse auch rund um die Insel. ℘ 4811478/8611476.

Lyngfell, bietet 1- bis 3-stündige Ausritte, auch für Kinder; alle starten auf dem Hof Lyngfell. ℘ 8981809.

Schwimmbad　Illugagata im Sportkomplex, Mo–Fr 6.15–21, Sa/So 9–18 bzw. 17 Uhr. Hallenbad, im Außenbereich Rutschen, Jacuzzi und Hot Pots.

Steinkirche Hvalsneskirkja an der Westküste von Reykjanes ▲▲
Der Hafen von Hafnarfjörður ▲

▲▲ Papageientaucher auf den Westmännerinseln
▲▲ Leuchtturm am Kap Reykjanes
▲ Kleinstädtisches Flair im Zentrum von Reykjavík

Im Geothermalgebiet Seltún (AS) ▲▲
See Kleifarvatn im Naturschutzgebiet Reykjanes   ▲

▲▲ Ausbruch des Strokkur
▲ Der mächtige Gullfoss im südwestlichen Tiefland

Ausflüge

Viking Tours Bustour, insgesamt 2 Std. geht es um die ganze Insel, dabei immer zum Vulkan Eldfell (mit Wanderung in den Krater) und zu den Papageientauchern am Südende der Insel (tägl. 13.30 Uhr, ISK 3900). Die Touren lohnen wegen der Erklärungen des Reiseleiters (auf Englisch), wer selbst etwas entdecken und sich Zeit lassen will, streift aber besser zu Fuß auf eigene Faust umher. Info im Café Kró. ☎ 4884884, www.vikingtours.is.

Viking Tours Bootsausflug, zu empfehlen sind die 90-minütigen Bootstouren um die Insel, Start direkt vor dem Café Kró tägl. 11 und 15.30 Uhr, ISK 3400 (bei schlechtem Wetter fallen die Touren aus). Entlang der Steilküste im Südosten und Westen der Insel lassen sich aus nächster Nähe die Scharen von Vögeln beobachten, die in den Felsen nisten, darunter natürlich Papageien-taucher, und mit etwas Glück sieht man Schwertwale, Tümmler und Delfine. Vorbei geht es an mehreren Höhlen wie dem Kaf-hellir, der wegen seiner durch ein Loch in der einen Seite bedingten, wunderschönen Lichtverhältnisse auch „Capri des Nordens" genannt wird, und dem farbenfrohen Fjó-sin, in dem sich Vögel tummeln. An den Kliffs, Schären und von der Brandung aus-gehöhlten Grotten der Nordküste entlang erreicht das Boot schließlich den Kletts-hellir, eine für ihre gute Akustik bekannte Grotte. Hier gibt Kapitän Simmi zum Abschluss ein Saxophonständchen. Info im Café Kró.

Rib Safari – Schnellbootour, im 300- oder 600-PS-Schnellboot. Für alle, die etwas mehr Adrenalin mögen. ☎ 6611810, www.ribsafari.is.

Übernachten/Camping

Die auf das Hotel folgenden drei Gästehäu-ser gehören zum Hótel Þórshamar und haben dieselbe Telefon- und Faxnummer wie das Hotel (s. o.). Dort auch Rezeption und Frühstück. Ggf. Besitzerwechsel.

Hótel Þórshamar, 3-Sterne-Hotel mit 21 Zimmern, vor allem DZ, und drei Suiten, alle mit Bad. Helle Zimmer mit allem Komfort. Im Haus auch Jacuzzis, Sauna, Billardraum und Restaurant Fjólan. DZ ISK 18.900. Vestmannabraut 28, ☎ 4812900, thorshamar@simnet.is, www.hotelvestmannaeyjar.is.

Gistihúsið Hamar, an ein Hotel erinnerndes Gästehaus mit 14 geräumigen Zimmern mit Bad und TV; große Küche. DZ ISK 13.000. Herjólfsgata 4.

Sunnuhóll, Gästehaus und Jugendherberge mit sieben bunten Zimmern für bis zu 6 Pers. Mit Küche. SSU ISK 2700/3300. Vestmannabraut 28 (hinter dem Hotel).

Hótel Mamma, gegenüber vom Hótel Þórshamar, gilt als familienfreundliches Gästehaus. Sieben Zimmer mit TV, auf jeder Etage Bad und Küche. DZ ISK 11.300. Vestmannabraut 25.

Apartments Eyjar, im Haus der Information, mit Stil und Geschmack eingerichtete Apartments mit Kochecke, Bad, TV. 12.000–16.000. Keine Rezeption; vorher anrufen. Bá-rustígur 2, ☎ 4813636, hoteleyjar@eyjar.is, www.hoteleyjar.eyjar.is.

≫≫≫ Unser Tipp: Hreiðrið, originell ge-schmücktes Gästehaus der netten deut-schen Reiseleiterin Ruth, die seit langem auf Heimaey wohnt und die Insel bis in den letzten Winkel kennt. Im Garten gemütli-cher Holzpavillon zum Grillen. Gäste kön-nen Waschmaschine und Internet nutzen und sich allen Touren anschließen, die Ruth mit Gruppen unternimmt. Vier freundliche, liebevoll mit Papageientauchermotiven ver-zierte Zimmer für bis zu 4 Pers., Küche, Bad, Fernsehraum. DZ ISK 8500, SSU ISK 3200, Frühstück. Im Haus nebenan sechs weitere Zimmer für 2–4 Pers., Küche, Auf-enthaltsraum, dieselben Preise. Faxastígur 33 Ecke Heiðarvegur, ☎ 4811045, eyjamyndir@simnet.is, http://tourist.eyjar.is. ≪≪≪

Gistiheimilið Árný, wer familiäre Atmosphä-re sucht, ist hier richtig. Auf mehreren Eta-gen des Wohnhauses Betten für 60 Gäste in Zimmern für 2–6 Pers. Die Zimmer sind angenehm möbliert, einige mit Familienfo-tos und persönlichen Gegenständen deko-riert, alle mit TV. Im Souterrain (eigener Ein-gang) großes, frisch renoviertes Apartment und zwei Zimmer für 5 Pers., Bad und Kochecke. Frühstück im Wintergarten mit

Blick über die Stadt. Árný, die auf Leichtathletik-Meisterschaften viele Medaillen holte, tut für ihre Gäste, was sie kann. DZ ISK 11.200, SSU ISK 3500–4700. Illugagata 7, vom Hafen Richtung Schwimmbad, ✆ 4811011/8992582.

Gistiheimilið Hvíld, bei einer netten Familie im Wohnhaus auf einer Etage Betten für 13 Gäste in fünf Zimmern für 1–4 Pers., zwei Bäder und eine Küche. DZ ISK 9500. Kein Frühstück, SSU 3.300. Höfðavegur 16, ✆ 4811230/8944480, www.hvild.com.

Sommerhäuser Eyjabústaðir, drei schön eingerichtete und gut ausgestattete Sommerhäuser mit Hot Pot in Ofanleiti südwestlich des Ortes, für 6 bzw. 8 Pers., ab ISK 20.000/Nacht. ✆ 8642064, bustadir@internet.is, http://internet.is/bustadir.

Camping Herjólfsdalur, mitten im Krater an der Steilwand, trotzdem kaum Windschutz. Morgens schattig. Kochgelegenheit in Aufenthaltsraum. ISK 1000/Pers. Vorsicht vor den vom benachbarten Golfplatz herüberfliegenden Bällen ... ✆ 8944998.

Þórsheimilið, Zeltplatz schräg gegenüber bei den Sportplätzen am Hamarsvegur, kein Windschutz. ISK 1000/Pers. ✆ 8944998.

(Essen & Trinken

900 Grillhús, stilvoll und beliebt, gute Fischgerichte, Hummer. Vestmannabraut 23. ✆ 4821000.

Café María, eher ein Restaurant, Mittagsmenü ISK 2590. Fleisch- und Fischgerichte ab ISK 3800. Pasta und verschiedene süße und pikante Crêpes ab ISK 1190. Tägl. 11.30–23.30 Uhr. Skólavegur 5, ✆ 4813160.

Imbiss Skýlið, beliebter Imbiss in der Tanke am westlichen Hafenbecken (Friðarhöfn), hat die ganze Bandbreite an Fastfood, dazu Omelettes, Lamm, Fisch, Steaks und Flatkökur. 7–23.30, So ab 9.30 Uhr.

Imbiss Toppurinn, kleines Fastfood-Restaurant mit Charme, Tische im Souterrain, bietet Hamburger und Sandwichs, die man sich selbst zusammenstellen kann. Wer die isländischen Begriffe auf dem Notizblock nicht versteht, bekommt die Zutaten vorgeführt. Auch Pitas und Steaks. Tägl. 8–23.30, Sa/So ab 9/10 Uhr. Heiðarvegur 10.

Volcano Café, Bistro, Bar und Kaffeehaus mit Tischen im Freien. Unsere Empfehlung: die Suppe im Brot und die Pizzen, die die üblichen Islandpizzen deutlich schlagen. Tägl. 12–24 Uhr, Fr/Sa DJ. Am Strandvegur 66, nahe am Hafen. ✆ 4811999.

Café Varmó, hier offeriert Aldís Hausgemachtes, leckere Fleischsuppe und als Besonderheit Hummerrolle. Sehr gemütlich, große Fensterfront. Tägl. 10–22 Uhr. Nahe am Hafen, am Strandvegur 51.

》》》 Unser Tipp: Vinnaminni Kaffihús, nach einem von der Lava zerstörten gleichnamigen Haus. Bilder an den Wänden, auf den Tischen und Tassenmotive erinnern eindrucksvoll an die verlorenen Häuser. Suppe und Salat vom Buffet ISK 1590, frische Kuchen aus der Bäckerei von nebenan, von Baristas gekonnt zubereiteter Kaffee. Terrasse. Tägl. 10–18 Uhr. Im Komplex am Vesturvegur. 《《

Café Kró, das vom Tourenanbieter Viking Tours am Hafen nahe der Touristeninfo betriebene und mit Modellschiffen ansprechend dekorierte Café am Hafen bietet mittags Suppe, ansonsten Hamburger, Kaffee und Kuchen. Terrasse mit Blick auf den Hafen und die Felsen. Tägl. 9.30–19 Uhr. Tangagata 7.

Pub Lundinn, zu Jón kommen die Seeleute bei ihrer Rückkehr nach mehreren Wochen auf See, um ordentlich einen zu heben und die Daddelautomaten in Schwung zu bringen. Fr/Sa DJ oder Livemusik. Tägl. 21–1, Fr/Sa bis 5 Uhr. Kirkjuvegur 21 (nahe dem Hotel).

Sehenswertes

Volcanic Film Show: Die beste Möglichkeit, sich ein lebendiges Bild vom Vulkanausbruch 1973 zu machen, sodass man sich etwas besser vorstellen kann, was der Ausbruch damals für die Menschen auf den Westmännerinseln bedeutet hat. Im Theatersaal des angejahrten Veranstaltungshauses *Félagsheimili*, in dem im Winter die Theatergruppe der Insel spielt, läuft im Sommer die „Volcanic Film Show": Der

Auf dem Helgafell

auf zwei internationalen Filmfestivals mit Gold ausgezeichnete Dokumentarfilm „Days of Destruction" wurde während des Ausbruchs gedreht und macht eindrucksvoll das Ausmaß der Zerstörung klar, dem Heimaey ausgesetzt war. Ebenso beeindruckend ist der nachfolgende Streifen „Magic", der während der Aufräumarbeiten und des Wiederaufbaus entstand und die Zähigkeit der Inselbewohner widerspiegelt, die Heimaey nicht unter der Asche liegen lassen wollten und Tag und Nacht am Schaufeln waren. Beide Filme vermitteln auch einen Einblick in das Alltagsleben auf Heimaey in früherer und jüngster Vergangenheit, u. a. vom Papageientaucherfang und dem alljährlichen Volksfest. Zwischen den beiden Hauptfilmen läuft noch ein kurzer Film über den Vulkanausbruch auf Surtsey. Im Juli und August ist um 20.45 Uhr noch ein 15-minütiger Vorfilm über Papageientaucher zu sehen.

Englisch mit deutschen Untertiteln mehrmals tgl., ISK 800. Anschließend werden auf Deutsch und Englisch Fragen beantwortet. In der Lobby Aushänge zu Wandermöglichkeiten und Sehenswürdigkeiten. Heiðarvegur/Ecke Vestmannabraut, ✆ 4811045/6998945.

Sæheimar/Aquarium und Naturkundemuseum: Das Museum schräg gegenüber von der Volcanic Film Show präsentiert in Vitrinen eine umfangreiche Sammlung isländischer Gesteine und Mineralien, Muscheln, Eier, Insekten und präparierter, auf von 150 verschiedenen Vogelarten nebst einem kleinem Vogelfelsenmodell. In Aquarien tummeln sich von Dorsch und Scholle über Seehase und Katfisch (Seewolf) bis zu Seeanemone und Königskrabbe die meisten der in den Gewässern um Vestmannaeyjar lebenden Meerestiere.

Tägl. 11–17 Uhr, Eintritt ISK 500. Neubau seit längerem im Gespräch – die Präsentation ist nicht mehr zeitgemäß, das Personal aber kompetent und freundlich! Heiðarvegur 12, ✆ 4811997.

Sagnheimar/Heimatmuseum: Unterhaltsames und gut gemachtes Museum zum Leben auf der Insel. Auch hier bildet der verheerende Ausbruch von 1973 einen Schwerpunkt – per Kopfhörer können Interviews mit Einheimischen gehört werden. Der „Türkenüberfall" wird mit Zeichnungen veranschaulicht. Kurios ist die Ausstellung über einen dänischen Captain, der hier eine militärische Einheit gründete und mit Drill und Zucht wohl für mehr Ordnung sorgen wollte – im Krieg waren die Brigadiers freilich nie. Isländer interessiert die Sammlung zur Sportgeschichte. Informativ und gut fokussiert ist die Abteilung, die den Fischfang, die Fischverarbeitung und die Wetterwidrigkeiten darstellt – sehen Sie sich die Clips zu Fahrten in stürmischen Verhältnissen an! Gemütlich wirkt dagegen die Arbeiterbude der 1980er Jahre mit den entsprechenden Postern an den Wänden.

Tägl. 11–17 Uhr, Eintritt ISK 1000. Ráðhúströð oberhalb des Stadtparks, ☎ 4882045, www. sagnheimar.is.

Landakirkja: Weiter im Süden des Ortes steht am Kirkjuvegur mit der weißen *Landakirkja* von 1780 die drittälteste Steinkirche des Landes. Sie entstand nach einem Entwurf des deutschen Baumeisters G. D. Anthon. Im Innenraum finden sich wertvolle Gegenstände aus dem 17. Jh., beispielsweise eine Glocke, ein Kronund ein Kerzenleuchter. 2000 wurde die Kirche mit einer neuen, von einem Künstler aus Vestmannaeyjar geschnitzten Tür ausgestattet. Gegenüber dem Gotteshaus liegt auf der anderen Straßenseite der *Friedhof* der Vestmannaeyjar. Vom Torbogen am Eingang schaute nach dem Vulkanausbruch 1973 nur der obere Teil mit dem Kreuz und der Inschrift „Ég lifi og þér munuð lifa" (Ich lebe und ihr werdet leben) aus der Asche. Auf dem kleinen Rasenstück gegenüber vom Friedhofseingang steht die Skulptur „Alda aldanna" (Woge des Jahrhunderts), geschaffen 1902–05 von Einar Jónsson, dem ersten großen isländischen Bildhauer.

Ausgrabungen: „Pompeji des Nordens" nennen die Westmänner etwas großspurig das 2005 beim Eldfellsvegur gestartete Projekt, einige der 1973 unter Lava und Asche verschwundenen Häuser wieder ans Tageslicht zu befördern. Als Erstes grub man den obersten Teil des einst in der verschwundenen Straße Suðurgata stehenden Hauses mit der Haus-Nr. 25 aus. Plötzlich lugte eine erstaunlich unbeschadete, helle Wand aus der schwarzen Asche. Drei Jahre später sah man im ausgeschaufelten schwarzen Tunnel Überbleibsel von vier Häusern. Bei den Insulanern sind die Ausgrabungen nicht unumstritten; einige meinen, es würden Wunden aufgerissen, die gerade verheilt seien, andere, dass viel zu viel anderweitig benötigtes Geld in dieses Projekt fließe. So wundert es nicht, dass die Ausgrabungen ins Stocken geraten sind.

Skansinn mit Stabkirche und der ersten Entbindungsklinik: Seit dem Jahr 2000 steht der Name *Skansinn* für mehr als die Grundwälle einer 1586 zum Schutz vor Überfällen errichteten Festung und den schönen Blick auf die Bucht. Vielmehr finden sich hier nun auch eines der ältesten Häuser der Insel, *Landlyst* von 1847, heute Museum, und vor allem eine nach altem norwegischem Vorbild originalgetreu nachgebaute *Stabkirche*, ein Geschenk der norwegischen Regierung zum tausendjährigen Jubiläum des Christentums in Island im Jahr 2000. Das dunkle Holzhaus *Landlyst* beherbergte einst die erste Entbindungsklinik in Island. Das Besteck der Hebamme, Fläschchen, Scheren und Zangen erinnern neben anderen Stücken an diese Zeit. Die Bücherei von Vestmannaeyjar war nach ihrer Gründung 1862 neun Jahre in *Landlyst* untergebracht. Damals passten alle Bücher in eine große Kiste. Nachdem das Haus, das ursprünglich im Stadtzentrum stand, 1992 abgebrannt war, wurde es 2000 wieder aufgebaut und an seinen jetzigen Standort gebracht.

Die Kirche aus 250 Jahre altem Fichtenholz erinnert an das Gotteshaus, das im Jahre 1000 im Auftrag des norwegischen Königs Ólafur Tryggvason an anderer Stelle

Eine Stabkirche wie aus dem 12. Jahrhundert

auf Heimaey errichtet wurde. Sie ist eine Replik der Stabkirche aus dem 12. Jh. in Haltdalen, Norwegen, wegen der harten Wetterbedingungen auf der Insel jedoch etwas solider gebaut. Schließlich kann der Sturm hier schon mal eine Geschwindigkeit von 50 m/sec erreichen. Im Inneren der nur für besondere Anlässe genutzten Kirche ist die ebenfalls aus Norwegen stammende, originalgetreue bunte Replik einer mittelalterlichen Altarfront mit dem Bild des Heiligen Olaf, vier Szenen aus seinem Leben und den Evangelisten-Symbolen zu betrachten. Den Taufstein aus 1973 beim Vulkanausbruch an die Oberfläche befördertem Dolerit und die zehn kleinen Gemälde steuerten Isländer zum Kircheninventar bei.

1. Juni bis 31. Aug. tägl. 11–17 Uhr. Schon seit längerem ist ein Café geplant. ☎ 4811149/8638963.

Am westlichen Hafenende können sich Mutige am *Litlakliff* hinter der N1-Tankstelle im „nationalen Inselsport" der Westmänner, dem *Sprangan* genannten Seilschwingen üben: Am Felsen hängt in niedriger Höhe ein Seil, bei den Kindern beliebtes Spielgerät. Die Jungs schwingen sich mit Begeisterung hin und her, bis ihnen die Hände schmerzen.

Historisches im Tal Herjólfsdalur: Der Hlíðarvegur führt in Richtung Süden an einem riesigen Fußball vorbei ins Herjólfsdalur. In diesem offenen Talkessel sind direkt am Straßenrondell beim Golfplatz *Steinwälle* ausgegraben worden (kaum erkennbar), u. a. Reste von Langhäusern, einem Kochhaus und einem Heuschober, die zuerst als Ruinen des Hofes des ersten bekannten Siedlers von Vestmannaeyjar, Herjólfur Bárðarson, angesehen wurden. Archäologische Untersuchungen haben jedoch ein sehr viel höheres Alter der Ausgrabungsfunde ergeben (siehe „Geschichte"). Rechts von den Ruinen (zu finden beim Parkplatz am Ende der Straße) führt ein Pfad über den Golfplatz ans Meer. Dort geht es rechts zur *Kaplagjóta*, der „Pferdeschlucht", einem schmalen, von markanten Basaltfelsen eingerahmten Einschnitt ins Tal. Der Überlieferung nach wurden im 16. Jh., als es ein Gesetz über die zulässige Anzahl Pferde auf der Insel gab, überzählige Pferde von den

Felsen in die Schlucht gestoßen. Nach links führt der Pfad zum *Mormonendenk-mal*. Es erinnert an die hier von einem Isländer Missionierten, die 1854 bis 1914 nach Utah auswanderten. Das kleine Wasserloch in der Küste unterhalb des Denkmals diente als Taufbecken.

🏃 Wanderungen zu Vögeln und Vulkanen

Da die Größe der Insel überschaubar ist, sind alle interessanten Orte zu erwandern. Eine Karte mit Wanderwegen ist in der Information erhältlich, Fotos mit Detail-Infos hängen im Eingangsbereich des Kinos. Reiseleiterin Ruth vom Gästehaus Hreiðrið nimmt auf ihren Wandertouren oft Einzelreisende mit, bei Interesse einfach anrufen (✆ 4811045/6998945). Keiner der Wanderwege ist gepflockt, doch sind die meisten Pfade ausgetreten. Die Papageientaucherkolonien im Herjólfsdalur sind leicht zu erreichen: direkt oberhalb vom Campingplatz und an der Küste. Die Krater Helgafell und Eldfell kann man auf einer Tour verbinden (s. u.).

Zu den Papageientauchern und übers Kliff zum Vogelfelsen am Hafen (2,6 m, 250 Höhenmeter, ca. 1 Std.): Vom See beim Zeltplatz Herjólfsdalur führt ein steiler Pfad (alternativ rechts davon ein sehr steiler Pfad) nach Überwinden eines Zaunes geradewegs nach oben, der Aufstieg dauert kaum mehr als 20 Min. Unterwegs begrüßen den Wanderer Papageientaucher und Dreizehenmöwen, die in den Felsen nisten. Am Grat biegt man rechts ab und passiert den Abzweig des steileren Aufstiegs. Man überquert einen Zaun per Treppe und erreicht nach insgesamt 1,3 km ein grasiges Gipfelplateau mit herrlicher Aussicht – ein idealer Picknickplatz, wenn der Wind es zulässt. Wir empfehlen den Abstieg auf dem gut erkennbaren Pfad nach Süden, nicht den direkten Weg nach unten, der sehr steil ist. Der Pfad endet bei der N1-Tankstelle am Vogelfelsen, an dem das Seil zum Üben von „Sprangan" im Felsen hängt.

Achtung: Nichts für Ungeübte! Trittsicherheit und Schwindelfreiheit erforderlich. Oben ist es nicht ganz ungefährlich, der Wind weht meist sehr kräftig, der Abgrund ist nah. Die Steine liegen oft locker und bei Nässe ist der Weg rutschig.

Zum Vogelfelsen Ystiklettur (ca. 1 Std.): Vom Fels *Heimaklettur* können sich Mutige noch weiter vorwagen zum 209 m hohen *Ystiklettur* ganz im Os-

ten der langen, schmalen Felsenkette. Hier brüten die seltenen Schwarzschnabelsturmtaucher. Nichts für Ungeübte! Trittsicherheit und Schwindelfreiheit erforderlich.

An der Küste entlang zu den Papageientauchern (4–5 Std.): Der Weg um die Insel beginnt an der *Kaplagjóta* am Nordende des Golfplatzes. Am gegenüberliegenden Ende der Bucht haben natürliche Kräfte die Umrisse eines Elefanten in den Basalt geschliffen. Am *Mormonendenkmal* vorbei führt der Pfad zu einem guten Aussichtspunkt auf mehrere kleine Westmännerinseln nordwestlich von Heimaey, die *Smáeyjar*. Weiter an der Küste entlang geht es hinter dem Golfplatz auf einem schmalen, ausgetrampelten Weg über das Lavafeld *Ofanleitishraun*. Kurz nachdem man die letzten Häuser des Ortes hinter sich gelassen hat, taucht am Ufer ein Gedenkstein für Jón Vigfússon auf, der hier 1928 die 60 m hohe, steile Felswand emporgeklettert ist, nachdem sein Boot Schiffbruch erlitten hatte. Man erreicht den Küstenabschnitt *Ofanleitishamar*, wo eine große Papageientaucherkolonie nistet.

Beim Gehöft *Breiðibakki* stehen Fischtrockengestelle und an einem Strand vorbei führt der Weg weiter nach *Stórhöfði*, wobei die letzten Kilometer auf der Straße zurückgelegt werden müssen. Auf dem 122 m hohen Hügel steht ein

Leuchtturm mit öffentlich nicht zugänglicher meteorologischer Station. Hier wurde mit 61 m/sec die höchste Windstärke Islands gemessen. Auch auf Stórhöfði besteht die Gelegenheit, eine riesige Papageientaucherkolonie zu beobachten, wofür extra eine Aussichtsplattform gebaut wurde. Außerdem bietet sich von hier ein schöner Blick auf die westlich gelegenen Inseln des Archipels.

Wieder unten am Hügel angekommen, folgt der weitere Weg rechter Hand dem Küstenverlauf. Vorbei an der „Seeräuberlandzunge" *Ræningjatangi*, wo einst die Piraten an Land gingen, geht es zum Kap Litlhöfði (114 m). Der Küstenabschnitt von hier bis zum Flughafen ist berühmt für sein reiches Vogelleben.

Auf das Lavafeld Kirkjubæjarhraun: Von der Straßenecke Kirkjuvegur/Miðstræti aus ist über die dortige Treppe ein Abstecher auf das sich meterhoch auftürmende neue Lavafeld Kirkjubæjarhraun zu empfehlen. Nach kurzem Anstieg bietet sich ein schöner Ausblick über die Stadt. Oben fallen an einigen Stellen Gedenksteine für verschüttete Häuser auf. Unter 20 m Lava liegt auch das ehemalige Schwimmbad Heimaeys begraben. Nach ein paar Minuten überquert man den Strandvegur. Geradeaus weiter kommt man nun zur historischen Stätte *Skansinn*. An der Kirche vorbei geht es zu einem schönen Strand mit grobem Stein in der Bucht Klettsvík. Hoch oben in den Klippen steht eines der Häuser, das für den Papageientaucherfang aufgesucht wird.

Auf den Krater Eldfell (221 m) und zum Lavagarten (ab Parkplatz 1,7 km, 1 Std.): Beliebter Wanderweg auf den roten Krater von 1973, herrliche Ausblicke aufs Städtchen und auf die Gletscher des Festlands. Vom Parkplatz oberhalb der Ausgrabungsstätte führt ein steiler Fußweg über 800 m den Hang hinauf. Oben angekommen, geht man nach links zu den bizarren Tephraformationen. Auf dem Rückweg nimmt

man nach rechts den Trampelpfad in den Krater und hält sich am Steinmännchen eher rechts, um auf den Hauptweg zurückzufinden, der einen rechterhand zurück zum Parkplatz bringt. Trittsicherheit erforderlich, oben oft windig.

Variante: Rückweg über den *Blumengarten* und *Skansinn*. Man erreicht man nach wenigen Metern ein kleines Paradies in der rot-schwarzen Wüste: In einer Senke hat ein Ehepaar 1988 einen *Blumengarten* („Gaujulundur") angelegt. Liebevoll angepflanzte Sträucher und bunte Blumen ziehen sich die Hänge hinauf, dazwischen stehen sorgfältig abgestützte Bäumchen und ein kleines Haus. Auf der Asphaltstraße geht es dann weiter Richtung Zentrum („Miðbær") und nach wenigen Metern rechts Richtung Flakkarinn. Von hier gelangt man zum Strand, wo man sich links hält. Nach ein paar Minuten erreicht man Skansinn mit der Stabkirche (vgl. Sehenswertes), von dort geht es weiter zur Stadt.

Auf den Krater Helgafell (226 m) (einfacher Weg, 1,6 km ab Kreuzung, 60 Min.): Mit etwas dunklerer Lava der gesetztere der beiden Krater – man kann beide Vulkane in einer Tour verbinden, etwa mit Start am Helgafell. Man startet am Schild „Helgafell" gegenüber der Landebahn und folgt nach wenigen Metern dem mittleren der breiten Fahrwege bis zu einem kleinen Grasplatz, an dem nach insgesamt 300 m der eigentliche Gipfelanstieg auf einem Pfad beginnt. 10 Min. später steht man schon oben an der Windrose. Von hier auf demselben Weg zurück oder – wer den rutschigeren Abstieg nach Norden nicht scheut – hinab zur Straße und weiter zum Parkplatz des Eldfell (beschildert). Achtung: Abstieg nach Norden erfordert Trittsicherheit auf losem Geröll. Bis zum Parkplatz des Eldfell vom Helgafellgipfel 30 Min und insgesamt 2 km.

Blick über die Þingebene

Der Goldene Zirkel

Da lachte es spöttisch herab von den Höh'n: / „So seid ihr; sieh' doch einmal!" / Ich blickte nach dem Geysir: er schoss mit Gedröhn' / Empor in mächtigem Strahl, / Dampfsäulen prustend, gewaltig und hoch, / Und zeichnete scharf von dem weiß-grauen Grund / Des Himmels sich ab; zuoberst jedoch / Bog jäh er zurück sich und – / Fiel kraftlos wieder hinab in denselben Schlund.

Hannes Hafstein (Beim Geysir)

Vom UNESCO-Weltkulturerbe Þingvellir mit seiner historischen und geo-logischen Bedeutung über die Springquelle Geysir und den mächtigen Wasserfall Gullfoss zum einstigen Bischofssitz Skálholt – im südwestlichen Tiefland finden sich nahe der Hauptstadt einige der Hauptattraktionen des Landes.

Nicht umsonst wird die Rundfahrt durch das dicht besiedelte, fruchtbare Tiefland, die Region der Bauernhöfe, Wiesen und Reithöfe, als „Goldener Zirkel" bezeichnet – die Gegend, die von Beginn der Besiedlung an den Pulsschlag Islands bestimmte, glänzt mit eindrucksvollen Stätten. Sowohl historisch und kulturell Interessierte als auch Naturliebhaber kommen hier auf ihre Kosten. Ruhe und Stille sind an den Se-henswürdigkeiten allerdings nur am frühen Morgen zu finden, denn kaum ein Rei-sender lässt sich diese Highlights entgehen. Auch die Isländer besuchen mit Vorlie-be das Gebiet, in dem sich deshalb Tausende kleiner Sommerhäuser zwischen den Büschen verstecken.

Tipps zur Region: Essen Sie im **Restaurant** Lindin in Laugarvatn (S. 308) und im Kaffihús Grund in Flúðir (S. 317), genießen Sie **Kaffee und Kuchen** im Café in Skálholt (S. 323). Es lohnt ein Besuch des Multimediazentrums an der Almannagjá, das Auskunft zum **Nationalpark Þingvellir** gibt (S. 300), gut gemacht ist auch die Geysisstofa beim **Geysir**, die ebenfalls mit Multimedia Fragen zum Vulkanismus in Island beantwortet (S. 312). Empfehlenswert ist ein Besuch des **Laxnessmuseums** im einstigen Wohnhaus des Schriftstellers an der Str. 36 nach Þingvellir, wo man den Nobelpreisträger ganz privat kennen lernt (S. 297). Reizvoll ist die **Wanderung** in die Schlucht Gjáin bei Stöng (S. 328). **Übernachtungstipps:** Jugendherberge Laugarvatn (S. 308), der Hof Efsti-Dalur auf der Strecke von Laugarvatn zum Geysir (S. 309), das Gistiheimili Flúðir im gleichnamigen Ort (S. 317) und Brekkukot/Veghús im Öko-Dorf Sólheimar (S. 324). Wer die Region auf dem **Pferd** erkunden möchte, dem seien die Höfe Syðra-Langholt bei Flúðir (S. 318), Laxnes im Mosfellsdalur (S. 299) und Steinsholt nahe Stöng (S. 326) empfohlen.

Von Reykjavík bis Þingvellir

(Str. 1/36, 50 km)

Ein Besuch in Þingvellir führt in ein geologisch einzigartiges und faszinierendes Gebiet zwischen Europa und Amerika und an den bedeutendsten Ort in der isländischen Geschichte.

Etwa 1,5 km hinter Mosfellsbær zweigt von der Ringstraße die Str. 36 nach Þingvellir ab. Sie führt an der Nordkante der Hochebene Mosfellsheiði entlang, eines alten Schildvulkans aus einer Warmperiode der letzten Eiszeit, der sich bis zum Þingvallavatn erstreckt. Im *Mosfellsdalur*, einem breiten, grünen und relativ dicht besiedelten Tal, ziehen interessante Höfe vorbei: *Mosfell* mit seiner modernen weißen Kirche ist ein ehemaliger Pfarrhof, auf dem Sagaheld Egill Skallagrímsson laut *Egils saga* seine letzten Lebensjahre verbrachte. Er soll in der Nähe zwei Kisten mit Silber vergraben haben, ohne jemandem die Stelle zu verraten. 2001 wurden im Tal die Reste einer Stabkirche ausgegraben, die wahrscheinlich kurz nach der Christianisierung Islands erbaut worden war und möglicherweise die Kirche ist, von der in der *Egils saga* die Rede ist. In ihrem Umkreis fand man in den folgenden Jahren mehr als 20 Skelette und unter ihr ein großes, leeres Grab, in dem einst Egill gelegen haben könnte. Außerdem entdeckten die Archäologen das bislang einzige Brandgrab in Island; dabei kamen auch etwa 20 wertvolle Perlen zum Vorschein. Der Silberschatz aber tauchte noch nicht auf ...

Hinter den Gewächshäusern von Reykjahlíð liegt der Reiterhof *Laxnes*, wo der große isländische Romancier und Nobelpreisträger *Halldór Laxness* (1902–98) aufwuchs. Etwas weiter östlich steht auf der anderen Straßenseite am Bach Kaldakvísl sein letztes Wohnhaus, *Gljúfrasteinn*.

Zu Besuch beim Nobelpreisträger: Das polierte Auto in der Auffahrt täuscht – es ist niemand zu Hause. Dennoch ist man herzlich eingeladen, ins Haus zu treten und sich nach Belieben umzusehen. Gljúfrasteinn, wo Halldór Laxness bis 1995 und seine Frau Auður bis 2002 wohnten, ist heute als Museum zugänglich. Der isländische Staat kaufte das Haus und die Gemälde von so hochkarätigen isländischen Künstlern wie Jóhannes S. Kjarval und Nína Tryggvadóttir, mit denen Laxness befreundet war; die komplette Einrichtung aber schenkte Auður dem Staat. Nichts wurde verändert: Im Wohnzimmer stehen noch der Flügel, an dem der Schriftsteller selber spielte, und der tiefe Stuhl, den er ganz besonders liebte und in dem außer ihm nie jemand saß. In seinem Arbeitszimmer sind die Regale weiterhin mit über tausend Büchern gefüllt und in seinem Schlafzimmer liegt auf der Fensterbank noch das Fernglas, mit dem Laxness so häufig über das Tal schaute und sich inspirieren ließ. Mit exzellenter Audio-Tour wird der Besucher durchs Haus geführt, in dem einst ständig Gäste ein und aus gingen, Konzerte und Empfänge stattfanden; man erfährt, wie Laxness lebte und arbeitete und wie Bücher entstanden, hört Anekdoten und Zitate. Und sieht ihn im Geiste zu einem seiner stundenlangen Spaziergänge aufbrechen, wie immer mit einem zusammengefalteten Blatt Papier und einem Bleistift ausgestattet.

1. Juni bis 31. Aug. tägl. 9–17 Uhr, sonst tägl. außer Mo 10–17 Uhr, ISK 800. Audio-Touren (25 Min.) auch auf Deutsch. Im Sommer jeden Sonntag um 16 Uhr im Wohnzimmer klassische Konzerte. In der Umgebung geben an einigen Stellen, die mit Laxness und seinem Werk in Verbindung gebracht werden, Infotafeln Auskunft. ✆ 5868066, www.gljufrasteinn.is.

Bei der Weiterfahrt Richtung Osten wird das Lavafeld erreicht. Rechts geht eine Zufahrt zu einem Aussichtspunkt ab, von dem sich ein guter Ausblick über das Þingvallavatn, die Hochebene und die dahinter liegende Bergwelt bietet. Der knapp 84 qkm große See mit einer Tiefe bis zu 114 m – womit der Seeboden 11 m unter dem Meeresspiegel liegt – ist der größte Islands; gespeist wird er zum größten Teil durch Quellen und Spalten an seinem Grund und am Ufer. Drei kleine Inseln lassen sich vom Wasser des Þingvallavatn umspülen: *Nesjaey*, *Heiðarbæjarhólmi* und der ehemalige Krater *Sandey*. Der See, der vor 12.000 Jahren vom Eis freigelegt wurde, ist wegen seiner Vielzahl an Habitaten der einzige in der Welt, in dem vier verschiedene Arten Seesaiblinge leben. Weiterhin sind hier Forellen und vor allem etwa 85 Mio. Stichlinge zu Hause.

Im Nordosten thront der mit einer Neigung von 7–8 Grad ansteigende und im Durchmesser 10 km breite Schildvulkan *Skjaldbreiður* (1.060 m), dessen Lavaschild bei einem Vulkanausbruch vor gut 9000 Jahren entstanden ist. Seinen Namen „Breiter Schild" trägt er nicht zufällig – er sieht aus wie ein umgestülpter Suppenteller, oder eben, wie der Dichter Jónas Hallgrímsson es in seinem Gedicht „Skjaldbreiður" formulierte, wie ein „kuglig-breiter Schreckensschild". Auf dem noch weit in den Sommer hinein mit Schnee bedeckten Vulkan befindet sich ein 300 m breiter und tiefer Krater.

Am 1990 von den Botschaftsvertretungen gestifteten Vinaskógur (Freundschaftswald) vorbei kommt man zum

Übernachten
1 Hótel Gullfoss
2 Kjóastaðir
3 Skálinn
4 Hótel Geysir
5 Gistiheimilið Geysir
6 Úthlíð
7 Efsti-Dalur
8 Cottages Lakethingvellir
9 Hólaskógur
10 Hótel Hengill
11 Dalbær III
12 Syðra-Langholt
13 Grímsborgir
14 Steinsholt
15 Hestakráin
16 Hótel Hekla

Nationalpark Þingvellir, der 2004 von der UNESCO als erste isländische Stätte zum Weltkulturerbe erklärt wurde.

Reiten Reithof **Laxnes** mit rund 45-jähriger Tradition, 100 Pferden und persönlicher Atmosphäre bietet ganzjährig Reitausflüge, tägl. um 9.30 und 13.30 Uhr 3-stündige Trips ISK 7000 (Transport von/nach Reykjavík möglich), auch Kombinationen aus Reiten und Besichtigungstouren, z. B. 9 Std. Goldener Zirkel, davon 2 Std. Reiten, oder ein Tag auf dem Hof. Vorbuchung erforderlich. ✆ 5666179, www.laxnes.is.

Camping Mosskógar, hübscher großer Zeltplatz mit Windschutz durch Hecken, Dusche war 2011 geplant. ISK 1000/Pers. Auf dem Platz auch ein Zelt mit Betten für 4 Pers., ISK 5000/Zelt. Ca. 4 km von der Ringstraße an der Str. 36.

Markt in Mosskógar

Frischen Salat und Kartoffeln, Brokkoli, Kohl und Karotten vom Feld, Erdbeeren aus dem Treibholz, Fisch aus dem Þingvallavatn, Wein aus Frankreich, selbst gemachte Marmelade, Schnittblumen, Kaffee und Kuchen – all dies und mehr gibt es von Mitte Juli bis Mitte September jeden Samstag ab 12 Uhr auf dem kleinen, idyllischen Markt unter freiem Himmel auf der Farm Mosskógar. Jón, der sympathische Besitzer von Hof und Zeltplatz, betreibt auf 10 ha Land eine kleine Baumschule und zieht Gemüse; 1999 begann er mit dem Verkauf von überschüssiger Ernte. Mittlerweile verkaufen zehn Menschen auf diesem in Island wohl einzigartigen Markt ihre frischen Produkte. Viele Käufer reisen extra aus Reykjavík an und die Nachfrage ist so groß, dass man am besten schon vor 12 Uhr erscheint. Am frühen Nachmittag sind die Holzstände bereits wie leer gefegt.

Goldener Zirkel → Karte S. 298/299

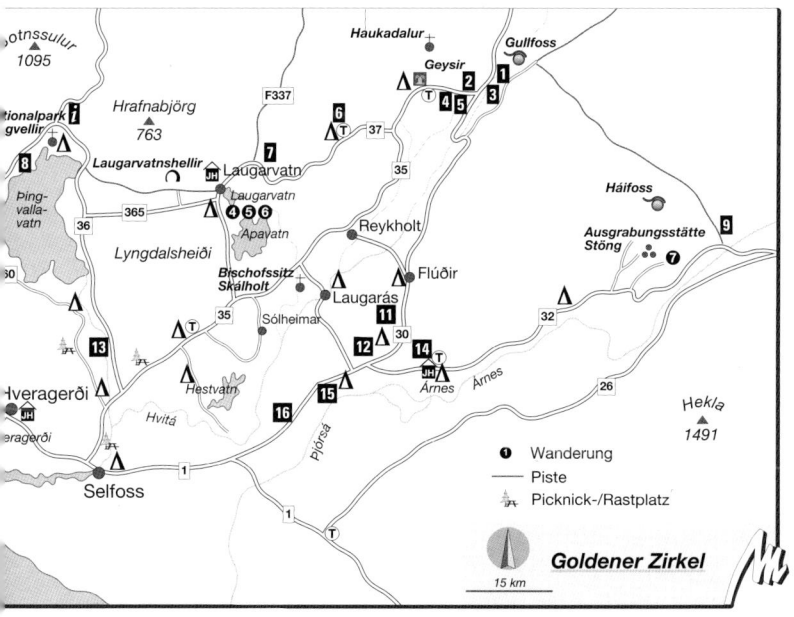

Goldener Zirkel

15 km

● Wanderung
—— Piste
⚶ Picknick-/Rastplatz

Þingvellir: zwischen den Welten („thingvedlir")

Wohl nirgendwo auf der Welt lässt sich besser erkennen als in Þingvellir, was passiert, wenn zwei der sich auf dem Erdmantel bewegenden tektonischen Platten auseinanderdriften.

Der See Þingvallavatn und das ihn einrahmende Lavafeld liegen in der Þingvellir-Senke, einem Teilstück der 120 km langen Vulkan- und Grabenzone zwischen Langjökull und Kap Reykjanes. Diese Zone wiederum ist ein Teilstück des Mittelatlantischen Rückens. Begrenzt wird die von Stricklavafeldern bedeckte Senke durch in Nordost-Südwest-Richtung ausgerichtete, tektonische Schluchten: im Westen durch die imposante *Almannagjá* („Allmännerschlucht"), im Osten durch die *Hrafnagjá* („Rabenschlucht"). Westlich der Almannagjá wandert die Nordamerikanische Platte mit dem westlichen Teil des atlantischen Meeresbodens immer weiter westwärts, östlich der Hrafnagjá die Eurasische Platte mit dem östlichen Atlantikboden ostwärts. Die dazwischen liegende, etwa 7 km breite Senke weitet und senkt sich jährlich um ca. 8 mm.

Vor ungefähr 9000 Jahren begann sich die Þingebene durch ein Dehnen und Auseinanderreißen der Erdkruste zu senken, die Almannagjá mit ihren schroffen Felsabstürzen sowie zahlreiche weitere, kilometerlange Spalten und Verwerfungen entstanden. Die Absenkung ging allerdings nicht überall gleichmäßig vor sich; an der östlichen Flanke der Almannagjá hat sich eine lang gestreckte Scholle tiefer gesenkt und dabei schräg gestellt. Dadurch wurde die westliche Felswand der Schlucht höher ausgebildet als die östliche, sie erreicht stellenweise eine Höhe von 40 m. Die Bewegungen in der Senke laufen nicht immer kontinuierlich ab. Die Schollen können auch ruckartig auseinander reißen und damit Erdbeben auslösen, wie es zuletzt 1789 geschah. Innerhalb von nur zehn Tagen sank die zentrale Scholle mit dem Þingvallavatn um 50–60 cm ab, wodurch der See sich weiter nach Norden ausbreitete und neue Spalten aufrissen. Insgesamt driftete das Land in den letzten 9000 Jahren etwa 70 m auseinander.

Zur Almannagjá gelangt man z. B. über eine ausgeschilderte Zufahrt von der Str. 36 aus, die oberhalb des Südendes der Schlucht auf einem Parkplatz endet. Von hier bietet sich ein wunderbarer Ausblick in die Ebene und – bei gutem Wetter – bis zum Langjökull und man kann in die Schlucht hineinlaufen. Am Parkplatz steht auch ein empfehlenswertes Multimedia-Informationszentrum. Mehr Stille zum Betrachten der Schlucht findet man aber weiter nördlich in der Nähe des Service Centers.

Wenige Kilometer weiter östlich biegt die Str. 361 von der Str. 36 in die Þingebene hinein ab. 1928 wurde die Senke mit dem Þingvallavatn zum ersten Nationalpark Islands und zum Naturschutzgebiet erklärt. Die Lava trägt hier eine geradezu üppige Vegetationsdecke mit Birken- und Weidengesträuch, Moos und wilden Blumen sowie im späten Sommer Heidekraut und Blaubeeren. 40 % der isländischen Flora gedeiht in Þingvellir, das sind immerhin 172 höhere Pflanzen, und 42 Vogelarten verbringen den Sommer in der Umgebung. Im Herbst glänzt alles in sanften Rot- und Goldtönen.

Multimediazentrum: Tägl. 8–19 Uhr, Okt.–April nur Sa/So 9–16 Uhr, Eintritt frei, mit Shop. Wie entstand der isländische Nationalstaat und was schwimmt im Þingvalla-vatn? In einer nachgebauten Almannagjá lassen sich an Computern interessante, gut gemachte Filme zu zahlreichen Themen aus Geschichte und Natur Þingvellirs auswählen, die dann auf Monitoren an der Wand laufen. Wer anschließend im Zentrum durch die „Schlucht" wandert, die darstellt, wie weit Island in den letzten 1000 Jahren auseinandergedriftet ist, wird von Zitaten berühmter Isländer mit Bezug zu Þingvellir begleitet.

Das Zentrum kann man auch zu Fuß von der Almannagjá aus erreichen.

Wo das Alþingi tagte ...

Kein Ort in Island ist so eng mit der Geschichte des Landes verknüpft wie Þingvellir, wo sich im Jahr 930 die Goden des Landes versammelten, um die erste Alþingiversammlung Islands abzuhalten.

Aus mehreren Gründen wurde Þingvellir als Versammlungsstätte gewählt. Der Besitzer Þingvellirs hatte als Strafe für einen Streit mit tödlichem Ausgang sein Land zu verlassen, das daraufhin der Allgemeinheit zufiel. Hinzu kam die verkehrsgünstige Lage: Die wichtigsten Siedlungsstandorte befanden sich von jeher im Südwesten. Es gab auch ebene Plätze für die Zelte, Brennholz, Auslauf für die Pferde und Trinkwasser. Dafür sorgte der nördlich des Þingvallavatn entspringende Quellfluss *Öxará* („Axtfluss"), der über den Wasserfall Öxarárfoss in die Almannagjá hinunterstürzt. Er soll von den Gründern des Alþingi in die Schlucht umgeleitet worden sein und verwandelt sich der Volkssage nach an Silvester für mehrere Stunden in Wein.

Reden mit Echowirkung: Getagt wurde alljährlich für zwei Wochen um die Monatswende Juni/Juli am Fuße der Almannagjá. Sie trägt ihren Namen „Allmännerschlucht" nicht umsonst – in ihr fanden alle Versammlungteilnehmer mühelos Platz. Mittelpunkt der Alþingiversammlungen in den ersten drei Jahrhunderten war der *Lögberg*, der Gesetzesfelsen, der sich vermutlich auf der Ostseite der Almannagjá dort befand, wo heute ein Fahnenmast mit der isländischen Nationalflagge steht. Von hier verkündete der Gesetzessprecher die isländischen Gesetze, bis

Goldener Zirkel → Karte S. 298/299

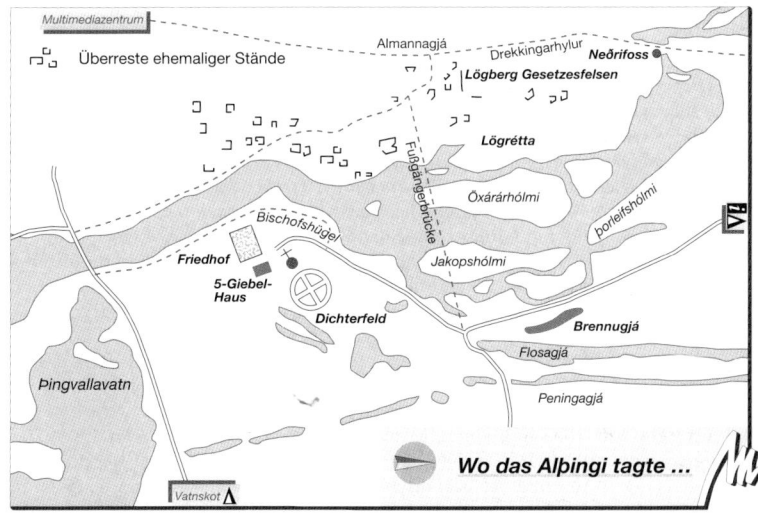

Wo das Alþingi tagte ...

diese im Jahr 1117 schriftlich fixiert wurden. Bei seinem Vortrag, der *Lögsaga*, machte er sich die Echowirkung in der Almannagjá zunutze und rief seine Worte laut und kräftig an die 40 m hohe westliche Felswand gegenüber. Bis 1271 wurden auch die Parlamentsversammlungen am Lögberg abgehalten, danach tagte die gesetzgebende Versammlung *Lögrétta* wohl auf den Ebenen unterhalb des Gesetzesfelsens. Hier und in der Schlucht finden sich noch Überreste von notdürftig aus Steinen aufgeschichteten Hallen, in denen die Alþingi-Teilnehmer tagten, speisten und übernachteten. Die grasüberwucherten Steine heben sich kaum von der Umgebung ab und nur aus der Form eines Hufeisens lässt sich ein früherer Standort erahnen. In der Almannagjá markiert ein Stein die Halle des Landrates *Guðmundur Ketilsson* aus dem 17. Jh.

Nachdem der Freistaat 1264 zerbrochen war, veränderte sich allmählich die Bedeutung des Alþingi. Mit wachsendem Einfluss der ausländischen Königsmacht schwanden seine Möglichkeiten, und nachdem 1662 der Absolutismus eingeführt worden war, blieb ihm nur noch eine rechtsprechende Funktion. Dass nach dem Erdbeben 1789 die Wiesen vor der Tagungsstätte an der Nordseite des Sees unter Wasser standen, war mit ein Grund für den Umzug des Parlaments nach Reykjavík. Der Glanz des Alþingi war verblasst, im Bewusstsein der Isländer blieb seine Bedeutung jedoch bestehen.

Weltkulturerbe: Die Verkündung wichtiger Ereignisse oder die Feier großer Jahrestage finden bis heute in Þingvellir statt. 1874 begingen die Isländer hier das tausendjährige Jubiläum der Besiedlung Islands, 1930 gedachte man feierlich der Gründung des Alþingi vor tausend Jahren und am 17. Juni 1944 rief der zukünftige Präsident vor fast 30.000 Isländern die Republik aus. Doppelt so viele Menschen waren anwesend, als 1974 die elfhundertjährige Besiedlung Islands gefeiert wurde. Im Juli 2000 zelebrierten die Isländer in Þingvellir das tausendjährige Bestehen des Christentums in Island. Für die Isländer hat Þingvellir fast den Status einer heiligen Stätte; deshalb und weil es mit den Resten von etwa 50 Ständen auf einzigartige Weise einen wichtigen Teil der mittelalterlichen isländischen Kultur repräsentiert, erklärte die UNESCO Þingvellir 2004 zum Weltkulturerbe.

Die Kirche: Auf der anderen Seite der Öxará steht neben dem fünfgiebeligen Haus, in dem der Priester und im Sommer auch der Ministerpräsident residieren, die weiße *Kirche* von Þingvellir. Vermutlich war dies auch der Standort aller vorherigen Gotteshäuser. Das erste wurde nur wenige Jahre nach der Christianisierung Islands errichtet, machte aber bereits eine neuen Kirche Platz, als der norwegische König Ólafur Tryggvason um 1018 Bauholz und eine Glocke über den Atlantik schicken ließ. Noch viele Kirchen folgten diesen beiden ersten, immer so groß, dass bei schlechtem Wetter der Gesetzessprecher statt vom Lögberg von der Kanzel herunter die Gesetze rezitieren konnte. Jede Sitzungsperiode des Alþingi wurde nun mit einem Gottesdienst begonnen. Während des tausendjährigen Siedlungsjubiläums im Jahr 1874 quartierte sich Seine Majestät Christian IX. sogar im Gotteshaus ein. Die heutige, kleinere Kirche (nur zu Gottesdiensten und besonderen Anlässen geöffnet) wurde Weihnachten 1859 geweiht, der Kirchturm 1907 erneuert. In ihm hängen drei Glocken: Die neueste wurde zur Ausrufung der Republik 1944 gegossen, eine läutet schon seit 1697, die dritte Glocke stammt aus dem Mittelalter. In der Kirche befinden sich einige kostbare Gegenstände, darunter die hölzerne Kanzel aus dem Jahr 1683 und ein silberner Kelch und Hostienteller von 1743. Das Altargemälde wurde 1895 von dem dänischen Künstler *Niels Anker* gefertigt. Auf dem ehemaligen Altarbild des isländischen Malers *Ófeigur Jónsson* von 1835 ist in bunten Farben das letzte Abendmahl dargestellt.

Der Trubel auf dem Alþingi

Das Alþingi diente zwar politischen Zwecken, muss aber doch eher den Charakter eines Volksfestes gehabt haben. Neben den Goden mit Familie und Gefolge reisten zahlreiche weitere Isländer an, um die Angelegenheiten des Landes mitzuverfolgen und eine Art nationalen Festtag abzuhalten. Pferdekämpfe mit Wetten – für viele Anwesenden die Hauptattraktion – wurden 1529 durch eine Synode des Klerus verboten, noch aus dem Jahr 1623 ist aber ein Hengstkampf in Þingvellir belegt. Auf dem Alþingi wurden Geschichten erzählt, Spottverse gedichtet, Gesänge vorgetragen, Zweikämpfe ausgetragen und Ehen geschlossen – nicht ohne Grund brachten die Goden Söhne und Töchter im heiratsfähigen Alter mit. Wer in der Ferne gewesen war, kam bestimmt pünktlich zur Alþingisitzung zurück, um von seinen Erlebnissen zu berichten. Außerdem gab es Marktbuden und Kneipen, man bot Handarbeiten und anderes Kunsthandwerk zum Verkauf an und konnte erstehen, was Handelsschiffe an Waren aus dem Ausland mitgebracht hatten.

Auf dem 1939 angelegten, kreisrunden *Nationalfriedhof*, auch „Dichterfeld" genannt, sind nur zwei Dichter begraben. Eigentlich sollten hier alle großen Unabhängigkeitskämpfer ihre letzte Ruhe finden, aber nur *Jónas Hallgrímsson* und *Einar Benediktsson* wurden hierhin umgebettet. Beide trugen mit ihren Gedichten stark zum Wiedererwachen eines nationalen Bewusstseins bei.

Nordwestlich der Kirche erkennt man die Ruinen des Bischofsstands, der mit 32,5 x 7,5 m größten ehemaligen Alþingihalle, wo nach dem Jahre 1000 der Bischof seinen Platz einnahm. Nördlich der Kirche erstreckt sich eine von vielen, teils mit Wasser gefüllten Spalten, die *Peningagjá* („Geldschlucht"). Ihr Grund glänzt und funkelt, weil es seit langem Sitte ist, eine Münze ins Wasser zu werfen – wenn das Geldstück mit dem Blick bis zum Boden verfolgt werden kann, soll der dabei gehegte Wunsch in Erfüllung gehen.

Harte Sitten: So friedlich und idyllisch es heute auch in Þingvellir ist und so romantisch die Erinnerungen sind – auf der Ebene ging es einst hart her. In den *Drekkingarhylur* westlich der heutigen Brücke über die Öxará wurden im Spätmittelalter, als isländisches Recht schon lange keine Gültigkeit mehr besaß und auch die Todesstrafe erlaubt war, des Ehebruchs, des Kindesmordes oder der Geburt eines unehelichen Kindes angeklagte Frauen in einen Sack gesteckt und im Pfuhl ertränkt. Am Galgenfelsen in der *Stekkjargjá* fanden Diebe ein Ende, an der *Brennugjá*, der „Verbrennungsschlucht", wurden im 17. Jh. vermeintliche Hexen verbrannt.

Goldener Zirkel → Karte S. 298/299

Basis-Infos

Information Service Center: 1. Mai bis 30. Sept. tägl. 9–20 Uhr, April und Okt./Nov. Sa/So 9–16 Uhr. Zeltplatzverwaltung, viele Bücher, Landkarten. Informationen über den Nationalpark, kostenlose Broschüre auch auf Deutsch. An der Kreuzung der Str. 36, 52, 361, ☎ 4822660, www.thingvellir.is.

Hin & weg Bus von Reykjavík nach Lau-

garvatn, Gullfoss, Geysir hält tägl. 1-mal (morgens) in Þingvellir, auf der Rückfahrt nach Reykjavík tägl. 1-mal nachmittags. ☎ 5511166.

Touren 1. Juni bis 31. Aug. Mo–Fr tägl. 10 und 15 Uhr einstündige, kostenlose geführte Touren zu Fuß durch den Nationalpark, mit Infos zu Geschichte, Geologie, Natur (auf Englisch). Start bei der Kirche.

Aktivitäten/Sport

Angeln Im Þingvallavatn Forelle und vier Saiblingsarten, darunter die für den See charakteristische Spezialität Murta. Lizenzen bei zahlreichen Höfen am See und der Touristinformation, ISK 1500.

Bootsverleih Die Pfadfinder am Úlfljótsvatn vermieten Kanus, Paddel- und Ruderboote, ISK 1000/Std.

Tauchen Für erfahrene Taucher im glasklaren Wasser der Silfra-Spalte im Þingvallavatn; verschiedene Anbieter, zu empfehlen ist Héðinn Ólafsson mit seinem Unternehmen **Divelceland.com**, ✆ 6993000, ISK 29.900. Auch Schnorcheln wird angeboten.

Übernachten/Camping/Essen   (→ Karte S. 298/299)

Übernachten Hótel Hengill **⑩**, modernes Icelandair Hotel in der Lava an der Str. 360 im Gebäude, in dem zuvor die Angestellten des nahen Kraftwerks Nesjavellir wohnten. 22 helle, gut möblierte DZ; Sauna, Fitnessraum, draußen Hot Pots. Im Restaurant drei Tagesgerichte sowie à la carte, z. B. Saibling aus dem Þingvallavatn. Ideal als Ausgangspunkt für Wanderungen; u. a. beginnt ein 3-stündiger Lehrpfad gleich beim Hotel. DZ ISK 24.000, Frühstück extra. ✆ 4823415, hengill@icehotels.is, http://ice landairhotels.com/hotels/hengill.

Cottages Lakethingvellir ⑧, vier moderne Blockhütten für bis zu 5 Pers. nahe am Þingvallavatn a. d. Str. 36, ISK 15.000/Haus und ISK 2000/Pers. je Nacht. ✆ 8927110, cottages @lakethingvellir.is, www.lakethingvellir.is.

Camping Þingvellir, großer Zeltplatz im Nationalpark zu beiden Seiten der Str. 36 und entlang der Felswand. Ein paar ruhige Plätze findet man an der Straße 52 nach Uxahryggir. ISK 1000 inkl. Duschen und Waschmaschine.

Vatnskot, am Seeufer und damit sehr schön und ruhig gelegen (nur für Zelte!), ebenfalls im Nationalpark, hier aber nur WC und Kaltwasser. ISK 1000.

Úlfljótsvatn, am gleichnamigen See südlich des Þingvallavatn, schön gelegener, großer und beliebter Zeltplatz der Pfadfinder mit Windschutz durch Hecken, sanitäre Einrichtungen mit Dusche. Abgeschiedenere Plätze bei der „Water Safari" auf der anderen Straßenseite. ISK 1200/Pers. Kleine Hütte mit Betten ISK 2000/Pers. ✆ 6187449.

Essen Im Service Centre an der Str. 36 Imbiss mit abgepackten Sandwichs, Suppe, Hot Dogs. Tägl. 9–22 Uhr.

🚶 Wanderungen   (→ Karte S. 305 (1, 2), S. 298/299 (3))

Nationalpark Þingvellir: Im Nationalpark lassen sich auf ehemaligen Reitpfaden zahlreiche schöne, kurze und einfache Wanderungen durch das Gewirr von tektonischen Spalten, an Höhlen und verlassenen Gehöften vorbei unternehmen. In der kostenlos ausliegenden Broschüre findet man nur eine ganz einfache Karte; eine Wanderkarte (nur Isländisch) kostet ISK 500. Die meisten Wanderwege sind aber auch ausgeschildert und nicht zu verfehlen.

Skógarkotsvegur (1): Mit 6 km der längste Wanderweg. Er beginnt bei der Stekkjargjá nördlich der Almannagjá und führt durch die vegetationsreiche Lavaebene bis hinüber zur Hrafnagjá und der Str. 36 am Ostufer des Sees. Durch das Gewirr an tektonischen Spalten zum verlassenen Gehöft Skógarkot und weiter südöstlich nahe an zwei Höhlen vorbei, zum Seeufer hinunter und zur Hrafnagjá.

Langistígur (2): Wer einen mit Lavaplatten ausgelegten Reitweg sehen möchte, begebe sich auf den Langistígur, der an der Westseite aus der Stekkjargjá heraus- und gen Nordwesten weiterführt, um sich mit dem Reitweg von Reykjavík nach Þingvellir zu vereinen. Zufahrt zum Weg besteht von der Str. 36 aus (etwa auf halbem Weg zwischen der Brücke über die Öxará und dem Service Center), oder die Wanderung wird in der Schlucht begonnen.

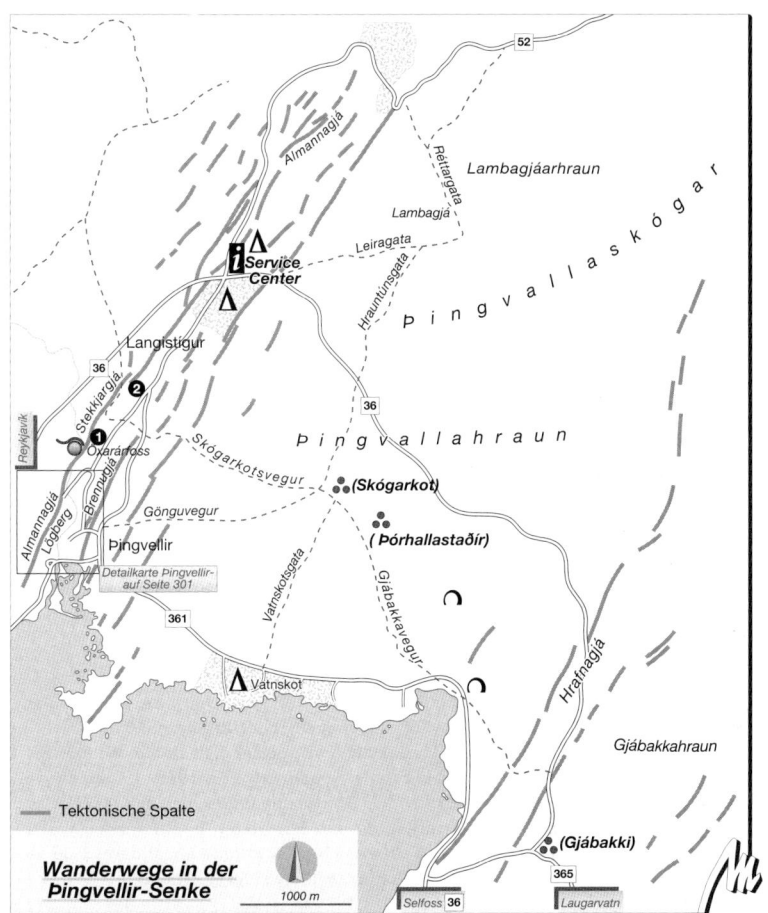

Map labels:
52
Almannagjá
Lambagjáarhraun
Reitargata
Lambagjá
Leiragata
Hrauntúnsgata
Þingvallaskógar
Service Center
Langistígur
36
36
Stekkjargjá
Skógarkotsvegur
Þingvallahraun
Reykjavík
Öxaráfoss
Almannagjá
Lögberg
Brennugjá
Göngvegur
Þingvellir
Detailkarte Þingvellir-
auf Seite 301
(Skógarkot)
(Þórhallastaðir)
Gjábakkavegur
Vatnskotsgata
Hrafnagjá
361
Vatnskot
Gjábakkahraun
— Tektonische Spalte
Wanderwege in der
Þingvellir-Senke
1000 m
(Gjábakki)
365
Selfoss 36
Laugarvatn

Hengill und Dyrafjöll (3): Das Hengill-Gebiet mit dem Gipfel *Skeggi* (803 m) als höchstem Punkt erstreckt sich von der Berggruppe um den Zentralvulkan Hengill am Þingvallavatn bis hinunter nach Hveragerði und ist wie die sich nördlich anschließende Bergkette *Dyrafjöll* (442 m) eine hervorragende Wanderregion (siehe auch S. 336). Im Bergmassiv soll der Volkssage nach einst das Trollweib Jóra gehaust haben. Sie lauerte Reisenden auf, die den viel frequentierten Reitweg über den Dyrafjöll

geritten kamen. Schließlich soll sie von einem jungen Bauern im Schlaf überwältigt worden sein. Die Scheide der Axt, mit der er sie erschlug, wurde der Sage nach am Nordufer des Þingvallavatn dort angespült, wo die Öxará (Axtfluss) in den See mündet.

Zufahrt zu den ausgeschilderten, mit Pflöcken markierten Wanderwegen in Richtung See oder Gebirge besteht über die Str. 360 am Westufer des Þingvallavatn, wo an vielen Parkplätzen Tafeln mit Wanderkarten aufgestellt sind. Ein 18 km langer Weg führt vom ersten Parkplatz, Botnadalur im Nesjahraun, in den **Sleggjubeinsdalur**. Es geht durch das kleine, grüne Tal Marardalur, das von allen Seiten von hohen Berghängen und Felswänden umschlossen ist. Zahlreiche weitere Ausgangspunkte mit Karte findet man am Hitaveituvegur. Dieser zweigt von der Str. 360 ab (dem

Schild „Hengilssvæði" folgen) und führt steil mit 15 % in Kurven nach oben. Von einem Aussichtspunkt nach etwa 1,5 km lassen sich zudem das zweitgrößte Geothermalkraftwerk Islands, *Nesjavellir*, die Bergwelt des Hengill-Gebietes und das Þingvallavatn bis hin zum Langjökull überblicken. Die Karte „Hiking Trails in the Hengill area" ist für ISK 500 erhältlich.

Zu Geysir und Gullfoss   (65 km)

Einmal quer durchs südliche Tiefland geht es zu zwei weiteren Glanzpunkten: zum mächtigen und, glaubt man seinem Namen, goldenen Wasserfall Gullfoss sowie zu einer der bekanntesten Springquellen der Welt.

Seit Eröffnung einer neuen Straße nach Laugarvatn 2009 verläuft die Fahrt von Þingvellir gen Osten – am nördlichen Rand der Lyngdalsheiði, eines alten Schildvulkans – nicht mehr mühevoll über eine kurvige, schmale, bisweilen steile Schotterpiste am Hang, sondern problemlos etwas weiter südlich und flacher auf Asphalt durch die Lava. Die neue Str. 365 führt 12 km südlich des Service Centers, wo es rechts nach Selfoss abgeht, vom See weg und auf unspektakulären 15 km nach Laugarvatn. Die reizvolle, aber gefährliche Schotterpiste wird nicht mehr unterhalten.

Nach etwa der Hälfte der Strecke zweigt links die 3 km lange, ausgeschilderte Zufahrt zur an der alten Piste liegenden Höhle *Laugarvatnshellir* ab. Über einen kurzen Spazierpfad kommt man vom Parkplatz zum auffälligen, 10 m breiten und etwa 2 m hohen, markanten Tuffportal der Höhle am Fuß des Reyðarbarmur. Vom Eingang geht es durch einen Vorraum in zwei parallel zueinander liegende, 14 m und 11 m lange Gänge. Diese Halbhöhle aus Hyaloklastit ist mit der Zeit durch Winderosion entstanden und wurde lange Zeit als Schafstall genutzt. Von 1910–11 war sie von einem jungen Paar bewohnt, worauf noch ausgehauene Nischen in der Felswand hinweisen. Die beiden bauten Kartoffeln an und bewirteten in einem Zelt vorbeikommende Reisende mit Kaffee und Kuchen. Ab 1918 wohnte ein anderes Paar vier Jahre lang in der Höhle; die Frau brachte hier sogar zwei ihrer Kinder zur Welt.

Zurück auf der Str. 365, wird bald der Blick auf den grünen *Laugardalur* frei. An den von Sträuchern eingefassten Seen liegen Felder und Farmen, und hier und da steigt Dampf auf – Laugardalur ist das „Tal der heißen Quellen". Vor der Abfahrt lädt ein Picknickplatz zur Pause und zum Genießen des weiten Blicks über das Tal ein.

Laugarvatn und seine Quellen   („löüjarvatn", ca. 170 Einw.)

Der hübsche kleine Ort verfügt seit Neuestem über einen Wellness-Tempel mit Hot Pots und Dampfbädern. Ansonsten kann man in Laugarvatn sehr gut essen und schön übernachten.

Laugarvatn liegt direkt im Geothermalgebiet, eingerahmt von Berghängen und einem See. Von ihm erhielt der Ort seinen Namen – See der heißen Quellen. Eine von ihnen ist die kleine *Vígðalaug* („Weihquelle") im Gras am Seeufer. In ihr haben sich der Volkssage nach im Jahre 1000 Bauern auf dem Weg von Þingvellir zurück nach Hause in den Norden taufen lassen, nachdem auf dem Alþingi das Christen-

Singschwäne unterwegs im Laugardalur

tum ausgerufen worden war. 550 Jahre später wurden in derselben Quelle die Leichname des ermordeten, letzten katholischen Bischofs *Jón Arason* und seiner beiden Söhne Björn und Ari gewaschen, bevor sie zum Begräbnis nach Hólar im Nordland gebracht wurden. Die 67 °C heiße Quelle, der heilende Kräfte nachgesagt werden, steht mittlerweile unter Naturschutz.

Über einer der beiden größten heißen Quellen stand lange Zeit eine kleine Hütte, wodurch eine natürliche *Sauna* mit ganz besonderer Atmosphäre geschaffen wurde. Die Quelle heißt seither *Gufubaðshver* („Dampfbadquelle"). Dann wurde beschlossen, alles zu vergrößern – die charmante alte Sauna wurde abgerissen. Nach lange verzögertem Bau eröffnete 2011 die „Laugarvatn Fontana" (s. u.). Die andere große Quelle dient der Heißwasserversorgung der ganzen Gemeinde.

Im Winter verwandelt sich Laugarvatn vom Urlaubsort zum größten ländlichen Sport- und Schulzentrum in Island. Das ganze Jahr hindurch vermieten zwei engagierte Frauen Apartments im Ort sowie Zimmer auf einem Hof gleich außerhalb an internationale Künstler und andere Kreative, die hier Inspiration finden; www.gullkistan.is.

Basis-Infos

Information An den Hotelrezeptionen und in der Jugendherberge.

Internet In der Jugendherberge.

Hin & weg Bus von der Tankstelle, ☎ 4861126, 1-mal tägl. von/nach Reykjavík über Selfoss und Þingvellir sowie von/nach Gullfoss und Geysir, ☎ 5511166.

Versorgung Geldautomat im ehemaligen Bankgebäude, Supermarkt in der Tankstelle; hier auch Post (gleiche Öffnungszeiten) und Imbiss, Mo–Fr 9–22, Sa/So 10–22 Uhr.

Bootsverleih Am See unterhalb des Restaurants, Verleih über die JH. Kajaks und Tretboote ISK 1500/Std., Ruderboote ISK 2000/Std.

Höhlenklettern Laugarvatn Adventure bietet tägl. Touren zu mehreren Lavatunnels in der Gegend um Laugarvatn, darunter die 364 m lange Höhle Gjábakkahellir. Helm, Stirnlampe und Schutzanzug werden gestellt. ☎ 8625614, www.caving.is.

Kunsthandwerk In der hübschen Gallerí Laugarvatn gegenüber vom Zeltplatz, hochwertiges Kunsthandwerk unterschiedlichster Art. Etwa 40 Leute bieten hier ihre Sachen an. Auch Verkauf von Kräutern, Gemüse, Forelle. Mit Café. Tägl. 13–18 Uhr.

Schwimmbad Freibad mit drei Hot Pots, Mo–Fr 10–22, Sa/So 10–18 Uhr.

Entspannen in der „Fountain of Wellness": Drei moderne Dampfbäder unterschiedlicher Temperatur und Luftfeuchtigkeit ersetzen die alte Sauna am See; nach dem Schwitzen kann man in einem der geothermal beheizten Pools mit herrlicher Aussicht entspannen. Zur Stärkung gibt es im Eingangsbereich Kaffee, Kuchen, Suppe und Sandwichs. Tägl. 11–21.30 Uhr, 1. Okt. bis 14. Mai tägl. 14–20.30 Uhr. ISK 2100. www.fontana.is.

Übernachten Edda-Hotel ÍKÍ, nahe am See. Das gemütlichere der beiden Edda-Hotels, 28 Zimmer mit Bad. Restaurant mit Blick auf den See, mittags und abends geöffnet. Cognacraum mit Kamin. ☎ 4444820, edda@hoteledda.is, http://hoteledda.is.

≫≫ Unser Tipp: JH Dalsel, an der Hauptstraße gegenüber vom Zeltplatz bei den sehr netten Besitzern Jóna und Gunnar. Im ehemaligen Postgebäude 52 Betten in Zimmern für 1–6 Pers; 10 Zimmer mit Bad und Gästehausstandard. Die einstige Schalterhalle ist heute Aufenthaltsraum – die drei Telefonkabinen sind noch an ihrem Platz. Terrasse mit Hot Pot. Ein hübsches Häuschen mit 13 Betten, Dusche, Kochecke, Hot Pot; noch ein Haus mit 3 DZ. 70 Gäste können auch in der ehemaligen Sportschule am Ende des Ortes unterkommen, hier ist alles etwas einfacher. Frühstück für alle im Wohnhaus der Besitzer. Ab ISK 2900/Pers. für JH-Mitglieder, für andere ab ISK 3400. DZ ohne Bad ISK 7900 bzw. 8900, mit Bad ISK 10.200 bzw. 11.200. Frühstück extra. Aufschlag für Bettwäsche. Vorbuchen, um im gewünschten Haus unterzukommen! ☎ 4861215/8995409, laugarvatn@hostel.is, http://laugarvatnhostel.is. ≪≪

Edda-Hotel Menntaskólinn, bei der Hauptstraße; 99 Zimmer, davon 32 mit Bad, die anderen nur Waschbecken und folglich günstiger. Im Restaurant (18–21 Uhr) z. B. Fisch aus dem See. Auch 50 SSU in Klassenzimmern. ☎ 4444810, edda@hoteledda.is, http://hoteledda.is.

Gallerí Laugarvatn B&B, kleines, neues Gästehaus mit Stil und Geschmack, gehört den netten Besitzern der Galerie, mit der es über eine Art Wintergarten verbunden ist. Dort Frühstück. 3 DZ, ein gemeinsames Bad, ISK 7000/Pers. ☎ 8470805, galleri@ simnet.is, www.gallerilaugarvatn.is.

Camping Laugarvatn, großer Zeltplatz mit kleinen Bäumen am nördlichen Ortsausgang am Berg. 2011 waren die Sanitäreinrichtungen noch in einem Container untergebracht, was sich aber ändern soll. ISK 850/Pers. mit Dusche.

Essen Bláskógar, Imbiss am Campingplatz mit Hamburgern, Sandwichs, Pizza und kleinen Gerichten. Passenderweise gibt's hier den Tent Sandwich: geröstetes Brot mit Schinken, Käse, Salat und Soße. Kiosk. Tägl. 11–23 Uhr.

Im Café der **Galerie** (s. o.) gibt es leckeren Kaffee, Waffeln und in geothermalem Dampf gebackenes Brot mit Forellensalat.

≫≫ Unser Tipp: Restaurant Lindin, beliebtes Gourmet-Restaurant am See mit Terrasse und Blick auf die Hekla. Gäste kommen sogar aus Reykjavík, um hervorragend gewürztes Lamm- oder Rentierfleisch, frische Rotforelle aus dem See, knackiges Gemüse und die von Besitzer Baldur – nicht nur Koch, sondern auch Konditormeister – persönlich gefertigten Kuchen und süßen Desserts zu genießen. Besonderer Tipp: das Chocolate Mousse. Baldur jagt und fischt selber. „Taste of wild and sweet" ist das Motto. Es gibt u. a. wechselnde 3-Gänge-Gerichte ab ISK 4900. Im neu hinzugefügten Bistro auch kleinere Gerichte. Mit Weinkarte. Tägl. 11.30–23 Uhr (Küche bis 21 Uhr). ☎ 4861262. ≪≪

Volcano Restaurant, großes Restaurant in ehemaliger Werkstatt bei der Tankstelle, hatte 2011 neu eröffnet und wirkte (noch?) nicht sehr viel versprechend. Fisch, Steaks, Pizza, Gerichte vom Grill.

Wanderungen/Ausflüge (→ Karte S. 298/299)

Zur Höhle Stóragilshellir (4) (hin/zurück 1 Std.): Wer abends noch unternehmungslustig ist, kann vom Campingplatz aus das Laugarvatnfjall bis zur Höhle Stóragilshellir in 170 m Höhe hinaufklettern. Hinter der Einfahrt zum Zeltplatz und dem Zaun des Wohnhauses steht eine Infotafel mit Wanderwegen. Auf einem breiten Pfad in den Büschen geht es von hier oberhalb des Zeltplatzes am Hang entlang bis zum Fluss, dort links ab und am Flussufer durch die Schlucht Stóragil den Berg hinauf. Der Pfad ist schmal, manchmal kommt man nur im ausgetrockneten Flussbett oder durch Sprünge von Felsbrocken zu Felsbrocken voran. Von oben bietet sich zwischen den Bergwänden hindurch ein weiter Blick; in der Höhle kann man noch an einer Kette die Wand hochklettern.

Einfache Wanderung, aber stellenweise recht steil, auf jeden Fall gutes Schuhwerk erforderlich.

Gullkista (5): Beim Gehöft Miðdalur 5 km nordöstlich von Laugarvatn zweigt die 27 km lange Jeeppiste F337 in Richtung Norden zum Tafelberg Hlöðufell (1.188 m) ab. Zuerst geht es 6 km lang auf den Berg *Gullkista* (681 m) hinauf, dessen eigentümliche Form die Einheimischen an eine Schatztruhe erinnern soll – deshalb sein Name Goldkiste. Die Strecke ist auch als Wanderung sehr beliebt. Wer den ganzen Berg rückwärts

hinaufgeht, ohne sich umzuschauen, für den wird sich der Überlieferung nach die Schatzkiste öffnen.

Zur Schlucht Brúarárskörð (6): Die beliebte Wanderung beginnt 14 km nordöstlich von Laugarvatn an der Brücke über die Brúará. Am Ufer geht es zu Fuß zur 12 km nördlich im Rótasandur gelegenen Quelle der Brúará, nach 3 km ist der Wasserfall Brúarfoss erreicht. Weiter flussaufwärts geht es zwischen den Bergen Rauðafell und Högnhöfði hindurch zur eindrucksvollen, unter Naturschutz stehenden, 3–4 km langen Schlucht Brúarárskörð, die sich wenige Kilometer vor der Quelle geformt hat.

Weiterfahrt: Von Laugarvatn führt die Str. 37 in nordöstlicher Richtung durch die grüne Ebene zum Geysir. Etwa 3 km nördlich der heutigen Brücke über die Brúará, beim Wasserfall Brúarfoss, soll einst ein natürlicher Steinbogen den Fluss überquert haben, der dem Gewässer seinen Namen gab – „Brückenfluss". Einer Sage nach ließ der Gutsverwalter des Bischofssitzes Skálholt 1602 den Bogen zerstören, um den Zustrom hungriger Bettler nach Skálholt zu verhindern. Kurze Zeit später ertrank er dann selber im Fluss. Bei Úthlíð fällt die nicht recht in die Landschaft passende kleine, metallverkleidete Kirche mit Glasturm auf. Sie baute der Bauer von Úthlíð 2006 in Erinnerung an seine zwei Jahre zuvor verstorbene Frau. Das Blau soll Berge repräsentieren, das Weiß den Schnee auf den Gipfeln.

Alle folgenden Angebote, außer Hof Efsti-Dalur (Übernachten), beim Feriencenter Úthlíð.

Information Feriencenter Úthlíð, ☎ 6995500.

Einkaufen/Tankstelle Im Kiosk bei der Tankstelle (24 Std.) Milch, Brot u. a. Tägl. 11–17 Uhr.

Reiten ISK 4000/Std. Siehe auch Hof Efsti-Dalur!

Schwimmbad Freibad mit zwei Hot Pots und wunderschönem Blick über das Tal, gleiche Öffnungszeiten wie Kiosk.

Übernachten Úthlíð **6**, 11 Sommerhäuser mit 2–8 Betten, Küche, Bad, die meisten mit Hot Pot. Werden normalerweise Fr–So vermietet, ab ISK 25.000. Vorbuchen. uthlid @uthlid.is, www.uthlid.is.

»» Unser Tipp: Hof Efsti-Dalur (FH) **7**, 13 km östlich von Laugarvatn an der Str. 37

mit herrlichem Blick über das Tal. Holzhaus bei sehr netter, aufmerksamer Familie, 10 großzügig DZ mit Bad und eigenem Eingang. Im Wohnhaus weitere vier unterschiedlich große DZ, zwei mit, zwei ohne Waschbecken, ohne Bad. Terrasse mit Hot Pot. 18–20.30 Uhr Abendessen mit guten Zutaten aus der Gegend. Gäste können in der Brúará angeln oder reiten gehen, z. B. zum Wasserfall Brúarfoss (ca. 2 Std.); ISK 6000 (wenn 2 od. 3 Pers. reiten, kostet es weniger). Im Sommer Zimmer vorbuchen! DZ im Holzhaus ISK 20.200, im Wohnhaus ISK 15.400. ☎ 4861186, efstadal@eyjar.is, www. efstadal.is. **«««**

Camping Úthlíð, auf ungeschützter Wiese, nur Kaltwasser, Zelt ISK 2000. Überdachter Schutz zum Kochen.

Essen Restaurant **Réttin** beim Schwimmbad, einfach und groß; neben Pizza, Hamburgern, Sandwichs, Suppe auch Tagesgericht (ISK 1500). Sa oft Livemusik. Tägl. 9–21 Uhr oder länger.

Goldener Zirkel → Karte S. 298/299

Geysir, Strokkur & Co.   („gejsir")

Direkt neben der Straße beginnt es plötzlich zu dampfen und zu zischen –
Islands berühmtestes Geothermalfeld kündigt sich an. Als die Quellen Ende
des 19. Jahrhunderts dem englischen Whiskybrenner James Craig gehörten,
musste man hier Eintrittsgeld bezahlen. Heute ist das Vergnügen kostenlos.

Dieser Ort war schon immer eine der Hauptattraktionen für Islandreisende. W.
Preyer und F. Zirkel schrieben 1860 in ihrem Reisebericht:

„Während wir den Geysir zuschlenderten (sic!), schlug plötzlich ein dumpfer Laut
an unser Ohr und siehe da, in der Gegend, wo der Strokkur lag, stieg mit unbe-
schreiblicher Gewalt eine mächtige Dampfsäule bis zu den Wolken empor; ihr folgte, eingehüllt in dichte Massen von Dampf, eine kolossale Wassersäule, welche
unter furchtbar brüllendem Geräusch aus dem Schlunde herausgeschleudert wurde
und sich in die Luft zu ausserordentlicher (sic!) Höhe erhob. Kaum hatte diese Was-
sermasse begonnen wieder zurückzusinken, als neue mit verdoppelter Kraft und
noch betäubenderm (sic!) Tosen hervorbrechende Garben das Spiel fortsetzten".

Neben dem Strokkur erlebten die Besucher in der Mitte des 19. Jh. im Gegensatz zu
heute auch noch einen munter in die Luft spuckenden Geysir. Der Name dieser
Springquelle, die weder die größte noch die beeindruckendste der Welt ist, den Eu-
ropäern aber als eine der ersten bekannt war, wurde zum Fachbegriff für alle Quellen dieser Art. Er stammt von dem altisländischen Verb *að geysir*, was so viel heißt
wie „heftig hervorbrechen" oder „hervorquellen". Der isländische Geysir wird zur
genaueren Kennzeichnung heute *Stóra-Geysir*, also der Große Geysir, genannt.

Der launenhafte Lebensweg einer Springquelle: Das Geothermalfeld in Biskupstungur und der Große Geysir sind wahrscheinlich über 8000 Jahre alt. Mit seinen
Eruptionen begann der Geysir aber wohl erst 1630 nach einem Erdbeben. Dann
spritzte er bis zum Ende des 19. Jh. bis zu 60 m hoch, wenn auch mit unterschiedlicher Regelmäßigkeit. Im 18. Jh. konnte man fast die Uhr nach ihm stellen; 1772 feu-
erte er alle halbe Stunde Wasser in die Luft, 1805 wenigstens noch alle fünf Stunden. Dann wurde er faul und bis 1896 ließ er nur noch alle drei Wochen von sich
hören. Diese Launenhaftigkeit von Springquellen findet ihre Erklärung darin, dass
bei den tektonischen Bewegungen im Gestein Leitungen blockiert werden, durch
die sich das erhitzte Grundwasser seinen Weg bahnt. Hier schaffen häufig Erdbeben Abhilfe. Der Geysir wurde 1896 durch ein starkes Erdbeben vorübergehend
noch einmal aufgeweckt und fröhlich spritzte er ein- oder zweimal täglich höher in
die Luft als zuvor. Um die Jahrhundertwende war es mit der Aktivität aber auch
schon wieder vorbei und 1916 hörte der Geysir ganz auf zu spucken. Nur die zwei-
malige Senkung des Wasserspiegels durch Graben einer Abflussrinne konnte ihn
aufgrund der damit verbundenen Druckentlastung kurzzeitig wieder aufwecken,
dann behalf man sich mit Seife: Bis 1992, als Umweltschützer mit ihrem Einspruch
Erfolg hatten, wurde der Geysir ein paar Mal im Jahr durch Zugabe von 40 kg Seife
offiziell in eine Waschküche verwandelt und zur Eruption angeregt. Heute steht er
unter Naturschutz und acht Jahre regte er sich gar nicht mehr. Im Juni 2000 aber
erschütterte das stärkste Erdbeben seit 1912 Südisland und vier Tage später schoss
plötzlich eine etwa 40 m hohe Wasserfontäne aus dem flach hügeligen Geysirbe-
cken. Die Anwesenden trauten ihren Augen nicht. Nach baldigem Erlahmen half
dann das nächste Erdbeben im Mai 2008. Zwei- bis dreimal täglich spritzte der

Auf den Strokkur ist Verlass

Geysir im darauffolgenden Sommer auf, jedoch selten mehr als 15 m hoch und die Abstände zwischen den Eruptionen vergrößerten sich schon bald. Die Chance, ihn wirklich in Aktion zu sehen, ist deshalb eher gering. Häufig meldet er sich nur durch ein Aufwallen und Zischen.

Der verlässliche Nachbar des Geysir: Von den zahlreichen Springquellen auf dem 3 qkm großen Geothermalfeld bietet nur noch der *Strokkur* („Butterfass") ein durchgehendes Programm. Seinen Namen erhielt er, weil sein Schacht sich wie ein Butterfass nach unten verengt. Der Strokkur „buttert" regelmäßig etwa 200 m vom Geysir entfernt mit beeindruckendem Getöse. Nach langer Ruhepause begann er erst nach dem Erdbeben 1789 wieder zu springen, stellte mit der Wucht seiner Ausbrüche aber den Geysir für ein paar Jahrzehnte glatt in den Schatten. Weil er stiller wurde und schließlich verebbte, fütterte man ihn eifrig mit Steinen und Grassoden, die er wütend in einer rot-braun verfärbten Wasserfontäne wieder ausspuckte. Allerdings nicht gänzlich und so verstopfte die Quelle. 1963 verpasste man ihr eine gründliche Reinigung und bohrte ein 40 m tiefes Loch in den Quellschacht. Seither ist auf das Butterfass Verlass. Ohne große Ankündigung beginnt ungefähr alle fünf bis zehn Minuten das Wasser im Becken auf- und niederzuwallen, bis sich eine mit Luft oder Dampf gefüllte Wasserglocke bildet. Mit einem Mal schleudert der überhitzte Wasserdampf eine Wasserfontäne heraus, die mit gewaltigem Rauschen raketenartig etwa 20–30 m in die Höhe schießt und schnell in den Schlund zurückfällt. Meistens gibt es noch ein weniger hohes Nachspiel, dann ist alles vorbei. Das Becken füllt sich nun wieder mit Wasser auf. Minutenlang passiert nichts, nur einzelne kleine Dampfblasen sprudeln an die Oberfläche – die Ruhe vor dem Sturm.

Die kleinen Schwestern von Geysir und Strokkur: Nordöstlich vom Strokkur liegt die Quelle *Blesi* (Blesse). Sie hat zwei Becken, von denen das eine voll mit farblosem, kochend heißen Wasser ist. Von hier schwappt Wasser in das zweite, nur 1 m tiefe Becken, das keine eigene Quelle besitzt und deshalb 40 °C „kalt" ist. Hier hat das Wasser eine azurblau leuchtende Fär-

bung, denn während die Kieselsäure im kochenden Becken völlig aufgelöst ist, bildet der Kiesel hier auf der Wasseroberfläche bei der Berührung mit Luft Molekülketten, die das blaue Licht reflektieren.

Westlich führt ein Pfad hinauf zu einem guten Aussichtspunkt auf das Thermalgebiet. Am roten Hang liegen die drei vom Gletscher zurückgelassenen Findlinge *Konungssteinar*

(„Königssteine"). In jeden dieser Steine ist das Wappen jeweils eines dänischen Königs gemeißelt, der bei seinem Islandbesuch auch zum Geysir-Gebiet reiste. Interessant ist die Quelle *Óþerrishola* südwestlich des Strokkur. Ihr werden meteorologische Fähigkeiten nachgesagt. Zumindest kann sie Regen vorhersagen: Kündigt sich Niederschlag an, wird sie unruhig und beginnt zu spritzen. Bis vor kurzem pflegten sich einige Menschen stärker auf Óþerrishola zu verlassen als auf den Wetterbericht. Fing das Wasser an zu sprudeln, beeilte man sich lieber mit der Heuernte.

Die westlichste brodelnde Quelle ist *Sisjóðandi*. In ihr wuschen die Menschen einst ihre Wäsche, in einem nahen Hügel wurde Brot gebacken.

Vorsicht vor Verbrennungen!

Jedes Jahr verbrühen sich zahlreiche leichtsinnige Touristen in den wild im Wind tanzenden, siedend heißen Dampfschwaden, an Wasser oder Gestein. Wie heiß in den Hexentöpfen gekocht wird, wusste im 19. Jh. ein Bauer aus Laugar zu berichten, der gesehen hatte, dass „Kühe, Pferde und Schafe in die Tiefe hineinfallen und in einem gänzlich zerkochten Zustande wieder ausgeworfen werden". Man halte sich also besser strikt an die markierten Wege!

Explosion in der Geysisstofa: Warum Geysire explodieren und heiße Quellen brodeln, wieso Vulkane ausbrechen und wie geothermale Energie gewonnen und genutzt werden kann – dies erfährt man im originellen Multimediazentrum gegenüber vom Geysir-Gebiet. Nach ein paar Schritten unter einem kühlen Gletscher hindurch ist man plötzlich mitten drin in der vulkanisch aktiven Zone Islands, umgeben von Wärme und Dunkelheit, dem Geräusch zischender Quellen und tosender Wasserfälle, den Bildern glühender Lavamassen und eruptierender Krater. Schautafeln, Karten und Modelle vermitteln alle wichtigen Infos. Ebenfalls im Geysir Center zu sehen: eine Privatsammlung alter isländischer Werkzeuge und Haushaltsgeräte und eine kleine Ausstellung über die Geschichte des Geysir und der Farm Haukadalur. Mai–Aug. tägl. 10–17, sonst 12–16 Uhr; ISK 1000.

Basis-Infos

Information Im Geysir Center; mit der weiteren Vergrößerung des Gebäudes ist auch eine Ausstellung über Glíma geplant, die isländische Variante des Ringens, wurde doch hier beim Geysir 1927 die erste Sportschule Islands gegründet. 1.–17. Juni 9–20 Uhr, 18. Juni bis 15. Aug. 9–22, sonst 10–18 Uhr. ☎ 5556311, www.geysircenter.is.

Hin & weg Bus, von/nach Reykjavík über Þingvellir, Selfoss, Laugarvatn 2-mal tägl. Der Bus aus Reykjavík legt hier immer einen Stopp von 2 bzw. 1¼ Std. ein. ☎ 5511166.

Schwimmbad Mit Wasser aus dem Geothermalgebiet gespeistes Freibad mit Hot Pots beim Hótel Geysir, tägl. 8–22 Uhr.

Souvenirs Im Geysir Center riesige Halle mit großer Auswahl an Klamotten der isländischen Ausrüster 66°N und Cintamani, mit Souvenirs jeder Art, mit T-Shirts, Büchern, Schmuck, Wollwaren ...

Tankstelle Am Geysir Center, 24 Std.

Übernachten/Camping/Essen

(→ Karte S. 298/299)

Übernachten Hótel Geysir **4**, neben dem Geysir Center 12 Häuschen mit je zwei hübschen DZ, jedes mit eigenem Bad. Kochgelegenheit in acht Häuschen. Frühstück im Restaurant, Schwimmbad für Gäste umsonst. DZ ISK 21.900. ☎ 4806800, geysir @geysircenter.com, www.geysircenter.com.

Gistiheimilið Geysir **5**, etwas östlich des Geysir Centers, freundliches, 2007 komplett renoviertes Gästehaus mit Stil in ehemaligem Treibhaus und unter sehr netter Leitung. Hier ist auch das Clubhaus für den Golfplatz gleich nebenan. 12 Zimmer mit Bad für 1–3 Pers., DZ ISK 17.000, Frühstück extra. ✆ 4868733/8938733, info@geysirgolf.is, www.geysirgolf.is.

Camping Geysir; Islandfahrerin Ida Pfeiffer zeltete im Jahr 1845 genau neben dem Geysir, um auch nachts ja keinen Ausbruch zu verpassen. Heute muss man sich mit einem Platz ein paar hundert Meter weiter zufrieden geben. 2011 wurde ein neues

Servicehaus mit Duschen und Waschmaschine gebaut. ISK 1000/Pers., zu bezahlen im Geysir Center.

Essen Im Restaurant des **Hótel Geysir** in der ehemaligen ersten Sportschule Islands (tägl. 8–22 Uhr) mittags vielseitiges Büfett mit warmen und kalten Gerichten, Suppen und Salaten sowie dem beliebten, im Geothermalgebiet gebackenen „Geysirbrot". Abends à la carte Fleisch- und Fischspezialitäten, zwischendurch kleine Gerichte und Kuchen. Die Cafeteria im **Geysir Center** (tägl. 9–22 Uhr) wird zurzeit noch vergrößert. Hier gibt es schnelle Gerichte, aber auch die beliebte isländische Fleischsuppe.

Im stillen Haukadalur: Hinter dem östlichen Ende des Zauns im Geothermalgebiet lohnt ein Abstecher auf die Stichstraße zur Kirche des historischen Guts *Haukadalur* („Habichtstal"). Hier am Bjarnafell findet man zwischen Bäumen und wilden Blumen eine wohltuende Stille, die im krassen Gegensatz steht zum emsigen Treiben auf dem von Touristen belagerten, nahen Geysir-Gebiet. Haukadalur war bald nach Beginn der Besiedlung Islands eines seiner geistigen Zentren. *Teitur Ísleifsson*, Bruder des zweiten Bischofs zu Skálholt und nach 1090 Besitzer des Hofes, gründete hier die erste Schule des Landes. Viele hochgebildete Persönlichkeiten, darunter *Ari Þorgilsson der Weise* (1067/68–1148), erhielten im Haukadalur ihre Ausbildung. Die erste Kirche wurde im Jahr 1030 errichtet; das heutige Gotteshaus im Wellblechgewand stammt von 1842–43. Es wurde 1939 zwar abgerissen, aber auf betoniertem Sockel originalgetreu wieder aufgebaut, wenn auch mit etwas längerem Kirchenschiff.

Das Grab des Riesen

Der Ring an der Kirchentür in Haukadalur hat eine besondere Geschichte: Der Volkssage nach wohnte in einer Höhle im Berg Bláfell ein Riese mit Namen *Bergþór*. Als er alt wurde, bat er seinen Freund, den Bauern von Haukadalur, ihn nach seinem Tod nach Haukadalur zu bringen und dort zu begraben, wo er Glockenklang und Bachrauschen hören könne. Bald fand der Bauer den Wanderstab des Riesen, das verabredete Zeichen seines Todes, vor der Tür. Daraufhin brachte er den toten Riesen nach Haukadalur, um ihn nahe der Kirche und des Bergbaches Beiná zu begraben. Nördlich der Kirche mit ihrem verwilderten, romantischen Friedhof markiert ein Stein am Rand des Flusses einen lang gestreckten Grasrücken, der *Bergþórsleiði* („Grab des Bergþór") genannt wird; hier soll der Riese seine letzte Ruhe gefunden haben. Der Eisenring an der Kirchentür stammt angeblich von seinem Wanderstab. Im 16. Jh. befand sich auch die 1,4 m lange Eisenspitze des Stabs im Besitz der Kirche.

In der Sagazeit waren die Hänge um Haukadalur noch dicht mit Beeren, Gras und Sträuchern bewachsen, um 1700 aber war das Land aufgrund jahrhundertelanger Überweidung schutzlos der Wind- und Sanderosion ausgesetzt. 1938 kaufte der

Goldener Zirkel → Karte S. 298/299

Däne *Kristian Kirk* dem letzten Bauern von Haukadalur den Hof ab und ließ das weitgehend brachliegende, 1400 ha große Gebiet noch im selben Jahr einzäunen und unter Naturschutz stellen. Dann schenkte er es der staatlichen Forstkommission, die mit intensiven Wiederaufforstungsarbeiten begann.

Weiterfahrt: Bis zum Gullfoss, wo die asphaltierte Straße in die Hochlandpiste *Kjölur* übergeht, sind es noch 12 km durch die fruchtbare, weite Ebene der Biskupstungur. Hinter der Abzweigung nach Haukadalur wird die *Beiná* überquert. Dieser klare Bergbach heißt wohl deshalb „Knochenfluss", weil das Bachbett z. T. die weißen Sinterablagerungen freigelegt hat, die in ihrer Farbe an Knochen erinnern.

Gullfoss, der „Goldene Wasserfall"

Der in zwei Stufen in die Schlucht stürzende Gullfoss am Übergang zum Hochland zählt zu den schönsten Wasserfällen des Landes.

Eine Treppe führt vom Parkplatz und der dortigen *Sigríðarstofa* – einem (aus Kostengründen seit 2010 auf unabsehbare Zeit geschlossenen) Ausstellungsraum mit Erklärungen zu Geologie, Fauna und Flora der Region – hinunter in die grün bewachsene Schlucht. Durch sie rauscht die Hvítá („Weißer Fluss"), einer der größten Flüsse des Landes. Sie fließt aus dem Gletschersee Hvítárvatn am Langjökull ab und kommt nach 40 km langer Reise durch das Hochland milchig-weiß hier an, um den 32 m hohen Gullfoss hinunterzutosen. Für die Hvíta ist dieser mächtige Wasserfall das „Sprungbrett" vom kargen Hochland ins besiedelte Tiefland. Weht der Wind von Norden, wird die Gischt des Gullfoss zum westlichen Ufer gewirbelt und fällt als feiner Sprühregen auf die grasbewachsene Terrasse. Hier konnte sich deshalb eine bunte Vegetation entfalten. Wegen des Sprühregens, auf dem sich bei Sonnenschein stundenlang ein Regenbogen bildet, sollte man darauf gefasst sein, manchmal eine ordentliche Dusche abzubekommen, außerdem kann es hier rutschig sein.

Der Gullfoss und eine entschlossene Frau ...

Gleich am Anfang des Fußwegs zum Wasserfall steht in der Schlucht ein Gedenkstein mit einem von Ríkarður Jónsson gefertigten Relief, das die Bauerntochter *Sigríður Tómasdóttir* aus Brattholt darstellt. Diese Frau kämpfte einst, als der Gullfoss teilweise zum Land des Gehöfts Brattholt einige Kilometer weiter südlich gehörte, mit viel Engagement gegen den Bau eines Wasserkraftwerks. Nachdem bereits ein wohlhabender Engländer 1906–07 vergeblich versucht hatte, den Gullfoss wegen seiner Schönheit käuflich zu erwerben, wollte ihn die isländische Regierung zur Energieerzeugung pachten. Sigríðurs Vater Tómas unterzeichnete den Mietvertrag 1907, bereute es allerdings schnell. Also verweigerten Vater und Tochter die Annahme der Miete und Sigríður drohte, sich beim ersten Spatenstich zum geplanten Kraftwerk den Wasserfall hinunterzustürzen. Den anschließenden Rechtsstreit verloren die beiden zwar, dennoch wurde das Kraftwerk nie gebaut und der Gullfoss 1979 einschließlich der näheren Umgebung und der Schlucht unter Naturschutz gestellt.

Der Gullfoss an der Grenze zum Hochland

Der eindrucksvolle Wasserfall verdankt seine Entstehung den deutlich zu erkennenden Sedimenten, die vom Kies und Geröll, das der Gletscherfluss mitführt, leichter ausgewaschen werden können. Mit einer durchschnittlichen Wasserführung von 109 m³/sec rauscht der Gullfoss in zwei breiten Kaskaden in die 2,5 km lange und an dieser Stelle 70 m tiefe Schlucht *Hvítárgljúfur*, welche die Hvítá während der letzten 10.000 Jahre gegraben hat. Die obere, 11 m hohe Stufe, die sich in zahlreiche Arme teilt, zeigt nach Südosten. Unten angekommen, wendet sich der Fluss direkt nach Westen, weshalb die untere, 21 m hohe Stufe fast quer zur oberen steht. Möglich wurde dieser markante Verlauf des Wasserfalls dadurch, dass das Gestein bevorzugt in den Richtungen der Fallkanten zerklüftet ist und der Fluss so den Schwächelinien folgen kann.

Hin & weg Bus, von/nach Reykjavík über Þingvellir, Selfoss, Laugarvatn, Geysir 2-mal tägl. Der Bus legt hier einen Stopp von 45 Min. bzw. 2¼ Std. ein, bevor er nach Reykjavík zurückfährt. ✆ 5511166.

Souvenirs/Café Gullfosskaffi am Parkplatz ist ein Familienbetrieb, der in den letzten Jahren beständig anwuchs. Den Besitzern gehört das Land. Erst verkauften sie ihre Wollpullis, Postkarten und Souvenirs in einem Zelt, daraus wurde ein Häuschen, jetzt steht hier ein riesiges Café mit Terrasse und Ausblick. Es gibt Kaffee, Kuchen und Sahnetorten, auch Sandwichs, Suppe, belegte Brote und Salat. Große Auswahl an Souvenirs und Klamotten. Im Sommer tägl. 9–21.30, sonst 10–18 Uhr.

Übernachten/Essen   Hótel Gullfoss country hotel (FH) **1**, 3 km südlich von Gullfoss an der Hvítá. 16 DZ mit Bad und TV, Hot Pots. Vom Restaurant mit hoher Fensterwand reicht der Blick weit in die Ebene, hier 19–20.30 Uhr à la carte Suppen, Lamm, Lachs und anderen Fisch. In der Hochsaison den ganzen Tag Kaffee und Kuchen, schon dafür lohnt sich der Stopp. Hier findet man viel mehr Ruhe als im Gullfosskaffi. DZ ISK 18.000, ✆ 4868979, info@hotelgullfoss.is, www.hotelgullfoss.is.

Übernachten/Reiten Hof Kjóastaðir **2** (FH), mit über 100 Pferden, bietet Touren von 20 Min. (ISK 5050) bis zu einem Tag (ISK 17.000). Geritten wird z. B. um Geysir, zum Gullfoss und in den Wald im Haukadalur. Besser vorbuchen. Auf dem Hof auch drei hübsche Hütten für 6–8 Pers., jede mit Kochgelegenheit und Bad, SSU ISK 16.000. An der Straße 35, ✆ 8471046.

Skálinn 3, hier auf der Schaffarm mit netten Besitzern lässt es sich günstig übernachten:

In einer großen, modernen Halle 8 Zimmer mit je zwei Stockbetten; viel Platz zum Kochen, Essen, Sitzen. Zusätzlich ein hübsches Wohnhaus mit Betten für 8 Pers., Bad, Küche und Wohnzimmer. Reiten zwischen einer Stunde (ISK 5000) und einem Tag (ISK 16.500 inkl. Suppe), auch mit 1 Pers. möglich. ISK 3500/Pers. als SSU, sonst ISK 5000, Frühstück extra. An der Straße 35, ☎ 4688757/8959500, gljasteinn@gljasteinn.is, www.gljasteinn.is.

Ausflug zum Ostufer der Hvítá: Vom Ostufer bietet sich die beste Sicht auf die obere Fallstufe des Gullfoss. Hierhin gelangt man über die schlechte Schotterpiste 349 durch den Tungufellsdalur entlang der Dalsá. 1,5 km vor der Gabelung der Straße in zwei Pisten muss man das Fahrzeug stehen lassen. Von hier sind es noch etwa 2 km zu Fuß bis zum Gullfoss.

Vom Gullfoss zum Bischofssitz Skálholt

Zwei Strecken führen vom Gullfoss aus zum bedeutenden einstigen Bischofssitz Skálholt an der Hvítá. Die Strecke über Fluðir ist etwas länger, führt dafür aber durch eine landschaftlich interessantere Gegend mit viel Grün und weiter Sicht.

An der Hvítá entlang über Fluðir   (Str. 30, 56 km)

Am Hof *Kjóastaðir* geht es auf die Str. 30, die nach etwa 7 km durch saftige Wiesen in einer engen Haarnadelkurve die Hvítá überquert. Hier verlässt der Fluss die beim Gullfoss beginnende Schlucht, fließt aber gleich in die nächste, etwa 10 km lange Schlucht. Dieser obere Teil heißt *Brúarhlöð* („Brückenkopf"), weil hier der Volkssage nach einst ein natürlicher Steinbogen die Hvítá überspannte. Ein Streit zwischen den Bauern von Haukholt auf der einen und Gýgjarhóll auf der anderen Seite des Flusses soll dazu geführt haben, dass die natürliche Brücke zerstört wurde. Niedrige Tufffelsen, von einer dichten Vegetation aus Birkenbüschen, Weiden und Beeren gekrönt, weisen dem Fluss bei Brúarhlöð seinen Weg; die Schlucht ist an dieser Stelle sehr eng und mit Stromschnellen gespickt. Es lohnt sich, das Fahrzeug auf dem Parkplatz mit Picknicktisch abzustellen und ein Stück den Fluss entlang zu laufen. Etwas stromabwärts stehen die Felsblöcke *Kerling* („Weib") und *Karl* („Mann") trotzig in der Strömung.

Kunsthandwerk: Auf dem Hof Gýgjarhólkot werden Figuren, Tiere und Knöpfe aus Holz hergestellt und verkauft.

Fluðir   (ca. 390 Einw.)

Von den vielen heißen Quellen unmittelbar um Fluðir sieht man nicht viel, da sie fast alle zur Heißwasserversorgung genutzt werden. Gurken, Tomaten, Salat und Erdbeeren aus den natürlich beheizten Treibhäusern werden im Ort zum Verkauf angeboten (s. u.). Neben der größten Tomatenzucht in Island befindet sich hier auch die größte Pilzzuchtstation des Landes. Das Dorf liegt so ruhig und abgeschieden, dass im Zweiten Weltkrieg die Bestände der Landesbibliothek und des Nationalmuseums aus Reykjavík hierher gebracht wurden – in Fluðir wusste man sie in Sicherheit. Mitten durch Fluðir fließt der Quellfluss *Litla-Laxá*. Er ist für den Namen des Dorfes verantwortlich, denn auf seiner Höhe befinden sich Stromschnellen, *fluðir*, im Flusslauf. In den kommenden Jahren soll am Fluss ein 150 Apartments umfassendes „Health Village" entstehen, in dem den erholungssuchenden Gästen ein Wellness-Programm geboten wird. Am Nordufer der Litla-Laxá liegt auf dem Hof Gröf ein kleines, in Kuhstall und Scheune untergebrachtes *Volks-*

museum mit Werkzeugen und Geräten aus der Landwirtschaft sowie Fotos von Bauernhöfen in der Gegend.
Museum Byggdasafn Emils Ásgeirssonar: nur nach Vereinbarung geöffnet. ☎ 4866635.

> 2010 wurde eine Brücke über die Hvítá fertig gestellt und somit eine direkte Verbindungsstrecke zwischen Reykholt und Flúðir geschaffen. Seither kann man Laugarás und Skálholt von Flúðir aus auch über Reykholt erreichen.

Basis-Infos

Information Am Campingplatz, 7.30–21.30 Uhr, Fr/Sa länger, So ab 10 Uhr. ☎ 6185005.

Hin & weg Bus ab Tankstelle, von/nach Reykjavík über Selfoss Fr/So 1-mal. ☎ 4866633.

Versorgung Alkoholladen, Autowerkstatt (Klakkur, ☎ 4866769), Geldautomat, Supermarkt in der Tankstelle, Mo–Fr 9–22, Sa/So 10–22/20 Uhr.

Erdbeeren/Gemüse Tomaten und Gurken frisch aus den Gewächshäusern bekommt man auf dem Hof Melar am westl. Ortseingang (Straßenstände), leckere Erdbeeren, Marmelade, Kartoffeln und mehr auf dem Hof Silfurtún zwei Höfe weiter.

Gemüse, Getreide, Eier und Salat aus der Gegend, Lachs aus der Hvítá, frisches Fleisch und selbst gebackenen Kuchen gibt es auch auf dem beliebten Markt Bændarmarkaðuri im Schulgebäude. Mo–Do 15–18, Fr–So 11–18 Uhr.

Schwimmbad Freibad mit zwei Hot Pots, Mo–Fr 10–21, Sa/So 10–18 Uhr.

Übernachten/Camping/Essen

Übernachten Hótel Flúðir, 3-Sterne-Icelandair-Hotel; 32 elegante DZ mit Bad und TV in geräumigen Giebelhäuschen. Im Innenhof stilvolle Hot Pots, im Speisesaal mit weitem Ausblick Gerichte à la carte, z. B. Lamm oder Fisch mit Salat aus den Treibhäusern (18–21 Uhr). DZ ISK 24.000, Frühstück extra. ☎ 4866630, fludir@icehotels.is, www.icelandairhotels.com.

>>> Unser Tipp: Gistiheimili Flúðir – Kaffihús Grund, gegenüber vom Hotel in einem der ältesten Häuser Flúðirs, das komplett renoviert wurde – ein Gästehaus und Restaurant/Café zum Wohlfühlen! Die Besitzer haben sich hier einen Traum verwirklicht. Fünf liebevoll gestaltete, gemütliche DZ mit Waschbecken; selbst an Bademäntel wurde gedacht. Zwei Duschen; „Salon" mit Sofas und Sesseln. Im Restaurant/Café z. B. Rotforelle aus dem Þingvallavatn, gemischter Salat mit frischen Beeren, Lamm; das Gemüse kommt von den umliegenden Höfen. Leckere selbst gebackene Kuchen und Waffeln. DZ ISK 17.000. ☎ 5526962/6637770, gamlagrund@simnet.is, www.gistingfludir.is. **≪≪**

Camping Flúðir, riesiger neuer Zeltplatz am Fluss (der hier so warm wird, dass Kinder darin baden) am Ortseingang mit vielen isländischen Dauercampern. Wenig Windschutz. Für die Größe nur wenige sanitäre Einrichtungen. Für die Nutzung der Waschmaschine muss man sich auf einer Liste eintragen. ISK 1100/Pers.

Essen Sehr zu empfehlen ist das **Kaffihús Grund** im Gästehaus (s. o.), tägl. 11–21.30 Uhr.

Minilik, das einzige äthiopische Restaurant in Island! Zwei Schwestern aus Äthiopien, von denen die eine drei Jahre in Deutschland gelebt hat, bieten köstliche Speisen aus ihrer Heimat an, ab ISK 2000. Besonders beliebt ist Doro Wot: in einer Sauce aus rotem Pfeffer geschmortes Huhn, serviert auf Fladenbrot. In der Kaffeeecke wird auf traditionelle Art Kaffee zubereitet. Di–So 12–20 Uhr. Beim östlichen Ortseingang.

Die **Cafeteria** in der Tankstelle verkauft Hot Dogs und abgepackte Sandwichs.

Kaffi Sel (FH), große Pizzeria beim Golfplatz 2 km außerhalb des Ortes, tägl. 8–21 Uhr.

Weiterfahrt: Hinter Flúðir führt die Str. 30 zwischen den Bergrücken *Miðfell* (253 m), im Pleistozän unter der Gletscherbedeckung entstanden und mit einem Kratersee geschmückt (zum Forellenangeln wird keine Lizenz benötigt, der Aufstieg lohnt aber auch wegen der herrlichen Aussicht), und *Galtafell* (284 m) hindurch. An Letzterem liegt ein gleichnamiger Hof, Geburtsstätte des berühmten Bildhauers *Einar Jónsson*, der in einige seiner Werke Landschaftselemente aus dieser Gegend einfließen ließ. Wo sich einst die Goden zum Þing versammelten, wird nach rechts auf die Str. 31 zum Bischofssitz abgebogen. Vor Laugarás überquert eine enge, einspurige Hängebrücke die an dieser Stelle sehr schmale und tiefe Hvítá. Vor 1957 war das noch anders, da brachte eine Fähre die Reisenden hier über den Gletscherfluss; die Pferde mussten hinter dem Boot herschwimmen.

Reiten Reitausflüge von 1 Std. bis 7 Tage bietet Gistiheimili Syðra-Langholt, ISK 5000/ Std., günstiger ab 2 Std. Angeboten werden u. a. Ritte zu Gullfoss, Geysir und Þingvellir, auch größere Touren, z. B. auf der Kjölur, nach Landmannalaugar oder Snæfellsnes. ✆ 4866774/8948974.

Übernachten Dalbær III (FH) **1**, bei Rut, die im ehemaligen Schweinestall Glasschalen und Kerzenhalter herstellt. Frühstück bei ihr im Wohnhaus. Ein kleines, geschmackvolles Haus, hier drei Zimmer für 2/3 Pers., Küche, Bad, Wohnzimmer. Zusätzlich zwei Zimmer im Wohnhaus. Terrasse mit Hot Pot und herrlichem Blick. DZ ISK 13.000, SSU ISK 4000. ✆ 4864472, dalbaer@ simnet.is, www.simnet.is/dalbaer.

»» Unser Tipp: Gistiheimili Syðra-Langholt **2**, Gästehaus und großer Reithof mit etwa 140 Pferden und langer Tradition im Besitz einer sympathischen Familie. Viele

Gäste kommen schon seit Jahren. Mit Hot Pot. Auf Anfrage Abendessen. Nette Atmosphäre, oft lebhaftes Treiben. Im ehemaligen Heuschober Platz zum Feiern und Grillen. 16 freundliche Zimmer für 1–3 Pers. mit Waschbecken, DZ ISK 14.000, SSU ISK 9000 (ebenfalls inkl. Frühstück). Zwei Sommerhäuser für 2–3 bzw. 4–6 Pers. mit Kochgelegenheit und Bad, ISK 17.000/34.000. 9 km südwestlich von Flúðir an der Str. 340. ✆ 4866574/8616652, sydralangholt@emax.is, www.sydralangholt.is. **«**

Camping Álfaskeið, ruhiger Zeltplatz bei einem Tannen- und Birkenwald am Langholtsfjall im Besitz des Gistiheimili Syðra-Langholt; WC und Kaltwasser. In 30 Min. kann man von hier das Langholtsfjall hinaufwandern, von dem aus der Blick bis zu den Westmännerinseln reicht. Zelt ISK 1500. ✆ 4866774/8948974.

Laugarás mit Zoo

(mit Reykholt ca. 300 Einw.)

Das kleine Dorf im Geothermalgebiet und mit vergleichsweise vielen Bäumen lebt hauptsächlich von Gemüseanbau und Blumenzucht; auf dem Biohof Engi wird am Wochenende Gemüse verkauft (s. u.). Ansonsten besteht in Laugarás keine Einkaufsmöglichkeit. Neben seinem Streichelzoo hat der Ort aber noch etwas Ausgefallenes zu bieten: ein Labyrinth aus Hecken. Dieses legten die Besitzer des Hofes Engi nach altem englischen Vorbild sorgfältig an. Es gilt, den Turm in der Mitte der Anlage zu erreichen und sich ins Gästebuch einzutragen ... Viel Glück!

Hin & weg Bus von/nach Reykjavík bzw. Gullfoss hält auf Anfrage (!) 1-mal tägl., nach Reykjavík aber nur 15.5.–24.6. ✆ 5511166.

Versorgung Arzt, Apotheke, Autowerkstatt (Hof Iða, ✆ 4868840).

Gemüse- und Obstverkauf Auf dem sympathischen Biohof Engi, der von Auberginen bis Zucchini alles an Gemüse

anbaut, was möglich ist; auch Obstbäume und -sträucher. Fr–So 12–18 Uhr.

Übernachten/Essen Hótel Hvítá, hinter der Brücke über die Hvítá im riesigen ehemaligen Schlachthaus, sieht von außen etwas heruntergekommen aus (Renovierung ist geplant), ist aber nett aufgemacht und hat eine familiäre Atmosphäre. Im hübschen blauen Restaurant, einst Cafeteria für die Arbeiter, Suppe und kleine Gerichte, Hamburger, Kaffee und Kuchen, Pfannkuchen (12–20 Uhr). Im Obergeschoss wurde 2011 gerade eine Art Heimatmuseum eingerichtet – der Besitzer ist begeisterter Sammler. Zimmer für 2–3 Pers. mit Bad, DZ ISK 16.000, 50 SSU in Zimmern mit 5–12 (Etagen-)Betten, ISK 3500. ✆ 4861300, hotelhvita @simnet.is, http://hotelhvita.123.is.

Hof Sel (FH), idyllischer Bauernhof am Mosfell, 6 km nordwestl. von Laugarás, mit Hühnern und Blick auf Skálholt in der Ferne. Schon seit 1974 werden hier Zimmer vermietet, mittlerweile ist das ganze Haus für die Gäste. Unnur Ása, die nebenan wohnt, hat alle Zimmer liebevoll so gestaltet und möbliert, wie sie wohl vor 40 Jahren

ausgesehen haben. Sie kocht Abendessen, verkauft Angellizenzen und gibt Infos zum Vogelbeobachten und Wandern in der Gegend. DZ ISK 10.500, SSU ISK 3500/Pers. Auch zwei Sommerhäuser für 5/8 Pers., mit Bad und Kochgelegenheit, ISK 12.000/14.000. ✆ 4864441/8939294.

Café im Zoo, in dem Gebäude des Zoos (s. u.), in dem die Tickets verkauft werden; hier gibt's selbst gebackenen Kuchen, z. B. warmen Apfelkuchen mit Sahne, sowie Hamburger und Sandwichs mit frischem Gemüse aus der Gegend. Tägl. 11–18 Uhr.

Camping Laugargerði, großer, von Bäumen eingerahmter Platz, mit Dusche, ISK 750/Pers.

Haustierzoo mit Café: Auf dem liebevoll angelegten Gelände mit grassodengedeckten Ställen, Holzzäunen und bunten Blumen tummeln sich unter anderem Hase und Schwein, Kalb und Federvieh. Immer wieder bietet der Zoo auch verlassen oder halbtot irgendwo aufgegabelten Tieren, ob Seehund oder Adler, übergangsweise ein Zuhause. Seit der nette Zoobesitzer den Gemüseanbau aufgegeben hat, sind in einem der großen früheren Gewächshäuser kleine Nagetiere und Vögel, darunter zwei Papageien, sowie Fische untergebracht; im anderen kann man auf Kunstrasen golfen und Kaffee trinken. Der Zoo ist besonders bei Familien sehr beliebt. **Dýragarður Slakki:** Tägl. 11–18 Uhr, ISK 800.

Am Tungufljót entlang über Reykholt   (Str. 35, 38 km)

Die Alternativstrecke nach Skálholt verläuft zuerst über die Schotterstraße 358, die mitten durch die *Biskupstungur* („Bischofszungen") führt: zwei durch das Tungufljót getrennte Landzungen zwischen Brúará und Hvítá, von denen die nordwestliche sumpfig und grün, die andere trocken ist. Weiter geht es auf der Str. 35, vorbei am Wasserfall Faxi beim Schafspferch Tungnaréttir mit großem Zeltplatz am Fluss (WC und Kaltwasser).

River Rafting Mit Arctic Rafting, 15. Mai bis 15. Sept. von Drumboddsstaðir aus auf der Hvítá. „River Fun" (ISK 8000), auch für Einsteiger geeignet, „River Ride" (ISK 9000) ist anspruchsvoller. Beide Trips tägl. 8 u. 12 Uhr, Dauer 3–4 Std. Im Basiscamp werden

Mittag- und Abendessen angeboten; hier auch Sauna und Hot Pot. Abholung in Reykjavík möglich. Auf keinen Fall Handtuch, Badezeug und warme Kleidung zum Wechseln vergessen! ✆ 5712200, www.arcticrafting.is.

Reykholt   (mit Laugarás ca. 300 Einw.)

Reykholt – der „Rauchende Hügel" – liegt im Geothermalgebiet. So reihen sich auch hier Gewächshäuser mit Blumen und Gemüse aneinander. Vor einiger Zeit konnte man sich in Reykholt auch noch am Schauspiel der Springquelle *Reykholtshver* erfreuen, die alle zehn Minuten vier Minuten hoch in die Luft spuckte. 1857 schrieb ein Schwede, Reykholtshver würde gar so hoch springen wie der Geysir. Heute ist davon nichts mehr zu sehen. Um das heiße Wasser zu Heizzwecken zu nutzen, betonierte man die Quelle ein.

Hin & weg Bus ab Tankstelle tägl. 2-mal nach Reykjavík über Laugarás, Selfoss; tägl. 1-mal zu Geysir u. Gullfoss. ℰ 4868999.

Versorgung In der Tankstelle Bank (Mo–Fr 12–15 Uhr) und Lebensmittelladen (tägl. 9–21 Uhr).

Jetboot Trips auf der Hvítá mit Jetbooten bietet **Iceland Riverjet**, das im Gebäude Bjarkarhóll sein Büro hat (hier wird auch bezahlt). 15. April bis 15. Okt. tägl. 11 und 13 Uhr, 45 Min. auf dem Fluss. ISK 12.000.

Kunsthandwerk Garn.is im Gebäude Bjarkarhóll, verkauft Handgestricktes von Leuten aus der Gegend. Außerdem gibt es Wolle in großer Auswahl. Tägl. 10–18 Uhr.

Schwimmbad/Sport Freibad mit Hot Pots, tägl. 10–21 Uhr, Fr–So bis 18 Uhr.

Übernachten Gästehaus Húsið, eine Etage nur für Gäste mit 8 Zimmern für 2–4 Pers., die meisten mit Waschbecken; große Küche, drei Bäder. Hot Pot auf der Terrasse. DZ ISK 8400, Frühstück extra. Bjarkar-braut 26, ℰ 4868680, husid@best.is, www.aratunga.is.

Camping Reykholt, mit WC, Warmwasser und Windschutz durch Hecken. ISK 750/Pers.

Essen Kaffi Klettur, Restaurant im rustikal-gemütlichen Holzhaus mit großer Terrasse und „Parkplatz" für Pferde an der Straßenecke. Kleine Speisen wie Salate und Bagel mit Lachs, Fleisch- und Fischgerichte, Kaffee und hausgemachte Kuchen, Wein und Bier. Tägl. 12–23 Uhr (Küche bis 21.30 Uhr). ℰ 4861310.

Café mika, ganz neu, im Gebäude Bjarkarhóll neben der Tankstelle, netter Ort für eine Kaffeepause – und dazu leckere Pralinen und Desserts aus belgischer Schokolade, von Inhaber Michal selbst hergestellt. Angeboten werden auch Langustengerichte. Tägl. 10–21 Uhr. ℰ 8966450.

In der **Tankstelle** Hot Dogs und abgepackte Sandwichs. Tägl. 9–21 Uhr.

Pferdevorführungen

Auf dem Hof Friðheimar im Ort führt Knútur mit seinen zwei Töchtern das Islandpferd vor – und beweist dabei, dass beim Tölt tatsächlich kein Tropfen aus dem Bierglas in der Hand des Reiters schwappt. Nach der Vorführung (12 Min., mit Informationen vom Band, auch auf Deutsch) können im Stall Pferde gestreichelt und bei Kaffee Fragen gestellt werden. Dann führt Knútur Interessierte gerne zu seinen großen Gewächshäusern und gibt Informationen zum Tomatenanbau. (ℰ 4868815, nur für Gruppen, doch kann jeder dazustoßen. Einfach anrufen und fragen, wann die nächste Show geplant ist. ISK 1600, Besuch der Gewächshäuser zusätzlich ISK 500.)

Bischofssitz Skálholt

An der Hvítá liegt der ehemalige Bischofssitz Skálholt, der „bei weitem edelste Gutshof in ganz Island", wie ein altes Buch berichtet. Für die Geschichte Islands hat Skálholt eine fast ebenso große Bedeutung wie Þingvellir, denn hier konzentrierten sich über die Jahrhunderte Macht und Bildung.

1056 wurde *Ísleifur Gissurarson* zum ersten Bischof des Landes gewählt. Damit wurde aus dem Hof der Familie in Skálholt ein Bischofssitz, der bis 1785 Bestand haben sollte. Ísleifur richtete hier, wo der Boden fruchtbar war und viele Menschen ernähren konnte, die erste Schule des Landes ein, die sich schnell zu einer wichtigen Bildungsinstitution entwickelte und alle Katastrophen und selbst die Reformation überdauerte. Damit wurden an der Hvítá wichtige Grundlagen für das Aufblühen der isländischen Kultur gelegt – in Skálholt wurde gedichtet, geschrieben und übersetzt, und im 17. Jh. arbeitete hier eine Druckerei.

Der Bischofssitz Skálholt, auf dem umfangreiche Ausgrabungen stattfanden

Goldener Zirkel → Karte S. 298/299

Eine der größten Stabkirchen: Die einst große Bedeutung Skálholts spiegelte sich in der Größe der Kirche wider – im Jahr 1153 wurde hier mit 50 m Länge eine der größten Stabkirchen aller Zeiten errichtet. Zwei Schiffe waren notwendig, um die Baumstämme aus Norwegen über den Atlantik zu befördern. *Páll Jónsson*, von 1195–1211 Bischof im damals von 200 Menschen bewohnten Skálholt, ließ die Holzkathedrale um einen Kirchturm erweitern und mit geschnitzten Altartafeln, Kruzifixen, Lampen, Statuen, Bildern, Bischofsgewändern und Glasfenstern ausschmücken. Davon berichtet die *Páls saga* aus dem 13. Jh., in der es auch heißt, Páll habe sich einen außergewöhnlich großen und kunstvollen Sarkophag anfertigen lassen. Daran glaubte niemand so recht, bis 1954 bei Ausgrabungen unter dem Kirchenfundament genau dieser Sarg auftauchte – höchstwahrscheinlich aus dem Tuffgestein des Vörðufell gemeißelt, fein gearbeitet und 730 kg schwer. Darin fanden sich nicht nur die Gebeine des Bischofs, sondern auch der Knauf seines kunstvoll geschnitzten Krummstabs aus Walrosszahn. Letzterer ist heute im Nationalmuseum in Reykjavík ausgestellt, der Steinsarg steht in der Krypta der Kirche in Skálholt.

Kleine Kirchen: Die aufwändige Kathedrale brannte 1309 nach einem Blitzschlag nieder. Das gleiche Schicksal traf noch zahlreiche weitere Kirchen in Skálholt – meist aus Holz gebaut, fielen sie Feuer oder Sturm zum Opfer. Nachdem der Bischofssitz ein Jahr nach dem Erdbeben 1784 nach Reykjavík verlegt worden war, wurden nur noch kleine Kirchen gebaut. Die kleinste, nur 10 x 6 m, stand von der Mitte des 18. Jh. bis 1956. Nachdem 31 katholische und zwölf protestantische Bischöfe in Skálholt residiert hatten, war der Sitz bedeutungslos geworden.

Die heutige Kirche: Der Grundstein für die heutige, zwölfte Kirche wurde 1956 gelegt, nachdem die Pfarrstelle 1952 wieder eingerichtet worden war. Geweiht wurde das 30 m lange Gotteshaus im Juli 1963. Jedes skandinavische Land stiftete eine Glocke; das Geläut beginnt immer mit der dänischen, die isländische setzt als Letzte ein. Zwei bedeutende isländische Künstlerinnen sorgten im schlichten Kircheninneren für Farbe: *Nína Tryggvadóttir* schuf das große Mosaik über dem Altar, *Gerður Helgadóttir* die bunten Glasfenster. Die meisten historischen Kirchenschätze sind heute im Nationalmuseum aufbewahrt, andere sind bei der Verlegung des Bischofssitzes nach Reykjavík von Bauern ersteigert worden und nicht mehr auffindbar. An die lange Geschichte Skálholts erinnern deshalb lediglich die Kanzel und der im Querschiff aufgestellte Altar, beide aus dem 17. Jh., eine Glocke aus dem 14. Jh. sowie die Krypta. Hier sind die isländischen Bischöfe begraben, deren Wirken auf Texten festgehalten ist, und hier befindet sich neben dem Steinsarg des Bischofs Páll Jónsson eine Sammlung alter Grabsteine. Über einen dunklen Gang aus dem 12. Jh., dessen Grundmauern zufällig 1956 bei den Bauarbeiten freigelegt wurden, gelangt man ins Freie. Dieser Gang führte einst von der Kirche zur Schule.

Die aufgedeckte Vergangenheit

Wie die Schule wohl ausgesehen hat und wie sich die Besiedlung von Skálholt über die Jahrhunderte hinweg verändert hat, darüber geben von 2002 bis 2007 südwestlich der Kirche durchgeführte, umfangreiche Ausgrabungen Aufschluss. Bei diesen kamen die Wälle von Klassenzimmer und Speisesaal, Schlafsaal und Bücherei und zahlreicher anderer Räume und Gebäude zum Vorschein, außerdem ein Graben unter dem Boden, bei dem es sich vielleicht um eine frühe Form einer Zentralheizung handelte. Auch eine Vielzahl an Artefakten kam ans Tageslicht. Letztere liefern zum einen Erkenntnisse über das Leben in Skálholt (z. B. sind hier die ältesten Tonpfeifen Islands gefunden worden), zum anderen darüber, dass es damals mehr Austausch mit dem Ausland gab als lange Zeit angenommen, denn viele der gefundenen Keramik- und Porzellanscherben beispielsweise, ob aus dem 16. oder dem 18. Jh., stammen ursprünglich aus Deutschland. Der ehemalige Rektor Skálholts nannte den Gang zwischen Kirche und Ausgrabungsstätte „eine Verbindung zwischen Vergangenheit und Gegenwart". Die Wälle wurden stabilisiert; heute können Besucher in den Ruinen umherspazieren. Wer sich für die Untersuchungsergebnisse interessiert, findet in der Lobby des Restaurants und Gästehauses Infotafeln und Vitrinen mit Ausgrabungsstücken.

In den letzten Jahren wurde bei der Kirche mit traditionellen Methoden aus Torf, Stein und Holz eine kleine Kapelle errichtet: eine Replik der Þorláksbúð aus dem 11. Jh., in der wahrscheinlich ursprünglich der Zehnte empfangen wurde, die aber 1648–50 als Skálholts Kirche diente. Sie ist auf mehreren alten Gemälden abgebildet. Der Nachbau, der 2011 noch auf seine Vollendung wartete, soll Einblick in die Architekturgeschichte geben.

Skálholtskirkja Tägl. 9–19 Uhr, Krypta ISK 100. Führungen auf Anfrage. Am Parkplatz kleines Besucherzentrum, das mit Tafeln und Bildern über die Geschichte der Kirche und des Bischofssitzes sowie über die Bischöfe informiert. Tägl. 10–18 Uhr, ISK 500. Ein größeres Besucherzentrum war 2011 geplant.

Konzerte Weil die Kirche über eine ausgezeichnete Akustik verfügt, finden hier jedes Jahr im Rahmen des Sommermusikfestivals im Juli und Aug. an sechs Wochenenden kostenlose klassische Konzerte statt. Infos unter ✆ 8664600.

Spaziergang Ein 1,9 km langer Spaziergang führt zu zwölf historischen Stationen auf dem Gelände (Broschüre auf Englisch ISK 500).

Übernachten Skálholtsskóli, Gästehaus

gegenüber der Kirche mit vielen schönen Leseecken und 18 modernen, hellen DZ mit Bad; die Wände sind bewusst schlicht weiß gelassen, damit man nicht abgelenkt wird. Besser vorbuchen – es sind häufig Gruppen da. Internet. ISK 9500/Pers. ✆ 4868870, info@skalholt.is, www.skalholt.is.

Weitere Betten in anderen Häusern (eines mit Küche) mit DZ ohne Bad sowie in drei Sommerhäusern (hier auch SSU und Hot Pot); während des Musikfestivals sind diese Betten jedoch belegt.

Essen/Café Im Restaurant mit Glasdach, üppigen Bougainvilleen, Terrasse mit Blumen- und Kräutergarten und ruhiger Musik gibt es traditionelle isländische Köstlichkeiten, teilweise nach Rezepten aus dem 12. Jh. Die Kuchen sollten Sie unbedingt probieren. Tägl. 8–21 Uhr.

Von Skálholt zur Südküste

Zwei Strecken führen von Skálholt zurück auf die Ringstraße nahe der isländischen Südküste (siehe nächstes Kapitel).

Zu Öko-Dorf und Explosionskratern (Str. 35, 40 km)

Die Str. 35 zieht sich fast gerade durch flaches Moorland und von Birkengestrüpp bedeckte Lavaströme, die schließlich in trockenes Heideland übergehen. 2 km vor Selfoss wird die Ringstraße erreicht. Die zu Anfang der Strecke rechts abzweigenden Straßen führen zum 14 qkm großen Forellensee Apavatn; Angler bekommen Lizenzen auf allen Höfen nahe des Sees. Apavatn heißt übersetzt „Affensee" – man nimmt an, dass der See einst Papavatn, also „Mönchssee", hieß, das P aber über die Jahrhunderte bei schriftlichen Übertragungen verloren gegangen ist.

Öko-Dorf Sólheimar: Kurz vor dem Svinavatn und bei der Tankstelle in Borg zweigt die Ringstraße 354 zum See Hestvatn und nach Sólheimar ab. In diesem 1930 gegründeten und in Anlehnung an die anthroposophischen Ideen Rudolf Steiners geführten Dorf, das jedes Jahr etwa 35.000 Besucher zählt, leben rund 40 geistig Behinderte mit 60 Nichtbehinderten zusammen. In sechs Ateliers stellen die Bewohner Kerzen und Kunsthandwerk her, tischlern und töpfern und weben. Sólheimar war das erste Öko-Dorf in Island; der Respekt und die Förderung jedes Individuums werden genauso groß geschrieben wie der sorgsame Umgang mit der Umwelt. Eine kraftvolle heiße Quelle sorgt für die Energieversorgung der Wohnhäuser und der zahlreichen Gewächshäuser, in denen Bio-Anbau betrieben wird: Ohne Chemie wachsen Tomaten, Kohl und anderes Gemüse. Der Gemüseanbau soll noch erweitert und ab 2012 auch Obstanbau betrieben werden. Der Großteil des im Dorf anfallenden Abfalls wird kompostiert oder recycelt. In der Baumschule wachsen mit Hilfe organischen Düngers u. a. Weiden und Birken, Fichten und Kiefern, und in Sólheimar läuft das einzige biologisch-organische Wiederaufforstungsprojekt in Island. Jedes Jahr pflanzen Mitarbeiter bis zu 400.000 Bäume. Ein kleiner Lehrpfad gibt einen Überblick über die knapp 50 in der Baumschule gezogenen Baumarten. Auch Sport und Kultur haben ihren Platz: Es gibt einen Sportclub und ein Schwimmbad (steht nur Übernachtungsgästen offen), eine Theatergruppe (in der behinderte und nichtbehinderte Erwachsene sowie Kinder miteinander spielen), einen Chor und einen Skulpturengarten, in dem u. a. Werke der berühmten isländischen Bildhauer Einar Jónsson und Ásmundur Sveinsson stehen. 2002, zum 100. Geburtstag der Gründerin Sólheimars, Sesselja H. Sigmundsdóttir, eröffnete das nach ihr benannte Sesseljuhús, Islands erstes Öko-Zentrum. Das grassodengedeckte Holzhaus oben am Hang soll ökologisches Bauen veranschaulichen und wird für themenbezogene Konferenzen, Schulungen und Kurse genutzt. Im Sommer finden

Goldener Zirkel → Karte S. 298/299

hier Ausstellungen statt. Seit ein paar Jahren gibt es in Sólheimar auch eine Kirche, in der zweimal monatlich ein evangelischer Gottesdienst gefeiert wird.

Besucher finden in dem idyllischen Dorf mit Bauerngärten und vielen Blumen, Vogelgezwitscher, üppigen Fliederbüschen, eigener Bäckerei und sehr freundlicher Atmosphäre einen Laden, ein viel besuchtes Café und ein Gästehaus. Im Sommer finden im Rahmen eines dreimonatigen Kulturfestivals Kunstausstellungen und jeden Samstag ganz unterschiedliche Konzerte in der Kirche statt.

Information ✆ 4804483, www.solheimar.is.

Hin & weg Nächster Halt eines Linienbusses ist Borg, etwa 8 km entfernt (s. u.).

Einkaufen Der Laden **Vala** gegenüber vom Café verkauft Bio-Produkte, in Sólheimar hergestellte Marmeladen und Chutneys sowie Lebensmittel aller Art (13–18 Uhr). Hier ist auch eine Galerie mit Kerzen, Holzspielzeug, Töpferwaren, Kunsthandwerk, Schmuck u. a.

Übernachten »» Unser Tipp: Gistiheimili Sólheimar, besteht aus zwei Häusern, Brekkukot und Veghús. Im Haus Brekkukot 7 EZ und 3 DZ, freundliche Zimmer ohne Bad; Küche. Ein Apartment für bis zu 4 Pers. mit Küche und Bad; Frühstück. Veran-

da mit Korbmöbeln, gemütlicher Aufenthaltsraum. Etwas oberhalb liegt das dazugehörige Veghús, hier 6 DZ mit Bad und zwei weitere Apartments. Ebenfalls Küche und großer Speise- und Aufenthaltsraum. Für Gäste ist das Schwimmbad kostenlos. Vom Gesundheitsministerium bekam das Gästehaus als erstes in Island eine Auszeichnung für seinen „green tourism". DZ mit/ohne Bad ISK 15.200/11.800. ✆ 4804483/8984483, gisting @solheimar.is, www.solheimar.is. «

Café **Græna kannan**, in großer Halle, ehemals Gewächshaus; hier gibt es Waffeln und Kuchen, Suppe, Salat und andere leichte Gerichte sowie Getränke aus biologischem Anbau. Tägl. 12–18 Uhr.

Weiterfahrt: In Höhe der Abzweigung der Str. 351 befindet sich die Kratergruppe *Seyðishólar*. Aus der mit über 800 m längsten der wenigen Vulkanspalten im südlichen Tiefland floss vor 5000–6000 Jahren der größte Teil des 54 qkm großen Lavafeldes *Grímsneshraun*. Die feuerrote Schlacke in den Kratern wurde früher für den Straßenbau verwendet, wodurch die Krater weitgehend zerstört wurden. Der *Kerhóll* steht mittlerweile unter Naturschutz, ebenso der rund 6500 Jahre alte und wesentlich besser erhaltene *Kerið* einige Kilometer weiter auf der anderen Straßenseite. Wahrscheinlich handelt es sich bei dem in seiner kreisrunden Form bewahrten Kerið entgegen früherer Annahmen um keinen Explosionskrater; vielmehr war er ursprünglich wohl ein Schlackekrater. In seinem 55 m tiefen Schlund befindet sich ein grün-blauer See, dessen Tiefe zwischen 7 und 14 m schwankt. Um den beeindruckenden Farbkontrast zwischen blauem Wasser und grün bewachsenem, rotem Hang zu sehen und einen schönen Ausblick auf die Umgebung zu genießen, kann man den Krater vom Parkplatz aus in nur 5 Minuten erklimmen.

Hin & weg Bus von Borg an der Kreuzung 35/354 nach Reykjavík über Selfoss 2-mal tägl., nach Laugarvatn, Reykholt, Geysir, Gullfoss 1-mal tägl. ✆ 5511166.

Einkaufen/Tankstelle In Borg Tankstelle (24 Std.) mit kleinem Lebensmittelladen, tägl. 10–22 Uhr. Ein paar Lebensmittel auch in Þrastaskógur (s. u.).

Reiten Reitausflüge bietet **Kerhestar** auf dem Hof Miðengi in der Nähe des Kerið. ✆ 8675175.

Schwimmbäder In Borg an der Kreuzung 35/354, modernes Freibad mit Hot Pots und

Rutsche; Mo–Fr 10–22, Sa/So 10–19 Uhr. **Hraunborgir** mit Hot Pot, Minigolf; an der Str. 353 in den Sommerhäusern, 2 km von der Str. 35. Mo–Do 10–20, Fr 10–12/17–20, Sa/So 10–20/17 Uhr.

Übernachten Grímsborgir ⓑ, an der Str. 36, ein paar Kilometer nördlich der Str. 35, neue, bereits viel gelobte Anlage mit zurzeit 6 sog. „Luxury Guest Houses" mit je zwei stilvoll, mit Blick fürs Detail gestalteten und mit allen Annehmlichkeiten ausgestatteten Apartments von 56 und 200 m² für 4 bzw. 7 Pers. Jedes Haus mit Hot Pot. Im eleganten Restaurant à la carte traditionelle islän-

dische Gerichte. Apt. ISK 13.500/Pers.
✆ 5557878, guesthouse@grimsborgir.com,
www.grimsborgir.com.

Camping Borg, hinter dem Gemeindehaus auf einer großen Wiese. Gepflegte sanitäre Einrichtungen mit Dusche, aber
kaum Windschutz. Zelt ISK 1500.

Þrastaskógur, 500 m hinter dem Restaurant,
schön ruhig in den Büschen und über dem
Fluss Sog. WC und Kaltwasser. Auf den Spa-
zierwegen im Þrastaskógur kann man sich
abends noch die Füße vertreten. ISK 850.

Im Sommerhausgebiet **Hraunborgir** an der
Str. 353, ganz ruhig gelegen, WC und

Warmwasser, Zelt ISK 1600.

Essen In Þrastalundur großes, freundliches Restaurant/Cafeteria mit Terrasse
über dem Fluss. In der Cafeteria Sandwichs, Kuchen und Pfannkuchen, im Restaurant zusätzlich Salat, Suppe (auch die isländische Fleischsuppe), Burger und einige
Fleisch-, Fisch- und Pastagerichte. Tägl. 10–
20, Fr/Sa bis 22, So nur bis 21 Uhr.

In **Borg** an der Tankstelle tägl. 10–22 Uhr
Hot Dogs und abgepackte Sandwichs.
Das schöne Kaffeehaus Gamla Borg nebenan ist leider nur zu besonderen Anlässen geöffnet.

Fahrt zwischen den Flüssen   (Str. 30, 28 km)

Die Asphaltstraße 30 führt 12 km südlich von Skálholt zwischen Þjórsá und Hvítá
durch die flache, sumpfige Region Skeið und trifft 15 km östlich von Selfoss auf die
Ringstraße. Hinter der zweiten Abzweigung der Str. 321 liegt zur Rechten die Senke
Áshildarmýri, in der sich einst die Goden der Region zu ihren Treffen versammelten. Heute erinnert ein Gedenkstein an das Jahr 1496, als Bauern hier gegen die
schlechten Bedingungen unter der dänischen Regierung protestierten.

Wer von Skálholt kommend alternativ nach *links* auf die Str. 30 abbiegt, kommt
nach 2 km zur Abzweigung der Str. 32. Diese führt direkt nach Stöng.

Hin & weg In Brautarholt hält Fr/So je
1-mal der **Bus** nach Flúðir bzw. Reykjavík
über Selfoss; ✆ 5511166.

Reiten Húsatoftir, bietet Reitausflüge von
1 Std. bis zu 1 Woche, ISK 5000/Std. Längere Trips müssen angemeldet werden
und werden nur in kleinen Gruppen durchgeführt. Auch für kurze Ausritte besser vorher anrufen. ✆ 4865560/8590066.

Schwimmbad Brautarholt, Mo, Mi, Fr 14–
18, Di/Do 14–21, Sa/So 12–18 Uhr.

Übernachten/Essen/Camping Hótel
Hekla country hotel (FH) 🔟, ca. 8 km nörd-
lich der Ringstraße. Große Anlage mit 70
Betten in Zimmern für 1–3 Pers. mit Bad.
Hot Pot. Im Restaurant (19–21 Uhr) gute

Fisch- und Fleischgerichte. DZ ISK 24.500.
✆ 4865540, info@hotelhekla.is, www.hotel
hekla.is.

Hestakráin country hotel (FH) 🔟, auf dem
Hof Húsatoftir bei Brautarholt. Gästehaus
auf Reithof in ehemaligem Stallgebäude. 22
Betten in 10 stilvollen Zimmern, alle mit
Bad. Hot Pot. Nebenan im einstigen Fuchs-
haus ist eine gemütliche Bar eingerichtet;
hier nach Vorbestellung auch Abendessen
(bis 18 Uhr anrufen). DZ ISK 19.900.
✆ 4865616/8590066.

Brautarholt, ruhiger Campingplatz beim
Schwimmbad, WC und Warmwasser. Zelt
ISK 2000.

Entlang der Þjórsá nach Stöng   (Str. 32, 38 km)

Eine Schotterpiste führt bis an die äußerste Grenze des südlichen Tieflan-
des, wo eine Ausgrabungsstätte und ein Museum Zeugnis davon ablegen,
dass es nahe der Hekla ein Leben vor dem Vulkanausbruch gab.

13 km südlich von Flúðir zweigt von der Str. 30 die 32 ab, die vom fruchtbaren,
dicht besiedelten Tiefland gen Osten ins karge, menschenleere Hochland führt.
Nach wenigen Kilometern erreicht die Straße das Ufer der mächtigen Þjórsá, mit

230 km der längste Fluss Islands. Auf seiner Reise von den Gletschern Hofsjökull und – durch Zufluss der Tungnaá – Vatnajökull ins Meer fließt er hier durch ein breites Tal, das sich flussaufwärts immer mehr verengt. Der Beginn der Strecke lässt die Nähe des unwirtlichen Landesinneren nicht erahnen: Grünes, hügeliges Weideland säumt den Fluss und zwischen den beiderseits der Straße weit gestreuten, bunten Gehöften grasen friedlich Pferde und Schafe. Gegenüber der Felswand des Skarðsfjall liegt im Fluss die große Insel Árnes („Flussspitze"), eine ehemals mit dem Land verbundene, historische Þingstätte, von der sich der Name für den Bezirk Árnessýsla ableitet.

Dorf Árnes: Wie die Insel in der Þjórsá, so heißt auch das Dorf an der Kalfá Árnes; hier kann man sich zum letzten Mal vor Stöng und dem Hochland mit Lebensmitteln eindecken. Von Árnes lässt sich eine etwa einstündige Wanderung zum Wasserfall *Búðafoss* in der Þjórsá bei der Insel Árnes unternehmen. Im Gemeindehaus soll 2012 eine interaktive, multimediale Ausstellung zur Gegend eröffnet werden.

Information   Im Gemeindehaus, Juni–Aug. tägl. 10–18 Uhr. Moderne Infotafeln, Touchscreens und Vitrinen informieren auch außerhalb der Öffnungszeiten über Geschichte, Natur und die Attraktionen der Gegend.

Autowerkstatt   in Árnes, ℡ 4866089.

Einkaufen/Tankstelle   Lebensmittel in der Tankstelle in Árnes, 9–21, Sa/So ab 11 Uhr. Im Gemeindehaus hinter dem Restaurant Verkauf von selbst gebackenem Brot sowie Gemüse, Lachs und Fleisch aus der Gegend, auch Kunsthandwerk.

Schwimmbad   Achteckiges Freibad mit Hot Pot, Mo/Mi 14–21, Di/Do, Fr 14–18, Sa/So 12–18 Uhr.

Übernachten/Reiten   Steinsholt (FH) ⬛, an der Str. 326 (4 km von der Str. 32), freundliches Gästehaus mit Hot Pot auf einem Reiterhof an der Grenze zum Hochland. 4 DZ mit Bad, 4 ohne Bad, aber mit Waschbecken, hell und sauber, mit Blick auf Hekla oder die Westmännerinseln. Nach Voranmeldung kochen Besitzer Gunnar und Kari Abendessen und bieten Ausritte in die Umgebung und ins Hochland (1 Std. ISK 4000). Die Gäste loben die Gastfreundschaft, das gute Essen, die Reittouren. DZ mit/ohne Bad ISK 14.000/10.000. ℡ 4866069/8638270, steinsholt@steinsholt.is, www.steinsholt.is.

JH Árnes, in einem Haus 9 kleine Zimmer für 2/4 Pers. mit Waschbecken; Küche. Im anderen Haus ein Studio mit Küche und Bad für 5–6 Pers., ISK 15.000; zudem 4 Zimmer für 2/4 Pers; großer Aufenthaltsraum. Wer Frühstück möchte, geht ins Restaurant im Gemeindehaus. DZ ISK 7500 für JH-Mitglieder, für andere ISK 8700. ℡ 4866048/8612645.

Camping   Árnes beim Fluss, mit Duschen und Hot Pot, sanitäre Einrichtungen nicht sehr gepflegt. Wird evtl. vom Besitzer des Restaurants übernommen, dann ist mit Verbesserungen zu rechnen. Zelt ISK 1500, aber nur ISK 700 für 1 Pers. mit Rad oder Rucksack. ℡ 4866048.

Essen   Matstofan Árnes, von einem Koch aus Reykjavík 2011 im Gemeindehaus von Árnes eröffnetes Restaurant, wirkte gleich viel versprechend. Frühstück mit selbst gebackenem Brot, wechselnde Tagesgerichte, frischer Salat, Suppen (wie cremige Fischsuppe oder isländische Fleischsuppe), die im Topf serviert werden, exzellente Kuchen (vor allem der Schokoladenkuchen). Gauti hat lange im Ausland gekocht, was in seinen Gerichten zu schmecken ist. Jeden So 14–18 Uhr Kuchenbüfett, ISK 1700. Tägl. 9–21 Uhr. ℡ 8635269.

Árborg, gemütliche Cafeteria in der Tankstelle, serviert 11.30–20 Uhr warme Snacks vom Grill, Sandwichs sowie Kaffee und Kuchen. Internet.

Weiterfahrt: Am großen Schafspferch Skaftholtsréttir mit langer Geschichte vorbei führt die Straße am Ufer des steinigen, von kleinen Stromschnellen gepeitschten Flusses entlang auf die Felswand des *Núpsfjall* (230 m) zu. An ihrem Fuß steht die kleine, wellblechverkleidete Kirche von *Stóri-Núpur*, die 1909 errichtet wurde und drei sehenswerte alte Altarbilder beherbergt (Schlüssel steckt). Frühere Kirchenbesucher ließen ihre Pferde im historischen Gatter neben dem Gotteshaus. Am Ein-

In der Schlucht Gjáin

gang des Þjórsárdalur ragt am Fluss der Felsvorsprung *Gaukshöfði* auf. Die neue Straße führt in einem Bogen an ihm vorbei, doch lohnt es sich, zuvor den kurzen, steilen Anstieg auf der alten Straße zu bewältigen. Vom dortigen Parkplatz aus läuft man in fünf bis zehn Minuten bis ganz nach oben, von wo sich eine herrliche Aussicht auf den breiten, sandreichen Gletscherfluss, auf den berüchtigten Vulkan *Hekla* (1.491 m) und auf die flussaufwärts gelegene Lavaebene bietet, die er bei seinen Wutausbrüchen hinterlassen hat. Hinter Gaukshöfði geht es in den *Þjórsárdalur* hinein. Im 10. Jh. war dieses Tal noch dicht besiedelt; die letzten Bewohner wurden nach dem Hekla-Ausbruch im Jahr 1104 vertrieben. In dem mittlerweile unter Obhut der staatlichen Forstkommission stehenden Tal sind bisher die Ruinen von zwanzig Höfen gefunden worden. Heute wohnt östlich des Hofes Skriðufell mit dem gleichnamigen Wohnwagenplatz in dichtem Birkengestrüpp und einer kleinen Sommerhaussiedlung niemand mehr. Nach Überquerung der Sandá ändert sich das Bild schlagartig: Die Gegend wird trocken und steinig. Bald leuchten nur noch Gräser in sanften Gelb-, Grün- und Rottönen auf dem kargen Boden.

Wasserfall Hjálparfoss: Rechts zweigt die knapp 3 km lange Zufahrt nach Hjálp ab, einer grasigen, grünen Oase in der dunklen Bimswüste. Die Fossá stürzt hier als wunderschöner Wasserfall Hjálparfoss, durch einen kleinen Felsen zweigeteilt und eingerahmt von auffälligen, fein gestrichelten Basaltsäulen, etwa 10 m tief hinab in ein rundes Becken – ein Ort, der zum Picknick einlädt. Der Hjálparfoss ist der letzte von zahlreichen Wasserfällen, die die von Norden kommende Fossá, übersetzt „Fluss der Wasserfälle", auf ihrem Weg vom Hochland ins Tal bildet. Wenige Kilometer weiter südlich ergießt sich der Fluss dann in die Þjórsá.

Þjórsárdalslaug: Es mutet etwas sonderbar an, dass in dieser seit Jahrhunderten unbewohnten Gegend plötzlich links ein Wegweiser zu einem Schwimmbad auftaucht. Einsam liegt das Freibad Þjórsárdalslaug am Ende der 6 km langen Piste vor den farbenprächtigen Rhyolitbergen Rauðukambar. Seit 1969 ist nur wenige Kilometer von hier das mit Basreliefs von Sigurjón Ólafsson – zur damaligen Zeit das größte Kunstwerk eines isländischen Künstlers – geschmückte Wasserkraftwerk *Búrfellsvirkjun* in Betrieb und für die Arbeiter wurde noch im selben Jahr im Geothermalgebiet das Schwimmbad eingerichtet.

Schwimmbad: War 2011 geschlossen – es wurde modernisiert, um den Hygienevorschriften für Schwimmbäder zu entsprechen. Wiedereröffnung ist für 2012 geplant.

Ausgrabungsstätte Stöng

Der Hof Stöng wurde wohl wie viele andere Gehöfte 1104 bei dem ersten Hekla-Ausbruch seit der Besiedlung Islands verschüttet, der das fruchtbare Tal mit einem Schlag unbewohnbar machte. Als Archäologen 1939 acht der Gehöfte ausgruben, stießen sie unter einer dicken Schicht Bimsstein auf die besonders gut konservierte Ruine dieses Hofes.

Hinter der Brücke über die Fossá zweigt links die 6 km lange, holperige, aber ganz vorsichtig auch mit normalem Pkw befahrbare Jeeppiste 327 zum freigelegten Gehöft Stöng ab. Entlang der Fossá geht es durch die schwarze, von rotschimmernden Gräsern durchsetzte Bimswüste. Am Ufer der Rauðá mit seiner auffallend üppigen, verschlungenen Vegetation lässt man das Fahrzeug auf dem Parkplatz stehen und überquert den Fluss auf der Fußgängerbrücke.

Der Hof liegt auf einem kleinen Hügel am Fluss. Bisher wurden vor allem die vollständigen Grundmauern eines 12,25 x 5,85 m großen Bauernhauses freigelegt, daneben fand man noch einen Kuhstall, eine Schmiede, weitere Nebengebäude sowie eine Kirche und einen Friedhof. Die Ruine des Haupthauses, die überdacht wurde und ständig zur kostenlosen Besichtigung freigegeben ist, gab nicht nur Aufschluss über Größe und Form eines frühen isländischen Bauernhofes, sondern auch über dessen Bauweise, d. h. über die Schichtung der Torfwände und die Holzkonstruktion, die das Gebäude stützt (siehe Kap. „Architektur", S. 93). Die Hofreste lieferten zudem weitgehend zuverlässige Informationen über die Nutzung der Räume und über Teile der Inneneinrichtung. Dies war Grund genug, die Ruine der Rekonstruktion eines Gehöfts aus der Freistaatzeit zugrunde zu legen, die aus Anlass der Elfhundertjahrfeier der Besiedlung Islands im Jahr 1974 errichtet wurde. Das Ergebnis ist der *Museumshof Þjóðveldisbær* unter der Bergwand Sámsstaðamúli (siehe S. 329).

🏃 Wanderung　　　　　　　　　　　　　　　　(→ Karte S. 298/299)

Zur Schlucht Gjáin (7) (30 Min.): Eine einfache, kurze und empfehlenswerte Wanderung führt in die malerische Schlucht Gjáin. Hier finden sich neben reizvollen Basaltformationen und üppiger Vegetation mehrere kleine Wasserfälle.

Vom Parkplatz aus überquert man die Rauðá und geht nach rechts am Flussufer entlang. Nach etwa 100 m zweigt links ein mit orangefarbenen Pflöcken markierter Wanderweg ab, auf dem nach wenigen Metern ein Schild den Weg in die Schlucht weist. Durch ein Birkenwäldchen und an der sanft durch das von Blumen gesäumte Flussbett plätschernden Rauðá entlang geht es an kleinen Kaskaden vorbei zu einem hübschen See am Ende der Schlucht. Hier stürzt der *Gjárfoss* die niedrige Felswand hinunter. Mit kleinen Sprüngen von Stein zu Stein durch den Fluss ist auch ein Rundweg möglich (mit Pflöcken markiert).

Der originalgetreu rekonstruierte Museumshof Þjóðveldisbær

Museumshof Þjóðveldisbær

Þjóðveldisbær ist der einzige Hof in Island, der die Wohnweise der ersten isländischen Siedler nachstellt, und dies so authentisch wie nur eben möglich.

Der flache und lange, grassodengedeckte Hof an der Zufahrt zum Kraftwerk, wenige Kilometer östlich der Brücke über die Fossá, duckt sich hoch oben auf dem Hügel in den Schutz der Felswand. Größe und Form des Hauses wurden exakt von der Ruine in Stöng (s. o.) übernommen, ebenso das Aussehen von Bänken, Türen und Fässern, von der Feuerstelle, den für die Bodenpflasterung verwendeten Steinen und den Außenwänden, soweit sie erkennbar waren. Einiges musste erraten werden; wo man nicht weiterkam, stützte man sich u. a. auf die Erwähnung von Häusern in alten Schriften und Registern, auf die Überreste von alten Siedlungen in Grönland und auf noch erhaltene, altisländische Zimmererarbeiten. Die Hallentür beispielsweise hat die berühmte Kirchentür in *Valþjófsstaðir* von etwa 1200 zum Vorbild. Abgesehen von Tischen und Bänken, einem Webstuhl, Fellen, Äxten und Milchfässern fehlt bewusst fast jegliche Inneneinrichtung – es geht hier um die Architektur. Informationstafeln sowie Karten erklären die Entwicklung der isländischen Gehöfte.

Zum tausendjährigen Jubiläum des Christentums in Island im Jahr 2000 wurde 1999 schräg vor dem Langhaus eine Kapelle erbaut: die originalgetreue Rekonstruktion der Kirche, deren Grundmauern 65 Jahre zuvor in Stöng ausgegraben worden waren.

Museumshof 1. Juni bis 31. Aug. tägl. 10–18 Uhr, sonst nach Vereinbarung, ISK 600. Prospekt mit den wichtigsten Informationen auch auf Deutsch (ISK 100); ausführliche Broschüre auf Englisch (ISK 500). Wann immer möglich, finden Führungen statt. ✆ 4887713.

Hin & weg Nach Stöng und Þjóðveldisbær keine Linienbusverbindung.

Übernachten/Camping Hólaskógur 🟦, östlich von Stöng, ca. 2,4 km von der Str. 32

an holperiger Piste gelegenes Holzhaus mit Schlafplatz für 80 Pers. in ein paar großen Räumen mit bis zu 32 Betten (Matratzen auf langen Pritschen und Stockbetten). Zwei Küchen, lange Tische. Trotz der großen Räume gemütliche Atmosphäre. Nur SSU. Auch Camping möglich. ✆ 6612503.

Camping Sandartúnga, WC und Kaltwasser. Ruhiger Platz unter den Bergen mit vielen Sträuchern und Blick auf die Hekla. ISK 700/Pers.

Gehöfte am Fuß der Hekla

Die grüne Südküste

Ein plötzlicher Lichtstrahl über einem schwarzen Lavafeld kann Zwerge und Rie-
sen hervorzaubern, Unholde und freundliche Gnome. Was eben noch eine
sumpfige Wiese unter dräuenden Wolkenbänken war, kann im zarten Streiflicht
der Mitternachtssonne ein schaukelndes Blütenmeer werden, gewebt aus bau-
melnden Wollgrasköpfen.

(Eberhard Grames)

In den flachen Niederungen zwischen Hveragerði, in dessen Ortsmitte sich
geothermale Quellen befinden, und dem Papageientaucher-Nistplatz Vík
warten Highlights wie der berühmte Vulkan Hekla, das Sagazentrum Hvolsvöllur, zwei traumhafte Wasserfälle, das wildromantische Tal Þórsmörk oder
der beeindruckende Museumskomplex in Skógar.

Nach einer kurzen Fahrt über düstere Lavafelder empfängt saftig grünes Weideland
den Reisenden. Wegen der sumpfigen Umgebung und zum Schutz vor Hochwasser
baute man die Höfe im Selfosser Tiefland auf kleinen Erhebungen. Im Vergleich zu
Nordisland wird dieses Gebiet der Weidelandschaften mit längerer schneefreier
Zeit und längerer Wachstumszeit bevorzugt und ist für isländische Verhältnisse
dicht besiedelt, zunehmend auch von Pendlern, schließlich ist man hier in Tages-
entfernung von Reykjavík. Im Bereich von Hella und Hvolsvöllur genießt man den
Panoramablick zur Hekla, den Westmännerinseln und den Eisgipfeln im Osten. Auf
der Fahrt nach Vík werden schwarze Sanderflächen, bildhübsche Wasserfälle und
schroffe Steilwände passiert.

Routenplanung: In Selfoss und den kleineren Ortschaften Hella und Hvolsvöllur kann man sich gut versorgen. Zwei hübsche und vom Tourismus allmählich entdeckte Örtchen sind Eyrarbakki und Stokkseyri an der Küste mit ihren bunten, alten, den Winterstürmen trotzenden Häuschen. Wer gerne einen festen Ausgangspunkt hat, unternimmt von Hella oder Hvolsvöllur aus Ausflüge auf die Westmännerinseln, nach Landmannalaugar im Hochland oder in das faszinierende Wandergebiet Þórsmörk. Schafe können dort übrigens der Vegetation nichts mehr anhaben – die unüberbrückten Furten verwehren ihnen (wie auch Pkws) den Zutritt. Von einer Tour auf den Vulkan *Hekla* raten derzeit viele ab – eine Eruption ist überfällig. Besonders im Abendlicht beeindruckt der Wasserfall Seljalandsfoss. Ab Skogar kann man über den Pass Fimmvörðuháls vorbei am neuen Vulkan von 2010 nach Þórsmörk in zwei Tagen auf einer vielfältigen Tour wandern. Von dort führt im Übrigen eine traumhafte Mehrtageswanderung nach Landmannalaugar, der Laugavegur. Kulturinteressierte besuchen den historischen Hof Keldur, das Saga-Zentrum in Hvolsvöllur, und die verschiedenen Museen in Skogar.

Geologie: Die Hänge östlich von Hvolsvöllur sind eine ehemalige Küstenlinie! Der Meeresspiegel lag zwischen den Eiszeiten höher als heute. Von den Klippen dieser alten Steilküste, der die Gletscher mit Aufschotterungen ein schmales Vorland bescherten, plätschern zahllose Rinnsale herab – besonders eindrucksvoll sind die Wasserfälle *Seljalandsfoss* und *Skógafoss*. Die Steilküste und das Meer treffen heute nur noch bei *Vík í Mýrdal* (kurz: *Vík*) aufeinander. Zwei imposante Formen haben sich bei dieser Zusammenkunft herausgebildet: das fotogene Felsentor *Dyrhólaey* und die hageren Felsnadeln *Reynisdrangar*.

Tipps zur Region: Gute **Restaurants** für Fisch und Hummer sind das Rote Haus in Eyrarbakki (S. 339) und das Fjöruborðið in Stokkseyri (S. 340). Geothermal gekocht wird im Kjöt og kunst in Hveragerði (S. 335). Wer einfache **Unterkünfte bei liebenswerten Gastgebern** schätzt, übernachtet bei Nonni in Hella (S. 341), in der Winzlingsjugendherberge nordöstlich von Hvolsvöllur (S. 347), auf der Farm Stóra Mörk nahe dem Seljalandsfoss (S. 353), in Drangshlíð bei Skogar (S. 353) oder auf der Farm Solheimahjáleiga kurz vor Vík (S. 358). Wer es feiner mag, ist richtig aufgehoben im Hotel Rangá am gleichnamigen Lachsfluss (S. 347) oder im kleinen Hótel Anna kurz vor Skógar (S. 354). Landschaftlich imposant gelegene **Campingplätze** finden Sie am Seljalandsfoss (S. 354) oder am Skógafoss (S. 355). **Schöne, einfache Wanderungen** sind die Ölkelduhnjúkur-Runde in Hveragerði zu einem heißen Bach mit Badestellen und die Besteigung des Aussichtsgipfels Valahnjúkur in der wildromantischen Þórsmörk. Nutzen Sie die **herrlichen Schwimmbäder** in Hveragerði oder Laugaland. Unternehmungslustige können mit einem Leihkajak die **Lavalagunen** von Stokkseyri erkunden. **Reiterhöfe** finden Sie bei Hveragerði (Reiten im Geothermalgebiet), bei Hella (Reiten in Flusslandschaften und ins Hochland, vgl. Kasten S. 342) und bei Skógar. **Vogelbeobachter** kommen bei Eyrarbakki, in Vík und bei einem Ausflug auf der Westmännerinseln auf ihre Kosten.

Information www.south.is

Hin & weg Tägl. verkehren mehrere Busse von TREX bzw. Reykjavík Exkursions auf der Strecke **Reykjavík-Selfoss-Hella-Hvolsvöllur**, die Linie 12 fährt über **Skógar** und **Vík** bis Skaftafell bzw. Höfn. Ab Mitte Juni bis Mitte Sept. Verbindungen von Reykjavík über Hveragerði (N 1), Selfoss (N 1), Hella und Hvolsvöllur ins Gebiet **Þórsmörk** (Linie 9, 1- bis 2-mal tgl., ca. 3½ Std.). Ab Mitte Juni von Reykjavík über Hella ins Hochland nach **Landmannalaugar** (Linie 11; Ankunft später Mittag, Stopp an der **Hekla** möglich). Von Landmannalaugar entweder am nächsten Morgen weiter zum Mývatn über die Hochlandpiste Sprengisandur (Linie 14) oder am frühen Nachmittag Anschluss zum Nationalpark Vatnajökull/Skaf-

tafell mit Stopp an der Schlucht Eldgjá. (Linie 10) Verbindungen von Selfoss nach **Eyrarbakki** und **Stokkseyri.**

Von Reykjavík nach Hveragerði   (Ringstraße, 40 km)

An der viel befahrenen und überwiegend mehrspurig ausgebauten Straße hinter dem flachen See Rauðavatn stellt die Lavawelt nach und nach einige ihrer kleinen Besonderheiten zur Schau. Ein bepolstertes, häufig von Nebelschwaden verhangenes Lavameer aus abenteuerlich aussehenden Lavaklötzen, ausgehöhlten Kuppeln, bizarren Zinnen und mannshohen Trollgespinsten.

Nach der Tankstelle *„Litla Kaffistofan"* (Km 14) wird das 5000 Jahre alte *Svínahraun*, das von jüngeren Lavaströmen überdeckt wurde, abgelöst: Vom *Kristnitökuhraun* der *Hellisheiði* besagt die Legende, dass diese Laven genau zu der Zeit ausströmten, als das Alþingi vor knapp tausend Jahren über das Christentum verhandelte. Sind die Götter gegen das Christentum? Diese Frage soll man sich seinerzeit in der Allmännerschlucht gestellt haben. Ob nun Götter ihren Groll und Zorn äußerten, die moderne Naturwissenschaft jedenfalls hat ihre eigene Ansicht zum Lavafeld: Sie stellt das Alter der vermeintlichen Drohgebärde der Götter in Frage ...

>>> Unser Tipp: Litla Kaffistofan, Holzhaus im alten Stil mit gemütlichem kleinen Café, vom Besitzer Stefán, ein passionierter Fußballfan, dekoriert mit Devotionalien und alten Fotografien. Kosten Sie von der traditionellen Fleischsuppe (ISK 1280). Mo–Fr 6.30–20, Sa/So 7.30–19 Uhr. <<<

Am Fuß des Hengill wird seit einigen Jahren ein geothermales Kraftwerk betrieben, 2011 wurde mit 303 MW die volle Leistung erreicht. Der Blick vom Aussichtspunkt wenig später und kurz vor Hveragerði ist bestechend: Die Küste zieht sich zur Rechten zum Horizont, der Vordergrund wird von kleinen Dampfschwaden aufgelockert und nordwestlich von Selfoss erhebt sich der 551 m messende Hyaloklastitberg *Ingólfsfjall*. Am Bergfuß soll der Landnehmer Ingólfur Arnarson seinen dritten isländischen Winter verbracht haben und hier angeblich auch begraben sein. Die Straße schwingt sich nun mit 8 % Gefälle in wenigen Kehren hinab in die Stadt der Blumen, Tomaten und Paprika.

Ausstellung zur Geothermie: Tägl. 9–17 Uhr, ISK 700, Kinder in Begleitung frei. Im modernen Glasbau wird topmodern auf großen Touchscreens Geothermie und ihre

Übernachten
1 Rjúpnavellir
2 Galtalækur II
3 Hotel/Reiterhof Leirubakki
4 Reiterhof Hotel Eldhestar/Vellir
5 Reiterhof Herríðarhóll
6 Reiterhof Austvaðsholt
7 Reiterhof Hestheimar
8 Vatnsholt
9 Hótel Rangá
10 Hotel Fljótshlíð/Smáratún
11 Stóra Mörk III
12 Ásolfsskáli
13 Moldnúpur/Hótel Anna
14 Drangshlíð
15 Skálakot
16 Sólheimahjáleiga
17 Hotel Dyrhólaey/ Brekkur
18 Steig
19 Giljur
20 Vellir

Nutzung interaktiv erklärt. Zudem kann man einen Blick in die Turbinenhalle werfen, einen Seismographen testen und die donnernden Geräusche vergangener Erdbeben abrufen. Im Erdgeschoss Cafeteria und Verkauf von Wanderkarten. Hellisheiðarvirkjun.

Hveragerði

("kwérageri", ca. 2300 Einw.)

Der „Garten der heißen Quellen" hat sein Kapital an heißem Wasser clever genutzt: In zahlreichen Gewächshäusern sprießen Blumen, Tomaten, Paprika und Gurken. Ein wüstes Feld heißer Quellen liegt inmitten der Häuser. Wie wäre es, dort ein Ei abzukochen, die Beine in den Schlamm zu tunken, ein geothermales Gericht zu testen oder eine Wanderung entlang des heißen Baches mit seinen Badestellen zu unternehmen?

Im Ortsbild klafft eine Lücke. Bei näherem Hinsehen erkennt man, dass hier kleine Quellen ein Areal durchsetzen. Geothermal genutzt werden im Ort vier etwa 300 m tiefe Bohrlöcher, die 180° warmes Wasser fördern. An der Oberfläche reicht es noch, um ein Ei abzukochen. Zur Straßenbeleuchtung kam der Ort, als 1906 ein Mann in der später so benannten Manndrápshver, der „Killerquelle", verkochte. Daneben sprudeln meist die *Bláhver*, die „blaue Quelle", und die „Abfallquelle" *(Ruslahver)*. Ihre trocken gefallene Vertiefung nutzte man als Abfalleimer, bis ein

Die Südküste → Karte S. 332/333

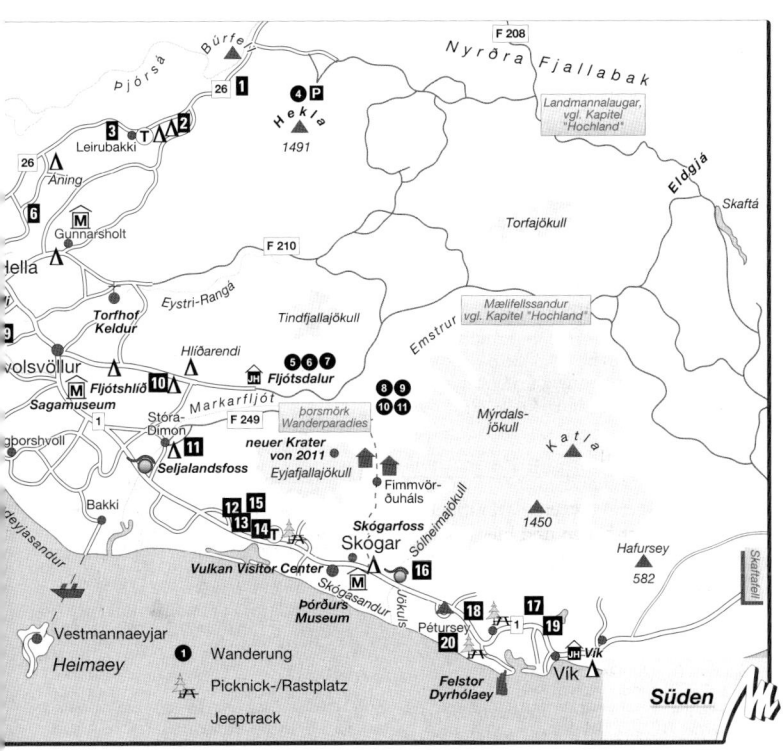

Wanderung
Picknick-/Rastplatz
Jeeptrack

Erdbeben dem ein Ende machte: Die Verwerfungen der Erschütterung erweckten die Quelle flugs zu neuem Leben, das Loch spie seinen Inhalt unverfroren in einer kleinen Explosion zurück (*„Hverasvæðið"* Mo–Sa 9–18, So 10–16 Uhr, Eintritt frei, Infoposter, Cafeteria, Minigewächshaus; Kinder lieben das Eier-Abkochen, Erwachsene genießen das Fußschlammbad). 2008 erschien nach einem Erdbeben ein neues kleines Solfatarengebiet auf der Bildfläche (nördlich vom Schwimmbad, zugänglich, kann mit den Hochlandsolfataren allerdings nicht mithalten). Auch Geysire sind im Ort nicht ganz unbekannt. *Grýla* am Fußballfeld ist allerdings nur eine schmächtige Quelle, die derzeit nicht emporschießt und den Namen der mythologischen Figur der Mutter der 13 Weihnachtskerle (s. Kap. Wissenswertes A–Z, Feste) trägt. Auch ihr Gatte *Leppalúði* beim Golfplatz ist momentan recht ruhig. Bei Regenwetter können Sie das Kunstmuseum des Bezirks besuchen (Austurmörk 21, im Sommer tägl. 12–18 Uhr).

Hveragerði: Tomaten und Bananen am Polarkreis

Blickfang des Städtchens sind die sich im Wind krümmenden Dampfsäulen und die Treibhäuser, auch wenn nicht mehr alle in Betrieb sind. In der Landwirtschaftsanstalt gedeiht es paradiesisch: Dort werden versuchshalber sogar Bananen, Feigen, Kakteen und Orangen kultiviert. Oft schimmert unwirkliches Licht durch die Glaswände – es hilft dem Pflanzenwachstum auf die Sprünge.

Basis-Infos

Information/Internet Im Sommer 8.30–17, Sa/So 10–14 Uhr; freundliche Hilfe beim Planen von Wanderungen und bei Buchungen. Ein Erdbebensimulator ist geplant. Internet. Sunnumörk 2, in der Shoppingmall, ✆ 4834601, www.hveragerdi.is.

Versorgung Apotheke, Arzt (Breiðamörk 19, ✆ 4835050), Zahnarzt (Breiðamörk 18, ✆ 4834930), Post, Bank mit Geldautomat (Breiðamörk 20), Supermärkte (tägl. geöffnet, Bónus Mo–Do 12–18.30, Fr 10–19.30, Sa 10–18, So 12–18 Uhr) und Tankstelle. Bäckerei (Breiðamörk 10, Mo-Fr 8.30-18, Sa/So 9-18 Uhr). Werkstatt ✆ 4834299.

Reiten Eldhestar (s. u.) und Sólhestar, 3-Std.-Tour ISK 9000, ✆ 8923066. www.solhestar.is.

Schwimmbad von 1938 mit eleganter Architektur an der Varmá, Mo–Do 7–20.30, Fr 7-17.30, Sa /So 10–17.30 Uhr, 50 m-Außenbecken.

Übernachten/Camping/Essen

Hveragerði hält nur wenige Übernachtungsmöglichkeiten bereit, eine Voranmeldung ist dringend anzuraten.

Übernachten Hótel Örk, Hotelkomplex, komfortabel ausgestattet mit Tennisplatz, Freibad mit Wasserrutschbahn, Sauna usw. Restaurant. DZ ab ISK 22.700 (auch TZ und Superior). Breiðamörk 1c, ✆ 4834700, info@hotel-ork.is, www.hotel-ork.is.

Gistiheimilið Frumskógar, („Dschungel"), ca. 300 m westl. der Breiðamörk, altes Holzhaus mit Anbau, beim sympathischen Ehepaar Kolbrún und Morten. DZ ISK 10.000 ohne Frühstück. Hot Pot und Dampfbad. 5 Appartemente für 2–4 Pers. ISK 16.000/Tag. Frumskógar 3, ✆ 8962780, gisting@frumskogar.is, www.frumskogar.is.

Hotel Eldhestar/Vellir ■, ein Stück östlich des Ortes an der Ringstraße, für Anfänger

Baden im warmen Bach!

und erfahrene Reiter, 1–3 Std. und Touren bis 7 Tage, Reiten mit Blick auf Berge und Gletscher und Bademöglichkeit im heißen Fluss. 26 DZ mit Bad und TV à 23.700. Restaurant. ✆ 4804800, info@eldhestar.is, www.eldhestar.is.

Camping Hvolsvöllur, gut geführter Platz im Ort Richtung Schwimmbad in der Straße Reykjamörk, mit Spüle, Kocher, Grill, Trockenraum, Waschmaschine, Trockner. Dusche gratis, Rabatt mit CCI-Card. Schöner Platz mit gutem Windschutz. Sa Abend werden die Grills angeworfen – jeder kann sein Fleisch grillen! ISK 1050/Pers.

Cafés/Essen ⟫⟫ Unser Tipp: **Kjöt og Kúnst**, bei Óli und Anna. Der freundliche Besitzer ist ehemaliger Koch eines Luxushotels und hat die mit geothermalem Dampf arbeitende Küche selbst geplant. In der Außenanlage können Topfdeckel gelupft werden, um dem Brot beim Backen zuzusehen. Besonders beliebt ist der hier gekochte Fisch (mit Suppe ca. ISK 4000). Vegetarische Gerichte und günstige Lunchkarte. Ab 17 Uhr öffnet der stilvoll gestaltete kleine Restaurantbereich. Empfehlung: das earth cooked menu. Auch Take Away zum Campingplatz möglich. Mo–Sa ab 11.30, Küche bis 21 Uhr. Breiðamörk 21. www.kjötog kunst.com. ⟪⟪

Cafeteria in der Bäckerei **Hverabakarí**, s. o., ein idealer Zufluchtsort für durchnässte Radler (Tagessuppe).

⊼ Wanderungen

(→ Karte S. 336)

⟫⟫ Unser Tipp: **Hengill-Umrundung (1)** (mittelschwer, markiert, 4–5 Std.): Vom Gebäude der Geothermieausstellung westlich des Ortes im Uhrzeigersinn um den Hengill mit dem Gipfel „Skeggi". ⟪⟪

Heiße Quellen und warmer Fluss (2) (einfach, Vorsicht bei den heißen Quellen, die Absperrungen beachten, brüchiger Boden direkt an den Quellen. Karte in der Touristinformation. 3 km,

45–60 Min.): Ideal für einen Abendspaziergang – die heißen Quellen, die man zu Gesicht bekommt, spielen allerdings nur in der B-Liga. An der Brücke über die Varmá der Asphaltstraße am Schwimmbad nach oben folgen, die Schranke passieren und auf den Schotterweg links einbiegen (noch vor dem Abzweig beim Briefkasten). Neben dem Gatter den Zaun über ein Treppchen überqueren. Rechts oberhalb des Weges

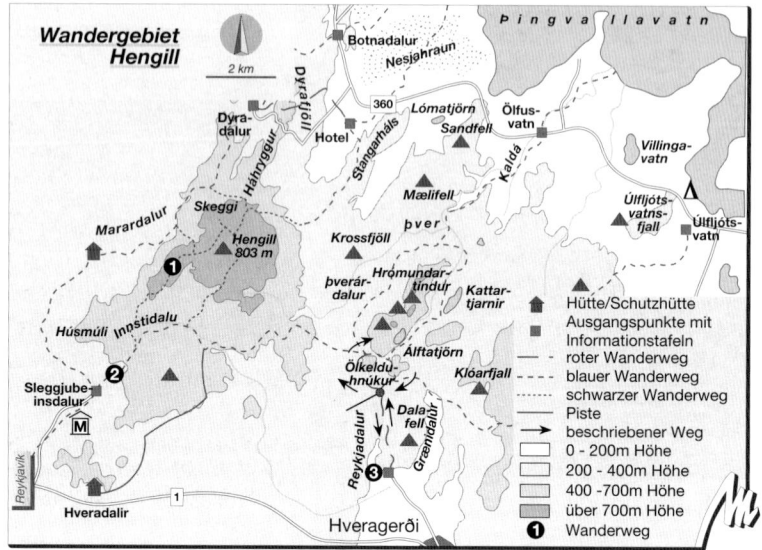

Wandergebiet Hengill

2 km

Botnadalur
Nesjahraun
Þingvallavatn
Dyrafjall
Dyradalur
Hotel
360
Stangahals
Lómatjörn
Sandfell
Ölfusvatn
Kalda
Villingavatn
Mælifell
Þver
Úlfljótsvatnsfjall
Úlfljótsvatn
Skeggi
Hengill 803 m
Krossfjöll
Marardalur
Hæhryggur
① Hrómundartindur
Þverárdalur
Kattartjarnir
Húsmúli Innstidalu
Álftatjörn
Ölkelduhnúkur
Kloarfjall
Sleggjubeinsdalur
② M
Dalafell
Grændalur
Reykjadalur
Reykjavík
③
1
Hveradalir
Hveragerði

▲ Hütte/Schutzhütte
■ Ausgangspunkte mit Informationstafeln
- - - roter Wanderweg
- - - blauer Wanderweg
----- schwarzer Wanderweg
------- Piste
→ beschriebener Weg
☐ 0 – 200m Höhe
☐ 200 – 400m Höhe
☐ 400 – 700m Höhe
☐ über 700m Höhe
① Wanderweg

liegt das kleine neue Quellgebiet. Links führt die Brücke über den veralgten warmen Fluss. Der Weg umrundet das Gästehaus und gelangt dann wieder an den Fluss (Bademöglichkeit). Eine Brücke und ein Wasserfall werden schließlich passiert, und man befindet sich in einem kleinen Park der lokalen Flaniermeile.

Ins Hengill-Geothermalgebiet zu Badestellen (3) (2 Std.), evtl. mit Ölkelduhnjúkur-Umrundung („*hengidl*"; einfach, die Variante mit Bergumrundung hat eine lehmige Stelle an einer steilen Bergflanke, problemlos für versierte Wanderer, doch ist Trittsicherheit erforderlich. Unbedingt Abstand zu heißen Quellen halten! 3½–4 Std.): Herrliche Wanderung zu dampfenden Quellen mit der Möglichkeit eines Bades in einem heißen Fluss inmitten typisch isländischer Landschaft mit zackigen Felsen und Schafen im Gras (evtl. Badesachen mitnehmen, evtl. Furtschuhe).

Vom Ortskern geht's über die Hauptstraße „Austurmörk" zum Fußballfeld, dort links auf den Schotterweg, an dessen Ende sich der Parkplatz und eine

Brücke über den Fluss befinden. Der Pfad führt gemächlich nach oben, bald ist die Höhe der heißen Quellen erreicht. Linker Hand sieht man einen wunderschönen, grün schimmernden Wasserfall in Kaskaden bergab rauschen. Bald darauf (nach insgesamt ca. 1 Std.) ist ein Bach zu überqueren – ziehen Sie ruhig die Schuhe aus, der Bach ist warm! Irgendwann wird – je nach Wind – Schwefelgeruch in der Nase kitzeln und einem sagen, dass man auf dem richtigen Weg ist.

20 Min. später ist der Höhepunkt des Ausflugs erreicht, die Badestellen im Fluss, dort wo heißes und kaltes Wasser zusammenfließen. Von hier kann man entweder zurückgehen oder, lohnenswert, zuvor noch den Ölkelduhnjúkur umrunden: Verlassen Sie dazu auf dem Weg links des Flusses das liebliche Reykjadalur durch eine Schlucht nach oben, halten Sie sich unterwegs am unbeschilderten Abzweig links. Oben biegen Sie auf der Umrundung an den Schildern jeweils rechts ab. Düstere Gesellen säumen hier den Weg: zischende

Fumarolen und miefende Solfataren. Ein Stück weit folgen Sie *blauen Markierungen*, ab dem letzten großen Abzweig dann wieder *roten*. Ein schmaler, lehmiger Weg mit steileren und bei Nässe rutschigen Stellen bringt wieder hinab ins bekannte Tal zum Schild „Hveragerði 6,3 km". Wenn Sie sich nach

einer Planscherei im Warmwasser von der natürlichen Badewanne losreißen, können Sie entweder auf dem bekannten Weg oder auf dem unmarkierten Pfad am Ostufer des Bachs bis zur bekannten Furtstelle zurückgehen und von dort dem Weg zum Parkplatz folgen.

Versorgungsort Selfoss   (ca. 6500 Einw.)

Erst nach dem Bau der großen Brücke 1891 und vor allem dem Bau der Molkerei 1931 setzte die Entwicklung des Ortes im südlichen Tiefland ein. Das regionale Versorgungszentrum wartet zwar nicht groß mit Sehenswürdigkeiten auf, dafür mit vielen Tankstellen, großen Supermärkten und mehreren Cafés.

Am östlichen Ortseingang befindet sich die größte und älteste Molkerei des Landes. Dass es in dem großen Gebäudekomplex um Kühe geht, verrät die eigenwillige kleine Skulptur „Ýmir og auðhumla" von *Einar Jónsson* vor dem Haupteingang am Austurvegur.

Die beiden weit ins Hochland hineinreichenden Flüsse Ölfusá und Þjórsá begrenzen in der küstennahen grünen Tiefebene das so genannte „Flói-Land". Unter gewaltigen Anstrengungen sind in den vergangenen Jahrhunderten 300 km Entwässerungsgräben in den sumpfigen Ländereien angelegt worden.

Information/Internet In der Bücherei, Mo–Fr 10–18, Sa 11–14 Uhr. Internet. WLAN kostenlos. Am Austurvegur 2, neben dem Kreisverkehr, ✆ 4801990.

Versorgung Alkoholladen, Apotheke (Austurvegur 5 und 44), Arzt im Krankenhaus Südislands, (Árvegur, ✆ 4805100), Banken am Austurvegur (Mo–Fr 9.15–16 Uhr, Geldautomat), Optiker und Sportgeschäfte, mehrere Supermärkte, darunter ein Bónus. Post am Austurvegur 26, Mo–Fr 9–16.30 Uhr. Bäckerei am Austurvegur 31b, Mo–Fr 8–17.30, Sa 8–17, So 9–16 Uhr.

Autoverleih Eyravegur 15b, ✆ 4824040, 8929612.

Autowerkstatt Bílaþjónusta Péturs, Vallholt 17, ✆ 4822050; Sólning, Austurvegur 58, ✆ 4822722.

Fahrradreparatur Hjólabær, Austurvegur 11, ✆ 4821289.

Fotoartikel Austurvegur 3–5.

Schwimmbad Erlebnisbad, im Sommer Mo–Fr 6.45–21, Sa/So 9–19 Uhr, Frei- und Hallenbad mit Sauna, Hot Pot. Am Bankavegur.

Übernachten Hótel Selfoss, Restaurant mit Bar, Flussblick. DZ ab ISK 29.260. Eyravegur 2 am Ortseingang, ✆ 4802500, info@hotelselfoss.is, www.selfosshotel.is.

Fosstún, nahe dem Hotel, DZ mit Küche und Bad/Familienapts. Schmuckloser Zweckbau von 2004 an einer Durchgangsstraße. Ab ISK 15.200 ohne Frühstück. Eyravegur 26, ✆ 4801200, fosstun@fosstun.is, www.fosstun.is.

Menam, günstige DZ für ISK 9900. Eyrarvegur 8, ✆ 4824099.

JH Selfoss, mitten im Ort in einem älteren Haus, Dorm ISK 3800, EZ 5900, DZ 9700. Austurvegur 28, ✆6606999/4821600. selfoss@hostel.is

Gesthús Sommerhäuser, freundliche kleine Doppelhäuser auf dem Campingplatz mit Platz für bis zu 4 Pers. (2–3 Erw.), Bad und Kochnische, Hot Pot inkl., für 2 Pers. ISK 12.000, Frühstück mögl. Engjavegur, ✆ 4823585, www.gesthus.is.

》》 Unser Tipp: Vatnsholt **B**, 8 km östlich von Selfoss und weitere 8 km südlich der Ringstraße an einem kleinen See, bei liebenswürdigen Gastgebern, dem Landschaftsgärtner und Spielplatzgeräte-Importeur Jón und seiner Frau Margret, die das Stadtleben hinter sich gelassen haben und hier mit Blick auf Hekla, die Westmänninerinseln Zimmer vermieten: DZ mit Bad in einem Zweckbau, DZ ohne Bad im stilvoll eingerichteten Wohnhaus aus den 1930ern (Terrasse) sowie im neuen, geschmackvoll eingerichteten Wohnhaus; DZ ISK 14.000–18.000. Reichhaltiges Frühstück mit Waffeln und selbst gebackenem Brot. Gutes Restaurant mit Forelle aus dem See. Spielplatz, Streichelzoo mit tanzender Ziege, Fuchs und Kaninchen, zudem Rind Emil, das sich als Hund fühlt, und sechs Hunde, darunter der hässlichste Hund Islands. Die Besitzer haben viele Pläne für die Zukunft, evtl. Errichtung einer Sauna im alten Silo. ✆ 8997748, info@stayiniceland.is. ⟪

Camping Selfoss, Engjavegur, 600 m südlich der Ringstraße (nach der Post rechts abbiegen), großer Platz mit nahezu luxuriösem Küchenraum und Ententeich. Waschmaschine und Trockner. Windschutz. ISK 900/Pers. inkl. Dusche.

Essen Wie in so vielen Orten Islands gibt es auch in Selfoss einige Hamburger- und Pizza-Restaurants, die meist bis 23 Uhr geöffnet haben.

Café Kaffi Krús („Kaffeepott"), Café und Bar mit gemütlicher Atmosphäre, wenn nicht gerade eine Horde Hamburger verzehrender Jugendlicher eingefallen ist. Neben Kaffee gibt es eine große Auswahl an Softdrinks und härteren Sachen. Bekannt für süße, selbst gebackene Kuchen, kleine Gerichte (auch vegetarisch), Sandwichs. So–Do 10–22, Fr/Sa 10–24 Uhr. Austurvegur 7.

Kaffi Líf („Leben"), gemütliches kleines Café einer christlichen Gemeinde. Traditionell Isländisches, auch Wal und Pferdewurst, Mo–Fr Fleischsuppe. Hamburger wird man hier vergeblich suchen. Gute Kuchen. Tägl. 10–21 Uhr. Austurvegur 40b.

Sunnalenska, Buchladen mit Café, 12–22 Uhr. Austurvegur 22.

Bäckerei mit Café am Austurvegur 31b.

Abstecher ins malerische Eyrarbakki (ca. 550 Einw.)

Die Windböen fegen vom offenen Meer durch die Straßen des beschaulichen, exponiert auf einer Sandbank liegenden Örtchens, durch das der Geruch von Meer und Tang streicht. Vogelbeobachter zieht es ins Naturreservat Flói 4 km nordwestlich des Orts. Ein Heimat- und Schifffahrtsmuseum sowie Skulpturen eines ansässigen Künstlers sind im Ort zu bewundern. Spazieren Sie von der Kirche zum Kaffeehäuschen durch den Ort und am Strandwall zurück!

Obwohl die Küste wenig Schutz für Fischerboote und Handelsschiffe bot und deshalb für einen Hafen nicht sonderlich geeignet war, konnte sich der Flecken früher als *der* Hafen der Südküste rühmen. Flutkatastrophen veranlassten 1799 die Aufschichtung eines Steinwalls. Bis ins 18. Jh. war Eyrarbakki keine Dauersiedlung, die Bauern, die hierher kamen, um ihre Waren feilzubieten, nächtigten in Zelten. Ab 1765 durften Händler hier überwintern, die ersten Häuser, wie das erhaltene *Húsið*, wurden errichtet (s. u.). Mit dem Ende der dänischen Monopolzeit entwickelte sich der Fischfang in rasanter Weise. Bis 1920 dauerten die Boom-Jahre an, aus denen sich viele der alten Häuser in die Gegenwart hinüber retteten.

Im Lauf der Zeit verlor das Handelszentrum, in dem schon die Schiffe des Bischofs von Skálholt angelegt hatten, wichtige Funktionen an andere Städte. Von Fisch und Ruhm zur Alupfannen-Produktion und einem musealen Hafenort: Das ist – zugespitzt formuliert – der Weg Eyrarbakkis. Das benachbarte Þorlákshöfn nahm mit seinem über die Ölfusá-Brücke gut erreichbaren Hafen Eyrarbakki die wichtigste Grundlage zum Wachstum; in Sachen Verwaltung und Dienstleistungsangebot dominiert heute Selfoss die Region. Langweilig ist es für Reisende hier keineswegs und das nicht nur wegen des schwarzen Sandstrands und dessen Treibholzaufschichtungen. Der berühmte Sohn der Stadt *Sigurjón Ólafsson* gestaltete die Skulptur „Kríant" vor dem Häuserensemble Mundakot im Ostteil des Ortes. Nahe dem Café erinnert ein Denkmal an ertrunkene Seeleute, daneben zeigt ein Modell die 1950 leider abgerissene dänische Handelsstation aus dem 17. Jh. Eyrarbakki liegt heute trotz Reykjavíker Zuzügler im Abseits und hat sich viel Ursprünglichkeit bewahrt.

Hin & weg Bus ab Reykjavík oder Selfoss, Mo–Fr tägl. mehrmals.

Versorgung Tankstelle, Souvenirs im alten Laden „Verslun Guðlaugs Pálssonar" (lange eine Institution im Ort) mit der Einrichtung von 1917. Werkstatt (☎ 4831343).

Übernachten Gästehaus Rein, charmantes, grünes Haus im Ostteil des Orts, DZ ISK 15.000. Þykkvaflöt 4, ☎ 7775677, info@rein-guesthouse.is, www.rein-guesthouse.is.

Camping Eyrarbakki, Wiese an der Küste hinter dem Strandwall, 600 m westlich der Kirche, sehr reizvoll. Allerdings weht der Wind hier oft ziemlich stark. WC, Spüle und Bank vorhanden.

Essen/Café Rauða Húsið („*roiða husið*"), stilvolles Café und hervorragendes Restaurant direkt neben der Kirche. Zu jedem Gericht wird leckeres Brot mit Hummus gereicht. Unsere Tipps (Mittagspreise): catch of the day (ISK 2800), Fischsuppe (ISK 1.890) oder Hummer (ISK 3.900–5.900). Der Clou: Schokosoufflé mit Eis für ISK 1.150. Freundliche, stilvolle Atmosphäre. An der Wand das Bild der Frau, die das Haus 1919 bauen ließ. Mehrere alte Röhrenradios sind ausgestellt. Guter Service. Tägl. ab 11.30 Uhr. Búðarstígur 4, ☎ 4833330.

≫ Unser Tipp: Bakkabrim/Organic Café, außen spartanisch wirkende, innen charmante Holzhütte am Strand, betrieben vom ehemaligen Hüttenwart, Fotograph und Bergführer David. Unschlagbar: der Blaubeerkuchen mit dicker Fruchtauflage auf rohem Teig. Perfekt zubereiteter Kaffee, außerdem Suppe und Flatkökur. Di–So 10–17, manchmal länger. ≪

Gónhóll, Souvenirladen und Café, nur Sa/So nachmittags. Mitte August Festival mit Oldtimern und Straßenkreuzern.

Die Südküste → Karte S. 332/333

Sehenswertes

Kirche: Bevor 1890 die schmucke Kirche eingeweiht wurde, stand für die Bewohner das nächste Gotteshaus in Stokkseyri. Das Altarbild wurde eigenhändig von Luise von Dänemark gemalt, einer aus Kassel stammenden Gemahlin von Christian IX. Über dem Gang hängt – für eine Seefahrergemeinde angemessen – ein hölzernes Schiffsmodell. Die Glocke stiftete seinerzeit die Lefolii-Familie.

Kleidungsstück aus Menschenhaar – das Museum Húsið

Das Haus ist eines der ältesten Gebäude Islands, 1765 wurde es für den Faktor aus dem Ausland als Bausatz importiert. Man nannte es einfach das Haus, das gemeine Volk lebte in ärmlichen Hütten. In bürgerlich-herrschaftlichen Räumen stehen Gebrauchsgegenstände und Möbel aus vergangenen Tagen, darunter ein altes Piano. Im Assistentenhaus von 1881 zeigt ein Raum Sakralia und Kircheninventar, im Obergeschoss stehen Webstühle, Spindeln und Handwerksgerät. Im Raum mit dem traditionellen Musikinstrument, dem *langspil*, befindet sich das herausragende Exponat, ein Kleidungsstück, das aus Menschenhaar gefertigt wurde. Nebenan wurde eine kleine Vogel- und Eiersammlung eingerichtet, die dem Kaufmann und Ornithologen Peter Nielsen gewidmet ist.
Im Sommer tägl. 11–18 Uhr. ISK 700 für alle Museen. ☎ 4831504, www.husid.com.

Seefahrtsmuseum: Unter dem blauen Dach des Museums wird – gruppiert um ein Boot von 1915 und in einem Nebenraum – Fischereizubehör gezeigt, etwa eine Kombüseneinrichtung oder Geräte zum Herstellen von Trockenfisch. Im Vorraum Alltagsgegenstände und eine Fotosammlung. Öffnungszeiten wie Húsið.

... und nach Stokkseyri
(ca. 440 Einw.)

Stimmungsvoller Ort, den man für einen Strandspaziergang besucht, aus kulinarischen Gründen oder um etwas über die Welt der Trolle, Elfen und Geister zu erfahren.

Der Schwesterort des 4 km entfernten Eyrarbakki ist auf einem flachen Kiesrücken errichtet, der über dem einige tausend Jahre alten Lavastrom *Þjórsárhraun* liegt. Und so besteht der Strand aus Kiesen mit Strandroggen-Vegetation und Lavalagunen, in denen man mit einem *Leihkajak* Seehunde besuchen und Schwäne begleiten kann.

Hin & weg Busverbindung s. Eyrarbakki.

Versorgung Tankstelle mit einfacher Cafeteria (Mo–Sa 9–22, So 10–22 Uhr).

Kajak Am Schwimmbad; Fahrten in Binnenseen oder mit Guide an der Küste. Empfehlenswert! Ab ISK 4.450/Erw. ℡ 8965716, www.kajak.is.

Schwimmbad Mo–Fr 13–21, Sa/So 10–17 Uhr, Freibad mit drei Hot Pots.

Übernachten Kvöldstjarnan („Abendstern"), mit gleißend hellem Aluminium verkleidet, Designappartement für 4 Pers. im Obergeschoss (ISK 26.000 mit Frühstück), mit Terrasse. Kleine und ordentliche DZ ISK 13.000. Küche. Stjörnusteinar 7, nahe der Tankstelle, ℡ 4831800/8966307, kvoldstjarnan@

kvoldstjarnan.com, www.kvoldstjarnan.com.

Camping Einfache Wiese, 500 m östlich der Tankstelle.

Essen ⟫⟫ Unser Tipp: Fjöruborðið („Am Küstensaum"), unkompliziertes Hummerlokal hinter dem Strandwall in einem ca. 100 Jahre alten Haus (mit Anbauten), Kunst an den Wänden, hat einen vorzüglichen Ruf. Probieren Sie die reichhaltige und perfekt abgestimmte Hummersuppe mit ganzen Stücken, serviert mit Brot und dreierlei leckeren Saucen; ISK 1.550–1.980. Menu ISK 6.390. Abends Reservierung sinnvoll. Tägl. ab 12 Uhr. Eyrarbraut 3a, ℡ 4831550. www.fjorubordid.is. ⟪⟪

Sehenswertes

Icelandic Wonders-Elfenhaus/Geisterzentrum: Im ehemaligen Fabrikgebäude haben die Fische den Halbwesen Platz gemacht. Unten ist ein anschaulicher Elfen-Troll- Parcours eingerichtet, den Kinder lieben, oben wird über Geister informiert. Die Museumsmacher haben Wert darauf gelegt, den Besuchern isländische Geschichten nahe zu bringen.
Elfenmuseum tägl. 10–20 Uhr. Geisterausstellung tägl. 13–18 Uhr; Eintritt je ISK 1500/Erw. inkl. gut gemachtem Audioguide per Ipod. www.icelandwonders.com.

Jagdmuseum (Veiðisafnið): Der Trophäenjäger Páll hat sein Wohnhaus zum Museum erweitert, es erwarten Sie u. a. eine Giraffe, ein Moschusochsenkopf, ein Warzenschwein, ein Eisbär, Rentiere und ein Krokodil. Die Wände zieren neben Wildtrophäen auch Vögel.
Tägl. 11–18 Uhr, ISK 1.250/Erw. Eyrarbraut 49, ℡ 4831558, www.hunting.is.

Die Frau, die Hosen hatte, und die Þuríðarbúð: Sehenswertes Steinhaus einer Fischerin (!) unmittelbar hinter dem Strandwall. *Þuríður Einarsdóttir* (1777–1863) – was für eine Frau: Sie hatte vom König die Erlaubnis, Hosen zu tragen, und kommandierte ein offenes Fischerboot. Auch sonst stand sie der Männerwelt nicht nach; kein Mann soll größere Fähigkeiten als sie gehabt haben. Auf See erledigte der Männerschreck Dringendes angeblich mittels eines gelochten Schafshornes. Sie brachte es auf höchst bewundernswerte 50 Fischsaisons, davon 25 als Kapitän!

Rjómabuð/Molkereimuseum Baugsstaðir: Die Molkerei (5 km östlich, „*boigsta-ðir*") von 1905 ist heute eine seltene Attraktion in Island. 48 Bauern aus der Umgebung gründeten damals den Milchverarbeitungsbetrieb, in dem als Novum mit Wasserkraft gebuttert wurde. Die Butter und der hier hergestellte Käse wurden größtenteils nach England exportiert. Seit 1975 ist die Anlage ein Museum zum Anfassen. Zuletzt nur Sa/So nachmittags geöffnet – informieren Sie sich in Selfoss.

Weiterfahrt von Selfoss nach Osten auf der Ringstraße (35 km).

Schwimmbad Freibad in Laugaland, Mo–Fr 15–21, Sa/So 10–19 Uhr, Hot Pot.

Tankstelle Landvegamót am Abzweig der Str. 26, etwa 7 km vor Hella, 9–22 und So 10–22 Uhr, Laden, einfacher Imbiss, Terrasse.

Übernachten Camping in Þjórsárver an der Str. 305, Abzweig 6,5 km nach Selfoss, dann noch 9 km meerwärts. ISK 1800/Zelt.

Herríðarhóll, Reiterhof mit 5 DZ á 48 €, 20 km von Hella an der 284 bei der freundlichen Deutschen Renate in schöner Lage, Reiterhof (s. u.), ☎ 4875252/8991759.

Hestheimar (FH) **7**, Reiterhof 25 km nach Selfoss und 2,5 km nördlich der Ringstraße, SSU, hübsche Zimmer, 2 DZ mit, 2 DZ ohne Bad, Reiten (s. u.). ☎ 4876666, hestheimar@hestheimar.is, www.hestheimar.is.

Hella

Die Südküste → Karte S. 332/333

(„hedla", ca. 780 Einw.)

Reizvoll ist ein Picknickpäuschen an den Bänken am Fluss Ytri-Rangá, lohnend das Herumstöbern nach Souvenirs im Handwerkshaus.

Bei Fernsicht erhebt sich im Hintergrund die prächtige Hekla, die für ihre Feuerauswürfe bekannt ist und schon immer die Aufmerksamkeit auf sich zog. Die Höhlen, die dem jungen Ort zu seinem klingenden Namen verhalfen, sind vor allem bei den Ægissiða-Höfen (s. u. Übernachten) und am Ufer des Flusses entdeckt worden. Allerdings führen keine ausgetretenen Touristenpfade zu ihnen, es fehlt schlicht das Geld, um die Hohlräume zu konservieren und einsturzsicher herzurichten. Einritzungen, Schriftreste und symbolartige Striche im Stein lassen darauf schließen, dass hier zu Zeiten der Besiedlung Islands irische Mönche hausten.

Basis-Infos

Information Im Handverkshús, Sa/So nur nachmittags. Hilfsbereit. Þrúðvangur 37, direkt am Fluss, ☎ 4871373.

Versorgung Apotheke, Arzt, Suðurlandsvegur, ☎ 4875123, Bank (Geldautomat), Post, Supermarkt (10–20 Uhr tgl.). Ca. 100 m nördlich des Supermarkts eine Bäckerei (Þingskálar 4) mit netter Cafeteria (Umzug geplant in die neue Einkaufspassage).

Autowerkstatt Þrúðvangur 36, ☎ 4875530; Dynskálum 24, ☎ 4875353.

Fahrradwerkstatt Etwas versteckt im nordöstlichen Teil des Orts, deutschsprachig. Fornisandur 2, ☎ 4875025.

Schwimmbad Mo–Fr 7–21, Sa/So 10–19 Uhr, Rutschen, Freibad, Dampfbad, Sauna, Solarium und Hot Pots.

Übernachten/Camping/Essen

Fosshotel Mosfell, größeres, unspektakuläres Hotel, oft besucht von Gruppen. ISK 14.000 ohne, 26.500 mit Bad. Þrúðvangur 6, ☎ 4875828, www.fosshotel.is.

≫ Unser Tipp: Gästehaus **Nonni**, 4 freundliche DZ im Privathaus des liebenswürdigen und hilfsbereiten Jón, DZ ISK 12.300. Gäste loben das Frühstück mit frischen Waffeln und hervorragender Marmelade. Arnarsandur 3, ☎ 8949933, www. bbiceland.com. 《《

Hellir-Inn Ægissíða, SSU im Sommerhaus,ab ISK 11.000, am westlichen Ortsausgang oberhalb des Flusses. ☎ 4875871.

Brenna, ein DZ/ein 4-Bett-Zimmer mit Stockbetten, Kochgelegenheit. Passend zum Namen pinkfarbenes und geschmackvoll eingerichtetes Haus. SSU ISK 3.500, mit Bettwäsche ISK 4500, kein Frühstück. Þrúðvangur 37, neben dem Handwerkshaus, ☎ 4875532 und 8645531.

Gästehaus/Reiterhof Austvaðsholt 6, einige Kilometer nördlich an der Str. 271, idyllisch gelegenes, grasbedecktes Haus im Jugendherbergsstil, bei Jón und der Französin Nicole. Küche. SSU ISK 3.500.

☎ 4876598,   hekluhestar@hekluhestar.is, www.hekluhestar.is.

Árhus, 30 Sommerhäuser für 2–6 Pers. am Flussufer beim Camping. Ab ISK 8000; SSU ISK 3000. ☎ 4875477, arhus@arhus.is, www. arhus.is.

Camping Hella, freundlicher Platz südlich der Ringstraße am Fluss, Windschutz, mit Küche, Waschmaschine, Trockner und Küche zum Aufwärmen, Dusche inkl., Wollwarenverkauf. ISK 750/Pers.

Essen/Pub Kanslarinn, einfaches Restaurant mit günstigem Mittagsbüfett (Mo–Fr) für ca. ISK 1.150. Tipp: Gebratener Haddock mit cremiger Shrimpsauce für ISK 2.290. Angeschlossen ist eine Cafeteria/Bar. Familienbetrieb von Helgi und Gunna. Tägl. 11.30–22 Uhr. Dynsskálar 10c.

Von Reitern empfohlen

Auf den meisten Touren Blick auf die Hekla und die Gletscher, Kurztouren oft nach Anruf spontan möglich und meist auch für komplett Unerfahrene. **Kálfholt**, zwischen Hella und Hvolsvöllur, nette Besitzer, ☎ 4875176/8617385 (z. B. kurze Ausritte am Fluss oder zu einem Wasserfall). **Herríðarhóll** an der Str. 284 nördlich der Ringstraße in schöner Lage bei Renate Hannemann, über 100 Pferde, familiär und beliebt, s. o. (z. B. zum nahen See, längere Touren mit Autotransfers und Übernachtung auf dem Reiterhof selbst). **Hestheimar 5**, kurz vor dem Abzweig der Str. 26, guter Ruf, deutschsprachig, ☎ 4876666/8613738 (s. o.). **Hekluhestar/Austvaðsholt** (s. u., z. B. Kurztour zum Fluss Rangá, ab 4 Pers. Tagestouren, zudem in 6 Tagen nach Landmannalaugar, 8 Tage für sehr erfahrene Reiter). **Hrólfsstaðahellir**, Zufahrt über die Str. 271 nördl. von Hella, schön gelegen, direkt am Rangá-Reitweg, Sunneva, ☎ 8628101, hhellir@simnet.is.

Weiterfahrt nach Osten/Abstecher ins Umland

Für Entdeckungslustige – nach Þykkvibær und zum Ozean: Auf der gut ausgebauten Str. 25 fährt man abseits der üblichen Touristenwege durch ehemaliges Sumpfland zum winzigen und vermutlich ältesten Dorf Islands. Der Ort und die umliegenden Höfe leben vom Anbau von Kartoffeln, Rüben und Kohlrabi. Zum Meer hin schließt sich aufgewehter, schwarzer Sand an, den am Wasser Muscheln verzieren und der landeinwärts von ausgesätem Strandhafer gebändigt wurde. Auf den schwarzen Dünen öffnet sich ein weiter Panoramablick zur Hekla, den Westmännerinseln und den anderen Eisgipfeln, die die Berge im Osten markieren, die Þjórsá-Mündung lockt regelmäßig Seehunde an. Ideal also für einen Strandspaziergang! Unsteter als diese Einmündung ist die der Holsá 16 km von der Strandlinie entfernt, sie verschiebt sich oft um mehrere Meter.

Die Strecke: Der erste Hof auf der 16 km langen Strecke, *Hrafntóftir*, trug seinen Teil zur isländischen Besiedlungsgeschichte bei. *Hrafn Hængsson* wurde hier als erstes

Siedlerkind in Island geboren; er war auch der erste Gesetzessprecher.
Neben der Ytri-Rangá stecken kurz nach der Einmündung der Þverá graue Basalt-

säulen im Boden, die an ihre Eindämmung vor etwa 80 Jahren erinnern (ein störender Seitenarm wurde damals abgeschnitten). Zurück fährt man entweder den gleichen Weg oder komplettiert die Runde über die Str. 275 und nach Vegamót; ohne einen Geländewagen kommt man hier allerdings nicht weiter.

Camping: Wiese mit WC, ISK 1000.

Kirchhof Oddi und Sæmundur der Weise (Str. 266): Oddi ist ein alter Häuptlingssitz und war im 12. Jh. ein politisches und kulturelles Zentrum nicht nur des Rangá-Bezirks, sondern ganz Islands. Hier lebte einst Sæmundur der Weise, etwas später verbrachte hier der berühmte Snorri Sturluson (siehe Reykholt, S. 319) einen Teil seiner Kindheit. Auch ein anderer berühmter Mann der isländischen Kirchengeschichte, Bischof Þorlákur Þórhallsson, stand in Verbindung zu Oddi. Sæmundur Sigfússon „der Weise" (1056–1133) ist in Legenden berüchtigt für seine Kontakte zum Teufel und die Beherrschung der Zauberkünste. Von seinem Studienort Paris reiste er auf einem Seehund zurück, in den sich der Teufel verwandelt hatte. Am Strand zeigte sich der gewitzte Sæmundur für die Fährpassage, so die fromme Legende, mit einem kräftigen Schlag auf den Kopf des Tieres mit einem heiligen Gegenstand erkenntlich und verhinderte so den Verkauf seiner Seele. Vor der Universität in Reykjavík ist er als Skulptur „Sæmundur auf dem Seehundrücken" von Ásmundur Sveinsson dargestellt.

Das heutige Gotteshaus aus dem Jahr 1924 ist gelungen, bunte Fensterscheiben, das Taufbecken mit geschnitzter Taube, ein Kruzifix aus dem 13. Jh. und ein ebenso alter Silberkelch schmücken das Innere – eine Ruheoase abseits der Ringstraße!

Gunnarsholt und der Kampf gegen die Lavaasche

Islands Natur ist ein empfindliches Ökosystem nahe am Polarkreis, dem Klimaschwankungen, Vulkanausbrüche und Landnutzung durch den Menschen zu schaffen machen, da sie der Erosion Vorschub leisten. Im 19. Jh. gab es hier zu Füßen der Hekla nur eine Farbe: das Schwarz des Sandes. 1907 begann das zähe Ringen gegen Landverwehungen und Sandstürme, die zur Jahrhundertwende besonders starke Auswirkungen hatten; erst in den 1950er Jahren bekam der Staat die „Desertifikation" mit der Ausbringung von präparierten Samen unter Kontrolle. Manchmal gelang jedoch nur eine Verteidigung, nicht die Rückeroberung der schwarzen Wüste, mittlerweile ist die Bilanz jedoch positiv. Samen wie der des Gemeinen Strandroggen *Leymus arenarius* bekommen als besonderer Clou in einer Anlage in Gunnarsholt eine Hülle aus Nähr- und Düngestoffen verpasst, die die Wachstumsbedingungen enorm verbessert. Eine aus Alaska eingeführte Lupinenart ist Teil der zweiten Strategie. Sie produziert Stickstoff und bereitet so den Nährboden für weitere Pflanzen. Noch sind in vielen besiedelten Bereichen Aschefelder zu binden und Dünen zu stabilisieren, getreu dem Motto „Die Isländer schulden ihrem Land immer noch mehr als die Hälfte der Vegetationsdecke".

Besucherzentrum: Mo–Fr 8–15.45 Uhr, Ausstellung zum Wandel der Landschaft und zur Erosionsbekämpfung. ☎ 4883000, www.land.is.

Torfgehöft Keldur (Str. 264): Historischer Hof mit sechs Holzfassaden, zu dem mit „Keldnaskálinn" das älteste Haus Islands gehört: Dieser Teil des Hofs (*skáli* = Eingangsdiele) stammt aus dem 12./13. Jahrhundert.

Tägl. 10–17 Uhr. ☎ 4878458. www.keldur.is.

Die Südküste → Karte S. 332/333

Der Vulkan Hekla

(1491 m)

Die Hekla hüllt ihre breite Schneekappe oft in das unschuldige Weiß der Wolken und begehrt doch häufig auf, zuletzt im Februar 2000 – und schon wieder steht sie vor einem Ausbruch. Respektvoll begegnete man dem länglichen Ascherücken schon im Mittelalter, als hier das Tor zur Hölle vermutet wurde. Von einer Besteigung wird derzeit abgeraten – wer dem Berg nahe sein will, besucht die gepflegte Anlage Leirubakki mit dem kleinen Hekla-Center 30 km nördlich der Ringstraße.

Die Hekla als Teil eines 40 km langen und 7 km breiten Spaltensystems ist eine Mischform zwischen Spalten- und Zentralvulkan. 16 Ausbrüche in geschichtlicher Zeit konnten nachgewiesen werden. Für die Bewohner der Rangárvellir-Gegend war und ist der Vulkan eine ständige Bedrohung, denn seine Asche begrub von Zeit zu Zeit Höfe, Felder und Wege – allein im 14. und 15. Jh. sollen 18 Farmen vernichtet worden sein. Insbesondere zum Ende der „kleinen Eiszeit" im 19. Jh. griff die Erosion unbarmherzig die sandigen Ascheflächen der Ebene an und machte den Bauern das Leben schwer. Eine Besteigung gehört für viele zu den herausragenden Islanderlebnissen. Die Erstbesteigung unternahmen 1750 die Forschungsreisenden Eggert Ólafsson und Bjarni Pálsson.

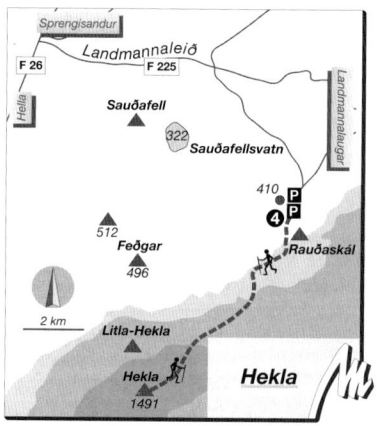

Hekla-Center in Leirubakki: Moderne kleine Ausstellung mit Videos und Animationen in einer künstlichen Lavakatakombe. Besonders interessant: die aktuellen seismischen Aufzeichnungen! Tägl. 9–22 Uhr, ISK 700. Landkartenverkauf.

Geologie Mit den Absenkungen aus den staubigen und kilometerhohen Aschepilzen bei Heklaeruptionen beschäftigt sich ein eigener Wissenschaftszweig, die so genannte **Tephrachronologie** (Tephra sind vulkanische Lockerstoffe), die es erlaubt, anhand der Eruptionsdaten der Hekla und der Ascheeigenschaften das Alter von Profilen des Untergrunds an verschiedenen Stellen in Island zu bestimmen.

Man teilt die Hekla-Aktivität in fünf verschiedene Perioden ein: H5 ereignete sich vor 6000–7000 Jahren, H4 vor 4500, H3 vor 2900 Jahren mit einer gewaltigen Tephraexplosion, H2 vor 2000–1500 Jahren und schließlich H1 im Jahr 1104. Seitdem begann eine neue Phase, ein- oder zweimal pro Jahrhundert ereigneten sich gemischte

Eruptionen. Im 20 Jh. hat vielleicht eine weitere Phase mit häufigeren Ausbrüchen begonnen: Der Berg zeigte sich 1947 über 13 Monate äußerst explosiv. In den achtziger Jahren fanden zwei Eruptionen mit kleineren Lavaflüssen statt. Ohne Vorwarnung – Ausflügler und Touristen hielten sich in der Nähe des Berges auf – stieß die Hekla im Sommer 1980 ca. 120 Mio. Kubikmeter Lava und Unmengen lockerer Tephra aus. Am 17. August um 13.10 Uhr begann die Explosion. Ein kleiner Dampfball brach aus der Bergkuppe hervor, der sich rasch zu einer ausgewachsenen Rauchsäule verwandelte, die um 13.30 Uhr bereits 2,5 km hoch in den Himmel reichte und eine halbe Stunde mit 15 km das Maximum erreichte. Weitere Eruptionen folgten 1981 und 1991.

>>> Unser Tipp: In Gunnarsholt im Empfangsbau und im Heklacenter sind Säulen der Asche-Schichten aufgebaut. <<<

Hin & weg Zum Heklaparkplatz mit einem Allradfahrzeug. Mit dem Landmannalaugarbus (Linie 11) bis zum Abzweig zum Parkplatz: Abfahrt in Hella 9.50, in Leirubakki 10.15 Uhr. Problem: Man schafft es nicht in einem Tag von der Piste F225 auf den Berg und wieder zurück, denn von der Piste bis zum Parkplatz am Bergfuß sind 1½ Std. einzuplanen und der Bus zurück nach Hella von Landmannalaugar kommt schon um ca. 16.15 Uhr vorbei.

Übernachten/Camping (Entfernungen ab Tankstelle Landvegamot, alle Zeltplätze mit Windschutz) An der Str. 26 kann man in **Laugaland** (kleiner Spielplatz, Km 5, ✆ 8956543), **Áning** (Km 27, einfach, ✆ 4347701) und **Leirubakki** übernachten (Km 32, gepflegt und zu empfehlen).

Hotel/Reiterhof Leirubakki ❸ („Schlamm-hügel"), bei Valgerður und Anders Hansen. Entgegen dem Namen hübscher Reiterhof in herrlicher Lage mit Tankstelle (Automat), alles sehr gepflegt. Camping (ISK 1000 inkl. Dusche), origineller Grillplatz in den Wällen eines ehemaligen Schafstalls. Sauna, Hot Pots , „Wikingerpool". Restaurant mit Anspruch. Reiten für Anfänger und Experten, auch Tagestouren und Mehrtagestouren mit Übernachtung in Leirubakki. 17 Betten in 4 Räumen im Gästehaus, SSU ISK 5400, DZ ohne Bad ISK 19.800. Im Hoteltrakt 14 DZ mit Bad zu ISK 25.900. Soll um einen modernen Hotelbau erweitert werden. ✆ 4878700, 8935046, leirubakki@leirubakki.is, www.leirubakki.is.

Galtalækur II ❷, sehr einfache SSU in mehreren Häuschen für ISK 3600 (mit Bettwäsche 5500). Auch Camping und Angeln. ✆ 4876528/8616528. www.1.is/gl2.

Rjúpnavellir ❶, SSU in zwei Häusern zu ISK 2700. ✆ 8920409, rjupnavellir@simnet.is, rjupnavellir.123.is.

Hekla = Hölle?

Während in Island neben dem neuen Christengott die germanischen Götter noch fest im Bewusstsein der Menschen verankert waren und die Spätwerke der Edda entstanden, erschien auf dem Festland, wo der christliche Glaube sich längst durchgesetzt hatte, ein Bericht von der Hekla als Hölle. Der französische Chronist *Alberich von Troisfontaines* vermeldete in der Mitte des 13. Jh. eine Überlieferung aus dem Jahre 1134: „Am Tage der Schlacht von Fodvig sah man auf Island, wie über dem Hekla-Berg die Seelen der Getöteten in Gestalt schwarzer Vögel herumflogen und schrieen: ‚Wehe, wehe, was haben wir getan? Wehe, wehe, was ist nun geschehen?' Andere, ungeheure Vögel, die wie Greifen aussahen, jagten die Seelen vor sich her und in die Schlünde der Hölle hinein." Etwas später wurde auch im *Chronicon de Lancercost* und in den *Annalen von Flatey* von wimmernden Seelen in der Hekla-Hölle berichtet. Selbst in der beginnenden Neuzeit verblasste die Vision vom Höllenpfuhl der Hekla nicht so schnell. So schrieb *Caspar Peucer*, ein bekannter Arzt und Schwiegersohn Melanchthons im 16. Jh.: „Der Hekla-Berg lässt aus seinem unermesslichen Abgrund oder vielmehr aus der Tiefe der Hölle das jämmerliche und wehklagende Geheul Schluchzender ertönen, sodass man die Stimmen der Weinenden auf viele Meilen überall vernimmt. Wenn irgendwo auf der Welt Schlachten geschlagen oder blutige Taten vollbracht werden, dann lässt sich aus dem Hekla-Berg entsetzliches Lärmen, Geheul und Gewinsel hören." Noch im Jahr 1616 berichtet der Astronom *David Fabricius*: „Der Glaube ist im Schwange, dass im Hekla-Berg die Hölle sich befindet, der Ort, an dem die Seelen der Verdammten gequält, geschmort und gebraten werden. Der Teufel und seine Gehilfen schaffen, Gespenstern gleich, die Seelen der Getöteten in den Hekla-Schlund."

Zitate nach W. Hansen, mit freundlicher Genehmigung des Gustav-Lübbe-Verlags

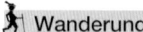

Wanderung (→ Karte S.344)

Die Besteigung der „Schneehaube" (4)
(5–6 Std. vom Bergfuß): Oben befindet man sich inmitten einiger rauchender Stellen, umgeben von schwarzer und rostroter Lava. Die Fernsicht auf die umliegenden Gletscher ist überwältigend.

Von der Landmannaleið-Straße biegen zwei Pisten zur Hekla ab, die westliche 8 km nach dem Berg Búrfell. Nach weiteren 8 km links ein kleiner Parkplatz mit Sitzgelegenheit. War die Piste bis hierher Pkw-tauglich, so kann man nun nur mit einem Jeep weitere 600 m zurücklegen bis zum markierten Beginn des Wanderwegs, der den Rücken entlangführt. Generell orientiert man sich so, dass man rechts auf die lavagefüllte Senke hinabblicken kann, aber nicht zuviel Höhe verliert. In manchen Jahren ist es wegen rutschiger Partien günstiger, nicht dem Weg an der Flanke zu folgen, sondern auf dem Rücken nach oben zu steigen (am besten vorher in Leirubakki erkundigen). Meist geht es in mäßigem Anstieg auf lockerem Lavageröll bergan, der Weg führt über einige leicht zu querende Schneefelder. Nach einem ersten Gipfel eröffnet sich der Blick auf den eigentlichen Gipfel, zu dem es noch ein Stückchen ist.

Vorbereitung: Bitte erkundigen Sie sich vor der Besteigung nach den Bedingungen, z. B. in Leirubakki oder bei Wanderexperten. Es handelt sich um einen aktiven Vulkan, mit einem neuen Ausbruch wurde bei Drucklegung gerechnet! Man geht davon aus, dass die Vorwarnzeit im schlimmsten Fall nur wenige Minuten beträgt. Technisch einfach, bei Nebel ohne Kompass/GPS ungeeignet, zu leicht kann man sich in der Lava verlaufen.

Ausrüstung: Kompass/GPS, Wanderstöcke nützlich, aber nicht notwendig. Es gibt kein Wasser auf der Hekla (nur Schnee). Karte: Þórsmörk/Landmannlaugar.

Saga-Ort Hvolsvöllur/Fljótshlíð („kvolsvödlür", ca. 850 Einw.)

Das Saga-Zentrum ist die Attraktion des Orts. Hier werden die Erlebnisse der Sagahelden Njáll und Gunnar hervorragend präsentiert. Die Bauern der Gegend haben heute noch einen Bezug zu der Geschichte, die hier vor vielen hundert Jahren stattgefunden haben soll, jeder Isländer kennt die Story in Grundzügen. Interessante Übernachtungs- und Reitgelegenheiten finden sich im Gebiet Fljótshlíð (Str. 261), das vor dem dunklen Gletscherfluss-Sander und den Gletscherkappen recht idyllisch wirkt mit Wasserfällen, Wäldchen, Pferdekoppeln und Ferienhäusern.

Schon recht nahe an die majestätische Welt der Berge gelegen, ist die Siedlung ansonsten ein Versorgungsort für Hochlandfahrer und Ausflügler, die in die Gletscherwelt der Þórsmörk per Bus oder Jeep fahren.

Fljótshlíð ist der Name der Gebiete an den grünen und landwirtschaftlich genutzten Hängen des Flusses Þverá. Vorweg: Von hier führt kein Weg zur Þórsmörk, allerhöchstens für Jeeps weiter nach Emstrur/Landmannalaugar. Die Str. 261 passiert zunächst das Forstgebiet Tumastaðir mit einem Rastplatz unter Tannen. Kurz vor der Abzweigung der Str. 250 liegt die Farm *Hlíðarendi*, der historische Hof, auf dem eine zentrale Gestalt der Njálssaga, Gunnar Hámundarson lebte. Auch der berühmte Bischof Þorlákur wurde hier geboren. Auffällige Wasserfälle prasseln ein Stück weiter die Hänge herab: der *Drífandifoss* im umfriedeten Hain „Þorsteinslundur", wo dem nebenan auf Hlíðarendakot geborenen Dichter Þorsteinn Erlingsson ein Denkmal gesetzt wurde, und der *Gluggafoss* (Fenster-Wasserfall, beschildert).

Ab der winzigen Jugendherberge Fljótsdalur setzt sich der Weg als abenteuerliche Piste F 261 (siehe Kap. „Hochland") Richtung Mýrdalsjökull bzw. Landmannalaugar fort – Pkws müssen hier die Segel streichen.

Information/Internet Im Gemeindehaus, Tägl. 9–17 Uhr. Internet. An der Ringstraße, ✆ 4878043.

Versorgung Bank (Geldautomat), Apotheke, einfacher Supermarkt an der Ringstraße (tägl. bis 20 Uhr), Post, Werkstatt (✆ 4878150).

Schwimmbad Vallabraut, Freibad mit zwei Hot Pots. Mo–Fr 6.30–20.45, Sa/So 10–18.45 Uhr.

Übernachten Hotel Hvolsvöllur, kastenartiger Bau, Hot Pot. DZ ISK 18.200. Hlíðarvegur 7 (Richtung Fljótshlíð), ✆ 4878050, info@hotelhvolsvollur.is, www.hotelhvolsvoellur.is.

Café Eldstó (s.u.): Gästehaus geplant.

Garðsauki, 4 hübsch gestaltete DZ im Souterrain mit Gemeinschaftsküche südlich der Ringstraße bei der Deutschen Christiane, die auch geführte Wanderungen verschiedener Länge abseits ausgetretener Touristenpfade anbietet. ISK 9000. ✆ 4878078, info @gardsauki.is, www.gardsauki.is.

Gistiheimilið Ásgarður, am Ortsausgang Richtung Fljótshlíð, neben der Kirche. Zimmer in kleinen Hütten in einem Birkenhain oder im Haupthaus, dem man ansieht, dass einer der Vorbesitzer Holzkunsthandwerk betrieb. Küche. SSU ISK 3900, sonst ISK 5500/Pers. ✆ 4871440/8961248.

》》》 Unser Tipp: Hótel Rangá 9, ca. 7 km von Hella am Lachsfluss Rangá; im kanadischen Stil, edel, aber nicht etepetete, mit Cognacstofa unterm Dach und einem Eisbären am Empfang, exzellentes Restaurant mit Glasfront an drei Seiten, Top-Standard. Tipp: lamb and lobster, ISK 6000. Viel Atmosphäre, 52 Zimmer, z. T. mit Terrasse, 8 Suiten, sehr ambitioniert gestaltet, jede hat einen Kontinent als Thema. Drei Hot Pots vor dem Haus, Massage. DZ ab 246 €, teuerste Suite 788 €. ✆ 4875700, hotelranga@hotelranga.is, www.hotelranga.is. 《《《

Camping Hvolsvöllur, westl. der N 1-Tankstelle, seewärts von der Ringstraße; eben, Spielplatz, ohne Dusche, ISK 900/Pers.

Essen/Café Café Eldstó/The Potters House, an der Ringstraße gegenüber der N 1-Tankstelle, geführt von der Sängerin Helga, deren Mann das Geschirr getöpfert hat, die Glasur ist z. T. aus Hekla-Asche. Ein Teil im „Omastil", ein Teil im Bistrostil. Kein

Fastfood, sondern neben Fleischsuppe Leckereien wie Heilbuttsuppe oder original chilenische Empanadas. Tägl. 11–21 Uhr.

Gallery Pizza, einfache Imbisspizzeria. Mo–Fr isländisches Mittagessen. Hvolsvegur 29.

Übernachten/Reiten Hellishólar, 25 Sommerhäuser in herrlicher Lage am Golfplatz in verschiedener Größe, ab 15 m² (ISK 12.000) bis 120 m² (ISK 25.500). Golfausrüstung kann ausgeliehen werden. Forellenangeln am See. ✆ 4878360, hellisholar@hellisholar.is, www.hellisholar.is.

》》》 Unser Tipp: Hotel Fljótshlíð/Smáratún (FH) 10, 13 km von Hvolsvöllur rechter Hand der Str. 261. Übernachtungsgelegenheit für alle Geldbeutel. Im Hotel DZ ISK 15.400, im Haus mit dem blauen Wellblechdach ist das Gästehaus mit Küche und Wintergarten, dort SSU ISK 3000 oder mit Bettwäsche ISK 4500. Sommerhäuser verschiedener Größe von ISK 9000–20.000, teils mit Hot Pot. Restaurant im Hotel. Oft geführte, kostenlose Abendspaziergänge. Reittouren um die Farm, zum Berg Stóra Dímon oder in 4 Tagen um den Tindfjallajökull. Möglichkeit zum Angeln. ✆ 4871416, smaratun@simnet, www.smaratun.is. 《《《

》》》 Unser Tipp: JH Fljótsdalur, 26 Km) von Hvolsvöllur am Ende von Fljótshlíð kauert leicht erhöht ein winziges, grasgedecktes Haus am Berghang mit einem Blumengärtchen und Kräuterbeeten, wohl die „schnuckeligste" Jugendherberge Islands, leider nur wenige Betten, unter dem Dach Matratzenlager. Küche, aber keine Dusche. Ausgezeichnete Bibliothek – besser: eine Fundgrube alter Islandbeschreibungen. Urgemütlicher Aufenthaltsraum mit Blick auf den Eyjafjallajökull. Bei Judi und Paul. Der Miteigentümer Dick Philips radelte übrigens schon 1958 über die „Sprengi". ISK 2000–2400. ✆ 4878498. 《《《

Camping Langbrók (s. o.), neben einem alten Schiff und einem Grasdachhaus, kein Windschutz. ISK 700 inkl. Dusche.

Hellishólar (s. o.), WC, Hot Pot, Waschmaschine und Trockner, ISK 1000/Pers. inkl. Dusche. Windschutz vorhanden. Beliebt bei isländischen Wohnwagenfahrern!

Smáratún (s.o.), ISK 900/Pers. inkl. Dusche und Hot Pot.

Die Südküste → Karte S. 332/333

Restaurant/Café/Pub Kaffi Langbrók, populäre Kneipe, oft Livemusik. Aussichtsreiche Terrasse.

Hellishólar, 10 km vom Ort beim Golfplatz, gemütliches Café/Restaurant mit Terrasse, bei Sonne Blick auf Dímon und die Gletscher. Am Wochenende oft voll. Tipp: Waffeln zum Selbermachen, das Eisen steht mitten im Lokal. Gute Hamburger.

Die blutige Njáls saga – ein Stück Weltliteratur

Im Tiefland um Hvolsvöllur spielt die umfangreiche und grausige Geschichte des *Njáll Þorgeirsson*, sowie Hunderten anderer Figuren, die jeder Oberschüler, wenn nicht gerade ein Lehrerstreik war, gelesen hat. Im Schatten der Gletscherwelt des Südens lebten die zentralen Gestalten: der tapfere Krieger *Gunnar Hámundarson* vom Hof Hlíðarendi (in Fljótshlíð) und seine Frau *Hallgerður* sowie *Njáll* „der Weise", ein Rechtsgelehrter, und seine Frau *Bergþóra*. Die Gegend ist reich an Schauplätzen, wo Gunnar von Feinden aufgelauert wurde und wo Schlachten geschlagen wurden. Njáll Þorgeirsson hatte auf Bergþórshvoll (heute an der Str. 251) seinen Wohnsitz, der später abgebrannt wurde.

Die Saga beginnt damit, dass die schöne, aber betrügerische und rachsüchtige Hallgerður (die Langbeinige) einen Streit mit Bergþóra vom Zaun bricht, in dessen Verlauf die Knechte der beiden Höfe ermordet werden. Njálls Söhne und weitere Verwandte der beiden Familien werden in die Auseinandersetzung hineingezogen. Die Lage spitzt sich zu, als Gunnar von der Gesetzesversammlung wegen seiner vielen blutigen Fehden, die er für Hallgerður geführt hat, für vogelfrei erklärt wird. Der Geächtete kann sich nicht von seiner Heimat losreißen und reitet nach Hause zurück. Damit hat jedermann das Recht, ihn zu töten. Als eine Mannschaft ihm nach dem Leben trachtend anrückt, reißt Gunnar unglücklicherweise die Saite seines Bogens. Er bittet in einer berühmt gewordenen Szene Hallgerður, sie möge ihm ersatzweise eine ihrer lockigen Haarsträhnen geben. „Hängt irgendetwas davon ab?" fragt sie. „Mein Leben hängt davon ab", antwortet Gunnar. Hallgerður schlägt ihm die Bitte mit dem Hinweis auf eine Ohrfeige ab, die Gunnar ihr versetzt hatte. Spätestens nun ist Gunnars Schicksal besiegelt. Zahlreiche Racheakte und Metzeleien folgen, man kann kaum folgen, wer wen bekämpft, bis die Geschichte schließlich nach dem Tod Njalls auf das Ende zusteuert und sich die Familien versöhnen.

Man kommt ein wenig erschlagen aus der anschaulich gestalteten Saga-Ausstellung und fragt sich, ob der Autor wirklich nur eine Heldenstory mit einer beleidigten Blondine, einem übermütigen Haudrauf und einem findigen Advokaten vorführen wollte. Die traditionelle Lesart sieht in Gunnar und Njall Opfer der streitsüchtigen Frauen, für andere Leser ist der Fehler der Männer ihr passives Verhalten im Konflikt. Man kann in Gunnar auch einen Vertreter der alten, heidnischen Welt der Ehre und Rache sehen, die jedoch zerstörerisch und nicht erfolgreich ist. Doch auch der eher christlich, in festen Maßstäben von Recht und Unrecht denkende Njall muss sterben. Die Interpreten streiten sich, ob er ein Märtyrer ist oder ob er als Vorbild nicht taugt, da er listig ist und nicht nur Menschlichkeit als Handlungsrichtschnur hat.

Sagazentrum: Tägl. 9–18 Uhr, ISK 750. Cafeteria mit Wikingeratmosphäre, man kann den Kaffee auf Pferde- und Schafsfellen schlürfen. Wie viel Realität in der Saga steckt, ist unklar. Ausgrabungsfunde bestätigen jedenfalls einen Brand zu Anfang des 11. Jh. auf Bergþórshvoll. ☎ 4878781, www.njala.is.

🥾 Wanderungen

(→ Karte S. 332/333)

Inselberg Stóra Dímon (5) (einfach, im oberen Teil etwas steiler. 120 Höhenmeter, 750 m, 30 Min.): Kurze Tour auf einen Aussichtsposten. Vom Parkplatz führt ein Pfad über Heide und Gras zum Gipfel mit herrlichem Rundblick über das Flussbett des wilden Markarfljót mit seinen ehemaligen und aktuellen Armen und auf die Gletscherkappen. Falls Katla ausbricht, strömen unten Eisbrocken vorbei ...

Karte: 1:100.000, Þórsmörk/Landmannalaugar.

≫ Unser Tipp: ab JH Fljótsdalur (6) (ca. 4 Std.): Für abenteuerlustige Querfeldeingeher auf den Þórólfsfell (574 m), unmarkiert, oben tolle Aussicht.

Des Weiteren kann man Richtung Tindfjalljökull die Schlucht Marðará erkunden **(7)** (30 Min. bis 2 Std.). Gäste der Jugendherberge können zur Tourenplanung die dort vorhandenen Karten nutzen und sollten unbedingt auf Tipps der herzlichen Herbergseltern zurückgreifen. **≪**

Wanderparadies Þórsmörk

„Thors Wald" ist einer der idyllischsten Flecken der frostigen Insel. Eingebettet zwischen den Eishelmen des Mýrdals-, Tindfjalla- und Eyjafjallajökull präsentiert sich das Tal des Donnergotts als urtümliche Schlucht mit Moosen, Farnen, Gräsern und lichtem Birkenwald, in der die züngelnde, nicht ungefährliche Krossá ihr Flussbett einfurcht. Besonders aufregend ist eine Hochgebirgswanderung über den Sattel Fimmvörðuháls, vorbei an der dampfenden Lava von 2010, an der sich die ersten Wanderer noch die Schuhsohlen versengten.

Namensgeber Þór, auch Regengott, stört dieses Idyll nicht so oft wie andere Gegenden: Das Tal im Schatten der Höhenzüge, dessen Südseite eigentlich Goðaland

Die Südküste → Karte S. 332/333

Wanderung Skógar–Þórsmörk

heißt, ist klimatisch begünstigt. Häufig weht ein angenehmer Föhn von den Gipfeln, der düstere Wolkenschichten in lockeres Gewölk verwandelt und dem engen Tal ein blaues Wolkenloch verschafft, durch das die Sonnenstrahlen Eingang finden. Diese tauchen Gletscher, Steine und Vegetation in kräftige Farben und können auch einen Regenbogen von Ufer zu Ufer spannen. Das Landnahmebuch konstatiert zu alldem nüchtern: *„Ásbjörn Reyrketilsson* und sein Bruder *Steinfinnur* besiedelten das Land oberhalb der Krossá östlich des Fljót. Steinfinnur lebte in Steinfinnsstaður und hinterließ keine Nachkommen. Ásbjörn weihte sein Land dem Gott Þór und nannte es Þórsmörk." In unzähligen Flussarmen wälzt sich im breiten Schottertal das Wasser zum Meer, das Geröll der hobelnden Gletscherzungen mit sich führend. Oben lauern Vulkane, der Eyjafjalla meldete sich 2010 mit zwei Ausbrüchen zu Wort – nach 90 Jahren Ruhepause.

Geologie: Erosionsbedingte Felsformen mit gefurchten Einschnitten und Wasser führende Schluchten bieten einen fantastischen Anblick. Bergstürze hinterließen steinerne Felsmeere. Das Gebiet besteht vor allem aus Palagonit, Basalt, Ignimbrit und Sedimenten glazialer Herkunft. All dies ist chaotisch durcheinander gelagert, Ergebnis des ständigen Wechselspiels zwischen Feuer und Eis. Besonders aufregend für geologisch Interessierte ist die „húsadalur kliff", eine einzigartige überbackene Gletscherablagerung zwischen Langidalur und Húsadalur gegenüber der Snorrariki. Vermutlich wurden diese Sedimente vom Ignimbritstrom überfahren und erlitten dabei diese eigenartige Verfestigung. Verursacher war der Tindfjallajökullausbruch vor rund 54.000 Jahren (Infos von Eva Mälzer).

Streckeninfo/Tipps für Wanderer und Radler: Die 30 km lange Piste zur Þórsmörk ist nur mit Jeep zu bewältigen, nur die ersten 10 km sind mit einem normalen Pkw möglich. Mindestens ein Dutzend Furten warten derzeit auf den Abenteurer, drei bis vier davon können über 40 cm tief sein. Ein Abzweig führt links Richtung Norden ins *Húsadalur*, rechts erreicht man auf dem Hauptweg das ebene Tal der Krossá, das Gebiet der eigentlichen Þórsmörk. Die letzte Furt direkt vor der Hütte Langidalur kann in manchen Jahren für kleine Jeeps zu überwinden sein, Sie sollten Ihr Glück jedoch nicht herausfordern: Mehrmals im Jahr kommt der Notfalltraktor in den Schlammfluten der harmlos aussehenden Krossá zum Einsatz, schon ganze Busse wurden abgetrieben – ein Fotoalbum der Gescheiterten liegt in Langidalur aus. Die Fußgängerbrücke dorthin ist nicht immer begehbar, einfacher gelangt man nach Básar.

Infos für Wanderer: Þórsmörk ist zwar ein paradiesischer Fleck für Wanderer, bei Kompasswetter ist jedoch abseits der Standardrouten Vorsicht angesagt, denn die magnetische Abweichung ist beträchtlich (ca. 18°). Wichtigste Ausgangspunkte sind die mit Wegen verbundenen Hütten Langidalur (Brücke über die Krossá), Básar im Osten und Húsadalur im Norden. Eine Karte ist vor Ort erhältlich – dennoch fragen, welche Wege aktuell gut zu begehen sind. Die Hüttenwarte informieren i.d.R. auch über das Wetter.

Wanderungen/Trekking　　　　　(→ Karte S. 351)

Schlucht Stakkholtsgjá (8) (ca. 1 Std.): Diese Schlucht südlich der Str. F 249, ca. 3 km westlich von Langidalur ist eines der ersten Ziele auf dem Weg ins Krossá-Tal, dem fast jede Gruppe einen Besuch abstattet. Ggf. vom Bus hier absetzen lassen und den nächsten ins Tal nehmen oder laufen. Nach dem Streifzug durch das enge Flussbett kommt man zu einer beeindruckenden Engstelle mit einem Wasserfall und muss den Rückweg antreten.

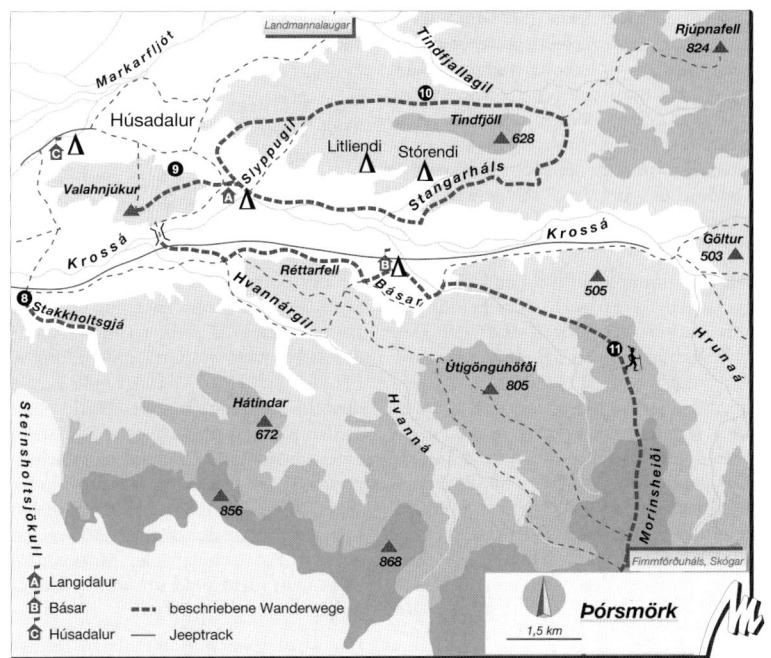

Die Südküste → Karte S. 332/333

Aussichtsgipfel Valahnjúkur (9) (einfach, ausgetretener, markierter Pfad, 2,6 km, 1 Std.): Wenn die Sonne scheint, sagen Sie sich los von der bequemen Aussichtsterrasse in Langidalur und besteigen Sie den schönsten Aussichtspunkt der Þórsmörk. Nach 20–30 Min. ist ein kleines Plateau erreicht, hier wählt man den linken Weg (unbeschildert). Nach weiteren 10–20 Min. bergan steht man auf dem Gipfel und übersieht das ganze Gebiet der Þórsmörk und des Markarfljót – eine Windrose hilft bei der Orientierung.

Tindfjöll-Umrundung (10) (3–5 Std.): Äußerst lohnenswerte, aber etwas anspruchsvollere Wanderung mit Blick auf die Gletscherwelt.
Von Langidalur zum Camping Slyppugil, dort hinauf und am Hang entlang bis zum Abzweig unterhalb des Rjúpnafell, dort nach Stangarháls, einem Sattel, der zu einem Wasserlauf führt, der beim Camping Stórendi wieder ins Krossátal mündet.

Ausrüstung: Trinkwasser, ggf. Furtschuhe und Handtuch mitnehmen. Der Weg war bei der letzten Recherche in keinem guten Zustand und sanierungsbedürftig. Bitte vor Ort informieren!

Traumtour/2-Tages-Trek vom Skógafoss über den Fimmvörðuháls oder umgekehrt (11): Alpine Tour, Trittsicherheit und Schwindelfreiheit erforderlich; mit Gepäck 5–6 plus 3–4 Std., Übernachtung sehr sinnvoll. Eine fantastische Wanderung aus lieblichen Wasserfall-Landschaften hinauf in die Eiswelt und zum neuen Vulkan von 2011 mit einer Übernachtung in einem Adlerhorst.

Rechts des Wasserfalls geht's erst einmal über Stufen nach oben zu einer Aussichtsplattform. Hier nimmt man eine Treppe über einen Zaun und marschiert entlang des Flusses in lieblicher isländischer Landschaft (Zeltmöglichkeiten!). Nach 2,5 km (60 Min.) wird eine markante Geländestufe genommen, und es wird etwas steiniger. Bald ist ein Bach zu queren, 10 Min später hat man eine tolle Aussicht in eine Schlucht (bisher insgesamt 4,4 km). Mehrere beeindruckende Wasserfälle werden passiert und schließlich eine Holzbrücke über die Skógaá eystri erreicht (bei Km 8,2), die überquert wird.

Ab hier dominieren die Landschaft die typischen Frostwechselerscheinungen mit karger Vegetation und viel Gesteinsschutt. Folgen Sie ab hier den *roten Stäben*; bei dichtem Nebel kann ersatzhalber auch der Jeeptrack genommen werden, der wenige Meter oberhalb der Holzbrücke die Skógaá kreuzt. Der gepflockte Weg führt hinüber zum Gebirgsbach **Skógaá eystri** mit einem markanten Wasserfall. Die letzten Farbtupfer sind bald verschwunden: Die Eiswelt empfängt den Wanderer in scharf abgegrenztem Schwarz und Weiß. Bald ist ein in die Landschaft eingekerbter Bach zu queren, oft birgt das Bett noch Altschnee. Am beschilderten Abzweig biegt man rechts zur **Hütte Fimmförðuskáli**, für ca. 60 Min begleiten einen nun *blaue Stäbe*. Das letzte Stück geht steil

nach oben zum Adlerhorst auf 1044 m, 14,8 km vom Ausgangspunkt entfernt.

Von der Hütte stapft man (am nächsten Tag) auf dem Bergrücken ein Stück nach Osten, um nach 500 m an der Kreuzung dem Schild „Básar" nach links zu folgen. Eine flache Mulde mit Firn und Altschneeresten ist zu durchqueren (das ausgedehnte Firnfeld, das auf alten Karten verzeichnet ist, gibt es auf der Route nicht mehr). Nach insgesamt 30 Min. stößt man auf die neue Lava, die zu Füßen eines roten Schlundes 2011 noch wie Grillkohle dampfte. Bereits nach einer Viertelstunde ist die düstere Lava durchquert. Nach einer steilen Abwärts-Passage gelangt man an einen versicherten, nicht allzu schwierigen Steig – rechts ein faszinierender Blick in die Schlucht mit dem neuen Lavastrom. An den beiden Abzweigen auf der Frostschuttfläche Morinsheiði biegt man nicht links ab, sondern folgt jeweils dem Schild „Básar".

Der Abstieg ins Tal führt durch immer lieblichere Landschaft mit Heide und Birken; mit einigen rutschigen Stellen muss gerechnet werden. Von der Brücke sind es noch 10 Min. nach Básar.

Die Südküste ist berühmt für ihre Wasserfälle

Der Jüngste unter den Vulkanen

Am 20. März 2010 rührte sich der Vulkan, der sich so lange ruhig verhalten hatte, mit einer Eruption nahe am Sattel Fimmvörðuháls. Ein Lavastrom kroch nach Norden zu Tale. Von Süden kurvten Jeeps pausenlos nach oben, eine Ameisenstraße der Schaulustigen. Etwas später tat sich eine Hunderte Meter lange Spalte auf und Wissenschaftler, die den Vulkan aus der Nähe begutachten wollten, mussten nolens volens per Heli evakuiert werden. Fast nahtlos schloss sich kurz darauf von Mitte April bis Ende Juni die Eruption am *Eyjafjallajökull*-Gipfel an. Um 4 Uhr war es vorbei mit der Nachtruhe, der Ausbruch begann. Um 8 Uhr hatte der Unruheherd bereits 200 m Eis aufgeschmolzen, was eine Flutwelle über den Gígjökull auslöste. Unmengen an Asche feinster Partikelgröße wurden ausgestoßen, der europäische Flugverkehr lahmgelegt. Die Küstenbewohner kamen mit dem Schrecken und intensiver Putzarbeit davon, „Es war interessant, aber man braucht es nur einmal im Leben", resümierte ein erschöpfter Farmer.

Vorbereitung Die Markierung ist ab der Holzbrücke durchweg gut. Je nach Wetter unterschiedlich anspruchsvoll – Schneestürme sind oben möglich, bei starkem Nebel ggf. schwierige Orientierung. Von Norden kommend aus Sicherheitsgründen die Warden in Básar vor der Tour informieren, in jedem Fall die Übernachtung beim Hüttenwart auf der Fimmvörðuhütte anmelden. Die Zeitangaben orientieren sich an Wanderern mit schwerem Trekkinggepäck. Wer die Strecke in einem Tag laufen will, kann den Aufstieg ab der Brücke via Jeeptrack bis zur Passhöhe etwas abkürzen.

Hin & weg Mit Reykjavík Excursions ab Reykjavík bzw. Hvolsvöllur (dort Buswechsel, Abfahrt 10.15 Uhr) mit Linie 9, Stopps am Wasserfall Seljalandsfoss, einem Gletschersee („Iónið"), Ankunft ca. 12 Uhr in Húsadalur, weiter um 13 Uhr mit Stopp an der Schlucht Stakkholtsgjá (s. o.) nach Básar. Dort ab 15 Uhr über Langidalur (ca. 15.20 Uhr) und die Stakkholtsgjá (manchmal nochmal nach Húsadalur) nach Hvolsvöllur. Ab Hvolsvöllur einfach ISK 3600, ab der Hauptstadt ISK 6000 hin/zurück. Im Hochsommer ggf. weitere Busse.

Einkaufen Kiosk in Langidalur, in Húsadalur wird im Notfall mit Lebensmitteln ausgeholfen.

Essen Restaurant in Húsadalur mit einfachen Gerichten, Tagessuppe.

Übernachten »» Unser Tipp: Stóra Mörk III (FH) **11**, nächster Bauernhof zum Tal Þórsmörk, 30 km von Hvolsvöllur an der Str. 249/248. 5 Zimmer im Haus des freundlichen Farmerpaars Ragna und Ásgeir. Schöner Rundblick aus dem Wintergarten, Kochgelegenheit, leckeres Abendessen auf Anfrage. Weitere DZ in zwei neuen Häusern mit Küche und gemütlicher Sofaecke plus Terrasse. Neben dem Hof liegen Rotoren von im Zweiten Weltkrieg abgestürzten Flugzeugen, die vor Kurzem aus dem Gletscher geborgen wurden. Touren auf Anfrage. Empfehlenswert! SSU ISK 3500, DZ ISK 12.000–14.000. ✆ 4878903. www.simnet.is/storamork. ««

Hütten/Camping: Die folgenden drei Hütten, in denen an Wochenenden ruhige Nächte eher unwahrscheinlich sind, liegen nur 30 bis 80 Gehminuten auseinander (Vorausbuchung empfohlen):

Skagfjörðsskáli im Langidalur, von FÍ (dort buchen), auf hübschem Gelände. SSU im Dorm ISK 4500. Küche, Aufenthaltsraum für Camper, Dusche ISK 500. Weitere Campingmöglichkeiten in **Litliendi** (Wasser, Toilette) und **Stórendi** (keine Sanitäreinrichtungen), ISK 1100/Pers. ✆ 8931191.

JH Húsadalur, von Ragnheiður freundlich betrieben. SSU im Dorm (ISK 3800/3300), DZ (ISK 4400), 8 Cottages für 5 Pers. mit Küche (ISK 13.500/12.500). Camping mit Kochmöglichkeit für ISK 1000, Dusche inkl., Sauna, lauwarmer Hot Pot. Frühstück, mittags Tagessuppe, Abendessen. Betreibt auch die Campingplätze **Slyppuguil/Innra Slyppuguil** bei Langidalur. Evtl. Besitzerwechsel. ✆ 8941506. www.thorsmork.is.

Die Südküste → Karte S. 332/333

Básar, südlich der Krossá vom Wanderverein Útivist, zwei Hütten. Gut geführter Campingplatz, ISK 1000/Pers, Dusche ISK 300. SSU ISK 2800, z. T. Dorm, z. T. 3er- oder 4er- Zimmer. Küche. Tipp für den Abendspaziergang: der markierte „Básarhringur" um den Felsen hinter der Hütte. ✆ 8932910, Útivist-Zentrale ✆ 5621000.

Fimmvörðuskáli, 63° 37,304', 19° 27,059' von Útivist (Zentrale ✆ 5621000), nicht verwechseln mit der Baldvín-Hütte, ursprünglich von 1940, im selben Stil urig nachgebaut, herrliche Lage auf einem Rücken mit Gletscherblick, Reservierung nötig. SSU in der Einraumhütte ISK 2800, Wärter im Sommer. Trinkwasser wird aus Eis gewonnen. Innentoilette, aber keine Dusche. ✆ 8942910.

Baldvínsskáli von FÍ, auf dem Fimmvörðuhál s am Jeepweg, soll instandgesetzt werden.

Vom Seljalandsfoss nach Skógar (48 km)

Schon von weitem ist der weiße Wasserstrahl vor den Klippen, der 60 m hohe *Seljalandsfoss,* zu sehen, der in einem größeren und mehreren kleineren Fällen in ein grün eingerahmtes, rundes Becken prasselt. Hinter dem Wasservorhang ist der Fels ausgehöhlt (vor dem Wasserfall herrlicher Rastplatz; ein Rundweg ist angelegt worden). Einige 100 m links neben dem Seljalandsfoss donnert der hinter Felsen versteckte Glufrafoss, den man nur durchs Wasser watend erreichen kann (direkt am Campingplatz). Die Ringstraße entlang der wunderschönen Eyjafjöll aus grün bewachsenen und geschichteten Fels mit zahlreichen Wasserfällen führt durch Weideland mit weiß-roten Farmen. Kurz vor der Tankstelle ist linker Hand die üppiggrün überwucherte alte Thingstätte *Steinahellir* zu entdecken. Bis ins 19. Jh. war hier der Versammlungsort. Kurz vor Skógar passieren Sie *Rútshellir,* eine winzige Schutzhütte von 1949. Tipp: Wählen Sie als Alternative zur Ringstraße die Str. 246.

Tanken vor Seljavellir, tägl. 10–18, So 11–18 Uhr, mit Mittagspause – Zukunft ungewiss.

Übernachten/Café Ásolfsskáli, 3,5 km vom ersten Abzweig der Str. 246, in den beiden hellen und sauberen Häuschen finden 5–10 Pers. Platz. ✆ 4878952.

Skálakot 🖼, 2 km vom zweiten Abzweig der Str. 246, bei Guðmundur und Jóhanna. SSU in einem Raum neben der Reithalle in Stockbetten, Küche, Hot Pot. Reiten ISK 5000/Std., bei der Recherche tägl. um 21 Uhr. ✆ 4878953, info@skalakot.com, www. skalakot.com.

Moldnúpur/Hótel Anna (FH) 🖼, nach einer reisenden Tante der Besitzerin Eyja benannt, ca. 1,4 km von der Ringstraße. Im Café Waffeln und Kuchen, gutes Restaurant. Pulloververkauf. Tägl. 14–20.30 Uhr. 7 äußerst stilvolle DZ mit Bad, TV, Telefon zu ISK 14.600 mit Frühstück, keine SSU. ✆ 4878950, 8995955, hotelanna@hotelanna.is,

www.hotelanna.is.

Drangshlíð I (FH) 🖼, schön gelegen, helle Zimmer (einige mit Bad) mit geräumigem Wohnzimmer und Küche. Empfehlenswert! Dem freundlichen und Deutsch sprechenden Besitzer Jón, der als Reiseleiter gearbeitet hat, können – sofern Zeit ist – viele Informationen über die Gegend entlockt werden. Hot Pot, Sauna. Im alten Kuhstall 7 neue Appartements. Restaurant mit überraschend guter Küche! Der Fels vor der Farm ist übrigens ein versteinertes Schiff – oder aber vom Sagahelden Gretti aus der Felswand oberhalb hierher geschleudert worden. DZ ISK 15.800. ✆ 4878868. www. drangshlid.is.

Camping Hamragarðar, sehr schön gelegen nahe am Wasserfall Seljalandsfoss, Waschraum im alten Stall, Dusche. Neu ist ein Küchenhaus. Waschmaschinen vorhanden. ISK 700/Pers.

Skógar: ein Wasserfall und Þórðurs Museen („skóar")

Wahrzeichen der winzigen Siedlung ist der Wasserfall Skógafoss. Unvermittelt stürzt er von einer Felsnase über die Klippen der ehemaligen Küstenlinie in die Tiefe. Der Name „Waldfall" gilt als Hinweis, dass zur Zeit der Besiedlung die Gegend zu Füßen der Gletscherkappe bewaldet war. In den Felsen nisten Eissturmvögel. Man wäre nicht in Island, steckte nicht hinter der tosenden Wasserwand des 25 m breiten und 60 m hohen Skógafoss eine alte Geschichte – in der Tat, es soll ein Goldschatz hinter den Wassern lagern …

Weitere Wasserfälle ziehen sich entlang des Pfades nach oben die grünen Hänge bis in kargere Regionen hinauf, erkunden Sie ruhig ein wenig das rechte Flussufer! Eine erstklassige Wanderung durch typisch isländische Landschaften führt bis ganz hoch zum Sattel *Fimmvörðuháls* und hinab zur *Þórsmörk* (siehe dort, S. 351) oder gar weiter bis *Landmannalaugar* (siehe dort, S. 673).

Schwimmbad im Edda-Hotel.

Übernachten/Essen Hótel Edda, bietet 34 Zimmer in gewohnter Qualität; Restaurant mit gutem Service. ✆ 4444000/4444830, edda@hoteledda.is, http://hoteledda.is.

JH Skógar, sehr einfach, in der ehemaligen Grundschule. Küche, Spielplatz. ISK 3300/2700, im DZ 8700/7500. ✆ 4878801, 8995955.

Hótel Skógar, architektonisch auffällig. 12

DZ ab 244 €, Sauna, Hot Pot, Terrasse. ✆ 4874880, hotelskogar@hotelskogar.is, www.hotelskogar.is.

Imbiss im alten Gemeindezentrum, ideal auch zum Aufwärmen bei schlechtem Wetter.

Camping Skógar, direkt am Wasserfall (d. h. je nach Wind laut, aber in Urlandschaft). ISK 950/Pers., Dusche ISK 300 extra.

Das Gold des Þrasi

Der erste Siedler aus Norwegen in dieser Gegend, *Þrasi*, lagerte seinerzeit seine Goldkiste hinter dem Wasserfall. Lange Zeit später lebte eine schwangere Frau in Skógar, der Þrasi im Traum erschien. Er gab ihr folgenden Auftrag: Sie solle dem Kind den Namen „Þrasi" geben und ihn nur mit Schafs- und Pferdemilch großziehen, solange bis er zwölf Jahre alt sei. Dann würde er den Goldschatz erhalten. Die Frau befolgte die Anweisungen; aber der Zwölfjährige kam einige Stunden zu früh zum Wasserfall. Jedenfalls bekam der Unglückliche nur der Ring der Truhe zu greifen. Der wohl über tausend Jahre alte Ring hing seitdem als Türöffner an der Kirche und ist nun ein Schmuckstück des Heimatmuseums. Das Gold kann immer noch gefunden werden, verrät zwinkernd der Leiter des Museums – wenn die Sonne auf den Wasserfall scheint, könne man es doch schon sehen!

Die Schätze in den Museen: Bemerkenswert ist nicht nur die Sammlung von 12.000 Exponaten und einem erstaunlichen Archiv im Keller, sondern vor allem der über neunzigjährige, aber putzmuntere und liebenswürdige Mann, der seinen Traum verwirklicht hat und dessen Lebenswerk hier ausgebreitet vor dem Besucher liegt: *Þórður Tómasson*. Immer noch spielt er gerne Gästen auf dem Harmonium vor. Im Hauptraum ist ein für die südisländische hafenlose Küste typisches Boot zu bewundern, die 1855 gebaute *Pétursey* (vor dem Bug hängt das Bild einer Fahrt von 1894). Das Boot war bis 1946 im Einsatz und trug 17 Mann auf See hinaus. Im Vorraum leuchten *Hallgerður* und *Gunnar* aus der Njálssaga von einem Wandteppich. Weitere Kleinode sind handgeschriebene Manuskripte, eine Bibel von 1584 und in der Landwirtschaftsabteilung Glücksbringer wie Fischreiherfüße oder Schlittschuhe aus Kuhknochen. Diese kamen zum Einsatz, wenn auf den verschneiten Feldern der Regen gefror war. Der quirlige Þórður hat zudem dafür gesorgt, dass Torfhäuser von verschiedenen Orten hierher gebracht wurden, die liebevoll eingerichtet

Die Südküste → Karte S. 332/333

Historisches Torfgehöft in Skógar

wurden, ebenso eine Kirche mit bis zu 300 Jahre alten Gegenständen. Seit 2001
steht hier auch die alte Schule aus Litli Hvammur. In einer großen Halle haben
Ausstellungen zur isländischen Geschichte der Telefonie, der Elektrizität, des
Straßenbaus und des Rettungswesens ihren Platz gefunden, hier lagern Sättel, Skier,
ein Postauto, Telefone, Radios, Autos und Schneemobile.

Tägl. 9–18.00, Sept.–Mai 10–17, im Winter 11–16 Uhr; ISK 1250 für alle Museen, unter 12 J. frei; Cafeteria (10–17 Uhr) mit großen Fotos mit Aufnahmen früher Reisender, Ta-gessuppe, leckerer Rhabarberkuchen, manchmal Engelwurzbrot. ℡ 4878845, www. skogasafn.is.

Küstenbewohner ohne Hafen

Den Fischreichtum vor der Küste wollte man sich natürlich auch in früheren
Zeiten nicht entgehen lassen. Also stach man (ohne Hafen) mit kleinen,
flachen Brandungsbooten mit sechs oder acht Ruderern vom Strand aus in
See – was im Nordatlantik nicht ohne ist. Und so schlüpfte man in Jacken
aus Schafsleder und Hosen aus Kuhleder, nicht ohne diese Arbeitskleidung
zuvor mit Dorschleberöl zu imprägnieren. Eines der Boote ist im Museum
Skógar ausgestellt. Gefischt wurde im Winter und Frühjahr bei gutem Wetter – was in Island schnell umschlagen kann, die Zahl der Ertrunkenen
spricht Bände. Die kleinen Fischerboote wurden auch eingesetzt, um größere Schiffe, die vor der Küste ankerten, zu entladen, woran das Museum in
Vík erinnert. Warum lieferte man Waren nicht auf dem Landweg Waren an?
Die nächsten Häfen in Höfn und Eyrarbakki waren einfach zu weit entfernt,
dazwischen lagen zudem viele wilde Gletscherflüsse.

Weiterfahrt nach Osten: Die Ringstraße hangelt sich zwischen den ersten kleinen Sandern und der noch relativ zahmen Gletscherwelt weiter nach Osten. Auf den *Skógasandur* folgt ein weiterer schwarzer Sander: der *Sólheimasandur*, dessen Beginn der „Gestankfluss" *Fúlilækur* markiert. Links biegt ein auch mit dem Pkw befahrbarer Weg zum *Sólheimajökull* ab (4 km). Beim anschließenden Stolpern über Moränengeröll Richtung Norden schlägt einem oft eine faulige Schwefelbrise entgegen.

Abstecher auf den Gletscher Mýrdalsjökull: Der Gletscher bedeckt den Katla, einen subglazialen Vulkan mit einer 154 qkm großen Caldera, der größten in Island. Seit der Besiedlung brach er über ein Dutzend Male aus, alle 40–80 Jahre. Die letzte Gletscherlauf-Katastrophe ereignete sich 1918, als gleichzeitig ein riesiger Asche-Rauchpilz über dem Eis stand; 24 Tage dauerten die Eruptionen, etwa 0,7 km^3 Tephra wurden ausgeworfen. Bei einem solchen Gletscherlaufereignis können jede Sekunde bis 300.000 m^3 Wasser (!) dem Meer entgegenstürzen. Große Gletscherläufe sind kraftvoll genug, um Gehöfte wegzuspülen, Menschen und Tiere sterben machtlos in den Fluten. Die unbändige Kraft der Wassermassen vermag die Küstenlinie zu verformen und ins Meer hinauszuverschieben. Kein Bach ist nach dem Ereignis im selben Flussbett zu finden. Nach alter Regelmäßigkeit „fehlte" noch ein Ausbruch im letzten Jahrhundert. Die Bewohner von Vík sind vorbereitet. Manchmal werden die Hüttenwarte früh angerufen, dass sie besser nicht hinaufgehen sollten. Den Tag beginnen die Wärter mit dem Studium der Erdbebendaten der Nacht ...

Erdbeben: http://en.vedur.is/earthquakes-and-volcanism/earthquakes/southerniceland.
Katla Geopark: http://katlageopark.is.

Anfahrt: Die Straße ist oft Pkw-tauglich, wenn auch nicht gerade sanft, fahrerisches Können ist gefragt! Allrad-Pkw ist anzuraten. Im Herbst hat ein Wirt übrigens schon mal 14 Stunden gebraucht, um wieder hinunterzufahren!

Ausgangspunkt ist die Hütte Sólheimaskáli am Gletscher (Cafeteria geplant). Gletscherbegehung mit Mountain Guides, 2 oder 3–4 Std. Gesamtzeit. ISK 6300/9990. ✆ 5879999, mountainguides@mountainguides.is.

Weiterfahrt Richtung Vík: Man passiert auf der Ringstraße ca. 18 km vor Vík den kleinen Berg *Pétursey*. Ursprünglich war der Felsbrocken eine Vulkaninsel (284 m), an die das Meer bis zum Vordringen der Sander brandete. Natürlich ist so ein seltsamer Hügel elfenbewohnt.

Abstecher zum Felstor Kap Dyrhólaey (Str. 218, 6 km): Die Straße ist vom 1. Mai bis 25. Juni wegen Brutvögeln gesperrt. Vorbei an erosionsgeschmirgelten Formationen („Windkanter") gelangt man zunächst zur zweistöckigen Höhle *Loftsalahellir*. Sie wurde früher für Versammlungen genutzt, auch damals, als sie den denkwürdigen Brief an den dänischen Händler Bryde schickten (siehe Kap. „Vík", S. 362). Wenn man sich links hält, erreicht man auf dem eben verlaufenden Pistenarm zur Lagune Dyrhólaós. Am schwarzen Strand hat dort die Natur mit senkrechten, abgebogenen oder quer verlaufenden Basaltsäulen ein außergewöhnlich fesselndes Designerstück entworfen. Auf den Klippen kann man sich den Papageientauchern bis auf wenige Meter nähern. Der rechte Weg hingegen führt steil bergan zum Leuchtturmhäuschen von 1927. Von dort ist der von zahllosen Bildern bekannte Blickwinkel auf die 120 m hohe „Türhügelinsel" Dyrhólaey zu erheischen, die bei einem submarinen Vulkanausbruch vor 80.000 Jahren das Licht der Welt erblickte. Bunter Klecks in der Wiesenlandschaft ist ein kleines Bauernhofgebäude. Von hier aus kann man auf das grasbewachsene, über 100 m hohe und abgeflachte Brandungstor weiterlaufen, das sich immer wieder die Ehre, der südlichste Punkt Islands zu sein, mit Kötlutangi im Osten streitig macht.

Amphibientouren: Dyrhólaeyferðir, Trips für ISK 4500 am Strand oder auf dem Wasser zum Felstor. ✆ 4878500, www.dyrholaey.com.

Übernachten Sólheimahjáleiga (FH) , Bauernhof 24 km westl. von Vík und 1,2 km von der Str. 1 an der Str. 222, bei Elín und Magnús. Aufenthaltsraum, Wintergarten, Terrasse, Küche. Abendessen auf Anfrage. Tiere dürfen gestreichelt werden! Mehrere sehr einfache, kleine DZ für ISK 12.900 (sollen renoviert werden) sowie 10 DZ mit Bad im Wellblechneubau à ISK 16.900 mit Frühstück, SSU in der Nebensaison. ✆ 4871320.

Steig (FH) 18, ca. 15 km westl. von Vík auf einer Schafsfarm, bei Ólafur und Ásrun. 18 DZ (ISK 15.900-21.900 mit Frühstück), DZ als SSU ISK 8400, 3 EZ, Sonnenterrasse mit Hot Pot, Küche für Gäste, kleiner Aufenthaltsraum mit Ohrensesseln und Miniterrasse mit Blick. Abendessen auf Anfrage. ✆ 4871324.

Vellir (FH) 20, tolle Lage am Fuß des Berges Pétursey, bei Sigurbjörg. Tipp: Reittour vor dem Abendessen (ISK 6000)! Freundliche DZ ab ISK 19.000, zwei Sommerhäuser (ISK 15.000), angenehmer verglaster Aufenthaltsraum. ✆ 4871312.

Hotel Dyrhólaey/Brekkur (FH) 17, etwa 9 km vor Vík, leicht erhöht mit schönem Blick über die Bucht, allerdings große, etwas unpersönliche Anlage. 68 DZ mit Bad und TV für ISK 24.000. Abendessenstipp: Forelle. Möglich ist eine kleine Wanderrunde zum nahegelegenen See (ca. 40 Min.). ✆ 4871333, dyrholaey@islandia.is, www.dyrholaey.is.

Giljur 19, 2011 von Birna und Ólafur in einem älteren Haus auf schönem, baumgesäumten Gelände eröffnet. Über 200 Jahre alter und von Geistern bevölkerter Schafstall nebenan. 6 km vor Vík an der Str. 1. 5 Zimmer, DZ ISK 14.800. ✆ 4871369.

Felstor Kap Dyrhólaey

Die Sander sind überbrückt

Die Eiswelt im Südosten

Geradezu überwältigend ist der erste Anblick Islands. Bläulich ragt die felsige Küstenlinie aus der grünen, von Schaumkämmen gekrönten Flut, überdeckt von endlosen, im Frühsonnenschein zauberhaft erglänzenden Eisfeldern. Als eine eisigleuchtende Riesenkuppe ragt wie eine strahlende Wolke, wie ein Polarmärchen, der Eyjafjälljökull in das unendliche klare Blau des Äthers, daneben der Mýrdalsjökull.

(Achim v. Winterfeld, 1926)

Nach der Steilküste beginnt die Welt der kaum bewachsenen, 50 bis 100 Meter mächtigen Sand- und Kiesebenen, die immer wieder von Gletscherläufen überschwemmt und dabei manchmal mit Eisbergen überzogen werden. „Sander" heißt diese faszinierende und zugleich feindliche Landschaft einer übermächtigen Natur. Von der Ringstraße kann man einen Abstecher ins Hochland unternehmen.

An wenigen Stellen ragen markante Inselberge aus dem rabenschwarzen Schotter auf, am Horizont leuchten als Kulisse grellweiße Gletscherzungen und vereinzelt Grüntupfer. Selbst dem Nebel ist auf den Sandflächen etwas abzugewinnen, wenn er in trüben Schwaden, die kaum mehr als 20 m Sicht erlauben, über das Land zieht.

Von der Ringstraße führt ein Abstecher per Bus oder Jeep, vor dem wohltuend grünen Örtchen *Kirkjubæjarklaustur*, ins Hochland zu den unheimlichen Kratern und Moossteppichen der einst zerstörerischen Vulkanspalte *Lakagígar*. Moosbepolstertes Lavagekröse verziert die zackige Szenerie der in einer Linie stehenden Kuppen und Kraterkegel. Auffällig sticht der *Laki-Krater* aus dem Lavagewirr und der kahlen Frostschuttlandschaft der Umgebung hervor (vgl. Kap. „Hochland").

Richtung Osten rückt nach *Kirkjubæjarklaustur* die ungeheure Eiskuppel des *Vatnajökull* näher. Immense Wassermassen jagen durch vielfach verästelte Wasserläufe dem Meer entgegen. Unter dem „Wassergletscher" lauert zudem eine Reihe von wenig zimperlichen Vulkanen. 1996 riss bei einem Ausbruch des Vulkans Grímsvötn ein Gletscherlauf Brückenteile mit sich; schwer vorstellbar, dass Wasser 15 m hohe Eisbrocken mit sich schleift, Brücken zerstört und deren Pfeiler wie Streichhölzer aus der Verankerung herausreißt. Es ist gar nicht lange her, dass die Sander ein unpassierbares Hindernis waren und die östlichen Höfe zu den isoliertesten in Island zählten. Heute ist *Skaftafell*, ein Teil des Nationalparks Vatnajökull, ein leicht zu erreichendes Paradies für Wanderer und Naturliebhaber.

Tipps zur Region: Übernachten Sie in ambitionierten Farmunterkünften im Hotel Höfðabrekka (S. 361), Laki (S. 366) oder Frost og Funi (S. 372). Ziehen Sie als Camper am Skaftafell-Park, wenn Sie es etwas ruhiger haben wollen, die alternative **Zeltmöglichkeit** an der Farm Svinafell (S. 372) in Betracht. **Essenstipp:** das Húmarhöfnin (hervorragender Hummer, S. 378). Reizvolle kürzere **Wanderungen:** auf den Reynisfjall, Touren in der Umgebung des Geheimtipps Þakgil bei Vík (S. 364), auf den Tuffhügel Hjörleifshöfði östlich von Vík (S. 363), die Wasserfallwanderung bei Kirkjubæjarklaustur (S. 367), im **Skaftafell-Gletscherpark** die Wanderung am Basaltsäulenwasserfall (S. 372) und bei Stafafell die Wanderung in die bunte Schlucht (S. 380 ff.). **Die Welt des Eises:** Unternehmen Sie eine geführte Gletschergegehung in *Skaftafell* (für Gletscherneulinge geeignet, S. 372), sehen Sie sich in der dortigen Ausstellung das Video zum Gletscherlauf von 2006 an, umschiffen Sie auf einem Boot Eisberge auf dem See Jökulsárlón, unternehmen Sie einen Abstecher auf die Gletscherhütte Jöklasel (geführte Gletscherwanderung) oder statten Sie dem viel gelobten Gletschermuseum in Höfn eine Visite ab (S. 379).

Island als unterkühlte Schönheit: Eisschollen und -berge schwimmen in grönländischer Ruhe in der eindrucksvollen Gletscherseenlandschaft des *Breiðamerkursandur*. Viele Farmen und Gehöfte in feuchtgrüner Wiesenlandschaft folgen schließlich zu Füßen einer Girlande aus Gletscherzungen aufeinander bis zum adretten Hafenstädtchen *Höfn*. Letzter landschaftlicher Höhepunkt der Strecke ist die farbenfrohe, rhyolithische Ur-Landschaft *Lónsöræfi* zwischen den gespenstisch dunklen Bergen Austur- und Vesturhorn beim Hof Stafafell.

Abstecher ins Hochland /Tipps für Radler: Die Ringstraße verläuft großteils auf guter Asphalt-Trasse. Von der Ringstraße ist mit Pkw ein Abstecher bis kurz vor die „Feuerschlucht" Eldgjá möglich (vgl. Kap. „Hochland"). Die Wege zu Laki setzen fahrerisches Können und Jeeps mit hoher Achse voraus. Die steile und geröllbeladene Piste zur Gletscherhütte Jöklasel wird zwar im Frühsommer von den Hinterlassenschaften des Winters geräumt, ist aber dennoch oft rutschig, jedoch ohne problematische Furten und mit Allrad-Pkw befahrbar (mit dem Rad nur schwerlich machbar – lieber wandern oder trampen).

Wanderkarten: Informieren Sie sich in Vík oder Kirkjubæjarklaustur über aktuell erhältliche Wanderkarten und Faltblätter. Für die Region südlich von Höfn gibt es drei Wanderkarten mit dem Titel „roots of Vatnajökull" – für Entdecker genau das Richtige (erhältlich bei vielen Gastgebern vor Ort oder in Höfn, im Anspruch von einfach bis Hochtour für Experten).

Vík í Mýrdal

(ca. 290 Einw.)

Der einstige Fischerort ist fest in den Krallen hektischer Vögel. Küstensee-schwalben segeln am Himmel und Papageientaucher tapsen in den steilen Klippen des Reynisfjall-Bergrückens. Wahrzeichen des Orts sind die Basalt-zacken „Reynisdrangar" im Meer – der Legende nach versteinerte Trolle.

Vík wirkt bei Sonnenschein recht lieblich und ist relativ verschlafen, an der Tankstelle und auf dem Campingplatz geht es jedoch oft wie im Taubenschlag zu. Der Ort kann auch grausig sein: Bisweilen fegen Stürme aus östlicher Richtung wie Sandstrahlge-bläse durch den Ort, und von Süden versucht das anbrandende Meer beharrlich, den schwarzen Strand in der Bucht wegzuspülen. 2002 wurde nahe am Strand ein Denkmal für gestrandete deutsche Seeleute aufgestellt.

⌒ Basis-Infos

Information Im Museum, Mo–Fr 11–18, Sa/So 13–17 Uhr. Internet. Víkurbraut 28, meerwärts gelegen, ℡ 4871395.

Versorgung Alkoholladen, Bank (Geldau-tomat), Post mit Internet, Supermarkt (Víkurbraut 5, Mo-Fr 8–20, Sa/So 10–19 Uhr), Wollwarenfabrik Víkurprjón neben der Tank-stelle (9–23 Uhr).

Angeln in Höfðabrekka.

Autowerkstatt Framrás, Smiðjuvegur, ℡ 4871330 oder 8934630.

Fahrradverleih bei der Jugendherberge.

Golf neben dem Campingplatz, 9 Loch.

Reiten westl. des Orts in Vellir (s. o.).

Schwimmbad neben dem Sportzentrum, 7–21, Sa/So 10–17 Uhr, ISK 350.

⌒ Übernachten/Camping/Essen

Übernachten Edda-Hótel Vík, Hotel und Sommerhäuser für 2 Pers., Klettsvegur, ℡ 4874840, ℡ 4871418.

》》》 Unser Tipp: Gästehaus Ársalir im ehe-maligen Gemeindevorsteherhaus von 1948, das charmant unmodern eingerichtet ist, bei der netten Künstlerin und ehemaligen Schuldirektorin Kolbrún, die mit Wolle statt Ölfarben „malt". Abendessen möglich. 8 DZ ohne Bad ISK 12.000, Frühstück ISK 1500, SSU ISK 3500. Austurvegur 7, ℡ 4871400, arsalir@arsalir.is, www.arsalir.is. 《《

Gästehaus und Hotel Lundi, 22 DZ mit Bad für ISK 18.500. Im alten Gästehaus nebenan SSU ISK 4200. Vikurbraut 24a/26, ℡ 4871212, hotellundi@islandia.is, www.hotelpuffin.is.

JH Norðurvík, bei Æsa. Küche, Vorgarten mit Sitzgruppen, herrlicher Blick. Fahrrad-verleih (ISK 1000/halber Tag). 22 Betten, SSU ISK 3500/2800, im DZ ISK 700 mehr, mit Bett-wäsche und Frühstück ISK 6700/4200. Im östlichen Ortsteil, ℡ 4871106 und 8672389.

》》》 Unser Tipp: **Erika**, ein hübsches Dop-pelzimmer mit atemberaubendem Blick bei der Schwäbin und leidenschaftlichen Kö-chin und begeisterten Kräutersammlerin Erika, die Abwechslung vom isländischen Standardfrühstück bietet, nicht zuletzt durch selbst gebackenes Brot und extrava-gante Marmeladenkreationen. Pro Person ISK 6900, SSU ohne Frühstück ISK 4500. Sig-tún 5, am Hang gelegen. ℡4871117 oder 6935891. www.erika.is 《《

Hötturinn Sommerhäuser, vermietet vom Campingplatz, zwei Sommerhäuser für 4–6 Pers. ISK 8.000/Haus. Klettsvegur, ℡ 4871345, 6622716.

Country-Hotel Höfðabrekka (FH), schöner Komplex 5 km östlich von Vík, im Sommer unbedingt vorbuchen; angenehmes Flair, freundliche Besitzer Sólveig und Jóhannes, vier Hot Pots. 72 DZ (teilweise holzvertäfelt) mit Bad und TV ab ISK 23.900. Das Restau-rant offeriert vorzügliche Fleisch- und Fischgerichte. Angeln für Gäste kostenlos. ☎ 4871208, hotel@hofdabrekka.is, www. hofdabrekka.is.

Camping Campingplatz Vík, Waschmaschine; Dusche kostet extra. Herrlich an den Felsen gelegen, Blick auf die Reynisdrangar, durch Erdwälle etwas windgeschützt, gern von Gruppen besucht. Großer Aufenthaltsraum. ISK 1000/Pers.

Essen/Café Halldórskaffi, im Museum. Sehr gemütlich und oft voll. Beliebt sind die Salate und die Tagessuppe. So–Do 11–23 Uhr, am Wochenende länger.

Hotel Lundi, stilvolles, kleines Restaurant. **Víkurskáli**, bei der Tankstelle, typischer, hektischer Hamburger-Grill. Daneben ein edleres Restaurant namens **Ströndin** mit umfangreicher Karte. Tägl. 18–22 Uhr. ☎ 4871230.

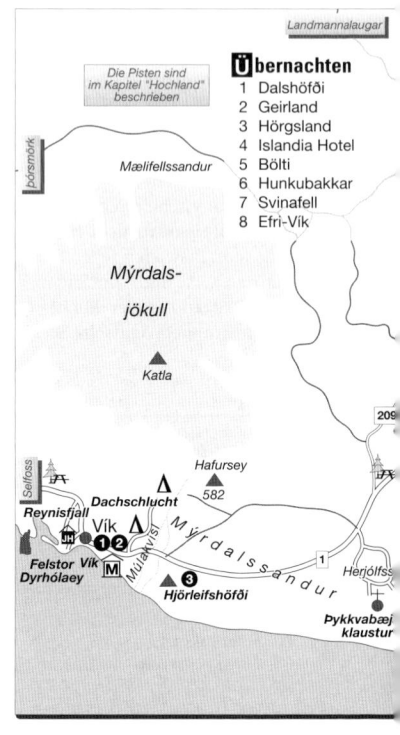

Übernachten
1 Dalshöfði
2 Geirland
3 Hörgsland
4 Islandia Hotel
5 Bölti
6 Hunkubakkar
7 Svinafell
8 Efri-Vík

Sehenswertes

Katla Center im Haus „Bryðebuð": Das Haus war das erste Handelshaus in Vík, das ganzjährig geöffnet war. Der reiche Däne Bryðe ließ 1895 das Haus von 1831 auf den Westmännerinseln kaufen und hierher bringen. Er selbst freilich war niemals hier, er kontrollierte das Geschäft aus Kopenhagen. Wie es zum Handelsposten kam? Die 1890er waren klimatisch harte Jahre, nur zwei Farmen gab es in der Gegend. Die Farmer schrieben einen Brief an den Kaufmann, er solle doch hier einen Handelsposten errichten, schließlich gebe es sonst keinen zwischen Höfn und Eyrarbakki. Allerdings war hier kein Hafen! Die Schiffe mussten auf Reede liegen und entladen werden, was Arbeit schuf. Bis 1980 war in dem Haus noch ein Tante-Emma-Laden untergebracht. Heute ist es ein Museum zur Natur, insbesondere zur Katla, und über gestrandete Seeleute. 1898–1982 strandeten 112 Schiffe an der Küste des Skaftafells-Bezirks, 29 davon aus Deutschland. Man sprach von Europas Schiffsfriedhof. Die Ladungen – besonders Kaffee, Weinfässer – waren heiß begehrt und landeten schnell in den Farmen. Gegenüber dem Handelshaus soll ein weiteres Museum eröffnet werden.

Öffnungszeiten wie die Information. Víkurbraut 28, ISK 500.

Wanderungen

(→ Karte S. 362/363)

Strandrunden (1) (30 Min.): Von der Ringstraße kurz vor der Tankstelle biegt die Víkurbraut an einer Brücke (über die Víkurá) ab. Ein kurzer Pfad führt vom Museum weiter zum Meer. Die *Reynisdrangar* sind von hier perfekt zu sehen.

Zum Hausberg Reynisfjall (2) (einfach, 340 m, 2–3 Std.): Wanderung mit herrlichem Ausblick und ohne besondere Schwierigkeiten, an den Klippen ist jedoch Vorsicht geboten, das Gestein ist an vielen Stellen porös und verwittert, leicht kann Fels wegbrechen.

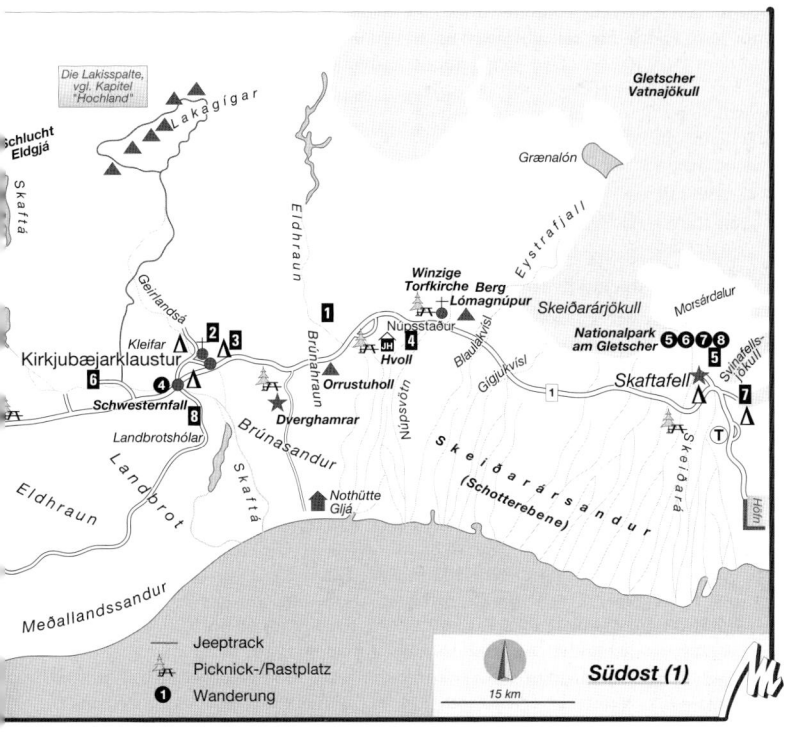

Jeeptrack
Picknick-/Rastplatz
Wanderung

Südost (1)

15 km

Vom Supermarkt steigt man Richtung Strommasten, bis man auf eine Schotterpiste, die von der Ringstraße kommt, stößt. Nach 30 Min. hat man den höchsten Punkt erreicht (Mast) und nach einer Stunde ist man vorne am 149 m hohen Kliff. Papageientaucher flattern herum, Möwen segeln umher. Unterhalb der Felsnase liegen die spitzen Nadeln *Reynisdrangar* im Atlantik. Im Osten ist Hjörleifshöfði erkennbar, im Westen das Felstor Dyrhólaey.

Variante (2b): (insges. ca. 5–6 Std.): Eine ausgedehntere Wanderung überquert zunächst den Reynisfjall (s. o.) und folgt nach dem Abstieg (den genauen Weg vorher in Vík zeigen lassen) der Str. 215 südwärts; Höhlen und Lavasäulen zieren die Wände des Reynisfjall. Etwa bei der Farm Garðar kann man einen Spaziergang auf der pechschwarzen Nehrung der Lagune Dyrhólaós unternehmen.

Vulkanberg Hjörleifshöfði (3) (einfach, 221 m, 2 Std.): Ca. 13 km nach Vík erhebt sich südlich der Ringstraße der kolossale vulkanische Stumpf Hjörleifshöfði aus dem grauen Schotter. Wenn dieser Name nicht verdächtig nach dem Beginn einer alten Geschichte klingt … Der Zieh- und Schwurbruder des Siedlers Ingólfur Arnarson, Hjörleifur Hróðmarsson, landete hier mit seinem Schiff an (damals war das Land noch nicht von Sanden aufgeschüttet). Seine irischen Sklaven töteten Hjörleifur. Ein simpler Grund brachte sie dazu: Sie weigerten sich, das steinige Land zu beackern. Der Rest der Geschichte spielt anderswo, auf den Westmännerinseln (siehe dort), wo der getreue Ingólfur die geflohenen Sklaven einholte und ermordete. Hjörleifur soll übrigens noch auf dem Berg hausen. Der Weg beginnt 2,1 km von der Ringstraße auf der westlichen Seite bei einem kleinen Bächlein, das das Meer leider nie erreicht, weil es im Lavasand versickert. 15 Min. von dort (Hinweistafel) erreicht man eine verlassene Farm, nach 40–60 Min. den Gipfel mit Gipfelbuch und Gedenktafel. Bei gutem Wetter hat man oben einen weiten Ausblick.

Wenn Sie noch Zeit haben, streunen Sie meerwärts zur Nothütte: Die Klippen und Brandungshöhlen der ehemaligen Insel haben Eissturmvögel für sich als Brutplätze reklamiert.

Als Katla in den Krater sprang ...

Der jähzornige Vulkan unter dem Mýrdalsjökull heißt Katla, übersetzt „Kessel". Glaubt man den Erzählungen der Alten, war die Sache mit dem Namen anders: In einer Farm östlich von Vík arbeitete ein junger Mann namens Barði als Schäfer. Auf dem Hof und Kloster Þykkvibœr lebte wiederum ein junges Mädchen namens Katla, die Hosen besaß, in denen man des Laufens niemals müde wurde. Als der Junge eines Tages nicht alle Schafe fand, beschloss er, um der zu erwartenden Strafe des Bauern zu entgehen, sich ebendiese Hose auszuleihen, mit der er tatsächlich die Schafe erfolgreich zurückbringen konnte. Katla bemerkte die Sache und es war dazu, dass sie Barði tötete und in ein Fass steckte, in dem normalerweise Fleisch oder Molke lagerte. Tief im Winter stand Katla mit der Schöpfkelle vor den Fässern, um der Familie etwas zu Essen zu bringen. Als sie laut vor sich hin rief: „Ekki bólar á Barða" wurde ihre Tat entdeckt. („Barði kommt noch nicht"; langes Warten auf jemanden, der einfach nicht auftaucht, wird im heutigen Sprachgebrauch gerne mit diesem Satz kommentiert ...). Katla stülpte sich flugs die Hose über, rannte in den Krater und wurde nie mehr gesehen; man spürt ihre Zauberkräfte nur noch, wenn sie voller Hass Feuer und Eiswasser über das Land ausschüttet.

Ein Ausflug zur Þakgil („Dachschlucht"): Helga und Bjarni aus Vík haben in einer märchenhaft verwunschenen Gegend unterhalb des Gletschers und am Fuße eines 600 m hohen Berges eine Höhle hergerichtet und einen Campingplatz angelegt. Dort gibt es Tische, Bänke, Kerzen und einen selbst gebauten Holzofen zum Aufwärmen. Romantischer kann Island nicht sein! Das Wetter hier oben ist übrigens oftmals besser als in Vík.

Anfahrt Ca. 5 km entlang der Ringstraße nach Osten, dann links auf die Str. 214 abbiegen und noch etwa 14 km bis Þakgil, keine Furten, Pkw-tauglich. Unterwegs passiert man bei Km 7 die Stórhellir („große Höhle") in fantastisch bizarren Tephraformationen (kleiner Pflock rechts am Straßenrand) und kurz vor dem Camping links die Höhle *Miðfellshellir* mit Graffiti von Schaftreibern seit 1718.

Übernachten/Camping 8 Sommerhäuser, Toilette, heiße Dusche, Strom aus einem selbst gebauten Solargenerator. ✆ 8934889, 8534889, 4871246 oder in der Touristeninfo fragen.

Wandern Wanderwege sind markiert. Faltblatt mit Routen in Vík besorgen.

Internet www.thakgil.is.

Die Weiterfahrt über den Sander: 72 km sind es nach Kirkjubæjarklaustur. Es ist einer der abenteuerlichen und aufregenden Streckenabschnitte der Ringstraße, das

Roadmovie bei Sonnenschein

Reich der einförmigen Sanderflächen. Die Schmelzwasser der „alten Hexe" *Katla* sind verantwortlich für die erste dieser Schuttflächen des Mýrdalsjökull und die berüchtigten Gletscherläufe. Bei trockenem Wetter widersetzt sich Island ab und an unerschrockenen Radlern mit unangenehm piesackenden Sandstürmen. Zur Landnahmezeit war der heute auf 700 km² ausgedehnte Sander noch bewohnbar. Zuversichtlich wurden einige Höfe errichtet, denn fruchtbarer Boden war ausreichend vorhanden. Doch die Macht der Verbindung von Feuer und Wasser war stärker, selbst die trotzigsten Höfe konnten nicht lange dagegenhalten und mussten aufgegeben werden.

Eine Picknickstelle mit Informationen zur Katla erreicht man nach 23 km, wenig später bei Km 39 den Rastplatz *Laufskálavarða* mit einer Armada an Steinhaufen, die dem Reisenden Glück bringen. Nach dem Sander folgt eine grasbewachsene Strecke, dann führt der Weg durch mit hellem Moos bedeckte, äußerst fotogene Laven. Eine Tafel vor der „Oase" Klaustur informiert über die in der Ferne zu sehende Schlucht *Fjarðárgljúfur*.

Übernachten Herjólfsstaðir II, südlich der Ringstraße, Unterkünfte auf Matratzen in der alten, komplett renovierten Schule (große Küche, WC, Dusche), ISK 3000. ✆ 4871390.

Laki-Spalte und Eldgjá-Schlucht finden Sie im Kap. „Das Hochland".

Kirkjubæjarklaustur

(„kirkjubeiarklöistür", ca. 120 Einw.)

Im Schatten des Vatnajökull befand sich bis zur Reformation ein religiöses Zentrum. Viele Geschichten ranken sich um die Landnahmezeit und um die knapp 400 Jahre seit 1186, als Benediktinerinnen hier ein Kloster führten. Hinter der kleinen Kirche wurden Ausgrabungen durchgeführt, ein Museum hierzu ist geplant. „Klaustur" ist zudem bekannt für den „Kirchenboden" aus Lavasäulen und den Wasserfall Systrafoss – wir empfehlen beides auf einer kleinen, einfachen Wanderung zu verbinden.

Schon vor der Landnahme der Wikinger lebten hier irische Mönche. Später ließ sich hier der Christ *Ketill der Törichte* nieder, Sohn von *Jórunn der Weisen* und Neffe von *Auður dem Beschränkten*. Die Legende berichtet, dass nach dessen

Vorhersage hier nur Christen leben konnten, Heiden sollten hier nicht wohnen. Das bekam auch *Hildir Eysteinsson* zu spüren. Als er seinen Wohnsitz hierher verlegen wollte, fiel er an der Grenze der Hauswiese tot um – was dem Hügel östlich des Ortes den Namen Hildishaugur eingetragen hat. Hildir soll hier begraben worden sein.

Die Feuerpredigt von 1783

Als 1783 die Laki-Katastrophe hereinbrach, hielt Pfarrer *Jón Steingrímsson* seine für ihre Eindringlichkeit und Wirkung berühmte „Feuerpredigt". Als die Lava heranrückte, versammelte der Pastor seine Gemeinde in der Kirche und hielt seine aufwühlende und glaubensstärkende Predigt. Nach der Messe kam der Lavastrom, nun *Eldmessutangi* genannt, ein Stück westlich von Systrastapi in einiger Entfernung zum Stehen. Der Pfarrer ging als der „Feuerpriester" in die Geschichte ein und 1974 wurde ihm zu Ehren die neue Kirche eingeweiht. Mit 13 x 12 m beeindruckt die Kirche gewiss nicht durch ihre Ausmaße. Ungewöhnlich ist jedoch nicht nur die moderne Position des Altars, von dem der Pfarrer der Gemeinde zugewendet stehen kann, sondern das, was die Stelle des Altarbildes einnimmt: Ein großes Fenster lässt nach draußen auf ein Steinkreuz und die vom Feuer bedrohte Landschaft blicken.

Das Kloster des Benediktinerordens konnte sich bis zur Reformation 1550 halten und hinterließ seine Spuren: Orts- und Flurnamen und Einflüsse auf die umliegenden Höfe – ganz zu schweigen von den pikanten Geschichtchen: Südwestlich des Ortes, in *Pykkvibæerklaustur*, gab es eine weitere Abtei, die von Mönchen unterhalten wurde. Gegenseitige Besuche blieben nicht aus, des Öfteren sollen die Mönche singend zum Frauenkloster gezogen sein. Ein Kraterhügel vor dem kleinen Ort, südlich der Ringstraße, trägt deshalb den Namen *Sönghóll*. Die Nonnen indes zogen beim Nahen der Mönche zur Begrüßung in die Höhle *Sönghellir* auf der anderen Seite der Skaftá. Es überrascht kaum, dass in Klaustur angeblich der erste Beerenwein Islands hergestellt wurde.

Information Skaftastofa am Klausturvegur, Mo–Fr 9–21, Sa/So 10–18 Uhr. Filmvorführungen im Saal, Schalen mit verschieden feinen Vulkanaschen zum Anfassen im Vorraum.

Versorgung Bank (Automat), Supermarkt (tägl. 9–20 Uhr), Tankstelle (tägl. 9–22 Uhr, oft brechend voller Imbiss, Mini-Kiosk).

Autowerkstatt G. Valdimarsson, ☏ 4874630.

Handwerk Verkauf im Altenheim, Mo–Sa 13–16 Uhr.

Übernachten Icelandair-Hotel Klaustur, gutes Restaurant. DZ ca. ISK 24.000–27.000, Frühstück extra. ☏ 4874900, www.icelandair hotels.com.

Klausturhof, einfache Zimmer im ehemaligen Schlachthofkomplex, Küche vorhanden. DZ ohne Bad ISK 14.700 mit Frühstück nebenan im Munkakaffi, SSU im Dorm ISK 4100, im DZ ISK 4500. Klausturvegur 1-5. ☏ 5677600.

Erholen Sie sich im Schwimmbad „hinter" dem Hotel, 2008 renoviert, Hot Pot. Tägl. 9.30–21 Uhr. ISK 400.

≫ Unser Tipp: Hörgsland **3**, ca. 7 km östlich, direkt an der Ringstraße östlich des Ortes. Hot Pot und Kiosk, angenehmer, holzgetäfelter Aufenthaltsraum; Abendessen möglich. Betrieben von der freundlichen Filipina Ging. 13 hübsche Häuschen ab ISK 12.000 (SSU). In einer ausgebauten Halle weitere Zimmer zu ISK 12.500–15.800 ohne Frühstück. ☏ 4876655, postur@horgsland.is, www.horgsland.is. **≪**

Hotel Laki/Farm Efri-Vík (FH) **8** in Landbrot, ca. 5 km entfernt; wirkt mit Glas, Beton und Wellblech eher wie ein Museumsbau denn als Farm. DZ ab ISK 15.000 in 15 Sommerhäusern, 64 Zimmer in neuem Haus zu ISK 23.000, Hot Pot, Sauna, Abendessen, Angeln, Golf (Greenfee ISK 2000). ℡ 4874694, efrivik@ simnet.is, www.efrivik.is.

Hunkubakkar (FH) 6, etwa 1,1 km nördlich des Abzweigs der Str. 206, ca. 6 km westlich des Orts. Zimmer in fünf roten Holzhäusern, DZ 15.700–18.900, Kochnischen, Wintergarten, Abendessen möglich, Angeln. ℡ 4874681, ℡ 4874881, hunku@simnet.is, www.hunkubakkar.is.

Hotel und Farm Geirland (FH) 2, bei Erla, 3 km nördl. der Tankstelle an der Str. 203. Abendessen möglich. 40 DZ mit Bad à ISK 21.000 in kleinen Wellblechhäuschen oder im Langbau. Trotz der Größe angenehme Atmosphäre. ℡ 4874677, geirland@centrum.is, www.geirland.is.

Camping Kirkjubær II, direkt im Ort am Hang, gute sanitäre Einrichtungen, Dusche (kostet extra), Waschmaschine, Trockner, Küchenraum, Trockengestell. ISK 1.000/Pers.

Kleifar, idyllischer, kleiner und ebener Wiesengrund 1 km nördlich der Tankstelle an der Str. 203 neben einem Wasserfall. Windschutz. ISK 700/Pers.

Hörgsland (s. o.), zwar an der Ringstraße (abends wenig befahren), aber recht ansprechend. ISK 1000 inkl. Dusche. ISK 500/Pers.

Café/Bistro Systrakaffi, mitten im Ort, hausgemachte Kuchen, Tagessuppe mit Refill (ISK 900), auch Pizza und Hamburger, am Sa leckere Fleischsuppe (ISK 1250). Tägl. 12–23 Uhr.

Café Munka, beim Wasserfall. Spezialität ist der arctic char aus naher Zucht. Klausturvegur 1–5.

Der sonderbare Kirkjugólf: Sehenswert, wenn auch kein Welthighlight ist 600 m nördlich der Tankstelle an der Str. 203 die Lavasäulenformation Kirkjugólf. Als machte die Natur es vor, wie man Boden bepflastert, benannten die früheren Siedler die glatt gescheuerten Enden der Basaltsäulen „Kirchenpflaster" (von der Straße 5 Minuten zu laufen).

Wanderung (→ Karte S. 367)

Einfache Wanderung vom Systrafoss zum Kirkjugólf (4) (60 Min.; Faltblatt in der Touristinformation): Dieser klassische Wanderweg ohne besondere Schwierigkeiten führt an allen Sehenswürdigkeiten von Kirkjubæjarklaustur entlang und auf das grasbewachsene Plateau oberhalb der Klippen. Zunächst ist im Ort ca. 2 km dem *Klausturvegur* nach Süden zu folgen bis zum Munkakaffi und dem Wasserfall (Parkmöglichkeit). Hinter dem Café führt nach einem weißen Gatter ein Weg im bewaldeten Hang rechts zunächst zum Wasserfall und dann hinauf auf den Berg (auf halber Höhe kann man einen 10-Min.-Abstecher auf einem Trampelpfad zu einer Höhle machen). Oben erreicht man den *Systravatn*, den Badesee der Nonnen. Falls eine Hand mit Goldring aus dem See auftaucht, greifen Sie besser nicht danach, sonst ergeht es Ihnen wie seinerzeit den Nonnen, die nicht widerstehen konnten und stante pede mit dem Verschwinden im See bestraft wurden. Einer weiteren Legende nach sollen auf dem Tuffplateau zwei abtrünnige Nonnen begraben liegen, die gegen ihr Gelübde verstoßen hatten und deshalb auf dem Scheiterhaufen starben. Die eine verkehrte mit dem Teufel, der anderen sollen blasphemische Worte über den Papst entglitten sein.

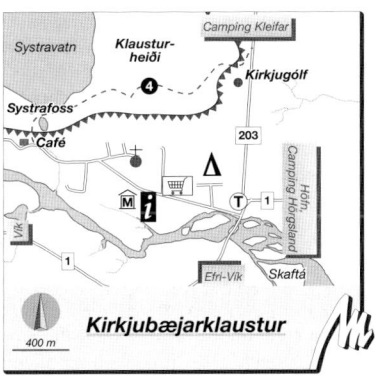

Kirkjubæjarklaustur

Man läuft rechts am See entlang zu einer Brücke, dann gerade den Hang hinauf an den Steinhaufen vorbei und folgt dem Pfad mit den Markierungen (unterwegs ist ein Zaun über eine Treppe zu queren). Der Abstieg führt zu einem kleinen Hain, an dem man rechts vorbeigeht (Queren eines Zaus und eines Fahrwegs), um dann zu den Basaltsäulen des Kirkjugólf zu gelangen. Von hier entweder zur Tankstelle oder über den Wiesenpfad zum Campingplatz. Von dort entweder links auf der Straße in den Ort oder die Abkürzung über die Wiese geradeaus weiter nehmen (Überqueren eines Stacheldrahtzaunes), dann an der Krankenstation vorbeigehen bis zum Ausgangspunkt.

Weiterfahrt Richtung Skaftafell: 12 km nach Klaustur und kurz nach der Farm Foss hat die vulkanische Natur einen hübschen Fingerabdruck hinterlassen. Hinter dem Parkplatz stehen die *Dverghamrar*, die „Zwergenfelsen", eine Formation aus Basaltsäulen (Infotafeln). Ein Stück weiter breitet sich das Lavafeld Brúnahraun aus, ein weiterer Lavastrom der Laki-Katastrophe. Darin gefangen steht nach weiteren 2,5 km knapp neben der Ringstraße der 90 m hohe Tuffhügel *Orustuhóll*.

Übernachten JH Hvoll, („Fels"), beim freundlichen Ehepaar Guðny und Hannes, bei gutem Wetter herrlicher Blick, im Neubau oder in der alten Farm, Küche. Frühstück im Wintergarten. Ca. 3,5 km von der Str. 1. ISK 2900/3500 im Dorm, im DZ ISK 7900/9100. ✆ 4874785.

>>> Unser Tipp: **Dalshöfði 1**, bei Ásdis, auf einer herrlich gelegenen Farm neben dem reißenden Wilfluss Hverfisfljót, zu dem man auch einen Abendspaziergang unternehmen kann. Hübsche DZ für ISK 15.000 ohne Bad, inkl. Frühstück, moderne Küche, Terrasse. 1 Apt. für ISK 25.000. 5,5 km nördlich der Str. 1. ✆ 4874781. «

Islandia Hotel Núpar 4, ca. 24 km ab Klaustur mitten im Off, optisch eher eine grönländische Forschungsstation, von 2007, innen recht angenehm. 59 Zimmer, DZ ISK 28.000. ✆ 5173060, reservations@islandia hotel.is, www.islandiahotel.is.

Torfkirche Núpsstaður

Wer nicht Acht gibt, übersieht den Hof 31 km nach Klaustur, auf dem einst der Postreiter *Hannes Jónsson* (1880–1968) lebte, der wohl unangefochten beste Führer über die Gletscherflüsse und Gletscherzungen der Region. Ende des 19. Jh. wurden im Randbereich des Sanders Öllampen aufgestellt und wer einen Führer brauchte, musste einfach eine Lampe anzünden. Die kleinen, mit dichtem Gras und Blumen überwucherten Häuschen von Núpsstaður kauern sich fast so an die majestätisch 767 m hoch aufragende Bergwand *Lógmagnúpur*, als hätten sie Angst, entdeckt zu werden. Bis 1930 lebte man noch in den alten Hütten aus Stein, Holz und Torf, von denen die ältesten aus der ersten Hälfte des 19. Jh. stammen. Heute dienen sie, halb zerfallen und zugewachsen, als Schuppen oder stehen leer. Das interessanteste Gebäude in Núpsstaður ist die winzige, mit 6 x 2,5 m kleinste *Grassodenkirche* Islands aus dem 17. Jh., die 35 Menschen Platz bietet (tägl. 10–17 Uhr, Gottesdienst einmal jährlich am ersten Augustwochenende).

Der Skeiðarársandur

Gleißendhell liegen die Gletscher an klaren Tagen in der Sonne, im Nebel lassen nur ihre Ränder die gewaltigen Eisströme erahnen.

Selten stellt die Natur ihre Majestät zur Schau wie hier. Die Straße hält geradewegs auf das Reich des Vatnajökull zu, meerseitig die öde und düstere Ebene, landeinwärts posiert Gletscherzunge an Gletscherzunge. Hier liegt die Faszination Islands begründet, in diesem schwarz-weißen Lichtspiel, faszinierend und beklemmend zugleich. Nicht nur für Radler kann diese Strecke bei Wind ein Alptraum sein, wenn sandige Stürme über das Land brechen. Barrieren und Dämme um die Wasserläufe, die auf einer kaum geneigten Ebene zum Meer streben, sollen die Straße schützen, deren letzter Abschnitt 1974 mit einer 1 km langen Brückenkonstruktion fertiggestellt wurde. 1996 zeigte die Natur allerdings, wer hier Herr im Hause ist (s. u.).

Geologie: Die Aktivität der sandigen Landschaft ist gewaltig. Flussläufe ändern ihre Lage, der Skeiðará-Gletscher wälzt sich im Durchschnitt jeden Tag 1,2 m nach unten. Insgesamt gesehen weicht freilich auch hier das Gletscherende zurück. Kleinere Gletscherläufe erscheinen im Abstand von wenigen Jahren; gefürchtet sind die der *Grímsvötn* und des *Grænalón*, einem von Eis abgedämmten See. Ereignisse wie 1934 oder 1996 lieferten gigantische Wassermengen mit Abflusswerten um die 40.000–50.000 m³/sec, deren Schlamm- und Geröllmengen die Flussmündungen weit ins Meer vorschieben können. Der *Sander* ist bei näherem Hinsehen gar keine so monotone Angelegenheit. Es gibt Bereiche mit Toteis, Seen und Endmoränen, im Anschluss daran beherrschen Flüsse das Bild. In manchen Bereichen gelangen versickerte Schmelzwässer klar und mineralienreich an die Oberfläche. Es folgt die Küste mit Strandwällen und Dünen. Bisweilen wird Wasser zurückgestaut, wenn es nicht stark genug ist, die Strandwälle zu durchbrechen.

Gletscherpark Vatnajökull ("skaftafedl")

Hier präsentiert sich Island in Hochform: mit abgeschliffenen Bergrücken, Wasserfällen, graubraunen Moränenwällen, trüben und ungebändigten Gletscherbächen. Diese Landschaft formt der Hauptakteur Vatnajökull mit seinen steil herabgleitenden Gletscherzungen, auf deren Gletscherspalten und Siphons der Wanderer herabblicken kann. In der Nebenrolle brilliert der Lavasäulen-Wasserfall Svartifoss.

Skaftafell: In der grünen Oase von Skaftafell kauern im Windschutz Birkenwäldchen an den Hängen, in höheren Lagen gedeihen Heidegewächse und Moorpflanzen in einem Mosaik aus Grüntönen – das alles zieht Bekassine, Zwergdrossel, Zaunkönig und andere Vogelarten an. Meerwärts schließt sich der schwarze Sander an, flankiert wird die Oase von zerfurchten Gletscherzungen. Farmer wohnen hier lange nicht mehr: Der Farm Skaftafell und der alten Thingstätte setzte der benachbarte Öræfajökull-Vulkan 1362 ein Ende.

Öræfi ("Ödland"): Östlich von Skaftafell gibt es nur noch wenige Höfe, an die Flanken der Berge gepresst, auf einem schmalen Streifen nutzbaren Landes. Nach den schweren Vulkanausbrüchen 1362, nach Zerstörung von vierzig Höfen und starkem, sich über Wiesen und Häuser legenden Aschefall, mussten die Bauernhöfe eng an die Berge gedrückt gebaut werden. Nicht alle überlebten. Die nächste heftige Eruptionsserie folgte 1727. Der Name des beherrschenden Gletschervulkans wurde nach einer zerstörerischen Demonstration seiner Gewalt übrigens von Hnappafellsjökull in Öræfajökull abgewandelt, schließlich ist er schuld an der Verödung.

Der Gletscher Vatnajökull: Mit 8300 km² breitet sich eine ungeheure, bis 1000 m (!) mächtige Eisfläche über Bergrücken und Vulkane aus – der größte Gletscher Europas, die drittgrößte Eisfläche der Erde. Am Südrand ragt der höchste Berg Islands, der dicke Hvannadalshnúkur (2119 m), aus dem Eis. Die höchsten Niederschlagsmengen der Insel werden hier, im Bereich der feuchten Westwindzone, gemessen, über 4000 mm pro Jahr, an manchen Stellen kann der Wert 8000 mm erreichen. Ganz anders an der Nordseite mit 500–1000 mm Niederschlag. Recht unterschiedliches Verhalten der einzelnen Gletscherpartien ist die Folge. Die Schneegrenze liegt auf der Südseite bei 1000 m, nach Norden hin steigt sie langsam an. Die Gletscherzungen im Süden reichen tiefer hinab, die Erosionskraft ist stärker. Bisweilen kommt es zu „surges", das sind schnelle Gletschervorstöße, bei denen die Eisfront 5 m/Std. (!) voranschreiten kann!

Flambierter Gletscher – Bárðarbunga bricht aus

Vom 30. September bis 13. Oktober 1996 pulverte der hochgefährliche Vulkan Bárðarbunga, der zuletzt 1766, 1769 und in den 1860ern aktiv war, Material in die Luft. Es war die viertgrößte Eruption des Jahrhunderts in Island nach Katla 1918, Hekla 1947 und Surtsey 1963. Das Ausbruchstagebuch:

29. Sept.	ab 10.48 Uhr Erdbeben an der Caldera.
30. Sept.	19 Uhr: Vulkanalarm. 22–23 Uhr: Der Ausbruch beginnt.
1. Okt.	Der Spiegel des Grímsvötn-Sees steigt um 10–15 m auf 1410 m.
2. Okt.	Die 400–600 m dicke Eisdecke ist aufgeschmolzen.
9. Okt.	Die halbe Fläche des Vatnajökull ist mit Asche „überzuckert".
13. Okt.	Ende der Eruptionen; Seehöhe der Grímsvötn: 1499 m.
17. Okt.	Der Grímsvötn-See hat 1505 m erreicht. Die Ringstraße mit ihren Brücken ist akut bedroht. Das Straßenamt ist angewiesen, die Straße um jeden Preis zu retten.
5. Nov.	Der Gletscherlauf hat mit einer 3–5 Meter hohen Wasserwelle begonnen. Ab 10 Uhr ist die Ringstraße gesperrt. Die Skeiðará erreicht 6000 m^3/sec Abfluss. Eisberge (im Verlauf bis 1000 t schwer und 15 m hoch!) werden vom Gletscher ab- und mitgerissen.
6. Nov.	Das Maximum des Gletscherlaufes mit 45.000 m^3/sec ist erreicht.
7. Nov.	Der Gletscherlauf neigt sich seinem Ende zu. Die 900 m lange Skeiðará-Brücke hat 200 m verloren. Die Bilanz: 10 km Straße zerstört, Schaden: 10 Mio. US-Dollar.
11. Nov.	Seespiegelhöhe: 1345 m. Ein 6 km langer und 500 m breiter Eiscanyon hat sich herausgebildet. 100 Millionen Tonnen Material wurden insgesamt zum Meer verfrachtet.

Der Gletscher im Osten oder der Klofajökull („sich aufspaltender Gletscher"), wie man ihn zunächst nannte, war vermutlich ursprünglich keine zusammenhängende Eiskappe; bevor es vor etwa 2500 Jahren kühler wurde, waren nur die größten Höhen vergletschert. Heute ragen nur noch verschiedene Gipfel, *„Nunataks"*, unter dem Eispanzer hervor. In alten Zeiten existierten übrigens auch Verkehrsrouten über den Osten des Gletschers.

Der fotogene Svartifoss

Mehrere aktive und ruhende Vulkane verbergen sich unter dem Eisschild, einige davon sind *Tungnafellsjökull, Bárðarbunga, Breiðabunga* (2000 m), *Esjufjöll* (1522 m), *Öræfajökull* mit seinem Gipfel Hvannadalshnúkur (2119 m), *Geirvörtur* und die berühmt-berüchtigten *Grímsvötn* (1719 m). Am Nordrand des „Wassergletschers" stehen die *Kverkfjöll* (1920 m), wo sich Feuer und Eis als freigedampfte Eistunnel und Schwefelquellen begegnen.

Die Caldera der Grímsvötn, an der sich auch Solfataren bildeten, enthält einen mit geothermaler Hitze gebildeten subglazialen See, dessen Wasser etwa alle fünf bis acht Jahre in einer Flutwelle entweicht. Aber auch nach Norden hin können derartige Gletscherläufe Wege unpassierbar machen. Mit Tephra-Eruptionen ist alle 10–20 Jahre zu rechnen.

Information Visitor Center des Nationalparks Vatnajökull mit guter Ausstellung und beeindruckender Videovorführung über den Gletscherlauf von 1996 (11 Min., kostenlos). Im Sommer tägl. 8–21, in der Nebensaison 9–19 Uhr. Wanderkarte.

>>> Unser Tipp: Gratisführungen mit dem Ranger! <<<

Hin & weg Zur Laki-Spalte 8.00 Uhr (ISK 12.500). Richtung Reykjavík 13.10 Uhr, nach Höfn 14.50 Uhr. Abfahrt nach Jökulsárlón ca. 10, 13, 14 und 16 Uhr (einfach ca. ISK 2000), nach den Rückfahrzeiten bitte vor Ort erkundigen. Nach Landmannalaugar um 8 Uhr (ISK 6000).

Versorgung Derzeit im Visitor-Center nur Grundnahrungsmittel in minimaler Auswahl, Cafeteria mit Tagessuppe und Snacks. In der Tankstelle (5 km östlich) Lebensmittelverkauf und Hamburger (tägl. 9–22 Uhr).

Touren Empfehlenswert sind Rundflüge über den Gletscher, um die Ausmaße besser zu erfassen. Aus der Luft erscheint die Gletscherzunge von einem bizarren Muster aus schwarzen Streifen und Bändern durchzogen. Links rückt der See Grænalón in den Blick. Vor einem ist nur Eis, bis zum Horizont. Der Flieger biegt dann auf der kleinen Runde nach unten ab, gleitet über der Gletscherzunge meerwärts und landet nach dem Flug über Moränen und Toteislöcher wieder auf dem Flugfeld. Versch. Rundflüge 145–275 €. Atlantsflug, ℡ 4782406, 8992532, www.atf.is.

Übernachten Bölti 5, oberhalb des Campingplatzes, Kochgelegenheit, im Haus Bilder aus kleinen Gesteinsbruchstücken. SSU im DZ oder in größere Zimmern, ISK 3500-4500. Derzeit kein Frühstück. ☎ 4781626, bolti123@gmail.com.

Fosshótel Skaftafell, großes Hotel mit adretten, aber eher anonymen Zimmern gegenüber der Tankstelle, 5 km vom Nationalpark; gern von Gruppen genutzt. Abendessen möglich. DZ ISK 31.000. ☎ 4781945, www.fosshotel.is.

Svinafell 7, mehrere kleine Hütten mit Stockbetten in hübscher Lage 8 km vom Park, SSU ISK 3400, daneben 1 EZ, 8 DZ und 1 TZ. Großer Aufenthaltsraum und Kochgelegenheit, Pulloververkauf. ☎ 4781765, svinafell@svinafell.com, www.svinafell.com.

Übernachten im Gebiet Öræfi Frost & Fire/Hof I (FH), ca. 20 km südöstl. von Skaftafell. Neben dem Bauernhof steht eine Torf-Kirche mit alten sakralen Gegenständen. 36 DZ mit/teils ohne Bad, ISK 19.000–24.000, teils im alten Schul- bzw. Gemeindehaus, teils in kleinen Hütten, teils im neuen Haus. Besonders erholsam ist einer Gletschergegend ist das Spa im Keller (Sauna und Hot Pot). Abendessen für die Gäste. Aufenthaltsraum mit Ledersofas und Kunstwerken. ☎ 4782260, hof@frostogfuni.is, http://icelandicspahotel.com.

Litla Hof (FH), neben Hof I, einfache Zimmer im EG des Farmhauses (1 EZ, 3 DZ, 1 TZ) und in einem weiteren Haus. DZ 14.800. SSU 4000. ☎ 4781670.

Camping Skaftafell, großer Platz bei der Bushaltestelle und dem Visitor Center, gute Sanitäreinrichtungen, bisweilen recht windig, Waschmaschine, Dusche für ISK 300. ISK 1050.

Svinafell, Waschmaschine und Trockner, Aufenthaltsraum und Kochgelegenheit. ISK 1000 inkl. Dusche.

🚶 Wanderungen

Ab dem Visitor Center (hier ist eine brauchbare Wanderkarte erhältlich) sind Wege verschiedener Länge eingerichtet. An Sommerwochenenden sollte man nicht mit abgeschiedener Ruhe rechnen. Allein zum Postkartenmotiv Svartifoss ziehen im Sommer Busladungen von Menschen, selbst bei trübem Nieselwetter. Als Trost wirkt das alte Gesetz: Je anstrengender die Wanderungen, desto einsamer wird es. Größere Wanderungen sollten beim Parkwächter angemeldet werden.

Zur Gletscherzunge (5) (1 Std.): Beliebter, einfacher Rundweg direkt ab Visitor Center, dazwischen ein rollstuhlgeeigneter Weg. Die Gletscherzunge weicht übrigens jährlich ca. 20 m zurück.

Zum Lavasäulen-Wasserfall Svartifoss („Aussichtsfels") **(6)** (1–2 Std.): Der Klassiker: Ein bestens präparierter und beschilderter Pfad führt vorbei an kleineren Wasserfällen bergan zum fotogenen Svartifoss, dem „schwarzen Wasserfall", der in sein basaltsäulenumrahmtes Becken plätschert. Vom Campingplatz dem Schild „Svartifoss 1,5 km" rechts den Hang hinauf folgen. Man passiert die Aussichtspunkte Hundafoss und Magnúsfoss und folgt dort dem Schild rechts zum Aussichtspunkt, der auf Augenhöhe mit dem Svartifoss liegt.

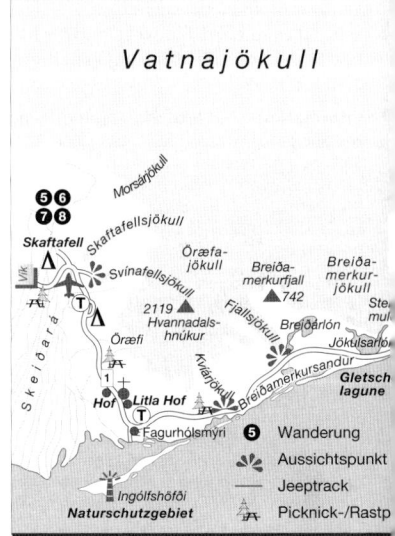

Von hier ist man in 3 Min hinabgelaufen ins Rund mit dem berühmten Wasserfall, das reich mit Farnen und Moosen bewachsen ist. Teile der „Lavaorgel" liegen umher. Entweder von hier den Weg zurück oder eine Rundtour gehen:

Svartifoss-Runde inkl. Aussichtspunkt Sjónarnípa (ohne besondere Schwierigkeiten, in Sjónarnípa oft starker Wind; insgesamt 2–3 Std.): Es lohnt, vom Svartifoss etwas weiter ostwärts zum Punkt *Sjónarnípa* zu marschieren, wo man einerseits auf die Spalten des Skaftafellsjökull herabblickt, andererseits im Süden die Sander und das Meer sieht.

Vom Wasserfall zurück nimmt man die Abzweigung links, um über Heide und Geröll zum Aussichtspunkt direkt über dem Gletscher zu gelangen. An der Bergflanke geht es über Heide und durch niedrige Birken zurück zum Campingplatz.

»» Unser Tipp: **Besteigung des Krístinartindar (7)** (1126 m, Kondition und gute Orientierung erforderlich, 7–8 Std.): Am besten geht man im Uhrzeigersinn von Sjónarnípa hinauf (4–4½ Std.) und von Sjónarsker wieder hinunter (3–3½ Std., z. T. unmarkiert). **«**

Wandermöglichkeit zum Eisfall am Morsárjökull (8) (für Erfahrene, 7–8 Std.): Man passiert das Gästehaus Bölti und erreicht das Morsárdalur, am rechten Rand folgt man der schrägen Schotterebene bis zum Gletscher bzw. zum Eisfall. Auf demselben Weg zurück.

Für Hochtour-Erfahrene Hvannadalshnjúkur-Besteigung: Für Eistouren auf den höchsten Berg der Insel ist gute Vorbereitung und starke Kondition Pflicht – ein Aufstieg ist nur in Begleitung zu empfehlen, z. B. mit Mountainguides oder Glacierguides, (ca. ISK 24.000.). 2000 m Höhenunterschied sind ab der Farm Sandfell zu bewältigen, ca. 15 Stunden sind bei voller Gletscherausrüstung für eine Besteigung zu veranschlagen. Eine andere Aufstiegsmöglichkeit besteht ab Kvísker. Die Wetterverhältnisse auf der riesigen Eismasse unterliegen extremen Schwankungen;

Die Eiswelt im Südosten → Karten S. 362/363 und S. 372/373

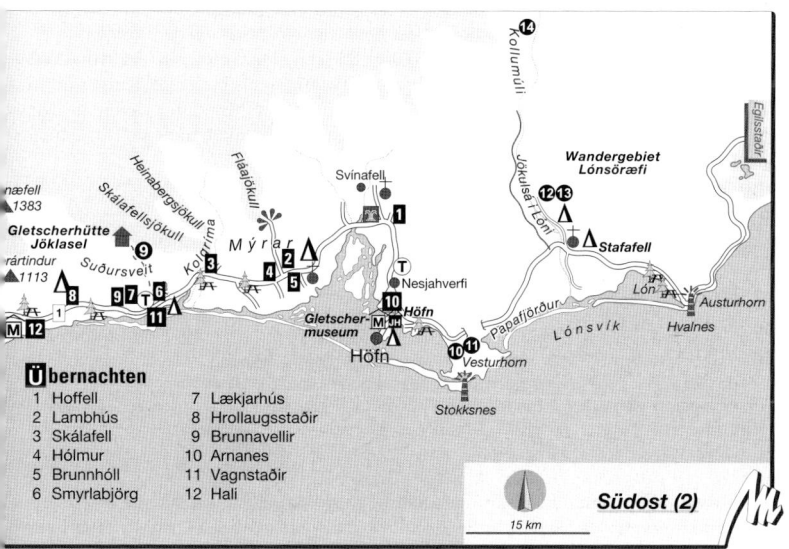

Übernachten

1 Hoffell	7 Lækjarhús	
2 Lambhús	8 Hrollaugsstaðir	
3 Skálafell	9 Brunnavellir	
4 Hólmur	10 Arnanes	
5 Brunnhóll	11 Vagnstaðir	
6 Smyrlabjörg	12 Hali	

Südost (2)

15 km

Wind, Wolken, Niederschläge verwandeln sowohl die Gipfelregion des Öræfajökull wie auch die landeinwärts folgenden Eisflächen schnell in eine frostige Schneehölle. Bei Nebel läuft man nur allzu leicht im Kreis.

Lassen Sie sich aufs Eis führen!
Gletscher„spaziergang" mit Pickel und Steigeisen, mehrmals täglich möglich und von zwei Firmen am Parkplatz angeboten. Die 2 ½-Std.-Tour (ca. ISK 6500) zu Svinafells- bzw. Falljökull ist für jeden Trittsicheren, der Wanderschuhe und Regenzeug dabei hat, einfach zu machen. Nur so erfährt man wirklich, was ein Gletscher ist, und kann sich die Dimensionen besser vorstellen. Achten Sie unterwegs auf die Moosknäuel auf dem Eis! Erfahrenere können eine längere Tour buchen. ℰ 5879999, www.mountainguide.is oder ℰ 5712100, www.glacierguides.is.

Die Eisbergseen

Ein Stück Grönland in Island. Kreischende Vögel kreisen über gleißenden Eisschollen. Fjallsárlón, Breiðárlón, Jökulsárlón und Stemmulón sind majestätische Eisbergseen unterhalb des Vatnajökull. Kaum ein Tourist lässt sich hier nicht zu einer Fotosafari hinreißen, sei es am Seeufer, auf der Brücke, am Strand bei der Mündung ins Meer oder in einem der Ausflugsboote.

Der gesamte Breiðamerkurjökull soll noch vor hundert Jahren bis ans Meer gereicht haben. Ab 1930 zogen sich die Gletscherzungen zurück und hinterließen eine fantastische arktische Urlandschaft mit unübersehbaren Moränenwällen. Das Präludium sind die Eisberge vor dem *Fjallsjökull*, die stumm auf dem Wasser inmitten einer rauen Schotterflächen treiben (Abstecher mit Pkw möglich, beschildert). 9 km sind es nun noch bis zum berühmtesten der Seen, dem *Jökulsárlón*, der übrigens in einer 3-Minuten-Sequenz im James-Bond-Film „Stirb an einem anderen Tag" von 2002 zu bewundern ist. Die Gletscherbruchstücke schwimmen als bizarr geformte und in unterschiedlichen Blautönen schillernde Eisklötze, an der Mündung zieren sie wie Kristallornamente den schwarzen Lavastrand, bei Nebel wähnt man sich in einem magischen Eispalast.

Mit dem Trecker durchs Watt zur Vulkanruine Ingólfshöfði
Vor dem Hintergrund der weißen Gletscherkappe liegt, vom Sanderland nur halbherzig abgespalten, die flache und über 1 km lange Felsinsel Ingólfshöfði. Vermutlich überstand Ingólfur Arnarson hier den ersten Winter auf Island (Gedenkstein von 1974). Viel mehr Bauten als den 76 m hohen Leuchtturm gibt es auf der Vulkanruine nicht zu sehen. Dafür torkeln Papageientaucher tapsig umher und Eissturmvögel nutzen die Nischen zum Brüten. Erkundigen Sie sich nach Touren mit Einar (ca. 2½ Std., bei Familien beliebt, Infos zu Vögeln und Geschichte. a. ISK 4000/Pers. ℰ 8940894, www.oraefaferdir.is).

In diesem Gebiet sollte man vor der Raubmöwe *(Skúa)*, die angriffslustig ihre Brutplätze verteidigt, auf der Hut sein. Abhilfe schafft ein harmloses Angriffsziel über Kopfhöhe, z. B. ein hoch gehaltener Wanderstock oder ein Stativ.

www.jökulsarlon.is

Wandertouren, 3–4 Std., ISK 9000, Info in der Cafeteria.

Zodiaktouren, am Westufer, ISK 9600. ☏ 8609996, www.icelagoon.com

Amphibientouren, 30- bis 40-minütige Runden mit ehemaligen US-Army-Booten (u. a. Jaki, Dreki und Klaki, eines davon war schon in Vietnam im Einsatz) zwischen Eisbergen und -schollen. ISK 3200. Tägl. 9–18 Uhr. ☏ 8940894.

Hin & weg Ab Skaftafell nach Jökulsárlón mit Reykjavík Exkursions. Verbindungen von/nach Höfn mit Sterna.

Übernachten/Essen Die Cafeteria verköstigt tägl. von 9 bis 19 Uhr all die Scharen von Hungrigen, die an der Lagune eintrudeln, mit Fastfood und einer Tagessuppe. Tipp: heiße Schokolade mit Rum und Waffeln. Wem das nicht reicht, bekommt hier auch Brennivín oder Whisky. Richtung Osten kommt nach 13 km das gemütliche Café/Bistro der Farm Hali (s. u.).

Camping Keine Wiese, nur Schotter. Campieren nur westlich der Brücke erlaubt!

Auf dem Weg nach Höfn durch die Gebiete Suðursveit und Mýrar: Bei der Farm *Hali* stößt man auf ein architektonisch gelungenes Museum (ISK 700, mit Café/Restaurant, s. u.) zur Erinnerung an den Autor Þórbergur Þórdarson (1888–1906), das sich zwar vornehmlich an Isländer wendet, aber auch bei ausländischen Touristen wegen der anschaulichen Nachbildungen zum isländischen Leben vergangener Tage Anklang findet. Die Kirche in *Brunhóll* ein Stück weiter war vorher auf zwei anderen Hügeln platziert. Gletscherschmelzwasser bedrohte die Kirche und schwappte über die Gräber – so wurde das Gotteshaus verlegt. Der Küste vorgelagert sind Sandbänke und Nehrungen. Etwa auf Höhe der Hornafjarðarfljót-Überquerung trotzt linker Hand die von zwei Gletscherzungen mit ihren Gletscherbächen umrahmte Farm *Svínafell* allen Widrigkeiten. Farbenprächtige Liparitberge, stellenweise bemoost, rücken als lange Bergreihe näher. Der plutonitische *Ketillaugarfjall* ist 668 m hoch. Angeblich ist hier *Ketillaug*, die Frau eines Bauern, mit einem Kessel voll Gold im Berg verschwunden.

Fotosafari am Meeresstrand

Aufs Glatteis: Auf den Gletscher zur Hütte Jöklasel: Die F 985, die mit Stoß-dämpfern, Achsen und Reifen ruppig umspringt, führt kurz nach der Tankstel-le steil gewunden als regelrechter geologischer „Lehrpfad" über 16 km am Skálafellsjökull zur überwältigenden Wunderwelt des Vatnajökull. Gut er-kennbar sind vor allem Gletscherschrammen und ein lang gestreckter Morä-nenwall, den die Straße quert. Kurz vor der Hütte lohnt es, die Böschung zum Gletscher hinabzusteigen, einen Schritt in das Eis zu wagen und dem aus der Ferne dringenden Gurgeln und Wasserrieseln, der „Sprache des Gletschers", zuzuhören. Von der Hütte aus kann man kleine Spaziergänge oder – beque-mer – Fahrten in einem Jeep oder Skidoo unternehmen. Die Palette der Licht-strahlen scheint hier oben in der Glanz- oder Nebelwelt eine ganz andere zu sein; oft wandelt eine orangefarbene Tönung das harte Weiß sanft ab. An nebligen Tagen hingegen sieht man nur grau und weiß.

Jöklasel, gemütliche gelbe Berghütte (gebaut 1991) am Rande des Vatnajökull auf 840 m Höhe. Tagessuppe und Salat am Büffet. Harte Drinks für Frierende. ✆ 4781000.

Tour: 9.30 und 14 Uhr Abfahrt an der Ringstraße (ISK 16.500) mit Skooter oder Jeep, einstündige Wandertour ISK 12.500. Reservierung angeraten. Glacier Tours, ✆ 4781000, 8943133, www.glacierjeeps.is.

Talwanderung (9) (4–5 Std., Karte S. 372/373): Technisch einfache Wanderung für Entdecker von Jöklasel zur Jugendherberge. Zunächst auf der Jeeppiste bis kurz nach der Brücke über einen Gletscherbach. Am zweiten See rechts abbiegen (gute Picknickgelegenheit) und am linken Ufer entlanggehen. Der Weg ist mit roten Stö-cken markiert, die allerdings von Schafen gerne zum Kratzen genutzt werden und dann „verschwinden". Man folgt der kleinen Schlucht, bleibt aber immer rechts oberhalb des Bachs und kommt so langsam hinunter in die Welt der Wiesen und des Meeres. Man geht nun talauswärts, immer links des Flusses auf Heideflächen, bis eine größere Felsnase erreicht ist. Links oben sind Strommasten zu sehen. Bie-gen Sie hier steil rechts nach oben und dort rechts ins neue Tal ein (nicht den Mas-ten folgen). Am Berghang kann man sich nun über Wiesen bis zur Ringstraße, vor-bei an einer Farm, durchschlagen.

Übernachten/Camping/Essen

Hali (FH) **12**, gute Lage, bei Þórbjörg. 3 Häuser an der Lagune, DZ ohne/mit Bad ISK 15.200/22.000. Cafeteria und Bistro, beliebt sind der Fisch von der Farm und das Lamm aus der Gegend. 13 km nach der Gletscherlagune. ✆ 4781073, hali@hali.is, www.hali.is.

Hrollaugsstaðir (FH) **8**, Zimmer im ange-nehmen Schul- und Gemeindehaus (SSU ISK 3800, meist in Viererzimmern, 2000 auf Matratzen, großer Aufenthaltssaal), und fünf Sommerhäuser (selber Preis). Mit Bett-wäsche ISK 5000/Pers. Kleiner Fußballplatz. Abendessen möglich. 22 km nach der Glet-scherlagune. ✆ 4781905.

Brunnavellir (FH) **9**, ca. 1,5 km nördlich der Str. 1, 24 km nach der Gletscherlagune. Mehrere nette Zimmer und angenehme At-mosphäre. SSU ISK 3900 in Ein- bis Dreibett-zimmern, DZ mit Bettwäsche ISK 10.500,

Frühstück extra. Küche für Gäste. Ca. 24 km nach der Gletscherlagune. ✆ 4781055.

Lækjarhús **7**, auf einer Anhöhe mit Meer-blick 1 km nördlich der Ringstraße, umge-ben von vielen kleinen alten Farmgebäuden mit dem typischen roten Dach; freundliche Zimmer. 3 DZ (ISK 10.500 ohne Frühstück, SSU möglich), 1 EZ. Küche. 26 km nach der Gletscherlagune. ✆ 4781517, laekjarhus@l aekjarhus.is, www.laekjarhus.is.

JH Vagnstaðir **11**, bei Jóna und Bjarni und Tochter Bjarney. Küche, Wintergarten in ei-nem gemütlichen Haus. In Meeresnähe, Seehunde an der Küste (Infos zum 1,5 km langen Spaziergang zum Strand in einer Mappe). Ideal für einen Ausflug nach Jökla-sel. 28 Betten. SSU ISK 3300/2700. Geöffnet 16–22 Uhr. ✆ 4781048. hofnhostel.is.

Smyrlabjörg (FH) **6**, malerisch am Berg gelegener Bauernhof mit 450 Schafen; große Anlage, Abendessensbuffet, im Restaurant gemütliche Sofaecke. DZ ISK 13.250 ohne, 22.500 mit Bad. ☎ 4781074, 📠 4782043, smyrlabjorg@eldhorn.is, www.smyrlabjorg.is.

Skálafell (FH) **3**, kleine Farm neben dem Gletscher. Familiäre, nette Unterbringung bei Þóra, 4 DZ ohne Bad ISK 14.500, 6 DZ mit Bad ISK 17.500 in kleinen Cottages. SSU auf Anfrage. Abendessen möglich. Verschiedene markierte Wanderwege ab dem Hof. Ein 4-Pers.-Häuschen. SSU ISK 3000. ☎ 4781041, http://skalafell.net.

Hólmur 4 (mit Hoftieren), auf einem Hügelchen 33 km vor Höfn, 6 Zimmer im Gästehaus, 2 Zimmer im Farmhaus, Kochgelegenheit, tolles Frühstück mit Pfannkuchen. Einfache Cafeteria im ehemaligen Kuhstall. Der „Zoo" umfasst Stalltiere und einige Vögel. Abendessen auf Vorbestellung. DZ ohne Bad mit Frühstück ISK 10.500, SSU ISK 3900. ☎ 4782063. http://www.eldhorn.is/mg/gisting.

Lambhús, 6 Häuschen für 4 bzw. 6 Pers., ISK 12.000 bzw. 15.000 als SSU. Die Besitzerin spricht Deutsch. ☎ 6621029, www.lambhus.is.

»»» Unser Tipp: Brunnhóll (FH) **5**, neben der Kirche von 1899, bei Jón und Sigurlaug. Jeden Morgen werden frische Pfannkuchen gebacken. Gäste sind gerne eingeladen, bei der Farmarbeit zuzusehen. Den Eingangsweg zieren zwei Walwirbel.

Tipp: Probieren Sie das Farm-Eis, unser Favorit ist Kokos-Lakritz. DZ ISK 21.300-23.400, ein behindertengerechtes Zimmer. ☎ 4781029, 📠 4781079. **«««**

Fosshótel Vatnajökull, 24 hübsche DZ und 3 TZ mit Bad 31.000, etwas teurer sind die Gletscherblick-Zimmer. ☎ 4782555, 📠 4784001, bokun@fosshotel.is, www.fosshotel.is.

Hoffell 1, 19 km vor Höfn, ansprechende Zimmer in renoviertem Haus von 1940, Gemeinschaftsküche, von Lesern sehr gelobt. Weitere Zimmer neben dem Farmhaus. DZ ohne Bad ISK 14.500. Hot Pots. ☎ 4781514, hoffell@hoffell.com, www.hoffell.com.

Camping in Hrollaugsstaðir (s. o.) ISK 1000, in **Vagnsstaðir** inkl. Dusche und Kochgelegenheit (s. o.) ISK 1000, in **Lambhús 2** am Ententeich mit Gletscherblick ISK 700, Dusche 300 (s. o.) oder in **Haukafell** (von der regionalen Wiederaufforstungsgesellschaft).

Übernachten kurz vor Höfn Hótel Edda Höfn, in Nesjahverfi vor Höfn in der ehemaligen Schule; bietet in gewohntem Edda-Stil in 45 Zimmern Gästen Unterkunft (meist Zimmer ohne Bad), auch SSU. Geräumiger Aufenthaltsraum, Abendessen. ☎ 4444000, http://hoteledda.is.

Árnanes (FH) **10**, 7 km vor Höfn, bei Ásgrímur, 4 Häuser, Restaurant. 9 DZ mit Bad ISK 23.500, 9 DZ ohne Bad ISK 18.800, SSU 4900. ☎ 4781550, 📠 4781819, arnanes@arnanes.is, www.arnanes.is.

Eis gefällig? – Zu den Gletscherzungen!

Drei Abstecher von der Ringstraße sind im Angebot, auch für Pkw: 8 km zum Heinabergsjökull oder 10 km zum Fláajökull. Der dem Gletscher vorgelagerte See erinnert, wenn dort Eisberge schwimmen, an Jökulsárlón – vielleicht etwas kleiner, auf jeden Fall aber ohne den dortigen Rummel. Vom See läuft man ca. 30 min. östlich um den See zur Gletscherzunge. Die 7,5 km lange Piste zum Hofsjökull ist bei niedrigem Wasserstand ebenfalls mit normalem Pkw zu befahren. Einen guten Blick hat man auch von der besuchenswerten *Bjarnanes-Kirche* kurz vor Nes, die im Stil eines Eistunnels erbaut wurde.

Höfn

("höbn", ca. 1650 Einw.)

Die Gletscherausstellung hier im Hafenstädtchen ist seit einigen Jahren die große Attraktion – neben den Hummerlokalen.

Die Geschichte Höfns begann erst vor etwas über einhundert Jahren: Als der Handelsort Papós, einen Fjord weiter, aufgegeben werden musste, erklärte Ottó Tulinius, der letzte Kaufmann, Höfn kurzerhand zum Handelsplatz und ließ dort sein Geschäftshaus 1897 wieder aufbauen. Das Haus steht noch heute und beherbergt das *Heimatmuseum*. Richtigen Auftrieb erhielt Höfn aber erst, als sein Hafen ausgebaut, 1974 die Ringstraße fertiggestellt wurde und der Ort Anschluss an den Westen des Landes erhielt. Östlich des Hunderte von Kilometern entfernten Þorlákshöfn liegt hier der einzige weitere Hafen an der Südküste. So gut wie alles dreht sich um den Fisch, was unschwer am großen bunten Hafen und an den Fabriken zu erkennen ist (Picknickbank vor einem alten Kutter). Touristen bietet der Ort gute Versorgungsmöglichkeiten.

Information/Internet In der Ausstellung, tägl. 10–21 Uhr. Soll vielleicht verlegt werden. ℡ 4781500, www.hornafjordur.is. Region: www.wow.is, www.vatnajökull.is.

Hin & weg Busse nach Reykjavík, Egilsstaðir und auf den Vatnajökull bzw. weiter nach Jökulsárlón (und zurück nach Höfn). Bushaltestelle ist die N 1-Tankstelle.

Versorgung Apotheke, Banken (Geldautomat im Supermarkt), Post, Supermarkt „netto" (Mo–Fr 10–19, Sa 10–18, So 12–18 Uhr), mit Bäckerei. Tankstellen an der Hafnarbraut (8–23 Uhr, z. T. mit Laden). Am Campingplatz Landkartenverkauf.

Hummer-Festival am letzten Juni- oder 1. Juliwochenende: traditionelle isländische Leckereien und Kunsthandwerk; Tanz, Turniere usw.

Schwimmbad Neuere Anlage, Hot Pots und Dampfbad, Mo–Fr 6.45–21, Sa/So 10–19 Uhr.

Übernachten Hótel Höfn, Pub und vorzügliches Restaurant, wunderschöne Lage am Wasser mit Blick auf den Gletscher. Terrasse. 68 renovierte DZ zu ISK 28.600 mit Bad. Víkurbraut, ℡ 4781240.

Gistihúsið Ásgarður, z. T. mit Hafenblick, hell und freundlich; Waschmaschine und Trockner. 36 Zimmer, DZ mit Bad ISK 19.500. Ránarslóð 3, am Hafen, ℡ 4781365. asgardur @eldhorn.is

Gistiheimilið Hvammur, direkt am Hafen. Ein weiteres Haus im Ort; ordentliche Zimmer, DZ ohne Bad ISK 14.500. Ránarslóð 2, ℡ 4781503, hvammur3@simnet.is, www. hvammurinn.is.

JH Nýibær, gemütliche, schöne Räume mit viel Holz, kleine Küche, Aufenthaltsraum, Waschmaschine. 34 Betten in Räumen mit 2–6 Betten; ISK 3400/2900. Hafnarbraut 8, ℡ 4781736.

Höfn Inn, in einem Zweckbau neben der Tankstelle; 12 mit Designelementen eingerichtete DZ mit Bad, ISK 20.500. Vesturbraut 3, ℡ 4781544.

》 Unser Tipp: Dynjandi, 7 km außerhalb, benannt nach dem Wasserfall hinter dem Haus; tolle Aussicht. Geführt von den freundlichen Pferdezüchtern Hanni und Tobbi (deutschsprachig), 4 ordentliche Zimmer, z. T. mit Stockbetten. Da es keinen Aufenthaltsraum gibt, wird das leckere Frühstück aufs Zimmer gebracht. Hot Pot im alten Silo geplant. Die Pferde stehen manchmal „zum Rasenmähen" nahe am Haus. DZ ohne Bad ISK 11.000, Frühstück ISK 1300, SSU 4000. ℡ 4781903/8453832, Dynjandi.123.is. 《

Camping Höfn, großer Zeltplatz am Ortseingang gegenüber der Bushaltestelle. Minikiosk (9–21 Uhr), überdachte Terrasse, Kochplatten, oft prall gefüllter Aufenthaltsraum. Waschmaschine und Trockner. ISK 1000, Dusche extra. Bungalows für ISK 10.000.

Hanni und Tobbi von Dynjandi haben an der Ringstraße Richtung Norden ein Zelt aufgestellt; dort gibt es kulinarische Leckerbissen wie Hummersuppe!

Essen Ósinn, im Hotel Höfn. Angenehme Atmosphäre und hervorragendes Essen, gekocht von Halldór, der auch ein Kochbuch verfasst hat. Besonders lecker: Hummer, z. B. „Höfn meets Asia" ISK 5500.

》 Unser Tipp: Húmarhöfnin, neben dem Pakkhús in einem Haus von 1936, dem ehemaligen Gemischtwarenladen. Hübsch und stilvoll, aber nicht elitär dekoriert. Die Besitzer haben sich bei der Eröffnung vor einigen Jahren von einem französischen Koch in die Finessen der Hummerzubereitung einweihen lassen. Der Hummer wird direkt vom Boot gekauft. Verwendung vieler Regionalprodukte. Exzellente Hummergerichte ab ISK 4600. 12–22 Uhr. Hafnarbraut 4, ✆ 4781200. «««

Hafnarbúðin, Imbiss zwischen den beiden Gästehäusern an der Ránarsloð, tägl. geöffnet.

Kaffi Hornið, hübsch eingerichtetes Holzhaus, serviert Kaffee und Kuchen, auch kleine Karte und Tagesgerichte, Tagessuppe. Tägl. 11–23 Uhr. Hafnarbraut 42.

Warum ist der Gletscher blau? Die Gletscherausstellung

Die hervorragend gemachte Ausstellung informiert gekonnt über Gletscher. Sehen Sie sich zu Beginn den 9-minütigen Film über den Ausbruch unter dem Eis von 1996 an. Sie werden verschiedene Wörter für Schnee und Eis kennen lernen, etwas über frühere Expeditionen und die Bewegungen des Eises oder der Erdplatten erfahren. Wem das noch zu langweilig ist, der kann sich mit actiongeladenen Mitschnitten vom Bond-Dreh vergnügen. Tägl. 10–19, ISK 1000. Mitten im Ort, direkt an der Hauptstraße.

Heimatmuseum: Kurz hinter dem Ortseingang steht auf der linken Straßenseite das sehenswerte Heimatmuseum mit alten Möbeln und Gegenständen. Es ist in dem ältesten Haus des Ortes, dem Handelshaus *Gamlabúð*, untergebracht, das 1864 im damaligen Handelsort Papós als Geschäft gebaut und von *Ottó Tulínius* 1897 zum neuen Haupthandelszentrum Höfn verlegt wurde. Es stand fast achtzig Jahre am Hafen, bevor es 1978 zu seinem jetzigen Standort gebracht, restauriert und kurz darauf als Museum eröffnet wurde.
Tägl. 9–18, kein Eintritt. Soll wieder in den Hafen verlegt werden.

Pakkhúsið: Ein kleines Schifffahrtsmuseum und bei der letzten Recherche ein Laden mit regionalen Nahrungsmitteln wie Forelle, geräucherter Makrele, Gänsefleisch, Schafskäse oder Kabeljauleber.
Mo–Fr 10–18, Sa 11–17 Uhr. Eintritt frei. Krosseyjarvegur.

Vestrahorn

Vor dem Tunnel unter dem Pass Almannaskarð (ehemals 16 % Steigung, Aussichtspunkt von der Nordseite) biegt eine Stichstraße ab zu einer Farm, bei der vor steilen Felshängen ein Wikingerdorf als Filmkulisse aufgebaut wurde, sowie zu einer Radarstation, in deren Nähe auf einem Strandspaziergang Seehunden ein Besuch abgestattet werden kann.

Café Viking, ca. 4,5 km von der Ringstraße aufgebaut in Containern; charmantes kleines Café von Ómar, Jeanette und dem Schauspieler Florian aus Berlin. Kuchen, Sandwiches und Tagessuppe. In der

Saison tägl. 9–21 Uhr. Von hier 10 Min. zum Wikingerdorf. Sommerhäuser geplant, Camping möglich (derzeit nicht für Zelte). www.vikingcafe-iceland.com.

🚶 Wanderungen

Spaziergang zum Wikingerdorf (10) (einfach, hin/zurück 60–90 Min.): Vom Café kann man zum Wikingerdorf laufen, das hier als Filmkulisse aufgebaut wurde. Ein Stück weiter stößt man auf alte Militärbaracken – z. B. am Strand hin, über den rauen Fahrweg zurück.

Spaziergang für Entdeckungslustige am Nordende des düsteren Vestrahorn (11) (Trittsicherheit auf Geröll erforderlich, ca. 1-2 Std.): Nach dem Tunnel rechter Hand dem Wegweiser „Fjörður" folgen, 2 km entlang der Küste fahren, vorbei an einem Hof und einem kleinen Autofriedhof bis zu einer Park-möglichkeit an einer Tafel, die über den ehemaligen Handelsort Papós infor-miert. Ab hier haben höchstens Schafe Pfade ausgetreten. Nach der Umrun-dung des Brunnhorns führt der Weg teils auf grünen Pfaden, teils über Ge-röll am Meer entlang, steil aufragend liegt nun das Vesturhorn zur Rechten, dessen Höhen von Vögeln umkreist werden. Manchmal sind auch Seehunde zu beobachten. Papós im Papafjörður ist nicht mehr zu erkennen; hier landeten nach gängiger Theorie vor der Besied-lung irische Mönche *(papar)*, die nicht dauerhaft siedelten und das Land wie-der verließen.

Achtung: Der Weg ist während der Brutzeit angriffslustiger Möwen keines-falls anzuraten, sonst wird es schnell gruselig! Evtl. soll vom Café auf der Südseite ein Shuttle zur Nordseite ein-gerichtet werden, sodass man das Vestrahorn halb umrunden kann.

Wandergebiet Lón/Lónsöræfi („lonsöreiwi")

Im Hinterland der Lónsöræfi, der Lónsbucht, zieht sich im Einflussbereich kleinerer Gletscherkappen eine abgeschiedene Wildnis mit Hochlandcha-rakter hinauf bis an den Vatnajökull. Die Gegend ist durch das Rhyolith-Ge-stein in ockerfarbenen, rötlichen, kupferfarbenen und bläulichen Schattie-rungen gefärbt. Von seinen Besitzern ist die Landschaft touristisch wenig erschlossen, dennoch ist sie nicht nur Wildnisfreaks zugänglich. Entweder wandert man ab dem mit Pkw erreichbaren Campingplatz oder – etwas länger – ab der Farm Stafafell in die Schlucht.

Am heute verlassenen Hof Þórisdalur lebte Þórdur Þorkelsson Vídalín (1661–1742), ein Naturforscher, der sich eingehend mit Gletschern auseinander setzte. Seine wegweisende Abhandlung über Eis und Eisberge erschien 1754 auf Deutsch in zwei Bänden des Hamburgischen Magazins. Nichtsdestotrotz galt er als Zauberer, der es mit jedem Geist aufnehmen und ihn aus der Gegend vertreiben konnte.

Bilderbuch-Geologie: Die Jökulsá ist ein mustergültiger Gletscherfluss. Kollumúli ist ein 3 bis 5 Mio. Jahre alter Zentralvulkan, etwa so wie Askja heute. Reste der ehema-ligen Caldera sind dort sichtbar, wo die Lava auffallend anders geneigt ist, ansons-ten ist der Vulkan nicht mehr zu erkennen, er ist wohl um 1000 m aberodiert. Wegen hoher geothermaler Aktivität finden sich im Wandergebiet allerlei bunte, pastellfar-bene Gesteinspartien, unterbrochen von dunklen Intrusionen, in Spalten nachge-drungener Lava.

🏃 Wanderungen/Trekking in der Lónsöræfi   (→ Karte S. 372/373)

Bunte Schlucht Hvannagil (12) (Tritt-sicherheit, leichte Furten in klarem Wasser, Furtschuhe und Handtuch mitnehmen. Nichts für mit einfacher Orientierung Überforderte, keine Pflöcke auf dem Flussschotter. 6 km, 1½–2 Std.): Wandern im Rhyolithge-biet: auf gelb-rötlichen Flussschottern inmitten rötlicher Berge hinauf zu einer bunten Schlucht.

Vom Campingplatz Smiðjunes (s. u.) auf dem Fahrweg hinab zum See (kann trocken liegen), dort links abzweigen auf den Fahrweg (unbeschildert). Man steuert direkt auf einen dunklen Berg zu (nicht unterwegs links auf eine Fahr-spur abbiegen), den man nach 1,3 km erreicht (evtl. Bachdurchquerung nö-tig). Es folgt eine Engstelle, eine Art Eingang in die Schlucht. Eine kleine

Felsnadel ist bald links zu sehen. Ca. 45 Min von hier entert man festes Land bei einem Birkenwäldchen und einer Wiese, ein idealer Rastplatz. Ein gut erkennbarer Pfad führt in rund 20 Min. bergan, halten Sie sich oben leicht links, um zu einem Aussichtspunkt zu gelangen. Von hier einfach den Weg zurückgehen. Wer möchte, kann bei der Engstelle rechts hoch gehen und an der Klippe entlanglaufen, was ggf. eine Furt spart.

Variante: Wer es sich zutraut und abenteuerlustig ist, kann auf dem Rückweg am Abzweig mit dem Fahrweg rechts abbiegen, um sich auf Pfaden zum Campingplatz durchschlagen; dazu immer am Hang links halten, bis man auf einen kleinen Sattel kommt. Dort rechts halten, man muss den richtigen Taleinschnitt erwischen und sich evtl. einen Weg durchs Birkengebüsch bis zum Zeltplatz bahnen.

Stafafell – Hvannagil (13) (Anforderungen wie oben; 5–6 Std.): Von den Stafafell-Häusern führt ein Wirtschaftsweg aufwärts (Gatter), an einem rotbraun gestrichenen Mast vorbei. Der Weg wird schmäler und verläuft rechts neben einem Bach. Bald wird der Weg zu einem Trampelpfad, der mit ihnen konkurrierend und sie kreuzend, neben etlichen Schafspfaden durch das Birkengestrüpp des unebenen Höhenrückens, auf dem auch Moose, Krähen- und Blaubeergestrüpp sowie Glockenblumen stehen, sich nach Nordosten windet. Die Markierungspflöcke stehen im Abstand von 20 m, sind aber z. T. umgefallen oder fehlen und man muss sehr aufpassen. Nach ca. 50 Min. steigt man durch ein tieferes Quertal, das Eilifsdalur, um nach weiteren 15 Min. vor der tiefen Klamm eines größeren Baches zu stehen. Sie führt hinab zum Gletscherfluss. Wir folgen ihr am rechten Rand aufwärts in Richtung eines Steinmannes, der am Hang des Selfjall gut zu sehen ist und passieren diesen links unterhalb, einer kleinen Talsenke folgend.

Zu dieser steigt das Bachbett auf, welches eine breitere Schotterfläche, spärlich bewachsen mit Alpenfrauenmantel, wildem Thymian, Krähenbeeren und Labkraut, bildet. Je nach Wasserführung sind ein bis zwei kleine Bäche, welche von rechts einmünden, zu überschreiten. Schließlich wendet sich auch der Lauf unseres Baches nach rechts zu einer kleinen, steilen Felsschlucht, in der er, vom Oberlauf herabfließend, einen gut sichtbaren, kleinen Wasserfall erzeugt. Wir gehen an der

Auf dem Weg zur Hvannagil

linken Talseite weiter in unsere bisherige Richtung. Nach insgesamt zwei Laufstunden stehen wir endlich an der fast Richtung Nord-Süd verlaufenden Schlucht Hvanngil; in einer Seitenschlucht steht eine bizarre Felsnadel, die bereits einige Male am Horizont als Wegweiser sichtbar war. Ab der Schlucht den Rückweg wie bei der oben beschriebenen Wanderung nehmen, allerdings ab Schluchtende sich links halten und nicht zum Campingplatz gehen, sondern auf dem Fahrweg zurücklaufen (Leserzuschrift).

Mit Jeep oder per pedes nach Kollumúli (14) (2 Tage): Ein herrliches Ziel

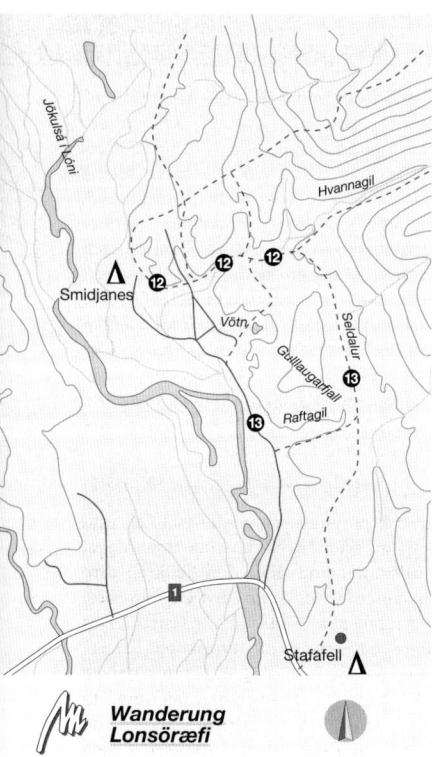

Wanderung Lonsöræfi

in äußerst isländischer Natur. Man kann auf einer Stafafell-Jeeptour von Süden dorthin gelangen, dort herumstreunen sowie übernachten und am nächsten Tag zurücklaufen. Erfahrene Trekker können von Norden auf einer deutlich härteren Tour hierher wandern (zu den Routen → Kap. „Hochland", S. 651) Ggf. nach den Überbrückungen über tiefere Gletscherflüsse in Stafafell erkundigen.

Ausrüstung/Information   Gute Schuhe sind Pflicht, die Gesteinsscherben und Kiesel sind an vielen Stellen feucht und rutschig, mitunter sind auch auf den kleineren Touren Bäche zu durchwaten. Wanderstöcke sind nützlich. Ausgedehntere Wanderungen in den einsamen Regionen sollten entdeckungslustige Abenteurer unbedingt mit professionellem Kartenmaterial (1:100.000-Karte Lón) durchplanen und vor Ort mit Kundigen besprechen (z. B. mit den hilfsbereiten, aber recht unkonventionellen Brüdern auf der Farm Stafafell, lassen Sie sich vom verfallenen Äußeren nicht abschrecken). Bleiben Sie auf empfohlenen Routen, erst vor einigen Jahren mussten zwei Deutsche aus einer Schlucht per Hubschrauber gerettet werden.

Ausflüge/Touren   Ggf. werden Jeep-/Busfahrten ab Stafafell angeboten.

Übernachten Stafafell, zwei Sommerhäuser und ein etwas in die Jahre gekommenes Haus im Jugendherbergsstil mit 40 Betten und heimeligem Aufenthaltsraum. ISK 2800, Kochgelegenheit. 31 km von Höfn, 200 m von der Ringstraße, ✆ 4781717.

Brekka, 4 freundliche moderne DZ mit Bad zu ISK 17.000 mit Frühstück bei Olga. ✆ 8493580.

Berghütten Zur Geldingafell- und Kollumúli-Hütte siehe Kap. „Hochland", S. 651.

Camping Camping Stafafell, Duschen vorhanden, ISK 700. Camping Smiðjunes: Ein kleiner Geheimtipp ist der lauschige kleine Campingplatz inmitten der bunten Berge in einer kleinen Zwergstrauchoase 6 km von der Brücke: Nach der Brücke über die Jökulsá Richtung „Grænalón" fahren, nach 4 km links abbiegen. WC, Wasser vor Ort, allerdings nicht zum Trinken freigegeben. ISK 600.

Der Türberg Dyrfjöll bei Borgarfjörður eystri

Die Ostfjorde

Alles strahlte jetzt in fröhlichem Sonnenschein. Nur an den Spitzen der Berge hingen noch einige Flocken von Gewölk. Die treppenartige Formation wurde schön dadurch gehoben, dass auf den vorspringenden Schichten Schnee lag, während die schroffen Abhänge, davon frei, ihre rötlichen oder schwärzlichen Wände sehen ließen. Nach dem Meere hin zeigten sich am unteren Saum der bläulichen Uferhügel zahlreiche kleine, nette Häuschen. Der spiegelglatte Fjord selbst war von Booten belebt. Eine scharf gezeichnete Pyramide, höher als alle anderen, trat schroff in die Bucht vor und verursachte eine Biegung derselben in fast senkrechtem Winkel. Von den Zinnen der Spitze dehnten sich größere Schneelager zu einer weiteren Spitze hin.

(Alexander Baumgartner, 1902)

Für Fjordliebhaber ist die gesamte Küstenstrecke paradiesisch, steile Flanken und Basalttreppen zur Linken, hin und wieder Schären oder Inseln zur Rechten. Vögel ziehen kreischend vor den zerfressenen Hohlformen und über den Schären ihre Kreise. Nördlich von Djúpivogur wird es einsamer, ab und an wird ein tapferes, orangefarbenes Leuchttürmchen oder ein verfallenes Farmhaus passiert. Der Schriftsteller Gunnar Gunnarsson bewunderte pathetisch die typischen Basaltschichten der um die 1000 m steil aufragenden Fjordflanken als „Stufengebirge, die oft wie Schiffsschnäbel gegen das Meer stehen, Steven bei Steven, eine versteinerte Riesenflotte". An manchen Tagen treiben graue Schleier sacht über das Wasser hin und Meer und Himmel unterscheiden sich nur in Farbnuancen. Wolken liegen dann bleiern auf dem Wasser oder umhüllen wie Wattebäusche die Fjordberge. Reißt der Nebel auf, weckt die Sonne grüne Töne von den Wiesen, und die Blechdächer der Fjordorte tauchen als rot-gelb-blaue Flecken am Fuß der Fjorde auf.

In keinem dieser Städtchen fehlt eine kleine Kaianlage, doch ist die Blütezeit des Fischfangs für die meisten Vergangenheit, und so ist der Sailor's Day, der Anfang Juni in den Fjordorten gefeiert wird, auch eine etwas nostalgische Veranstaltung. Wer es eilig hat, lässt vielleicht Eskifjörður und Neskaupstaður, die Außenposten der Fjordwelt, rechts liegen. Beide haben jedoch sehr interessante Museen und herrliche Schwimmbäder mit Bergblick. Die Abseitsposition wird zumindest für Reisende durch die spektakuläre Lage am Fuß hoher Bergkämme wettgemacht, auf deren hoch gelegenen Lavaterrassen selbst im Hochsommer Schneereste liegen.

Geologie: Die mächtigen Basaltschichten der Ostfjorde liegen heute weit entfernt von den aktiven vulkanischen Zone. Sie sind etwa so alt wie das Gestein der Westfjorde zur anderen Seite des aktiven Vulkanismusbereiches und um 5–10° geneigt. Diese Neigung erklärt die Schwerkraft: Nahe an der aktiven Vulkanzone konnten sich die Basalte mächtiger auftürmen, ihre größere Masse führte hier zu einem Absinken und letztendlich zu einer leichten Kippung jeweils zur zentralen Dehnungszone hin. Gletscher lösten im Laufe der Jahrmillionen die vulkanischen Kräfte ab; sie modellierten während der Eiszeit aneinander gereihte Meeresarme und präparierten so die bis über 1000 m hohen Bergrücken mit steil abfallenden Hängen heraus, von denen unzählige, die Basaltschichten einkerbende Bäche herabrinnen.

Tipps zur Region: Übernachten Sie in der Jugendherberge **Berunes** bei den liebenswürdigen Farmern Anna und Ólafur in (S. 390), in der alten Kirche in Stöðvarfjörður (S. 392) oder in der Jugendherberge in Seyðisfjörður (S. 400). **Camping** ist besonders idyllisch in Borgarfjörður eystri an der Elfenburg (S. 413), kleine, hübsche Plätze auch in Berunes (S. 390) und Stöðvarfjörður (S. 392). Besuchen Sie **das Franzosen-Museum** in Fáskrúðsfjörður (S. 392). Ein gutes Restaurant finden Sie im Hótel Framtíð in Djúpivogur (S. 388). **Borgarfjörður eystri** (S. 413) ist eines der schönsten Wander- und Trekkinggebiete Islands. Papageientaucher sind hier für jedermann einfach zu beobachten. An einem Sonnentag empfehlen wir einen **Bootsausflug** von Djúpivogur zur Insel **Papey** (S. 388). Verbinden Sie einen Abstecher nach Seyðisfjörður mit einer kleinen Wanderung auf **Skálanes** (S. 404), einem kleinen Naturparadies am Fjordausgang. Besonders reizvoll für Natur- und Pferdeliebhaber (und Familien) ist ein Aufenthalt in der **Jugendherberge Húsey** (S. 410) beim Deutsch sprechenden Örn nördlich von Egilsstaðir. Reiten Sie mit dem Pferd zu den Seehunden! Herrliche **Wanderungen** im Osten führen auf den Gipfel (markiert der Svartafjall bei Eskifjörður, unmarkiert auf den Berunestindur im Berufjörður), entlang von Wasserfällen (im Berufjörður oder in Seyðisfjörður) oder an die Küste (z. B. in Neskaupstaður zu Lavahöhlen oder bei der Jugendherberge Húsey bei Egilsstaðir zu Seehunden). Wer entdeckungslustig ist und abseits ausgetretener Touristenpfade ein bis drei Tage auf eigene Faust in der Einsamkeit wandern und trekken will (z. T. auf markierten Pfaden), dem sei die herrliche **Gerpirregion** bei Eskifjörður empfohlen (S. 396). Infos im Hotel Mjóeyri beim hilfsbereiten Sævar, der den „mittleren Osten" wie seine Westentasche kennt (vorher melden, er ist oft unterwegs). Regionale Wanderkarten sind nicht überall erhältlich, können aber auch in Deutschland geordert werden (s. u.).

Hin & weg Busverbindung von Höfn (N 1 gegenüber Camping) nach Egilsstaðir (Info/Tankstelle).

Austfjarðarleið bedient bislang die Strecke Egilsstaðir, Reyðarfjörður (Ólís), Eskifjörður, Neskaupsstaður (Ólís) und zurück 2-mal tägl., Sa 1-mal tägl., So keine Verbindung; www.austfjardaleid.is, ℡ 4771713.

Sterna fährt auf der Linie 9 von Höfn über Djúpivogur und Breiðdalsvík (Hotel) 1-mal tägl. nach Egilsstaðir (www.sterna.is).

Camping in Landmannalaugar ▲▲

Vulkanwanderung im Mývatn-Gebiet (Leirhnjúkur) ▲▲
Landmannalaugar ▲▲

▲▲ Bootsausflug in Grönland
▲ Geothermalgebiet Kerlingarfjöll

Holz ist wertvoll ▲▲

In den Ostfjorden ▲▲
Am Nordrand des Vatnajökull ▲

▲▲ Auf der Endmoräne mit Blick auf eine Gletscherzunge des Vatnajökull
▲ Am Gletschersee Jökulsárlón

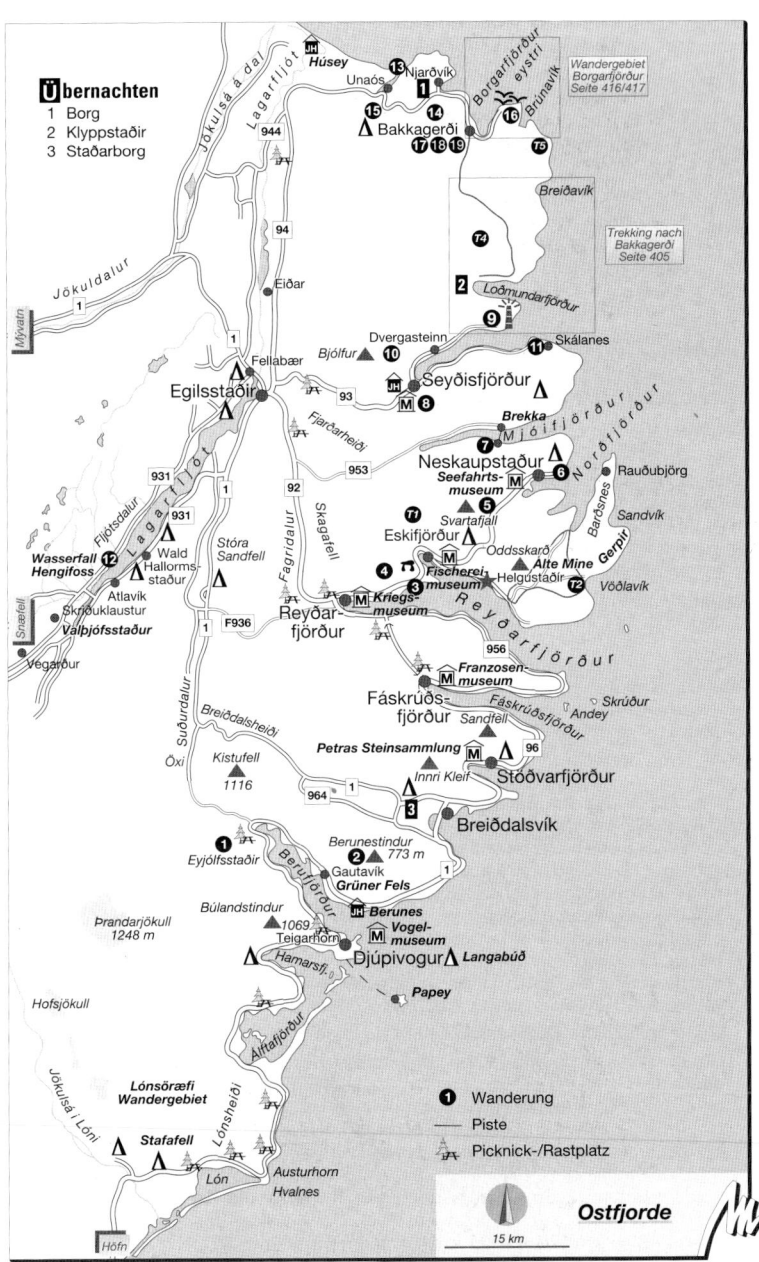

Übernachten
1 Borg
2 Klyppstaðir
3 Staðarborg

Wandergebiet
Borgarfjörður
Seite 416/417

Trekking nach
Bakkagerði
Seite 405

Die Ostfjorde → Karte S. 385

Ostfjorde

🧭 Wanderung
— Piste
🌲 Picknick-/Rastplatz

15 km

Sommerferien im Fjordnest

Verbindungen nach Seyðisfjörður und Borgarfjörður eystri siehe dort bzw. unter Egilsstaðir. Aktuelles im Internet, die Verbindungen ändern sich in den abgelegenen Regionen immer wieder.

Regionale Wanderkarten Die lokalen Karten sind i. d. R. im Breiðdalsvík im Hotel erhältlich, in Reyðarfjörður in der Herberge Hjá Marlín, in Eskifjörður im Gästehaus Mjóeyri und im Buchladen, in Egilsstaðir in der Touristinfo (diese verschickt die Karten bei Zahlung mit Kreditkarte auch nach Deutschland), in Seydisfjörður (Hotel Aldan) oder in Borgarfjörður (Álfacafé) und Ásbyrgi, aber leider nicht in jeder Touristeninfo: Für Húsey und Umgebung taugt die Karte Útivist í Vopnafirði. Die Ostfjorde decken die Wanderkarten Víknaslóðir (Hiking Routes in East Iceland I: Borgarfjörður bis Seyðisfjörður), Á Fjarðaslóðum (Hiking Routes in East Iceland II: Seyðisfjörður bis Reyðarfjörður) und Á Suðurfjörðum (Hiking Routes in East Iceland IV: Reyðarfjörður bis Berufjörður) ab.

Routenplanung bis Egilsstaðir: Von Süden kommend kann man über den Öxi-Pass direkt vom Berufjörður nach Egilsstaðir fahren (Str. 939, unterwegs herrliche Ausblicke auf Fjord und Wasserfälle, Passhöhe 532 m). Fast genauso schnell ist die Ringstraße über Breiðdalsvík. Die stillen Fjorde des Ostens erlebt man über die „Südfjord"-Route entlang der Küste. Ein neuer Tunnel erlaubt es, auch diese Strecke etwas abzukürzen. Lohnenswert sind die Abstecher bzw. Tagestouren in den Nordfjord mit den Städtchen Eskiförður und Neskaupsstaður oder gar in den einsamen Mjóifjord, von dem erfahrene Bergwanderer auch auf einer anspruchsvollen Bergtour per pedes nach Neskaupsstaður im Süden oder nach Seyðisfjörður im Norden gelangen können.

Routenplanung ab Egilsstaðir siehe Kap. „Egilsstaðir".

Streckeninfos/Tipps für Radler: Die Straßen des Ostens wurden weitgehend asphaltiert und sind gut zu befahren. Radlern wird der Wind zu schaffen machen, da er bei den Fjordumrundungen immer in einer Richtung Mühe abverlangt. Die Strecke 939 „Öxi" am Berufjörður ist überbrückt und sehr gut präpariert, aber immer noch steil und kurvig. Im Bereich der Ostfjorde gibt es viele gute Zeltmöglichkeiten entlang des Weges in kleinen Buchten, besonders fjordauswärts. Die Str. 92 ist zwischen Reyðarfjörður und Egilsstaðir für isländische Verhältnisse recht befahren. Nach *Borgarfjörður eystri* ist die Strecke nur teilweise asphaltiert, aber in sehr gutem Zustand.

Álftafjörður und Hamarsfjörður   (53 km)

Der erste der Ostfjorde eröffnet mit schwarzen Kies- und Sandstrandbuchten die aneinander gereihten Gletschereinschnitte. Von den überbordenden rötlichen Hängen lassen sich oberhalb unzähliger Klippen und Felsnischen die *Álftafjörður*-Felsinseln und die Sandbank Starmýrarfjörur überblicken; am Horizont ist die „Pfaffeninsel" *Papey* auszumachen. Schwäne (isl. *álfta*), haben ein ausgedehntes Revier in den lagunenartigen versandeten Gewässern. Hügelig geht es in den kurzen *Hamarsfjörður*, den „Steilklippenfjord". Bei Historikern wurde diese Gegend bekannt, als 1952 beim Hof Braggðavellir römische Kupfermünzen aus der Zeit zwischen 270 und 305 gefunden wurden. Dass womöglich ein römisches Schiff bis nach Island vordrang, hält die Wissenschaft gleichwohl für unwahrscheinlich. Kelten oder Wikinger könnten die Geldstücke aus Europa mitgebracht haben.

Camping im Hamarfjörður beim Golfplatz, WC, Kochplatte, Aufenthaltsraum. ISK 800/Pers.

Folgen Trolle Wegen?

Haben Sie sich nicht auch schon gefragt, ob die Halbwesen nicht so etwas wie ein Trottoir oder Stege bevorzugen, um von einem Ort zum anderen zu gelangen? Es gibt sie, die Trollgehsteige. Die unromantisch-nüchterne Betrachtung der Geologie spricht von *„dykes"*, in Gesteinsspalten geflossenes und erstarrtes Magma. Dieses Material ist oft härter als die Umgebung, sodass nach Verwitterung oder Meeresabtragung eine dunkle Mauer dieser „Gesteinsintrusion" übrig bleibt. Bei aufmerksamer Beobachtung sind in jedem Fjord Hunderte solcher Trollstege zu entdecken!

Djúpivogur und Papey   („djúpivór", ca. 350 Einw.)

Bunte, gepflegt-nordische Häuser kauern unterhalb des pyramidenförmigen Búlandstindur (1069 m), versteckt zwischen hügeligen Lavablöcken. Besichtigen kann man das alte Handelshaus „Langabúð" mit Café und Museum sowie die Insel Papey. Vogelbeobachter sind im Ort besonders willkommen: Sie erhalten eine Vogelübersicht, haben Zutritt zu einem Beobachtungshäuschen und können sich im kleinen Vogelmuseum über die lokale Vogelwelt informieren.

Seit dem 16. Jh. ist Djúpivogur („tiefe Bucht") ein Handelsplatz. 1589 wurden insbesondere Kaufleute aus Hamburg vom dänischen König berechtigt, hier Handel zu treiben. Der Hafen des Ortes lag früher nicht an der heutigen Stelle: Zur Zeit der Hanse war der Ankerplatz *Fýluvogur*, heute durch Verlandung vom Meer abgetrennt. Während des dänischen Handelsmonopols wurde der Osten Islands in drei Handelszonen unterteilt mit den Zentren Vopnafjörður, Reyðarfjörður und Djúpivogur. Hier durften nur Kaufleute aus Kopenhagen, Malmö und Helsingör Geschäfte tätigen. Bis 1920 hielten die dänischen Kaufleute den Handel in ihren Händen.

Ein Geschichtsdatum, das hier bis heute jeder kennt, ist 1627. Damals plünderten algerische Piraten den Ort; bekannt wurde die Aktion als „Türkenüberfall", bei dem

Die Ostfjorde → Karte S. 385

einhundert Menschen gefangen und neun getötet wurden. Für das Jahr 1703 wird nur von dreißig Einwohnern berichtet!

Insel Papey: Djúpivogur ist Ausgangspunkt für Ausflüge und Vogelbeobachtungstouren zum 2 km² großen Eiland Papey, das von vorgelagerten kleinen Inseln umrahmt wird. Die lange Geschichte der ehemaligen „Pfaffeninsel" ist mittlerweile in den Hintergrund getreten, die Vögel haben die Insel draußen vor der Küste erobert. Grabungen konnten die Vermutung, dass auf Papey zunächst irische Mönche hausten, bisher nicht erhärten. Später besiedelten Bauern die Insel. Früher sammelte man in der Seevogelkolonie Eier, 1000 Pfund Eiderdaunen im Jahr (!) und hielt Schafe – heute sind es nur noch um die 20. Das Haus des letzten Farmers Gísli, der 1900 die Insel kaufte, und eine Kirche aus dem Jahre 1817, die älteste und mit 16 m² kleinste Holzkirche des Landes, die zudem auf einem Schatz stehen soll, sind Zeugen des großen Gehöftes. Bis 1950 lebten hier 20 Leute, im Sommer 60. *Hellisbjarg* mit seinem Leuchtturm von 1922 ist der höchste Punkt der Insel (58 m).

Überfahrt   4–5 Std. Dauer, ISK 6000, Buchung im Hafen. Abfahrt der „Gísli" meist 13 Uhr (manchmal Zusatztour 15 Uhr). Auf der Insel findet eine geführte Wanderung statt (insges. 2 Std. auf der Insel), auch zu Papageientauchern (Juni bis Anfang Aug). ✆ 8661353/4788119.

Information/Internet   In der Langabúð, tägl. 10–18 Uhr. Infos für Vogelbeobachter.

Versorgung   Krankenstation, Alkoholladen, Bank (Geldautomat), Post, Automatentankstelle, Laden („Við Voginn", Supermarkt (10–18, Sa 10–16, So 12–16Uhr), Werkstatt.

Schwimmbad   modernes Freibad, Mo–Fr 7-20.30, Sa/So 10–18 Uhr.

Übernachten/Essen   Hótel Framtíð („Zukunft"), nahe am Hafen. Leser schwärmten vom gepflegten Ambiente. Vier Sommerhäuser. In dem hübschen, alten Handelshaus von 1905 ist heute ein exzellentes Restaurant untergebracht. DZ teils mit Bad, teils ohne, ISK 12.000–20.600 ohne Frühstück, DZ als SSU ISK 8500. Vogalandi 4, ✆ 4788887.

Langabúð, „laungabúð", Bar und Café, Tagessuppe mit Kaffee ISK 1350, selbst gebackene Kuchen, Kleina, Waffeln.

Við Voginn, einfacher Imbiss, Hamburger, Fisch, Sandwichs, Kuchen. Billardecke.

Camping   Djúpivogur, hübscher Platz im Ort mit etwas Windschutz. Waschmaschine und Trockner. ISK 950, Duschen extra.

Wo die Geister wohnen: Langabúð

Von 1818–1920 handelte die dänische Firma Örum & Wulf in Djúpivogur. Auch sie nutzte das Haus Langabúð, das heute auffällig rot leuchtet. Das Haus bestand zunächst aus zwei Häusern. Es wurde mehrfach umgebaut und diente mehreren Herren (auch als Schlachthaus, bis 1985 als Lagerhaus). Um Langabúð und seine Verwalter drehen sich mehrere Geschichten, nicht zuletzt wohnen mindestens zwei Geister auf dem Dachboden unter dem musealen Allerlei – sie lassen einen gerne auf der Treppe stolpern! Im Haus untergebracht sind ein Café, eine Trollwerkstatt und eine Ausstellung der Werke des Künstlers Rikarður Jónsson (1888–1977), auf den unter anderem auch das isländische Wappen zurückgeht. Zentrum der Ausstellung ist eine Sammlung von Köpfen isländischer Politikerberühmtheiten. Tägl. 10–18 Uhr.

Auf der Ringstraße nach Egilsstaðir

Die Strecke über die Breiðdalsheiði (Passhöhe über 400 m) ist wenig spektakulär. Bei Þórgrímsstaðir befindet sich immerhin ein 230 m hoher Wasserfall. Abwärts gerichtet schließt sich das Skriðdalur an und führt durch das Weideland von Þingmúli. In alten Zeiten hielten hier die Männer das Thing ab, was dem Verwaltungsbezirk den Namen Múlasýsla eintrug.

Der Fjord Berufjörður

Ein langer, felsiger Fjord mit schneeverzierten und stufenförmigen Berghängen, Schären und Inseln und dem eindrucksvollen Pyramidenberg Búlandstindur. Lediglich um die Farmen leuchten eingestreut hellgrüne Areale. Eine Wanderung für erfahrene Wanderer führt zum Berunestindur, gänzlich problemlos ist eine Wanderung im Wasserfall-Tal.

Im Winter liegt oft keine Schneedecke auf der Landschaft, die Temperaturen am Ufer sind bedingt durch den schwarzen Sand und viele Sonnenstunden relativ hoch. Die Schafe konnten meist das ganze Jahr über auf der Weide bleiben. Schafställe mussten so nicht notwendigerweise errichtet werden, der erste Farmer entschloss sich erst 1930 dazu. Ein typisch isländischer Fjord also: ein paar Schafe, wenig Besiedlung, oftmals Nebel und eine unruhige Küstenlinie. Allein der Name gibt Rätsel auf. Es ist nicht sicher, wer eigentlich Beru war – eine Wikingerfrau? Oder doch ein Trollweib? Oder eine Eisbärin?

Neben einer winzigen Kirche am inneren Fjordende wird hingewiesen auf das ebenso winzige Museum *Nönnusafn*, das geöffnet wird, sobald jemand kommt, und vor allem ausrangierte Alltagsgegenstände zeigt. Vielleicht können Sie noch den beiden Alten Bragi und Óskar bei der Sensenmahd zusehen. In *Gautavík* am Nordufer kann man auf Spurensuche nach mittelalterlichen Hafenanlagen gehen. 3 km vor Berunes und dort, wo die Straße den Küstensaum berührt (Strommast), ist am Strand ein auffallender grüner Fels zu bewundern, der *Flikruberg*. Sehenswert ist die alte *Kirche Berunes*, die 1874 errichtet wurde und vierzig Menschen Platz bietet. Wenn Sie Ólafur auf Berunes in einer ruhigen Minute erwischen, lassen Sie sich die Geschichte der großen Glocke erzählen. Das Altarbild der Hauptkirche Berufjörður über dem Eingang, dessen Original von 1686 im Nationalmuseum lagert, zeigt den Sieg des heiligen Ólaf über das Heidentum. Das heutige Altarbild stammt aus dem Jahre 1875.

🚶 Wanderungen   (→ Karte S. 385)

Wandern ins Tal der Wasserfälle (1) (einfach, 2–4 Std.): Ausgangspunkt ist der Wanderparkplatz am Hof Eyjólfsstaðir, am inneren Fjordende, 1,5 km oberhalb der Ringstraße. Wer will, kann schon ab dem Abzweig ein wenig am Fluss Fossá entlangkraxeln, um keinen der in allen Variationen über Basaltstufen hinwegspringenden Fälle auszulassen. Der Weg vom Parkplatz verläuft auf einer Jeeppiste und umrundet oft schöne Stellen, ein Stück hinter der Farm folgen zwei große Umfahrungen von bewirtschafteten Feldern (der Fluss schlängelt sich hier etwas geruhsamer in flacherer Umgebung). Gletscherschrammen zieren oberhalb der Abbruchkanten den felsigen Grund. Etwa

auf Höhe einer kantigen Schlucht *(Tröllagil)*, die in den über tausend Meter hohen *Nóntindur* hinauf reicht, liegen die Grundmauern der verlassenen *Farm Víðines*, wo seinerzeit eine Familie mit 17 Kindern lebte (bis hier 2–3 Std. hin und zurück). Wer die Augen aufhält, entdeckt überall im Tal Stellen mit Heidelbeeren oder schwarzen Krähenbeeren. Das Fossá-Tal kann man recht weit hinauf durchstreunen. Kehrt man langsam zurück, etwa dann, wenn man den Fjord überschauen kann, dauert die Wasserfall-Tour etwa die veranschlagten 3–4 Std.

Besteigung/Überschreitung des 773 m hohen Berunestindur (2) (ohne besondere Schwierigkeiten für Geübte, die

Die Ostfjorde → Karte S. 385

sich in freiem Gelände orientieren können. Nur bei klarem Himmel und guten Wetteraussichten! 5–7 Std.):

Von der Farm Berunes läuft man im Tal ein Stück fjordauswärts und besteigt den ersten Absatz der Fjordflanke neben einer kleinen Schlucht (markiert). Von hier muss man sich seinen eigenen Weg suchen, da der Farmer keine ausgetretenen Wege am Hang möchte. Fjordeinwärts gewinnt man an Höhe und erklimmt – sich rechts von einer Schlucht haltend – den Pass Lambaskörð. Von hier geht es entweder nach rechts auf den Gipfel und dann mehr oder weniger denselben Weg zurück oder aber nach Norden ins Krossdalur, das einen zur Ringstraße führt (dann zurücktrampen). Die Gipfelbesteigung dauert etwa 5–7 Std., die Umwanderung 7 Std. Aktuelle Infos in der Jugendherberge, dort hängt im Eingang auch ein Foto, auf dem man sich den Weg zum Gipfel zeigen lassen kann.

Übernachten/Camping Eyjólfsstaðir (nicht verwechseln mit der gleichnamigen Farm bei Egilsstaðir), SSU ISK 3000 im gemütlichen Gästehaus mit Charme vergangener Tage, mit Dusche, Aufenthaltsraum und Küche. 1,5 steile Kilometer oberhalb der Hauptstraße am Fjordende.

Campingmöglichkeit auf gemähter Wiese, ISK 500. Anmeldung im Farmhaus 600 m oberhalb bei Alda. ☎ 4788971/4788137.

》》Unser Tipp: JH Berunes, eine der schönsten Unterkünfte des Landes! Die Jugendherberge des liebenswürdigen Farmerpärchens Anna und Ólafur befindet sich im ehemaligen Farmhaus und bietet einen wunderschönen Blick über die Fjordlandschaft. Ein Wohnzimmer mit Büchern und Stereoanlage schafft Gemütlichkeit. 2005 erschien sogar ein siebenseitiger Artikel im isländischen „Schöner Wohnen" über das Haus von 1907! Nebenan ein sehr gemütlicher Aufenthaltsraum mit Internet, Holzofen und Prachtbildbänden über Island. Eine Strandrunde, ideal für einen ausgedehnten Abendspaziergang, wurde markiert. Gekocht wird auf Anfrage im altisländischen Stil nach Großmutters Rezepten. Zum Frühstück oft Pfannkuchen mit leckerer, selbst gemachter Marmelade (ISK 1500). Im Wohnhaus weitere Zimmer, Kochgelegenheit im Erkerzimmer. Ab ISK 2700/3200, DZ ISK 7600/8800 als SSU. Sommerhäuser für 2 bis 4 Pers. ab ISK 15.000. ☎ 8697227 und 4788988, berunes@hostel.is, http://berunes.is. 《《

Camping Berunes, im Birkenhain mit Küchenraum, Waschmaschine. ISK 1000, Duschen extra.

Breiðdalsvík

(ca. 140 Einw.)

Der junge Ort mit seinen wenigen Einwohnern wirkt unauffällig, bei näherem Hinsehen gibt es doch etwas zu entdecken – sofern man Zeit hat, ein wenig herumzustreunen, z. B. zu Fuß zu den Wasserfällen Beljandi und Flögufoss im Hinterland oder zu Pferd in der Umgebung.

Im Jahr 1883 durfte ein Laden eröffnet werden, und Schiffe konnten den Hafen anlaufen. In den 1940er Jahren setzte ein Wachstum der kleinen Stadt ein. Im alten Warenhaus „Gamla Kaupfélagið" von 1906 kann man sich eine gute, kleine Ausstellung zur Geologie und Geschichte ansehen und dem ein oder anderen Geologen über die Schulter sehen, wenn hier ein Forschungsprojekt durchführt wird (kostenlos, tägl. 11–18 Uhr). Zum Aufwärmen ist die Cafeteria im Handwerkshaus daneben ideal (tägl. 10–18 Uhr).

Die Berghänge der Umgebung und Felsen sind auch hier dicht mit Geschichten von Piraten und Riesen verwoben. Fjordauswärts fand man bei der Farm Snæhvammur Gräber; die tausend Jahre alten Beigaben lagern heute im Nationalmuseum. Der Fjord ist voller Inseln, belagert von faulen Seehunden und aufgeregten Seevögeln. Das Inselchen *Gunnhildarey* ist, so erzählt eine Legende, nach einer Frau benannt, die hier auf einem Treibeisblock entkräftet strandete.

Information In der Cafeteria „Kaupfjela-
gið" oder im Hótel Bláfell. Gelegentlich
werden geführte Spaziergänge angeboten.

Versorgung Bank (kein Geldautomat), Post,
Supermarkt, Tankstelle, Werkstatt ✆ 4756616.

Kraftakeppni: ein Kräftemessen am
2. Wochenende im August.

Fahrradverleih im Hotel.

Schwimmbad neues Bad mit Hot Pot,
über Mittag geschlossen.

Übernachten/Essen/Camping Hótel
Bláfell, mit viel Holz renoviertes charman-
tes Hotel mit Restaurant, Bar, bequemem
Aufenthaltsraum mit schweren Ledersofas.
Sauna. Im Restaurant lokale Produkte, ty-
pisch isländische Gerichte wie Plokkfiskur,

beliebt und viel gelobt ist die Fischsuppe
zu ISK 1900. 25 Zimmer, das DZ ISK 19.900.
Sólvellir 17, ✆ 4756770, info@hotelblafell.is,
www.blafell.is.

Café Margret, ca. 2 km nordöstlich, bei der
Deutschen Margret, herrlicher Fjordblick,
Terrasse. Eingerichtet in altdeutschem Stil,
ungewohnt nobel. Bilder von Pétur Beh-
rens. Tägl. 9–23 Uhr. Vermietet auch Zimmer. ✆ 4756625.

Hotel Staðarborg (FH) **3**, eine ehemalige
Schule. Abendessen. Hot Pot, Sauna. An-
geln im zugehörigen See, Fahrradverleih,
Fußballfläche. 24 DZ à ISK 16.800, 5 EZ mit
Bad. SSU ISK 5000. 6 km vom Ort. ✆ 4756760,
stadarborg@simnet.is, www.stadarborg.is.

Camping am Hotel kostenlos (Wasser, WC,
Windschutz vorhanden), zudem in **Staðar-
borg** auf einer kleinen Wiese neben der
Straße möglich.

Stöðvarfjörður

(ca. 200 Einw.)

**Das Fossil isländischer Minimuseen wird im ansonsten verschlafenen Fjordort
jedes Jahr von Tausenden besucht: Petras Steinesammlung, ein von bunten
Steinen überbordender Garten und ein Haus prallvoll mit Gesteinsregalen.**

Der Ort wird auch unter dem Namen *Kirkjuból* zitiert, und auch er konzentrierte
sich natürlich auf Fischfang und -verarbeitung. Vor dem Kirchenbau 1925 war das
einzige herausragende Ereignis die Eröffnung des Ladens 1896. Nach der Schließung
der Fischfabrik sah es im Ort trübe aus – in Zukunft soll sich jedoch einiges tun,

Die Ostfjorde → Karte S. 385

Nachwuchsgeologen erkunden die Fjorde

geplant ist ein Künstlerzentrum in der alten Fabrik. Eine interessante Galerie von Rósa und ihrer Familie gibt es jetzt schon (Fjarðarbraut 42).

Versorgung Geldautomat, Post, Tankstelle (nur mit Karte), zwei Bistros/Pubs (tägl. geöffnet).

Schwimmbad Outdoor, Hot Pot.

Übernachten Kirkjubær, SSU im Obergeschoss der alten, blauweißen Kirche (ca. 10 Pers.) – urgemütlich, Küche gegenüber dem Altar. ISK 3500. ✆ 8923319.

Steinn, moderne Zimmer im alten Beton-Supermarktgebäude (auch EZ und Familienzimmer), DZ ISK 13.500 mit Bad ohne Frühstück. Cafeteria nebenan. Fjarðarbraut 41. ✆ 5113055, kaffisteinn.simnet.is.

Camping Stöðvarfjörður, links am östlichen Ortsende, bei einem für isländische Verhältnisse lauschigen Park. Waschbecken, Toiletten; kostenlos.

Petras Steinsammlung: Eine schier unendliche, exzessive Mineraliensammlung ziert das rote Haus „Sunnuhlíð" an der Hauptstraße, das die private Steinsammlerin Petra Sveinsdóttir im Laufe von Jahrzehnten mit ihren Sammelstücken anfüllte. In der Wohnung stehen ausgestopfte Vögel neben Schwefelkristallen, Onyx und Jaspis, aus ihrem Garten machte sie einen schier erschlagenden Steingarten, sogar die Salatköpfe wachsen in Kieselsteinbeeten. Auch im hohen Alter zog sie noch aus, um in den Bergen schöne Steine nur ihrer Ästhetik wegen zu finden – mittlerweile hat die Familie die Aufsicht übernommen. Man muss kein Mineralienfreak sein, um hier gern einen Stopp einzulegen!
9–18 Uhr, ISK 700. Eine Thermoskanne Kaffee steht im Garten bereit; tägl. mehrere Busgruppen. Fjarðarbraut 21, ✆ 4758834, www.steinapetra.is.

Der Franzosenfjord Fáskrúðsfjörður   (ca. 660 Einw.)

Der „Fjord von Skrúður" ist mit 16 km einer der tieferen der in die Basaltstufenberge hineingefressenen Gletscherfurchen und hat zwei Attraktionen: die Franzosentage Ende Juni und ein Museum zur Franzosenfischerei. Sogar die Straßen sind zweisprachig ausgeschildert.

Die Fjordflanken bilden über 1000 m hohe Lavaschichten und lassen die Häuser tief unten am Meeresufer mit ihren farbenfrohen Dächern fast ein wenig verloren und hilflos aussehen. 1890 erlangte die Siedlung, auch *Buðir* genannt, den Rang eines Handelsortes, kaum verwunderlich bei diesem vorzüglichen Naturhafen, der die Basis zu Fischfang und -verarbeitung lieferte.

Hier werden Franzosen glücklich gemacht

Der Frisör Albert Eiriksson entschloss sich, Erinnerungen für alle zugänglich zu machen und trug einige Artefakte aus der Zeit der Franzosenfischerei zusammen, z. B. aus dem französischen Hospital von 1903, das auf der Südseite des Fjords stand und nun im Ort aufgebaut werden soll. Die Alten im Ort erinnern sich noch heute an die Biskuits aus der weiten Welt, sie tauschten gerne Wolle gegen Alkohol. 1825–1914 kamen 5000 Franzosen jedes Jahr zum Fischen. Genauso viele starben seit 1825 hier im Nordatlantik! Werfen Sie einen Blick in die drei Briefe von C. Olivier aus dem 19. Jh., die sein Enkel 2005 hierher brachte. Sehenswert ist auch der Dokumentarfilm.
Tägl. 10–17 Uhr, ISK 600. Ein Faltblatt mit Hinweisen zu einem Ortsrundgang ist im Museum erhältlich. Umzug ins alte Konsulhaus geplant. Buðavegur 8.

Geologie: Auf der Südseite der vom Gletscher eingeschliffenen Bucht gibt der 773 m hohe *Sandfell*, ein rhyolithischer Lakkolith-Kegel, den rötlich-gelben Gegenpol zu den grünlichen Basaltstufen ab. Es handelt sich um ursprünglich in der Tiefe erstarrtes Magma und damit um einen Plutonit, der später durch Erosion freigelegt wurde.

Ein Blick auf die Inseln Skrúður und Andey: Östlich des Kirchleins Kolfreyjustaður ragt Skrúður 161 m hoch aus den kalten Fluten, verschiedene Vogelarten nisten auf dem grasbedeckten Felsen, insbesondere eine bemerkenswerte Basstölpelkolonie. Auch soll es dort eine Höhle geben, die mit der Welt der Riesen in Verbindung steht. Andey ist eine „Eiderenten-Insel"; deren Daunen waren lange Zeit eine lukrative Erwerbsquelle für die hiesige Bevölkerung.

Versorgung Apotheke, Bank, Post, Supermarkt am Skólavegur 59, Tankstelle mit Imbiss.

Schwimmbad Hallenbad, Skólavegur 41.

Übernachten Ein neues Hotel ist geplant.

Hotel Bjarg, nur teilrenoviert, DZ ISK 16.500. Skólavegur 49. ℡ 4751466, www.hotelbjarg.is.

Camping Fáskrúðfjörður am westlichen Ortsrand an einem Bächlein, gratis, WC, Wasser, Bänke, etwas Windschutz.

Essen/Café Kaffi Sumarlína, freundliches Bistro mit Terrasse und Hafenblick am westlichen Ortsende. Kuchen, Hamburger, Fisch, Pizza. Gegenüber steht ein Schiff, das der Schiffbauer des Ortes zusammengezimmert hat. Tägl. 10–23 Uhr.

Alutown Reyðarfjörður

(ca. 1100 Einw.)

Der Ort am längsten Fjord im Osten (30 km) ist heute von Lagerhallen und Arbeitersiedlungen übergeprägt. Im Zweiten Weltkrieg war hier ein Stützpunkt der Alliierten. Mit dem Niedergang der lokalen Fischerei verfiel die ganze Region in Lethargie – viele sahen die Erlösung in der von Naturschützern bekämpften, groß dimensionierten Aluminiumhütte *Fjarðaál*, für die im Hochland eigens ein riesiger Staudamm angelegt wurde. Kritik an dem umweltzerstörenden Projekt hört man hier in der Gegend kaum, zumal knapp tausend Arbeitsplätze geschaffen wurden und über eine Mrd. US-Dollar investiert wurde.

Information Infos unter www.fjardaby ggd.is. Bei Drucklegung keine Touristeninfo. Gut berät das Gästehaus Hjá Marlín.

Versorgung Apotheke, Post, Banken (Geldautomat), Supermarkt (tägl. 11–18 Uhr), Tankstellen.

Autowerkstatt Búðareyri 33, ℡ 4741453.

Übernachten/Essen/Kneipe Campingplatz am Entensee, Dusche, Windschutz, allerdings an der Hauptstraße gelegen, gratis. **Café Kósý**, neben dem **Tærgesen**, Wochenend-Pub.

Tærgesen, altes Haus mit bewegter Geschichte, Lunchbüffet. 4 EZ, 13 DZ ohne Bad je ISK 12.000 in einem Haus von 1870. Buðargata 4, ℡ 4705555. www.taergesen.com.

≫ Unser Tipp: JH Hjá Marlín, Café und Gästehaus, bei der deutsch sprechenden Belgierin Marleen, die im Café belgische Waffeln mit leckerem Sirup anbietet. Etwas versteckte Lage, der Weg ist jedoch gut ausgeschildert. SSU ISK 4200/3700 im alten Haus und in zwei Häusern auf der anderen Straßenseite, eines mit sehr geräumigem Wohnzimmer und Küche. Die Besitzerin gibt Tipps zu einem halbstündigen Abendspaziergang zu einem Wasserfall an der Búðará. Wanderinfos über den Sohn des Besitzers, ein leidenschaftlicher Speedbergsteiger. Wanderkartenverkauf. Abends im Restaurant frischer Fisch. Jeeptouren in abgelegene Gebiete möglich. ℡ 8920336, bakkagerdi@ simnet.is, http://en.bakkagerdi.net. ≪

Kriegsmuseum: Dieses Museum neben den alten Krankenhausbaracken möchte die Lebensumstände der Bewohner in Kriegszeiten darstellen. Ein wenig befremdlich ist es für Mitteleuropäer, aus welcher Perspektive in diesen Gebäuden der

Die Ostfjorde → Karte S. 385

Zweite Weltkrieg abgehandelt wird. Der Schwerpunkt liegt nicht auf den Gräueln des Krieges, sondern auf den Erlebnissen der Isländer mit den fremden Soldaten, wie sie sich in den Orten benahmen, was man von ihnen lernte und wie sie ihre Stützpunkte befestigten.
Tägl. 13–18 Uhr, ISK 500. ✆ 4709063.

🥾 Wandertipps　　　　　　　　　　　　　　　　(→ Karte S. 385)

Kap Hólmanes (3) (1–2 Std.): Die Landzunge zwischen Eski- und Reyðarfjörður ist als Naturschutzgebiet deklariert. Wer Zeit hat, kann umherstreunen, Seevögeln beim vielstimmigen Lärmen beobachten und den Blick über den Meeresarm genießen. Bei Drucklegung wurde ein neuer Parkplatz gebaut.

Gipfelglück am Hólmatindur (4) (mittelschwer, Trittsicherheit; nur für Erfahrene, 6–7 Std.): Die mühselige Besteigung dieses Gipfels (985 m) ist am besten ab dem Steinhäuschen gegenüber der Aluschmelze in Angriff zu nehmen. Der krönende Eintrag ins Gipfelbuch kann nach ca. 3–3½ Stunden erfolgen. Wir freuen uns über Erfahrungsberichte! Orientierung im Gelände nötig, da unmarkiert. Nur bei gutem Wetter, bei Nebel geht man leicht verloren! Infos im Hjá Marlín einholen.

Weiterfahrt nach Egilsstaðir auf der Str. 92 (31 km): Ein langer, aber landschaftlich reizvoller Aufstieg durch das „schöne" Tal *Fagridalur* geht in eine flache Passhöhe über. Später erscheinen vereinzelt Krüppelbirken und man überblickt Egilsstaðir und das Schwemmland des Sees Lagarfljót, der in die breite Bucht Héraðsflói mündet.

Abstecher nach Eskifjörður ...　　　　(ca. 1040 Einw.)

Dicht an die Wasserlinie unterhalb der zerfurchten Fjordflanken liegt der sympathische Fischerort mit seinen hölzernen Stegen und dümpelnden Booten. Besuchen Sie das liebevoll hergerichtete Fischereimuseum und das knallrote Heringshaus, dessen Obergeschoss mit seinen alten, unglaublich einfachen Arbeiterunterkünften seit 1940 quasi unberührt ist.

Alte Anwesen und bunt gestrichene Häuser lassen sich bei einem Spaziergang vor allem am Ortsende entdecken, dort, wo Walknochen ein Tor bilden. Vom Hafen operieren heute noch größere Schiffe, deren Fänge zu Fischmehl und -öl verarbeitet werden. Die vorgelagerte Insel *Seley* war eine Fischereistation, ist aber seit der ersten Hälfte des 20. Jh. unbewohnt. Wenige Kilometer weiter bei *Útstekkur* war ebenfalls eine alte Handelsstation, man sieht allerdings nur noch kümmerliche Reste.

Die Imposanz des gegenüberliegenden *Hólmatindur* (985 m) hat Schattenseiten: Wenige Sonnenstrahlen erreichen die Häuser am Talboden. Kaum ist der kurze Sommer vorüber, lastet die stete Lawinengefahr über der Siedlung. Doch ist der Ort vor größerem Unglück beschützt: Dies versichern zumindest die zuversichtlichen Bewohner, denn als im 17. Jh. nordafrikanische Piraten in die Nähe kamen, vermochte es eine Magierin, Nebel zu zaubern, sodass diese Eskifjörður nicht fanden. Als die Magierin starb, wurde sie zwischen Eski- und Reyðarfjörður begraben. So lange ihre Knochen dort ruhen, werde sie als Schutzgeist dienen, so die Sage. Als im Zweiten Weltkrieg ein deutsches Flugzeug kam, zerschellte es nahe Krossanes und konnte keinen Schaden anrichten.

Blick auf Eskifjörður

Versorgung Apotheke, Bank, Post, Supermarkt, Tankstelle mit Imbiss (8–23, So ab 10 Uhr), Werkstatt.

Schwimmbad Outdoor-Pool mit Hot Pots am Westende des Orts.

Übernachten ⟫⟫ Unser Tipp: Gästehaus Mjóeyri, („kleine Bucht"), liegt am Ortsende auf einer winzigen Landzunge mit Leuchtturm, von den Besitzern Berglind und Sævar aufmerksam geführt. Der Besitzer ist Wanderexperte! Empfehlenswert auch aufgrund des Hot Pots, der in ein Boot eingebaut wurde. Sauna geplant. Auf der Seeseite des Hauses werden Sie ein Grab entdecken ... hier liegt der letzte Enthauptete Ost-Islands von 1786. 5 Zimmer im alten Haus von 1895, DZ ISK 11.000, 5 hübsche Cottages für 4 Pers. zu ISK 18.000. SSU ISK 2000 in der Garage in Stockbetten. Abendessen im privaten Wohnzimmer. ✆ 4771247 oder 6986980, mjoeyri@vortex.is, www.mjoeyri.is. ⟪⟪

Camping Eskifjörður, einer der wenigen Plätze in Island, wo man sein Zelt unter Bäumen aufschlagen kann. Im Park am Ortseingang nahe der Straße, mit Dusche, gratis.

Essen Kaffihúsið, Pizza, Tagessuppe (auch im Brot serviert), Hamburger, Außenbereich. DZ ohne Bad ISK 11.900 ohne Frühstück. Tägl. 10–22 Uhr, Fr/Sa länger. Strandgata 10, ✆ 4761150.

⟫⟫ Unser Tipp: **Randulffs seahouse**, altes rotes Heringshaus, das seit 1940 für lange Zeit verschlossen war und erst vor kurzem wieder genutzt wird – im Obergeschoss ist noch alles so, wie es damals verlassen wurde: die schlichten Unterkünfte, simple Gerätschaften und kratzige Kleidung. Unten trennt nur der teerige Holzboden vom Meer. Früher wurde hier der Hering verarbeitet, die Abfälle wurden durch die Klappen im Boden entsorgt. Heute sitzt man hier unheimlich urig und genießt Rentier (ISK 2800) oder frischen Fisch (ISK 2500). Empfehlenswert als Vorspeise ist mariniertes und geräuchertes Rentierfleisch mit Blaubeerdip. 1,1 km nach dem Abzweig der Str. 92. Tägl. 17–21 Uhr. ✆ 4771247. ⟪⟪

(Marginalie rechts) Die Ostfjorde → Karte S. 385

Sehenswertes

Fischereimuseum: Im Eingangsbereich des alten Handelshauses der Firma *Örum & Wulf*, 1816 errichtet und bis 1905 in Betrieb, stapeln sich in den Regalen eines nachgebauten Kaufmannsladen Waren und Utensilien aus früheren Zeiten. Im Hauptsaal steht der Fischfang im Mittelpunkt. Walfang war ein Teil des Fischerlebens, die Nachbildung der ehemaligen Walfangstation Hellisfjörður (1904–1913 in Betrieb) gibt den historischen Hintergrund zu den Ausstellungsstücken, die die Zeit des Walfangs illustrieren – und sei es mit dem Zahn eines Pottwals. Ebenso wird der Erwerbszweig der Heringfischerei im Osten durch Fotos illustriert und mit Netzen, Pökelfässern und anderen Gebrauchsgegenständen veranschaulicht. Alle Fischerboote des Ortes ab 1862 sind mit Bild aufgelistet. Eine Ecke mit Ausrüstung zum Haifischfang rundet das hervorragend aufgemachte Museum ab. Ein ansehnliches Heimatmuseum empfängt den Besucher im ersten Stock. Oberhalb der Treppe sind u. a. Geräte zur Bonbonherstellung (zuletzt 1936 benutzt) oder Klinikinventar zu sehen, eine Abteilung beherbergt die bis 1960 benutzten „Folterwerkzeuge" eines Dentisten. Außerdem ist im Obergeschoss ein Modell der Stadt des Jahres 1923 (damals mit nur 630 Einwohnern) aufgebaut. Vor dem Haus liegen ein 200 Jahre alter Anker, eine Schiffsschraube und Tiegel zum Sieden von Lebertran. **Sjóminjasafn**: Tägl. 13–17 Uhr, ISK 500. Strandgata 39b, ✆ 4761605.

Die doppelte Strahlenbrechung – Zur Doppelspat-Mine: Über drei Jahrhunderte lang wurde Doppelspat abgebaut. Dessen Kristalle brechen Licht so, dass durch sie alles zweifach erscheint. Ein Bergwerk ist hier nicht zu sehen, wohl aber kleine Bruchstücke mit glitzernden (natürlich ungeschliffenen) Kristallen auf Schuttflächen. Ein über 200 kg wiegender Gesteinsklotz wurde ins British Museum nach London geschafft.

Alexander Baumgartner rekapitulierte 1902: „Die doppelte Strahlenbrechung wurde schon 1669 von dem dänischen Gelehrten Bartholin entdeckt, was veranlasste, dass bereits von dieser Zeit an in Island nach denselben [Spatkristallen] gegraben wurde. Sie wurden indes nur in ganz geringen Mengen ausgeführt. Erst 1850 ließ der im Eskifjörður wohnhafte Kaufmann Thomsen eine eigentliche Mine anlegen, deren Besitz durch mehrere Hände ging und einigen, wenn auch nicht sehr hohen Ertrag gewährte [...]. Doch war die größere Menge des gewonnenen Spates entweder undurchsichtig oder wegen verschiedener Fehler zu optischen Zwecken unbrauchbar und deshalb von nur geringem Werte." Diese despektierliche Bewertung wird der Bedeutung des isländischen Spates nicht gerecht – zahlreiche Experimente sind ihm zu verdanken.

Anfahrt: Nach dem Ortsschild 7 km fjordauswärts, 700 m nach der Farm *Helgustaðir* Parkbucht (erst nach dem Wanderschild), dann 500 m Fußweg. Wer sich in den ungesicherten Bergwerksgang auf eigene Gefahr wagen will, kann Helme und Taschenlampen im Gästehaus Mjóeyri gegen geringe Gebühr ausleihen.

🥾 Wandern und Trekkingvorschläge/Gerpir　　(→ Karte S. 385)

Eskifjörður ist ein idealer Ausgangspunkt zur Erkundung der Gegend: unbewohnte Gehöfte, Wasserfälle, Fossilienfundorte (z. B. Barðsnes) und Berge, deren Geschichten seit Generationen weitererzählt werden. Karten sind im Ort erhältlich, Infos im Gästehaus Mjóeyri. Es gibt einige wenige Übernachtungsmöglichkeiten in Hütten.

Auf den Svartafjall, 1060 m (5) (Weg markiert, gut erkennbar. 3 km, 450 Höhenmeter, 2–2½ Std.): Unkomplizierte Bergwanderung auf einen großartigen Aussichtsberg. Zum Ausgangspunkt gelangt man auf dem Weg nach Neskaupsstaður, indem man vor dem Tunnel und vor einem Wanderschild links auf die alte Passstraße abbiegt und nach fünf Kurven bzw. 800 m bei den grünroten Wanderpflöcken auf 640 m Höhe parkt. Nach 10 Min. auf grasigem Gelände ist ein erster Absatz erreicht und der Hólmatindur auf der anderen

Fjordseite im Blick. Der Weg führt nach links und ein Bach wird unterhalb eines kleinen Wasserfalls überquert (evtl. Schneereste). Im Zickzack geht es nun den moosigen Hang hoch, die nächste Stufe wird auf 870 m erreicht und es wird etwas flacher, bis ein steileres Wegstück nach insgesamt etwa 45 bis 55 Min. zu einem Durchlass in einer Basaltstufe führt. Man hat nun die platte, kahle Frostschuttfläche der Fjordflanke erreicht und kann den Gipfel auf einer schrägen Ebene „erklimmen" und die atemberaubende Aussicht genießen – sofern einem nicht schwindlig ist, direkt am Abgrund nach Norden. Zurück nimmt man denselben Weg.

Ausrüstung An ausreichend Windschutz denken, Stöcke sind für den Rückweg hilfreich. Schneefelder im Frühsommer, dann sollten Grödel mitgenommen werden. Informieren Sie sich zuvor, ob oben Wolken sind, z. B. mittels der webcam am Pass Oddskarð.

Trekkinganregung nach Egilsstaðir (T 1): Eine mehrtägige und abwechs-lungsreiche Wanderung entlang der alten Postroute an der *Eskifjarðará* und über die *Eskifjarðaheiði* ins *Eyvindardalur* und weiter bis nach Egilsstaðir ist gut zu machen. Erkundigen Sie sich vor einer Tour nach dem Zustand und der Markierung. Wasser ist kein Problem. Über Erfahrungsberichte freuen wir uns.

Trekkinganregung Gerpir – zwischen Reyðar- und Norðfjörður (T 2): Erwandert werden können einige verlassene Fjorde, als erster die *Vaðlavík* über den alten Fahrweg 958 (erster Tag). Von hier kommt man über den Gerpir (der östlichste Punkt und ein klassischer Vogelfelsen Islands) am Sandvíkurvatn vorbei in die *Sandvík* (zweiter Tag). Nun führt der Pass Sandvíkurskarð in den *Viðfjörður*, der wegen seiner Geister gefürchtet ist. Ab jetzt geht es ohne Fjordüberquerungen um den ebenfalls verlassenen Hellisfjörður bis nach Neskaupsstaður (dritter Tag). Auch hier ist Wasser kein Problem.

Auf dem Svartafjall – über den Wolken

... und Neskaupsstaður   („Nesköüpstaðür", ca. 1400 Einw.)

Ein vom Tourismus wenig berührter Fischer- und Schulort – wir legen Ihnen den Besuch des Schwimmbads mit traumhaftem Ausblick und einen ausgedehnten Spaziergang am Fjordende in herrlicher Natur ans Herz.

1895, drei Jahre nach Eröffnung der Handelsstation, lebten erst 180 Menschen in dem lang gestreckten Ort am Norðfjörður. Ab 1929 durfte man sich Handelsstadt nennen: Neskaupsstaður. Besonders zu den Hochzeiten des Heringsfangs und der Salzfischverarbeitung prosperierte der alte Handelsplatz trotz seiner Lage im Abseits. Wie im Nachbarort, sind die Häuser im Winter auch hier sehr lawinengefährdet. Wie es in so einem Fjordort früher zuging, zeigt in zugespitzter Form der amüsante und sehenswerte Film Hafið, dt. „Die See", der hier gedreht wurde.

Information Im Café Nesbær, s.u.

Hin & weg Die Fährverbindung in den Mjóifjörður war bei Drucklegung eingestellt.

Versorgung Apotheke, Bank (Geldautomat), Post, Tankstelle mit Imbiss (8–13, Sa/ So ab 9 Uhr), Supermärkte in Stadtmitte und fjordauswärts (tägl. geöffnet), Werkstatt (℡ 4771169), Krankenhaus.

Fest Im Mai/Juni **Seemannsfest** mit Ruderwettbewerb. Die Fischerboote fahren zum Schluss des Events in voller Fahrt in den Hafen zurück.

Kajak Kayak Club Kaj, ℡ 8639939 (Ari) oder ℡ 8467765 (Pálmi).

Schwimmbad Miðstræti 15, outdoor mit herrlichem Blick, Hot Pot, Sauna.

Übernachten/Essen Eddahotel, im östlichen Teil des Orts, Betonbau in toller Lage, Restaurant. 29 Zimmer. ℡ 4444000, edda@hoteledda.is, http://hoteledda.is.

Capitano, nüchtern gehaltenes Hotel in einem Haus von 1890, Bistro, DZ mit Bad ab ISK 15.000, SSU. Melgata 11, ℡ 4771800.

Café Nesbær von Sigriður, die sich in der Gegend sehr gut auskennt. Viele Leckereien, Pulloververkauf, Landkarten, Internet. Tipp: gefüllte Crêpes. Mo–Fr 9–18, Sa 10–18, So 13–18 Uhr. Egilsbraut 5, ℡ 4771115.

Camping Neskaupsstaður, neuer Platz 300 m oberhalb des Krankenhauses, Spielplatz, WC, derzeit kein Windschutz, kostenlos.

Ein alter Seebär

Streckeninfo/Tipps für Radler: Die Str. 92 steigt hinter Eskifjörður steil mit 13 % an und windet sich bis zu einem schmalen einspurigen Tunnel (mit Ausweichstellen). Die Passhöhe des *Oddskarð* ist auf 632 m erreicht, gut 70 m weniger als die vor dem Bau zu überwindenden 705 m, die Neskaupsstaður im Winter länger von der Außenwelt abschnitten. Ebenso steil wie zuvor schlängelt sich die Straße in Kehren hinab, bald durch landwirtschaftlich genutztes Gelände, bis schließlich die ersten Fischfabriken und bunte Häuser in Sicht kommen.

Natur- und Fischereimuseum: Gerätschaften über Gerätschaften erwarten Sie in einem riesigen Holzhaus, das wie ein altes Schiff riecht. Im Obergeschoss befindet sich ein geordnetes Sammelsurium von präparierten Vögeln und Fischen, Muscheln, bunten Steinen und Insekten, Schmuckstück der Sammlung von *Jóhann Sigmundsson* ist ein 22 kg schwerer Lachs. Unter den ausgestellten Fischen sind aber auch einige fiese Gesellen.

Tägl. 13–17 Uhr, ISK 550. Kunstausstellung im Erdgeschoss. Egilsbraut 2.

Wandern zu den „Höhlen" nördlich des Leuchtturms   (→ Karte S. 385)

Zur Páskahellir (6) (konditionell einfach, am Strand rutschige Stellen, Trittsicherheit. 3 km, 45–60 Min.): Herrlicher, längerer und keineswegs langweiliger Spaziergang fjordauswärts über wiesengrünes, sanft gewelltes Gelände vor einer vogelbelagerten zerklüfteten Küste.

Vom Parkplatz am Leuchtturm führt ein breiter Weg fjordauswärts, nach der Brücke hält man sich bei einer Pfadgabelung rechts. An einer Metalltreppe gelangt man hinab zum Meer – rechts kann man bei Ebbe zu einer Kiesbucht gehen, links hingegen erreicht man nach Passieren einer Holztreppe die Páskahellir, die Osterhöhle, die eigentlich eher eine Brandungshohlkehle ist. Vom Felsvorsprung perlen Wassertropfen als heller Vorhang herab! Die „Löcher" in der Kehle stammen von eingeschlossenen Baumversteinerungen, die herauserodiert wurden. Auf der anderen Seite des Fjords ist im Fels die helle Stelle *Rauðubjörg* aus Liparitgestein zu sehen und eventuell sind im Meer Wale zu beobachten. Für den Rückweg empfehlen wir den Weg oberhalb der Lavastufe. Hierzu ab der Holzleiter rechts halten, bis man auf einen Weg stößt. Hier links abbiegen und bald wieder rechts, um den Hang hinauf auf einen mehr oder weniger stark ausgetretenen Weg zu gelangen. Unterwegs hilft eine Kette an Felsen entlang. Wenn man einen Bach erreicht hat, hat man die Höhe erklommen und es geht auf einem Wiesenpfad, der gelegentlich ein paar sumpfige Stellen und einige rostrote Bäche durchquert, Richtung Leuchtturm. Unterwegs passiert man eine Gesteinsplatte mit Gletscherschrammen. Kurz vor dem Parkplatz steht linkerhand eine Windrose.

Der einsame Mjóifjörður   (Str. 953/per pedes)

Einsam und oft düster: Der „schmale" Fjord ist äußerst abgeschieden, die Straße gibt es erst seit den 1950ern, ist aber nur im Sommer befahrbar und erfordert in manchen Jahren einige Konzentration. Die Landschaft wandelt sich bei der Anfahrt auf der Str. 953 zu einer felsigen, wildromantischen Schutteinöde, die von Rinnsalen sacht eingekerbt wird, begleitet von einem Streifen giftgrüner Moose, die mit weißen „Wollknäueln" besetzt ist. Nach einem See öffnet sich der fast schon schwindelerregende Blick auf mächtige, dunkelgrüne Basaltstufen, die bis zum meist sanften Fjordwasser hinunterführen.

Das Trollweib in der Schlucht „Prestgil": Auf der Südseite lebte hinter einem Wasserfall ein Trollweib, das während der Messe immer am Kirchenfenster stand und den Pfarrer beobachtete. Eines Tages entführte und verspeiste es ihn. Bei Priestern genoss der Fjord folglich einen schlechten Ruf. Ein besonders Mutiger konnte schließlich den Troll vertreiben, der bei der Flucht einen Schuh und ein Loch im Zaun zurückließ, das man nie flicken konnte ...

Der Niedergang: Ende des 19. Jh. errichteten norwegische Fischer und Händler mehrere Landungsstationen im Fjord, darunter auch den Walfangposten Asknes, und 400 Menschen lebten hier. Auch der große Heringsboom erfasste in den 1960ern den Fjord. Die „guten Zeiten" sind lange vorbei, nur eine Handvoll Leute hält dauerhaft in dieser schauerlichen Abgeschiedenheit aus – die Schönheit der Bergwände und des langen und für seinen Beerenreichtum bekannten Fjords reicht nicht aus, um die Menschen hier zu halten.

Übernachten Sólbrekka (FH), ca. 45 km von Egilsstaðir, Tanken, Café (nur in den Schulferien, da Sólbrekka ein Schulhaus ist). Übernachten im Gästehaus SSU ISK 3000, in zwei Sommerhäusern für 4–6 Pers. ISK 9500. ✆ 4760007.

Fähre Bei Drucklegung ruhte die Verbindung von/nach Neskaupsstaður.

🏃 Wanderungen (→ Karte S. 385)

Eine atemberaubende Wanderung führt nach Neskaupsstaður (s. u.). Vom Mjóifjörður kann man allerdings auch weiter nordwärts in einem Tag nach Seyðisfjörður marschieren (nur für erfahrene Bergwanderer). Die Routen lassen sich natürlich auch zu einer Trekkingtour verbinden.

Mjóifjörður-Neskaupsstaður (7) (zwei Gratüberquerungen mit steilen, aber gut machbaren Abschnitten, 5½–7 Std.): Herrliche, aber nicht für Anfänger geeignete Tour mit spektakulären Ausblicken. Zunächst lässt man sich im Boot von Sólbrekka gegen geringes Entgelt übersetzen zur verlassenen Farm Reykir. Von hier bringt ein rot markierter Weg fjordauswärts bergan über Heide und ins wollgrasübersäte Gélsárdalur, das einen bergan nach Süden führt. Im Tal ist ein kleiner Moränenzug, an dessen Seite man sich entlang hält. Der Weg schwenkt nun fjordauswärts und man steuert auf einen Gipfel mit auffallenden Zinnen zu. Über eine Geröllfläche wird eine Basaltstufe erreicht, in der ein See liegt. Der Weg führt dann nach rechts, weg von den Zinnen und über den Grat. Überraschenderweise blickt man hinab in einen riesigen Felskessel, in dem man mit Glück ein paar Rentiere weiden sieht. Versuchen Sie nicht, hier hinabzusteigen, der Fjord, den man sieht, ist noch der Mjóifjörður! Folgen Sie vielmehr rechter Hand den Pflöcken entlang der Kesselwand. Nach einer Weile erreicht man einen zweiten Grat und man steht fast direkt oberhalb von Neskaupsstaður – ein mühevoller Abstieg steht nun noch bevor!

Übernachten: siehe oben bei Mjóifjörður.

Wasser: ausreichend vorhanden.

Ausrüstung/Karte: Wanderschuhe, Stöcke. Der Weg ist markiert, Schafe zerstören aber immer wieder einige Pflöcke. Besser in Egilsstaðir oder Neskaupsstaður eine Touristen-Wanderkarte besorgen und ggf. ein GPS-Gerät mitbringen. Man findet den Weg aber auch ohne Karte, wenn man keine Orientierungsschwierigkeiten im Gelände hat.

Seyðisfjörður (ca. 650 Einw.)

Am Donnerstagmittag läuft tutend die von den Färöern kommende Fähre Norröna im Hafen ein und spuckt Hunderte von Islandreisenden aus. Gute Gelegenheit für diese, sich die alten Fjordhäuschen anzusehen, ein Kajak zu leihen oder eine Wanderkarte zu besorgen und sich auf einer der zauberhaften Wanderungen in der Umgebung in Ruhe auf Island einzustimmen.

Jahrhunderte lang lebten die Menschen am Fjord isoliert auf weit auseinander liegenden Höfen. 1834 wurde am Ende des Fjords eine Handelsstation eingerichtet.

Der wahre Aufschwung kam erst mit dem Heringsfischfang am Anfang des 20. Jh. durch dänische und norwegische Kaufleute. Der starke ausländische Einfluss spiegelt sich in der Architektur des Ortes, eine bunte Mischung aus norwegischer, dänischer und isländischer Bauweise. In dieser Blütezeit, als sogar eine Zeitung in Seyðisfjörður erschien, gelangten die Bausätze der hellblauen *Kirche* (tägl. 9–18 Uhr, Mittwochabend Konzerte, www.blaakirkjan.is) und vieler Häuser mit dem Schiff aus Norwegen hierher. Das schönste von ihnen ist das himmelblaue Holzhaus am Wasser, welches jetzt ein Hotel beherbergt. 1906 wurde Seyðisfjörður als erster isländischer Ort „verkabelt": von den schottischen Orkneyinseln wurde ein 615 km langes Telefon- und Telegrafenkabel auf dem Meeresboden verlegt.

Noch zu Beginn des 20. Jh. war Seyðisfjörður einer der modernsten Orte in ganz Island. Mit dem Aufblühen der Wirtschaft Reykjavíks wurde es jedoch ruhig im Fjord – bis zum 2. Weltkrieg, denn von 1940 bis 45 hatten die Alliierten hier eine große Basis und 800 Soldaten mischten sich unter die etwa gleich starke Bevölkerung. Im Februar 1944 flogen deutsche Flugzeuge einen Angriff auf den Fjord und versenkten den Tanker *El Grillo*. Eine Kanone wurde geborgen, poliert und an der Hafnargata aufgestellt.

Die Strecke nach Egilsstaðir (Str. 93): Über die Fjarðarheiði, einen 620 m hohen Bergpass, der im Winter oft unpassierbar ist und auch im Hochsommer Temperaturen knapp über Null haben kann, sind es 26 km bis Egilsstaðir. Es geht an der Fjardará und ihren wunderschönen Wasserfällen entlang und steil bergauf. Etwa 6 km vor der Passhöhe (bzw. 20 km ab Egilsstaðir) steht am Straßenrand ein Basaltsäulen-Denkmal für *Þorbjörn Arnoddsson*, der mit einem abenteuerlichen Raupenfahrzeug auch im Winter einen regulären „Busverkehr" sicherstellte, um in Egilsstaðir Milch, Proviant und die Post zu holen, wie eine Leserin herausfand.

Die Ostfjorde → Karte S. 385

Basis-Infos

Als wäre es Sonntag, zogen sich die Leute anfänglich bei Ankunft der Fähre schön an und spazierten die Straßen auf und ab. Heute sieht man es gelassener, aber fast alle Geschäfte öffnen donnerstags für ankommende Touristen etwas länger.

Mehrere Kunstfestivals werden übers Jahr veranstaltet – Mitte Juli das „**LungA**": Junge Leute treffen sich in Workshops und präsentieren nach einer Woche ihre Werke, abends spielen Bands auf. http://lunga.is.

Information Am Hafen an der Landungsbrücke, Mo–Sa 9–12 und 13–17 Uhr, Do durchgehend, ✆ 4721551, www.seydisfjordur.is; Smyrillline, ✆ 4721111.

Hin & weg Bus nach Egilsstaðir. Abfahrt am Hafen ✆ 4721515, 1- bis 3-mal tägl., ISK 1000. Taxi ✆ 8961128.

Versorgung Alkoholladen, Apotheke, Post, Bank (Geldautomat), Supermarkt (9–18 Uhr, Sa/So kürzer), Shell-Tankstelle mit Lebensmitteln und Grill, Werkstatt, Krankenstation. Zur Austurvegur gibt es zwei beliebte Souvenirläden.

Internet Skaftfell Art, Bücherei, Infozentrum im Hafen. Austurvegur 42.

Kajak/MTB Die Boote von Hlynur liegen vor dem Hotel Snæfell, MTBs für ISK 2500/halber Tag. ✆ 8653741, www.icelandtour.com.

Schwimmbad Hallenbad mit Sauna und Hot Pots. Suðurgata 5, ✆ 4721414.

Alte Häuser erzählen ihre Geschichte

Im ganzen Ort verstreut stehen Häuser mit langer Lebensgeschichte – viele von ihnen sind verbarrikadiert und warten auf eine Wiederentdeckung. Das weiße Haus in der Hafnargata 11 ist von 1918, Tresen und Schränke darin stammen aus dem 19. Jh. aus einem Laden in Mjóifjörður. Wenn das Geld knapp war, tauschten die Bauern landwirtschaftliche Produkte gegen Waren ein, was am Pult verzeichnet wurde. Das grüne Häuschen in der Hafnargata 34 ist von 1908, wenn man durch die Scheiben linst, sieht man noch die alten Regale, die an Ablagen aus Großvaters Werkstatt erinnern. 1907 entstand das älteste Geschäft im Ort von *E. J. Waage* am Austurvegur 15, in dem später ein Kino war.

>>> Unser Tipp: Wenn Sie im Aldan oder in der Jugendherberge Hafaldan sind, lassen Sie sich den Prachtband zu den alten Häusern zeigen! <<<

Übernachten/Camping/Essen

Eines gilt für alle Übernachtungsmöglichkeiten: Am Mittwoch und Donnerstag sind sie überfüllt. Unbedingt vorbuchen! Wer außerhalb des Zeltplatzes im Fahrzeug übernachten will, wird mittlerweile, egal wo er parkt, zur Kasse gebeten. Zwischen der Fjarðarheiði und Seyðisfjörður ist Campen strengstens verboten.

>>> Unser Tipp: **Hotel Aldan**, Zimmer im alten Hotel Snæfell und im früheren Hotel Seyðisförður (Zimmer mit indischen Möbeln). DZ ISK 18.900–25.900 inkl. Frühstück. Rezeption in der Norðurgata 2 im Café, ✆ 4721277, hotelaldan@simnet.is, www.hotelaldan.com. <<<

>>> Unser Tipp: **JH Seyðisförður**, im Hafaldan („Woge") genannten Haus, eine der urigsten und gemütlichsten Jugendherbergen Islands in einer alten Heringsstation. Nette Atmosphäre durch die Herzlichkeit der Besitzerin Þóra, der übrigens auch ein Hotel in Südindien gehört, Aufenthaltsraum mit Meerblick. Waschmaschine. Das zweite Haus ist das ehemalige Krankenhaus (Rezeption derzeit dort), kleine Küche und roter Salon, indisch angehaucht (der ehemalige Kreißsaal) in der Suðurgata 8. Veränderungen mögl. SSU ISK 2800/3400. Ránargata 9, von der Kirche ca. 500 m Richtung Norden. ✆ 4721450. <<<

Posthostel, ordentliche Zimmer in der ehemaligen Postbeamtenwohnung, Küche. Hafnargata 4. ✆ 8986242.

Camping Seyðisförður, Ránargata, gegenüber der Kirche und nahe der Stelle, wo der erste Siedler des Ortes, *Bjólfur*, vor über 1100 Jahren sein Gehöft errichtete. ISK 1000. Waschmaschine, Dusche für ISK 350,

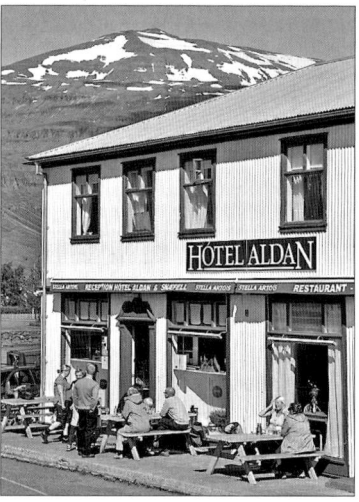

Eine der besten Sonnenterrassen Islands

etwas Windschutz, Aufenthaltsraum in der ehemaligen Tankstelle nebenan. ✆ 4721521.

Essen/Café Hótel Aldan, freundlich-nostalgische Atmosphäre, Café und Restaurant, ausgezeichnet gute Fleisch- und v. a. Fischgerichte, unser Tipp: Lamm für ISK

4200. Außenterrasse, bei Sonne fast wie in Italien an der Piazza!

Skaftfell-Bistro & Bar, alternativ angehaucht, sehr zu empfehlen! Fusion-Küche, Kräuter aus den Bergen, günstig. Leckere Pizza, die sogar Italiener loben. Tägl. 12–22 Uhr (Sommer), Austurvegur 42, im Skaftfell

Arts Centre. ✆ 4721633.

Kaffi Lára, Pub in einem bezaubernden Häuschen mitten im Ort, ab 21 Uhr. Norðurgata 3, ✆ 4721703.

Shellskáli, typischer isländischer Tankstellenimbiss am Austurvegur.

Ostisländisches Technikmuseum Wathneshús: 1894 wurde das Gebäude von Otto Wathne als Wohnhaus errichtet. Es war damals eingiebelig und etwa um die Hälfte kleiner – man sieht es an den versetzten Fenstern. Der Norweger lebte hier gut: Vom Berg hinunter zum Haus führte die erste Wasserleitung des Landes, und mit heißem und kaltem Wasser aus zwölf Hähnen und sogar einem WC herrschte der reinste Luxus. 1905 wurde das Haus von der Telefongesellschaft gekauft, weil das Telefonkabel hierher verlegt werden sollte. Später wurden hier die Telefonverbindungen gestöpselt, dann zog auch die Post ein.
Mo–Fr 11–17 Uhr, ISK 500. Hafnargata 44, www.tekmus.is.

Wanderungen/Ausflüge (→ Karte S. 385 u d 405)

Wasserfallwanderung von der Passstraße hinab (8) (im oberen Teil bei der letzten Recherche eine steile Stelle ohne Markierung, ansonsten einfache Orientierung durch Markierungsstäbe. Trittsicherheit erforderlich, hin und wieder feuchte Stellen im Gras. 7,3 km, ca. 2 Std.):

Vom Busfahrerdenkmal kann man auf einem herrlichen Weg mit Fjordblick entlang unzähliger Wasserfälle durch Heide- und Graslandschaft hinab in den Ort wandern – bei gutem Wetter ein Genuss! Vom Parkplatz auf 360 m Höhe 6 km oberhalb des Ortes überquert man eine schmale Brücke (kleine Infotafel auf der anderen Flussseite). Nach ca. 300 m muss man eine Geländestufe überwinden, die Markierungen fehlen hier. Suchen Sie sich im weglosen Gelände eine flache Stelle und passen Sie auf, nicht in ein rutschiges, steiles Stück zu geraten. Wenn Sie diese etwas anspruchsvolle Stelle gemeistert haben, folgen Sie einfach dem Fluss, meist relativ nah am Flussbett bergab. Sie passieren dabei herrliche Wasserfälle. Nach der Überquerung eines kleinen Bachs stoßen Sie nach insgesamt ca. 45–60 Min. auf die Staumauer eines kleinen Wasserkraftwerks.

Der Weg führt nun in einem größeren Bogen weg vom Fluss nach rechts. Nach einer kleinen Holzbrücke führt ein Weg rechts zum historischen Kraftwerk, gehen Sie jedoch eher rechts weiter. Im weiteren Verlauf muss einmal ein Zaun überstiegen und mehrere kleine Bäche überschritten werden. Bald und nahe am Ort stößt man auf einen Wiederaufforstungsbereich (zwei Brücklein), den man durchquert und nach einer weiteren Brücke verlässt. Die Siedlung wird erreicht. Von hier bis zur Ortsmitte gehen (auf den Kirchturm zusteuern).

Leichte Küstenwanderung auf einem Jeeptrack zum Leuchtturm Brimnes (9) (ca. 4 Std.): Ausgangspunkt ist die Farm *Selstaðir* am Nordufer des Fjords. Der Weg führt zu einem kleinen, von Seevögeln umschwirrten, gelben Leuchtturm.

Spaziergang am Hausberg Bjólfur (10) (einfach, ab 30 Min.): Hier streift man umher, wenn man den Blick auf den Fjord genießen will. Ca. 7 km oberhalb des Ortes an der Infotafel zur Lawinenverbauung rechts abbiegen und dem Jeeptrack bis zum Ende folgen.

Die Ostfjorde → Karte S. 385

Natur pur in Skálanes (11) (3–4 Std.): Ausflug zur östlichen Spitze des Fjord-Südufers – ein Geheimtipp für Naturliebhaber und Langsamreisende! Der hier stehende Hof wurde 1962 verlassen, ist aber in während der Sommermonate von Reisenden und Forschern bewohnt. Hier hausen auch ein paar Farmtiere, daneben gibt's eine Eiderkolonie. Draußen im Meer kann man manchmal Wale erspähen. Papageientaucher tapsen am Vogelfelsen *Skálanesbjarg* umher, der einsame Strand wird von Seehunden frequentiert.

Übernachten: Skálanes ist kein normaler Beherbergungsbetrieb, nicht nur weil es dem Ziel der Nachhaltigkeit verpflichtet ist. Es richtet sich neben Touristen wie auch an Studenten und Forscher, die oft über viele Wochen bleiben, Ansprechpartner ist der Geograf Ólafur. Bett ISK 6700 inkl. Frühstück, oft Kleingruppen, Abendessen (keine Küche, kein Camping, keine SSU!). Geöffnet Mitte Mai bis Mitte Sept. ✆ 6906966 oder 8617008, www.skalanes.com.
Anfahrt: Mit dem Auto fährt man so weit wie möglich das südliche Fjordufer entlang, dann noch etwa 1 Std. bis Skálanes. Pick-up Service mögl., ab dem Fluss ISK 4000 pro Fuhre, ab Seyðisfjörður das Doppelte.

🥾 Trekking nach Süden: Mjóifjörður/Neskaupsstaður   (T 3, 2 Tage)

Diese Tour ist nur etwas für Geübte, führt aber durch herrliche Landschaft und in einen fast verlassenen Fjord. Weitere Infos siehe im Abschnitt Mjóifjörður.

🥾 Trekking nach Norden nach Bakkagerði   (T 4, 2–4 Tage)

Die erste Etappe konnte früher auch im Rahmen eines Bootsausflugs in den Loðmundarfjörður zurückgelegt werden – vielleicht findet sich wieder ein Fährmann für diese Strecke. Der gesamte Wanderweg ist markiert, der Abstand zwischen den Stöcken und Steinhaufen ist allerdings z. T. groß, dem Winter fallen immer wieder einige zum Opfer. Dennoch ist die Orientierung niemals sehr schwierig. Die Tour kann natürlich auch in umgekehrter Richtung gemacht werden.

Etappe 1 (E 1): Seyðisfjörður – Loðmunðarfjörður (4½–5½ Std.): Diese herrliche Wanderung führt in den malerischen, verlassenen Fjord *Loðmundarfjörður* nördlich des Seyðisfjörður über die *Hjálmárdalsheiði* (ca. 650 m). Zu Beginn des 20 Jh. lebten im Fjord 100 Menschen und noch bis zu Beginn der sechziger Jahre wurden zehn Gehöfte bewirtschaftet. Dann trieb die Abgeschiedenheit die Menschen fort. 1973 war der Fjord verlassen, heute züchtet im Sommer ein Mann in *Sævarendi* Eiderenten. Loðmundarfjörður ist Brutplatz für Tausende von Enten, wird von Rentieren aufgesucht und besitzt ein reiches Vogelleben und mittlerweile wieder fast unberührte Natur.

Ausgangspunkt der Wanderung ist 8 km hinter Seyðisfjörður der Schrottplatz bei der Farm Sunnuholt (links). Dort sieht man den ersten Markierungspfahl.

Bergauf geht es nun sehr viel steiler als später bergab. Auf der *Hjálmárdalsheiði* ist es karg und steinig, Schneeflecken säumen den Weg. Highlight der Wanderung sind die Ausblicke von hier oben. Es geht abwärts an einem breiten Bach entlang (z. T. auch an Strommasten) und schließlich gelangt man zu einem mit Treibholz und Bojen übersäten Strand. Vom Strand weg kommt man nun zu einer Brücke über einen Fluss, links liegt dann die Hütte *Klyppstaður* bei der kleinen weißen Kirche von 1885. Oberhalb der Geröllhänge des *Flatafjall* wurde eine 12 Mio. Jahre alte, versteinerte Kiefer ausgegraben.

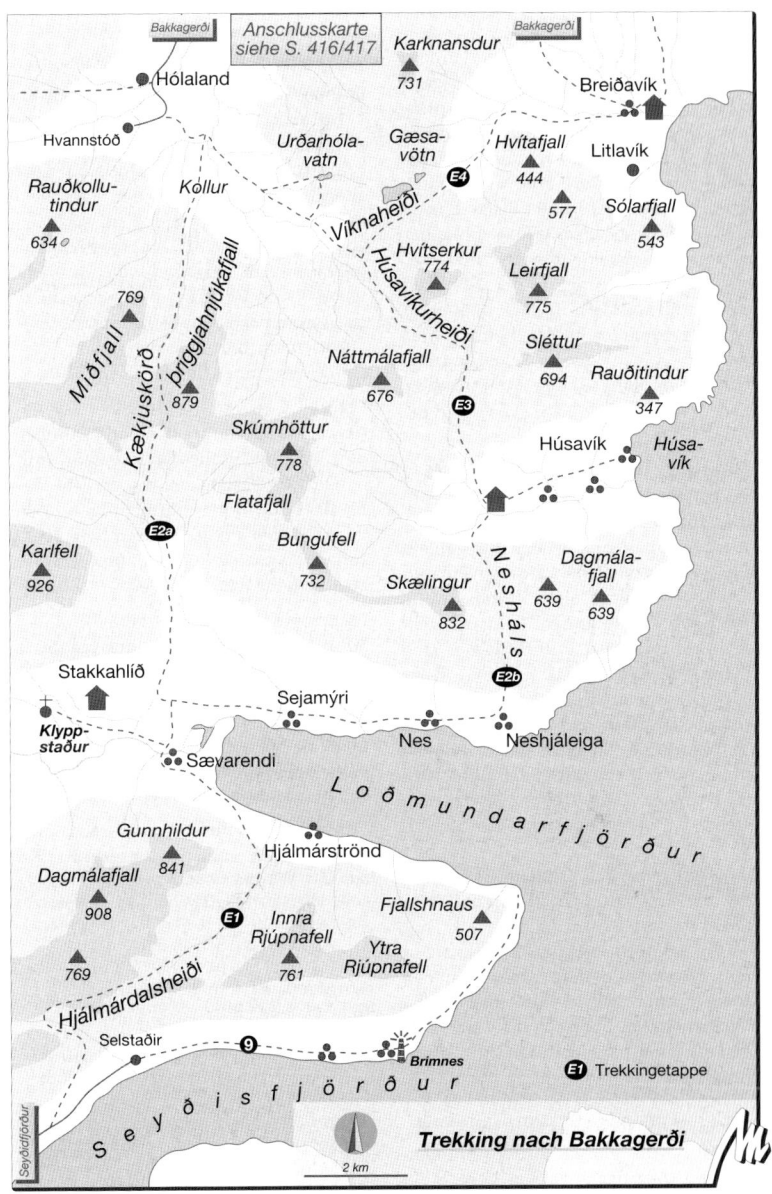

Anschlusskarte
siehe S. 416/417

Bakkagerði

Hólaland

Karknansdur
731

Bakkagerði

Breiðavík

Hvannstóð

Urðarhóla-
vatn

Gæsa-
vötn
E4

Hvítafjall
444

Litlavík

Rauðkollu-
tindur
634

Kóllur

Víknaheiði

Sólarfjall
543

577

769

þriggjahnjúkafjall

Hvítserkur
774

Húsavíkurheiði

Leirfjall
775

Miðfjall

Kækjuskörð
879

Náttmálafjall
676

Sléttur
694

Rauðitindur
347

E3

Skúmhöttur
778

Húsavík

Húsa-
vík

Flatafjall

Bungufell
732

Neshals

Dagmála-
fjall
639

Karlfell
926

Skælingur
832

E2a

639

Stakkahlíð

E2b

Klypp-
staður

Sævarendi

Sejamýri

Nes

Neshjáleiga

Loðmundarfjörður

Gunnhildur
841

Hjálmárströnd

Dagmálafjall
908

E1

Innra
Rjúpnafell
761

Fjallshnaus
507

Ytra
Rjúpnafell

769

Hjálmárdalsheiði

Selstaðir

9

Brimnes

E1 Trekkingetappe

Seyðisfjörður

Seyðisfjörður

Trekking nach Bakkagerði

2 km

Varianten: Von hier stehen mehrere Möglichkeiten zur Auswahl: In einem langen Tag führt ein Weg über den Pass *Kækjuskörð* direkt nach Bakkagerði (Etappe 2a). Es ist aber ebenso empfehlenswert, eine Nacht in der verlassenen Bucht Húsavík zu verbringen (Etappe 2b) und von dort über die *Húsavíkurheiði* entweder direkt nach Bakkagerði (insgesamt also 3 Tage, Etappe 3) zu wandern, oder gar nach einer weiteren Übernachtung in der Breiðavík dorthin zu wandern (4 Tage, Etappe 4). Der Vorteil dieser beiden Routen: Man passiert die geologische Sehenswürdigkeit ersten Ranges, den Ignimbritberg *Hvítserkur* (siehe Kap. „Bakkagerði", S. 413 ff.).

Etappe 2a: Über den Kækjuskörð (5–7 Std.): Passhöhe 772 m. Einfacher Aufstieg auf einem Fahrweg; nach ca. 1 Std. überquert man eine Brücke und genießt die Postkartenidylle dieser Tallandschaft. Traumhaft sieht es aus, wenn hier noch Pferde grasen. Langsam geht es weiter aufwärts, immer wieder sind kleine Wasserfälle zu sehen. Beim schwer erkennbaren Zeichen *Kirkjusteinn* ist 50 m rechts des Weges ein ca. 10 m hoher Stein zu sehen, eine Elfenkirche. Mit zunehmender Höhe wird es steiniger und steiler. Neongrüne Moose verzieren die karge Landschaft. Nach ca. 3 Std. ist die Passhöhe mit hellen Gesteinspartien erreicht – genießen Sie den fantastischen Blick zurück in den kesselartig wirkenden Fjord mit seinen schneebedeckten Flanken. Auf dem Pass ist vor dem Abstieg in den Borgarfjörður ein kleines (harmloses) Schneefeld zu überqueren. Sehr steil geht es nun bergab durch mit Moos durchsetztes Geröll (schöne Ausblicke). Irgendwann begegnen einem wieder Schafe. Kurz bevor der Weg ins Tal der Fjarðará von Borgarfjörður mündet, liegt am Weg der etwa 3 m hohe Stein *kollur*, der mit einer Zwergengeschichte

verbunden ist (im Álfacafé danach fragen). Über etwa 9 km muss man nun dem Jeepweg bis Bakkagerði folgen.

Etappe 2b (4 Std.): Loðmundarfjörður – Húsavík: Eine sehr schöne Etappe. Zunächst fjordauswärts, am Fähranleger vorbei und dann weiterhin auf dem alten Fahrweg hoch auf den Pass Nesháls (435 m) zwischen den zackigen Gipfeln Skælingur (832 m) und Nónfjall (639 m). Man gelangt hinab ins nicht mehr besiedelte Tal von Húsavík, links ein Amphitheater aus Fjordflanken. Ständig hat man nun den Hvítserkur oberhalb eines grünen Talkessels im Blick.

Etappe 3 (6 Std.): Húsavík – Bakkagerði: Wanderung auf einem Fahrweg durch saftig grünes Wiesenland mit herrlichen Ausblicken bis ins Tal der Fjarðará von Borgarfjörður (dann noch 9 km), vorbei am berühmten Berg Hvítserkur. Passhöhe 477 m, problemlose Strecke (eine flache Furt).

Etappe 4: Húsavik – Breiðavík (4–4½ Std.): Möchte man das Stück Jeeppiste im Tal von Borgarfjörður nicht laufen und hat noch ein wenig Zeit, lohnt es sich sehr, nach Passieren des Hvítserkur über die Viknaheiði nach Breiðavík zu gehen und von am vierten Tag über die Gagnheiði (siehe Karte S. 417) nach Bakkagerði zu wandern.

Übernachten In den verlassenen Fjorden auf den Wiesen überall gute Zeltmöglichkeiten. Hütte in **Klyppstaður 2**, Húsavík, in **Breiðavík** von Ferðafélag Fljótsdalshérað, jeweils über 30 Schlafplätze, Küche, Dusche, Hüttenwart. ☎ 8635813, www. fljotsdalsherad.is, ferdafelag@egilsstadir.is.

Wasser Genügend Bäche vorhanden.

Ausrüstung Wanderkarte „Víknaslóðir", Wanderschuhe, Wind- und Regenschutz, für Etappe 2a Wanderstöcke.

Anspruch Einfach, einige seichte Furten, bei ganztägigem dichtem Nebel auf 2a ohne Kompass bzw. GPS evtl. schwierige Orientierung.

Work Camp: Streichen der Kaimauer

Egilsstaðir

(„eijilstaðir", ca. 2200 Einw.)

Kurz vor Abfahrt und nach Ankunft der Fähre Norröna in Seyðisfjörður lagern hier Touristenscharen. Das Dienstleistungszentrum ist für viele eine Durchgangsstation, eignet sich aber auch gut als Ausgangspunkt für verschiedene Tagesausflüge, sei es in Fjorde, sei es um den See *Lögurinn* mit seinen zahlreichen Sehenswürdigkeiten oder aber zum Vulkan Snæfell.

Auf der anderen Seite der Brücke über den zweitgrößten Fluss Islands *Lagarfljót*, dessen oberer Teil einen See bildet, verharrt die klein gebliebene Zwillingsstadt *Fellabær* („Hügelsiedlung"). An dieser Stelle verkehrte früher die Fähre über den Fluss. Als 1912 eine Straßenverbindung von Reyðarfjörður hergestellt worden war, unterhielt die Firma Framtíð, die von den Bauern im Frühling Schafswolle und im Herbst die Schafe selbst abkaufte, hier einen Handelsposten. Mit dem Bau des Kraftwerksstaudamms im Hochland erlangte der Ort neue wirtschaftliche Bedeutung.

Routenplanung: Wen es nicht gleich weiterzieht, der sollte Tagesausflüge erwägen, z. B. ins **Wandergebiet Bakkagerði**, ins hübsche **Seydisfjörður** mit seiner atemberaubenden Fjordatmosphäre, zum See **Lagarfljót** und ggf. weiter – besonders für Bergsteiger und Jeepfahrer interessant – zum Vulkan **Snæfell** ins Hochland oder zum neuen **Kárahnjúkur-Staudamm**. Vom Damm kann man übrigens mit Allradwagen auch direkt zum Museumshof **Sænautasel** fahren, der an der alten Ringstraße Richtung Mývatn liegt. Besonders interessant für Familien-, Natur- und Pferdeliebhaber ist ein (am besten mehrtägiger) Ausflug zur Jugendherberge **Húsey**. Mit Pferden kann man zum Seehundbesichtigen reiten. Ziehen Sie auch eine Nacht in einem der umliegenden Orte in Betracht, besonders in Seyðisfjörður. Informationen zum Vatnajökull bzw. zum neuen 193 m hohen und 730 m langen Karahnjúkar-Damm erhalten Sie am Infozentrum Végarður, 42 km von Egilsstaðir am See Lagarfljót (7 Min. Filmvorführung) und unter www.karahnjukar.is. Zwischen 13.30 und 15.30 Uhr gibt es kostenlos halbstündige Fahrten zum Kraftwerk.

Die Ostfjorde → Karte S. 385

Abendspaziergang im Selskógur: Hübsch angelegte Wanderwege in einem Wäldchen am Rande der Stadt, die man vom Aussichtspunkt überblickt. An der Grillplatz-Lichtung stehen drei Steine, die „Wurmeier", 50, 80 und 110 kg schwer.

Basis-Infos

Information Miðvangur 8, tägl. 8–18.30 Uhr, in der Nebensaison 9–18 Uhr. Hilfsbereit und kompetent, die Chefin ist Geologin und kennt sich in jedem Winkel der Region aus. Kaffeeecke und Handwerksverkauf nebenan. Internet und Landkartenverkauf, auch regionale Wanderkarten. ℡ 4712320, 4721750, East@east.is info@east.is.

Hin & weg Egilsstaðir ist ein Busknotenpunkt (Halt an der Touristeninfo). Von hier fahren Busse nach Süden Richtung **Höfn**, nach **Seyðisfjörður** (ISK 1000), nach **Borgarfjörður eystri** (Mo–Fr mit Jakob Sigurðsson, ISK 2000. ℡ 4729805 o. 8948305, Abfahrt 12, zurück 8 Uhr), mit Austfjarðarleið nach Reyðar-, Eskifjörður und Neskaupsstaður. Bzgl. Stöðvarfjörður und Fáskrúðsfjörður in der Info erkundigen, von Jahr zu Jahr andere Verbindungen. Derzeit keine öffentliche Verbindung zum Berg **Snæfell** (nur Privattour, in der Touristeninfo nachfragen) oder nach **Vopnafjörður**. Einmal tägl. (13 Uhr mit SBA, ISK 6700) zum **Mývatn** und weiter nach **Akureyri**. Verschiedene Tagesausflüge ins Hochland von jeeptours.is, ℡ 8982798, East Highlanders ℡ 6993673.

Versorgung Alkoholladen, Apotheke, Banken (4 Geldautomaten im Ort), mehrere Supermärkte, u. a. Bónus (Mo–Do 12–18.30, Fr 10–19.30, Sa 10–18, So 12–18.30 Uhr). Post in der Fagradalsbraut 9 (Mo–Fr 9–16.30 Uhr).

Mehrere Tankstellen mit langen Öffnungszeiten. Werkstatt ℡ 4712524.

Ausrüstung Problemlos findet man Gas, Imprägniersprays und hochwertige Outoorklamotten bei Alparnir **12** (Kaupvangur 6), 66° North **5** beim Bónus **3** (tägl. 13–19 Uhr) und Skógar **2** (10–18, Sa 10–15 Uhr, Miðvangur 6).

Autoverleih u. a. Avis, Hertz und Bílaleiga Akureyrar, Info in der Information oder am Flughafen, dort nur bei Flugverkehr geöffnet.

Fahrradreparatur Verslunin Skógar, Dynskógar 4, ℡ 4711230.

Feste Jazz-Festival im Juni; aus dem ganzen Land reisen Jazzfans an. Stadtfest „Ormsteiti" Ende Aug./Anfang Sept.

Fotoladen im Einkaufskomplex Miðvangur 6, gegenüber der Information, ℡ 4711699.

Polizei Lyngás 15, ℡ 4702140.

Reiten bei Stóra Sandfell, s. u., schöne 3- bis 4-Std.-Tour (ISK 8500) ins Tal der Gilsá mit Toteislöchern und farbreichen Bergen – falls ein Mammut um die Ecke biegt, wunderte es einen nicht, schwärmte eine Reisende.

Schwimmbad Freibad mit Rutschbahn und zwei Hot Pots. Mo–Fr 6/6.30–20.30, So 10–18 Uhr. Tjarnarbraut 26.

Übernachten/Camping/Essen

Hótel Egilsstaðir **4**, 39 Zimmer mit TV in grauem Hotelkasten, karg eingerichtetes Restaurant. DZ ISK 20.000, Zimmer nicht alle komplett renoviert. Skógarlönd 6, ℡ 4712830, hotelegilstadir@hringhotels.is, www.hringhotels.is.

Icelandair Hotel Hérað **6**, DZ ISK 24.000 ohne Frühstück. Miðvangur 5, ℡ 4711500, herad@icehotels.is, www.icelandairhotels.com.

Edda-Hótel **1**, etwas außerhalb gelegene Schule mit den üblichen Preisen. Ein weiteres Eddahotel liegt in Eiðar, 12 km nördlich, vgl. Karte S. 385. ℡ 4444000, http://hoteledda.is.

Hotel Gistihusið Egilsstaðir **10** (FH), idyllisch am See gelegenes Gut, 1903 erbaut und damit die Keimzelle der Stadt Egilsstaðir. Sehr empfehlenswert. 18 renovierte Zimmer mit Bad, DZ ISK 25.900 mit Frühstück, liebevoll mit Antiquitäten eingerichtet. Unbedingt vorbuchen. ℡ 4711114, egilsstadir @egilsstadir.com, www.egilsstadir.com.

Hof Skipalækur (FH), bei der rüstigen Þórunn und ihrem Enkel, am Südende von Fellabær nahe dem See. Angelmöglichkeiten im Urriðavatn. Wollwarenverkauf. In die Jahre gekommen. 6 Zimmer mit Bad oder ohne DZ ISK 14.200–19.000. Etwas altmo-

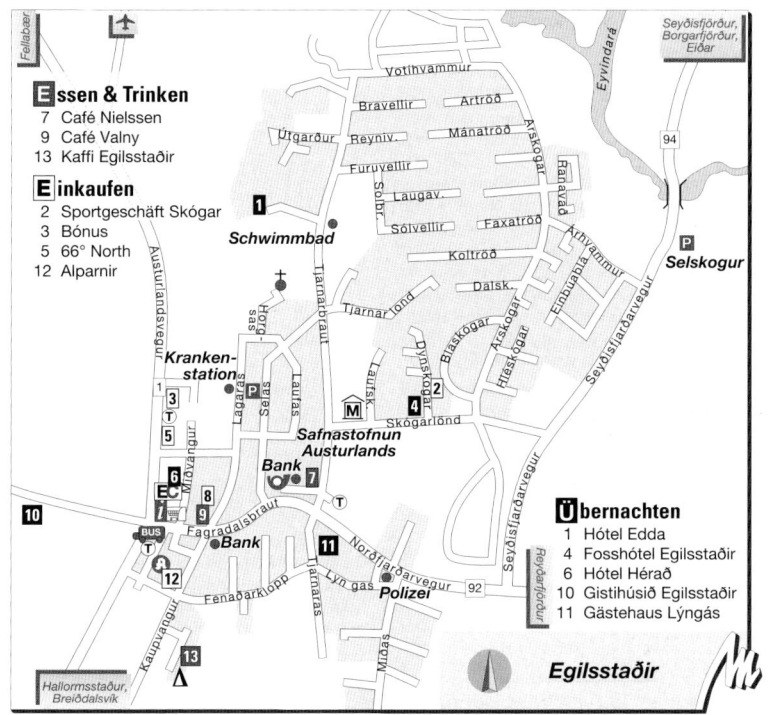

disch. Fünf Sommerhäuser ab ISK 16.000–19.000/Tag. SSU ISK 4000. ✆ 4711324.

Lýngás 🔟, von 2010, hübsche Zimmer in einem Zweckbau, DZ ohne Frühstück ISK 13.900. Internet, Küche. ✆ 4711310. lyngas@lyngas.is, www.lyngas.is.

Olga, neben dem Nielssen, DZ 14.300 ohne Frühstück. Tjarnarbraut 3, ✆ 8602999.

»» Unser Tipp: Eyvindará, bei der herzlichen Sibba, die vormals in der Touristinformation arbeitete und viele Tipps parat hat. Aussichtsreiche Lage, kurz nach dem Abzweig der Str. 94 an der 93, 2 km nördlich der Stadt. 7 Sommerhäuser in einem Birkenhain (mit Bad und Kochecke) und SSU in drei grasgedeckten Hütten auf der anderen Straßenseite. Gemütlicher, großer Aufenthaltsraum. 4 DZ im gemütlichen roten Haupthaus, teils mit Balkon (ISK 10.000 ohne Bad), zehn gut ausgestattete DZ im neuen Bau (ISK 12.000), 9 Zimmer in der Villa auf der anderen Straßenseite. ✆ 4711200, eyvindara2@simnet.is, www.eyvindara.is. «««

Camping im Ort und in der Umgebung

Egilsstaðir, Waschmaschine, Trockner, Dusche, ISK 1000. Nahe der Tankstelle und eines Supermarkts. Oft viel Trubel. ✆ 4712320.

Hof Skipalækur (s. o.), ISK 1000/Pers. inkl. Dusche.

Stóra-Sandfell, 17 km an der Ringstraße Richtung Süden, schön neben einem Birkenwäldchen gelegen, meist wenig Betrieb. ISK 1000, 4 Sommerhäuser, ISK 13.500, Reiten. ✆ 4712420.

In Hallormsstaður, 26 km südlich an der Str. 931 zwei ansprechende Campingplätze, Atlavík und Höfðavík. Am Wochenende keine Einsamkeit. ISK 950. ✆4702070. www.skogur.is.

Fljótsdalsgrund (s. u.), ISK 1200.

10 km südlich an der Str. 931 Eyjólfsstaðir (FH), renoviert, helle Räume, fein säuberlich mit Waschbecken, Tisch, Stuhl und Bibeln versehen. Betrieben von der isländischen „Christkirche", freundliche Leute.

Aufenthaltsraum altbacken. DZ 87 €, SSU 15 €. ℡ 4711732.

26 km südlich am See an der Str. 931 Komplex Hallormsstaður, 10 Räume in der immer noch für Unterricht genutzten ehrwürdigen **Hauswirtschaftsschule** von 1930 – viel Atmosphäre! 6 DZ ohne Bad ISK 14.200, mit Bad ISK 20.900. Vier Sommerhäuser zu ISK 14.300. Unter dem Namen **Grái Hundurinn** firmiert ein Haus nebenan, mitten im Wald, 4 DZ mit Bad zu ISK 20.900, 2 EZ. Hübsche Terrasse. Das größte Haus ist das **Hotel Hallormsstaður**, 63 Zimmer mit Bad für 22.900, Café/Bistro und Restaurant im UG (s. u.). Große Terrasse. ℡ 4712400. Hotel701@hotel701.is, www.hotel701.is

ca. 42 km südl. an der Str. 933 Fljótsdalsgrund (FH) in Végarður, DZ mit Bad ISK 22.000, Küche, SSU mögl. ℡ 8651683, fljotlsdalsgrund@fljotsdalur.is.

An der Str. 910 Richtung Hochland Laugarfellsskáli, Anna hat in einem neuen Haus DZ zu ISK 9000, SSU 3800 an einem Hot Pot. Einfaches Abendessen mögl. ℡ 8227742.

Essen/Café Gistihusið Egilsstaðir (s. o.), Gemüse vom Biobauer in Vallanes, Rind und Käse vom eigenen Hof, Forelle aus der Region, manchmal Fisch aus Borgarfjörður. Empfehlenswert!

Kaffi Egilsstaðir **13**, Lunchbuffet, ideal für Leute mit großem Hunger und kleinerem Geld-

beutel (ISK 1990). 9–22.30 Uhr. Leckere Kuchen.

Café Valny **9**, kleines Café von Heba. Suppe und sehr leckere Kuchen, Bagels, Terrasse, viel Kunst. Tipp: Blaubeerkuchen, kommt in einer Schüssel und reicht zum Sattwerden. 10–18 Uhr. Miðvangur 2–4.

Café Nielssen **7**, Café und Restaurant mit Terrasse in einem Haus von 1914. Fisch ISK 3700. Mittagsbüffet Mo–Fr. Tjarnarbraut 1. ℡ 4712626.

Bókakaffi, sehr gemütlich, in Fellabær direkt an der Brücke. Mo–Sa 10–22 Uhr.

Söluskáli, Tankstellengrill nahe dem Campingplatz, Hamburger & Co. Tägl. 8–23.30 Uhr. Fagradalsbraut 13.

Essen/Café außerhalb Hotel Hallormsstaðir (s. o.), Restaurant mit schönem Blick über See und Wald mit preisgünstigem Abendbuffet.

⟫ Unser Tipp: **Klausturkaffi in Skriðuklaustur** (s.u.), betrieben von Elisabet, die mit regionalen Produkten hervorragende Gerichte kocht und zu einem preisgünstigen Lunchmenu zusammenstellt (ISK 2200). Regionale Küche, z. T. Bioprodukte, manchmal Ren. Sehr zu empfehlen ist die Engelwurzsuppe oder das Sauerampfer-Pesto. Ab 14.30 Uhr Kuchenbuffet mit Leckereien wie Skyrtorte mit Steinbeere (ISK 1600). Im Sommer 10–18 Uhr. ℡ 4712992. ⟪

Naturparadies Húsey (Str. 926)

Die Jugendherberge Húsey wird gewöhnlich immer in Verbindung mit ihrer schönen Lage genannt – umschlossen von den Flüssen Lagarfljót und Jökulsá á Brú, unterhalb eis- und schneebedeckter Berge, inmitten von Stranddünen und zahlreicher Pflanzenarten. Wer über 30 Brutvogelarten beim Nisten erleben will (auch arktische Raubmöven), Seehunde und Einsamkeit entdecken möchte, zum Lachs- und Forellenfischen kommen oder Wander- bzw. Reitausflüge unternehmen will, der ist 60 km nördlich von Egilsstaðir in der Jugendherberge bei Örn, dem ökologischen Gewissen der Region, perfekt aufgehoben. Natur ist allerdings nicht nur heile Welt: Skuas fliegen ihre Angriffe, Orkas warten Ende Juli auf die kleinen unerfahrenen speckigen Robben. Interessant ist von hier ein Ausflug zur Rekonstruktion einer Kirche von vor tausend Jahren und zur alten Farm in Galtalækur fram (an der Str. 927 gelegen).

Übernachten/Reiten JH Húsey, unbedingt vorbuchen, 3 DZ, sonst Mehrbettzimmer, Bettwäsche extra. Zweistündiger Ausritt ISK 5100 Seehundrunde 2-mal tägl. – ein fantastisches Naturerlebnis; Rentierrunde 14 Uhr. Auch 4-

Stundentour, Zweitagestouren mit dem Pferd. Wanderwege Richtung Borgarfjörður (zur Fährfahrt vorher anmelden). Abholservice ab Egilsstaðir oder von der Jökulsá-Brücke. SSU ISK 3000/3500. ℡ 4713010, www.husey.de.

Zuflucht Lagarfljót – die grausige Hrafnkelssaga

Der Held ist ein ehrgeiziger, sich selbst überschätzender Gode („hrapkedl"), der aufgrund eines Gelübdes den Schafhirten Einar tötet, da dieser unverfroren ein Freya geweihtes Pferd reitet. Der Fall wird von Einars Cousin Sámr vor Gericht gebracht. Hrafnkell wird zwar nicht zum Tode verurteilt, jedoch verbannt und verliert dadurch seine Stellung, jegliches Ansehen und sein Vermögen. Doch schon nach kurzer Zeit vermag er wieder zu Reichtum zu kommen. Sechs Jahre nach den Geschehnissen rächt sich Hrafnkell am schuldlosen Bruder Sámrs, tötet ihn und überfällt daraufhin Sámr selbst, der sich unterwerfen muss. So schafft es der grausame Hrafnkell, seine alte Stellung wieder zu erlangen.

Sehenswertes/Ausflüge

Ostisländisches Museum: Rund um ein altes Holzhaus aus dem 19. Jh. wird das karge Farmleben in Island mit typischen Gebrauchsgegenständen dargestellt. Dem Holzfass in der Küchenecke misst man auf den ersten Blick vielleicht keine besondere Bedeutung bei – dabei war es einer der wichtigsten Gegenstände überhaupt. Hier wurde – der Salzmangel bedingte es – Fleisch in saurer Molke (engl. whey) eingelegt. In einem Küchenregal stehen die typischen Humpen („áskur"), die als Teller dienten. Wolle war ein Exportgut, auch die Kinder mussten im Winter mitstricken, die Kleinen hatten oft eine „Sockenquote" zu erfüllen. Die weiteren Ausstellungsnischen und -vitrinen zeigen alte Waffen, Wohnzimmereinrichtungen und Kircheninventar, wie die Glocke aus Hallormsstaður. Besonders wertvoll ist ein Priestergewand, das von Elfen genäht sein soll. Ein einzeln ausgestellter kleiner Knopf könnte ein Überbleibsel des berühmten Geächteten Fjalla Eyvindur sein, der Knopf wurde dort gefunden, wo Fjalla im Hochland hauste.
 Minjasafn Austurlands: Tägl. 11–17 Uhr, ISK 600, Mo gratis. Laufskógar, www.minjasafn.is.

Ausflug zum den See Lagarfljót

Der See bietet einige nette Picknickplätze, an Sonnentagen kann man mit den Einheimischen in kleinen Strandbuchten sitzen. Skriðukloster verköstigt die Gäste hervorragend, Naturfreunde wandern, auch bei Nieselwetter, zum Wasserfall und können sich in Infozentren zum Nationalpark Vatnajökull (im Sommer tägl. 9–18 Uhr) und zum Kárakhnjúkar-Damm informieren (s. o., Routenplanung).

Loch Ness in Island: Der See ist knapp 25 km lang, ca. 2,5 km breit sowie 112 m tief und die Heimat des ominösen *Lagarfljótswurms*, der nebenbei noch einen Goldschatz bewacht und ab und an gesichtet worden sein soll ...

Skriðuklaustur: Auf Skriða wurde 1493 das letzte Kloster in Island gegründet, das Einzige vom Eyjafjörður bis nach Kirkubæjarklaustur im Süden. Mitte des 16. Jh. wurde die Abtei im Rahmen der Reformation wieder aufgelöst und der Besitz fiel dem dänischen König zu. Seit 1792 ist die Kirche nicht genutzt, Ruinen sind noch zu sehen. Ausgrabungen brachten ans Licht, dass das Kloster als Hospital genutzt wurde. Der berühmte Schriftsteller *Gunnar Gunnarsson* (1889–1975), der den Klosterhof gekauft hatte, wohnte hier für einige Jahre. Später gab er dem Staat Land und Besitz, unter der Bedingung, dass dieser es gemeinnützig verwenden würde. Sein Wunsch ging mittlerweile in Erfüllung, der Prachtbau ist ein offenes Künstlerhaus. Zudem ist in den Räumen ein Museum zu Leben und Werk des Autors untergebracht.

Bistro: 10–18 Uhr. Absolut empfehlenswert: Mittagessen und Kuchen im Klausturkaffi, s. o. Egilsstaðir. www.skriduklaustur.is.

Mit der **Kirche Valþjófsstaður** (an der Str. 933) besuchen Sie eine vormals hoch angesehene Kirche. Übrig sind nur der Dachstuhl aus Holz von 1890, ein Messbecher und Oblatenkelch aus dem 18. Jh. sowie die Altartafel von 1927. Die heutige Kirche ist aus Beton gebaut (1966 geweiht), die innere Kirchentür ist immerhin eine genaue Kopie des berühmten Originals aus der Zeit um 1200, das heute zu den Pretiosen des Nationalmuseums zählt. Im 19. Jh. wurde die berühmte Tür nach Dänemark gebracht, erst 1930 gelangte sie anlässlich des Parlamentsfestivals zurück. Eine Szene aus einem Rittermärchen ist das Vorbild des Kunstwerks: Ein Ritter rettet einen Löwen vor einem Drachen. Wahrscheinlich ist mit dem Ritter Christus gemeint und damit wird das Bild eine symbolische Geschichte für den ewigen Kampf des Guten mit dem Bösen. In den unteren Abschnitten sind vier ineinander verbissene Drachen verwoben, deren Krallen in der Bildmitte eine Blume bilden – vielleicht eine Anspielung auf die Schöpfung.

Hallormsstaður: Bäume statt Schafe – Urlaubsidyll für Isländer

Wahrscheinlich muss man erst einige Tage in Island gereist sein, um Bäume als Sehenswürdigkeit zu schätzen. Der 1905 unter Naturschutz gestellte Wald ist für hiesige Verhältnisse riesig, er ist etwa 6 km ausgedehnt. Zur Zeit der Besiedlung war das Land übrigens noch zu einem beträchtlichen Teil mit stämmiger Vegetation bedeckt, man geht von 25 bis 30 % Waldbedeckung aus. Außer dem Weidegang und Schafverbiss vernichtete der Bedarf an Holzkohle zur Eisengewinnung sowie an Bau- und Brennholz zahllose Bäume. Verschiedene Baumarten werden nun in der Baumschule von Hallormsstaður gezüchtet; etwa hundert Arten wurden auf ihre Tauglichkeit zur Aufforstung geprüft, etwa ein Dutzend wird für geeignet erachtet. An vielen Stellen im ganzen Land bemühen sich Helfer, wieder Bäume anzusiedeln. Die Sorge um den Wald wuchs Mitte der 1990er zu einer regelrechten Volksbewegung an. Mittlerweile zeigen sich ansehnliche Erfolge.

🥾 Wanderung zum Wasserfall Hengifoss (→ Karte S. 385)

Hengifoss (12) (einfach, Trittsicherheit erforderlich auf rutschigen Stellen, nach Regen ein paar sumpfige Stellen. 5 km, 260 Höhenmeter, 1½–2 Std.): Beliebte Wanderung über Wiesengelände zu einer Gesteinskante mit gertenschlankem Wasserfall.

Nahe dem Straßendamm über den See beginnt an einem Wanderparkplatz 36 km von Egilsstaðir (Aufenthaltshütte, WC, Infotafeln) der Weg mit einer Holztreppe. Ein Zaun wird passiert und die Route führt zwischen Aufforstungsbereich und Flussbett nach oben. Ein Aussichtspunkt an einem Wasserfall informiert über die Basaltsäulen, die hier einen kleinen Wasserfall verschwenderisch umrahmen. Nach einem weiteren Zaun wird ein Bach überquert (Holzbrücke) und bald öffnet sich das große Rund, in dem der schmale Hengifoss vor rot gestreiftem Fels nach unten stürzt. Die Streifen rühren von ehemaligen eisenhaltigen und tonigen Böden, die versteinerten, als neue Lavalagen sie überrollten. Noch ein Stück über oftmals rutschigen Lehm und man steht nach insgesamt 2,5 km auf 300 m Höhe vor dem zweithöchsten Wasserfall Islands und kann sich in ein „Gipfelbuch" eintragen.

Hin & weg Bus zum Hengifoss und zum Kloster, 3-mal tägl. www.tannitravel.is.

Tanken In Hallormsstaður (bei Km 26).

Übernachten/Camping Kap. „Egilsstaðir".

Wandergebiet Borgarfjörður eystri

60 km nördlich von Egilsstaðir liegt Borgarfjörður eystri, ein kleines Nest am Ende der Welt. Die Landschaft ist fantastisch, man kann sich gut und gerne mehrere Tage in der Gegend aufhalten und wandern oder trekken.

Da gibt es den „Türberg" *Dyrfjöll*, der wegen eines quadratischen Loches in seiner Flanke so heißt, oder den farbenprächtigen und von schwarzen Lavalinien durchzogenen Ignimbritberg *Hvítserkur*, die geologische Attraktion der Region, hier im zweitgrößten Rhyolithgebiet Islands. Zudem können Papageientaucher am kleinen Hafen 5,5 km nordöstlich einer Plattform beim Herumtapsen und Fischen bewundert werden. Kinder haben Spaß im Abenteuerhaus, das auch eine kleine geologische Sammlung enthält (13–17 Uhr).

Das Rhyolithgestein der Umgebung sieht ganz besonders schön aus, vor allem bei Regenbogenwetter mit entsprechender Wolkendramatik. Im Sommer tummeln sich in viele Seevögel in den Klippen des Fjords.

Streckeninfo/Tipps für Radler: Anfahrt über Eiðar (bei Km 12). Der Eindruck, dass die Winzigkeit isländischer Orte nicht zu übertreffen ist, wird sich weiter festigen. Immerhin war hier einmal ein Häuptlingssitz. Heute ist Eiðar wenigstens Schulstandort. Um den Ort und den See ist ein Naturschutzgebiet mit 1.150 ha Forst und Wanderwegen geschaffen worden. Das Kuriosum des Ortes ist in der Kirche aus dem Jahre 1887 zu finden. Dort hängt eine Jesusfigur, die vor vielen Jahren vom Meer angeschwemmt wurde. Vielleicht stammt sie von einem gestrandeten Schiff? Niemand weiß es. Ein Spaziergang um die Seen Eiðavatn und den kleineren Húsatjörn (Umrundung in einigen Minuten, Infos im Hotel) bietet sich in dem kleinen Ort als Abendbeschäftigung an.
  Hótel Edda, tristes Gebäude, Restaurant. ✆ 4444000, www.hoteledda.is.

Strecke ab Eiðar (57 km): Auf Asphalt und streckenweise guter Schotterpiste rollt es sich flott von Eiðar nach Bakkagerði – rötliches Gestein als Kulisse, im Vordergrund Þúfur-Wiesen – auf die unten rötlich schimmernden, oben schneeweiß verzierten Berge zu. Ab der Passhöhe *Vatnsskarð* schlängelt sich der Weg steil bergab, um nah an der Küste am Holzkreuz *Naddakross* vorbeizuführen, das erstmals 1306 errichtet wurde. Das Ungeheuer *Naddi* hatte hier einst die Wege am Fuße der rutschigen Berge unsicher gemacht. Die Inschrift „Effigiem Christi qui transis pronus honora" (Ehre das Bild Christi in Verneigung, der du vorübergehst) hat hoffentlich seine Schutzfunktion für Reisende auf der früher nicht gerade harmlosen Strecke erfüllt.

Ab der Jugendherberge Húsey (vgl. S. 410): Wer genügend Zeit hat, kann von Húsey aus laufen, ggf. in Borg übernachten. Die Fährfahrt über den Fluss muss vorher angemeldet werden.

Die Ostfjorde → Karte S. 385

Bakkagerði (Borgarfjörður eystri)   (ca. 100 Einw.)

Der kleine Ort strahlt ein wenig von der mystischen, kühlen Romantik der alten und doch präsenten Götter- und Geisterwelt aus. Das gesamte Gebiet ist mit Elfen- und Trollgeschichten eng verbunden. Im untersetzten Fjord mit den düsteren Basalten, Jaspis-Einsprengseln und helleren Stellen aus Liparit-Gestein wohnt so auch die Königin der Elfen ...

Sie residiert in der *Álfaborg*, dem auffälligen Felshügel mitten im Ort. Im Sommer ist die Umgebung in eine Wolke weißen Wollgrases gehüllt. Natur- und Schutzgeister bevölkern viele Felsen in der Region. Und was machen die Menschen? Man lebt von Schafzucht und Fischfang, betreibt eine kleine Salzfischfabrik und bietet Leckereien im Álfacafé an.

Die *Kirche* wurde 1901 eingeweiht. Der berühmte Künstler *Jóhannes Kjarval* (1885–1972), der hier aufgewachsen war, schmückte die Altartafel mit einem nicht sehr gängigen Motiv: Jesus hält die Bergpredigt auf der Elfenburg. Kjarval zu Ehren hat man ein Museum eingerichtet (tägl. 13–17 Uhr, im Gemeindehaus, ISK 500). Neben der Kirche kauert ein kleines, äußerst fotogenes Häuschen mit Grasdach.

Basis-Infos

Information In den Unterkünften, im Café oder unter www.borgarfjordureystri.is (etwas veraltet). www.puffins.is. Wanderkarte im Café oder den Unterkünften.

Hin & weg → Kapitel „Egilsstaðir"

Versorgung Bank, kleiner Supermarkt (Mo–Fr 10–18, Sa/So 12–16 Uhr), Automatentankstelle.

Autowerkstatt Jón Helgason, ℡ 4729914 und 8943214.

Veranstaltungen Doppelpack: Ende Juli hochkarätiges **Rockkonzert „Bræðslan"** in einer alten rostigen Fischfabrik; dann das Álfaborgir-Festival am 1. Wochenende im August.

Übernachten/Camping/Essen

Übernachten Borg (FH) **1**, in Narðvík, bei Jakob und Margrét, 4 Zimmer und ein Apt., SSU ISK 3800. ℡ 4729805.

Borg, hübsches, rotes Haus, gemütliche familiäre Unterkunft für ISK 3800 (SSU), Kochgelegenheit, bei Skúli. ℡ 4729870.

JH Ásbyrgi, bei Jóhanna, 20 Betten, Küche, Waschmaschine. SSU für ISK 3800 in einfachen DZ oder Mehrbettzimmern. ℡ 4729962/ 8663913.

Álfheimar, große Unterkunft von Tourguide Arngrímur, gute Zimmer in drei Häusern, eines davon ein gemütliches Holzhaus. DZ mit Bad ISK 16.900. ℡ 8613677, www.elftours.is.

Essen Fjarðarborg, altes Gemeindehaus mitten im Ort, einfache Küche, z. B. Kabeljau. ℡ 4729920.

》 Unser Tipp: Álfacafé, Tipp 1: Salzfisch-Tapas (ISK 900); Tipp 2: Fischsuppe mit Fisch aus der lokalen Fischfabrik nebenan, die von den Fischern des Ortes beliefert wird (ISK 1700 mit refill). Tipp 3: ein Krug heißer Schokolade plus Kokostorte. Souvenirverkauf: Putzig sind die kleinen grinsenden Steintrolle, die mit Kulleraugen aus bunten Steinsplittern linsen, und die Papageientaucher aus Kieseln. 11–20 Uhr, ℡ 4729900. **《**

Camping Borgarfjörður, idyllisch zwischen Elfenburg und der Kirche, Dusche ISK 200, Küchenhaus, etwas Windschutz. ISK 750/Pers. ℡ 8572005.

🥾 Wanderungen (→ Karte S. 416/417)

Eine Touristenwanderkarte ist im Ort oder in Egilsstaðir erhältlich. Vergessen Sie nicht, sich nach dem Wetter zu erkundigen!

Halbtageswanderung vom Hof Unaós in die Bucht Njarðvík über den Pass Gönguskarð (13) (einfach, bei Nebel evtl. Orientierungsprobleme, Trittsicherheit. 3–4½ Std.): Bis 1953 war dies anstelle des heutigen Passes Vatnskarð der Hauptverkehrsweg nach Borgarfjörður eystri. Zunächst geht es vom Ausgangspunkt oberhalb der Farm Unaós (Parkbucht mit Wandertafel an der Straße) am Ufer entlang bis zum ehemaligen Anlege- und Handelsplatz *Stapavík*, der ebenfalls bis 1953 genutzt wurde und den Abenteurer vielleicht zu Erkundungen reizt (1½ Std.). Von hier führt ein markierter Weg den Berg hinauf zum Pass Gönguskarð (415 m) – dass die Sicht von dort zwischen den Bergen Kerlingarfjall (631 m) und Grjótfjall (697 m) über Fljótdalsherað im Westen und die Bucht Njarðvík im Osten bezaubernd ist, versteht sich. Von letzterer Bucht muss man nach Borgarfjörður trampen oder an der Küstenstraße noch lange 9 km weiter marschieren.

Erkundungstour: Die Schlucht Innra Hvanngil (14) (einfach, 30–60 Min.): Am Rand der Str. 94 liegt kurz vor der Njarðvík und 4,6 km von der Passhöhe rechter Hand die helle, rhyolithische Schlucht *Innra Hvanngil* (beschildert). Es lohnt sich, hier umherzuschweifen. In den Rhyolith sind hier schwarze Basalte eingedrungen.

Traumtour Stórurð und Dyrfjöll (15) (bei Nebel Orientierungsprobleme, GPS mitnehmen; im frühen Sommer nach Schneefeldern schwierig; 5 Std.): Eine der schönsten Wanderungen Islands zum 4–5 km langen „Naturwunder" *Stórurð* (sprich stórürð, „großer Felshaufen"), einem gewaltigen Bergsturz. Beginn der Tour ist der Parkplatz am Pass *Vatnskarð* (431 m, beschildert). Nach einem steilen Auftakt geht es entlang des Gebirgszugs landeinwärts (2–2½ Std.).

Oben biegt man rechts ab, um durch abenteuerliche Landschaft zurück zur Passstraße zu gelangen. Zurück ein Stück entlang der Straße.

Geologie: Der Dyrfjöll ist ein Zentralvulkan, entstanden in nur einer Eruptionsphase im Zeitalter des Tertiär, vor ca. 10–15 Mio. Jahren. Askja ist die gegenwärtige Ausgabe dieses Vulkantyps. Nach den explosiven Ausbrüchen sackte die Magmakammer unter dem Dyrfjöll-Vulkan zusammen und eine lehrbuchmäßige Caldera bildete sich, die sich bald mit Wasser füllte. Als neue Laven damit in Berührung kamen, entstand Palagonit, der sich zu Brekzie verfestigte (siehe Kap. „Geologie"). Danach flossen nochmals Lavaschichten über das Ganze. Dann griff die Erosion an und so etwas wie eine Reliefumkehr fand statt: Wir sehen heute nur noch Reste der Vulkancaldera, der ehemalige Vulkankegel ist wegverwittert, nur am Südrand sieht man noch den Übergang zum Krater. Vor allem die Gletscher hobelten im Laufe der Jahrtausende an der Lava, bis nur noch ein T-förmiges Gebilde zurückblieb. Bei den explosiven Ausbrüchen kam es auch zu Glutwolken, ein Teil deren Materials fiel auf den Krater zurück und ist heute als helle Ignimbritfläche zu sehen.

Geitfellumrundung über die verlassene Brúnavík (16) (Trittsicherheit; ca. 14 km, 5–6 Std.): Eine lohnenswerte Möglichkeit, sich auf gut markierten Wegen in der farbenreichen und einsamen Landschaft ein wenig länger aufzuhalten. Ausgangspunkt dieser Tour über zwei Pässe ist der Parkplatz zwischen Signalturm und Hafen, ca. 4,5 km von Bakkagerði am östlichen Fjordufer. Der gut markierte Weg führt über Heide nach oben. Nach ca. 20 Min quert man den erreichten Bach nicht, sondern hält sich eher links. Nach ca. 2 km ist man auf dem „Pass", eine kleine Anhöhe mit kleinen Seen zu beiden Seiten. Der Weg führt auf einem Rücken neben den Sumpfwiesen hinab, vorbei an einer

Die Ostfjorde → Karte S. 385

steileren Stelle, und direkt in die kleine verlassene Bucht mit dem schwarzen Strand und zu den Farmgrundmauern sowie der alten Schutzhütte, die nach ca. 1¼–1½ Std. erreicht ist. Immer eng am Fluss entlang, werden viele kleine Bachläufe überschritten, bis man auf einen Fahrweg trifft, dem man folgt. Am Schild „Brotagil" *nicht* links abbiegen. Wenn man zwei Seen erreicht, bietet es sich an, einen Shortcut zu nehmen und sich ein paar Serpentinen zu sparen, ebenso wenn man erneut den Weg touchiert. Die Passhöhe (321 m) zwischen dem 587 m hohen *Geitfell* und dem 525 m hohen *Svartfell* ist mit einem Steinhaufen markiert, rechts und links stehen zackige Felsen Spalier. Der einfach zu begehende Jeepweg führt zurück zur Straße (Zaun), an der man zurück zum Parkplatz geht.

Hinweis: Neben der Jeeppiste gibt es einige Pfade, auch nach dem Erreichen der Passhöhe – der Farmer, dem ein Teil des Landes gehört, will aber auf keinen Fall Touristen auf seinem Land sehen.

🏃 Lange Tageswanderung   T 5

Über die Gagnheiði nach Breiðavík (mittelschwer, überall Wasser, keine Orientierungsprobleme): Ein klassischer Weg ist der alte Fahrweg nach *Breiðavík*. Beginn: 2 km östlich von Bakkagerði am Parkplatz kurz hinter dem Fluss *Fjarðará*. Etwa auf der Höhe des bizarr geformten Svartafell (525 m) sprengte der Frost eine markante Erdoberfläche aus dem Gestein, den Elfenhügel *Fagrihóll* („schöner Hügel", ein Fels rechts des Weges inmitten einer Þúfurwiese, die ungewöhnlicherweise eine Linienstruktur hat). Von hier geht es bergan, vorbei an dem Abzweig nach Kjólsvík auf einem steinmännchengesäumten Weg bis zur Passhöhe der Gagnheiði (479 m; Km 7 ab Parkplatz). Von dort hat man eine weite Aussicht über Borgarfjörður, Breiðavík, Litlavík und andere Buchten. Nach insgesamt weiteren 5 km ist die Breiðavík mit den

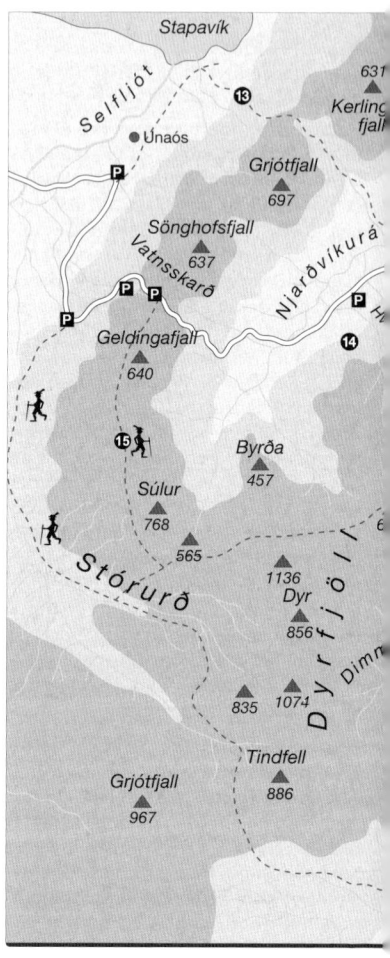

beiden verlassenen Torffarmen Litlavík und Breiðavík erreicht. Es bietet sich an, bereits hier zu übernachten. Am nächsten Tag umrundet man entweder über die *Víknaheiði* den 543 m hohen Rhyolithberg *Staðarfjall* und erreicht so nach 7 Std. wieder Bakkagerði, oder man geht, als zweite Möglichkeit, nördlich von Breiðavík über den Pass *Súluskarð* (359 m) nach *Brúnavík* und gelangt von dort weiter über den *Hofstrandarskarð* (321 m) zurück nach Bak-

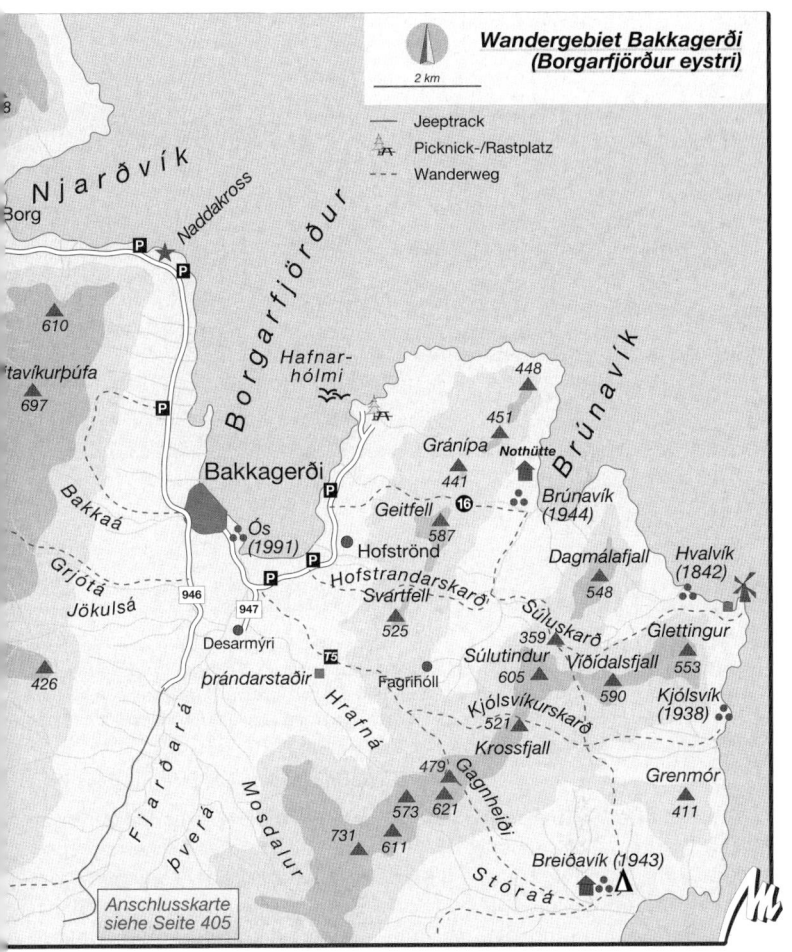

**Wandergebiet Bakkagerði
(Borgarfjörður eystri)**

2 km

—— Jeeptrack

⛱ Picknick-/Rastplatz

- - - Wanderweg

Njarðvík

Borg

Naddakross

Borgarfjörður

610

ɬtavíkurþúfa
697

Hafnar-
hólmi

Bakkagerði

Bakkaá

Ós
(1991)

Grjótá

Jökulsá

946

947

Desarmýri

þrándarstaðir

Geitfell

Hofströnd

Hofstrandarskarð

Svartfell

525

Fagrihóll

Hrafná

448

451

Gránípa **Nothütte**
441

587

Brúnavík

Brúnavík
(1944)

Dagmálafjall   Hvalvík
548   (1842)

Súluskarð

359   Glettingur

Súlutindur   Viðidalsfjall   553
605   590   Kjólsvík
Kjólsvíkurskarð   (1938)
521

Krossfjall

479 Gagnheiði   Grenmór
573 621   411
731 611

Breiðavík (1943)

Stóraá   Δ

426

75

Fjarðará   þverá   Mosdalur

Anschlusskarte
siehe Seite 405

Die Ostfjorde → Karte S. 385

kagerði – der reizvollere, aber mit zwei Passüberquerungen auch ein wenig anstrengendere Weg (7 Std.).

Wer genug Ausdauer besitzt, kann die Rundtouren auch in einer langen Tageswanderung bewältigen.

Übernachten Breiðavík, die Hütten müssen vorgebucht werden. Gut ausgestattete Hütte, (33 Betten, WC, Kochgelegenheit, Camping mögl.). GPS 65°27,830′, 13° 14,286′; ☎ 8635813, ferdafelag@egilsstadir.is.

🏃 Trekkingtouren nach Süden

Wunderschöne Wanderungen führen weiter nach Süden, entweder in zwei Tagen nach Seyðisfjörður oder etwas länger über kleinere Fjorde. Bei gutem Wetter herrliche Ausblicke. Vgl. Kap. „Seyðisfjörður".

Bizarre Urlandschaft: Geothermalgebiet am Mývatn

Mývatn und der Nordosten

Der Mückensee dunstete im Norden mit vierunddreißig schwarzen Lavainseln; an ihm warfen aus weiten Bassins der Krabla und Leirhukr tiefblaue und honiggelbe Massen. Haushoch schossen sie, prasselten in den Krater zurück, wälzten sich, gasten über die Abhänge. Meilenweit war die Wüste der Insel; Lavafelder, runzlig erstarrte Steinströme, nackte braune Blöcke, zerborstene Felsen.

(Alfred Döblin: Berge, Meere und Giganten)

Das Gebiet des Mývatn-Sees ist eine der sonderbarsten Gegenden der Insel. Krater, Spalten, Schwefelquellen, erstarrte Lavaströme, Ascheringe und Pseudokrater sind die Zutaten dieser Urlandschaft. In der Gegenwart am Köcheln sind der Vulkan Krafla und die Spalte Leirhnjúkur. Weitere Glanzlichter der Region sind der mächtige Wasserfall Dettifoss, die Ásbyrgi-Schlucht mit ihren bizarren Basaltformationen und der hübsche Walbeobachtungsort Húsavík.

Das Hochland beginnt bald nach Egilsstaðir mit einer Mondlandschaft aus schuttigen Hügeln und grobem Geröll, das sich über kahle Ebenen verteilt, als hätten Trolle ihre Spielsachen vergessen. Faszinierend sind die Farbenspiele aus Braun- und Grautönen, ab und an bereichert von giftgrünen Moosen entlang von Bachläufen. Regengeplagten Reisenden zur Freude ist das Klima Nordost-Islands im Sommer übrigens im Schnitt trockener als im Südwesten.

Routenplanung: Direkt von Egilsstaðir fährt man – wer nicht noch einen Abstecher ins Hochland zum Vulkan Snæfell unternimmt (1–2 Tage) – zum See Mývatn in einem halben bis einem Tag. Wir empfehlen sehr, die gute Schotterstraße 901 zu wählen, die landschaftlich schöner als die neue Ringstraße ist und an deren Wegrand ein urgemütliches Torfgehöft und der höchste Hof Islands liegen. Hier oben kann man zu einer Tour zur Königin der Berge, Herðubreið, oder zur berüchtigten Askja aufbrechen (je 1–2 Tage, vgl. Kap. „Hochland"). Die Wahlmöglichkeiten sind damit noch lange nicht erschöpft: Lassen Sie sich kurz vor dem Mývatn nicht von einem kleinen Abstecher zum imponierenden Wasserfall Dettifoss abhalten! Alternativ fährt man vom Dettifoss nicht direkt zum Mývatn, sondern noch eine Schleife über die Schlucht Ásbyrgi und das Städtchen Húsavík, wofür 1–2 Tage mehr einzuplanen sinnvoll ist.

Auf Kulturinteressierte warten im Nordosten die sehenswerten *Torfgehöfte* Bustarfell (bei Vopnafjörður), Grenjaðarstaður (zwischen Mývatn und Húsavík) und Laufás (nahe Akureyri).

Die Alternativstrecke zur Hochlandroute führt entlang der Küste zur einsamen und treibholzbeladenen Nordostküste. Man kann sie derzeit nur mit dem eigenen Fahrzeug befahren (vgl. Kap. „Die Treibholzküste", S. 449). Unterwegs wird die *Halbinsel Langanes* passiert, ein ideales Wandergebiet für Entdeckungslustige. Langsam Reisende lädt weiter im Nordosten die mit Seen übersäte Grundmoränenlandschaft *Melrakkaslétta*, die karge „Polarfuchsebene", zu Erkundungen ein – besonders, wenn die Mitternachtssonne die arktische Landschaft im gelblich-milden Licht erwärmt.

Tipps zur Region: Besuchen Sie den **Torfhof Sænautasel** zwischen Egilsstaðir und Mývatn (S. 421). Am Mývatn ist ein besonderes Erlebnis ein geführter Trip zur **Lavaeishöhle Lofthellir**, mitten in einem großen Lavafeld gelegen und für Unkundige unauffindbar. Wer ab Egilsstaðir die Alternativstrecke 85 nimmt, dem sei neben den Highlights ein Besuch im **geothermalen Schwimmbad** nördlich des Ortes Vopnafjörður ans Herz gelegt (S. 451), ebenso ein **Strandspaziergang** auf den Treibholzkiesen irgendwo an der Küste ganz im Norden (Vorsicht vor brütenden Möwen). **Essen** Sie Lamm und Fisch von hervorragender Qualität im Hotel **Reykjahlíð** mit Seeblick bei Pétur (S. 438) oder frischen Fisch im Gamli Baukur in Húsavík (S. 430). Wenn Sie die Gelegenheit haben, übernachten Sie altisländisch im **Grassodenhaus in Möðrudalur** (S. 421), vergleichsweise bourgeois im Gästehaus am Goðafoss (S. 447) oder familiär-rustikal im alten Farmhaus Hóll bei Ásbyrgi (S. 426). Unternehmen Sie eine beeindruckende **Reittour** bei Húsavík (in Garður oder Saltvík) oder eine mehrtägige Mývatn-Tour mit Pólarhestar in Grenivík. Bestaunen Sie in Húsavík (S. 425) nicht nur echte Wale und Walgerippe, sondern informieren Sie sich im Ort auch über das harte Leben der Seeleute im gut gemachten **Video zur Seefahrt** im Naturkundemuseum.

Hin & weg   SBA-Norðurleið, ☎ 5500700, bedient die Strecken **Akureyri-Húsavík-Ásbyrgi-Þórshöfn** (Mo, Mi, Fr, Ankunft mittags, Route 680) und **Akureyri-Húsavík-Ásbyrgi-Dettifoss** (Route 641) sowie die Routen **Mývatn-Krafla-Dettifoss** (661), **Mývatn-Húsavík** (650) und **Akureyri-Mývatn-Egilsstaðir** (Route 62). Rechnen Sie mit Veränderungen im Busnetz!

Wanderkarten   Eine breite Palette von Karten gibt es in der Information in Egils-

staðir und in Ásbyrgi. Für Wanderer und Langzeittouristen lohnen ggf. die GPS-tauglichen Karten 1:100.000 Nr. 5 (die Treibholzküste zwischen Kópasker und Raufarhöfn) und Nr. 7 (der östliche Anschluss mit Langanes). Für Húsey und Umgebung taugt die Karte Útivist í Vopnafirði, für eine Wanderung bei Möðrudalur die Karte Útivist í Jökuldalsheiðinni, beide ebenfalls 1:100.000. Für die Mývatn-Region gibt es von den großen Verlagen 1:100.000er Karten.

Streckeninfo/Tipps für Radler: Auf dem Weg von Egilsstaðir zum Mývatn ist zunächst ein wenig Höhe, die eher monotone Fljótsdalsheiði, zu überwinden, um ins Tal Jökuldalur mit seinem Gletscherfluss zu stoßen. Die Ringstraße windet sich dann hinauf auf die *Jökuldalsheiði* und führt ab hier durch eine aufragende, kahle und baumlose Hochlandöde, deren Sande und Steine gelegentlich den Blick auf die schneebedeckten Berge des Inneren Islands freigeben. Nahezu üppig bestandene Vegetationsnischen sind auf der Ringstraße erst wieder am Mývatn zu erwarten, auf der Str. 901 gibt es zwischen den Abzweigen der Str. 905 und 907 ein grünes Flusstal, Wiesen warten auf Camper beim höchsten Bauernhof des Landes, Möðrudalur (vorher ein Pass mit 10 % Steigung).

Von Egilsstaðir zum Mývatn (Str. 1/901,166 km)

Island aus dem Bilderbuch: eine beklemmende Hochlandeinöde, seenreich und mit schwarzer Asche überzogen. Halten Sie im Jökuldalur auf ein Bad, in Sænautasel oder Möðrudalur auf einen Kaffee und werfen Sie en passant ein Auge auf die vulkanischen Schönheiten Kverkfjöll und Herðubreið – wir empfehlen hierzu die Str. 901.

Der Gletscherfluss *Jökulsá á Dal* (oder *Jökulsá á Brú*) ist seit dem Staudammbau am Kárahnjukar gezähmt und nur noch bei Überlauf schlammig-grau, wie es sich für einen echten Gletscherfluss gehört. Die heutige Brücke stammt von 1994, früher war eine Überquerung mit ungleich mehr Nervenkitzel behaftet: An mehreren Stellen wurde mit schmalen Kabinen, die schaukelnd an einem Seil hingen, „übergesetzt". Kurz vor der Brücke zur Str. 924 bei Hjarðarhagi bildet die „Jökla" einen kleinen Landvorsprung, die *Goðanes*. Zur alten Sagazeit soll hier ein Þór-Tempel gestanden haben. Bei Hákonarstaðir und Klaustursel (abseits der Ringstraße an der Str. 923) wurde bereits 1908 eine Brücke in einem Kraftakt sondergleichen installiert – eine Eisenbahnbrücke aus New York, die seinerzeit im Winter von Vopnafjörður bis hierher über den Schnee gezogen wurde!

Auf die Jökuldalsheiði: Aus dem Gletscherflusstal der Jökulsá steigt die Straße auf 2,5 km steil hinauf auf die 500 m hohe, hügelige Hochebene, die bis zum Askja-Ausbruch 1875 über einem Dutzend Höfen ihr Auskommen gab. Die damals herabbreg-

nenden Aschepartikel zerstörten schlagartig das Weideland – die Lebensgrundlage der Bauern und die Höfe mussten aufgegeben werden, nicht zuletzt wegen der harten Winter. Viele Bewohner brachen gen Amerika auf, um dort ein neues Leben aufzubauen. Der Natur zum Trotz zogen einige Jahre später wieder Menschen auf die Heiði, schließlich gab es fischreiche Seen und reichlich Weideland. Dennoch: 1946, nach etwa hundert Jahren erneuter Besiedlung, wurde mit Heiðarsel der letzte Hof verlassen.

Abstecher von der Str. 901 zum Torfgehöft Sænautasel (Str. 907): Im Sommer wird der Hof *Sænautasel* bewirtschaftet. Der alte Torfhof wurde 1843 erbaut. Nachdem er 1943 aufgegeben worden war, richtete man ihn 1992 in mühevollem Einsatz wieder her. Im Sommer wird hier eine urige Küche betrieben. Das Anwesen ist keines der Postkartentorfgehöfte, die nur relativ wohlhabende Verhältnisse repräsentieren, sondern eines der „normalen Leute" und unbedingt sehenswert!

Sænautasel, Eintritt ISK 500. Kulinarische Spezialitäten bei Lilja im alten Schafsstall: Pfannkuchen „Lummur", serviert an der langen Kaffeetafel (ISK 1500), oder slátur. Pulloververkauf. Die 5 km lange Piste am Ab- zweig der F907 südlich der 901 ist mit normalem Pkw befahrbar. Vier Betten in der alten Gehöftküche à ISK 2000 – ein Geheimtipp! Camping am See, WC, Wasser, kein Windschutz. ✆ 4711086 und 8928956.

Geologischer Abstecher von der Str. 901 zum Moränenwall Skessugarður: Etwa 4,5 km weiter zur Linken wartet auf geologisch Interessierte eine wuchtige Steinanhäufung besonderer Herkunft, ein Endmoränen-Steinwall aus kantigen Steinblöcken, die auf sandigem Grund geschichtet sind. Man sollte den einige Meter hohen „Trollweibwall" entlanglaufen und an geeigneter Stelle überqueren. Unter Mühen sind in manchen Jahren die 2 km Stichstraße bis zu einer sporadischen Parkmöglichkeit auch mit einem Pkw überwindbar.

Weiterfahrt über die höchstgelegene Farm Islands – Möðrudalur (Str. 901): Es folgt eine überdimensionierte Schüssel aus dunklem, vulkanischem Material. Zunächst wird der Pass des *Möðrudalsfjallgarður* (12 %) erklommen. Auf der anderen Passseite erhebt sich der schwarzdüstere und flache *Geitasandur*. Schmale, grüne Moosstreifen ziehen sich nur noch vereinzelt die Berge hinauf, kein Schaf weit und breit. Das Sonnenlicht unterscheidet lediglich Grautöne, allzu oft nur diffus verschwommen. 12 km nach der ersten Steigung geht es nochmals 10 % – für Radler unbarmherzig – bergan zur Passhöhe. Steinmännchen umstehen eine Picknickbank. Der Wind kann hier gnadenlos sein. Der Panoramablick ist jedoch grandios, fast ein Wüstenerlebnis. Der Blick schweift über die Bergrücken und die feuchtsumpfigen Areale der Niederung. Im Dunst erspäht man schließlich die stolze Königin der Berge: *Herðubreið*, 1.682 m hoch über die Lavaflächen thronend.

Teilweise sehr alte Steinmarkierungen begleiten die Straße, früher unerlässliche Markierung der Reitwege. Im Tal liegt auf 469 m neben der Kirche die Farm *Möðrudalur*, benannt nach einer Pflanze und bekannt als der höchstgelegene dauerhaft besiedelte Hof Islands (Café). *Gunnar Gunnarssons* lesenswerte Novelle „Advent im Hochgebirge" verarbeitet die Geschichte von Fjalla-Bensi, der im Hochland in der „Péturskirkja", einem Lavawall, an Weihnachten Zuflucht vor einem Schneetreiben fand. Wenige Kilometer vor der Jökulsá und dem Hof Grímstunga **15** passiert die Ringstraße den Hyaloklastit-Rücken **Biskupsháls**; Bischöfe haben in dieser gottverlassenen Gegend nichts zu suchen, sollte man meinen. Die Kirchenoberen der beiden Bistümer Skálholt und Hólar gerieten auf Reisen durch ihre Gemeinden hier in Uneinigkeiten über die jeweiligen Herrschaftsgrenzen. Ausweg war in diesem Falle kein reger und verhandelnder Schriftwechsel, sondern eine Lösung nach isländischer Art, nämlich ein langer Ausritt: Beide Herren sollten in entgegen gesetzten Richtungen reiten und beim erneuten Zusammentreffen sollte die Grenze festgelegt werden. Der Skálholter Bischof sprengte davon, während der andere sich gemächlich voranbewegte – so erhielt Skálholt ein ungleich größeres Bistum.

Einkaufen/Tanken Klaustursel, ca. 13 km nördlich der Ringstraße am Ende des Jökuldalur, Verkauf von Lederwaren.

Kleintierzoo (tägl. 10–19 Uhr).

Im Hochland hält Möðrudalur wenige Nahrungsmittel bereit. Tanken im Jökul-dalur und in Möðrudalur möglich (vgl. Kapitelkarte).

Übernachten/Essen Á Hreindyraslóðum
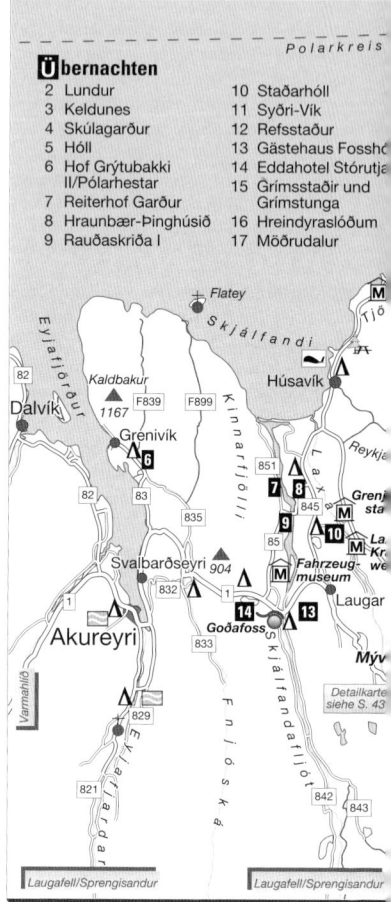, in der alten Schule bei der Tankstelle im Jökuldalur, 50 km nach Egilsstaðir, nicht nur für Rentierfreaks. Restaurant in der alten Turnhalle, Lamm und günstige Rentiergerichte. SSU im Zimmer ISK 5600 mit Frühstück, mit Bettwäsche ISK 7500/Pers. Hübscher **Campingplatz** direkt neben dem kostenlosen Schwimmbad, Windschutz, Holztipi. ☎ 4712006.

Grímsstaðir Gästehaus 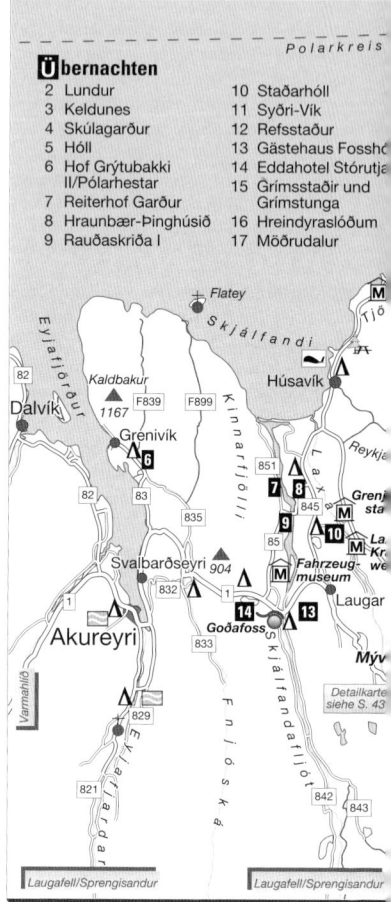, plüschiges Wohnzimmer mit altem Webstuhl. Ca. 4 km nördlich der Ringstraße. Kleiner, mäßig windgeschützter **Campingplatz** in einer Senke, WC. ISK 500/Pers. Altes Haus mit SSU zu ISK 3500. ☎ 4644292.

»» Unser Tipp: Möðrudalur 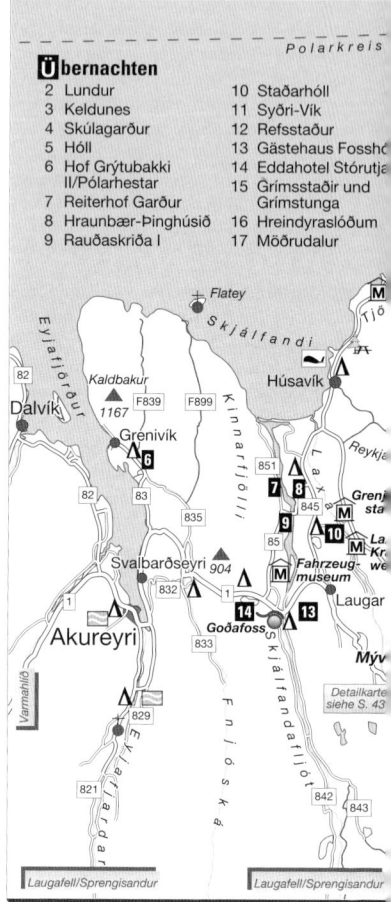, Kaffeehaus mit Terrasse neben dem alten Pfarrhof. Der Bruder vom Großvater war der berühmte Maler Stórval, der immer wieder Herðubreið porträtierte, mal mit Schafen, mal ohne. Mitte August Festival zu Ehren des Malers Storval, Feiern und gemeinsames Malen. Infostand mit Landkartenverkauf geplant. Im **Fjallakaffi** Tagessuppe mit refill ISK 1450, tägl. 7–22 Uhr, herrliche Terrasse, auch Frühstück. **Touren** zu Askja/Kverkfjöll organisiert und leitet die ehemalige Rangerin Elísabeth, die das Hochland südlich des Hofs wie ihre Westentasche kennt. Im Angebot für Bergwanderer ist auch die Besteigung der Herðubreið. Farmer Villi hat zwei Gästehäuser im Grassodenstil erbaut, als SSU ISK 16.900. SSU im Farmhaus ISK 4900. Zwei kleine Torfhäuser für 1 Pers. zu ISK 6500. Großer, hübscher Campingplatz (ISK 900), Kochgelegenheit und Aufenthaltsraum im ehemaligen Stadel. Dusche vorhanden, Spielplatz. ☎ 4711858 und 8940758, fjalladyrd @fjalladyrd.is, www.fjalladyrd.is. **«**

Wandern ab **Möðrudalur** zu Schafspferchen und einer verlassenen Farm (17 km, 5–6 Std.). Wir freuen uns über Erfahrungsberichte!

Polarkreis

Übernachten

2 Lundur	10 Staðarhóll
3 Keldunes	11 Syðri-Vík
4 Skúlagarður	12 Refsstaður
5 Hóll	13 Gästehaus Fosshó
6 Hof Grýtubakki II/Pólarhestar	14 Eddahotel Störutja
7 Reiterhof Garður	15 Grímsstaðir und Grímstunga
8 Hraunbær-Þinghúsið	16 Hreindyraslóðum
9 Rauðaskriða I	17 Möðrudalur

Alternative: Ásbyrgi-Schlucht, Dettifoss, Húsavík (Str. 864/85)

Der Nationalpark am Unterlauf des Gletscherflusses Jökulsá á Fjöllum gehört mit der trockengefallenen, birkenbestandenen Schlucht in Hufeisenform, mehreren Wasserfällen und den rätselhaft spiralförmig angeordneten Lavasäulen zu den reizvollsten (Wander-)Zielen in Island.

An mehreren Wasserfällen gischtet das tiefgraue Wasser der Jökulsá tosend hinab und schneidet dabei Schlingen und Einkerbungen ins Gestein. Birken und Weiden erreichen im Park für hiesige Verhältnisse ein stattliches Aussehen. Das Land war

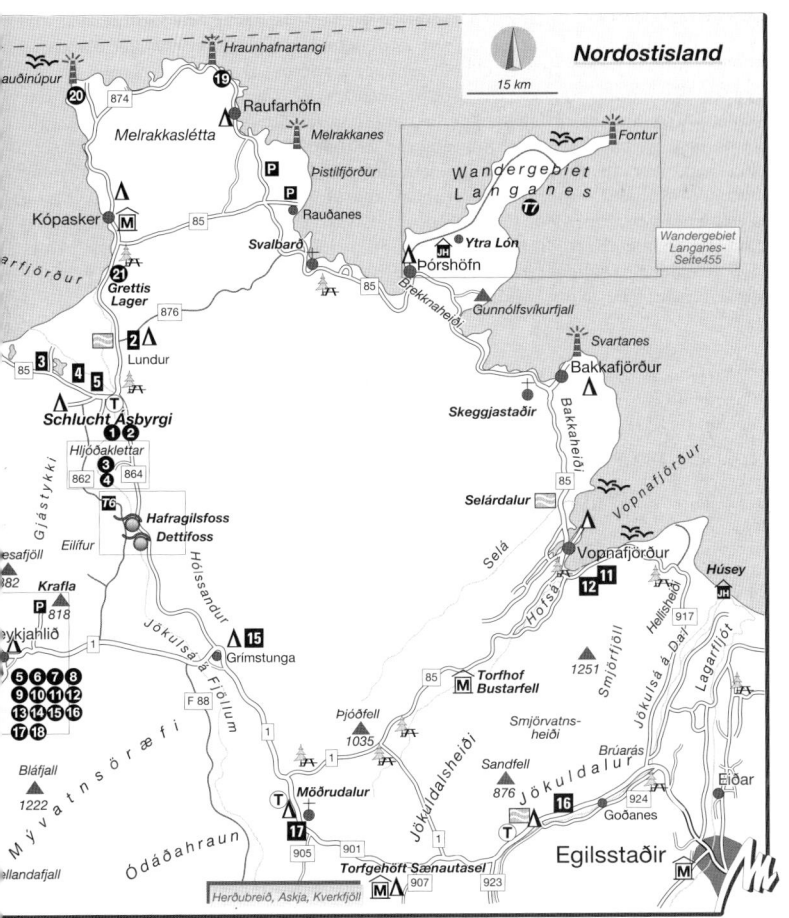

früher im Besitz des großen Anwesens *Ás*, das sich allerdings von Flutkatastrophen des 17. und 18. Jh. nicht mehr erholen konnte.

Geologie im Überblick: Die Wassermassen des Gletscherflusses durchschneiden auf ihrem Weg vom Vatnajökull dunkle Basalte und bräunliches *móberg* (Palagonit). Nur unterhalb des Dettifoss bildet das Flusstal eine tiefe Schlucht. Die Jökulsá ist mit 206 km Länge und einem Einzugsgebiet von 7.750 km² der zweitgrößte Fluss Islands. Im Sommer schwemmt sie 23.000 Tonnen schlammiges Material pro Tag (!) ins Meer hinaus. Hin und wieder lassen rohe Gletscherläufe den Fluss bedrohlich anschwellen. Bei Vesturdalur sind alte Flussarme mit Hohlkehlen erkennbar.

Eilífur am Südrand des Parks ist, das sei Vulkanfreaks nicht verschwiegen, ein subglazial entstandener Hyaloklastit-Vulkan.

Wasserfall Dettifoss & Co.: Über die harten Flutbasaltschichten stürzt sich zunächst der über 10 m hohe *Selfoss*. Der 27 m hohe *Hafragilsfoss* ein zweiter Blickfang. Einige hundert Meter später schließt sich der grandiose Dettifoss an. Er gilt als der größte Wasserfall Europas. Die Abbruchkante wird weniger durch Abschliff der schlammigen Fracht zurückverlagert, sondern durch abbrechende Basalte. Die Fallkante liegt wegen der Streichrichtung des mittelatlantischen Grabens schräg zum Flussbett. Wer die Niagarafälle gesehen hat, hält den Dettifoss vielleicht für eine hübsche Miniatur, innerhalb der kahlen und grauen Steinöde ist seine Wirkung gleichwohl gewaltig. 45 m tief donnern die Wassermassen in einen schäumenden und strudelnden Kessel und jagen dann durch eine tiefe Schlucht weiter nach Norden. Je nach persönlicher Vorliebe (und Windrichtung!) kann der Dettifoss von beiden Uferseiten besichtigt werden.

Streckeninfos/Tipps für Radler (Str. 862/864): Beide Straßen werden für Pkw präpariert und führen zum Visitor Center in Ásbyrgi am Ende der Schlucht. Von der Ringstraße im Süden ist der schnellste Weg zum Dettifoss die asphaltierte Str. 862 westlich des Flusses. Nördlich davon liegen am Parkplatz Vesturdalur klassische Sehenswürdigkeiten. Die Str. 864 bahnt sich auf der östlichen Flussseite inmitten einer von großen Steinblöcken übersäten Ebene einen Weg vom Dettifoss bis nach Ásbyrgi und durchquert den sandigen *Hólssandur*, der schließlich in ein niedriges Buschwaldareal übergeht und die Landschaft wieder grün und versöhnlich wird.

Die trocken gefallene Schlucht Ásbyrgi: Eine einmalige 3,5 km lange Schlucht mit dem begehbaren Keil *„Eyjan"* in der Mitte, der die „Asenburg" zu einem Hufeisen formt. Der Legende nach ist dessen ungewöhnliche und klar abgestochene Form mit dem Hufabdruck von Odins achtbeinigem Pferd *Sleipnir* zu erklären, als es mit seinem Herrn auf der Flucht war. Geologische Erklärungen ziehen verschiedene Faktoren zur Entstehung der seltsamen Schlucht heran, nicht zuletzt auch Gletscherläufe. Zwei Wasserfälle in zwei Schluchten verlagerten dann vor einigen tausend Jahren durch „rückschreitende Erosion" ihre Kanten nach Süden, bis sie sich zu einem großen Wasserfall vereinigten. Heute liegt der verantwortliche Fluss 3 km weiter östlich des nun „fossilen" Wasserfalls. Die Vegetation kann sich hier erstaunlich entfalten. Ein See mit klarem Wasser, im Hochsommer von Blumen eingerahmt, bietet den Pfeifenenten günstigen Lebensraum. Nach oben steigt 100 m senkrecht die Felswand auf.

⚡ Wanderungen (→ Karte S. 422/423)

Von den Parkplätzen Ásbyrgi, Vesturdalur, Hólmatungur kann man kürzere Rundwanderungen unternehmen.

Zur Felswand von Ásbyrgi (1) (einfach, 1,5 km, 45 Min.): Spaziergang durch ein liebliches Wäldchen mit Birken und Beeren zum kleinen See *Botnstjörn*, an dem die Pfeifenente brütet. Man findet hier auch Orchideen *(platanthera hyperborea)*, die auf Isländisch nach der Fruchtbarkeitsgöttin Frigg benannt werden. Ausgangspunkt ist der Parkplatz 3 km südlich des Campingplatzes (Ranger, Infotafeln, WC). Folgen Sie dem Schild „Skógastígur", der nach 250 m auf einen Weg stößt – biegen Sie hier rechts ab, ebenso am nächsten unbeschilderten Wegkreuz. Wenn der Pfad auf einen breiten Weg stößt, geht es

links zur Aussichtsplattform am verwunschenen See. Halten Sie sich im
weiteren Verlauf mehrfach links, um
über Stufen zu einem Aussichtspunkt
mit perfektem Schluchtblick zu gelangen. Folgen Sie dann der Beschilderung
zurück zum Parkplatz (10–15 Min.).

Auf den platten Felskeil Eyjan (2) (einfach, gut markiert, Trittsicherheit; ca.
5 km. 1¼–1¾ Std.): Am Südende der
„Insel" Eyjan erwartet Sie eine herrliche
Aussicht, ideal auch für Frühsport oder
einen Abendspaziergang. Die markierte
Strecke beginnt am Campingplatz neben dem Waschhaus, führt auf die Felswand zu und biegt dort scharf rechts ab
Richtung Norden (unbeschildert). Der
ausgetretene Pfad führt nun in wenigen
Schritten hoch auf eine buckelige Heide, auf der es flach schnurstracks gen
Süden geht. Wenn der Untergrund felsig wird, sind es nur noch wenige Minuten zur Spitze des Keils. Von hier
kann einen kleinen Bogen im Uhrzeigersinn machen und stößt dann wieder
auf den bekannten Hinweg.

**Die Felsen „Karl og Kerling" im Vestur-
dalur (3)** (Str. 862, 14 km südlich der
Str. 85; Trittsicherheit, 3 km, ca. 1 Std.):
Die Skulpturen „Trollmann und -frau"
aus Basaltsäulen stehen am Ufer des
reißenden Gletscherflusses. Vom unteren Parkplatz führt zunächst ein breiter
Weg nach Süden, links im Blick ist der
Fluss mit seiner Uferwand aus Säulen-
basalt. Am unbeschilderten Abzweig
halten Sie sich links, wenig später kommen Sie an einem Aussichtspunkt vorbei und schließlich, nach insgesamt 1 km,
zum beschilderten Abzweig. Einige Meter geht es steil bergab ins Flussbett;
nach insgesamt etwa 30 Min. stehen Sie
vor den erstarrten Trollen gegenüber
einem rostrot gefärbten Aschehang.

**Basaltsäulenfelsen Hljóðaklettar im
Vesturdalur (4)** (Str. 862, 15 km südl.
der Str. 85; ab Troll Trittsicherheit;
5,5 km, 3–4 Std.): Die bizarren „Echo-
felsen" *Hljóðaklettar* mit Lavasäulen in

verschiedensten Anordnungen, Stärken
und Kantenzahlen verdanken sich ehemaligen Förderkanälen vulkanischer
Eruptionen vor 8000 Jahren. Vom Parkplatz marschiert man nach Norden zur
markanten Lavaskulptur „Troll", rechts
daran vorbei geht es weiter zum beschilderten Abstecher (100 m) zu *Kirkjan*,
einer größeren Hohlform in der Lava.
Im weiteren Verlauf folgen Sie dem
Schild Richtung *Rauðhólar*. Halten Sie
sich an der unmarkierten Verzweigung

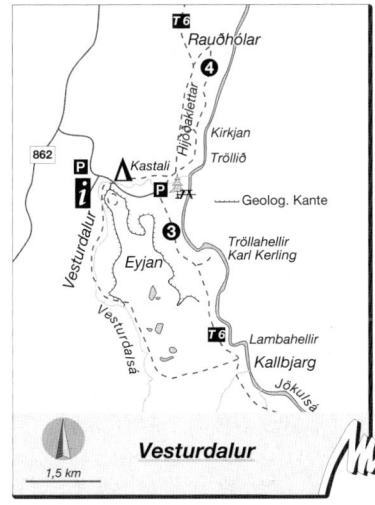

Mývatn und der Nordosten → Karte S. 422/423

rechts. Über Stufen geht es schließlich bergan, ein unmarkierter Abzweig führt nach wenigen Metern und insgesamt nach etwa 70–90 Min. rechts hoch zum Gipfel des ersten der roten Hügel. Der nächste Gipfel kann nur bis zur Absperrung besucht werden. Beim Rückweg folgen Sie an den Verzweigungen den Schildern Richtung Vesturdalur.

Trekking vom Dettifoss nach Ásbyrgi: (T 6) (2 Tage): Beliebte und einfache

Tour in zwei Etappen entlang des Flusses, am 1. Tag vom Dettifoss nach Vesturdalur, am 2. Tag von Vesturdalur nach Ásbyrgi. Vorher dort beim Ranger Infos einholen.

Anfahrt: Man fährt mit dem Bus zum Dettifoss. Gepäck kann man unterwegs in Vesturdalur, wenn der Bus dort hält, beim Ranger lassen. Ganz Fixe haben während des Halts auch schon ihr Zelt aufgebaut.

Basis-Infos/Übernachten/Camping

(→ Karte S. 422/423)

Information Ásbyrgi, neueres Infozentrum des Nationalparks Vatnajökull namens **Gljúfrastofa** nahe der Tankstelle an der Str. 85, 9–22 Uhr. Freundliche und hilfsbereite Ranger, Kaffee-Ecke, Terrasse. Detaillierte Karten sind erhältlich. Informationen können auch beim Ranger in Vesturdalur eingeholt werden. Mehrmals tägl. geführte Touren in Ásbyrgi und Vesturdalur, gratis. ☎ 4652195.

Lavasäulen bei Ásbyrgi (Vesturdalur)

Hin & weg Busse der Gesellschaft SBA ab der Tankstelle nach Húsavík/Akureyri und auf der Str. 862 zum Parkplatz Vesturdalur und weiter zum Dettifoss und zurück Richtung Akureyri. Trampen klappt nach Leserhinweisen ohne Probleme.

Einkaufen/Tankstelle Laden mit leicht erhöhten Preisen, typischer Tankstellenimbiss (Hamburger, Fleisch- und Fischgerichte zu annehmbaren Preisen). Tägl. 9–22 Uhr.

Golf 9-Loch-Anlage hinter der Tankstelle, Schlägerverleih in der Tankstelle.

Schwimmbad Outdoorpool etwa 4,5 km nordöstlich gegenüber Lundur (s. u.), Öffnungszeiten schwankend.

Übernachten im Osten Lundur **2** („lündur"), ca. 4,5 km nordöstlich der Flussbrücke Richtung Kópasker, Schulhaus, günstiges Abendessen Bar, Küche. SSU im Dorm für ISK 3700, DZ ISK 10–16.000. ☎ 4652247.

Übernachten im Westen Hóll **5** (FH), „hodl", ca. 7 km westl. von Ásbyrgi, 4 Zimmer bei der höflichen Maria im alten, heimeligen Farmhaus. Reiten ISK 4000/Std., Reittouren zur Höhle im Kerlingarhólahraun (ca. 4 Std.) oder in den Nationalpark für Gruppen. DZ ISK 12.000. ☎ 4652270, 4652353.

»› Unser Tipp: Skúlagarður 4 (FH), ca. 11,5 km westlich von Ásbyrgi, im Gemeindezentrum, beim freundlichen Axel, der noch auf der Farm Ás (s. o.) geboren wurde. Leckeres Abendessen, z. B. Fisch aus Húsavík oder der benachbarten Farm. DZ mit Bad ISK 19.000, sehr einfache SSU für ISK 3700 in der ehemaligen Arbeiterunterkunft des Blandá-Kraftwerks, die hierher gekarrt wurde. ☎ 4652280. ‹‹‹

Keldunes ■3, ca. 10,5 km westlich von Ásbyrgi. Blick auf den See Skjálftavatn Bergkulisse im Hintergrund. Von Lesern begeistert empfohlen, da „mit viel Liebe zum Detail eingerichtet". 6 renovierte DZ zu ISK 16.000, Küche, Aufenthaltsraum. Drei kleine Ferienhäuser für je 2 Pers, SSU für ISK 4000 in weiteren Häuschen. Hot Pot. ☎ 4652275, info@keldunes.is, www.keldunes.is.

Camping   Ásbyrgi: groß, sehr gepflegt mit guten sanitären Einrichtungen, Windschutz, Grill und Spielplatz. Die Felswand kann hallen. Ca. 300 m von der Bushaltestelle. ISK 950.

Vesturdalur, idyllisch im Nationalpark gelegen, Wasser und WC, ISK 950.

Im Park darf nicht wild gezeltet werden. Beim Dettifoss ist Camping nur für Wanderer erlaubt.

Lundur ■2, 4,5 km nordöstlich (s. o.), WC, angenehmer Platz. ISK 1100. ☎ 4652247.

Halbinsel Tjörnes – berühmter Fossilienfundort

Zwischen Öxarfjörður und Skjálfandi-Bucht, der „Erdbeben-Bucht", schiebt sich die grüne Halbinsel Tjörnes, die für Wissenschaftler vor allem wegen ihrer Millionen Jahre alten tertiären Ablagerungen von Interesse ist.

Nach einer starken Steigung von der Lónbucht im Öxarfjörður ist eine reizvolle Landspitze erklommen, von schneegefleckten Bergen und Meer umgeben, deren Farben eine malerische Nordlandschaft komponieren (herrlicher Picknickplatz am Vogelfelsen). Auf der Westseite sind vor der Küste die umbrandeten „Mondgewässerinseln" *Mánáreyjar* gut zu sehen, Vulkanruinen und Vogelbrutstätten. Näher am Festland ist der 41 m hohe Papageientaucher-Nistplatz *Lundey*. Der Leuchtturm an der Str. 85 ist ein guter Papageientaucher-Beobachtungsplatz (10–15 Min. zu laufen). Kurz vor Húsavík passiert man schließlich das Denkmal des namhaften Dichters *Einar Benediktsson* (1864–1940), der auf der Farm Héðinshöfði seine Kindheit verbrachte.

Mývatn und der Nordosten → Karte S. 422/423

Riesige Gerippe

Geologie im Überblick: Die „Tjörnes-Schichten" umfassen einen langen Zeitraum von 3 bis 4 Millionen Jahren. In den unteren Sedimentschichten sind neben Lavaergüssen fossile über- und untermeerische Abfolgen (darüber die „Breiðavík-Gruppe" mit Bändern aus Laven, Moränenmaterial und verschiedenen Sedimenten) sowie im Süden auch deutliche Braunkohleschichten mit einer Dicke von 500 m eingeschlossen, die bei der Farm Ytri-Tunga eine Zeit lang ausgebeutet wurden. In den Tjörnes-Schichten können drei klare Muschelschichten abgegrenzt werden. Die höher gelegenen Schichten schließen irritierenderweise Muscheln ein, die bei einer Wassertemperatur von ca. 12 °C leben können, nicht bei den aktuellen 4–5 °C. Die Gewässer um Island scheinen sich also innerhalb der letzten Millionen Jahre abgekühlt zu haben. Unter den Schichten untermeerischer Ablagerungen und Landsedimente schließlich liegen mächtige tertiäre Basalte.

Auch die Erdbebenhäufigkeit stellt Tjörnes in den Fokus der Geologie: In der „Tjörnes Bruchzone" kommt es zu Scherbewegungen.

Muschel-Fundort: Geologisch Interessierte finden einen kleinen Ausschnitt der tertiären *Muschelablagerungen* 1,7 km nach der Farm Hallbjarnastaðir (Schild „Tungulending", Viehgatter darf geöffnet werden). Der teils holprige Weg führt nach 1,5 km zur alten Bootsanlegestelle und zu den Muschelschichten.

Villa Kunterbunt – das Museum Mánárbakki: Das niedliche gelbe Haus strahlt Atmosphäre aus. Aðalgeir Egilsson brachte 1994 das Haus mit dem klangvollen Namen Þórshamar aus Húsavík hierher, um seine gesammelten Objekte unterzubringen und für die Öffentlichkeit auszustellen. Die Sammelstücke sind verschiedenen Alters, Besonderheit ist die Perle Sörvisperla aus der Wikingerzeit. Werbeplakate, alte Streichholzschachteln und Gegenstände aus dem bäuerlichen Leben sind kunterbunt gemischt. Werfen Sie einen Blick auf die alte Straßenkarte von 1930 und in das Fotoalbum mit deutschen Postkarten von 1908/09. In den drei kleinen Hütten lagert auch Kurioses, z. B. eine Bank, die zum Dreipersonenbett umgeklappt werden kann.
Minjasafnið Mánárbakka: Tägl. 10–18 Uhr, ISK 500. 37 km ab Ásbyrgi.

Húsavík

(ca. 2200 Einw.)

Hier dreht sich (fast) alles um Walbeobachtung – bei gutem Wetter sind die zahlreichen Hafenrestaurants und Cafés mit ihren Sonnenterrassen mit Blick auf die weiß verzierten Bergketten der Kinnar- und Víknafjöll auf der anderen Fjordseite gut gefüllt. Bei Isländern kommen hier Côte-Azur-Gefühle auf.

Das Typische an Húsavík ist der Hafen mit seinen weißen und roten Farbtupfern. Die *Kirche*, erbaut 1906–07, sticht dennoch augenfällig hervor. Die Größe des kreuzförmigen Kirchenbaus aus norwegischem Bauholz, den ein grünes Dach mit einem viereckigen, 26 m hohen Glockenturm ziert, überbietet die traditionell kleinen isländischen Gotteshäuser um einiges. Egal, was einem in Húsavík am besten gefällt, das Urteil der Fischer lautet ohne Abstriche: „Das Herz der Stadt schlägt unterhalb der Hafenmauer."

Húsavik bewirtet gerne all die Whalewatcher

Geschichte: Was für die Hauptstadt Ingólfur Arnarsson ist, ist hier der Schwede *Garðar Svárvarsson*. Noch vor der Landnahmezeit überwinterte der Wikinger 870 hier auf der Suche nach dem fernen Land Thule. Als Garðar wieder aufbrach, blieben seine Knechte zurück, die eigentlich als die ersten Siedler gelten müssten, hätte die Geschichtsschreibung sie beachtet. Garðar nannte die Insel Island übrigens dreist *Garðarshólmur* – zum Glück kam die Sache mit der Namensgebung dann doch anders. Dessen ungeachtet erinnert am Schulgelände ein Denkmal des angesehenen Künstlers *Sigurjón Ólafsson* an Garðar.

Der Ort ist ein altes Handelszentrum. Im 19. Jh. bestand er „aus einigen stattlichen Häusern, der Schwefelraffinerie und einigen Hütten", wie ein Zeitgenosse 1824 vermeldete. 1882 wurde hier die erste Genossenschaft des Landes ins Leben gerufen.

Basis-Infos

(→ Karte S. 422/423)

Information   Am Hafen im Walmuseum (s. u.). ✆ 4644300. www.visithusavik.is.

Hin & weg   2-mal tägl. zum Mývatn, 1-mal tägl. nach Akureyri, 1-mal tägl. nach Þórshöfn über Ásbyrgi. Haltestelle N 1, manche halten auch am nur wenige Schritte entfernten Hafen.

Versorgung   Apotheke, Bank, Post, Tankstellen (ca. 8–23 Uhr), zwei Supermärkte (tägl. geöffnet), gute Bäckerei in der Garðarsbraut nahe der Kirche (Mo–Fr 8–17, Sa 10–14 Uhr), Post.

Autoverleih/Werkstatt   Bílaleiga Húsavíkur, Preis Verhandlungssache. Garðars-

braut 66, ✆ 4642500, 8923436.

Reiten   Garðar **7**, vgl. S. 445, unkompliziert, für jeden das passende Pferd. Alle tölten! Deutschsprachig. Touren ab ISK 3500, nicht nur für Gruppen, i. d. R. jederzeit, einfach vorbeikommen.

Hof Saltvík, Hof von Bjarni Vilhjálmsson, SSU, freundliche Jugendherbergsatmosphäre. Sehr gut geführter Reiterhof 5 km südlich von Húsavík. Empfehlenswert: 2-Std.-Tour ans Meer (ca. ISK 7500). Vorher kostenlose Reiteinweisung. , ✆ 8479515.

Schwimmbad   Héðinsbraut, Freibad mit zwei Hot Pots und Sauna.

Von cleveren Eisbären

In einer etwas kuriosen Schilderung der Verhältnisse im 17. Jh., zitiert bei *Thoroddsen* (1898), heißt es im Anschluss an die Charakterisierung des Treibeises: „Das Eis bleibt so lange vor der Küste liegen, bis es heftige Südwinde wieder forttreiben. Auf dem Treibeise kommen Bären, die oft größer als die isländischen Pferde sind, und wenn sie ans Land kommen, so fressen sie alles auf, was ihnen in den Weg kommt, und suchen noch weiter nach Nahrung. Wenn sie so am Anfange einen unbewaffneten Menschen treffen, so begnügen sie sich nicht damit, ihn aufzufressen, sondern sie lauern beständig nach weiteren Menschen. Wenn sie aber zuerst Vieh antreffen, so suchen sie fortan weiter nach Vieh. Wenn sie aber weder auf Mensch noch Vieh stoßen, so leben sie von Gras und Kräutern. Es ist diesen Tieren eigen, dass sie auf demselben Eisberge, auf dem sie nach Island gekommen sind, auch wieder zurückzukommen trachten. Wenn sie so weit landeinwärts gekommen sind, dass sie das Meer nicht mehr sehen können und befürchten, der Wind könnte das Eis bald wieder wegtreiben, ersteigen sie die höchsten Berggipfel, um sich nach dem Eise umzusehen, und wenn sie sehen, dass das Eis bereits wieder forttreibt, schwimmen sie ihm nach."

Übernachten/Camping/Essen

Übernachten Fosshótel Húsavík, zwischen Museum und Ásgarðsvegur. Modernisierte DZ in einem großen Komplex. DZ ISK 31.000, superior ISK 23.500. Restaurant. Keltilsbraut 22, ✆ 4641220, bokun@Fosshotel.is, www.fosshotel.is.

Gästehaus Árból, familiäre Gastlichkeit in einem Haus um 1903, nette Zimmer, eine alte Wäschepresse steht in der Mansarde. DZ 17.800. Ásgarðsvegur 2, ✆ 4642220 und 8617606.

Húsavík Guesthouse, ordentliche Zimmer in mehreren Häusern im Ort. Laugarbrekka 16. ✆ 4633399, www.husavikguesthouse.is.

Vísir, großer Kasten oberhalb des Hafens an der Hauptstraße. Küche. DZ ISK 12.000. ✆ 8565750.

Kaldbakskot, mehrere Sommerhäuser verschiedener Größe südlich des Orts mit Fjordblick ab 69 €. ✆ 4641504/8921744, www.cottages.is.

Apt. von Sólrún, 2–4 Pers, Info im Bakka-Café. ✆ 8980036.

Übernachten/außerhalb Heiðarbær, 7 km entfernt von Húsavík an der Str. 87. Die Besitzer versorgen den Reisenden rundum: Das Angebot umfasst Abendessen und ein geothermales **Schwimmbad** mit zwei Hot Pots (tägl. 11–22 Uhr). SSU ISK 2500 in 2- bis 4-Bettzimmern. Weitere DZ in der Farm Skógar II (6 km entfernt, ISK 13.400 mit Frühstück). ✆ 4643903, heidarbaer@simnet.is, www.heidarbaer.is.

Camping Húsavík, am Nordende des Orts. ISK 1000/Pers. Kochmöglichkeit, Dusche inkl., Waschmaschine/Trockner ISK 400.

Heiðarbær (s. o., ISK 800/Pers.).

Jónasarvöllur, an der Str. 845 Richtung Goðafoss, ca. 2 km nördlich der Str. 853. Spüle, WC, unbewirtschaftet, oft einsam, ISK 1000.

Die hiesigen Lokale bieten meist angelandeten Fisch an. Bei den Übernachtungsangeboten gibt es in Húsavík viele Fluktuationen. Hübsche Unterkünfte finden sich auch im Aðaldalur, etwa 20 km südl. des Orts (S. 445).

Essen/Café Café Skuld, unterhalb der Ticketschalters am Hafen, relativ windgeschützte Terrasse, Tagessuppe und hervorragende Kuchen, z. B. Hochzeitskuchen.

Café **Bakka**, bei der freundlichen Sólrún, Terrasse. Unser Tipp: Pfannkuchen. Tägl. 10-18 Uhr.

Gamli Baukur („Alter Humpen"), hübsch dekoriertes Restaurant mit uriger Atmosphäre und herrlicher Terrasse. Wir empfehlen den „catch of the day". Tägl. 11.30–24 Uhr, am Wochenende länger. Oft Livemusik. Am Hafen, ✆ 4642442.

Café Gentle, kein Café, sondern ein Restaurant mit Terrasse, geleitet von der herzlichen Peruanerin Evelyn. Spezialität ist Grillfisch.

Relativ günstiges Tagesgericht. ✆ 8694699.

Naustið, am Hafen, gut gewürzte Fischsuppe (ISK 1200) und leckere Fischspieße mit Beilagen (ISK 1900), zubereitet von der fröhlichen Inga. Terrasse. Tägl. 12–22 Uhr. ✆ 4641520.

Salka, im alten Genossenschaftshaus von 1882 mit Terrasse unterhalb der Straße, alter Teil des Hauses von 1883, das ursprünglich nach Norwegen gebracht werden sollte, aber wegen eines Schiffbruchs hier „hängen" blieb. Vorspeisentipp: Hummer und Papageientaucher. Im alten Haus nebenan, dem **Pakkhús**, Pub/Café. ✆ 4642551.

Sehenswertes/Ausflüge

Walmuseum: Ein riesiges Zwergwal- und ein über 10 m langes Pottwalskelett, gelungen aufbereitete Informationen zum Walfang und historische Hintergrundinformationen bietet dieses Museum in einem alten Schlachthaus. Weitere Highlights sind Bartenplatten zum Anfassen oder ein in Formalin eingelegter Schweinswal. Sehenswert, egal ob vor oder nach einer Walbeobachtungsfahrt!
Tägl. 9–19 Uhr, ISK 1200. ✆ 4642520, www.whalemuseum.is.

Wale voraus!

Die Ausflügler fiebern fröstelnd an der Reling und jeder versucht, als Erster einen Wal zu sichten. Angesteuert werden die Ecken im Fjord, in denen zuletzt Wale gesichtet wurden, manchmal das Fjordinnere, manchmal die Insel Lundey, auf der sich im Sommer 200.000 Vögel tummeln, manchmal der Fjordausgang nahe der Insel Flatey. Irgendwann auf der ca. dreistündigen Tour heißt es dann „Wal auf 2 Uhr". Manchmal ist das große, dunkle Ding in einigen Metern Entfernung auch nur ein Stück Treibholz. Falls Sie großes Pech haben, müssen Sie sich die ganze Tour über mit Delfinen trösten, die oft die Boote umspielen, jedoch auch schnell gelangweilt sind von den starrenden Zweibeinern. In jedem Fall wird auf dem Rückweg ein heißer Kakao mit Gebäck gereicht, ideal zum Aufwärmen auf der meist zugigen Fahrt. (Tipp: winddichte Jacke und Mütze!)

North Sailing, mehrmals tägl. im Sommer, ISK 8900, vier alte Holzkutter. Der zum Schoner umgebaute Kutter „Haukur" segelt einmal die Woche für umgerechnet 590 €/Pers. bis Grímsey (2 Tage, Übernachtung an Bord). ✆ 4647272, www.northsailing.is.

Gentle Giants, Holzkutter und ein Schnellboot, mehrfach tägl. im Sommer. ✆ 4641500, www.gentlegiants.is.

Kirche: Die *Húsavíkurkirkja* bietet auch innen ein vorzügliches Erscheinungsbild. Beachtenswert ist, dass hier keine gewöhnliche Kanzel zum Predigen dient, sondern ein Pult in Buchform. Das Altarbild von 1931 zeigt die Auferstehung des Lazarus, ältestes Stück ist der Leuchter von 1640. Der kunstvolle Bau für 380 Leute wurde 1907 eingeweiht. Eine Turmbegehung ist möglich.
Von Jahr zu Jahr unterschiedlich geöffnet, i. d. R. tagsüber.

Culture House mit Maritimmuseum/Naturkundemuseum: Schmuckstücke des vielseitigen Museums sind der ausgestopfte Eisbär, der 1969 zwölf Jahre alt und 370 kg schwer auf der Insel Grímsey anlandete, sowie eine Klappmützenrobbe. Die Kulturausstellung zeigt das traditionelle Leben auf Island. Kurios sind Halsketten aus menschlichem Haar. Im Untergeschoss hängen in Vitrinen auffällige Fische, teilweise bemalt, um die Farbgebung zu erhalten. Glanzstücke sind ein Pelikan-Aal („pokakjaflur"), der aussieht wie ein Handstaubsauger, und der Gotteslachs („guðlax"), ein selten gefangener Tiefseefisch, der bis 1,6 Meter lang wird. Das Seefahrtsmuseum stellt Fischerboote aus und informiert über die Geschichte des Fischfangs vom Ruderbootzeitalter bis zur Technisierung und wie dieser das Leben der Menschen bestimmte. Neben dem Haus steht ein originaler Fischerschuppen aus dem hiesigen Hafen. Sehr sehenswert ist das Video zur Seefahrt in früheren Zeiten. Tägl. 10–18 Uhr, ISK 600. Stóragarði 17, in Laufentfernung vom Hafen.

Routenplanung: Von Húsavík kann man direkt zum Mývatn auf der Str. 87 (s. u.). reisen oder über die Str. 853 zum Torfgehöft und dann erst über die Str. 87. Nach Akureyri fährt man direkt über das Aðaldalur via Str. 85, vorbei am Automuseum, oder in einem Bogen über die Str. 845 bzw. 853, wenn man sich das alte Torfgehöft und den Wasserfall Goðafoss ansehen will (vgl. S. 445).

Vulkanwelt am Mývatn   („mivahtn")

Der flache See in der aktiven Vulkanzone ruht eingebettet in eine atemberaubende Urlandschaft. Am berühmtesten sind die Lavafiguren „Dimmuborgir", der Ringwallkrater Hverfjall, das Solfatarengebiet am Námafjall und die dampfende Lava nahe der berüchtigten Krafla. Also: Rein in die Wanderschuhe! Die Mücken, die dem See den Namen gaben, sind manchmal lästig, aber wesentlicher Teil einer außerordentlich reichen Fauna.

Im Regenschatten des Vatnajökull ist das Wetter im Sommer eher mild, warm, niederschlagsarm und mit relativ viel Sonnenschein nicht so chronisch bewölkt – die Winter aber sind kalt und lang. Gut und gerne drei Tage kann man am Mývatn damit zubringen, all die geologischen Sehenswürdigkeiten zu inspizieren, die hier in einem riesigen Freilichtmuseum herumliegen, so als hätte sie ein findiger Museumsdirektor von überall her zusammengetragen: all die Schlammtöpfe, die fauchenden Spalten und die Heißwasserbecken in ihren versteckten Grotten und all die unterschiedlichsten Muster, Formen und Brüche der Lavaströme. Nahezu alle vulkanischen Formen liegen wie in einem überdimensionierten Schaukasten nebeneinander, die geheimnisvollen Pseudokrater ebenso wie Ascheringe ungebändigter Explosionen. Verantwortlich für das Schauspiel ist die Aktivität einer einige Kilometer unter der Oberfläche liegenden Magmakammer in Verbindung mit dem Auseinanderdriften der Kontinentalplatten.

Der See: 277 m ü. M. gelegen, teilt er sich in zwei Hauptbecken, *Ytriflói* mit 8,5 km² Fläche im Norden und *Syðriflói* mit 28 km² im Süden. Der See wird oberirdisch nur von einem Bach gespeist, der aus dem Græna- vatn abfließt. Unterirdische Quellen von verschiedener Temperatur bilden die Hauptwasserzufuhr. Die Tiefe des Sees beträgt durchschnittlich nur 2,5 m, erreicht aber im Norden, wo eine Diatomeen-Fabrik

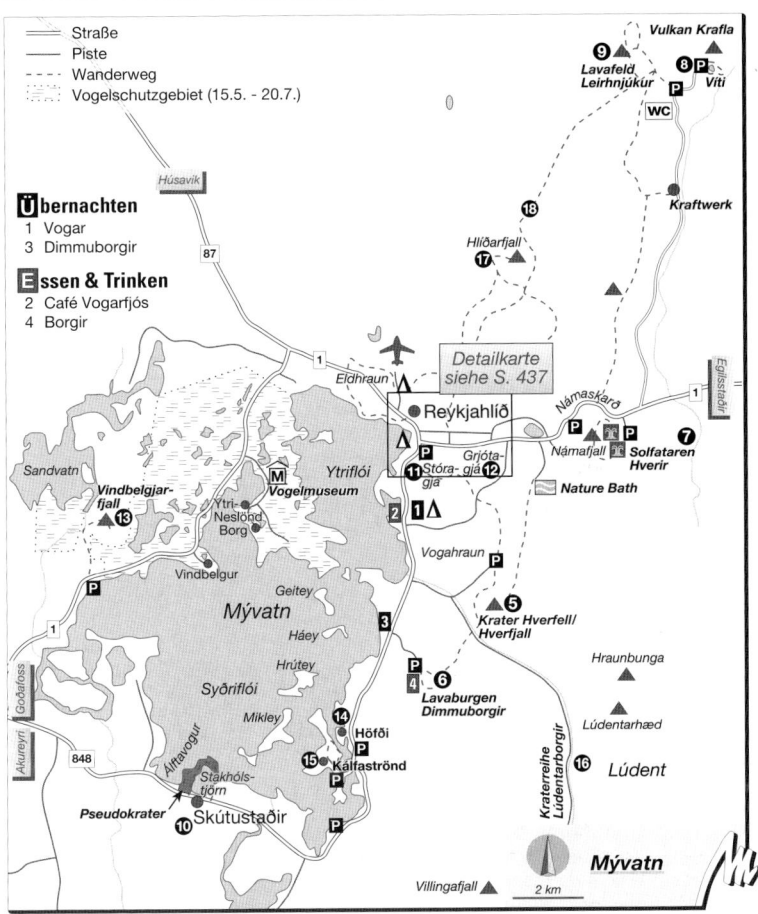

Straße
Piste
Wanderweg
Vogelschutzgebiet (15.5. - 20.7.)

Übernachten
1 Vogar
3 Dimmuborgir

Essen & Trinken
2 Café Vogarfjós
4 Borgir

Vulkan Krafla
9 **8** **P**
Lavafeld
Leirhnjúkúr
P **Viti**
WC

Húsavík
87

18
Kraftwerk

Hlíðarfjall
17

Eldhraun

Detailkarte
siehe S. 437

Reykjahlíð

Námaskarð
Egilsstaðir
1

P **P**
Námafjall **Solfataren**
Hverir
7

Grjóta-
gjá
11 Stóra-
gjá **12**

Nature Bath

Ytriflói
Sandvatn
M
Vindbelgjar-
fjall
13 Vogelmuseum
Ytri-
Neslönd
Borg

2 **1**

Vogahraun

P

Vindbelgur
Geitey
Mývatn
Háey

Hrútey

Syðriflói
Mikley

P
3

5
Krater Hverfell/
Hverfjall

Hraunbunga

P
4 **6**
Lavaburgen
Dimmuborgir

Lúdentarhæð

14
Höfði

15 Kálfaströnd
P

16
Kraterreihe Lúdentarborgir
Lúdent

Godafoss
Akureyri
1

848
Álftavogur
Stakhóls-
tjörn

Pseudokrater
10 Skútustaðir

P

Villingafjall   2 km

Mývatn

---

früher Grundsediment entnahm, über 6 m. Der See ändert seine Temperatur im Sommer einerseits leicht mit der Lufttemperatur und hält sich auf der anderen Seite von Oktober/November bis Mai eisbedeckt. Drei Wasserläufe bilden die Abflüsse für den See, sodass sich das Wasser sehr schnell austauscht. Sie vereinigen sich nach einer kurzen Strecke in der Laxá, um nach Norden abzufließen. Mäßige Wassertemperaturen aufgrund der Sonneneinstrahlung und die Zufuhr nährstoffreicher Grundwässer bringen ein für die Breitenlage außergewöhnlich reiches Leben im und am See hervor.

Die Entstehung: Der See Mývatn bekam seine heutige Form, als vor 2300 Jahren der alte See von Lava aus der Lúdentkraterreihe überdeckt wurde. Dabei bildeten sich u. a. die Felsdome der Dimmuborgir und von Kálfaströnd (s. u.).

Die Mücken: Etwa 40 Mückenarten schwirren hier herum (jede hat ihren eigenen „Terminkalender"). Den lästigen Kriebelmücken (*Simulium vittatum*, engl. *blackflies*) entkommt man im Ende Mai/Anfang Juni und Ende August kaum, jedoch schwanken die Populationen von Jahr zu Jahr stark.

Lava über Lava, Explosion auf Explosion

bis vor 8000 J.	**Lúdent-Periode** mit der augenfälligen Lúdent-Explosion
vor 5000 J.	Eine kurze aktive Zeit folgt südl. der Gæsafjöll-Berge.
vor 3800 J.	Der erste See wird von der **Älteren Laxálava**, die vom Vulkan Ketildyngjá stammt, abgedämmt.
vor 2800 J.	**Hverfell-Periode**, deren letztes Ereignis die Kraflafeuer sind. Der formschöne symmetrische „Mondkrater" Hverfell entsteht in einer einzigen Explosion.
vor 2300 J.	Die **Kraterreihe Lúdentarborgir** schickt die „jüngere Laxálava" aus, die die Dimmuborgir bildet, die Laxá abdämmt und den heutigen See mit den Pseudokratern entstehen lässt.
um 900	ereignen sich die so genannten **Dalseldar-Feuer**.
1724–1729	brechen die **Mývatn-Feuer** los, der „Höllenkrater" Víti bei der Krafla explodiert; am 11. Januar 1725 öffnet sich Leirhnjúkur; einer der folgenden Lavaströme kommt 1729 bedrohlich auf die Kirche von Reykjahlíð zu und zerstört einige Gebäude.
1975–1984	**Kraflafeuer**, bei diesen Eruptionen wird eine 8–9 m große Dehnung des Spaltenschwarms errechnet. 1977 ereignet sich ein quasi künstlicher Vulkanausbruch, als 1,2 m³ basaltisches Gestein aus einem Bohrloch dringt, während gleichzeitig ein Absenken des Sees um 30 cm registriert wird. 1980 brachte im März ein weiterer Ausbruch für wenige Stunden eine 4 km lange Öffnung zu Tage. Das Spiel wiederholte sich mit einer 6 km langen Spalte im Juni und Juli; im Oktober drang Lava bis an die Oberfläche und strömte Richtung Reykjahlíð, ebenso im November 1981. 1984 sandte die Caldera unter Dampfsäulen stehende Lavaströme Richtung Norden und Süden.

Das Ökosystem: Viele Zusammenhänge sind noch nicht verstanden. Klar ist, dass die unterirdischen Zuflüsse wie Düngefabriken wirken und der Seegrund mit einer Lage von moosähnlichen Algenbällchen eine große Oberfläche für viele Tierchen bietet. Auch wenn man von Mücken gestochen wird (die Weibchen piesacken, sie brauchen Nahrung für ihre Eierproduktion) – das vielfältige Vogelleben geht zu einem nicht unerheblichen Teil auf das Konto dieser vermeintlich störenden Mücken. Übers Jahr stehen als Nahrung die unglaubliche Menge von 600 Tonnen Mücken und 600 Tonnen Zooplankton bzw. Minikrabbenarten „zur Verfügung"!

Info: www.ramy.is/en.

Geologie: Im Bereich der aktiven Vulkanzone gelegen, durchzieht Nordisland ein Gürtel aus Spalten, von Osten beginnend Kverkfjöll, Askja, Fremrinámur mit einem 939 m hohem Stratovulkan, dann Krafla („krabla") und schließlich Þeistareykir (einige davon mit einem Zentralvulkan). Mindestens 3 km unter der Krafla lauert eine Magmakammer, deren Bewegungen den Erdboden zu heben und zu senken vermögen.

Lava erreicht immer wieder die Oberfläche oder dringt in Spalten ein (ein Phänomen, das beispielsweise in den älteren Ostfjorden als „dykes" erkaltet zu sehen ist). Die Spalten, die im Mývatn-Gebiet zu sehen sind, verdeutlichen das Auseinandertreiben der Erde. 1729–1975 summierte sich die Krustendehnung auf etwa 4,5 m!

Zur Eiszeit war das Land mit einem dicken Eispanzer bedeckt, deswegen entstanden die Tafelberge Gæsafjöll (882 m), Sellandafjall (988 m), Bláfjall (1.222 m) und Búrfell. Ebenso konnten sich, natürlich in Spalten-

Wellnessoase Mývatn Nature Bath

richtung, Palagonit(tuff)rücken wie Vind-belgjar- und Námafjall unter dem Eis bilden.

Naturschutzgebiet: Seit 1974 ist die Region geschützt. Wildes Campieren oder Über-nachten in Fahrzeugen ist ebenso wie das Fahren auf inoffiziellen Wegen und Pisten, Baden und Steuern eigener Boote und Mo-torboote verboten. Vom 15.5.–20.7. haben die Vögel das Nordwestufer fast ganz für sich alleine, es darf in dieser Zeit außerhalb der Straße nicht betreten werden. Die Pseudokrater Hverfjall und Dimmuborgir sind besonders geschützt. Die Interessen der Grundbesitzer und der Naturschützer prallen aufeinander – die Naturschutz-regelungen waren in den letzten Jahren vie-len Änderungen unterworfen, nicht nur un-bedingt zum Wohl der Natur.

Dem Naturschutz war lange Zeit eine Diato-meen-Fabrik (isl. *kísiliðjan*) ein Dorn im Au-ge. Ihr Betrieb wurde eingestellt. Sie stellte knapp 30.000 t Material im Jahr her, produ-ziert aus dem Schlamm der einige Meter mächtigen Schicht aus Skeletten abgestor-bener Lebewesen (*Diatomeen*) zur Verwen-dung in Filteranlagen, zur Isolation und Dy-namitherstellung. Bis Mitte des 19. Jh. wur-de am Námafjall der Abbau von Schwefel für Schießpulver betrieben.

Reykjahlíð und Skútustaðir   (ca. 190 Einw.)

„Der Bauer zu Reykjahlíð hatte seinen Hof erst im vorigen Jahre neu gebaut und dabei die Absicht gehabt, eine Art Gasthaus daraus zu machen. Es trifft sich gar häufig, dass Geistliche, Beamte oder Kaufleute dort Quartier neh-men", berichtete Winkler 1861 aus einer Zeit, als die allerersten Touristen kamen. Inzwischen geht es hier recht lebhaft zu.

Infolge der großen Popularität des Gebiets orientierte sich die Gemeinde am Tou-rismus. Der Ausbau der Infrastruktur beeinträchtigte dennoch die Landschaft nicht, da die Einheimischen das Geschäft in den Händen behielten und nur behut-sam investierten.

Skútustaðir ist das kleinere Versorgungszentrum am Mývatn – größer und besser ausgestattet ist 14 km südöstlich Reykjahlíð, wo sich auch die Touristinformation befindet.

Der Knecht des Wikingers Garðar Svárvarsson (siehe Kap. „Húsavík", S. 428) machte sich in dessen Auftrag daran, den Ursprung der Laxá ausfindig zu machen. Überraschend bald kam er mit der Nachricht zurück, dass der Fluss einem See entsprang. Was der Wikinger als ein reichlich einfaches und zu schnell herausgefundenes Ergebnis ansah und ihn der Faulheit bezichtigte. Ob dieser Anschuldigung wünschte sich der getroffene Knecht, aus seinen Fußspuren solle Feuer ausbrechen – die Krater am See und die Lavafelder entlang der Laxá entstanden.

Basis-Infos

Mývatn Nature Bath/Jarðbödin

Herrliches Bad, das der Blauen Lagune nicht nachsteht, außer dass es hier etwas ruhiger zugeht. 4,5 km von Reykjahlíð erwarten Sie ein großer, türkisblauer Pool auf Lavaasche und zwei Dampfbäder. Eintritt ISK 2500. Im Sommer tägl. 9–24, sonst 12–22 Uhr. Cafeteria/Self Service. www.jardbodin.is.

Information Professionelle Touristinformation an der Kreuzung, tägl. 7.30–18 Uhr. Ticketverkauf und Zimmervermittlung, Auch Infos zu Askja und Kverkfjöll. Infotafeln zur Natur. ℡ 4644390, www.visit myvatn.is.

Hin & weg SBA verbindet mit Akureyri, Húsavík und Egilsstaðir (Tankstelle). Wichtig für viele Touristen ist der Bus der Linie Mývatn (8 Uhr) – **Krafla**–Mývatn (11.30 Uhr) Krafla–**Dettifoss**–Krafla (15.30 Uhr) – Mývatn. Reykjavík Exkursions bringt Mo, Mi und Fr über die Sprengisandurpiste nach Landmannalaugar (ISK 12.000) bzw. Reykjavik (ISK 16.000).

Taxi ℡ 8934389.

Versorgung Ambulanz (℡ 8986112), Geldautomat, Post, Supermarkt (im Sommer tägl. 9–22), Automatentankstelle, Souvenirläden, Werkstatt (℡ 4641117).

Fahrradverleih Bei den Campingplätzen Bjark und Hlíð sowie beim Hotel Reynihlíð, ca. ISK 2500–3000/Tag. Hikebike, ISK 4000/Tag, auch geführte Touren; Múlavegur 1, ℡ 8994845, www.hikeandbike.is.

Golf 9-Loch-Platz.

Marathon Im Frühsommer Marathonlauf am See (10 km). marathon@myvatn.is.

Räucherlachs und Hverabrauð

Frisch geräucherte Lachsforelle (*isl. silingur*), teils aus dem See, teils aus Aquafarmen stammend, werden angeboten in Skútustaðir unterhalb der Kirche neben dem Räucherhaus, in Reykjahlíð im Handwerkshaus und im Souvenirhäuschen neben dem Hotel Reynihlíð. Dort auch leckeres Hverabrauð (vgl. Kapitel Essen).

Touren und Ausflüge

Ausflüge mit Saga Travel zur **Eishöhle Lofthellir**, ein riesiges Höhlensystem mit fünf Stockwerken und einem Eisdom. ISK 17.500. ℡ 558888.

Touren zur **Askja/Herðubreiðarlindir** bei verschiedenen Anbietern, im Bus mit Mývatn Tours, im Hochsommer tägl., 11–14 Std., ISK 19.500 (℡ 4641920, www.askjatours. is) oder mit GeoTravel im Jeep (ISK 27.500).

Rundflug mit Mýflug Air, Reykjahlíð-Airfield. Verschiedene Flüge, z. B. Askja und Herðubreið (1 Std., 130 €), Kverkfjöll/Askja (1½ Std., 185 €) und Kombinationen mit etwa 2 Std. Dauer. Die Pseudokrater sind beim Aufstieg optimal auszumachen. Bei Flugtempo 220 km/h bewegt man sich noch nicht zu schnell, um die Lavagirlanden, Farbmuster, Vulkanlandschaft mit Lavaergüssen um Bergrücken, Krater, Kegel, Kuppen erkennen zu können. Tipp: Vergessen Sie nicht, sich die Flugroute genau zeigen zu lassen, sonst weiß man unterwegs nicht, was man sieht! ✆ 4644400, 🖂 4644301, www.myflug.is.

Übernachten/Campin/Essen in Reykjahlíð (→ Karten S. 433 u. S. 437)

Im Sommer übersteigt die Nachfrage das Angebot bei Weitem und so verwundert es nicht, dass sich die Preise von Hoch- und Nebensaison besonders stark unterscheiden. Angegeben ist immer der höchste Preis. Tipp: Ziehen Sie auch eine Übernachtung im Gebiet zwischen dem See und Húsavík (S. 428) oder am Goðafoss (S. 445) in Betracht.

≫ Unser Tipp: Hotel Reykjahlíð 4, herrlicher Seeblick aus einigen der 9 Zimmer und aus dem Frühstücksraum. Bei Pétur und der Schwedin Maria. Pétur kocht hervorragend! DZ ISK 32.100. ✆ 4644142, reykjahlid@islandia.is, www.reykjahlid.is. ≪

Hotel Reyníhlíð 2, gut eingerichtete Zimmer, 41 Zimmer mit Bad, Telefon, TV. DZ ab ISK 29.450. ✆ 4644170, bookings@reynihlid.is, www.reynihlid.is.

Eldá (FH) 5, mehrere B&B in verschiedenen Häusern, angeboten von Jón Illugasson, einem höflichen und hilfsbereiten älteren Herrn. Ab ISK 17.500 fürs DZ, SSU nur in der Nebensaison. ✆ 4644240, info@elda.is, www.elda.is.

Helluhraun 13, bei Ásdis, der Schwester von Jón. DZ ISK 15.000. ✆ 4644132, helluhraun13@gmail.com

Dimmuborgir 🔳, 4,5 km südlich, direkt am See. 9 hübsche Sommerhäuser bis 5/7 Pers., bei 2er-Belegung ISK 25.500, DZ mit Bad in einem Neubau und 4 Zimmer im Wohnhaus des Vermieters (ISK 18.500 mit Frühstück). Wintergarten und Terrasse mit Seeblick. ✆ 4644210, dimmuborgir@emax.is, www.dimmuborgir.is.

Hlíð 1, Übernachtungsmöglichkeit in 6 schmucken Hütten (bei 2 Pers. ISK 10.000 als SSU), außerdem zwei große Sommerhäuser à ISK 30.000 und ein Gästehaus mit 9 DZ à ISK 20.000. In Containern weitere 14 Räume, z. T. Viererzimmer, SSU ISK 4000. ✆ 4644103, www.hlidmyv.is

Vogar 🔳, ca. 2 km südl. von Reykjahlíð, 16 „Räume" in außen wenig reizvollen Wohncontainern, z. T. Viererzimmer, SSU 25 €, im DZ 70 €. 8 DZ mit Bad à 130 €. Waschmaschine. ✆ 4644399, info@vogahraun.is, www.vogahraun.is.

Vogarfjós, 26 DZ/TZ mit privatem Bad, 178 €. ✆ 4644303, www.vogarholidays.is.

Camping   Bjarg 6, bei Windstille oft Mückenplage. In herrlicher Lage am Seeufer an der Kreuzung nahe der Information, Küchenzelt, auch zur Vogelbeobachtung geeignet, Duschen inkl. (Anstehen einplanen). Bücher, Pullover. Bootsverleih und Ticketverkauf. ISK 1300/Pers. ✆ 4644240.

Übernachten
1 Hlíð
2 Hótel Reyníhlíð
4 Hótel Reykjahlíð
5 Eldá
6 Bjarg

Essen & Trinken
3 Gamli Bærinn
4 Hótel Reykjahlíð

Rundflüge

Húsavík, Akureyri

Kiosk

Mývatn

Hlíðarvegur

Helluhraun

Stóragjá

Akureyri

Reykjahlíð

200 m

Hlíð **1**, hübsch am nördlichen Ortsende 800 m von der Information, Zelten auf Terrassen mit Seeblick, freundliche Atmosphäre, Kochzelt, Dusche frei, Waschmaschine, Trockner, Internet, Verkauf von Milch. ISK 1200/Pers. ✆ 4644103.

Vogar, 2 km Richtung Süden, inkl. Dusche. Hverfjall-Blick. ISK 1400/Pers. ✆ 4644399.

Essen/Café Gamli Bærinn **3**, recht gemütliches Bistro und Restaurant im alten Farmhaus aus dem Jahre 1911 beim Hótel Reynihlíð, Gartenterrasse. Alte Fotos an den Wänden. Gäste sind willkommen, ihre Künste am Klavier zu zeigen! Tägl. 10–23 Uhr.

»» Unser Tipp: **Hotel Reykjahlíð** **4**, gepflegtes Ambiente, hübsch dekoriert, Kunst an den Wänden, herrlicher Seeblick. Der Besitzer Pétur kocht hervorragend, das Auge isst wahrlich mit. Lamm und Fisch sind sehr zu empfehlen! Bei gutem Wetter strahlt die Abendsonne in den Raum. **«««**

Cowshed-Café in Vogarfjós **2** 2 km südlich, gemütlich, durchs Fenster kann man beim Melken zuschauen. Außen kleine Terrasse mit Seeblick. Beliebt sind die gefüllten pikanten Crêpes, der selbst hergestellte Mozzarella, die Lachsforellenbrote und das geräucherte Lamm (ungekocht). Nach dem Melken erhält jeder Gast ein Schnapsglas mit frischer Milch. 7.30–23 Uhr. ✆ 4644303.

Borgir 4, Cafeteria und Bistro mit Terrasse an den Dimmuborgir. Günstig ist die leckere Forelle von einem See nahe von Húsavík für ISK 1850. Tägl. 9-22 Uhr. ✆ 4641144.

Übernachten/Essen in Skútustaðir und Umgebung

Versorgung Tankstelle, Laden/Souvenirs.

Übernachten/Essen Gästehaus Skútustaðir, bei Ásta, empfehlenswert. 5 DZ mit Bad in Containern. 6 hübsche DZ für ISK 13.500. ✆ 4644212.

Hotel Gígur, vom Restaurant perfekter Blick über den See. Hotel mit 37 Zimmern zu ISK 19.900. ✆ 4644455, gigur@keahotels.is, www.keahotels.is.

Hotel Mývatn/Sel, von außen wenig aufregendes Hotel mit 29 DZ und 6 EZ. DZ ISK 19.200. ✆ 4644164, myvatn@myvatn.is, www.myvatn.is.

Stöng, westlich des Sees bei Svala, Hot Pot und Wintergarten. Gutes Essen. B&B im DZ ISK 10.000. ✆ 4644252, stongmy@emax.is, www.stong.is.

Restaurant im Sel, Mittagsbüffet ISK 1.750.

Cafeteria 8–22.30 Uhr.

🏃 Die Hauptsehenswürdigkeiten/Wanderungen   (→ Karte S. 422/423)

Besorgen Sie sich in der Touristeninfo eine Karte mit den markierten Wanderwegen. Diese verzeichnet jedoch nur die Wege, für die sich die Ranger verantwortlich fühlen, manche Wege sind unter der Obhut der Bauern, denen das Land gehört. Es kommt immer wieder zu Änderungen in der Routenführung und der Beschilderung! Halten Sie ausreichend Abstand zu Dampf- und Schlammquellen und bedenken Sie, dass eingezeichnete Wanderwege nicht immer in gutem Zustand sind. Ein die Sehenswürdigkeiten verbindender Klassiker ist der Wanderweg von Reykjahlíð zur Grjótagjá, dann ca. 2 km weiter zum Hverfell (dessen Krater nur zum Teil umrunden) und schließlich zu den Dimmuborgir (insgesamt ca. 3–4 Std.). Ab hier muss man sich abholen lassen, z. B. per Taxi. Tipp: Einige Ziele lassen sich mit einem gemieteten MTB einfach ansteuern!

Die Diva unter den Kratern – Hverfjall/Hverfell: Der 452 m hohe, fremdartig wirkende Aschenringwall, der die Kulisse von Reykjahlíð bildet, ist ein Muster an Symmetrie. Rücksicht ist dem einzigartigen vulkanischen Produkt nicht immer widerfahren, der Kraterboden ist immer mal wieder zu einer „Grafitti"-Fläche geworden. Doch wie entstand der Kraterschönling? Vor ca. 2500 Jahren gebar eine Ausbruchserie mit Wasserdampfexplosionen den Aschetuffring. Durch die Einwirkung von Wasserdampf erstarrte das Material glasig. Am Rande der Eruptionssäule fiel das lockere Vulkanmaterial nieder und bildete den Ring. Der Durchmesser deutet also auf die Größe dieser Dampfsäule hin. Der kleine Kegel im Krater rührt von den letzten, schwächeren Ausbrüchen. Jahrzehntelang tobte ein Disput im Ort, ob der Berg Hverfell oder Hverfjall heißt. Auf Karten und Schildern werden Sie nun beiden Namen begegnen.

Wanderung (5) (einfach, 4,3 km, 1¼–1½ Std.): Eine Kraterwanderung auf das ca. 140 m tiefe und 1 km im Durchmesser messende graue Mondgebilde gewährt herrliche Aussicht über die vulkanische Szenerie. Das geologische Vorzeigemodell wird vom Parkplatz über eine 500 Meter lange Schuttrampe bestiegen, die einen in ca. 15 Min etwa 100 m hoch auf den Kraterrand führt. Wenn man den Krater im Uhrzeigersinn umrundet, passiert man nach 2,7 km den Abzweig zu den Dimmuborgir, bevor man nach dem Zirkelschluss wieder hinab zum Ausgangspunkt wandert.

Anfahrt: Die Zufahrt über eine holprige Schotterstraße ist an der Hauptstraße beschildert, ca. 6 km von der Information in Reykjahlíð entfernt. Der Hinweg verläuft auf *Lúdentarborgir*–Lava. Kurz vor dem Vulkankrater ist linker Hand die *Hverfellsbrunni*, die Lava von Svartuborgir, die 1100 Jahre alt ist. Sie ist dunkler und trägt weitaus weniger Vegetation als die ältere Lúdentlava zur Rechten.

Hexenkessel und Teufels Küche

Eher gemütlich schmauchen die Schwefel- und Schlammtöpfe vor sich hin. Doch getreu dem Motto „Übertreibung fördert die Anschaulichkeit" könnte man das auch enthusiastischer ausdrücken. *Carl Küchler*, ein urtümlich bebarteter Erkundungsreisender, bemerkte 1908, er habe gesehen, dass „meterdicke Dampfstrahlen durcheinander schossen, als wollten sie sich gegenseitig ersticken; graublaue Schlammsäulen fuhren fauchend aus der Tiefe empor und aus den an den Seitenwänden des Höllenschlundes gähnenden und wie Mörser gegeneinander gerichteten Löchern aufeinander los, dass die entsetzlich kochende Masse da drunten wild durcheinanderstürzenden grauen Ungeheuern glich, die sich ineinander verbissen hatten, zornig um sich schlugen, brüllten und heulten, als ob die ganze Hölle losgelassen sei."

Die wüsten Lavaformationen „Dimmuborgir" („düstere Felsen") Vor etwa 2000 Jahren kroch Lava aus den Lúdentspalten und kühlte schnell ab, sowohl von unten durch die durchfeuchteten Flächen als auch von oben, wo die Luft die Temperatur verminderte. Ein Lavawall an der Stirnseite des Stromes dämmte einen Lavasee ab, unter dem Wasser verdampfte und in Schloten und Röhren aufstieg. Die umgebende Lava konnte erstarren. Als der Damm nachgab und die gestaute Lava abfloss, senkte sich die Oberfläche des Lavasees und Säulen und Türme blieben übrig. Die Senke der Dimmuborgir ist voll solcher Gebilde – Aufblähungen, Hohlformen, bizarre Einbrüche, Dome, Bögen oder Lavafenster. Bekannt ist *Kirkjan*, eine fast gotisch anmutendes Lavagewölbe am Rande des Gebiets.

Wandern (6) (10–60 Min.): Fünf Wandermöglichkeiten sind in der Welt bizarrer Lavaskulpturen eingerichtet, die die Fantasie leicht zu Kamelen, Geistern oder anderen Wesen umformt; Wege von 10 Min. bis 1 Stunde (zur Kirche) oder zur Stóragjá 2–3 Std. sind markiert worden. Wir empfehlen den etwas kniffligeren, blau gestrichelten Weg. Vieles ist schon zerstört: Ähnlich wie am Hverfell trampeln hier im Sommer viele Füße über das poröse Gestein des Lavalabyrinths. Die Naturschutzverantwortlichen sahen sich deshalb gezwungen, „wilde" Pfade mit Seilen abzusperren.

Das Solfatarenfeld Hverir: Am Fuße des pastellfarbenen Tuffbergs Námafjall („Minenberg") schmatzen Schlammtöpfe, köcheln düstere Suppen, stiebt Dampf nach oben. Vom Parkplatz führen Pfade um die brodelnden Töpfe und tonigen Schlammlöcher herum. In den blaugrauen Becken blubbern verschiedene Minerale in Verbindung mit Tonen. Wie die bunten Farben in den Solfataren im Einzelnen zustande kommen? Die weiße Farbe rührt von Kieselsäure oder Gips, blaugrau deutet auf Eisensulfid hin, die rote Färbung kommt von Eisenoxiden und Schwefel ist natürlich für das Gelb verantwortlich. Die schwefelschwangere Luft am Bergfuß erhält durch die manchmal wie Teekessel, manchmal wie eine altersschwache Dampflok zischende Fumarolen eine akustische Untermalung.

Rundwanderung (7) (30–60 Min.): Gutes Schuhwerk trägt einen den Hang des Námafjall nach oben (unten eher links halten), direkt entlang an giftig leuchtenden Schwefelflecken, wo Kristalle und heißer Dampf den bröseligen Boden in gewölbte Form drücken. Die 482 m Höhe gestatten eine atemberaubende Sicht über den See mit Dampfaustritten im Vordergrund. Ein unmarkierter Weg zweigt nach Osten in Richtung Hverfell ab. Der Spaziergang auf dem Berg führt als Rundweg auf die Ringstraße hin weiter. Nach einem et-was weniger spektakulären Wegstück ist wieder das Schlammtopfgebiet mit den nach fauligen Eiern riechenden Solfataren und den fauchenden Dampfquellen erreicht.

Sicherheit: Besondere Vorsicht ist beim Begehen der dünnen Erdkruste geboten, leicht bricht man in den heißen Untergrund ein. Bei/nach Regen ist die Rundtour nicht zu empfehlen. Bei der letzten Recherche war der Südteil in sehr schlechtem Zustand. Ziehen Sie vor einer Wanderung auf dem Bergrücken Erkundungen ein!

Der notorische Unruheherd – der Vulkan Krafla (ca. 16 Straßenkilometer von Reykjahlíð): Der 818 m hohe, unruhige Zentralvulkan bildet eine große Caldera ähnlich wie die Askja, nur ist diese kollabiert und mit Laven gefüllt – der Gipfel Krafla sitzt mitten darin! Die Explosion des „Höllenkraters" Helvíti, kurz Víti, läutete sichtbar die Periode der Mývatnfeuer (1724–29 und 1746) ein. Die Krafla ist noch immer höchst unruhig, ihrem Namen begegnet man nach wie vor ehrfürchtig.

Eine isländische Berühmtheit ist das alte geothermale 60 MW-Kraftwerk mit seinen futuristischen Kühltürmen von 1977 und einer Vielzahl von Rohren, die die kahlen, bräunlichen Berge überziehen. Etwa ein Dutzend Bohrlöcher wird genutzt, Dampf und Wasser werden in ein Zentrifugenhaus zum Separieren geleitet (Ausstellung mit Filmvorführung tägl. 10-16 Uhr, gratis).

≫ Unser Tipp: Krafla ist mit dem **Bus** von Reykjahlíð zu erreichen. Mit dem zweiten Bus kann man zum Dettifoss weiterfahren. ≪

Wanderung um den Kratersee Víti (8) (einfach, Trittsicherheit erforderlich; 1,4 km, 30–45 Min.): Ideale Tour zur Einstimmung auf all die vulkanischen Besonderheiten. Vom Parkplatz führt der Weg um den Kratersee – gegen den Uhrzeigersinn gegangen – nach 500 m zu einem kleinen Feld köchelnder Schlammtümpel mit dem üblichen Schwefelodeur, manchmal pfeifen auch ein paar Dampflöcher frech vor sich hin. Später kann man nochmal eine kleine Runde um ein Solfatarenfeld unternehmen oder dem regulären Weg eng am Kraterrand folgen.

Sicherheit: Sicherheitsabstand zu den heißen Quellen halten.

Die dampfende Vulkanspalte Leirhnjúkur (unterhalb der Krafla): Diese eindrucksvolle Spalte ist nach ihrem letzten Ausbruch im September 1984 noch „blutjung";

Pseudokrater bei Skútustaðir am Mývatn

unruhig dampft und faucht sie vor sich hin. Nördlich der Krater liegt *Gjástykki*, ein rötlicher Hügel, den Expedionisten zu Fuß auf einer längeren Wandertour erreichen können. Hier jagten im Januar 1981 in winterweißer Landschaft über 100 m hohe rote Feuersäulen in den Himmel.

Rundwanderung (9) (bis zur 1,3 km entfernten Aussichtsplattform einfach; 4,5 km, 1–1½ Std.): Bestens markierte Wege leiten zu schmatzenden Solfataren, dampfenden Spalten und kristallüberzuckerten Lavaformen.

Der Weg vom Parkplatz (WC, Hot-Dog-Stand) führt auf breitem Weg durch eine durch häufigen Frostwechsel modellierte Þúfur-Wiese (ein Abzweig linker Hand führt Richtung Reykjahlíð). Nach 10 Min. gelangt man an kantig aufgeschichtete Lavaplatten. Auf Holzplanken begeht man schließlich den auffälligen graslosen Hügel und blickt bequem stehend von einer Aussichtsplattform auf die bläulichgelben Solfataren. Es mieft, als gäbe der Teufel persönlich eine Audienz. Der Weg teilt sich hier. Aufregender, aber auch ein wenig unwegsamer und länger ist es nach rechts (unbeschildert) zum schlackigen, aus isländischer Sicht an einen Huf erinnernden Krater, den man links tangiert.

Nun kann das Abenteuer in glasiger Lava beginnen – zum Glück besitzt sie nicht mehr die Kraft, die Sohlen zu verbrennen. Trotzdem bleibt der Eindruck, durch glühende Grillkohle zu stapfen. Kalter Wind und warmer Dampf, der aus Spalten quillt, wechseln sich ab, als wollte der Vulkan beweisen, dass er zu einer Zugabe fähig ist. Um die Dampfaustritte ist die rabenschwarze Lava oft ein wenig hellgrün bemoost. An der unmarkierten Verzweigung kann man zur Aussichtsplattform zurückgehen oder leicht rechts weiter. Ein Stück weiter führt links ein Pfad zu einem Aussichtspunkt. Man gelangt schließlich an ein Wiesenstück, das zwischen dem braunen Hügel und der rabenschwarzen 1984er Lava eingequetscht ist (herrliche Aussicht, guter Picknickplatz). Nach der Überquerung eines Grabens stößt man auf den sehr viel älteren Lavastrom. Zum Ausgangspunkt links halten am unmarkierten Abzweig. Ausdauernde können von hier auch auf einer sehr schönen Tour bis zum Námaskarð oder bis zum See wandern (s. u.). Ansonsten ist der Parkplatz nach 15 Min. erreicht.

Sicherheit: Ab der Aussichtsplattform Trittsicherheit erforderlich, Sicherheitsabstand zu den heißen Quellen und Spalten halten.

Pseudokrater bei Skútustaðir (10) (das erste Stück ist asphaltiert, dann Trittsicherheit erforderlich, 20–30 Min.): In der Sagazeit wohnte in einer Höhle der gefährliche Wikinger *Víga Skúti*, der nach mehreren erfolglosen Versuchen seiner Feinde, ihn zu töten, schlussendlich erschlagen wurde.

⚲ Weitere Sehenswürdigkeiten/Wanderungen   (→ Karte S. 433)

Warmwasser-Spalte Stóragjá (11) (20 Min.): Die „große Spalte" birgt, schräg gegenüber vom Eldá-Camping nahe der Ringstraße, eine Heißwasser-Grotte. Eine Leiter und ein Seil helfen hinab zum knapp 24 °C warmen Becken unter erstarrten Lavablöcken. Wegen möglicher Bakterienverunreinigungen, speziell am Ende der Touristensaison, wird hier vom Baden abgeraten.

Heißwasser-Spalte Grjótagjá (12): Man gelangt zu dieser Heißwasser-Spalte von einem beschilderten Abzweig an der Ringstraße nahe des Nature Bath per Pkw oder über markierte Wege zu Fuß. Die Spalte war in vergangenen Zeiten für Abenteurer und Forscher eines der aufregendsten Ziele. Ihre Entstehung: Nach einem Magma-Aufstieg begann die Temperatur des Quellwassers in der Schlucht emporzuklettern, das heiße Gesteinsmaterial drang irgendwo im Untergrund in diese oder nahe Spalten und erhitzte das Wasser auf etwa 41–42 °C. Einstieg durch kleine Luken (je weiter südlich, desto „kühler").

Sicherheit: Erkundigen Sie sich nach dem Hygienezustand und den Temperaturen. Man muss hier auch mit Steinschlag rechnen – die Begehung erfolgt auf eigene Gefahr!

Der Aussichtsberg Vindbelgjarfjall (13) (nur 250 Höhenmeter auf 529 m, diese jedoch knackig; Trittsicherheit, Stöcke beim Rückweg hilfreich; 5,3 km, 1½–2 Std.): Vom „Windsack-Berg", ein subglazial entstandener Tuffberg, lässt sich gut ein Bild machen von den Pseudokratern und ihrer vulkanischen Umgebung. Der Ringwall Hverfell ist quasi aus der Vogelperspektive zu sehen – besonders gut im Abendlicht. Der Parkplatz liegt nahe beim Hof Vagnbrekka, auf der Str. 1 ab Skútustaðir 4 km, von der anderen Seite ab Reykjahlið 12 km entfernt (aus dieser Richtung die Farm Vindbelgur passieren!).

Auf dem Weg zum Bergfuß, der auch gut mit Mountainbike zu bewältigen ist, kann man einen fotogenen Hornito bewundern. Nach 1,5 km und 30 Min. geht es durch Zwergsträucher oberhalb des Sees Sandvatn bergan. Schließlich beginnt der schweißtreibende Anstieg im Zickzack über Hangschotter. Vom Steinmännchen am Gipfel, dessen Grasnarbe ideal für eine Rast ist, reicht der Blick an vielen Tagen bis zur Spitze der Herðubreið. In 40–70 Min. ist man zurückgekehrt.

Der Garten Höfði (14) (8 km südl. von Reykjahlið, Parkplatz, kleiner Rundweg, 30 Min.). Ursprünglich eine Farm, dann ein botanischer Garten. Heute v. a. wegen der Aussichtspunkte auf kleine Lavadome (s. u.) interessant.

Lavadome bei Kálfaströnd (15) (einfach, 2 km, 30–50 Min.): Ideal als Abendspaziergang oder zum Beine vertreten auf der Fahrt. Vom Parkplatz dem Fahrweg am Gatter vorbei folgen und bei der Infotafel und dem Schild „Klasar" rechts abbiegen auf den Pfad, der einen nach ca. 1 km zu den Lavaformationen *Kálfastrandarstrípar* bringt. Der Rundweg führt nun zu einem Jeepweg, hier links abbiegen und ein Stück später dem markierten Pfad folgen, der bald wieder auf den Fahrweg mündet.

Tiefbohrung bis zur Magmakammer

Lúdentspalte/Lúdentarborgir (16): Lúdent, die Gegend östlich des Hverfell, ist entgegen den Angaben auf manchen Karten nicht der Name der Kraterreihe. Diese heißt Lúdentarborgir und ist ein museales Stück der Erdgeschichte inmitten einer sandigen und vereinzelt vegetationsbestandenen Lavawüste, östlich des Hverfjall. „Sie beginnt mit einem kurzen Graben, dem ein lang gestreckter, niedriger Schlacken-Wall folgt, in dessen Mitte eine klaffende Spalte zu sehen ist. Daran schließen südwärts höhere Schlackenkegel an, deren Krater oft ineinander greifen, sodass alle Uebergänge von kreisrunden Einzel-Kratern über 8-förmige Doppel-Krater bis zu den meist etwas gebuchteten mehr oder weniger parallelen Schlacken-Wällen beidseitig der Eruptions-Spalte entstehen." Soweit der Forscher Rittmann 1937.

Man überquert auf dem Weg dorthin eine tiefe Gesteinsspalte – besser nicht vorstellen, dass sie vielleicht eines Tages zu einer 200 m tiefen Schlucht werden kann .... Rechter Hand sieht man nun einen auffälligen Felsen, der aussieht wie ein Schiff. Dies war das Boot einer Trollfrau aus dem Búrfell, von der Morgensonne versteinert, da sie zu lange Fische an sich raffte. Der Weg quert die

Reihe der Schweißschlackenkegel, und man hat an der Weggabelung die Wahl, links auf den Vulkan Lúdentarhæð zuzuhalten, einen 70 m tiefen Krater mit ca. 700 m Durchmesser, oder rechts entlang der Krater auf einem Fahrweg durch ein sandiges Gebiet mit strandähnlicher Vegetation zu stapfen.

Anfahrt: Per Jeep, mit dem Rad oder zu Fuß, unbeschilderter Abzweig nach rechts bei der Hverfjall-Zufahrt, wenn diese den Krater erreicht.

Besteigung des Aussichtsbergs Hlíðarfjall (17) (12,6 km, 4–5 Std.): 771 m hoher Liparitberg mit fantastischer Aussicht auf Krafla, diverse Lavaströme und Herðubreið am Horizont. Vom Camping Hlíð (beschildert) auf einem Schotterweg und weiter auf einem Pfad, der einen zweimal über Viehzäune steigen lässt (Leiter). Der Lavastrom, an dem eine Zeit entlang gegangen wird, wird schließlich überquert und der Pfad stößt auf einen mittlerweile zuwachsenden ehemaligen Fahrweg, auf den man nach links einbiegt (beschildert). Der markierte Weg verläuft streckenweise links neben dem Fahrweg durch Grasflächen und Heide.

Nach insgesamt 3,3 km halten Sie sich an einer beschilderten Verzweigung

links – von rechts werden Sie zurückkommen. Schließlich wird am Bergfuß
der Jeepweg verlassen, und an einer beschilderten Kreuzung kann – am besten
nach einem Päuschen – der eigentliche
und schweißtreibende Aufstieg beginnen, der bald nur noch durchs Geröll
führt. Zurück am Bergfuß, dem Schild
zur Krafla nach links folgen, um nach
etwa 20 Min. am Hang entlang, direkt
am Lavastrom abzubiegen (beschildert,
die Schilder stehen etwas entfernt voneinander! Nun geht es rechts vom Lavastrom Richtung See, man stößt bald auf
die oben erwähnte Verzweigung.

Anforderungen: Gut erkennbarer Pfad, gute Beschilderung. Trittsicherheit erforderlich. Gewisse Kondition ist nötig für den
steilen Anstieg. Stöcke mitnehmen für den
Abstieg auf dem sandigen und gerölligen
Hang. An ausreichend Wasser denken!

**Talwanderung Leirhnjúkur – Mývatn/
Reykjahlíð (18)** (markierte Wege. Trittsicherheit; 3–4 bzw. 4½–6 Std.): Bei der
Umrundung des Leirhnjúkur erreicht

man am Südende des Hügels eine kleine Spalte (s. o.). Von hier zweigt einerseits der Weg zum Námaskarð an der
Ringstraße ab (ca. 3 Std., sehr abwechslungsreich), andererseits der Weg zurück zum See, der rechts davon verläuft: An einem rötlichen Krater
schwenkt der Weg nach links ab. Bemooste Lava wird durchquert und man
passiert einen auffälligen Lavatunnel
(rechts zu sehen). Nach 40–60 Min.
trifft man auf einen markanten, grasbewachsenen Kegel, ideal für eine Rast.
Dann geht es wieder über Stock und
Stein über ein Lavafeld, ca. 20 Min.
lang. Nun zieht sich der Weg am Bergfuß des Hlíðarfjall entlang. Nach etwa
2 Std. sieht man endlich den See und
den Aschekrater Hverfell. Schließlich
zweigt rechts ein Weg auf den Hlíðarfjall ab. Wer diese Herausforderung
nicht annehmen will (zusätzlich ca. 1½
Std.), gelangt am Südende des Berges an
dem bei der Gipfeltour beschriebenen
Reykjahlíð-Abzweig im Lavastrom.

Alle Entlein sind schon da ...

14 Entenarten brüten zuverlässig am See und im Bereich der Laxá – von
insgesamt 16 Entenarten in ganz Island! Die Bestände schwanken von Jahr
zu Jahr stark, im kalten Sommer 2011 überlebten viele Küken nicht. Die
Spatel-Ente *(Bucephala islandica)*, eine nordamerikanische Art, nistet sonst
nirgends in Europa. Die besonders schicke Kragenente – engl. aussagekräftig
als harlequin duck bezeichnet *(Histrionicus histrionicus)* – erledigt ihr
Brutgeschäft an der Laxá, mit bis zu 100 Paaren pro km². Auffällig sind die
Eisente *(Clangula hyemalis)* mit ihrem langen Schwanz und einem gut
erkennbaren Ruf („a-a-aula") und die kleinste Ente Islands, die Krickente
(Anas crecca). Zu den Entenvögeln zählen neben den Gänsen, von denen es
auf Island viele Arten gibt, auch den Singschwan *(Cygnus cygnus)*, manchmal
überwintern sogar Paare im Mývatngebiet. Eine Besonderheit ist der einer
Ente ähnelnde Ohrentaucher *(Podiceps auritus*, ein Lappentaucher), der mit
seinem goldfarbenen Kopfschmuck zwar glänzt, aber kaum laufen und
auffliegen kann und wohl auch deswegen Treibnester im See baut. Der in
Amerika verbreitete Eistaucher *(Gavia immer)* mit seinem schwarzweißen
Federkleid ist bekannt für seine klagenden Laute, Isländer beschrieben es
uns als eine Art Wiehern ...

》》》 Unser Tipp: Besuchen Sie das Vogelmuseum am Nordufer, tägl. 11–19
Uhr, ISK 800. Spektive sind vorhanden.
Die Sammlung stammt vom 1999 im

See ertrunkenen Sigurgeir. Cafeteria
mit Broten, Kuchen, Waffeln und Tagessuppe. Terrasse. 8 km von der Touristinformation, ✆ 4644477. 《《《

Zwischen Mývatn/Húsavík und Akureyri

Egal, ob man von Húsavík oder vom Mývatn kommt, es lohnen Abstecher zu einer Kunstausstellung in einem Kraftwerksstollen und einem der historischen Gehöfte. Am Götter-Wasserfall legt fast jeder einen Stopp ein.

Museumshof Grenjaðarstaður (14 km ab der Ringstraße über die Str. 845): Der Hof im *Aðaldalur* („Haupttal") war bis 1949 bewohnt und ist mit 775 m² eines der größeren Anwesen. Die dennoch herrschende Platznot bei bis zu 30 Menschen, die hier lebten, hat clevere Erfindungen hervorgebracht. In den Räumen 10 und 12 stehen zusammenschiebbare Betten. Butter war etwas Wertvolles, man bewahrte sie in persönlichen Schachteln auf (Raum 6). In Raum 11, der „Jungfrauenkammer", in der die Töchter des Pfarrers schliefen, ist ein kleiner, aber äußerst wertvoller Gegenstand zu entdecken: ein Ring, geflochten aus dem Haar eines Mannes, der in der Region lebte. Daneben liegen Kinderhandschuhe, die zwei Daumen haben: Ist die eine Seite nass, werden sie einfach gewendet! Über der Tür zu Raum 11 hängen *sokkatré* („Sockenbäume"), die die Größe der Socken auch nach dem Waschen erhalten sollten. Ein Raum im Gehöft ist der Post gewidmet. Das weiße Kirchlein neben dem gut restaurierten Torfhof stammt von 1865; durch das Tor, über dem die Kirchenglocken von 1663 und 1740 hängen, betritt man den Kirchengrund. „Wer das hier liest, der möge ein Gebet für die gute Seele sprechen und einen heiligen Text singen", bittet rechter Hand die Inschrift auf einem *Runenstein* aus dem 15. Jh. Juni bis Ende Aug. tägl. 10–18 Uhr, ISK 600. Netter Aufenthaltsraum mit Ausblick, Kaffee frei. Anfahrt ab Mývatn über die Str. 87/853 (35 km).

Kunst im Laxá-Wasserkraftwerk (Str. 856, Abzweig 854, hinterstes Tor). Behelmt marschiert man im Kraftwerkstunnel in den Turbinenraum. In dieser düsteren und wummernden Unterwelt ist die halbe germanische Götterwelt zum Stelldichein versammelt: kleine Figuren des Bildhauers *Hallstein Sigurðsson*, die hier nur deshalb Platz fanden, weil beschlossen wurde, eine zweite Turbine nicht zu installieren. Bei Drucklegung wegen Wartung geschlossen.

Fahrzeugmuseum Ystafell (Str. 85, ca. 35 km südlich von Húsavík): Sverrir hat zusammen mit seinem Vater und mit Landesunterstützung ein Fahrzeugmuseum aufgebaut, das sich sehen lassen kann. Schmuckstücke sind ein 1929er Ford AA, ein 1940er Dodge Halfton Carry All, ein kleiner Panzer und ein 55 Jahre altes Schneemobil. Selbst ein Trabbi hat hierher gefunden. Alte Fotos runden die Ausstellung ab. Tägl. 10–20 Uhr. ✆ 4643133, www.ystafell.is.

Übernachten Reiterhof Garður **7** (FH), bei der freundlichen Hannoveranerin Enrice, ca. 20 km südlich von Húsavík. Renoviert. Reiten jederzeit, auch für Unerfahrene! DZ à ISK 12.000 und ein 4er-Zimmer, SSU ISK 4000/Pers. ✆ 4643569, gaestehaus-gardur @hotmail.com, www.gardur.de.

Hraunbær-Þinghúsið 8 (FH), an der Str. 845, ca. 23 km südlich von Húsavík. Helle Zimmer mit Blick auf die Laxá, Kochgelegenheit, DZ ohne Bad ISK 15.000. ✆ 4643695.

Hagi I, 26 km von Húsavík entfernt an der Str. 853, am idyllischen Fluss Laxá. Sommerhaus für 4–6 Pers. ISK 14.000 und 2 hübsche DZ zu ISK 13.000. Bei Bergljót. ✆ 4643526, bergljot@simnet.is, www.hagi-1.com.

Brekka, hübsche Lage am Hang ca. 28 km südlich von Húsavík an der Str. 853, bei der Deutsch sprechenden Hólmfríður. 17 DZ mit Bad à ISK 18.000, 6 ohne Bad ISK 14.000. Restaurant. ✆ 4643518. www.brekkubol.is.

»» Unser Tipp: Staðarhóll **10**, an der Str. 854 neben dem Torfhof Grenjaðarstaður. Chefin Bryndis kümmert sich liebevoll um ihre Gäste, was sich u. a. in einer hervorragenden Küche zeigt. Hverabrauð wird serviert, Spezialität ist Lammkeule. Man spricht hier sechs Sprachen! 10 DZ in kleinen Holzhäusern, ISK 17.900 mit Bad und Kochnische, 4 DZ ohne Bad 12.900. ✆ 4643707, stadarholl@simnet.is, www.panoramen.ch/island.cfm. ≪≪

Rauðaskriða I countryhotel **9** (FH) (= roter Erdrutsch), an der Str. 85, ca. 30 km südlich von Húsavík, Wintergarten, Restaurant, Hot Pots. Fahrräder für Gäste kostenlos. Evtl. Besitzerwechsel. ✆ 4643504.

Camping Jónasarvöllur, vgl. Húsavík.

Streckeninfo/Tipps für Radler – Mývatn-Akureyri auf der Ringstraße (99 km): Eine wohltuend stille und sanfte Landschaft löst die aufgewühlte Landschaft vulkanischer Formationen ab. Die Natur treibt es nicht mehr so bunt wie bei den schillernden Solfatarenfeldern, friedliche Forellenseen und Heidelandschaften dominieren diesen Abschnitt. Übernachtungsmöglichkeiten finden sich am Hof Narfastaðir (FH) (✆ 4643102) und in Laugar (dort Versorgungseinrichtungen, ein Gästehaus, ✆ 464290, sowie ein Fosshotel mit Camping). Nachdem die 280 m Höhe der Fljótsheiði überwunden sind, stößt man auf den Goðafoss.

Abstecher kurz vor Akureyri (Str. 835): Wenn man der lieblichen Fnjóska auf der Str. 835 folgt, kann man das Torfgehöft Laufás mit seiner Cafeteria aufsuchen (s. u.).

Str. 87 zwischen Mývatn und Húsavík (54 km): Die für Transporte einer inzwischen aufgegebenen Kieselgur-Fabrik am Mývatn erbaute Straße verläuft im Norden in einer Landidylle mit schafbevölkerten Wiesen und Weiden. Mit den Dampfwolken des Geothermalgebiets Reykjahverfi, das Húsavík mit Heißwasser versorgt, meldet sich der Vulkanismus. Der Weg steigt leicht vorbei an der unbeachteten Geysir-Dampfquelle *Ystihver*, die nur in sehr unregelmäßigen Abständen kleine Fontänen in die Höhe jagt. Früher galt die benachbarte Quelle *Uxahver* sogar als eine Hauptattraktion Islands – die „Bullenquelle" war noch zu Beginn des 18. Jh. recht aktiv, bis Erdbeben den Wasserspielen den Garaus machten. Überraschend folgte eine Zeit des Wiederauflebens, bis die Quelle schließlich angezapft und abgedeckt wurde. Im Südteil 14 % Steigung, nahe am Mývatn durchquert man die trockene und mit mehr oder weniger Erfolg künstlich begrünte Lavaa-Aschewüste des *Hólasandur.*

Alternativstrecke für Radler (oder Jeeps) zwischen Mývatn und Húsavík: Äußerst reizvoll ist ein fast vergessener, unnummerierter Weg, der durch Aschewüsten, Weideland und zu einem Solfatarengebiet führt. Etwa 18 km von Reykjahlíð auf der Str. 87 nordwärts beginnt die Piste, die vom *Hólassandur* zwischen *Lambafjöll* (843 m) linker Hand und *Gæsafjöll* (882 m) sowie Þeistareykjabunga rechter Hand verläuft und am See *Höskuldsvatn* vorbei durch einsame Heidelandschaft ins Tal von Húsavík führt (nicht verwechseln mit einer ebenfalls unbeschilderten Piste weiter nördlich zum *Gæsafjöll*-Gebirge*).* Zunächst geht es durch Lavawüste und an einem Lavafeld vorbei, in dem interessante Spalten zu sehen sind. Ca. 23 km sind es bis Þeistareikir an der Nordseite des Bæjarfjall, wo derzeit eine Bohrung durchgeführt wird (Wiese). Hinter der Hütte befindet sich die geologische Hauptsehenswürdigkeit der Strecke: sanft fauchende, blau-ockerfarbene Solfataren, zwischen denen unbeeindruckt einige Schafe als weiße Einsprengsel herumhopsen. Weiter geht es durch bemooste Lavafelder nach Norden. Wo die Stromleitungen die Straße kreuzen, wird eine eindrucksvolle Spalte des mittelatlantischen Rückens gequert. Nach weiteren 9 km ist der See Höskuldsvatn inmitten kahler Berghänge erreicht, wo es sich anbietet, das Zelt aufzuschlagen. Nun geht es 300 Höhenmeter munter abwärts Richtung Húsavík.

Der Wasserfall der Götter

Der Wasserfall Goðafoss (an der Ringstraße): „Wasserfall der Götter" heißt dieser berühmte Abschnitt des Skálfandafljót, der sich zweigeteilt die 12 m über die Gefällestufe stürzt. *Þorgeir*, Gode und Gesetzessprecher, entledigte sich hier im Zuge der Christianisierung im Jahre 1000 seiner Götterbilder. Þorgeir machte sich zunächst als Vermittler zwischen Gegnern und Befürwortern des neuen Glaubens einen Namen; auf der Versammlung des Alþingi hielt er eine eindringliche Rede, in der er an den Zusammenhalt aller Isländer appellierte. Das Christentum wurde angenommen, alte Göttervorstellungen und Riten verschwanden jedoch nur allmählich. Seinen Namen trägt eine Kirche, die zur 1000-Jahr-Feier der Einführung des Christentums eingeweiht wurde, eine sog. Vegakirkja, also eine Einkehrstätte für Reisende. Ein eigentliches Altarbild gibt es nicht, sondern eine große Glasfront mit Blick in die freie Natur. „Eine ganz geniale Idee", wie uns begeisterte Leser schrieben (im Sommer tägl. 10–16 Uhr).

Wanderung zum Wasserfall Barnarfoss (einfache Tour, Trittsicherheit, 2/3–4/6 Std.): Vom Hof Fremstafell (die 4 km hierher entweder laufen oder fahren) ist man in 45–60 Min. auf einem Fahrweg zum Wasserfall gelaufen, der seinem Namen einem traurigen Ereignis zu verdanken hat: Zwei Kinder ertranken hier. Kurz vor dem Wasserfall steigt der Weg leicht an, man stößt auf einen Kasten mit einem Anglerbuch und rechts unterhalb schäumt der Wasserfall. Wollen Sie nur eine kurze Tour machen, kehren Sie nun um. Ansonsten steigen Sie direkt von hier die Bergflanke empor, bis Sie auf einen 20–50 cm breiten Trampelpfad stoßen, dem Sie dann flussabwärts folgen. Herrliche Blicke talauf- und abwärts machen diese Wanderung zu einem gelungenen Ausflug. Nach 30–40 Min. wird der Fluss breiter und es sind Lavasäulen zu sehen. Schließlich ist der Wald erreicht (Viehgatter), der Weg verbreitert sich und passiert Sommerhäuser. Im Fluss liegen dicke Felsbrocken. Der Weg ist nun nicht mehr zu verfehlen, ein Hügel ist noch zu überwinden und nach insgesamt 3–4 Std. erreicht man die Straße 85. Von hier muss man ein Stück trampen und zum Auto bzw. zum Goðafoss laufen.

Übernachten/Essen/Versorgung Restaurant & Gästehaus Fosshóll **13** (FH), direkt am Goðafoss, ehemalige Post- und Telefonrelaisstation. Ein paar DZ im knallgelben Haus – lassen Sie sich vom Hausgeist Luðvík nicht verunsichern! Weitere Zimmer in einem Holzhaus und im ehemaligen Stallgebäude. Restaurant. Mit Pächter- bzw. Besitzerwechsel ist zu rechnen. **Camping** mit Duschmöglichkeit. ☎ 4643108, 🖷 4643318, fossholl@nett.is, www.nett.is/fossholl/deu.

Tankstelle/Laden/Imbiss, ca. 8–19/20 Uhr.

》》 Unser Tipp: Souvenirshop, hier werden die von rund 100 Frauen aus der Umgebung gefertigten Waren angeboten, auch Pullover. **《《**

Zwischen Goðafoss und Akureyri auf der Ringstraße: Da jeder noch so kleine Wald auf Island eine Rarität ist, mag der Ausflug in ein liebliches waldbestandenes Tal seine Reize haben. Die Straße 836 führt ein Stück hinter dem See *Ljósavatn* von der Ringstraße nach Steigungen von 10–12 % südwärts zum ausgedehnten *Vaglaskógur*, dem zweitgrößten Birkenwald Islands, der schon 1908 unter Naturschutz gestellt wurde. Außer einfachen Zeltplätzen und einem kleinen Laden sind kaum Einrichtungen geboten. In der Eiszeit wurde das lange, dünn besiedelte Flusstal der Fnjóská von einem aufgestauten See bedeckt. Die Ringstraße erklimmt nun die *Vaðlaheiði* (soll untertunnelt werden) und schwingt in einem langen Bogen mit faszinierendem Blick in den *Eyjafjörður* hinab. Ca. 13 km vor Akureyri ist rechter Hand eine kleine, skurrile Galerie, (Safnasafnið, tägl. 10–18 Uhr, viele Kunstbücher). 6 km vor Akureyri Picknickbank mit herrlichem Fjordblick.

Übernachten Eddahotel Stórutjarnir 🔢, am Ljósavatn (teils mit Dusche), SSU, Schwimmbad. ☎ 4444000, edda@hoteledda.is, http://hoteledda.is.

Hotelnatur, gruppentauglich und noch familiengeführt. DZ ISK 22.800. 14 km vor Akureyri. ☎ 4671070, hotelnatur@hotelnatur.com, www.hotelnatur.com.

Camping Sigríðarstaðir, 5 km von der Ringstraße hinter dem Ljósavatn auf ebener Wiese.

Abstecher von der Ringstraße zum Torfhof Laufás („loiwaus"): Zwischen der 751 m hoch aufragenden, grün bewachsenen Bergwand und dem Eyjafjörður liegt in ausgesprochen attraktiver Umgebung der bis 1936 bewohnte Pfarrhof Laufás (erbaut zwischen 1840 und 1870), einer der schönsten Bauernhöfe des Landes. Die weiß verschalte und fein herausgeputzte Vorderfront entstand 1870–80; Im alten Pfarrhaus ist ein kleines Café eingerichtet, in dem isländisches Gebäck serviert wird.

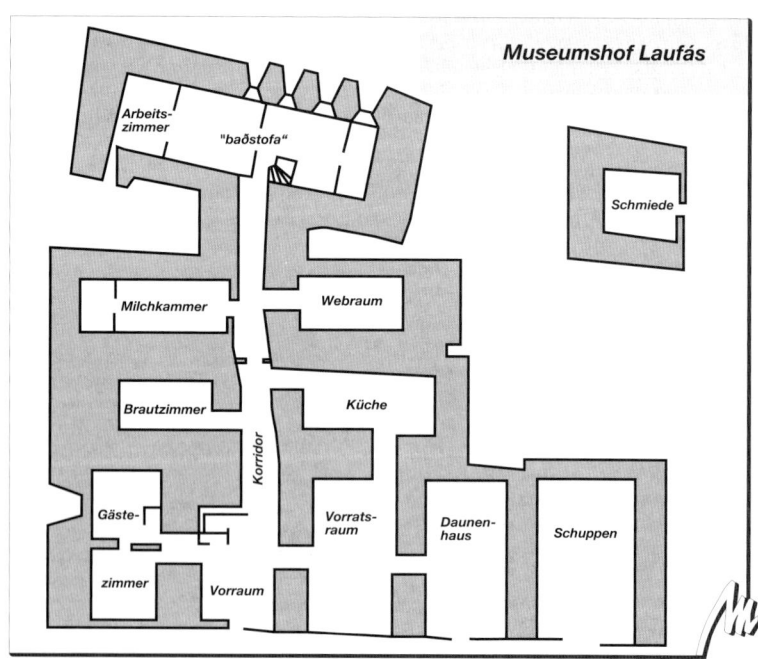

Museumshof Laufás

Arbeitszimmer · "baðstofa" · Schmiede · Milchkammer · Webraum · Brautzimmer · Küche · Korridor · Gäste- · Vorratsraum · Daunenhaus · Schuppen · zimmer · Vorraum

Im Sommer ging es im alten Gehöft früher zu wie in einem Taubenschlag: Saisonarbeiter samt Familien ließen die Zahl der Hofbewohner auf 20 bis 30 Menschen ansteigen. Neben Fischfang wurde auch Eiderentenzucht betrieben, woran die auf dem Dach des Vorratshauses sitzende Eiderente erinnert. Wie es damals in Laufás aussah, wird an drei Tagen im Jahr von Leuten aus der Gegend mit Kostümen nachgespielt. Ein interessanter Raum ist das Brautzimmer – hier wechselten vor langer Zeit die Bräute, die sich in der Kirche von Laufás trauen lassen wollten, nach der Anreise zu Pferd die Kleidung. Ausgestellt ist ein Brautkleid von 1880, dessen Trägerin noch vor ihrer Hochzeit verstarb.

Café: Tägl. 9–18 Uhr, ISK 600. Mit vielen Postkarten und alten Zeitungsausschnitten ist auch das Café ein kleines Museum. 29 km nördlich von Akureyri.

Grenivík ist ein winziger, friedlicher Fjordort mit ca. 250 Einwohnern. Kaum jemand verirrt sich hierher, dabei ist das Schwimmbad mit Bergblick ideal für ein Päuschen vom „Roadmovie" um die Insel. Am Hafen wartet ein kleines Fischereimuseum auf Besucher (10–17 Uhr, ✆ 6985610).

Versorgung Bank (Geldautomat), Post, Supermarkt/Imbiss bei der Tankstelle (9–18 Uhr, Sa/So nur nachmittags), Werkstatt (✆ 4633172).

Schwimmbad Hot Pot mit Blick, Mo–Fr 9–18 Uhr, Sa/So kürzer.

Reiten/Camping Hof Grýtubakki II/Pólarhestar **6**, einige Kilometer südlich von Grenivík, bei Juliane (deutschsprachig), verschiedene Reittouren mit dem Anbieter „Pólarhestar", von Lesern empfohlen, z. B. Elfenritt (8 Tage, 1200 €) oder zum Mývatn mit freilaufender Herde für Erfahrenere (1600 €). Tagesritte auf Anfrage. ✆ 4633179, polarhestar @polarhestar.is, www.polarhestar.is.

Übernachten Ártún, 31 km nördlich von Akureyri, 7 km südlich von Greinivík bei Laufás, Fjordblick. 5 DZ ohne Bad à ISK 10.000, manche mit alten Gegenständen, bei Benedikt und Krístin. Minisee mit Ruderboot für Gäste. ✆ 4633267/8923591.

Camping Ártún: kleine Küche, WC, Dusche im Gästehaus. Windschutz. ISK 800/Pers. ✆ 4633267.

Camping Grenivík, Info beim Schwimmbad. WC.

Alternative: Die Treibholzküste (Str. 85/870)

Die Strecke von Egilsstaðir über Vopnafjörður entlang der Küste ist hügelig und vegetationsarm – für manche eintönig, für andere von nordischer Schönheit. Arktisch karg, nur reich an Vögeln und Steinen ist der nördlichste Abschnitt, die Ebene Melrakkaslétta. Bis dorthin passiert man einige mehr oder weniger stille Fischerorte. Touristische Einrichtungen sind spärlich gesät. Highlights auf der Runde sind der historische Torfhof Bustarfell, der Leuchtturm an der Nordspitze und für abenteuerlustige Trekker die verlassene schnabelförmige Halbinsel Langanes. Planen Sie eineinhalb oder mehr Tage ein.

„Die bewohnte Gegend auf Langanes wie auf der Melrakkaslétta ist so isoliert, dass selten Leute aus anderen Gegenden dorthin ziehen, Arbeitsleute fast gar nicht; daher sind die Bewohner alle eng miteinander verwandt", bemerkte Paul Herrmann treffend 1913. Die Suche nach absoluter Abgeschiedenheit wird im Nordosten bedingungslos erfüllt, auf die „Slétta" kam die erste Kirche sogar erst 1857. Von Sibirien treiben Unmengen von Treibholzstämmen heran, die zusammen mit angeschwemmten Bojen, Algen und Seilen auf kiesigem Grund fotogene Strandensembles bilden.

Streckeninfo/Tipps für Radler – über den Pass der Hellisheiði nach Vopnafjörður: Die Str. 917 ist im Sommer meist in gutem Zustand und hält nicht nur einen fantastischen Ausblick, sondern auch 12–14 % Steigung bereit. 15 km vor Vopnafjörður überquert man den kleinen Fluss Gljúfúrsá (unbeschriftetes Sehenswürdigkeitenschild), der etwas unterhalb der Straße als Wasserfall weiterläuft – dort brüten Möwen und Eissturmvögel.

Über das Hochland nach Vopnafjörður: Man kann weitläufig über die neue, asphaltierte Ringstraße ausholen. Man folgt dann 53 km der Str. 85 nach Vopnafjörður. Außer den Felsen gibt es zunächst nur ein Objekt: die Straße. Sie führt ins *Langidalur*, vorbei am Hyaloklastitberg *Þjóðfell* (1.035 m). Wollgras und Seen überziehen die melancholische, graue Landschaft. Das tiefe Flusstal rückt schließlich näher, zunächst findet der Weg noch keinen Eingang ins Tal und der Radler muss sich bis zur ersehnten Abfahrt noch ein wenig in Geduld üben. Immerhin mehren sich die grünen Abschnitte, die steinigen Schotter werden weniger. Nach zwei Seen verabschiedet sich das Hochland mit rasanten 10 % Gefälle und entlässt einen in den Küstenbereich bei Vopnafjörður.

Weiter auf der Küstenstraße (Str. 85/870): Auf der weiteren Strecke ist mit Nebel zu rechnen. Ca. 14 km nach dem Nest Bakkafjörður 12 % Steigung, ebenso ca. 12 km vor dem Hafenort Þórshöfn am Gunnolfsvíkurfjall. Wir empfehlen, in Rauðanes, 26 km nach Þórshöfn, von der Str. 85 abzubiegen und eine kleine Runde oberhalb der Strandklippen zu drehen, um sich die Beine zu vertreten. Nahe der Farm stehen übrigens noch ein paar Grundmauern des alten Hofs Kristiania von 1902. Dahinter führt ein Weg zum schwarzen Kiesstrand. Richtung Raufarhöfn zwei steile Anstiege (ca. 26 km und kurz vor dem Ort).

Der Abschnitt Raufarhöfn-Kópasker: Die Landschaft ist eigenartig – viele kahle Flächen, einige Lagunen, ein paar Eiderentenzüchter, kaum Trinkwasser und im Sommer Unmengen von Vögeln auf der Straße. Manche davon sind aggressiv. Vor Kópasker wechseln bräunliche Vulkanreihen mit ländlich-idyllischen Szenerien. Wüstenhafte Abschnitte ohne Trinkwasser!

Torfgehöft Bustarfell
("büstafedl")

Das leuchtend rot verschalte, sechsgiebelige Torfgehöft Bustarfell (gelegentlich „Burstafell" oder „Bustafell") liegt 20 km vor Vopnafjörður und unterhalb des gleichnamigen Berges – das prächtigste des Landes. Von 1532 an war der Hof durchgehend im Besitz der gleichen, wohlhabenden Familie. Die hier lebenden Bauern übten auch das Amt des Bezirksvorstehers aus und konnten es sich leisten, ein mit 27 Räumen außerordentlich großes Gehöft zu führen. Der letzte Bauer *Methúsalem Methúsalemsson* (1889–1969) verkaufte die mit Grassodendach gedeckten Häuser 1943 dem Staat, bewohnt blieb der Hof aber noch bis 1966. Die ältesten Gebäude, wie die Küche, stammen aus dem Jahr 1770, als das Gehöft nach einem Brand neu aufgebaut werden musste. Im Museum wird deutlich, wie sich das Leben im Torfgehöft mit der Zeit veränderte, wie die Bewohner neue Gegenstände und Errungenschaften in die alten Gebäude integrierten. 1943 wurde eine Wasserleitung gelegt und ein neuer Herd angeschafft, 1944 eine Zentralheizung gebaut. Zwei Stuben sind im Stil der 1960er eingerichtet.

Tägl. 10–18 Uhr, Café, ISK 500, http://bustarfell.is.

Schwimmbad Selárdalur

Vopnafjörður

(ca. 500 Einw.)

Dem Landnahmebuch zufolge ließ sich um 900 in der von Bergen eingerahmten Bucht ein gewisser Eyvindr Vopni aus Trondheim nieder. Ende des
19. Jahrhunderts verließen Isländer in Scharen Vopnafjörður in Richtung
Amerika. Im Auswandererzimmer des alten Handelshauses werden Erinnerungen wach gehalten und Verbindungen nach Übersee geknüpft.

Die Inseln vor der Küste dienten in vergangenen Jahrhunderten als willkommene
Anlegestellen, heute sind nur noch wenige Trawler für die Fischindustrie im Einsatz. Die kahlen „Butterberge" *Smjörfjöll* (1251 m) gegenüber erhielten ihren Namen wohl wegen der Schneefelder oder der schimmernden Liparitdurchbrüche.
Zudem soll Islands einziger Drache hier leben. Die Täler *Hofsár-, Vesturár-,
Selárdalur* gelten als Lachsfangparadiese, in denen nur Angler der Upper Class
sich die horrenden Lizenzen leisten können. Wanderwege in der Umgebung wurden markiert.

Geschichte: Seit 1400 ist der Ort als Handelsplatz mit gutem Naturhafen bekannt.
Mit der Eröffnung des Ladens im Jahr 1787 kamen Leute bis aus der Gegend von
Egilsstaðir hierher zum Handeln. Während des dänischen Handelsmonopols war
noch kein Dorf vorzufinden, erst Mitte des letzten Jahrhunderts siedelten sich hier
Menschen an. Ein Versorgungsschiff legte nur im Frühjahr und im Herbst an.

1872 verließen mehr Menschen Vopnafjörður, als dort wohnten: Auswanderer aus
ganz Island, die sich von hier aufmachten, im Land der Träume, Kanada, eine neue
Heimat aufzubauen. Aus anderen Orten kamen Leute nach, die verlassenes Land
aufkauften, oft segelten auch sie nach einigen Jahren Richtung Amerika. Zum Ende
der Emigrationswelle 1914 residierten im Ort noch 700 Einwohner; die Zeit der
Auswanderung blieb den Alten wie ein langer Aufenthalt auf einem zentralen
Bahnhof im Gedächtnis. Durch den Austausch mit Menschen aus verschiedenen
Gegenden hat sich die hiesige Bevölkerung den Ruf besonderer Aufgeschlossen-
heit erworben.

Der Elfenschal

Vor langer Zeit erschien der in Bustarfell wohnenden Frau des Bezirksvorstehers im Traum ein Mann, der sie bat, ihn zu begleiten und sie zu einem Stein auf dem Farmgelände führte. Nachdem er dreimal im Uhrzeigersinn um den Stein herumgegangen war, verwandelte sich dieser in ein Haus. Sie gingen hinein, wo eine schwangere Elfenfrau mit großen Schmerzen auf dem Boden lag und meinte, sie müsse sterben, wenn ihr nicht ein menschliches Wesen zu Hilfe käme. Die Frau des Bezirksvorstehers half also bei der Geburt und als Dank gab ihr die Elfenfrau zum Abschied einen goldbestickten Schal. Als der Mann sie wieder nach draußen begleitet hatte, ging er dreimal gegen den Uhrzeigersinn um das Haus herum, das sich sofort wieder in einen Stein verwandelte ... Der wertvolle Schal lag lange Zeit auf dem Altar der nächstgelegenen Kirche und ist heute im Nationalmuseum.

Sehenswert im Ort ist ein Gemälde von *Kjarval* in der renovierten Kirche (nach dem Schlüssel in der Info fragen). Hinzu kommt ein Gedenkstein für den Schriftsteller *Gunnar Gunnarsson* (1889–1975), der auf der Farm *Ljótsstaðir* südlich der Ortschaft aufwuchs (Büste von Sigurjón Ólafsson).

Information In der Hochsaison am Hafen im 130 Jahre alten Handelshaus, sonst mitten im Ort (Hamrahlíð 15). Im Sommer tägl. 10–18 Uhr; sehr gemütliches Café im Handelshaus. ✆ 4731331 und 8621443,

Versorgung Apotheke, Bank (Geldautomat), Tankstellenimbiss (9–23 Uhr), Supermarkt (tägl. geöffnet), Post, Näherei/Reinigung, Werkstatt (✆ 4731333).

Pack' die Badehose aus! An einer der wenigen geothermalen Quellen in Ostisland, 10 km vom Ort und 3 km von der Str. 85 im Selárdalur, (beschildert). Die Quelle ist bereits in alten Sagas erwähnt. Zwei Hot Pots, 10–22 Uhr für ISK 300, man kann aber auch zu anderen Zeiten im 33° warmen Becken baden (abends die Kerzen nicht vergessen ... Wer dazu neigt, Geister zu sehen, wird sich hier nicht alleine fühlen).

Fest Ende Juli findet das Familienfest **Vopnaskak** („Waffenrasseln") statt.

Übernachten in Vopnafjörður und Umgebung Hótel Tangi, renoviert. Das Hotel wurde ursprünglich von der Fischfirma Tangi für ihre Arbeiter gebaut, die Zimmer sind deshalb relativ klein. Direkt gegenüber die Fischfabrik. Restaurant (Lamm und Fisch) und Bar. DZ ab ISK 11.900 ohne Frühstück. Hafnarbyggð 17, ✆ 4731840.

Refsstaður **12**, 4 km von der Str. 917 an der 919, 9 km vom Ort, bei Cathy aus Minnesota, die maßgeblich das Auswanderermuseum mitgestaltete. ✆ 4731562 und 8951562, http://underthemountain.is/Guesthouse.html.

Syðri-Vík **11** (FH), 8 km südöstl. des Orts an der Str. 917, zwei äußerst schön gelegene Gästehäuser (für 4 bzw. 8 Pers. ISK 11.000/14.000); Fjordblick. Angeln, Reiten ab ISK 3000, Abendspaziergang am Meer. Man kann sich bei Interesse die Eiderentenzucht zeigen lassen – die Daunen werden den Nestern entnommen. Zimmer im ehemaligen Schafsstall (familiär), SSU ISK 3500, DZ ISK 9000. ✆ 4731199.

Camping In Vopnafjörður oberhalb der Schule, Dusche und WC, Windschutz, ISK 400/Pers plus 900/Zelt.

Bakkafjörður und Kirche Skeggjastaðir   (ca. 70 Einw.)

Nach einer reizarmen Fahrt über das hügelige Gelände der seenreichen *Sandvíkurheiði* (Passhöhe nach 20 km, 275 m), der Strecke schlechthin für einsamkeitsliebende Nordlichter, gelangt man zu dem äußerst verschlafenen, Ort Bakkafjörður. Wer Zeit hat, kann einen netten Strandspaziergang machen. An der Hauptstraße steht die sehenswerte und hübsche *Skeggjastaðakirkja*, die hundert Menschen Platz bietet. Sie wurde 1845 unter Mühen und vertrackten Bedingungen errichtet und ist die älteste Kirche in (Nord-)Ostisland. Der Pfarrer konnte seinerzeit weder Bischof noch Gemeinde dafür gewinnen, die Kosten für einen Kirchenbau aufzuwenden; der Probst von Vopnafjörður beteiligte sich schließlich generös mit Treibholz.

Camping: an der Schule, WC, Windschutz. **Versorgung**: Tankstelle und Laden Mo–Fr 16–18 Uhr. ☏ 8667813.

Þórshöfn

(„thórshöpn", ca. 380 Einw.)

Bunte Dächer und ein relativ geschäftiger Hafen mit Muschelverarbeitung.

Nach Überquerung der sumpfig-hügeligen, einsamen *Brekknaheiði* (160 m) kommt man hier an. Lebensnerv ist auch hier der Fischfang. Erst 1885 entstanden Häuser um den Hafen am *Þistilfjörður*, dessen hügeliges Hinterland von etlichen fischreichen Flüssen durchzogen ist. Der Fjord verdankt seinen Namen dem Landnahmemann *Ketill* mit dem Beinamen die Distel „Þistill". Viel von der Gegenwart gibt es nicht zu vermelden. Was man hier machen soll? Einen Ausflug nach Langanes unternehmen, per (Allrad-)Pkw oder zu Fuß! Auf dem Weg dorthin kann man einen Stopp bei der *Kirche Sauðanes* von 1889 einlegen. Der ehemals reiche Pfarrhof von 1879 wurde als Museum wiedereröffnet (hübsches Café im Keller, Waffeln, tägl. 11–17 Uhr).

Information Inoffiziell im Schwimmbad.

Versorgung Apotheke, Bank, Post (Supermarkt (9.30–18, Sa 10–14 Uhr), Tankstellenimbiss (tägl.), Werkstatt (☏ 4681550).

Schwimmbad Neue Schwimmhalle am Eyrarvegur, Dampfbad. ISK 450.

Fest Familienfest Mitte Juli.

Übernachten im Ort/in der Umgebung
Lyngholt, hübsches renoviertes Haus, bei Karen. Küche, Waschmaschine. Ü/F im DZ ISK 11.900, als SSU ISK 5000. ☏ 8975064. Langanesvegur 12, www.lyngholt.is.

Ytra-Lón, s. u. unter Langanes.

>>> Unser Tipp: **Hof Ytra-Áland** (FH), ganzjährig geöffnet, bei Bjarnveig, 20 km nordwärts von Þórshöfn, sehr schön am Wasser gelegen. Neues Haus mit Frühstücksraum im Wintergarten. Die Besitzerin informiert über lohnenswerte Spaziergänge in der Gegend. 6 DZ, teils mit Bad, eines davon für Familien geeignet. ISK 6700–8500/Pers, SSU 3600. ☏ 4681290/8631290, a-aland@ytra-aland.is, www.ytra-aland.is. **<<<**

Camping Þórshöfn, oberhalb der Kirche von Þórshöfn, ebene Wiese, WC, Duschen im Schwimmbad. ISK 800/Pers. ☏ 8928202.

Essen Eyrinn, einfache Hafenpinte mit Billiardtisch, Mittagsbüffet ISK 1450. Tipp: Muschelsuppe zu ISK 1800. ☏ 4681250. An der **Tankstelle** die üblichen Grillsnacks und Fastfood.

Der Hit: frische Muscheln

☀ Trekking auf der Halbinsel Langanes   T 7

Wie ein Vogelschnabel streckt sich Langanes *(launganes)* weit ins Meer hinaus. Bergig ist die vereinsamte Halbinsel vor allem im Südosten. In den Klippen der langen Nase nisten viele Vogelarten, insbesondere Basstölpel. Für die Menschen gab es hier keine Gründe zu bleiben. Trekker, die den Weg hinaus auf die Halbinsel auf sich nehmen, haben mit Meer und Wind die einzigen Begleiter, man wird mehrere verfallene Gehöfte und den wüst gefallenen Ort *Skálar* passieren. *Skoruvíkurbjarg* stellt einen Klassiker unter den Vogelfelsen mit Seeschwalben und anderem Gefieder dar. Subpolare Vegetation, Feuchtareale und die wüst gefallenen Höfe bilden die Zutaten einer mehrtägigen Wanderexkursion auf dieser Landzunge. Letzte Versorgungsgelegenheit ist das winzige Þórshöfn, letzte Unterkunft Ytra-Lón. Der alte Fahrweg wurde bis Skóruvík verbessert, einige haben ihn schon mit einem normalen Pkw bezwungen, wir raten zu einem Allradfahrzeug).

1. Etappe Heiði–Skálar (ca. 20 km): Entweder mit dem Pkw bis hierher fahren oder per Transport durch die Jugendherberge *Ýtra-Lón* (s. u.). Auf der Piste 869 wandert man nordostwärts und umrundet den 236 m hohen *Heiðarfjall*. Man folgt nun der Küste seewärts. Auf und ab über die Klippen durch teilweise feuchtstellenreiches Gebiet. In *Kumblavík* tummeln sich Seehunde – früher war hier ein bekannter Jagdplatz. *Skálar* war noch in den zwanziger Jahren des 20. Jh. ein Fischerdorf mit über einhundert Einwohnern (auf der Tourenkarte als Nothütte verzeichnet), der Friedhof ist noch erkennbar. Zu sehen sind einige Grundmauern, ein Landesteg und zwei Holzfässer, in denen früher Fischlebern gekocht wurden. Es bietet sich an, hier sein Zelt aufzuschlagen, die Schutzhütte darf nur im Notfall genutzt werden.

2. Etappe Skálar–Læknesstaðir (ca. 17 km): Die Tour beginnt mit der Überquerung der Halbinsel, genau Richtung Norden auf dem alten Fahrweg (Abzweigungen missachten). Die Telegraphenmasten sowie ein kleines Kreuz in der Mitte des Weges bieten gute Orientierung auf dem 4 km langen Stück bis zur alten Farm Skóruvík. Das Kreuz ist errichtet zum Gedenken an jene Schiffbrüchigen, die die hohen Klippen erklimmen konnten, aber bis auf den Kapitän alle starben, bevor sie den nächsten Hof erreichten. In Skóruvík sind die Reste von alten Torf-Schafställen zu sehen. Einer der Millionen von Steinen auf dem Berg zwischen dem Haus und Skálar soll der ehemalige Grenzstein sein, der früher den Einflussbereich der Bistümer Skálholt und Hólar festgelegt hat. Es folgt der Vogelfelsen *Skoruvíkurbjarg* mit dem abstehenden Felsen Karl (gegenüber der weißen Vogeleiersammlerhütte; Papageientaucher westlich von Karl). Das Gebiet mit saftigen Wiesen wird verlassen, die Nordseite von Langanes ist eher karg mit Unmengen von Frostsprengungsschutt und schütterer Moosvegetation. Die Wiese an der Farm Læknesstaðir ist für eine Übernachtung gut geeignet.

3. Etappe Læknesstaðir–Ýtra–Lón (21 km): Die nächste Wüstung auf dem Weg entlang der Küste, an der der eine oder andere Treibholzstamm aufgeworfen wurde, ist der zusammengebrochene Hof Brimnes, dessen Grasdach der Unbill des Wetters nicht standgehalten hat. Auf dem Weg nach Ytra-Lón werden noch einige Farmen passiert, an denen sich jeweils ein kleiner Stopp zum Herumstreunen anbietet.

Variante zum Leuchtturm Fontur (plus 1 Tag): Der lange Weg zum Leuchtturm (ursprünglich von 1910) führt über karges Gelände. An der Spitze sind oft Delfine zu sehen, manchmal bildet sich im Meer eine Linie aus, wo Atlantik und Polarmeer aufeinandertreffen.

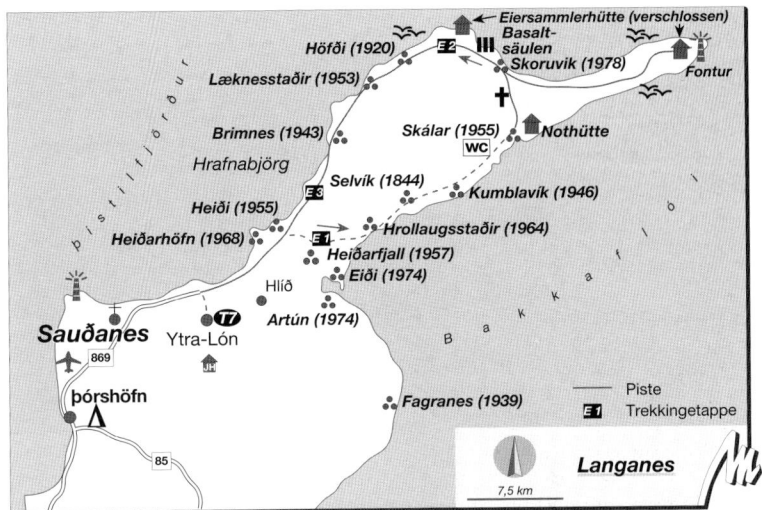

Eiersammlerhütte (verschlossen)
Basalt-
säulen
Höfði (1920)
Skoruvik (1978)
Fontur
Læknesstaðir (1953)
Brimnes (1943)
Skálar (1955)
Nothütte
Hrafnabjörg
WC
Selvik (1844)
Kumblavik (1946)
Heiði (1955)
Heiðarhöfn (1968)
Hrollaugsstaðir (1964)
Heiðarfjall (1957)
Eiði (1974)
Hlíð
Artún (1974)
Sauðanes
Ytra-Lón
þórshöfn
Fagranes (1939)
Piste
Trekkingetappe
Langanes
7,5 km

Information In der Jugendherberge ist eine Wanderkarte bei der netten holländischen Besitzerin namens Mirjam erhältlich und eine Broschüre zur Geschichte der einzelnen Farmen.

Internet: www.langanes.com.

Übernachten/Camping JH Ýtra-Lón, 15 km vom Ort. Familiäre Atmosphäre im alten Farmhaus mit Aufenthaltsraum/Küche, DZ als SSU ISK 9000, zusätzlich in Ingenieurs-Containern vom Staudammbau im Hochland Apts. à ISK 14.900. Terrasse und überdachter Mittelgang. Fragen Sie nach den Büchern mit Bildern aus alten Zeiten. Gepäck kann deponiert werden. Spielplatz. ✆ 4681242. **Camping** bietet sich unterwegs wegen der gut geeigneten Wiesen vor allem an den verlassenen Farmen an. In Skálar Waschbecken und WC.

Ausrüstung Zelt, Wanderschuhe, Regenkleidung, evtl. Kompass/GPS (bei Nebel), Wanderkarte.

Wasser An den verlassenen Farmen ist meist ein Bachlauf zu finden, zwischen den Farmen sind es oft ein paar Kilometer bis zur nächsten Nachfüllgelegenheit.

Raufarhöfn

("roiwarhöpn", ca. 200 Einw.)

Ein schläfrig-unprätentiöser Fischerort vor einer flachen Insel, der ein Leuchtturm einen Farbklecks verpasst. Hektisches Sightseeing ist hier definitiv nicht angesagt. Noch nicht. In ein paar Jahren wird hier ein arktisches Stonehenge errichtet sein!

1819 wurde dem Ort, dessen Name sich von der Engstelle zwischen Höfði und der vorgelagerten Eidereninsel ableitet, das Handelsrecht zugesprochen. In den Fünfzigern pulsierte hier das Leben, es war ein quirliger Ort, als die „Hering-Mädchen" in Scharen kamen, um Fisch einzusalzen. Die Fischfässer stapelten sich am Hafen bis in die späten sechziger Jahre, als plötzlich der Hering ausblieb und es mit der Goldgräberstimmung schlagartig vorbei war. Seit auch noch die Fischquoten verkauft wurden, was wirtschaftlich das Ende des Ortes bedeutete, landen nur noch

Küstenfischer landen in Raufarhöfn an

kleine Kutter ab und zu Fisch an. So gehört Raufarhöfn nun v. a. den Vögeln. 70
verschiedene Arten wurden schon an einem Tag gesehen.

Information Im Hotel Norðurljós (Wanderkarte ggf. erhältlich).

Versorgung Bank (Mo–Fr 12.15–15.45 Uhr),
Post, Automatentankstelle. Kleiner Laden
(Mo–Fr 10–18, Sa 13–15 Uhr), Werkstatt.

Schwimmbad Skólabraut, abends.

Übernachten/Essen ⟫ Unser Tipp:
Hótel Norðurljós, („Nordlicht") Aðalbraut,
für Nordlichter ein idealer Punkt, um die
Mitternachtssonne zu erleben (mit Polar-
kreis-Urkunde). Renoviertes Hotel, ursprüng-

lich Unterkunft der Fischfabrikarbeiter. Der
niedrige Speisesaal mutet an wie ein Saal
auf einem Schiffsdeck. Preiswertes und islandtypisches Abendessen, vorzügliche
Fischgerichte. Herrlicher Blick aus der Bar
und von der Terrasse über den Hafen. Alte
Fotos an den Wänden. Hoffentlich nicht zu
bald Besitzerwechsel! DZ ohne Frühstück
ISK 20.000, SSU ISK 3500. ☎ 4651233. ⟪

Camping Raufarhöfn, windgeschützt in
einem Erdwall bei der Schule, Blick auf den
Ort, Bänke, WC und Dusche, gratis.

Die Ebene der Polarfüchse – die Melrakkaslétta: Ein klingender Name. Kreischen-
des Vogelgeschwirre bringt im Sommer Leben auf die Ebene. Ansonsten herrscht
stille Einsamkeit. Im Osten zeigt sich das Gelände eher sumpfig mit unzähligen
Seen, Mooren und Buckelwiesen. Die Straße verläuft häufig nahe fotogener Kies-
und Sandstrände mit viel Treibholz und allerlei Resten der christlichen Seefahrt.
Geröllfelder, gletschergeschrammte Flächen und frostzersprengte Steine verteilen
sich zwischen den unter Sonnenstrahlen matt aufblinkenden Binnenseen. Die an-
getriebenen Schollen aus dem Eismeer waren „Transportmittel" für Polarfüchse
und beförderten zudem islandfremdes Gestein hierher. Die Slétta suchten schon
immer wenig Fremde auf. Kaum ein Reisender machte sich die Mühe, hierher zu
kommen, auch die ersten Forschungsreisenden ließen die Gegend links liegen.

⚓ Wanderungen   (→ Karte S. 423)

**Zum nördlichsten Punkt – Hraun-
hafnartangi (19)** (Trittsicherheit, Vorsicht vor Brutvögeln! 3,5 km, 1–1½ Std.):

Der (fast) nördlichste Punkt der Insel
reicht knapp 3 km an den Polarkreis heran. 10,5 km von Raufarhöfn entfernt

gelangt man von einer Parkbucht (kleine Infotafel auf einem treibholzbeladenen grauen Kiesdamm Richtung Norden. Der Weg führt schließlich zwischen zwei winzigen Torfhütten zum markanten Leuchtturm. Die auffällige Aufschichtung von Steinen ein Stück südlich des Wegs soll der Grabhügel des Sagahelden *Þorgeir Harvarsson* sein, der erst zur Strecke gebracht werden konnte, nachdem er 14 Angreifer getötet hatte. Nach alter Sitte sollte jeder Vorübergehende drei Steine auf den Hügel werfen. (Ein weiterer, schwer zu findender Hügel, die grasbewachsene *Jungfrauenhöhe*, liegt zwischen der Landspitze und dem See *Hraunhafnarvatn* südlich der Str. 85. Dort sollen die letzten Überlebenden einer Seuche dafür gesorgt haben, dass die Gegend nicht ausstarb.) Gehen Sie vom Grabhügel querfeldein ca. 300 m zurück zum Meer auf dem bekannten Weg mit den weißen und grünen Netzen, den gelben und blauen Tauresten, den roten Bojen und den Holzstücken.

Zur Vulkanruine Rauðinúpur („rööðinupür") (20) (einfach, Trittsicherheit, 1 Std.):

Am westlichen Zipfel der Halbinsel zweigt von der Str. 85 eine Piste zum Hof Núpskatla und zur Vulkanruine *Rauðinúpur* ab (etwa 8 km). Der Vulkan selbst ist allerdings nur noch für Fachleute erkennbar. Bei gutem Wetter ist es möglich, von der Klippe, die schwarz (Fels), weiß (Guano) und rot (Auswurfmaterialien) streifenförmig aufgebaut ist, bis Grímsey zu blicken. Weiße Blitze jagen vor den bis 70 m hohen Felswänden auf und nieder. Das Meer spült unterdessen unnachgiebig weiterhin Stück für Stück von Rauðinúpur weg. Abgespalten von den Felsklippen ist die Steinsäule „Karl" („kardl"), nach dem bekannten Dichter auch *Jón Trausti* benannt. Von Núpskatla läuft man ca. 30 Min. zu den Felsklippen.

Warten auf die Elfen

Jón (1873–1918), Sohn armer Bauern, verlor seinen Vater mit fünf Jahren. Seine Mutter musste ihn daraufhin zu einem Bauern weggeben. Mit zehn kam er zu seiner Mutter zurück, die inzwischen wieder geheiratet hatte, und zog nach Núpskatla, dem Hof bei den faszinierenden Felsen. Dort lebte er bis zur Konfirmation und aus dieser Zeit stammen seine schönsten Kindheitserinnerungen. Immer wieder bestieg er den Rauðinúpur gegenüber des Hofes, lauschte der gewaltigen Brandung und wartete auf Elfen und „huldufolk": „Ich war ein häufiger Gast in den Felsen der Elfen. Steile, grasige Hänge zogen sich bis an die Felshänge hinab und darunter wogte der blaugrüne Abgrund. Dort lag ich an einer windgeschützten Stelle und wartete, dass die Elfen erscheinen, beschwor sie, sich nur zu zeigen und mir die Felsen aufzuschließen. Oft schlief ich ein. Aber nie, weder im Wachen noch im Schlaf erschienen sie mir, noch hörte ich sie je mit den Töpfen klappern ..."
Im Alter von 20 Jahren begann Jón Trausti eine Buchdruckerlehre, 1896 zog er nach Kopenhagen, kehrte aber schon nach zwei Jahren wieder zurück nach Island. Er arbeitete nun vorwiegend in Reykjavík, sei es als Buchdrucker oder am Theater. 1906–12 schrieb Jón zahlreiche Romane, Kurzgeschichten und Gedichte. Er wird heute zu den größten Dichtern des isländischen Realismus gerechnet. Die bekanntesten Werke sind „Heiðarhlíð" (Der Heidehof) und die „Skaftáfeuer", die den Ausbruch der Laki-Vulkanspalte in Südisland Ende des 18. Jh. zum Thema haben.

Kópasker
(ca. 120 Einw.)

Der nordisch-kühle „Seehundbabyfelsen" hat die guten Jahre hinter sich. Zuletzt kam er in die Schlagzeilen bei dem schweren Erdbeben am 13. Januar 1976, dessen unheilvolles Zentrum nur 12 km von hier entfernt lag. Wer hier einen Stopp einlegt, sollte zum Hafen fahren, in dem ein paar Fischkutter schaukeln, und den Anblick der friedlichen Häuseransammlung vor der Kulisse des bräunlichen Bergrückens genießen. In der Schule ist eine kleine Ausstellung zum Erdbeben untergebracht.

Versorgung Post, Bank (Mo–Fr 13–16 Uhr), Arzt, Werkstatt (✆ 4652124).

Tankstelle/Laden Tägl. 10/11–21 Uhr.

Übernachten JH Kópasker, nördlich der Schule, 5 Zimmer, familiäre Atmosphäre, im Aufenthaltsraum ein Luftbild, auf dem man sich die Erdbeben-Bruchlinie zeigen lassen kann. SSU 2700/3300. Akurgerði 7, ✆ 4652314 und 8612314.

Camping Recht angenehm am Ortseingang, WC, Bänke, Dusche, gratis.

Heimatmuseum (1 km südlich): Die etwas unzusammenhängende Kollektion umfasst Werkzeuge, Waagen, Porzellan und andere Gebrauchsgegenstände, sogar die alte Feuerwehrpumpe konnte noch aufgenommen werden. Auch hier darf der obligatorische Webstuhl natürlich nicht fehlen. Immerhin verrät das Museum, wie man sich beim Eisfischen anzustellen hatte (Nr. 117, über der Tür). Die wahren Schätze in diesem Museum, das scheinbar alles beherbergt, was aufzutreiben war, sind die Regale und Schränkchen mit alten Büchern – für Touristen leider nicht gerade das Interessanteste. Helgi, der diese Bücher sammelte, hat in ehrfürchtiger Wertschätzung viele seiner 9000 Bücher auf dem Buchrücken vergoldet. Kirche und Museumsgebäude wurden vom Architekten Guðjón Samúelsson entworfen, der auch für die Gestalt des Nationalmuseum und -theaters verantwortlich ist. Tägl. 13–17 Uhr, Eintritt frei. ✆ 4652171.

🚶 Wanderung
(→ Karte S. 423)

Zu Grettis Unterschlupf (21) (für das letzte, geröllige Stück Trittsicherheit; ca. 1 km, 30 Min.): Ideal, um sich die Beine zu vertreten! 16 km südlich von Kópasker weist das Schild mit der Aufschrift „Grettisbæli" zu einer winzigen Höhle auf etwa einem Viertel der Höhe der Felswand, deren Decke Basaltsäulen bilden. Gehen Sie von der Parkbucht über einen Zaun und dann in einem Linksbogen über die Wiese rechts des Zaunes Richtung Felswand zu einer auffälligen Felsnase. Auf der linken Seite geht es steil nach oben. Im Höhlenunterschlupf soll Sagaheld Gretti eine Höhle gehabt haben (GPS: 66° 10,623' 16° 29,053').

Weiterfahrt/Unterkünfte → Kapitel Ásbyrgi, S. 422.

Die reizvolle Halbinsel Tröllaskagi

Akureyri und der Nordwesten

Auf dem anderen Ufer lag die Hauptkirche von Bakki. Darüber erhoben sich groteske Felsgestalten, welche, so oft wir unsere Stellung wechselten, ihr Aussehen veränderten; sie erinnerten an mächtige Kuppen von Domen, an zerfallene Thürme und Zinnen von Burgruinen.

W. Preyer u. F. Zirkel (1860)

Tief eingeschnittene Fjorde und fruchtbare Flusstäler, bunte Fischerorte und imposante Gebirgslandschaften, historische und kulturelle Stätten und die Stadt Akureyri: Der Nordwesten mit seinen drei großen Halbinseln gehört zu den vielfältigsten Regionen des Landes außerhalb der aktiven Vulkanzone.

Im Nordwesten muss man genauer hinsehen. Die 220 km Ringstraße zwischen Akureyri und dem Hrútafjörður an der Grenze zum Westland sparen die Halbinseln aus und sind – mit Ausnahme der von markanten Berghängen mit spitzen Zacken und Zinnen umrahmten Öxnadalsheiði – wenig abwechslungsreich.

Streckeninfo: Die Ringstraße ist im gesamten Verlauf asphaltiert, Gleiches gilt für die große Halbinsel Tröllaskagi. Nur in den Seitentälern und auf den Halbinseln Skagi und Vatnsnes muss zumeist über Schotterstraßen geholpert werden. Jedoch ist jede Strecke mit dem normalen Pkw zu bewältigen.

Mit einigen Abstechern und Umwegen aber lässt sich der ganze Reichtum der Region erschließen: die Fjorde mit Seehundbänken, Treibholzbuchten und bizarren Klippen, Inseln mit reicher Vogelwelt und grenzenloser Ruhe, der Skagafjörður mit Tausenden von Islandpferden und der von hohen Bergen eingerahmte Eyjafjörður. Dazu kommen Schauplätze von Sagas, Torfkirchen und -gehöfte aus einer anderen Zeit oder Denkmäler und Kirchen wie der ehemalige Bischofssitz des Nordlandes in Hólar. Ein Erlebnis ist im Herbst der Abtrieb der Schafe und Pferde von den Bergen in die Täler.

Akureyri

(ca. 17.700 Einw.)

Mildes Klima, üppige Vegetation, eine Vielzahl baugeschichtlich bemerkenswerter Holzhäuser – Akureyri hat fast südliches Flair, und das nur knapp 100 km vom Polarkreis entfernt.

Wo der 65 km lange *Eyjafjörður* in das gleichnamige breite und grüne Tal übergeht, liegt auf dem Schwemmfächer der Glerá die „Hauptstadt des Nordens": Akureyri, Verwaltungs- und Dienstleistungszentrum Nordislands und die größte Stadt des Landes außerhalb der Hauptstadtregion. Zahlreiche Betriebe aus Industrie und Gewerbe sind hier angesiedelt, darunter die zwei größten Reedereien Islands und eine große Druckerei. Wegen seiner Bildungseinrichtungen, zu denen eine Schule für Bildende Künste und die 1987 eröffnete Universität gehören, trägt Akureyri auch den Beinamen „Schulstadt".

Eine grüne Stadt: Die schönste Anfahrt hat man von Osten, wenn der Blick über den Fjord hinweg auf die Stadt fällt, die sich sanft hügelig vor dem wie ein Zuckerhut aufragenden Strýta und dem dahinter liegenden Bergland mit vergletscherten Höhen ausbreitet. Schon von weitem fällt auf, wie grün Akureyri ist – kaum vorstellbar, dass hier im 19. Jh. genau drei Bäume gestanden haben sollen. Dass die Bewohner seit 200 Jahren Kartoffeln anbauen und seit Beginn des 20. Jh. begeistert Birken, Weiden und Ebereschen pflanzen und Blumengärten anlegen, ist den dänischen Kaufleuten zu verdanken, die jahrhundertelang die Stadt prägten. Sie brachten Akureyri einen weiteren Beinamen ein – „dänische Stadt". Verstärkt wird die freundliche Atmosphäre durch zahlreiche Holzgebäude aus dem 19. und frühen 20. Jh.

Übernachten

1 Sólgarðaskóli	22 Gistiheimilið Hrafr
2 Bjarnargil	23 Stóra-Vatnsskarð
3 Lónkot	24 Stekkjardalur
4 Ytri-Vík	25 Bakkaflöt
5 Syðri-Hagi	26 Steinstaðir
6 Arnarnes	27 Lýtingsstaðir
7 Reykir Guesthouse	28 Gistihúsið Himnas
8 Skeið	29 Viðigerði
9 Dæli	
10 Hólar	
11 Hofsstaðir	
12 Sveitasetrið	
13 Keldudalur	
14 Geitaskarð	
15 Flugumýri	
16 Öngulstaðir III	
17 Syðsta-Grund	
18 Engimýri	
19 Stóra-Giljá	
20 Ytra-Laugaland	
21 Hótel Húnavellir	

Akureyri hat mit 130 Tagen Niederschlag im Jahr sehr viel weniger Regen zu ertragen als die Südküste und kann mit der hohen Zahl von 960 Sonnenstunden im Jahr glänzen. Ist die sommerliche Durchschnittstemperatur auch niedriger als im Süden, so liegen die Maximalwerte doch deutlich über denen in Reykjavík.

Kultur und Sport: Akureyri hat eine große Kunstszene, die sich u. a. in der Vielzahl an Galerien zeigt. Seit mehr als zehn Jahren findet den ganzen Sommer lang ein umfangreiches Kunst- und Kulturfestival statt und im Winter spielt in Akureyri das einzige professionelle Schauspielensemble außerhalb Reykjavíks. 2010 öffnete am Wasser ein neues Kultur- und Konferenzzentrum, das *Menningarhúsið Hof*. Der wuchtige Bau, der in seiner Form an das Kolosseum erinnern soll, wird beispielsweise für Konzerte genutzt. Touristen finden hier die Touristinformation und ein gutes Bistro.

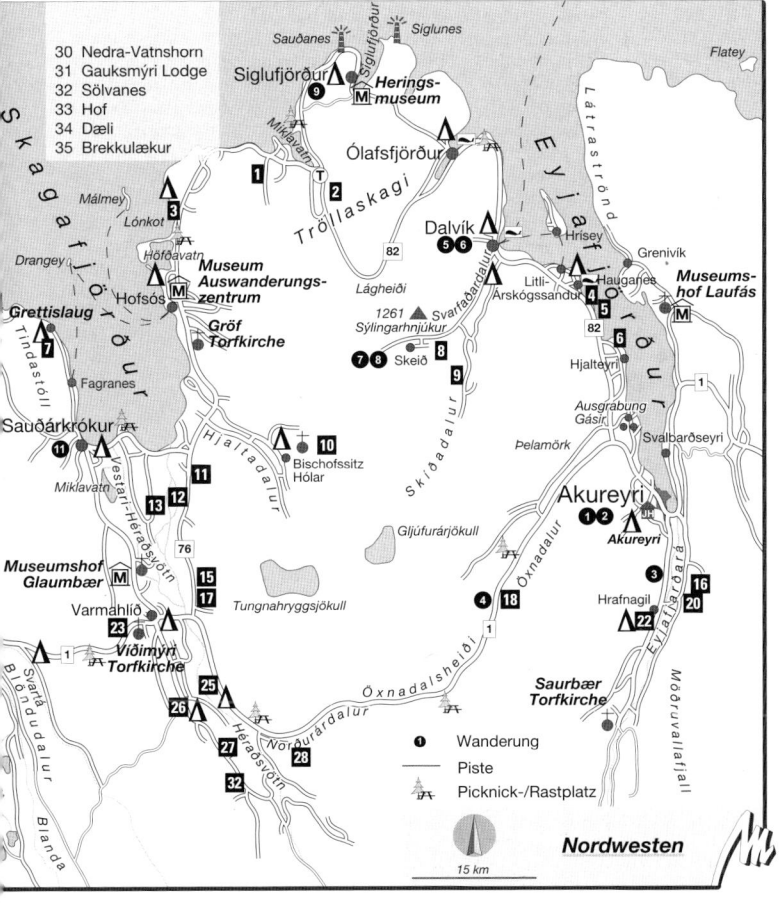

Akureyri und der Nordwesten → Karte S. 460/461

30 Nedra-Vatnshorn
31 Gauksmýri Lodge
32 Sölvanes
33 Hof
34 Dæli
35 Brekkulækur

Nordwesten

● Wanderung
— Piste
🪑 Picknick-/Rastplatz

15 km

Am langen ersten Wochenende im August steht die Stadt Kopf, wenn im Rahmen des Familienfestivals 12.000–15.000 Besucher herbeiströmen. An drei Tagen im Juni oder Juli werden auf dem einzigartig gelegenen Golfplatz die „Arctic Open" abgehalten: ein internationales Golfturnier für Profis und Amateure, bei dem kein Sonnenuntergang die Spieler abends vom Platz treibt. Nur wenige Kilometer westlich der Stadt liegt das zweitwichtigste Wintersportgebiet des Landes.

Tipps zur Region: Das Heringsmuseum in Siglufjörður ist eines der besten und beeindruckendsten **Museen** des Landes (S. 503), Glaumbær das beliebteste Torfmuseum Islands (S. 515). Ebenfalls einen Besuch wert ist das Robbenzentrum in Hvammstangi nahe der Seehundsbänke (S. 531). Ein schöner **Bootsausflug**: von Reykir nördlich von Sauðárkrókur zur Insel Drangey (S. 520). Wer **River Rafting** mag, dem sei Bakkaflöt südlich von Varmahlíð als Ausgangsort empfohlen (S. 488). Ebenfalls etwa 20 km von Varmahlíð liegt Lýtingsstaðir, ein **Reiterhof** mit herzlicher Atmosphäre und interessanten Reittouren (S. 488). Ein weiterer schöner Reiterhof mit vielfältigem Angebot ist Brekkulækur im Miðfjarðardalur südlich von Hvammstangi (S. 526). Für kurze Ausritte und **Pferdevorführungen** sei auf den Hof Flugumýri bei Varmahlíð verwiesen (S. 510). Auf der Halbinsel Tröllaskagi lohnt von Dalvík ein Abstecher zum **Wandern** in die reizvollen Täler Svarfaðardalur und Skíðadalur (S. 496) sowie eine **Walbeobachtungstour**. Empfehlenswerte **Übernachtungsmöglichkeiten** auf Tröllaskagi sind Skeið im Svarfaðardalur (S. 495), Vegamót/Gimli in Dalvík (S. 493/494) und Bjarnargil südlich von Siglufjörður (S. 499). Weitere schöne Plätze für die Nacht: Hof Öngulstaðir III südlich von Akureyri (S. 483), die Jugendherberge Ósar auf der Halbinsel Vatnsnes (S. 531), das Gästehaus Hanna Sigga in Hvammstangi (S. 532) und Hof Dæli an der Str. 718 im Víðidalur (S. 529). Empfehlenswerte **Restaurants** sind Potturinn in Blönduós (S. 513), Hannes Boy Café in Siglufjörður (S. 502) oder das Ólafshús in Sauðárkrókur (S. 518); gemütlich **Kaffee trinken** lässt es sich im Kaffi Bjarmanes in Skagaströnd (S. 523), im Hlaðan Kaffihús in Hvammstangi (S. 532), im Harbour House Café in Siglufjörður (S. 501), bei Áskaffi auf dem Museumshof Glaumbær (S. 517) und bei Við Árbakann in Blönduós (S. 513).

Geschichte

Die Geschichte Akureyris begann 1602. Dänische Kaufleute aus Helsingør erwarben das Handelsmonopol für *Akkerøen*, die „Ackersandbank". Von Vorteil war, dass das Wasser gleich hinter dem Ufer sehr tief wurde und die Handelsschiffe unweit des Landes vor Anker gehen konnten. Die Kaufleute reisten im Frühjahr an, um Markt zu halten, und nach der Abfahrt des letzten Schiffes im Herbst wurden ihre Geschäfte wieder geschlossen. Um 1650 sollen hier nur zwei kleine Handelshäuser gestanden haben. 1777 verpflichtete ein königlicher Erlass die Händler, das ganze Jahr über zu bleiben, und 1786 erhielt Akureyri mit seinen zwölf Einwohnern das Stadtrecht.

Mit der Lockerung des Handelsmonopols förderte die dänische Regierung durch Steuerprivilegien und kostenlose Bauplätze die Ansiedlung in Akureyri. Die isländischen Kaufleute waren dennoch weiterhin der übermächtigen Konkurrenz ihrer ausländischen Kollegen ausgesetzt und gingen reihenweise bankrott, bis 1870 die erste isländische Handelsgesellschaft *Gránufélagið* gegründet wurde. Vorerst blieb Akureyri ein unbedeutendes Dorf, zählte noch 1835 nur 14 Häuser und knapp 110 Einwohner und verlor sogar für knapp drei Jahrzehnte – bis 1862 – das Stadtrecht.

Blick auf die Landzunge Oddeyri

Die zweigeteilte Stadt: Nach 1840 wuchs die Siedlung durch Zuwanderung von Lohnarbeitern und Handwerkern schnell an. Die Neuankömmlinge ließen sich hauptsächlich nördlich des Siedlungskerns auf der Landzunge *Oddeyri* nieder. Säuberlich getrennt, lebten im südlichen Stadtteil die Kaufleute und im nördlichen die Handwerker. Obwohl seit 1866 eine Verwaltungseinheit, blieb die Stadt lange in allen Bereichen zweigeteilt. Sogar eine Verbindungsstraße fehlte. Die beiden Stadtteile lagen so sehr miteinander im Zwist, dass 1900 als Standort für ein Gymnasium die exakte Mitte zwischen den beiden ausgewählt wurde und es sich keine Seite nehmen ließ, noch einmal genau nachzumessen. Das Gebiet zwischen Akureyri und Oddeyri entwickelte sich dann mit der Zeit zum gemeinsamen Zentrum. Im letzten Jahrzehnt des 19. Jh. kam es zu einem sprunghaften Anstieg der Bevölkerungszahl – von 602 im Jahr 1890 auf 1.370 im Jahr 1901. Die meisten Menschen und Betriebe siedelten sich nun im Norden an, obwohl der Hang im Süden der Stadt abgetragen und im Fjord neues Bauland aufgeschüttet wurde.

Das moderne Akureyri: Ihren stürmischen Aufschwung verdankt die Stadt u. a. der Handelsgesellschaft *Kaupfélag Eyfirðinga Akureyrar* (KEA), die 1886 gegründet wurde. Das genossenschaftlich organisierte Unternehmen besitzt heute als größter Geschäftsbetrieb Akureyris mehrere Geschäfte, Unternehmen und Lagerhäuser. Mit Beginn der Hochseetrawlerfischerei in den 1950er Jahren gewann Akureyri als Fischereihafen an Bedeutung; vor allem die Verarbeitung von Fisch und landwirtschaftlichen Erzeugnissen sowie verstärkt auch Hightech-Industrie sichern heute den Lebensstandard der Bewohner. Mittlerweile machen jedes Jahr sogar etwa 60 Kreuzfahrtschiffe im Hafen fest. Von den Passagieren dieser Superschiffe, neben denen Akureyri aussieht wie eine Puppenstube, sieht die Stadt jedoch nicht viel. Sie werden mit Bussen zum Mývatn und zu anderen Attraktionen der Gegend gefahren, die Schiffe bleiben zumeist nur sieben Stunden im Hafen. 2012 feiert die Stadt mit besonderen Veranstaltungen ihr 150-jähriges Bestehen.

Tipps zur Stadt: Es lohnt sich, Zeit für das **Heimatmuseum** (S. 472) und die **Kunsthalle** (S. 476) sowie für die **Eiskathedrale** (S. 476) einzuplanen. Der Botanische **Garten** bietet eine grüne, friedliche Umgebung, um sich von einem Tag Stadterkundung zu erholen (S. 477), ein schönes Erlebnis ist ein **Konzert** in der Eiskathedrale. Einen **Kaffee** zwischendurch trinkt man gemütlich im Kaffi Költ (S. 472) oder bei Bláa Kannan (S. 471). Im Laxdalshús (S. 470) oder bei Greifinn (S. 470) kann man gut **essen**. Schöne Plätze für die **Nacht** sind die Gula Villan in der Brekkugata (S. 467), das Icelandair-Hotel (S. 467), die Jugendherberge (S. 468) und das Gästehaus Súlur (S. 467). Der Glerárdalur bietet gute **Wandermöglichkeiten** (S. 479).

Basis-Infos

(→ Karte S. 468/469)

Information/Internet Im auffälligen neuen Kulturzentrum Hof. Mitte Mai bis Mitte Sept. 8–19, dann 8–17, ab Okt. Mo–Fr 8–16 Uhr. Hilfsbereiter Service, kostenloser Stadtplan, viel Infomaterial. Telefone für Anrufe mit Telefonkarte. Führungen durch das Gebäude auf Anfrage (kostenlos, mind. 4 Pers.). Strandgata 12, ℡ 4501050, www.visitakureyri.is.

Hin & weg Bus: Am Busbahnhof hat unpraktischerweise mittlerweile jede der zwei großen Busgesellschaften ihr eigenes Büro und verkauft nur Tickets für die eigenen Linien: *SBA* Norðurleið, Mo–Fr 7.30–12 und 13–19, Sa/So 7.30–9.30 und 14–17 Uhr, Hafnarstræti 82, ℡ 4611106, steuert den Osten des Landes an, *Sterna*, Mo–Fr 7–18, Di/Do erst ab 7.30, Sa/So 7.30–17 Uhr, mittags 30 Min. geschlossen, Hafnarstræti 77, ℡ 5500720, versorgt den Westen. Mit *Sterna*: Nach Reykjavík über die Ringstraße tägl. 2-mal. (Alternative mit SBA, 15.6.–7.9.: tägl. 1-mal in 10½ Std. über die Kjölur-Hochlandroute, u. a. vorbei an Hveravellir, Kerlingarfjöll, Gullfoss, Geysir.) Nach Ólafsfjörður über Litla-Árskógssandur und Dalvík Mo–Fr 3-mal. Mit *SBA*: Nach Egilsstaðir über Goðafoss und Mývatn tägl. 1-mal. Nach Húsavík tägl. bis zu 4-mal. Nach Þórshöfn Mo, Mi, Fr. Nach Ásbyrgi und zum Dettifoss tägl. 1-mal.

Flug: Flugplatz am südlichen Ortsausgang; tägl. zahlreiche Flüge nach Reykjavík und einer nach Grímsey, Mo–Fr je einer nach Vopnafjörður und Þórshöfn, ℡ 5703000.

Fähre: Zur Insel Hrísey ab Litla-Árskógssandur, 27 km nördlich (siehe S. 490). Bus zur Fähre (Mo–Fr) 30 Min. Siehe auch Touren.

Stadtverkehr Buslinien erschließen das gesamte Stadtgebiet, die Fahrten sind umsonst. Fahrplan kostenlos in der Information oder im Busbahnhof.

Parken Mo–Fr 10–16 Uhr muss im Zentrum mit Parkscheibe geparkt werden (dies gilt nicht für den großen Parkplatz bei der Touristinformation), gibt es kostenlos in vielen Geschäften und in der Information. Ein Strafzettel kostet ISK 2500.

Taxi B.S.O. Taxi, Strandgata, ℡ 4611010.

Apotheke Hafnarstræti 95 und in der Mall am Glerártorg.

Arzt Krankenhaus Eyrarlandsvegur, ℡ 4630100.

Autoverleih Bílaleiga Akureyrar, Tryggvabraut 11, ℡ 4616000; **Hertz**, nahe Flugplatz, ℡ 4611005; **Budget**, Flugplatz, ℡ 4623400.

Autowerkstätten zahlreich im Gebiet um Tryggvabraut und Furuvellir Auf der Ecke auch Autoverleih und -verkauf.

Bank V. a. an der Skipagata und beim Ráðhústorg, fast alle mit Geldautomaten.

Fahrradreparatur Erste Adresse ist Skíðaþjónustan 🔳, Fjölnisgata, Mo–Fr 10–18.30, Sa 10–16 Uhr. Ansonsten Sportver 🔳, Glerártorg, Mo–Fr 10–18.30, Sa/So 10/13–17 Uhr.

Feste/Veranstaltungen Das Kunstfestival Listasumar („Kunstsommer") findet jedes Jahr von Mitte Juni bis Ende Aug. in Akureyri und Umgebung statt. Umfangreiches Programm mit Theater, Kunst, Musik, Literatur, Seminaren und mehr, in Akureyri v. a. in zahlreichen Locations in der „Kunstschlucht" in der Kaupvangsstræti. Infos unter ℡ 4662609, www.listagil.akureyri.is.

Polizei Þórunnarstræti 138, ℡ 4647700.

Post Strandgata 3.

Blick auf das Menningarhúsið Hof vom Bootsverleih aus

Wäscherei Waschmaschine und Trockner auf dem Campingplatz (gleich am Eingang) dürfen auch von anderen Reisenden benutzt werden (je ISK 400). Die Wäscherei Höfði, Hafnarstræti 34, Mo–Fr 8–18 Uhr, verlangt ISK 2000 für eine Maschine (bis 10 kg) inkl. Trocknen. Dauer: 2–3 Std.

Einkaufen (→ Karte S. 468/469)

Wichtigste Einkaufsstraße ist die Hafnarstræti zwischen Kaupvangstræti und Ráðhústorg. Der Name Rathausplatz führt irre – hier steht kein Rathaus. Sein Bau war aber einst hier geplant. Die wichtigste Shoppingmall liegt am Glerártorg, mit Café.

Alkohol Hólabraut 16, Mo–Do 11–18, Fr 11–19, Sa 11–18 Uhr.

Bäckerei Am zentralsten liegt die **Bakarí Kristjans**, Hafnarstræti nahe Ráðhústorg, Mo–Fr 8–17.30, Sa/So 8/10–17 Uhr, mit Café, hier auch Mittagsgerichte, Suppe und Salat. Hat auch einen Laden ca. 1 km nördlich vom Zeltplatz, Þingvallastræti, und einen bei Bónus. Eine sehr hübsche Bäckerei, eine der besten in Island mit gemütlichem Café, ist die **Bakaríið við Brúna** **5**, Mo–Fr 7–18, Sa/So 7–16 Uhr. Hier kaufen sogar Leute aus Reykjavík. Borgarbraut, Ecke Gleráreyrar (bei der Mall am Glerártorg).

Bücher Eymundsson, Mo–Fr 9–22, Sa/So 10–22 Uhr, mit Souvenirs und Café. Hafnarstræti 4.

Fotoartikel Pedromyndir hf., Mo–Fr 9–18, Sa 11–15 Uhr; Skipagata 16. Ein weiterer Fotoladen in der Mall am Glerártorg.

Galerien Listfléttan Art Gallery, Mo–Fr 10–18, Sa 11–14 Uhr, verkauft u. a. Land-schaftsbilder und ausgefallene Keramik, sehr gute Qualität; Hafnarstræti 106. Das große Atelier mit Ausstellungsraum **Svartfugl & Hvítspói** ist Di–Fr 13–17, Sa 12–15 Uhr geöffnet. Zu sehen und zu kaufen sind Sveinbjörg Hallgrímsdóttirs Bilder und Drucke und Anna Gunnarsdóttirs handgefertigte, bunte und originelle Kleidung aus Fischhaut, Filz und Leder. Brekkugata 3a.

Kunsthandwerk/Wollwaren Hrím, neben der Touristinformation im Kulturzentrum Hof, Mo–Fr 9–18, Sa/So 11/12–17 Uhr, ist ein Designladen, der bunte und originelle Sachen von Designern aus ganz Island verkauft. Souvenirs der besonderen Art.

The Viking **26**, tägl. 8–22 Uhr, hat eine riesige Auswahl an maschinengestrickten Pullis, Jacken, Mützen und Handschuhen, dazu T-Shirts, ausgestopfte Vögel und vieles mehr. Hafnarstræti 104.

Fold-Anna **36**, Mo–Fr 9–18, Sa 10–14 Uhr, ist die beste Adresse für handgefertigte

Wollwaren, zumeist von Frauen aus Akureyri. Man kann auch Maß nehmen lassen und sich seinen Pulli stricken und zuschicken lassen. Wer sich selbst einen stricken möchte, findet eine große Auswahl an Wolle. Anna hilft gerne bei der Auswahl. Hafnarstræti 100.

Háká, Mo–Fr 11–18, Sa 11–16 Uhr, hier gibt es schöne Töpferware von der Besitzerin Kolbrún. Brekkugata 1.

Lebensmittel Am zentralsten liegt 10–11,

in der Hafnarstræti neben dem Café Bláa Kannan, tägl. 24 Std., aber klein und teuer. Der günstige **Bónus** ☑ liegt am Hörgártorg nahe der JH, Mo–Do 12–18.30, Fr 10–19.30, Sa/So 10/12–18 Uhr. **Samkaup** ☑ liegt direkt am Campingplatz, Byggðavegur 98, Mo–Fr 9–23, Sa/So 10–23 Uhr. In der Mall am Glerártorg ist der große **Netto** ☑, Mo–Fr 10–19, Sa/So 10/12–18 Uhr. Bei **Hagkaup** ☑, Furuvellir 17, tägl. 24 Std., gibt es frischen Fisch! Ein **Naturkostladen** ist in der Mall am Glerártorg, Mo–Fr 10–18.30, Sa/So 10/13–17 Uhr.

Sport/Freizeit

Golf Nahe der Innenstadt liegt der nördlichste 18-Loch-Golfplatz der Welt. Im Sommer wird im sanften Licht der Nacht „Mitternachtsgolf" gespielt. Ausrüstung kann ausgeliehen werden. Für eine Nachtrunde besser vorher anmelden. **Golfklúbbur Akureyrar**, ☎ 4622974.

Fahrradverleih Der Souvenirladen The Viking (s. o.) verleiht MTBs, ISK 2500/Tag.

Kanu/Kajak Der Segelclub Nökkvi an der Höepfnersbryggja (Pollurinn) verleiht Kanus, Kajaks, Ruderboote ab ISK 2500/Std. Meist ist 9–18 Uhr jemand da, v. a. Mo–Sa.

Reiten Skjaldarvík nördlich von Akureyri,

☎ 5525200, www.skjaldarvik.is, bietet tägl. 10, 14 u. 17 Uhr 1½-stündige Touren am Wasser entlang, ISK 6900. Pferdeverleih **Kátur** an der Ostseite des Fjordes, ☎ 6957218/ 8472208, www.hestaleiga.is, bietet tägl. 9, 13 u. 17 Uhr geführte Touren von 1–3 Std., ISK 5000/Std. Im Juni und Juli zudem Fr 23.30 Uhr Mitternachtsritte, 2 Std. ISK 7000.

Schwimmbad Großes Freibad mit zwei Außenbecken, Wasserrutsche, mehreren Hot Pots, Dampfbad, Sauna, Solarium, Kinderbecken und viel Platz zum Sonnen. Mo–Fr 6.45–21, Sa/So 8–19.30 Uhr. Þingvallastræti 13.

Touren/Ausflüge/Stadtführungen

Mehrere private Touranbieter haben in Akureyri ihr Büro, z. B. Saga Travel, www.sagatravel.is, und FAB Travel, www.fabtravel.is. Zu empfehlen sind die Ausflüge mit Nonni Travel, Brekkugata 5, ☎ 4611841, www.nonnitravel.is, einem Unternehmen mit über 30-jähriger Tradition, das aus Exkursionen nach Grönland und auf die Färöer anbietet.

Boot/Schiff Aussichtsfahrten im Eyjafjörður vom kleinen Hafen aus auf dem Eichenboot Húni II von 1963, das alleine die

Tour schon lohnt. Keine regelmäßigen Touren; auf Aushänge in der Touristinformation oder am Hafen achten oder ☎ 8484864 anrufen.

Bus Die Busgesellschaft SBA, www.sba. is, bietet verschiedene Tagesausflüge an, z. B. zum Mývatn und zum Kverkfjöll. Broschüre und Buchung im Busbahnhof.

Stadtführungen 2½-stündige Führungen zu Fuß durch das alte Akureyri auf Anfrage für mind. 4 Pers., ☎ 8632080, ISK 2500/Pers.

Übernachten/Camping   (→ Karte S. 468/469)

Übernachtungsmöglichkeiten gibt es für jeden Geldbeutel. Im Sommer sind allerdings Reservierungen auf jeden Fall angeraten (auch im Umland!). Mehr und mehr sind auch Apartments zu mieten; Auskunft gibt die Touristinformation.

Hotels Die Hotels liegen alle in der Innenstadt bzw. zentrumsnah und gehören – abgesehen vom Edda-Hotel – der gehobenen Preisklasse an.

Hótel KEA ☑, größtes Hotel Akureyris von 1944 mit 104 Zimmern mit Bad und allem Komfort; ein Teil wurde 2011 komplett renoviert. 4-Sterne-Hotel, sehr zentral, aber etwas laut unterhalb der Eiskathedrale. Exquisites Restaurant mit Fisch- und Fleischspezialitäten und Weinkarte. DZ ISK 29.800. Hafnarstræti 87–89, ✆ 4602000, kea@keahotels.is, www.keahotels.is.

Icelandair Hotel Akureyri 11, ganz neues, schönes Hotel mit Stil und bunten Farbtupfern im oberen Teil der Stadt in einer ehemaligen Schule, die komplett umgebaut wurde. 64 DZ (ab 2012 wahrscheinlich 40 mehr) mit Bad und TV. In der großen, gemütlichen Lobby nachmittags „High Tea Menu", im Restaurant mit guter Küche ab 18 Uhr Fisch, Fleisch und Vegetarisches. DZ ISK 24.000. Þingvallastræti 23, ✆ 5181000, akureyri@icehotel.is, www.icelandairhotels.is.

Hótel Norðurland 13, 3-Sterne-Hotel mit 34 geräumigen Zimmern mit Bad. DZ ISK 21.505. Geislagata 7, ✆ 4622600, nordurland@keahotels.is, www.keahotels.is.

Edda-Hotel 21, das mit Abstand größte Edda-Hotel im Land mit 204 Zimmern, davon 72 nur mit Waschbecken, die anderen mit Bad. 118 topmoderne Edda-Plus-Zimmer im neuen Anbau der Schule, einem großen, gläsernen Kasten, der Himmel und Berge reflektiert; die Zimmer im alten Gebäude sind freundlich und schlicht. Vom 6. Stock schöner Blick über den Fjord. Großer Speisesaal mit Säulen, sehr beliebt ist das Dinner-Büfett. DZ mit/ohne Bad ISK 18.200/ 11.400. Eyrarlandsvegur 28, ✆ 4444900, edda@hoteledda.is, www.hoteledda.is.

Hótel Íbúðir 12, Apartmenthotel in einem Haus von 1889 aus Norwegen mit modernen Apartments für bis zu 6 Pers. mit Küche und Balkon, ab ISK 19.700. Geislagata 10, ✆ 4623727/8929838, hotelibudir@hotelibudir.is, www.hotelibudir.is.

Hótel Akureyri 37, Hotel mit 17 zumeist eher kleinen DZ und 2 EZ, alle mit Bad und TV. DZ 148 €. Hafnarstræti 67, ✆ 4625600, hotelakureyri@hotelakureyri.is, www.hotel akureyri.is.

Gästehäuser Die Gästehäuser unterscheiden sich sehr in Ausstattung und Atmosphäre. Manche sind private Wohnhäuser, manche reine Gästehäuser; viele Zimmer werden im Winter an Studenten vermietet.

Gula Villan 8, freundliche „Gelbe Villa" mit 9 hellen, geräumigen Zimmern mit guten Betten, auf jeder Etage Küche und Bad. 1. Juni bis 31. Aug. DZ ISK 11.600, im Schlafsack ISK 8800. Frühstück extra. Þingvallastræti 14, ✆ 8968464, gulavillan@

nett.is, www.gulavillan.is.

Gula Villan 15, eine zweite, von derselben Besitzerin liebevoll gestaltete „Gelbe Villa" mit viel Holz; hier ganzjährig 9 hübsche Zimmer, große, gut ausgestattete Küche mit uraltem Holzboden, gemütlicher Essraum. DZ ISK 11.600, im Schlafsack ISK 8800. Frühstück extra. Brekkugata 8, ✆ 8968464, gulavillan@nett.is, www.gulavillan.is.

Gistiheimili Akureyrar 27, Gästehaus unter selber Leitung wie Hótel Akureyri mitten im Zentrum mit 19 schlichten Zimmern mit Waschbecken und TV, davon 5 mit Dusche; Küche. Vermietet werden auch Apartments unterschiedlicher Größe sowie über 40 Zimmer mit Bad (in der Skipagata). DZ mit/ohne Bad ISK 12.500/10.700, Frühstück extra. SSU ISK 3500/Pers. Hafnarstræti 104, ✆ 4625600, hotelakureyri@hotelakureyri.is, www.hotel akureyri.is.

Súlur 19, bei netter Besitzerin 8 Zimmer für 1–4 Pers. im Erdgeschoss und Souterrain mit TV. Zwei Küchen; Waschmaschine. Im Klettastígur 6 noch ein Gästehaus mit 12 großen, modernen Zimmern in drei Einheiten, jede mit Küche und Lounge; zwei Zimmer teilen sich ein Bad. DZ ISK 11.200, als SSU ISK 8800. Þórunnarstræti 93, ✆ 4611160.

Akur Inn 9, ganzjährig 9 helle Zimmer mit 1–5 Betten und dezenten Farben. Drei Bäder, zwei Küchen. Ein DZ mit Bad. DZ ISK 11.500 (mit Bad 15.500), als SSU ISK 9000. Frühstück extra. Brekkugata 27a, ✆ 4612500, akurinn@akurinn.is, www.akurinn.is.

Sólgarðar 20, in Haus von 1923 ganzjährig drei Zimmer im JH-Stil für 2–4 Pers.; Bad, Küche. Besitzerin spricht Deutsch. DZ ISK 11.000, als SSU 8500. Brekkugata 6, ✆ 4611133.

Hrafninn 22, auf zwei Etagen 5 DZ und 1 EZ mit Bad, gut möbliert und geräumig, mit TV. Küche und netter kleiner Essraum. DZ 14.200, ohne Frühstück. Brekkugata 4, ✆ 6619050, info@akureyriguesthouse.is, www.akureyriguesthouse.is.

Brekkusel 18, 8 helle Zimmer, davon zwei mit Bad, nur ein Bad für alle anderen Zimmer. Küche; Waschmaschine. In der Brekkugata 33 im Sommer noch ein Apartment für 6 Pers., ISK 39.000. Im Bjarkarstígur ganzjährig ein hübsches neues Apartment für 4–5 Pers., ISK 24.000. DZ mit/ohne Bad ISK 12.900/ 10.900, als SSU ISK 7900. Byggdavegur 97, ✆ 4612660, info@brekkusel.is, www. brekkusel.is.

Jugendherberge JH Akureyri **3** seit ihrer Eröffnung 1934 von ein und derselben Familie sehr persönlich geführte JH zwischen Bäumen mit ganzjährig 50 Betten in Zimmern mit 1–6 Betten, alle mit TV. Viele Zimmer, vor allem unten, sind so gut möbliert wie in einem Gästehaus und haben ein Waschbecken. Oben auch Stockbetten und typische JH-Zimmer. Zwei Küchen, Aufenthaltsraum. Beliebt sind die beiden Sommerhäuser im Garten für je 8 Pers. mit Küche und Bad und die kleine Hütte mit drei Betten, WC, Waschbecken. Der Bus von/nach Reykjavík hält an der JH. Gäste erhalten u. a. 15 % Rabatt im Restaurant Greifinn und für Walbeobachtungstouren in Húsavík. Für JH-Mitglieder DZ ab ISK 8100 (SSU), SSU im „Schlafsaal" ISK 3000. Stórholt 1, ✆ 4623657, hostel@ akureyri.is, www.akureyrihostel.com.

Camping Tjaldstæði Akureyrar, in der Nähe von Swimmingpool und Supermarkt in etwas lauter Umgebung im oberen Teil der Stadt, für Autos gesperrt, mit kleinem, überdachtem Bereich zum Kochen und Essen. Duschen (ISK 100) auf der anderen Straßenseite; Waschmaschine und Trockner. Steht, wie Hamrar, unter Leitung der Pfadfinder. ISK 1000/Pers. Þórunnarstræti.

Hamrar, der zweite, riesige Zeltplatz, liegt wunderschön im bewaldeten Naherholungsgebiet Kjarnaskógur. Mit Küche, Aufenthaltsraum, modernen sanitären Einrichtungen mit Duschen, Waschmaschine. Abenteuerspielplatz und viel Ruhe, Nachteil: Der Platz liegt vor dem südlichen Ortseingang und von der Hauptstraße geht es noch ca. 2 km bergauf. Ein Bus fährt nicht hierher. Für Backpacker und Radwanderer bleibt der andere Platz die bessere Alternative. ISK 1000/Pers. ✆ 4612264.

Übernachten/Umgebung von Akureyri
Gistihús Leifsstaðir (FH), ca. 5 km vom Zentrum an der Str. 828 auf der anderen Fjordseite in hübschem, großem Haus am Hang mit freundlicher Atmosphäre. Speiseraum mit Blick auf Akureyri und Fjord, hier auch Sandwichs und Kaffee sowie Abendessen (vorher anrufen). Mit Golfplatz. März bis Mitte Okt. 13 Zimmer, darunter 9 DZ mit Bad. DZ mit/ohne Bad ISK 17.890/13.890. Eyjafjarðarsveit, ✆ 4621610, leifsstadir@sveit.is, www.leifsstadir.is.

Lónsá (FH), ca. 3 km nördlich des Zentrums an der Ringstraße am rauschenden Bach, überraschend ländlich und sehr nett.

Ü bernachten
3   Jugendherberge
8   Gula Villan
9   Akur Inn
11 Icelandair Hotel
12 Hótel Íbúðir
13 Hótel Norðurland
15 Gula Villan
18 Brekkusel
19 Súlur
20 Sólgarðar
21 Edda-Hotel
22 Hrafninn
27 Gistiheimili Akureyrar
34 Hótel KEA
37 Hótel Akureyri

E ssen & Trinken
7   Greifinn
10 Pengs
16 Krua Siam
17 1862 Nordic Bistro
24 Kung Fu Sticks + Sushi
25 Bryggjan
28 Örkin hans Nóa
29 Strikið
31 Rub 23

32 Laxdalshús
33 La Vita è Bella und Bautinn
35 Goya Tapas Bar

N achtleben
25 Pósthúsbarinn
30 Græni Hatturinn ur götubarinn
31 Böggla Geymslan
35 Brughúsbarinn

E inkaufen
2   Supermarkt Bónus
4   Supermarkt Hagka
5   Bäckerei 'Bakaríið Brúna'
6   Einkaufszentrum Glerártorg
14 Supermarkt Samka
26 The Viking
36 Fold-Anna

C afés
12 Kaffi Költ
23 Café Amour
30 Bláa Kannan

S onstiges
1   Skiðaþjónustan (Fahrradreparatur)

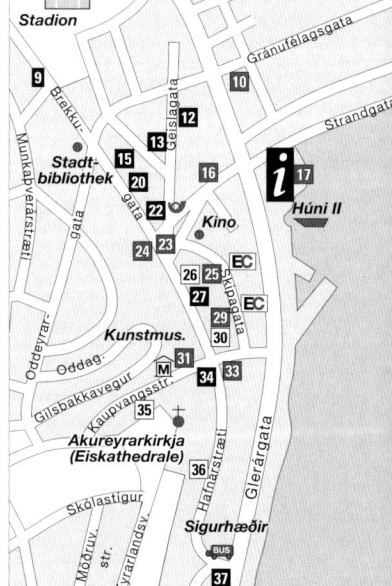

In einem Haus aus Holz 17 SSU in Zimmern mit 2–3 Betten, einige zeigen zum Bach; Waschmaschine. Im anderen Gebäude bezogene Betten: 13 Betten in sieben gemütlichen Zimmern. In beiden Häusern je zwei Bäder, Küche, Aufenthaltsraum, Terrasse. SSU ab ISK 4000/Pers., DZ ISK 10.000, Frühstück extra. ☎ 4625037/8951685.

Skjaldarvík (FH), ca. 5 km nördlich von Akureyri a. d. Str. 816. Sehr geschmackvoll gestaltetes Gästehaus mit Aufenthaltsraum mit Sofaecke, Bar und Teleskop und einem Essraum, der ein bisschen an Omas Küche erinnert (hier auch Abendessen). Hot Pot mit Ausblick. Reittouren siehe „Reiten". 27 Zimmer für 1–3 Pers. mit Waschbecken, alle ohne Bad. 8 Bäder. DZ ISK 15.900. ☎ 5525200, skjaldarvik@skjaldarvik.is, www.skjaldarvik.is.

Hof Pétursborg (FH), ca. 5 km nördlich von Akureyri. Bei nettem Paar (Andrea ist Schweizerin) das ganze Untergeschoss für Gäste: 5 hübsche DZ (zwei sind kombinierbar), davon 3 mit Bad; Küche, Essraum. Im Garten zwei geräumige Häuschen mit je zwei Betten und Bad; Gäste nutzen die Kochgelegenheit im Haus. Waschmaschine, Hot Pot. DZ mit/ohne Bad ISK 15.800/ 11.400. ☎ 4611811, guesthouse@petursborg.is, www.petursborg.com.

Hof Sílastaðir (FH), ca. 5 km nördlich von Akureyri 12 gut ausgestattete Sommerhäuser am Fjord in Fagravík für 4–12 Pers., die kleinsten mit nur einem Raum, das größte mit zwei Bädern. Mit Küche, Terrasse, TV, alle außer der kleinen mit eigenem Hot Pot. ISK 15.500–42.000. ☎ 4621924, fagravik@fagravik.is, www.fagravik.is.

⌜Essen & Trinken   (→ Karte S. 468/469)

1862 Nordic Bistro 🔟, im Kulturzentrum Hof, große Auswahl an Smørrebrød (bei endgültiger Verleihung des Stadtrechts 1862, worauf sich der Name bezieht, war Akureyri schließlich dänisch geprägt), z. B. mit Hering und Ei oder mit Lachs und Garnelen; ein paar Fischgerichte, Salate und mehr. Mo–Fr wechselndes Mittagsgericht, oft Fisch. Kaffee und Kuchen. Jeden Sa um 13 Uhr 1 Std. Livemusik, meist von Lehrern der Musikschule im Haus, oft Jazz – sehr beliebt! Tägl. 10–22 Uhr. Strandgata 12, ☎ 4661862.

Greifinn 🔽, sehr populäres Restaurant mit freundlicher Atmosphäre und großer Auswahl. Berühmt für seine gute Pizza. Auch Salate und Suppen und die klassischen Fischgerichte ab ISK 3000, Tex-Mex-Gerichte, Pasta und viele Gerichte vom Grill. Tägl. 11.30–23.30 Uhr. Glérargata 20, ☎ 4601600.

La Vita è Bella 🔢, gemütliches italienisches Restaurant in einem 1902 vom Kaufmann Eggert Laxdal gebauten Warenlager. Ein Raum wurde angefügt, deshalb hat das Restaurant jetzt Fenster. Große Auswahl; italienische Touristen lobten die Pizza und die Lasagne. Die Pasta ist hausgemacht. Tägl. 18–23 Uhr. Hafnarstræti 92, ☎ 4615858.

Bautinn 🔢, wie „La Vita è bella" wurde das Haus 1902 von Eggert Laxdal errichtet. Es diente ihm als Wohn- und Geschäftshaus und war 1918–65 Schmiede. Seit 1971 Restaurant mit Cafeteria-Atmosphäre und gro-

ßer Auswahl; Fischgerichte ab ISK 3.100, z. B. gemischte Meeresfrüchtepfanne mit Reis; Fleisch ab ISK 3600, Pasta, Pizza. Suppe und Salatbüfett im Preis der Fisch- und Fleischgerichte inkl. Im Sommer auch traditionelle Gerichte wie die isländische Fleischsuppe. Bei Touristen sehr beliebt. Tägl. 9– 22 Uhr. Hafnarstræti 92, ☎ 4621818.

Laxdalshús 🔢, von engagierten jungen Leuten geführtes neues Restaurant im ältesten Haus der Stadt von 1795 aus dunklem Holz; sehr beliebt. Die Gerichte wechseln nach den Jahreszeiten; im Sommer gibt es z. B. Miesmuscheln und Fisch und wird viel mit Kräutern gekocht, im Herbst stehen Vögel und Lamm auf der Speisekarte. Am beliebtesten: das 6-Gänge-Degustationsmenü. Ende Mai–Aug. tägl. 12–22 Uhr. Hafnarstræti 11, ☎ 4612900.

Strikið 🔢, exquisites Restaurant in der 5. Etage mit großer Terrasse und Blick auf den Fjord. Viele verschiedene Fischgerichte; beliebt ist der überbackene Kabeljau. Auch die Pizza gilt als besonders gut. Lamm, Salate und Vegetarisches stehen ebenfalls auf der Speisekarte. 11.30–22 Uhr, Fr/Sa bis 23 Uhr. Skipagata 14, ☎ 4627100.

Rub 23 🔢, im rund hundert Jahre alten, stilvoll renovierten Gebäude, in dem einst u. a. eine Molkerei untergebracht war, findet man heute ein großes, extravagantes Fischrestaurant. Man wählt sich seinen Fisch (oder Fleisch) und dazu seinen „Rub"

– die beim Marinieren verwendete Gewürzmischung. Es gibt „indian", „sweet mango chilly", „garlic coriander" und zahlreiche weitere. Die Kellner helfen bei der Wahl. Auch Sushi. 17.30–22 Uhr, Mo–Fr auch 11.30–14 Uhr, dann nur ausgewählte Gerichte. Kaupvangsstræti 6, ✆ 4622223.

Goya Tapas Bar , auf zwei Stockwerken und sehr gemütlich, mit offener Küche. Neben über 20 Tapas (ISK 700–1400) auch Hauptgerichte wie Fisch des Tages oder Hummerpasta. Wem es schwer fällt, sich bei den Tapas zwischen Languste, Ente in Orangensauce, spanischen Oliven usw. zu entscheiden, für den wählt gerne die Küche aus. 17.30–23, Fr/Sa bis 1 Uhr. Kaupvangsstræti 23, ✆ 5197650.

Kung Fu Sticks + Sushi , hier kommen Sushi-Liebhaber auf ihre Kosten. Sushi-Rollen jeder Art, zumeist mit Lachs oder Thunfisch, aber auch vegetarische. Freundliches neues Restaurant. 11.30–22, So 17–21 Uhr. Brekkugata 3, ✆ 4621400.

Krua Siam , gutes und günstiges Thai-Restaurant mit Köchen aus Thailand; sehr große Auswahl. Besonders gern gegessen wird die Garnelensuppe. Mo–Fr beliebtes Mittagsbüfett für ISK 1450. Mo–Fr 11.30–14 und 17–21.30, Sa/So 17–22/21.30 Uhr. Strandgata 13, ✆ 4663800.

In Akureyris Einkaufsstaße Hafnarstræti

Pengs , großes chinesisches Restaurant, serviert z. B. Fisch süßsauer oder Lamm mit Sataysoße. Alle Gerichte unter ISK 2000. Mo–Fr mittags vielseitiges Lunchbüfett. Mo–Fr 11.30–14 u. 17.30–21, Sa/So 17.30–22/21 Uhr. Gránufélagsgata 10, ✆ 4661001.

Bryggjan , etwas kahle, aber beliebte Pizzeria mit großer Auswahl. 11.30–22 Uhr. Skipagata 12, ✆ 4406600.

Örkin hans Nóa , die Designmöbel, an denen man vorbeigeht, erinnern daran, dass hier einst ein Möbelgeschäft war. Heute großes, offenes Restaurant, spezialisiert auf Fisch, der mit Gemüse und Kartoffeln in der Pfanne serviert wird. Mo–Fr ab 11.30 (Lunchbüfett), Sa/So ab 18 Uhr. Hafnarstræti 22, ✆ 4612100.

Günstig und schnell Amts-Café, in der Stadtbibliothek, jeden Tag wechselnde Tagesgerichte mit frischem Salat und Brot, z. B. Lasagne, Tandoori-Huhn, Fisch oder Lammsuppe. Auch Waffeln und Kuchen. Alles wird vom netten Besitzer selbst gekocht bzw. gebacken. Mo–Fr 10–17 Uhr. Brekkugata 17.

Indian Curry Hut, im kleinen gelben Häuschen leckere indische Küche zum Mitnehmen. Alle Hauptgerichte unter ISK 2000, z. B. gegrilltes Tandoori-Huhn. Di–Fr 11.30–13.30 u. 17.30–21, Sa/So 17.30–21 Uhr. Hafnarstræti 100 b.

Kebab.is, Kebab auf die isländische Art, mit Fleisch von Lamm oder Huhn. Auch Salat und Wraps. 10.30–20 Uhr. Skipagata 2, ✆ 4641615.

Subway, Sandwichs auf fünf verschiedenen Brotsorten, z. B. auch auf Vollkornbrot, ab ISK 500. Auch Salate und Wraps. 10–22, Sa/So ab 11 Uhr. Kaupvangsstræti 1.

Cafés/Bars   Die Cafés verwandeln sich abends in Bars.

Bláa Kannan , lebhaftes, großes Café mit Terrasse in der Fußgängerzone. In warmer, bunter Atmosphäre gibt es viele leckere Kuchen und Torten, außerdem Suppe, belegte Brote, Quiche und Salat. Mo–Fr günstiges Tagesgericht mit Suppe, Brot und Salat. Sehr beliebt, deshalb mittags oft lange Schlange. 8.30–23.30 Uhr. Hafnarstræti 98.

Kaffi Költ 🔢, ein nettes Paar betreibt diese Kombination aus gemütlichem Café und buntem Handarbeitsladen. Viele Kaffeespezialitäten, selbst gebackene Kuchen (besonders beliebt der Käsekuchen mit Erdbeeren), Waffeln, mittags Suppe, Salat und Pasta, den ganzen Tag über belegte Brote. Tägl. 10–23, So erst ab 13 Uhr. Geislagata 10.

Café Amour 🔢, der Name dieses Cafés erklärt sich beim Blick an die Decke – die erotischen Bilder malte ein Student der Kunstschule. Bei Kaffee oder Bier lässt sich das Leben auf dem Ráðhústorg beobachten. Kein Kuchen, nur Kekse oder Muffins sowie Snacks. Fr/Sa immer Disco. Tägl. 11–1, Fr/Sa bis 4 Uhr. Ráðhústorg.

Kaffee und Kuchen gibt es auch bei **Te og Kaffi** im Buchladen in der Hafnarstræti.

Nachtleben

(→ Karte S. 468/469)

Was an keinem Wochenende ausbleibt, ist der Autokorso der Jugendlichen: Autoschlangen kriechen langsam auf dem Ráðhústorg und in der Skipagata herum oder toben mit Getöse die Kaupvangsstræti rauf und runter. Aber die Stadt bietet genügend Plätze, wo man sich einen netten Abend abseits vom Autolärm machen kann.

Kneipen/Bars **götubarinn** 🔢, Pianobar (Fr/Sa kann jeder spielen, der will) und eine der beliebtesten Kneipen der Stadt. Unten urgemütlicher großer Raum mit Kuhfellen, oben reich bestückte Bar. Hier gibt es das in Akureyri gebraute dunkle Bier „Black Death". Aus der Theke im Nebenraum kommt ein Fiat gefahren ... Nebenan Eiscafé. So–Do 17–1, Fr/Sa 17–4 Uhr. Hafnarstræti 96.

Græni Hatturinn 🔢, gemütliche Kneipe unter dem Café Bláa Kannan (s. o.), im Sommer fast an jedem Wochenende beliebte Konzerte mit guter isländischer Musik, ISK 2000–3000. Nur bei Konzerten geöffnet.

Böggla Geymslan Bar 🔢, neue, bunte kleine Bar an der Ecke mit Café-Atmosphäre; gehört zu Rub 23. Isländisches und internationales Bier. So–Do 20–1, Fr/Sa 18–4 Uhr. Kaupvangsstræti 6.

Brughúsbarinn 🔢, kleine Bar in der „Kunstschlucht", wo bis 2011 das Café Karolina war. Der einzige Ort, wo es das nördlich von Akureyri nach tschechischem Rezept gebraute Kaldi vom Fass gibt. 15–1 Uhr, Fr/Sa länger. Kaupvangsstræti 23.

Pósthúsbarinn 🔢, beliebter Nachtclub in der ehemaligen Post für Leute ab 25, geöffnet Fr/Sa. Skipagata 10.

Sehenswertes – ein Stadtrundgang

Einen Stadtrundgang beginnt man am besten ganz am südlichen Ende des Ortes im Viertel *Fjara* („Ufer"), wo die Stadt ihre Anfänge nahm. Vier der bunten Häuser in der Aðalstræti beherbergten im 19. und frühen 20. Jh. Druckereien. Im Widerstand gegen die dänische Vorherrschaft hatte der Buchdruck große Bedeutung für die Bevölkerung.

Heimatmuseum mit Kirche: In der 1934 erbauten Villa *Kirkjuhvoll* verdeutlicht eine moderne, übersichtliche und anschaulich aufgemachte Ausstellung auf zwei Etagen die Geschichte und Entwicklung Akureyris von den Anfängen 1562 bis zum Jahr 2000 sowie die Lebensformen im Eyjafjörður vor der Landnahmezeit bis ins Mittelalter. Anhand von Artefakten, Modellen, Karten, Fotografien erfährt man, wie einst Handel und Landwirtschaft abliefen, wie gearbeitet, gelebt und gewohnt wurde. Geschäfte und Wohnzimmer sind nachgestellt, die lange Theater- und Blaskapellentradition wird beleuchtet, über dem Besucher baumelt Fisch am Trockengestell. Ausgestellt sind auch archäologische Ausgrabungsstücke, z. B. von dem einst bedeutenden Handelsposten Gásir. In einem weiteren Saal finden wechselnde Ausstellungen statt.

Lohnend ist auch der *Museumsgarten*: Hier wurde 1901 die erste Baumschule Islands eingerichtet. Zwischen Bäumen und Blumen steht eine *Holzkirche*, 1846 in

Svalbarð am Ostufer des Eyjafjörður gebaut und 1970 zu ihrem jetzigen Standort gebracht. An dieser Stelle stand ursprünglich die erste Kirche Akureyris von 1862/63, in der bis 1940 Gottesdienste stattfanden. Die Holzkirche ist ein gutes Beispiel für ländliche hölzerne Gotteshäuser aus der Mitte des 19. Jh. Sie wird zu besonderen Anlässen noch genutzt und kann besichtigt werden (Öffnungszeiten wie Museum).

Minjasafnið á Akureyri: 1. Juni bis 15. Sept. tägl. 10–17, im Winter Sa 14–16 Uhr und nach Vereinbarung; ISK 700 (Ticket für Hei- matmuseum, Kirche und Nonni-Haus ISK 950). Aðalstræti 58, ✆ 4624162, www.akmus.is.

Nonni-Haus: Direkt neben dem Heimatmuseum steht das rote Gebäude des Zonta-Clubs, davor die Statue *Jón Sveinssons*. Dies ist kein zufälliger Standort – hinter dem roten Haus liegt das unscheinbare Nonnahús. In diesem schwarz geteerten Holzhaus von 1853 in dänischem Stil verbrachte der als Kinderbuchautor weltberühmt gewordene Jesuitenpater Jón Sveinsson – besser bekannt unter seinem Kosenamen Nonni – fünf Jahre seiner Kindheit. Das Haus wurde 1909 vergrößert und war bis 1944 bewohnt.

Zu Nonnis 100. Geburtstag eröffneten Frauen des Zonta-Clubs hier 1957 ein Museum. Möbel aus dem 19. Jh., persönliche Gegenstände und Fotos des Jesuitenpaters vermitteln in den engen Räumen eine Vorstellung von den Lebensbedingungen zu einer Zeit, als das Packeis manchmal bis in den Sommer hinein im Fjord lag, der Geruch von der Haifischlebertranfabrik in Oddeyri die Luft verpestete und man die Bäume in Akureyri an einer Hand abzählen konnte. Ein Raum ist voll von Nonnis Büchern in zahlreichen Übersetzungen.

Weltberühmter Schriftsteller Nonni

Nonnahús: 1. Juni bis 1. Sept. 10–17 Uhr; ISK 700 (Ticket für Heimatmuseum, Kirche und Nonni-Haus ISK 950). Beim Museum beginnt der Spazierpfad „Nonnaslóð" zu ei- nigen historischen Plätzen; Infobroschüre auch auf Englisch/Deutsch. Aðalstræti 54, ✆ 4623555, www.nonni.is.

Bunte Häuser, buntes Spielzeug: Bis etwa 1860 sahen fast alle Häuser in Akureyri so aus wie das Nonni-Haus, niedrig und schwarz geteert. Dann begann man, die Gebäude bunt anzustreichen. Ein Beispiel hierfür ist das nur wenige Schritte entfernt liegende *Friðbjarnarhús* von 1856 in der Aðalstræti 46. Hierin wurde 1884 die erste Guttemplerloge in Island gegründet. Benannt ist das Haus nach dem Buchhändler Friðbjörn Steinsson (1838–1922), einem der Pioniere in der isländischen Guttemplerbewegung, der fast sein ganzes Leben lang hier wohnte. Oben ist ein Raum so hergerichtet, wie die Guttempler ihn einst für ihre Versammlungen nutzten, ungleich interessanter aber ist das Erdgeschoss: Hier ist eine große, liebevoll aufgemachte Spielzeugkollektion zu sehen. Gesammelt hat die bunte Vielfalt Guðbjörg Ringsted, die zu jedem Stück – das älteste eine Puppe aus dem späten 19. Jh. – eine Geschichte zu erzählen hat.

1. Juni bis 1. Sept. 13–17 Uhr; ISK 600. Aðalstræti 46, ✆ 8634531.

Akureyri und der Nordwesten → Karte S. 460/461

Jón Sveinsson – Weltenbummler und Missionar

Jón Sveinsson wurde am 16.11.1857 in Möðruvellir im Hörgárdalur geboren. 1865 zog die Familie nach Akureyri in das bescheidene Holzhaus in der Aðalstræti. Es begann die Zeit, in der Nonni am Wasser mit Muscheln und Schafsknochen spielte, den Kartoffelgarten hinter dem Haus umgrub, im Frühjahr gespannt darauf wartete, dass am Hafen die schwankenden Kaianlagen ausgelegt wurden und die Handelsschiffe eintrafen, und im Herbst mit dabei war, wenn im Ort mit großem Radau die Schafe geschlachtet wurden. „Ich wuchs auf wie eine wilde Blume in Gottes freier Natur, inmitten der stolzen isländischen Berge, nahe dem Meeresufer. Erzogen wurde ich nach den Grundsätzen der meisten isländischen Familien, nämlich in der größtmöglichen Freiheit". Nachdem der Vater 1869 früh verstorben war und die Mutter die Ausbildung ihrer Kinder kaum finanzieren konnte, verließ Nonni Island in Richtung Frankreich – ein französischer Graf hatte angeboten, die Kosten seiner Erziehung zu übernehmen. Durch den deutsch-französischen Krieg an der Weiterreise gehindert, verbrachte Nonni einen Winter in Kopenhagen bei einem katholischen Präfekten, wo es ihm so gut gefiel, dass er vor seiner Abfahrt nach Amiens im Sommer 1871 zum Katholizismus übertrat. In Amiens besuchte er die Lateinschule der Jesuiten und trat 1878 dem Jesuitenorden bei. Es folgten ein Studium der Philosophie in Belgien und Holland, fünfjährige Lehrtätigkeit am Gymnasium in Ordrup, Dänemark, und ein Studium der Theologie in England. Als erster Isländer seit dem 16. Jh. zelebrierte Nonni 1890 die heilige Messe. Von 1892 an unterrichtete er zwanzig Jahre lang erneut in Ordrup und begann 1899 auch mit der Missionsarbeit. Als er aus Gesundheitsgründen nicht mehr unterrichten konnte, fand er die Zeit zum Schreiben: 1913 erschien mit „Nonni – Erlebnisse eines jungen Isländers, von ihm selbst erzählt" sein erstes Buch. 1914 zog er nach Österreich; als zweites Buch folgte „Nonni und Manni", das von ihm und seinem vier Jahre jüngeren Bruder Ármann berichtet, der schon mit 23 Jahren an Tuberkulose gestorben war. Nonni schrieb alle seine zwölf Bücher in deutscher Sprache; in über 30 Sprachen übersetzt und mit einer Weltauflage von jeweils mehr als einer Million Exemplaren eroberten sie die Kinderherzen weltweit. 1936 erfüllte sich Nonni seinen Traum und ging auf Weltreise, die ihn in die USA, nach Kanada und nach Japan brachte und von der er 1938 zurückkehrte. Nach Island kam er nur zweimal im Leben zurück, 1894 für einen kurzen Besuch und 1930 zur Tausendjahrfeier des Alþingis. Bei diesem Aufenthalt wurde er zum Ehrenbürger Akureyris ernannt. Am 16.10.1944 starb Nonni in Köln. Seine Reiseberichte blieben unvollendet.

Das Haus Nr. 17 mit seinen zwei Stockwerken und Ornamenten um die Fenster ist ein typisches Beispiel für einen um 1900 vorherrschenden Baustil, als sich durch Wohlstand und besser ausgebildete Baumeister neue Möglichkeiten im Häuserbau eröffneten. Einst holzverschalt, ist das Haus heute in die Blechverkleidung eingehüllt, die den Häusern einen Hauch von Steinbau geben soll.

Rechts zweigt die Hafnarstræti ab, es lohnt sich aber, die Aðalstræti bis zur Abzweigung der *Lækjargata* weiter zu laufen und dort zwischen den Hügeln hindurch links in die so genannte „Schlucht" abzubiegen, um zu einem guten *Aussichtspunkt* über die Stadt zu gelangen. Hierfür nimmt man den vor der Hausnummer 13 links den Hang hinaufführenden Pfad und folgt diesem nach rechts hoch. Von hier bietet sich ein weiter Blick auf das alte Akureyri, den Hafen, Oddeyri und den Fjord.

Eis bei Brynja

Kleine Erfrischung gefällig? In der Aðalstræti 3 lockt Tante-Emma-Laden Brynja mit hausgemachtem Eis. Hier schlecken selbst Kunden aus Reykjavík – Brynja ist im ganzen Land bekannt.
Mo–Fr 9–23.30 Uhr, Sa/So 10–23.30 Uhr.

In der Hafnarstræti: Wieder unten am Wasser, findet man in der *Hafnarstræti 3* ein mittelblaues Haus von 1904, in dem die erste Telefonzentrale der Stadt untergebracht war. An dieser Stelle stand einst das erste ständig genutzte Wohnhaus Akureyris von 1787. Das älteste heute noch erhaltene Wohnhaus, das 1795 errichtete *Laxdalshús* aus geteertem Holz, in dem sich heute ein ausgezeichnetes Restaurant befindet, steht etwas weiter nördlich in der Hafnarstræti 11. Die ersten hundert Jahre, bis mit der Landaufschüttung begonnen wurde, stand es direkt am Wasser. Alle Häuser auf der Ostseite der Hafnarstræti bis hinauf zum Ráðhústorg wurden im 20. Jh. auf Neuland errichtet; noch 1927 reichte das Wasser bis an die Straße heran – die Erklärung dafür, dass die Hafenstraße nicht am Wasser liegt.

In der Hafnarstræti 18 steht mit dem *Tulius-Haus* ein gutes Beispiel für einen Baustil kurz vor dem 20 Jh.: Norwegische Heringsfischer und Walfänger brachten geräumige Fertigbau-Holzhäuser im Chalet-Stil mit großen Fenstern, hohen Decken und viel Verzierung um Fenster und Türen mit nach Island (siehe Kap. „Architektur"). Ein weiteres bemerkenswertes Exemplar befindet sich genau daneben, der *Höepfner-Laden* von 1911. Links oben am Hang in der Hafnarstræti 53 steht das

Akureyri und der Nordwesten → Karte S. 460/461

Haus von 1904 in der Hafnarstræti, einst Telefonzentrale

helle Haus, das 1900 als *Gymnasium* gebaut wurde, heute aber einer Bank gehört. Eine Zeitlang nutzte man es auch als Lagerraum für das *Theater* direkt daneben. 1906 vom Guttemplerorden gebaut, diente dieses hübsch ornamentierte Schauspielhaus schon den verschiedensten Zwecken, immer aber auch als Bühne für die Theatergruppe. Die Theatersaison dauert von Mitte September bis Ende Mai.

Die bunte Kunstschlucht: Weiter in Richtung Innenstadt gelangt man an die Kreuzung der Hafnarstræti mit der Kaupvangsstræti, auch *Listagil*, also „Kunstschlucht", genannt, in der ehemalige Gewerbe- und Industriebetriebe für künstlerische Zwecke genutzt werden: Hier gibt es ein Kunstmuseum, die Schule für bildende Künste, Galerien, Ateliers, Büros und Werkstätten von Architekten, Designern und Künstlern sowie multifunktionelle Veranstaltungsräume wie im *Ketilhús* rechts neben dem Museum oder im *Deiglan* auf der anderen Straßenseite. Im Sommer sind diese Räume sowie die beiden Kirchen der Stadt im Rahmen des zehnwöchigen Kunstfestivals *Listasumar* die Hauptveranstaltungsorte für Konzerte, Lesungen, Theater oder Ausstellungen.

Kunstmuseum: Die weitläufigen Räume des Museums waren bis vor gar nicht langer Zeit noch die Arbeitshallen einer Molkerei. Seit 1993 werden in dieser bemerkenswerten Kunsthalle in etwa zweimonatigem Wechsel anspruchsvolle Ausstellungen mit Werken isländischer und ausländischer Künstler präsentiert.

Listasafnið á Akureyri: Tägl. außer Mo 12–17 Uhr; Eintritt war 2011 frei, dies kann sich aber ändern. Kaupvangsstræti 24, ℡ 4612610, www.listasafn.akureyri.is.

Links neben dem KEA-Hotel beginnt die blumengeschmückte Freitreppe hinauf zur *Akureyrarkirkja*, der Eiskathedrale. Auf halbem Weg geht ein kurzer Sandweg zu einem weißen Holzhaus im norwegischen Baustil ab.

Sigurhæðir („Siegeshügel"): In diesem Haus wohnte von 1903 bis zu seinem Tod 1920 der Pfarrer und Poet *Matthías Jochumsson*, der erste Ehrenbürger Akureyris. Der produktivste Dichter Islands schrieb auch Theaterstücke und Essays, arbeitete als Übersetzer und ging hauptsächlich dadurch in die Geschichte ein, dass aus seiner Feder 1874 der Text für die isländische Nationalhymne „Ó, guð vors lands!" floss. Lediglich das Erdgeschoss ist mit Möbeln und persönlichen Gegenständen auf knarrendem Holzboden wieder so hergerichtet worden, wie es war, als der Dichter dort wohnte. Zu sehen sind z. B. Bibliothek, Schreibstube und Küche. Im Haus befinden sich auch eine Bibliothek über alte isländische Literatur sowie Arbeitszimmer, die an Wissenschaftler vermietet werden.

1. Juni bis 31. Aug. Mo–Fr 13–17 Uhr; ISK 700. Eyrarlandsvegur 3.

Eiskathedrale: Die auffällige helle Betonkirche mit zwei Türmen, die Stadt und Fjord überragt, wurde 1940 geweiht. Sie stammt vom Zeichentisch des bedeutenden isländischen Staatsarchitekten *Guðjón Samúelsson* und soll mit ihrem Baustil die bergige, steinige Umgebung des Eyjafjörður reflektieren. Innen ist sie schlicht und hell, mit bemerkenswerten Glasfenstern: Der mittlere Teil des Mittelfensters im Chor ist 400 Jahre alt und stammt aus der Domkirche in Coventry/England, die im Zweiten Weltkrieg zerstört wurde. Die Fenster des Doms waren zuvor in Sicherheit gebracht worden; drei von ihnen erstand ein Isländer bei einem Londoner Antiquitätenhändler und brachte sie nach Reykjavík. Ein Herr aus Akureyri wiederum kaufte ihm eines dieser Fenster ab und übergab es der Kirche, die sich nun seit 1943 damit schmückt. Die zwölf Fenster im Kirchenschiff stellen Ereignisse aus dem Leben Christi dar, der untere Teil erzählt jeweils von wichtigen Begebenheiten oder Personen aus der Geschichte des Christentums in Island. Erwähnenswert sind auch die sieben von *Ásmundur Sveinsson* geschaffenen und aus dem Leben Christi erzählenden Reliefs an der Empore und das mit Kalkspat von der Ostküste verzierte Kreuz über dem Chor. Das Altarbild über dem Taufbecken ist noch von der ersten Kirche Akureyris aus dem Jahr 1863 erhalten. Die Orgel mit 49 Registern wurde 1961 in Deutschland hergestellt und 1995 verbessert und erweitert. Seither sorgen 3.290 Pfeifen für hervorragenden Klang. Die Chororgel von 1988 ist die erste, die je in Island für eine Kirche gebaut wurde.

Akureyrarkirkja: 1. Juni bis 1. Sept. Mo–Do 10–20, Fr 10–17, So 17–21 Uhr. Mo–Do ab 17 Uhr ist der Pastor/die Pastorin anwesend. Prospekt ISK 200. An den Sonntagen im Juli um 17 Uhr kostenlose Konzerte. Eyrarlandsvegur.

Biegt man hinter der Kirche links in den Eyrarlandsvegur, stößt man bei der Hrafnagilsstræti auf einen kleinen, von hübschen Häusern eingerahmten und mit Blumen bepflanzten Platz – ein passender Rahmen für das Original der berühmtesten Skulptur des Bildhauers Einar Jónsson, „Útlaginn" (Der Geächtete) von 1901. Dahinter setzt sich das imposante Gymnasium, der *Menntaskóli*, in Szene – das größte Holzgebäude Akureyris, entstanden um 1900. Vor ihm steht die 1952 von Ásmundur Sveinsson geschaffene Skulptur „Óðinshrafninn" (Odins Raben). Von der Straße Barðstún schlängelt sich ein steiler Sandweg hinunter auf die Hafnarstræti. Schon nach wenigen Schritten bietet sich ein schöner Ausblick über die Stadt.

Öffentlicher Park und Botanischer Garten: Hoch am Hang über der Stadt liegt ein etwa 3,9 ha großes Farbenmeer – Bäume, die großteils nirgendwo anders im Lande zu finden sind, üppige Rabatten mit Blumen, Gehölzen und Stauden. Ein 1910 von Hausfrauen gegründeter „Parkverein" hatte sich zum Ziel gesetzt, zur Verschönerung der Stadt und Erbauung ihrer Bewohner eine Grünanlage zu schaffen, und 1912 pflanzten die Frauen daraufhin nach Plänen von Anna Cathrine Schiöth Hunderte von Bäumen. 1953 übernahm die Stadt den Park, der bis 1994 wiederholt vergrößert wurde. Der Botanische Garten wurde 1957 in den Park integriert. In ihm sollen möglichst viele Arten der isländischen Flora bewahrt und gezeigt werden. Viele der hier kultivierten Pflanzenarten kommen zudem aus den polaren Breiten und aus Hochgebirgsregionen der Welt. Insgesamt sind hier etwa 6000 fremde und 400 einheimische Arten zu finden. 2012 soll im Park ein Café eröffnet werden.

Lystigarður: 1. Juni bis 30. Sept. Mo–Fr 8–22, Sa/So 9–22 Uhr. Spítalavegur.

Wer weitere Eindrücke von Akureyri sammeln möchte, sollte hier oben in Richtung Norden durch die Straßen schlendern, wo in den zwanziger Jahren mehrere Gebäude aus Beton im Stil des Neoklassizismus entstanden.

Davíðshús: In diesem Haus verbrachte der Dichter *Davíð Stefánsson* (1895–1964) die letzten zwanzig Jahre seines Lebens. Der 1955 zum Ehrenbürger der Stadt Akureyri ernannte Bibliothekar veröffentlichte zehn Gedichtbände und vier Theaterstücke. Mit seinem Nachlass kam das Haus in den Besitz der Stadt und wurde 1965 unverändert als Museum eröffnet. Das Besondere ist die Bibliothek mit ca. 5500 Büchern, darunter eine Bibel von 1756. Ansonsten ist dies ein schönes Beispiel für Wohnhäuser aus den vierziger Jahren. Wer kommt, erhält eine persönliche Führung.

1. Juni bis 31. Aug. Mo–Fr 13–17 Uhr, ISK 700. Bjarkarstíg 6.

Wo Brekkugata und Helgamagrastræti zusammentreffen, blicken von einem Hügel *Helgi magri Eyvindarson* und die irische Prinzessin *Þórunn Hyrna Ketilsdóttir* in die Ferne. Die Skulptur *Landnemar* in Erinnerung an die ersten Siedler im Eyjafjörður wurde 1957 von Jonas Jakobsson geschaffen. Von hier lässt sich die Stadt nach allen Seiten überblicken.

Akureyri und der Nordwesten → Karte S. 460/461

Stadtbibliothek: Die Brekkugata wieder hinunter, trifft man auf das große, 2004 modernisierte Gebäude von Stadtbibliothek und Bezirksarchiv, die mit Unmengen von Büchern, Zeitschriften, Dokumenten und Statistiken aufwarten können. Hier auch Internetzugang und empfehlenswertes Café.

Amtsbókasafn: Mo–Fr 10–19 Uhr, 1. Sept. bis 31. Mai zudem Sa 12–17 Uhr. Brekkugata 17.

Für einen Spaziergang bietet sich auch der zweitälteste Teil der Stadt, *Oddeyri*, an. Dieses ruhige Viertel mit farbenfrohen Häusern und teils verwilderten Gärten liegt abseits vom Lärm der Stadt. In der Eiðsvallagata steht das älteste Wohnhaus dieser Gegend, *Gamli Lundur*, ein dunkles, kleines Holzhaus von 1858. An der Strandgata befindet sich das von weitem sichtbare, große, helle Holzgebäude *Gránufélagshús*, heute Sitz eines privaten Touranbieters. Das Haus ist aus mehreren Gebäuden zusammengesetzt: Das westliche kaufte die erste isländische Handelsgesellschaft *Gránufélagið* 1873 in Seyðisfjörður an der Ostküste dänischen Händlern ab, ließ es in Einzelteilen nach Oddeyri bringen und hier wieder aufbauen. 1876 errichtete die Gesellschaft ein weiteres Haus östlich des ersten, das sie zwei Jahre später durch ein neu gebautes drittes mit dem dänischen Gebäude verband.

Das größte Eichenboot ...

Im kleinen Hafen liegt Húni II – mit 32 BRT eines der größten Boote aus Eichenholz, das je in Island gebaut wurde, und das größte, das heute noch auf dem Wasser schippert. Seit 2004 ist das 1963 gebaute Boot, mit dem 30 Jahre lang zum Fischfang ausgefahren wurde, in Akureyri beheimatet und Eigentum des Industriemuseums (in dem die Maschine zu sehen ist, mit der einst seine Bretter zugesägt wurden). Wenn es nicht im Hafen liegt, ist es unterwegs – siehe „Ausflüge/Touren".

Abstecher zu den Museen im südlichen Ortsteil: An der Drottningarbraut bzw. Str. 821, die gen Süden aus der Stadt hinausführt, liegen noch drei Museen:

Industriemuseum: In diesem großen Museum mit vier Sälen geht es um die Industriegeschichte Akureyris im 20. Jh. Die zahlreichen gesammelten Originalmaschinen dienten z. B. der Herstellung von Schokolade und Margarine, Seife und Plastiktüten, dem Schneiden von Fleisch oder der Verarbeitung von Leder. Mehr als 50 verschiedene Betriebe werden vorgestellt, darunter eine Gerberei, eine Schuhfabrik, zwei Reedereien. Außerdem stehen auf dem Außengelände ein paar aus Fabriken gerettete Anlagen, darunter drei Generationen von Maschinen zum Schließen von Konservendosen.

Iðnaðarsafn: 1. Juni bis 14. Sept. tägl. 10–17 Uhr, sonst Sa 14–16 Uhr; ISK 600. Texte bisher nur auf Isländisch. Krókeyri, ℘ 4623600.

100 Jahre Motorräder in Island: Ein Muss für Motorradfans. Mit viel Engagement und Initiative, mit Sponsorengeldern und unzähligen Stunden Freiwilligenarbeit hat Jói Jónsson dieses in einem funkelnagelneuen Gebäude untergebrachte Museum aufgezogen – und damit den Traum seines Onkels Heidar in die Tat umgesetzt, dem dies selber nicht vergönnt war: Er starb 2006 bei einem Motorradunfall. Ein Raum ist Heidar gewidmet; hier stehen seine sieben Lieblingsmotorräder (insgesamt hatte er 22!). Unter den anderen ausgestellten Bikes – zuerst 60, ab 2012 voraussichtlich 110 – sind Oldtimer wie eine Triumph 500 N von 1928 und eine Harley-Davidson Flathead von 1942, spezielle Stücke wie eine Hercules W 200 mit Wankelmotor von 1975, ein Eigenbau von Jói und viele, viele mehr. Auch ein Holz-

motorrad ist dabei – von einer Künstlergruppe gefertigt. Fotos und Objekte zum Thema ergänzen die Ausstellung. Wenn möglich, führt Jói die Besucher selber herum.
Mótorhjólasafn: 1. Juni bis 31. Aug. tägl. 12–18 Uhr; ISK 1000. Krókeyri 2, ☏ 8663500, www.motorhjolasafn.is.

Luftfahrtmuseum: Alles rund um die isländische Luftfahrtgeschichte erfährt man in diesem Museum am Flughafen – z. B., dass 1919 das erste Flugzeug von isländischem Boden abhob, 1928 ein deutscher Pilot das erste Flugzeug in Akureyri landete und Icelandair seine Anfänge 1937 als Flugfélag Akureyrar nahm. In der riesigen Halle stehen und „schweben" Flugzeuge und Hubschrauber, darunter die 1938 mit einer deutschen Segelflugzeug-Expedition nach Island gekommene Klemm L25e. Das Flugzeug der isländischen Küstenwache, eine Fokker von 1967, darf betreten werden. Der sympathische Museumsdirektor ist selbst Pilot und weiß alles über die Luftfahrtgeschichte, auch über die Suche nach dem 1941 auf Tröllaskagi abgestürzten britischen Bomber Fairey Battle, dessen junge Besatzung mitsamt Flieger 60 Jahre im Eis eingeschlossen war. Der isländische Historiker Hörður Geirsson suchte hartnäckig 19 Jahre lang nach dem Wrack und den Leichen – und fand sie 1999, perfekt konserviert, als der zurückweichende Gletscher Teile der Maschine hatte sichtbar werden lassen. Eine Ecke der Halle erinnert mit Stücken aus dem Gepäck der Soldaten, mit Teilen des Bombers und mit Fotos von damals und heute an dieses Drama.
Flugsafn: 1. Juni bis 31. Aug. tägl. 13–17 Uhr; ISK 800. Flughafen Akureyri, ☏ 4614400, www.flugsafn.is.

🥾 Wanderungen   (→ Karte S. 480)

Gute Wandermöglichkeiten bestehen im *Glerárdalur*, der direkt hinter dem westlichen Ortsausgang beginnt, und in den umliegenden, mit kleinen Kargletschern versehenen Bergen, die mit weit über 1000 m Höhe die höchsten des Nordlandes sind. Hier kommen sowohl wenig erfahrene Wanderer, die ein bisschen klettern möchten, auf ihre Kosten, als auch Leute, die sich gerne mit Steigeisen und Eispickel auf den Weg machen. Nur zwei Wanderwege sind markiert: der auf den Súlur und der durch das Flusstal nach Lambi. Prospekte mit Wanderkarten und kurzer Beschreibung (auch auf Deutsch) zahlreicher Wanderrouten im Glerárdalur sowie auf alten Fuß- und Fußwegen östlich und südlich von Akureyri sind für ISK 500 beim Wanderverein erhältlich (s. u.). In der Touristinformation werden die größere Gebiete abdeckenden Wanderkarten „Útivist & afþreying – Exploration and Recreation" von Landmælingar verkauft (ISK 1000), Blatt 2 informiert über Wanderungen um Akureyri einschließlich Glerárdalur.

Akureyris Hausberg Súlur (1) (nicht schwer, aber im obersten Teil sehr steil; 5 km, hin/zurück 5–7 Std.): Die populärste Wanderung führt auf den Berg Súlur (1213 m), wobei 880 m Höhenunterschied zu überwinden sind. Eine gewöhnliche Wanderausrüstung ist ausreichend. Auf dem Parkplatz der Mülldeponie von Akureyri, der über den Súluvegur erreicht wird, beginnt der markierte Weg. Der ständig steiniger und schroffer werdende Pfad führt ziemlich gerade den Berg hinauf. Auf dem letz-

ten Stück findet sich häufig auch im Sommer noch Schnee. Oben bietet sich bei klarem Wetter vom Nordgipfel (Ytri-Súla) aus eine weite Sicht bis zur Insel Grímsey, vom Südgipfel (Syðri-Súla) bis zum Herðubreið und zum Vatnajökull.

Durch das wilde Flusstal nach Lambi (2) (einfach, wenn am Westufer zurückgelaufen wird; 11 km): Dieser markierte Weg, auf dem 470 m Höhenunterschied zu bewältigen sind, beginnt ebenfalls bei der Mülldeponie. Er führt zunächst

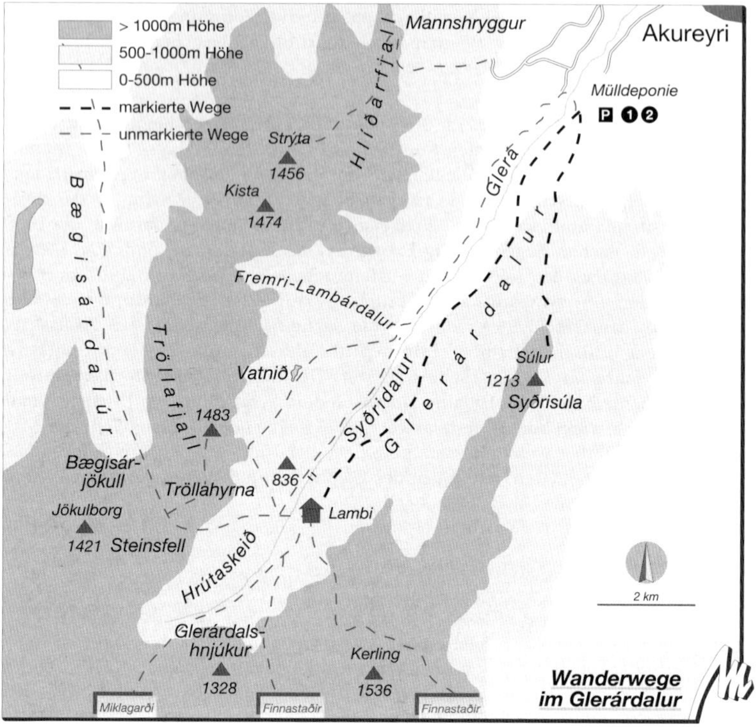

> 1000m Höhe
500-1000m Höhe
0-500m Höhe
– – \ – markierte Wege
– – – unmarkierte Wege

Mannshryggur
Akureyri
Mülldeponie
P ❶ ❷

Hlíðarfjall
Strýta
Kista
1456
1474
Glerá
Bægisárdalur
Fremri-Lambárdalur
Glerárdalur
Vatnið
Súlur
1213 Syðrisúla
Tröllafjall
1483
Syðridalur
Bægisár-
jökull
Tröllahyrna 836
Lambi
Jökulborg
1421 Steinsfell
Hrútaskeið
2 km
Glerárdals-
hnjúkur
Kerling
1328
1536
Wanderwege
im Glerárdalur
Miklagarði
Finnastaðir
Finnastaðir

oberhalb der Glerá-Schlucht den Fluss entlang. Dann geht es schräg bergauf und vorwiegend auf Schafspfaden zur Brücke über den Fluss Fremri-Lambá. Durch die Moränenlandschaft Grenis hólar gelangt man zur Wanderhütte Lambi, die bis zu 6 Pers. Platz bietet. Hier kann man sich zur anspruchsvollen Bergbesteigung rüsten oder einfach durch andere Täler weiterwandern. Eine schöne, nicht markierte Strecke zurück nach Akureyri verläuft über 12 km bergab am Westufer des Flusses entlang. Möglich ist ein kleiner Umweg zu den Felsnadeln Tröllin am Osthang des Trollafjall, von wo aus es in Richtung Nordosten zum kleinen See Vatnið und dann schräg bis zur Brücke über die Fremri-Lambá hinunter weitergeht. Dieser 6 km lange Abstecher mit einem Anstieg von 450 m bietet wunderschöne Ausblicke über den Glerárdalur.

Wandern mit dem Wanderverein: Der *Ferðafélag Akureyrar* bietet zahlreiche reizvolle, ein- oder mehrtägige, geführte Wanderungen im Norden Islands an. Die meisten eintägigen Touren kosten ISK 3000. Mo–Do 15–18, Fr 15–19 Uhr. Strandgata 23, ☎ 4622720, www.ffa.is.

Insel Grímsey: Islands nördlichster Punkt

Abgeschieden liegt Grímsey 40 km von der Nordküste der Hauptinsel entfernt genau auf dem Polarkreis und damit zur Hälfte in der Arktis. Knapp 90 Menschen wohnen auf dem 5,3 km² großen, grünen Eiland, gemeinsam mit 200 Schafen und

»Darf ich Ihnen einen Hummer servieren?« ▲ ▲

»Wollen Sie in meinem Plattenladen stöbern?« ▲ ▲

▲▲ Einsames Nordostisland
▲ An einem Sommertag in Þórshöfn

Moospolster ▲▲

Aurora borealis (AS) ▲▲

Frische Lava: Leirhnjúkur ▲

Námafjall ▲

▲▲ Fjordidylle Seyðisfjörður
▲ Am berühmten Dettifoss

Myriaden von Vögeln. An den steilen, bis zu 105 m hohen Felswänden der Ost-küste wimmelt es von gefiederten Gesellen etwa 35 verschiedener Arten, darunter Papageientaucher, Lummen, Tordalken, Gryllteisten, Eissturmvögel und Dreizehen-möwen. Wegen des reichen Vogellebens sind Katzen und Hunde auf der Insel ver-boten. Bis in die siebziger Jahre wurden jährlich an zehn Tagen im Mai Zehntausen-de Vogeleier gesammelt und auf die Hauptinsel verkauft, heute sammelt man nur für den privaten Verzehr. Die Wirtschaft der Insel stützt sich nun auf Fischfang und -verarbeitung und auf den sommerlichen Tourismus. Bis 1931 war Grímsey völlig von der Hauptinsel abgeschnitten, es gab kein Telefon und nur zweimal im Jahr kam das Postschiff. Wegen des Fehlens frischer Nahrung war Skorbut noch im ersten Viertel des 20. Jh. weit verbreitet. Das Leben war hart auf der schon in der Sagasammlung *Heimskringla* und der *Sturlunga saga* erwähnten Insel, die der Überlieferung nach einst von einem Riesengeschlecht bewohnt war, bis ein Mann namens *Grímur* alle Menschen außer einer jungen Frau tötete, mit der er dann die Vorfahren der heutigen Inselbevölkerung zeugte. Der Legende nach kamen im 18. Jh. alle Männer Grímseys mit Ausnahme des Pfarrers auf dem Meer um, als sie mit offenen Booten unterwegs waren, um Fisch einzutauschen; der Pfarrer sorgte da-raufhin ganz allein für die Wiederbevölkerung der Insel.

Grímsey lässt sich gut erwandern. An der Westküste locken mit Basaltsäulen ge-schmückte Buchten, an der Ostküste die Vogelfelsen. Lohnend ist der Besuch der kleinen, 1867 aus Treibholz erbauten Kirche im malerischen Kirchgarten.

Hin & weg   Fähre *Sæfari* von Dalvík Mo, Mi und Fr 9 Uhr, Ankunft Grímsey 12 Uhr, Rückfahrt 16 Uhr, Ankunft Dalvík 19 Uhr, hin/zurück ISK 7260. ✆ 4588970, www.landflut ningar.is/saefari.

Nonni Travel in Akureyri (siehe S. 466), ✆ 4611841, bietet verschiedene Pakete an: Mo, Mi und Fr mit dem Bus Akureyri–Dal-vík, mit der Fähre Dalvík–Grímsey und eben-so zurück nach Akureyri ISK 9900 (Start 7.45 Uhr in Akureyri). Hin mit Bus und Fähre, zu-rück mit dem Flugzeug (wenn das Wetter es erlaubt) Mo, Mi und Fr 7.45 Uhr, ISK 15.600. Alternative: 2½-stündiger *Arctic Circle Flight*, tägl. außer Sa 13 Uhr, 1½ Std. Aufent-halt auf Grímsey, ISK 21.320. Linienflüge ab Akureyri tägl. 13 Uhr mit **Air Iceland**, auch Flüge ab Reykjavík. ✆ 5703030.

Versorgung   Lebensmittelladen Mo–Fr 10.30–12/15–17.15, Sa/So 11.30–12.30 Uhr und wenn die Fähre da ist, mit Post; Schwimm-bad (Mo, Di, Mi, 20–21.30, Sa 14–16 Uhr), Gallerí Sól (hier Kunsthandwerk, Kaffee und Waffeln).

Übernachten/Essen   Á Básar, freundli-ches Gästehaus auf dem arktischen Wen-dekreis in der Nähe des Flugplatzes mit 8 Betten in acht Zimmern. Mittag- und Abend-essen (einen Tag vorher anmelden). DZ ISK 9000, SSU 2500/Pers., Frühstück extra. ✆ 4673103.

Gistiheimilið Gullsól, über der Gallerí Sól, bietet Übernachtung für 8 Pers. in 6 Zim-mern: Küche. Hier kein Frühstück. DZ ISK 7000, SSU ISK 2200/Pers. ✆ 4673190.

Campingplatz beim Gemeindehaus, mit WC und Warmwasser.

Restaurant Krían, hier gibt es u. a. frischen Fisch, Salzfisch, Hamburger und Sand-wichs. Im Sommer tägl. geöffnet. ✆ 4673112.

Rundfahrt durch das Tal der Eyjafjarðará   (90 km)

Südlich von Akureyri erstreckt sich das fruchtbare, dicht besiedelte Tal der Eyjafjarðará. Neben der reizvollen Landschaft lohnen geschichtsträchtige Höfe, einige der bedeutendsten Kirchen des Landes, ein kleines Museum mit Café und nicht zuletzt ein Hof, auf dem Speiseeis hergestellt und ange-boten wird, eine Rundfahrt.

Die Region eignet sich gut für einen Tagesausflug von Akureyri aus. Außerdem besteht vom Inneren des Tals aus Verbindung zum Hochland Sprengisandur.

Am Flughafen und dem Naherholungsgebiet von Kjarnaskógur vorbei führt die Str. 821 in das von markanten Berghängen eingerahmte Tal hinein. Wer sich für isländische Weihnachten interessiert, der kann schon nach ein paar Minuten einen Stopp beim unübersehbaren Weihnachtsgarten Jólagarðurinn einlegen (s. u.). Für Eiscreme direkt vom Erzeuger (s. u.) biegt man auf die Str. 824 ab.

Weil das Tal bereits seit der Sagazeit besiedelt ist, kann fast jeder Hof eine Geschichte erzählen, so z. B. *Grund*. Im 13. Jh. wohnten hier *Sighvatur Sturluson* und andere Mitglieder der mächtigen Sturlungar-Sippe, die der Epoche ihren Namen gab, im 16. Jh. dann *Þórunn Jónsdottir*, Tochter des letzten katholischen Bischofs Jón Arason. Sie schnitzte einen kunstvollen Stuhl, der heute im Nationalmuseum ausgestellt ist. Es lohnt ein Besuch der einzigartigen Holzkirche von 1905 mit von Säulen getragenen Emporen (wenn nicht geöffnet ist, erhält man den Schlüssel im Haus): Bauer Magnús Sigurdsson hatte den ehrgeizigen Plan, die größte Kirche in Eyjafjörður zu bauen. Das aufwendige, liebevoll verzierte helle Gotteshaus mit seinen dekorativen Fenstern und barockem, von einer Zwiebelkuppe gekröntem Dach wurde von den besten Zimmerleuten mit großer Sorgfalt gebaut; das Holz ließ Magnús extra in seinem Wohnhaus trocknen.

Das Tal verengt sich nun beständig. Die Bewohner sammeln hier im Sommer gerne Pilze. Rechts zweigt die Str. 825 ab, die durch das Seitental Djúpidalur bis zum Hof *Litlidalur* führt. Das Leben dort hat seine Schattenseiten – das Tal ist so eng, dass die Sonne ein halbes Jahr nicht zu sehen ist. Links liegt der Flugplatz *Melgerðismelar*, während des Zweiten Weltkrieges von den Briten angelegt und damals der größte Flugplatz im Nordland. Heute starten und landen hier nur noch Segelflugzeuge.

Torfkirche und „Kleine Dinge": Am Hleiðargarðsfjall liegt der Hof *Saurbær* mit einer der sechs erhaltenen Torfkirchen des Landes. Das winzige Gotteshaus mit Grassodendach und zwei Glocken außen über der Eingangstür wurde 1858 errichtet und steht heute unter Obhut des Nationalmuseums. Der Schlüssel ist im ehemaligen Gemeindehaus unterhalb der Kirche erhältlich, in dem Sverrir Hermannssons einzigartige Sammlung „kleiner Dinge" zu besichtigen ist: Über Jahrzehnte sammelte der gelernte Tischler Tausende und Abertausende kleine Stücke, „Kleinigkeiten", wie er es nennt – Knöpfe, Tintenfässer, Türklinken, Schlüssel, Werkzeug aller Art, Dinge des täglichen Gebrauchs, alles, was in seine Hand passt. Schon als Kind hob er jeden Nagel auf. Hier in der Ausstellung sind die Gegenstände peinlich genau angeordnet, wodurch alles irgendwie zu Kunst wird. **Museum:** 15. Mai bis 15. Sept. 13–18 Uhr; ISK 750. Im Café Waffeln, Kaffee und Eis.

Hinter Jórunnarstaðir breitet sich eine mit Grünflächen durchsetzte, ansonsten kahle Hügelgruppe aus. Diese *Leyningshólar* sind durch Bergrutsch und Gletscherablagerungen entstanden. Seit den 1940er Jahren wird das Gebiet aufgeforstet; hier lässt es sich schön picknicken und spazieren gehen oder auch zelten. Das letzte Mal richtete 2006 ein Erdrutsch im Tal großen Schaden an.

Man biegt nun links ab auf die Str. 826; die Str. 821 geht in die F821 über, die zum Hochland Sprengisandur führt.

Die Str. 826 führt am Bergrücken Hólafjall entlang gen Norden nach *Hólar*. Auf diesem Bauernhof mit grauer Holzkirche stehen noch die überwucherten und verwilderten Giebelhäuser eines 1853 größtenteils aus Steinen und Grassoden gebauten Gehöfts. Das Holz an der Vorderfront der Häuser stammt teilweise aus dem Mittelalter und war ursprünglich für den Bau von Kirchen auf diesem Hof verwendet worden. An der Abzweigung der Straße nach Sölvadalur vorbei geht es ein kurzes

Stück auf der anderen Seite des Flusses auf der Str. 821 weiter und wieder an der Torfkirche Saurbær vorbei; dann biegt man rechts auf die Str. 829 ab. Nimmt man hinter der Brücke in der Linkskurve die erste Abzweigung nach rechts, kommt man zum historischen Hof *Möðruvellir* vor dem steil aufragenden Möðruvallafjall. Von hier bietet sich ein wunderschöner Ausblick auf das Tal, die imposanten Berghänge an der Westseite des Flusses. Vor der Kirche mit einem der seltenen, alten Altargemälde aus Alabaster steht in der Steinumwandlung ein hölzernes Glockentor von 1781, von dem man sich kaum vorstellen kann, dass es mehr als 200 Jahre lang Wind und Wetter getrotzt hat. Die Straße führt über den Hof hinweg zurück zur Str. 829.

Eines der größten und wichtigsten Gehöfte des Bezirks ist *Munkaþverá*, etwa 12 km nördlich von Möðruvellir, kurz hinter der Þverá, die hier durch eine Schlucht fließt. In der Sagazeit wohnte hier *Víga-Glúmur*, über dessen Weg vom überzeugten Heiden zum Christen die gleichnamige Saga berichtet. Von 1155 bis zur Reformation stand an dieser Stelle ein Kloster, anschließend wohnten hier die Bezirksvorsteher und Gesetzesvertreter. Dem Kloster war eine Schule angeschlossen, in der auch der letzte katholische Bischof *Jón Arason* seine Ausbildung erhielt. An ihn erinnert die von *Guðmundur frá Miðdal* geschaffene Skulptur neben dem Friedhof. Hier liegen wahrscheinlich Sighvatur Sturluson und seine Söhne begraben, wie die Grabstätte *Sturlungareitur* vermuten lässt. Sie fielen 1238 bei der großen Schlacht zu Örlygsstaðir, die hier in der Nähe ausgetragen wurde (siehe S. 485). Der nächste Hof an der Str. 829 ist *Grýta*, vermutlich die Geburtsstätte Jón Arasons; ihm zu Ehren wurde ein kleiner grüner Hain angelegt.

Eis Ísbar og Kaffihús, auf dem Hof Holtsel. Rund 60 Kühe des Hofes liefern die Milch, die hier in den Bergen direkt zur Holtsels-Hnoss-Eiscreme weiterverarbeitet wird. Im Café im ehemaligen Stall kann man unter 60 cremigen Sorten wählen, darunter Vanilleeis mit Waldfrüchten, Mango und Amaretto, zudem gibt es Skyreis, Joghurteis, Sorbet und Eiskuchen sowie Waffeln. Tägl. 10–18 Uhr. An der Str. 824.

Kunsthandwerk Gallerýið í sveitinn, kurz hinter Akureyri, buntes Kunsthandwerk jeder Art von vielen Künstlern aus Akureyri und ganz Island. 15. Juni bis 31. Aug. tägl. 13–18 Uhr, danach nur Sa/So 14–18 Uhr. Bei Hrafnagil findet jedes Jahr Anfang August eine lohnende **Kunsthandwerksmesse** statt.

Schwimmbad Freibad mit Hot Pot, Mo–Fr 6.30–22, Sa/So 10–20 Uhr. Bei der Schule Hrafnagil an der Str. 821.

Weihnachtsschmuck Im Laden Jólagarðurinn spielen das ganze Jahr über Weihnachtslieder, darunter „Stille Nacht" auf Isländisch. Besitzer Benedikt hat hier mit Liebe und Leidenschaft ein Weihnachtshäuschen aufgebaut, in dem es Weihnachtsschmuck aus vielen Ländern zu kaufen gibt und die Besucher viel über isländische Weihnachten lernen können. Tägl. 10–22 Uhr.

Übernachten Gistiheimilið Hrafnagil 🄿 (FH), familienfreundliches Gästehaus (Babybetten, Hochstuhl usw.) in ehemaligem Wohnhaus mit 3 DZ und einem Familienzimmer; Bäder, große Küche, Wohnzimmer, Waschmaschine. Auf einer Farm mit Pferden, Kühen, Hasen, auf der Kinder herumrennen können. DZ ISK 13.800, als SSU ISK 9800. An der Str. 821, ☎ 4631197.

Ytra-Laugaland 🄿 (FH), bei älterem Ehepaar im Haus verteilt vier hübsch und liebevoll gestaltete Zimmer unterschiedlicher Größe für 2 bzw. 3 Pers.; Bäder, Küche, Waschmaschine. DZ ISK 12.000. An der Str. 829, ☎ 4631472, villag@nett.is, www.ytralaugaland.net.

»» Unser Tipp: Hof Öngulstaðir III Country Hotel 🄿 (FH), Stall und Heuschober wurden stilvoll zum modernen Gästehaus umgebaut; 17 DZ mit Bad und 2 Zimmer für 3 bzw. 4 Pers. Viel gelobtes Abendessen. Hot Pot mit fantastischem Blick über das Tal. Lohnend ist der einstündige Aufstieg auf den Berg vor dem Gästehaus. DZ ISK 19.100. An der Str. 829, ☎ 4631500, hrefna@ongulsstadir.is, www.ongulsstadir.is. **«««**

Camping Eyjafjarðarsveit, großer Platz am Fluss ohne Windschutz. ISK 900/Pers. inkl. Dusche. Bei der Schule Hrafnagil an der Str. 821, ☎ 4648140.

🏃 Wanderung

(→ Karte S. 460/461)

Am Flussufer entlang (3) (einfach, 13 km): Der nördliche Teil des Tales lässt sich gut erwandern. Vom Gehöft Brunna folgt man hierzu der alten Landstraße Richtung Osten, biegt hinter der dritten Brücke rechts ab und geht auf einer Piste am Fluss entlang gen Süden. Diese friedliche Gegend ist bei Vögeln beliebter Brutplatz. Der Weg führt bald vom Fluss weg, über den Nebenfluss Þverá und anschließend unter einer Heißwasserleitung durch, die Akureyri mit Warmwasser versorgt. Ein Reitweg führt westlich der Leitung und der Str. 829 durch das Tal zum Hof Laugaland. Von dort folgt man der Landstraße nach rechts, über die Eyjafjardará und zur Schule Hrafnagil. Ein Prospekt („Vaðlaheiði") mit Karte und Beschreibungen dieser und vieler weiterer Wanderungen in der Gegend ist beim Wanderverein in Akureyri erhältlich (siehe S. 480).

Von Akureyri nach Varmahlíð (Ringstraße)

Auf der Ringstraße führt die knapp 100 km lange Strecke größtenteils durch die engen Täler einer imposanten alpinen Bergwelt. Als Alternative bietet sich die etwa 240 km lange Umrundung der reizvollen Halbinsel Tröllaskagi mit markanten Berggipfeln, bunten Orten und dem Bischofssitz Hólar an (Alternativstrecke S. 489).

10 km hinter Akureyri macht die Ringstraße einen scharfen Knick hinein in das breite, hier noch dicht besiedelte Tal der Hörgá. Im Süden liegt das Niedertemperaturgebiet *Þelamörk*, dessen Energie zur Versorgung Akureyris genutzt wird.

Bei Neðri-Rauðalækur taucht der kleine, im Bergrücken Vindheimaöxl versteckte Gletscher *Vindheimajökull* auf. Dann steigt die Straße stark an und führt am Pfarrhof *Ytri-Bægisá*, auf dem der Dichter Jón Þorláksson (1744–1819) bis an sein Lebensende in Armut lebte, vorbei in den engen, einst dicht bewohnten und heute so gut wie verlassenen *Öxnadalur*. Zu Ehren des naturalistischen Dichters Jónas Hallgrímsson, der auf dem Hof Steinsstaðir seine Jugend verbrachte, wurde dort, wo die Zufahrt zur weißen Holzkirche Bakki von 1843 abgeht, der Hain Jónasarlundur angelegt, der mit Picknicktischen und für isländische Verhältnisse hohen Bäumen zur Pause einlädt. Hinter dem Hof Þverá sind alle Gehöfte verlassen.

Entlang der Öxnadalsá erheben sich schroffe und hohe, immer wieder von Schneeflecken und den schmalen Bändern weiß glänzender Wasserfälle geschmückte Berge. Hinter dem Hof Hraun thront der wohl markanteste Gipfel des Tals: *Hraundrangi* (1075 m), eine spitz aus dem gezackten Felsgrat aufragende Zinne. 1956 wurde sie das erste Mal bezwungen. Das Tal wird nun karger und unwirtlicher. Bergstürze haben vor Tausenden von Jahren Hügeln und Halden entstehen lassen, zwischen denen hindurch die Strecke zum in den Norðurárdalur führenden Hochpass verläuft. Mit Steigungen bis 8 % windet sich die Straße bis in 540 m Höhe und über die 14 km lange Öxnadalsheiði. Der Berghang ist zerfurcht, wie Pfoten liegen die Hangenden am Fluss. Wegen der hier einfallenden Schneemassen war der Weg früher im Winter häufig unpassierbar. Eindrucksvolle Schluchten werden passiert, wenn es steil wieder bergab geht. Die tiefste und markanteste ist das *Kotagil*, in dem auch durchlöcherte Steine zu finden sind, hinter dem weit und breit einzigen Hof, *Fremri-Kot*. Man erwandert sie sich am besten von der alten Straße aus.

Handel im Mittelalter

Gleich hinter Akureyri lohnt für archäologisch Interessierte ein Abstecher auf die Str. 816 zu den grasüberwachsenen Ruinen von Gásir oberhalb der Sandbank, an der abgeschiedenen, ruhigen Mündung der Hörgá. Gásir wurde seit dem 12. Jh. in Geschichten und Annalen erwähnt und ist damit die älteste bekannte Handelsstation in Island. Bis ins 16. Jh. hinein war Gásir der größte und wichtigste Hafen und Handelsposten des ganzen Nordlandes, er musste jedoch aufgegeben werden, als von der Hörgá abgelagertes Schwemmmaterial das Hafenbecken aufgefüllt hatte. 1907 wurden bei Ausgrabungen Reste von mehr als 40 Wohn- und Lagerhäusern sowie der Kirche und des Kirchgartens gefunden; ein Gebiet von 30.000 m² steht heute unter Denkmalschutz. Von 2001 bis 2006 führte ein internationales Archäologenteam weitere Grabungen durch. Wie man herausfand, war Gásir offensichtlich ein wichtiger Ausfuhrhafen für Schwefel. Es kamen auch die Steinfundamente der 16,5 m langen Kirche zum Vorschein. Einige der zahlreichen ausgegrabenen Objekte sind im Heimatmuseum in Akureyri ausgestellt. Jedes Jahr finden in Gásir die „Mittelaltertage" mit interessantem Programm statt.

Wer die von Vögeln umschwirrten Ruinen und Ausgrabungen sehen möchte, biegt nach ca. 5 km auf der Str. 82 hinter dem Hof Gásir rechts ab und folgt dem Schild „Gáseyri" bis zum Parkplatz. An den Mittelaltertagen (3. Wochenende im Juli, 11–17 Uhr, ISK 1000) taucht man in die Atmosphäre des alten Handelsorts ein. U. a. stellen Handwerker in Mittelalterkostümen traditionelles isländisches Handwerk vor. Angeboten wird auch eine Führung durch die Stätte (auf Englisch, manchmal auch auf Deutsch). www.gasir.is.

Am Hof Egilsá vorbei geht es aus der dramatischen Gebirgswelt hinaus. Beim Pfarrhof Silfrastaðir mit achteckiger Kirche von 1896 ist das fruchtbare Tal der *Héraðsvötn* erreicht. Die Zufahrt zum Hof Bóla hinauf, befindet sich rechterhand ein Hain mit einem Denkmal zu Ehren des Dichters und Holzschnitzers *Bólu-Hjálmar* (1796–1875), der auf dem Hof lebte und dessen mit Schnitzereien reich verzierte Wandschränke im Nationalmuseum in Reykjavík und auf dem Museumshof Glaumbær ausgestellt sind.

Wo wenige Kilometer weiter ein Parkplatz mit Picknickbank und Infotafel auftaucht, führt ein fünfminütiger Weg den Hang hinauf zum Gedenkstein an die blutige Schlacht bei *Örlygsstaðir* im Jahr 1238. Bei dieser größten Fehde in der isländischen Geschichte ließen 67 Männer ihr Leben, darunter ein Großteil der Sturlungenfamilie (siehe S. 117). Der Gedenkstein auf der anderen Straßenseite erinnert an *Brynjólfur Pétursson*, im 19. Jh. einer der Herausgeber der für die Unabhängigkeit Islands kämpfenden Zeitschrift *Fjölnir*.

Im Norden breitet sich nun der Skagafjörður aus. Nirgendwo in Island gibt es mehr Pferdezüchter und Pferde als hier, wo sich im Sommer Tausende der zottigen, freundlichen Tiere in den Tälern sammeln. Die Ringstraße überquert nach scharfer Linkskurve die Héraðsvötn und erreicht Varmahlíð.

Schwimmbad Mit ca. 34 °C angeblich das wärmste Freibad in Island; Hot Pots, Dampfbad. So–Do 10–22, Fr/Sa 10–20 Uhr. Bei der Schule Þelamörk, 11 km westlich von Akureyri an der Hörgá.

Übernachten/Essen   Hof Engimýri 🔞 (FH), etwa 35 km hinter Akureyri, im reizvollen, zu Wanderungen einladenden Öxnadalur. 1. Mai bis 15. Sept. acht ruhige DZ, vier mit Bad, vier mit Waschbecken, Hot

Der Skagafjörður ist der Fjord der Pferde

Pot mit Ausblick. Im großen, hellen Restaurant Fisch, Fleisch, Pasta, Crêpes, belegte Brote sowie Kaffee, Kuchen und Waffeln (tägl. 12–21 Uhr). Die Besitzer geben gern Auskunft zu Wanderungen in der Gegend. DZ mit/ohne Bad ISK 14.900/11.900. ✆ 4627518, engimyri@engimyri.is, www.engimyri.is.

Gistihúsið Himnasvalir (Hof Egilsá) 28, am westlichen Ende des Tals, einsam und still hoch am Hang gelegen (4,5 km von der Ringstraße), von hier unglaublicher Blick auf die Héraðsvötn. Im Privathaus 12 Betten in 5 Zimmern, drei Duschen, die große Küche kann mitbenutzt werden. Sehr persön-

liche Atmosphäre. Der Besitzer, der auch Jeeptouren anbietet, kocht Abendessen. ISK 6500/Pers., SSU ISK 4500 inkl. Frühstück. An der Str. 759, ✆ 4538219.

Syðsta-Grund 17, an der Str. 76, ca. 500 m nördlich der Ringstraße, bei liebem älterem Ehepaar in sehr familiärer Atmosphäre 4 DZ im Wohnhaus, die wie private Gästezimmer aussehen, ein Bad. Wohnzimmer darf mitbenutzt werden. DZ ISK 4500/Pers., SSU ISK 3000. Auch ein Sommerhaus für 3–5 Pers. mit Bad und Kochgelegenheit, ISK 12.000/ Nacht. ✆ 4538262/8569182.

🏃 Wanderung

(→ Karte S. 460/461)

Den Berg hinauf zum See Hraunsvatn (4) (hin/zurück 2 Std.): Die Wanderung in die faszinierende Bergwelt beginnt beim Hof Engimýri. Die Öxnadalsá wird auf der Brücke überquert, dann am Hof

Háls vorbei, der Berg rechts vom Bach hinaufgewandert. In knapp 500 m Höhe liegt der Forellensee Hraunsvatn, der auch umrundet werden kann. Genauere Informationen auf Hof Engimýri (s. o.).

Varmahlíð

(ca. 140 Einw.)

Aufgrund seiner verkehrsgünstigen Lage entwickelte sich der Hof Varmahlíð mit der Zeit zu einem kleinen touristischen Dienstleistungszentrum. Das Dorf mit Baumschule bietet seinen Gästen einen großen Servicekomplex mit Supermarkt, Touristinformation und Schnellrestaurant an der Tank- und Bushaltestelle, ein Hotel und einen Zeltplatz – im Sommer ist hier deshalb von morgens bis abends etwas los. Die nahen Gletscherflüsse Vestari-Jökulsá und Austari-Jökulsá machen Varmahlíð zudem zu einem guten Ausgangspunkt für River Rafting Touren (siehe

„Ausflug zum Wandern, Reiten, Raften"). Etwa 2 km hinter Varmahlíð steht die schöne Torfkirche Víðimýri (S. 511), 7 km nördlich liegt der Museumshof Glaumbær (S. 515).

Basis-Infos

Information/Internet Im Servicekomplex, 15. Juni bis 15. Aug. tägl. 9–19, 1. Juni bis 1. Sept. 9–17, im Winter 10–15 Uhr. Bei der letzten Recherche war leider die Hotdog-Verkäuferin für die Information zuständig, auf Änderung ist zu hoffen. ✆ 4556161.

Hin & weg Der Bus hält zwischen Kunsthandwerksgalerie und Tankstelle. Nach/von Reykjavík und Akureyri bis zu 3-mal tägl., von/nach Sauðárkrókur tägl. bis zu 4-mal, ✆ 5511166.

Versorgung Bank mit Geldautomat neben der Tankstelle. Supermarkt im Servicekomplex, tägl. 9–23.30 Uhr.

Kunsthandwerk *Galerie* im hübschen Holzhaus mit Grasdach neben der Tankstelle – schönes Kunsthandwerk von Wollwaren bis Schmuck. Tägl. 11–19 Uhr.

Reiten Hestasport in Varmahlíð bietet Ausritte im Skagafjörður von mehreren Stunden (ISK 5000/Std.) bis zu einem Tag, zudem verschiedene mehrtägige Touren und Teilnahme am Schafabtrieb. Beim 4-tägigen Angebot „Zuhause bei Hestasport", das auch für Reitanfänger geeignet ist, sind die Teilnehmer in den Hütten im Camp über dem Ort untergebracht. ✆ 4538383, www.riding.is.

Schwimmbad Freibad ganz oben am Hang, mit Hot Pot, Mo–Fr 10.30–21, Sa/So 10–18 Uhr.

Übernachten/Camping/Essen

Hótel Varmahlíð, freundliches Hotel mit 19 Zimmern mit Bad, darunter 14 DZ. Im Restaurant, das auch Durchreisenden offen steht, Fisch und Fleisch sowie leichte Gerichte wie Suppe oder Lasagne, alles mit frischen Zutaten aus der Region (18–21.30 Uhr). DZ ISK 23.900. ✆ 4538170, info@hotelvarmahlid.is, www.hotelvarmahlid.is.

Lauftún (FH), bei liebenswürdiger älterer Dame viele Angebote: Im Wohnhaus 4 DZ und ein Dreibettzimmer, unterschiedlich möbliert. Küche kann mitbenutzt werden. In anderem Haus 2 DZ und 2 Dreibettzimmer, Küche und Bad. Im ehemaligen Schafstall SSU in Betten (ISK 2000) sowie 5 SSU in einem Wohnwagen. Camping auf großer, recht ungeschützter Wiese ISK 500/Pers. mit Dusche. Für Zelter und Schlafsackunterkünftler Küche, Tische und Sofas im riesigen ehemaligen Heuschober. Für alle Gäste Hot Pot im Garten. Bett im Wohnhaus ISK 6000/Pers., SSU ISK 2500, Frühstück extra. ✆ 4538133.

Hütten von Hestasport, ruhiges Camp mit 7 Hütten über dem Ort. Hübsche Häuschen für 2–6 Pers. mit Kochgelegenheit und Bad. In der Mitte der Anlage mit Steinen eingefasster Hot Pot. Hier kann auch übernachten, wer nicht an Reit- oder anderen Touren teilnimmt. Es muss lange im Voraus gebucht werden. Hütte für 2 Pers. ISK 19.800/Nacht. Anfahrt: Die Straße zum Schwimmbad hoch fahren, oben links abbiegen, nach dem zweiten Haus rechts Richtung Reykjarhóll abbiegen. ✆ 4538383, info@riding.is, www.riding.is.

Camping Varmahlíð, schöner Zeltplatz oben am Waldrand, ruhig und friedlich, durch Baumhecken unterteilt. Waschmaschine, Grillplatz im Wald. ISK 1000/Pers., Dusche extra. ✆ 8993231.

Essen Restaurant im Hotel (s. o.). Großes Schnellrestaurant an der Tankstelle, tägl. 9–23.30 Uhr (Grill bis 22 Uhr).

Ausflug zum Wandern, Reiten, Raften: Kurz hinter Varmahlíð biegt nach links die Str. 752 ab, die am fischreichen *Húseyjarkvísl* verläuft und schließlich in die F 752, den westlichen Arm der Hochlandroute Sprengisandur, übergeht. In dem hügeligen Tal befinden sich *Vindheimamelar*, der Turnierplatz der Reitervereinigung des Skagafjörður, und weiter südlich am Flussufer der malerische Bauernhof *Reykir*.

Lohnend ist für Wanderfreudige der Aufstieg auf den weiter südlich gelegenen *Mælifellshnúkur* (1.138 m) mit wunderbarer Aussicht über den gesamten Skagafjörður (markierter Pfad). Einen Abstecher lohnt auch das über die Str. 758 zu erreichende östlichste Tal im Skagafjörður, der tiefe und enge *Austurdalur*. In ihm finden sich eindrucksvolle Schluchten wie Merkigil zwischen den Höfen Gilsbakki und Merkigil. Unerschrockene können sich hier über einen steilen Pfad hinabwagen und auf einer kleinen Brücke den Fluss überqueren. Bei Skatastaðir zieht man sich wie in vergangenen Zeiten mit Hilfe einer alten Seilwinde ans andere Ufer.

Aktivitäten (→ Karte S. 460/461)

Pferdevorführungen Der für Pferdezucht und -training bekannte, sympathische **Hof Varmilækur** bietet mehrmals in der Woche beliebte „Horse Shows", bei denen Besucher in persönlicher Atmosphäre mit dem Islandpferd vertraut gemacht werden. ℡ 4538021, www.varmilaekur.is.

Reiten ⟫ Unser Tipp: Lýtingsstaðir **27**, ca. 20 km südlich von Varmahlíð, Reiterhof mit familiärer, netter Atmosphäre und 60 Reitpferden bei der herzlichen, schwungvollen Deutschen Evelyn und ihrem Mann Sveinn. Reiten ISK 4.000/Std. Ein attraktives Angebot ist „Stop & Ride": 2 Std. Reiten und Übernachtung in einem der zwei bestens ausgestatteten Sommerhäuser für bis zu 5 Pers. mit Bad und Kochecke (Selbstverpflegung). Auch 1- bis 5-stündige Ausritte sowie lange Touren, z. B. über die Kjölur oder zum Schaf- und Pferdeabtrieb. Besonders beliebt: die Mittsommernachtstour im Juni und die Tour im Austurdalur. Auf den Reittouren wird viel zu Geschichte und Kultur vermittelt. Die 6 DZ im Wohnhaus werden vornehmlich von Reitgruppen genutzt. Sommerhäuser ISK 10.000 für 2 Pers. (SSU; Bettwäsche extra). ℡ 4538064/8933817, info@lythorse.com, www.lythorse.com. ⟪⟪

River Rafting/Kajak Die Gletscherflüsse Austari-Jökulsá und Vestari-Jökulsá machen die Region zu einem kleinen Paradies für Rafter. Der östliche Fluss, Austari-Jökulsá, ist mit seinen starken Stromschnellen nur für erfahrene Rafter geeignet. Zu empfehlen ist **Bátafjör Bakkaflöt**, ℡ 4538245/8998245, www.riverrafting.is. Vom Basiscamp in Bakkaflöt geht es von April bis Sept. tägl. 14.30 Uhr auf Vestari-Jökulsá (3 Std., ISK 7.300) und Austari-Jökulsá (6 Std., ISK 11.800 inkl. Suppe danach), alle Preise inkl. Hot Pot und Schwimmbad in Bakkaflöt. Hier auch Übernachtungsmöglichkeit (s. u.).

Arctic Rafting, mit neuem Basiscamp 15 km südlich der Ringstraße, startet von hier aus tägl. 9 Uhr (Sa zusätzl. 15 Uhr) zu Vestari-Jökulsá (ca. 4 Std., ISK 8000) und So–Fr 13, Sa 9 und 15 Uhr zu Austari-Jökulsá (6–7 Std., ISK 13.500). Anmeldung 2–7 Tage im Voraus, manchmal aber auch noch in letzter Minute möglich. Bietet auch eine 3-Tages-Tour auf Austari-Jökulsá vom Hochland aus, ISK 70.000. Im Basiscamp werden Bier und Hot Dogs verkauft. ℡ 5627000 und 8238300, www.arcticrafting.com.

Schwimmbad Steinsstaðaskóli, Freibad mit Hot Pot, tägl. 9–21 Uhr, hier auch Information; in **Bakkaflöt** kleines Freibad mit zwei Hot Pots, 9–21 Uhr.

Übernachten/Camping (→ Karte S. 460/461)

Steinsstaðir **26** (FH), ca. 10 km südlich von Varmahlíð; im komplett renovierten alten Schulhaus neben dem Schwimmbad 16 Zimmer für 2–4 Pers., einige mit Bad; im weißen Haus am Zeltplatz neuerdings noch 7 freundliche Zimmer für insges. 20 Pers.; in beiden Häusern Küche, Essraum. Ein Sommerhaus für 2 Pers. Camping auf der Wiese unterhalb des Schwimmbads, mit Duschen, Kochgelegenheit, Speiseraum. ISK 1000/Pers.

DZ mit/ohne Bad ISK 18.000/15.000, SSU ISK 4500. ℡ 4538812, www.steinsstadir.is.

Bakkaflöt **25**, große, freundliche Anlage mit vielen Angeboten: River Rafting, Freibad (s. o.), Restaurant (dort tagsüber Kaffee, Brot und Kuchen, abends frischer Fisch oder Fleisch), Übernachten. Ganzjährig 20 Zimmer für 1–3 Pers., DZ ISK 16.000, SSU 4300/Pers. Zwei Sommerhäuser für 4/5 Pers., ISK 18.850, fünf neue Häuschen für je

2 Pers., ISK 21.700 inkl. Frühstück. Camping am Fluss ISK 900/Pers., Dusche extra; hier auch Speiseraum mit Kochgelegenheit. An der Str. 754, ℡ 4538245/8998245, bakkaflot@islandia.is, www.bakkaflot.com.

Sölvanes 🔲 (FH), ca. 25 km südl. von Varmahlíð — wie die anderen Häuser nicht zu verfehlen, es gibt nur eine Straße; 3 DZ im Privathaus auf einer Schaffarm, das Bad wird mit dem netten Lehrerpaar Elín und Magnús geteilt. Sehr gemütliche Atmosphäre. Zusätzlich ein Haus mit 9 Betten in 4 Zimmern, Küche, Bad. ISK 5000/Pers. inkl. Frühstück, SSU ISK 2500. ℡ 4538068.

Lýtingsstaðir 🔲, ganzjährig Übernachtung in zwei Sommerhäusern (siehe „Reiten").

Weiterfahrt siehe S. 511

Alternative: Halbinsel Tröllaskagi (Str. 82/76)

Die Str. 82 führt 10 km nördlich von Akureyri direkt in die reizvolle Welt der Fjorde, Berge und malerischen Fischerorte sowie zum Bischofssitz Hólar. Die Gesamtlänge der Strecke um die „Riesenhalbinsel" von Akureyri bis nach Varmahlíð beträgt etwa 240 km.

Gleich nach Überquerung der Hörgá lohnt ein Abstecher zum bedeutenden historischen Hof *Möðruvellir* im Hörgárdalur an der Str. 813. Dort stand von 1296 bis 1550 ein Augustinerkloster, später war es Amtmannsitz, dann höhere Schule; seit 1974 befindet sich hier ein landwirtschaftliches Forschungsinstitut. In Möðruvellir wurden der Dichter und erste Ministerpräsident Islands, *Hannes Hafstein*, und der weltweit bekannt gewordene Kinderbuchautor *Jón Sveinsson* geboren (Gedenkstein). An die einst große Bedeutung Möðruvellirs erinnert eine der eindrucksvollsten Bauernkirchen des Landes von 1867. Auf dem Eingangstor des 18 m langen Gotteshauses, das 250 Menschen Platz bietet, stehen Verse aus den Passionshymnen; die himmelblaue Decke ist mit 2000 Sternen geschmückt. Nach Bränden sind nur wenige alte Kirchenschätze erhalten geblieben.

Streckeninfo/Tipps für Radler: Die Rundfahrt ist komplett auf asphaltierten Straßen möglich, seit Ólafsfjörður und Siglufjörður seit 2010 durch eine Tunnelstraße (ein 7,1 und ein 3,9 km langer Tunnel – der Bau war das bisher größte Verkehrsprojekt in Island) miteinander verbunden sind. Die Tunnels sind zweispurig und deshalb müheloser zu durchqueren als der einspurige, dunkle, 3,4 km lange Tunnel vor Ólafsfjörður. Verkehrsteilnehmer jeder Art können sich hier nur mit Hilfe von Ausweichbuchten aus dem Weg gehen. Gleiches gilt für den Tunnel hinter Siglufjörður, dieser ist aber nur 800 m lang. Ob alt oder neu, kurz oder lang: Für Radler ist keiner der Tunnels ein Vergnügen; feucht und kalt sind sie alle (Handschuhe und Mütze bereit halten). Die Alternative zu der 11 km langen Tunnelstrecke zwischen Ólafsfjörður und Siglufjörður ist die landschaftlich reizvolle Straße 82 über die 409 m hohe Lágheiði; Radfahrer müssen sich hier auf mühevolles Geholper über Schotter und – egal, aus welcher Richtung sie kommen – mehr oder minder schweißtreibende Anstiege bis 14 % gefasst machen.

Wandern: Tröllaskagi ist ein Wanderparadies. Für Interessierte lohnt die Anschaffung einer oder mehrerer der vier Blätter der in Hólar gedruckten Kartenserie „Gönguleiðir á Tröllaskaga" (Maßstab 1:50.000, je ca. ISK 1750).

Fischerdorf Hjalteyri: Am Hvammsfjall vorbei, dem nördlichsten einer Reihe von markanten Gipfeln, führt die Str. 82 zur Abzweigung der 3 km langen, am Ende mit

10 % Gefälle bergab rauschenden Str. 811 nach Hjalteyri. Das kleine Fischerdorf lohnt einen Besuch, wenn man alte Industrieanlagen mag: Die 1966 aufgegebene Fischfabrik mit rostigen Einrichtungen ist – im Zusammenspiel mit schneegeschmückten Bergen und fröhlich leuchtenden Häusern und Booten im Ort – ein reines Fotoparadies. Einst war sie die größte Heringsfabrik in Europa; aber die Zeit, als der Hering 200 Dorfbewohnern ein Leben in Wohlstand ermöglichte, ist lange vorbei. Was blieb, ist der Lärm von Brandung und Möwengeschrei. Heute finden in der Fabrik bisweilen Ausstellungen, Konzerte etc. statt.

Über den Küstenabschnitt Galmaströnd verläuft die Str. 82 weiter gen Norden. Auf dem Hof *Fagriskógur* wurde der Dichter Davíð Stefánsson geboren (Gedenkstein). Einige Kilometer weiter führt die Str. 808 nach *Litla-Árskógssandur* im Tiefland Árskógsströnd. Hier steht nicht nur die Brauerei Bruggsmiðjan, die – nach einem tschechischen Rezept von 1842 – das beliebte Bier Kaldi braut, hier befindet sich auch die Anlegestelle für die Fähre von und nach Hrísey.

Basis-Infos

Hin & weg Bus von/nach Akureyri und Dalvík, Ólafsfjörður ab Litla-Árskógssandur 15. Juni bis 15. Aug. Mo–Fr 3-mal tägl., mind. 15 Min. vor Abfahrt reservieren, ✆ 8643030. Fähre *Sævar* nach Hrísey 1. März bis 31. Okt. tägl. zwischen 9.30 bis 21.30 alle zwei Stunden, von Hrísey zurück nach Litla-Árskógssandur jeweils 30 Min. früher. 1. Juni bis 31. Aug. auch Abendfähre um 23.30 bzw. 23 Uhr. Fahrzeit 15 Min.; hin/ zurück ISK 1000; ✆ 6955544. Möglich ist Mo–Sa auch die Abfahrt von Litla-Árskógssandur um 7.20 bzw. von Hrísey um 7 Uhr, je- doch nur bei Vorbuchung. So muss die Fähre um 9.00 Uhr vorgebucht werden. 1. Nov. bis 28. Feb. 7 Abfahrten pro Tag.

Versorgung Autowerkstatt (✆ 4661810) vor der Abzweigung nach Litla-Árskógssan-

dur am Weg Fossbrún, parallel zur Str. 82. Am Hafen in Litla-Árskógssandur **Tankstel- le** (24 Std.). Die Cafeteria stand 2011 zum Verkauf, Zukunft ungewiss.

Galerie Auf dem Hof Arnarnes nördlich von Hjalteyri verkauft Eygló in der Gallerí Nes eigene Bilder sowie Tees und Kräuter und ein bisschen Kunsthandwerk von Leu- ten aus der Gegend. Ein weiterer Raum ist ein kleines Heimatmuseum.

Walbeobachtung Juni, Juli, August von Hauganes aus mit Níels Jónsson ehf in einem rund 40 Jahre alten Fischerboot aus Eichenholz. Die Tour führt durch den Eyja- fjörður; mit hoher Wahrscheinlichkeit sieht man Buckelwale, Schnabelwale und Delfi- ne. ISK 7000 inkl. Kaffee, Gebäck, Angelrute. ✆ 8670000, www.niels.is.

Übernachten/Camping/Essen (→ Karte S. 460/461)

Hof Syðri-Hagi 5 (FH), ca. 30 km von Akureyri auf einem Bauernhof mit Pferden; ein Sommerhaus für 4–6 Pers. mit Küche, Bad, TV, Grill, ISK 11.000/Nacht. ✆ 4661961/8551861.

Hof Ytri-Vík 4 (FH), 30 km von Akureyri in friedlicher Lage direkt am Fjord. Zusätzlich zu den Übernachtungen bietet der nette Besitzer Marinó Hochseeangeln, Reitaus- flüge und organisiert Touren nach Wunsch. Küstenfischfang frei für Gäste. Ein ehemali- ges Wohnhaus von 1929 mit 7 DZ, Küche, Speiseraum, Sauna und Hot Pot, wird nur komplett als Haus vermietet, ISK 45.000/Tag. 7 gemütliche Sommerhäuser für 2–8 Pers.

mit Kochecke, Bad, Hot Pot, ISK 16.000– 20.000/Nacht. ✆ 8998000, www.sporttours.is.

Arnarnes 6, 24 km von Akureyri auf abseits gelegenem Hof mit herrlicher Aussicht im Wohnhaus der fröhlichen Eygló, die neben- beruflich mit alternativen Heilmethoden ar- beitet, eigenes Gemüse anbaut und auch ein Café betreibt (s. u.), zwei schlichte DZ, ISK 5000/Pers. inkl. Frühstück. ✆ 4625462/ 8945358.

Camping Árskógsströnd, hinter dem Ge- meindehaus an der Str. 82, Abzweigung der Str. 809 nach Hauganes, WC und Kaltwasser.

Idylle vor eindrucksvoller Bergkulisse

Essen Kaffi Kusa, auf dem Hof Arnarnes nördlich von Hjalteyri. Am Wochenende im großen früheren Kuhstall der einstigen Bio-Milchbauern Büfett mit hausgemachtem Brot, Kuchen und Waffeln. Einfaches, aber nett gemachtes Café, nebenan Galerie. Sa/ So 13–18 Uhr.

Kaffi Lisa in Hjalteyri, gemütliches Café im Holzhaus nahe der ehemaligen Fischfabrik. Wegen ihres hohen Alters wollten die Besitzer 2011 verkaufen, Zukunft ungewiss.

Vogelinsel mit Ausblick: Hrísey (ca. 180 Einw.)

Inmitten der imposanten Bergketten, die den Eyjafjörður säumen, liegt Hrísey, mit 11,5 km² nach Heimaey die zweitgrößte Insel Islands, deren höchste Erhebung lediglich 110 m beträgt. Wahrscheinlich war Hrísey Anlass dafür, dass der Fjord den Namen Eyjafjörður, also „Inselfjord", erhielt. Ihren Aufschwung nahm die Insel im 19. Jh. mit dem Fischer *Jörundur Jónsson,* der von Hrísey aus auf Haifischjagd ging und seinen Fang in einer Fabrik weiterverarbeiten ließ. Ihm zu Ehren wurde 1955 im Ort ein Denkmal errichtet und sein einstiges Holzhaus ist heute Museum. Auf „Haifisch-Jörundur" folgten erst norwegische, dann schwedische Fischer, die sich in den goldenen Jahres des Heringsfangs auf Hrísey zum Heringsalzen einrichteten, bis die Isländer die Arbeit fortführten. Eine Zeit lang war Hrísey der größte Salzheringsproduzent in ganz Island. Heute leben die Menschen hier von Kutterfischerei und Miesmuschelzucht.

Vögel und Lavadämme: Wundern Sie sich nicht, wenn Ihnen ein Schneehuhn über den Weg läuft – Hrísey ist bei Vögeln beliebt. Es gibt weder Füchse noch Nerze und Vogeljagd oder das Sammeln von Eiern ist verboten. Das Schneehuhn ist die zutraulichste und zahmste der etwa 40 Arten hier ansässiger Brutvögel und streunt insbesondere im Herbst durch Straßen und Gärten. Neben Regenbrachvogel und Goldregenpfeifer nisten auf Hrísey auch zahlreiche Küstenseeschwalben. In Ystibær gibt es zudem eine der größten Eiderentenzuchtfarmen Islands. Zum Schutz der Entenkolonie ist der Nordteil der Insel, der sich in privater Hand befindet, nur mit Erlaubnisschein zugänglich. Dies ermöglichte es der Vegetation, sich hier üppig auszubreiten. Auf Hrísey laufen zahlreiche Wiederaufforstungsprogramme, dadurch begünstigt, dass es auf der Insel seit 1974 keine Schafe mehr gibt: Damals wurde eine Zuchtstation für schottische Galloway-Rinder eingerichtet und alle auf Farmen gehaltenen Tiere mussten zur Verhütung von Krankheiten geschlachtet werden. An einigen Stellen auf der Insel, die aus 10–11 Mio. Jahre altem, von den Gletschern

Akureyri und der Nordwesten → Karte S. 460/461

der Kaltzeit geschrammtem Basalt aufgebaut ist, liegen *berggangar*, bis zu 25 m breite, durch erstarrte Lavaströme entstandene Dämme. Der größte von ihnen, *laugakambur*, verschwindet am nördlichen Ende der Insel im Meer. Die vulkanische Aktivität bescherte Hrísey auch seine eigene Heißwasserquelle im Westen der Insel, mit deren Wärme alle Häuser und das Schwimmbad beheizt werden.

Information Im Haus von Haifisch-Jörundur, 1. Juni bis 31. Aug. tägl. 10–16 Uhr. ℡ 6950077.

Hin & weg Siehe Litla-Árskógssandur und Dalvík.

Versorgung Bank und Post (Mo–Fr 12–16 Uhr, Geldautomat), Lebensmittelladen Mo–Fr 11–18, Sa/So 12–17 Uhr.

Kunsthandwerk Gallerý Perla, tägl. 13–18 Uhr. ℡ 8476918.

Schwimmbad Freibad mit Hot Pot, Mo–Fr 8.30–18.30, Sa/So 10.30–17 Uhr.

Touren Beliebt sind die Sightseeing-Trips mit dem treckergezogenen Heuwagen über die Insel oder zum Leuchtturm, 1½–2 Std. Infos und Buchung unter ℡ 6950077.

Übernachten/Essen Brekka, Gästehaus und Restaurant im hübschen gelben Haus mit Veranda. Übernachtung in freundlichen DZ. Im Restaurant große Auswahl, darunter Fisch, Lamm und Muscheln, Pizza und die Spezialität des Hauses: Hummersuppe, Steak vom Galloway-Rind und Überraschungsdessert. Auch Kaffee und Kuchen. DZ ISK 3900/Pers. ℡ 4661751, www.brekkahrisey.is.

Übernachtung auch in Sommerhäusern möglich; die Information weiß Genaueres.

Camping Hrísey, beim Schwimmbad, ℡ 4612255.

Sehenswertes

Haifisch-Jörundur: Mit Holz von norwegischen Schiffen baute Jörundur 1885–86 das rote Haus, das 1917 zu seinem jetzigen Standort gebracht wurde und in dem heute eine Ausstellung zur Geschichte des Haifischfangs zu sehen ist.
Hús Hákarla-Jörundar: Tägl. 14–17 Uhr, ℡ 6950077.

Es war einmal ...: Als sie starb, vermachte die 1913 geborene Alda Halldórsdóttir ihr Haus der Gemeinde Hrísey. Damit wurde es ihrem Wunsch nach zum Museum, in dem Besucher nun einen Einblick in einen typischen Arbeiterhaushalt aus einer von vielen Veränderungen geprägten Zeit erhalten.
Holt: Geöffnet nach Vereinbarung, ℡ 6920077.

Wanderungen

Im Südteil der Insel gibt es drei zwischen 2 und 5 km lange, einfache, markierte und mit Informationstafeln versehene Wanderwege.

Dalvík   (ca. 1450 Einw.)

In einer kleinen Bucht, eingerahmt von majestätisch aufragenden Bergen, liegt Dalvík. Zwischen den Trawlern und Fischerbooten schaukelt ein Ausflugsboot, das zu äußerst beliebten Walbeobachtungsfahrten in See sticht. Im Svarfaðardalur gibt es hervorragende Wandermöglichkeiten; von März bis Ende Mai lässt sich hier gut Ski fahren.

Die Bucht vor Dalvík ist wahrscheinlich der letzte Rest eines einstigen Fjordes, der sich einst in den heute sumpfig-grünen und relativ dicht besiedelten Svarfaðardalur südwestlich von Dalvík erstreckte.

Dass man das von den ersten dauerhaften Siedlern errichtete Holzhaus *Nýjabær* von 1899 noch bewundern kann, ist nicht selbstverständlich, denn Dalvík liegt in einem erdbebengefährdeten Gebiet. Am 2. Juni 1934 erreichte ein Beben die Stärke 6,25 auf der Richterskala und zerstörte den Großteil der Häuser im Ort.

Im neuen Kulturzentrum Menningarhúsið *Berg* finden im Sommer Konzerte, Kunstausstellungen und Kunsthandwerksmärkte statt. Seit 2010 läuft zudem der Anfang August das Musikfestival Bergmál mit einem Konzert pro Tag – von Kammermusik über Klavier bis Oper ist alles dabei. Im Haus befinden sich auch ein Café und die Bücherei.

Basis-Infos

Information/Internet Im Schwimmbad, Mo–Fr 6.15–20, Sa/So 10–19 Uhr; viele Broschüren zu Dalvík und Umgebung. Die Leitung des Schwimmbads bemüht sich um Einrichtung einer richtigen Information im neuen Kulturzentrum (Menningarhúsið Berg), Goðabraut. www.dalvik.is.

Hin & weg Bus von/nach Akureyri und Ólafsfjörður Mo–Fr 3-mal tägl. ab der N 1-Tankstelle. ✆ 4661236.

Versorgung Alkoholgeschäft, Apotheke (Goðabraut 4), Bank (Hólavegur, Geldautomat), Post (Hafnarbraut 26), Tankstellen, Supermarkt (Mo–Fr 10–19, Sa 10–18, So 13–17 Uhr), Grundnahrungsmittel auch in der Olis-Tankstelle.

Feste Der 1. oder 2. Samstag im August ist *Fiskidagur*, der Große Fischtag. Dieses populäre Fest zieht jedes Jahr Zehntausende an. Dann verwandelt sich der Hafen in eine Art Fischmarkt mit vielen Essständen; überall wird Fisch aufgetischt. Alles ist kostenlos, es darf nichts verkauft werden. Am Tag zuvor laden die Bewohner Dalvíks überall zu Suppe ein. Tagelang wird zudem mit Musik und umfangreichem Programm gefeiert.

Kunsthandwerk Dóttir Skraddarans hat v. a. hochwertige Töpferware; Di–Do 13–16 Uhr, Skíðabraut 4. **Gallery Sigga-Buð** im Haus „Leikfélag" verkauft ebenso hochwertige Glaswaren, Mi/Do 15–17, Fr 13–15 Uhr.

Sport und Touren

Reiten Tvistur im Svarfaðardalur a. d. Str. 805 (Hof Hringsholt), 3 km von Dalvík, bietet beliebte Ausritte im reizvollen Tal. 1 Std. ISK 4000, 2 Std. ISK 7000. ✆ 4661679/8619631.

Schwimmbad V/Svarfaðarbraut, Mo–Fr 6.15–20, Sa/So 10–19 Uhr; modernes Freibad mit Hot Pots, Dampfbad, Solarium.

Touren Walbeobachtung: Mit dem freundlichen Familienunternehmen Arctic Whale Watching hoch gelobte, persönliche Touren im Eichenboot. Juni, Juli, Aug. tägl. 9 Uhr, ab 15. Juni zusätzlich 13.30 Uhr (bis 31. Juli), 19 Uhr (bis 15. Aug.) und 23 Uhr (bis 15. Juli). 3 Std., ISK 7000 inkl. Kakao und Zimt-

schnecken. Auf 95 % der Fahrten werden Buckel-, Zwerg- und Schweinswale sowie Delfine gesehen. Auf jeder Fahrt wird auch geangelt; der Fang wird dann gleich an Bord filetiert und nach der Tour am Ufer gegrillt. ✆ 7717600, www.arcticwhalewatching.is.

Grímsey und Hrísey: Mit der Fähre *Sæfari* regelmäßig nach Grímsey (siehe dort) sowie nach Hrísey: Di/Do 13.15 Uhr, Ankunft 30 Min. später. Abfahrtszeit von Hrísey hängt davon ab, wie lange es dauert, die Fähre zu ent- bzw. beladen (mit Frachtgut), hin/zurück ISK 1840. ✆ 4588970, www.landflutningar.is/saefari.

Übernachten/Camping/Essen

Vegamót, im großen Garten der netten Besitzer Bjarni und Heiða drei gemütliche Sommerhäuser für bis zu 4 Pers. mit WC und Kochgelegenheit; ein Häuschen mit Dusche und Waschmaschine war 2011 geplant. Hot Pot. ISK 12.000/Nacht (SSU). Auf dem Grundstück auch ein schnuckeliges

rotes Holzhäuschen von 1914, in dem einst Heiðas Urgroßmutter wohnte. Urgemütlich im alten Stil eingerichtet, mit Bad, Küche, Wohnzimmer, für bis zu 6 Pers., ISK 18.000 (SSU). ✆ 4661050/8658391, vegamot@vegamot.net, www.vegamot.net.

Fosshótel Dalvík, im komplett renovierten, orangegelben Haus der ehemaligen Schule beim Zeltplatz. 27 gemütliche Zimmer mit Bad und TV für 2–3 Pers., in anderen Trakten weitere, einfachere DZ ohne Bad, dort auch Küche. Im Restaurant mit Ausblick abends exzellentes, vielfältiges Büfett. Hotel soll um 16 Zimmer mit Bad erweitert werden. DZ mit/ohne Bad ISK 26.000/14.000. Skíðabraut 18, ✆ 4663395, bokun@Fosshotel. is, www.fosshotel.is.

≫ Unser Tipp: **Gimli Gästehaus & Jugendherberge**, von den Besitzern der Sommerhäuser Vegamót geleitete, hübsch eingerichtete und liebevoll dekorierte Herberge im stilvollen Haus von 1930. 20 Betten in 8 gut möblierten Zimmern für 1–5 Pers., große Küche mit Blick auf den Hafen. Ab ISK 4000 (JH-Mitglieder). ✆ 4661050 und 8658391, vegamot @vegamot.net, www.vegamot.net. **≪**

Camping Dalvík, große, ungeschützte Wiese neben Hotel und Sportplatz, mit Dusche. Zelt ISK 1000.

Essen Við Höfnina, Fischrestaurant direkt am Wasser mit Kunst an den dunklen Wänden. Von Hummersuppe bis zum gemischten Meeresfrüchtegericht mit Kabeljau, Garnelen und Muscheln ist alles aus dem Meer zu haben. Es gibt aber auch Lamm, Pasta und Pizza. 12–21 Uhr. Hafnarbraut, ✆ 4662040.

Café Berg, großes, modernes, trotzdem gemütliches Café im Kulturzentrum Berg, mit Terrasse. Neben süßem Kuchen gibt es Gemüsekuchen, manchmal auch Suppe. 11–18, Do–Sa bis 21 Uhr. Goðabraut.

Tomman, duftender Pizza-Take-out und Lieferservice. Pizza mit 25 Zutaten in vier Größen. 18–22, Fr/Sa bis 23.30 Uhr. ✆ 4661559.

Imbisse an beiden Tankstellen, 8–22/23, Sa/So erst ab 9 Uhr.

Heimatmuseum Hvoll: Die Attraktion des Museums ist die zu Ehren *Jóhann K. Péturssons* (1913–84), der bei Dalvík aufwuchs, eingerichtete Stube. Er war mit 2,34 m eine Zeit lang der größte Mann der Welt, wog 163 kg und hatte Schuhgröße 62. Im Museum sind u. a. Kleidungsstücke, Fotos und sein Fahrrad aufbewahrt. Wer möchte, darf versuchen, in Jóhanns riesigen Schuhen zu laufen ... Eine andere Stube ist dem ehemaligen Präsidenten Kristján Eldjárn gewidmet. Ansonsten hat das übersichtlich gestaltete Museum vor allem eine große Heimatkundeabteilung mit Tausenden Stücken von den Höfen der Gegend, mit Geräten aus dem Fischfang, alten Kircheninventar und mehr zu bieten, außerdem eine kleine Ausstellung zum Erdbeben 1934. In der naturwissenschaftlichen Sammlung sind v. a. 100 verschiedene Vögel zu sehen.

Byggdasafn Hvoll: 1. Juni bis 1. Sept. tägl. 11–18, sonst Sa 14–17 Uhr und nach Vereinbarung; ISK 500. ✆ 4661497.

☂ Wanderungen   (→ Karte S. 460/461)

Im Naturreservat Svarfaðardalur (5): Von der Küste bei Dalvík bis zur Schule Húsabakki erstreckt sich zu beiden Seiten des Flusses Svarfaðardalsá das 8 km² große, grüne Naturreservat, ein Feuchtgebiet mit äußerst farbiger Vogelwelt – 30 Arten wurden hier gezählt. Von Húsabakki aus starten einige einfache Fußwege durch Teile des Reservats, darunter auch auf Stegen zu einem Vogelbeobachtungshäuschen am See Tjarnartjörn. Gummistiefel sind empfehlenswert.

In den Ólafsfjörður (6) (1 Tag): Auf der früheren, mit Steinmännchen markierten Postroute lässt es sich über die Reykjaheiði hinüber zum Ólafsfjörður wandern. Der Weg beginnt im Böggvisstadadalur an der linken Seite des Flusses Brimnesá und führt die steile, zumeist schneebedeckte Skardsbrekka bis auf 1000 m Höhe hinauf. Hier beginnt der Abstieg auf kurvenreichem Pfad durch Heidardalur und Reykjadalur bis hinunter zur Straße nach Ólafsfjörður, die bei der verlassenen Farm Reykir, etwa 12 km südlich des Ortes, erreicht wird.

Die Täler in der Umgebung von Dalvík

Svarfaðardalur und Skíðadalur: Bei Dalvík beginnt der reizvolle Svarfaðardalur, ein breites und sattgrünes, von bis zu 1400 m hohen Basaltbergketten eingerahmtes und dicht besiedeltes Tal. Ausgeprägte vulkanische Aktivität vor über zehn Millionen Jahren und die letzte Kaltzeit gaben ihm sein Aussehen. An einigen Stellen sind die Spuren von Bergrutschen zu finden, die ausgelöst wurden, als Gletscher das Gestein ausgehöhlt hatten und Teile der Berge daraufhin unter ihrem eigenen Gewicht zusammenbrachen. Der majestätische Berg Stóll teilt das Tal in zwei Hälften; das südliche Seitental Skíðadalur wird vom kleinen Gletscher Gljúfurárjökull abgeschlossen. In der alten Schule Húsabakki befindet sich heute ein Naturzentrum mit einer sehr schön gemachten Vogelausstellung für Groß und Klein (ISK 800).

Schon in der Sagazeit war der Svarfaðardalur besiedelt. Die *Svarfdæla saga* berichtet von einem Kampf zwischen Karl dem Roten und dem Priester Ljótolfur um die Vorherrschaft im Tal, der mit dem Tod Karls endete. Archäologische Funde lieferten den Beweis: 1909 wurde gegenüber von Ytri-Garðshorn an der Str. 805, wo sich heute der beliebte Golfplatz befindet, eines der seltenen Bootsgräber aus der Zeit vor der Christianisierung gefunden, das mit der Beschreibung von Karls Bestattung übereinstimmt. 1940 entdeckte der Archäologe Kristján Eldjárn bei Klaufanes die Ruinen des Langhauses, das der *Svarfdæla saga* nach Klaufi Snækollsson gebaut hatte. Für den ersten, auch in der Saga erwähnten Siedler im Tal, Þorsteinn Svörfuður, wurde beim Golfplatz ein Gedenkstein errichtet. Auf der Str. 807 gelangt man an der hell gestrichenen Holzkirche *Vellir* mit dem großen Glockenturm vorbei in den engen Skíðadalur. Die ursprünglich 1861 erbaute Kirche war die älteste im Tal, bis sie 1996 einem Feuer zum Opfer fiel. Die heutige, im Jahr 2000 geweihte Kirche ist eine exakte Rekonstruktion des Originals. Im Skíðadalur wird kurz vor Ende der Straße die Þverá überquert, die hier die wunderschöne, durch einen Wasserfall gekrönte Schlucht *Kongsstaðadalur* gegraben hat. Die Straße geht in eine Piste über; hier beginnen verschiedene Wanderungen (s. u.).

An der Str. 805 steht gegenüber dem Hof Tjörn, der Geburtsstätte von Kristján Eldjárn (1916–1982), Archäologe (s. o.) und 1968–80 isländischer Präsident, oben am Hang die Bauernkate *Gullbringa*. Dorthin zog 1884 der Maler Arngrímur Gíslason. Das weiße Atelier mit Grassodendach war wahrscheinlich das erste eigens zu künstlerischen Zwecken geschaffene in Island; Arngrímur Gíslason, der besonders durch seine Altarbilder berühmt wurde, malte zuvor in der Kirche Vellir.

Übernachten/Camping Husabakkaskóli, in der Schule; im Sommer 40 Betten und 20 Matratzen für SSU; Duschen, Küche. Am Wochenende sind meist große Familienfeiern, dann ist das Haus voll. Ab ISK 1575. Zelten auf der Schulwiese ISK 1000/Zelt inkl. Dusche. An der Str. 805, ca. 7 km hinter Dalvík, ✆ 4661554/8635051.

≫ Unser Tipp: Skeið **8**, am Ende des Svarfaðardalur in idyllischer, friedlicher Lage, auf etwas bewirtschaftetem Hof bei der sympathischen Deutschen Myriam mit Familie, sehr familienfreundlich. Im früheren Kälberstall helles, stilvoll-rustikales Studio mit 2 DZ und weiterem Schlaf-möglichkeiten für bis zu 4 Pers. (die DZ werden auch einzeln vermietet), mit Bad und großer Wohnküche. Im früheren Kuhstall für Gruppen 9 SSU in Kojen, ein kleines DZ, großer Speisesaal mit Küche. Auf Wunsch (vorbuchen!) Frühstück, alle anderen Mahlzeiten, Lunchpaket. Im alten Heuschober findet man Ausstellungen und Veranstaltungen statt, so immer am 1. Advent ein Weihnachtsmarkt. Myriam gibt Tipps zu Wanderungen, z. B. zum idyllischen Bergsee Skeiðsvatn. 39 €/Pers. inkl. Frühstück, SSU 23 €. Camping windgeschützt, im neuen Sanitärhaus Duschen und kleine Sauna. ISK 1000/Pers. ✆ 4661636 und 8667036, mail@thule-tours.com, www.thule-tours.com. ≪

Dæli 🟦 (FH), im Skíðadalur ca. 18 km von Dalvík, in einem urgemütlichen früheren Schafstall bei Másstaðir, den Besitzer Óskar wunderschön umgebaut hat. Platz für 5–8 Pers. in Betten oder 10–15 Pers. im Schlafsack. Großer Wohnraum mit Küche und Sitzecken. ✆ 4661658/8631698, daeli@islandia.is, www.internet.is/daeli.

Wanderungen/Workshops Klængshóll (FH), im Skíðadalur, tief im Tal in absoluter Ruhe. Yogalehrerin Anna Dóra, die in der Gegend aufwuchs und sich bestens auskennt, bietet im Rahmen ihrer Workshops zu den Themen Yoga, Meditation und Heilkräuter auch interessante Wanderungen mit unterschiedlichen Schwerpunkten an (z. B. Heilpflanzen oder verlassene Höfe). ✆ 4661519/8947788, www.skidadalur.is.

🥾 Wandertipps   (→ Karte S. 460/461)

Am Ende der Str. 807 im Skíðadalur gibt eine einfache Tafel Informationen über Wandermöglichkeiten in der Umgebung. Verstärkt laden auch Schilder zu Wanderungen ein; es ist außerdem reizvoll, einfach auf Schafspfaden in die Täler zu laufen. Für lange Wanderungen durch die Berge ist die Wanderkarte „Gönguleiðir á Tröllaskaga", Maßstab 1:50.000 hilfreich (1. Blatt mit dem südlichen Teil von Tröllaskagi, ca. ISK 1750).

Zum Gletscher Gljúfurárjökull (7) (einfach, ca. 12 km): Bei der Tafel beginnt die Wanderung zum Talgletscher Gljúfurárjökull, dem größten seiner Art in Nordostisland. Der erste und längste Teil der Strecke führt am westlichen Ufer der Skíðalsá entlang, zu Beginn (bis Stekkjarhús) ist auch noch ein Vorankommen mit dem Allradfahrzeug möglich. Bei Sveinsstaðir wird der Fluss überquert und die Wanderung durch den Gljúfrárdalur fortgesetzt.

Zum Bischofssitz Hólar (8) (1 Tag): Eine nur für erfahrene Wanderer zu empfehlende Wanderung führt vom Bauernhof Kot am Ende der Str. 805 im Svafaðardalur über die Helkardalsheiði nach Hólar. 500–600 m Höhenunterschied sind zu überwinden. Als das Pferd einziges Transportmittel war, war die Strecke der Hauptverbindungsweg zwischen Eyjafjörður und Skagafjörður. Der Wanderweg ist mit Steinmännchen markiert und leicht zu finden. Am Hnjótafjall entlang geht es zum Heljardalur und weiter Richtung Süden längs des Flusses; um sich späteres Waten zu ersparen, wandert man am besten am linken Ufer der Heljará entlang, auch wenn der Pfad auf der anderen Seite des Flusses verläuft. Am Ende des Heljardalur bietet sich ein weiter Blick auf Kolbeinsdalur und den Gletscher Tungnahryggur. Die Kolbeinsá muss durchwatet werden, dann sind es in südlicher Richtung noch etwa 5 km bis Hólar.

Begegnung beim Wandern

Weiterfahrt: Hinter Dalvík schlängelt sich die Straße bald zwischen dem Berghang voller Schotter mit über 1000 m hohen Gipfeln und dem Fjordufer entlang. Die Gegend wird steinig und hinter Hóll kommen keine Gehöfte mehr. Am verlassenen Hof Karlsá erinnert ein Denkmal an Eyvindur Jónsson (1678–1746), der als erster Isländer ein hochseetüchtiges Schiff baute. Bald stürzt sich zur Rechten der Wasserfall *Mígandi* von hoch oben über den Klippen ins Meer hinab. Hier beginnt *Ólafsfjarðarmúli*, das 400 m hohe Vorgebirge zwischen Eyjafjörður und Ólafsfjörður, das steil zum Fjord hin abfällt. Der Ausblick ist fantastisch: auf die Gebirgswelt am anderen Fjordufer, Hrísey und, bei klarem Wetter, die Insel Grímsey im Norden. Kurz hinter Mígandi führt die alte Passstraße auf 2,5 km mit 12 % Steigung den Geröllhang hinauf zu einem Aussichtspunkt in 260 m Höhe. Seit 1991 der 3,4 km lange Tunnel durch den Berg fertig gestellt wurde, ist die äußerst gefährliche Passstraße ab hier nicht mehr befahrbar. Am Eingang des feuchten, dunklen Tunnels lädt noch ein Picknicktisch an der Steilküste zum Genießen des Panoramas ein, dann geht es durch den Berg hindurch zum nächsten, von steilen Bergen umfassten Fjord.

Ólafsfjörður

(ca. 820 Einw.)

Ólafsfjörður liegt eindrucksvoll inmitten bis zu 1100 m hoher, auch im Sommer schneebedeckter Bergketten – und es liegt zwischen den Tunnels: dem nach Dalvík zur einen und dem nach Siglufjörður zur anderen Seite. Vom Hafen geht es seit Neuestem zur Walbeobachtung.

Neben Bergen umgibt auch Wasser den Ort: Südlich erstreckt sich der ruhige Angelsee Ólafsfjarðarvatn, nördlich glänzt, mit dem See durch die quer durch den Ort fließende Ólafsfjarðará verbunden, der Fjord. Das Ólafsfjarðarvatn gilt seit jeher als mystisch, weil Angler sowohl Salz- als auch Süßwasserfische aus dem Wasser ziehen. Die Erklärung dafür ist jedoch einfach: Da der See nicht vollständig vom Meer abgetrennt ist, überlagern sich in ihm Meerwasser und Frischwasser. Im Winter finden hier manchmal Meisterschaften im Eisfischen statt.

Mitten im Ort liegt ein großer Park mit Enten- und Gänseteich. Eine kleine Skischanze führt vom Hügel hinunter in den Park. Bis Mai oder Juni herrscht hier Betrieb: So lange kann in Ólafsfjörður Schnee liegen. Hervorragende Möglichkeiten zum Skilaufen bieten sich in den umliegenden Bergen.

Information Im Schwimmbad, Mo–Fr 9–17, Sa/So 11–15 Uhr, ✆ 8575291.

Hin & weg Bus nach Akureyri über Dalvík Mo–Fr 3-mal tägl. ab Tankstelle. Mo–Do fährt mehrmals tägl. ein Bus zwischen Ólafsfjörður und Siglufjörður (abgestimmt auf das Fußballtraining – das Team besteht aus Kindern beider Orte), Fahrplan in der Information. ✆ 4662272.

Versorgung In der Aðalgata Apotheke, Bank (Geldautomat) und Post (beide Nr. 14) und Supermarkt (Mo–Fr 9–19, Sa 11–18, So 13–17 Uhr). Arzt (Hornbrekka), Autowerkstatt (**Múlatindur**, ✆ 4662194), Polizei (Ólafsvegur), Tankstelle.

Bootsverleih Das Hotel verleiht Kajaks, Kanus und Ruderboote, ISK 2000/Std.

Fahrradreparatur Valberg, Eisenwarenladen mit allem Wichtigen wie Schrauben, Kleber, Werkzeug, Öl, Fahrradschläuchen etc. Mo–Fr 9–12/13–18 Uhr. Strandgata.

Schwimmbad V/Sundlaugarveg, Freibad mit Hot Pot und Fitnesscenter. Mo–Do 6.45–19.45, Fr 6.45–17.45, Sa/So 10–17.45 Uhr.

Walbeobachtung Das seit über 15 Jahren von Húsavík aus operierende Unternehmen North Sailing führt 2011 erstmals auch von Ólafsfjörður aus zur Walbeobachtung. Juni 10 und 20 Uhr, Juli 10, 13.30 und 20 Uhr, Aug. 10 und 13.30 Uhr, auf traditionellem

Akureyri und der Nordwesten → Karte S. 460/461

Eichenboot. Dauer ca. 3 Std., ISK 8100 inkl. Kakao und Snack. ☎ 4647272, www. northsailing.is.

Übernachten Brimnes Hotel & Bungalows, im gleichen Haus wie die Tankstelle, unter netter neuer Leitung. Mit Restaurant (12–14 Uhr Lunchbüfett, ab 18 Uhr wechselnde Fisch- und Fleischgerichte), netter Cafeteria mit Sofas und Bar (den ganzen Tag Kaffee und Kuchen) und Bootverleih; Boote für Gäste kostenlos. 11 eher kleine DZ mit Bad, alle unterschiedlich gestrichen und gestaltet, ISK 18.000. Am See zusätzlich 8 Holzhäuser für 4–7 Pers., alle mit Bad, TV, Hot Pot und Balkon zum Wasser, nur die kleinsten ohne Kochgelegenheit. ISK 23.400–27.000. Bylgjubyggd 2, ☎ 4662400, hotel@brimnes.is, www.

brimnes.is. Das Hotel vermietet auch ein paar Apartments im Ort (ISK 20.000).

Camping Ólafsfjörður, im großen Park beim Ententeich mitten im Ort neben dem Schwimmbad, etwas Windschutz durch Hecken und Hang. WC und Warmwasser, Duschen und Waschmaschine im Schwimmbad, Zelt ISK 700.

Essen Restaurant im Hotel s. o.

Höllin, schlichtes, aber freundliches Restaurant. Besonders beliebt sind die Pizzen in jeder Variation mit den Namen von Plätzen und Bergen der Umgebung. Auch Fischgerichte, Pasta, Hamburger und Sandwichs. Mit Take-Away. 11.30–22, Sa bis 2 Uhr. Hafnargata 16, ☎ 4664000.

Imbiss in der Tankstelle, 8–21, Sa/So ab 10 Uhr.

Naturkundemuseum: Hier sind u. a. präparierte Füchse und ein 1970 vor Grímsey geschossener Eisbär zu sehen, den größten Platz aber nehmen die rund 200 Vögel ein. In einer der zahlreichen Vitrinen ist ein Vogelfelsen nachgestellt, auf dem die isländischen Brutvögel in der natürlichen Hierarchie angeordnet sind. Da sich im Magazin noch sehr viel mehr Vögel befinden und das Museum bislang ungünstig in der 3. Etage untergebracht ist, soll es in naher Zukunft umziehen.
Náttúrugripasafnið: 1. Juni bis 1. Sept. tägl. außer Mo 14–17 Uhr, im Winter nach Vereinbarung; ISK 500. Aðalgata 14, ☎ 4662651.

Weiterfahrt: Hinter Ólafsfjörður hat man seit 2010 die Wahl: Entweder man verschwindet im Inneren der Berge und gelangt durch zwei insgesamt 11 km Tunnels im Handumdrehen nach Siglufjörður – der nördlichsten Stadt Islands, in der eines der beeindruckendsten Museen des Landes steht, das man sich nicht entgehen lassen sollte – oder aber man entscheidet sich für die kurvenreiche alte Schotterstraße 82, die sich auf 37 km über den 409 m hohen Bergpass Lagheiði, im Winter oft unpassierbar, durch reizvolle, wilde Landschaft nach Fljót zieht. Von dort führt eine 25 km lange Asphaltstraße ebenfalls nach Siglufjörður. Die Wahl heißt also: schnell oder schön.

Durch die Tunnels: Gleich hinter Ólafsfjörður verschwindet die Str. 792 im ersten, 7,1 km langen Tunnel. Ein Genuss ist nach der langweiligen und lang wirkenden Durchquerung die Ankunft im Héðinsfjörður, einem verlassenen Fjord, der bis zur Öffnung der Tunnels unter Fachkundigen als „abgelegenster aller abgelegenen Fjorde in Island" galt. Der schönste in Nordisland ist er weiterhin, nur hat man hier jetzt nicht mehr unbedingt dieselbe Ruhe wie früher, da zwangsläufig mehr Menschen zum Wandern kommen. Ein Picknickplatz lädt zur Pause ein, dann geht es auch schon in den nächsten, 3,9 km langen Tunnel. Der führt direkt in den Siglufjörður, und nach wenigen Kilometern ist auch der gleichnamige Ort erreicht.

Über den Bergpass: Das Tal wird bald eng und steinig. Kurz hinter der Kirche Kvíabekkur sind zwei mehrstündige Wanderungen durch die Berge ausgeschildert (über das Ólafsfjarðarskarð Richtung Westen und über die Reykjaheiði Richtung Dalvík). Hinter Reykir steigt die Straße 5 km lang an, bis bei der Schutzhütte die Passhöhe erreicht ist; mit bis zu 14 % Gefälle geht es dann hinab in das von der Fljótaá durchzogene, saftige Tal Stífla. An der Fljótaá und dem in roten und grünen

Farben leuchtenden Hrafnahnjúkur (883 m) entlang führt die Straße zum See *Stífluvatn*. Über dem See liegt am Hang das kleine hellgraue Gotteshaus *Knappstaðir*. 1840 geweiht, ist dies die älteste Holzkirche des Landes. Hinter der durch einen Bergrutsch entstandenen Hügelreihe Stífluhólar öffnet sich der Blick auf das *Miklavatn*, einen Lachs- und Forellensee, der durch die enge Landzunge Hraunamöl vom Meer getrennt ist. Das Tal weitet sich und an zahlreichen Gehöften vorbei führt die Straße auf die Str. 76. Nach links geht es nun zum Skagafjörður und zurück auf die Ringstraße, wärmstens zu empfehlen ist aber der 25 km lange Abstecher nach Siglufjörður. Hierfür wird nach rechts abgebogen: in Richtung rauer, ins Meer stürzender Felsen, steiniger grüner Hänge und atemberaubender Ausblicke. An Hraun vorbei, dessen weite Umgebung zum Blaubeersammeln einlädt, steigt die trotz Asphaltbelag wegen der harten Witterung schlechte Straße steil an zu einem Aussichtspunkt mit Picknicktisch und windet sich dann

Ólafsfjörður am gleichnamigen Fjord und See

Akureyri und der Nordwesten → Karte S. 460/461

bergauf und bergab an den schroffen Hängen entlang zum Leuchtturm an der Spitze der Halbinsel bei Sauðanes. Hier verschwindet sie in einem 800 m langen Tunnel, der den 676 m hohen Strákar durchquert. Erst seit seiner Fertigstellung 1967 ist Siglufjörður das ganze Jahr über auf dem Straßenweg zu erreichen, zuvor lief der Verkehr über das 15 km lange Siglufjarðarskarð: einen 630 m hohen Bergpass, der im Winter häufig verschneit war. Mit dem Jeep kann er im Sommer heute noch bezwungen werden, was sich für die weite Aussicht lohnt; für Radfahrer ist der Pass extrem hart. Jahrhundertelang führte auch eine Postroute für Pferde über das Siglufjarðarskarð; dieser Weg bietet sich für Wanderer an.

Übernachten/Wandern >>> Unser Tipp: Bjarnargil **2** (FH), an der Str. 82 beim Miklavatn, im Sommer 16 Betten in 6 gemütlichen Zimmern im Haus der herzlichen Sibba und Ehemann Trausti, einige unterm Dach. Sehr familiäre Atmosphäre, manches Zimmer erinnert bewusst an ein privates Gästezimmer. Nach der Ankunft gibt es Kaffee und selbst gebackenen Kuchen. Wer abends lecker bekocht werden möchte, ruft vorher an. Kleine Sauna im Haus. In der Gegend gute Wandermöglichkeiten; im Winter Crosscountry-Ski. Trausti, ein ausgezeichneter Wanderer und Skiläufer, der 1976 bei den Olympischen Spielen in Innsbruck

für Island als Langläufer dabei war, ist lizenzierter Guide und bietet Tageswanderungen an (siehe Webseite). Auch ansonsten wandert er gern mit Gästen in die Berge. ISK 5000/Pers., SSU ISK 4000, jeweils inkl. Frühstück. ✆ 4671030, bjarnargil@bjarnargil.is, www.bjarnargil.is. <<<

Hin & weg/Essen/Tankstelle In Ketilás (Miklavatn) an der Kreuzung 82/76 Tankstelle mit Lebensmitteln und Imbiss (10–18, Sa/So 13–17 Uhr). Hier auch Haltestelle für den Bus nach Hofsós und Sauðárkrókur bzw. nach Siglufjörður; Di, Fr, So 1-mal.

Siglufjörður

(ca. 1200 Einw.)

Worauf sich die Entwicklung der Stadt gründet, verrät das Stadtwappen mit den drei Heringen. Wer einen Hauch von der Zeit erleben will, in der der silberglänzende Fisch das Leben im Ort prägte, sollte sich einen Besuch des Heringsmuseums nicht entgehen lassen. Lohnend ist auch das Zentrum für Volksmusik.

Ruhig und abgeschieden liegt der bunte Ort am Ende des Fjords. Heute ist kaum mehr vorstellbar, was einst hier los war: Alles begann 1903, als Norweger sich den besten Hafen der Nordküste zunutze machten, um zum Heringsfang auszufahren. Die Beute war so reich, dass sich bald Tausende von Booten in Siglufjörður einfanden, um am Heringsabenteuer teilzuhaben. Rasch entwickelte sich der Ort zu einem wahren Klondike des Nordens. 1911 entstand die erste Fischverarbeitungsfabrik, acht weitere folgten. Die anderen Heringsorte hatten höchstens zwei. In der Blütezeit waren an 23 Plätzen entlang des Fjordufers jeweils bis zu 120 Leute, hauptsächlich Frauen, damit beschäftigt, Heringe auszunehmen und zu salzen. Siglufjörður exportierte im Jahr 1916 rund 200.000 Fässer Salzhering nach Nord- und Westeuropa, in die USA und nach Russland und erwirtschaftete Mitte des 20. Jh. knapp die Hälfte der gesamten isländischen Exporteinnahmen. Lebten hier 1901 nur knapp 150 Menschen, so waren es 1950 über 3000. Aus dem kleinen Fischerdorf war die fünftgrößte Ortschaft des Landes geworden. Am Hafen stapelten sich die Heringsfässer, die Straßen waren voller Lärm und quirliger Atmosphäre – bis 1969. In den Jahren zuvor war bereits in Ostisland die größere Fangmenge angelandet worden, nun verschwand der Hering fast über Nacht aus den isländischen Gewässern. Die Bestände waren überfischt, Siglufjörðurs goldene Zeit war vorbei. Heute baut man hier u. a. auf Garnelen.

Seit Siglufjörður durch Eröffnung der Tunnelstraße nach Ólafsfjörður 2010 an der Hauptstrecke um die Halbinsel Tröllaskagi liegt, investiert Rauðka, ein privates Unternehmen, im Ort in die touristische Infrastruktur. Mehrere große, alte Gebäude am Hafen wurden bereits renoviert, knallbunt angestrichen und zu Café, Restaurant und Kunstgalerie umfunktioniert; weitere Veränderungen sind geplant, darunter der Bau eines stattlichen Hotels am Wasser. Die Bevölkerung ist gespalten: Zwar ist der finanzielle Nutzen der Projekte unumstritten, doch ändert sich das Gesicht des Ortes zurzeit nicht unerheblich.

Basis-Infos

Information/Internet   Im Rathaus am Platz mitten im Ort. Mai–Sept. Mo–Fr 11–17, Sa/So 11–15 Uhr. ✆ 4649120, www.fjallabyggd.is.

Hin & weg   Bus von/nach Sauðárkrókur über Hofsós Di, Fr und So ab/an Tankstelle. Zwischen Ólafsfjörður und Siglufjörður bisher nur Mo–Do mehrmals tägl. ein Bus, der Kinder zum Fußballtraining hin- und herfährt; an einer richtigen Busverbindung wurde 2011 gearbeitet. ✆ 4671415.

Versorgung   Alkoholgeschäft (Eyrargata 25), Apotheke (Aðalgata 34), Arzt (Hvanneyrarbraut), Autowerkstatt (**Kambur**, ✆ 4671860), Bank (Aðalgata 34, mit Geldautomat), Polizei (Gránugata 4–6), Post (Aðalgata 24).

Einkaufen   Lebensmittel bei Samkaup, Suðurgata, Mo–Do 9–19, Fr 9–20, Sa 10–20, So 13–18 Uhr. Gemütliche **Bäckerei** in der Aðalgata 28, mit Café, Mo–Fr 7–17, Sa/So 9–14 Uhr. **Frischen Fisch** erhält man im kleinen Laden Fiskbúð am Platz im Ort, Ecke

Siglufjörður entstand mit dem Heringsboom

Gránugata, Mo–Fr 8–12.15 u. 14–18, Sa 10–13 Uhr. Forelle, Schellfisch, Kabeljau und Lachs sind so gut wie immer vorrätig, auch geräuchert.

Feste/Veranstaltungen Jedes Jahr im Juli findet ein mehrtägiges **Volksmusikfestival** statt, für das Musikinteressierte aus dem ganzen Land anreisen: Es gibt hochkarätige Konzerte mit traditioneller isländischer und internationaler Musik sowie Vorträge und Workshops zu Themen wie Musik, Tanz, Instrumentenbau etc. http://festival.fjallabyggd.is.

Am langen 1. Wochenende im August wird das Heringsabenteuer nachgespielt.

Schwimmbad Hallenbad mit Hot Pot. Mo–Do 6.30–19.45, Fr 6.30–18.30, Sa/So 14–17.45 Uhr. Hvanneyrarbraut 52.

Tankstelle In der Tjarnargata im Hafen, 8–22 Uhr, Sa/So erst ab 9/10 Uhr, mit Imbiss.

Übernachten/Camping/Essen

Bis 2014 soll mitten im Ort und am Wasser das Hótel Sunna mit 64 DZ entstehen.

Gistihúsið Hvanneyri, Gästehaus und Jugendherberge mit 23 Zimmern für 2–6 Pers., einige mit Waschbecken, alle mit TV, zwei Zimmer mit eigenem Bad, eine Suite. Alle Zimmer sind unterschiedlich, einige etwas plüschig. Das 6er-Zimmer mit Stockbetten ist JH-Schlafraum. Bad auf jeder Etage. Küche und Aufenthaltsraum mit Sofas. Zusätzlich in anderem Haus 12–14 SSU in einem großen Raum auf Matratzen; Bad, Küche. DZ mit/ohne Bad ISK 15.100/12.100, als SSU ISK 8100. SSU im JH-Schlafsaal ab ISK 2700. Aðalgata 10, ✆ 4671506/8641850, order@hvanneyri.com, www.hvanneyri.com.

Camping Siglufjörður, etwas laut mitten im Ort, soll vergrößert und mit neuen sanitären Einrichtungen ausgestattet werden. ISK 700/Pers.

Auf dem Weg zum Tunnel liegt am Ortsende oben am Hang ein weiterer Zeltplatz in aller Stille, hier bislang keine Duschen, aber Änderungen möglich. ISK 700/Pers.

Essen Harbour House Café, das versteckteste, aber besonders empfehlenswerte Lokal, hinten im Hafen in einem kleinen Haus, in dem früher die Männer, die am Hafen die Boote entluden, Kaffeepause machten. In dem maritim gestalteten gemütlichen Häuschen mit Terrasse gibt es eine kleine Auswahl viel gelobter Fischgerichte, z. B. Garnelen, Kabeljau oder Fischsuppe, sowie Brote und Kuchen. 10–24 Uhr oder länger – immer offen, wenn die Flagge gehisst ist. Gránugata 5b, ℡ 6594809.

Hannes Boy Café, Restaurant im knallgelben Teil des großen Gebäudes, in dem einst Hering gesalzen wurde, und benannt nach einem Seemann des Orts, den jeder kannte. In stilvoller Atmosphäre (erst beim zweiten Hinsehen merkt man, dass die Stühle einst Fässer waren) kann man sich mittags für ISK 2000 am leckeren Heringsbüfett bedienen, abends gibt es à la carte Fischgerichte, auch Lamm und Vegetarisches. Gehobene Küche, nicht ganz billig. 12–15 u. 18–22 Uhr. Gránugata 23, ℡ 4671550.

Kaffi Rauðka, Café und Bar im roten Gebäude neben Hannes Boy Café, hier leichte Gerichte, belegte Brote, z. B. mit geräuchertem Lamm, Suppe (mittags), Snacks, Waffeln, Crêpes und Kuchen. 10–23 Uhr. Gránugata 23, ℡ 4671550.

Allinn, mitten im Ort in einem Haus von 1924, serviert ein bisschen Fisch und Fleisch, z. B. gebratenen Schellfisch und Lammkoteletts, sowie Pizza und schnelle Gerichte. Oben Sportsbar, nebenan großer Veranstaltungsraum, hier am Wochenende manchmal Tanz. Tägl. 12–22 Uhr, Bar länger. Aðalgata 30, ℡ 4671111.

Torgið, freundliches Restaurant gleich daneben, hier v. a. Pizza, Sandwichs, Burger sowie Salat. Den ganzen Tag über Kaffee und Kuchen. 11–23 Uhr. Aðalgata 32, ℡ 4672323.

Sehenswertes

Zentrum für Volksmusik: Wie klingt ein *langspil*, was ist die isländische Fidel, wie singt man *tvísöngur* und welche Tänze gibt es im Land? Diese und so gut wie alle anderen Fragen, die man zur isländischen Volksmusik haben kann, beantwortet das zum Verweilen einladende Museum, in dem schnell klar wird: Die traditionelle Musik ist überall bei Alt und Jung lebendig. Untergebracht ist das ansprechende Museum im ältesten Haus des Ortes von 1884, in dem ab 1888 zehn Jahre lang der politisch einflussreiche Priester und Komponist Bjarni Þorsteinsson (1861–1938) lebte und arbeitete. 25 Jahre seines Lebens widmete er dem Sammeln traditioneller, halb vergessener Lieder, die er 1906–09 veröffentlichte – er gilt damit als Bewahrer der isländischen Volksmusik. In der Ausstellung wird Bjarni Þorsteinssons Leben und Wirken beleuchtet, werden die traditionellen Instrumente vorgestellt und wird 3½ Std. gesungen, musiziert, getanzt: So lang sind insgesamt die zahllosen kurzen, auf Bildschirmen zu sehenden Videos, die in den letzten Jahren aufgenommen wurden und in denen Isländer jeden Alters und aus dem ganzen Land traditionelle Lieder singen, auf Instrumenten spielen, tanzen oder Interviews zu Volksmusik geben. Auf äußerst anschauliche und beeindruckende Weise wird dabei klar, was Island Bjarni Þorsteinsson zu verdanken hat.

Þjóðlagasetur: 1. Juni bis 1. Sept. tägl. 12–18 Uhr, sonst nach Vereinbarung; ISK 1200 (Kombiticket für Heringsmuseum, Zentrum für Volksmusik und Uhren- und Goldschmiedewerkstatt). Im Rahmen des Volksmusikfestivals im Juli lädt das Zentrum Studenten aus anderen Ländern zur „Folk Music Academy", dem Studium der isländischen Musik, ein. Norðurgata 1, ℡ 4672300, http://setur.fjallabyggd.is/en.

Alte Uhren- und Goldschmiedewerkstatt: Als Jón Kristinsson 1955 jung starb, wurde die Tür zu seinem Gold- und Silberschmiedeatelier einfach verschlossen. Alles blieb am Platz – und so sieht es hier immer noch aus, als wäre Jón nur eben zur Mittagspause gegangen. Im Raum nebenan reparierte sein Bruder Svavar noch bis 1998 Uhren. Eröffnet hatten die beiden die Werkstätten und den Laden im gelben Wellblechhaus einst gemeinsam mit ihrem Vater. Inmitten von Werkzeug und Instrumenten erhält man nun einen guten Einblick in ihre traditionellen Handwerke.

1. Juni bis 31. Aug. tägl. 14–17 Uhr; ISK 1200 (Kombiticket für Heringsmuseum, Zentrum für Volksmusik und Uhren- und Goldschmiedewerkstatt). Eyrargata 16, ℡ 4671363.

Zentrum für isländische Dichtkunst: In dem auf Initiative des Sportlehrers und Musikers Þórarinn Hannesson (er dichtet auch selbst) entstandenen kleinen, hübschen Zentrum voller Bücher und Fotos von Poeten geht es um die Entwicklung der isländischen Dichtkunst von der Edda bis heute. Zwar wird es kaum einem ausländischen Touristen möglich sein, in den bislang 1500 hier gezeigten Gedichtbüchern zu lesen, doch gibt Þórarinn gerne Erklärungen, und die Tafeln mit Erläuterungen sollen ab 2012 auf Englisch übersetzt sein. Jeden Tag um 16 Uhr werden Gedichte gelesen oder vertonte Gedichte musikalisch vorgetragen.
1. Juni bis 31. Aug. tägl. 14–18 Uhr; Eintritt frei. Túngata, ✆ 8656543.

Das ausgezeichnete Heringsmuseum

Das knallrot gestrichene Haus Roaldsbrakki von 1907 am Hafenbecken war fast sechzig Jahre lang einer der Posten zum Salzen von Hering. In den besten Jahren wurden alleine vor diesem Gebäude 30.000 Fässer Hering gefüllt. Ursprünglich stand die Hälfte des Hauses über dem Wasser, auf der davor liegenden Landungsbrücke wurde gearbeitet, das Erdgeschoss war Lagerraum und Büro. In den Stockwerken darüber wohnten die Arbeiterinnen – bis zu acht Frauen teilten sich einen Raum. Wer heute im mit alten Fotos, Filmen, Gerätschaften, Möbeln und Gemälden liebevoll aufgemachten Museum steht, in dem die Kammern und die Schreibstube authentisch nachgestellt sind und wo dem sich Fässer türmen, hat den Eindruck, die Heringszeit wäre erst gestern zu Ende gegangen. Jeden Samstag im Juli um 15 Uhr lebt sie dann auch ein kleines bisschen wieder auf, wenn die Theatergruppe vor dem Museum das Salzen des „glitschigen Goldes" nachspielt.

Die mit der Verarbeitung des Herings zu Öl und Mehl verbundene Arbeit in der Fabrik lässt sich in der großen Halle nebenan erahnen, wo aus ehemaligen Heringsfabriken gerettete Maschinen, Öfen und Werkzeuge sowie ein während der Heringszeit gedrehter Dokumentarfilm von Lärm und Schweiß erzählen. 2004 wurde das äußerst gelungene, mit zahlreichen Preisen ausgezeichnete Museum noch um einen beeindruckenden dritten Teil bereichert: In der riesigen, hölzernen Bootshalle ist ein winziger Ausschnitt des ehemaligen Hafens nachgebaut. Mehrere Boote, die zuvor unter freiem Himmel der Verrottung ausgesetzt waren, liegen vertäut im Hafenbecken, auf dem Holzpier geht man unter dem schummrigen Licht von Straßenlaternen an Buden und Schuppen voller Gerätschaften vorbei, hier stehen Gummistiefel und Blecheimer, dort liegen Anker und Seile, hinten blinkt ein Leuchtturm. Alte Fotos und Filme untermalen die Atmosphäre.

Das mit außerordentlich viel Mühe und Einsatz aufgezogene Museum, eines der größten in Island, wurde 2000 als isländisches Museum des Jahres ausgezeichnet und erhielt 2004 bei der Vergabe der „European Museum of the Year Awards" als bestes Technik- oder Industriemuseum Europas den Micheletti Award.

Sildarminjasafnið: 1. Juni bis 31. Aug. tägl. 10–18 Uhr, Frühling/Herbst 13–17 Uhr, im Winter auf Anfrage; ISK 1200 (Kombiticket für Heringsmuseum, Zentrum für Volksmusik und Uhren- und Goldschmiedewerkstatt). Snorragata 15, ✆ 4671604, www.sild.is.

Akureyri und der Nordwesten → Karte S. 460/461

Die Kirche: Die 1932 geweihte Kirche bietet – der Größe der einst blühenden Gemeinde angemessen – 400 Leuten Platz. Sehenswert sind das Altarbild von Gunnlaugur Blöndal – ein Ruderboot im Sturm – sowie der Taufstein von Ríkarður Jónsson. Die bunten Fenster schuf die deutsche Künstlerin Maria Katzgrau.

Das auf Privatinitiative entstandene **Häuschen aus Holz, Stein und mit Grasdach** in der Aðalgata 22 zeigt, in welcher Art von Haus arme Fischer bis zum frühen 20 Jh. üblicherweise wohnten.

Weiter im Fjordinneren bekommt man mit etwas Glück etwas vom reichen Vogelleben in Siglufjörður mit – im Frühsommer ist der Fjord beliebtes Brutgebiet für eine bunte Artenvielfalt, etwa 18 Arten überwintern im Fjord. Im Skarðdalur erreicht man einen kleinen Wald und den Wasserfall Leyningsfoss.

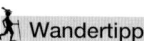 **Wandertipps**   (→ Karte S. 460/461)

In der Touristinformation liegen einfache Wanderkarten aus. Zu empfehlen ist die Wanderkarte „Gönguleiðir á Tröllaskaga" im Maßstab 1:50.000 (2. Blatt mit dem nördlichen Teil von Tröllaskagi, ca. ISK 1750).

Umgebung von Siglufjörður (9): In der Gegend um Siglufjörður lassen sich zahlreiche Wanderungen unternehmen. Immer mehr Strecken werden markiert, doch man kann auch jahrhundertealten Fußwegen und Schafpfaden folgen. Ein alter Pfad führt z. B. über die Gebirgspässe Hólsskarð oder Hestsskarð hinüber zum verlassenen Fjord Héðinsfjörður (hin/zurück 10–14 Std.). Von dort kann weitergewandert werden zur 600 m hohen Steilküste Hvanndalabjarg nordöstlich vom Héðinsfjörður, einer der höchsten und eindrucksvollsten Klippen in Island.

Eine kürzere Wanderung führt am Ostufer des Fjords entlang zu den Fundamenten einer Heringsfabrik, die 1919 bei einem Lawinenunglück zerstört wurde. Von dort ist auch ein Weitermarsch bis Siglunes, der Spitze der Landzunge, möglich (nur hin 10–14 Std.). Einen herrlichen Blick auf den Ort und die Berge von Tröllskagi hat man vom Hafnarfjall hinter Siglufjörður; der Gipfel Hafnarhyrna (687 m) gilt als leicht zu besteigen (Rundweg 4–7 Std.). Von diesem Gipfel aus ist ein Weitermarsch auf den Strákar (678 m) möglich, von dem man einen Blick auf alle Halbinseln Nordislands hat und bis zum Drangajökull in den Westfjorden und zur Melrakkaslétta im Osten sehen kann. Von keinem anderen Berg in Nordisland hat man eine so weite Sicht.

Sölvi Helgason – Vagabund und Künstler

Er war ein Vagabund, der fast sein ganzes Leben lang durch Island reiste, schrieb und malte. Wegen Passfälschung, Landstreicherei und Bücherdiebstahl musste er in Kopenhagen eine dreijährige Gefängnisstrafe absitzen und viele seiner Aquarelle und philosophischen Erzählungen wurden vernichtet. Mehr als hundert Bilder des erst nach seinem Tod hoch geschätzten Künstlers können heute in Nationalmuseum und Nationalbibliothek bewundert werden. In Lónkot wurde dem reisenden Maler 1995 von Gestur Þorgrímsson ein Denkmal errichtet, hier sind auch rund 50 seiner Bilder zu sehen.

Weiterfahrt: Wieder zurück an der Kreuzung der Straßen 76 und 82 am Miklavatn, geht es nun durch die dicht besiedelte Region *Fljót* mit reicher Vogelwelt weiter in Richtung Westen. Auf dem heute verlassenen Hof *Fjall* wurde *Sölvi Helgason* (1820–95) geboren (siehe Kasten).

Hinter dem Slétturhlíðarvatn taucht vorne das Meer mit der Insel *Málmey* auf. Auf diesem 2,4 km² großen Eiland mit hohen Steilklippen und grünem Weideland darf der Volkssage nach niemand länger als zwanzig Jahre leben. Der einzige Hof wurde 1963 verlassen (Touren ab Hofsós). Vor der Küste erhebt sich das Kap Þórðarhöfði, ein alter Vulkankrater, der aussieht wie eine Insel, jedoch durch zwei Sandbänke mit dem Land verbunden ist. In weiterer Entfernung erhebt sich die 20 ha große Hyaloklastit-Insel *Drangey* (siehe S. 521).

Schwimmbad Freibad mit Hot Pot; im Sommer Mo/Mi 16–21, Do–Sa 15–20, So 12–18 Uhr. In der Schule Sólgarðar an der Str. 787 in Fljót,

Übernachten/Essen Lónkot ⬛3, origineller Hof am Málmeyjarsund genau auf dem 66. Breitengrad mit beliebtem Gourmet-Restaurant und langer Tradition. Im früheren Schafstall 3 DZ mit Waschbecken, ein Zimmer mit fünf Alkoven; Küche, große Sitzecke mit TV. Ein Zimmer mit Bad und Küche für 7 Pers. Frühstück im kleinen, hübschen Restaurant im früheren Kuhstall, den Bilder von Sölvi Helgason schmücken. Hier auch 12–22 Uhr exquisites, frisches Tages-

angebot, z. B. Fisch, Lamm oder Papageientaucher; auch Waffeln, Kuchen, selbst gemachtes Eis. Auf der Hauswiese 9-Loch-Golfplatz, Skulpturen, ein Indoor-Jacuzzi sowie ein Aussichtsturm mit Blick auf die Inseln im Skagafjörður. Übernachtung ISK 6500/Pers. bzw. ISK 4500 als SSU. Camping mit WC und Kaltwasser ISK 1000/Pers. ✆ 4537432, lonkot@lonkot.com, www.lonkot.com.

Sólgarðaskóli ⬛1, kleine Schule an der Str. 787 in Fljót. Im Sommer Betten für mindestens 20 Pers. und zusätzliche Matratzen; Küche. SSU und bezogenes Bett möglich. ✆ 4671054 und 8957135.

Hofsós

(ca. 190 Einw.)

Zu beiden Seiten der Hofsá liegt das kleine Dorf Hofsós, einer der ältesten Handelsplätze Islands und vom 16. bis 19. Jh. der einzige im Skagafjörður. Heute ist Hofsós vor allem wegen seines Auswanderungszentrums berühmt, seit 2010 auch wegen seines neuen Schwimmbads mit beeindruckendem Design: Man hat das Gefühl, direkt aufs offene Meer und zu den Inseln hinauszuschwimmen.

Am Strand südlich des Ortes erheben sich beeindruckende Klippen aus Basaltsäulen, *Staðarbjörg*, die dem Architekten Guðjón Samúelsson beim Bau der katholischen Kirche Landakotskirkja in Reykjavík als Vorbild dienten. 500 m südlich von Hofsós erinnern an der Mündung der Grafará Ruinen an den ehemals zweitgrößten Handelsplatz im Fjord, Grafarós.

Hin & weg Bus nach Sauðárkrókur und nach Siglufjörður Di, Fr, So, ✆ 5511166.

Versorgung Autowerkstatt (Pardus, ✆ 4537380), in der Suðurbraut Arzt, Geldautomat, Supermarkt (Mo–Fr 9–18, Sa/So 10/11–17/15 Uhr), Tanksäulen.

Schwimmbad Von Privatleuten gespendetes, ausgefallenes Freibad mit Hot Pots. Mo–Fr 9.15–21.15, Sa/So 10.15–17.15 Uhr. In der Suðurbraut unten am Wasser.

Touren Drangey und Málmey: Bootsausflüge zu den Inseln bietet auf Anfrage Páll

Magnusson („Málmey Tours"), sehr persönliche Touren. ✆ 4537380.

Übernachten Gästehaus Sunnuberg, Haus mit 5 Zimmern mit Bad. 22 Leute können noch anderswo untergebracht werden, dort Zimmer ohne Bad (DZ ISK 9000, als SSU ISK 7000). DZ ISK 11.000. Suðurbraut 8, ✆ 4537434 und 8930220.

Camping Hofsós, groß und etwas Heckenschutz beim Sportplatz am Ortseingang, einfache sanitäre Einrichtungen (WC und Heißwasser). ISK 1000/Pers. inkl. Schwimmbad.

Essen Veitingastofan Sólvík, gemütlicher Coffeeshop am Hafen im blauen Holzhaus. Kleine Gerichte wie Suppe oder Brot mit geräucherter Forelle oder Garnelensalat, mittags und abends ein paar Fleisch- und Fischgerichte, z. B. Kabeljau aus dem Skagafjörður oder Lamm mit Gemüse. Selbst gebackenes traditionelles Brot, Kuchen, leckere isländische Pfannkuchen. 1. Juni bis 1. Sept. tägl. 10–22 Uhr. Suðurbraut, ✆ 4537930.

> **Historisches Lagerhaus:** An der Hofsá steht eines der ältesten Häuser des Landes, ein 1777 für die letzte dänische Monopolhandelsgesellschaft in Island aus Dänemark hergebrachtes, schwarz geteertes Blockhaus. Nach den Dänen nutzten es die Isländer als Lagerhaus; 1991 renoviert, beherbergte es zeitweilig eine Ausstellung zu Drangey, ist jetzt aber leer und verschlossen.

Sehenswertes

Das Auswanderungszentrum: In einem früheren Kaufladen von 1910 mit rotem Dach direkt am Wasser und am Pier eröffnete 1996 das Museum und Informationszentrum zur Auswanderung von 10.000–20.000 Isländern nach Amerika in der Zeit von 1870–1914. 2000 und 2002 wurde es noch um zwei Gebäude im Stil alter Lagerhäuser erweitert. Da das Museum so nah am Wasser keine geeigneten Bedingungen für die Ausstellung wertvoller Objekte bietet, musste die älteste Ausstellung „New Land, New Life" der meisten ihrer Exponate beraubt werden und besteht fast nur noch aus Texten und Fotos. Diese erzählen von den Lebensbedingungen auf der Insel, die Auslöser für den Massenexodus waren. Auch die Propaganda gegen die Auswanderung wird wiedergegeben und der Abschiedsschmerz derer, die gingen. Nach dieser gründlichen Vorbereitung geht es dann im Museumskeller aufs Schiff und hinein in die „Neue Welt". In einem der Anbauten erzählt eine Ausstellung sehr detailliert von den isländischen Immigranten in North Dakota, im anderen,

Von Hofsós in die weite Welt: das Auswanderungszentrum

neben dem Hauptgebäude, sind Fotografien aus der Zeit 1870–1910 zu sehen, die isländische Fotografen in mehr als 50 Gemeinden in Nordamerika von ihren ebenfalls ausgewanderten Landsleuten machten.

Vesturfarasetrið: 1. Juni bis 1. Sept. tägl. 11–18 Uhr; ISK 1500 für alle drei Ausstellungen, einzeln jeweils ISK 700. Suðurbraut, ✆ 4537935, www.hofsos.is.

Weiterfahrt: Von Hofsós sind es 43 km bis zur Ringstraße, auf dem Weg dorthin lohnt der Abstecher zum Bischofssitz *Hólar í Hjaltadalur*.

Torfkirche Gröf: Leicht zu übersehen ist die wenige Kilometer hinter Hofsós südlich der Abzweigung der Str. 781 mitten auf der Wiese stehende, malerische *Torfkirche Gröf* aus der zweiten Hälfte des 17. Jh.: die einzige der erhaltenen Torfkirchen mit einer Holzkonstruktion im Stil der Stabkirchen. Das mit 6,25 m Länge und 3,20 m Breite winzige Gotteshaus diente nach 1765 fast 200 Jahre lang als Schuppen. 1953 wurde es restauriert und wieder geweiht. Der Schlüssel steckt oder ist auf der benachbarten Farm zu bekommen; eine erneute Restaurierung soll 2012 abgeschlossen sein.

Fahrzeugmuseum: Auf dem Hof *Stóragerði* eröffnete Gunnar Þordarson 2004 sein Fahrzeugmuseum. In der großen Halle stehen polierte Prachtkarossen, darunter Cadillacs von 1959 und 1969 und ein alter Käfer, draußen ist eine ganze Palette weiterer alter Autos aufgereiht; vertreten sind Geländewagen, Feuerwehrwagen, Busse, Lkw und Trecker, alle wurden einst als Nutzfahrzeuge eingesetzt und mit viel Mühe von Gunnar wieder instand gesetzt. Zurzeit wird an einer riesigen neuen Halle gearbeitet, in der die draußen geparkten Fahrzeuge, die bislang im Winter mit ins Museum gequetscht werden, dauerhaft unterkommen sollen. Nach Fertigstellung soll das Museum ganzjährig geöffnet sein.

Samgönguminjasafn: 1. Juni bis 1. Sept. tägl. 11–18 Uhr; ISK 700. ✆ 8457400.

Die Straßen 767 und 769 führen beide in den *Hjaltadalur*, ein langes und enges Tal, an dessen Ostseite nach 11 km der Bischofssitz auftaucht. *Laufskálarétt* an der Zusammenführung der zwei Straßen ist der größte und bedeutendste Pferch für den Pferdeabtrieb im September.

Tankstelle: An der Str. 76, nahe der Abzweigung der Str. 769, nur Tanksäule. Sleitusstaðir.

Bischofssitz Hólar

Vor dem Berg Hólabyrða liegt in zauberhafter, zum Wandern einladender Umgebung an einem 54 Hektar großen Waldstück der einstige Bischofssitz des Nordlandes, der im Sommer Tausende von Besuchern anlockt. Eine neue Ausstellung informiert über das Islandpferd.

Im Gegensatz zum Bischofssitz Skálholt im Südland pulsiert in Hólar das ganze Jahr über das Leben. Wenn die Touristen abgereist sind, nimmt die 1882 gegründete Landwirtschaftsschule wieder ihren Betrieb auf, die mittlerweile eine auf Pferdezucht und -training, Fischzucht und Touristik spezialisierte Hochschule ist. Etwa 100 Menschen leben ständig in Hólar.

1106 überließ der damalige Besitzer von Hólar sein Gehöft der Kirche, das daraufhin bis 1801 als Bischofssitz des Nordlandes diente. Insgesamt 36 Bischöfe residierten hier, darunter *Jón Ögmundsson* (1106–1121), der erste Bischof Hólars, der hier eine Priesterschule einrichtete, *Jón Arason* (1524–1550), der seinen Einsatz gegen die Reformation mit dem Leben bezahlte, und *Guðbrandur Þorláksson* (1571–1627),

Akureyri und der Nordwesten → Karte S. 460/461

Hólar – Bischofssitz des Nordlandes

der durch den Druck der Bibel in isländischer Sprache im Jahr 1584 bekannt wurde, von der ein Originalstück im Dom ausgestellt ist. Bis zur Verlegung nach Reykjavík und Schließung der Schule im Jahre 1802 war Hólar kulturelles und religiöses Zentrum Nordislands, verfügte über Macht und Reichtum – ein Viertel aller isländischen Ländereien war im Besitz des Bischofssitzes. Seit 1985 ist Hólar Sitz des Weihbischofs.

Bei umfangreichen archäologischen Grabungen kamen in den letzten Jahren u. a. die Reste der Druckerei ans Licht – die Wiege des isländischen Buchdrucks. Unter den mehr als 30.000 entdeckten Artefakten waren auch 1400 historische Drucktypen.

Information/Internet   Hólar í Hjaltadal, 1. Juni bis 31. Aug. tägl. 7.30–22 Uhr; auch kleiner Shop mit Grundnahrungsmitteln; Geldautomat. Nach Bedarf Führungen zu Kirche und Auðunarstofa, ISK 500. ✆ 4556300, www.holar.is.

Hin & weg   Bus von/nach Sauðárkrókur und Siglufjörður hält hier nur auf Anfrage Di, Fr und So, ✆ 8523622.

Historischer Pfad   Auf diesem etwa einstündigen Spaziergang kommt man zu 14 bedeutenden Plätzen, die in einer Broschüre genauer beschrieben sind.

Schwimmbad   Freibad mit Hot Pot, tägl. 12–19 Uhr.

Übernachten/Camping   Hólar ⑩, viele Übernachtungsmöglichkeiten: 9 Sommerhäuser für bis zu 6 Pers. mit Küche und Bad, ab ISK 13.400; 16 Studio-Apartments für 2 oder 4 Pers., ab ISK 16.900, 6 DZ in einem Haus mit zwei Bädern und Küche, DZ ISK 9400, SSU ISK 7800. Ruhiger, geschützter Zeltplatz im Wald; WC und Warmwasser, ISK 800/Pers. ✆ 4556333, booking@ holar.is, www.holar.is.

Essen   Undir Byrðunni, Restaurant im selben Gebäude wie die Information, mit Blick über Kirche und Fluss. Frischer Fisch des Tages, Lamm- und Pferdefleisch aus der Region, Suppe, Kaffee und Kuchen. Tägl. 7–22 Uhr.

Sehenswertes

Die kleine Domkirche: Die 1757–1763 errichtete Kirche im spätgotischen Stil ist das siebte und mit 9 x 20,6 m kleinste Gotteshaus in Hólar. Einzigartig ist sie dennoch, da aus dem rotem Sandstein des Berges Hólabyrða erbaut und die älteste

Steinkirche des Landes. Von 1989 bis 1991 wurde sie grundlegend renoviert und wieder so weit wie möglich in ihren ursprünglichen Zustand versetzt. Zu den Kirchenschätzen gehört das geschnitzte Altarbild, wahrscheinlich um 1500 in Deutschland angefertigt und von Jón Arason nach Hólar gebracht. Sehenswert sind auch das Kruzifix aus dem 15. Jh. und das darunter stehende Taufbecken von 1674 aus Speckstein, der offensichtlich mit dem Treibeis von Grönland nach Island kam. An der gegenüberliegenden Wand hängt das Altarbild aus Alabaster um 1470, das die Leidensgeschichte Christi zeigt und angeblich aus Nottingham stammt. Unter den Grabsteinen im Chor ist der von Guðbrandur Þorláksson. An Silber und Gold aus der Zeit vor der Reformation ist kaum etwas erhalten, da die Kirche 1551 von dänischen Soldaten geplündert wurde. 1950, zum 400. Todestag Jón Arasons, wurde neben der Kirche ein 27 m hoher Turm errichtet und der Bischof hierhin umgebettet. Über der Grabplatte hängt ein Mosaik des Künstlers Erró von 1957, das Jón Arason und die Glocke „Líkaböng" darstellt, die angeblich während des Trauerzuges für den getöteten Bischof von allein zu läuten anfing und am Ende zersprang. Heute hängen im Kirchturm drei in Belgien gegossene Glocken. Eine Broschüre (auch auf Deutsch) gibt genaue Informationen zur Kirche.
Tägl. 10–18 Uhr. Gottesdienst So 11 Uhr, Abendgebet Mo–Sa 18 Uhr. Im Sommer an den meisten Sonntagen kostenlose Konzerte, meist 14 Uhr.

Seit einigen Jahren steht in Hólar eine Replik des um 1315 erbauten und den Bischöfen 500 Jahre lang als Arbeitsstube dienenden Holzhauses *Auðunarstofa*, das 1810 abgerissen wurde. Da der heutige Bischof das stilvolle Gebäude ebenfalls als Büro nutzt, kann es nur mit Führung besichtigt werden. 1854, als Hólar noch ein Pfarrhof war, baute der Geistliche Benedikt Vigfússon hier ein *Torfgehöft*. Der Hof steht heute unter Obhut des Nationalmuseums und der Kirche und kann besichtigt werden.

Geschichte des Islandpferds: In Hólar ist das Kulturhistorische Institut des Islandpferdes beheimatet, das in historischen Ställen eine erlebenswerte Ausstellung präsentiert. Hier gibt es keine Texte zu lesen, hier sitzt man im Wohnzimmer des nach 1920 bedeutenden Pferdezuchtberaters Theodór Arnbjörnsson, steht im nachgebauten Pferdestall und sitzt filmeschauend zwischen Seilen und alten Gerätschaften auf Heuballen. Zum Leben erweckt wird die Kulisse durch fachkundige, detaillierte, mindestens einstündige Führungen: wie Pferde einst die Post transportierten, wie sie beladen wurden, dass bis zu 300.000 im Jahr exportiert werden – hier erfährt man alles.
1. Juni bis 15. Sept. tägl. 10–18 Uhr; ISK 900.

🏃 Wandern

In der Umgebung von Hólar sind viele kurze Wanderungen möglich. Eine Wanderkarte ist draußen aufgehängt, jedoch sind die Erklärungen leider nur auf Isländisch. Für längere Wanderungen in die Berge lohnt sich die Anschaffung der Wanderkarte „Gönguleiðir á Tröllaskaga" (1. Blatt mit dem südlichen Teil von Tröllaskagi, ca. ISK 1750).

Weiterfahrt: Auf der Str. 76 sind es noch 30 km bis zur Ringstraße. Die Straße verläuft am Ostufer des mächtigen Gletscherstromes Héraðsvötn, der hier in zwei Hauptarmen zum Meer fließt und ein breites Tal ausgehoben hat. Die Hauptarme umschließen die sumpfige, hügelige Landzunge *Hegranes*. Von ihrer höchsten Erhebung, *Geitaberg* (138 m), bietet sich ein toller Ausblick auf den Fjord mit

Akureyri und der Nordwesten → Karte S. 460/461

schwarzem Strand und nicht weniger als elf Kirchen. Der südliche Teil von Hegranes ist bekannt für sein reiches Vogelleben, u. a. kann man hier Sterntaucher und Singschwäne, Bergenten und Eistaucher antreffen.

Kurz vor der Ringstraße liegt linker Hand der Hof Flugumýri, in der von Kämpfen gekennzeichneten Sturlungenzeit im 13. Jh. u. a. Wohnsitz des mächtigen Goden Gissur Þorvaldsson (siehe S. 117). 1253 wurde der Hof von seinen Feinden verbrannt. Die Reste von Befestigungsanlagen aus dieser Zeit sind noch zu erkennen (Infotafel mit Karte).

Ruhige Nächte auf dem Friedhof

Es geschah zufällig im Jahr 2002: Þorarinn vom Hof Keldudalur an der Str. 764 begann mit dem Bulldozer die Erde im Garten umzuwühlen, um ein Sommerhaus für Touristen aufzustellen. Dabei baggerte er einen alten christlichen Friedhof aus dem frühen 11. Jh. aus. Als er merkte, dass er mit der Erde auch Knochen ans Tageslicht beförderte, überließ Þorarinn das Feld erst mal Archäologen. Diese fanden die Gräber von 54 Menschen, darunter 25 Kinder, einschließlich Resten von Särgen. Die Gräber waren außerordentlich gut erhalten, die Skelette vollständig. Dies ist einer der ältesten Friedhöfe, die je in Island gefunden wurden. Aber damit nicht genug: Unter dem Friedhof kamen auch die Reste eines Langhauses aus heidnischer Zeit zum Vorschein, und 500 m vom Hof entfernt stieß man – erneut rein zufällig – auf einen Friedhof aus heidnischer Zeit mit vier Grabhügeln. Einer enthielt neben menschlichen Knochen auch Überreste eines großen Windhundes sowie Perlen aus der Wikingerzeit, was auf die Bedeutung des hier Bestatteten hindeutet.

Nachdem die Gräber in Sicherheit gebracht worden waren, setzte Þorarinn das Sommerhaus genau an die geplante Stelle. Den einstigen Friedhofswall baute er aus Steinen nach. Da Geister laut Þorarinn nur 400 Jahre ihr Unwesen treiben, braucht kein Übernachtungsgast um seinen Schlaf zu fürchten. Vor ein paar Jahren kam bei weiteren Grabungen zum Vergrößern des Wohnhauses zudem noch ein historischer Kuhstall zum Vorschein.

Pferdevorführungen Auf dem Hof Flugumýri (s. u.), für mind. 10 Pers. werden 1 Std. lang Pferde vorgeführt und erklärt, es wird von der Arbeit auf dem Hof erzählt, der bereits viele Auszeichnungen erhalten hat. Es gibt Kaffee, Tee und Kuchen, nach der Vorstellung können Fragen gestellt werden. Individualtouristen können sich den Touren anschließen.

Übernachten/Reiten Hofsstaðir 🔟 (FH), auf einem Hof mit Kartoffelanbau ein komplett renovierter Trakt mit 5 großzügigen DZ, fast alle mit Bad. Zugang zur Terrasse. DZ mit/ohne Bad ISK 18.500/11.500. An der Str. 76, 4 km südl. der Kreuzung 76/75. ☎ 8496655, vesteinnv@simnet.is, www.hofsstadir.is.

Sveitasetrið (Hofsstaðir) 🔢 (FH), neues, sofort viel gelobtes Gästehaus gegenüber der Hofsstaðakirkja. In zwei Häusern 12 hübsch gemachte DZ mit Bad, einige ganz klein, andere groß, alle sehr gemütlich und mit eigenem Eingang; ein Mix aus Antike und Moderne. Im dritten Haus Speisesaal, hier Frühstück und leckeres Abendessen. DZ ab ISK 18.500. Auf dem Hof Hofsstaðasel bieten die Besitzer zudem exklusive Übernachtung in einem 270 m² großen dreigiebeligen, komplett renovierten Torfhof an, dessen ältester Teil von 1906 stammt und in dem die Familie bis 1981 lebte (das Haus wird nur komplett vermietet). ☎ 8969414, info@hofsstadir.is, www.hofsstadir.is.

Keldudalur 🔟🛑 (FH), auf bewirtschaftetem, freundlichem Hof ein hübsches, großes Gästehaus und ein gemütliches Sommerhaus (Leifshús). Im Gästehaus 4 DZ auf zwei Etagen, auf jeder Etage Kochgelegenheit und Bad. Waschmaschine. Ab ISK 12.000/Nacht (SSU). Gäste können das Treiben auf dem Hof verfolgen. Im Leifshús 3 DZ, Küche, Bad und Wohnzimmer, DZ ISK 10.000, SSU ISK 3500/Pers., das ganze Haus ISK 25.000. An der Str. 764, ca. 10 km südl. der Str. 75, ✆ 4536233/4536533, keldudalur@keldudalur.is, www.keldudalur.is.

Flugumýri 🔟🛑 (FH), auf Pferdezucht spezialisierter Familienbetrieb. 70 m² für Gäste mit 3 DZ, Bad, Küche und weitem Blick ins Tal. Ein neues Haus für Gäste mit zwei Zimmern für 3–4 Pers., Küche, Bad. Auch ein kleines Apartment. Reitausflüge von 1 bis 2 Std., ISK 6500/Std. (vorher anmelden). Gäste loben den Service, die Pferde und die freundliche Atmosphäre. ISK 6500/Pers. im DZ, SSU ISK 4500. An der Str. 76, ca. 2 km von der Ringstraße, ✆ 4538814/8958814, flugumyri @flugumyri.is, www.flugumyri.com.

Von Varmahlíð nach Blönduós (Ringstraße)

Die Ringstraße führt auf 51 km durch eine grüne Tallandschaft. Reizvoller und interessanter ist die etwa 135 km lange Rundfahrt vorbei am Museumshof Glaumbær um die Halbinsel Skagi (Alternativstrecke S. 515).

Bevor die Ringstraße etwa 2 km westlich von Varmahlíð die Víðimýrará überquert, geht es links ab zur *Torfkirche Víðimýri.*

Torfkirche Víðimýri: Die 1834 errichtete Kirche ist wohl die schönste der sechs noch im Lande erhaltenen Torfkirchen. Im Grunde ist sie, wie die anderen auch, eine Treibholzkirche, lediglich die Außenwände und das Dach wurden aus Torf errichtet. Das blumenbewachsene Gotteshaus mit baumbestandenem Friedhof hat acht Sitzbänke auf jeder Seite. Wie allgemein üblich, waren die nördlichen für Frauen, die südlichen für Männer. Eine Besonderheit ist der für vornehme Herrschaften, die Sänger und die Frau des Pfarrers abgeteilte Sitzbereich im Chor. Schon länger wird darüber nachgedacht, die Kirche als erstes isländisches Gebäude auf die *World Heritage List* aufnehmen zu lassen. Dafür müssten jedoch die nahen Gebäude verschwinden. Diese aber sind bewohnt; immer schon gehörte zu dieser Kirche ein Hof. Deshalb wird es kaum zu diesem Zugeständnis kommen. Das gesamte Gelände, also einschließlich des Hofes, wurde erst einmal unter die Obhut des Nationalmuseums gestellt. Etwa sechsmal im Jahr sowie zu besonderen Anlässen wird die für 100 Leute konzipierte Kirche noch genutzt.
Juni–Aug. tägl. 9–18 Uhr, ISK 500.

Die Straße steigt steil an auf den Bergpass Vatnsskarð. Bei dem Aussichtspunkt Arnarstapi, von wo aus sich der Skagafjörður bis zur Insel Drangey überblicken lässt, steht ein Denkmal für den Dichter *Stephan G. Stephansson* (1853–1927), der auf dem Hof Víðimýrarsel seine Jugend verbrachte. Durch steinige Gegend geht es am See Vatnshlíðarvatn und moosüberzogenen Erdbülten entlang weiter bergauf. Nachdem die mit zwei Steinmännchen markierte Passhöhe (441 m) passiert ist, schlängelt sich die Straße an Feuchtwiesen vorbei hinunter in den Svartárdalur. Bezaubernd steht die kleine Kirche *Bólstaðarhlíð* in von hohen Bergen umschlossenen Tal mitten auf der Wiese. Die Ringstraße zieht sich entlang der Blanda, einem wasserreichen Gletscherfluss aus dem Hofsjökull, und dem Bergmassiv Langadalsfjall durch das fruchtbare Tal Langidalur mit großen Gehöften. Es wird hügelig, und die letzten Kilometer vor Blönduós fließt die Blanda durch eine breite Schlucht.

Übernachten Stóra-Vatnsskarð 🔲 (FH), 10 km westlich von Varmahlíð, 9 Betten in 4 Zimmern. Das ganze Erdgeschoss ist für die Gäste, mit großer Küche und Bad. Freundliche Atmosphäre. Lizenzen für Forellenfang. DZ ISK 12.200, SSU 3600/Pers. ✆ 4538152.

Húnaver, in zauberhafter Lage zwischen den Bergen. Im Gemeindehaus Juni–Aug. ein Zimmer für bis zu 4 Pers. auf Schlafsofas und mind. 56 SSU auf Matratzen; Küche (kostet extra), Dusche. Frühstück auf Anfrage; tagsüber Kaffee, Sandwichs und Süßigkeiten. SSU ISK 2500. Campingplatz mit Birkenhain, ISK 800/Pers. inkl. Dusche. An der Kreuzung der Str. 734, ☎ 4527110/6635235.

Geitaskarð **14** (FH), 11 km östlich von Blönduós, 4 Zimmer mit insgesamt 10 Betten auf einem schönen, über 100 Jahre alten Bauernhof in herrlicher Umgebung. SSU möglich. Frühstück, Abendessen auf Bestellung. DZ ISK 10.000. ☎ 4524341/8974341, geitaskard@geitaskard.com, www.geitaskard.com.

🥾 Wanderung   (→ Karte S. 460/461)

In den Laxárdalur (10) (einfach, hin/zurück ca. 6 Std.): Vom Hof Geitaskarð führt eine beliebte Wanderung in den Laxárdalur, ein wunderschönes und einst dicht besiedeltes Tal auf der Skagi-Halbinsel, in dem etwa 1000 Pferde den Sommer verbringen. Die Strecke kann weitgehend auf Reitpfaden zurückgelegt werden. Der Weg führt erst ins Tal, von dort weiter in Richtung Osten an der Laxá entlang und beim Hof Gautsdalur zurück auf die Ringstraße, die bei Auðólfsstaðir erreicht wird.

Blönduós   (ca. 840 Einw.)

Die größte Ortschaft am Húnaflói, das Versorgungszentrum der Region, erstreckt sich zu beiden Seiten des sandigen, flachen Gletscherflusses Blanda. Touristen finden hier alle wichtigen Einrichtungen, zwei Museen und schöne Cafés.

Seine Anfänge nahm der Handelsort, der schon vor dem Jahr 1000 besiedelt war, am Südufer der Blanda. Bis heute ist Blönduós klar getrennt in den modernen Teil nördlich und den alten, verwildert romantischen südlich der Blanda.

Touristen finden fast alle wichtigen Einrichtungen nahe der Ringstraße. Um Blönduós kennen zu lernen, muss man jedoch zu beiden Seiten der 1963 fertig gestellten, ersten Betonhängebrücke Islands zur Flussmündung hin abbiegen.

Ein auffälliges Bauwerk ist die 1982–93 gebaute Betonkirche gegenüber der Touristinformation mit schönem Innenraum (tägl. 10–15 Uhr, ISK 200). Sie verfügt über eine hervorragende Akustik und wird auch als Konzertsaal genutzt. Ihre Architektur soll an die Berge der Umgebung erinnern. Das stimmungsvolle blaue Altarbild malte der bedeutende isländische Künstler Jóhannes S. Kjarval.

Für 2012 ist die Eröffnung einer Ausstellung über Lachs und das Lachsangeln geplant.

Information Am Zeltplatz in altem Lagerhaus von 1884. Tägl. 8–12 und 13–17 Uhr. ☎ 8201300.

Hin & weg Bus ab N 1-Tankstelle, tägl. 2-mal nach Akureyri und Reykjavík, Mo–Fr tägl. 1-mal nach Skagaströnd. ☎ 4671010.

Versorgung Alkoholgeschäft, Apotheke, Arzt, Bank (Húnabraut 5, mit Geldautomat), Polizei (Hnjúkabyggð 33), Post (Hnjúkabyggð 32), Supermarkt (Hunabraut 4, Mo–Fr 9–19, Sa 10–18, So 13–17 Uhr), Bäckerei (ne-

ben Supermarkt, Mo–Fr 8–17, Sa 9–16 Uhr, mit Café) ein paar Lebensmittel auch an der N 1-Tankstelle.

Autowerkstatt Óla, Norðurlandsvegur 4, ☎ 4522887, **Kjalfell** (Reifendienst), Efstubraut 2, ☎ 4524545.

Kunsthandwerk In der Schule neben dem Textilmuseum findet sich die Galerie Búsílag mit Strick- und Textilwaren, Schmuck, Taschen und mehr. 11–17 Uhr.

Schwimmbad Topmodernes Freibad mit

Der romantische alte Teil von Blönduós

Hot Pots, Rutsche, Kinderbecken und Dampfbad. Mo–Fr 8–21, Sa/So 10–20 Uhr. V/ Húnabraut beim Supermarkt.

Übernachten Kiljan Guesthouse, neues Gästehaus im alten Ortsteil in einem mühevoll renovierten alten Haus. 9 unterschiedliche Zimmer, einige unter den Dachschrägen, alle von der herzlichen polnischen Besitzerin liebevoll gestaltet. Bisher nur eine Dusche, eine weitere ist geplant. Mit Restaurant (s. u.). DZ ISK 5000/Pers., Frühstück extra. Aðalgata 2, ✆ 4524500/6976757, jon@kiljansportbar.is, www.kiljanguesthouse.is.

Gistiheimilið Blönduból, kleine, nette Anlage aus Café und Hütten direkt am Wasser. Drei einfache Holzhäuschen für je 4 Pers. (ein Doppelbett, ein Etagenbett) mit WC und Waschbecken. Im renovierten Haus von 1912 im Untergeschoss Dusche und Küche, darüber ein buntes Café. Besitzer Jónas folgt einer Tradition: Schon 1926 gab es an dieser Stelle ein Gästehaus mit Café. ISK 5000/Nacht pro Haus (SSU). Blöndubyggð 9, ✆ 8923455.

Gamla Posthúsið, eher einfaches Gästehaus an der Blanda im alten Ortsteil im ehemaligen Postgebäude, 11 Zimmer ohne Bad. Steht unter derselben Leitung wie das Hotel. DZ ISK 13.000, als SSU 10.000. ✆ 4524205/8981832.

Hótel Blönduós, im alten Stadtteil und mit langer Tradition, machte bei der letzten Recherche jedoch einen etwas vernachlässigten Eindruck. 16 Zimmer mit Bad für 1–3

Pers., Essen nur nach Vorbestellung. DZ ISK 21.400. Aðalgata 6, ✆ 4524205/8981832, hotel blonduos@simnet.is, www.hotelblonduos.is.

Sommerhäuser, am Zeltplatz, 20 moderne Häuser für 2–9 Pers. mit Dusche, Küche; die größeren auch mit Sauna und Hot Pot. ISK 12.000–18.000. ✆ 8201300, www.gladheimar.is.

Camping Blönduós, geschützte Anlage bei der Touristinformation mit Duschen, ab ISK 1000/Zelt.

Essen/Cafés Kiljan, Restaurant, Café und Bar zum Wohlfühlen. Die warmherzige Besitzerin Jolante kocht mit isländischen Zutaten auf polnische Art; an Tischen mit Stickdecken gibt es günstige Fisch- und Fleischgerichte und Suppen, zudem Waffeln und exzellenten Kuchen. Tägl. 10–23.30 Uhr. Aðalgata 2, ✆ 4524500/6976757.

》》 Unser Tipp: Potturinn, großes, zu Recht sehr beliebtes Restaurant oberhalb des Zeltplatzes mit Spielhäuschen für Kinder. Sehr große Auswahl, der Chefkoch aus Indien sorgt für einige ausgefallene Speisen. Verschiedene Tagesangebote, viele Fisch-, Fleisch- und Pastagerichte, Suppen und Salatbar, auch Vegetarisches und sog. „healthy dishes". Kaffee und Kuchen. Tägl. 11–22 Uhr. Norðurlandsvegur 4, ✆ 4535060. 《《

Við Árbakann, freundliches Café mit Terrasse im knallblauen kleinen Haus beim Supermarkt mit stilvollen Holzmöbeln und Kunst an den farbigen Wänden. Selbst

Akureyri und der Nordwesten → Karte S. 460/461

gebackene Kuchen und Waffeln, leichte Gerichte wie Suppe, Bagel, Salate oder Sandwichs. 11–22, Fr/Sa bis 3 Uhr. Húnabraut 2.

Ljón norðusins, zum Gästehaus Blönduból (s. o.) gehörendes, originell gestaltetes klei-nes Café und Bar, nett zum Kaffee- und Biertrinken, zu essen gibt es bisher aber nur Kleinur. Von nachmittags bis 23 Uhr.

Imbiss an der Tankstelle, tägl. 8–23.30 Uhr.

Sehenswertes

Island und das Meereis: In dieser kleinen Ausstellung im ältesten Gebäude des Ortes mit vielen Schautafeln und einem ausgestopften Eisbären erfährt man alles Wissenswerte rund um Meer- und Treibeis in der arktischen Region. Welche Arten Meereis gibt es, wie hat es sich mit der Zeit verändert, was ist es überhaupt genau? Was für einen Einfluss hatte und hat es auf das Leben der Isländer? Die Bucht Húnaflói, an der Blönduós liegt, erlebt normalerweise als erste Küstenregion Islands im Winter das Eintreffen von Meereis.

Hafíssetrið: 1. Juni bis 31. Aug. tägl. 11–17 Uhr; ISK 500. Mappen mit deutschen Texten. Blöndubyggð 2, ✆ 4524848, www.blonduos.is/hafis.

Textilmuseum: Das einzige auf traditionell isländische Textilarbeiten spezialisierte Museum in Island. Im alten Teil, ehemals Kuhstall der Schule nebenan, ist eine Stube *Halldóra Bjarnadóttir* (1873–1981) gewidmet, der ersten Isländerin mit Lehrerausbildung, die eine Frauenschule gründete und 1917 die Kulturzeitschrift *Hlín* herausgab. Bevor sie im Alter von 108 Jahren starb, vermachte sie all ihr Hab und Gut dem Museum. In den großzügigen neuen Ausstellungsräumen nebenan sind neben alten Spinnrädern, Webstühlen und Nähmaschinen allerlei Textilarbeiten ausgestellt, darunter Stickereien, isländische Trachten, bestickte Wandteppiche, Tischdecken und *leppar*, gestrickte Einlagen, die in die Schuhe aus Fischhaut oder Schafsleder gelegt wurden. Diese mühsam zu Hause gefertigten Schuhe hatten keine lange Lebensdauer – Reisende bekamen oft neben Speis und Trank ein neues Paar Schuhe mit auf den Weg. Auch wechselnde Ausstellungen heutiger Künstler, die mit Textil arbeiten.

Heimilisiðnaðarsafnið: 1. Juni bis 31. Aug. tägl. 10–17 Uhr; ISK 800. Árbraut 29, ✆ 4524076, www.textile.is.

Mammutprojekt Wandteppich: In der ehemaligen Hauswirtschaftsschule neben dem Textilmuseum kann jeder Interessierte an einem faszinierenden Kunstwerk mitarbeiten: Auf Initiative der durch den Teppich von Bayeux inspirierten engagierten Jóhanna E. Pálmadóttir entsteht dort Zentimeter für Zentimeter ein Teppich, der, so der Plan, in vielen, vielen Jahren auf 46,2 m die gesamte *Vatnsdæla saga* abbilden soll. Die Vorlage erstellten Grafikstudenten in monatelanger Arbeit. Jóhanna gibt genaue Anweisungen, wie und mit welchen der neun Farben ein bestimmtes Motiv gestickt wird. Geduld ist notwendig – schon ein Baumstamm dauert etwa eine Stunde.

15. Juni bis 15 Aug. tägl. 13–17 Uhr; ISK 2000/Std. Árbraut, ✆ 8984290, www.refill.is.

Alter, verträumter Ortsteil: Lohnend ist ein Spaziergang durch den ältesten Teil des Ortes, der abseits der lauten Ringstraße halb vergessen am Südufer der Blanda am Fjord liegt. Bunte Häuser mit kleinen Gärten und langer Lebensgeschichte stehen eng beieinander nahe dem sandigen Ufer, an das die Wellen schlagen, und der kleinen Kirche von 1894, die 1993 entweiht wurde und nun in Privatbesitz ist. Ältestes Gebäude von Blönduós ist das knallrote Holzhaus *Hillebrandtshús* in der Blöndubyggð, das vermutlich 1733 gebaut, mit Sicherheit kurz nach 1875 von Skagaströnd an diesen Platz gebracht wurde. Heute dient es als Museum (s. o.).

Insel Hrútey: Einen Ausflug lohnt die kleine, felsige Insel Hrútey mit Baumschule und Naturpark östlich der Touristinformation, die über eine Fußgängerbrücke zu erreichen ist (Infotafel und Parkplatz an der Ringstraße).

Ausflug zum stillen See Svinatvatn

Die 47 km lange Rundfahrt führt auf den Schotterstraßen 731 und 726 um den hübschen, ganz ruhig gelegenen Forellensee Svínavtn inmitten weiter Felder und Hügel – eine Gegend, in der man der Stille lauschen kann. Am Schafpferch Auðkúlurétt vorbei kommt man zur zierlichen *Auðkúlakirkja* aus hellem Holz, einer der beiden einzigen achteckigen Kirchen Islands mit aufwändig verziertem Dach, die mitten auf dem gleichnamigen Hof steht. Südlich des Sees besteht über die Str. 733 Anschluss an die Kjölur-Hochlandroute.

Übernachten/Essen Hótel Húnavellir **21** (FH), Hotel mit Restaurant in der Schule, liegt sehr schön im Tal an der Str. 724. 28 Zimmer unterschiedlicher Größe mit Waschbecken, Freibad mit Hot Pot, Campingplatz. DZ ab ISK 12.600, als SSU ISK 11.500. Auch SSU für 60 Gäste in Schlafsälen, ISK 3500. Camping ISK 900/Pers. Geöffnet 3. Juni bis 21. Aug. ✆ 4535600, info@hotelhunavellir.is, www.hotelhunavellir.is.

Stekkjardalur **24** (FH), beim Svínavatn in ganz friedlicher Umgebung nahe der Kreuzung 726/731. Mitten auf der Farm in gemüt-lichem ehemaligem Wohnhaus 3 DZ und 1 EZ, Küche, Bad, zwei Aufenthaltsräume, Waschmaschine. Die Großeltern der netten Besitzerin wohnten früher in dem von Grün umgebenen Haus; viele Möbel wurden einfach drin gelassen, so dass man sich fühlt wie zu Hause. Man kann das Treiben auf dem Hof beobachten und beim Melken helfen. Ganzes Haus ISK 18.000/Nacht. ✆ 4527171.

Weiterfahrt siehe S. 525

Alternative: Halbinsel Skagi   (Str. 75/745)

An Islands berühmtestem Torfmuseum in Glaumbær vorbei geht es von Varmahlíð über 135 km auf den Spuren des Sagahelden Grettir zu Treibholzstränden, Basaltsäulen und Klippen bis nach Blönduós.

Die Str. 75 geht hinter Sauðárkrókur in die Str. 744 über, von der nach 16 km die Schotterstraße 745 abzweigt. Diese führt an der Küste von Skagi entlang vom Skagafjörður in den Húnaflói. Die dünn besiedelte Halbinsel lockt mit maritimen Naturschönheiten, doch ist die Skagaheiði auch eine karge, einsame Gegend, die einen seltsamen, wenngleich reizvollen Gegensatz zum dicht besiedelten, grünen und saftigen südlichen Skagafjörðurgebiet darstellt. Die Halbinsel wird nicht von Linienbussen versorgt und zwischen Sauðárkrókur und Skagaströnd gibt es keine Übernachtungsmöglichkeit.

Torfmuseum Glaumbær   („glöumbeir")

Kaum eine Reisegruppe lässt diesen Museumshof links liegen, weshalb die kleinen Torfhäuser im Sommer zuweilen aus den Nähten zu platzen drohen. Es ist ratsam, hier erst gegen Abend aufzukreuzen, um die reizvolle Atmosphäre des Gehöfts so unverfälscht wie möglich zu erleben.

Der bis 1947 bewohnte Hof Glaumbær hat sein Aussehen im Lauf der Zeit stark verändert. Ursprünglich standen hier nur zwei Torfhütten, mit der Zeit wurden es

dreizehn. Die jetzigen Häuschen mit ihren dicken, sorgfältig geschichteten Torf-
wänden und holzverschalter Vorderfront entstanden im 18. und 19. Jh. Dass der
Hof mit den Jahren sehr wohlhabend wurde, lässt sich auch an dem mit 20 m außerordentlich langen Korridor, der großen *baðstofa* und den vielen Gästezimmern
ablesen. Zahlreiche Möbelstücke, Werkzeuge und andere Objekte geben einen umfassenden Eindruck vom Leben und Arbeiten in Island in früheren Jahrhunderten.
Da Glaumbær von Beginn an ein Pfarrhof war, steht hier auch schon seit Mitte des
11. Jahrhunderts eine Kirche.

Guðríður und die Kirche

Der *Grönland saga* zufolge wurde die erste Kirche von Snorri Þorfinnsson
gebaut, der wohl der erste Europäer war, der auf amerikanischem Boden geboren wurde. Seine Mutter, Guðríður Þorbjarnardóttir von der Halbinsel
Snæfellsnes, zog im 10. Jh. nach Grönland, wo sie den Kaufmann Þorfinnur
Karlsefni aus dem Skagafjörður heiratete. Gemeinsam machten sich die beiden auf den Weg nach Amerika, dort gebar Guðríður ihren Sohn Snorri.
Siedlungsversuche der Familie scheiterten an Konflikten mit den amerikanischen Ureinwohnern, sodass die Familie nach einigen Jahren die Rückreise
nach Island antrat, wo wahrscheinlich Glaumbær als Wohnort ausgewählt
wurde. Guðríðurs Reiselust war allerdings noch nicht gestillt, später unternahm sie eine Pilgerfahrt nach Rom. Auf der Wiese erinnert eine kleine
Skulptur von Ásmundur Sveinsson an die bemerkenswerte Frau.

Zum Museum gehört auch das gelbe Holzhaus Áshús, das im Erdgeschoss ein gemütliches Café und in der ersten Etage Ausstellungen beherbergt (zurzeit mit Möbeln und Haushaltsgegenständen aus dem 19. und frühen 20. Jh.). Gebaut wurde es
1883 von einem Bauern und seiner Frau Sigurlaug, die hier Kurse abhielten; Sigurlaug gründete zudem den ersten Frauenverband in Island. Im grauen Holzhäuschen

Berühmtestes Torfmuseum Islands – Glaumbær

Gilsstofa von 1849 mit interessanter Geschichte – Prospekt zu beiden Häusern liegt aus – arbeitet heute die Museumsleitung. Am zweiten Juliwochenende wird das Museum mit schauspielerischen Darstellungen von Leben und Arbeit in vergangen Jahrhunderten belebt und die Besucher sind dazu eingeladen, beim Brotbacken, Grasschneiden, bei der Butterherstellung usw. mitzumachen.

Byggdasafn Glaumbær 1. Juni bis 10. Sept. tägl. 9–18 Uhr und immer, wenn jemand da ist; ISK 800. ℡ 4536173, www.glaumbaer.is. Nächste Bushaltestelle ist in Varmahlíð, 7 km südlich.

Café Áskaffi, wunderschönes Café im gelben Holzhaus auf Museumsgelände, die-

selben Öffnungszeiten. Hier gibt es leckere und viel gelobte isländische Kuchen, z. B. Skyrkuchen, Hochzeitskuchen, Pfannkuchen mit Sahne, Kleinur, auch Sandwichs und mittags Suppe. Alles ist hausgemacht. ℡ 4538855.

Weiterfahrt: Kurz vor der Kreuzung mit der Str. 762 liegt rechter Hand der historische Hof und einstiges Kloster *Reynistaður* mit seiner sehenswerten Kirche, in der die hohe Kanzel den Platz des Altars eingenommen hat (Schlüssel steckt).

Bald taucht das *Miklavatn* auf, das wegen seines artenreichen Vogellebens unter Naturschutz steht. Die Gegend des südlichen Skagafjörður ist bei Vogelbeobachtern beliebt; an einigen Standorten geben Schilder Auskunft zum Vogelreichtum. So zum Beispiel am nächsten See, dem Áshildarholtsvatn. An dessen Westufer fällt ein einsamer, von einer kleinen Kirche gekrönter Felsblock ins Auge. Seinetwegen trägt der an ihm liegende Bauernhof den Namen *Sjávarborg*, zu deutsch Meeresburg. Wer sich die unter Denkmalschutz stehende Holzkirche von 1853 mit altem Altarbild genauer ansehen möchte, nimmt am besten die nördliche Zufahrt, die einen beeindruckenden Blick auf die steile Nordwand des Felsens mit dem Kirchlein bietet. Über einen Abstecher auf der Str. 75 gen Osten gelangt man zum ehemaligen Þingort *Hegranes* aus der Freistaatzeit auf grünem Hügel mit grasüberwachsenen Ruinen.

Sauðárkrókur
("söüdaurkrokür", ca. 2600 Einw.)

Das „Mekka des Islandpferds" lohnt den Besuch für einen Spaziergang im bunten alten Ortsteil, einen Streifzug durch das historische Museum und eine Tour durch die Gerberei.

Erst 1857 wurde die lang gestreckte, nach Norden hin immer schmaler werdende Stadt Handelsplatz. Der erste dauerhafte Siedler kam nicht vor 1871. Die Haupterwerbszweige Sauðárkrókurs sind heute Handel, Fischfang und Kleinindustrie sowie die Versorgung der landwirtschaftlichen Betriebe der Region.

Der schönste Teil der Stadt ist am nördlichen Ortsende die Aðalgata zwischen der hellen Holzkirche von 1892 und dem kleinen Kramladen Verzlun H. Júlíusson mit alten, bunt getünchten Häusern, Restaurants, Café und Bäckerei, kleinen Geschäften und einem besonderen Hotel. Die Einrichtung des freundlichen, 1919 gegründeten Kramladens hat sich seit 1930 kaum verändert; in den alten Regalen findet sich von Lebensmitteln und Spielen über Gummistiefel und Pinsel bis zu Tischdecken und Öl ein unbegreiflich großes Sortiment. Eine Waage von 1919 ist ebenfalls erhalten und der Verkauf geht über die Theke.

Unübersehbar ist an der Skagfirðingabraut die große Skulptur eines Islandpferdes von Ragnar Kjartansson. Sie steht hier nicht umsonst – die meisten Pferdezüchter leben in Sauðárkrókur und Umgebung.

Basis-Infos

Information Im Heimatmuseum, tägl. 13–21 Uhr, ✆ 4536173, www.skagafjordur.is.

Internet In der Bücherei (Safnahús), Faxatorg, Mo–Do 12–19 Uhr.

Hin & weg Bus: Ab N 1-Tankstelle tägl. bis zu 3-mal nach Varmahlíð, dort Anschluss an den Linienbus Reykjavík-Akureyri. Nach Siglufjörður Di, Fr, So. **Flug:** Im Sommer 4-mal wöchentlich Flüge von/nach Reykjavík, ✆ 4536888/5622640, www.eagleair.is.

Versorgung Alkoholgeschäft, Apotheke (Hólavegur 16), Arzt (Spítalastígur), Banken (alle mit Geldautomat), Polizei (Suðurgata 1), Post (Ártorg 6, bei der N 1-Tankstelle).

Autowerkstatt: ÁKI, Borgarteig 5, ✆ 5715455. **KS,** Hesteyri 2, ✆ 4554570. **Málverk,** Borgarröst 5, ✆ 4536760.

Einkaufen Großer **Supermarkt** mit Kaufhaus im Einkaufszentrum bei der N1-Tankstelle (hier auch Geldautomat), südlicher

Ortseingang, Mo–Fr 9–19, Sa 10–16 Uhr. Der etwas günstigere, kleinere **Hlíðarkaup** liegt oben am Hang (oberhalb des Hotels, die Straße einfach weiter geradeaus), Mo–Sa 9–22, So 10–22 Uhr; Akurhlíð 1. Bäckerei **Sauðárkróksbakari** mit großem, gemütlichem Café. Mo–Fr 7–18, Sa/So 8/9–16 Uhr. Aðalgata 5.

Kunsthandwerk Auf dem freundlichen Hof Gil, 6 km südlich von Sauðárkrókur, gibt's hochwertige selbst gestrickte Pullis, Mützen und Handschuhe, Schmuck, Dinge aus Holz und Glas u. a. m., auch Marmelade, selbst gebackenes Brot, Schmalzgebäck und geräucherte Forelle. Tägl. 13–18 Uhr.

Reiten **Topphestar**, mit jahrzehntelanger Erfahrung, bietet individuelle Touren, ISK 4500/Std. Sæmundargata 8, ✆ 8681776.

Schwimmbad Freibad mit Hot Pots und Sauna. Mo–Fr 6.50–21, Sa/So 10–17 Uhr. Skagfirðingabraut.

Übernachten/Camping/Essen

Gistiheimilið Mikligarður, hübsch gemachtes Gästehaus mit 14 Zimmern mit TV auf drei Etagen; vier Bäder. 2 DZ mit eigenem Bad. Große Küche mit Speiseraum, Sofaecke. DZ mit/ohne Bad ISK 18.000/14.000, SSU ISK 5000, alles inkl. Frühstück. Kirkjutorg 3, ✆ 4536880, mikligardur@mikligardur. is, www.mikligardur.is.

Hótel Mikligarður, freundliches Sommerhotel (ohne Restaurant) in der Schule am Hang; 64 Zimmer mit Bad, die meisten sind DZ. DZ ISK 18.000. SSU für 20 Pers. in Zimmern mit WC, aber ohne Dusche, ISK 5000/ Pers. inkl. Frühstück. ✆ 4536880, mikligardur @mikligardur.is, www.mikligardur.is.

Hótel Tindastóll, bemerkenswertes 3-Sterne-Hotel im alten Haus, in dem 1884 das erste Hotel des Landes eröffnet wurde. Für die Renovierung des Fachwerks und der Böden wurden, wenn möglich, Treibholz und Steine aus dem Meer verwendet. 10 DZ mit knarrendem Holzboden, sanften Farben und Möbeln mit antikem Flair, selbst die Lichtschalter erinnern ans 19. Jh. und die Fenster wurden extra angefertigt, um denen im ersten Hotel zu ähneln. Jedes Zimmer ist anders, aber alle haben Bad, Minibar, TV. 1941 übernachtete Marlene Dietrich

hier. Mit Hot Pot. Kleine Dépendance für bis zu 4 Pers. mit Bad und Kochgelegenheit; zurzeit werden auch im großen Haus neben dem Hotel DZ mit Bad eingerichtet. DZ ISK 26.400. Lindargata 3, ✆ 4535002, sml@simnet.is, www.hoteltindastoll.com.

Gott frá Gili, auf dem Hof Gil 6 km südlich von Sauðárkrókur; bei sehr nettem älterem Paar ein gut möbliertes Zimmer für 2 Pers. mit eigenem Eingang, Bad, Küchenzeile, Terrasse. Ein Hot Pot sollte 2011 kommen. ISK 10.000, kein Frühstück. ✆ 4536780.

Glæsibær (FH), etwa 8 km südlich von Sauðárkrókur, im Wohnhaus oben 3 DZ und 1 EZ, unten ein Bad. Küche und Wohnzimmer können mitbenutzt werden. Mit Hot Pot. ISK 5000/Pers., Frühstück extra. ✆ 4535530.

Camping Sauðárkrókur, zentral bei den Sportplätzen, mit neuen sanitären Einrichtungen. Dusche kostet extra. ISK 1000/Pers. ✆ 4556161.

Essen **Ólafshús,** freundliches Restaurant mit Terrasse und Tradition, wird v. a. für seinen Fisch geschätzt (ab ISK 2500); beliebt z. B. Hummer oder gebratener Saibling. Auch Fleisch, Pasta, große Pizza-Auswahl und kleine, schnelle Gerichte. Wechselnde Tagesangebote. Zu jedem Hauptgericht Suppe und Salat von der Salatbar. Mo–Fr mittags Büfett. 11–23 Uhr. Aðalgata 15, ✆ 4536454.

Kaffi Krókur, nach einem Brand 2008 wieder aufgebaut, eine Mischung aus Café, Restaurant und Pub mit netter, lockerer Atmosphäre. Interessant ist das „Duet from Skagafjörður" mit frischem Fleisch und Lamm – für den, der sich nicht entscheiden kann. Auch Papageientaucher, Fischsuppe u. a. m. Zudem schnelle Gerichte à la USA, ein „Icelandic Pop Star Menu" und Kaffee und Kuchen. 15. Juni bis 15. Aug. tägl. 11.30–23, Bar Fr/Sa bis 3 Uhr. Aðalgata 16.

Hard Wok Café, günstiges neues Restaurant, serviert 20 Wok-Gerichte im asiatischen Stil, z. B. Garnelen oder Schellfisch in süßsaurer Soße. Auch Pfannkuchen, Kuchen und Eiscreme. Die Speisekarte soll erweitert werden. Tägl. 11.30–21.30 Uhr, Bar Fr/Sa länger. Aðalgata 8, ✆ 4535355.

Imbisse an beiden Tankstellen, 8–23 Uhr, Sa/So ab 9 oder 10 Uhr.

Traditionelles Handwerk und Künstler des Orts: Im schön aufgemachten Heimatmuseum wandert man direkt in das historische Sauðárkrókur – vorbei an einem Eisbären, der zu seinem Leidwesen 2008 auf der Halbinsel Skagi an Land ging. Beim Schlendern durch eine kleine Gasse kann man in die Fenster ehemaliger Handwerksstätten lugen. Wie Schmied, Uhrmacher, Tischler und Sattler in der ersten Hälfte des 20. Jh. arbeiteten, erfährt man hier anhand von umfangreichen Originalsammlungen. Einst gab es zahlreiche solcher Handwerksbetriebe im Ort, bis 1980 waren alle durch Fabriken und Maschinen ersetzt worden. Ein weiterer Saal stellt anschaulich das Schaffen dreier Persönlichkeiten aus Sauðárkrókur vor, die im 20. Jh. die Kulturszene prägten: Komponist Eyþór Stefánsson, dessen Lieder im ganzen Land gesungen werden, Schriftstellerin Guðrún frá Lundi, jahrelang eine der meistgelesenen Autorinnen Islands, die 27 Bücher über das Leben im ländlichen Island schrieb, und Maler Jóhannes Geir Jónsson.

Minjahús Sauðárkróks: 1. Juni bis 31. Aug. tägl. 13–18 Uhr und nach Vereinbarung. Aðalgata 16b, ✆ 4536173.

Wie aus Tierhaut Leder wird: Die einzig verbliebene Gerberei in Island und die einzige, die Fischhaut gerbt, gibt Interessierten jetzt Einblick in ihre Arbeit. Die Geschichte des Gerbens in Island – das schon in Manuskripten aus dem 12. Jh. erwähnt wird – und die unterschiedlichen Methoden sind auf Tafeln zu lesen, das Spannende aber ist die Führung durch das Werk. Jeder Schritt des Gerbprozesses wird dabei erklärt, man erlebt die Techniken, sieht Felle und Häute jeder Art und weiß den Wert des im Shop zum Verkauf ausliegenden, bunt gefärbten Fischleders, der Taschen und Portemonnaies anschließend noch mehr zu schätzen.

Gestastofa Sútarans/The Tannery Visitor Center: 1. Juni bis 15. Sept. Mo–Fr 10–17, Sa 11–15 Uhr, Führung Mo–Fr 14 Uhr oder nach Vereinbarung; 16. Sept. bis 31. Mai Mi und Fr 13–17 Uhr; ISK 1000. Borgarmýri 5, ✆ 5128025.

🥾 **Wandern und ein Ausflug auf Grettis Spuren**   (→ Karte S. 460/461)

Es gibt zahlreiche einfache Wandermöglichkeiten mit herrlichen Ausblicken auf Fjord und Stadt.

Tindastóll (11) (3½ Std.): Der 989 m hohe Berg aus Basalt und Liparit ist mit seinen 20 km der längste der Region. Um ihn ranken sich viele Volkssagen. Erklommen wird er am besten von der Str. 744 zwischen den Höfen Skarð und Heiði.

Badestelle Grettislaug und Ausflüge nach Drangey: Die 17 km lange Schotterpiste 748 zwischen der steilen Ostseite des Bergmassivs Tindastóll mit zahlreichen Einschnitten und Bergspitzen zur einen und dem Fjordufer zur anderen Seite ist die

Akureyri und der Nordwesten → Karte S. 460/461

Idyllisches Ausflugsziel: Grettislaug in Reykir

Zufahrt zum verlassenen Hof *Reykir*, einem endlos friedlichen Ort, an dem heute übernachtet werden kann und von wo aus empfehlenswerte Bootstouren zur Insel Drangey starten (s. u.). Vor hunderten von Jahren soll Sagaheld Grettir, nachdem er auf Drangey Zuflucht gesucht hatte, von der Insel zum kleinen Landzipfel Reykjadiskur geschwommen sein, um Feuer zu holen. In der Thermalquelle Grettislaug soll sich der gute Schwimmer danach entspannt und aufgewärmt haben. Der Besitzer des Hofes Fagranes, Jón Eiríksson, hat die warme Quelle wenige Meter hinter dem Meer und einem groben Kiesstrand neu einfassen lassen und zum Baden freigegeben. Die sportliche Glanzleistung Grettis beeindruckte die Isländer so sehr, dass sich im Sommer ab und an einige Wagemutige in die kalten Fluten vor Drangey stürzen, um dem Sagahelden nachzueifern.

Nördlich von Reykjadiskur liegt am Fuße hoher Klippen hinter dem 500 m langen Sandstrand von Sandvík die Treibholzbucht *Glerhallavík*, ein Naturschutzgebiet. Hier finden sich wunderschöne Mineralien (z. B. Jasper), die aus den Klippen gebrochen und vom Meer rundgeschliffen worden sind.

Ausflüge Vor 60 Jahren begann Jón Eiríksson, der so genannte „Graf von Drangey", Bootsausflüge nach **Drangey** anzubieten, die u. a. wegen der Geschichten, die er zu erzählen hatte, bald legendär wurden. Sein Sohn Viggó und sein Enkel Helgi Rafn setzen diese Tradition nun fort. 1. Juni bis 15. Aug. tägl. 10 oder 13 Uhr für mind. 7 Pers., 3–4 Std. (davon 2½ Std. auf der Insel), ISK 7000. Nach der Tour kann man in Reykir Kaffee trinken. ✆ 8210090/8210091, www.drangeyjarferdir.is.

Baden Neben die Grettislaug (38–39 °C)

wurde noch die Jarlslaug (40–41 °C) gesetzt. Baden ISK 500. 2011 waren eine Dusche und ein Café bei den Pools geplant.

Übernachten Reykir Guesthouse **7**, im gemütlichen rustikalen Holzhaus bei der Einfahrt ganzjährig 2 DZ mit, 2 ohne Bad; Küche. DZ ISK 10.000 (mit und ohne Bad), SSU ISK 3000/Pers., kein Frühstück. ✆ 8210090/8210091.

Camping Reykir, bei der Grettislaug einfacher Zeltplatz, WC und Kaltwasser in Hütte mit Grassodendach, ISK 800. ✆ 8210090/8210091.

Drangey, die Insel Grettirs und der Vögel

Die bis zu 200 m hohen Steilklippen von Drangey sind im Sommer von über einer Million Vögel bevölkert. Besonders Papageientaucher, Dickschnabellummen, Trottellummen und Tordalken lassen sich in den Felswänden nieder, außerdem brüten hier Dreizehenmöwen und Küstenseeschwalben. Nur an einer Stelle kann die Insel erklommen werden, was die Menschen der Gegend Jahrhunderte lang ausnutzten, um Eier zu sammeln, Vögel zu fangen, auf dem saftigen Gras Schafe weiden zu lassen und aus der Höhe Fischernetze auszuwerfen – um „die Kuh zu melken", wie man hier sagt. Denn Drangey ist angeblich die Kuh zweier Trolle, die beim Versuch, den Fjord zu überqueren, von der Sonne überrascht wurden und mit der Kuh zu Stein erstarrten. Jedem Isländer ist Drangey als Schauplatz der *Grettis saga* bekannt, die von den Abenteuern Grettir Ásmundarsons berichtet, der im 10. Jh. lebte und berühmt war für seine Kraft und seinen Mut, aber auch für seinen Übermut und seine Streitsucht. Dass er half, ein Tal von einem bösen Geist namens Glámur zu befreien, wurde ihm zum Verhängnis. Sein Onkel Jökull hatte es kommen sehen: „Glück und Tapferkeit sind zwei grundverschiedene Dinge." Als Grettir den Geist niedergerungen hatte, verfluchte dieser ihn zu einem unglücklichen und einsamen Leben, ausgestoßen aus der Gesellschaft. In diesem Augenblick verließ Grettir das Glück und er zog den Rest seines Lebens als Geächteter umher. Die letzten Jahre seiner Verbannung verbrachte er auf Drangey, wo er im Kampf getötet wurde.

Weiterfahrt nach Skagaströnd: Hinter dem großen Hafen von Sauðárkrókur steigt die Str. 744 an und führt um den Tindastóll herum in das flache, enge und nur spärlich bewachsene Tal Gönguskörð. Nach 16 km knickt die Straße ab, um asphaltiert durch das wunderschöne Seitental Norðurárdalur mit verlassenen Höfen die Halbinsel zu durchqueren; für die Rundfahrt um die Halbinsel geht es nun auf der geschotterten Str. 745 weiter, die durch den feuchten Laxárdalur an die Küste führt. Von der Bucht Sævarlandsvík mit Steilküste und am Strand angeschwemmtem Treibholz bietet sich ein schöner Ausblick auf Drangey. Im weiteren Verlauf führt die Straße durch weitgehend karge Landschaft. Hierfür entschädigt anfänglich – gutes Wetter vorausgesetzt – das eindrucksvolle, durch den Fjord und die schneebedeckten Bergketten von Tröllaskagi geschaffene Panorama allemal. Mehr und mehr aber muss man sich auf eine steinige Weite und Endlosigkeit am Meer einstellen, die nur manchmal durch einen See, ein vorbeistreifendes Schaf, ein Feld mit lila Lupinen oder einen kleinen Hof inmitten grüner Wiesen und Gemüsefelder unterbrochen wird. Auch die Straße selber ist steinig und gemahnt zur Vorsicht.

Bei der steilen, von Vögeln bevölkerten Klippe *Ketubjörg* – wahrscheinlich Reste eines alten Vulkans – führt von der Straße ein ausgeschilderte Spazierpfad zum Ufer. Von hier aus ist die direkt vor der Küste aufragende Felssäule *Kerling* („Trollweib") zu sehen. Durch die sumpfige Hochebene Skagaheiði geht es dann weiter um die Nordspitze der Halbinsel mit steinigen Treibholzstränden. Kurz vor Víkur lohnt ein Stopp und kurzer Marsch entlang der eingezäunten Wiese zum Wasser, denn hier an der von Vögeln umschwärmten Küste liegen gerne Seehunde in der Sonne. Einen Abstecher ist auch die Bucht *Kálfhamarsvík* mit ihren 2 Mio. Jahre alten, prächtigen Basaltsäulen wert. Nach 1 km langer Zufahrt ist die Bucht erreicht; eine kleine Basaltsäulenformation liegt linker Hand, die eindrucksvollere ist jedoch nach einem Spaziergang um den Leuchtturm herum zu sehen, den man nicht auslassen sollte. Zu Anfang des 20. Jh. lebten noch etwa hundert Menschen in Kálfhamarsvík, aber mit der Depression in den 30er Jahren begann die Abwanderung; vor 1940 war die Bucht verlassen.

Mächtiger Besuch aus der Arktis ...

Das hatte es in Island 15 Jahre nicht mehr gegeben: Anfang Juni 2008 erblickte Þórarinn vom Hof Keldudalur in den Bergen nahe der quer über die Halbinsel Skagi führenden Straße einen Eisbären. Die Reaktion von Umweltministerium und Polizei sorgte für viel Unbehagen: Weil angeblich keine Narkosemittel zur Verfügung standen, wurde beschlossen, den Bären zu töten. Eine Behauptung, der der Hauptveterinär von Blönduós widersprach: Er hatte Narkotika im Kofferraum. Die Straße wurde auch nicht gesperrt und so standen schnell an die 60 Schaulustige an der Straße und sahen den Bären den Berg hinunter und auf sich zu laufen. Da wurde geschossen. Schon zwei Wochen später bestand die Möglichkeit, alles besser zu machen: An der Nordostküste von Skagi tauchte der nächste Eisbär auf. Experten von Dänemark wurden mit einem Käfig und der nötigen Ausrüstung eingeflogen, während der Bär sich auf dem Hof Hraun umsah. Aber als die Dänen gerade eingetroffen waren, trabte er auch schon wieder in Richtung Meer und begann wegzuschwimmen. Um zu verhindern, dass er anderswo wieder an Land kommen würde, wurde erneut geschossen.

Das Umweltministerium richtete zum Thema Eisbären eine Arbeitsgruppe ein, um zu entscheiden, wie beim nächsten Besuch eines weißen Riesen vorgegangen werden solle. Beschluss: Aus Sicherheits- und Kostengründen solle geschossen werden. Das wurde Anfang 2010 und im Mai 2011 ohne Zögern in die Tat umgesetzt, als sich erst im Þistilfjörður im Osten der Insel, dann in Hornstrandir in den Westfjorden erneut Eisbären an Land wagten.

Seit dem ersten Sichten eines Eisbärs auf der Insel im Jahr 890 wurden übrigens insgesamt 500 Besuche verzeichnet.

Mit Blick auf die Berge der Westfjorde geht es über die Fossá, die sich hier von den 20 m hohen Klippen ins Meer stürzt, weiter zum kilometerlangen Vogelfelsen *Króksbjarg*. Hinter Hróarsstaðir ist die Gegend wieder einfacher landwirtschaftlich zu nutzen und deshalb dichter besiedelt. In Steinnýarstaðir wurden bei der letzten Recherche in einem Holzhaus Kaffee, Kuchen und Kunsthandwerk angeboten (Fjallakaffi Gallerý, tägl. 14–17 Uhr).

Skagaströnd   (ca. 530 Einw.)

Der alte Handelsplatz und Fischerort, in dem der einzige wahre Cowboy Islands einen Country-Radiosender und ein Restaurant betreibt, liegt malerisch im Schutz des unter Naturschutz stehenden Vorgebirges Spákonufellshöfði („Wahrsagerinnenkuppe") in einer kleinen runden Bucht. Die Wahrsagerin Þórdís, die im 10. Jh. wohl die erste Siedlerin in Skagaströnd war und nach der der Berg benannt ist, ist seit Neuestem ein originiales Museum gewidmet (s. u.).

Skagaströnd hat einige besondere Attraktionen zu bieten

Information/Internet Keine Information, aber im Häuschen auf dem Zeltplatz hängt und liegt umfangreiches Infomaterial aus. Internet in der Galerie Djásn og Dúllerí.

Hin & weg Mo–Fr je 1-mal nach Blönduós, ✆ 5511166.

Versorgung Arzt/Apotheke, Autowerkstatt (✆ 8632689), Bank (mit Geldautomat) und Post (beide Mo–Fr 9.15–12.30 und 13.30–16 Uhr); Supermarkt Mo–Fr 9.30–18, Sa 10–14, So 13–17 Uhr; Borgarbraut 1.

Feste Am 3. Wochenende im August finden die Country Days statt, mit Konzerten (Country und Blues), Ausstellungen, Straßenmärkten, Spielen.

Kunsthandwerk Die Galerie Djásn og Dúllerí in einem Gebäude am Hafen lohnt den Besuch schon wegen der Atmosphäre. Die von etwa 30 Leuten aus der Gegend gefertigten Textilarbeiten, Bilder, Wollpullis, Kerzen, Marmeladen u. v. m. sind in der großen Halle liebevoll und schön auf antiken Möbeln und um diese herum arrangiert, es gibt eine gemütliche Sofaecke, Kaffee, ein Bücherregal – ein inspirierender Ort. Tägl. 14–18 Uhr. Einbúastíg 7.

Schwimmbad Freibad mit Hot Pot. Mo–Fr 9–12 u. 13–20, Sa/So 13–17 Uhr.

Übernachten Der Bau eines Hotels im Ort ist geplant.

Snorraberg, schönes, modernes und gemütliches Sommerhaus mit Bad und Kochecke für bis zu 7 Pers. ISK 22.000/Nacht.

✆ 5176200.

Sæluhúsin, kleines Sommerhaus mit 1 DZ, Schlafsofa und Platz für Matratzen auf der Galerie; Dusche. ISK 9600/Nacht. ✆ 7779848 und 6152161.

Camping Skagaströnd, ruhiger Zeltplatz mit Windschutz durch Hecken und Spielplatz an der Vetrarbraut am östlichen Ortseingang. WC, Warmwasser, beheizter Aufenthaltsraum mit Herd und Waschmaschine im modernen Sanitärhäuschen aus Holz (ohne Dusche), ISK 1000.

Essen/Café Café Bjarmanes, direkt am Wasser in stilvoll renoviertem Haus von 1911, das ehemals eine Schule beherbergte. Hier sitzt man in gemütlicher Atmosphäre an dunklen Holztischen mit Spitzendecken und genießt Kaffee, selbst gebackenen Kuchen, Sandwichs oder Suppen. 1. Juni bis 31. Aug. Di–Sa 12–20, So 12–18 Uhr. ✆ 4522840.

Kántrýbær, Oddagata, die einzige Countrybar in Island mit ein wenig Saloon-Atmosphäre. Bei Musik von Radio Kántrýbær, das aus der ersten Etage sendet, verschiedene Hamburger (besonders beliebt der „Cowboy of the North" für ISK 1800), Sandwichs, Pizza und ein paar Fleisch- und Fischgerichte. Am Wochenende manchmal Livemusik zum Tanzen. Tägl. 11.30–22, Bar Fr/Sa bis 3 Uhr. ✆ 4522950.

Imbiss an der Tankstelle, Mo–Fr 8–22, Sa/So ab 10 Uhr.

Wilder Westen in Skagaströnd

In die USA hat es Hallbjörn Hjartason, der 1935 in Skagaströnd geboren wurde, im Leben nur einmal geschafft. Seine Liebe für Countrymusic entwickelte er in Island, spielte selbst in Bands, nahm eigene Platten auf und gründete 1992 seinen Radiosender Útvarp Kántrýbær – den einzigen Country-Sender in Island. Der ist auf FM 96,7, 100,7 und 102,1 zwischen Akureyri und Blönduós zu hören und im selben Gebäude untergebracht wie Hallbjörns Restaurant und Bar Kántrýbær, wo es zum Bier Country-Sandwichs und Cowboy-Burger gibt. Im 1. Stock erfährt man in einer kleinen, neuen Ausstellung alles über Hallbjörns bewegtes Leben.

Museum der Weissagungen: In der weißen Halle gegenüber der Kirche (Eingang zur Wasserseite) betritt man die Galaxie. Kleine abgeteilte, stimmungsvoll gestaltete Bereiche laden die Besucher dazu ein, sich von Wahrsagerinnen die Zukunft voraussagen zu lassen – z. B. mithilfe kleiner Runensteine oder durch Lesen in der Hand oder in der Kaffeetasse. Man kann sich auch einfach im Rahmen der etwa 30-minütigen Führung über die vielen althergebrachten Methoden und Traditionen des Wahrsagens in Island unterrichten lassen. Dazu gehören so ungewöhnliche Dinge wie das Lesen der Wettervorhersage in den Därmen geschlachteter Schafe. Im hinteren Bereich erfährt man dann die in der *Kormáks saga* festgehaltene Geschichte der Wahrsagerin Þórdís, die im 10. Jh. in Skagaströnd lebte und als Hexe galt. Ein kreativ gestaltetes Museum, in dem auch Kinder ihren Spaß haben.
Spákonuhof: 1. Juni bis 31. Aug. tägl. außer Mo 11–17 Uhr; ISK 700. Mit Café und Galerie. Wahrsagen (20–30 Min., während der Öffnungszeiten) kostet ISK 2500. ✆ 8615089.

Leben in alter Zeit: Das kleine rote Haus links vor dem Café wurde 1899 gebaut und ist damit das älteste Haus in Skagaströnd. Nur zwei Familien wohnten hier, das letzte Paar zog 1980 aus. Original wieder hergerichtet und mit alten Möbeln und Gegenständen ausgestattet, gibt das Haus mit seinem alten Holzboden und dem Eisenherd Interessierten Einblick in das Leben vor hundert Jahren.
Árnes: Tägl. 13–16 Uhr, Eintritt frei. ✆ 4552700.

🥾 Wanderungen (→ Karte S. 460/461)

Im Naturschutzgebiet auf dem Vorgebirge Spákonufellshöfði (12): Zu diesem einfach zu gehenden, markierten, mit Infotafeln versehenen Pfad, der schöne Ausblicke auf Ort und Küste bietet und Rundwege unterschiedlicher Länge ermöglicht, fährt man am Schwimmbad vorbei und folgt der Schotterpiste nach links den Hang hinauf zum Parkplatz. Eine Karte mit den Wegen und viele Informationen findet man in der kostenlos ausliegenden englischsprachigen Broschüre „Spákonufellshöfði, Nature – Adventure – History".

Auf den Berg Spákonufell (13) (einfach, aber steil, 570 Höhenmeter sind zu überwinden; 646 m, 3 Std.): Der nach der Wahrsagerin Þórdís benannte Berg lässt sich leicht besteigen und bietet an klaren Tagen eine weite Sicht. Der Weg beginnt an der Str. 745 bei der Zufahrt zum Hof Brandaskarð (beim Golfplatz) nördlich des Orts. Eine Karte sowie genaue Informationen zu unterschiedlichen Wanderrouten auf den Berg und zum Berg selbst findet man in der kostenlos ausliegenden Broschüre „Spákonufell strahlt im Sonntagskleid".

Von Blönduós zum Hrútafjörður(Ringstraße)

Die 80 km auf der Ringstraße bis zur Kreuzung mit der Str. 61, die in die Westfjorde führt, sind wenig abwechslungsreich. Doch kleine Abstecher in die Seitentäler, zum ehemaligen Klostersitz Þingeyrar und zum Hóp verleihen der Fahrt durch den Bezirk Húnavatnssýsla ihren Reiz. Diese Abstecher werden am Ende des Kapitels beschrieben. Zu empfehlen ist zudem die Rundfahrt um die Halbinsel Vatnsnes mit ihren Seehunden (siehe S. 529)

Die ersten 45 km auf der Ringstraße hinter Blönduós führen von der Halbinsel Skagi zur kleinen Schwester Vatnsnes. Zwischen den Halbinseln bilden die Flüsse Víðidalsá, Vatnsdalsá und Blanda ein breites, fruchtbares Tieflandgebiet mit Schwemmland und Sanderflächen, Flüssen und Seen.

Wo die Str. 722 in den östlichen Vatnsdalur abzweigt, liegt am Eingang des Tales an der Westflanke des steilen Bergmassivs Vatndalsfjall die 4 km² große Hügelgruppe *Vatnsdalshólar*. Sie entstand vor mehreren tausend Jahren durch einen gewaltigen Bergrutsch am Vatndalsfjall. An der Abzweigung der Str. 721 nach Þingeyrar liegt der kleine Hain Ólafslundur mit Picknicktischen, nur wenig dahinter weist ein Schild bei einem Parkplatz auf die Hügelgruppe *Þrístapar* nördlich der Straße hin. Ein Fußweg führt auf einen der drei Hügel zu einem kleinen Gedenkstein, der an die letzte Hinrichtung in Island am 12.1.1830 erinnert, bei der die Mörder des Bauern Natan Ketilsson enthauptet wurden. Nördlich der Straße liegt der *Hóp*, kein See, sondern ein mit dem offenen Meer verbundenes Haff mit breiter Nehrung; seine Oberflächenausdehnung schwankt dementsprechend – abhängig von den Gezeiten – zwischen 29 und 44 km². Weiter geht es durch die grüne Region zum großen, flachen See Miðfjarðarvatn. Gegenüber vom Hof Gauksmýri lädt ein Vogelbeobachtungshaus dazu ein, mit dem Fernglas z. B. Singschwäne, Ohrentaucher und Odinshühnchen zu beobachten. Man gelangt dann an den kleinen Miðfjörður.

Auf Grettis Spuren – Dorf Laugarbakki und der Miðfjarðardalur: Das flache Tal Miðfjarðardalur (Str. 704) mit viel Landwirtschaft, das von einem der besten Lachsflüsse des Landes durchflossen wird, ist vor allem als Schauplatz zahlreicher Sagas interessant. Auf dem Hof Bjarg 8 km hinter dem kleinen Dorf *Laugarbakki* (hier keine Einkaufsmöglichkeit, nur Tanksäule) wuchs Sagaheld Grettir (siehe S. 521) auf. An ihn erinnern die kleine, felsige Anhöhe Grettisþúfa in der Hauswiese und der für seine Mutter Ásdís aufgestellte Gedenkstein mit vier Szenen. In ihnen ist z. B. dargestellt, wie Ásdís hier auf Bjarg von Grettis Feinden das Haupt ihres Sohnes entgegennahm, nachdem er und sein Bruder auf Drangey enthauptet worden waren. Im August findet hier und in Laugarbakki das Grettir-Festival mit buntem Programm für die ganze Familie in der Tradition der Saga statt, darunter natürlich Kräftemessen. In Laugarbakki wurde ein Freizeitpark zum Thema Grettir eröffnet, der v. a. im Rahmen des Festivals einen Besuch lohnt. Im dazugehörigen Gebäude ist eine Ausstellung zur Grettir geplant.

Hot Pot Im Gemeindehaus Laugarbakki, ISK 300 (bei der Tankstelle zahlen), für Übernachtungsgäste umsonst.

Kunsthandwerk Im Tankstellengebäude in Laugarbakki befindet sich das Hand-verkshúsið Langafit, in dem 40 Leute aus der Gegend ihre Handarbeiten (viele Wollwaren) anbieten. Tägl. 10–18 Uhr.

Im Gebäude beim Freizeitpark ist der **Spes Farmers Market** untergebracht. Hier gibt es ausgefallenes, hochwertiges Kunsthandwerk (z. B. Schmuck aus Pferdehuf) und regionale Köstlichkeiten wie Räucherfisch, Käse, Marmelade, Säfte. Kinder können sich im Zelt verkleiden und, wie einst isländische Kinder, mit Muscheln und Knochen spielen. Mi–So 12–18 Uhr.

Übernachten/Reiten Langafit, in Laugarbakki, nahe der Ringstraße und trotzdem ruhig und friedlich. Gästehaus im Gebäude bei der Tankstelle mit 14 Betten in 4 einfachen, aber sauberen Zimmern; Kochgelegenheit. Hot Pot und Dusche im Gemeindehaus nebenan im Preis inkl. ISK 5000, SSU ISK 3500. ✆ 4512987 und 8928487.

Brekkulækur 🟥 (FH), ca. 9 km von der Ringstraße; freundlicher, großer Reiterhof mit etwa 70 Pferden und über 30 Jahren Erfahrung. Bietet 7- bis 15-tägige Reittouren mit Packpferden, Teilnahme an Schaf- und

Pferdeabtrieb, auch 12 Tage Trekking sowie verschiedene Rundreisen, alles mit Deutsch sprechender Begleitung. Auf dem schönen Hof 14 gemütliche Zimmer für 26 Gäste, einige im uralten Teil des Hauses in der ehemaligen Molkerei oder Küche, im neuen Teil Zimmer mit Bad. Abendessen möglich. DZ mit/ohne Bad ISK 21.000/15.000. An der Str. 704, ✆ 4512938, brekka@nett.is, www.abbi-island.is.

Edda-Hotel, Laugarbakki; 28 DZ in meist großen, hellen Räumen ohne Bad. Dazu 30 SSU in Klassenzimmern. Im Restaurant Forelle frisch aus dem See und Lamm, immer ein Tagesgericht. ✆ 4444920, www.hotel edda.is.

Camping Laugarbakki, auf der Wiese bei der Tankstelle, mit Hecke, ISK 800/Pers. inkl. Hot Pot und Dusche im Gemeindehaus nebenan.

Weiterfahrt: Von Laugarbakki aus führt die Ringstraße weiter an den Hrútafjörður, den 36 km langen Übergang zwischen Nordisland und den Westfjorden.

Haifischfang im Heimatmuseum Reykir: In diesem Museum in einer riesigen Halle am Strand befinden sich u. a. eine originalgetreue *baðstofa*, ein Teil eines alten Farmhauses und eine umfangreiche Sammlung an Haushaltsgegenständen, Möbeln, Zierwerk, Kostümen etc., die Einblick in Leben und Arbeit in Vestur-Húnavatnssýsla geben. Der Clou ist „Ófeigur", ein offenes Boot aus Treibholz, mit dem bis 1915 zum Haifischfang gerudert wurde. Die dazugehörige, gut gemachte Ausstellung vermittelt ausführliche Informationen zum Haifischfang, der wohl schon zur Landnahmezeit ausgeübt wurde und im 17. und 18. Jh. wegen der großen Nachfrage nach Tran im gesamten Land florierte. Damals gab es entlang der gesamten Küste Fischereistationen, besonders im Nordwesten, und in den Westfjorden fuhren selbst die Bauern zum Haifischfang aus. 1916 ersetzten Motorboote die Ruderboote, um 1930 wurde der Haifischfang eingestellt.
Byggdasafn Húnavetninga og Strandamanna: 1. Juni bis 31. Aug. tägl. 10–18, sonst Di–Do 9.30–12.30 Uhr; ISK 800. Veränderungen an der Ausstellung in den nächsten Jahren sind möglich, auch ein Café ist geplant. ✆ 4510040/8634287.

Weiterfahrt: Am Ende des Hrútafjörður befindet sich eine wichtige Kreuzung: Die Ringstraße geht nun in den Süden des Landes, die Str. 68 führt hinauf in die Westfjorde, und wer zur Halbinsel Snæfellsnes möchte, kann sich von hier aus über die Straßen 68 und 59 auf den Weg in den Westen des Landes machen.

Hin & weg An der Raststätte Staðarskáli hält bis zu 3-mal tägl. der Bus von/nach Reykjavík und Akureyri. Dieser hält auf Anfrage auch in Víðigerði sowie an der Jugendherberge. ✆ 4511150.

Versorgung An der neuen, großen **Raststätte Staðarskáli** am Hrútafjörður Tankstelle, Geldautomat, ein paar Lebensmittel, Infobroschüren. Tankstelle auch bei **Víðigerði** an der Str. 1.

Reiten Gauksmýri 🟥 (FH) ist eine große Anlage an der Ringstraße östlich von Laugarbakki. Etwa 1-stündige Ausritte tägl. 10, 13, 16 und 18 Uhr, ab ISK 5000/Std. Besser vorbuchen. Sigga und Jói, denen ca. 70 Pferde gehören, bieten auch Reitunterricht (vorbuchen!) und Pferdeshows (für mind. 10 Pers.). Übernachtung auf dem Hof s. u. ✆ 4512927.

Übernachten Stóra-Giljá ⏸19 (FH), 12 km südlich von Blönduós, zwei Sommerhäuser am Hang über der Schlucht mit 6 Betten, Küche, Bad, Hot Pot. ISK 15.000. ✆ 4524294.

Viðigerði ⏸29, an der Tankstelle. Über dem Schnellrestaurant 8 einfache DZ (jedes soll ein eigenes Bad bekommen). DZ ISK 9000, SSU ISK 3500, Frühstück extra. ✆ 4512592, www.vidigerdi.is.

Nedra-Vatnshorn ⏸30 (FH), nahe der Abzweigung der Str. 711; ehemaliges Wohnhaus für 7 Pers; 3 Zimmer für 2–3 Pers. mit Waschbecken, Aufenthaltsraum, Dusche, Küche. Die deutsche Besitzerin mit Familie gibt Interessierten gern Einblick in das Leben auf dem Hof. DZ 80 €, SSU 23 €. ✆ 4512928, www.vatnshorn.is.

Gauksmýri Lodge ⏸31 FH), an der Ringstraße östlich von Laugarbakki; viele Zimmer in hübschen Farben: 5 DZ und 2 EZ mit Waschbecken, 18 DZ und 2 EZ mit Bad, ein großes Familienzimmer. Auch ein Apartment für 5–6 Pers. mit Bad und Küche. Schöner Speiseraum mit großer Fensterfront; im Sommer abends vielfältiges Grillbüfett. Alles ist mit Stil dekoriert, es lässt sich unschwer erkennen, dass dies ein Pferdehof ist. DZ mit/ohne Bad ISK 22.000/15.000. ✆ 4512927, gauksmyri@gauksmyri.is, www.gauksmyri.is.

Staðarskáli country hotel (FH), am südlichen Hrútafjörður an der Str. 701, 5 km von der Ringstraße. 26 gut möblierte DZ mit Bad, Aufenthaltsraum mit Klavier. Abendessen (vorher anrufen). DZ ISK 17.900. ✆ 4511190, stadur@stadarskali.is, www.stadarskali.is.

JH Sæberg, in Reykir direkt am Wasser unendlich friedlich gelegen. 32 Betten in sauberen Zimmern mit 2–6 Betten, Küche, Aufenthaltsraum mit Sofas, Hot Pot. JH-Mitglieder ab ISK 2500, sonst ab ISK 3100. Zusätzlich 2 Sommerhäuser für 4/5 Pers., ISK 10.000/13.500. ✆ 8945504.

Camping Sæberg, auf der Wiese vor der JH, mit ganz neuem Gebäude mit modernen sanitären Einrichtungen und Essraum mit Kochgelegenheit. ISK 1000/Pers. inkl. Dusche und Hot Pot.

Essen Víðigerði, gemütliches Schnellrestaurant. Neben den obligatorischen Burgern und Sandwichs ein wechselndes Tagesgericht, Suppe, ein paar Thai-Gerichte, isländisches Frühstück, Kaffee und Kuchen. 8–22 Uhr, Fr/Sa oft länger.

Die große Raststätte **Staðarskáli** am Westufer des Hrútafjörður hat das typische Fastfood der N 1-Tankstellen. 8–23.30 Uhr.

🚶 Wanderung   (→ Karte S. 460/461)

Zu den heißen Quellen bei Hveraborg (14) (einfach, nur hin 2 Std.): Macht man am Ende des Hrútafjörður den kleinen Umweg über die Str. 701, kommt man 1,5 km südlich des Gästehauses Staðarskáli zum Weg nach Hveraborg, der genau vor der Brücke über die Síká in Richtung Hochland abgeht. Die Quellen liegen in einer stillen Gegend am Fuße des Sléttafell. Wer dort baden oder ausruhen möchte, kann 11,5 km (ca. 30 Min.) mit dem Auto fahren, lässt dieses dann am Zaun stehen und läuft noch etwa 1½ Std. einen markierten Weg. Eine Hütte bietet kostenlos Übernachtungsmöglichkeit für bis zu 10 Pers.

Abstecher in die grünen Täler und nach Þingeyrar

Imposante Ausblicke im Vatnsdalur (Str. 722): Das 25 km lange, schmale und saftig grüne Tal mit mehreren Hainen und reichem Vogelleben zählt zu den schönsten Islands. Die zu beiden Seiten des Lachsflusses Vatnsdalsá verlaufende Str. 722 lädt zu einer 48 km langen Rundfahrt ein. Es ist empfehlenswert, die Rundfahrt an der Westseite des Flusses zu beginnen, da man dann mit herrlichem Blick auf die bis zu 1000 m hohen Gipfel des Vatnsdalsfjall auf der anderen Flussseite in das Tal hineinfährt. An vielen Stellen laden Informationstafeln zu einem Stopp ein. Wer sich zudem für die Geschichten interessiert, die sich laut *Vatnsdæla* saga in der Gegend zugetragen haben sollen, für den lohnt die Anschaffung der „Vatnsdæla Saga Heritage Map".

Die Hügelgruppe Vatnsdalshólar am Taleingang ist nicht die einzige Spur, die ein Bergrutsch hier hinterlassen hat: Der Bauernhof Hnausar wurde auf Hügeln und Geröllhalden errichtet, die 1545 aus dem Berg fielen, und der See Flóðið einige Kilometer weiter entstand 1720, als eine Steinlawine den Fluss staute. Durch den aufgeforsteten Hain mit Laubbäumen, der zu Ehren der Tochter des ersten Siedlers, Þórdis Ingimundurdóttir, hier angelegt wurde und in dem man schön picknicken kann, kommt man zum Hügel *Hnjúkur* (111 m) beim gleichnamigen Hof. Von hier bietet sich ein schöner Ausblick. Vor dem Hof Kornsá II liegt ein unter Naturschutz stehende, tiefe Teich *Kattarauga*. Seine Besonderheit sind schwimmende Inseln; sie fallen aber erst auf den zweiten Blick auf. Beim Fluss Álftaskálará dreht die Str. 722 ab, überquert eine eindrucksvolle Schlucht und schlängelt sich ans Osttufer der Vatnsdalsá. Rechts zweigt die Stichstraße nach Sunnuhlíð ab; gegenüber dieses Hofes stehen auf einem Hügel die Ruinen von *Þórhallastaðir*, wo Sagaheld Grettir seinen verhängnisvollen Kampf mit dem Gespenst Glámur ausgetragen haben soll. Auf der Str. 722 kommt man nach Hof.

Schweinetal und Widderfjord

In Hof soll sich 865 der erste Siedler im Vatnsdalur, *Ingimundur gamli* aus Norwegen, niedergelassen haben. Er ist verantwortlich für zahlreiche Ortsnamen in der Gegend: Im Svínadalur ließ er laut Landnahmebuch seine Schweine weiden, am Hrútafjörður soll er Schafböcke ausgemacht haben. Das Húnavatn taufte er „See der jungen Bären", als er auf ihm eine Eisscholle mit zwei jungen Eisbären und ihrer Mutter entdeckte.

Übernachten Hof 🅷🅷 (FH), tief im Tal an der Ostseite. Auf großer Schaffarm mit Pferdezucht in einem neuen Anbau 10 großzügige, moderne und komfortabel eingerichtete DZ (zwei ohne Ausblick wegen der vor dem Fenster aufragenden Heusilos), auf der Terrasse Hot Pot. Küche, großer Speisesaal. Die Besitzer wissen viel über Wandermöglichkeiten in der Gegend und geben gern Informationen. DZ mit/ohne Bad ISK 14.00/11.000. ✆ 4524077, hof@simnet.is, www.hof-is.com.

Graue Steinkirche Þingeyrar (Str. 721): Die Str. 721 ist die 6 km lange Zufahrt nach Þingeyrar, dem wohl geschichtsträchtigsten Hof des Bezirks. In der Sagazeit kamen hier zwischen Hóp und Húnavatn die Goden der Umgebung zum Þing zusammen; 1133 wurde in Þingeyrar das erste Kloster des Landes gegründet. Rasch entwickelte es sich zu einem der führenden Bildungszentren des Landes, in dem zahlreiche Sagas niedergeschrieben wurden. Das Kloster fiel der Reformation zum Opfer, von der einstigen Bedeutung des Hofes aber zeugt die weithin sichtbare Kirche. Sie wurde 1864–77 aus unbehauenem, grauen Bruchstein und Kalk erbaut; die Steine kamen von der anderen Seite des Hóp und wurden im Winter mit dem Schlitten die 8 km über das Eis des zugefrorenen Haffs gezogen. Die Kirche birgt einige Schätze, z. B. das Altarbild aus Alabaster, einst ein Flügelaltar, von dem man annimmt, dass er im 15. Jh. aus Nottingham in England nach Þingeyrar kam. Die Kanzel stammt wahrscheinlich aus den Niederlanden; gemeinsam mit dem Taufbecken wurde sie der Kirche im späten 17. Jh. vom damaligen Bezirksverwalter zum Geschenk gemacht, dessen Grabstein im Vorraum der Kirche aufbewahrt wird. Auf dem Altar und an den Wänden befinden sich Kerzenständer und andere Silbergenstände aus dem späten 17. und 18. Jh.

Tägl. 10–17 Uhr, nur im Rahmen einer Führung zu besichtigen; ISK 400. Neben der Kirche steht ein Informationszentrum (selbe Öffnungszeiten), in dem u. a. Tafeln mit Texten und Bildern von der Geschichte des Klosters und der Kirche berichten. Es gibt auch Kaffee.

Zur Schlucht im Víðidalur (Str. 715): Bei der Víðidalsá biegt die 15 km lange Ringstraße 715 in den breiten Víðidalur ab, der durch den fast 1000 m hohen Bergzug Víðidalsfjall begrenzt wird. Der Abstecher lohnt für die imposante Schlucht *Kolugljúfur* mit dem verzweigten Wasserfall *Kolufossar* tief im Tal und für den Wasserfall *Kerafossar* in der Fitjaá kurz vor Wiedererreichen der Ringstraße 1. Zur Schlucht gelangt man, indem man im Talinneren dort, wo die Straße bei der Brücke eine spitze Kurve macht, der Ausschilderung „Viðidalstunguheiði" folgt. Nach 2 km wird bei der Schlucht ein schöner Picknickplatz erreicht. Berühmt ist der kleine Víðidalur vor allem für den bedeutenden Pfarrhof Víðidalstunga an der Westseite, wo um 1390 die Flateyjarbók niedergeschrieben wurde: die umfangreichste aller mittelalterlichen isländischen Handschriften. Später wohnte hier Páll Víðalín (1667–1727), der gemeinsam mit Árni Magnússon (1663–1730) von 1702–12 die erste Volkszählung Islands durchführte und dabei das Bauernhofregister Jarðabók erstellte.

Vom Hof Dæli führt ein am Anfang markierter, einfacher Wanderweg zu einem Wasserfall mit natürlichem Steinbogen *(Steinbogi)*. Start ist hinter der Kuppe (ca. 1½ Std.).

Übernachten/Essen   »» Unser Tipp: **Dæli 34** (FH), an der Str. 715; schöne Anlage mit verschiedenen Übernachtungsmöglichkeiten, besser vorbuchen. Die nette Besitzerin Sigrún serviert im Kaffi Sveitó ab 13 Uhr Kaffee, Kuchen und Waffeln, ab 18 Uhr Abendessen. 10 DZ mit Bad, ISK 18.800; im ehemaligen Farmhaus 4 DZ ohne Bad, ISK 13.000; Küche und Aufenthaltsraum unter Dachschrägen. Ein gemütliches Sommerhaus für 4–6 Pers. mit Bad und Kochgelegenheit, ISK 13.000/Nacht. 6 Hütten für 4 Pers. mit WC und Kaltwasser, SSU ISK 7000. Für diese Hütten und die Zelter ein Servicehaus mit WCs, Duschen, Speiseraum, Kochecke. Camping am Hang mit Windschutz durch Bäume ISK 900/Pers. Hot Pot und Sauna. ℡ 4512566, daeli@daeli.is, www.daeli.is. «««

Halbinsel Vatnsnes (Str. 711)

Die 82 km lange Rundfahrt auf der Schotterstraße 711 führt zu beeindruckenden Felsformationen, historischen Plätzen, von Seehunden belagerten Sandbänken und zum Robbenzentrum in Hvammstangi.

Am Schwemmland um die Haffs und Flüsse hält die Straße an der Ostseite der Halbinsel auf den Strandsee Vesturhópsvatn zu. Am Südwestende des Sees erinnert ein Gedenkstein an die einstige Bedeutung des Pfarrhofes *Breiðabólsstaður.* Hier wurden 1117/18 erstmals die Gesetze des isländischen Freistaates niedergeschrieben und hier richtete der letzte katholische Bischof, Jón Arason, um 1530 die erste Druckerei Islands ein. Schon von weitem ist am Ostufer des Vesturhópsvatn die gewaltige Felsenburg *Borgarvirki* auf dem 177 m hohen Hügelrücken zwischen Vesturhóp und Víðidalsá zu sehen, die über die Straßen 716/717 mit kurzen, aber heftigen Anstiegen und Abfahrten bis 14 % zu erreichen ist. Beim Hügel *Ingimundarhóll* an der Str. 717, 1,5 km nördlich der Kreuzung mit der Str. 716, soll sich der erste Siedler im Tal, Ingimundur gamli, vorübergehend niedergelassen haben, bevor er in den Vatnsdalur zog (siehe S. 528). Nordöstlich des Hügels sind noch Gebäudereste

Akureyri und der Nordwesten → Karte S. 460/461

Der markante Felsen Hvítserkur

zu erkennen (Infotafel am Parkplatz). Die kurvenreiche Straße führt hoch zur Felsenburg. 10–15 m hohe Basaltsäulen, stellenweise durch Steinwälle noch erhöht, umfassen eine runde Senke; die Öffnung im Osten wurde durch eine aus Steinen aufgeschichtete Wand geschlossen. Wer diese Festungsanlage errichtet hat, in der noch die Ruinen von zwei Häusern und einem Brunnen stehen und die in zwei Sagas erwähnt wird, ist unklar. Vielleicht war sie gar nicht zu Verteidigungszwecken gedacht, sondern diente als Schafspferch. Sie stammt wohl aus dem 10. oder 11. Jh. Um 1950 wurden die Wälle erneuert, und vom Parkplatz aus ist die Festung jetzt über eine Treppe leicht einzunehmen. Von oben bietet sich ein wunderbarer Rundblick.

Mit bis zu 18 % Gefälle und kurzen, bis zu 14-prozentigen Anstiegen und Abfahrten geht es dann zurück auf die Str. 711. Sie begleitet das 6 km lange, schmale Haff *Sigríðarstaðavatn*, das an der Ostseite von sehenswerten, 50–80 m hohen Felswänden gesäumt ist. Auf den Sandbänken an der Mündung des Haffs räkeln sich häufig Seehunde in der Sonne. Kurz hinter der Jugendherberge führt eine mit normalem Pkw zu befahrende, kurze Jeeppiste zu einem Parkplatz. Von hier aus geht es zum einen geradeaus an den Strand, von dem aus man (am besten mit dem Fernrohr) gut die etwa 50 m entfernt liegenden Seehunde betrachten kann, zum anderen nach links zum *Hvítserkur*, einem 15 m hohen, durch die Brandung an zwei Stellen ausgehöhlten Basaltfelsen. Er ist Nistplatz von Dreizehenmöwen und Eissturmvögeln und sieht aus wie ein wasserschlürfender Dinosaurier. (Man erreicht ihn auch vom Beobachtungsplatz der Seehunde aus am Strand entlang und kann bei ihm die Küste wieder hochklettern und zurück zum Parkplatz gehen, ein Rundweg ist also möglich.)

Am spitzen Kap der Halbinsel steht der verlassene Hof *Hindisvík*, ehemals eine Fischfangniederlassung an der gleichnamigen Bucht. Einst lebte hier der Pfarrer und Dichter Sigurður Norland (1885–1971), der die Seehundjagd in der Bucht verbot. Passenderweise war Hindisvík danach lange Zeit für seine große Seehundkolonie bekannt und beliebt. Weil diese durch unangemessenes Verhalten von Besuchern und insgesamt zu viele Touristen Schaden nahm, ist der Zugang jedoch seit einigen Jahren zum Schutz der Seehunde verboten.

Mit Blick auf die Westfjorde gelangt man dann durch fast menschenleeres, feuchtes Gebiet entlang der felsigen und zerfurchten Küste mit Kiesstränden voller Treibholz nach *Illugastaðir*, wo 1828 ein Mord geschah, der zur letzten Hinrichtung in Island führte. Heute lässt sich hier, wo zahlreiche Eiderenten brüten (deshalb 1. Mai bis 20. Juni. kein Zugang), ein schöner, knapp 1 km langer Spaziergang zur Küste unternehmen, vor der normalerweise viele Seehunde zu sehen sind (um ISK 200 wird gebeten; in eine Box werfen). Hier steht auch ein kleines, mit Ferngläsern ausgestattetes Beobachtungshäuschen. Auf dem Hof kann man zudem Kaffee trinken und zelten (s. u.). Wenige Kilometer weiter ist kurz vor dem Hof Svalbarð der Weg zu einer weiteren Seehundsbank ausgeschildert. Über die Weide gelangt man schnell zu einem Picknickplatz und zum Treibholzstrand.

600 m hinter dem Hof Sauðá liegt malerisch zwischen Felsen und Fjord eingeklemmt der Schafpferch *Hamarsrétt* – für den, der ihn genauer ansehen will, heißt es Vorsicht vor attackierenden Seevögeln. Kurz vor dem Leuchtturm befindet sich am Wasser die heiße Quelle Skarð in der Gezeitenzone und kurz darauf lohnt ein kurzer Abstecher über die Pferdekoppel hinunter zur spitzen, von Seevögeln bevölkerten Felszinne *Ánastaðastapi*. An der Felswand Káraborg (476 m) vorbei, die für eine weite Aussicht einen Aufstieg lohnt, wird dann 6 km vor der Ringstraße Hvammstangi erreicht.

Übernachten »› Unser Tipp: JH Ósar, ca. 30 km nördlich der Ringstraße. Große, gemütliche Herberge mit viel Holz in fantastischer Umgebung, gehört zu einem Bauernhof mit Pferden und Kühen auf der anderen Straßenseite. Eine der beliebtesten Jugendherbergen in Island mit sehr netter Leitung. 33 Betten in Zimmern bis zu 7 Pers.; Küchen und Blick auf die Sandbank. Am Wasser noch drei hübsche, moderne Holzhäuschen mit je drei Zimmern für 2–4 Pers., Küche, Bad. Frühstück in gemütlicher mongolischer Jurte. JH-Mitglieder ab ISK 3000, sonst ab ISK 3500. ✆ 8622778. ««

Camping Illugastaðir, Zeltplatz mit WC und Warmwasser, Dusche geplant. ISK 750/Pers.

Essen Illugastaðir, gemütliches Café im Bauernhaus, hier Kaffee und selbst gebackener Kuchen. Tägl. 14–18 Uhr.

Geitafell, gut 3 km nördl. von Hvammstangi; in der ehemaligen Scheune hinter dem grassodengedeckten Wohnhaus der Besitzer stilvoll dekoriertes Restaurant mit kleiner, feiner Auswahl: Fischsuppe, Gemüsesuppe, Salat. Im Turm daneben kleines Museum. 1. Juni bis 31. Aug. tägl. 11–22 Uhr. ✆ 8612503.

Hvammstangi   (ca. 580 Einw.)

Wer nach Hvammstangi kommt, wird freundlich begrüßt – an der Abzweigung in den Ort strahlt ein fröhliches Paar aus Stein. Im Ort selber lohnen das Robbenzentrum und die Galerie einen Besuch und es gibt ein schönes Café. Beim Zeltplatz steht an einem Bächlein die Rekonstruktion einer kleinen, historischen Wassermühle. Die graue Kirche von 1882, ebenfalls am Zeltplatz, befindet sich unter Obhut des Nationalmuseums. Ein schöner Spazierweg führt vom Ort aus am Bach entlang.

Information/Internet Im Robbenzentrum, 1. Juni bis 31. Aug. tägl. 9–18, bis 15. Sept. Mo–Fr 10–14 Uhr.

Hin & weg Bus ab Tankstelle nach/von Reykjavík und von/nach Akureyri bis zu 3-mal tägl. ✆ 4512465.

Versorgung   Arzt/Apotheke, Alkoholge-schäft, Autowerkstatt (☎ 4512934), Bank (mit Geldautomat), Post, Supermarkt (Mo–Do 9–18, Fr 9–19, Sa 11–18, So 12–16 Uhr; Strandgata). Kiosk und ein paar Lebensmittel auch in der Tankstelle.

Festival   An 5 Tagen Ende Juli findet das Festival der Jugend „Húnaþing in Flammen" mit künstlerischen Darbietungen statt.

Galerie   Gallerý Bardúsa, im Wellblechhaus mit roten Fensterrahmen, einem alten Lagerhaus, am Hafen. Schönes Kunsthandwerk von über 200 Leuten und von guter Qualität, z. B. Tonwaren, Wollwaren, Textilien. Im hinteren Teil ist ein original Kramladen, als Museum zugänglich (Eintritt frei), der von 1910 bis 1970 im Gebäude hinter diesem von Kakao und Knöpfen über Hosenträger und Geschirr bis zu Puppen und Schneeschuhen alles verkaufte. Oben sind alte Haushaltsgeräte und kleine Modelle von Häusern in Hvammstangi ausgestellt. Mo–Fr 10–18, Sa/So 11–17 Uhr. Brekkugata 4, ☎ 4512405.

Leirhús Grétu, private Galerie 5 km südlich von Hvammstangi und 1 km nördlich der Ringstraße (Litli Ós). Im kleinen Holzhaus bietet Gréta ihre schöne und hochwertige Keramik- und Glaskunst an, darunter Bilder, Schalen und Kerzenständer. Mo–Fr 13–18, Sa 13–16 Uhr.

Schwimmbad   Freibad mit Hot Pot und Sauna. Mo–Fr 7–21, Sa/So 10–18 Uhr. V/ Hlíðarvegur.

Touren   Selasigling bietet verschiedene Bootstouren an: tägl. 10 und 13 Uhr zu den Seehundsbänken, 1¾ Std., ISK 7500; tägl. 16 Uhr zum Meeresangeln, 2–3 Std., ISK 9200; tägl. 23 Uhr Mitternachtstouren, mind. 4 Pers., 2–3 Std., ISK 7500. ☎ 8979900, www.sealwatching.is.

Wollwaren   Kidka ist ein Fabrikladen am

Wasser mit schönen, maschinengestrickten Wollwaren. Mo–Fr 8–18 Uhr. Höfðabraut 34.

Übernachten   》》 Unser Tipp: **Gistiheimili Hanna Sigga**, beliebtes Gästehaus am Hang bei äußerst netten Leuten; 6 hübsche Zimmer mit Waschbecken und großem, lichtdurchflutetem Aufenthaltsraum mit Sitzecken, TV und Blick auf Garten und Fjord; zwei Bäder, Küche. Ein ganzes Geschoss für Gäste. Garten kann mitbenutzt werden, ebenso der Hot Pot auf der Terrasse. Frühstück auf der Veranda mit Ausblick. Waschmaschine. Bei Vorbestellung Abendessen. DZ ISK 10.500, SSU ISK 3500/Pers. Garðávegur 26, ☎ 4512407/8612207, gistihs@ simnet.is, www.simnet.is/gistihs. 《《

Das Gästehaus und Restaurant an der Norðurbraut 1 wechselt ständig den Besitzer und kann nicht empfohlen werden.

Camping   Hvammstangi, großer, ruhiger Zeltplatz etwas außerhalb oberhalb des Orts bei Sportplatz, Friedhof und kleiner Kirche; ISK 800/Pers. Windschutz durch Hügel und Hecken. Duschen, Waschmaschine, Kochgelegenheit und Aufenthaltsraum.

Essen   Hlaðan Kaffihús, sehr gemütliches Café unten am Wasser in einem ehemaligen kleinen Stall. Neben selbst gebackenem Kuchen und Waffeln gibt es auch leichte Gerichte wie Lasagne, Panini und Suppe. 1. Juni bis 31. Aug. 9–21, So ab 19 Uhr. Brekkugata 2, ☎ 4511110.

Sjoppan, ein besonderer, da privat und mit Herzenswärme geführter Tankstellen-Imbiss. Neben Hamburgern, kalten und warmen Sandwichs und Pizza gibt es Suppe des Tages und Mo–Fr ein wechselndes hausgemachtes Gericht für ISK 1300 inkl. Suppe. Auch Kaffee (umsonst!) und Gebäck. 8–22, Sa/So ab 10 Uhr.

Das isländische Robbenzentrum: Im großen roten Gebäude am Wasser erfährt man alles über die Meeressäuger, die man bei der Rundfahrt um die Halbinsel beobachtet hat – welche Arten es hier gibt (mit Ausnahme des Walrosses zählen sie alle zu den Seehunden, einer Unterfamilie der Robben), wie sie sich paaren und ihre Heuler aufziehen, wie sie ihre Nahrung beschaffen, wie sie gejagt werden, zu welchen Produkten sie verarbeitet werden und vieles mehr. Auch welche Märchen sich um Robben ranken und welche Bedeutung sie im Volksglauben haben, steht auf den Tafeln. Außerdem lassen sich hier zahlreiche Seehunde – ausgestopft – mal ganz genau ansehen. Im Nebenraum ist ein Film zu sehen.

Selasetur Íslands: 1. Juni bis 31. Aug. tägl. 9–18 Uhr, dann bis 15. Sept. Mo–Fr 10–14 Uhr; ISK 900. Strandgata 2, ☎ 4512345, www.selasetur.is.

Der Westen

Höher hinauf gelangte man in sumpfiges Gelände mit Grasinseln. Dort gibt es Rinnsale und Sümpfe mit Moos, und Rasenschmiele. Wollgrassunde. Noch weiter oben ein Bach, der durch das Heideland fließt, oberhalb der heidebewachsenen Böschung. Manchmal verschwindet er und kommt dann sprudelnd wieder heraus mit leisem Murren und abgebrochenem Schwatzen. Am Ufer steht ein kleiner schlanker Pilz, weiß mit einem roten Fleck mitten auf dem Hut, als ob Blut aus einer Volkssage darauf gespritzt wäre.

(Thor Vilhjálmsson, in: Das Graumoos glüht)

Der geschichtsträchtige Westen – die fruchtbarste Region des Landes – kann mit einem der schönsten Fjorde Islands aufwarten.

Sattes Wiesengrün durchbricht immer wieder die harten Schwarz- und Grautöne der Lava und lässt die Landschaft ungewöhnlich sanft erscheinen. Die Gegend ist seit der Landnahmezeit besiedelt und Schauplatz einiger der bekanntesten isländischen Sagas. Auf der asphaltierten Ringstraße sind die knapp 200 km zwischen dem Hrútafjörður und Reykjavík schnell zurückgelegt; durch den Tunnel unter dem Hvalfjörður kann die Strecke sogar noch verkürzt werden. Jedoch gilt: Der Reiz der Region wird nur auf den Nebenstrecken erfasst. Diese führen zum historischen Ort Reykholt, durch schöne Flusstäler, zu beeindruckenden Höhlen und um den spektakulären „Walfjord".

Tipps zur Region: Schöne **Übernachtungsmöglichkeiten** sind die Höfe Hraunsnef (wo sich auch gut essen lässt) an der Ringstraße zwischen Borgarnes und dem Hrútafjörður (S. 536), Kiðafell am Hvalfjörður (S. 558) und Steindórsstaðir bei Reykholt (S. 541) sowie Hvítarbakki (S. 548) und Jaðar (S. 548) auf halbem Weg zwischen Borgarnes und Reykholt. In Borgarnes ist das gleichnamige Bed & Breakfast zu empfehlen (S. 538), in Akranes das Hostel (S. 551). Wer es edel mag, sei auf das Hótel Glymur am Hvalfjörður hingewiesen (S. 558). Gute **Restaurants** sind das Galito in Akranes (S. 552) und das Restaurant im Landnahmezentrum Borgarnes (S. 538). Der beste Ort für **Wollwaren** ist Ullarselið in Hvanneyri bei Borgarnes (S. 537). Die **Höhlen** im Hallmundarhraun (S. 546) lohnen einen Besuch; Kultur- und Geschichtsinteressierte sollten Reykholt (S. 541) und dem Landnahmezentrum in Borgarnes (S. 539) einen Besuch abstatten.

Vom Hrútafjörður nach Borgarnes   (Ringstraße, 85 km)

Über eine sumpfige Hochebene und vorbei an zwei der wenigen Vulkane Islands, die nicht in der vulkanisch aktiven Zone liegen, geht es durch eine ruhige Gegend zur Heimat des Sagahelden Egill.

Hinter dem Fjord steigt die Straße stark an. An der steilen Schlucht Miklagil steht eine zementierte Steinwarte im Gedenken an das dänische Königspaar, das sich 1936 über die hier beginnende, von kleinen Seen und Wasserfällen durchsetzte

Historische Lagerhäuser in Borgarnes

Hochebene Holtavörðuheiði wagte. Entlang des Berges Tröllakirkja (1001 m) führt die Straße auf die Passhöhe in 407 m Höhe, von der sich – gutes Wetter vorausgesetzt – eine herrliche Sicht bis zu den Gletschern Eiríksjökull und Langjökull bietet.

Nach der Fahrt entlang des Snjófjöll (808 m) bergab in den Norðurárdalur taucht rechter Hand der steile, 934 m hohe Rhyolithberg *Baula* auf. Wegen seiner tadellosen Kegelform wird er manchmal als der schönste und interessanteste Berg Islands bezeichnet. Am anderen Ufer windet sich ein schmaler Pfad auf und ab und vermittelt einen Eindruck davon, wie mühsam es noch Anfang des vergangenen Jahrhunderts war, über den Pass zu kommen – dieser für Pferdewagen angelegte Fahrweg („Katzenbuckel") war nach 1930 der Hauptverbindungsweg nach Akureyri. Etwa 8 km vor der Kirche Hvammur verläuft dieser Weg über eine enge Brücke, ein typisches Beispiel für die ersten isländischen Betonbrücken (Parkplatz mit Infotafel).

Hinter der Abzweigung der Str. 60 hockt rechts das imposante Hraunsnefsöxl mit hohen Steilwänden (ein Aufstieg dauert etwa 2 Std., der Weg ist markiert), dann beginnt das Grábrókarhraun. Dieses mit dichtem Moos und Sträuchern bedeckte Lavafeld ist das östlichste, das der Vulkanismus auf der Halbinsel Snæfellsnes hervorgebracht hat, und das einzige zwischen Akureyri und Reykjavík, das nach der letzten Kaltzeit, vor weniger als 3000 Jahren, geflossen ist. Die hierfür verantwortlichen Krater, Grábrók und Grábrókarfell (ein weiterer wurde bei Straßenarbeiten abgebaut), sind von einem Parkplatz kurz hinter der Str. 528 zu besteigen. Seit 1961 stehen sie unter Naturschutz, weshalb man sich strikt an die vorgegebenen Wege zu halten hat.

Am Forellensee Hreðavatn inmitten von Birkenstrauchvegetation und Sommerhauskolonien vorbei gelangt man durch das von zahlreichen, dem Borgarfjörður zuströmenden Flüssen durchzogene Tiefland zur Str. 50 nach Reykholt. Von hier sind es noch knapp 20 km durch sanft hügelige Landschaft bis nach Borgarnes.

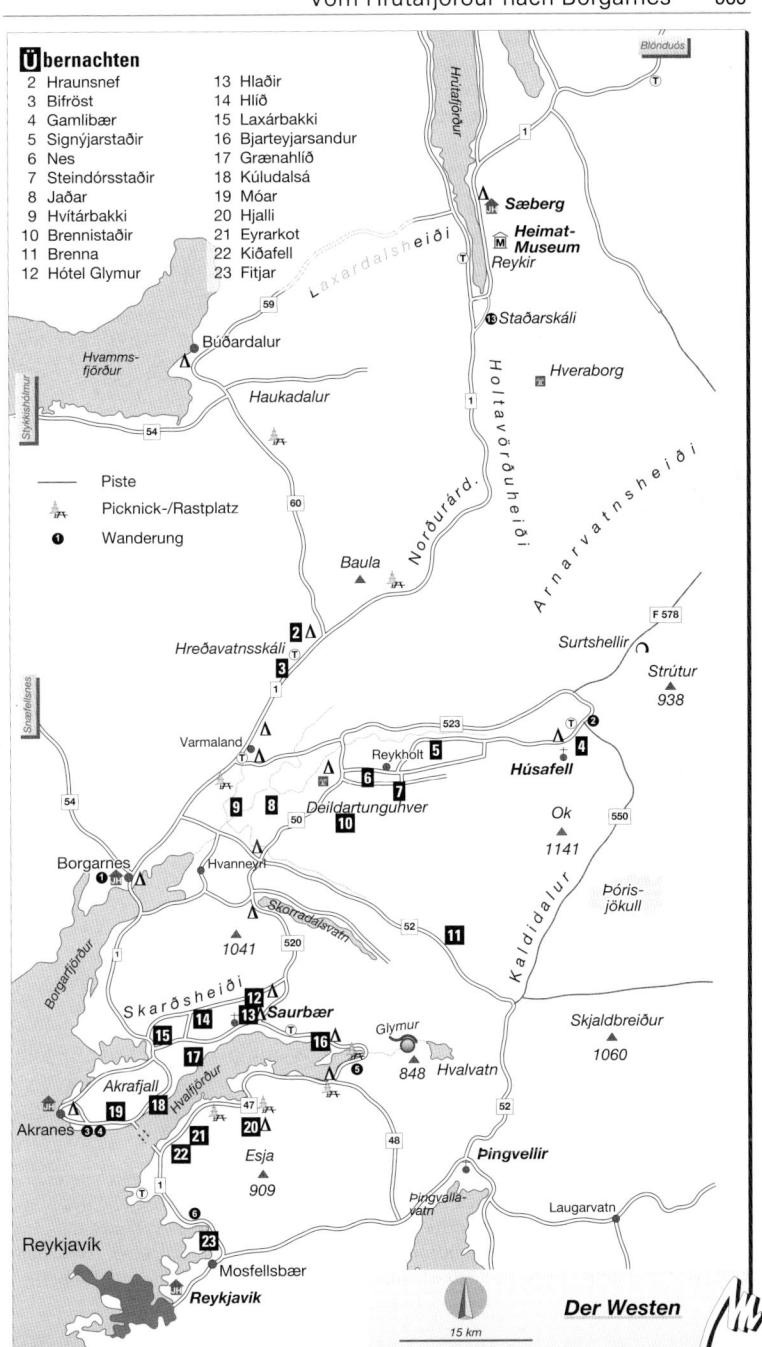

Übernachten

2 Hraunsnef
3 Bifröst
4 Gamlibær
5 Signýjarstaðir
6 Nes
7 Steindórsstaðir
8 Jaðar
9 Hvítárbakki
10 Brennistaðir
11 Brenna
12 Hótel Glymur

13 Hlaðir
14 Hlíð
15 Laxárbakki
16 Bjarteyjarsandur
17 Grænahlíð
18 Kúludalsá
19 Móar
20 Hjalli
21 Eyrarkot
22 Kiðafell
23 Fitjar

Blönduós

Hrútafjörður

Laxardalsheiði

Sæberg

Heimat-Museum
Reykir

Staðarskáli

Hveraborg

Holtavörðuheiði

Hvamms-fjörður

Búðardalur

Stykkishólmur

Haukadalur

59

54

— Piste

🌲 Picknick-/Rastplatz

❶ Wanderung

60

Baula

Norðurárd.

Arnarvatnsheiði

F 578

Surtshellir

Strútur
938

Hreðavatnsskáli

2

3

1

523

Reykholt

5

Húsafell

4

2

Snæfellsnes

54

Varmaland

9 8

Deildartunguhver

6

7

10

50

Ok
1141

550

Borgarnes

❶

Hvanneyri

Skorradalsvatn

1041

520

52

11

Kaldidalur

Þóris-jökull

Skarðsheiði

12

14 13 Saurbær

15

17

16

Glymur

848 Hvalvatn

Skjaldbreiður
1060

Akrafjall

19

18

5

52

Akranes ❸❹

Hvalfjörður

47

20

48

22

21

Esja
909

Þingvellir

Þingvalla-vatn

Laugarvatn

❻

1

23

Reykjavík

Mosfellsbær

Reykjavik

Der Westen

15 km

Der Westen → Karte S. 535

Mehrere Parkplätze mit Wandertafeln locken zu Spaziergängen in den grünen Hängen, z. B. zum Glanni, einem niedrigen, mehrstufigen Wasserfall (hierfür kurz hinter Bifröst zur Norðurá abbiegen). Vom Aussichtspunkt auf dem Felsrücken Kastali bei der Abzweigung zum Langavatn können vier Gletscher erspäht werden.

Hin & weg Der Bus von Reykjavík nach Akureyri hält tägl. bis zu 2-mal in Bifröst; der Bus von Reykjavík nach Hólmavík über Búðardalur hält nur auf Anfrage Di, Fr und So in Baulan und Bifröst; Bus von Reykjavík nach Reykholt hält Fr/So nur bei mind. 6-stündiger Voranmeldung in Baulan, ☎ 5511166.

Reiten Reitschule Ölvaldsstaðir an der Str. 530, sehr flexibel und engagiert, bietet auf Anfrage kurze und längere Ausritte. ☎ 4371686.

Tankstelle/Einkaufen Supermarkt auf dem Gelände der Hochschule Bifröst etwas südlich der Str. 60 (nach der Einfahrt auf das Gelände links abbiegen), Mo–Fr 8.30–18, Sa/So 11–18/16 Uhr. Baulan an der Kreuzung 1/50: Tankstelle, Lebensmittelladen und Cafeteria/Imbiss 9–22, Sa bis 21, So ab 10 Uhr. Getankt werden kann auch in Hreðavatnsskáli (s. u.).

Übernachten/Camping/Essen Guesthouse Bifröst **3**, auf dem Uni-Gelände etwas südlich der Str. 60. 30 ruhige, helle Studio-Apartments für 2–4 Pers. mit Bad und Küche. Jacuzzi und Fitnessraum. Etwa 200 Studenten bleiben den Sommer über auf dem Campus, dadurch ist es hier nicht zu ausgestorben. Im großen Kaffi Bifröst verschiedene kleine Gerichte, Kaffee und Kuchen (Mo–Fr 8–21, Sa/So 12–18 Uhr). Vom Hotel aus kann man gut in 30 Min. zum Krater Grábrók wandern. ISK 19.800 für 2 Pers. inkl. Frühstück. Geöffnet 1. Juli bis 25. Aug. ☎ 4350101.

》》 Unser Tipp: Hraunsnef country hotel (FH) **2**, wenige Kilometer südlich der Str. 60; zum Übernachten ebenso zu empfehlen wie nur zum Essen. Im ehemaligen Schafstall ein urgemütliches, viel gelobtes Restaurant mit umfangreicher Karte (11.30–21.30 Uhr); am beliebtesten sind Lamm und Rind, es gibt auch Fisch und Vegetarisches. Viele Zutaten stammen vom eigenen Hof, Besitzerin Brynja kocht selbst. Im selben Haus 10 nach nordischen Göttern benannte, mit Liebe und Geschmack gestaltete DZ mit Bad, ISK 17.500, Frühstück extra. 3 Sommerhäuser mit Dusche und Kochgelegenheit, zwei für 4 Pers., eines für mind. 5 Pers. ISK 14.500/18.500 (SSU, sonst mehr). ☎ 4350111, hraunsnef @hraunsnef.is, http://hraunsnef.is. 《《

Hreðavatnsskáli, urige Raststätte – die älteste Islands von 1933 – nahe Hreðavatn und Grábrók. Es gibt Suppe, Burger und ein paar leichte Gerichte. Ende Mai bis Ende Sept., 11–17, Fr–So 10–21 Uhr. ☎ 7759955.

Kaffi Munaðarnes, im Sommerhausgebiet, 3 km nördl. der Str. 50. Hier gibt es ländliche isländische Küche, z. B. Muscheln aus dem Breiðafjörður, Rind, Lamm oder Forelle, kleine Gerichte wie Flatkökur, Suppe oder Salat und mehr. Jeden Sonntag 14–17 Uhr traditionell isländisches Kuchenbüffett, ISK 2000. 1. Juni bis 31. Aug. tägl. 11–22 Uhr, sonst nur Fr–So. Camping in den Sträuchern (WC und Kaltwasser) ISK 1000/Zelt.

Borgarnes

(ca. 1700 Einw.)

Zum Gedenken an den Sagahelden Egill, der nahe der Landzunge lebte, wurden alle Straßen des Wirtschafts- und Verwaltungszentrums der Region nach Personen aus der Egils saga benannt. Borgarnes ist wichtiger Verkehrsknotenpunkt und lockt mit seinem preisgekrönten Landnahmezentrum zur Besiedlungsgeschichte Islands und zur Egils saga.

Die aus einem Handelsplatz hervorgegangene Stadt ist einer der wenigen Küstenorte Islands, die nichts mit Fisch zu tun haben – Borgarnes lebt von Handel, Kleinindustrie und Dienstleistungsgewerbe. Hier überquert die mit 520 m zweitlängste Brücke des Landes den Borgarfjörður und hier halten alle Buslinien zwischen Reykjavík und dem Nord- und Westland. Die Brücke und die Bushaltestelle befinden sich am nördlichen Ortseingang bei den großen Tankstellen, doch lohnt es sich, weiter in die auf einer hügeligen Landzunge erbaute Stadt vorzudringen: an der von oben herab blickenden Kirche vorbei zu den Museen und bis zum zerfurchten, felsigen Steilufer im Süden.

Die Stadt endet auf der durch eine Brücke mit der Landzunge verbundenen Insel Stóra-Brákarey. Deren Name leitet sich von Þorgerður Brák ab, der Dienstmagd von Egills Vater Skallagrímur. Laut der *Egils saga* rettete sie Egill vor seinem zornigen Vater das Leben, weswegen sich Skallagrímurs Ärger gegen sie wendete. Þorgerður floh, sprang ins Wasser und wollte sich schwimmend auf die Insel retten, wurde aber von ihrem Herrn durch einen nachgeworfenen Felsbrocken getötet. In Erinnerung an die Dienstmagd wurde 1998 auf einem Hügel an der Brákarbraut die Skulptur „Brák" des Künstlers Bjarni Þór Bjarnason aufgestellt. Sie stellt das Werkzeug *brák* dar, mit dem einst Tierhaut weich gemacht wurde.

Einen schönen Blick auf die Schärenküste und den Fjord hat man von „Bjössaróló" aus, einem bunten und originellen Spielplatz, den der Tischlermeister Björn Guðmundsson aus altem Holz, Kisten, Reifen und weiteren Dingen erbaute, die andere Leute nur noch weggeworfen hätten. Man erreicht ihn über die Skúlagata gegenüber vom Parkplatz des Landnahmezentrums (ausgeschildert) oder folgt einfach dem Fußweg an der Küste entlang. Hierbei kommt man an den stilvoll restaurierten ehemaligen Lagerhäusern vorbei, die bis 2012 ein Handpuppenmuseum und -theater sowie ein Café beherbergten. Ihre zukünftige Nutzung war bei Drucklegung ungewiss.

Basis-Infos

Information/Internet Im Einkaufszentrum Hyrnutorg gegenüber der N 1-Tankstelle; kompetente Information, viel Material. Mo–Fr 9–17, 1. Juni bis 31. Aug. auch Sa/So 10/12–16 Uhr. ☎ 4372214, www.west iceland.is.

Hin & weg Borgarnes wird von allen zwischen Reykjavík und dem Norden verkehrenden Bussen angefahren, deshalb tägl. mehrere Abfahrten zur Hauptstadt. Nach Akureyri tägl. 2-mal, nach Reykholt Fr und So (nur bei mind. 6-stündiger Voranmeldung unter ☎ 5511166), nach Snæfellsnes tägl. bis zu 2-mal, nach Hólmavík Di, Fr und So. Halt ist immer N 1 (☎ 4305566).

Versorgung Alkoholgeschäft (Hyrnutorg), Apotheke (Hyrnutorg), Arzt (Borgarbraut 65), Bank mit Geldautomat (Digranesgata), Geldautomat auch in der N 1-Tankstelle, Polizei (Bjarnarbraut 2), Post (Borgarbraut 12).

Autowerkstatt Bílabær, Brákarbraut 5, ☎ 4371300.

Einkaufen An der Digranesgata kurz vor der Brücke über den Borgarfjörður liegt der günstige Bónus, Mo–Do 12–18.30, Fr 10– 19.30, Sa/So 10/12–18 Uhr, daneben eine große **Bäckerei** mit Café, Mo–Do 7–18.30, Fr 7–19, Sa/So 8/9–17 Uhr. Mehrere Geschäfte ansonsten im Shopping-Center Hyrnutorg neben der N 1-Tankstelle, darunter Supermarkt netto, Mo–Fr 10–19, Sa/So 10/12–18 Uhr. Supermarkt auch in der **N 1-Tankstelle**, 8–23, Sa/So ab 9 Uhr.

Kunsthandwerk Im Landnahmezentrum schönes Kunsthandwerk und Schmuck. Gegenüber ist die **Gallery Gersemi**, die hochwertiges Kunsthandwerk anbietet; Mo–Fr 8.30–18, Sa/So 11/13–16 Uhr. **Ullarseliδ**, in Hvanneyri, 12 km östlich von Borgarnes. Große Auswahl an Handarbeiten sehr guter Qualität, vor allem Wollwaren und Webarbeiten. Viele Pullis haben ein für diese Region typisches Muster und sind nur hier zu bekommen. Auch selbst gesponnene, natürlich gefärbte Wolle, Knöpfe und Schmuck aus Rentier- und Schafhorn, Pferdehaar, Muscheln und Fischgräten. 1. Juni bis 1. Sept. tägl. 12–18, sonst Do–Sa 12–17 Uhr.

Schwimmbad Hallen- und Freibad mit Hot Pots. Mo–Fr 7–21, Sa/So 9–18 Uhr. Þorsteinsgata.

Übernachten/Camping/Essen

Hótel Borgarnes, großes 3-Sterne-Hotel mitten im Ort. 68 Zimmer mit Bad u. TV. Im Restaurant (18–21 Uhr) isländische Fisch- und Fleischgerichte. DZ ISK 22.000. Egilsgata 12–16, ✆ 4371119, info@hotel borgarnes.is, www.hotelborgarnes.is.

Icelandair Hótel Hamar, auf dem Golfplatz 2,5 km nördlich an der Ringstraße. Flaches 3-Sterne-Haus aus Holz und Wellblech mit schlichter Eleganz und allem Komfort, wird viel gelobt. 30 DZ mit Bad, TV, Telefon und eigenem Eingang. Die Hälfte der Zimmer hat direkten Blick auf den Golfplatz, auf Berge und Fjord. Drei Hot Pots. Im Restaurant (18.30–21.30 Uhr) sehr gute isländische Küche mit internationaler Note. DZ ISK 27.200. ✆ 4336600, hamar@icehotels.is, www.icelandairhotels.com.

Hótel Brú, auf der anderen Fjordseite in schöner Lage. Seit Ende 2010 unter neuer Leitung, erhielt sofort viel Lob. Peu à peu wird alles renoviert und verschönert. 8 DZ mit Bad im Motelstil mit eigenem Eingang, 8 DZ ohne Bad, mit Waschbecken. Im stilvollen, gemütlichen Restaurant mit Blick auf den Fjord eine kleine Auswahl sehr guter Fisch- und Fleischgerichte; Wein. DZ mit/ohne Bad ISK 14.500/9500. ✆ 4372345/8967469, hotelbru@hotelbru.is, www.hotelbru.is.

⫸⫸⫸ Unser Tipp: Borgarnes Bed & Breakfast, freundliches Gästehaus an der Spitze des Orts in der Nähe von Museen und Schwimmbad; große Küche, gemütlicher Aufenthaltsraum mit Klavier und herrlichem Blick auf das Wasser. 7 Zimmer für 2–4 Pers., davon eines mit Bad. DZ ISK 12.900. Skúlagata 21, ✆ 8425866, borgarnesbb@ internet.is, www.borgarnesbb.is. ⫷⫷⫷

⫸⫸⫸ Unser Tipp: Bjarg (FH), im Norden des Orts. Ganzjährig 10 Betten in 3 Giebelzimmern in hübschem ehemaligem Farmhaus abseits der Ringstraße; Holz und bunte Farben, gut ausgestattete Küche. DZ ISK 9200, SSU ISK 3400, Frühstück extra. Ein Häuschen für 4 Pers. mit Bad und Küche, ISK 11.600. Seit 2011 wird auch das Holzhaus mit Grasdach gegenüber vermietet, hier 2 DZ, Küche, Bad, Wohnzimmer. ✆ 4371925/8641325. ⫷⫷⫷

Hvíti Bærinn, im Giebelhäuschen beim Golfplatz, 2,5 km nördlich des Orts. Einst gehörte dieses Haus von 1919 zu einem Hof, dann wurde es zum Clubhaus. Jetzt gibt es hier 7 einfache Zimmer unter Dachschrägen für 2–4 Pers.; unten im Restaurant (Küche 8–21 Uhr) eine Auswahl kleiner und großer Gerichte und leckeres hausgemachtes Gebäck. Jeden So 15–17 Uhr Kuchenbüfett (ISK 1700). Insgesamt ein Haus mit Seele. ISK 5400/Pers., SSU ISK 3200, Frühstück extra. ✆ 4372000/8622655, hvitibaerinn @hvitibaerinn.is, www.hvitibaerinn.is.

JH Borgarnes, neue, große Herberge mitten im Ort mit 48 Betten in 21 Zimmern für 1–4 Pers. Auch 3 DZ mit Bad. Zwei kleine Küchen, großer Essraum. Waschmaschine. ISK 2700/Pers. für JH-Mitglieder, sonst ISK 3300. DZ mit/ohne Bad ab ISK 11.200/ 7500. Borgarbraut 11–13, ✆ 4371126, borgarnes @hostel.is, www.borgarneshostel.com.

Camping Borgarnes, etwas lauter Zeltplatz direkt an der Hauptstraße, aber auch direkt am Wasser mit kleinem Strand und vielen Vögeln. ISK 900/Pers., mit Dusche.

Camping auch möglich beim **Hótel Brú** auf der anderen Fjordseite in den Sträuchern, WC und Warmwasser, ISK 1500/Zelt. Soll verbessert und mit Duschen ausgestattet werden.

Essen Restaurants in den Hotels und im Gästehaus Hvíti Bærinn s. o.

Landnahmezentrum, stilvolles Restaurant/ Café mit Holzboden im Haus Buðarklettur von 1877 (10–21 Uhr) serviert Gerichte aus der Fünf-Elemente-Küche. Gute Suppen, neben Fisch und Fleisch viel Vegetarisches, bis 15 Uhr Mittagsbüfett mit Suppe und Pasta. Auch Kaffee und Kuchen. Brákarbraut 13–15, ✆ 4371600.

Matstofan, sympathisches, günstiges Restaurant mit Tradition, serviert isländische Gerichte und Fastfood mit asiatischer Würze, z. B. gebratenen Fisch süß-sauer, fast alle Gerichte unter ISK 2000. 18–1, Fr/Sa bis 3 Uhr. Brákarbraut 3, ✆ 4372017.

Das größte **Schnellrestaurant** ist das an der N 1-Tankstelle, Grill 10–22 Uhr, mit dem üblichen Fastfood; auch Tagesgericht mit Suppe und Kaffee. Eine größere Auswahl hat die Olis-Tankstelle gegenüber, am gemütlichsten war es bisher bei Shell.

In Borgarnes lockt das Landnahmezentrum

Sehenswertes

Landnahmezentrum: In den stilvoll renovierten ältesten Häusern von Borgarnes aus dem späten 19. Jh., die durch ein neues Gebäude miteinander verbunden wurden, befindet sich dieses mehrfach preisgekrönte Zentrum zur Besiedlungsgeschichte. In den beiden anschaulichen Ausstellungen im Pakkhúsið gibt es nichts zu lesen, aber viel zu sehen und zu hören; 30-minütige Audioführungen weisen den Weg. In der ersten mit Modellen und Multimedia geht es um die Anfänge der Besiedlung. Wie kamen die Wikinger ohne Kompass und warum überhaupt? Wer waren laut Landnahmebuch die ersten Siedler in Island und wie lebten sie? Wie gründeten sie das Alþingi? Informationen zum Thema liefern die Sagas, und das frühe Leben in der Gegend um Borgarnes beschreibt eine der bedeutendsten isländischen Sagas: die *Egils saga* rund um den Helden Egill. Sie ist Thema der zweiten Ausstellung im Untergeschoss mit geschnitzten Figuren verschiedener Künstler, wo die Besucher in mystischer Atmosphäre viel über Egills widersprüchlichen Charakter – brutaler Wikinger und sensibler Poet – erfahren.

Settlement Centre   1. Juni bis 31. Aug. tägl. 10–21, sonst 11–17 Uhr. Jede Ausstellung ISK 1800, zusammen ISK 2400. Audioführungen auch auf Deutsch. Seit 2011 kann man sich einen SmartGuide kaufen und auf sein iPhone laden (oder ein Gerät mit dem App ausleihen) und sich draußen ca. 1½ Std. zu wichtigen Schauplätzen der Egils saga führen lassen. Brákarbraut 13–15, ℘ 4371600, www.landnam.is.

Museum zum Borgarfjörður: Die empfehlenswerte Ausstellung über 100 Jahre Kindheit in Island wurde 2008 eröffnet, voraussichtlich wird sie noch die nächsten Jahre zu sehen sein. Von Spielzeug aus Knochen bis zu Computerspielen, von Schuhen aus Fischhaut bis zu Turnschuhen – was sich alles von 1908–2008 veränderte, dokumentieren eine Vielzahl an Fotos und, wenn sie sich aufklappen lassen, die dahinter stehenden Objekte. Besonders schön am Ende der Kontrast zwischen *baðstofa* und heutigem Jugendzimmer. Ab 2012 sollen auch präparierte Vögel zu sehen sein – im Magazin des Museums lagern Tausende Vögel 150 verschiedener Arten. Im 1. Stock, über einen anderen Eingang zu erreichen, befinden sich die Bücherei und wechselnde Ausstellungen zur Region.

Safnahús: 1. Juni bis 31. Aug. tägl. 13–18 Uhr; ISK 600. Texte leider nur auf Isländisch. Bjarnarbraut 4–6, ✆ 4307200.

Egills Park Skallagrímsgarður: In der Stadtmitte liegt an der Borgarbraut nördlich der Skallagrímsgata ein kleiner, verwunschener Park mit hohen Bäumen und dem Grabhügel von Skallagrímur Kveldúlfsson, dem Vater des Sagahelden Egill. Laut *Egils saga* ließ Egill hier einen Hügel ausheben und den Verstorbenen mit Waffen, Ross und Schmiedewerkzeugen beisetzen. Auch seinen Sohn Böðvar, der, 17 Jahre jung, auf der Rückkehr von einem Markt in Hvítárvellir mit seinem Boot in einen Sturm gekommen und ertrunken war, soll er hier begraben haben. Wie er mit seinem Sohn im Arm von der Küste zum Grabplatz reitet, ist auf dem Relief der dänischen Künstlerin Anne Marie Carl-Nielsen f. Brodersen dargestellt.

🏃 Wandertipp und Ausflug   (→ Karte S. 535)

Aussichtsberg Hafnarfjall (1) (hin ca. 3 Std.): Der Aufstieg auf den 775 m hohen Berg hinter Borgarnes gilt als einfach, wenngleich steil, und lohnt an klaren Tagen für die weite Sicht bis zum Eyjafjörður im Norden und zu den Gletschern im Süden. Ein paar hundert Meter von der Zufahrt zum Hótel Brú beginnt auf der anderen Straßenseite eine Jeeppiste, auf der mit Geländewagen bis auf den ersten Absatz des Berges gefahren werden kann. Dann sieht man den größten Teil der zu laufenden Strecke einen Pfad.

Hvanneyri – Landwirtschaft und Kunsthandwerk: Über die Str. 50 wird auf der anderen Fjordseite Hvanneyri erreicht, das von der Hochschule für Agrarwirtschaft genutzt wird. Auf dem Gelände mit alter Bauernkirche befinden sich in einer alten Scheune von 1928 eine schöne Kunsthandwerksgalerie (s. o.) und ein Landwirtschaftsmuseum. In Letzterem soll es ab 2012 nicht mehr nur um Traktoren und Landmaschinen gehen, sondern auch um die Entwicklung der Landwirtschaft in Island in den letzten hundert Jahren – dem Zeitraum, in dem die meisten Veränderungen stattfanden. 12–17 Uhr, ISK 500. ✆ 4335000.

Ausflug nach Reykholt und Húsafell

Dieser hin und zurück etwa 100 km lange Abstecher von der Ringstraße führt zu dem geschichtsträchtigen Ort Reykholt und zu den bekanntesten Höhlen des Landes im Hallmundarhraun. Dort besteht Verbindung zu Hochlandpisten über die Arnavatnsheiði und zur Kaldidalurpiste nach Þingvellir.

19 km vor Borgarnes zweigt die Str. 50 in die sumpfige, von felsigen Hügeln unterbrochene Ebene zwischen den Flüssen Gljúfurá, Þverá und Hvítá ab. Nach Überquerung der Norðurá geht es links auf der Str. 527 nach *Varmaland*, im Winter Schulzentrum inmitten von Treibhäusern, im Sommer wegen Zeltplatz und Schwimmbad für Touristen interessant.

Freibad mit Hot Pot und Sauna, Mo–Do 12–18, Fr 12–21, Sa/So 11–18 Uhr. **Camping Varmaland**, sehr großer, ungeschützter Platz auf der grünen Wiese, WC und Kaltwasser. ISK 1000/Pers., Duschen im Schwimmbad ISK 200.

Weiterfahrt auf der Str. 50: Der bald aus Gärten und Wiesen aufsteigende Dampf heißer Quellen kündigt eines der ergiebigsten Geothermalgebiete Islands an. Bauern nutzen die Hitze der Hexentöpfe mit Temperaturen bis 100° C zum Kochen, Backen, Heizen und Saunen, weshalb viele der Quellen, derart gezähmt, nicht mehr spritzen und sprudeln, sondern nur noch dampfen. Wo nach einer scharfen Rechtskurve die Hvítá überquert wird, beginnt der Reykholtsdalur: ein breites, grünes, von kaum über 200 m hohen Bergrücken eingerahmtes Tal, in das man 4 km weiter nach links auf die Str. 518 abbiegt.

Heiße Quellen, Tomaten und Hverabrauð: Zuvor lohnt ein Abstecher zum *Deildartunguhver* westlich der Str. 50. Die zahllosen, auf 500 m aufgereihten, sprudelnden Quellen mit einem Ausstoß von 180 Liter 100° C heißen Wassers pro Sekunde sind die wasserreichsten in ganz Island und vielleicht sogar weltweit. Die Hitze, die am Quellenrand den nirgendwo sonst in Island vorkommenden Rippenfarn *Blechnum spicant* sprießen lässt, stellt die Fernwärmeversorgung von Akranes und Borgarnes sicher, beheizt zahlreiche Gewächshäuser und sogar unter freiem Himmel am Fluss angelegte Gemüsefelder. Wer Glück hat, kann hier an einem Stand frische Tomaten erstehen. Auf dem Parkplatz wird schönes Kunsthandwerk sowie isländisches Gebäck und Brot verkauft, darunter das in einer heißen Quelle gebackene *Hverabrauð* (tägl. 10–18 Uhr).

Auch im Reykholtsdalur, der nun auf der Str. 518 durchfahren wird, sprudeln kleine Quellen und in der Ferne wölben sich die blauweißen und bei klarem Wetter deutlich zu erkennenden Eiskappen der Gletscher Eiríksjökull und Langjökull.

Übernachten Nes (FH) **6**, an der Str. 518 beim Golfplatz. 2 saubere, ordentliche Gästehäuser mit gepflegten Zimmern, Küche und Bad. 13 Betten in 8 Zimmern, Hot Pot. Im Haus von 1937 mit alten Holztüren normalerweise nur SSU, da kleinere Zimmer. Im Haus von 1957 auch Wohnzimmer. Frühstück im Clubhaus des Golfplatzes. DZ ISK 11.200, SSU ISK 3000/Pers. ℡ 4351472/8933889, bgnes@vesturland.is.

»» Unser Tipp: Steindórsstaðir (FH) **7**, an der Str. 517, 2 km vor Reykholt. Auf einer Farm mit Kühen und Schafen ein ganzes Haus für Gäste, sauber, modern und liebevoll gestaltet. 7 hübsche Zimmer mit Waschbecken für 1–3 Pers., Bäder, große Küche, Wohnzimmer und Holzterrasse mit Hot Pot und weitem Blick ins Tal. DZ ISK 12.500. ℡ 4351227, steinda@emax.is, www.steindorsstadir.is. ««

Reykholt

(ca. 60 Einw.)

Das kleine Dorf ist mit einem berühmten Namen verbunden: Snorri Sturluson, Staatsmann, Geschichtsschreiber und einer der mächtigsten Männer seiner Zeit.

Obwohl Snorri durch eine Hochzeit den historischen Hof Borg bei Borgarnes übernommen hatte, zog er es vor, sich 1206 in Reykholt niederzulassen. Hier schrieb er später die Werke, die ihn als Schriftsteller und Historiker berühmt machten (siehe S. 85). Vieles in Reykholt erinnert an Snorri, am auffälligsten die von Gustav Vigeland geschaffene Statue vor der Bezirksschule, ein Geschenk Norwegens im Gedenken an die von Snorri verfasste *Heimskringla*, welche die Geschichte der norwegischen Könige beschreibt. Im großen Untergeschoss der modernen Kirche, der *Snorrastofa*, finden Ausstellungen zu Snorri und seiner Zeit statt. In der im selben Gebäude untergebrachten Bibliothek stehen 30.000 Bücher und Schriften mit Bezug zur mittelalterlichen Literatur Islands. In Reykholt wird zum Mittelalter und zur Geschichte des Borgarfjörður geforscht und dabei erlangtes Wissen durch Ausstellungen, Konferenzen, Symposien und Kurse weitergegeben.

Der Westen → Karte S. 535

Snorri Sturluson – habsüchtiger Dichter oder poetischer Gode?

Snorri Sturluson (1179–1241) war ein Mann der Gegensätze. Auf der einen Seite der hochtalentierte, gebildete Dichter, große Historiker und überzeugende Redner, auf der anderen Seite der macht- und geldgierige, selbst seiner Familie gegenüber skrupellose Gode. Er wuchs auf dem berühmten Anwesen Oddi in Südisland auf, wo er eine hervorragende Ausbildung erhielt. Mit seiner ersten Frau gelangte er schon in jungen Jahren zu Macht und Reichtum und brachte mehrere Godentümer unter seine Kontrolle. Nachdem er von 1215–1218 als Gesetzessprecher auf dem Alþingi weiteres Ansehen erlangt hatte, verbrachte Snorri zwei Jahre am norwegischen Königshof und stieg zum engen Vertrauten des mächtigen norwegischen Herzogs Skúli und zum Gefolgsmann von König Håkon Håkonarson auf. Der König war gerade an die Macht gekommen, die eigentliche Kontrolle über das politische Geschehen aber hatte Herzog Skúli. Ihn konnte Snorri gerade noch davon abhalten, aus Wut über die Verluste norwegischer Kaufleute im Islandhandel eine bewaffnete Flotte nach Island auszuschicken. Snorri versprach, dass die norwegischen Kaufleute in Zukunft in Frieden gelassen werden würden. Vermutlich gelobte er außerdem, Island dem norwegischen König zu unterstellen. Wieder zu Hause, unternahm er jedoch nichts und schnell wurde der König misstrauisch. 1222–1231 war Snorri ein weiteres Mal Gesetzessprecher. Nach der Scheidung von seiner ersten Frau wurde er durch eine erneute wohl kalkulierte Heirat und hinterlistige Machenschaften zu einem der wohlhabendsten und einflussreichsten Goden im Lande. Seine Töchter verheiratete er mit mächtigen Männern vornehmer Herkunft. Mit Snorris Macht wuchs aber auch beständig die Zahl seiner Feinde und nachdem sein mittlerweile zum königlichen Gefolgsmann auserkorener Neffe Sturla Sighvatsson 1235 den Bürgerkrieg in Island entfacht hatte, wurde die Sturlungerfamilie 1238 vernichtend geschlagen und nahezu ruiniert. Nur kurze Zeit danach versuchte Herzog Skúli, die Macht in Norwegen zu übernehmen. Erbost wähnte der König Snorri in die Verschwörung verwickelt und ließ ihn in einer dunklen Septembernacht des Jahres 1241 in Reykholt ermorden.

Wie auch immer er in seinem politischen und privaten Leben gewesen sein mag, als Dichter hinterließ Snorri seiner Nachwelt Werke von herausragender Bedeutung. In seiner auf fundierten Kenntnissen über den norwegischen Königshof aufbauenden *Heimskringla* zeigte sich Snorri als pragmatischer Historiker und lieferte in meisterhafter Prosa eine klare Darstellung der Ereignisse samt brillanter Analyse ihrer Ursachen und Folgen. Von größerer Bedeutung für das isländische Erbe aber ist die Prosa-Edda, in der Snorri Skaldenverse und die Regeln für diese Dichtkunst sowie nordische Mythen festhielt, die sonst verloren gegangen wären. Vermutlich schrieb Snorri auch die *Egils saga*, womit er der einzige bekannte Verfasser von Isländersagas wäre.

Lesetipp: Wer mehr über Snorris Leben und Wirken erfahren möchte, kann in der umfangreichen Biografie *Snorri Stur-* *luson. Homer des Nordens* von Óskar Guðmundsson schmökern (Böhlau Verlag 2011).

Snorris Bad: Das originellste Erinnerungsstück an Snorri ist das natürliche runde Bad *Snorralaug* am ursprünglichen Standort des Hofes neben der Schule, das im Landnahmebuch und in der *Sturlunga saga* Erwähnung fand. Snorri selbst soll den

Snorris historisches Bad

Pool mit Bruchsteinen eingefasst und seinen Boden mit Schieferplatten bedeckt haben. Gespeist wird das Bad seit jeher durch die heiße Quelle Skrifla mittels unterirdischer, 120 m langer Leitungen, die schon damals nach Belieben verschlossen oder geöffnet werden konnten. Eine derartig hoch entwickelte Nutzung von geothermaler Energie bereits im Mittelalter ist von keinem anderen Ort in Island bekannt; sie lässt auf den Reichtum des Hofes schließen. Neben der zuletzt 1959 instand gesetzten Snorralaug blickt aus dem grasbewachsenen Hügel der Eingang eines von Snorri angelegten unterirdischen Ganges heraus, der von seinem Wohnhaus zum Bad führte. Der größte Teil dieses ebenfalls in der *Sturlunga saga* erwähnten, erst 1941 entdeckten Tunnels wurde beim Bau der Schule zerstört.

Das frühere Reykholt: Von 1998 bis 2007 fanden in Reykholt umfangreiche Ausgrabungen statt. Hierbei wurden zum einen unter dem Tunnel die Fundamente von Gebäuden ans Tageslicht befördert, die wahrscheinlich zu Snorris Hof gehörten, zum anderen die Reste von zumindest sechs oder sieben ehemaligen Kirchen. Vermutlich stand hier vom 11. bis 19. Jh. immer eine Kirche. Hunderte Ausgrabungsstücke kamen in den Jahren ans Licht, darunter Kostbarkeiten wie ein Ring von 1500. Die ebenfalls entdeckten Reste einer Schmiede sind durch ein Fenster an ihrem ursprünglichen Standort zu sehen: unter der kleinen Kirche. Informationen zu den Ausgrabungen in der Snorrastofa.

Die beiden Kirchen: Beigesetzt ist Snorri wohl bei der Grabfläche *Sturlungareitur* auf dem Friedhof bei der kleinen Holzkirche von 1886–87, die nach umfangreichen Renovierungsarbeiten seit 2006 wieder für Besucher geöffnet ist. Das Altarbild hing bereits in einer der früheren Kirchen aus dem 17. Jh.

Am neuen, fast übertrieben groß wirkenden Gotteshaus wurde acht Jahre lang gebaut. Eine Besichtigung ist nur in Begleitung möglich. Beeindruckend sind die neuen Rosetten und Seitenfenster, für die Künstlerin Valgerður Bergsdóttir einen Preis erhielt. Je nach Sonnenlicht wechseln sie ihre Farbe. Die Texte auf den Fenstern mit ihren ineinander verschlungenen Rundformen stammen u. a. aus dem wohl um 1200 entstandenen „Sonnenlied" und dem Reykjaholtsmáldagi: einem

Die alte und die neue Kirche von Reykholt

Pergamentblatt mit Eintragungen über die Kirche in Reykholt, unter anderem aus Snorris Zeit. 2009 fand ein Altargemälde von 1518 seinen Weg aus dem National-museum zurück nach Reykholt, wo es einst schon in einer Kirche hing. Jedes Jahr am letzten Juliwochenende findet in der Kirche mit ihrer ausgezeichneten Akustik das größte Klassikfestival Islands mit Konzerten isländischer und internationaler Künstler statt.

Information/Ausstellung   Snorrastofa, 1. Mai bis 30. Sept. tägl. 10–18, sonst Mo–Fr 10–17 Uhr, ISK 800. 2012 soll eine neue Ausstellung zu Snorri und seiner Zeit zu sehen sein. Umfangreiches Infomaterial auch auf Deutsch. Verkauf von Büchern, CDs und Kunsthandwerk. ✆ 4338000, www. snorrastofa.is; www.reykholt.is.

Hin & weg   Bus von/nach Reykjavík und Borgarnes Fr/So nur nach mind. 6-stündiger Voranmeldung, ✆ 5511166.

Einkaufen/Tankstelle   Kleiner Lebens-mittelladen in der Tankstelle, 10–21 Uhr. Hier auch Kaffee.

Fahrradverleih   Das Hotel verleiht Moun-tainbikes, ISK 2500/Tag.

Konzerte   www.reykholtshatid.is.

Übernachten/Essen   Fosshótel Reyk-holt, ruhiges Hotel, ganzjährig in der ehe-maligen, komplett renovierten Schule. Soll-te 2011 unter neuer Leitung zu einem The-menhotel mit Bezug zu Snorri werden. 53 Zimmer mit Bad, zwei Hot Pots, verschie-dene Wellnessangebote. Im Restaurant Valhöll (12–14 Uhr) Suppe- und Salatbüfett, ab 18.30 Uhr Gerichte à la carte. DZ ISK 26.000. ✆ 4351206, www.fosshotel.is.

Weiterfahrt zu den Hraunfossar: Hinter Reykholt überquert die Str. 518 den Berg-rücken und wechselt in das Flusstal der Hvítá. Nach der kleinen Kirche von Stóri-Ás beginnt eine dichte Strauchvegetation, die im Herbst an Farbreichtum kaum zu überbieten ist. In dieser malerischen Kulisse liegen die vielleicht schönsten Wasser-fälle des Landes, die *Hraunfossar*, „Lavafälle". Unzählige feinstreifige Kaskaden stürzen sich auf etwa 1 km mitten aus der abgestuften, dicht bewachsenen Felswand der Schlucht in die Hvítá. Den oberen Teil dieser Wand bildet die wasserdurchlässi-ge Lava des Gráhraun, in der ein Seitenarm der Hvítá versickert ist, um auf der da-runter liegenden Basaltschicht weiterzufließen und sich hier in kleinen Bächen in den Fluss zu ergießen. Etwas weiter flussaufwärts liegt der reißende Wasserfall Barnafoss, der seinen Namen „Kinderwasserfall" aus tragischem Anlass trägt: Der Volkssage nach sollen hier zwei Kinder von einem natürlichen Steinbogen in die Hvítá gestürzt und ertrunken sein, woraufhin die Mutter den Steinbogen zerstören ließ (bei den Hraunfossar Shop mit Kaffee, Eis, Erfrischungen, 10–19 Uhr).

Húsafell im Birkenwald: Hinter den Wasserfällen steigt die Straße an und führt zum *Húsafellsskógur*, dem größten Birkenwald im Westland mit bis zu 4 m hohen Bäumen – ein beliebtes Erholungsgebiet mit guten Wandermöglichkeiten und zahlreichen Sommerhäusern. Im 19. Jh. wohnten auf dem einstigen Pfarrhof Húsafell, an den eine kleine Kapelle erinnert, viele große Künstler, wie der Maler Jóhannes S. Kjarval. *Páll Guðmundsson*, der 1959 in Húsafell geborene Bildhauer, der auf unverwechselbare Art Gesichter in Steine schnitzt und hämmert, setzt diese Tradition fort; auf der Hauswiese wird man hier und da von in Stein gemeißelten Augenpaaren beobachtet. Wenn Páll da ist, lohnt ein Besuch seines Ateliers mit Grassodendach, wo sich auch sein einzigartiges Steinxylophon ansehen und -hören lässt, von dem er bereits einige baute und mit dem er die Band Sigur Rós auf Konzerten begleitete. Der Überlieferung nach lebte in Húsafell der Pfarrer und Gelehrte Snorri Björnsson (1710–1803), der wegen seiner Geisterbeschwörungen als zauberkundig galt und 18 Geister eingefangen haben soll. Die Ruinen des Hauses, in die er sie angeblich sperrte, sind noch zu sehen, außerdem die Gesichter einiger von ihnen – in Stein gemeißelt.

Die Straße begleitet das breite, steinige Flussbett der Hvítá bis zum Beginn der rauen Lavalandschaft, die das Landesinnere ankündigt. Rechts zweigen die Hochlandpisten 550 und F578 ab. Die nun geschotterte Str. 518 überquert nach Überwindung des Bergrückens unweit der Höhlen im Hallmundarhraun (s. u.) das Norðlingafljót und führt am Nordufer des Flusses durch das Gráhraun zurück gen Westen auf die Str. 523, die 14 km vor der Ringstraße wieder auf die Str. 50 trifft.

Der Westen → Karte S. 535

Páll Guðmundssons Kunst aus Stein

Information/Internet Húsafell, 9–20 Uhr. Gleichzeitig Rezeption für Übernachtung und Camping (s. u.). Prospekt mit Infos zu historischen Plätzen und Wanderungen in der Gegend kostenlos erhältlich. ✆ 4351551, www.husafell.is.

Schwimmbad In Húsafell Schwimmbad aus Pools und Hot Pots mit wunderbarem Ausblick, mit ISK 550 aber recht teuer. Waschmaschine. Tägl. 10–22 Uhr.

Tankstelle/Einkaufen In Húsafell Tanksäule und kleiner Lebensmittelladen. 10–21, Sa bis 22 Uhr.

Übernachten Gamlibær 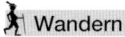, im urgemütlichen Farmhaus von 1908 neben der Kapelle in Húsafell, das im traditionellen Stil renoviert wurde. 5 DZ mit/ohne Bad, Küche, Wohnzimmer und Hot Pot. DZ ISK 13.500/ 11.900. ✆ 8951342, sveitasetrid@simnet.is.

Húsafell, 10 kleine, äußerst beliebte Hüttchen für je 2 Pers. beim Zeltplatz, 8 nur mit Matratzen, zwei mit Betten. Küche und Essraum werden geteilt. Sanitäre Einrichtungen auf dem Zeltplatz. Alle Hütten ISK 2500/Pers. ✆ 4351551, husafell@husafell.is, www.husafell.is.

Signýjarstaðir (FH) **5**, an der Str. 518 am Südufer der Hvítá; 2 Sommerhäuser für 2–4 bzw. 6 Pers. mit Küche, Bad und Hot Pot, ISK 12.000 bzw. 15.200/Nacht. ✆ 4351218.

An der Str. 523 öffnete 2011 das Hótel Á, das einen guten Eindruck machte. Näheres weiß die Information in Borgarnes.

Camping Húsafell, Zelten unter Birken, mit Duschen (kosten extra) und Waschmaschine. ISK 1100/Pers.

Essen Im Restaurant in Húsafell gibt es die „Húsafell soup" mit viel Gemüse und italienischer Note, Isländische Fleischsuppe, Salate, Fisch, Fleisch und Burger. Mittags Tagesgericht ISK 1250. Tägl. 12–22, Küche bis 20 Uhr.

🏃 Wandern   (→ Karte S. 535)

Umgebung von Húsafell (2): Mit ihrem dichten Birkenwald, tiefen Schluchten, Gletschern und Lavaformationen ist die Gegend um Húsafell ein Paradies für Wanderer, die hier einfache und anspruchsvolle, lange und kurze Strecken finden. Wandervorschläge finden sich in der kostenlos in Húsafell erhältlichen Broschüre. Zu empfehlen ist z. B. die Wanderung an der Ostseite der Schlucht Bæjargil auf den Berg Bæjarfell, die herrliche Ausblicke zum Gletscher Ok, zu den Wasserfällen in der Schlucht und zurück ins Tal bietet. Sie beginnt etwa in Höhe der Einfahrt zu Restaurant und Zeltplatz in Húsafell, auf der gegenüberliegenden Straßenseite. Oben kann man die Schlucht zwischen den Wasserfällen überqueren, dann den Rückweg auf der Westseite von Bæjargil zurücklegen. Den Ok selbst kann man in einem etwa 6-stündigen Aufstieg bezwingen (nur erfahrenen Wanderern zu empfehlen).

Die Höhlen im Hallmundarhraun

Im 52 km langen Lavastrom Hallmundarhraun, der vor etwa 1200 Jahren aus Kratern am Nordwestrand des Langjökull floss, befinden sich zahlreiche Höhlen; die längste bekannte ist mit über 4 km Länge der *Kalmanshellir* (zum Schutz der Höhle war in letzter Zeit kein Besuch möglich, die Besitzer des Hofs Kalmanstunga wollen jedoch in Zukunft geführte Touren anbieten). Die einzigartigen Tropfsteinformationen in den Höhlen stehen unter Naturschutz. Ein Abstieg ist nur mit guter Taschenlampe, festen Schuhen und Handschuhen möglich.

Berühmter Surtshellir: Die 1970 m lange und etwa 5 Meter hohe, schon in den Sagas erwähnte Höhle ist die berühmteste Islands. Lediglich ein 20 m langer Deckeneinsturz trennt sie vom *Stefánshellir*; beide zusammen sind knapp 3500 m lang und beeindrucken durch aus Lava entstandene, glasierte Wände, durch Eis- und Tropfsteinformationen, Verstürze und glänzende, fein verzweigte Gebilde, die

wie Reste von Fackeln aussehen. Man erreicht sie über die hinter dem Hof Kalmanstunga zur Arnarvatnsheiði abzweigende, auf dem ersten Stück vorsichtig auch mit
normalem Pkw zu befahrende Hochlandpiste F 578; nach gut 6 km (hier lässt sich
das Auto besser abstellen) und weiteren 2 km sind die Höhlen ausgeschildert, von
beiden Stellen aus ist der kurze Weg durch die Lava gut markiert.

Der erste Abschnitt der Höhle ist leicht begehbar, dann wird es wegen der Finsternis und der großen Gesteinstrümmer am Boden beschwerlich. Der Stefánshellir ist
ein unterirdisches Labyrinth, in dem man sich besser nicht zu weit vom Hauptgang
entfernt. Surtshellir wird von einer *Beinahellir*, Knochenhöhle, genannten Lavaröh-
re gekreuzt, deren Name sich auf den Fund von Knochensplittern zurückführen
lässt. Hier soll der Lagerplatz eines der vielen Ausgestoßenen gewesen sein, die in
den Höhlen Unterschlupf suchten. Der Überlieferung nach wohnten 18 Outlaws
einst jahrelang im Surtshellir und hielten gestohlene Schafe, bevor sie von den Bauern aus der Gegend gestellt wurden. Einer von ihnen war Eiríkur, nach dem der
nahe Gletscher benannt wurde, auf den er sich bei der Verfolgungsjagd flüchtete.

Eisige Víðgelmir: Die 1585 m lange und bis zu 16 m hohe Höhle liegt ca. 2 km
südöstlich des Hofes Fljótstunga. Etwa 1 km nördlich des Norðlingafljót zweigt
kurz vor dem Hof von der Str. 518 eine gute Piste ab. Die Höhle mit eindrucksvollen Eisbildungen und Lavaformationen wurde schon vor etwa tausend Jahren von
Geächteten als Unterschlupf genutzt, weshalb die Tropfsteinbildungen stark beschädigt sind; sie darf nur im Rahmen von Führungen betreten werden.

Am südlichsten im Lavafeld liegt die Eishöhle *Íshellir*, vielleicht die faszinierendste
der Höhlen im Hallmundarhraun. Wie Stalagmiten und Stalaktiten umgeben mächtige Eisgebilde den dunklen Gang. Am Eingang der Höhle sind Einritzungen zu sehen, angeblich von einstigen Geächteten hinterlassen.

Führungen Víðgelmir Der Hof Fljótstunga bietet tägl. bis zu 4-mal kurze Touren in den vorderen Bereich der Höhle an (1¼ Std.), ISK 2000/Pers., sowie 1-mal eine anspruchsvolle längere Tour (3–4 Std.), bei der fast bis ans Ende der Höhle gelaufen wird, ISK 5000/Pers. Helme und Lampen werden gestellt; an warme Kleidung und gutes Schuhwerk denken. ✆ 4351198, www.fljotstunga.is.

Übernachten/Camping Fljótstunga, auf dem Hof verteilen sich 7 ganz unterschiedliche Hütten. Je 2–6 Betten, WC und Kochgelegenheit, einige teilen sich ein Bad. Großer Aufenthaltsraum in Extrahaus, hier soll künftig Frühstück serviert werden. Im Wohnhaus noch 2 DZ. Auch Camping möglich (auf ungeschützter Wiese). Am günstigsten ist SSU, wer Bettzeug möchte, bekommt dies für ISK 3500 (für 2 Pers.). ✆ 4351198, fljotstunga@fljotstunga.is, www.fljotstunga.is.

Von Reykholt zum Hvalfjörður (40 km): Alternativ zur Ringstraße führt die von der
Str. 50 abzweigende Str. 520 durch die Berge gen Süden zum Hvalfjörður. Auf dieser Strecke bieten sich immer wieder herrliche Ausblicke auf Bergrücken und auf
Seen und Flüssen durchzogene Täler. In *Kleppjárnsreykir* befindet sich eine der
größten Quellen der Region. Mit dem zu 70 l/s ausströmenden, kochend heißen
Wasser werden hier Gewächshäuser beheizt; Tomaten, Gurken oder Paprika liegen
zum Verkauf aus.

Autowerkstatt Vélabær, an der Str. 513, ✆ 4351252.

Einkaufen/Essen In Kleppjárnsreykir freundliches Restaurant **Hverinn** mit Kiosk in großer Halle. Man sitzt auf bunten Kissen und isst wechselnde Tagesgerichte, Suppe, frischen Salat, Burger (z. B. den „Heiße-Quelle-Hamburger"), leckere Kuchen oder Waffeln. Auch Verkauf von Gemüse und ein paar Lebensmitteln. 10–22 Uhr, Fr/Sa bis 23 Uhr.

Schwimmbad Hreppslaug im Skorradalur

an der Str. 507, ruhig im Tal gelegenes, nettes Bad von 1928 mit drei Hot Pots. Das Wasser fließt direkt aus dem heißen Flüsschen in den Pool. Nur im Sommer geöffnet, Mo–Fr 15–22, Sa/So 12–22 Uhr.
In **Kleppjárnsreykir** Freibad neben dem dampfenden Fluss, Mi und Fr–So 13–18, Di/Do 13–21 Uhr.

Übernachten/Essen   Hof Brennistaðir (FH) **10**, an der Str. 515 im Flókadalur, 5 km von der Str. 50. In einem Haus 3 DZ und 1 EZ in familiärer Atmosphäre bei rührender älterer Dame, die seit über 30 Jahren Zimmer vermietet und die Gäste mit Kaffee, Kuchen und selbst gebackenem Brot empfängt. DZ ISK 12.000, SSU ISK 3500. Im anderen Haus bei der Tochter ein nett gemachtes, geräumiges Apartment mit 1 DZ, Bad, Küche, Hot Pot, ISK 15.000/Nacht. Auch drei Sommerhäuser für 4–6 Pers. mit Küche und Bad unten am Fluss, ab ISK 10.000/Nacht. ✆ 4351193/6961544.

››› Unser Tipp: **Hof Jaðar** (FH) **8**, an der Str. 513, freundlicher Hof mit Hühnern, Hasen und Gewächshaus; sehr schönes, komplett renoviertes ehemaliges Farmhaus. 2 DZ und 2 Schlafsessel, großes Wohnzimmer, Küche und Bad, Terrasse mit Hot Pot. Die Besitzer kennen sich gut in der Gegend aus und geben gern Tipps zu Wanderungen. Vorbuchen ratsam. ISK 16.000. ✆ 4351535. **«**

››› Unser Tipp: **Gistiheimilið Milli Vina (Hvítarbakki)** (FH) **9**, an der Str. 514, ca. 4 km von der Str. 50, ruhig gelegen. Moderne Lodge aus Holz mit viel Stil, Pflanzen und skandinavischem Flair; 6 Zimmer für 2–3 Pers., Wohnzimmer, Küche, drei Bäder, Hot Pot, Billardraum. Sehr beliebt, besser vorher anrufen. ISK 6500/Pers. inkl. Frühstück.

✆ 4351530/8613260,   millivina@millivina.is, www.millivina.is. **«**

Brenna (FH) **11**, an der Str. 52 tief im Lundarreykjadalur, 20 km von der Str. 50; im stillen Tal 1 km vom Hof der Besitzer ein großes, gut ausgestattetes Sommerhaus einsam im Hang mit 3 DZ, Wohnzimmer (mit Platz für Matratzen), Küchenzeile, Bad und Hot Pot. ISK 10.000/Nacht. ✆ 4351379.

Camping   Kleppjárnsreykir, gepflegter, kleiner, ruhiger Platz mit ein paar Hecken zwischen ehemaligen Gewächshäusern. Mit Dusche. Der neue Besitzer plant, ein ehemaliges Gewächshaus zum Aufenthaltsraum umzufunktionieren. ISK 1000/kleines Zelt, 1500/größeres Zelt.

Fossatún, an der Str. 50 direkt an der Grimsá, bei Isländern sehr beliebter Zeltplatz mit Holzgebäuden mit Grassodendächern. Die Hecken müssen noch wachsen. Große Spielanlage für Kinder, Trollgarten und Themenpfade. Duschen, Hot Pot, Waschmaschine. Im Restaurant sind Lammsteak und Stockfisch beliebt. Hier ist auch das Kaffi Vínyl, wo der Besitzer zu selbst gebackenem Kuchen gern eine seiner 3000 Schallplatten auflegt. Unterhalb der großen Terrasse rauschen die Wasserfälle Tröllafossar. Auf dem Platz zudem ein Holzhaus mit 4 Zimmern und Bad, DZ ISK 11.900. Camping ISK 900/Pers. ✆ 4335800, www.fossatun.is.

Selsskógur, an der Str. 520, großer, ruhiger Zeltplatz im Birkenwäldchen am Skorradalsvatn mit vielen geschützten Plätzchen und Dusche, ISK 750/Pers. (Fr/Sa ISK 1000).

Þórisstaðir, an der Str. 520 im Svínadalur, direkt am See in wunderschöner Lage, mit WC und Warmwasser. Golfspielen und Forellenangeln möglich. ISK 600/Pers.

Akranes

(ca. 6600 Einw.)

Die Ringstraße spart Akranes aus und verschwindet 7 km weiter östlich im Hvalfjörðurtunnel. Ein Abstecher zur Stadt in der Bucht lohnt wegen des Museumskomplexes, des bunten Viertels um den alten Fischereihafen und für eine Wanderung auf das Akrafjall.

Auf der ovalen, in den Faxaflói hinauslugenden Halbinsel thront der elliptische, grünbewachsene Basaltberg *Akrafjall* (643 m). Die Stadt liegt auf der äußersten, wie ein Hörnchen ins Wasser ragenden Westspitze der Halbinsel, auf der ein paar Industrieanlagen ins Auge fallen: Vor den Toren Akranes' produzieren eine Eisensilizium-Fabrik sowie, am Hvalfjörður, eine Aluminiumschmelze. Auffällig ist auch der

Vielseitig und lohnend: der Museumskomplex von Akranes

große Hafen. Schon immer war Akranes einer der wichtigsten Fischereihäfen Islands; hier gründete Haraldur Böðvarsson 1906 eine der ältesten noch produzierenden Fischfabriken des Landes, die mit ihren knallroten Gebäuden unübersehbar ist.

Akranes ist *die* Sportstadt in Island, was sich leicht an dem riesigen Sportkomplex und den zehn Fußballplätzen am Strand Langisandur ablesen lässt. Hier trainiert eines der erfolgreichsten Fußballteams des Landes, das bereits 17-mal isländischer Meister war. Akranes hat auch hervorragende Schwimmer und Golfspieler hervorgebracht. Der lange Sandstrand zieht Jogger und Radfahrer an. 2011 eröffnete am Zugang zum Strand ein kleiner Coffee Shop, ein Hot Pot war geplant.

Die Bevölkerung wächst beständig, wofür z. B. die Tatsache verantwortlich ist, dass die öffentlichen Einrichtungen wie z. B. das Krankenhaus und die Schulen zu den besten außerhalb Reykjavíks zählen. Vor einigen Jahren wurde Akranes in das Busnetz von Reykjavík eingegliedert und ist nun gut und günstig zu erreichen.

Historisches: Akranes nimmt einen besonderen Platz in der Besiedlungsgeschichte Islands ein. Denn ist ansonsten kaum etwas über die keltischen Siedler überliefert, so berichtet das Landnahmebuch doch von den irischen Brüdern Þormóður und Ketill Bresason, die sich um 880 am Akrafjall niederließen. In Garðar stand bereits in der Landnahmezeit eine Kirche. Bis zum Ende des 15. Jh. wurde auf der Halbinsel Getreide angebaut – daher wohl der Name Akranes („Ackerlandzunge"). Im 17. Jh. nahm der Fischfang an Bedeutung zu. Verstärkt siedelten Menschen in Skagi, dem westlichsten Zipfel der Halbinsel. Der Stellenwert des Fischs für die Gegend spiegelt sich in deren Namenswandel wider – aus *Skagi* („Halbinsel") wurde *Skipaskagi* („Schiffshalbinsel").

Der Westen → Karte S. 535

Basis-Infos

(→ Karte S. 550/551)

Information/Internet   War 2011 in der Kirkjubraut 54 untergebracht und sehr kompetent, Zukunft aber ungewiss. Mo–Fr 9– 18, Sa/So 10/12–16 Uhr. ☎ 4331065, www. visitakranes.is.

Hin & weg Bus: Die Linien A 1 und A 2 versorgen das Stadtgebiet; Linie 57 ab Akratorg nach Mosfellsbær (Háholt) und von dort nach Umsteigen (Linie 15) weiter nach Reykjavík Mo–Fr 9-mal tägl., Sa/So seltener, ☏ 5402700, www.straeto.is. Fahrplan in der Information. Alle Linien zwischen Reykjavík und dem Nord- und Westland halten auf Anfrage vor dem Hvalfjörðurtunnel, ☏ 5511166.

Versorgung Alkoholgeschäft (Þjóðbraut 13), Apotheke (bei Bónus), Arzt (Merkigerði 9), Banken (Stillholt und Þjóðbraut 1, mit Geldautomat), Polizei (Þjóðbraut 13), Post (Smiðjuvellir 30).

Autowerkstatt Zahlreiche Werkstätten, z. B. **Bílar & Dekk**, Akursbraut, ☏ 5782525; **Ásinn**, Kalmansvellir 3, ☏ 4315050.

Einkaufen An der Str. 509c (Smiðjuvellir) beim nördlichen Ortsausgang steht der günstige **Bónus 1**, Mo–Do 12–18.30, Fr 10–19.30, Sa/So 10/12–18 Uhr. Der riesige **Krónan 3** steht in der Stillholt, tägl. 10–19 Uhr. In der Nähe von Schwimmbad und Museen ist **Samkaup 2** zu finden, tägl. 10–22 Uhr, Garðargrund 1. Die Bäckerei **Harðarbakarí 6**, Mo–Fr 7–18, Sa/So 8–16 Uhr, Kirkjubraut 54, hat auch ein paar Tische. In der Suðurgata 50a findet sich die für ihr gutes Gebäck bekannte Bäckerei **Brauða- og Kökugerðin 11**, selbe Öffnungszeiten. **Bücher** hat Eymundsson **3**, Mo–Fr 9–18, Sa 10–14 Uhr, Stillholt.

Fahrradreparatur Reiðhjólaverkstæði Axels **9**, Merkigerði 2, ☏ 8961979/4311531.

Feste Jedes Jahr am 1. Wochenende im Juli werden mit Musik, Spielen, Sport und Wettbewerben die „Irischen Tage" gefeiert.

Kunsthandwerk Gallerí Urmull, hochwertiges Kunsthandwerk ganz unterschiedlicher Art, von 25 Frauen aus Akranes gefertigt. Mo–Fr 10–18, Sa/So 10/12–16 Uhr. Kirkjubraut 54.

Schwimmbad Im Sportkomplex Innesvegur Freibad mit Hot Pots, Dampfbad, Fit-

Übernachten
4 B&B Háholt 11
12 Litla gistihúsið við sjóinn
13 Jugendherberge
14 Gistihúsið Móar

Einkaufen
1 Supermarkt Bónus
2 Supermarkt Samkaup
3 Supermarkt Krónan und Buchladen Eymundsson
6 Bäckerei Harðarbakari
11 Bäckerei Brauða- og Kökugerðin

Essen & Trinken
5 Galito
7 Thai-A
8 Gamla Kaupfelagið
10 Mömmueldhús

Sonstiges
9 Reiðhjólaverkstæði Axels (Fahrradreparat

nessraum, Solarium, Mo–Fr 6.15–21, Sa/So 9–18 Uhr.

Tankstellen Vier große Tankstellen mit Imbiss und Kiosk; ca. 7–23.30, Sa/So meist ab 9 Uhr. Alle verkaufen auch ein paar Lebensmittel.

Übernachten/Camping/Essen

Litla gistihúsið við sjóinn 12, das viel gelobte „Kleine Gästehaus am Meer" liegt ruhig am Wasser, den Ausblick kann man vom Balkon aus genießen. Aus ökologischen Gründen ist fast alles Secondhand, einfach, aber stilvoll – die gastfreundliche Besitzerin

Jóhanna, die gerne erzählt und Auskunft gibt, ist auch Künstlerin. Im Untergeschoss 3 saubere Zimmer für 2–4 Pers. mit Waschbecken; gemeinsames Bad, kleine Küche. DZ ISK 9800 ohne Frühstück, SSU 7800 für 2 Pers. Bakkatún 20, ☏ 5883089 und 6956255,

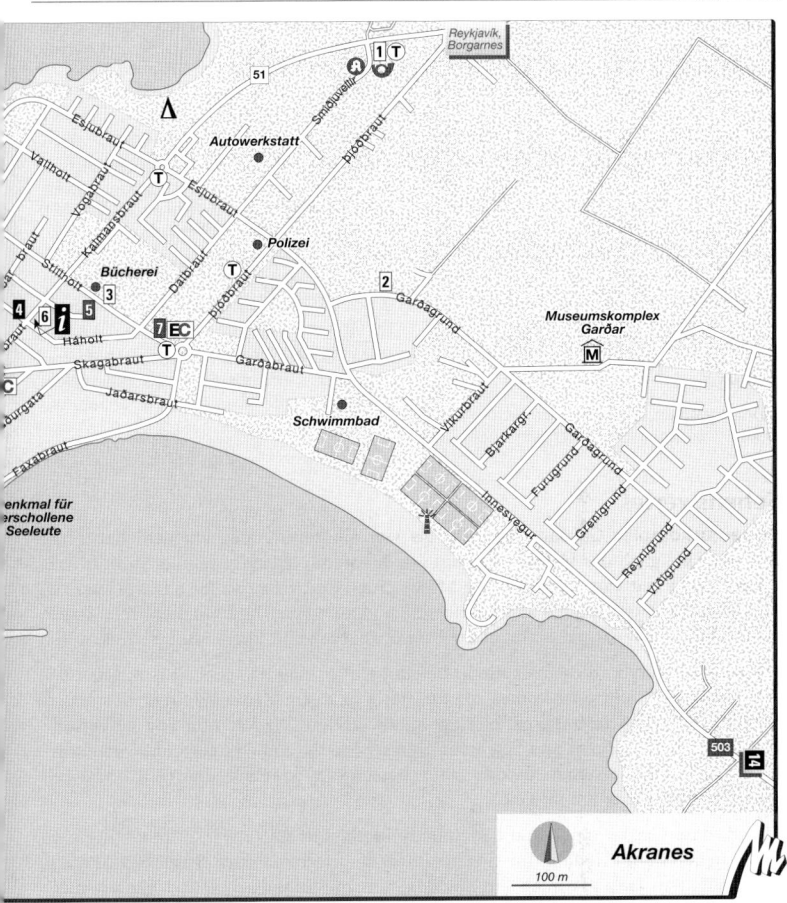

Akranes

100 m

gisting@leopold.is, www.leopold.is/gisting.

Bed & Breakfast 4, mitten im Wohnhaus der freundlichen, älteren Ólina Jónsdóttir 2 persönlich eingerichtete, saubere DZ, ISK 6000, Frühstück extra. Háholt 11, ☎ 4311408/8611598, olina@haholt11.com, www.haholt11.com.

Gistihúsið Móar 14, etwas außerhalb an der Str. 51 zwischen Akrafjall und Fjord. Im hellen Haus der fröhlichen, gastfreundlichen Solveig Jóna in einem Teil 4 DZ, Küche, zwei Bäder, Aufenthaltsraum. ISK 4500/Pers., SSU ISK 3500, kein Frühstück. 2 Sommerhäuser für 4–5 Pers. mit Küchenzeile und Dusche. ISK 11.000. ☎ 4311389/8975142.

»» Unser Tipp: JH Akranes **13**, schöne neue Jugendherberge im Gebäude der ehemaligen Apotheke in Hafennähe. 25 Betten in 9 Zimmern für 2–4 Pers., 3 DZ mit Bad. Küche; Sofaecke unter dem Dach. Sehr sauber und freundlich, unter engagierter Leitung. DZ ohne Frühstück ISK 7500 für JH-Mitglieder, sonst ISK 600 mehr. Suðurgata 32, ☎ 8683332. **«**

Camping Akranes, großer, ziemlich ungeschützter Zeltplatz am nördlichen Ortseingang an der Bucht, Kalmansbraut, mit Dusche. Waschmaschine und Trockner kostenlos. Fahrradverleih. ISK 400/Zelt und 300/Pers.

Essen/Trinken Galito **5**, schönes Restaurant; Essen und Service gelten als ausgezeichnet. Interessante Kreationen wie Hummer mit Mango und Koriander. Immer auf der Speisekarte: Fisch des Tages und Lamm, kleine Bistro-Gerichte, Pizza. Der Besitzer will in Zukunft auch Tandoori-Gerichte anbieten. 11.30–21, Do–Sa bis 22, Sa/So ab 12/16 Uhr. Stillholt 16–18, ℡ 4306767.

Gamla Kaupfélagið 8, in eher kühler Atmosphäre gibt es mehrere Suppen und Salate, Gerichte vom Grill, Pizza und Hauptgerichte bis ISK 2200, z. B. Pasta und Wraps. Besonders beliebt das Steak Sandwich, der Indian Salad und der Caesar Salad. 12–22, Bar Fr/Sa bis 3 Uhr. Kirkjubraut 1, ℡ 4314343.

Mömmueldhús 10, Bistro mit netter Atmosphäre; die polnische Besitzerin kocht und backt alles selbst, auch nach Rezepten aus der Heimat. Viele verschiedene und günstige Gerichte, z. B. gefüllte Paprika, Lasagne oder gebackenes Huhn. Beliebtester Kuchen ist der Schokoladenkuchen. Empfehlenswert! 11–22 Uhr. Kirkjubraut 8, ℡ 5715571.

Thai-A 7, nicht unbedingt gemütliches, aber freundliches und günstiges asiatisches Restaurant und Take-away. 11.30–21, Sa/So erst ab 15 Uhr. Stillholt 23, ℡ 5789595.

Subway, neben Supermarkt Krónan, vielleicht das Schnellrestaurant mit den frischesten Zutaten. Neben Sandwichs auch Burritos und Salat. 10–22 Uhr.

Café Garðakaffi, im Museumskomplex, dieselben Öffnungszeiten. Es gibt selbst gebackene Kuchen, Kekse, Sahnetorten und Sandwichs.

Sehenswertes

Museumskomplex Garðar: Wo mehr als vier Jahrzehnte lang am östlichen Ende der Stadt lediglich das Heimatmuseum Garðar stand, befindet sich jetzt ein Museumskomplex mit vier Museen. Es gibt nur einen Eintrittspreis für alle Museen zusammen, für einen Besuch sollte man sich einen halben Tag freihalten. Eine Pause zwischendurch verbringt man gut im Café Garðarkaffi im Eingangsbereich (s. o.).

Heimatmuseum: In diesem großen Museum gibt es alles zu sehen, was mit der Geschichte und Tradition Akranes' zu tun hat – u. a. ein Klassenzimmer der ersten Schule, eine mit Werkzeug gefüllte Schmiede, andere Werkstätten und eine große Abteilung über Seefahrt und Fischerei. Den schwarzen Renault gewann 1946 ein Isländer im Lotto. Da man damals ohne besondere Erlaubnis kein Auto besitzen durfte, versteckte er ihn im Feld.

Daran, dass Garðar einst eine bedeutende kirchliche Stätte war, erinnert der rote Turm neben dem Friedhof. Im Gedenken an die irischen ersten Siedler in Akranes steht auf dem Gelände auch ein Gedenkstein mit isländischer und gälischer Inschrift, ein Geschenk Irlands an Akranes zur 1100-jährigen Besiedlung Islands im Jahr 1974. Zum Museum gehören noch weitere historische Gebäude, darunter das winzige Schulhaus von 1903. Das älteste Holzhaus Akranes' von 1875 und das erste Haus aus Beton in der Stadt – und wohl in ganz Island –, gebaut 1876–82, sind beide geöffnet; das eine gibt Einblick in die Lebensbedingungen ärmerer, das andere in die besser gestellter Menschen. Wie die Mittelschicht in den 1920er/30er Jahren lebte, soll in Zukunft – evtl. schon ab 2012 – ein drittes Haus veranschaulichen.

Und dann sind da noch ein paar Fischerboote, darunter *Sigurfari*: ein 1885 in England gebauter 86-Tonnen-Zweimaster aus Eichenholz, der 1897 nach Island kam und als Fischkutter diente. Nach mehrmaligen Verkäufen kam er 1975 zurück nach Island und ist seither der einzige auf der Insel erhaltene Kutter. Da er zu verrotten beginnt, soll er hier auf dem Museumsgelände restauriert werden.

Stein- und Mineralsammlung: In diesem Saal ist eine riesige Privatsammlung von Steinen und Mineralen aus ganz Island ausgestellt. Die meisten stammen aus der Hvalfjörður-Region, wo 60 % der isländischen Minerale vorkommen. Zu sehen ist

z. B. Jaspis in allen erdenklichen Farben, versteinertes Holz und der seltene, dunkelgrüne Apophyllit; bunte Minerale aus Geothermalgebieten liegen neben Fossilien, Bergkristall und den an Murmeln erinnernden Sphärolithen.

Kunstausstellung: Die hier gezeigten Ausstellungen mit Werken isländischer Künstler wechseln etwa alle zwei Monate.

Sportmuseum: Die Geschichte des isländischen Sports, dargestellt in Videos, Fotos und Pokalen, Medaillen und Bällen, Schlägern und sonstiger Ausrüstung. Von Schwimmen und Fußball über Handball und Golf bis zu dem isländischen Ringkampf *glíma* ist jeder Sport vertreten. Die bislang nur isländischen Texte sollen endlich übersetzt werden.

1. Juni bis 31. Aug. tägl. 10–17, sonst 13–17 Uhr; ISK 500 für alle Museen. Am ersten Juni-Wochenende geben mehr als 20 Schmiede draußen Einblick in ihre Arbeit. ✆ 4315566.

Akraneskirkja: Die Kirche im weißen Wellblechkleid, die innen auffallend schön bemalt ist, wurde 1896 geweiht. Das Altarbild von Sigurður Guðmundsson entstand 1870, das goldene Taufbecken auf einem Sockel aus Eichenholz fertigte Ríkarður Jónsson an.

Tägl. 10–16 Uhr, Schlüssel sonst auf der anderen Straßenseite im Gebäude mit Aufschrift „Vinaminni".

Kirkjuvoll: In dieser großen, hellen Galerie stellen im mehrwöchigen Wechsel isländische Künstler aus.

Tägl. 14–17 Uhr, ISK 250. Ecke Vesturgata/Merkigerði.

Altes Stadtviertel und Leuchttürme: Für Spaziergänge zu empfehlen ist der älteste Stadtteil westlich der Kirche mit bunten, alten Häusern in üppigen Blumengärten.

In der Vesturgata, Höhe Bakkatún, steht das 1924 gebaute Wohnhaus von *Haraldur Böðvarsson*, der mit der Gründung seiner Fischfabrik großen Anteil am wirtschaftlichen Aufschwung der Stadt hatte. Bis zu ihrem Verkauf an eine Firma in Reykjavík vor wenigen Jahren war sie in Familienbesitz.

Von der Vesturgata ist es nicht weit zum geschäftigen, farbenfrohen *Hafen* an der Krossvík mit seinen Trawlern, Frachtschiffen und Fischerbooten. Weiter westlich, am Ende der Breiðargata, herrscht bei den Leuchttürmen wilde Einsamkeit. Hier stehen zugewachsene, von Möwen umkreiste Fischtrockengestelle, in den kleinen, felsigen Buchten finden sich romantische Sandstrände. 30 verschiedene Vogelarten wurden hier schon gesichtet. Über Steine kann man vom neuen Leuchtturm von 1946 zum alten von 1918 laufen. Bei gutem Wetter reicht der Blick bis weit hinüber zu den Halbinseln Reykjanes auf der einen und Snæfellsnes auf der anderen Seite.

Der neuere Leuchtturm in Akranes

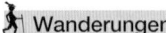

Kalmansvík (3): Einfacher Spaziergang in der Bucht beim Zeltplatz, der wegen der reichen Vogelwelt lohnt.

Akrafjall (4) (einfach, einige hundert Höhenmeter sind aber zu überwinden; hinauf ca. 1 Std.): Der Berg wird durch den Berjadalur („Beerental") und den Berjadalsá-Fluss, aus dem Akranes sein Trinkwasser bezieht, in zwei Hälften gespalten, der höhere der beiden Gipfel ist 643 m hoch. Am einfachsten ist es, vom Parkplatz vor dem Wasserwerk östlich von Garðar auf den von dort ausgeschilderten Gipfel Háihnjúkur (555 m) zu laufen; die 2 km lange Zufahrt zum Berg zweigt hinter Akranes (Richtung Borgarnes) von der Str. 51 ab und ist ebenfalls ausgeschildert.

Um den Hvalfjörður nach Reykjavík   (Str. 47, 90 km)

Der von Vögeln umschwirrte Hvalfjörður, der sich tief in die zu beiden Seiten aufragenden Bergmassive Esja (909 m) und Skarðsheiði (1.041 m) eingeschnitten hat, ist der längste Fjord des Südwestens und einer der landschaftlich schönsten des Landes. Hier findet man zudem absolute Stille.

Von Akranes führt die Str. 51 an der steilen, schön geschichteten Südflanke des Akrafjall und der felsigen Küste entlang zurück auf die Ringstraße. Schon bald verschwinden alle, die es eilig haben, in der Erde: im 5,7 km langen „Hvalfjarðargöngin". Dieser durch etwa 3 Millionen Jahre alten Basalt gesprengte Tunnel – der erste Unterwassertunnel Islands – mit einem maximalen Gefälle von 8,1 % am Nordende verkürzt die Strecke von Akranes nach Reykjavík seit 1998 um 47 km. Bis die bei ausländischen Investoren getätigten Kredite zurückgezahlt sind, wird eine Mautgebühr erhoben: Autofahrer werden derzeit mit ISK 1000 zur Kasse gebeten, Motorräder mit ISK 200 (Zahlung mit Karte ist möglich). Für Radfahrer ist die Durchfahrt verboten, sie müssen auf einen Bus warten.

Wer Zeit und Muße hat, lässt den Tunnel links liegen und startet zur zugleich wunderschönen und abenteuerlichen Fahrt um den Hvalfjörður. Beeindruckende Natur und alte Industrieanlagen bilden hier eine einzigartige Komposition.

> **Streckeninfo/Tipps für Radler:** Die 61 km um den Fjord sind geteert, aber sehr kurvig, zum Wasser hin fällt die Straße steil ab. Seit Eröffnung des Tunnels ist es hier ruhig und einsam; zwei Tankstellen und ein Zeltplatz wurden geschlossen und die Straße wirkt oft wie ausgestorben – Letzteres zum großen Vorteil für Radfahrer. Etwas zu essen bekommt man nur an der Tankstelle Ferstikla an der Kreuzung mit der Str. 50 am Nordufer, im Hótel Glymur ein paar Kilometer weiter und im Kaffi Kjós an der Str. 461 am Südufer, 4 km von der Str. 47. Der freundliche Hof Kiðafell am Südende des Fjords empfängt gerne Radwanderer.

Über die Ringstraße wird 12 km hinter dem Tunnel die Str. 47 erreicht, die sich bald nah an der schroffen Küste um zerklüftete Bergrücken und Felsvorsprünge schlängelt und auf schmalen Brücken zahlreiche aus den Bergen herunterschießende Flüsse überquert. Den Namen „Walfjord" trägt die lange Meeresbucht nicht wegen der hier existierenden Walfangstation, sondern wegen des bösartigen Wales, der angeblich einst den Fjord unsicher machte und daraufhin von Bischof Guðmundur in das Hvalvatn verbannt wurde. Im Zweiten Weltkrieg war der Hvalfjörður wichtiger Flottenstützpunkt der Alliierten; zunächst lag die britische Flotte an der Süd-, ab 1941 die amerikanische an der Nordseite.

In malerischer Kulisse steht am Ufer die weiße Kirche *Saurbær*, 1954–57 zu Ehren des Dichters Hallgrímur Pétursson gebaut. Er war 1651–69 in Saurbær Pfarrer und verfasste hier seine berühmten Passionshymnen. Sein Grabstein steht auf dem Friedhof der Kirche, in der verschiedene Ausgaben der Passionshymnen ausgestellt sind. Auf einem Silberkelch und einer Patene sind Verse der Hymnen eingraviert. Das Gotteshaus mit Kupferdach und von der Künstlerin Gerður Helgadóttir angefertigten Glasfenstern beherbergt Schätze aus dem 16. und 17. Jh., darunter das Kruzifix über dem Altar von etwa 1500 und einen Kelch aus dem Jahre 1632.

Weiter geht es auf den mit steilen Basaltwänden aufragenden *Þyrill* (388 m) zu. Auf der von einer Papageientaucherkolonie bevölkerten, kleinen Insel *Geirshólmi* suchten einer Saga nach einst mehr als hundert Geächtete gemeinsam Zuflucht. Von einem ihrer Anführer, Geirr, leitet das Eiland seinen Namen ab. Bei *Miðsandur* am Fuße des Þyrill entstellt ein Öldepot das Panorama. Die Baracken am Hang stammen noch aus dem Zweiten Weltkrieg, hier war die amerikanische Flotte stationiert. Als sie abgezogen war, wurde 1948 am Þyrill eine Walfangstation eingerichtet, die nach 1989 nur vorübergehend außer Betrieb war.

Überragt von den fünf bis zu 1095 m hohen Zinnen Botnssúlur gelangt die Straße am steilen Múlafjall mit Basaltsäulen und Wasserfällen entlang zur Schlucht der Fossá mit Wasserfall und kleinem Pferch (Parkplatz und Tafel mit Wanderwegen) und weiter nach *Hvítanes*. Dort war im Zweiten Weltkrieg das Hauptquartier der britischen Marine; geblieben sind graue, zugewachsene Ruinen und ein halb zerfallener Anleger. Links zweigt die Str. 48 ab, die über den Hochpass Kjósaskarð das Esja-Massiv an der Ostflanke umrundet und nach 22 km auf die Str. 36 nach Þingvellir trifft. Nach vielen weiteren Kurven verlässt die Straße den Fjord. Hinter Kjalarnes und dem zu Wanderungen einladenden Esja-Bergmassiv (s. u.) führt die Straße nach *Mosfellsbær*: eine Satellitenstadt von Reykjavík, in der Interessierte nahe der Ringstraße einen Fabrikverkauf hochwertiger Woll- und Strickwaren finden. Von hier sind es noch etwa 20 km bis ins Stadtzentrum von Reykjavík. Wer es nicht mehr bis dahin schafft, findet in Mosfellsbær auch Schwimmbad, Restaurants und Einkaufsmöglichkeiten. Ein schönes Gästehaus liegt kurz vor dem Ort.

Der Westen → Karte S. 535

Basis-Infos

Information 2011 wurde im Gemeindezentrum Kjósarstofa an der Str. 48 auf der Südseite des Fjords ein Infozentrum eröffnet. Tägl. 10–15 Uhr. ☎ 6987533.

Reiten Kiðafell, Kúludalsá s. u.

Þúfa, an der Südseite des Fjords, ☎ 8977660, bietet 1- bis 4-stündige Touren.

Schwimmbad Im Gemeindezentrum **Hlaðir** an der Kreuzung 47/50; Freibad mit Hot Pots, 1. Juni bis 31. Aug. tägl. außer Di 13–19 Uhr. In **Kjalarnes** an der Str. 1 nach Reykjavík Freibad mit Hot Pot, Mo–Fr 15–21, Sa/So 11–17 Uhr. **Natürlicher Hot Pot** am Südufer (Zufahrt Hvammsvík, beim 1. Haus rechts zum Wasser abbiegen, dort ein kur-

zes Stück nach links).

Wollwaren/Kunsthandwerk Bei **Álafoss**, Álafossvegur 23 (von Norden kommend in Mosfellsbær beim ersten Kreisverkehr links abbiegen – Wegweiser „Álafosskvos" – dann noch 800 m). Im großen Laden mit netter Atmosphäre hochwertige und günstige fabrikgefertigte Wollwaren sowie Kunsthandwerk und Souvenirs. Der Laden hat eine lange Tradition: 1896 begann hier die mittlerweile geschlossene Álafoss-Wollfabrik ihre Produktion. Die Fabrikräume werden jetzt als Künstlerateliers genutzt, Sigur Rós hat ein Studio auf dem Gelände. Nebenan Café. Mo–Fr 9–18, Sa 9–16 Uhr.

Wieder in Betrieb: Die alte Walfangstation am Hvalfjörður

Der Walfang und die isländische Identität

In früheren Jahrhunderten konnte das Fleisch eines Wales ganze Bevölkerungsteile Islands vor dem Hungertod bewahren. Im Gesetzbuch Jónsbók von 1281 wurde der Walfang mit der Harpune erstmals erwähnt, untermalt von einer Illustration, die die Zerlegung eines Wales darstellt. Es ging jedoch nicht mehr ums Überleben, als Ende des 19. Jh. die groß angelegte Jagd auf Wale begann. Die Norweger, die ihre Gewässer bereits ausgebeutet hatten, setzten den kommerziellen Walfang vor den isländischen Küsten fort, und 1935 richteten die Isländer am Tálknafjörður in den Westfjorden ihre eigene Walfangstation ein. Als man mit Ausbruch des Zweiten Weltkriegs den Hauptabnehmer für Walöl, Deutschland, verlor, war zunächst wieder Schluss, 1948 ging es dann aber mit einer Walfangstation am Hvalfjörður so richtig los. Bis 1986 wurden hier während der Fangsaison jährlich 350 bis 450 harpunierte, seitlich an den vier Walfangbooten befestigte Tiere herangeschleppt und mit großen Winden an Land gezogen. Nachdem die *Internationale Walfang-Kommission (IWC)* 1982 kommerziellen Walfang verboten hatte, erstritten sich die Isländer das Recht, 200 Wale im Jahr zu „wissenschaftlichen Zwecken" zu harpunieren. Dass die Hälfte des Fangs nach Japan exportiert wurde und dort als Delikatesse auf dem Teller landete, machte Umweltschützer stutzig. Es kam zu friedlichen und gewalttätigen Protesten ausländischer Walfanggegner, aber erst als deutsche und amerikanische Handelsbetriebe 1988 auf Betreiben von Greenpeace mit dem Boykott isländischer Fischprodukte begannen, gab Island 1989 seine sture Haltung auf und stellte den Walfang ein, der insgesamt etwa 35.000 Tiere das Leben gekostet hatte. Als aber die IWC das Walfang-Moratorium verlängerte, erklärte Island 1992 seinen Austritt aus der Kommission. Man wolle sich beim Thema des für Island lebensnotwendigen Fischfangs nicht weiter bevormunden lassen, wurde argumentiert.

Im Oktober 2002 kehrte Island wieder in die IWC zurück – allerdings mit dem wichtigen Vorbehalt, dass es nach norwegischem Vorbild das Verbot jeglichen kommerziellen Walfangs weiterhin nicht anerkennen würde. Mit hauchdünner Mehrheit akzeptierten die Mitgliedsstaaten des IWC Island erneut in ihrer Mitte, unter der Bedingung, dass die Jagd auf Wale nicht vor 2006 beginnt.

Dies verärgerte die Walfang-Lobby, und so reichte Island bereits im Frühjahr 2003 bei der IWC einen Antrag auf erneuten „Walfang zu wissenschaftlichen Zwecken" ein und fing noch im selben Jahr die ersten 36 Zwergwale. Sofort sagten zahlreiche ausländische Tourenanbieter ihre Reisen nach Island ab.

Nicht nur im Ausland, auch in Island sorgt der Walfang aus verschiedenen Gründen für Ärger. Tourenanbieter beispielsweise sehen die bei Touristen äußerst beliebte Walbeobachtung gefährdet, die lukrativer ist, als es der Walfang je war. Die *Whale Watching Association* stellte fest, dass Zwergwale seit 2003 die Tourenboote, neben denen sie herzuschwimmen pflegten, meiden. Walfang und Walbeobachtung sind unvereinbar.

Im Oktober 2006 wurde nach 17 Jahren Pause auch der kommerzielle Walfang wieder aufgenommen, der seit 2008 der einzige Grund ist, warum Waljäger losziehen. 80 Zwergwale wurden 2010 getötet – viele Restaurants verweisen mittlerweile stolz auf Walfleisch auf der Speisekarte. „Meet us, don't eat us", lasen Touristen deshalb 2011 am Flughafen auf von mehreren Anbietern von Walbeobachtungstouren initiierten Plakaten. Das von vielen Isländern geschätzte Fleisch der Zwergwale bleibt auf der Insel. Der Export des Fleisches der ebenfalls gejagten Finnwale, von denen 2010 knapp 150 erlegt wurden, nach Japan brach 2011 wegen des dortigen Erdbebens und Tsunamis vorerst zusammen. Jedoch exportiert Island Wal u. a. auch nach Norwegen und auf die Färöer.

Auf Drängen von Umweltorganisationen kündigte US-Präsident Obama im Herbst 2011 an, Maßnahmen gegen Island zu ergreifen. Der Inselstaat untergrabe mit seinem Walfang die Anstrengungen zum größeren Schutz von Walen weltweit und die Effektivität des Schutzprogramms der IWC.

Bei Islands bislang unnachgiebiger Haltung geht es um mehr als wirtschaftliche Gründe. Es geht auch um die historisch begründete Abneigung gegen Einmischung des Auslands in innere Angelegenheiten, es geht um nationalen Stolz und um die Aufrechterhaltung einer Identität, die in der Abgrenzung zur Außenwelt beruht.

Übernachten/Camping/Reiten (→ Karte S. 535)

Kúludalsá 🔢, an der Str. 1 am Nordufer, 3 km östlich des Tunnels mit herrlichem Blick auf den Fjord. Bei Besitzerin Ragnheiður, die hier aufwuchs und interessante Reittouren anbietet: z. B. zum Akrafjall oder am Wasser entlang, wobei viel über das Islandpferd vermittelt wird. In ihrer Wohnung 1 DZ und 1 EZ, auf anderer Etage bis zu 10 SSU, Küche, Bad. SSU ISK 3000/Pers. ✆ 4312150/ 8979070, namshestar@namshestar.is, www.namshestar.is.

Laxárbakki 🔢, bei der Kreuzung 1/47 im Norden, Gästehaus und Restaurant in ehemaligem Schlachthaus. Mit Hot Pot. Im großen Restaurant (tägl. 10–22 Uhr) Gerichte vom Grill und hausgemachte isländische Speisen. Auch Kaffee und Kuchen. Wo einst die Arbeiter wohnten, jetzt 7 Zimmer für 1–4 Pers. mit Etagenbetten; 2 Bäder, Küche. DZ ISK 8000, Frühstück extra, SSU 3500/ Pers. In anderem Gebäude 10 Apartments für 2–4 Pers. mit Bad, Sofa und Küchenzeile, ISK 18.500. Nett ist das Gästezimmer im kleinen Wellblechhaus, aus dem heraus einst Hot Dogs verkauft wurden: hier 2 Etagenbetten, kleines Bad, Kochgelegenheit, ISK 3500/Pers. (SSU). ✆ 5512783, laxarbakki@ gmail.com, www.laxarbakki.is.

Hof Hlíð (FH) 🔢, an der Str. 502 am Eingang des Svínadalur. Mehrgiebeliges Sommerhaus für 8 Pers. mit Küche, Dusche, Hot Pot. Im Häuschen daneben noch zwei Betten; die beiden Häuser werden nur zusammen vermietet, ISK 12.000/Nacht. Gleiches gilt für 2 weitere Sommerhäuser, beide mit WC, eines mit Küche, eines mit Bad, zusammen Platz für 6–8 Pers., auch mit Hot Pot, ISK 12.000. ✆ 4338938, hlid@sveit.is, www.hlid.net.

》》 Unser Tipp: **Grænahlíð** 🔢, auf Hof Kalastaðir am Nordufer, 2 Sommerhäuser mit herrlichem Blick auf den Fjord und in absoluter Stille – hier hört man nur die Vögel. Beide Häuser für 2–4 Pers., mit Küchenzeile, Bad und Terrasse mit Hot Pot. Ein drittes Haus war 2011 geplant. 85 € pro Nacht. ✆ 6632712, kalastadir@gmail.com, www.kalastadir.com. 《《

Hótel Glymur 🔢, oberhalb der Kirche Saurbær nahe der Kreuzung 47/50. Originelles Luxushotel, mit stilvollen Kunstwerken und Möbeln dekoriert. Zwischen Pflanzen und Skulpturen, Korbmöbeln und Leder-

sesseln fühlt man sich sofort wohl. 22 aufmerksam und individuell gestaltete DZ mit Bad, Schlafbereich auf der Galerie und allem Komfort. Zwei Hot Pots. Zusätzlich 6 großzügige Luxushäuschen für 2–6 Pers. mit Kochgelegenheit, Bad und Hot Pot. Die Häuschen sind originell nach Themen gestaltet, z. B. Familie, Romantik, italienisches Design. Im Restaurant mit fantastischem Blick über den Fjord ab 19 Uhr exzellente Fisch- und Fleischgerichte. DZ ISK 32.900, Häuschen (mind. 2 Nächte) ab ISK 45.900. ✆ 4303100, info@hotelglymur.is, www.hotelglymur.is.

Hlaðir 🔢, im Gemeindehaus an der Kreuzung 47/50, in dem eine kleine Ausstellung an die militärische Präsenz im 2. Weltkrieg erinnert, 90 SSU, Isomatte muss mitgebracht werden. ISK 1000 inkl. Küchennutzung. Camping auf relativ ungeschützter Wiese ISK 800/Pers., sanitäre Einrichtungen im Schwimmbad. ✆ 4338877, gaui@gauilitli.is, www.hladir.is.

Hof Bjarteyjarsandur (FH) 🔢, am Nordufer des Fjords. Am Hang 4 geräumige Sommerhäuser für 6–8 Pers. mit Küche, Bad, Hot Pot und herrlicher Aussicht. Camping auf dem Hof mit Windschutz durch Bäume; moderne sanitäre Einrichtungen mit Dusche im ehemaligen Stall, dort auch Küche, großer Aufenthaltsraum und nebenan Galerie mit Kunsthandwerk. Nette Atmosphäre. Sommerhäuser ab ISK 13.000/Nacht, Camping ISK 800/Pers. ✆ 4338851/8916626, arnheidur@ bjarteyjarsandur.is, www.bjarteyjarsandur.is.

Hof Hjalli (FH) 🔢, an der Str. 461 am Südufer, ca. 5 km von der Hauptstraße. Ein Sommerhaus im Garten der Farm für 4 Pers. mit Bad und Kochecke. ISK 12.000/Nacht. Camping ISK 800/Pers., Dusche ISK 400. ✆ 5667019.

Hof Eyrarkot (FH) 🔢, an der Hauptstraße am Südufer, hübsch hergerichtetes, stilvolles und gemütliches Haus in einer ehemaligen Telefonzentrale mit 3 DZ und einem Viererzimmer. Ein Bad, großer Essraum, gut ausgestattete Küche. DZ ISK 10.000, SSU ISK 3800/Pers. ✆ 5667051/6923025, begga @emax.is, www.eyrarkot.is.

》》 Unser Tipp: **Hof Kiðafell** (FH) 🔢, an der Str. 460, ein paar hundert Meter von der Hauptstraße; großes Haus mit langer Tradition und netten Besitzern. Vier individuell gestaltete DZ unter den Dachschrägen, schöner Aufenthaltsraum mit weitem Blick. Im Untergeschoss noch ein Zimmer sowie ein Apartment mit Küche und Bad. Zum Hof gehört ein Museum, in dem es viel zu gucken gibt. DZ ISK 13.800, SSU ab ISK 3300, Apt. ab ISK 17.000. Küche kann mitgenutzt werden. Reiten ISK 4000/Std. ✆ 5666096. ❰❰❰

Fitjar 23, an der Ringstraße 2 km nördlich von Mosfellsbær und 15 km nördlich von Reykjavík. Bei netten Besitzern und 5 Min. vom Esja-Wandergebiet, eine gute und ru-

hige Alternative zur Übernachtung in Reykjavík. Im Haus ein hübsch gemachter separater Teil für Gäste: 3 DZ mit, 3 ohne Bad, alle mit Waschbecken und TV; zwei Duschen, Küche, Waschmaschine. DZ mit/ohne Bad ISK 14.500/12.000, Frühstück extra. ✆ 5656474/6915005.

Camping Hvammsvík, ungeschützter Zeltplatz mit WC und Kaltwasser, ISK 800/Pers. Zukunft ungewiss.

Hlaðir, Hof Bjarteyjarsandur, Hof Hjalli s. o.

Essen & Trinken/Tankstelle

Restaurant Laxárbakki s. Übernachten.

Ferstikla, netter Imbiss in der Tankstelle bei der Kreuzung 47/50 mit viel Platz zum Sitzen, auch draußen mit Fjordblick. Neben Burgern und Sandwichs auch Tagesgerichte, selbst gebackene Kuchen sowie Waffeln. Ecke mit Lebensmitteln. 2011 war eine kleine Ausstellung über den Walfang in Arbeit. Mai–Sept. 10–22 Uhr. ✆ 4338940.

Kaffi Kjós, hübsches Café und Bar am Hang mit frischem Kuchen, Waffeln, Flatkökur mit Hangikjöt und Hamburgern. Auch ein paar Lebensmittel und Kunsthandwerk.

Tägl. 12–22, Grill bis 21 Uhr. An der Str. 461, ca. 4 km von der Hauptstraße im Sommerhausgebiet.

Nýi Esjuskalinn, erste Tankstelle nach dem Fjord, in Kjalarnes an der Abzweigung der Str. 458; ein paar Lebensmittel, Kaffee und Sandwichs; Mo–Fr 8–21, Sa/So 9–21 Uhr.

Kaffihúsið Álafossi, hinter dem Laden Álafoss (s. o., „Wollwaren"), mit Holztischen und bunter Kunst an den Wänden; Suppen, Pasta, Sandwichs und hausgemachte Kuchen, ab 18 Uhr auch traditionelle isländische Gerichte. 11–22, Do–Sa bis 23 Uhr.

🥾 Wanderungen
(→ Karte S. 535)

Wasserfall Glymur (5) (mittelschwer; bei Flussüberquerung auf Baumstamm und anschließendem Klettern und Queren von Geröllfeldern Trittsicherheit nötig; im oberen Teil steil; hin/zurück 3–4 Std.): Der Glymur ist mit 196 m der höchste Wasserfall Islands. Vom Ende des Fjordes führt eine Straße in den Botnsdalur mit üppiger Birkenvegetation. Bei der ehemaligen Tankstelle geht es dann nach links auf eine Jeeppiste. Über diese 2,5 km lange Piste gelangt man zu einem Parkplatz am Nordufer der Botnsá, dem Ausgangspunkt der Wanderung (hier auch Karte mit GPS-Koordinaten). Der Weg hin zur Schlucht und in sie hinab ist noch einfach und mit gelben Punkten markiert. Der reißende Fluss muss dann auf einem Baumstamm samt Drahtseilgeländer überquert werden, anschließend erklimmt man das andere Ufer und „erarbeitet" sich den Wasserfall an der

Ostseite. (Der Vorteil der Flussüberquerung ist die Frontalansicht auf alle Stufen des Wasserfalls. Von der westlichen Seite aus gesehen bleibt die unterste Fallstufe fast verborgen.)

Wanderwege im Esja-Massiv (6) (teils recht steil, aber einfach zu laufen): Vom großen, dennoch häufig überfüllten Parkplatz an der Str. 1 (mit Restaurant, Sa/So 11–18 Uhr) starten mehrere markierte Wanderwege in die Bergwelt. Zwei Wege führen auf das Þverfellshorn (720 m), von wo aus sich herrliche Ausblicke auf Reykjavík, die vorgelagerten Inseln, den Atlantik und die Bergwelt bieten. Der Aufstieg dauert etwa 2 Std. Abends und am Wochenende kann es leicht zu voll werden, dann sammeln sich hier die Bewohner Reykjavíks. Manche rennen den Berg nach der Arbeit in 45 Min. hoch … Der Parkplatz wird mit dem Bus angefahren (Linie 57).

Blick über Arnarstapi auf den Snæfellsjökull

Halbinsel Snæfellsnes und Region

Der Berg erinnert zuweilen an ein umgestülptes Tongefäß mit bläulicher Glasur und zuweilen an durchsichtiges Chinaporzellan mit Goldrand, besonders wenn die Sonne im Westen tief über dem Meer steht, denn dann umspielen ihre Strahlen den Firnschnee von beiden Seiten.

(Halldór Laxness, in: Am Gletscher)

Die abwechslungsreiche, mit einem der berühmtesten Gletscher Islands gekrönte Halbinsel Snæfellsnes ist ein landschaftliches Kleinod. Wer nicht viel Zeit für seine Islanderkundung hat, dem sei die knapp 300 km lange Rundfahrt ans Herz gelegt, denn hier finden sich in Miniaturausgabe fast alle islandtypischen Schätze.

So hat Snæfellsnes neben seinem Gletscher rauschende Wasserfälle und enge Fjorde, Tropfsteinhöhlen in der Lava und Brandungshöhlen in der Gischt, Ringwallkrater und schlanke Basaltsäulen, Vogelfelsen und Muschelsandstrände, bunte Fischereihäfen, feuchte Moorgebiete und alte Ruinen.

Zwischen dem Breiðafjörður und dem Faxaflói ragt die 10–30 km breite Halbinsel 80 km in den Atlantik hinein. Jules Verne legte seinem Romanhelden Axel 1864 die wenig romantischen Worte in den Mund: „Eine Halbinsel, die wie ein Knochen mit einer Gelenkkapsel aussieht." Auf der „Gelenkkapsel" thront der vergletscherte, vor knapp 2000 Jahren in Tiefschlaf gefallene Vulkan *Snæfellsjökull*, von dem magische Faszination ausgeht. Er ist der krönende Abschluss einer Bergkette mit 700–1000 m hohen Gipfeln, die sich über ganz Snæfellsnes erstreckt und nur wenig Unterland für Bauernhöfe und Weideland duldet. „Island im Kleinformat" wird die Halbinsel genannt, die vor einigen Millionen Jahren noch Teil der aktiven Vulkanzone war, bevor sich die Riftachse nach Osten verlagerte. Da der Vulkanismus im frühen Pleistozän wieder aufflammte, finden sich hier auch zahlreiche nacheiszeitliche Laven und Krater. Vom einfachen Schlackenkegel bis zum komplizierten Zentralvulkan ist an Vulkanformen alles vertreten und vom tertiären Basalt bis zum farbenprächtigen Liparit kommen alle wichtigsten Gesteinsarten Islands vor – sogar der auf der Insel seltene Granit.

Im Jahr 2008 erhielten die fünf Gemeinden der Halbinsel nach fünfjähriger Vorlaufphase, in denen die Anstrengungen um nachhaltigen Tourismus und umweltverträgliches Wirtschaften verstärkt wurden, die Zertifizierung von Green Globe 21. 2010 wurde diese erneuert; die Halbinsel ist seither zertifiziert als „Earth Check community".

Tipps zur Region: Schöne **Museen** sind das nachgebaute Langhaus von Eiríkur dem Roten in Eiríksstaðir (S. 564), der Eyrbyggja Heritage Centre in Grundarfjörður (S. 577) sowie das Norska húsið in Stykkishólmur (S. 573); an **Ausflügen** lohnen die Bootstouren in die Inselwelt des Breiðafjörður mit Start in Stykkishólmur (S. 571). Zu empfehlen ist ein Besuch des einzigartigen Hofes **Bjarnarhöfn** bei Grundarfjörður (S. 575). Eine reizvolle kleine **Wanderung** führt an der Südküste entlang von Arnarstapi nach Hellnar (S. 590), wo das Café Fjöruhúsið auf einen **Kaffee** lockt (S. 589). Weitere gemütliche Cafés sind Gamla Rif in Rif (S. 585) und Kaffi Sif in Hellissandur (S. 585). Gut essen kann man im **Restaurant** Narfeyrarstofa in Stykkishólmur (S. 572) und bei Gilið in Ólafsvík (S. 579). Hochwertiges **Kunsthandwerk** gibt es in der Galerie Sóla an der Südküste (S. 594). Freundliche **Übernachtungsmöglichkeiten** sind der Hof Suður-Bár an der Nordküste (S. 575), Gislabær in Hellnar (S. 589), das Hótel Framnes und die Jugendherberge in Grundarfjörður (S. 577), etwas Besonderes ist The Old English Lodge kurz vor Borgarnes (S. 595). Ein schöner **Reiterhof** ist Lýsuhóll (S. 594) an der Südküste.

Vor der Rundfahrt bietet sich die Erkundung der geschichtsträchtigen Region Dalir nördlich und östlich von Snæfellsnes an.

Streckeninfo: Die Rundstraße um Snæfellsnes ist ab Stykkishólmur geteert. Alle Orte liegen an der Nordküste, was bei der Versorgung mit Lebensmitteln, Geld usw. zu berücksichtigen ist. Unterkünfte gibt es, abgesehen von der Westspitze, überall. Für die Fahrt um die Westflanke des Gletschers durch den Nationalpark sollte man sich Zeit lassen: Hier lohnen sich zahlreiche Abstecher zur Küste und in die Lava, die Gegend lädt zu Wanderungen ein.

Von der Ringstraße nach Snæfellsnes und Dalir (Str. 59)

Die direkte nördliche Verbindung nach Snæfellsnes führt auf 50 km vom Hrútafjörður über den niedrigen Pass Laxárdalsheiði (150 m) an den Hvammsfjörður.

Nördlich von Borðeyri am Hrútafjörður an der Str. 61 biegt die Passstraße 59 über die Laxárdalsheiði ab. Die Schotterstraße führt durch Feuchtwiesen und vorbei an unzähligen kleinen Seen über eine einsame Hochebene in die Region Dalir. Im Laxárvatn entspringt die Laxá, ein ausgezeichneter Lachsfluss. Hinter dem Hof Sólheimar beginnt das enge, grüne Tal Laxárdalur, einer der Hauptschauplätze der *Laxdæla saga*.

In *Höskulsstaðir* wohnte Höskuldur Dalakollsson, der Vater von Sagaheldin Hallgerður aus der *Njáls saga* und Großvater von Kjartan und Bolli – den Hauptcharakteren der *Laxdæla saga*. Am anderen Ufer der Laxá liegt an der Str. 587 der historische Siedlungshof *Hjarðarholt*, Kjartans Geburtsstätte. Die verzierte Kirche von Hjarðarholt mit ihrem ungewöhnlichen Grundriss entstand 1904 nach den Plänen des ersten isländischen Architekten, Rögnvaldur Ólafsson.

Die Saga von den Leuten aus dem Lachswassertal

Die Laxdæla saga, die eine tragische Dreiecksbeziehung zum Thema hat, gehört zu den beliebtesten und romantischsten Sagas Islands. Im Mittelpunkt stehen der sportliche, liebenswürdige und muntere Kjartan Ólafsson, „der schönste aller Männer, die in Island geboren sind", sein starker, ritterlicher Ziehbruder und Freund Bolli und die stolze und leidenschaftliche Guðrún Ósvífursdóttir. Guðrún ist empört, als ihr Liebhaber Kjartan sich entschließt, für drei Jahre nach Norwegen zu reisen, verspricht aber, auf ihn zu warten. Als Kjartan nach drei Jahren vom norwegischen König daran gehindert wird, nach Hause zurückzukehren, hält Guðrún ihn fälschlicherweise für untreu und heiratet seinen Ziehbruder Bolli. Kjartan nimmt daraufhin, zurück in Island, die sanfte Hrefna zur Gattin. Rasend vor Eifersucht überredet Guðrún den unglückseligen Bolli dazu, Kjartan umzubringen. Als ihr Mann ihr die Nachricht von Kjartans Tod überbringt, bemerkt Guðrún nur lakonisch: „Am besten gefällt mir, dass Hrefna heute Abend nicht lachend zu Bett gehen wird". Wie ein Traum ihr prophezeit hat, heiratet Guðrún in ihrem Leben viermal, entscheidet sich aber im hohen Alter als erste Isländerin zum Nonnendasein. Als sie am Ende von einem ihrer Söhne gefragt wird, welchen Mann sie am meisten geliebt habe, antwortet sie: „Ich war am schlimmsten zu dem, den ich am meisten geliebt habe".

Búðardalur   (ca. 250 Einw.)

In einem der ältesten Häuser dieser kleinen Ortschaft am Lachsfluss befindet sich ein Museum, das sich u. a. Leifur Eiríksson widmet, der um das Jahr 1000 nach Nordamerika segelte.

Der Name Búðardalur bedeutet „Budental" – laut *Laxdæla saga* errichtete Höskuldur Dalakollsson hier einen Bootsschuppen und Zeltbuden als Lagerhallen.

1899 wurde Búðardalur Handelsplatz, nur das in Kopenhagen gebaute *Thomsens Haus* an der Búðarbraut ist aus dieser Zeit noch erhalten. Der Ort ist das Dienstleistungszentrum der Region Dalir. Fischfang gibt es kaum, wegen der starken Strömung zwischen den tausenden Inseln im Breiðafjörður verirren sich nur wenige Fische in den Hvammsfjörður. Stattdessen verarbeiten eine Molkerei und ein Schlachthaus die Agrarerzeugnisse des Bezirks.

Auf dem Hof Kolsstaðir südlich von Búðardalur wurde der bedeutendste isländische Bildhauer Ásmundur Sveinsson geboren. Von ihm stammt die vor dem Museum aufgestellte Skulptur, die eine im starken Wind ihr Kind haltende Frau darstellt.

Kunst vor und in historischem Gebäude

Information/Internet Im Museum am Hafen, 1. Juni bis 31. Aug. tägl. 10.30–21.30 Uhr. Búðarbraut, ✆ 4341441.

Hin & weg Bus ab Tankstelle nach Reykjavík und nach Hólmavík Di, Fr u. So je 1-mal. ✆ 4341180.

Versorgung Arzt, Alkoholgeschäft, Apotheke, Autowerkstätten **(KM Þjónustan,** ✆ 4341611; Reifenreparatur: **Guðbrandur Þórðarson,** ✆ 4341141/8952641), Bank (mit Geldautomat), Polizei, Post (Mo–Fr 10–14 Uhr), Supermarkt in der Tankstelle (Mo–Fr 9–22, Sa/So 10–20 Uhr).

Kunsthandwerk Die freundliche Galerie Bolli bietet von Leuten aus der Gegend geschaffenes Kunsthandwerk: Wollwaren, Schmuck, Holzfiguren etc., insgesamt eine große Vielfalt. 1. Juni bis 31. Aug. Mo–Sa 10–18, So 12–18 Uhr, ab Mitte Mai und Sept. tägl. 12–18 Uhr. Vesturbraut 12c.

Übernachten Gistiheimili Bjarg, sieben einfache, unterschiedlich möblierte DZ ohne Bad. Dazu gehört das nicht sehr einladende Restaurant Villa Pizza (11–22, Bar Fr/Sa bis 3 Uhr); hier Pizzen und Hamburger. DZ ISK 9000, Frühstück extra. SSU ISK 3000. Dalbraut 2, ✆ 4341644.

Camping Búðardalur, gegenüber der Tankstelle mit Windschutz durch Hecken, WC, Warmwasser; ISK 750/Pers. inkl. Duschen im Gemeindehaus nebenan.

Essen Museumscafé, zwischen hellen Holzwänden mit alten Fotos von Búðardalur gibt es am Tag leichte Gerichte wie Salate, Suppen, Pasta und Sandwichs, ab 18 Uhr auch Lamm und Fisch. Zudem verschiedene leckere Kuchen, Kleinur und Waffeln. Tägl. 10.30–21.30 Uhr. Búðarbraut.

Großer **Imbiss** an der Tankstelle mit ebensolcher Auswahl, Grill 11.30–21 Uhr.

Wikinger und Künstler der Gegend: Die erst vor wenigen Jahren eröffnete Ausstellung zur Reise Eiríkur des Roten nach Grönland (dessen nachgebauter Wohnsitz nicht weit von Búðardalur als Museum offen steht, s. u.), zur Fahrt seines Sohnes Leifur Eiríksson nach Nordamerika und zu den Siedlungsversuchen der Isländer in beiden Gegenden sollte eigentlich erweitert werden, wurde stattdessen aber ins Obergeschoss unter das Dach verbannt. Die Museumsdirektion plant für 2012 eine Belebung durch Artefakte, Touchscreens mit mehr Information usw. Im

eigentlichen Ausstellungssaal im Erdgeschoss sind jetzt Werke zeitgenössischer
Künstler aus der Gegend zu sehen, darunter Daði Guðbjörnsson und Helgi
Þórgils Friðjónsson. Lohnt den Besuch.
Leifsbúð: 1. Juni bis 31. Aug. tägl. 10.30–
21.30 Uhr, Eintritt frei. ☎ 4341441.

Abstecher zum Langhaus Eiríksstaðir:
Am Forellensee Haukadalsvatn vorbei
führt die geschotterte Str. 586 in den
engen Haukadalur mit zerfurchten
Berghängen voller Wasserfälle. Nach
gut 8 km erreicht man *Eiríksstaðir*, ehemals Wohnsitz von Eiríkur dem Roten.
Hier lebte er kurzzeitig, bevor seine
Streitsucht, der manche Feinde zum
Opfer fielen, ihn zum Wegzug zwang
und er sich auf Öxney im Breiðafjörður
ansiedelte. Hier wurde wohl auch sein
Sohn Leifur geboren, der um das Jahr
1000 als wahrscheinlich erster Europäer
nordamerikanischen Boden betrat (siehe Kasten S. 567). Die längste Zeit erinnerten nur unauffällige Ruinen eines
Langhauses und einer Schmiede an die
Abenteurer. Im Jahr 2000 aber, zum
tausendjährigen Jubiläum von Leifurs
Fahrt, öffnete 100 m von ihnen eine
Nachbildung von Eiríkurs Farmhaus aus

Snæfellsnes 10 km

Übernachten
1 Purranes
2 Skriðuland
3 Edda-Hotel
4 Stóra-Vatnshorn
5 Suður-Bár
6 Erpsstaðir
7 Svarfhóll
8 Setberg
9 Lýsuhóll
10 Guesthouse Kast
11 Hótel Eldborg
12 Langaholt
13 Hof
14 Snorrastaðir
15 The Old English Lodge

Hellissandur Rif
Öndverðarnes Ólafsvík
Neshraun
Beruvík 574 Snæfells-
jökull
Dritvík
Djúpalónssandur Hellnar
Malarrif Löndrangar

🚏 Picknick-/Rastplatz
❶ Wanderung

Treibholz, Reisig und Grassoden für Besucher seine Pforten. 1997 mit modernen
Methoden vorgenommene archäologische Untersuchungen hatten – als Ergänzung
zu früher durchgeführten Ausgrabungen – wichtige Aufschlüsse über Grundriss
und Aufbau des Langhauses gegeben und ermöglichten einen weitgehend original-
getreuen Wiederaufbau. Das tragende Holzgerüst baute man in der ältesten aus Island und den Nachbarländern überlieferten Bauweise. Das für den Hausbau nötige
Werkzeug wurde eigens angefertigt: nach Vorbildern aus der Landnahmezeit. Es
kann in der dunklen Halle zwischen Webstuhl und Tierfellen beim Geruch von Lagerfeuer, Heu und Schinken und bei Kerzenlicht betrachtet werden. Ein „Wikinger"
gibt derweil Einblick in das Leben zu damaliger Zeit, als die Kinder mit Knochen
spielten und die Männer im Sitzen schliefen, um immer zur Verteidigung bereit zu
sein. Wer möchte, kann Helm und Schwert ausprobieren.

Museum 1. Juni bis 31. Aug. tägl. 9–18
Uhr, ISK 1000. Im Tickethäuschen gibt es
Kaffee. Jedes 2. Juliwochenende findet auf
der Wiese am Fluss das Wikingerfestival
statt mit zahlreichen Buden, traditionellem
Essen, Herstellung und Verkauf von Kunsthandwerk, Spielen, Bogenschießen, Musik
und Tanz. ☎ 4341118/4303700, www.leif.is.

Eiscreme Auf dem Hof **Erpsstaðir** (s. u.)
kann man leckeres Sahneeis, Sorbets, tra-

ditionell hergestellten Skyr (und Skyrkon-
fekt!) und Feta-Käse kaufen, durch große
Fenster lassen sich vom Verkaufsraum aus
auch die Käseproduktion und das Melken
der 60 Kühe beobachten. Wer möchte, bekommt eine Führung durch den Stall.
1. Juni bis 31. Aug. tägl. 13–17 Uhr.

Übernachten/Camping Stóra-Vatnshorn
(FH) ◢, an der Str. 586 knapp 8 km von der
Kreuzung 60/586 in schöner Lage auf einer

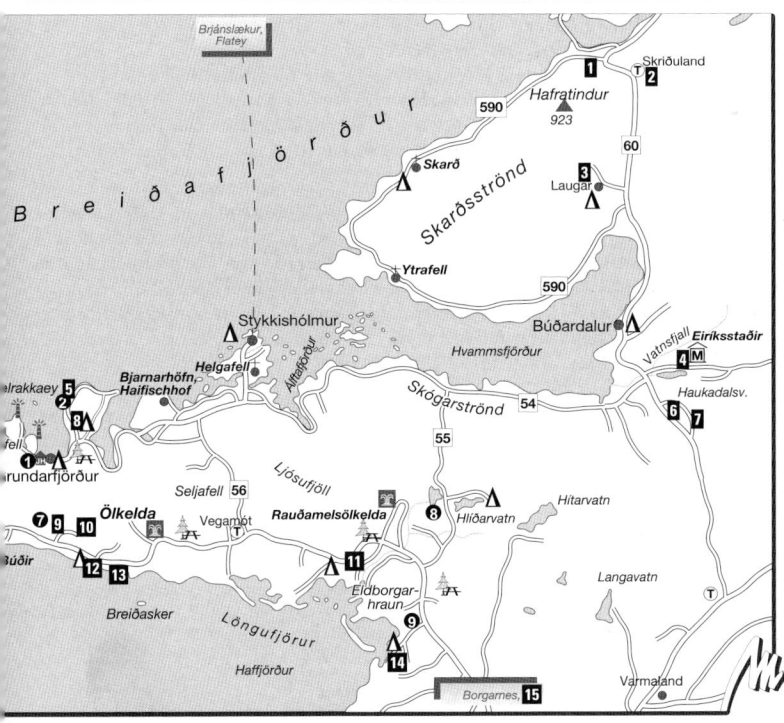

Farm mit Schafen und Pferden. Gegenüber der Kirche ein ganzes Haus für Gäste mit 4 DZ und 1 EZ ISK 4200/Pers., SSU ISK 2800, Küche; Frühstück ISK 900. 2 Sommerhäuser für 4 Pers. am Hang, ISK 8000/Nacht. Camping auf großer Wiese ISK 750/Pers inkl. Dusche. Forellenangeln für Gäste kostenlos. ✆ 4341342.

Erpsstaðir 6, an d. Str. 60, ca. 6 km südlich der Abzweigung der Str. 54, am Hang ein freundlich gestaltetes Haus für 8 Pers. mit herrlichem Ausblick. 3 Schlafzimmer, Küche, Bad mit Waschmaschine, Hot Pot. ISK 14.000 für die erste Nacht, dann günstiger. ✆ 4341357, erpur@simnet.is, www.erpsstadir.is.

Svarfhóll 7, an der Str. 585, ca. 1,5 km hinter der südlichen Abzweigung von der Str. 60. In friedlicher Lage im Tal zwei rustikale Blockhäuser am Hang für jeweils bis zu 7 Pers. mit Bad und Herd. Ein Wellblechhaus für bis zu 15 Pers. mit Küche und Bad. Zwei Hot Pots. ✆ 4341339, svarfholl@svarfholl.is, www.svarfholl.is.

Rundfahrt um die Halbinsel Klofningsnes: Die von Búðardalur aus 130 km lange Rundfahrt um die grüne Halbinsel zwischen Snæfellsnes und den Westfjorden mit ihrem von Wasserfällen berieselten Gebirgsmassiv lohnt vor allem an klaren Tagen für die weiten Ausblicke auf das Inselgewirr und die Fjorde. Hierfür empfiehlt sich eine Fahrt im Uhrzeigersinn. Auf Klofningsnes gibt es zudem ein paar historische Höfe, viel Ruhe und Einsamkeit. An den Stränden tummeln sich Seehunde.

Wo, zurück auf der Str. 60, die Zufahrt zum Edda-Hotel und Museum in Laugar im reizvollen Sælingsdalur inmitten hoher Berge abzweigt, erhebt sich der markante Felshügel Tungustapi. Er ist Schauplatz einer der beliebtesten isländischen Elfensagen über zwei Brüder, von denen einer regelmäßig zu Silvester hier in der Elfenkathe-drale im Berg verschwand. Das Tal ist auch einer der Hauptschauplätze der *Lax-dæla saga*. In Laugar wuchs Guðrún auf; weiter im Tal wurde Bolli aus Rache für den Tod von Kjartan getötet. Damals gab es hier im Geothermalgebiet einen belieb-ten Badeplatz, der bei Ausgrabungen zum Vorschein kam. In Laugar starten mehre-re kurze Wanderwege (Infotafel an der Zufahrt, das Museum hält Kopien bereit).

Regionalmuseum Dalir: Seine Vielfalt macht dieses Museum im Komplex des Edda-Hotels Laugar sehenswert: Hier stehen ein Motorboot von 1902 und eine originale *baðstofa* von 1885–1890, das Inventar der ersten Landwirtschaftsschule in Island von 1880, Möbel, Werkzeuge, Haushaltsgeräte und die Kirchentür von Staðarfell von 1731, als ältestes Objekt eine Kirchenglocke aus dem 13. Jh., dazu die wohl älteste erhaltene Drehbank in Island; Öllampen, ein Langspiel, Bettbretter usw.; an der Wand hängen Schulregeln von 1887, und es gibt sogar einen Grabstein für ein Pferd von 1916 ... Tägl. 13–17 Uhr, ISK 700.

Einkaufen/Essen/Tankstelle Skriðu-land, bei der nördlichen Kreuzung 60/590, (nicht gut sortierter) Laden, Café und Res-taurant. Hier neben Burgern und Sand-wichs auch ein paar Fisch- und Fleischge-richte, Suppe, Kuchen und Waffeln. Tägl. 9–22 Uhr.

Schwimmbad In Laugar großes Freibad mit Dampfbad und Hot Pot. Mo–Fr 10–21, Sa/So 10–19 Uhr.

Übernachten/Camping Á, an der Nord-küste westlich von Skarð, friedlicher Zelt-platz mit kleinen Rasenflächen in den Krüp-pelbirken; WC, Kaltwasser.

Skriðuland 2, hinter der Tankstelle neues Gästehaus in einer Art Wohncontainer, acht einfache Zimmer für 2–3 Pers. mit Bad, DZ ISK 10.000, SSU 4000; Frühstück extra. ✆ 4341500, skriduland@skriduland.is, www. skriduland.is.

Þurranes 1, ca. 2,5 km vor der nördlichen Kreuzung mit der Str. 60; mitten auf der Schaffarm ein ehemaliges Wohnhaus von 1939 mit 5 DZ, Bad, Hot Pot auf der Terras-se; Frühstück. Kochen kann man im neuen Servicehaus, hier unten Küche, Bad, Sitz-bereich, oben 11 SSU in Betten und auf Ma-tratzen. ISK 4500/Pers., SSU ISK 3000. Zu-dem 3 Häuser am Hang für bis zu 6 Pers. mit Bad, Küche und Hot Pot, je ISK 13.000. ✆ 4341556, thurranes@thurranes.is, www. thurranes.is.

Edda-Hotel 3, an der Str. 589, ca. 2,5 km von der Str. 60 im großen Schulkomplex. Freundliches Hotel in herrlicher Lage; Res-taurant mit Blick auf das Schwimmbad. 45 Zimmer (DZ und EZ), davon 23 mit Wasch-becken, die anderen im renovierten Teil mit Bad, TV und Telefon. 35 SSU auf Matratzen in Klassenzimmern, ISK 2200. Campingplatz mit Hecken vor kleinem Wasserfall; WC, Kaltwasser,   ISK 850/Pers;   Dusche   im Schwimmbad. Geöffnet 1. Juni bis 1. Sept. ✆ 4444930, www.hoteledda.is.

Das ehemalige Wohnhaus von Eiríkur dem Roten

„Auf in den Westen!" – Eiríkur der Rote und Leifur Eiríksson

Rein zufällig kamen isländische Seemänner im 10. Jh. sowohl nach Grönland als auch nach Amerika. Die Geschichte ist verwickelt. Dem Landnahmebuch zufolge verirrte sich *Gunnbjörn Ulfsson* um das Jahr 900 in stürmischer See und sah plötzlich im Westen unbekannte Schären auftauchen – wahrscheinlich die grönländische Ostküstenregion Angmagssalik. Er kehrte gleich nach Island zurück und berichtete von seiner Entdeckung. Zunächst interessierte sich niemand dafür und der 978 von Snæbjorn Galti unternommene Versuch, mit einigen Isländern nach Grönland umzusiedeln, schlug fehl.

Der Erste, der sich langfristig in Grönland niederließ, war *Eiríkur der Rote*; ihm wird deshalb fälschlicherweise die „Entdeckung" der Insel zugeschrieben.

Statue des reisefreudigen Leifur

Wegen allzu tollkühner Schwertführung für drei Jahre des Landes verwiesen, nahm Eiríkur 981 oder 982 von der Insel Öxney im Breiðafjörður aus Kurs auf Grönland. Der Geächtete beabsichtigte, die Insel zu besiedeln, und kehrte nach Ablauf der Verbannungszeit nach Island zurück, um Siedler zu gewinnen. Klugerweise hatte er das Land Grönland, Grünes Land, genannt und so folgten ihm 986 etwa 800 Auswanderungswillige in den viel versprechenden Westen. Die klimatischen Bedingungen dort waren damals sehr viel milder als heute, was die Entstehung zweier blühender Siedlungen ermöglichte. In der ersten Zeit unterhielt Island noch Kontakt mit den Auswanderern, nach dem 15. Jh. aber legten keine Schiffe mehr in Grönland an. Die Niederlassungen scheinen dann aus bis heute unbekannten Gründen aufgegeben worden zu sein.

Nur wenige Jahre nach der Besiedlung Grönlands kam der isländische Seefahrer *Bjarni Herjólfsson* auf seiner Fahrt nach Grönland vom Kurs ab und erblickte weiter südwestlich flaches, bewaldetes Land, offensichtlich Amerika. Er legte nicht an, weckte aber, zurück in Grönland, mit seinen Berichten Interesse. *Leifur Eiríksson*, der Sohn Eiríkurs, brach daraufhin etwa im Jahr 1000 auf, um das unbekannte Land gezielt in Augenschein zu nehmen. Wohl etwa auf der Höhe von Baffinland am Polarkreis erreichte er den nordamerikanischen Kontinent, folgte dann dem Labradorstrom Richtung Süden und überwinterte in einem Gebiet, das er Vínland nannte. Unklar ist, ob Vínland *Weinland* heißen sollte und die Bezeichnung auf die hier vorgefundenen Früchte zurückzuführen ist, die Leifur für Trauben hielt, oder ob die Übersetzung eher *Weideland* ist. Unklar ist auch, wo Leifurs Vínland sich befand – Anthropologen und Historiker schwanken zwischen der Bay of Fundy in Maine und einem sehr viel südlicheren Abschnitt der Ostküste. Leifur segelte im nächsten Sommer nach Hause zurück. Sein Bruder *Þorvald* und, Jahre später, der Isländer *Þorfinn Karlsefni* versuchten jedoch, Amerika zu besiedeln. Ausgrabungen zufolge wählte wenigstens einer von ihnen L'Anse aux Meadows in Neufundland, um sich niederzulassen. Beide Versuche scheiterten aber schnell am Widerstand der nordamerikanischen Ureinwohner. Eine lebhafte Schilderung der isländischen Eroberungsfahrten im 10. Jh. bieten die *Grænlendingasaga* und die *Eirikssaga*.

Die Nordküste von Snæfellsnes

Wild und zerklüftet, aber doch grün und mild liegt die Nordküste an dem mit Inseln und Schären übersäten Breiðafjörður. In kleinen Fjorden und Buchten finden Fischerorte Schutz. Die Strecke wird wegen der eindrucksvollen Szenerie oft als „Traumstraße" bezeichnet.

Wo die Str. 60 über den Bergpass Brattabrekka (401 m) zurück auf die Ringstraße führt, beginnt die auf dem ersten Abschnitt weitgehend geschotterte Str. 54. Sie begleitet den Hvammsfjörður durch eine leicht hügelige, steinige Landschaft bis zur Abzweigung nach Stykkishólmur, dem größten Ort der Halbinsel, und führt dann weiter gen Westen.

Etwa auf halber Strecke zweigt die Str. 55 ab, die auf 26 km durch die Talsenke Heydalur und das in der frühen Nacheiszeit aus dem Gullbrok (143 m) geflossene Lavafeld Gullborgarhraun an die Südküste führt. Ein Ausflug in die beim Forellensee Oddastaðavatn beginnende Lava lohnt sich wegen der zahlreichen versteckten Höhlen, v. a. dem Gullborgarhellir (siehe S. 595).

Reiten/Camping: Hof Hallkelsstaðahlíð, am nördlichen Ufer des Hlíðarvatn, bietet Reitausflüge in der Gegend und Camping mit Kaltwasser in herrlicher Lage am See, ISK 2000/Zelt. ☏ 4356697.

Weiterfahrt auf der Straße 54: Vor der zerfurchten Küste mit kleinen Buchten tauchen die ersten felsigen Inseln des Breiðafjörður auf und an der weißen Kirche Narfeyri vorbei zwängt sich die Straße um das steile Eyrarfjall herum in den Álftafjörður, den Schwanenfjord. Zerklüftete Berghänge, Sandbuchten, rauschende Wasserfälle und das rot schimmernde Rhyolithgebirge Ljósufjöll (1063 m) machen den Reiz dieser Meeresbucht aus, auf der tatsächlich Schwäne ihre Bahnen ziehen.

Die zahllosen Inseln im Breiðafjörður

Der etwa 125 km lange und 50 km breite Breiðafjörður ist übersät mit felsigen, flachen, zum Teil grün bewachsenen Eilanden. Ihre Gesamtzahl wird auf 2500 geschätzt. Manche sind winzig klein, andere erstrecken sich über mehrere Kilometer, alle zusammen sind ein Paradies für Vögel. Von 75 in Island brütenden Vogelarten kommen 37 regelmäßig hierher, darunter Papageientaucher, Eissturmvögel, Gryllteisten, Küstenseeschwalben, Basstölpel und verschiedene Möwen- und Entenarten. Fast die gesamte isländische Krähenscharben-Population brütet im Breiðafjörður, ebenso etwa 90 % aller Kormorane. Zugvögel wie die grönländische Ringelgans legen hier auf dem Weg nach Nordamerika eine Pause ein. Insbesondere um die Insel *Gassaker* tauchen auch Seehunde aus dem Wasser auf; Delfine und Wale sind zahlreich. *Þórishólmi* und *Purkey* schmücken sich mit markanten Basaltformationen, *Elliðaey* ist ein alter Vulkankrater. Im 19. Jh. stand auf über fünfzig der Inseln zumindest ein Gehöft – der Vogelreichtum und die üppigen Fischbestände in den Gewässern sicherten die Ernährung der Bewohner, das saftige Gras bot gute Voraussetzungen für die Schafhaltung und auf einigen Inseln sprudelnde heiße Quellen lieferten warmes Wasser: Die Inseln galten als die Speisekammer von Island. Nach dem Ausbruch der Lakispalte im Südland 1783 wurden sogar hundert Menschen aus der verwüsteten Region auf den Inseln durchgefüttert. Auf *Öxney* lebte einst Eiríkur der Rote, bevor er nach Grönland aufbrach, auf *Hrappsey* wurde 1773 die erste Druckerei Island eingerichtet. Heute sind alle Inseln, bis auf *Skálayar* und *Flatey* mit seinen zwanzig bunten Häusern, den Vögeln überlassen. Nur im Sommer werden einige z. B. zum Sammeln von Eiderdaunen aufgesucht.

Anfahrt auf Flatey

Farbenfrohe Insel Flatey

Diese größte Insel im Breiðafjörður ist ein romantisches, friedliches Fleckchen Erde, wo die Hühner in Gemüsebeeten spazieren und die größte Kormorankolonie Islands brütet. Einst war Flatey ein bedeutendes kulturelles und wirtschaftliches Zentrum. 1172 wurde hier ein Augustinerkloster errichtet, das sich der literarischen Produktion widmete, aber bereits 1184 zum Helgafell umzog. Nach Flatey ist das umfangreichste und vielleicht schönste mittelalterliche Manuskript, die *Flateyjarbók*, benannt, die bis 1647 hier oben im Breiðafjörður aufbewahrt wurde. Im 18. Jh. war die „platte Insel" Hauptumschlagsplatz für den Westen des Landes. Mit Segelschiffen wurden wichtige Güter vom europäischen Festland gebracht und gegen Fisch und Seehundfelle eingetauscht. Heute ist Flatey nur noch im Sommer bewohnt. Ein Ausflug hierher lohnt wegen der historischen, bunt gestrichenen Holzhäuser und der kleinen Kirche von 1926 mit einem beeindruckenden, großen Fresko des isländisch-spanischen Malers Baltasar sowie wegen der reichen Vogelwelt. Diese lässt sich am besten im Osten der Insel beobachten, in der Brutzeit bis Mitte Juli sind Teile der Insel aber gesperrt. Sehenswert ist auch die 1864 errichtete, älteste Bibliothek Islands mit einer Kopie der Flateyjarbók. Flatey lässt sich außerhalb des Dorfes auf ausgeschilderten, bis zu mehreren Kilometern langen Wanderwegen erkunden. Ein Spaziergang um die Insel dauert 1½–2 Std. Bei Seatours in Stykkishólmur ist die umfangreiche Broschüre „Flatey Island" mit Karte und vielen Informationen erhältlich.

Hin & weg Siehe Stykkishólmur, Touren.

Lesetipp Im Islandkrimi „Das Rätsel von Flatey" von Viktor Arnar Ingólfsson, BLT 2011, erfährt der Leser viel über das Leben auf der Insel in den 1960er Jahren, das liebevoll geschildert wird, und über die Flateyjarbók.

Übernachten/Camping/Essen Hótel Flatey, wunderschönes Hotel am Wasser in historischem Holzhaus mit romantischer Atmosphäre und 27 Betten in 13 Zimmern mit Bad. Im Restaurant verschiedene Gerichte mit Zutaten aus dem Meer und der Region, z. B. Muscheln aus dem Breiða-fjörður. Auch Kaffee und Kuchen. DZ ISK 20.900. ✆ 4227610, info@hotelflatey.is, www.hotelflatey.is.

Krákuvör, auf dem Hof ein Apartment für 4 Pers. mit Küche, ISK 10.000, und ein Sommerhaus für 6–8 Pers., ISK 19.500. Einfacher Zeltplatz direkt am Meer, WC und Kaltwasser, ISK 1000. ✆ 4381415.

Læknishúsið, hier vermietet Ólína Jónsdottir ein Sommerhaus für 4 Pers., ISK 18.000/Nacht, sowie 2 Zimmer im Privathaus, ISK 7000/Pers. bzw. 4000 für SSU. ✆ 4381476.

Abstecher auf der Str. 58 nach Stykkishólmur: Etwa 10 km nördlich der Str. 54 liegt Stykkishólmur. Die Straße zieht sich über die an der engsten Stelle kaum mehr als 1 km breite, von Schären und Buchten zerschnittene und wie ein flatteriges Gespenst in den Fjord tanzende Halbinsel *Þórsnes*. Sie trägt ihren Namen nicht zufällig: Diese Gegend war einst Wohnort gläubiger Anhänger des Asengottes Þór; gleich der erste Siedler Þórólfur Mostrarskegg stellte in Hofstaðir seinen Tempel auf.

Nach etwas mehr als der Hälfte der Strecke nach Stykkishólmur zweigt eine Zufahrt zum *Helgafell* ab, einem 73 m hohen Basalthügel. Hier wohnte einst Guðrún Ósvífursdóttir, Sagaheldin der *Laxdæla saga*, die auch hier begraben liegt. Von 1184 bis 1541 stand am Helgafell ein reiches Augustinerkloster mit großer Bibliothek, die während der Reformation der Bücherverbrennung zum Opfer fiel. Bereits in der Sagazeit wurden dem Helgafell magische Fähigkeiten nachgesagt und noch immer hat dem Volksglauben nach drei Wünsche frei, wer zum ersten Mal den Berg besteigt. Bedingung ist, dass der Aufstieg bei Guðrún Ósvífursdóttirs eingezäuntem Grab links neben dem Friedhof beginnt; auf dem Weg hinauf darf kein Wort gesprochen werden und oben bei den Ruinen einer Kapelle müssen die Wünsche, von denen niemand erfahren darf, stumm in Richtung Osten geäußert werden. Der Aufstieg lohnt sich auch für wunschlos Glückliche, denn obwohl der Berg niedrig ist, bietet sich eine wunderbare Aussicht auf den Breiðafjörður.

Stykkishólmur
(ca. 1100 Einw.)

Der in die Inselwelt des Breiðafjörður hineinragende Ort, der größte der Halbinsel, verströmt mit seinen farbenfrohen historischen Häusern eine schöne Atmosphäre. Vom Hafen starten Ausflugsboote zu den Inseln im Fjord und die Fähre Baldur zu den Westfjorden.

Das bunte Fischerstädtchen, über dem wie eine Sphinx die 1987 erbaute Stykkishólmskirkja mit schlichtem Inneren thront (tägl. 10–17 Uhr), liegt auf felsigem, unebenem Gelände. Dank der vorgelagerten Insel Súgandisey, heute durch einen Damm fest mit der Stadt verbunden, verfügt es über gute Hafenbedingungen. Diese führten schon um 1550 auf Initiative von Kaufleuten aus Oldenburg und Bremen zur Entstehung eines Handelsplatzes. Nach Lockerung des dänischen Handelsmonopols blühte der Ort auf, woran heute noch einige Gebäude aus dem späten 18. Jh. erinnern. Die Wirtschaft Stykkishólmurs stützt sich heute hauptsächlich auf den Fang und die Verarbeitung von Garnelen.

2011 erhielt Stykkishólmur aufgrund seiner Bewahrung und Restaurierung des alten Ortsteils und seiner Bemühungen um nachhaltigen Tourismus den EDEN Award.

Basis-Infos

Information/Internet Bei der letzten Recherche im Clubhaus des Golfplatzes oberhalb des Zeltplatzes. Ein Umzug war wahrscheinlich. Tägl. 8–22 Uhr. ✆ 4338120, www.stykkishomur.is.

Hin & weg Bus ab Tankstelle nach Reykjavík sowie nach Grundarfjörður, Ólafsvík, Hellissandur tägl. bis zu 2-mal. Linienbusan-schluss an die Busrundfahrt um den Gletscher (siehe Hellissandur). ✆ 4381254.

Fähre: Die Fähre Baldur mit Platz für 300 Passagiere und 40 Autos verkehrt zwischen Stykkishólmur und Brjánslækur in den **Westfjorden** mit kurzem Stopp auf der Insel Flatey. 10. Juni bis 28. Aug. tägl. 9 und 15.45 Uhr (im Winter tägl. außer Sa 15 Uhr),

Die malerische Bucht Maðkavík in Stykkishólmur

ab Brjánslækur tägl. 12.15 und 19 Uhr (im Winter tägl. außer Sa 18 Uhr); Fahrzeit 2½ Std., einfache Fahrt ISK 3950/Pers., Jugendliche bis 20 Jahre die Hälfte, Kinder bis 15 Jahre kostenlos; Pkw ab ISK 3950, Motorrad ISK 2350, Fahrrad kostenlos. Autoreservierung so früh wie möglich, man wird dann auf die Warteliste gesetzt. In Brjánslækur nur Mo, Mi und Sa Linienbusanschluss. *Fährbüro Seatours*, mit Café, tägl. 8–20 Uhr. Smiðjustígur 3, ☎ 4332254, www.seatours.is.

Versorgung Außer dem Arzt (Austurgata 7) ist alles in der Aðalgata: Alkoholgeschäft, Apotheke, Bank (mit Geldautomat), Polizei, Post (bei der Tankstelle).

Autowerkstatt Dekk og smur, Nesvegur 5, ☎ 4381385.

Einkaufen Der einzige Supermarkt ist der günstige **Bónus**, Mo–Do 12–18.30, Fr 10–19.30, Sa/So 10/12–18 Uhr, Borgarbraut 1. Bäckerei gegenüber der Tankstelle, mit Café; tägl. 8–17 Uhr.

Fahrradreparatur Guðmundur Kjartansson, Garðaflöt 4, ☎ 4381475.

Feste und Veranstaltungen Jedes dritte Wochenende im August werden mit viel Musik und Tanz die „Dänischen Tage" gefeiert.

Kunsthandwerk Gallerí Lundi, im großen Haus des Lion Club von etwa 20 Frauen und Männern hergestelltes, schönes Kunsthandwerk, darunter Schmuck, Lederwaren, Glasgeschirr, Wollwaren. Souvenirs aller Art gibt es im Fährbüro. 10. Mai bis 10. Sept. tägl. 12.30–18 Uhr. Frúarstígur.

Sport und Touren

Schwimmbad Modernes Frei- und Hallenbad mit Hot Pots und Wasserrutsche; das Wasser kommt aus einer mineralreichen heißen Quelle und soll Haut- und Rückenprobleme lindern. Mo–Fr 7–22, Sa/So 11–18 Uhr. Borgarbraut.

Touren Seatours, Smiðjustígur 3, ☎ 4332254, www.seatours.is, bietet regelmäßig Bootstouren an:

Natur- und Vogelbeobachtung: Tägl. um 11 und 14.30 Uhr geht es 2¼ Std. quer durch die Inselwelt mit interessanten Basaltformationen und unzähligen Vogelarten; sehen kann man u. a. Papageientaucher, mit Glück auch Seeadler. Unterwegs werden Meeresfrüchte gefangen, die man auch probieren kann. ISK 5950.

Hochseeangeln: 2-stündige Touren im Fjord tägl. 11.15 und 16 Uhr, ISK 6700; Angelrute zusätzlich ISK 1600. Gefischt wird v. a. Dorsch.

Insel Flatey: Die Fähre Baldur stoppt auf dem Weg in die Westfjorde nach 1½ Std. auf der Insel Flatey. Wer die Insel besuchen möchte, kann an Land gehen und mit der nächsten Fähre weiterfahren oder nach frühestens 2¾ Std. nach Stykkishólmur zurückkehren. 10. Juni bis 28. Aug. ab Stykkishólmur tägl. 9 und 15.45 Uhr, ab Flatey tägl. 13.15 und 20 Uhr nach Stykkishólmur, 10.30 und 17.15 Uhr nach Brjánslækur; hin/zurück ISK 5400. Wer auf dem Weg in die Westfjorde ist, kann in Flatey auf „Landgang" gehen und sein Fahrzeug derweil ohne Aufpreis bis Brjánslækur weitertransportieren lassen. Im Winter nur eine Fährfahrt pro Tag, die Fähre stoppt nicht jeden Tag auf Flatey.

Übernachten/Camping/Essen

Hótel Stykkishólmur, zu den Hringhotels gehörendes Haus mit 79 Zimmern für 1–3 Pers. mit Bad, TV und Telefon. Restaurant mit Blick auf Kirche und Fjord, hier ab 18 Uhr Fisch- und Fleischgerichte ISK 3000–4000. DZ ISK 24.000. Vatnsás, ✆ 4302100.

Hótel Breiðafjörður, kleines Hotel unter netter Leitung. 9 einfache, aber saubere DZ und 2 EZ, alle mit Bad. Kleine Veranda mit Büchern. Kein Restaurant. DZ ISK 23.000. Aðalgata 8, ✆ 4332200, www.hotelbreidafjordur.is.

››› Unser Tipp: Bænir og brauð, wird von manchen als das beste Gästehaus ihrer Islandreise bezeichnet. Stilvolles Haus mit mehreren DZ und einem Familienzimmer. Sehr saubere, freundliche Zimmer, Besitzerin Greta achtet auf Details wie Obst auf dem Nachtisch. Ein Bad für je 2 Zimmer. Große Terrasse mit Hot Pot. Etwas Besonderes ist das „healthy breakfast". Auf jeden Fall vorbuchen. DZ ab ISK 13.900. Auch ein gut ausgestattetes Apartment für 4–5 Pers., ISK 22.000 für 2 Pers. ✆ 8205408, gretasig@gmail.com, www.baenirogbraud.is. ‹‹‹

Höfðagata B&B, ein hübsch hergerichtetes Haus nur für Gäste mit 4 DZ ohne Bad (2 Gemeinschaftsbäder), 1 DZ mit Bad und hübschem Wohnzimmer. Die Zimmer sind blütenweiß, alles ist sehr sauber. Auch ein Apartment für bis zu 4 Pers. mit Küche, ISK 19.000/2 Pers. DZ ab ISK 13.900. Höfðagata 11, ✆ 6946569, ella@hofdagata.is, www.hofdagata.is.

››› Unser Tipp: Sundabakki Guesthouse, viel gelobtes Gästehaus in einem Wohnhaus mit ausgesprochen netten Besitzern. Eine hübsch gestaltete Etage für Gäste mit 5 Zimmern für 2–4 Pers., 2 Bädern, Küche (nur Mikrowelle), gemütlichem Wohnzimmer. DZ ISK 9800, Frühstück extra. Sundabakki 14, ✆ 5884130 und 8936425, vgo@simnet.is, www.sundabakki.is. ‹‹‹

Heimagisting Alma, in ruhiger Wohnstraße das ganze Untergeschoss für die Gäste, 4 Zimmer für 2–4 Pers., Bad, große Terrasse, Aufenthaltsraum, Waschmaschine. Oben bunte Frühstücksecke. DZ ISK 13.000, SSU ISK 4500. Sundabakki 12, ✆ 4381435, www.simnet.is/almdie.

Hólmur-Inn, in der obersten Etage eines Wohnhauses (mit eigenem Eingang) derzeit 2 DZ und 2 Zimmer für 2–4 Pers.; Küche, zwei Bäder. DZ 12.000. ✆ 8999144, holmurinn@simnet.is, www.holmur-inn.com.

Sjónarhóll, Hostel mit 50 Betten in Zimmern für 2–7 Gäste, die meisten mit Etagenbetten; Küche, Speiseraum und Terrasse mit herrlichem Blick vom Hügel auf den Hafen. Höfðagata 1, ✆ 4381417/8612517.

Félagsheimili Skjöldur, an der Str. 58, ca. 9 km südlich von Stykkishólmur. 60 SSU mit Matratzen, Küche, Dusche. ISK 2000. Geöffnet 1. Juni bis 31. Aug. ✆ 4381233, www.skjoldur.is.

Camping Stykkishólmur, hinter dem Ortseingang beim Sportplatz, ein wenig Schutz durch Hecken und Wälle. Moderne sanitäre Einrichtungen mit Duschen; Waschmaschine. ISK 900/Pers.

Essen Narfeyrarstofa, im alten Holzhaus neben der Kirche werden in gemütlicher Atmosphäre Gerichte in sehr guter Qualität serviert; der Akzent liegt auf Fisch und Meeresfrüchten. Beliebt sind Miesmuscheln oder die Fischsuppe „mit dem Besten aus dem Breiðafjörður". Auch für Lamm und Vegetarisches ist gesorgt. Zum Kaffee gibt es leckeren hausgemachten Kuchen. Mit Terrasse. Tägl. 11.30–23, Fr/Sa bis 1 Uhr. Aðalgata 3, ✆ 4381119.

Fimm fiskar, bei den „Fünf Fischen" gibt es in freundlicher Atmosphäre v. a. frischen Fisch aus dem Breiðafjörður. Fisch des Tages und Suppe ISK 2900. Wer sich verwöhnen lassen will, wählt „the very best from the kitchen". Mit Terrasse. 15. Mai bis 15. Sept. tägl. 12–15 und 18–23 Uhr. Frúarstíg 1, ✆ 4361600.

Hansen, neues Schnellrestaurant neben Bónus; Burger, Sandwichs und Pizza. 12–22 Uhr.

Imbiss an der Tankstelle, hier auch ein paar

Grundnahrungsmittel, tägl. 8–23 Uhr.

In der **Bäckerei** gegenüber gibt es Suppe mit Brot, Salate und belegte Brötchen. Mit Terrasse.

Hot Dogs holt man sich am besten bei der Bude gegenüber der Polizei, tägl. 12–20 Uhr.

Sehenswertes

Die „Wasserbibliothek": Seit 2007 stehen in dem markanten Gebäude auf dem Hügel in exponierter Lage keine Bücher mehr, sondern 24 mit dem Wasser isländischer Gletscher gefüllte Säulen. Die Bücherei zog hinunter in den Ort, die amerikanische Künstlerin Roni Horn installierte im leeren Raum ihre Wassersäulen, die, manche trüb, manche klar, interessante Lichtspiele, Verzerrungen und ungewöhnliche Blicke auf den Hafen und den Ort hervorrufen. Auf dem Boden, Teil der Installation und nur auf Socken zu betreten, beschreiben isländische und englische Begriffe Wetter und Stimmungen. Im zur Kontemplation einladenden Raum ist bewusst viel Platz für Konzerte, Lesungen etc. gelassen. **Vatnasafn/Library of Water**: 1. Juni bis 31. Aug. tägl. 13–18 Uhr, Eintritt frei. Bókhlöðustígur 17.

Lichtspiele und Reflexionen in der „Wasserbibliothek"

Norska húsið – Leben im 19. Jh.: Dieses 1832 von dem wohlhabenden Kaufmann Árni Thorlacius aus norwegischem Holz gebaute, dunkle Haus war damals das einzige zweistöckige Gebäude in ganz Island. Der einflussreiche Thorlacius ging vor allem dadurch in die Geschichte ein, dass er 1845 beim Haus eine Wetterstation einrichtete und regelmäßigen Aufzeichnungen der Werte begann. Da die Arbeit nach seinem Tod 1891 fortgesetzt wurde, sind ihm die längsten kontinuierlichen Wetterbeobachtungen in Island zu verdanken. Das älteste Haus der Stadt wurde gründlich restauriert und dient heute als Museum: Im Untergeschoss finden wechselnde Ausstellungen mit Bezug zur Gegend statt; oben sind die Zimmer mit ihren knarrenden Holzdielen und mehreren Originalmöbelstücken so eingerichtet, wie sie ausgesehen haben mögen, als Thorlacius mit seiner Familie hier lebte. Es wurde viel in alten Quellen geforscht, um sie so authentisch wie möglich herzurichten, und das Ergebnis sorgt immer wieder für viel Lob. Auch der Dachboden lohnt einen Besuch: Hier befindet sich das offene Magazin des Museums mit zahllosen Gegenständen aus der ersten Hälfte des 20. Jh.

Im Sommer tägl. 12–17 Uhr, ISK 700. Prospekt mit Erklärungen. Kleiner Museumsshop mit geschmackvollem Kunsthand-

werk. Zu Weihnachten wird das Haus weihnachtlich geschmückt und für Besucher geöffnet. Hafnargata 5, ✆ 4381640.

Halbinsel Snæfellsnes → Karte S. 564/565

„**Vulkankunst**": Ein Museum über Vulkane in einer Gegend, in der der letzte Ausbruch in der Landnahmezeit stattfand, wirkt auf den ersten Blick etwas verwunderlich, doch die Erklärung ist einfach: Jedes Objekt und Kunstwerk in dem roten Gebäude gehört dem Vulkanologen Haraldur Sigurðsson. Dieser hat eine Unmenge an Gemälden und Zeichnungen gesammelt, auf denen Vulkane abgebildet sind; das Spektrum reicht vom Vesuv über den Mount St. Helens bis zum Fuji, Bilder aus dem 17. Jh. sind ebenso dabei wie ein Siebdruck von Andy Warhol von 1985. Natürlich fehlen auch Zeichnungen von isländischen Vulkanen nicht. Zu sehen sind zudem Fundstücke von Ausgrabungen, die der Vulkanologe an verschütteten Orten durchführte. Im Obergeschoss werden Dokumentarfilme gezeigt.

Eldfjallasafn: 1. Mai bis 30. Sept. tägl. 11–17 Uhr, ISK 700. Haraldur Sigurðsson bietet auch geologische Exkursionen auf Snæfellsnes an; Daten und genauere Infos im Museum. Aðalgata 8, ✆ 4348154, www.eldfjallasafn.is.

Historische Gebäude: Im Ort stehen zahlreiche historische, restaurierte Holzgebäude – z. B. gegenüber dem Norska húsið das graue *Clausenshaus* von 1873, Wohnhaus des damals größten Kaufmannes Stykkishólmurs. In der Aðalgata befindet sich die kleine, 1878 im neo-klassischen Stil gebaute Kirche, die bis 1998 renoviert wurde und noch immer als Gotteshaus genutzt wird (Schlüssel im Norska húsið). Das kleine Haus von 1906 neben der Kirche beherbergt heute ein Restaurant. Schräg gegenüber leuchtet das rot gestrichene *Egilshús*. 1868 als Handelshaus errichtet, war es mal Marmeladen- und Bonbonfabrik, mal Wohnhaus, mal Café und Kramladen und beherbergt heute Büros. Auf der anderen Straßenseite fällt das sorgfältig renovierte Gebäude *Tang & Riis* ins Auge. Es wurde 1889 als Lagerhaus gebaut, diente später als Laden und ist jetzt das Verwaltungsgebäude der großen Fischfabrik Agustson.

Insel Súgandisey: Die Insel mit ihren markanten, moosbewachsenen Basaltformationen ist am Hafen über einen Damm zu erreichen, vorbei an der 1994 errichteten, glänzenden Skulptur *Á Heimlið* von Grímur Marinó Steindórsson. Von oben bietet sich ein herrlicher Ausblick auf die bunten Häuser und das Inselgewirr im Fjord.

Weiterfahrt auf der Str. 54: Von der Kreuzung 54/58 aus sind es noch 29 km bis nach Grundarfjörður. Hinter der Abzweigung der Str. 56 nach etwa 8 km beginnt das verwunschene Lavafeld *Berserkjahraun*, dessen Lava vor etwa 4000 Jahren aus einer Kraterreihe um die Rauðakúla südöstlich des Kerlingarskarð in drei Strömen in Richtung Meer floss.

Die sagenumwobene Berserkerlava

Der eigenartige Name *Berserkjahraun* hat seine Herkunft in der *Eyrbyggja saga*. Vígastyr und sein Bruder Vermundur mussten einen großen Umweg um die undurchdringliche Lava in Kauf nehmen, wenn sie sich besuchen wollten. Als sich einer der beiden von Vermundur als Sklaven gehaltenen Berserkerbrüder in Vígastyrs Tochter Ásdís verliebte, stellte Vígastyr für die Freigabe seiner Tochter die Bedingung, dass die Berserker einen Pfad in das Lavafeld zu schlagen hätten. Doch als der Pfad geschlagen war, dachte Vígastyr gar nicht daran, sich an die Vereinbarung zu halten, und erschlug die Brüder. Der Weg durch die Lava und die Gräber sind heute noch zu erkennen.

Fahrt zur Südküste auf der Str. 56: Die Teerstraße Vatnaleið (Str. 56) führt mit flachen Steigungen durch die steinige Wildnis und am großen See Baulárvallavatn vorbei nach Vegamót an der Südküste. Sie ersetzt seit einigen Jahren die sehr viel mehr Höhenmeter überwindende Schotterpiste einige Kilometer weiter östlich über den Bergpass Kerlingarskarð (311 m). Seinen Namen erhielt dieser Pass von dem Felsen Kerling südlich des Kerlingarfjall (585 m), dem Volksglauben nach ein Trollweib, das auf dem Heimweg vom Forellenangeln vom Tageslicht überrascht wurde und zu Stein erstarrte.

Abstecher zum Haifischhof

Vom westlichen Ende der Parallelstraße 577 zweigt eine 2 km lange Zufahrt nach *Bjarnarhöfn* ab (auf der Str. 54 ausgeschildert), einem historischen Hof am Fuße des Bjarnarhafnarfjall (575 m). Bis 1694 unterhielten erst englische, dann dänische Kaufleute hier ein Warenlager und schon früh stand am flachen Ufer eine Kirche. Die jetzige kleine Holzkirche wurde 1856 errichtet. Der Hof hat etwas ganz Besonderes zu bieten, worauf die Trockenhütte hinweist, in der große, unförmige Fleischstücke baumeln: Bauer Hildibrandur Bjarnason ist berühmt für die Zubereitung von fermentiertem Haifisch, *hákarl*. Etwa 100 Raubfische werden hier jährlich verarbeitet, nachdem sie Fischern als „Beiwerk" in die Netze gegangen sind.

Haifischfermentierung Zu sehen auf dem freundlichen Hof **Bjarnarhöfn**: Hildibrandur und sein Sohn Guðjón wissen alles über die isländische Tradition, die hier von Generation zu Generation weitergetragen wird. In einer großen Halle gibt eine Ausstellung mit altem Familienboot und Geräten aus dem Haifischfang, von denen einige aus dem 17. Jh. stammen, Einblick in Fang und Verarbeitung der Raubfische; ergänzt wird sie u. a. durch alte Stücke aus der Familienhistorie. Nach den spannenden Erzählungen über den Weg des Hais vom Meer ins Einmachglas und mit dem historischen Hof verknüpfte Geschichten darf niemand gehen, ohne einen Würfel Hai probiert zu haben ... Tägl. 9–18 Uhr. ✆ 4381581, ISK 800.

Weiterfahrt: Die Str. 54 führt zum Hraunsfjörður, dem engen „Lavafjord", der als erster Fjord des Landes überbrückt wurde, und weiter zum Kolgrafarfjörður voller rauschender Wasserfälle. Dieser Fjord wird von tief eingeschnittenen und mit farbenprächtigen Liparitstreifen durchsetzten Berghängen eingefasst. Seit 2005 ist auch er überbrückt. Nördlich schließt sich die keulenförmige Halbinsel Hallbjarnarreyri an, von der sich herrliche Ausblicke auf die Küste, die unter Naturschutz stehende Vogelinsel Melrakkaey und die schneebedeckten Gipfel der Helgrindur bieten. An ihrer Westflanke liegt der Grundarfjörður mit gleichnamiger Ortschaft, hinter der sich ein felsiger Zuckerhut erhebt: das Kirkjufell (463 m), ein äußerst markanter Berg und das Wahrzeichen von Grundarfjörður. Ein schön gemachter Picknickplatz an der Str. 54 mit Informationstafeln zum Berg lädt zur Pause ein.

Übernachten/Camping/Reiten Setberg ❽, auf Hallbjarnarreyri, ca. 4 km außerhalb von Grundarfjörður, günstiges kleines Holzhaus für Gäste mit acht Betten in drei einfach möblierten Zimmern, Kochecke, Bad, ISK 5000, SSU ISK 3500. Frühstück. Camping auf ungeschützter Wiese, mit WC und Kaltwasser, ISK 800/Pers., mit Dusche, falls das Häuschen nicht zu voll ist. ✆ 4386817.

>>> Unser Tipp: Hof Suður-Bár (FH) ❺, an der Str. 576 auf der Halbinsel Hallbjarnarreyri ca. 8 km außerhalb von Grundarfjörður; im Sommer besser vorbuchen. Hof mit Tradition und sehr netten Besitzern. Sechs helle

und saubere Zimmer, davon eins mit Bad, die anderen mit Waschbecken; vom Speisesaal herrlicher Panoramablick auf den Fjord. Auch ein Haus für 4 Personen. Reiten ISK 6500 für bis zu 2 Std. und maximal 3 Pers. (einen Tag vorher anrufen!). Besitzerin Erna spricht Deutsch. Zum Hof gehört der Golfplatz. DZ ISK 20.000/16.000. ℘ 4386815. ≪

Grundarfjörður (ca. 900 Einw.)

Der Ort mit seinen gepflegten Häusern und Blumenbeeten lohnt den Stopp für ein mit Leidenschaft realisiertes Museum mit Café.

Mit einem der besten Häfen der Halbinsel war Grundarfjörður schon früh einer von sechs isländischen Handelsplätzen und bekam 1786 das Handelsrecht zugesprochen. Damals war es nur ein winziges Dorf einige Kilometer östlich des heutigen Ortskerns. Die eigentliche Entwicklung begann erst 1940. Zuvor war der Ort einmal „fortgezogen": Um 1800 siedelten französische Fischer und Händler in Grundarfjörður und bauten eine Kirche, ein Krankenhaus und einige Handelshäuser. Als erster Nicht-Isländer begann Sylvain Allenou hier Kabeljau zu Klippfisch zu verarbeiten. Als die Franzosen um 1860 in ihre Heimat zurückkehrten, zerlegten sie alle Gebäude in ihre Einzelteile, gruben sogar die Verstorbenen wieder aus und nahmen das Dorf komplett mit nach Hause. Die historische Bindung zwischen Grundarfjörður und Frankreich führte 2002 zu einer Städtepartnerschaft mit Paimpol in der Bretagne.

Grundarfjörður lebt heute insbesondere von Fang und Verarbeitung von Garnelen; die Hälfte der Beschäftigten arbeitet im Fischereisektor, der Hafen ist einer der zehn größten in Island. Seit der Pier verlängert wurde, halten sogar Kreuzfahrtschiffe in Grundarfjörður.

Basis-Infos

Information/Internet Im Heritage Centre, gegenüber der Tankstelle, tägl. 10–18 Uhr. Geplant ist eine Broschüre mit Wanderwegen in der Gegend, die zurzeit verstärkt markiert werden. Grundargata 35, ℘ 4381881.

Hin & weg Bus ab Tankstelle nach Stykkishólmur und Hellissandur sowie nach Reykjavík tägl. bis zu 2-mal. Linienbusanschluss an die Busrundfahrt um den Gletscher (siehe Hellissandur). ℘ 4386700.

Versorgung Alkoholgeschäft, Apotheke (in der Tankstelle), Arzt (Hrannarstíg 7), Autowerkstatt (KB, ℘ 4386933), Banken (Landsbanki mit Geldautomat), Polizei (Hrannarstíg 2), Post (in der Landsbanki).

Bootsausflüge Mit LákiTours (gehört dem Hotel) geht es 3 Std. auf einem der letzten im Land gebauten Fischerboote aus Eiche zum Vogelbeobachten (u. a. Papageientaucher), Seeangeln und Genießen von Sonnenuntergängen; mit Glück werden auch Wale gesehen. 10, 14 und 20 Uhr, Min.

4 Pers. Weitere Infos im Hotel oder in der Touristinformation.

Einkaufen Supermarkt in der Tankstelle, 9–21, So ab 10 Uhr. Ein paar Bücher und Landkarten bei **Hrannarbúðin**, Mo–Fr 11–18, Sa 13–15 Uhr. Hrannarstíg 5.

Golf 9-Loch-Golfplatz in zauberhafter Lage auf der Halbinsel Hallbjarnareyri.

Kunsthandwerk In der Gallerí Tína findet man vor allem die von Tína hergestellte Glaskunst – Schalen, Kerzenständer etc.; tägl. 14–18 Uhr, Nesvegur 7. Nebenan, Nesvegur 5, werden tägl. ab 16 Uhr handgestrickte Pullis und Souvenirs unterschiedlicher Art verkauft.

Reiten Der Hof **Berg** nordwestlich von Grundarfjörður auf der Halbinsel bietet empfehlenswerte Ausritte für ISK 5000/Std.; ℘ 4386875. Ausritte von 1–3 Std. bietet auch der Hof **Kverná** an der Str. 54, etwa 1 km außerhalb; ℘ 4388316.

Schwimmbad Freibad mit Hot Pots. Mo–Fr 7–21, Sa/So 10–16 Uhr. Borgarbraut.

Der Hafen von Akranes ▲▲
Die Bergkulisse des Jökulfirðir ▲

▲▲ Ingjaldshóll und der Vulkan Snæfellsjökull
▲ Blick über Reykir auf die Insel Drangey

Wasserfall Dynjandi in den Westfjorden

▲▲ Das Heringsmuseum in Siglufjörður
▲ Leuchtturm bei Bolungarvík am Ísafjarðardjúp

Übernachten/Camping/Essen

Hótel Framnes, viel gelobtes Hotel im hübsch renovierten Gebäude einer einstigen Fischfabrik mitten im Hafen. 29 mit Stil und Geschmack eingerichtete Zimmer für 1–6 Pers. mit Bad, die Hälfte mit Blick aufs Meer, die anderen mit Blick auf die Berge mit „Trollfrau"; Sauna und Hot Pot direkt am Wasser. Im gemütlichen Restaurant mit Bar (19–22 Uhr) ist Fisch besonders beliebt, z. B. Fisch des Tages, ISK 3100. DZ ISK 23.000. Nesvegur 8, ℡ 4386893, framnes @hotelframnes.is, www.hotelframnes.is.

≫≫ Unser Tipp: JH Grundarfjörður, eines der schönsten und umweltfreundlichsten Hostels in Island, das wächst und wächst. Rezeption im knallroten Wellblechhaus an der Straßenecke, dort 23 Betten in 5 Zimmern mit stimmungsvollen Namen wie Lava, Gletscher und Ozean und den dazu passenden Farben, auf jeder Etage Dusche und Küche. Im grünen Haus gegenüber weitere 30 Betten in bunten Zimmern (z. B. „Vulkanzimmer", „Mooszimmer"), mehrere Bäder und Küchen. Viele weitere Betten in neu hinzugekommenen großen Gebäuden am Hafen; auch hier ist alles farbenfroh und stilvoll gestaltet. Hier auch Zimmer mit Bad sowie Apartments. Ab ISK 2700 für JH-Mitglieder, für andere ca. ISK 600 mehr. Hlíðarvegur 15, ℡ 5626533/8956533. ≪≪

Gamla Pósthúsið, günstiges und nettes neues Gästehaus im ehemaligen Postgebäude mit 8 hellen, sauberen, schlichten Zimmern mit TV, einige mit Waschbecken, die Hälfte mit Blick aufs Meer. EZ, DZ und ein Familienzimmer. Küche mit Ausblick. DZ ISK 9500, kein Frühstück. ℡ 4308043, gisting@tsc.is, www.gamlaposthusid.is.

Camping Grundarfjörður, hinter dem Schwimmbad bei surrender Elektrizitätsanlage in schöner, geschützter Senke. Wurde um eine Wiese mit kaum Windschutz erweitert, hier im Container auch Dusche. ISK 950.

Essen/Café Ein gutes Restaurant befindet sich im **Hótel Framnes** (s. o.).

Kaffi 59, Café und Restaurant mit Bar und Wintergarten, gute Pizza, darunter auch „seafood pizza". Außerdem ein paar Suppen und Salate, Fisch (ab ISK 2200) und Fleisch; Mo–Fr mittags wechselndes günstiges Tagesgericht. Kaffee und Kuchen. Mit Terrasse. Mo–Do 10–23, Fr/Sa 11–1, So 12–22 Uhr, Grundargata 59, ℡ 4386446.

Kaffi Emil, im Heritage Centre gegenüber der Tankstelle, sehr beliebt. Serviert drinnen oder draußen Suppe mit Brot, Sandwichs sowie zum Kaffee leckere Kuchen und Waffeln. Tägl. 10–18 Uhr.

Imbiss in der Tankstelle, 9–21, So ab 10 Uhr.

Eyrbyggja Heritage Centre: Diese dank des enormen Engagements von Historiker und Geschichtenerzähler Ingi Hans entstandene, originelle Ausstellung gibt Einblick in Leben und Arbeit in und um Grundarfjörður in der ersten Hälfte des 20 Jh. Ingi Hans hat mit Perspektiven gespielt, je nach Blickwinkel scheint das Fischerboot vor dem Bootschuppen oder drinnen zu liegen, der Trecker steht in der Garage und doch draußen. Zahllose Artefakte aus dem früheren Alltagsleben sind zu sehen, darunter z. B. eine „coffee box" aus Holz, in der die Arbeiter einst ihre Kaffeekannen mit zur Arbeit nahmen. Das winzige nachgebaute Wellblechhaus der ersten Generation repräsentiert die typische Behausung einer Fischerfamilie zu einer Zeit, als der Bau von Torfhütten zurückging. Der vordere Teil der Ausstellung ist der historischen Verbindung zwischen Grundarfjörður und Frankreich gewidmet.

Das Museum ist auch im Besitz von 100.000 Fotografien, die der in Grundarfjörður geborene Fotograf Bæring Cecilsson (1923–2001) nach 1946 in der Gegend machte. Ihm ist im Gebäude ein moderner Kinosaal gewidmet, in dem seine Fotoausrüstung ausgestellt ist und auf der Leinwand u. a. ein Teil seiner Bilder gezeigt wird.

1. Juni bis 31. Aug. tägl. 10–18 Uhr, ISK 900 (einschließlich Führung). Im Eingangsbereich Touristinformation, Internetzugang und das Kaffi Emil. Grundargata 35 (gegenüber der Tankstelle), ℡ 4381881.

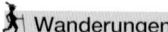 **Wanderungen** (→ Karte S. 564/565)

„Kirchenberg" Kirkjufell (1): Das 463 m hohe Wahrzeichen Grundarfjörðurs mit seinen steilen Wänden, das in seiner Form ein wenig an eine Kirche erinnert, sollte nur mit fachkundiger Führung bestiegen werden. Hjörtur von der Farm Háls am Kirkjufell (✆ 8476606) bietet Wanderungen um den Berg herum und auf ihn hinauf an und vermietet auch zwei Sommerhäuser am Hang für je bis zu 8 Pers.

Klakkur (2) (3,1 km, ca. 3 Std.): Dieser 380 m hohe Berg auf der Halbinsel Hallbjarnareyri lässt sich vom Hof **Suður-Bár** aus besteigen (markierter Weg), was sich für die herrliche Aussicht auf den Breiðafjörður lohnt. Informationen auf dem Hof.

Weiterfahrt: Die Fahrt geht entlang der rauen, steilen Berglandschaft, in der die schmalen Wasserfälle wie silbernes Lametta rieseln, zum 28 km entfernten Fischerort Ólafsvík. Die Küste ist nicht mehr von Fjorden zerschnitten, von Sandriffen gesäumte Lagunen und breite Sandstrände ziehen nun vorbei. Hinter dem Berg *Stöð* (268 m), der wegen seiner kastigen Form einst von dänischen Kaufleuten den Namen „Sarg" erhielt, taucht die seichte Lagune Lárvaðall auf, bevor die Straße auf das steile Kap *Búlandshöfði* mit von kleinen Basaltsäulen gekrönten Geröllhängen ansteigt. Bei gutem Wetter wird hinter Búlandshöfði erstmals der Gletscher sichtbar, wenn die Straße zur Sandbank Mávahlíðarrif abdreht. Bald geht die Str. 54 in die 574 über, auf der nach wenigen Kilometern Ólafsvík erreicht ist.

Reiterferien Hof Brimilsvellir, etwa 8 km östlich von Ólafsvík. Auf dem Hof bietet eine nette deutsch-isländische Familie im Sommer einwöchige Reiterferien (1275 €). Zeitig buchen. Außerhalb der Saison ist mit Glück eines der sehr hübsch gestalteten Zimmer für Durchreisende frei. Sept.–Mai wird zudem ein 70 m² großes Ferienhaus vermietet, 75 €/Nacht für 2 Pers. ✆/✆ 4361533, brimilsvellir@isl.is, www.islandia.is/brimhestar.

Abkürzung zur Südküste: 5 km vor Ólafsvík besteht mit der hier abknickenden Str. 54 eine 14 km lange Verbindung zur Südküste über die Fróðarheiði. Die weitgehend geteerte Straße führt mit bis zu 12 % Anstieg über den Pass (361 m).

Ólafsvík (ca. 1000 Einw.)

Der Ort am Fuß des massiven und steilen Berges Enni (410 m) und vor breitem, bogenförmigem Sandstrand wirkt etwas verschlafen, doch lässt sich hier gut essen und frischer Fisch kaufen.

Ólafsvík nahm seine Anfänge 1687 als Handelsplatz. Es war der erste Ort Islands, dem der dänische König eine offizielle Handelslizenz erteilte, trotz des von Natur aus nur wenig geschützten Hafens. Die fischreichen Gewässer um Ólafsvík zogen später sogar portugiesische Kaufleute an. Den Fischern von Ólafsvík geht es heute trotz der Fangquoten recht gut, im Hafen liegen viele kleine Boote. Sie haben es weiterhin nicht weit zu den ergiebigen Fischgründen.

Der kleine Fluss Gilið kommt hinter der Kirche als malerischer Wasserfall Bæjarfoss von den Bergen und fließt mitten durch den Ort. An der Grundarbraut liegt am Hang ein liebevoll angelegter Park mit Blumen und Picknickbänken: der *Sjómannagarðurinn*, „Seemannsgarten" – Mittelpunkt ist die Statue eines Fischers mit Heilbutt auf dem Rücken.

Basis-Infos

Information/Internet Im Gemeindezentrum, 15. Juni bis 1. Sept. Mo–Fr 8–18, Sa/So 10–17 Uhr. Kirkjutún 2, ☎ 4336929.

Hin & weg Bus ab Orkan-Tankstelle nach Reykjavík und Stykkishólmur, beides über Grundarfjörður, bis zu 2-mal tägl.; Busrundfahrt um den Gletscher (siehe Hellissandur) geht über Ólafsvík, von hier tägl. 11.30 Uhr. ☎ 4361012.

Versorgung Alkoholgeschäft (Mýrarholt 12), Apotheke (Ólafsbraut 24), Arzt (Engihlíð 28), Autowerkstatt (☎ 4361111), Bank (Ólafsbraut, mit Geldautomat), Polizei (Ólafsbraut 34), Post (Bæjartún 5, Mo–Fr 10–16 Uhr), Tankstellen.

Einkaufen Supermarkt Þin Verslun, Mo–Do 9–18, Fr 9–20, Sa/So 13–17 Uhr; Ólafsbraut 55. **Bäckerei,** Mo–Fr 7.30–18, Sa 9–16 Uhr, mit Café, Ólafsbraut. **Frischen Fisch** gibt es im Meeresmuseum (s. u.).

Kunsthandwerk Im Gamla Pakkhúsið, sehr schön und vielfältig, von rund 20 Leuten hergestellt. tägl. 11–17 Uhr.

Schwimmbad Hallenbad mit Hot Pot. Mo–Fr 8–21, Sa 13–17 Uhr. Ennisbraut 9.

Übernachten/Camping/Essen

Übernachten Hótel Ólafsvík, 3-Sterne-Hotel mit Restaurant im Gebäudeklotz, der durch Malerei etwas aufgeheitert wurde. 18 geräumige, aber schlichte DZ mit Bad, 11 Zimmer für 1–3 Pers. ohne Bad. Auch 19 Studio-Apartments im Gebäude auf der anderen Straßenseite im 1. Stock, hell und gut möbliert, je zwei Betten, Schlafsofa, Küchenzeile (nur Mikrowelle), Bad. ISK 16.500 für 2 Pers. DZ mit/ohne Bad ISK 16.500/14.700. Ólafsbraut 20, ☎ 6633372, hotel olafsvik@hringhotels.is, http://hringhotels.is.

Camping Olafsvík, am östlichen Ortseingang unter dem Hang, ohne Windschutz, ISK 500/Pers., ISK 500/Zelt inkl. Duschen.

Essen Gilið, helles, offenes Restaurant im Holzhaus mit Blumen auf den Tischen, großer Terrasse und Blick auf den Hafen. Der Besitzer und Koch, der aus Ólafsvík stammt, aber den größten Teil seines Lebens in den USA gelebt hat, bietet jeden Tag verschiedenen frischen Fisch (ab ISK 3000), die beliebte „Fisherman's Seafood Plate" für 2 oder 4 Pers., Fisch- und Lammsuppe und manches mehr. Auch Kaffee und Kuchen. Tägl. 11.30–23 Uhr, Grundarbraut 2, ☎ 4361300.

Imbiss Hobbitinn, hier gibt es zwischen Spielautomaten Sandwichs, Pizza, Hamburger und Fish & Chips. Mit Kiosk. 10–23, Sa/So ab 11.30 Uhr. Ólafsbraut.

Imbiss auch an der Orkan-Tankstelle; Pizza, Kiosk und ein paar wenige Grundnahrungsmittel. Tägl. 9–23.30, So ab 10 Uhr.

Der Seemannsgarten in Ólafsvík

Halbinsel Snæfellsnes → Karte S. 564/565

Sehenswertes

Gamla pakkhúsið: Das schwarz geteerte Holzhaus gegenüber vom Hafen wurde 1844 als Lagerhaus und Geschäft gebaut und ist heute das älteste Gebäude in Ólafsvík. 1987 wurde es renoviert und als Museum zu früherem Leben und Arbeiten in Ólafsvík eröffnet. Im Erdgeschoss kann man in gemütlicher Atmosphäre Kaffee trinken und schönes Kunsthandwerk kaufen, oben sind auf knarrenden alten Dielen frühere Haushaltsgegenstände und Utensilien aus dem Fischfang zu sehen, die einen Einblick in das Leben im 19. Jh. vermitteln. Unter dem Dach ist ein reich bestücktes historisches Warenlager nachgestellt.

1. Juni bis 31. Aug. tägl. 11–17 Uhr, ISK 300. Texte nur auf Isländisch, Mappe mit Infomaterial über Haus und Ausstellung auch auf Deutsch. Ólafsbraut 12, ✆ 4336930.

Ólafsvíkurkirkja: Mit Fantasie lässt sich in der von Architekt Hákon Hertevig entworfenen und 1967 geweihten Kirche am Westufer des Baches Gili∂ die beabsichtigte Form eines Fisches erkennen. Im Inneren, das in den isländischen Farben gestaltet wurde, sorgt die alte, verzierte Kanzel von 1710 für Kontraste. Sie stand einst in einer Kirche in Fró∂a, die bis 1915 auch für Ólafsvík zuständig war. Die farbenfrohen Fenster sind das Werk der isländischen Künstlerin Ger∂ur Helgadóttir. Juli/Aug. tägl. 8–18 Uhr.

Meeresmuseum und frischer Fisch: In der riesigen Halle einer ehemaligen Fischfabrik will diese eher einfach gestaltete Ausstellung Touristen zeigen, wie und welcher Fisch in der Gegend gefangen und verarbeitet wird. In Mitleid erregend kleinen Aquarien tummeln sich u. a. Kabeljau, Scholle und Schellfisch, außerdem sieht man alte Fischerboote und Geräte aus dem Fischfang, darunter Schablonen, mit denen einst Fässer mit Texten wie „Iceland Cut Herring" beschriftet wurden. Schön ist der von Kindern mit bunten Fischen verzierte Eingangsbereich, in dem man frischen Fisch kaufen und Kaffee trinken kann.

Tägl. 12–18 Uhr, Eintritt frei. Nor∂urtangi.

Wanderung (→ Karte S. 564/565)

Aussichtsberg Enni (3) (hin/zurück ca. 3 Std.): Der Aufstieg auf den Ólafsvík überragenden Berg Enni (410 m) mit steilen Meeresklippen lohnt sich wegen der großartigen Aussicht über die Bucht. Die nicht markierte Strecke beginnt am Ende der Straße Kirkjutún (an der die Kirche steht), wo man einfach am rechten Ufer des Baches entlang und am Bæjarfoss vorbei den Berg hinaufläuft.

Der Snæfellsjökull

Die „Undir Jökli" („Am Gletscher") genannte Westspitze der Halbinsel ist fast gänzlich mit nacheiszeitlichen, kargen Lavaströmen bedeckt. Die Region gewinnt jedoch durch versteckte Ruinen, malerische Buchten mit Muschelsand, Vogelfelsen, Krater und schroffe Basaltformationen. Seit 2001 sind 170 Quadratkilometer um den Snæfellsjökull als Nationalpark geschützt.

Von Ólafsvík aus umrundet die Str. 574 auf 74 km die Westspitze der Halbinsel und den dort thronenden Gletscher bis nach Bú∂ir. Der Snæfellsjökull, ein 1.446 m hoher Stratovulkan, zählt zu den schönsten und regelmäßigsten Vulkanen des Landes und ist der krönende Abschluss der sich über die gesamte Halbinsel ziehenden Bergkette. Ein 11 km² großer Gletscher, der um 1900 noch doppelt so groß war und weiterhin beständig zusammenschmilzt, bedeckt seinen mächtigen Gipfel. Vor nicht langer Zeit war der Berg stets schneebedeckt, heute aber liegt das Eis frei. Die glitzernde Eiskappe ist, verglichen etwa mit Vatnajökull oder Langjökull, winzig, aber ungleich geheimnisvoller – der Snæfellsjökull ist unter allen magischen Bergen Islands der mit der größten Ausstrahlung und Anziehungskraft. Schon manchen

Zelten unter dem Gletscher

Dichter und Schriftsteller zog er in seinen Bann: Jules Vernes nahm ihn 1864 in seinem Roman „Reise zum Mittelpunkt der Erde" als Schauplatz des vom Hamburger Geologieprofessor Lidenbrock unternommenen Versuchs, in das Innere des Erdballs zu gelangen. „Steig in den Krater des Snæfellsjökull hinab, den der Schatten des Scartaris vor dem ersten Juli liebkost hat, und du, kühner Wanderer, wirst zum Mittelpunkt der Erde gelangen".

Schriftsteller Halldór Laxness inspirierte der wundersame Berg zu seinem Roman „Am Gletscher". Wenn man ihn lange genug ansehe, so Laxness, hörten Wörter auf, auch nur das Geringste zu bedeuten. „Okkultisten in der ganzen Welt kennen diesen Punkt, haben ihn immer gekannt. In diesem Gletscher ist eine der bedeutendsten natürlichen Energiequellen unseres Sonnensystems enthalten". Esoteriker sehen im Snæfellsjökull das größte Energiezentrum der Erde und das „dritte Auge" Islands.

Dieser mystische und majestätische Vulkan, bei klarem Wetter aus bis zu 100 km Entfernung – und damit auch von Reykjavík – zu sehen, entstand vor über 700.000 Jahren und war bis in die Nacheiszeit aktiv. Die nacheiszeitlichen Lavaströme wälzten sich den südlichen und westlichen Abhang des Berges hinunter; Tuffgestein und zwischeneiszeitliche Laven bedecken die nördlichen und östlichen Hänge. Das letzte Mal eruptierte der Vulkan vor etwa 1.800 Jahren, doch gilt er nicht als erloschen. Touren auf den Gletscher mit Motorschlitten oder Schneekatze werden von Arnarstapi aus angeboten.

Bustouren: Rundfahrt um den Gletscher siehe Hellissandur (Touren).

𝕏 Gletscher-Besteigung   (→ Karte S. 582)

Als Erste erklommen im Jahr 1754 die Studenten Eggert Ólafsson und Bjarni Pálsson den Gipfel des Snæfellsjökull, wofür sie mit einem unvergesslichen Ausblick über die Halbinsel Reykjanes im Süden und die Westfjorde im Norden belohnt wurden. Es ist heute relativ leicht, in denselben Genuss zu kommen. Die beste Jahreszeit für die Gletscherbesteigung ist von März bis Mai. Im Sommer ist verstärkt auf Eisspalten zu achten; diese nahmen in den letzten Jahren mit Zusammenschmelzen des Gletschers an Größe zu. Im Spätsommer macht die Größe der

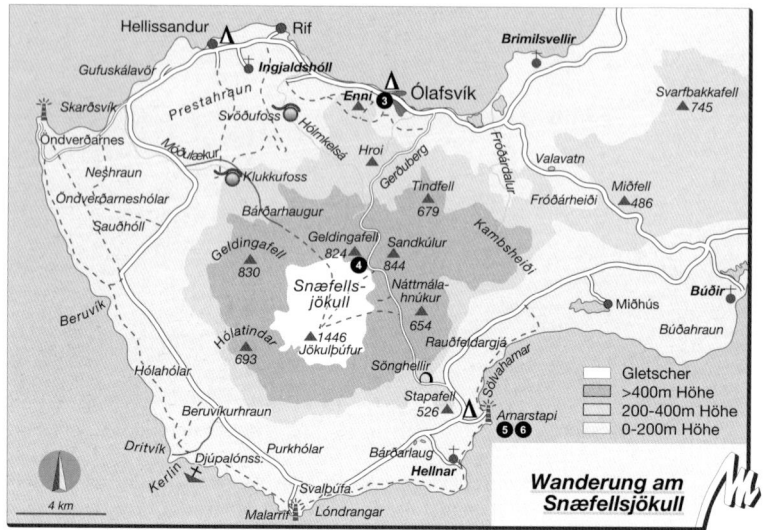

Gletscher
>400m Höhe
200-400m Höhe
0-200m Höhe

Wanderung am Snæfellsjökull

4 km

Spalten eine Besteigung unmöglich. Eine Wetterprognose ist unverzichtbar, aber so viel versprechend sie auch sein mag – plötzliche Schneestürme und Nebel können auch heute noch den Erfolg der Wanderung vereiteln, weshalb man unbedingt Ausrüstung für schlechtes Wetter und ausreichend Lebensmittelvorräte mitnehmen sollte. Auf der Karte in der Broschüre „Wanderwege im Snæfellsjökull National Park" sind die Wege auf den Gletscher nicht eingezeichnet. Informationen/Karten erhält man im Nationalparkzentrum in Hellnar.

Von der Str. 570 (4): Dies ist der einfachere, zu empfehlende und normalerweise problemlos innerhalb eines Tages zu schaffende Aufstieg. Knapp 1 km östlich des Ortseingangs von Ólafsvík zweigt von der Str. 574 die Jeeppiste 570 ab, die über den Bergpass Jökulháls in 700–800 m Höhe am Gletscher vorbei an die Südküste bei Arnarstapi auf die Str. 574 führt. Von dieser vorsichtig auch mit Pkw zu befahrenden Piste (ab Juni) führen zwei Hauptwanderwege nach Südwesten bzw. Westen auf den Gletscher. Einer beginnt auf der Höhe des Jökulháls zwischen den Bergen

Geldingafell und Sandkúlur, der zweite etwa 3 km südlich auf der Höhe des Náttmálahnúkur. Die letztgenannte Route nehmen auch die Motorschlitten; durch deren Spuren kann man seinen Weg hier nicht verlieren. Zwischen den beiden Wegen liegt in Richtung Eiskappe eine Schutzhütte.

Der alternative Aufstieg von der Nordwestseite des Gletschers ist hin und zurück nur von Erfahrenen innerhalb eines Tages zu bewältigen. Da keine Spur zu erkennen ist, muss man zudem wirklich seinen Weg kennen.

Weiterfahrt: In einem kleinen Kessel liegt nahe Rif südlich der Straße der malerische Wasserfall Svöðufoss, der über eine Wanderung entlang der Hólmkelsá erreicht wird (die Zufahrt ist kurz vor Hellisandur ausgeschildert). An der Küste bei Rif beginnen dann die Vogelfelsen Keflavíkurbjarg, die sich bis Hellisandur erstrecken und von einer riesigen Kolonie Küstenseeschwalben bevölkert sind. Es ist möglich, die Klippen hinabzusteigen und durch einen natürlichen Tunnel im Felsen

Der Snæfellsjökull und der dunkle Djúpalónssandur

zu einem guten Aussichtspunkt mitten in der Steilwand zu gelangen. Am Fuße der Klippen entspringt die Quelle Balavatn, der Heilkräfte nachgesagt werden.

Bei der Zufahrt nach Rif lädt ein Unterstand am dortigen See zur Vogelbeobachtung ein (Infotafel).

Kurz vor Hellissandur geht es nach Ingjaldshóll mit einem Gedenkstein für Eggert Ólafsson, der hier aufwuchs. Bei gutem Wetter bietet sich eine weite Aussicht. Die Kirche von 1903 auf dem Hügel beherbergt ein Taufbecken von 1700 und Altartafeln von 1696 und 1709.

Hellissandur-Rif   (ca. 540 Einw.)

Der Reiz dieser Gemeinde, die aus zwei etwas über 2 km voneinander entfernten Orten besteht, liegt vor allem darin, dass man an klaren Tagen auf einzigartige Weise den ganzen Gletscher sehen kann. In Hellissandur wie in Rif lockt ein charmantes Café.

Das etwas trostlos anmutende, von Küstenseeschwalben belagerte Fischerdorf Rif, das früher Hávarrif hieß, war ehemals der größte Fischerei- und Handelshafen der ganzen Halbinsel. *Rif* heißt Sandbank und die sorgt hier für einen guten, geschützten Hafen. Im 15. Jh. betrieben die Engländer vor der Küste Raubfang. Als Statthalter Björn Þorleifsson 1467 ihre Waren beschlagnahmte, weil sie das „Sackgeld" nicht zahlen wollten, brachten englische Matrosen ihn kurzerhand um (der *Björnsteinn* am Ufer, ein Gedenkstein, erinnert daran). Weil Ablagerungen des Hólmkelsá-Flusses das Hafenbecken auffüllten, musste der Bootsverkehr eingestellt werden.

Auch Hellissandur, 3 km weiter westlich und meistens kurz Sandur genannt, war im 18. Jh. ein Fischereihafen. Davon erzählt die kleine Bucht Keflavíkurvör am östlichen

Ein Sommertag in Hellissandur

Ufer, ein ehemaliger Anlegeplatz, wo die Kiele der Fischerboote tiefe Schrammen in den Steinen hinterlassen haben (Infotafeln). Für Motorboote erwies sich das Wasser vor Hellissandur aber als zu flach, und so wurde nach 1950 der Hafen in Rif ausgebaut und die Fischerei dorthin verlegt. Um den Hafen mit seinen Fischfabriken entwickelte sich eine kleine Siedlung mit heute etwa 150 Einwohnern.

In Hellissandur lohnt *Verslun Blómsturvellir* einen Besuch: ein großer Laden zum Kramen, in dem jeder irgendetwas – außer Lebensmitteln – findet (Munaðarhóll, Mo–Fr 11–12 und 13.30–18, Sa 13–16 Uhr). Am Wasser gedenkt eine moderne Skulptur der zurückgebliebenen Frauen ertrunkener Seemänner.

Hellissandur-Rif ist die letzte Einkaufsmöglichkeit vor Borgarnes!

Information   Die Nationalparkverwaltung sitzt in Hellissandur (Klettsbúð 7), das Informationszentrum aber ist in Hellnar an der Südküste. Wenn in der Verwaltung jemand da ist (keine regelmäßigen Öffnungszeiten), wird auch hier gerne Auskunft gegeben.

Hin & weg   Bus ab Tankstelle in Hellissandur nach Reykjavík über Ólafsvík und nach Stykkishólmur über Ólafsvík und Grundarfjörður je bis zu 2-mal tägl. Zwischen Hellissandur und Ólafsvík fährt zudem Mo–Fr bis zu 7-mal tägl. kostenlos ein Bus (ab der Schule, Ende Klettsbúð). ✆ 4366611.

Versorgung   Autowerkstatt (Ægis, Hafnargata in Rif, ✆ 4366677), Geldautomat (Klettsbúð in Hellissandur), Supermärkte (in Hellis-

sandur in der Tankstelle, tägl. 11–21 Uhr, in Rif Virkið, Hafnargata 11, Mo–Do 9–18, Fr 9–19, Sa/So 13–17 Uhr).

Touren   Bus: Bustour um den Gletscher mit Halt in Arnarstapi (1 Std. Aufenthalt), Hellnar (30 Min. Aufenthalt; empfehlenswert ist es, die Strecke von Arnarstapi nach Hellnar an der Küste entlangzuwandern und dann wieder zuzusteigen), Djúpalónssandur (40 Min. Aufenthalt) im Sommer tägl. 11.20 Uhr. Rückkehr nach Hellissandur 15.30 Uhr; ISK 3900.

Übernachten   Hótel Hellissandur, 3-Sterne-Hotel mit 20 hellen DZ mit Bad. Im Restaurant mit Gletscherfarben und Klavier u. a. Fisch aus dem Breiðafjörður ab ISK

3500, Lamm, Tagessuppe und Desserts wie „Glacier in a bowl". Auch ein paar kleine Gerichte sowie Waffeln und Kuchen. DZ ISK 22.600.   Klettsbúð   9,   ℡ 4308600, www.hotelhellissandur.is.

Gistiheimilið   Virkið,   familiengeführtes neues Gästehaus in Rif; im 1. Stock 7 schlichte Zimmer für 1–3 Pers. mit Bad. Im 2. Stock Restaurant unter Dachschrägen, hier werden 18–21 Uhr traditionelle isländische Fisch- und Fleischgerichte serviert. Die Bar hat länger geöffnet. DZ 15.900. Hafnargata 11, ℡ 4306660, virkid@virkid.is, www.virkid.is.

Camping   Hellissandur, neuer Zeltplatz mit ein wenig Windschutz durch Lavawälle; hinter dem Seemannsgarten links abbiegen. ISK 500/Zelt und ISK 500/Pers.

Essen/Café   Restaurants in den Hotels s. o.

≫ Unser Tipp: Kaffi Sif, liebevoll und farbenfroh gestaltetes Café und Restaurant zum Wohlfühlen, große Terrasse mit Blick auf den Gletscher. Alles ist hausgemacht: Suppe und Fisch des Tages, süße und herzhafte Crêpes, z. B. mit Lachs, weitere Gerichte sowie Kuchen und Waffeln. Tägl. 11–23, Fr/Sa bis 1, im Winter Do–So 16–21 Uhr. Klettsbúð 3 in Hellissandur, ℡ 5773430. ≪

≫ Unser Tipp: Kaffihús Gamla Rif, gemütliches Café im ältesten Haus in Rif von 1896, das seit Generationen im Besitz derselben Familie ist. Man sitzt auf Bänken mit bunten Kissen unter Bildern isländischer Künstler und genießt beim Blick auf Hafen und Berge selbst gebackenen Kuchen (am beliebtesten: Baiserkuchen), Fischsuppe oder Flatkökur. Mitte Juni bis Ende Aug. tägl. 12–20 Uhr. Zufahrt: Am Ende der Hafnargata vor dem letzten Gebäude links abbiegen. Háarif 3 in Rif, ℡ 4361001. ≪

Imbiss an der Tankstelle, 11–21 Uhr.

Seemannsgarten und Bootmuseum: In einer neuen Halle vor Wind und Wetter geschützt steht das 1826 auf einer Insel im Breiðafjörður gebaute Achter-Ruderboot *Bliki*, mit dem Fischer noch bis 1965 aufs Meer hinausfuhren. Dies ist das älteste erhaltene Ruderboot in Island. Das 50 Jahre jüngere Holzboot *Ólafur* leistet ihm Gesellschaft, auch dieses wurde in der damals in Island einzigartigen Breiðafjörður-Art gebaut. An den Wänden finden sich Informationen zur Geschichte der Fischerei in Hellissandur. Im Garten ducken sich zwei Torfhäuschen, Nachbildungen der karg eingerichteten Fischerhütten, in denen Fischer ohne Land und Vieh um 1900 lebten. Die Skulptur *Jöklarar* von Ragnar Kjartansson erinnert an ertrunkene Seeleute. Sjómannagarðurinn: 1. Juni bis 15. Aug. Di–Fr 9.30–12 und 13–18, Sa/So 13–18 Uhr, bis 15. Sept. Di–So 13–18 Uhr; ISK 250. Der Garten ist immer zugänglich. An der Str. 574, schräg gegenüber der Tankstelle, ℡ 4366635.

Weiterfahrt durch den Nationalpark: Genau an der Brücke über die Höskuldsá in Hellissandur beginnt das Lavafeld Prestahraun und damit eine andere Landschaft. Sie erinnert an die Zeit, als Snæfellsnes in der vulkanisch aktiven Zone lag und sich ein Lavastrom nach dem nächsten aus dem Vulkan in die Ebene ergoss. Geologisch interessante Plätze und historische Ruinen prägen die folgende Strecke, die bis zum östlichen Ende des Lavafeldes Háahraun als Nationalpark Snæfellsnes geschützt ist. Dies ist der erste Nationalpark in Island, der bis in die See hineinreicht. An der Ausschilderung und Markierung von Wanderwegen wird kontinuierlich gearbeitet; in der kostenlosen Broschüre „Wanderwege im Snæfellsjökull National Park" sind so gut wie alle verzeichnet und beschrieben.

Nach wenigen Kilometern taucht in Gufuskálar die einstige Loranstation (Station zur Funknavigation) der amerikanischen Armee auf, zu erkennen an dem 420 m hoch aufragenden, 1963 errichteten Mast. In den Gebäuden ist jetzt eine internationale Schule für Lebensrettung untergebracht. Trainingsmöglichkeiten gibt es viele – Lava, Gletscher und Meer mit ihren Gefahren sind nah und schlechtes Wetter zieht auch oft genug auf.

100 m hinter der Loranstation weist auf der anderen Straßenseite ein Schild mit der Aufschrift „Fiskibyrgi" auf ein etwa 700 Jahre altes und schon lange verlassenes Fischereizentrum hin, das nach kurzem Spaziergang auf das Lavafeld hinauf erreicht wird. Zu sehen sind die Ruinen einer Vielzahl aus Lavabrocken aufgeschichteter Hütten, manche davon erstaunlich gut erhalten. Einst standen wohl etwa 200 Fischerhütten hier, in denen der Meeresfang gelagert und getrocknet wurde. Neue Forschungen werfen allerdings die Frage auf, ob die Hütten vielleicht vielmehr von irischen Mönchen zum Beten genutzt wurden. Die Idee ist nicht ganz abwegig, denn eine Straße führt noch einmal 100 m weiter, diesmal auf der Seite der Loranstation, zu Spuren, die irische Siedler vor über tausend Jahren hinterlassen haben: zum *Írskra brunnur* („Irischer Brunnen"), der den Wuchs von Gras und Blumen ermöglicht hat, und zu den Ruinen der aus Lavasteinen errichteten *Írskra kirkja* („Irische Kirche").

Abstecher zum Muschelstrand und nach Öndverðarnes: Rechts zweigt bald die bis zur Bucht Skarðsvík geteerte, dann als schmale Jeeppiste auch für normale Pkws zu befahrende, kurvige Str. 579 nach *Öndverðarnes* ab, dem äußersten Zipfel von Snæfellsnes. Bis 1940 stand hier ein Großgehöft, jetzt wacht nur noch der kleine, bunte Leuchtturm an der Küste.

Rechter Hand liegt nach etwa 1 km Fahrt die pittoreske Bucht Skarðsvík mit rund gespülten Steinen neben schroffen Lavabrocken und mit einem in hellen Gelb- und Rosatönen schimmernden Muschelstrand. Hier wurde 1962 ein tausend Jahre altes Wikingergrab entdeckt (zu sehen ist davon aber nichts). Durch das Neshraun bietet sich etwa 2 km weiter der markierte Wanderweg zum Krater Vatnsborg und zur Hügelkette Neshólar mit der Höhle Grashólshellir an. Auf der weiteren Strecke nach Öndverðarnes sind u. a. Wanderungen durch die Lava zur Bucht Beruvík mit Ruinen sowie an der Küste entlang zu den von Seevögeln bevölkerten Klippen Saxhólsbjarg ausgeschildert. Wer möchte, kann auf historischen Pfaden die gesamte Küste entlangwandern (bis zum Leuchtturm Skálasnagi kommt man auch noch mit dem Auto).

Beim winzigen Leuchtturm in Öndverðarnes befinden sich grasbewachsene, unter Naturschutz stehende Ruinen aus Lavablöcken und der Brunnen *Fálki*. Der Überlieferung nach gibt es im Brunnen drei Quellen: eine mit Meerwasser, eine mit Süßwasser und eine mit Wein. Bei der Rückfahrt zur Hauptstraße bieten sich herrliche Ausblicke auf den Gletscher.

Weiterfahrt auf der Str. 574: Der Name des Berges *Bárðarkista* (668 m) vor dem Gletscher geht auf den ersten Siedler am Snæfellsjökull, Bárður Snæfellsás, zurück. Der Sage nach war Bárður Sohn eines Riesenkönigs aus dem Weißen Meer und kam in der Landnahmezeit nach Island. Ihn, der halb Mensch, halb Troll war, enttäuschte die Niedertracht der Menschen, deshalb versteckte er seine Schätze im Berg Bárðarkista und zog sich in den Gletscher zurück, wo er bis heute haust und als Schutzpatron verehrt wird. Der Berg kann vom Tal Eysteinsdalur aus gut bestiegen werden.

Durch das moosbedeckte Neshraun gelangt man zu den Kratern Sauðhóll und Saxhóll, von denen Letzterer den kurzen Aufstieg mit einem weiten Blick über das Lavafeld und die dahinter liegende See belohnt (ausgeschildert).

Bald zweigt rechts eine Piste zu den Kratern *Hólahólar* ab. Auf einer knapp 1 km langen Piste fährt man direkt in den Ringwallkrater Berudalur hinein und fühlt sich augenblicklich wie in einem natürlichen Amphitheater.

Abstecher zum Djúpalónssandur und früheren Fischerort Dritvík: Die 1,5 km lange Teerstraße 572 führt zum Strand *Djúpalónssandur* vor einem schroffen Lavastrom. Vom Parkplatz geht es vorbei an verwunschenen Lavagebilden wie dem Felsloch Gatklettur hinunter zum dunklen Strand. Auffällig sind hier die vielen rostigen Schiffsteile. Sie stammen von einem englischen Trawler, der 1948 an dieser Stelle strandete. Am Strand laden vier Steine zum Kraftsport ein. Mit diesen mussten bis zur Mitte des 19. Jh. die Fischer des nahen Fischerorts *Dritvík* ihre Kräfte unter Beweis stellen und zumindest den drittschwersten Stein bis in Hüfthöhe anheben. Im verlassenen Dritvík, das von der Mitte des 16. bis ins 19. Jh. hinein eine der größten Niederlassungen für den Frühjahrsfischfang in Island war und wo in den besten Zeiten bis zu 600 Fischer in einer Saison lebten und arbeiteten, wurden Reste von zehn Hütten zum Trocknen von Fisch gefunden. Der Ort ist über einen beliebten, 1 km langen Weg zu erreichen.

Das letzte Labyrinth

Nimmt man auf dem Rückweg von Dritvík den Pfad entlang der Küste, kommt man in Suðurbarði an einem in Island einzigartigen Kulturgut vorbei: einem Labyrinth. Warum die etwa 8,5 m große, runde, aus 15–30 cm hohen Lavabrocken aufgeschichtete Anlage einst gebaut wurde, ist nicht bekannt. Möglicherweise errichteten und nutzten die Fischer sie einfach zum Zeitvertreib. Man weiß noch von drei anderen Labyrinthen in Island; sie lagen in den Westfjorden und sind heute nicht mehr erhalten. Errichtet wurden alle Labyrinthe wohl im 15. und 16. Jh.; vielleicht, so die unbewiesene Meinung von Forschern, sogar von deutschen Seefahrern.

Ebenfalls in Richtung Westen, vorbei an der bizarren Lava und an wie Schlosstürme aufragenden Basaltsäulen, gelangt man zur *Tröllakirkja*, zur Trollkirche, einem unterhöhlten und nur bei Ebbe zu erreichenden Felsen vor der Küste.

Höhle Vatnshellir: 2 km hinter dem Abzweig zum Djúpalónssandur werden Führungen durch die dortige Höhle Vatnshellir angeboten, eine von mindestens 50 Höhlen in der Gegend. Die 200 m lange, an der tiefsten Stelle 32 m tiefe Höhle ist abgedeckt und nur im Rahmen einer Führung zugänglich; eine Treppe führt hinunter. Hintergrund: Den Besuchern soll vermittelt werden, wie man sich in einer Höhle richtig verhält, um z. B. Stalagmiten nicht zu beschädigen. Die beeindruckendsten Stalagmiten in der Höhle waren zerbrochen und wurden von einem Künstler „repariert". Die Führungen werden von Freiwilligen durchgeführt, je nach Interesse und Wissen variieren sie die Themen – mal geht es um Geologie, mal um Trolle.

4. Juni bis 21. Aug. 5-mal tägl. 1-stündige Führungen (auch auf Englisch), Anmeldung unter ✆ 6652818 wird empfohlen, ist aber nicht notwendig, drei Leute sind immer am Parkplatz. Helme und Lampen werden gestellt. Warm anziehen – unten sind etwa 4 °C! ISK 1000.

Weiterfahrt: Einige Kilometer weiter zweigt eine Piste zum Leuchtturm in Malarrif ab, dem südlichsten Punkt der Halbinsel. Im Osten ragen die 75 m und 60 m hohen Felszinnen *Lóndrangar* nebeneinander in die Höhe, Überreste eines Vulkanschlotes, in deren Wänden Seevögel brüten. Zu ihnen kann man von Malarrif aus laufen.

Von Malarrif ist es nicht weit zum steilen Vogelfelsen Þúfubjarg bei der Anhöhe Svalþúfa. Hierfür fährt man auf der Str. 574 noch etwa 500 m weiter bis zu einem ausgeschilderten Parkplatz und läuft dann über die Wiese.

Die schroffe Küste von Hellnar mit dem Café Fjöruhúsið

Beim Flugplatz endet die Lava vorübergehend, der Nationalpark endgültig. Eine kurze Zufahrt führt zu einem Denkmal für die reiselustige Guðríður Þorbjarnardóttir, die um 980 hier in Laugarbrekka geboren wurde (siehe S. 516), sowie zu einem geschützten Picknickplatz mit Infotafeln. Über einen Pfad gelangt man zum Friedhof der jetzt in Hellnar stehenden Bauernkirche.

Von der Zufahrt nach Hellnar führt ein markierter Wanderweg zur *Bárðarlaug*, einem Kratersee, in dem sich der Gletscher spiegelt; der Überlieferung nach badete hier Schutzgeist Bárður.

Hellnar: Ein 2 km langer Abstecher nach Hellnar, einer winzigen Ansiedlung vor der Steilküste, lohnt wegen der pittoresken Felsformationen in der kleinen Bucht, des gemütlichen Cafés Fjöruhúsið am Meer und der Höhlen *Sauðahellir* und *Baðstofa*, von denen Letztere mit einem natürlichen Steinbogen überspannt wird und bei Hochwasser bläulich leuchtet. Außerdem befindet sich in Hellnar das Informationszentrum des Nationalparks.

Information Das Nationalpark-Infozentrum ist in einem ehemaligen Schafstall neben der Kirche untergebracht. 20. Mai bis 20. Okt. tägl. 10–18 Uhr. Hier erhält man Nationalparkbroschüren, Karten, Auskunft zu Wanderungen usw. Eine große Ausstellung informiert über die Besonderheiten des Parks, seine Geologie, Fauna und Flora, über den Gletscher und das Leben mit dem Meer. ℘ 4366888, http://english.ust.is/Snaefellsjokullnationalpark (hier lassen sich die Broschüren auch herunterladen).

Führungen im Park Die Nationalparkverwaltung bietet im Sommer regelmäßig kostenlose 1- bis 2-stündige Wanderungen bzw. Besichtigungen mit unterschiedlichen Themen (z. B. „Leben am Vogelfelsen") und

Ausgangspunkten. Infos im Nationalparkzentrum, Aushänge auch in den Orten um den Gletscher. Anmeldung nicht erforderlich.

Übernachten/Essen Hôtel Hellnar, freundliches, modernes Haus aus Holz mit wunderschöner Aussicht und Green-Globe-Zertifizierung. Ein ganz neuer Flügel mit 10 Zimmern für 2–3 Pers. mit Bad, schlicht und sauber, etwas kühle Farben. Unter der neuen Leitung sollen auch die älteren 20 Zimmer mit Bad modernisiert werden. Terrasse und schöner Speiseraum mit Blick aufs Wasser. Im Restaurant abends verschiedene Fischgerichte, auch Lamm und Vegetarisches. DZ 145 €, mit Meerblick teurer. ℘ 4356820, hotel@hellnar.is, www.hellnar.is.

»» Unser Tipp: **Gislabær**, großes, lilablaues Haus im Besitz der herzlichen Björg, die den Touristen Übernachtung in dieser herrlichen Gegend zu günstigem Preis ermöglichen möchte. Das ganze Haus für Gäste; 12 Betten in 5 Zimmern, Bad, Küche, großes Wohnzimmer mit Ausblick, Garten und Klavier. Björg, die nebenan wohnt, hat interessante Geschichten zu erzählen – als die Kinder aus dem Haus waren, zog sie hierher, um Fischerin zu werden. Sieben Jahre ging sie mit einem kleinen Boot alleine fischen. DZ ISK 14.000, SSU ISK 5000. ☎ 4356886. **«««**

Café Fjöruhúsið, wunderbarer Abschluss des Wanderweges von Arnarstapi! Im winzigen, liebevoll renovierten Haus von 1937 über dem alten Hafen, das Fischer früher zum Salzen von Fisch nutzten, gibt es jetzt unwiderstehliche Waffeln mit Sahne und Rhabarberkompott, Skyrkuchen und anderes Gebäck sowie leichte Gerichte wie Quiche, Pasta des Tages oder Fischsuppe (alles um ISK 1500). Alles lässt sich auch draußen auf dem großen Patio beim Klang der brandenden Wellen und kreischenden Seevögel genießen. Tägl. 10–22 Uhr.

Primuskaffi, großes Café im selben Haus wie das Nationalparkzentrum; bestickte Decken auf den Tischen, Kunst an den Wänden und Blick aufs Meer. Außer Bagels ist alles hausgemacht: leckere Suppen, belegte Brote, Waffeln, Scones und viele Kuchen. Wer auf der Terrasse sitzt, genießt absolute Stille und sieht mit Glück einen Wal. 15. Mai bis 15. Sept. tägl. 10–22 Uhr.

Arnarstapi

Das kleine Fischerdorf ist der malerischste Ort der Halbinsel. Die steile Küste beim romantischen Hafen ist voller bizarrer Felsformationen mit Basaltsäulen, ausgewaschenen Felshöhlen mit Myriaden von Vögeln, mit natürlichen Steinbrücken, wie Türme in der Brandung stehenden zerklüfteten Klippen und Brandungstoren. Die Küste steht unter Naturschutz.

Arnarstapi wird beschützt von Bárður Snæfellsás, der als riesige Steinfigur den Ort überblickt. Errichtet wurde er von der Familie Trausti Jónssons, der 1928 als 19-Jähriger auf dem Gletscher ums Leben kam. Hinter Bárður steht vor der Küste in der Brandung der große Steinbogen Gatklettur. Während des dänischen Handelsmonopols war Arnarstapi ein wichtiger Hafen; Anfang des 18. Jh. wohnten noch 150 Menschen hier. Heute bleiben nur wenige das ganze Jahr. Im Sommer aber quillt Arnarstapi bisweilen über.

Information Fast alle Angebote stehen unter der Leitung von Snjófell, ☎ 4356783, www.snjofell.is.

Hin & weg Bus, im Sommer im Rahmen der Rundfahrt um den Gletscher tägl. 13.15 Uhr Abfahrt vom Restaurant nach Hellnar, zum Djúpalónssandur und nach Hellissandur.

Gletschertouren Tägl. 10, 12, 14 u. 16 Uhr Ausflüge (1½ Std.) bis in 1410 m Höhe mit Schneekatzen (mind. 6 Pers.), ISK 6500/Pers. und mit Motorschlitten, ISK 15.500/Pers. bzw. 10.500, wenn zwei auf einem Schlitten sitzen. Wenn das Wetter es erlaubt, auch Touren um 23 Uhr.

Tankstelle Vor dem Restaurant Tanksäule (24 Std.).

Übernachten Gästehaus, zwei Häuser, eines mit bezogenen Betten, eines für SSU, in beiden nur je zwei Bäder. Im ersten Haus 11 schlichte Zimmer für 1–3 Pers., DZ ISK 13.000, Frühstück extra. Im anderen Haus SSU in 9 meist geräumigen Zimmern für 1–4 Pers., ISK 4000/Pers. ☎ 4356783.

Camping Arnarstapi, großer Platz hinter dem Restaurant mit ein wenig Windschutz. Einfache sanitäre Einrichtungen (nur Kaltwasser). ISK 1500/Zelt.

Essen Restaurant Arnabæ, in den malerischen rotbraunen Holzhäusern mit Grassodendach. Mittags Suppe, auch Isländische Fleischsuppe, Sandwichs und Burger, abends u. a. Fisch des Tages, Lammkoteletts und die Mittagsgerichte zu teurerem Preis. Auch Kaffee und Kuchen. Küche 11–21 Uhr. Tägl. 8–23.30 Uhr.

☝ Wanderungen (→ Karte S. 564/565)

Um die faszinierende Küste zu erleben, geht man am besten ein paar Stunden wandern.

Nach Hellnar (5) (einfach, hin/zurück 2 Std.): Die 2,5 km lange Wanderung von Arnarstapi nach Hellnar führt über den Pfad Neðstagata durch die Lava über der Küste und bietet herrliche Ausblicke.

Nach Sölvahamar (6) (einfach, hin/zurück knapp 2 Std.): Reizvoll ist auch der Weg in die andere Richtung, über das Lavafeld Klifhraun an den Steilwänden Sölvahamar entlang. Dabei kommt man zu den Ruinen Sölvahamarsrústir am Fuße des Gletschers.

Weiterfahrt: An der Ostflanke des kargen Hyaloklastitberges Stapafell (526 m) zweigt die Jeeppiste 570 zum Gletscher ab. Hier lohnt ein Abstecher zur Höhle *Sönghellir* (Gesangshöhle) mit ausgezeichneter Echowirkung und jahrhundertealten Einritzungen. Die Piste geht steil bergauf; der Parkplatz mit Infotafel ist nach 1,3 km erreicht. Ein Fußweg führt an der ausgehöhlten Felswand entlang; die kleine Höhle ist ausgeschildert. Der Saga nach verbrachte Halbtroll Bárður hier eine kurze Zeit seines Lebens und nutzte die Höhle auch anschließend noch.

Die malerischen Felsen von Arnarstapi

Wieder auf der Str. 574, endet der Lavastrom Klifhraun abrupt und durch von Bächen durchzogene Wiesen gelangt man zur Ausschilderung zur *Rauðfeldargjá*. Diese tiefe, runde Schlucht wird über einen kurzen Fußweg am Bach Sleggjubeina entlang erreicht. Mühelos kann man im Sommer in der Felswand verschwinden und sich – rutschfeste Sohlen und Sprungkraft vorausgesetzt – in der zu Beginn schmalen Klamm von Stein zu Stein fortbewegen.

Durch flache Wiesen mit Höfen geht es an der Lagune Miðhúsavatn entlang, die von der hell schimmernden Muschelsandbank Hraunlandarif vom Meer getrennt wird, zur Kreuzung mit der Str. 54. Die Str. 574 endet hier; kurz vor der Kreuzung beginnt die 2,5 km lange Zufahrt nach Búðir.

Búðir: Der einstige, schon aus der Landnahmezeit bekannte Handelsplatz Búðir, wo im 16. Jh. die Bremer Hanse eine Niederlassung hatte, ist heute ein friedliches Fleckchen Erde in reizvoller Umgebung, wo nur das Dröhnen der Brandung und Vogelgeschrei die endlose Ruhe unterbrechen. Lediglich überwachsene Ruinen erinnern an die Zeit, als hier etwa hundert Menschen wohnten; außer einer Kirche und einem Hotel steht kein Gebäude mehr. Am Meer erstreckt sich bogenförmig einer der größten Muschelsandstrände des Landes und lädt zum Träumen ein, in der Ferne strahlt der Gletscher und hinter den Wiesen beginnt der unter Naturschutz stehende Lavastrom Búðahraun mit

Idyllisches Búðir

überraschendem Formenreichtum, der auf historischen Pfaden erkundet werden kann. Im Schutz der zahlreichen kleinen Kessel, Höhlen und Spalten haben sich elf verschiedene Arten Farne angesiedelt; es wurden mehr als 130 Gefäßpflanzen gezählt. Mitten in der Lava wölbt sich der Schlackenkrater Búðaklettur (88 m), der über den bei der Kirche beginnenden Wanderweg Klettsgata zu erreichen ist. Nordöstlich des Kraters befindet sich die 400 m lange Höhle *Búðahellir*. Der Überlieferung nach soll von Búðahellir ein mit Goldstaub bedeckter Gang bis zur Höhle Surtshellir im Hallmundarhraun nördlich des Gletschers Langjökull führen.

Sehenswert ist auch die schwarz geteerte Holzkirche *Búðakirkja* von 1848, die 1986 so originalgetreu wie möglich restauriert und im Jahr darauf neu geweiht wurde. Die ältesten Kirchenschätze sind eine Glocke von 1672, zwei Messingleuchter von 1767, eine Altartafel aus dem Jahr 1750 und der Türring von 1703, dem Jahr, als in Búðir die erste Kirche errichtet wurde (Schlüssel im Hotel, Eintrittsgeld in beliebiger Höhe).

Ein romantisches rotes Hotel von 1947 mit bewegter Geschichte brannte im Winter 2001 aus ungeklärten Gründen bis auf die Grundmauern ab. Von 2001 bis 2003 wurde daraufhin ein neues Luxushotel gebaut, das seinen Gästen herrliche Blicke auf Gletscher und Meer bietet.

Hin & weg Keine Busanbindung, Gäste werden von Vegamót oder Ólafsvík abgeholt.

Übernachten/Essen Hótel Búðir, 28 ausgesprochen stilvolle DZ mit Bad, jedes ist anders. Da die meisten der antiken Möbelstücke, Fotos und Bilder bereits für den Winter aus dem Hotel geholt worden waren, als das Feuer ausbrach, fanden sie in diesem modernen, dreistöckigen Bau wieder ihren Platz. Das freundliche Haus mit Holzfußboden, Kaminen, Dachterrasse, Wintergarten und vielen gemütlichen Sitzecken ist ein Mix aus Alt und Neu mit warmer Atmosphäre. Die Mehrzahl der Gäste ist des Lobes voll. Im Restaurant mittags Fisch des Tages, Suppe und Sandwichs, abends Gerichte mit Fisch, Lamm und jahreszeitliche Spezialitäten, ISK 3900–5900. Die Besitzer haben ihren eigenen Gemüse- und Kräutergarten. Es gibt zudem ein riesiges Angebot an Drinks sowie tagsüber Kaffee und Kuchen. DZ ab ISK 28.500. ☎ 4356700, budir@budir.is, www.budir.is.

An der Südküste gibt es viele Höfe, aber keine Ortschaften

Die Südküste von Snæfellsnes

Die Südküste zeigt ein anderes Bild als die Nordküste. Zwischen Feuchtwiesen, Forellenseen und Mineralquellen hat sich kein einziger Ort angesiedelt. Formschöne Krater zieren vereinzelte Lavafelder, die letzte Strecke bis Borgarnes führt durch flaches Moorgebiet. Die langen Sandstrände im Osten lassen sich am schönsten auf dem Pferderücken erkunden. Auf der gesamten Strecke keine Einkaufsmöglichkeit.

Von Búðir wird wieder die Kreuzung mit der Str. 54 erreicht. Hier sieht man den hohen Wasserfall Bjarnarfoss, der mit dem isländischen Wetter seine Schwierigkeiten hat: Bei starkem Südwind weht das Wasser, noch bevor es am Boden aufgekommen ist, wieder die steile Felswand hinauf. Weiter geht es auf der Str. 54 Richtung Borgarnes. Auf dem Pfarrhof Staðarstaður soll Ari Þorgilsson (1067–1148) gewohnt haben, der insbesondere für sein Geschichtswerk Íslendingabók bis heute verehrt wird (siehe S. 80); an ihn erinnert neben der Kirche mit ihren interessanten Glasfenstern ein großer Gedenkstein. Einen Besuch lohnt der Hof *Ölkelda* wenige Kilometer weiter: Hinter einer Infotafel und einem Geldkasten liegt eine der berühmtesten Mineralquellen Islands. Der Anteil mineralischer Bestandteile ist bis zu tausendmal höher als bei normalem Trinkwasser und wissenschaftlichen Untersuchungen zufolge ist das kühle Nass gut gegen Herz- und Nierenprobleme sowie für Blut und Zähne. Auch als Besucher kann man sich hier etwas Wasser abfüllen (ISK 50–100).

Bei Vegamót beginnt am Meer der Küstenabschnitt Löngufjörur mit hellem Muschelsand und zahlreichen Schären. Die Str. 54 umrundet den aus der Bergkette vorragenden, mächtigen Hafursfell mit bis zu 956 m hohen Gipfeln. Dahinter lohnt ein etwa 6 km langer Abstecher: Entlang der niedrigen Felswand *Gerðuberg* (ausgeschildert) mit ihren zahllosen schlanken Basaltsäulen geht es vorbei an den roten Schlackenkratern Rauðakúlur und der weißen Kirche von Ytri-Rauðamelur vor einer rötlich schimmernden Lavawand zu einer weiteren Mineralquelle (die allerdings offenbar zeitweilig trocken fallen kann). Die mit losen Steinen umfasste *Rauðamelsölkelda* in der Nähe eines schmalen malerischen Wasserfalls ist vom Parkplatz aus über einen Fußweg in etwa 10 Min. zu erreichen. Hierfür folgt man dem ausgeschilderten Pfad durch das Lavafeld und geht dann links am Bach entlang. Man quert den Bach über die Brücke und folgt dem Pfad weiter bis zur Quelle, deren Heilkraft ebenfalls hoch gelobt wird und die im Gegensatz zur Ölkelda ihrem natürlichen Zustand belassen wurde.

Die Str. 54 überquert mit der Haffjarðará einen der lachsreichsten Flüsse im Westen Islands, bevor sich rechter Hand das Eldborgarhraun ausbreitet, das vor 5000–9000 Jahren aus dem markanten, ca. 100 m hohen Lavaringwall Eldborg geflossen und mittlerweile mit dichter Moos-, Heide- und Birkenstrauchvegetation bedeckt ist. Die *Eldborg* („Feuerburg") gilt als das isländische Musterbeispiel für den Vulkantyp des Lavaringes und ist auch der bekannteste. Gleichmäßig geformt und rot leuchtend ragt sie aus dem Lavafeld auf. Weil der Ausbruch in einer Spalte begann, liegen neben der Eldborg noch vier weitere, unauffälligere Lavaringe.

Hinter der Kirche von Kolbeinsstaðir zweigt die Str. 55 an die Nordküste ab, auf der ein etwa 6 km langer Abstecher zur Tropfsteinhöhle Gullborgarhellir lohnt (s. u.). Die Str. 54 erreicht den unter der Brücke rauschenden, flachen Wasserfall Brúarfoss im Lachsfluss Hítará und führt allmählich von der Küste weg und durch die sumpfige Region Mýrar zur Ringstraße 2 km vor Borgarnes. Das von Flüssen und Seen durchzogene *Mýrar-Gebiet*, das einst von Gletschern glatt geschliffen wurde und nach der letzten Kaltzeit mitunter überschwemmt war, lässt sich auf zwei 30 bzw. 40 km langen Ringstraßen (533 bzw. 540) erkunden. Sehenswert ist die Küste voller Schären und Inseln, Landzungen und Nehrungen, Haffs und Buchten, wo sich die von Brandung und Sanderosion angegriffene Region langsam aufzulösen scheint. Die Landschaft ist eine grüne, von Wollgras überzogene Weite mit Erdbülten, Birkensträuchern und niedrigen, glazial überformten Basaltrücken, die Ruhe und Abgeschiedenheit bietet.

500 m vor der Ringstraße liegt mit *Borg á Mýrum* („Moorburg") einer der berühmtesten Höfe im ganzen Land.

Saga-Hof Borg á Mýrum

Hier siedelte sich einst der Vater von Dichter und Sagaheld Egill, *Skallagrímur Kveldúlfsson*, an. Er hatte in Norwegen mit seinem Vater Kveldúlfur das Schiff bestiegen, während der Überfahrt aber erkrankte der Vater, wusste, dass er sterben würde, und bat seinen Sohn, ihn nach seinem Tod im Sarg über Bord zu werfen und dort Land zu nehmen, wo der Sarg angeschwemmt würde. Das geschah in Borg. Nach Skallagrímurs Tod übernahm Egill den Hof, der später noch lange Zeit im Besitz seiner Nachkommen blieb.

Vor dem Hof mit kleiner Kirche steht seit 1981 eine von Ásmundur Sveinsson geschaffene Skulptur, die Egill mit dem Leichnam seines ertrunkenen Sohnes darstellt. Die Skulptur trägt den gleichen Namen wie das Gedicht Sonatorrek, das Egill hier aus Schmerz über den Verlust seines Sohnes verfasste (siehe auch Borgarnes, S. 536 ff.).

Basis-Infos

Hin & weg Bus ab Tankstelle/Cafeteria Vegamót (Kreuzung 54/56) von/nach Reykjavík, von/nach Grundarfjörður, Ólafsvík, Hellissandur, Stykkishólmur tägl. bis zu 2-mal. ℘ 4356690.

Autowerkstatt In Vegamót (Kreuzung 54/56) Holt, ℘ 4356662.

Kunsthandwerk Galerie Sóla, ca. 16 km vor Borgarnes fertigt und verkauft die sympathische Künstlerin Snjólaug Schmuck und Knöpfe aus Muscheln und Holz sowie schöne Aquarelle, zudem webt sie z. B. Decken, Läufer und Kissen und stellt Filz her, den sie zu Landschaftsbildern, Taschen, Halsketten und mehr verarbeitet. Ein Besuch lohnt, einfach nebenan klingeln. Brúarland, ℘ 4371817.

Schwimmbad Beim Hof Lýsuhóll (s. u.) steht ein von einer Mineralquelle beheiztes Thermalfreibad mit Hot Pot, tägl. 13–20 Uhr. An der Zufahrt liegt zudem rechterhand (kurz vor dem Schwimmbad) ein natürlicher Hot Pot. Beim **Hótel Eldborg** (s. u.) Freibad mit Hot Pot, immer offen auf Anfrage.

Tankstelle In Vegamót (Kreuzung 54/56).

Essen In Vegamót (Kreuzung 54/56), große, nette Cafeteria, neben dem üblichen Fastfood gibt es auch selbst gebackenes Brot, u. a. mit Forelle und geräuchertem Lamm belegt, und eine große Auswahl an ebenfalls selbst gebackenem Kuchen. Mit Kiosk und Malecke für Kinder. Tägl. 10–21 Uhr.

Restaurants im **Gistiheimilið Langaholt** und **Hótel Eldborg** s. u.

Übernachten/Camping/Essen/Reiten (→ Karte S. 564/565)

Westlich von Vegamót Hof Lýsuhóll **9**, bei der hilfsbereiten, fröhlichen Besitzerin Jóhanna. 3 gemütliche Sommerhäuser (Mai–Sept.) für je 2–4 Pers. mit Kochnische, Bad; 2 große neue Holzhäuser (ganzjährig) für je 8 Pers. (4 Zimmer für 1–4 Pers. mit Waschbecken, das große unter Dachschrägen, 2 Bäder, ein Raum zum Kochen, Essen, Sitzen; Waschmaschine), Frühstück im Wohnhaus in neuem Anbau, auf Anfrage Abendessen. Natürlicher Hot Pot. Reiten ISK 4500/Std., ab 2. Std. günstiger. Geritten wird u. a. am Strand und über Lavafelder; vorher anrufen und Termin abmachen. Angeboten werden auch 8-Tages-Ritte entlang der Südküste, Übernachtung immer auf dem Hof. Herzliche Atmosphäre. DZ ISK 16.500, Sommerhäuser ISK 16.500 (hier Frühstück extra). ℘ 4356716, info@lysuholl.is, www.lysuholl.is.

Guesthouse Kast **10**, 2011 eröffnetes Gästehaus hinter dem Schwimmbad Lýsuhóll in ganz neuem, modernem Gebäude, unter Leitung eines Geschwisterpaars; von Speisesaal und Holzterrasse weiter Blick. 16 helle DZ (mit und ohne Bad), ein Apartment für 6 Pers. mit Bad und Küche. Nebenan *Campingplatz*. Im Speisesaal wird selbst zubereitetes Essen und Brot serviert. DZ mit/ohne Bad ISK 18.000/16.000. ℘ 6934739 und 4215252, kast@kastguesthouse.is, www.kastguesthouse.is.

Gistiheimilið Langaholt 12 (FH), 20 meist geräumige Zimmer mit Bad für 1–4 Pers. im großen Gebäude des einstigen Bauernhofs. Im gemütlichen Restaurant mit Ausblick mittags Fisch des Tages und Suppe, ab 19 Uhr ausgezeichnetes Abendessen à la carte mit Betonung auf Meeresküche. Der Hof liegt genau am Golfplatz – wer's probieren möchte: für Gäste ISK 1500, ansonsten ISK 2000. Großer Zeltplatz nahe am Wasser mit Gletscherblick, aber ohne Windschutz ISK 850/Pers., Dusche ISK 350. DZ ISK 20.000. ℘ 4356789.

Gistiheimili Hof 13, Gästehaus mit 5 Apartments für 6 oder 10 Pers. in großem, hellem Holzhaus mit Grassodendach, außen stilvoller als innen. In jedem Apt. Küche, Bad und 3 DZ, in dreien zusätzlich vier Betten unter dem Dach. Alle haben Terrasse mit Hot Pot. Die DZ werden auch einzeln vermietet, ISK 12.000, als SSU ISK 10.000, Frühstück extra. Das ganze Apartment kostet ISK 25.000/35.000. ℘ 4356802/8463897, gistihof @gistihof.is, www.gistihof.is.

Östlich von Vegamót Hótel Eldborg **11**, freundliches Sommerhotel an der Str. 567 mit 26 hellen Zimmern für 1–2 Pers. mit Waschbecken; SSU in der durch Vorhänge unterteilten Turnhalle. Camping mit Hecken, Aufenthaltsraum darf genutzt werden. Im Speisesaal tagsüber Sandwichs, Kaffee und Kuchen, abends (19–21 Uhr) Dinnerbüfett (hier kann man meist auch Pferdefleisch kosten) oder wechselndes 3-Gänge-Gericht. Angeboten werden auch Reittouren am langen Strand der Küstenregion Löngufjörur, 3–4 Std. ca. ISK 10.000, längere Touren möglich. DZ ISK 12.500, SSU auf Matratzen ISK 3500, Camping ISK 1000/Pers. inkl. Dusche. Schwimmbad immer inkl. ℡ 4356602/8971089, HotelEldborg@Hotel Eldborg.is, www.hoteleldborg.is.

Hof Snorrastaðir (FH) **14**, Reithof am Fluss. 4 große Sommerhäuser für 6 Pers. mit Küche, Bad, Hot Pot. In großem Gästehaus 24 SSU in Zimmern für 2–5 Pers., weitere SSU in der oberen Etage auf Matratzen. Küche, viel Platz zum Sitzen. Ungeschützter Campingplatz am Fluss. Angeboten werden empfehlenswerte Reitausflüge an der Küste entlang, ISK 3500/Std., ab 2. Std. günstiger. Sommerhaus ISK 15.500/Nacht, SSU in Betten ISK 3500, auf Matratzen ISK 2000. Camping ISK 1700/Zelt inkl. Dusche. ℡ 4356628.

≫≫ Unser Tipp: Ensku húsin/The Old English Lodge 15, am Lachsfluss Langá, nur 8 km von Borgarnes. Urgemütliches Gästehaus mit Charme und Stil in einer 1884 gebauten „Fishing Lodge ". Von 1919 bis 1949 gehörte sie den Engländern Kennarth, die im Sommer zum Fischen herkam. So tauften die Leute der Gegend das Häuschen mit seinen niedrigen Decken und dem knarrenden Holzboden „English Lodge". Heute gibt es in dem Familienbetrieb zwölf DZ; im ältesten Teil mit bunt gestrichenen Holzwänden und Waschbecken, im neueren von 1973 die meisten moderner und mit Bad. Frühstück und traditionell isländisches Abendessen im Speiseraum voller alter Fotos, mit Möbeln aus Miss Kennarth Zeit und viel Flair. 2005 kam ein weiteres sehr schön und stilvoll renoviertes historisches Haus von 1895 hinzu, es liegt etwas entfernt auf der anderen Seite der Hauptstraße. Hier 5 Zimmer für 2–3 Pers., teils mit Bad. 2 DZ in noch weiter entfernten, neueren Haus. DZ mit/ ohne Bad ISK 19.300/15.600. ℡ 4371826/ 8653899, enskuhusin@simnet.is, www. enskuhusin.is. ≪≪

🥾 Wanderungen (→ Karte S. 564/565)

Von Lýsuhóll an die Nordküste (7) (Trittsicherheit und Kondition; hin bis zu 3 Std.): Vom Hof Lýsuhóll aus lässt sich über den historischen Pass Lýsuskarð (ca. 500 m hoch) eine Wanderung nach Grundarfjörður an der Nordküste unternehmen, die schöne Ausblicke zu beiden Seiten der Halbinsel bietet. Der Weg ist nicht markiert, man läuft östlich des Schwimmbads am rechten Flussufer den steilen Hang hinauf zum See Lýsutjörn nahe der Passhöhe, an ihm rechts vorbei und durch den Hróksdalur hinunter nach Grundarfjörður. Auf der Wanderung sind Geröllfelder zu queren; zur Erleichterung der Wegsuche sollte man eine Karte mitnehmen.

Zur Höhle Gullborgarhellir (8) (einfach, hin ca. 20 Min.): Der 1957 entdeckte *Gullborgarhellir* (670 m lang) mit zarten und verschnörkelten, äußerst zerbrechlichen Lavatropfsteinen ist die sehenswerteste Höhle im westlich der Str. 55 liegenden Lavafeld. Erreicht wird die unter Naturschutz stehende und ca. 200 m vom Vulkan Gullbrok entfernt liegende Höhle über einen nördlich des Hofes Heggstaðir nach Westen abzweigenden, gut zu erkennenden Pfad.

Zum Lavaring Eldborg (9) (einfach, hin/zurück 1½ Std.): Die Wanderung zum von der Str. 54 ausgeschilderten Lavaring beginnt beim Hof Snorrastaðir, der über eine 2 km lange Zufahrt erreicht wird. Die Brücke vor dem Hof muss überquert werden, dann beginnt rechter Hand hinter dem Gartentor am Fluss der Wanderweg (ausgeschildert). Da die Gegend von hier an unter Naturschutz steht, halte man sich streng an die vorgegebenen Wege.

An der nördlichen Strandirküste

Die Westfjorde

Diese Strecke entfaltete von allen bisherigen Küstenlandschaften den eigenartigsten malerischen Zauber. (...) Die wirr unterbrochenen Felsterrassen sehen zertrümmerten Riesenburgen gleich, immer von neuem aufgethürmt und immer wieder gewaltsam zerbrochen. Wie düstere Spukgestalten ziehen sie am Blick vorüber, bis plötzlich eine weite Bucht sich aufthut und die glitzernden Schneefelder des dahinterliegenden Gebirges herabwallen bis an den Rand der See.

(Alexander Baumgartner, 1889)

Auf der nur durch eine 10 km breite Felsenbrücke mit dem Rest des Landes verbunden, fächerförmigen Halbinsel im Nordwesten reiht sich ein Fjord an den nächsten. Dazwischen thronen schroffe Bergrücken und unter steilen Felswänden liegen helle Sandstrände, kauern kleine Fischerorte.

Etwa siebzig Fjorde und Buchten schneiden sich sanft oder spitz, kurz oder über viele Kilometer in die stark zergliederte Küste der Westfjorde ein. So erklärt es sich, dass Letztere mit ca. 2.100 km Länge etwa ein Drittel der Küstenlänge Islands ausmacht, obwohl die Halbinsel nur ein Zwölftel der Landesfläche einnimmt. Zwischen den Fjorden erstrecken sich Plateaulandschaften mit 400–800 m hohen Tafelbergen, die fast überall steil zum Fjord hin abfallen und kaum Platz für Unterland lassen. Die Region war schwierig zu besiedeln. Die Menschen, vom Fischreichtum in den Gewässern angezogen, bauten ihre Siedlungen vor allem auf Landzungen, die als Reste von Endmoränen in die Fjorde hineinreichen und geschützte Häfen gewährleisten. Die Endung vieler Ortsnamen weist auf diese Entstehung hin: *eyri* heißt „Sandbank".

Die Westfjorde sind eine einsame Gegend. 1910 wohnten hier mehr als 13.000 Menschen, heute sind es 6000 weniger und damit nur gut 2,2 % der isländischen Bevölkerung. Weit mehr als ein Drittel von ihnen wohnt in Ísafjörður, dem Zentrum der Region. Verlassene Höfe gehören zum Landschaftsbild. Keine andere Gegend Islands ist so stark von der Abwanderung betroffen wie diese isolierte Halbinsel, auf der es gilt, mit extremen Bedingungen klarzukommen. Im Winter schafft es die Sonne vielerorts zwei Monate lang nicht über die hohen Berge, sind zahlreiche Straßen wegen des starken Schneefalls geschlossen, allen voran die Bergstraßen. Auch im Sommer ist der Weg zum restlichen Island weit – wegen des abenteuerlichen Straßennetzes aus Bergpässen, Stichstraßen und langen Schotterpisten um die Fjorde herum. Durch die Rationalisierung der Fischindustrie und den Verkauf von Fangquoten gingen viele Arbeitsplätze verloren. Die Isländer sind aber auch nicht mehr unbedingt gewillt, in dieser Industrie zu arbeiten; manche ziehen lieber fort. Ihren Platz in der Fischfabrik nehmen Immigranten ein.

Tipps zur Region: Besondere **Erlebnisse** sind ein Spaziergang durch den fast vollständig verlassenen Ort Djúpavík (S. 606) und ein Bad im Schwimmbad Krossneslaug (S. 608) (beide nördliche Strandirküste, schon die Anfahrt ist spektakulär) oder im Seaweed Bath in Reykhólar (S. 644), Abstecher zum Ziergarten Skrúður am Dýrafjörður (S. 626) und zu den Künstlerhäusern im Selárdalur (S. 633) am Arnafjörður mit beeindruckendem Sandstrand sowie der Besuch der Alten Schmiede in Þingeyri (S. 628). Sehenswert sind das **Museum** Hnjótur (S. 638), das Seemonstermuseum in Bíldudalur (S. 633) und die Ausstellung in Reykhólar (S. 643), empfehlenswert ist eine Runde mit dem **Kajak** von Heydalur im Mjóifjörður aus (S. 612); auf dem sympathischen Hof kann man anschließend gut essen und übernachten. Schön **Kaffee** trinken lässt es sich im Hólmakaffi in Hólmavík (S. 603) und im „Piratenhaus" in Patreksfjörður (S. 636), beliebte **Restaurants** sind das Café Riis in Hólmavík (S. 603) und das Tjöruhúsið in Ísafjörður (S. 618). **Übernachtungstipps:** Hótel Djúpavík (S. 607), das Steinhúsið in Hólmavík (S. 602), das Gamla gistihúsið in Ísafjörður (S. 618), das Einarshús in Bolungarvík (S. 621), das Gistiheimilið Bjarmaland in Tálknafjörður (S. 635) sowie die Jugendherberge Korpudalur südöstlich von Flateyri (S. 626). Für Wanderungen lohnt die Anschaffung einer oder mehrerer der von *Ferðamálasamtök Vestfjarða* herausgegebenen Freizeitkarten „Útivera/Outdoor Recreation" mit Informationen auch auf Englisch (zu beziehen auch über www.strandir.is/gongukort). Die gesamte Region der Westfjorde ist in sieben Karten unterteilt.

Als eine neue Einnahmequelle wurde in den letzten Jahren die Zusammenarbeit mit – zumeist deutschen – Angelreisenanbietern entdeckt. Eine Flotte kleiner, identisch aussehender Boote im Hafen, hier neue Ferienhäuser, dort Informationsschilder oder Speisekarten auf Deutsch weisen in vielen Orten auf die in Gruppen anrückenden Hobbyfischer hin.

Während die Bewohner der Westfjorde ihre Heimat in Richtung Hauptstadtregion verlassen, ist mittlerweile – wenngleich in viel geringerem Umfang – der entgegengesetzte Trend zu bemerken: Städter auf der Suche nach Stille und grandioser Natur kaufen verlassene Höfe und siedeln hierhin um, richten auch Gästehäuser ein oder bieten für Touristen Aktivitäten wie Kajaktouren oder Ausflüge an.

Geologie: Die während der letzten Kaltzeit abgeschliffenen Tafelberge bestehen aus bis zu mehr als 50 übereinandergestapelten Schichten erkalteter tertiärer Lava (Basalt), zwischen denen u. a. noch Schlacken und Sedimentlagen liegen. Ganz im Nordwesten befindet sich unter diesen Basaltlagen das mit rund 16 Mio. Jahren älteste Gestein Islands. Zum Meer hin hat die Brandung hohe Steilküsten ausgespült, darunter auch das Kap Bjargtangar am westlichsten Punkt Europas, wo im Sommer etwa 1 Mio. Seevögel nisten.

Wo die Fjorde liegen, gab es wahrscheinlich aufgrund von Schwächelinien im Gestein bereits vor Jahrmillionen flache, von Flüssen durchzogene Täler. Die Gletscher der Kaltzeit hobelten diese dann zu Trogtälern aus, vertieften und verbreiterten sie; nach ihrem Rückzug füllte das Meer sie zu Fjorden auf. Von den Gletschern blieb nur der mittlerweile auf etwa 160 km² zusammengeschmolzene Drangajökull. Die einstige Eiskappe des Gláma-Plateaus ist seit Anfang des 20. Jh. komplett verschwunden.

Vulkanische Aktivität gibt es in den Westfjorden nicht, aber einige heiße Quellen für die Versorgung von Schwimmbädern und Hot Pots mit geothermalem Wasser.

Streckeninfos/Tipps für Radler: Jedes Jahr werden Teilstücke des Straßennetzes asphaltiert; die gesamte Strecke von Hólmavík nach Ísafjörður und die meisten Hauptverbindungsstraßen in der Region sind mittlerweile geteert. Auf allen Nebenstraßen, der langen Passstraße über die Dynjandisheiði und teilweise entlang der Südküste verläuft die Fahrt jedoch auf Schotterpisten. Bei trockenem Wetter sind sie problemlos zu befahren; die nördliche Strandirküste und andere wenig befahrene Pisten erfordern jedoch wegen zahlloser Schlaglöcher vor allem von Radlern bisweilen ein mühsames Gezirkel. Südlich von Ísafjörður beginnt ein abenteuerlicher Tunnel, der sich nach 2 km in zwei einspurige Röhren aufspaltet und für den Radfahrer auf jeden Fall ein Rücklicht brauchen. Die Fjordumrundungen bieten Radwanderern den Vorteil, dass der Wind unmöglich den ganzen Tag von vorne kommen kann. Im Westen sind zahlreiche steile, bis zu 550 m hohe Bergpässe zu bewältigen.

Einkaufsmöglichkeiten existieren an der Nordküste nur in und um Ísafjörður, an der Südküste nur in Reykhólar.

Die Strandirküste im Osten

Die Region Strandir an der Ostküste bietet eine abwechslungsreiche Landschaft aus hauptsächlich kleinen Fjorden mit imposanten, vegetationsarmen Bergrücken und zahllosen Stränden mit Treibholz im Überfluss. Die einzigen Orte mit Einkaufsmöglichkeit sind Hólmavík, Drangsnes und Norðurfjörður.

Die Bewohner von Strandir haben Glück: Günstige Strömungsverhältnisse liefern ihnen gratis massenweise Treibholz, das zum Bau von Booten, Möbeln und ganzen Häusern reicht. Nach vier bis zwölf Jahren auf dem Meer werden die vor allem aus Sibirien stammenden, mit Salzwasser imprägnierten Kiefern- und Lärchenstämme hier angespült. Die Strände sind alle in Privatbesitz, man darf nur vom eigenen Strand Treibholz nehmen bzw. muss den Besitzer um Erlaubnis fragen. In ganz Island werden jährlich etwa 300.000 Stücke Treibholz aufgesammelt.

Von der Ringstraße nach Hólmavík   (Str. 68, 114 km)

Der südliche Abschnitt von Strandir ist sanfter und dichter besiedelt als der nördliche. Auf teils geschotterter, teils geteerter Straße geht es zum Zentrum der Region am größten Fjord der Küste.

Den Hrútafjörður entlang schwingt sich die Str. 68 anfänglich durch sanftes, grünes Land mit Heuwiesen und Weiden, vorbei am winzigen Dorf Borðeyri und an der

Abzweigung der geschotterten Str. 59, die über die Laxárdalsheiði nach Búðardalur führt. Über einen niedrigen Pass gelangt man in den kurzen, von steilen Hängen umgebenen Bitrufjörður mit wenig Unterland, die Straße führt auf und ab, bevor sie in einem kilometerlangen, steilen Anstieg den 260 m hohen Bergrücken überwindet, an dessen Nordseite der Kollafjörður auftaucht, in dem nach langen Wintern manchmal noch bis in den Juli hinein Eisberge zu sehen sind. Wo ein Strand ist, ist Treibholz – bereits zum Abtransport aufgestapelt oder noch wie eben angespült auf den grauen Steinen verteilt, zwischen angeschwemmten Netzen und Bojen, alten Kanistern. Mit Glück lassen sich um Broddanes Seehunde beobachten; auf einem Inselchen vor der Küste brüten Papageientaucher.

Die Zauberer von Strandir

Auf dem Wappen des Bezirks Strandir findet sich das magische Symbol *Ægishjálmur* – Ægis Helm, ein Zauberzeichen, das schon in der Eddischen Dichtung Erwähnung fand. Zahlreich sind die in alten isländischen Sagas festgehaltenen Geschichten über das Auferwecken von Toten, eine Macht, derer die Menschen in Strandir in besonderem Maße mächtig gewesen sein sollen. Sie galten als listig und zauberkundig, als überragend im Umgang mit Geistern. „Auf den Kopf fiel der Held, schmerzend seine Glieder. Unklug ist's zu ringen mit den Zauberern von Strandir", liest sich ein in einem Nachbarbezirk verfasster Vers. Einer der berühmtesten Zauberer der Sagazeit war neben Egill Skalagrímsson Svanur aus Strandir, über den in der Njáls saga berichtet wird.

Zauberei war Teil der germanischen Religion und im abgelegenen Strandir hielten sich Reste der alten Traditionen länger als in anderen Landesteilen. Die Hexerei war wohl ein Männerberuf, es sind nur wenige weibliche Zauberer bekannt. Bis ins 17. Jh. konnte weitgehend ungestraft gehext werden, nach der Reformation aber galten Zauberei und Magie als Straftaten und es kam zu zahlreichen Prozessen. Hierfür reichte schon der Besitz von magischen Runen. Wer ein Zauberbuch besaß, beging ein Kapitalverbrechen; dennoch sind bis heute noch viele erhalten. Die häufigste Strafe für die Beschäftigung mit Zauberei war die Auspeitschung, die schwerste lautete auf Verbrennung. Von 21 Isländern ist bekannt, dass sie den Tod auf dem Scheiterhaufen fanden. Wie viele es tatsächlich waren, ist unbekannt. Dokumentiert ist jedenfalls, dass sich die meisten Prozesse und Verbrennungen in den Westfjorden ereigneten.

Museen in Hólmavík und Laugarhóll geben Interessierten weitere Auskünfte zur Zauberei in Strandir; eine dritte Ausstellung ist in Arbeit.

An der kleinen Kirche Kollafjarðarnes vorbei knickt die Str. 68 ab und führt um den Bergrücken in den Steingrímsfjörður, den mit 28 km Länge und einer Öffnung von 7 km Breite größten Fjord des Bezirks mit zahlreichen Buchten und grauen Stränden. Ein Vogelbeobachtungshäuschen lädt zu einer Pause ein, bevor 6 km vor Hólmavík die Str. 68 endet und in die von der Südwestküste kommende Str. 61 übergeht.

Beim Wasserfall in der Schlucht beim Hof Húsavík entdeckt das geübte Auge Sedimentschichten mit Pflanzenversteinerungen (Infotafel an der Straße). Ebenfalls bei

Húsavík stehen unterhalb der Straße die Reste eines Kühlhauses aus dem späten 19. Jh. (Infotafel).

Bei *KirkjubóI* lässt sich eine einfache, knapp **5 km lange Wanderung** den Hang hinauf unternehmen. Von oben sieht man bei schönem Wetter den Gletscher Drangajökull.

Autowerkstatt   In Bordeyri, ✆ 4511145/ 8932405.

Übernachten/Camping   Tangahús, in Bordeyri, genau am Fjord im roten Haus, in dem früher Arbeiter Mittagspause hielten. Sauber, gepflegt und gut in Schuss. 23 Betten in Zimmern für 2–6 Pers., einige mit Waschbecken; Küche, Aufenthaltsraum, Waschmaschine. SSU ISK 3000, mit Bettwäsche ab ISK 4500. ✆ 8497891/8499852, kollsa @simnet.is, www.tangahus.is.

Hof Snartartunga (FH) **22**, im Inneren des Bitrufjörður auf einer Farm ca. 1,5 km von der Hauptstraße bei herzlicher Besitzerin, (1. Juni bis 30. Sept.). Alle Zimmer einfach, aber sauber. Ein Apartment im Souterrain mit DZ, Schlafsofa, Küche, Bad; im Haus noch 1 EZ und 1 DZ, DZ ISK 6000/Pers. inkl. Frühstück; SSU ISK 4000. ✆ 4513362.

JH Broddanes, an der Mündung des Kollafjörður in ehemaliger Schule, genau am Wasser in unglaublich friedlicher Lage, gut zum Vogelbeobachten. 21 Betten in Zimmern für 1–6 Pers. auf zwei Etagen, beide mit Duschen, Küche. Großer Aufenthaltsraum. Die Besitzerin wuchs hier auf der Farm auf. DZ ab ISK 9000 (JH-Mitglieder), als SSU ab ISK 7500. SSU im Schlafsaal ab ISK 3000. ✆ 6181830, broddanes@ broddanes.is, www.broddanes.is.

KirkjubóI (FH) **14**, knapp 12 km südlich von Hólmavík; familienfreundliches Gästehaus mit 5 DZ, von denen zwei in Familienzimmer umgewandelt werden können. Gut ausgestattete Küche, zwei Bäder, Wohnzimmer, im Garten Spielhaus. Im Privathaus noch 2 DZ und 1 EZ; Bad, große Küche. Die netten Besitzer wissen alles über Aktivitäten, Wanderungen etc. in der Umgebung. DZ ISK 11.200, SSU ISK 3600. ✆ 4513474, kirkjubol @strandir.is, www.strandir.is/kirkjubol.

Camping Bordeyri, auf ungeschützter Wiese am Hang, WC und Warmwasser, ISK 1500/Zelt. ✆ 4511165.

Ü bernachten
1   Látravík
2   Hesteyri
3   Bolungarvík
4   Grunnavík
5   Reykjafjörður
6   Dalbær
7   Valgeirsstaðir/Hütte vom Wanderverein
8   Urðartindur
9   Finnbogastaðir
10 KirkjubóI í Bjarnadal
11 Hótel Núpur
12 Heydalur
13 Hænuvík
14 KirkjubóI
15 Hótel Látrabjarg
16 Hótel Flókalundur
17 Djúpidalur
18 Hnjótur Guesthouse
19 Hótel Bjarkalundur
20 Breiðavík
21 Rauðsdalur
22 Snartartunga

Künstlerhäuser Selárdalur

Breiðavík   *Tálknafjörður*
13 Patreksfjörður
15 M
20 **18**
Museum Hnjótur
13
Vogelfelsen Látrabjarg   *Rauðasandur*

———   Piste
🏕   Picknick-/Rastplatz
❶   Wanderung

Westfjorde   10 km

B r e

Café   Im Gemeindehaus Sævangur am Steingrímsfjörður bei der Ausstellung zur Schafzucht. Im Sommer freundliches Café mit Blick auf den Fjord und auf Hólmavík, hier Kuchen, Waffeln und Kleinur sowie Sandwichs (12–18 Uhr).

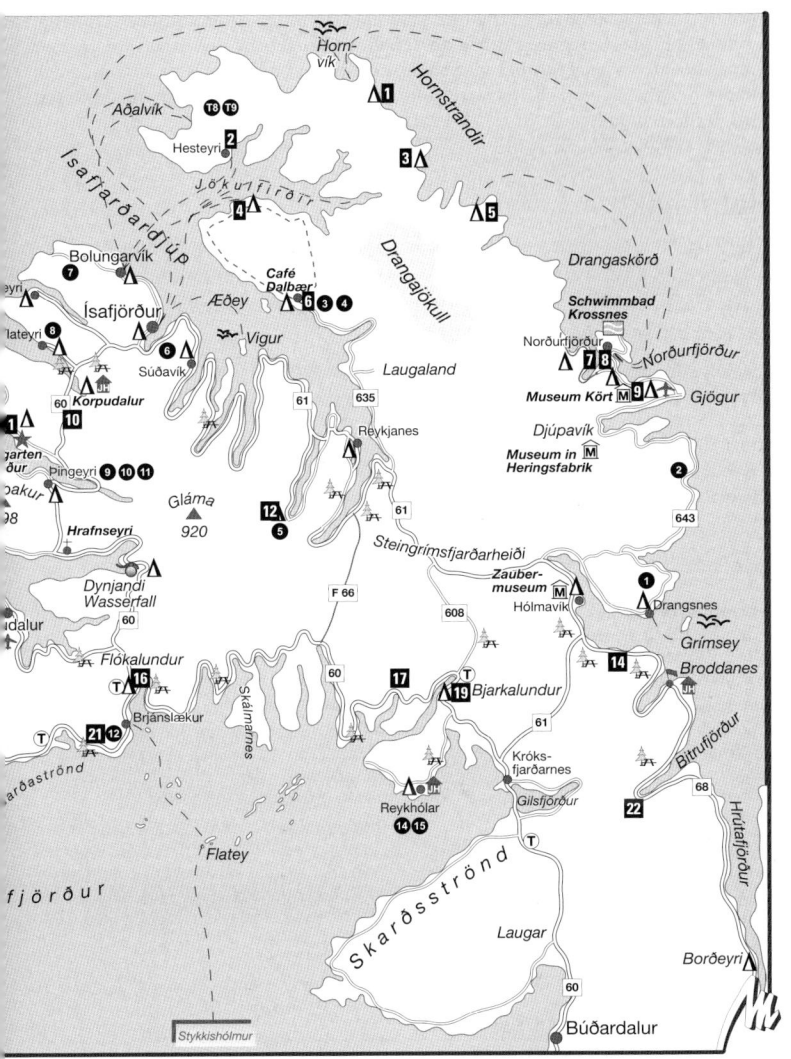

Ausstellung zur Schafzucht in Island: Im Gemeindehaus Sævangur am Steingrímsfjörður kurz vor Hólmavík lohnt der Besuch einer umfangreichen Ausstellung zu
den Tieren, denen man auf einer Islandreise ständig begegnet: Schafe. Fotos und
landwirtschaftliche Geräte sowie die Texte in Mappen führen die Besucher durch
ein Jahr auf der Schaffarm – von der Geburt der Lämmer im Frühjahr über die
Heugewinnung im Sommer und den Abtrieb, das Schafscheren und Schlachten der
Lämmer im Herbst bis zur Stallhaltung im Winter, während der die Tiere gedeckt

werden. So kann man z. B. erfahren, dass ein Lamm im Alter von drei Monaten geschlachtet werden muss, um gutes Fleisch abzugeben, und dass die Farmer beim Abtrieb bis zu zehnmal losziehen müssen, um alle Tiere zu finden. Auch wie die Schafwolle verarbeitet wird und was vom Schaf sonst noch alles genutzt wird, lernt man hier.

1. Juni bis 31. Aug. tägl. 12–18 Uhr, ISK 700. Mit Spielecke und Café.

Hólmavík (ca. 370 Einw.)

Weit streckt sich der bunte Ort in den Fjord hinein, bewacht von der kleinen, weißen Kirche auf einem Hügel. Im alten Ortsteil finden Besucher unter anderem ein lohnendes Museum zur Zauberei in Strandir, auf dem Weg dahin liegt ein schönes Café.

Das Verwaltungszentrum der Region besteht aus zwei durch die Hafnarbraut miteinander verbundenen Teilen; Tankstelle und Supermarkt, Schwimmbad und Zeltplatz finden sich gleich am Ortseingang. Von der schlichten, holzverkleideten Kirche (1957–68), an der aus Geldproblemen elf Jahre lang gebaut wurde, bietet sich ein schöner Blick auf den malerischen alten Ortsteil. Am Hafen liegen sehenswerte alte Holzschiffe auf dem Trockenen.

(Basis-Infos

Information/Internet Im Zaubermuseum, 1. Juni bis 15. Sept. tägl. 9–18 Uhr. Mit Café und Fahrradverleih (ISK 3000/24 Std.). ✆ 4513111/4513525, www.holmavik.is/info.

Hin & weg Bus hält an der Tankstelle, 1. Juni bis 31. Aug. Di, Fr und So fährt Sterna 1-mal tägl. von/nach Reykjavík über Búðardalur, Borgarnes (Str. 61, 60, 1), an denselben Tagen fährt Stjörnubílar 1-mal von/nach Ísafjörður. ✆ 4553107.

Versorgung Alkoholgeschäft (im Supermarkt), Arzt/Apotheke (Borgarbraut 8, am Hang), Banken (Hafnarbraut 25 und 19, Letztere mit Geldautomat), Polizei, Post (Hafnarbraut 19), Supermarkt am Ortseingang, tägl. 9–23 Uhr.

Kunsthandwerk Galerie Strandakúnst gegenüber vom Museum hat schöne Wollwaren, geschnitzte Vögel, Schmuck, Glaswaren u. v. m. 10. Juni bis 15. Sept. tägl. 14–17 Uhr, häufig länger.

Reiten Strandahestar in Víðidalsá, 3 km südlich von Hólmavík, ein sehr flexibler Pferdeverleih, der auch Reitunterricht anbietet. ISK 4000/Std. ✆ 4513262.

Schwimmbad Am Ortseingang beim Zeltplatz, mit Hot Pots. Eines der wenigen Freibäder Islands, das nicht mit geothermaler Energie beheizt wird – die nächste bekannte heiße Quelle liegt zu weit weg. Tägl. 9–21 Uhr.

(Übernachten/Camping/Essen

Übernachten Finna Hótel, oben am Hang im Wellblechhaus. Die neuen Besitzer, denen auch das Steinhúsið gehört, renovieren peu à peu das gesamte Haus. 12 Zimmer (davon bisher zwei mit Bad, mehr geplant) auf drei Etagen, die meisten mit Waschbecken, manche mit schönem Fjordblick; auf jeder Etage ein Bad. Zwei Küchen. DZ mit/ohne Bad ISK 14.000/10.000, SSU ab ISK 4000. Frühstück extra. Borgar-

braut 4, ✆ 4513136, finnahotel@simnet.is, www.finnahotel.is.

⟫⟫ Unser Tipp: Steinhúsið, ausgesprochen stilvolles Gästehaus mit Holzboden und -wänden und skandinavischem Flair im ältesten Steinhaus des Ortes von 1911, das 2008 komplett renoviert und geschmackvoll eingerichtet wurde. Hier möchte man sofort einziehen. Ein großes Apartment mit 5

Hólmavík ist das Zentrum der Strandirküste

DZ, Bad, Küche, Speisesaal, Wohnzimmer und großem Balkon, DZ ISK 10.600, das ganze Apartment ISK 48.000. 2 kleine gemütliche Apartments mit DZ, Bad, Kochgelegenheit je ISK 16.800. Höfðagata 1, ✆ 8561911, steinhusid@simnet.is, http://steinhusid.vefir.net. «««

Camping Hólmavík, am Ortseingang, mit Windschutz durch Wälle und Hecken. WC und Warmwasser; Dusche im Schwimmbad extra. Waschmaschine. ISK 800/Pers. ✆ 4513560.

Essen/Cafés Café Riis, Restaurant im ältesten Haus des Orts, 1897 als Handelskontor gebaut und 1996 renoviert. Die Fußböden in zwei der drei Säle sind aus Treibholz gezimmert. In warmer Atmosphäre gibt es Suppe und Salat, Pizza, Sandwichs und Kuchen, abends zudem Fisch- und Fleischgerichte ab ISK 2900 sowie leichte Gerichte.

1. Juni bis 1. Sept. 11.30–22, Sa bis 3 Uhr. Hafnarbraut 39, ✆ 4513567.

Hólmakaffi, im hübschen Holzhaus mit Terrasse zwischen den Ortsteilen, mit herzlicher Atmosphäre. „Little paradise on earth" ist im Gästebuch zu lesen. Alles ist hausgemacht, die Gemüsesuppe, das Brot, die Kuchen und Waffeln. Die Besitzerinnen, eine Anwältin aus Reykjavík und ihre zwei Töchter, bauen ihr eigenes Gemüse an. 1. Juni bis 31. Aug. 10–18 Uhr. Hafnarbraut 7, ✆ 4522669.

Kaffi Galdur, im Zelt vor dem Zaubermuseum (selbe Öffnungszeiten), serviert 9–11 Uhr Frühstück, ansonsten Kaffee und ein bisschen Kuchen. Man kann an den Tischen auch Mitgebrachtes essen.

Imbiss mit großer Auswahl im Supermarkt, 9–23 Uhr.

Sehenswertes

Zauberei und Magie in Island: In der gut gemachten Ausstellung im kleinen schwarzen Holzhaus mit Grassodendach, einem ehemaligen Lagerhaus, erfährt man, wie Menschen einst versuchten, sich unsichtbar zu machen, und wie mit einer Leichenhose Reichtum angehäuft wird. Es werden Persönlichkeiten vorgestellt, die der Zauberei verdächtigt wurden, weil sie z. B. Geister vertrieben, und zwischen Runenzeichen und Zauberbüchern, magischen Steinen, Knochen und Tinkturen erhebt sich ein Toter aus seinem Grab ... In einem Nebenraum ist ein ausgehöhlter Stein ausgestellt, der wahrscheinlich vor tausend Jahren von einem heidnischen Priester als Schale für Pferdeblut genutzt wurde.

Galdrasýning: Tägl. 10–18 Uhr, ISK 800. Mit Museumsshop und Café. Höfðagata 8–10, ✆ 4513525, www.galdrasyning.is.

Westfjorde → Karte S. 600/601

Von Hólmavík in den Norden (110 km bis Schwimmbad Krossneslaug)

Das einsame Nordstrandir mit seinen hohen, steilen Bergen, kargen Hängen und nur wenig Unterland zeigt sich in dramatischer Szenerie. Einst blühende Orte sind weitgehend verlassen. Die Fahrt verläuft auf der Stichstraße 643.

Wo 12 km hinter Hólmavík vom engen Inneren des Fjordes die Str. 61 zur Hochebene Steingrímsfjarðarheiði abknickt, beginnt die ruhige Str. 643, die sich als geschotterte Piste am Húnaflói entlang über Bergrücken und durch Fjorde nach Norden windet. Von der Nordküste des Steingrímsfjörður geht es dabei zuerst auf 7 km über den ca. 150 m hohen, steinigen und mit Seen gesprenkelten Bergrücken Bjarnarfjarðarháls hinüber zum Bjarnarfjörður.

Abstecher: Um den Bjarnarfjarðarháls nach Drangsnes: Dieser 35 km lange Umweg auf teils holperiger Straße lohnt sich wegen der idyllisch grünen Landschaft an der schären- und inselreichen Küste von Selströnd, wegen eines originellen Hot Pot in Drangsnes und – auf dem letzten Abschnitt – wegen der Aussicht auf die gewaltigen, schneebedeckten Berge am Bjarnarfjörður. Selströnd ist bekannt für seine Eiderentenkolonien und Seehundsbänke; vor der Küste erhebt sich mit Grímsey die größte Insel in Strandir voller Papageientaucher. Einst wurden hier Füchse gezüchtet, seit 1932 ist die Insel unbewohnt. Von Drangsnes aus werden Bootstouren hierhin angeboten.

Drangsnes   (ca. 70 Einw.)

Der Name des kleinen Ortes mit seiner bunten Häuserreihe am Wasser und einer Salzfischfabrik geht auf einen Felsen vor der Küste zurück. Der Legende nach ist er eine versteinerte Trollfrau, die bei ihrem Vorhaben, einen Graben zwischen den Westfjorden und dem Rest von Island zu schaufeln, von der Sonne überrascht wurde und zu Stein erstarrte. 1996 wurde genau vor der Küste heißes Wasser entdeckt und noch in derselben Woche platzierten die Einwohner zwei Hot Pots zwischen den Steinen. Als sich eines Winters die raue See einen der Pools holte, wurde gleich zweifach Ersatz beschafft. Schließlich sind die heißen Pötte beliebter Treffpunkt, nachmittags für die Kinder, für die der ursprüngliche, etwas lauere gedacht ist, am Abend für die Erwachsenen. Im Winter sitzt man mit Mütze im heißen Wasser und beobachtet die Nordlichter.

Versorgung Post (im Supermarkt), Supermarkt (Mo–Fr 9–12 und 13–18, Fr bis 19 Uhr, Sa 11–15 Uhr) mit Tankstelle.

Bootstouren Mit Sundhani ST-3 geht es vom 15. Juni bis 15. Aug. um 9 Uhr sowie Do und So 14 Uhr zur Papageientaucherinsel Grimsey, mit Fahrt um die Insel und 1-stündigem Landgang, ca. 3 Std., ISK 5000. Nach Bedarf wird auch Hochseeangeln angeboten. Tickets bei Malarkaffi. ℡ 8994238, www.malarhorn.is.

Hot Pot Kostenlos an der Aðalbraut beim Spielplatz; vorher muss man auf der anderen Straßenseite duschen (ebenfalls kostenlos, Duschen immer offen).

Schwimmbad Topmodernes Freibad mit Hot Pots unten am Wasser, am Ende der Grundargata, Mo–Fr 10–21, Sa/So 11–18 Uhr.

Übernachten Gästehaus Sunnu, unterhalb des Zeltplatzes; im Wohnhaus ein hübsches Apartment mit DZ, Bad, gut ausgestatteter Küchenzeile, Sitzbereich. Besser vorbuchen. ISK 12.000. Holtagata 10, ℡ 4513230.

Gistihúsið Malarhorn, Komplex mit Café unten am Wasser hinter dem Schwimmbad. Ein weiteres Gebäude mit 10 Zimmern war 2011 geplant. Bislang gibt es ein Gästehaus mit 4 kleinen, weißen DZ (Küche, Bad, Sofaecke und Esstisch, ISK 10.100) sowie 10

Drangsnes lädt zur Badepause ein

DZ im langen Holzgebäude im Motelstil, mit eigenem Eingang und Bad, ISK 14.500. Frühstück extra. Grundargata, ℡ 4513237, malarhorn@malarhorn.is, www.malarhorn.is.

Camping Drangsnes, netter Zeltplatz am Hang mit Terrassen und Blick aufs Wasser. ISK 1000/Pers. inkl. Dusche im Gemeindehaus genau nebenan.

Essen Malarkaffi, Grundargata hinter dem Schwimmbad, großes Café mit Fjordblick vom langen Balkon. Neben Kuchen und Waffeln Suppen und verschiedene Hauptgerichte mit frischem Fisch. Auch isländische Spezialitäten wie gesalzenen Kabeljau. Tägl. 11.30–21.30, Sa bis 23 Uhr. ℡ 4614345.

Wanderung   (→ Karte S. 600/601)

Wanderung in den Bjarnarfjörður (1) (6 km, nur hin ca. 2 Std.): Vom Hof Bær 3 km nördlich von Drangsnes kann man auf einem früher vom Briefträger benutzten, ausgeschilderten Pfad über die Berge zum Pfarrhof Kaldrananes am Bjarnarfjörður laufen (160 m Höhenunterschied).

Weiterfahrt auf der Str. 643 zum „Landhaus des Hexers": An der Kreuzung der Str. 643 und 645 öffnet sich eine fruchtbare, grüne Ebene. In dieser schönen, friedlichen Atmosphäre liegt die seit 1992 geschlossene Schule *Laugarhóll*, heute ein Sommerhotel. Nahe dem Schwimmbad duckt sich eine „Hexenküche" in den Hang: Das schummrige Innere des kleinen, grassodengedeckten Gehöfts *Klúka* aus Stein, Treibholz und Torf, in dem man magische Zaubersprüche hört, vermittelt eine Idee davon, wie Hexer und Zauberer – und auch die Pächter von Höfen in Strandir allgemein – einst lebten. Schließlich war der Bjarnarfjörður die Heimat des berühmten Hexers Svanur aus der *Njáls saga*; im 18. Jh. lebten hier zwei aus Volkssagen bekannte Magier.
Ausstellung Klúka: 1. Juni bis 15. Sept. tägl. 10–18 Uhr; ISK 500, zu bezahlen im Hotel. ℡ 4513525.

Am Hang hinter dem Hotel liegt ein heiliger Hot Pot, der um 1200 von Bischof Guðmundur góði angelegt und geweiht wurde. Das Baden in ihm ist verboten, doch gibt es beim Schwimmbad Ersatz. Von Laugarhóll ist eine 20-minütige Wanderung zum Wasserfall Goðafoss möglich, der in eine Schlucht stürzt.

Schwimmbad   Freibad mit natürlichem Hot Pot. Beim Hotel, 8–22 Uhr.

Übernachten/Camping/Essen   Hótel Laugarhóll, in ehemaliger Internatsschule; die Besitzer waren einst die Schulleiter; Jetzt laden sie die Gäste ein, hier zu entspannen. 16 freundliche, farbenfrohe DZ, die meisten mit Bad. Im Speisesaal tags-über Suppe und Sandwichs, abends wechselnde Gerichte sowie Büfett mit Fisch, Fleisch, Salat, Vegetarischem. Camping am Fluss, WC und Warmwasser, ISK 750/Pers. oder ISK 1000 inkl. Schwimmbad. DZ mit/ohne Bad   ISK 17.900/13.900.   ☎ 4513380, laugarholl@laugarholl.is, www.laugarholl.is.

Weiterfahrt: Bei der Weiterfahrt wird die kurvige Straße schlechter, die Gegend steiniger, die Bergwelt schroffer und die Atmosphäre dramatischer. Zwischen der Steilküste zur einen und den hoch aufragenden Bergen zur anderen Seite kommt man nur vorsichtig voran. Ab und an stürzen sich schmale Wasserfälle den Hang hinunter. Überall wartet Treibholz darauf, aufgesammelt zu werden. Bisweilen ist die Steinschlaggefahr groß. Schilder aus Treibholz weisen den Weg zu Wanderwegen und verlassenen Höfen. Hinter der Bucht Kaldbaksvík windet sich die Straße um den markanten Byrgisvíkurfjall, mit 744 m einer der höchsten Berge der Umgebung, wo der vielleicht reizvollste Abschnitt der Strecke beginnt. Nach steiler Abfahrt in den von hohen, steilen Bergen eingeschlossenen Veiðileysufjörður geht es mit starkem Anstieg auf den lang gestreckten Bergrücken Kambur (549 m). Von oben bietet sich ein herrlicher Ausblick über Fjord und Bergwelt, bevor sich die Straße kurvenreich in den nächsten Fjord, den Reykjafjörður, hinunterwälzt und den Blick freigibt auf die romantischen Reste eines einstigen Boomtowns.

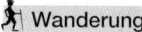 Wanderung   (→ Karte S. 600/601)

Wanderung mit Ausblick (2) (4,5 km, hin/zurück 6 Std.): Vom verlassenen Hof Kaldbakur in der kleinen Bucht Kaldbaksvík können geübte Wanderer den 854 m hohen Lambatindur erklimmen, was bei gutem Wetter mit einem Panoramablick in alle Richtungen belohnt wird.

Djúpavík

Auf den ersten Blick vermutet man nicht, dass in dem Ort mit den bunten Häusern und der großen, verwitterten Fischfabrik nur zwei Menschen das ganze Jahr über leben. Aber die Zeit, als hier mehrere hundert Leute mit dem Salzen und Verschiffen von Hering beschäftigt waren und etwa vierzig von ihnen permanent in Djúpavík wohnten, sind lange vorbei. Die erste Hering-Ära dauerte von 1915–19, die zweite von 1934–54. Das 1934 gebaute, 6000 m² große Hauptfabrikgebäude war damals das größte Betongebäude in Island, die Fabrik an sich eine der fortschrittlichsten Heringsfabriken Europas. Aber nach 1948 blieb der silberne Fisch aus. Die Pläne, hier stattdessen eine Gefrierhalle zu eröffnen, wurden verworfen, und nachdem der Direktor der Fabrik 1958 zurück nach Reykjavík gegangen war, zogen peu à peu auch die anderen Leute weg. 1982 war keiner mehr da. Zwei Jahre später aber kam ein Ehepaar, renovierte das Haus, das ehemals die Arbeiterinnen beherbergte, und eröffnete hierin 1985 ein wunderschönes Hotel. Die Hotelbesitzer bieten auch Rundgänge durch die ehemalige Fischfabrik an, in deren Maschinenraum vergrößerte alte Fotos von der Zeit erzählen, in der das heute rostig am Ortseingang liegende Schiff MS Sudurland Arbeitern als Unterkunft diente und eine Bäckerei im

Ort den ganzen Tag lang Brot backte, um alle in der Fabrik arbeitenden Leute zu versorgen. Fast 100 Jahre alte Maschinen und Anlagen, der Kohleofen, der Dampfkessel – alles ist noch am Platz. Ein Teil der Fabrik wird für Ausstellungen zeitgenössischer Kunst (kostenlos und ohne Führung zugänglich) sowie für kulturelle Veranstaltungen und Events genutzt.

Von den Häusern im Ort sind sieben renoviert und bewohnbar. Etwa 15 Personen verbringen den Sommer in Djúpavík. Im Hotel gibt es gute Tipps zu Wanderungen, z. B. zum nahen Wasserfall (hin/zurück 2–3 Std.)

Information   www.djupavik.com; für mehr Bilder und Eindrücke lohnt auch ein Blick auf die Seite www.claus-in-island.de.

Hin & weg   Mo und Do Flug von Reykjavík nach Gjögur, 18 km nordöstlich; das Hotel holt seine Gäste vom Flughafen ab. ℡ 4514033/5622640, www.eagleair.is.

Touren   Das Hotel bietet tägl. 10 und 14 Uhr **Führungen durch die Fischfabrik** (auch deutsch), mind. 1 Std., ISK 1000/Pers.; zudem **Angelausflüge per Boot** ISK 2000/Pers. für 1½ Std.; auch Verleih von **Kajaks** für Touren im Fjord mit/ohne Guide.

Werkstatt   Das Hotel hilft bei kleinen Autoproblemen, v. a. bei platten Reifen.

Übernachten/Essen   》》》 Unser Tipp: Hótel Djúpavík, insgesamt 32 Betten; es

muss vorgebucht werden. Im Haupthaus liebevoll eingerichtetes Restaurant mit Ofen und Bücherschrank, hier mittags Suppe und Sandwichs, 19–21 Uhr leckere und günstige Speisen, immer Suppe, frischer Fisch und Fleisch. Den ganzen Tag selbst gebackener Kuchen. Im Hotel 8 gemütliche DZ mit Waschbecken und altem Holzboden ISK 9900; Frühstück. In zwei anderen Häusern weitere Betten: Im roten Haus Álfasteinn am Ortseingang, v. a. für Familien und Gruppen geeignet, 10 Betten in 4 Zimmern, Bad, Küche, DZ ISK 9400, SSU ISK 3500/Pers.; im Haus Lækjarkot nur SSU, hier 2 Zimmer mit je 4 Betten, ISK 2900/Pers. ℡ 4514037, djupavik@snerpa.is, www.djupavik.com. 《《《

Weiterfahrt: Kurvig und mit Steigungen bis 14 % geht es eng an den Felswänden des Sætrafjall entlang weiter zum kleinen Weiler *Gjögur* an der Öffnung des Fjordes. Einst war dies das größte Fischereizentrum des Bezirks: Im 19. Jh. zogen bis zu 18 Boote gleichzeitig von Gjögur zum Haifischfang aus. Heute lebt hier niemand mehr. Auf der sumpfigen Landzunge Reykjarnes liegt hinter dem pyramidenförmigen Berg Reykjarneshyrna (316 m) die kleine Bucht Kistuvogur. Hier fanden früher Hexenverbrennungen statt; ein Thema, das in einer für die kommenden Jahre in der Gegend geplanten Ausstellung behandelt werden soll. Weit öffnet sich der Blick auf die breite Bucht Trékyllisvík mit grünem, fruchtbarem Unterland und deshalb mehreren noch bewirtschafteten Höfen.

Museum und Kunsthandwerkshaus Kört: Valgeir Benediktsson ist ein Sammler. Alte Kameras, Uhren und Farmgeräte, Bücher, Musikinstrumente und Haushaltsgegenstände, alle möglichen Dinge aus der Gegend, die er seit seiner Jugend gesammelt hat, stellt er seit 1997 in einem Haus in Árnes aus, das an sich schon einen Besuch wert ist: Valgeir baute es selbst aus Treibholz. Wegen der Vielzahl an historischen Kostbarkeiten musste das Museum bereits vergrößert werden. Menschen, die etwas Einzigartiges besitzen, bringen es Valgeir oft zum Ausstellen, darunter eine Tracht aus dem 19. Jh.
Tägl. 10–18 Uhr, ISK 750. Verkauf von Kunsthandwerk (u. a. von Valgeir gefertigte Holzschalen) und Kaffee.

Übernachten/Camping   Finnbogastaðir 🔢, kurz vor Árnes in der Schule in herrlicher Lage; 14 Betten in 5 Zimmern, SSU ab ISK 2700, 10 Matratzen, ISK 1800; Küche, Du-

schen. Camping im Garten, WC und Warmwasser, ISK 1500/Zelt. Spielplatz. Geöffnet 1. Juni bis 31. Aug. ℡ 4514012.

Einsames Schwimmbad Krossneslaug

Weiterfahrt: In der Talöffnung bei Melar zweigt die Jeeppiste 649 zum Ingólfs-fjörður ab, in dem auf der Ostseite noch die Ruine der Heringsfabrik Eyri von 1942 zu sehen ist (bis hier auch mit normalem Pkw zu befahren, dann ist ein Jeep not-wendig!). Einige Kurven weiter endet die Piste im verlassenen Ófeigsfjörður mit gleichnamigem Hof. Das Fischerboot Ófeigur, mit dem einst von hier zum Hai-fischfang gefahren wurde, ist im Museum in Reykir ausgestellt (siehe S. 526).

Für alle Fahrzeuge machbar ist die Weiterfahrt auf der Str. 643 an einer Geröllhalde entlang zum kleinen Norðurfjörður und gleichnamigen Örtchen sowie zum Freibad *Krossneslaug.* Hierfür wird in der Kurve vor dem Dorf die Piste geradeaus genom-men, die den Hang hinaufführt und nach 3,5 km hinter dem Hof Krossnes eines der einsamsten Schwimmbäder in Island erreicht. Es liegt unten am Meer, direkt am steinigen, grauen Treibholzstrand. Die Straße führt noch ein paar Kilometer weiter bis Fell, wo sich ein überwältigender Ausblick auf die spitz ins Meer ragenden Berge des Nordens bietet, bevor man die Rückfahrt antreten muss.

Versorgung   In Norðurfjörður Bank (Mo, Di, Do, Fr 13–16 Uhr), Lebensmittelladen mit Post (Mo–Fr 9–12 u. 13–18, Sa/So 13–16 Uhr) und Tankstelle.

Schwimmbad   Freibad Krossneslaug, durchgehend geöffnet (wenn die Aufsicht weg ist, Geld in Box werfen), mit Hot Pot.

Touren   Der Anbieter von Bootstouren nach Hornstrandir (Reykjarfjörður und Horn-vík) gab 2011 plötzlich auf. Mit Glück ersetzt ihn ab 2012 ein anderer Anbieter.

Übernachten/Camping Urðartindur (FH) **8**, Sommerhäuser im Norðurfjörður, ab 2012 wahrscheinlich zusätzlich 4 DZ mit Bad

im ehemaligen Schafstall. Bisher zwei klei-ne, hübsche, vom Besitzer aus Treibholz gebaute und mit Wellblech verkleidete Sommerhäuser für 2–4 Pers. mit Bad, Koch-ecke, ISK 16.000, sowie ein älteres Sommer-haus für 6–8 Pers. mit Küche, aber ohne Dusche, ISK 18.000. Camping auf großer Wiese ISK 1000/Pers., Esssaal, WC und Warmwasser im früheren Schafstall. ℡ 8438110/6968290.

Valgeirsstaðir **7**, Hütte vom Wanderverein im Norðurfjörður (grünes Wellblechhaus), 24 Betten in 7 Zimmern, zusätzlich Matrat-zen; Küche, Dusche, Aufenthaltsraum. SSU ISK 4500. Im Garten Camping auf unge-

schützter Wiese, WC und Kaltwasser, großer Aufenthaltsraum mit Waschmaschine
im ehemaligen Schafstall. ISK 1100/Pers.
(Dusche im Haus ISK 500). Geöffnet 7. Juni
bis 31. Aug. ℡ 8623363.

Gistiheimilið Norðurfjirði, im großen, weißen Haus am Ortseingang und Hafen, neben dem Café, auf der obersten Etage mit
Ausblick 3 Zimmer für 2–3 Pers., Bad, Kochgelegenheit. Frühstück für mind. 6 Pers. auf
Vorbestellung im Café. ISK 4000, als SSU
ISK 3000. Geöffnet 15. Juni bis 20. Aug.
℡ 5544089.

Gistiheimili Bergistangi, in Norðurfjörður
ganz am Ende des Orts im halb mit Holz
verkleideten Haus. Bei netter Frau ein Gäs-
tetrakt mit 2 einfachen, sauberen Zimmern
für je 3 Pers., Bad, kleiner Küche. ISK 4000,
als SSU ISK 3000. Kein Frühstück. Am anderen Ende des Orts im ehemaligen Kühl-
haus gegenüber vom Kaffi Norðurfjörður
zudem 20 Etagenbetten in mehreren Zimmern, große Küche, Dusche, SSU ISK 3000.
Ganzjährig geöffnet. ℡ 4514003.

Zeltplatz im Ófeigsfjörður, mit WC und fließendem Wasser. haireki@internet.is.

Essen Kaffi Norðurfjörður, großes, schlichtes Café am Ortseingang mit Blick auf den
Hafen. Es gibt Hamburger, Sandwichs und
ein paar isländische Spezialitäten, auch Kaffee, Kuchen und Waffeln. 11–21 Uhr.
℡ 4514034.

Die Küste am Ísafjarðardjúp

Das etwa 80 km lange Ísafjarðardjúp als größter Fjord der Westfjorde ist dafür verantwortlich, dass die Region in der Form ein wenig an Hummersche-
ren erinnert. Es teilt die Westfjorde in die nördliche Dranga- und die südliche Gláma-Halbinsel.

Auf der Dranga-Halbinsel, die nur auf einer kurzen Stichstraße (Str. 635) befahren werden kann, thront weithin sichtbar der Gletscher Drangajökull; die einst
dicht besiedelte Gegend ist heute so gut wie verlassen. Ihren nördlichen Abschluss bilden die ungebändigte Fjordlandschaft Jökulfirðir und das einsame Naturschutzgebiet Hornstrandir (siehe S. 645). Auch an der Südküste des Ísafjarðardjúp wohnt – abgesehen von der Gegend um das Zentrum der Westfjorde, Ísafjörður – kaum jemand. Hier schneiden sich zahlreiche schmale Seitenfjorde ins
Land, die fast alle umrundet werden wollen. Das dauert lange, aber es hat seinen
Reiz: Das ständige Ändern der Richtung öffnet immer neue Blickwinkel – auf die
bis in den Sommer hinein schneebedeckten Berge von Snaefjallaströnd, auf die
grünen, im Sommer blumenreichen Inseln im Fjord, auf die Steilküsten. Die
erstaunlich reiche Vegetation verleiht der Region ein sanftes Gesicht. Die Hänge
laden zum Beerensammeln ein. Auf den Inseln und entlang der Küste nisten u. a.
Gryllteiste, Eiderenten und Papageientaucher.

Von Hólmavík nach Ísafjörður (Str. 61, 225 km)

Vom Steingrímsfjörður an der Ostseite der Westfjorde führt eine Passstraße
hinüber an das Ísafjarðardjúp. Dort beginnt die Umrundung der langen
Fjorde. Die Straße ist durchgehend geteert. Auf den 203 km bis Súðavík keine Einkaufsmöglichkeit.

Am ruhigen Angelfluss Staðará entlang zieht sich die Str. 61 durch das sich veren-
gende Tal in Richtung Steingrímsfjarðarheiði. Nach 9 km mitunter steilen Anstiegs
durch die mit Schneeflecken geschmückten Hänge ist die 440 m hohe, windige
Hochebene mit ihren vielen Seen und Teichen erreicht. An der Abzweigung der Str.
608 (siehe S. 641) vorbei gelangt man über die flache Ebene zur kurvigen, bis zu 10-

prozentigen Abfahrt in die breite, grasbewachsene Flussebene. Auf der schmalen Landzunge Reykjanes an der Westseite des Fjordes sind bereits die hellen Gebäude einer einstigen Schule von 1934 zu erahnen, die heute als Hotel dienen. Hier wartet ein geothermal beheiztes Schwimmbad auf Gäste; wer dorthin will, muss aber erst auf 40 km den schmalen Ísafjörður umrunden.

Abstecher auf der Str. 635 nach Dalbær mit Café: Die Fahrt auf der 40 km langen, mal hügelig, mal flach im Ufer entlangführenden Stichstraße in Richtung Drangajökull lohnt sich wegen der weiten Ausblicke über das Ísafjarðardjúp und auf die knapp 800 m hohen Berge von Snæfjallaströnd ganz im Norden. Auf dem Straßenwege kommt man zudem nirgendwo näher an den Gletscher Drangajökull heran als hier. Nur noch wenige Höfe sind auf dem südlichen Abschnitt bewirtschaftet, nördlich von Kaldalón kein einziger mehr. Die folglich geringe Zahl an Schafen begünstigte ebenso wie das Vorhandensein geschützter Lagen die Ausbreitung von Vegetation.

Bald hinter dem Hof Melgraseyri, in Zeiten stärkerer Besiedlung Anleger für eine Fähre nach Ísafjörður, dreht die Straße an dunklen Sandbänken vorbei in den kleinen, größtenteils von Flusssedimenten aufgefüllten und selbst bei Flut sehr seichten Fjord Kaldalón mit gleichnamigem, breitem Tal. Eine Gletscherzunge reicht bis in das Tal hinunter; da der Drangajökull jedoch kontinuierlich zurückweicht, ist auch dieser Talgletscher immer kürzer geworden. Vom Tal aus ist der Aufstieg auf den Gletscher entlang der Gletscherzunge in etwa einer Stunde möglich.

Nördlich des Fjords beginnt die Region Snæfjallaströnd. An verlassenen Höfen vorbei führt die Straße zum Gemeindehaus Dalbær mit freundlichem Café und dem Snjáfjallasetur Heritage Center mit Ausstellungen zur Geschichte und Natur der Gegend sowie zum Gletscher.

Am aufgegebenen Hof Tyrðilmýri nahe dem zur Stromversorgung gestauten Fluss Mýrará endet die Straße. Vor der Küste erstreckt sich _Æðey_ („Eiderinsel"), die mit 1,26 km² größte Insel im Ísafjarðardjúp, die von einer der größten Eiderentenkolonien Islands bevölkert, aber nur noch im Sommer bewirtschaftet ist.

Reiten Svaðilfari, Þórdur Halldórsson bietet im Sommer von Laugaland aus 3-mal nicht gerade billige, aber viel gelobte 5- und 8-tägige Reittouren in der Umgebung des Gletschers Drangajökull (und über ihn hinweg) an. Kleine Gruppen, Packpferde, Übernachtung im Zelt und auf alten Höfen. Alles inkl. 1100 und 1600 €. ✆ 4564858, www.strandir.is/svadilfari.

Übernachten/Camping/Café   Dalbær **6**, SSU in Betten oder auf Matratzen; Dusche. Auch Camping möglich. Im Café Frühstück, Mittag- und Abendessen sowie Kuchen. Geöffnet 10. Juni bis 21. Aug. ✆ 8989300.

🚶 **Wandern**   (→ Karte S. 600/601)

Auf den Gletscher (3) (nur hin ca. 1 Std.): Der kürzeste Weg auf den Drangajökull beginnt im Fjord Kaldalón. Nördlich der Brücke über die Morilla wandert man ins Tal hinein; der Weg verläuft auf Schafpfaden am Fluss entlang und ist sehr feucht. Manchmal sind Flussdurchquerungen nötig.

Rundwanderung um die Halbinsel zwischen Ísafjarðardjúp und Jökul- firðir **(4)** (3–4 Tage): Auf alten Wegen lässt sich von Dalbær aus die Strecke zwischen den wüstgefallenen Höfen erwandern. An mehreren Stellen sind Flussdurchquerungen nötig. Bis Berjadalsá kann man an der Küste entlanglaufen (ca. 3 Std.), dann wird die Snæfjallaheiði überquert und die Bucht Grunnavík erreicht (ebenfalls ca. 3 Std.). In weiteren 3 Std. erreicht man an der

Kirche Staður vorbei die Küste am Jökulfirðir und Flæðareyri, wo noch ein kleines Gemeindehaus aus den 1930ern steht. Zurück nach Dalbær geht es über den Bergpass Dynjandi (ca. 4 Std.).

Weiterfahrt an der Südküste des Ísafjarðardjúp auf der Str. 61: Am Flugplatz vorbei macht sich die Str. 61 auf ihren eher flachen Weg an den grauen Stränden des Ísafjörður entlang. Knapp 3 km hinter einem hübschen Picknickplatz am Flüsschen inmitten kleiner Büsche zweigt bei Laugaból die 25 km lange Jeeppiste F66 ab, die über die bis zu 500 m hohe Kollafjarðarheiði an den Kollafjörður führt – in vergangenen Tagen war dies eine der Hauptrouten zwischen Breidafjörður und Ísafjarðardjúp. Die Str. 61 führt weiter um den Fjord herum nach Reykjanes auf schmaler Landzunge.

Vom dortigen Hotel aus lässt es sich 500 m über die Wiese zu einem alten Schwimmbad spazieren, das 1830–1927 genutzt wurde („Gamlalaugin"). Heute schwimmt man im mit 50 m längsten Schwimmbad der Westfjorde, in dem sich bis 1991 die Schüler der hiesigen Schule fit hielten. Da seine Temperatur auf 39 °C gehalten wird, ist es jedoch eher ein riesiger Hot Pot. Wegen der zahlreichen heißen Quellen wäre es sogar möglich, im flachen Meer zu baden – Beweis hierfür ist der dampfende Strand. Bisher zog die Umgebung von Reykjanes jedoch eher Taucher und Kajakfahrer an.

Hin & weg Bus zwischen Hólmavík und Ísafjörður hält So, Di und Fr in Reykjanes.

Schwimmbad 39 °C warmes Freibad mit Sauna, für Gäste (s. u.) gratis (nicht jedoch für Zelter), für andere ISK 350. Tägl. 8–23 Uhr.

Tankstelle Vor dem Hotel, 24 Std. Ein Shop mit Kiosk, Snacks und Kaffee soll 2012 daneben öffnen.

Übernachten/Camping Reykjanes, im Haupthaus ganzjährig 23 DZ mit Waschbecken und 20 SSU in Zimmern für 2–8 Pers. Im anderen Haus 24 SSU in Etagenbetten in Zimmern für 2–4 Pers., Dusche nur im Haupthaus. DZ ISK 11.200, SSU ISK 3800. Zwei Apartments für 6 Pers. mit Küche und Bad, ISK 32.000/Nacht, als SSU ISK 24.000. Neuer Zeltplatz neben dem Hotel, mit WC und Warmwasser, ISK 2000/Zelt. ℡ 4564844.

Essen Im Restaurant in Reykjanes Frühstück, dann 11–21 Uhr Salatbar und Suppe, Hamburger, Sandwichs sowie ein Kuchenbüfett, ab 18 Uhr zusätzlich Lamm und Huhn, Fisch und ein wechselndes Tagesgericht.

Weiterfahrt: Von Reykjanes sind es noch sieben Fjorde bis Ísafjörður. Über den kleinen Reykjarfjörður gelangt man zum Vatnsfjörður und dem gleichnamigen, geschichtsträchtigen Pfarrhof mit Kirche von 1913 und einem historischen Schuppen aus dem 19. Jh. am Meer. Im 12. und 13. Jh. lebte hier eine der mächtigsten Familien des Landes. Seit 2003 finden auf dem Hof umfangreiche archäologische Grabungen statt, die Aufschluss über Aufstieg und Niedergang von Vatnsfjörður geben sollen. Nachdem am Anfang mehrere Gebäude aus der Wikingerzeit ans Tageslicht befördert wurden, konzentrierten sich die Arbeiten in den letzten Jahren auf den Hofhügel und Gebäude aus jüngerer Zeit. Interessierte finden hier zahlreiche Informationstafeln.

Das nahe liegende Tal mit dem wohl größten Bestand an Ebereschen in Island ist als Schutzgebiet ausgewiesen; auf dem Schwemmland im Fjord tummeln sich Sumpf- und Watvögel. Nach Überquerung des Mjóifjörður auf neuer Brücke lohnt ein Abstecher tief in den Fjord hinein zum sympathischen Hof Heydalur, der mit zahlreichen Angeboten lockt (s. u.). Der Fjord lädt auch zum Vogelbeobachten ein; bei der Abzweigung nach Heydalur im Fjordinneren sind auf Infotafeln die in der Gegend heimischen Arten abgebildet.

Alle folgenden Angebote auf dem Hof Heydalur im Mjóifjörður, 10 km tief im Fjord und 2 km abseits der Str. 633 wunderschön im Tal gelegen.

Aktivitäten Originelles Schwimmbad im Gewächshaus des Hotels (s. u.), umgeben von Apfelbäumen, Himbeer- und Johannisbeersträuchern, Weintrauben usw. Draußen drei Hot Pots, außerdem ein natürlicher Hot Pot im Tal. Für Gäste alles frei, für andere ISK 300. **Reiten** stunden- oder tageweise, ISK 4000/Std.; **Forellenfischen** in Seen in den Bergen ISK 2000/Tag (Wanderung zu den Seen dauert ca. 2 Std.), **Kajaktour** mit Guide zur Seehundkolonie, ISK 5000 für ca. 2½ Std. (davon 1 Std. Fahrt zum/vom Hof Látur vorne im Fjord, wo die Kajaks liegen).

Übernachten/Camping »» Unser Tipp: Heydalur country hotel (FH) **12**, ein freundlicher Hof, der für seine Gastfreundschaft gelobt wird und für seinen Service ausgezeichnet wurde. Ein Gebäude mit weiterem DZ war 2011 im Bau. Die aus Reykjavík zugezogenen, sehr hilfsbereiten Bewohner kümmern sich intensiv um die Aufforstung entlang der Heydalsá und nutzen die natürliche Wärme für Gemüseanbau unter freiem Himmel und im Gewächshaus. Der große Stall wurde umgebaut und zum Gästehaus umfunktioniert; hier 9 helle DZ mit guten Betten, Bad und eigenem Eingang, DZ ISK 12.700, Frühstück extra. Ein Sommerhaus auf dem Hof mit 1 DZ und Etagenbett, Bad und Küche ISK 16.050. Zudem 2 Sommerhäuser vorne im Fjord, eines mit 3 DZ, Bad, Küche, eines mit nur 2 DZ (wird nur zusammen mit dem großen vermietet), ab ISK 17.300 (SSU). Am Fluss hübscher Zeltplatz, ISK 1000/Pers. inkl. Duschen.   ✆ 4564824/8920809,   heydalur@heydalur.is, www.heydalur.is. ««

Essen Im rustikalen Restaurant im ehemaligen Heuschober (8–23 Uhr) viele leckere Gerichte mit frischem Salat, Gemüse vom Hof und selbst gebackenem Brot. Exzellent ist z. B. die Heydalursuppe. Angeboten werden Lachs aus dem Fluss und Forelle aus dem See, Lammgerichte, Vegetarisches, unwiderstehliche Desserts, Kaffee und Kuchen.

Eine Familie, 100.000 Papageientaucher, eine Mühle, eine Post

Seit dem 12. Jahrhundert ist Vigur besiedelt, seit mehr als 120 Jahren im Besitz derselben Familie. Hier wohnt Salvar mit Frau und Tochter, gemeinsam mit ein paar Milchkühen und Schafen, zahllosen Eiderenten, Küstenseeschwalben und 100.000 Papageientauchern. Letztere lassen sich auf der Insel hervorragend beobachten. Die noch funktionstüchtige Mühle wurde 1840 für aus Dänemark importiertes Getreide gebaut, sie ist die einzige erhaltene von einst 200 Mühlen in Island. Zu sehen gibt es weiterhin ein Museum, das *Viktoríuhús* von 1862, das unter der Obhut des Nationalmuseums steht und mit historischen Möbelstücken eingerichtet ist, sowie ein über 200 Jahre altes Ruderboot. Salvar zeigt Interessierten auch, wie die Eiderdaunen gereinigt werden, von deren Verkauf der Hof unter anderem lebt. Und wer schon einmal hier ist, sollte es sich nicht entgehen lassen, seine Postkarten in der seit 1930 bestehenden kleinen Post mit dem inseleigenen Poststempel entwerten zu lassen. Postkarten sowie Kunsthandwerk können auch auf der Insel gekauft werden. Organisierte Touren nach Vigur starten von Ísafjörður, aber auch auf eigene Faust reisende Kajakfahrer sind willkommen.

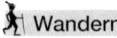 Wandern   (→ Karte S. 600/601)

Vom Hof Heydalur (5) im Fjordinneren aus lässt es sich auf markierten Wegen über den Bergrücken in den Skötufjörður wandern. Eine reizvolle kürzere, nur hin ca. 5 km lange Wanderung führt tief im Heydalur mit reichem Vogelleben und Birkenvegetation zu einem in eine Schlucht stürzenden Wasserfall. Genauere Informationen erhält man auf dem Hof (s. o.).

Seehunde direkt vor der Küste des Ísafjarðardjúp

Weiterfahrt: Mit kurzen Anstiegen bis 14 % geht es vom Mjóifjörður weiter in eine langsam schroffer werdende Landschaft mit höheren Bergrücken, von denen einige karg und steinig sind, manche zum Beerensammeln einladen. Bald taucht die 0,59 km² große, grüne Insel Vigur auf.

Einen Stopp wert ist das kleine, 1895 errichtete Gehöft *Litlibær* am Skötufjörður (Infotafel), das restauriert wurde; von 12 bis 18 Uhr gibt es hier in gemütlicher Atmosphäre Kaffee und Waffeln. Gleich hinter dem Gehöft lassen sich direkt vor der Küste Seehunde beobachten (ausgeschildert). Hinter der nächsten Kurve taucht der markante Berg Hestur auf. Ein kilometerlanger, niedriger Pass führt auf seine Westseite und in den Seyðisfjörður mit schönem Picknickplatz, bevor nach herrlichen Ausblicken von der Spitze der Landzunge im Álftafjörður („Schwanenfjord") die Anfahrt auf Súðavík beginnt. Von der Straße sind Wanderungen hinüber in den Önundarfjörður ausgeschildert.

Kajak-/Wandertouren   Ögur Travel, das neue, aus sieben Geschwistern bestehende Unternehmen bietet vom Hof Ögur aus empfehlenswerte geführte Kajaktouren zwischen 1 und 4 Std. an (z. B. zu Seehunden oder Vögeln), ab ISK 3750. Auch Touren nach Wunsch der Teilnehmer möglich. Zudem interessante Wandertouren zwischen 2 und 5 Std., ab ISK 4400. Möglich sind auch kombinierte Wander-/Kajaktrips. Sehr flexible Leute, die sich in der Gegend bestens auskennen. ℘ 8571840, www.ogurtravel.com.

Súðavík   (ca. 190 Einw.)

Súðavík am Fuße des markanten Berges Kofri ist zweigeteilt. Im Januar 1995 wurde der vor gut hundert Jahren um eine norwegische Walfangstation entstandene Ort von einer gewaltigen Lawine überrollt, die 14 Menschenleben forderte und 22 Häuser zerstörte. Die Siedlung wurde daraufhin 1,5 km weiter ins Fjordinnere verlegt; Gebäude, die transportiert werden konnten, zogen hierhin um. Die in der gefährdeten Region zurückgebliebenen Häuser dürfen nur noch im Sommer bewohnt werden. Sehr lohnend ist der Besuch des Polarfuchszentrums (s. u.).

Information Soll in Zukunft im Polarfuchszentrum unterkommen.

Hin & weg Di, Fr, So Bus von/nach Hólmavík und Ísafjörður.

Versorgung Autowerkstatt (☎ 4564977/ 8538857); im neuen, südlichen Ortsteil im grauen, zweistöckigen Haus am Ortseingang Arzt, Bank und Post (beide 12.30–16 Uhr), Supermarkt (Mo–Fr9.30–18, Sa 11–18, So 12–17 Uhr; hier auch Kaffee) und Tankstelle.

Übernachten Einige der Häuser im alten Ortsteil werden im Sommer an Touristen vermietet, zu finden z. B. auf www.iceland tourguy.com. Das Polarfuchszentrum sucht für Interessierte gerne eine passende Übernachtungsmöglichkeit.

Camping Súðavík, am Hang mit modernen sanitären Einrichtungen und Dusche. ISK 750/Pers. Túngata, ☎ 8614986.

Essen Amma Habbý, freundliches Diner in der ehemaligen Tankstelle, in der Hábby, die beim Lawinenunglück starb, einst einen Imbiss hatte. Unter alten Bildern aus amerikanischen Filmen gibt es Burger, Sandwichs, wechselnde Gerichte, Kaffee, Kuchen und Muffins. 10–22, Fr/Sa bis 3, Sa/So erst ab 11 Uhr. Aðalgata im alten Ortsteil.

Hjá Jóni Indíafara, neben dem Supermarkt. Kleines Café und Pub, benannt nach dem Isländer Jón, der im 16. Jh. um die halbe Welt und auch gen Indien segelte und im Alter an der Stelle des heutigen Súðavík wohnte. Auch Terrasse. Es gibt Suppe, Fastfood, kleine Gerichte, Muffins und Kaffee. 12–21 Uhr. Grundarstræti 3.

Rebbakaffi, gemütliches Café mit Terrasse im Polarfuchszentrum, selbe Öffnungszeiten. Neben Kuchen wie Schokoladen- oder Rhabarberkuchen und Waffeln gibt es auch eine Suppe des Tages und belegtes Brot.

Sehenswertes

Polarfuchszentrum: Hier geht es um das einzige in Island natürlich vorkommende Landsäugetier, von dem auf der ganzen Insel etwa 8000 Exemplare (davon ein Drittel in den Westfjorden) leben. Die Ausstellung in dem schön gestalteten Zentrum in einem renovierten Haus aus den 1890er Jahren informiert über die Merkmale, Lebensweise und Verbreitung von Polarfüchsen sowie über die Forschung an den niedlichen Wildhunden: Das Haus ist Ausstellungs-, Bildungs- und auch Forschungszentrum. Gemeinsam mit anderen wissenschaftlichen Institutionen erforscht und überwacht es die Polarfuchspopulation im Naturreservat Hornstrandir. Der Besucher erfährt auch etwas über die über ein Jahrtausend alte Jagd auf Polarfüchse in Island. Diese erfolgte nicht nur zum Schutz der Schafe: In den 1930ern entsprach der Preis für ein Fell einem Jahresgehalt. Noch immer werden in Island alljährlich etwa 3000 Tiere geschossen. In Hornstrandir ist der Polarfuchs seit Einrichtung des Naturreservats 1994 geschützt. Verschiedene Naturfilme zum Thema sind im Zentrum zu sehen. Zum Abschluss des Besuchs locken im schönen Café Kaffee und Kuchen.

Melrakkasetur: 1. Juni bis 15. Aug. tägl. 10– 22 Uhr, sonst nach Vereinbarung. ISK 800. Geführte Ausflüge nach Hornstrandir zu den Polarfüchsen werden von Ísafjörður aus angeboten, Infos hier im Zentrum oder in der Touristinformation in Ísafjörður. Wer das engagierte Non-Profit-Zentrum, das sich auch für nachhaltigen Tourismus einsetzt, unterstützen möchte, kann hier im Rahmen eines Freiwilligenprogramms mitarbeiten. Eyrardalur, am nördlichen Ende des neuen Ortsteils, ☎ 4564922.

Familien- und Freizeitpark Raggagarður: Der tatkräftigen Frau Vilborg aus Súðavík ist nicht nur der Campingplatz im Ort zu verdanken, sondern auch der bunte Freizeitpark im alten Ortsteil, an einer Stelle, wo vor 1995 noch ein Haus stand. In dem mit Spielgeräten, Picknicktischen und Grillplätzen ausgestatteten und mit Spendengeldern und ehrenamtlicher Arbeit entstandenen Garten sollen sich Groß und Klein vergnügen – eine originale Alternative zu dem in Súðavík fehlenden Schwimmbad. Der Name des Parks geht auf Vilborgs Sohn Ragnar zurück, der mit 17 Jahren bei einem Verkehrsunfall starb.

Weiterfahrt: Bei der Weiterfahrt nach Ísafjörður fallen die nummerierten Schilder am Straßenrand auf. Sie kennzeichnen Stellen, an denen Lawinen herunterstürzen könnten und sollen im Ernstfall die Lokalisierung der betroffenen Stelle erleichtern. An der Spitze der Landzunge wurde 1949 der erste, 35 m lange Straßentunnel Islands aus dem Basalt gebrochen. Am Eingang des Skutulsfjörður lohnt sich die kurze, 15-minütige Wanderung die Piste hinauf zum Leuchtturm, von wo sich ein weiter Blick über den Fjord hinweg nach Ísafjörður bietet.

Ísafjörður   (mit Hnífsdalur ca. 2800 Einw.)

Die Lage der Stadt ist an Dramatik kaum zu überbieten. Hufeisenförmig liegt das Zentrum der Westfjorde mit seinen farbenfrohen alten Häusern auf einer weit in den Fjord reichenden Sandbank, unterhalb der 724 Meter aufragenden Felswand Eyrarfjall. Die Sandbank schützt einen der besten natürlichen Häfen des Landes.

In den bevölkerungsarmen Westfjorden wirkt Ísafjörður („Eisfjord") wie ein Zentrum am Ende der Welt und verbreitet fast städtisches Flair – vor allem an trockenen Sommertagen, wenn sich der Platz im Stadtzentrum belebt. Der Bevölkerung gehören Menschen vieler Nationen an, was auch an der großen Musikschule liegt, die zahlreiche Lehrer aus dem Ausland beschäftigt. In Ísafjörður, das wie immer schon von Fischerei und Fischverarbeitung lebt, konzentrieren sich Handel, Verwaltung und Dienstleistung der Westfjorde. Dennoch ist die reizvolle Stadt mit ihren von dänischen und norwegischen Kaufleuten zurückgelassenen Häusern, mit ihren auffälligen Skulpturen und ihrer Konzerthalle von starker Abwanderung betroffen. Und die meisten Bauern im Umland, die sich dafür entscheiden, ihren Hof aufzugeben, ziehen gleich nach Reykjavík, nicht erst nach Ísafjörður.

Geschichte: Schon um 920 soll die einzigartige Lage der Sandbank einen Siedler angelockt haben: Helgi Hrólfsson, der angeblich eine Harpune (*skutull*) am Strand fand und daraufhin dem Fjord seinen Namen gab. Helgi folgten Händler, die sich ab 1569 auf der Landzunge niederließen. Ísafjörðurs Wohlstand kam Mitte des 18. Jh. mit dem Klippfisch; Kabeljau ließ sich in Massen anlanden, für das Trocknen des gesalzenen Fisches bot das für isländische Verhältnisse relativ niederschlagsarme und zudem stabile Wetter im Fjord beste Bedingungen. Als nach Ende des dänischen Handelsmonopols 1787 sechs Handelsorte in Island bestimmt wurden, war Ísafjörður einer von ihnen. 1866 wurde ihm das Stadtrecht zugesprochen. Um 1900 war der Fischereibetrieb Ásgeirsverslun der größte im Land und Ísafjörður mit knapp 1.100 Einwohnern die zweitgrößte isländische Stadt nach Reykjavík. 1902 fuhr von hier das erste offene Motorboot Islands aus; Ende der 1920er Jahre starteten hier die ersten größeren, gedeckten Motorschiffe, die ihren Fang nicht täglich anzulanden brauchten.

Stadtspaziergang: Laut Landnahmebuch baute Helgi Hrólfsson seinen Hof *Eyri* („Sandbank") neben der heutigen Kirche auf einem kleinen Hügel hinter dem Seemannsdenkmal. Von dieser Stelle aus waren Ankömmlinge von Land wie von See gut zu sehen. Das stilvolle weiße Gebäude am Platz wurde 1925 als Krankenhaus gebaut; es stammt vom Zeichentisch des berühmten Architekten Guðjón Samúelsson. Da 1989 das neue Krankenhaus eröffnet wurde, beherbergt es nun in seinen großen, lichtdurchfluteten Räumen das Stadtarchiv, die Bücherei und eine kleine Kunstgalerie. Der Friedhof nebenan wurde wahrscheinlich bereits im Mittelalter

Westfjorde → Karte S. 600/601

angelegt. Das rote Haus von 1902 auf der anderen Seite der Kirche war das erste Steinhaus in Ísafjörður. Zuvor waren alle Gebäude aus Holz oder Torf gebaut worden. Im Gegensatz zu Akureyri oder Reykjavík blieb Ísafjörður von großen Bränden verschont und besitzt deshalb noch einige alte Holzhäuser. 1788 kamen norwegische Kaufleute und errichteten um den Austurvegur ihre Geschäftsgebäude, von denen das Faktorshús noch steht, in dem heute gegessen und übernachtet werden kann. Dänische Kaufleute bauten nach 1816 auf dieser Ecke eine kleine Siedlung, zu der z. B. die beiden Häuser in der Aðalstræti 12 und 16 gehörten. Der Ort hieß *Miðkaupstaður*, denn er lag zwischen Eyri auf dem Hügel (*Hæstikaupstaður* – „Hohe Stadt") und dem niedrigen *Neðstikaupstaður* („Tiefste Stadt") auf der Landzunge, wo Dänen bereits ab 1734 gebaut hatten und wo heute das malerische Museum zu besichtigen ist. Erst nach 1830 wuchs Ísafjörður so stark an, dass sich auch der Raum zwischen den einzelnen Siedlungen zu füllen begann. Reiche Bewohner konnten sich Häuser im norwegischen Stil leisten, wie z. B. die auffälligen Beispiele in der Silfurgata. Ein auffälliges Gebäude ist auch das graue Edinborgarhús in der Aðalstræti 7, in dem die Touristinformation und ein Restaurant untergebracht sind und in dem Ausstellungen und Veranstaltungen stattfinden. Es wurde 1907 von dänischen Kaufleuten errichtet.

Eine Karte mit einer ausführlichen Beschreibung der Geschichte der Straßen der Stadt und ihrer historischen Gebäude ist mittlerweile auch in Englisch erhältlich (ISK 200).

Basis-Infos

Information/Internet Am Hafen im Edinborgarhúsi, Mo–Fr 8–18, Sa/So 8.30/11–14 Uhr. Hier auch Busbahnhof und Touranbieter Vesturferðir (www.vesturferdir.is). Aðalstræti 7, ☎ 4508060.

Hin & weg Bus 1. Juni bis 31. Aug. von/nach Hólmavík (dort umsteigen für Weiterfahrt nach Reykjavík) über Súðavík Di, Fr und So (Halt an Information und Edda-Hotel), nach Látrabjarg über Brjánslækur, Patreksfjörður Mo, Mi und Sa; von/nach Bolungarvík Mo–Fr 2-mal tägl. (ab Hamraborg), zudem hält der Flughafenbus auf dem Weg von/nach Bolungarvík 2- bis 3-mal tägl. am Edda-Hotel und am Hotel; von/nach Suðureyri Mo–Fr 3-mal tägl.; von/nach Flateyri und Þingeyri Mo–Fr 2-mal tägl. (von Bushaltestelle Pollgata, hinter dem Hotel), nach **Flug** von/nach Reykjavík, Akureyri und Egilsstaðir; Flughafen am anderen Fjordufer. ☎ 4563000, www.airiceland.is.

Versorgung Alkoholgeschäft (Aðalstræti 20), Apotheke (Pollgata 4), Arzt (Torfnes), Bank (Hafnarstræti 1 mit Geldautomat; Geldautomat auch im Shoppingcenter Hafnarstræti 9–11), Polizei, Post (Hafnarstræti 9–11), Tankstelle (mitten im Ort, 7.30–23.30 Uhr, Sa/So ab 9 Uhr, hier auch Kiosk, Milch, Skyr).

Autoverleih Bílaleiga Akureyrar, ☎ 8406074; Hertz, ☎ 8639023; Avis, ☎ 5914000.

Autowerkstatt Bílatangi, Suðurgata 9, ☎ 4564580; SB ehf., Sindragata 3, ☎ 4563033; Hjólbarðaverkstæði, Sindragata 14, ☎ 4563501.

Einkaufen Der günstige Supermarkt **Bónus** liegt 3 km außerhalb an der Abzweigung der Str. 60, Mo–Do 12–18.30, Fr 10–19.30, Sa/So 10/12–18 Uhr; im Ort selbst ist **Samkaup**, Hafnarstræti 9–13, Mo–Fr 9–21, Sa/So 10/12–21 Uhr. **Gamla bakaríið**, Aðalstræti 24, Mo–Fr 7–18, Sa/So 7/9–16 Uhr, Bäckerei mit großer Auswahl und gemütlichem Café. Bäckerei **Kaffihús Bakarans**, Hafnarstræti 14, Mo–Fr 7.15–18, Sa/So 8–16.30 Uhr, ebenfalls mit Café, aber nicht so nett, hat auch Suppe, Pfannkuchen und Crêpes. **Hamraborg**, Hafnarstræti 7, 8–23.30, Sa/So erst ab 9 Uhr, ist ein freundlicher Eckladen, der alles hat: ein paar Grundnahrungsmittel, viele Süßigkeiten, frisch belegte Brote, Kaffee, Zeitungen, Sonnenbrillen, Zahnpasta, Batterien usw. Hier trifft sich abends die Jugend. **Eymundsson**, Hafnarstræti 2, Mo–Fr 9–18, Sa 10–16 Uhr, hat Bücher, CDs, Postkarten und Landkarten. **Hafnarbúðin**, Suðurgata, am Hafen, Mo–Fr

Ísafjörður hat Charme und fast städtisches Flair

9–18, Sa 10–14 Uhr, führt Outdoor-Ausrüstung, Wander- und Angelbedarf.

Fahrradreparatur Bei **Hafnarbúðin** (siehe Einkaufen).

Kunsthandwerk/Souvenirs Rammagerð bietet ausgefallenes Kunsthandwerk von Leuten aus ganz Island. Mo–Fr 10–18 Uhr. Aðalstræti 16.

Karitas, hier verkaufen Frauen aus den Westfjorden Wollsachen, Schmuck, Kunst-

karten usw. Mo–Fr 11–18, Sa 11–14 Uhr; Aðalstræti 20 (Eingang um die Ecke in Seitenstr.).

The Viking hat Souvenirs jeder Art und Größe, von bunten Bechern bis zu fabrikgefertigten Wollwaren. 10–18 Uhr; Aðalstræti 27.

The Westfjords Shop, führt ausschließlich Dinge aus den Westfjorden, darunter die größte Sammlung an CDs mit Musik aus der Region. Etwa 11–17 Uhr; Aðalstræti 24.

Sport und Touren

Fahrradverleih MTB-Verleih in der Touristinformation, ab ISK 3500/Tag.

Kajakverleih Die Kajakschule genau neben dem Museum verleiht Kajaks. Halldór, der flexible Gründer der Schule, hat Kajaks für jedermann (30 verschiedene Typen), verleiht Bootshänger und gibt Unterricht. Einfach anrufen: ℰ 8946125. Für geführte Touren siehe „Touren".

Schwimmbad Hallenbad mit Hot Pot und Dampfbad. Mo–Fr 10–21, Sa/So 11–18 Uhr. Austurvegur 9.

Touren Mehrere Anbieter haben in Ísafjörður ihr Büro, Prospekte in der Touristinformation.

Das alteingesessene Unternehmen **Vesturferðir** bietet u. a.: Tägl. 14 Uhr Bootsausflug

auf die *Insel Vigur*, 3–4 Std. inkl. Rundgang um die Insel und Erfrischungen, ISK 6900. Halbtagesausflug zum verlassenen *Dorf Hesteyri* in Hornstrandir Mi, Fr, So 14 Uhr, ISK 7300. Tagesausflug zum Wandern in der *Gegend um Hesteyri* in Hornstrandir Di 9 Uhr, ISK 17.300, in die Gegend um Hornvík mit zwei der höchsten Vogelfelsen Europas Do 9 Uhr, ISK 23.700. Planmäßige Bootsfahrten nach Hornstrandir siehe dort. Aðalstræti 7 (Touristinformation), ℰ 4565111, www.vesturferdir.is.

North Explorers ist für *Kajaktouren* zu empfehlen – tägl. 9.30 Uhr startet eine leichte, 2½-stündige Tour für mind. 2 Pers., ISK 7500/Pers., So, Di, Do und Sa 19 Uhr eine anspruchsvollere, längere durch das Ísafjarðardjúp (mind. 4 Pers., ISK 14.400/Pers.).

Westfjorde → Karte S. 600/601

Auch Wander-, Reit- und MTB-Touren. Hæstikaupstaður, ☎ 4563322, www.north explorers.com.

Das kleine Unternehmen **Borea Adventures** ist im Besitz einer Jacht und bietet verschiedene etwa einwöchige Trips an, auch in Kombination mit viel Kajakfahren und Wandern. Hlíðarvegur 38, www.Borea Adventures.com.

Übernachten/Camping/Essen

Übernachten   Vermietet werden auch Apartments, die Information weiß Genaueres.

Hótel Ísafjörður, am Platz mitten im Ort im Gebäudeklotz; sehr nettes Hotel, das einzige 3-Sterne-Haus in den Westfjorden. 36 helle DZ mit Bad und allem Komfort. Im Restaurant „Við Pollinn" mittags und abends ein Tagesgericht mit Suppe, mittags zudem leichte Gerichte, abends Fisch und Fleisch à la carte. DZ ISK 26.000. Wäscheservice ISK 2000. Silfurtorg 2, ☎ 4564111, info@hotel isafjordur.is, www.hotelisafjordur.is.

Edda-Hotel, freundliches 2-Sterne-Haus im Schulzentrum bei den Sportplätzen. 40 Zimmer, davon 20 frisch renoviert, mit Bad. DZ mit/ohne Bad ISK 18.200/11.400, SSU in Klassenzimmern ISK 1500. Wäscheservice ISK 2200. Skutulsfjarðarbraut, ☎ 4444960, edda@hoteledda.is, www.hoteledda.is.

≫ Unser Tipp: Gamla gistihúsið, gemütliches, stilvolles 2-Sterne-Gästehaus im vanillefarbenen Wellblechhaus von 1896 mit rotem Dach. 7 DZ und 2 Dreibettzimmer mit Waschbecken, TV und Blick fürs Detail eingerichtet; zwei Duschen auf jeder Etage. DZ ISK 16.500. Mánagata 5, ☎ 4564146, gistihus@gistihus.is, www.gistihus.is. **≪**

Mánagata 1, Gästehaus für SSU von denselben Besitzern wie das Gamla gistihúsið, hier 5 helle Zimmer für 2–7 Pers., 2 Bäder, Kochecke in großem Aufenthaltsraum. SSU ab ISK 4300.

Faktorshúsið, unter dem Dach ein sorgsam in historischem Stil hergerichtetes und durch modernen Komfort bereichertes, gemütliches Apartment mit zwei Kojen für je 2 Pers., Küche, Bad. Der Besitzer tischlerte große Teile der Einrichtung selbst. ISK 22.000 für 2 Pers., ISK 32.000 für 4 Pers. Austurvegur 7, ☎ 4563868.

Litla gistihúsið, Gästehaus in der Nähe des Schwimmbads, 4 hübsche DZ, einige etwas klein, Küche, Aufenthaltsraum. Weitere 2 DZ, die sich einen gemeinsamen Eingang, Bad, Mikrowelle und Kühlschrank teilen. DZ ISK 12.000, kein Frühstück. Sund-stræti 43, ☎ 4741455.

Camping Ísafjörður, beim Edda-Hotel etwas unebener Platz am Hang (nur für Zelte, für Wohnmobile gibt es einen neuen Platz beim Museum), ISK 800/Pers., weitere Pers. ISK 600; Dusche im Hotel ISK 300.

Tungudalur, etwas außerhalb im Tungudalur hinter dem Golfplatz, 1,5 km von der Str. 61, im Tunguskógur unter rauschendem Wasserfall. Ruhige, wunderschöne Lage zu beiden Seiten des Flusses, ein wenig Windschutz durch Bäume. Waschmaschine im Golfclubhaus. ISK 1000/Pers. inkl. Dusche.

Essen   Tjöruhúsið, im roten Haus des Museums, dem ältesten Haus Islands. Beliebtes Fischrestaurant in rustikaler Atmosphäre mit großen Portionen. Mittags zwei bis drei Tagesgerichte; der Fisch wird mit Gemüse direkt in der Pfanne serviert. Ab 19 Uhr vielfältiges Fischbüfett. Auch Suppen mit hausgemachtem Brot, Kaffee und selbst gebackener Kuchen. Tägl. 12–22 Uhr.

Vesturslóð, im selben Gebäude wie die Touristinformation, ein sehr großes, schlichtes Restaurant, das vor allem für seine Pizza geschätzt wird. Ansonsten gibt es Suppe, Pasta und Salate, ein paar isländische Fisch- und Fleischgerichte und das allgegenwärtige Fastfood. 11.30–1, Fr/Sa bis 3 Uhr (Küche schließt um 21 Uhr).

Thai Koon, nettes, kleines und beliebtes Restaurant für den schnellen Hunger mit stabilen Preisen. Leckere thailändische Gerichte mit verschiedenen kombinierbaren Zutaten, große/kleine Portion ISK 1800/1600; auch zum Mitnehmen. Mo–Sa 11.30–21, So 17–21 Uhr. In der Shopping Mall Hafnarstræti.

Pönnuköku Bar-Inn, hier werden isländische Pfannkuchen serviert: z. B. süße mit Zucker (nur ISK 150) oder mit Sahne und Marmelade sowie deftige mit Huhn und Reis oder in der Art mexikanischer Tortillas. 11.30–23.30 Uhr. Hafnarstræti 12.

Imbiss im Laden Hamraborg (siehe Einkaufen), hier ab 10 Uhr Pizza und Burger.

Heitt á Prjónunum, freundliches Café an der Straßenecke mit Kaffee und selbst gebackenem Kuchen. Die Besitzerin verkauft auch Wolle, und jeden Montag ab 20 Uhr kann jeder kommen und hier in gemütlicher Runde stricken und sich Tipps holen. Mo–Fr 12–18, Sa 12–14 Uhr.

Achten Sie auch auf das **Faktorshúsið**, das charmante Café im gelben Holzhaus, das 1788 in Einzelteilen aus Norwegen hierher kam und in über dreijähriger Arbeit von den Besitzern aufwändig und liebevoll originalgetreu restauriert und mit antiken Möbeln ausgestattet wurde; 2011 suchte das Haus nach neuer Leitung, wird aber voraussichtlich 2012 wieder geöffnet haben. Austurvegur 7.

Sehenswertes

Seefahrtsmuseum Neðstakaupstað: Auf alten Gleisen betritt man das ehemalige Lagerhaus von 1784, das gemeinsam mit den drei anderen Holzhäusern auf Museumsgelände und einigen Häusern in der Nachbarschaft den ältesten erhaltenen Siedlungskern in Island bildet. Einst lagerten hier wie auch im roten Tjöruhús von 1734 – jetzt gemütliches Restaurant – Getreide, Tabak, Alkohol und Kaffee, die im 1757 gebauten Kaufladen nebenan, heute Wohnhaus, verkauft wurden. Teile des Lagerhauses dienten auch der Herstellung von Klippfisch; hier wurde gesalzen, was von der Meerseite hineinkam, dann beförderten Waggons den Fisch ins Freie zum Trocknen, bevor er – wieder von der anderen Seite – verschifft wurde.

Um das harte Leben der Fischer und die 1936 in Ísafjörður als erstem isländischem Ort gestartete Garnelenindustrie, um den v. a. im 19. Jh. betriebenen Walfischfang und den Schiffsbau, in dem die Stadt dank des ersten isländischen Schiffszeichners Bárður G. Tómasson nach 1916 führend wurde, geht es in dem mit zahlreichen Relikten ausgestatteten Museum. Fotos erzählen ebenso von der alten Zeit wie der Film über eine frühere Fischfangstation. Die zwischen den Modellbooten glänzenden Akkordeons gehören zu einer Sammlung von 140 dieser Instrumente, die das Museum 2008 erhielt.

Zurzeit werden die zwölf Museumsboote restauriert. Zwei – darunter die „Gestur" von 1906, das älteste im Land erhaltene Motorboot – sind schon wieder fahrtüchtig und sollen in Zukunft für planmäßige Touren genutzt werden.

15. Mai bis 15. Sept. tägl. 9–18 Uhr, sonst nach Vereinbarung, ISK 550. Anfang Juli findet ein „seafood feast" mit Fischbüfett und Livemusik statt. ✆ 4563293.

🚶 Wanderung   (→ Karte S. 600/601)

Auf den Trollsitz Naustahvilft (6) (hin/zurück 1 km, 1 Std.): Die einfache Wanderung den steilen Hang am Flughafen hinauf (ausgeschildert) führt zu einer Senke, die auch als Trollsitz bezeichnet wird. Von hier bietet sich – v. a. am Morgen, wenn das Licht auf die Stadt fällt – ein herrlicher Blick auf die Stadt.

Abstecher nach Bolungarvík   (13 km)

Die 13 km lange Fahrt zum nördlichsten Ort der Westfjorde am breiten Sandstrand führt zu einer sehenswerten, restaurieren Fischereistation vom Beginn des 20. Jh. und zum einzigen naturhistorischen Museum der Westfjorde. Bolungarvík ist zudem ein guter Ausgangspunkt für Fahrten nach Hornstrandir. Seit 2010 verläuft die Fahrt nicht mehr auf der ebenso reizvollen wie aufgrund von Steinschlag- und Lawinenbedrohung gefährlichen Straße mit beinah senkrechten Bergwänden am Meer entlang, sondern durch einen 5,4 km langen Tunnel. Bolungarvíks winterliche Isolation hat damit ein Ende. Die alte Straße wurde 2011 gesperrt.

Westfjorde → Karte S. 600/601

Von Ósvör ging es einst zum Fischfang

Fischereistation Ósvör: Gleich hinter dem Tunnel geht es rechts ab nach Ósvör. Malerisch stehen die originalgetreu wieder aufgebauten Fischerhütte, das Salzhaus für den Klippfisch und die Trockenhütte am grauen Strand, das Ruderboot scheint gerade angekommen, das Angelgerät auf dem Holzgestell eben aufgehängt worden zu sein. Die nur von 1905–25 ständig bewohnte Station gibt Einblick in die Zeit des Fischfangs mit offenen Ruderbooten und ist mit vielen Originalstücken so eingerichtet wie damals, als jeder Mann eine Truhe Lebensmittel für zweieinhalb Monate mitbrachte, sich zwei Fischer ein Bett teilten und eine Frau sechs Männer bekochte, dafür 2 % des Fangpreises als Lohn erhielt. Die Saison dauerte von Anfang Januar bis Ende Juni, mit einer Pause zu Ostern. So richtig zum Leben erweckt wird das Museum durch die Fischer, die die Besucher in traditioneller, mit Fischöl imprägnierter Fischerkleidung aus Schafhaut durch die Hütten führen.
Juni bis Mitte Aug. 10–17 Uhr, ISK 700 (Kombiticket Ósvör und Naturhistorisches Museum Bolungarvík ISK 1000). ℡ 8925744, www.osvor.is.

Bolungarvík   (ca. 890 Einw.)

Als die Höfe und Gemeinden um Ísafjörður 1996 mit dem Zentrum zu einem Stadtkreis vereint wurden, stimmte Bolungarvík dagegen und blieb selbstständig. Die Siedlung, die erst seit 1950 auf dem Straßenweg zu erreichen ist, war schon in der Landnahmezeit ein wichtiger Fischereiplatz. Die reichen nahen Fischgründe machten den Nachteil des schlechten Hafens immer wett. Noch vor 25 Jahren wohnten hier fast 1300 Menschen, aber als 1993 infolge des Quotensystems und neuen Fischereimanagements die große Fischfabrik bankrott machte, begann die Abwanderung. Die Menschen, die blieben, zogen ihre eigenen kleinen Betriebe auf. Um die Attraktivität von Bolungarvík zu erhöhen, initiierte der Bürgermeister die Einrichtung des Naturhistorischen Instituts der Westfjorde. Dies legt zurzeit an der Ecke Aðalstræti/Skólastígur einen kleinen botanischen Garten mit isländischen Pflanzen an.

Information 18. Juni bis 23. Aug. Mo–Fr 12–18, Sa 14–17 Uhr. Vitastígur 1.

Hin & weg Bus von/nach Ísafjörður, Mo–Fr 3-mal ab ehemaligem Postgebäude Aðalstræti 19, zusätzlich tägl. 2- bis 3-mal der Flughafenbus. ✆ 8921417.

Versorgung Arzt, Apotheke, Autowerkstatt (Vélvirkinn sf., ✆ 4567348), Bank (mit Geldautomat), Polizei, Post, Supermarkt (Mo–Fr 9–18, Sa 12–18, So 13–17 Uhr; im kleinen Einkaufszentrum, hier auch Sitzgelegenheiten und Kaffee), Tankstelle (9–23, Sa/So ab 10 Uhr, hier auch Grundnahrungsmittel).

Kunsthandwerk Dryma, große, nette Galerie bei der Information. Viele Wollwaren mit dem typischen Muster der Westfjorde, Schmuck, Holzschalen, Töpferware usw. 1. Juni bis 20. Aug. Mo–Fr 12–18, Sa 14–17 Uhr, sonst nur Sa/So. Vitastígur 1.

Schwimmbad Hallenbad mit Hot Pot im Freien. Mo–Fr 8–21, Sa/So 10–18 Uhr. Höfðastíg 1.

Touren Die Besitzer des Gästehauses VaXon (s. u.) bieten individuelle Bootstouren zum Vögel- oder Walebeobachten sowie Hochseeangeln. Außerdem Vermietung von Fischerbooten mit/ohne Skipper ISK 60.000/30.000/Tag. ✆ 8622221.

Bootstouren nach Hornstrandir siehe dort.

Übernachten Mánafell, im roten Apartmentblock werden 15 komplett renovierte Wohnungen vermietet (auch für nur eine Nacht). Für 5–9 Pers., mit Wohnzimmer, Küchenzeile, Bad. Stigahlíð 2–4, ✆ 8633879, arndis@vestfirdir.is, www.orkudisa.com.

⟫ Unser Tipp: Einarshús, im historischen Haus über dem Restaurant (s. u.) 5 urgemütliche Zimmer mit Waschbecken und knarrendem Holzboden für 2–3 Pers., stilvoll renoviert und in den ursprünglichen

Farben gestrichen. Aufenthaltsraum mit antiken Möbeln, zwei Bäder. DZ ISK 9900. Hafnargata 41, ✆ 4567901, ragna@einarshusid.is, www.einarshusid.is. ⟪

VaXon, Gästehaus im großen Gebäude gegenüber der Post, das lange leer stand und peu à peu komplett renoviert wird. Hier 8 Studiowohnungen mit Bad und Küchenzeile, bereits hübsch und modern, sowie viele bei der letzten Recherche noch einfache Zimmer. Ab 2012 voraussichtlich 6 Hotelzimmer mit Bad. Mit Restaurant. Besitzer vermieten (und renovieren) auch Zimmer in anderen Häusern im Ort und planen den Bau eines Hotels mit Giebelhäusern aus Torf. DZ mit/ohne Bad ISK 12.000/9000, auch SSU möglich. Frühstück extra. Aðalstræti 9, ✆ 8622221.

Bed & Breakfast, 2 DZ und 1 EZ bei älterem Mann, ganz einfach. ISK 4000/Pers., Frühstück extra. Þuríðarbraut 9 (bei der Tankstelle), ✆ 456508.

Camping Bolungarvík, beim Schwimmbad mit ein paar Hecken, WC und Warmwasser, Dusche im Schwimmbad extra. Waschmaschine ISK 500. Zelt ISK 900. ✆ 4567381.

Essen Einarshús, Kaffihús, Restaurant und Pub direkt am Hafen in einem Haus von 1904, in dem einst der älteste Laden des Ortes untergebracht war; die Besitzer haben das Haus mühevoll wieder in seinen ursprünglichen Zustand versetzt, mit viel Holz und maritimer Atmosphäre. Fischgerichte, die beliebte Fischsuppe, Lamm und selbst gebackener Kuchen. Unten im rustikalen Pub manchmal Livemusik oder Vorführungen. Tägl. 11–23, Fr/Sa bis 3 Uhr. Hafnargata 41, ✆ 4567901.

Imbiss mit großer Auswahl in der Tankstelle.

Naturhistorisches Museum: Das dem Naturhistorischen Institut angeschlossene Museum präsentiert auf anschauliche Weise 160 verschiedene Arten von Vögeln – darunter der einzige Flamingo, der je nach Island kam –, Muscheln und Vogeleier, Robben, Nerze und Polarfüchse sowie einen Eisbären, den Seemänner 1993 in den Gewässern vor den Westfjorden erlegten. Zudem ist die private Steinsammlung eines Geologen und ehemaligen Schulleiters Bolungarvíks zu sehen. An einer Wand informieren Tafeln über den Bau des Tunnels zwischen Ísafjörður und Bolungarvík – in einen kleinen Modelltunnel kann man auch hineinspazieren – und die Lawinen- und Steinschlaggefahr entlang der alten Straße. Die Tafeln sollen in den kommenden Jahren durch Informationen über den Naturraum Hornstrandir ersetzt werden. Mo–Fr 9–17 Uhr, 1. Juni bis 15. Aug. auch Sa/So 13–17 Uhr; ISK 700 (Kombiticket mit Ósvör ISK 1000). Verkauf von Land- und Wanderkarten, Büchern, Souvenirs. Vitastígur 3, ✆ 4567005, www.nabo.is.

Verslun Bjarna Eirikssonar: Der Besuch des freundlichen Ladens im Haus von 1919 am Hafen mit über 85-jähriger Tradition, in dem Lebensmittel, Gebäck, Schreibwaren, Kleidung und mehr verkauft werden, lohnt sich schon allein wegen der Dekoration aus den 1960ern und der liebevoll angeordneten Waren.
Mo–Fr 9–18, Fr bis 18.30, Sa/So 10/12–16 Uhr. Hafnargata 81.

𝕏 Ausflug/Wanderung   (→ Karte S. 600/601)

Nach Skálavík und auf das Bolafjall (7). Auf der 12 km langen, unbefestigten Piste 630 lässt es sich von Bolungarvík aus über einen 340 m hohen Pass zur friedlichen grünen Bucht Skálavík mit ein paar bunten Häusern fahren oder wandern (hier Campingwiese mit WC und Kaltwasser).

Von der Passhöhe auf der Piste 630 aus kann man auf einer 3,5 km langen Piste mit bis zu 10-prozentiger Steigung auf das Bolafjall (634 m) wandern (im Sommer auch für Pkw geöffnet), von wo sich bei gutem Wetter von der Klippe Stigahlíð aus eine weite Sicht über das Ísafjarðardjúp und in den Jökulfirðir hinein bietet.

Die Fjorde im Westen

Die Fjordwelt im Westen ist anders als am Ísafjarðardjúp: Weniger Fjorde umfließen mächtige Bergrücken, und nicht um diese herum geht es von Fjord zu Fjord, sondern über sie hinweg: Ein Pass folgt dem nächsten. In jedem Fjord liegt ein Fischerort und am Arnarfjörður der höchste Wasserfall der Westfjorde, Dynjandi.

Der wenige Kilometer hinter Ísafjörður beginnende Tunnel ist abenteuerlich: Nach zwei zweispurigen Kilometern verzweigt er sich in zwei einspurige Fahrwege, von denen der eine auf 3 km in den Súgandafjörður Richtung Suðureyri führt, der andere auf 4 km Richtung Flateyri. Die steile, geschotterte Bergstraße über den 610 m hohen Bergpass Breiðadalsheiði, die er seit 1996 ersetzt, wird nicht mehr unterhalten und ist auch von Radler kaum mehr zu bezwingen. In der Tunnelröhre nach Suðureyri ist normalerweise wenig Verkehr; am Ende bietet sich von hoch oben ein herrlicher Blick bis weit in den Fjord hinein.

Suðureyri (ca. 300 Einw.): Das verschlafene Fischerdorf am Fuße des knapp 500 m hohen Berges Spillir belegt eine kleine Sandbank in dem an dieser Stelle etwa 1 km breiten Fjord. Die Lage hat einen großen Vorteil: Eine heiße Quelle auf dem verlassenen Hof Laugar versorgt alle Häuser mit Heizwärme und speist auch das Schwimmbad, das einzige Freibad in der Umgebung. Wie unschwer zu erkennen ist, baut auch Suðureyri auf die Zusammenarbeit mit deutschen Angelreiseanbietern.

Hin & weg Bus von/nach Ísafjörður Mo–Fr 3-mal tägl., Halt bei der Post.

Versorgung Arzt, Bank (Geldautomat), Lebensmittelladen in der Tankstelle (10–22 Uhr), Polizei, Post.

Fahrradverleih Im Hotel, ISK 4200/24 Std.

Kunsthandwerk Á milli fjalla, die Galerie „Zwischen Bergen" verkauft Schalen aus Holz, Töpferware, Wollwaren, Schmuck u. a. m. Juli/Aug. Mo–Fr 13–18, Sa/So 13–16 Uhr; Aðalgata, ✆ 4566163.

Schwimmbad Freibad mit Hot Pots. Mo–Fr 11–21, Sa/So 11–19 Uhr. Túngata 8.

Touren Das Hotel bietet Mo–Fr Führungen durch die Fischfabrik, ISK 1500/Pers., sowie Spaziergänge durch den Ort, inkl.

Die Westfjorde sind ein Paradies für Kajakfahrer

Besuch der Fischfabrik und Mittagessen im Hotelrestaurant ISK 4900.

Übernachten Fisherman Hotel, stilvolles 3-Sterne-Hotel mit 10 DZ und 1 EZ in zwei Häusern, in einem Haus Küche. DZ mit/ohne Bad ISK 17.100/14.500. Zusätzlich ein Apartment für 4 Pers. mit Küche und Bad, ISK 19.900. Aðalgata 14, ✆ 4509000, fisherman@fisherman.is, www.fisherman.is.

Guesthouse 66, modernes neues Gästehaus mit 17 Zimmern für 1–4 Pers. Entspannte, nette Atmosphäre, Zimmer mit guten Betten und ohne Schnickschnack, einige mit Waschbecken. Die Duschen sind zwar ausgezeichnet, aber alle vier im Keller und in einer Reihe angeordnet. DZ ISK 11.500. Geöffnet 1. Mai bis 15. Sept. Túngata 2, ✆ 4565566, gisting@66guesthouse.is, www.66guesthouse.is.

Camping Suðureyri, kleine Zeltwiese hinter der Tankstelle, WC in der Tankstelle, Dusche im Schwimmbad, kostenlos. Soll entweder verbessert oder geschlossen werden.

Essen Talisman, dem Hotel angeschlossenes, gutes und relativ günstiges Fischrestaurant (18–22 Uhr). Hier z. B. Schellfischsuppe, Lachs oder gebratener Steinbeißer mit Sahnecognacsoße. Nachmittags Kaffee und Kuchen. Aðalgata 14.

Imbiss in der Tankstelle (12–21 Uhr).

Weiterfahrt nach Flateyri: Durch die verkehrsreichere Tunnelröhre geht es zum Önundafjörður mit steilen Bergwänden, der 3 km hinter dem Tunnel erreicht wird. Von hier sind es noch 7 km am Wasser entlang nach Flateyri auf einer wie ein Angelhaken in den Fjord reichenden Sandbank. 2 km vor Flateyri fällt an der Uferseite ein einsamer Schornstein mit Dampfkessel auf – 1889 errichtete der Norweger Hans Ellefsen hier die damals größte Walfangstation am Nordatlantik. 1901 brannte die Station ab; Ellefsen begann mit dem Wiederaufbau, errichtete jedoch nur diesen Schornstein, bevor er seine Aktivitäten in den mittlerweile ergiebigeren Osten verlegte.

Flateyri

(ca. 240 Einw.)

Die steilen, hohen Berghänge um Flateyri, das nach 1790 als Handelsaußenposten von Þingeyri gegründet wurde, sorgen für eine beeindruckende Kulisse, brachten aber 1995 auch das größte Unglück: Im Oktober rauschte eine gewaltige Lawine in

Der steile Pass zwischen Dýrafjörður und Arnarfjörður

den schmalen Ort, begrub und zerstörte zahlreiche Häuser. Zwanzig Menschen kamen ums Leben. Ihrer gedenkt ein Stein vor der Kirche mit farbenfrohen Fenstern. Als Antwort auf die Katastrophe errichtete, große Lawinenschutzwälle in Form eines A am Hang sollen nun die Schneemassen vom bewohnten Gebiet wegleiten (Infotafel). Ein kleiner Weg führt hinter dem Zeltplatz durch einen der Wälle zu einer Aussichtsplattform mit Windrose. 16 Tafeln im Ort erzählen die Geschichte von Häusern und Plätzen.

Es gibt Pläne, in Flateyri ein Museum zum Thema Stockfisch einzurichten; drei Menschen im Ort stellen ihn noch auf traditionelle Art und Weise her.

Hin & weg Kleinbus von/nach Ísafjörður und Þingeyri Mo–Fr 2-mal tägl., Halt bei der Post. Mo, Mi, Sa hält hier der Bus zum Fähranleger Brjánslækur und nach Látrabjarg.

Versorgung Lebensmittelladen in der Tankstelle (10–22 Uhr), Bank und Post (Mo–Fr 12.30–16 Uhr).

Kunsthandwerk Handverkhúsið Purka, nette Galerie im großen Saal, gleichzeitig Café. Von zehn Frauen gefertigte Wollwaren, Schalen, Kerzenständer aus Ton usw. Außerdem sind hier Puppen aus aller Welt zu sehen; viele von ihnen entstanden bei internationalen Frauenprojekten. Tägl. 11–17, Sept.–April So–Di 13–17 Uhr. Hafnarstræti 11.

Schwimmbad Mit Hot Pot und Sauna. Mo–Fr 10–21, Sa/So 14–18 Uhr. Tjarnargata.

Touren Kajakverleih Grænhöfði bietet po-

puläre 2- bis 2½-stündige Kajaktouren im Fjord, mind. 2 Pers., ISK 6000. Auch längere Trips bis sieben Tage in den Arnarfjörður, das Ísafjarðardjúp und nach Hornstrandir, bei langen Touren mind. 5 Pers. Wer Erfahrung hat, kann auch ohne Guide losziehen. Ólafstún 7, ℡ 4567762/8637662.

Übernachten Brynjukot, das über 100 Jahre alte kleine Wellblechhaus gehört dem Frauenverein; innen einfach, aber gemütlich, 1 EZ und 1 DZ unter Dachschrägen; Schlafsofas, Küche, Dusche, Waschmaschine. Infos beim Gästehaus/Kajakverleih Grænhöfði. ISK 14.000 für das ganze Haus (SSU, sonst ISK 1000/Pers. mehr). Ránargata, ℡ 4567762.

Grænhöfði, im gelben Wohnblock, nur 100 m vom Schwimmbad, 5 unterschiedlich große Apartments für 6–8 Pers. mit mehreren Schlafzimmern, Küche, Bad, Wohnzimmer, Balkon. Im größten auch Vermietung einzelner Zimmer. Besitzer wohnen nebenan. Apt. ISK 16.000–18.000, DZ ISK 10.000. SSU möglich. Ólafstún 7, ✆ 4567762/8637662, kajak@simnet.is, www.kajaktravel.net.

Camping Flateyri, kleiner Zeltplatz hinter der Tankstelle am Ortseingang, geschützt durch Lawinenwälle und Hecken; WC und Kaltwasser und Spielplatz. ISK 1000/Pers.

Essen Vagninn, großes, gutes Restaurant mit uriger Atmosphäre und neuem, engagiertem Besitzer und Koch, der seinen Salz-

fisch selber herstellt. Die Karte wechselt jeden Tag, je nach frisch erhältlichen Zutaten. Fisch gibt es immer, meist auch Lamm, im Frühjahr Vögel, im Herbst Gans. Im Sommer jedes Wochenende Livemusik von Musikern der Gegend mit Tanz. 1. Mai bis 31. Aug. 18–23 Uhr, 15. Mai bis 5. Aug. auch 12–23 Uhr. Hafnarstræti 19.

Café in der Galerie, hier gibt es mit Fisch belegte Brote, Flatkökur und zum Kaffee selbst gebackene Kuchen, Waffeln und Kleinur. Tägl. 11–17 Uhr. Hafnarstræti 11.

Imbiss in der Tankstelle.

Museum im Buchladen: Das alte Ladengeschäft von 1905, in dem bis 1999 u. a. Bücher und Kurzwaren verkauft wurden, und das dazugehörige Wohnhaus von 1898 sind heute Museum. Die alte Ladeneinrichtung, die zahlreichen Waren und Artefakte erzählen aus der Handelsgeschichte Flateyris, nebenan wird veranschaulicht, wie ein isländisches Heim in der ersten Hälfte des 20. Jh. aussah – Guðrún Arnbjarnardóttir, die 1916 den Laden übernahm, lebte hier bis 1983. Danach war die Wohnung unbewohnt, an der schon fast historischen Einrichtung wurde jedoch nie etwas verändert.
Bókabúðin: 1. Juni bis 31. Aug. 11–17, So ab 14 Uhr, Eintritt frei. Verkauf von Souvenirs. Hafnarstræti 3–5.

Zuckertüten, Teelöffel, Spielzeug ...: Was Menschen so sammeln und gerne mal zeigen möchten, ob Modellschiffe oder Polizeimützen, ist seit Neuestem in der großen Etage über der Galerie zu sehen (Eingang um die Ecke). Die zum Teil recht eindrucksvollen Sammlungen wechseln.
Dellusafnið: Tägl. 11–17 Uhr, ISK 500.

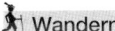 Wandern   (→ Karte S. 600/601)

Nach Suðureyri (8) (13,7 km, 4–5 Std.): Um über die Klofningsheiði in den Önundarfjörður zu wandern, läuft man auf der Jeeppiste den Fjord entlang Richtung Landspitze Sauðanes. Der Weg durch den Klofningsdalur den Berg hinauf ist bald ausgeschil-

dert. Oben ist der Weg mit 18 Steinmännchen markiert; es sind knapp 700 Höhenmeter zu überwinden. Auf der anderen Seite kommt man nach Durchquerung des Sunndalur gen Westen bei der Kirche Staður im gleichnamigen Tal kurz vor Suðureyri an.

Weiterfahrt: Zurück auf der Str. 60, zweigt die schlechte Str. 627 ins Fjordinnere ab, wo sich zwischen Hängen voller Blaubeeren schöne Wandermöglichkeiten bieten, z. B. über die knapp 800 m hohe Álftafjarðarheiði in den gleichnamigen Fjord (markiert, ab Juli möglich, 6 Std., genauere Informationen in der Jugendherberge). Das Tal ist voller Vögel. Vor hundert Jahren lebten hier noch 120 Menschen, heute ist es eine einzige Familie. Die Str. 60 führt auf einer Brücke über den hier sehr seichten, von einer breiten Sandbank fast abgeschlossenen Fjord am alten Pfarrhof Holt vorbei in die Berge. Nach anfänglich sanftem Anstieg geht es etwa 4 km steil bergauf und an einer Schutzhütte vorbei über den 283 m hohen Bergpass Gemlufallsheiði. Bei der bis zu 10-prozentigen Abfahrt taucht der Dýrafjörður auf: der mit 39 km längste Fjord der Region, hinter dem bis zu knapp 1000 m hohe Berge thronen.

Übernachten Kirkjuból í Bjarnadal (FH) **⑩**, an der Str. 60 südlich vom Önundarfjörður, freundliches Gästehaus in ruhiger, schöner Lage auf einem Hof mit Bäumen. 4 helle DZ mit guten Betten, 3 davon mit Bad, ein Familienzimmer; Küche, gemütliche Sitzecke. Gesamtes Erdgeschoss für Gäste. Besitzer bereiten auch köstliches Abendessen zu, häufig mit frischem Fisch, immer mit selbst gepflückten wilden Kräutern. Bei Interesse vorher anmelden. DZ mit/ohne Bad ISK 15.000/9800, Frühstück extra. ✆ 4567679/8666099, info@kirkjubol.is, http://kirkjubol.is.

》》 Unser Tipp: JH/Gästehaus Korpudalur, ca. 12 km südöstlich von Flateyri, tief im Önundarfjörður in wunderschöner, stiller Lage an der Str. 627 auf der ehemaligen Farm Kirkjuból von 1912. 22 Betten in kleinen, gemütlichen Zimmern für 2–5 Pers., z. T. unter Dachschrägen. Küche, Waschmaschine, Internet. Auch 2 beliebte DZ in einem Camper, in Zukunft zudem ein Apartment für 2 Pers. mit Bad. Camping auf der freien Wiese, WC und Dusche, ISK 1000/Zelt plus ISK 500/Pers. Im ehemaligen Heuschober WCs, Tische und Stühle, seit 2012 Kochgelegenheit. Sehr freundliche Atmosphäre, gern werden Tipps zu den guten Möglichkeiten zum Wandern und Vogelbeobachten in der Umgebung gegeben. Transfer von/ zur Str. 60 gratis (hier kann der Linienbus angehalten werden). Abholung von Ísafjörður ISK 1000. SSU ISK 3900, DZ ISK 9000, Frühstück extra. Geöffnet 20. Mai bis 15. Sept. ✆ 4567808, korpudalur@hostel.is, www.korpudalur.is. 《《

Abstecher zum Ziergarten Skrúður und in den Ingjaldssandur: Die 28 km lange Schotterpiste 624 führt an einem ungewöhnlichen Denkmal für ertrunkene Seemänner vorbei auf und ab den Fjord entlang, an dem bei Niedrigwasser vielerorts Stein- und Sandstrände freigelegt werden, die zu stundenlangen Spaziergängen einladen. Nach 3 km bietet sich die 3 km lange Wanderung auf das 312 m hohe Mýrafell am Fjord an (ausgeschildert). Kurz bevor die weißen Gebäude des Sommerhotels Núpur erreicht werden, zweigt nach weiteren 4 km rechts die Zufahrt zu einer kleinen Oase in der kargen Bergwelt ab: Pfarrer und Lehrer Sigtryggur Guðlaugsson (1862–1959) legte hier 1905 einen Ziergarten an, um seinen Traum vom eigenen Blumen- und Gemüsegarten zu verwirklichen und gleichzeitig den Schülern der von ihm gegründeten Schule in Núpur die Möglichkeit zu geben, etwas über Gartenbau und Pflanzenkunde zu lernen. Der Garten entwickelte sich zu einem üppigen Blüten- und Pflanzenmeer, was er auch heute wieder ist – ein bunter Garten der Vielfalt, mit Mohn und Erdbeeren, Kräutern, Rhabarber, Lärchen und Glockenblumen und einem Tor aus Walknochen.

Etwa 2 km hinter dem Garten kann das über 100 Jahre alte, hellrosa gestrichene Wohnhaus von Sigtryggur Guðlaugsson mit der musealen Originaleinrichtung besichtigt werden (nach Vereinbarung, ✆ 8961660, oder im Hótel Núpur Bescheid sagen, ISK 500).

Wenige Kilometer weiter knickt die immer schlechter werdende Straße in die Berge ab, um mit äußerst steilen Anstiegen über die etwa 500 m hohe, verwunschene und einsame Sandsheiði in den Ingjaldssandur am Fjord zu gelangen und dort zu enden.

Kunsthandwerk Bei der Künstlerin Elísabet Pétursdóttir in Sæból II im Ingjaldssandur, ✆ 4567782.

Übernachten/Camping/Essen Hótel Núpur **⑪**, Sommerhotel in ehemaliger Schule beim Ziergarten, unter Leitung zweier Brüder, einer ist Meisterkoch, einer gelernter Kellner. In zwei Häusern 35 eher einfache, aber frisch gestrichene DZ mit Waschbecken ISK 14.900, 4 Familienzimmer. Auch Zimmer für SSU, ISK 4000. Drei Küchen. Ein kleines Studio für 2 Pers. mit Bad, ISK 18.800. Frühstück im riesigen Speisesaal, dort 19–21 Uhr auch ausgezeichnetes Abendessen; unter den Gerichten ist immer frischer Fisch. Camping vor dem Hotel auf großer Wiese, WC und Dusche im Hotel, ISK 1000/Zelt (Radler und Wanderer; teurer für große Zelte). Geöffnet 15. Mai bis 15 Sept. ✆ 4568235, info@hotelnupur.is, www.hotelnupur.is.

Fischerort Þingeyri am Dýrafjörður

Þingeyri

(ca. 260 Einw.)

Der älteste Handelsort der Region hat gegenüber den lawinengefährdeten Siedlungen in den Nachbarfjorden einen großen Vorteil: Der 367 m hohe Hausberg Sandafell hinter dem Ort besitzt sanfte, wenig steile Hänge. So liegt Þingeyri mit seinem vom ersten isländischen Architekten Rögnvaldur Ólafsson entworfenen weißen Gotteshaus sicher auf seiner Sandbank. Hinter dem Sandafell ragen dafür steil die höchsten Berge der Westfjorde auf, mit dem Kaldbakur (998 m) als Höhepunkt, der sich von Þingeyri aus erklimmen lässt.

In der Nähe des Zeltplatzes gibt es einen „Viking Ring": eine Art Versammlungsort im Wikingerstil mit Tischen und Bänken, Feuerstelle und Bühne, alles umfasst von einem Ringwall aus Stein und Torf, der u. a. für Feiern und Festivals genutzt wird. Auch eine heidnische Hochzeit fand hier statt. Vom Hafen aus werden auf einem originalgetreu nachgebauten Wikingerboot Touren angeboten (s. u.). Hintergrund der Wikingeraktivitäten: Im kleinen Tal Haukadalur westlich von Þingeyri lebte Gísli, der Held der *Gísla saga*, und hier ist deren Hauptschauplatz. Südlich des Önundarfjörður erzählen an zehn Stellen Tafeln aus dieser Saga.

Wer von Þingeyri direkt an die Südküste weiterfährt, hat erst nach ca. 210 km in Reykhólar bzw. nach der Fährfahrt von Brjánslækur in Stykkishólmur wieder eine Einkaufsmöglichkeit.

Westfjorde → Karte S. 600/601

Basis-Infos

Information/Kunsthandwerk Ein Informationsbüro gibt es in Þingeyri immer, jedoch zieht es ständig um. Mo–Fr 10–12 u. 13–18, Sa/So 11–18 Uhr. Angeschlossen ist die Galerie Koltra mit schönem Kunsthandwerk. ✆ 4568304.

Hin & weg Kleinbus nach Flateyri und Ísafjörður Mo–Fr 2-mal tägl. ab Tankstelle. Der Bus zum Fähranleger Brjánslækur und nach Látrabjarg hält hier Mo, Mi, Sa. ☎ 4568380.

Versorgung Arzt, Autowerkstatt (Kristjáns, ☎ 4568331/8546424), Bank, Post, kleiner Lebensmittelladen in der Tankstelle, Mo–Fr 9–22, Sa/So 10–22 Uhr.

Mountainbikeverleih Im Kaffihúsið Simbahöllin, ISK 8000/Tag.

Reiten Die engagierten Besitzer des Kaffihúsið Simbahöllin bieten empfehlenswerte Reittouren für mind. 2 Pers. zwischen 2 Std. und 2 Tagen (mit Camping). 2 Std. ISK 7500. ☎ 8695654/8996659.

Schwimmbad Modernes Hallenbad beim Zeltplatz nahe der Kirche, mit Hot Pot. Mo–Fr 8.15–21, Sa/So 10–18 Uhr.

Touren Auf einem von zwei Männern aus Eichen- und Lärchenholz gebauten Ruderboot, der exakten Kopie eines 1000 Jahre alten Wikingerboots, jedoch mit 12 m nur halb so lang, werden nach Bedarf Touren von 1 Std. im Fjord angeboten, ISK 3700/Pers. ☎ 8613267.

Übernachten/Camping/Essen

Übernachten Við Fjörðinn, freundliches Gästehaus mit 20 Betten in unterschiedlich möblierten, hellen Zimmern für 1–4 Pers., alle mit Waschbecken. Küche, zwei Bäder. Von einigen Zimmern herrlicher Blick auf den Fjord. Auch 2 Apartments und 2 kleine rote Häuser mit Bad und Kochgelegenheit, eines direkt auf dem Grundstück. Viele SSU auf Matratzen. Frühstück im hübschen Wintergarten des Privathauses. Im Garten große Terrasse und viele schöne Plätze zum Sitzen. ISK 7000/Pers., SSU ISK 3500. Aðalstræti 26, ☎ 4568172/8470285, vidfjordinn @vidfjordinn.is, www.vidfjordinn.is.

Hotel Sandafell, mitten im Ort mit 14 hellen, schlichten Zimmern für 2–4 Pers., davon 9 mit Bad. 2 Apartments für 5/6 Pers. Im Restaurant mittags und abends Gerichte à la carte, frischer Kabeljau ist immer dabei. Nachmittags Kaffee und Kuchen. DZ mit/ohne Bad ISK 16.700/11.100. Hafnarstræti 7, ☎ 4561600,   gisting@hotelsandafell.com, www.hotelsandafell.com.

Gistiheimilið Vera, im weißen Haus am Hang ganzjährig ein kleines Studio im Souterrain für bis zu 4 Pers., Kochecke, Bad; hübsch gemacht, besser vorbuchen. ISK 14.000; SSU ISK 4500/Pers. Hliðargata 22, ☎ 4568232/8916832.

Camping Þingeyri, kleiner, ruhiger, von Hecken eingerahmter Zeltplatz, WC/Kaltwasser, Duschen im Schwimmbad nebenan. ISK 1000/Zelt. ☎ 4508000.

Essen Restaurant im Gästehaus Sandafell (s. o.). Das Restaurant in der Hafnarstræti 2 wechselt ständig Besitzer und Speisekarte. Verlässlicher ist die **Tankstelle**, dort gibt es Fastfood und kleine Gerichte wie Fish & Chips oder Lammkotelett.

》》》 Unser Tipp: Kaffihúsið Simbahöllin, urgemütliches Café, eines der schönsten im Land, in einem Haus von 1915, das der Belgier Wouter und die Dänin Janne stilgetreu restauriert haben. Belgische Waffeln, selbst gebackener Kuchen (häufig nach dänischen Rezepten) und ab 18 Uhr Lamm-Tajine. 15. Juni bis 15 Aug. 10–22 Uhr, in den Wochen davor und danach 12–18 Uhr. Fjarðargata 5, ☎ 8996659. 《《《

Alte Schmiede: Uralte Regale voller Schrauben und Schmiere; Hämmer, Zangen und Messer an der Feuerstelle, polierte Maschinen, große Kessel, Zementsäcke, Schraubstöcke, Holzmodelle, Massen an Werkzeug: In der randvollen *Gamla Smiðjan* sieht alles noch so aus wie 1995, als die Arbeit hier eingestellt wurde, weil der Besitzer starb. Von 1913 an entstanden in den vielen Räumen vor allem Ausrüstungen für Fischerboote, und wenn Mechaniker Kristján oder sein Sohn aus seiner Werkstatt herüberkommt, die alten Maschinen anwirft, Keilriemen schnurren lässt und mit Begeisterung durch die Hallen führt und Tricks und Techniken zeigt, lebt die alte Zeit wieder auf.

Mo–Fr 9–11 und 13–16 Uhr sowie nach Bedarf, in der Werkstatt nebenan (Hafnarstræti 14) oder in der Touristinformation Bescheid sagen, ISK 500. Hafnarstræti, ☎ 8946424.

Langspil und Fiðla: Wer einmal sehen möchte, wie die traditionellen isländischen Musikinstrumente gebaut werden, sollte Jón in seiner kleinen Werkstatt besuchen. Der sympathische Musiklehrer und Musiker begann 2003 als Hobby mit dem Bau von Saiteninstrumenten und lässt sich gerne bei der Arbeit stören, um Fragen zu beantworten und im Showroom Instrumente vorzuführen.
Musical workshop: einfach vorbeikommen. Brekkugata 26, ☎ 4568439.

Ausflüge und Wanderungen   (→ Karte S. 600/601)

Zu den Tälern und rund um die Halbinsel in den Arnarfjörður (9): Etwa 5 km von Þingeyri liegt das über die Schotterpiste 622 am Flughafen vorbei zu erreichende Tal Meðaldalur. Hier wurde einst vergeblich nach Gold gesucht; es blieb eine versteckt liegende alte Mine. Im kleinen Tal Haukadalur, 1 km weiter, gab es früher einen größeren Handelsplatz als in Þingeyri. Zwei Farmen und mehrere im Sommer bewohnte Häuser stehen noch. Eine kleine Grabstätte am Straßenrand erinnert an ertrunkene französische Matrosen, die in Haukadalur lebten. Im Keldudalur, wo nach 15 km die Straße endet, ist die kleine Holzkirche Hraunskirkja von 1885 zu besichtigen, die originalgetreu restauriert wurde. Es ist möglich, von hier bei Niedrigwasser mit dem Jeep, dem Mountainbike, zu Ross oder zu Fuß auf schmaler, bisweilen sehr steiniger Piste die Halbinsel zu umrunden. Hierbei geht es entlang steiler Felsen und durch Gesteinsschutthalden; die Furten durch kleine Bäche sind meist harmlos. Immer wieder werden verlassene Höfe, z. T. auch verfallene Torfhäuser passiert und Wiesen durchquert. Ein Abschnitt hinter Lokinhamrar ist nur bei Ebbe zu passieren. Die Piste, die einst ein Bauer auf eigene Faust anlegte und die jedes Frühjahr repariert werden muss, endet bei einem Schafgatter kurz vor der Brücke in Hrafnseyri. Gezeitentafel und genauere Infos in der Touristinformation.

Hausberg Sandafell, 367 m (10), einfach: Um den Berg oberhalb von Þingeyri zu erklimmen, nimmt man die Str. 60 in Richtung Süden; nach ca. 2 km zweigt eine steile Jeeppiste auf das Sandafell ab, die mit geeignetem Fahrzeug sogar befahren werden kann. Von oben bietet sich ein weiter Blick über den Fjord aufs offene Meer und das Gláma-Plateau.

Besteigung des Kaldbakur, 998 m (11) (etwas Kondition nötig, aber ohne besondere Schwierigkeiten): Eine lohnenswerte Tageswanderung ist die Besteigung der höchsten Erhebung der Westfjorde. Zunächst folgt man der Straße fjordauswärts um das Sandafell, biegt dann gleich in den ersten Weg Richtung Kirkjubólsdalur. Hier führt eine sehr selten befahrene Fahrspur das ganze Tal hinauf bis auf einen Berggrat auf über 500 m Höhe. Der Weg zum Gipfel folgt nun diesem Grat nach rechts. Ohne allzu große Mühen erreicht man den höchsten Punkt, von dem sich eine beeindruckende Aussicht bietet.

Weiterfahrt gen Süden: Bei der Weiterfahrt werden die hohen Berge spürbar: Sofort hinter dem Ortsausgang steigt die von hier an geschotterte Str. 60 steil an. Erst nach 10 km, davon die letzten drei mit 10 % Steigung in Serpentinen, ist die 552 m hohe Passhöhe auf der Hrafnseyrarheiði erreicht. Dies ist der höchste Pass der Westfjorde und der für Radfahrer wie Fahrzeuge anstrengendste, doch bietet die Strecke überwältigende Ausblicke. Weil die Straße etwa 120 Tage im Jahr unpassierbar und deshalb geschlossen ist, ist schon lange der Bau eines Tunnels geplant.

Mit imposanter Aussicht über den Arnarfjörður („Adlerfjord"), nach dem Ísafjarðardjúp der zweitgrößte Fjord der Westfjorde, geht es steil wieder bergab. Dass auf

Westfjorde → Karte S. 600/601

der Strecke hier und da spitze Gipfel auftauchen, die im Gegensatz zur sonstigen Plateaulandschaft stehen, liegt am ehemaligen Zentralvulkan Tjaldanesfjell am Nordufer des Arnarfjörður: Seine Gesteinsmassen konnten der Abtragung nicht so stark Widerstand leisten, weshalb Höhen mit scharfen Graten ausgehobelt wurden.

Jón-Sigurðsson-Museum in Hrafnseyri: 1 km nach Verlassen der Bergstraße wird am Arnarfjörður der malerisch am Hang liegende historische Pfarrhof Hrafnseyri erreicht. Hier wurde am 17. Juni 1811 der Freiheitskämpfer Jón Sigurðsson geboren (siehe S. 124). Die zu seinem 200. Geburtstag im großen, weißen Haus mit Gedächtniskapelle eröffnete Ausstellung beleuchtet mit Tafeln, Touchscreen und einem Film ausführlich sein Leben und Wirken (auch auf Englisch) – darunter seine Zeit in Kopenhagen (wo er an der Sammlung isländischer Manuskripte arbeitete), seine Arbeit als Herausgeber und Redakteur der Zeitschrift Ný Félagsrit ab 1841 und seine Tätigkeit im Alþing, dem er von 1844 bis zu seinem Tod 1879 angehörte. Auch die damalige Situation im Land wird erläutert. Das dreigiebelige Geburtshaus aus Torf nebenan, von dem noch eine Wand stand, wurde etwas höher als ursprünglich wieder aufgebaut; hier befindet sich heute ein Café. Was von Sigurðssons Besitz übrig blieb, ist im Nationalmuseum in Reykjavík zu sehen. Die hübsche Kirche von 1886 stand als einziges Gebäude schon zu Sigurðssons Lebzeiten auf dem Hof.

1. Juni bis 31. Aug. tägl. 10–20 Uhr, ab 2012 wieder mit Eintritt. Im Torfhof stilvolles Café (selbe Öffnungszeiten wie Museum); Kuchen und Waffeln, So ab 14 Uhr Kuchenbüfett für ISK 900 mit selbst gebackenem Kuchen. ✆ 4568260, www.hrafnseyri.is.

Weiterfahrt zum Wasserfall-Ensemble: Schon von weitem ist der außergewöhnlich gleichmäßige, wie ein Schleier über die Basaltkante fallende Wasserfall Dynjandi zu sehen. Östlich der Fjorde glänzen die weißen Firnfelder des ca. 900 m hohen Gláma-Plateaus. Am Wasserkraftwerk Mjólkárvirkjun vorbei, das die Westfjorde mit Strom versorgt, schwingt sich die Straße in den nächsten Seitenfjord. Bevor es erneut bergauf geht, zweigt die Zufahrt zum *Dynjandi* ab. Dieser höchste Wasserfall der Westfjorde, auch Fjallfoss genannt, zählt zu den schönsten des Landes. Nach 100 m langem Fall stürzen die Wassermassen als fünf weitere, kleine Fälle den unteren, terrassenartigen Hang hinunter. Seit 1981 stehen 700 ha um die Fälle unter Naturschutz. Der Weg hinauf beginnt auf dem Zeltplatz, rechts des Flusses.

Camping Dynjandi: Zeltplatz in wunderschöner Lage unterhalb des Wasserfalls, zwischen Bergwand und Fjord. WC und Kaltwasser, kostenlos, um Geldspende wird gebeten.

Weiterfahrt zum Fähranleger Brjánslækur: Anfangs steil, dann mit gemäßigterer Steigung macht sich die Str. 60 in weitem Bogen auf zur Hochebene Dynjandisheiði (500 m). Bereits auf den 11 km bis zur Schutzhütte bieten sich gewaltige Ausblicke zurück in den Fjord und auf die Bergwelt der Gláma; Wasserfälle rauschen, Grundmoränenseen mit moosigem Ufer sorgen für schimmernde Farbtupfer im Grau. Hinter der Hütte geht es wenige Kilometer bergab, dann weiter bergauf. Die Landschaft wird steinig und karger. Tief, tief unten im Geirþjófsfjörður kauert ein einziger verlorener Hof. Wo die Str. 63 in Richtung Bíldudalur abzweigt, ragen mehrere markante, unter dem Namen Hornatær bekannte Gipfel ca. 700 m empor. Es wird angenommen, dass Raben-Flóki im 9. Jh. auf einem von ihnen stand, als er einen Fjord voller Packeis erblickte und Island seinen Namen verpasste (siehe S. 108). Über den kurz darauf erreichten, 468 m hohen Pass Helluskarð führt die Str. 60 auf 8 km aus der Bergwelt hinunter an den Vatnsfjörður. Erst seit Fertigstellung dieser Passstraße 1959 ist der Nordwesten an das Hauptstraßennetz angeschlossen. Im Winter ist sie jedoch gesperrt. Beim Hótel Flókalundur wird die Küstenstraße 62 erreicht; von hier sind es noch 6 km zum Fähranleger in Brjánslækur (siehe S. 636). Gegenüber vom Hotel ist auf einem kleinen Hügel am Fjord zu Ehren von Flóki und seinen Mannen ein Gedenkstein mit dem entscheidenden Zitat aus dem Landnahmebuch aufgestellt: „... und sie nannten das Land Island".

Schwimmbad/Hot Pot Freibad Flókalundur, ca. 300 m westlich des Hotels bei den Sommerhäusern, mit Hot Pot. Tägl. 10–12 und 16–19 Uhr. Ein natürlicher Hot Pot liegt östlich des Hotels unterhalb der Straße direkt am Fjord und bietet ein Bad mit herrlicher Aussicht; hierfür gegenüber von dem Schild, welches das Hotel in 400 m Entfernung ankündigt, die Piste zum Wasser nehmen.

Tankstelle Hótel Flókalundur, 24 Std., hier 10–23 Uhr auch ein paar Grundnahrungsmittel.

Übernachten/Camping/Essen Hótel Flókalundur **16**, schönes Haus mit netter Atmosphäre. 15 kleine, aber hübsche DZ mit Bad. Zeltplatz ca. 100 m vom Hotel am Hang, mit Duschen; idyllischer Platz (hier nur WC) auch gegenüber vom Hotel am rauschenden Fluss und mit Birken. Vom Restaurant mit Holzwänden und Spitzendecken Blick über den ganzen Fjord. Tagsüber Suppe, leichte Gerichte, Salate, Kaffee und Kuchen; abends (18–21 Uhr) auch Fisch und Fleisch. DZ ISK 17.800, Camping ISK 1000/Pers. Geöffnet ca. 20. Mai bis 20. Sept. ✆ 4562011, flokalundur@flokalundur.is, www.flokalundur.is.

Der Südwesten mit dem Látrabjarg

Zwischen Arnarfjörður und Breiðafjörður nimmt die Höhe der Bergrücken allmählich ab, auch hier sind aber noch anspruchsvolle Pässe von einem Fjord zum nächsten zu bewältigen. Auf der südlichsten Halbinsel finden sich malerische Sandstrände und mit dem Látrabjarg einer der größten Vogelfelsen des Landes am westlichsten Punkt Europas.

Von der Kreuzung der Straßen 60 und 63 in etwa 450 m Höhe sind es noch 36 km gen Westen durch die Berge und um drei kleine Seitenfjorde nach Bíldudalur. Die Straße fällt sogleich ab und führt auf 10 km von der kahlen Hochebene zurück ins grüne Unterland mit Flüssen und Wasserfällen und dichtem Buschbewuchs. Ein Picknicktisch am Fluss wartet auf Gäste und im *Reykjafjörður* („Rauchfjord") laden ein geothermales Schwimmbad und ein dahinterliegender, natürlicher Hot Pot die Vorüberreisenden zum kostenlosen Aufwärmen und Entspannen ein. Beim Flughafen von Bíldudalur im Fossfjörður („Wasserfallfjord") ist wieder die Teerstraße erreicht.

Bíldudalur   (ca. 160 Einw.)

Seit dem späten 16. Jh. ist der hübsche Ort mit seinen vielen aus dem 19. Jh. erhaltenen Gebäuden, einem winzigen Park mit Bach und dem malerischen Hafen mitten im Ort Fischerei- und Handelsplatz. Von hier exportierte 1790 der erste isländische Kaufmann Klippfisch nach Spanien und lange Zeit stand Salzfisch aus Bíldudalur für besondere Qualität. 1891 wurde in Bíldudalur der Künstler Muggur geboren. Lohnenswert ist ein Besuch des neuen Seemonster-Museums, das sich dieses bedeutsamen Themas annimmt – fast jeder hier in der Gegend kennt irgendeine Erzählung von Seemonstern.

Information Eagle Fjord, mit kleiner Galerie und Ausstellungsraum, ist die inoffizielle Touristinformation. Hier trifft man den engagierten, hilfsbereiten Jón Þórðarson, dem viele neue Tourismusprojekte in der Gegend zu verdanken sind und den jeder

Westfjorde → Karte S. 600/601

Bíldudalur vor steiler Felswand

kennt. Wenn er gerade auf Tour ist, ist seine Tochter da. Dalbraut 1, ☏ 8941684, www.bildudalur.is.

Hin & weg Flug tägl. außer Sa 1-mal von/nach Reykjavík, Bustransfer in den Ort sowie nach Patreksfjörður und Tálknafjörður. ☏ 4562152/5622640, www.eagleair.is.

Versorgung Bank und Post (beide Mo–Fr 12.30–16 Uhr), Tankstelle.

Einkaufen Laden im Restaurant Vegamót, hier die wichtigsten Lebensmittel, manchmal selbst gebackenes Brot. 10–20, Sa/So ab 11 Uhr.

Hot Pot Ein Schwimmbad gibt es nicht, aber einen Hot Pot – im Sportzentrum. ISK 500. Mo–Fr 8–21, Sa/So 8–18 Uhr.

Touren/Wandern/Angeln Jón Þórðarson von Eagle Fjord (siehe Information), unternimmt mit seinem Boot für 36 Pers. verschiedene Touren: Mo, Do, So 11 Uhr **Hochseeangeln**, 3 Std., ISK 6200 inkl. Ausrüstung. Jón, der selbst Fischer war, filetiert den Fang, der dann gleich gegrillt oder mitgenommen werden kann. Di, Fr 11 und Sa 22 Uhr **Aussichtsfahrten** im Arnarfjörður, 80 Min., ISK 2500. Mi 11 Uhr Tour in den einsamen **Geirþjófsfjörður**, dort geführte Wanderung, bei der Geschichten aus der *Gísla saga* erzählt werden, insges. 5 Std., ab ISK 6500. Immer vorbuchen, da sich die Termi-

ne ändern können. Jón bringt Touristen auch mit Bus oder Boot zu Ausgangspunkten von Wanderungen.

Übernachten JH Bíldudalur, schön am Fjord und Hafen gelegen, 11 Zimmer für 1–4 Pers. mit Waschbecken; zwei Duschen. 2 Zimmer für 4–6 Pers. mit Etagenbetten und eigenem Bad. Kleine Küche. SSU ab ISK 2900/Pers. Hafnarbraut 2, ☏ 4562100.

Apartments, Eagle Fjord (s. o.) vermietet beim Ortseingang im Wohnblock Gilsbakki 2–4 vier Apartments mit 2 DZ, zwei mit 4 DZ. Waschmaschine. Gemietet wird das ganze Apartment. Wenn alles ausgebucht ist, kommen Gäste in der Dalbraut unter, hier im 1. Stock 7 einfache Zimmer. Alle Preise variieren je nach Personenzahl und Länge des Aufenthalts. Dalbraut 1, ☏ 8941684, www.bildudalur.is.

Sunnuhvoll, nahe der Kirche, hübsches Haus mit 2 DZ und 1 EZ, gut ausgestattete Küchenzeile, Bad. ☏ 8941684.

Camping Bíldudalur, Zeltplatz auf ungeschützter kleiner Wiese direkt am Fjord, Dusche im Sportzentrum. Ein weiterer Platz außerhalb des Orts beim Golfplatz, südlich der Kreuzung 64/619, ruhig, aber ebenso ungeschützt, 1 km von der Straße, mit WC und Kaltwasser. Beide ISK 1000/Pers. ☏ 8662128.

Essen Vegamót, Restaurant/Café mit Terrasse, liebevoll dekoriertem Wintergarten und langer Tradition. Beliebt ist die Meeresfrüchtesuppe mit selbst gebackenem Brot. Auch Suppen, zwei Fischgerichte, Pizza, Kaffee und leckerer Kuchen. 9.30–20, Sa/So ab 11 Uhr. Tjarnarbraut 2, ℡ 4562232.

Seemonster-Museum: Das 2009 im großen Gebäude einer ehemaligen Konservenfabrik eröffnete Museum beeindruckt aus zwei Gründen: zum einen dadurch, wie das Thema Seemonster, bei dem es ja an Ausstellungsstücken mangelt, hier mit kreativen Ideen und moderner Technologie lebendig gemacht wird; und zum anderen mit der Geschichte seiner Entstehung: Um etwas für ihren Heimatort zu tun, bauten mehrere in Bíldudalur geborene, aber nach Reykjavík gezogene Isländer mit viel Mühe das Museum in Freiwilligenarbeit auf; 20 bis 35 Leute kamen zwei Jahre lang jedes Wochenende, um das Gebäude zu renovieren. Für die Ausstellung selbst wurden Spendengelder gesammelt. Hier taucht man nun ein in die schummrige Unterwasserwelt, sieht und hört Menschen von ihren Erfahrungen mit Seemonstern berichten (in der Gegend um den Arnarfjörður sind 250 Geschichten über sie bekannt, und angeblich gibt es in diesem tiefen Fjord Monster jeder Art und Größe) und bekommt schließlich die vier verbreitetsten Arten sogar zu sehen. Auch was die Wissenschaft zum Thema meint, kann man erfahren. Das Highlight ist vielleicht der Multimediatisch mit Landkarte, an dem man sieht, welche Monstergeschichte sich an welchem Ort zugetragen hat.

Skrímslasetrið: 1. Juni bis 10. Sept. tägl. 11–18 Uhr; ISK 800. Mit Café, hier Waffeln und Kuchen. Strandgata 7, ℡ 4566666, www.skrimsli.is.

„Melodies of the past": Unter diesem Namen – dem Titel eines Songs über isländische Musik – hat Sänger und Musikliebhaber Jón Ólafsson im Erdgeschoss seines Privathauses ein originelles Museum zur Musik Islands der letzten Jahrzehnte eingerichtet. Die Wände sind hinter Schallplatten, Fotos, Zeitungsausschnitten und Souvenirs verschwunden, dabei sind die berühmte Jazzsängerin Hallbjörg Bjarnadóttir und international bekannte Opernsänger wie Stefán Íslandi und Kristján Johannsson. Für Ausländer ist aber vielleicht eher die Aufmachung des Museums interessant: Weil Jón nicht wusste, wohin mit seinen Möbeln, hat er sie einfach stehen lassen. Wer Glück hat, bekommt ein Ständchen von ihm persönlich.

Mo–Fr 13–17 Uhr oder wenn Jón Ólafsson da ist; ISK 500. Tjarnarbraut 5, ℡ 4562186.

Abstecher in den Selárdalur zu den Künstlerhäusern (Str. 619): Die 26 km am Arnarfjörður entlang müssen zwar auf äußerst schlechter Schotterpiste voller Löcher und grober Steine zurückgelegt werden, die sich immer wieder mit kurzen steilen Anstiegen um die ca. 600 m hohen Bergrücken von Tal zu Tal windet, doch ist der Ausflug für den Weg wie das Ziel wärmstens zu empfehlen: Es geht an fast mediterran anmutenden, breiten weißen Sandstränden vorbei, an wenigen Höfen, an verlassenen Häusern, und in den teilweise mit Braunkohleflözen durchzogenen Berghängen nisten zahlreiche Vögel. Der *Selárdalur* lohnt wegen seiner eindrucksstarken Künstlerhäuser und Skulpturen. Gebaut hat sie Samúel Jónsson (1884–1969), der sich hier 1947 auf dem Hof Brautarholt ansiedelte und wenig später seine Arbeit als Landwirt aufgab, um sich ganz der Malerei und Bildhauerkunst zu widmen. Für die Kirche in Selárdalur malte er ein großes Altarbild, das er ihr zum 100-jährigen Bestehen schenken wollte. Weil das Geschenk nicht angenommen wurde, baute er seine eigene Kirche. Neben sein Wohnhaus setzte er ein kleines Kunstmuseum. Nachdem die Gebäude nach seinem Tod 30 Jahre lang dem Verfall preisgegeben waren, begannen engagierte Ehrenamtliche mit der Restaurierung. Die renovierte Kirche beherbergt nun einige von Samúel Jónssons naiven Bildern, die irgendwann in

So war es einmal - verwitterte Kunst im Selárdalur

das kleine Museum wandern sollen. Dieses wurde ebenso wie die Skulpturen nach der Restaurierung neu angemalt und der Löwenbrunnen wieder instand gesetzt. Das Wohnhaus wurde abgerissen und soll originalgetreu wieder aufgebaut werden, um dann als Gästehaus für Künstler zu dienen. Bislang immer geöffnet, unbeaufsichtigt, um eine Spende wird gebeten.

Weiterfahrt: Nur 18 km sind es von Bíldudalur nach Tálknafjörður am gleichnamigen Fjord, doch verläuft der größte Teil der Strecke über den 512 m hohen Bergpass Hálfdán. In Tálknarfjörður lässt sich Fisch günstig direkt in der Fabrik kaufen.

Tálknafjörður   (ca. 300 Einw.)

Tálknafjörður ist der jüngste der drei Orte im Südwesten der Westfjorde und entwickelte sich erst in den letzten 50 Jahren. 15–20 % der Bevölkerung sind heute Polen, die in der Fischfabrik arbeiten. Für sie liest alle paar Monate ein katholischer Priester aus Ísafjörður oder Reykjavík eine Messe in der evangelischen Kirche.

Die Attraktionen des Ortes liegen westlich des Dorfkerns: die helle, neue Kirche aus Holz mit interessanter Architektur und Altar, Kanzel und Taufstein aus Basalt; das geothermale Schwimmbad, das einzige in den Westfjorden, das die Anforderungen für Wettkämpfe erfüllt; 4 km weiter am Hang drei einsame Hot Pots mit Dusche. Der Fjord lädt zum Vogelbeobachten ein.

In der Strandgata 44 produziert und verkauft Aðalbjörg Þorsteinsdóttir ihre nach traditionellen isländischen Rezepten hergestellten und viel gelobten biologischen Heilkräutersalben der Marke Villimey. Die Kräuter sammelt sie in der Gegend um den Fjord. Die Salben sind auch im Schwimmbad erhältlich.

Information Im Schwimmbad, tägl. 10–22 Uhr. Hier ist auch eine Karte mit Wanderungen erhältlich (ISK 900). ✆ 4562639.

Hin & weg Der Bus zum/vom Flughafen in Bíldudalur hält tägl. außer Sa in Tálknafjörður, ✆ 8932636.

Versorgung Autowerkstatt (Allt í járnum, ☎ 4562633), Bank, Post, kleiner Supermarkt (Mo–Fr 9.30–18, Sa/So 11–15 Uhr) mit Tankstelle (24 Std.).

Fischkauf Geräucherte und frische Forelle, Salzfisch sowie Trockenfisch kauft man gut und günstig direkt in den Fabriken im Hafen: Gegenüber der Bank die Einfahrt zum Hafen nehmen; im ersten Gebäude rechts erhält man Forelle und Salzfisch (Strandgata 39, 7–12 Uhr). Den Trockenfisch gibt es zwei Häuser weiter bei Særöst, Strandgata 43.

Schwimmbad Modernes Freibad mit Hot Pots 1 km hinter der Tankstelle, tägl. 10–21 Uhr. 4 km weiter drei beliebte Hot Pots mit unterschiedlicher Temperatur rechts oben am Hang (Schild „Pollurinn"), mit Dusche, kostenlos.

Übernachten »» Unser Tipp: **Gistiheimilið Bjarmaland**, mit Geschmack gestaltetes, sehr sauberes und von fünf netten Schwestern geleitetes Gästehaus mit 10 DZ und 1 EZ mit Waschbecken und komfortablen Betten, alle mit TV. 1 DZ mit Bad. Drei Duschen, Küche kann genutzt werden. Bei Bedarf werden Gäste noch in einem kleinen Apartment untergebracht. Die Besitzerinnen zeigen Interessierten die Fischfabrik (1 Std.) und organisieren Ausflüge zum Fliegenfischen. Ab ISK 4800/Pers., Frühstück extra. Bugatún 8, ☎ 8918038, bjarmaland06@ simnet.is, www.bjarmaland.bloggar.is. ««

Camping Tálknafjörður, ruhiger Zeltplatz hinter dem Schwimmbad mit Duschen, Windschutz durch Hecken, WC und Warmwasser, dahinter kleiner Nadelwald mit Spazierpfad. Waschmaschine und Küche im Schwimmbad. ISK 1000/Pers.

Essen Das Restaurant Hópið suchte bei der letzten Recherche nach neuer Leitung und hatte leider geschlossen.

Veitingastofan Tigull, schlichtes Restaurant in der ehemaligen Post, v. a. Pizza und Burger. 18–21 Uhr. Strandgata 32, ☎ 4562662.

Weiterfahrt: Von den im Fjordinneren beginnenden 12 km Passstraße schrauben sich die ersten 5 km steil mit bis zu 12 % bergauf bis in etwa 360 m Höhe, dann geht es 7 km bergab und direkt nach Patreksfjörður, der sich auf einem schmalen Küstensaum und einer weit in den Fjord ragenden Sandbank auf fast 3 km Länge erstreckt. Wer den Ort zu Fuß erreichen möchte, kann von Lambeyri an der Südseite des Tálknafjörður 7 km über den Berg Lambeyrarháls wandern.

Patreksfjörður

(ca. 600 Einw.)

Der größte Ort im Südwesten am steilen, 550 m hohen Lambeyrarháls lockt mit dem stilvollen „Piratenhaus"-Café. Relativ viele Büsche, Bäume und der Hang mit Wiese sorgen für eine schöne Atmosphäre im Ort.

Gebaut wurde Patreksfjörður, das seit der Zeit der deutschen Hanse wichtiger Handels- und Fischereiort ist, einst auf den beiden Sandbänken Geireyri und Vatneyri. Nachdem diese miteinander verbunden worden waren, grub man 1946 in einen kleinen See auf Vatneyri den heutigen Hafen.

Im Ort fallen mehrere moderne Skulpturen auf, von denen alleine drei ertrunkenen Fischern ein Denkmal setzen. Eine weitere Skulptur erinnert an das Lawinenunglück 1983, beim dem vier Menschen ums Leben kamen.

Besucher finden einen Supermarkt, Post, Bank und das „Piratenhaus" im Ortskern auf der Landzunge. Eine Ausstellung zu berühmten Künstlern des Ortes suchte bei der letzten Recherche nach einem neuen Gebäude.

Information Kein Informationsbüro; im Café Piratenhaus Broschüren, Landkarten, Infos zu Öffnungszeiten usw.

Hin & weg 1. Juni bis 31. Aug. Mo, Mi, Sa je 1-mal von/nach Látrabjarg, Brjánslækur und Ísa-fjörður; ab Tankstelle, ☎ 4563518. Tägl. außer Sa Flughafenbus von/nach Bíldudalur, ☎ 8932636.

Versorgung Alkoholgeschäft, Arzt, Apotheke, Autowerkstatt (Aðalstræti 84, ☎ 4561144/

Westfjorde → Karte S. 600/601

8962815), Bank (Bjarkagata 1; Geldautomat nur bei **Albína**, Aðalstræti 89), Polizei, Post (Bjarkagata 4).

Einkaufen   Zwei Supermärkte: **Albína**, Aðalstræti 89, 8–23, Sa/So ab 9 Uhr, hier auch kleine Bäckerei, und **Fjölval**, Þórsgata 10, Mo–Do 9–18, Fr bis 19, Sa/So 11–16 Uhr.

Kunsthandwerk   Galleri Ísafold, Sonja Ísafold verkauft in der ihrem Wohnhaus angeschlossenen Galerie Schalen aus Holz, Figuren aus Stein, kleine Stofftaschen, Schmuck – viele verschiedene Dinge aus isländischen Materialien im eigenen Stil. Mo–Fr 14–18 Uhr. Urðargata 7.

Schwimmbad   Freibad mit Hot Pots und Sauna im neuen Schulgebäude, neben der Kirche. Mo–Fr 7–21, Sa/So 10–17 Uhr. Aðalstræti 63.

Übernachten   Bei der letzten Recherche war geplant, ein großes Gebäude neben der Tankstelle in ein Hotel mit etwa 40 Zimmern umzubauen.

Hótel Ráðagerði, 5 DZ und 1 EZ mit Bad, z. T. mit Blick auf den Fjord. Großer Aufenthaltsraum. Modern, weiß und minimalistisch, überall Farbtupfer durch die kunstvoll dekorierten Textilien aus der Designfirma der Besitzerin. Frühstück mit frisch gebackenem Brot. DZ ISK 16.900. Geöffnet Juli–Sept. Aðalstræti 31, ☎ 4560181, stay@radagerdi.com, www.radagerdi.com.

Stekkaból, am Hang zwei Häuser nur für Gäste mit 7 bzw. 8 Zimmern für 1–3 Pers. und freundlicher Atmosphäre. Küche. Frühstück für alle in einem Haus; vom Speisesaal herrlicher Blick auf den Fjord. ISK 4500/

Pers., SSU ISK 3000, Frühstück extra. Stekkar 19, ☎ 8649675, stekkabol@snerpa.is, www.stekkabol.com.

Die Besitzer des **Gistihúsið Eyrar** in der Aðalstræti 8 im alten Ortskern wollten 2011 aus Altergründen aufgeben, Zukunft ungewiss.

Camping   Patreksfjörður, großer, recht ungeschützter Platz am Hang oberhalb der Tankstelle; WC, Warmwasser. Zelt ISK 1500.

Essen   Þorpið Matmaður, großes Restaurant mit entspannter Atmosphäre und relativ günstigen Preisen, hat jedoch v. a. Pizza und Burger. Mittags und abends zusätzlich ein paar andere Gerichte wie Lammfilet oder Forelle mit Kartoffeln. 12–22, So erst ab 14 Uhr. Aðalstræti 73, ☎ 4561295.

Sjóræningjahúsið („Piratenhaus"), im Ortskern am Wasser, in einer der großen Hallen von Anfang des 20. Jh., in denen einst Bootsmotoren gebaut und Schiffsteile repariert wurden. Der Raum des Cafés war Lagerhalle, bewusst erinnert vieles noch daran. In den Fächern, in denen Klempnermaterial lag, stehen jetzt Flaschen und Gläser. Auch Möbel und Geschirr sind antik, kein Tisch gleicht dem anderen, fast jede Tasse ist ein Einzelstück. Tafeln an den Wänden erzählen von Piratengeschichten. In stilvoller Atmosphäre gibt es hausgemachte Kuchen wie den beliebten Karottenkuchen, Waffeln, Suppe und gesunde Sandwichs (auch vegetarisch). In der einstigen Schmiede nebenan im Sommer oft Konzerte mit isländischer Musik. Tägl. 10–22 Uhr. Þórsgata 1, ☎ 4561133.

Imbiss an der Tankstelle.

Weiterfahrt nach Brjánslækur zur Fähre (Str. 62): Vom Fjordinneren beginnt in Serpentinen der Anstieg durch die karge Bergwelt auf die 404 m hohe Kleifaheiði. 1,5 km vor der Passhöhe taucht am Straßenrand wie eine Art Schutzpatron die etwas komisch dreinblickende Steinfigur Kleifabúi auf. Sie errichteten 1947 die Bauarbeiter der Straße. Nach 5 km langer Abfahrt ist mit Barðaströnd die vielleicht sanfteste Region der Westfjorde erreicht. Vor den Berghängen erstrecken sich grüne Wiesen mit farbenfrohen Höfen; entlang des inselreichen Breiðafjörður, an dessen Südufer die Halbinsel Snæfellsnes zu ahnen ist, ziehen sich lange, feine Sandstrände, die tatsächlich ab und an wagemutige Touristen zum Bad in den kühlen Fluten inspirieren. Gegenüber von Krossholt liegt ein kleines Thermalschwimmbad mit natürlichem Hot Pot, bevor bei Rauðsdalur der wie ein langer Schwanz im Wasser liegende, gezackte Basaltgang Reiðskörð auftaucht. Er ist vor allem bei Ebbe gut zu erkennen. Um den Berghang führt die Straße dann in den Vatnsfjörður, wo gleich der Fähranleger *Brjánslækur* erreicht ist. Auf der Wiese rechts von der Zufahrt zum Anleger sitzen alte Stein- und Graswälle: laut Überlieferung die Ruinen des Langhauses, in dem Raben-Flóki seinen ersten Winter in Island verbrachte.

Hin & weg/Kaffee Fähre zwischen Brján-slækur und Stykkishólmur auf Snæfellsnes (siehe dort). Ticketverkauf ab 1 Std. vor Abfahrt, hier auch Warteraum; Erfrischungen; ✆ 4562020. **Bus** 1. Juni bis 31. Aug. nur Mo, Mi und Sa: vom Fähranleger nach Ísafjörður über Flókalundur 18.45 Uhr, zum Látrabjarg und nach Patreksfjörður 12.15 Uhr; von Ísafjörður nach Brjánslækur 9 Uhr.

Schwimmbad Laugarnes, kleines Freibad mit natürlichem Hot Pot gegenüber von Krossholt unterhalb der Straße. 12–22 Uhr.

Tankstelle Auf dem Hof Ytri-Múli, 10–22 Uhr; entweder sitzt der über 80-jährige, herzliche Sveinn in der kleinen Tankstelle oder er sieht das Auto und kommt.

Übernachten Rauðsdalur (FH) 🄲, ca. 7 km vor Brjánslækur, Gästehaus auf einer Schaffarm (hier auch Reifenwechsel/-reparatur) in einem früheren Wohnhaus mit neuem Anbau: Holzhaus mit Blick auf den Fjord und 12 Zimmern, Küche, 4 Bädern. DZ ISK 10.000, SSU ISK 3000/Pers. ✆ 4562041.

Mammutbäume und Magnolien: der Surtarbrandsgil

Nicht weit von Brjánslækur liegt die als Naturmonument geschützte Schlucht Surtarbrandsgil mit eingelagerten Schichten aus Braunkohle – *Surtarbrandur*, was so viel heißt wie „Schwarzbrand" (also Kohle), benannt nach dem Feuergott Surtur. Schmale Braunkohlebänder zwischen den Basaltdecken sind an manchen Stellen in Island zu finden, doch wohl nirgendwo so auffällig wie hier. Interessant sind die Schichten vor allem deshalb, weil sie bezeugen, dass Island im Tertiär zumindest teilweise bewaldet gewesen sein muss. Die Fossilien – darunter ein Reichtum an Blattabdrücken – in den 11–12 Mio. Jahre alten Einlagerungen des Surtarbrandsgil geben Hinweise auf Mammutbäume und Ahorn, auf Walnuss und Magnolie, auf eine wärmeliebende und artenreiche Vegetation, die auf ein damals gemäßigtes Klima mit etwa 15 °C Jahresmitteltemperatur hindeutet.

🥾 Wanderung   (→ Karte S. 600/601)

In den Surtarbrandsgil (12) (hin/zurück 1 Std.): Da die Schlucht unter Schutz steht, ist für diese Wanderung eine Erlaubnis einzuholen, entweder im Fährbüro oder auf dem Hof Brjánslækur. Die einfache Wanderung beginnt dann hinter dem Hof Brjánslækur, auf der Nordseite des Baches (die Seite zum Ticketbüro, hier Zufahrt zu einem Tor, Parkplatz und Tafel mit Karte). Ein undeutlicher Pfad führt über bisweilen etwas feuchtes Gelände in Richtung Berge. Wo ein Bach von links hinzufließt, hält man sich rechts, ebenso bei einem weiteren Zufluss. Es geht leicht bergauf bis zur Schlucht, die nach etwa 30 Min. erreicht ist. Die Braunkohleschichten liegen bereits kurz hinter dem Eingang. Es ist streng verboten, Fossilien zu beschädigen oder gar zu entfernen.

Zum Vogelfelsen Látrabjarg   (Str. 612, 48 km)

Nach der Abzweigung der Str. 612 geht es zunächst flach an den grünen Hängen entlang. Wo das verrostete erste Stahlschiff der Region, die 1912 in Norwegen gebaute Garðar, am Strand liegt (mit Picknicktisch), endet die Teerstraße. Bald ist die Abzweigung der Str. 614 erreicht, die auf 10 km – davon etwa 5 km bergauf – über das 350 m hohe Skersfjall und in sehr (!) steilen Serpentinen hinunter in die Küstenregion *Rauðasandur* („Roter Sand") führt. Hier erstreckt sich ein im Sommertagen äußerst lieblicher, rötlicher Muschelsandstrand, räkeln sich bisweilen Seehunde auf den Sandbänken, liegt ein Streifen grasbewachsenes Unterland vor fast senkrechten Bergen.

In Rauðasandur über dem Strand gemütliches kleines Sommercafé mit Terrasse. Hierfür am Ende der Str. 614 rechts halten und noch 2 km am Wasser entlangfahren.

Westfjorde → Karte S. 600/601

Auch die Str. 612 führt nach wenigen Kilometern beim Flughafen (der ironischerweise nicht mehr genutzt wird, seit die Landebahn geteert ist) zu einer überraschenden, weiten Sandlandschaft, bevor sie sich mit Anstiegen und Kurven auf den Weg um die steilen Geröllhänge von Tal zu Tal macht. Immer wieder tauchen helle Sandstrände auf, hier und da verlassene Höfe. Weit öffnet sich dann das breite, grüne Tal Örlygshöfn an einer schmalen Lagune. Hier sind noch einige Höfe bewirtschaftet und nicht weit vom Beginn des Passes liegt eines der größten Museen des Landes.

Volks- und Luftfahrtmuseum Hnjótur: Egill Ólafsson (1925–99) verbrachte sein ganzes Leben mit dem Sammeln von Gegenständen des täglichen Lebens. Anfänglich stellte er sie in seinem privaten Wohnhaus aus, 1983 öffnete dann dieses große, randvolle Museum, das Einblick in Leben und Arbeit in den südlichen Westfjorden in der Zeit um die Wende zum 20. Jh. gibt. Weil erst danach wirklich einschneidende Veränderungen einsetzten, repräsentiert es im Prinzip die gesamte Periode seit der Landnahmezeit: Wie wurden Haifisch und Seehunde gejagt und wie aus Mist Brennmaterial gewonnen, wie wurde Heu auf dem Boot transportiert und Fisch geräuchert –dies und vieles mehr erfährt man anhand zahlloser Relikte und alter Fotos. Ein anderer Saal dokumentiert Schiffsunglücke und Rettungsaktionen vor Látrabjarg; hier ist auch der 1947 gedrehte Dokumentarfilm zu sehen (siehe S. 640). Im neueren Museumsteil werden wechselnde Ausstellungen zu jüngerer Zeit gezeigt.

Unter direkter Leitung von Egill Ólafssons Sohn steht die Ausstellung zur isländischen Luftfahrtgeschichte schräg hinter dem Museumsgebäude. In der großen Halle, die 1930 von Deutschland nach Reykjavík kam, befindet sich ein russisches Frachtflugzeug von 1967, das 1992 im Kollafjörður notlanden musste; ein altes Flugzeug der US Navy erinnert an die 2006 geschlossene Nato-Basis in Keflavík. Interessant sind auch die beiden winzigen, bis in die 80er Jahre auf den Flughäfen von Patreksfjörður und Þingeyri genutzten „Terminals", von denen eines aus der Kabine eines Fischkutters entstand. 2011 war dieser Teil des Museums vorübergehend geschlossen, Veränderungen waren geplant.

15. Mai bis 15 Sept. tägl. 11–19 Uhr, ISK 1000. Der Bus zum Látrabjarg hält hier Mo, Mi, Sa auf Anfrage. Mit großem Bistrocafé. ✆ 4561511, www.hnjotur.is.

Reiten Vesturfari auf dem Hof Neðri-Tunga, an der Str. 615, ca. 2 km von der Kreuzung mit der Str. 612. Bietet z. B. 1- oder 2-stündige Ritte am Strand und längere Bergtouren. ✆ 8941587.

Wanderungen Umfar bietet regelmäßig geführte, mehrstündige Wanderungen im südlichsten Teil der Westfjorde an, z. B. um Rauðasandur oder am Látrabjarg. ✆ 4565111, www.umfar.is.

Übernachten/Camping Hótel Látrabjarg (FH) **15**, schönes Sommerhotel in ehemaliger Schule, in ruhiger Lage an der Str. 615, ca. 3 km von der Kreuzung mit der Str. 612. Unter netter Leitung 19 freundliche Zimmer, davon 8 DZ mit Bad und in drei verschiedenen Standards, die anderen mit Waschbecken. Frühstück und traditionelles isländisches Abendessen im Saal mit Bühne und einer der ältesten Bars Islands. DZ mit Bad

ab 175 €, ohne Bad 140 €. ✆ 4561500, info@latrabjarg.com, www.latrabjarg.com.

Sommerhäuser Hænuvík 17, an der Str. 615, ca. 9 km von der Kreuzung mit der Str. 612. Ein kleines Wellblechhaus von 1914 mit Flair, aber einfach, ein Teil ohne Dusche für 6–8 Pers., einer mit Dusche für 4 Pers., Kochgelegenheit. Am Wasser ein niedliches Haus von 1936 mit Dusche für 4–6 Pers. Zudem ein neues Haus für 10 Pers. mit Bad und Küche. Hier findet man absolute Stille und reizvolle Wandermöglichkeiten in den Bergen der Umgebung. Auf dem Hof residiert auch die kleine Galerie Gullhóll (9–23 Uhr) mit Kunsthandwerk. Ältere Häuser ISK 9500/Haus, im neuen ISK 4100/Pers., SSU ISK 2900. ✆ 4561574.

Hnjótur Guesthouse 18, beim Museum Hnjótur eröffnete der Sohn des Museumsgründers dieses Gästehaus; in der oberen

Im Südwesten gibt es mehrere helle Sandstrände

Etage fünf Zimmer für 2–4 Pers. mit Waschbecken, zwei Duschen, Küche. Unten weitere 4 Zimmer. Ab 2012 sollen mehrere Zimmer ein eigenes Bad haben. Auf Vorbestellung Abendessen. DZ 98 €, Frühstück extra, SSU 26 €. Zum Gästehaus gehört auch ein Zeltplatz mit Duschen, bislang müssen sich Frauen und Männer aber einen Container mit sanitären Einrichtungen teilen. ISK 1000/ Pers. ℡ 4561596, info@hnjoturtravel.is, www.hnjoturtravel.is.

Essen Gott í kroppin, großes Bistrocafé im Eingangsbereich des Museums Hnjótur. Hummer- und Lammsuppe, belegte Brote, Sandwichs, z. B. mit Garnelen, ein paar größere Gerichte, Kuchen, Waffeln sowie kleine oder große Picknickpakete für die Wanderung. 11–20 Uhr. ℡ 8963088.

Weiterfahrt: Vom Ende des Tales führt die Straße etwa 6 km bergauf und über den 330 m hohen Bergrücken Hafnarfjall, bevor sich der Blick auf die idyllische, große Sandbucht Breiðavík mit Farm, Kirche und Heuwiesen öffnet. An der Abzweigung der schlechten Jeeppiste nach Keflavík vorbei – wo man einen dunklen Sandstrand und viel Einsamkeit findet – geht es über den etwa 200 m hohen Bergrücken Látraháls zur steilen Abfahrt ins malerische *Hvallátur* vor breitem Sandstrand. Dies war einst ein großes Fischereizentrum; geblieben sind Schuppen aus Stein und Grassoden und bunte Sommerhäuser. Wenige Kilometer weiter sind gegenüber vom Campingplatz bei Brunnar die unscheinbaren Ruinen eines weiteren alten Fischereiplatzes zu sehen, darunter das älteste Steingrab in Island. Nun schwingt sich die Straße hinauf zum letzten Anstieg, bis bei 24°32' westlicher Länge mit dem Kap von Bjargtangar beim weißen Leuchtturm der westlichste Punkt Islands und damit ganz Europas erreicht wird. Grönland liegt weniger als 300 km entfernt.

Steilküste der Vögel und Schiffsunglücke: Die 14 km lange und maximal 441 m hohe Felswand *Látrabjarg* ist ein Paradies für Vogelfreunde; neben der weltgrößten Tordalkenkolonie verbringen hier u. a. Zehntausende Papageientaucher, Lummen, Eissturmvögel und Dreizehenmöwen das Frühjahr und den Sommer und beleben mit ihrer pausenlosen Aktivität den senkrecht aus dem Meer ragenden Basaltfels.

Die besten Plätze zum Beobachten der possierlichen Papageientaucher befinden sich gleich in der Nähe des Parkplatzes, beste Zeit dafür sind die ersten Wochen im Juli. Unterhalb des Leuchtturms sind zudem mit Glück Robben zu beobachten.

Die beeindruckende Küste ist auch für die vielen Unglücke bekannt, die sich hier ereigneten. Menschen stürzten beim Eiersammeln ab und Schiffe liefen in der gefürchteten Schiffspassage Látraröst auf Felsenriffs und kenterten, ohne dass über die Steilwand Rettung kommen konnte. Das Unmögliche gelang jedoch 1947, als der britische Trawler Dhoon vor Látrabjarg Schiffbruch erlitt. In dramatischer Aktion wurden zwölf der fünfzehn Seemänner mit Seilen über die Klippen gerettet. Als ein Jahr später hierüber vor der Küste beim Museum Hnjótur ein Dokumentarfilm gedreht wurde, kam gerade die Nachricht vom Schiffbruch eines weiteren britischen Trawlers, der „Sargon", herein. Das Filmteam verlagerte sich daraufhin nach Látrabjarg und filmte die dort verlaufende Rettungsaktion. Ausschnitte aus dem dabei entstandenen Film „Die Rettungstat von Látrabjarg" mit seinen realen und gestellten Szenen sind im Museum Hnjótur zu sehen.

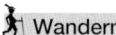 Wandern (→ Karte S. 600/601)

Wer den **Látrabjarg (13)** in seiner gesamten Länge abläuft, kann anschließend von der Bucht Keflavík nach Norden zwischen Vatnsdalsfjall und Sandsfjöll bis zur Str. 612 weiterwandern, die im Sauðlauksdalur erreicht wird (insges. 27 km). Alternativ kann die Wanderung von Keflavík über den Kerlingarháls zum Rauðasandur fortgesetzt werden, wo man die Str. 614 erreicht (insges. 22 km), oder gen Nordwesten zu der Bucht Breiðavík und dem dortigen Gästehaus bei der Str. 612. Gerne wird auch die gesamte Küste vom Látrabjarg bis zur Kreuzung der Str. 62 und 611 abgewandert, weil Start wie Ziel von Bussen angefahren werden. Diese Wanderung dauert etwa drei Tage; über die steile Felswand Sigluneshlíðar, den gefährlichsten Abschnitt der Strecke, führt ein alter Pfad. Eine einfache Wanderkarte ist kostenlos erhältlich.

Kirche Breiðavík an der gleichnamigen Sandbucht

Übernachten Breiðavík (FH) 🔟, malerisch in der gleichnamigen Bucht gelegen. Die netten Besitzer fahren Gäste nach Látrabjarg und zu Wanderwegen. Im ehemaligen Jugendheim unterschiedlich möblierte, meist einfache Zimmer für 2–3 Pers.; SSU in 13 kleinen Zimmern mit je einem Etagenbett. Küche, Speisesaal für Selbstversorger, Waschmaschine. Zudem 22 gemütliche DZ mit Bad und eigenem Eingang in einem Gebäude im Motelstil, das an einen Wohncontainer erinnert. DZ mit/ohne Bad ISK 22.900/15.500, SSU ISK 8500/Zimmer. Geöffnet 15. Mai bis 15 Sept. ✆ 4561575, breidavik

@patro.is, www.breidavik.is.

Camping Breiðavík 🔟, neben dem Hof, mit Hecken. ISK 1500/Pers. inkl. Dusche, Küche und Nutzung von Speisesaal und Waschmaschine.

Brunnar, wenige Kilometer vor Látrabjarg, WC/Kaltwasser, einfache Wiese, kostenlos.

Essen Alle Mahlzeiten im großen neuen Speisesaal von **Breiðavík**. Mittags Suppe, Pizza und Sandwichs, tagsüber Waffeln und Muffins, abends seit 2012 Gerichte à la carte. Für jeden, der kommt, gibt es den ganzen Tag über kostenlos Kaffee und Tee.

Die einsame Südküste

(Str. 62/60)

Die kurvenreiche Strecke führt von Brjánslækur an zwölf meist kurzen Fjorden vorbei nach Osten. Für die lange, auf den geschotterten Abschnitten mühselige Fahrt entschädigen die imposanten Ausblicke auf den Breiðafjörður und die Bergwelt. Nach 173 km endet die Fjordwelt am Südufer des Gilsfjörður. Einkaufsmöglichkeit nur in Reykhólar nach etwa 145 km sowie eingeschränkt beim Hótel Flókalundur (S. 631) und in der Raststätte Skriðuland südlich des Gilsfjörður (S. 566).

Von Brjánslækur aus umrundet die Str. 62 den kurzen, breiten Vatnsfjörður. Am Hang fallen die dichten Birken- und Beerensträucher auf, tiefer im Tal die wild wachsenden Ebereschen. Im Fjord mit Inseln und ausgedehntem Schwemmland tummeln sich viele Vögel; auch der Seeadler brütet in der Gegend. Rund 100 km² um den Fjord stehen seit 1975 unter Naturschutz. Beim Hótel Flókalundur trifft die Straße auf die aus den Bergen kommende Str. 60. Auf ihr geht es weiter ins Fjordinnere, wo das kurze Tal mit dem 4 km langen Forellensee *Vatnsdalsvatn* zu einem Spaziergang einlädt. Dann beginnt die lange Fahrt um kleine Fjorde und steile Felswände, vorbei an Schären und Inseln, an verlassenen Höfen und gebirgigen Halbinseln, von denen der Klettsháls zwischen Kvígindisfjörður und Kollafjörður mit einem Anstieg auf 330 m überwunden werden muss. Die Küste ist felsig, die Gegend mit streckenweise auffällig viel Buschvegetation ist einsam. Die Südküste gehört den Schafen und den Vögeln.

Vorbei am Flugplatz Eyri mit einer Bootskajüte als Wartehalle im 16 km langen Kollafjörður und an Skálanes mit einer einsamen Farm geht es in den seichten Gufufjörður. Vom Kollafjörður kann man auch über den Bergrücken hinüber in den Gufufjörður wandern (4 km, ausgeschildert, Ziel ist die Kirche Gufudalur). Von hier windet sich die Straße mit bis zu 16 % Steigung hinüber in den Djúpifjörður. Er wird durch eine Inselkette am Fjordausgang fast geschlossen. Der einzige Hof im Fjord liegt im Geothermalgebiet, deshalb gibt es hier ein kleines Schwimmbad, das zur Pause einlädt, bevor die Fahrt mit 12 % langsam hoch auf den kargen Höhenzug Hjallaháls und dann mit steiler, kurviger Abfahrt in den engen Þorskafjörður mit ein paar Sommerhäusern weitergeht. Um die Fahrt von Skálanes aus zu erleichtern, ist die Überbrückung von Gufufjörður und Djúpifjörður und ein neuer Straßenverlauf entlang der Küste geplant. Vom Inneren des Þorskafjörður zweigt die Str. 608 ab, die auf 26 km und mit 10 % über die 490 km hohe, steinige, sehr karge und mit vielen Seen durchsetzte Hochebene Þorskafjarðarheiði hinüber zur Str. 61 führt (auf diese trifft sie in der etwas flacheren Steingrímsfjarðarheiði nahe des höchsten Punktes). An eben dieser Str. 608 sind bei *Kollabúðir*, ca. 100 m hinter der Abzweigung von der Str. 60, überwachsene Ruinen zu sehen: Zur Sagazeit war hier eine Þingstätte, Ende des 16. Jh. dann ein Handelsplatz deutscher Kaufleute. Ein Denkmal erinnert daran, dass ab Mitte des 19. Jh. an dieser Stelle auf Versammlungen über die Unabhängigkeit des Landes beraten wurde; eine Infotafel hierzu steht 2 km weiter am Südufer des Fjords an der Str. 60. Dort erinnert ein Denkmal an den Dichter Matthías Jochumsson (siehe S. 88), der auf dem nahen Hof Skógar geborenen wurde. Beim Sommerhotel Bjarkalundur ist dann endgültig die Zivilisation wieder erreicht.

Einkaufen Im Hótel Bjarkalundur kleiner Shop, aber so gut wie keine Lebensmittel (Joghurt, Skyr und Getränke).

Schwimmbad Auf dem Hof Djúpidalur kleines Hallenbad mit Hot Pot im Freien, offen nach Bedarf, im Haus Bescheid sagen.

Tankstelle Beim Hótel Bjarkalundur 24 Std.

Übernachten/Camping Djúpidalur **7**, Gästehaus auf dem einzigen Hof im Fjord mit 400 Schafen und Schwimmbad; wundervoller Blick auf die Berghänge. 4 DZ und 1 EZ, Küche, im Bad nur WC und Waschbecken, Dusche im Schwimmbad. Ein weiteres beliebtes DZ im selben Haus wie das Schwimmbad, mit Bad, Herdplatte, Kühlschrank. Schwimmbad für Gäste frei. ISK 4500/Pers., SSU ISK 3000. ✆ 4347853.

Hótel Bjarkalundur **19**, ältestes Sommer-hotel in Island von 1945–47, nahe der Kreuzung 60/607. Im alten Teil 10 nach Vögeln benannte, gemütlich-altmodische DZ mit Waschbecken und altem Holzboden, ISK 13.500. 6 Zimmer unter Dachschrägen, hier DZ ISK 11.500. Ein Anbau mit 4 DZ mit Bad war 2011 in Arbeit. Weitere 6 Zimmer im blauen Wohncontainer neben dem Hotel. 6 Sommerhäuser am Hang für 2–4 Pers. mit Bad und Kochgelegenheit, ISK 17.500. Zeltplatz auf einer Wiese unter dem Hang, WC, Dusche, ISK 1000/Pers. Geöffnet 15. Mai bis 15. Nov. ✆ 4347762, http://bjarkalundur.is.

Essen Im Restaurant des **Hótel Bjarkalundur**; Sofaecke, Klavier und den ganzen Tag Pizza, Sandwichs, Burger, Kaffee, Kuchen, abends Suppe und zwei traditionelle isländische Gerichte mit Fisch bzw. Lamm. 10–21 Uhr.

Abstecher nach Reykhólar

Der 14 km lange Abstecher auf der kurz hinter Bjarkalundur abzweigenden schmalen Stichstraße 607 lohnt zum Vogelbeobachten, für Bootstouren zu Inseln im Breiðafjörður, für ein Bad im Seetang (!) und für eine gut gemachte Ausstellung.

Im Berufjörður links der Straße fallen zahllose grüne Inseln ins Auge. Sie sind in Privatbesitz und von Eiderenten bevölkert.

Reykhólar (ca. 250 Einw.): Das Dorf mit seiner auf einer Anhöhe stehenden Kirche (1963) in der für ihr reiches Vogelleben bekannten, fruchtbaren Region Reykhólasveit wuchs erst nach 1974 an, als hier eine Fabrik zur Tangverarbeitung gebaut wurde. Eine Pipeline befördert 112 °C heißen geothermalen Wasserdampf zur 2 km außerhalb des Orts am Wasser stehenden Fabrik, wo alte Boote und Netze von der Arbeit ausruhen.

Information/Internet In der ehemaligen Werkstatt am Ortseingang. 1. Juni bis 31 Aug. tägl. 10–18 Uhr. Viel Informationsmaterial, Verkauf von Landkarten und Kunsthandwerk. ✆ 4347830.

Versorgung Gut sortierter Lebensmittelladen mit Tankstelle (24 Std.) am Ortsein-gang, hier auch Kaffee. Tägl. 10–22 Uhr.

Schwimmbad Freibad Grettislaug mit zwei Hot Pots direkt am Fjord; der Name des Bades geht auf Sagaheld Grettir zurück, der als Verbannter hier zwei Winter verbrachte – er badete allerdings in einer heißen Quelle, die jetzt versiegt ist. Tägl. 10–22 Uhr.

Touren Eyjasigling bietet im Juli tägl., im Juni und Aug. Mi, Sa und So 10.30 und 18 Uhr von Staður 9 km westlich des Orts Bootstouren zu den Inseln Skáleyjar und Flatey: 3–4 Std. inkl. Wanderung auf den Inseln (ISK 8500). ☎ 8496748, www.eyjasigling.is.

Übernachten/Camping 2011 wurden auch in der Schule Zimmer angeboten (10 DZ ohne Bad), ob dies fortgesetzt wird, weiß die Touristinformation.

Álftaland/JH Reykhólar, modernes Gästehaus und Jugendherberge gleich am Ortseingang, freundliche Atmosphäre. 22 Betten in 10 Zimmern, gut ausgestattete Küche, drei Duschen, Sauna, Wohnzimmer mit Sofas und Klavier, draußen zwei Hot Pots. Der Besitzer gibt Tipps zu Wanderungen und Vogelbeobachtung. DZ ISK 15.800,

SSU im DZ ab ISK 8500. Camping im Garten mit Nutzung von WC und Dusche im Haus ISK 1000/Pers.   ☎ 4347878,   alftaland@ alftaland.is, www.alftaland.is.

Miðjanes (FH), einige Kilometer westlich an der Str. 607; auf einem Hof im Holzhaus einfaches Untergeschoss für Gäste, 2 DZ (eines nur mit Vorhang vom Aufenthaltsraum getrennt), Küche, Bad, ISK 4500/Pers., SSU ISK 2000. ☎ 4347787.

Camping Reykhólar, kleiner Platz mit WC und Heißwasser in schöner Lage, aber kaum Windschutz. ISK 900/Zelt. Dusche im Schwimmbad extra.

Essen Zum Seaweed Bath Sjávarsmiðjan (s. u.) gehört ein Café, 2011 gab es nur Kaffee und Waffeln, für die Zukunft sind gesunde Gerichte geplant.

Eiderdaunen: Die Wärme des Nordens

Schon in einer historischen Quelle von 1172 ist davon die Rede, wie sich die Menschen im Westen Islands die warmen Daunen der Eiderente zunutze machten. Bis heute stellt der Verkauf von Flaumfedern einen willkommenen Nebenerwerb dar; wer auf seinem Land und seinen Inseln Eiderentenkolonien hat, lässt es sich bestimmt nicht nehmen, gegen Ende der Brutzeit im Juni sammeln zu gehen. Da Eiderenten sich dazu verlocken lassen, in von Menschen angelegten Nestern zu brüten, unterstützen diese häufig die Ansiedlung einer Kolonie, z. B. durch das Auslegen von Autoreifen. Beim Sammeln muss es trocken sein, Nässe ruiniert die Daunen. Als Ersatz für den Flaum, den sich die Weibchen von der Brust zupfen, um damit die Eier vor Temperaturstürzen zu schützen, legen die Sammler Heu aus. Eiderenten fliegen bei Lärm auf; so ist es nicht schwierig, die Nester – die etwa so groß sind wie eine Din-A4-Seite – zu leeren. Anschließend muss der Ertrag getrocknet und in mühevoller Arbeit gesäubert, also von Algen, Heu, Eierschale etc. befreit werden. Das geschieht z. T. maschinell, Federn aber müssen per Hand entfernt werden. Diese Arbeit übernehmen meistens hierauf spezialisierte Höfe, die sich auch um den Verkauf kümmern. Die Daunen füllen Federbetten, Kopfkissen etc., für ein Kissen wird der Ertrag von etwa zehn Nestern benötigt. Insgesamt werden in Island pro Jahr etwa 2,5 t Eiderdaunen gesammelt.

Eiderenten, Seehunde und Boote: Im Gebäude der Touristinformation sind zwei neue, sehenswerte Ausstellungen untergebracht. Im ersten Raum erfährt man auf anschauliche Weise alles über die Eiderenten sowie das Sammeln, Reinigen und Verwerten ihrer Daunen, zudem lernt man etwas über die Jagd auf Seehunde. Der zweite Raum ist zugleich Ausstellungssaal und Werkstatt: Mehrere der um die 30 historischen Boote aus dem Breiðafjörður sind hier zu sehen, außerdem kann man mit etwas Glück beim Nachbau eines Bootes zuschauen. Beide Ausstellungen werden durch Filme bereichert.
1. Juni bis 31 Aug. tägl. 10–18 Uhr; ISK 1000. Führung möglich. ☎ 4347830.

Westfjorde → Karte S. 600/601

Baden im Seetang

Dass der zu den Braunalgen gehörende Fischertang eine wohltuende, ja regenerierende Wirkung für die Haut hat, wusste Frau Svanhildur schon seit langem. 2011 eröffnete sie nun in Reykhólar ein originelles kleines Bad, in dem sich jeder davon überzeugen kann: beim Sitzen in einem der zwei Hot Pots mit Blick auf die Kirche oder weit ins Land hinein, in warmem Wasser, dem ein halber Eimer Tangmehl direkt aus der Fabrik beigemischt wurde. Durch den Tang wird das Wasser ölig, die Haut weich, das Haar seidig. Ein herrliches Erlebnis in angenehm einfacher Atmosphäre, das man mit Kaffee und Waffeln im urigen Café, ehemals eine Autowerkstatt, schön ausklingen lassen kann.

Sjávarsmiðjan: Mo–Fr 13–17, Sa/So 11–17 Uhr, ISK 2200. ✆ 5774800, www. sjavarsmidjan.is.

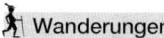 **Wanderungen** (→ Karte S. 600/601)

Vögel und Seen (14) (einfach, 2,3 km): Beim Campingplatz beginnt der Wanderweg Fuglaskoðunarleið, der durch ein Feuchtgebiet mit Seen und zur heißen Quelle Einreykjahver und weiter an die Küste führt. Hierbei können zahlreiche Vögel beobachtet werden. Vom Pfad zweigt auch auf dem ersten Abschnitt ein kurzer, ausgeschilderter Weg durch die Feuchtwiesen zu einem Vogelbeobachtungshäuschen am See Laugarvatn ab.

Kirche Staður und altes Schwimmbad (15) (einfach, 9 und 4,6 km): Von der denkmalgeschützten Kirche Staður von 1864, 9 km westlich von Reykhólar (Tür immer offen), die man über die Schotterstraße oder den Reitweg am Hang entlang erreicht, lässt es sich auf der Piste weiter in den Þorskafjörður wandern; dort stehen die Chancen gut, Adler zu sehen.

Weiterfahrt nach Osten: Die Landzunge Borgarnes mit ihren markanten Felsburgen trennt den Berufjörður vom Króksfjörður, in dem die Inselchen oft so nah am Ufer liegen, dass ihre Besitzer bei Ebbe mühelos hinübergehen können, z. B. um im Sommer die Eiderdaunen zu holen. Romantisch liegt der nur aus ein paar Häusern bestehende Ort *Króksfjarðarnes*, in dem ein Adlerzentrum geplant ist, am Fjord, bevor sich der Blick auf den Gilsfjörður öffnet. Wo die Str. 690 zur Steinadalsheiði abzweigt, sind die Westfjorde offiziell zu Ende und beginnt der Bezirk Dalir (siehe S. 561). In ihm liegt am Südufer des Gilsfjörður das kleine Tal Ólafsdalur. Auf dem gleichnamigen Hof wurde 1880 die erste Landwirtschaftsschule Islands eingerichtet, die 1907 aus Geldmangel schließen musste. Einzig ein Gebäude und ein Gedenkstein erinnern an die Zeit; fast das gesamte Inventar einschließlich der Schulregeln ist heute im Museum in Laugar ausgestellt (siehe S. 566). Im Gebäude informiert eine Ausstellung über die Geschichte der Schule und die Landwirtschaft in Island (15. Juni bis 31 Aug. tägl. 13–17 Uhr, ISK 500).

Hin & weg Bus zwischen Króksfjarðarnes und Reykjavík Di, Fr u. So.

Versorgung In Króksfjarðarnes Bank (11–16 Uhr) und Tanksäulen. Kein Laden oder Kiosk mehr.

Kunsthandwerk In Króksfjarðarnes im Gebäude bei der Tankstelle freundliche Galerie mit Sofaecke und großer Auswahl – von Wollwaren bis zu Knöpfen aus Rentierhorn. Es gibt auch Kaffee, und eine Ecke dient als Flohmarkt. 17. Juni bis 31. Aug. 13–18 Uhr.

Trekking in Hornstrandir

Im nördlichsten Gebiet der Westfjorde gibt es steile Klippen, Seevögel, Polarfüchse und Seehunde, moosbewachsene Täler und steinige Hochebenen, vor allem aber eines: Einsamkeit. Wanderfreunde, Abenteurer, Vogel- und Naturliebhaber – sie alle zieht es in diese fast unberührte Wildnis.

Anfang des 20. Jh. war hier noch fast jede Bucht bevölkert. Die Menschen lebten vom Fischfang und der kärglichen Landwirtschaft, daneben bot das Treibholz ein zusätzliches Einkommen. Auch ließ man sich waghalsig an langen Seilen die Steilklippen hinunter, um im Frühjahr Vogeleier zu sammeln und im Herbst die Vögel zu fangen. Lediglich mit dem Boot oder auf mühseligen Pfaden gelangten die Leute in die nächste Bucht, eine Straßenanbindung der Höfe gab es nie. Als 1939 die Heringsschwärme verschwanden, blieb vielen Bewohnern kaum mehr das Existenzminimum. Mitte der fünfziger Jahre zog schließlich der Letzte weg. Abgesehen von einigen Dutzend Sommerhäusern erinnern nur verfallene Höfe, alte Bootsstege und eine verlassene Radarstation an menschliche Existenz. Die Natur bedankte sich: Ein unvergleichlicher Artenreichtum an Pflanzen und verschiedenen Tieren konnte sich nun ungestört entwickeln. Etwa 260 Blütenpflanzen und Farne wurden bisher gezählt. Hervorragend an die arktische Umgebung angepasst ist der Polarfuchs, das einzige Landsäugetier, das die ersten Siedler im 9. Jh. in Island vorfanden. 1975 wurden die 58.000 ha von Hornstrandir unter Schutz gestellt.

Hin- und Rückfahrt Sjóferðir unterhält von Mitte Juni bis Ende Aug. regelmäßige Fährverbindungen zwischen Ísafjörður und den Buchten bzw. Fjorden Hesteyri (5-mal wöchentl.), Aðalvík, Hornvík (je 2-mal wöchentl.), Grunnavík, Hrafnfjörður, Veiðileysufjörður (je 1-mal wöchentl.). Vorbuchung erforderlich (auch in der Touristinformation Ísafjörður möglich). ✆ 4563879/8924879, www.sjoferdir.is.
Folgende Alternativen stehen zur Wahl:

Bjarnarnes steuert sein „Seetaxi" von Mitte Juni bis Ende Aug. von Bolungarvík aus nach Grunnavík, Hesteyri, Slétta, Aðalvík (Fr/So 14 Uhr) und **Fljótavík**, ISK 4500–7500. Auch Fahrten nach Hlöðuvík, Hornvík, Veiðileysufjörður und Hrafnfjörður möglich. ✆ 8923652, www.bjarnarnes.is.

Die Betreiber des Gästehauses in Hesteyri bieten auf ihrem Boot Hesteyri für 20 Pers. Fahrten von Bolungarvík nach Hesteyri an, Di, Fr, So, ISK 5500/Pers. ✆ 8622221.

Anforderungen Die unten beschriebenen Wanderungen sind anspruchsvoll und sind für Ungeübte. Nicht alle Wegabschnitte sind markiert bzw. ihr Verlauf ist oft nicht ersichtlich. Auch die Wetterverhältnisse sorgen für Überraschungen; Wind und Nebel sind häufig. An- und Abstiege sind mitunter recht steil.

Ausrüstung Gute Wanderausrüstung, Regenkleidung und Profilschuhe sind Pflicht.

Furten Auf den Touren gibt es mehrere Flüsse, bei denen Watschuhe nötig sind. Die Wasserführung der Flüsse variiert erheblich.

Gezeiten Es gibt mehrere Teilstücke, die nur bei niedrigster Ebbe begangen werden können. Diese Zeiten sollten in der Information in Ísafjörður erfragt werden.

Karten Landmælingar hat die Wanderkarte „Hornstrandir" im Programm (Maßstab 1:100.000). Blatt 1 der 7-teiligen Kartenserie „Vestfirðir & Dalir, Útivera/Outdoor Recreation" von Ferðamálasamtök Vestfjarða deckt Hornstrandir ab.

Schwimmbad In Reykjarfjörður lockt ein altes Schwimmbecken mit geothermal erhitztem Wasser.

Verpflegung Keine Einkaufsmöglichkeiten. Man kann sich aber per Fähre für einen bestimmten Termin Nahrungsmittel an einen Anlegepunkt schicken lassen.

Übernachten/Café Zelten nur in Buchten/Tälern ohne Schwierigkeiten möglich. Hier oft ausgewiesener Zeltplatz. Es wird auch Schlafsackunterkunft in Sommerhäusern angeboten:

Westfjorde → Karte S. 600/601

Hesteyri 2, im Læknishús, einst Haus des Dorfarztes, im Obergeschoss 16 SSU in 3 Zimmern, Küche kann genutzt werden; im Erdgeschoss ein liebevoll hergerichtetes, gemütliches Café. Hier gibt es tagsüber in herzlicher Atmosphäre Kaffee und isländische Kuchen sowie äußerst beliebte Pfannkuchen. Zu empfehlen ist auch Birnas Fischsuppe. SSU ISK 4000. ✆ 4567183 bis 20. Juni, danach ✆ 8997661, info@hesteyri.net, www.hesteyri.net.

In Hesteyri ist auch ein Zeltplatz, mit Wasserstelle und Plumpsklo, kostenlos.

Grunnavík 4, SSU mit Kochgelegenheit ISK 4000. Camping auf der freien Wiese ISK 1500/Pers., ebenfalls mit Kochgelegenheit. Dusche und Hot Pot je ISK 500. ✆ 8628411, grunnavik@grunnavik.is, www.grunnavik.is.

Bolungarvík 3, 14 Betten in 3 Zimmern, Küche. Camping mit WC und fließend Wasser. SSU ISK 3500. ✆ 4566171/8936926.

Reykjarfjörður 5, 3 Sommerhäuser: ein großes von 1938 mit Betten für 22 Pers. in 6 Zimmern, Küche und WC, ISK 3000/Pers., zwei kleine für 3/4 Pers., Kochgelegenheit, ISK 7000/12.000 pro Haus. Camping mit Kaltwasser, etwas Windschutz durch Hänge, ISK 800/Pers. ✆ 4567215/8961715, reykjarfjordur@reykjarfjordur.is, www.reykjarfjordur.is.

Látravík 1, beim Leuchtturm Hornbjargsviti, unter Leitung des isländischen Wandervereins. SSU für 50 Pers. in (Etagen-)Betten unter Dachschrägen, mit Küche und Dusche, ca. ISK 4500. Camping auf freier Wiese am Wasser ISK 1100. ✆ 5682533, fi@fi.is, www.fi.is.

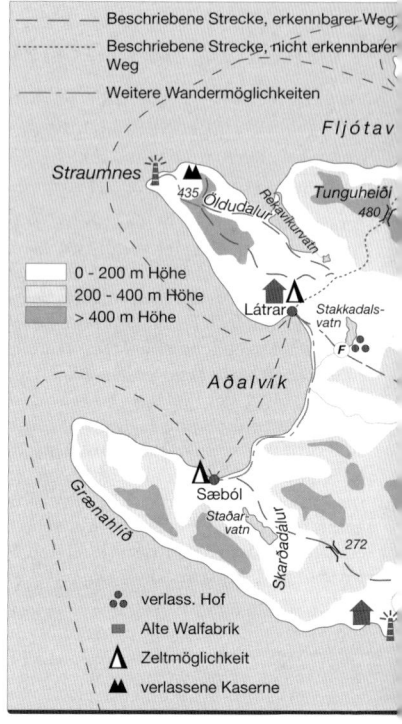

Beschriebene Strecke, erkennbarer Weg
Beschriebene Strecke, nicht erkennbarer Weg
Weitere Wandermöglichkeiten

0 - 200 m Höhe
200 - 400 m Höhe
> 400 m Höhe

Fljótav
Straumnes
435 Öldudalur
Tunguheiði 480
Látrar Stakkadalsvatn
F
Aðalvík
Grænahlíð
Sæból
Staðar vatn
Skarðadalur
272

•• verlass. Hof
■ Alte Walfabrik
Λ Zeltmöglichkeit
▲▲ verlassene Kaserne

Alle Übernachtungen sollten vorgebucht werden. Weitere Infos bei der Touristinformation in Ísafjörður.

Von Hesteyri nach Hornvik

T8 (4 Tage, mit GPS-Koordinaten)

GPS-Punkte: Hesteyri, Steg: 66° 20,04' – 22° 52,43'

Das Schiff ankert im Hestyrarfjörður unmittelbar vor der alten Ortschaft Hesteyri, ein gutes Beispiel einer isländischen Siedlung aus den 1930er Jahren. Die alten Höfe werden heute z. T. als Sommerhäuser genutzt. Im Læknishús befindet sich auch ein gemütliches Café (s. o.). Weiterhin beeindrucken eine alte Walfabrik und schneebedeckte Fjordhänge. Der Weg zur alten Walfabrik (ca. 45 Min.) führt am Meer entlang und beginnt gleich hinter den letzten fjordeinwärts liegenden Häusern mit einer entweder breiten oder tiefen Furt, je nach der gewählten Stelle. Die weitere Strecke ist nun gut erkennbar.

Eine Zeltmöglichkeit bietet sich südlich der Anlegestelle zwischen altem Friedhof und Meer, hier auch Toilettenhäuschen.

1. Etappe: Hesteyri – Látrar/Aðalvík (ca. 10 km, 280 Höhenmeter, 4 Std.): Am Fluss entlang steigt eine alte Piste

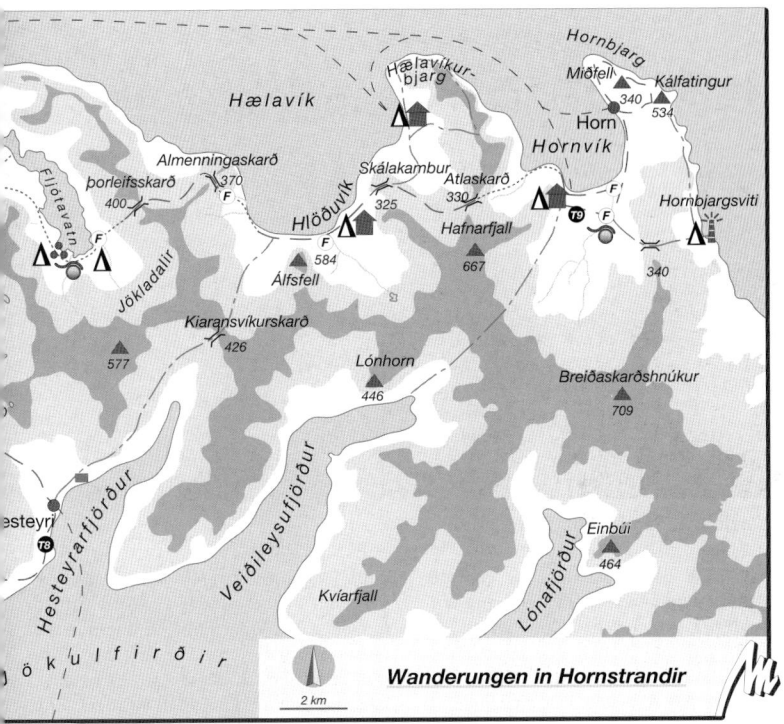

Wanderungen in Hornstrandir

2 km

das Tal hinauf. Oben markieren ein großer Steinmann und alte Strommasten die Passhöhe. Seenreiche, graue Geröllwüste kennzeichnen den folgenden Abschnitt. Ein Trampelpfad und Steinmänner weisen den Weg. Der Pfad, der sich v. a. im Frühsommer gern unter Schneefeldern versteckt, verläuft meist etwas nordöstlich der großen Steinmänner. Steil fällt der Weg mit herrlichem Blick über die Aðalvík hinab und bei einer Verflachung verläuft sich der Pfad aufgrund vieler Feuchtstellen. Die Ruine, die am nächsten Abhang steht, sollte links passiert werden. Ein Pfad wird erkennbar, der an den nun gut sichtbaren See Stakkadalsvatn führt. Dieser muss jetzt gefurtet werden. Die geeignetste Stelle ist unterhalb der Sommerhütte. Hier ist das Wasser zwar

recht breit, dafür flach und sandig. Bei Ebbe liegt der Seespiegel niedriger. Nun geht es Richtung Nordwesten quer durch eine Dünenlandschaft zu den Sommerhäusern nach Látrar an der Aðalvík ans Meer. Der Platz zum Zelten liegt in unmittelbarer Nähe der Nothütte. Ein weiter Blick über den Sandstrand entschädigt für die Strapazen.

GPS-Punkte: Pass (280 m): 66° 21,47′ – 22° 55,73′
Furt Stakkadalsvatn: 66° 22,90′ – 22° 59,26′
Látrar, Nothütte: 66° 23,27′ – 23° 01,51′

2. Etappe: Látrar – Fljótavatn (12 km, 480 Höhenmeter, 6–7 Std.): Von Látrar

Wandern in den Tafelbergen

folgt man dem Feldweg, der von der Nothütte taleinwärts am Berghang entlangführt. Nach ca. 1 km steigt die „Piste" an und macht eine Linkskurve. Kurz darauf verlässt man diesen Weg an einer Art Abzweig. Der anschließende Aufstieg auf die erste Höhenstufe ist unmarkiert, nach etwas Suchen ist jedoch ein Trampelpfad zu erkennen, der sich allerdings im Verlauf des Anstieges wieder verliert. Auf der Höhenstufe ist der Weg gut durch Steinmännchen markiert und führt über lockeres Geröll auf den Kamm zu. Je nach Jahreszeit müssen Schneefelder überquert werden. Von der Kammhöhe der Tunguheiði aus sollte man sich wegen des Panoramas unbedingt einen Blick zurück gönnen! Der Abstieg ins Fljótavatn-Tal ist anfangs noch durch Steinmännchen markiert, die talwärts jedoch immer seltener werden. Problematisch wird es im Talgrund, hier fehlt nicht nur jegliche Markierung, es ist auch kein Pfad mehr zu erkennen. Den Fluss zur Rechten sollte man möglichst früh überqueren. Auf dem Weg zum Fljótavatn trifft man auf den alten Ödnishof Tunga, von

dem jedoch nur noch sechs einsame Pfosten zu sehen sind. Der See selbst ist nur bei niedrigster Ebbe zu überqueren (Wasser brusthoch). Die Strecke führt nun durch Feuchtwiesen am Hang entlang um den See. Ein Pfad ist hier nicht zu erkennen. Am Ende des Fljótavatn lockt ein Wasserfall (kurz vorher Zeltmöglichkeit an dem verfallenen Hof Glúmstaðir) und wenig später versperrt ein schnell fließender Bach den Weg. An dessen Ufer lässt es sich hervorragend zelten.

GPS-Punkte: Tunguheiði (480 m): 66° 25,38' – 22° 57,90'
Hof Tunga: 66° 25,84' – 22° 55,77'
Hof Glúmstaðir: 66° 24,65' – 22°52,38'
Fljótavík, Nothütte: 66° 27,14' – 22° 55,58'

3. Etappe: Fljótavatn – Hlöðuvík (12 km, 500 Höhenmeter, 6–7 Std.): Der Bach lässt sich etwa 200 m landeinwärts meist im Sprung überqueren. Der Aufstieg auf die erste Höhenstufe ist ziemlich unklar und steil, teilweise müssen die Hände zur Hilfe genommen werden. Man orientiert sich am linken Wasserfall. Nach dem Anstieg markieren ca. 1 m hohe Holzlatten den steinigen Weg und ein Kar (nischenartige Hohlform) mit kleinen Seen öffnet sich. Steil, fast kletternd, bezwingt man den folgenden Berghang.

Vom Pass Þorleifsskarð aus führt der Weg – das Meer zur Linken, eine Bergflanke zur Rechten – zum Pass Almenningaskarð. Die Mühe des kurzen Steilanstiegs wird belohnt durch eine grandiose Aussicht über die weite Bucht Hælavík. Der Abstieg führt über Heide und moosbewachsene Hänge zum Meer. Die Holzpfosten begleiten einen noch eine Weile und hören dann ganz auf. Entgegen der Karte wird der Fluss schon recht früh überquert, denn in seinem späteren Verlauf gräbt er sich immer tiefer ins Land ein, sodass eine Überquerung unmöglich wird. Mit dem Fluss zur Linken setzt man dann den Weg zum Strand fort. Ein Trampelpfad führt in der Hlöðuvík am Strand bzw. am Kliffrand entlang zur Nothütte. Jede Menge Treibholz und sonstiges Strandgut säumen das Ufer. Die Flüsse, die den Weg kreuzen, können meist ohne Hilfe der Watschuhe überquert werden, nur ca. 1 km vor der Nothütte muss auf sie zurückgegriffen werden. Die Überquerung geschieht am besten in Nähe des Strandes; hier ist der Fluss zwar ziemlich breit, aber seichter als landeinwärts. Zeltmöglichkeiten finden sich beim Fluss an einer alten Hofstelle oder bei der Nothütte. Hier befinden sich auch eine Sommerhütte und ein modernes WC-Häuschen.

GPS-Punkte: Þorleifsskarð (400 m): 66° 25,48′ – 22° 48,38′
Almenningaskarð (370 m): 66° 25,92′ – 22° 45,25′
Hlöðuvík, Nothütte: 66° 25,36′ – 22°38,99′

4. Etappe: Hlöðuvík – Hornvík (10 km, 450 Höhenmeter, 4–5 Std.): Der Trampelpfad, der von der Nothütte steil in den Talkessel hinaufführt, ist gut zu erkennen. Ab dem Kamm Skálakamburl ist der Weg wieder durch Steinmännchen markiert. Weiter östlich ist der Pass Atlaskarð zu sehen, über den der Weg zur Anlegestelle der Fähre führt. Mit schönem Ausblick lockt die Bergspitze Hælavíkurbjarg zu einem mehrstündigen Abstecher. Diesen Weg markieren die Steinmännchen in Richtung Nordosten. Zur Fähranlegestelle: Auf der Bergflanke folgt man den Steinmännchen, die in südöstlicher Richtung zum Bergsattel führen. Auf diesen Pass steigt ein gut sichtbarer Trampelpfad, der ab dem Kamm in Serpentinen wieder ins Tal zur kleinen Bucht Rekavík abfällt. Beim Abstieg bietet sich bei gutem Wetter ein herrlicher Blick über die Bucht Hornvík und den Vogelfelsen Hornbjarg. Der folgende Fluss wird an seiner Mündung auf einer Treibholzbrücke überquert. Nun läuft der Weg auf einem schmalen Saumpfad in etwa 30 m Höhe an der Bergflanke entlang weiter auf den Strand. Teilweise ist er abgerutscht, sodass ein Basaltgang mit Hilfe eines Seiles gemeistert werden muss. Jetzt ist es nur noch ein Katzensprung zur Nothütte, in deren Nähe der Zeltplatz liegt. Ein weiter Sandstrand und das charakteristische Panorama des Vogelfelsen Hornbjarg laden zum Verweilen ein.

GPS-Punkte: Skálakambur (325 m): 66° 25,72′ – 22° 37,62′
Atlaskarð (330 m): 66° 25,38′ – 22° 33,53′
Hornvík, Nothütte: 66° 25,51′ – 22° 29,67′

Variationen: Diese Tour kann problemlos verkürzt werden. Beliebt ist auch ein Start in der Bucht Aðalvík. Die Fähre hält in jeder Bucht meist bei der Nothütte.

Westfjorde → Karte S. 600/601

🐾 Zum Vogelfelsen Hornbjarg   T 9 (16–18 km, 450 Höhenmeter, 6–8 Std.)

Von der Bucht Hornvík, an der auch die Fähre hält, bietet sich eine Tageswanderung zum Hornbjarg an. Der atemberaubende Felsen fällt von knapp 550 m fast senkrecht ins Meer und ist damit Islands höchste Steilklippe. Wie am Látrabjarg besiedeln unzählige Vögel die Basaltwände.

Vom Zeltplatz wandert man zunächst die Bucht am Sandstrand entlang. An dessen Ende verhindert die Flussmündung des Hafnarós das Weiterkommen. Bei Ebbe kann sie direkt an der Mündung gefurtet werden (knapp knietief), sonst muss man ca. 800 m am Ufer mit Dünen entlang flussaufwärts laufen, um den See kurz vor dem Wasserfall zu durchqueren (knietief, je nach Wasserstand mind. 50 m breit). Ein Trampelpfad führt nun zurück zur Küste, wo Lavaformationen und ein Wasserfall zu bewundern sind. Ein Basaltgang muss bei hoher Flut mit einem Seil überklettert werden. An der Küste entlang führt der Pfad nach Norden zu zwei Sommerhäusern. Unterwegs markiert ein Toilettenhäuschen eine Zeltmöglichkeit.

Nach dem Berg Miðfell steigt man durch saftige Wiesen einige Höhenmeter schräg den Hang hinauf und unvermittelt steht man am Steilabhang des Hornbjarg. Mehrere hundert Meter fällt der Basaltfelsen fast senkrecht in Meer. Das Gekreische der unzähligen Vögel ist ohrenbetäubend. Nun folgt man – in einem gewissen Sicherheitsabstand – der Abbruchkante und ca. 1 km weiter muss der Bergrücken des Miðfell auf einem steilen Pfad überwunden werden. Noch einmal gelangt man direkt an den Steilabfall. Ein Seil erleichtert nun den Abstieg an einer Steilstelle und man wandert noch ein Stück parallel zum Kliff. Zurück zu der Fähranlegestelle bei Horn geht es nun schräg durch Feuchtwiesen das Tal Miðdalur hinunter. Wer eine größere Tour unternehmen möchte, läuft den am Kamm entlang in Richtung des Leuchtturmes Hornbjargsviti bei Látravik. Der Bach im Miðdalur sollte kurz vor dem Wasserfall überquert werden. Nun windet sich der Weg den folgenden Berghang hinunter und man gelangt zu den Sommerhäusern an der Fähranlegestelle. Zurück zum Zeltplatz wählt man nun den bereits hinwärts gewanderten Pfad.

GPS-Punkte: Hütten Horn: 66° 26,99′ – 22° 26,88′
Spitze Hornbjarg: 66° 27,88′ – 22° 28,12′
Kamm Miðfell (390 m): 66° 27,59′ – 22° 26,75′

Auf dem Kjalvegur

Das unbewohnte Hochland

Vorwärts, Rösslein, übern Sand nun sprenge! / Schon geht die Sonne unter, und ich weiß, / es spuken böse Geister in der Menge; / daher die Schatten auf dem Gletschereis. / .Gott beschirm' und führ' das Rösslein mein; / hart wird heut / der letzte Ritt noch sein!

(Sprengisandur-Lied von Grímur Thomson, 19. Jh.)

Graue, weite Landschaft mit gigantischen Gletscherkappen und markanten Einzelbergen, farbige Berge, heiße Quellen, bizarre Lavaformationen – kaum eine Wüstenlandschaft ist derart beeindruckend.

Feuer und Eis: Für viele ist das Hochland wegen seiner wilden Natur das eigentliche Island. Gletscher funkeln in der Ferne, man durchquert öde Aschewüsten und passiert rabenschwarze Lavaströme, rote Vulkankegel und ungezähmte Gletscherflüsse. Vulkane mit unglaublicher Zerstörungskraft wie die *Laki*-Kraterreihe oder die riesige *Askja*-Caldera mit ihrem Explosionskrater Víti sind von atemberaubender Schönheit. Nicht nur für Menschen ist das Hochland lebensfeindlich, auch Pflanzen haben es sich in wenigen Nischen und Oasen eingerichtet – in den meisten Gebieten versickert das Wasser im lockeren Vulkanstaub, ohne dass die Pflanzen es nutzen können. Besonders fotogen sind die giftgrünen Moose, die inmitten schwarzer Wüste Wasserläufe zieren.

Aufregende Geothermalgebiete: Einfach zu erreichen sind die Geothermalgebiete an der Kjölurroute in *Hvervellir* direkt am Parkplatz (mit Pool) oder bei einer Wanderung im Gebirge *Kerlingarfjöll*. Besonders beeindruckend sind die bunt schillernden Berge in *Landmannalaugar* – die Badestelle im heißen Fluss ist eines der begehrtesten Pilgerziele des Hochlands. Auf einer atemberaubenden Gletschertour mit dem Ranger kommt man zu einem Geothermalgebiet im Gletscher am *Kverkfjöll*-Gebirge.

Durchmessen – vergessen – erforscht: Lange Zeit war das Hochland den Isländern vertrauter, als es heute ist. Viele durchquerten es, um zu den Þingversammlungen

in den Süden zu kommen oder um Waren mit den Menschen in anderen Landesteilen auszutauschen. Jene alten Pfade gerieten in Vergessenheit. Auch an den Rändern zog man sich langsam immer mehr aus dem Hochland zurück, denn zum einen zerstörte die Erosion Weideflächen, zum zweiten zog es Auswanderer in die neue Welt und zum Dritten entstanden im Zuge der Technisierung des Fischfangs neue Arbeitsplätze an der Küste. Der alte Volksglaube, dass Trolle, Elfen, Unholde im Hochland lebten und Reisende mit Beginn der Dämmerung verzauberten, blieb freilich lange lebendig. Erst Anfang des 20. Jh. wurde das Hochland durch den Forscherdrang, die zunehmende Motorisierung und nicht zuletzt durch den Tourismus wieder entdeckt. Zahlreiche neue Pisten, die nur z. T. den alten Routen folgen, wurden angelegt, Brücken installiert und Wanderwege mit Pflöcken markiert.

Tipps zur Region: Übernachten Sie im Hochland unter all den Islandabenteurern in **Hrauneyjar** (Sprengisandur, S. 668) oder im urigen Refugio in **Kerlingarfjöll** (Kjölurroute, S. 661). Besuchen Sie eines der Geothermalgebiete und baden Sie in einer der heißen Quellen oder gar im Vulkankrater an der Askja (S. 693)! Im Hochlandmekka **Landmannalaugar** kann man gut und gerne 2 Tage die wilde Landschaft auf sich wirken lassen (S. 675). Unvergesslich ist eine **Gletscherwanderung** mit einem Ranger am Kverkfjöll-Vulkan (S. 698). Genießen Sie das isländische Idyll der **Hochlandoasen** mit ihren engelwurzbestandenen Bächlein (S. 690).

Routenplanung: Viele Reisende kombinieren eine Hochlandstrecke mit einer halben Inselumrundung oder setzen einen Hochlandschwerpunkt im Askja/Kverkfjöll-Gebiet. Für eine komplette Hochlanddurchquerung stehen die Sprengisandur (mindestens 1–2, besser 3–4 Tage, verschiedene Streckenvarianten) und die Kjölurpiste zur Wahl. Die erste ist aufregender zu befahren, die zweite bietet in der Mitte oder in Kerlingarfjöll je ein Geothermalgebiet. 1–4 Tage kann man auf dieser Strecke leicht verbringen. Nördlich des Vatnajökull liegt eine der faszinierendsten Landschaften mit dem geothermal aktiven und vergletscherten Gebirge Kverkfjöll, der Askja mit ihrer Caldera und der Oase am Tafelberg Herðubreið. 2–4 Tage kann man für diese Region einplanen. Wer keinen Jeep hat, dem seien die Touren ab Möðrudalur an der Str. 901 (vgl. S. 421) empfohlen. Folgende Homepages sollte man vor Hochlandfahrten konsultieren: vedur.is, vegagerdin.is, safetravel.is.

Für Hochlandwiederholungstäter und Spezialisten: Besuchen Sie den See **Langisjór** (S. 674); unternehmen Sie einen Abstecher zum **Veiðivötn** (S. 667, ab Hrauneyjar); befahren Sie die Piste nördlich des Mýrdalsjökull (S. 685) oder besteigen Sie die **Herðubreið** (S. 691). Interessante Angebote von Útivist sind die Tour vom **Berg Sveinstindur** (S. 682) zur Hütte Hólaskjol (4 Tage) oder als Alternative zum Laugavegur auf dem Strútsstigur (4 Tage).

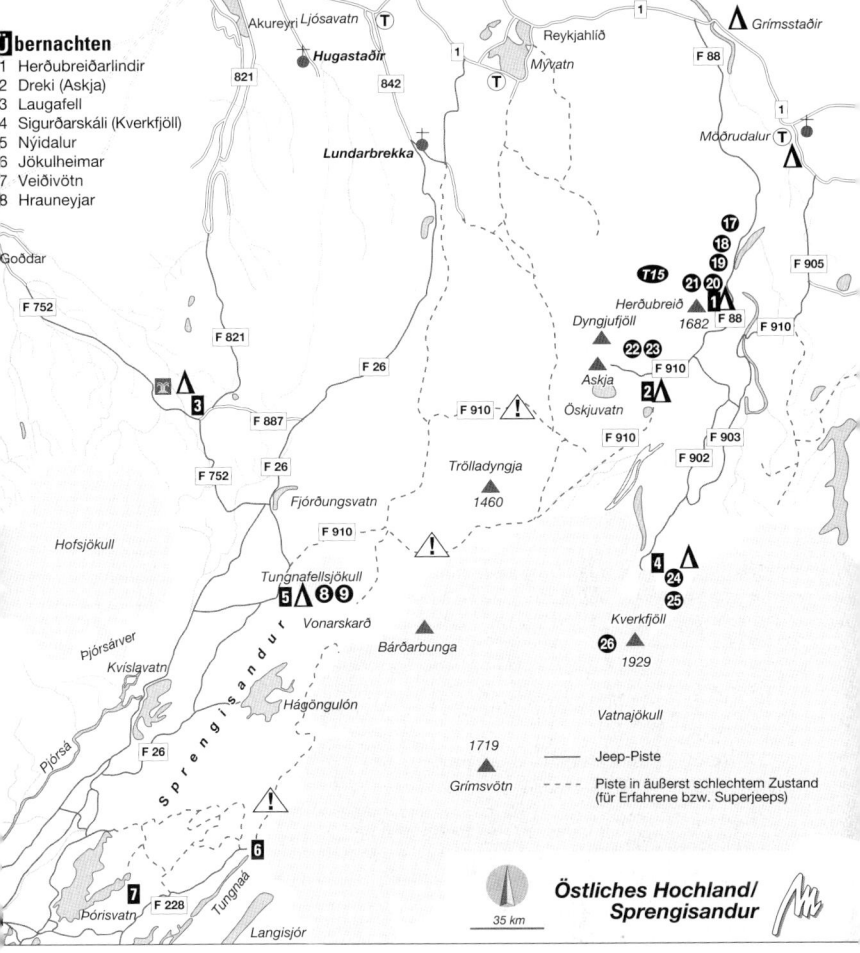

Übernachten
1 Herðubreiðarlindir
2 Dreki (Askja)
3 Laugafell
4 Sigurðarskáli (Kverkfjöll)
5 Nýidalur
6 Jökulheimar
7 Veiðivötn
8 Hrauneyjar

Jeep-Piste ——
Piste in äußerst schlechtem Zustand - - - -
(für Erfahrene bzw. Superjeeps)

**Östliches Hochland/
Sprengisandur**

35 km

Unterwegs im Hochland

Das Wetter: Mit schnellem Wetterwechsel, starkem Wind, Sandstürmen, Schneefall und Frost ist selbst im August zu rechnen. Faustregel: Der Sommer beginnt im Hochland Anfang Juli und endet Mitte August!

Der Zustand der Pisten: Es gibt gut, schlecht und unmöglich zu befahrende Pisten, was die Straßenkarten leider nicht verdeutlichen! Die extremen Witterungseinflüsse setzen allen Pisten immer wieder zu. Erkundigen Sie sich immer nach den aktuellen Verhältnissen in Informationen oder in Hütten im Hochland – und lieber einmal zu viel, denn nicht alle Informationen sind zuverlässig. Die meisten der nachfolgend beschriebenen Pisten werden durch das isländische Straßenamt unterhalten und sind mit einem Jeep unter „normalen" Bedingungen ohne größere Probleme zu meistern. Abgelegene und nummernlose Pisten werden nicht gepflegt und eignen sich nur für Superjeeps, also getunte Jeeps, die besonders hoch und leistungsfähig sind.

Furten: Furten ändern sich von Saison zu Saison, von Tag zu Tag und von Tageszeit zu Tageszeit. Morgens führen die Flüsse in der Regel am wenigsten Wasser, nachmittags am meisten. Der zu jeder Piste angegebene Zustand kann nur zur Orientierung dienen. Die aktuellen Bedingungen hängen vom Niederschlag und den Temperaturen in den Bergen ab, in Vatnajökull-Nähe immer mal wieder auch von subglazialen Vulkanausbrüchen, die zu stark erhöhten Wasserständen bei den Flüssen führen können. Jedes Jahr werden tiefe Furten zur Falle für Wagemutige! (vgl. Kap. Unterwegs)

Mit dem Kleinwagen ins Hochland

Die Kjölurpiste ist komplett befahrbar (inkl. Kerlingarfjöll). Kaldidalur, Landmannalaugar (von Norden) und Eldgjá (von Osten) sind bei großer Vorsicht auch mit einem Kleinwagen zu schaffen – doch ist dies nicht zu empfehlen und in den Mietwagenverträgen i .d. R. ausgeschlossen! Die Strecke von Egilsstaðir zum Karahnjúkar-Damm führt asphaltiert ins Hochland. Auch auf der Str. 901 Richtung Mývatn stellt sich per Pkw ein Hochlandgefühl ein (vgl. Kap. „Mývatn und der Nordosten"). Bis zum Aldeyarfoss an der F26-Piste (Sprengisandur) kann man von Norden kommend auch mit einem normalen Pkw gelangen.

Öffnungszeiten der Hochlandpisten Sie werden jedes Jahr durch das Straßenverkehrsamt neu festgelegt. Das durchschnittliche Datum der Jahre 2004–2008 ist im weiteren Verlauf des Kapitels bei jeder Piste angegeben (vgl. www.vegagerdin.is, Download einer pdf-Datei unter „road conditions and weather").

Off-Road-Fahren meint in Island Fahren abseits der eigentlichen Piste und sei es nur um einer Pfütze auszuweichen oder ein paar Meter zu einem schönen Schlafplatz zu rangieren. Es zerstört in erheblichem Maße die empfindliche Natur und Landschaft, ist **verboten** und wird mit hohen Strafen geahndet (bis über 1500 €). Da die Vegetationsperiode höchstens zwei Monate im Jahr umfasst, ist eine einzige Spur noch jahrzehntelang (!) zu erkennen.

Hütten-Knigge

Sie benötigen einen eigenen Schlafsack. Melden Sie sich bei der Ankunft beim Hüttenwart, und zwar vor der Bettenbelegung. Tagesbesucher entrichten eine Service-Gebühr (ca. 3 €). An den Hütten sollten Sie nach den aktuellen Wetter- und Straßenverhältnissen fragen und sich ins Gästebuch eintragen. Gerne informieren Ranger oder Hüttenwarte über Wandermöglichkeiten. In der Küche steht in betreuten Hütten meist kochendes Wasser bereit. Es wird erwartet, dass Sie Ihren Müll wieder mit aus dem Hochland nehmen, selbst wenn Mülleimer bereit stehen!

Hüttenbetreiber Der isländische Wanderverein *Ferðafélag Íslands* (FÍ) und seine Unterorganisationen haben an verschiedenen Orten Hütten, die oft sehr gemütlich sind, errichtet. Ab Öffnung der Piste bis Ende August sind sie meist beaufsichtigt, aber auch später noch zugänglich. Da sie oft belegt sind, ist **vorzubuchen** dringend zu empfehlen Telefonnummern bei der Beschreibung oder unter „Übernachten" im Kapitel A–Z. Vor der Saison bekommt man Schlüssel bei den jeweiligen Wandervereinen. Darüber hinaus gibt es unbeaufsichtigte Privathütten, in denen man, wenn nicht gerade Reitergruppen da sind, einfach ein Bett belegt. Fischerhütten stehen Touristen meist nicht zur Verfügung.

Busverbindungen Alle wichtigen Pisten werden von Bussen bzw. Ausflugsbussen bedient. Internet: www.re.is, www.austfjardarleid.is, www.fjalladyrid.is.

Karten Vgl. Kap. A–Z. Zu empfehlen ist die Karte Hálandid (1:250.000). Bei Rangern vor Ort, den Centern des Vatnajökull National Parc und in größeren Touristinformationen (z. B. am Mývatn oder in Egilsstaðir) erhalten Sie gegen einen Unkostenbeitrag kleine Faltkarten. Zudem sind – wenn nicht gerade ausverkauft – Karten im Maßstab 1:100.000 zu verschiedenen Regionen im Hochland erhältlich (Kjölur, Landmannalaugar, Lónsöræfi).

Kjölurpiste und Kerlingarfjöll   (Straße 35)

Die Pkw-taugliche Piste ist eine Hochlanddurchquerung „für Einsteiger". Sie bietet im Süden von riesigen Gletschern flankierte graue Geröllwüste, im Nordteil grüne Hochweiden und als Höhepunkt in der Mitte das Geothermalgebiet Hvervellir mit Schwefel- und Dampfquellen sowie einem heißen Pool zum Entspannen. Von Hveravellir kann man eine Trekkingtour entlang des Langjökull unternehmen. Wir empfehlen einen Abstecher zum faszinierenden Geothermalgebiet Kerlingarfjöll, wo man leicht zwei atemberaubende Tage verbringen kann.

Geschichte: Der „Kjalvegur" ist wahrscheinlich schon seit 900 n. Chr. bekannt. Hier wächst in ausreichend engen Abständen genügend Gras, um die Pferde zu versorgen, und so war er lange Zeit eine wichtige Verbindung zwischen Nord- und Südisland. Doch Ende des 18. Jh. geriet die Verbindung fast in Vergessenheit: Nachdem 1780 zwei Bauern mit ihren Schafen bei dem Versuch einer Überquerung den Tod fanden, glaubten viele, ein Fluch laste auf der Kjölur, und über ein Jahrhundert lang fanden nur sporadische Durchquerungen statt. Erst als der dänische Forscher *Daniel Bruun* 1897/98 die Route markierte und beschrieb, wurde sie wieder bekannt. Die Nordseite der Kjölur ist durch ein großes Staudammprojekt nicht mehr im Naturzustand, seit zur Energiegewinnung der Fluss Blandá aufgestaut ist.

Streckeninfos/Tipps für Radler: Die Kjölurpiste ist problemlos mit einem Mountainbike zu bewältigen, die Wasserläufe sind überbrückt. Radler sollten die Route dennoch nicht unterschätzen, da sie auf weiten Strecken anstrengend auf und ab führt und oftmals über weite Strecken „wellblechig" ist. Der Wind weht entweder von Nord nach Süd oder umgekehrt und kann leicht Sturmstärke erreichen, so dass man nur mit 10 km/h vorankommt. Auch ein Hagelsturm im August ist nichts Ungewöhnliches! An manchen Wochenenden herrscht für Hochlandverhältnisse relativ starker Verkehr. Radler sollten immer genug Trinkwasser mit sich führen.

Verbindungsstrecken von der Kjölur nach Westen oder Osten – nur für Superjeeps: 2 km vor der Schutzhütte beim Sandkúlufell (GPS 65° 00,095', 19° 35,098') ist eine Piste in den Stórisandur ausgeschildert, welche die Verbindung zwischen Kjölur und **Arnarvatnsheiði** bildet (sehr schlechte Piste!). Zum **Sprengisandur** (genauer: zum Kraftwerk Sultartangi in der Nähe des Anfangs des Sprengisandur) kann man mit einem Superjeep von Kerlingarfjöll aus auf einer kaum befahrenen Strecke gelangen (ca. 100 km, mind. 5 Std. reine Fahrzeit). Reisenden ohne Expeditionserfahrung und ohne zweites Fahrzeug raten wir von diesen Strecken ab.

Von Nord nach Süd bis Hveravellir in der Mitte: Bei der Brücke über die Svartá zweigt die Str. 731 von der Ringstraße ab und nach 13 km beginnt die etwa 5 km

Die nächste Tankstelle ist weit!

lange Steigung ins Hochland. Auf geteerter Straße werden ca. 250 von Kraftwerks-
bauten flankierte Höhenmeter überwunden. Oben angekommen, blickt man über
die weite Hochebene Auðkúluheiði – die im Folgenden durchfahren wird – auf die
großen Gletscherkappen. Die mit zahlreichen Seen durchsetzte, hügelige und um
500 m hohe Ebene mit Tundrenvegetation reicht bis fast nach Hveravellir und ist
ein Hochweidegebiet für Schafe. Bei Km 40 beginnt der große Stausee Blöndulón,
der den früheren Streckenverlauf und einen Teil der Weideflächen in den Fluten
versinken ließ. Die neue Piste verläuft westlich über den guten *Aussichtspunkt*
Áfangafell (Picknickbank, Windrose). Die Landschaft wird langsam karger und ber-
giger, immer näher kommen die Gletscher. 10 km vor Hveravellir wird ein Fluss,
der vor noch nicht allzu langer Zeit ein großes Hindernis darstellte, auf einer Brücke überquert. Kurze Zeit später erhebt sich der markante Berg *Dúfunesfell* (727 m)
aus der inzwischen grauen und steinigen Ebene und 3 km dahinter zweigt die kurze
Stichstraße zum Geothermalgebiet Hveravellir ab.

Fjalla-Eyvindur – der berühmte Geächtete

Straftäter wurden oft geächtet und für vogelfrei erklärt. Nirgendwo waren sie
ihres Lebens dann mehr sicher, und um ihrer Verfolgung zu entgehen, suchten viele im unbewohnten Hochland Schutz. Sie fristeten ein entbehrungs-
reiches Dasein und lebten von Fisch- und Vogelfang. Berüchtigt waren sie
außerdem für Schafsdiebstahl. Fjalla-Eyvindur ("Berg"-Eyvindur) mit seiner
Frau Halla ist der berühmteste Geächtete, vielerorts findet man Plätze, die
nach ihm benannt worden sind. Zwischen 1760 und 1780 sollen sich die beiden im Hochland versteckt haben, bis sie begnadigt wurden und ins bewohnte Land zurückkehren konnten (vgl. Kap. Herðubreið und Kverkfjöll).

Fumarolen und Solfataren in Hveravellir   ("kwerawedlir")

Auf 640 m Höhe liegt eines der berühmten Geothermalgebiete Islands mit Schlammquellen und Fumarolen inmitten einer Landschaft aus schwarzen Bergen und weißen Gletscherkappen. Freuen Sie sich auf den heißen Pool neben der alten Wanderhütte!

Highlight einer Islandreise: Geothermalgebiet Kerlingarfjöll

🏃 Wanderungen und Spaziergänge

Quellen-Rundgang (1) (einfach; nicht vom Weg abweichen! Ca. 20 Min.): Flaniertour entlang zischender und brodelnder heißen Töpfe! Da sind z. B. die türkisblaue, runde Quelle *Bláhver* („Blaue Quelle"), umgeben von Sinterterrassen, und der fauchende „Vulkan" *Öskurhöll* („Brüllender Hügel"). Sehenswert ist daneben die Quelle *Eyvindarhver*: In ihr soll der Geächtete *Fjalla-Eyvindur* sein Essen zubereitet haben.

Zur Lavahöhle des Geächteten (2) (einfach, Trittsicherheit; 40 Min): Tour zu *Eyvindarhellir*, in der der Geächtete seine Vorräte aufbewahrt haben soll. Die markierte Wanderung beginnt hinter dem Gebiet der heißen Quellen. Unmittelbar danach passiert man ein altes Haus, das Anfang des 20. Jh. auf den Grundmauern einer alten Schafshütte gebaut wurde (offen, Tisch). Nach ca. 10 Min. und 500 m gelangt man zu der Lavahöhle (GPS 64° 51,618' 19° 33,303'). Halten Sie sich rechts. In einer Kraterwand, die nach weiteren 500 m

passiert wird, hat er angeblich Schafe gehalten (Eyvindur-Pferch, 64° 51,387', 19° 33,090').

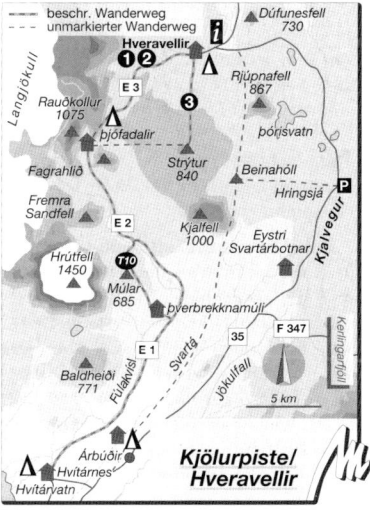

Das unbewohnte Hochland → Karte S. 653

Durch das Lavafeld Kjalhraun zum Krater Strýtur (3) (für Fortgeschrittene; nur bei gutem Wetter, sonst ggf. Orientierungsprobleme; 3–4 Std., 12 km): Die Fortsetzung der vorhergehenden Wanderung. Man sieht vom Pferch im Süden eine kleine Erhebung, wie eine Rampe geformt – dorthin steigt der Weg durch die ca. 6.600 Jahre alte Lava langsam an und etwa 1½ Std. später werden die Zinnen der 840 m hohen Kraterwand des *Strýtur* erreicht. Eindrucksvoll ist der Blick in das weite Rund des schwarzen Halbkraters und auf die umliegenden Gletscher. Nun kann man entweder den gleichen Weg zurückgehen oder in Richtung Westen zur Hütte Þjófadalir (unmarkiert, s. u.).

🏕 Trekkingtour Hvítárnes – Hveravellir   T 10 (3 Tage, → Karte S. 657)

Trekken auf der alten Kjölur-Route durch die Ebene zwischen den Gletschern Langjökull und Hofsjökull, beliebt zum Einlaufen vor dem Laugavegur-Treck. Krönender Abschluss sind die heißen Quellen von Hveravellir. Wer keinen privaten Transport bis Hvítarnes hat, verlässt den Kjölur-Bus am entsprechenden Abzweig.

1. Etappe: Hvítárnes – Þverbrekknamúli (ca. 13 km). Von der weißen Holzhütte mit geschnitzten Firstbalken und grasbewachsenem Dach sollte man sich zunächst einen Blick auf die Gletscherzunge des Langjökull und den davor liegenden *Hvítárvatn* gönnen. Zu Beginn folgt man am besten den Reitpfaden, die gut in der Heidelandschaft zu erkennen sind, statt sich an den nur spärlich vorhandenen Steinmännern zu orientieren. Der Weg führt lange am breiten Gletscherfluss entlang, dessen graue Fluten sich zuweilen tief in die Landschaft eingegraben haben, um sich dann gegen Ende der Etappe wieder für 3 km von ihm zu entfernen. Gleich nachdem sich Weg und Fluss wieder treffen, führt eine Brücke über die Bachschlucht zur Übernachtungshütte am *Þverbrekknamúli* (schwer zu sehen von Norden). Der 1 km lange Weg zur Hütte ist durch Holzpfähle markiert.

2. Etappe: Þverbrekknamúli – Þjófadalir (ca. 16 km). Von der Hütte aus hat man die Möglichkeit, den Pfahlmarkierungen nach Norden zu folgen. Dieser Weg führt nach 4 km wieder über eine andere Brücke zurück auf den Hauptweg. Andernfalls nimmt man den gestrigen Weg über die Brücke und folgt dem Reitpfad nach Norden. Nach etwa 2 km entfernt sich der Weg wieder vom Fluss und man sieht den Berg *Kjallfell*, der sich majestätisch aus der Ebene erhebt. Der Weg kehrt zum Fluss zurück und hier mündet der Alternativweg bei einer Brücke ein. Nach Umrundung des Múlar-Höhenzuges liegt zur Linken der Berg *Hrútfell*, der seine drei Gletscherzungen nach Nordosten ausstreckt. Von hier aus sind es noch etwa 7 km bis zum idyllischen *Þjófadalir*. Am Ende des schmalen, grünen Tales, umgeben von glatten, braunen Bergen, liegt die Übernachtungshütte, das Etappenziel. Wie auf der Karte zu ersehen, kann der Þjófafell auch östlich umgangen werden, dies bietet sich vor allem für Reiter an, da das Tal selbst nach Norden hin von einem Bergrücken abgeschlossen wird.

3. Etappe: Þjófadalir – Hveravellir (ca. 12 km). Der Weg aus dem Tal führt über den Höhenzug im Norden. Vom Rücken des Höhenzuges aus folgt man in etwa der Autopiste, die hier beginnt. In der Ebene angekommen, geht man entweder die Piste weiter oder über die Bergspitze des *Strýtur*, die von hier genau westlich liegt. Markierungen fehlen, man sucht sich selbst eine geeignete Route über die Felder aus Lavagestein. Ab dem Gipfel leiten Holzpfähle zum Ziel dieser Wanderung. Wunderschön ist der heiße Pool nach dem langen Fußmarsch.

Hin & weg Mit dem Bus, s. u.

Anspruch   Keine nennenswerten Erhebungen, Weg aufgrund der Reitpfade
kaum zu verfehlen. Der Wind kann oft ungehindert blasen.

Karten   Eine einfache Wanderkarte sollte
in Hveravellir erhältlich sein. Ausreichend
ist die 1:100.000er Kjalvegur-Karte.

Übernachten   Hütte Þverbrekknamúli,
(FÍ), 64° 43,100′ − 19° 36,860′, Gasherd, WC.
ISK 3000.

Hütte Þjófadalir, (FÍ), 64° 48,900′ − 19° 42,510′,
bietet nur 12 Pers. Platz, Gasherd. ISK 3000.

Hütte Hvítárnes, (FÍ), 64° 37,007′ − 19° 45,394′,
von 1930 und sehr gemütlich, in fantastischer Lage am Fluss; Gasherd, WC.
ISK 3500. Camping je ISK 1000.

Verpflegung   Nur in Hveravellir.

**Von Hveravellir weiter nach Süden bis
zum Gullfoss:** Durch düster-graue
Grundmoränenlandschaft führt die
Straße zunächst direkt nach Osten auf
den Gletscher Hofsjökull zu und biegt
wenig später gen Süden um. Schilder
am Wegesrand informieren über die Namen von Bergen und deren Höhe.

Stopp an der Geirsalda: An der Bezirks-
grenze wartet mit über 650 m der
höchste Punkt der Kjölurroute, der

Bis hierher und nicht weiter!

Geirsalda (früher *Fjórðungsalda, Schild „Hringsjá"*), mit einer herrlichen Aussicht
(Km 19). Ein Denkmal erinnert an den Gründer des isländischen Wandervereins
Ferðafélag Íslands, an *Geir Zoega* (1885–1959). Weit lässt sich die faszinierende
Hochlandebene überblicken, nicht weniger beeindruckend sind die riesigen Glet-
scherzungen und die schroffen, rot leuchtenden Berge des *Kerlingarfjöll.*

Stopp am Knochenhügel: Bei Km 21 zweigt eine Piste ab, die auf den Hügel *Beinahóll* führt (7 km Länge, vergilbtes Schild). Der Name erinnert an das grausame
Schicksal zweier Bauern, die 1780 wegen einer großen Schafsseuche im Nordland
180 Schafe im Süden erworben hatten und nach Norden bringen wollten. Sie wurden jedoch von einem Schneesturm überrascht und erfroren. An diesem Hügel
fand man später unzählige Knochen ihrer Schafe und Pferde. Früher war die umgebende Fläche keineswegs so grau, doch eine starke Überweidung zerstörte die Vegetation, der Wind und das Wasser trugen die Humusschicht ab und legten die
kahle Fläche frei.

Kurz nach einer ca. 2 km langen Abfahrt zweigt die Stichstraße zu den Bergen
Kerlingarfjöll (1158 m) ab (Km 30), s. u. Stellenweise weist die Umgebung nun eine
leichte, offene Vegetation auf.

Umweg über die idyllische Hvítárvatn-Hütte: Bei Km 40 zweigt von der Kjölur-
route eine weitere Piste ab, die in die Nähe des Gletschersees Hvítárvatn („weißer
See") führt und nach 12 km wieder in die Hauptpiste mündet. In der Ferne

Das unbewohnte Hochland → Karte S. 653

schwimmen kleine Eisberge auf dem knapp 30 km² großen See, denn eine Gletscherzunge reicht bis hinab zum Wasser. Eine zweite schmolz zurück und endet nun oberhalb des Sees. Nördlich des Ufers entwickelte sich eine weite Grasebene und bei einer geschützten Bucht in der Nähe des Berges *Hrefnubúðir* wachsen auf einer Höhe von um die 430 m ca. neunzig höhere Pflanzen, selbst Birken.

Furten: Etwa 20 m lange und 40 cm tiefe Furt auf der Nordstrecke (Abzweig derzeit unbeschildert), einfacher ist die Furt von der Árbúðir-Hütte. Der Südast ist überbrückt.

Weiter auf der Kjölur nach Süden: Der milchige Abfluss des Gletschersees, 33 km vor dem Gullfoss, ist überbrückt, es beginnt ein ca. 8 km langer Anstieg neben dem schon von weitem zu sehenden Berg *Bláfell* (1204 m). Eine beeindruckende Aussicht auf das bevorstehende Tiefland öffnet sich nach dem Pass. Nicht minder bemerkenswert ist im Westen die schwarze Hyaloklastit-Bergkette *Jarlhettur*, deren düstere Spitzen im eindrucksvollen Kontrast zu dem weißen Gletscher stehen. Ein Abstecher nach *Skálpanes* erlaubt, den Gletscher näher zu besichtigen oder gar zu betreten (26 km vor Gullfoss, noch 8 km bis zur Hütte eines Scooterverleihs, für Kleinwagen meist fast unmöglich; von dort noch ca. 30 Min zu Fuß). Steil geht es nun bergab bis zur Brücke über die Sandá. 11 km nördlich des Gullfoss ist ein 15 km langer Abstecher zur *Hagafellhütte*, die unterhalb eines Gletschersees in der Nähe der Jarlhettur-Berge steht, möglich. Gleich hinter dem Fluss geht es noch einmal mit enormer Steigung bergauf, dann sind es nur noch 12 km auf Asphalt durch grüne Landschaft bis zum Gullfoss, dem Ende der Hochlandpiste.

www.hveravellir.is (ausführlich!)

Streckenlänge Svartábrú (Ringstraße im Norden) – Hveravellir 87 km; Hveravellir – Gullfoss 92 km.

Durchschnittliche Eröffnung Anfang Juni. Im Südteil früheste 26. Mai, späteste 15. Juni, im Nordteil früheste 26. Mai, späteste 22. Juni.

Hin & weg Tägl. Bus über die Kjölur (SBA, ☎ 550700, www.sba.is) derzeit 1-mal tägl. Abfahrt morgens in Reykjavík oder Akureyri, z. T. mit zwei Fotostopps und Halt in Hveravellir. Auch am Abzweig Hvítárvatn wird für Trekker gehalten (von hier 8 km bis zur Hütte). Dauer 8 Std., ca. ISK 10.000 für die gesamte Strecke. Ggf. auch Busse von Sterna. Vergleichen Sie die Aufenthaltsdauer bei den Hütten, wenn Sie in einem Tag die Strecke bereisen wollen!

Einkaufen Winziger Shop bzw. einfaches Hüttenessen in der kleinen Bar in Hveravellir, im Norden Supermarkt in Varmahlíð oder Blönduós, im Süden Shop am Geysir oder Läden in Flúðir oder Laugarvatn.

Tanken Ggf. in Hveravellir. Sonst im Norden in Varmahlíð, im Süden am Geysir.

Übernachten/Essen von Nord nach

Süd Hütte/Café Áfangi, beim Stausee Blöndulón 37 km vor Hveravellir, einst eine Schaftreiberhütte, nun einfache SSU in ordentlichen Vierbettzimmern (ISK 3500), warme Dusche, leckere Waffeln ISK 750, Fleischsuppe ISK 1800, Hot Pot, Terrasse. ☎ 8690334 oder 6995736.

Hütten in Hveravellir, 64° 51,996′ – 19° 33,200′, einer der lieblichsten Plätze auf der Kjölur! Neuere Hütte: funktionaler, großer Schlafsaal. Alte Hütte (ca. 70 Jahre alt): sehr gemütlich, meist nur für Gruppen, Küche, Warmwasser, Hot Pot, WC außerhalb. ISK 3500. Geöffnet Juni bis Mitte Sept. ☎ 8941293 (Buchungsanfrage).

Hütte Gíslaskáli/Svartárbotnar, 4,5 km vor dem Abzweig zum Kerlingarfjöll westlich der Kjölur, nicht verschlossen, renoviert, Küche mit Gasherd, fließendes Wasser, Dusche, oft mit Wärter. WC, Pferdestall. SSU ISK 3000. ☎ 8959500 oder 4868757 (Vilborg).

Hütte Árbúðir, 64° 36,55′ – 19° 42,21′, südlich des nördlichen Abzweigs zum Hvítárvatn an einer Furt, nicht verschlossen, oft von Reitgruppen benutzt, moderne, große Holzhütte, gemütlich, Küche mit Gasherd, Dusche, WC außerhalb. SSU ISK 3000. ☎ 8959500 oder 4868757 (Vilborg).

Weitere Hütten abseits der Hauptroute östlich des Langjökull von Nord nach Süd: Hagavatn (ISK 3000, 64° 27,760′ – 20° 14,700′,

Feuer & Eis in den Kerlingarfjöll

sehr klein, von FÍ), **Hlöðuvellir** (für ca. 15 Pers., 64° 23,911′ – 20° 33,390′, von FÍ, ISK 3000). Die schöne Privathütte **Fremstaver** liegt 3 km östlich der Kjölur und 25 km von Hvítárnes südl. des Bláfell, für 20–25 Pers., WC, Kaltwasser, offen für alle, allerdings oft von Reitgruppen genutzt, ✆ 8959500 oder 4868757 (Vilborg), GPS 64° 27,050′ – 019° 56,440′.

Ingólfsskáli/Lambahraun, am Nordrand des Hofsjökull (die nächste Hütte ist Laugafell im Osten, siehe S. 670), einfach, für max. 28 Pers., Betreiber ist der Ferðafélag Skagfirðinga, von der Kjölur motorisiert nur sehr schwer zu erreichen. Nur wenige ausländische Touristen kommen hierher auf

der alten Verbindungsroute zur Kjölur. Viele Gletscherflüsse sind zu queren! ISK 3500. ✆ 4535900/8645889, www.ffs.is.

Camping Áfangi, einfach, (ISK 1000 inkl. Dusche).

Hveravellir, leicht unebene Wiese, kaum Windschutz, aber herrlicher Blick, WC, Kaltwasser, ISK 1000.

Árbúðir, kleine Zeltwiese mit Gletscherblick, ISK 500.

Gislaskáli, Campingmöglichkeit, ISK 500.

Camping Hvítárvatn, idyllisch direkt vor dem Gletschersee, nur WC.

Abstecher zum Geothermalgebiet Kerlingarfjöll   (F 347)

Direkt neben eisigen Hanggletschern qualmt und faucht es im Tal Hveradalur. Eine der schönsten Landschaften Islands! Streifen Sie zwischen schwefelgelben Quellen und graublauen Schlammtöpfen umher. Wer Zeit, Lust und Wetterglück hat, übernachtet und besteigt den Snækollur.

Streckeninfo: Nach kurzer Abfahrt (überbrückter Bach nach 1,6 km) steigt die Piste wieder an und direkt oberhalb des Wasserfalls Gýgjarfoss, der ca. 8 m tief in eine Basaltschlucht stürzt, wird eine weitere überbrückte Furt passiert (nach 4 km). Nach der großen Brücke links halten, um nach 10 km ein grünes Tal mit Hütten zu erreichen. Zu den heißen Quellen steigt die Piste von hier sehr stark an – so steil, dass Radwanderer ihr Gepäck lieber unten lassen oder aber ganz auf das Fahrrad verzichten und die Strecke wandern sollten. Begleitet wird der 6 km lange Anstieg nach Hveradalir von einem herrlichen Blick über die Ebene und die Gletscherzunge des Hofsjökull sowie, zur Rechten, über eine tiefe, bizarre Schlucht. Zur Anfahrt über Tungufell siehe unten.

Geologie Das markante, kontrastreiche Gebirge erhielt seinen Namen („Weibsgebirge") vom Fels Kerling, der wie eine Nadel aus dem Berghang des Tindur hervorragt und einer Sage nach eine erstarrte Trollfrau ist. Geologisch gesehen ist das Gebirge beim zweitgrößten Hochtemperaturgebiet mit unzähligen heißen Dampfquellen Islands relativ jung. Die Rhyolithberge entstanden bei subglazialen Vulkanausbrüchen während der letzten Eiszeit. Gletscherschliff, Wasser und Frost verursachten die heutigen schroffen Formen.

www.kerlingarfjoll.is

Durchschnittliche Eröffnung Mitte Juni

Hin & weg Der tägliche Bus über die Kjölur hält auf Anfrage am Abzweig zum Kerlingarföll. Zuletzt direkte Busverbindung mit Sterna.

Furten Keine

Pistenzustand Verhältnismäßig guter Zustand, mit einem Allradfahrzeug problemlos.

Tanken Mitte Juni bis Ende Sept.

Übernachten/Essen Hütten Kerlingarfjöll, 64° 41,00′ – 19° 18,05′, große Hütte, wie ein Refugio; einfache SSU für ISK 4050 unter dem Dach, WC, Waschbecken mit heißem Wasser im Keller, insgesamt 9 schnuckelig-gemütliche Hütten (3–14 Pers.), z. T. mit mehreren Räumen, SSU oder mit Bettwäsche, WC, Duschen, Frühstück ISK 1500. Bewirtschaftet Mitte Juni bis Ende Sept. ☏ 6647878.

Camping, Wiese unterhalb der Hütten neben dem Fluss, WC, Kaltwasser, Restaurant im 1. Stock der großen Hütte, hübscher Saal in der Dachschräge, Blick auf die umliegenden Berge, leckeres Mittag- und Abendessen. Besonders begehrt ist die Sofaecke. ISK 1360/Pers. inkl. Hot Pot, oft zugig.

》》 Lesertipp: Alternative Tungufell – Kerlingarfjöll (nummernlos) **《《**

„Will man dem zunehmenden Verkehr auf der Kjölur entgehen, bietet sich der nummernlose Jeeptrack Richtung Norden ab Tungufell an. Gleich zu Beginn dieser nur für „hochbeinige" Jeeps zu empfehlenden Strecke zweigt eine kleine Stichstraße nach Westen zum Gullfoss ab. Man sollte sich die Gelegenheit, den bekannten Wasserfall vom deutlich weniger stark bevölkerten Ostufer aus betrachten zu können, nicht entgehen lassen. Die ersten 10 km der Hauptpiste führen auf grobem Schotter immer wieder steil bergan, bis zur Svinarnes-Hütte sind jedoch nur kleinere Bäche zu durchqueren. An der Hütte selbst muss man einen etwas tieferen, aber immer noch unproblematischen Arm der klaren Svinar furten. Hat man die **Svinarnes-Hütte** passiert, zeigt die Strecke ihre Zähne. Von einer Schotterstraße kann ab hier keine Rede mehr sein. Tiefe, ausgewaschene Rinnen zerfurchen die zwei grobschottrigen Fahrspuren, etliche größere Steine machen das Vorankommen schwer. Für die Mühen entschädigt stets der Blick auf die Berge des Kerlingarfjöll und den markanten Bláfell. Die nächste größere Furt (zwei tiefe Arme, nicht reißend) erwartet den leidgeprüften Reisenden kurz vor der **Leppistungur-Hütte**. Dem Flussbett nach zu urteilen könnte diese Furt bei entsprechender Witterung problematisch werden. Spätestens ab hier ist die Piste nur noch eine (größtenteils unmarkierte) Spur, von deren Existenz allein die Hufabdrücke diverser Reitergruppen zeugen. Gut passierbare, erdige Abschnitte wechseln mit gröbstem Schotter und Geröll. Kurz vor der Einmündung auf die Stichstraße zum Kerlingarfjöll geht es ein letztes Mal auf grobem Gestein sehr steil bergan, bevor ein ebenso steiler Downhill den durchgerüttelten Reisenden auf die vergleichsweise komfortable Straße Richtung Kerlingarfjöll entlässt.

Für Fahrradfahrer gestaltet sich das Vorankommen auf diesem Track bei entsprechender Ausrüstung (Federgabel, keine Lowrider, breite Reifen, Gepäck unter 20 kg) leichter als für breite Jeeps. Einige Schiebepassagen an den gröbsten Stellen und die eine oder andere Anstieg sollten allerdings eingeplant werden. Trinkwasser ist zu keiner Zeit ein Problem, da unterwegs immer wieder klare Flüsse den Weg kreuzen."

🏃 Wandern

Spaziergang zum warmen Pool im Flusstal (4) (einfach, ca. 60 Min.): Ideal vor dem Abendessen für Entdeckungslustige. Folgen Sie der Ásgarðsá etwa 1 km flussaufwärts auf der rechten Seite auf dem markierten Weg bis zum Pool mit dem sprudelnden Bohrloch. **GPS**: 64° 40,415' – 19° 17,600'.

Zum Tal der heißen Quellen (5) (Trittsicherheit; hin 2 Std.): Beliebte Tour zum bunten Geothermalgebiet. Nehmen Sie von der Hütte die Brücke über die Ásgarðsá und steigen sie langsam, aber stetig den Bergrücken hoch (grüne Markierungen mit der Nr. 2). Nach 20 Min. passieren Sie den Abzweig des Weges Nr. 9 und nehmen einen leichten Rechtsbogen entlang eines Tales, das bald gequert wird. Der Weg steigt bis auf ca. 1.040 m, führt aber nicht über Eisfelder – halten sie sich immer links vom Einschnitt. An einer fauchenden Quelle führt der Weg hinab ins Tal der heißen Quellen. Von hier gelangen Sie zum Jeeptrack (6 km Rückweg).

Auf den Gipfel des Snækollur (1477 m) (6) (nicht bei starkem Wind oder Nebel gehen, sonst keine besonderen Schwierigkeiten, Kondition nötig; 2–2½ Std.):

Herrliche Bergtour auf den Gipfel rechts neben der spitzen Nadel des Loðmundur. Bei klarer Sicht soll man von oben das Meer sehen. Gehen Sie von der ehemaligen Skihütte (ca. 1070 m, oberster Parkplatz, 7 km ab Kerlingarfjöllhütte) über eine Moräne rechts bergan. Der Weg führt über Gesteinsscherben.

Rundweg im geothermalen Tal Hveradalir (7) (keine besondere Schwierigkeit; Wanderstöcke, evtl. Furtschuhe und Handtuch mitnehmen; 60–80 Min.): Fahren Sie zum Parkplatz oder trampen Sie dorthin. Das Gebiet „Hverasvæði" beginnt 500 m vom Parkplatz entfernt (5,5 km ab Kerlingarfjöllhütte, rechts halten), der Rundweg Nr. 7 ist gut markiert, Brücken sind installiert, über einen schmalen Bach muss allerdings gesprungen werden. Herrlich ergänzen sich das Blau der Gletscher am Hang und der Schlammtöpfe und das Türkis einiger Heißwasserlachen im Tal. Braune Lehmflecken sind von Dampf überlagert, Wollgras und neongrünes Moos versuchen Fuß zu fassen.

Karte: Vor Ort erhältlich, die Wege sind leider nicht genau eingezeichnet, sie gibt aber Anhaltspunkte.

Ruhe vor dem Sturm

Trucks vertiefen die Fahrspuren

Der Sprengisandur (F 26)

Eine endlos weite und graue, sandige und hügelige Hochlandwüste, flankiert von mächtigen Gletscherkappen – so zeigt sich die berühmt-berüchtigte Hochlandpiste, der Sprengisandur. Unvermutet tauchen die grünen Oasen von Nýidalur und Laugafell auf, ab und an auch nur eine leuchtend grüne Moosfläche. Bei ungünstigen Verhältnissen kommen kleine Jeeps (z. B. Suzuki Vitara) bei den Furten an ihre Grenzen.

In früheren Zeiten war die Durchquerung ein gefährliches Unternehmen – Schutz vor dem unwirtlichen Wetter gab es kaum, reißende Gletscherflüsse mussten durchquert werden und nur an ganz wenigen Stellen fanden die Pferde ausreichend Nahrung. Der eigentliche Sprengisandur musste in einem Tag durchritten werden. Er ist ein graues, hügeliges Grundmoränengebiet mit weiten Sand- und Schotterflächen. Mit einer durchschnittlichen Höhe von 700–800 m erstreckt er sich auf etwa 70 km Länge und 30 km Breite. Auch die triste Fläche schlug stark aufs Gemüt und bei Nebel und in der Dämmerung schienen zahlreiche Elfen und Trolle die Gegend unsicher zu machen. Von panischer Angst verfolgt, sprengten die Reiter mit ihren Pferden gnadenlos über die einige Hochebene (deshalb *Sprengi*sandur). Häufig benutzt wurde die Route von den Bischöfen der Nordprovinzen, die zu den Versammlungen am Bischofssitz Skálholt im Südland ritten. Anfang des 18. Jh. geriet der Sprengisandur für hundert Jahre fast in Vergessenheit und erst im 19. Jh. fanden wieder Durchquerungen statt. Anfang des 20. Jh. wurde die Route mit Steinwarten neu markiert. Das erste Auto quälte sich 1933 über die einsame Hochlandroute.

Der Südteil: Von Hrauneyjar zur Hütte Nýidalur   (F 26)

Beginn ist die Unterkunft/Tankstelle *Hrauneyjar*, ein letzter Boxenstopp vor dem Abenteuer. Erkundigen Sie sich hier nach dem aktuellen Weg zu den weitgehend unbekannten, aber sehr sehenswerten Wasserfällen der Þjórsá, z. B. dem Dynkur (Abzweig 8 km südl. von Hrauneyjar). Durch Wasserkraftwerke wurden die Landschaft und auch die Straßenführung stark verändert. Man umrundet nördlich den Stausee Hrauneyjalón (Steigung von über 200 m), hinter dem die Straße extrem steil zum *Þórisvatn* ansteigt. Kurz bevor man den See erreicht, lohnt bei Km 26 der Abstecher zu den beliebten Forellenseen Veiðivötn (F 228, s. u.). Nach dem Anstieg bietet sich ein herrlicher Blick auf den See *Þórisvatn* und das weite Hochland. Der mal türkisblaue, mal graue Stausee liegt im starken Kontrast zu der nun grauen Landschaft, kein Grün wächst an den Ufern.

Streckenwahl/Routenplanung: Die Piste ist von Süd nach Nord beschrieben. Im Süden stehen zwei Zufahrten, im Norden drei „Äste" zur Auswahl. Mit dem Auto können gut und gerne 2–4 Tage eingeplant werden, mit dem Rad ist mit mind. 5 Tagen zu rechnen.

Streckeninfo/Tipps für Radler: Die Anfahrt zur Sprengisandur-Route kann entweder über die Str. 32 vorbei am Hof Stöng (siehe Kap. „Goldener Zirkel") – die schönere, zu empfehlende Route – oder über die Str. 26 erfolgen. Asphalt bis kurz hinter Hrauneyjar. Die Sprengisandur-Route ist nach wie vor eine große Herausforderung für den Radfahrer. Mit einem Mountainbike ist die **F 26** zwar zu befahren, aber man muss sich auf sandige und holprige Teilstrecken einstellen, bei denen man ordentlich durchgeschüttelt wird. Die Piste ist der hügeligen Landschaft angepasst, d. h. man muss ständig auf- und abfahren.

Bei Hrauneyjar/Abstecher zu den Veiðivötn: Der Weg ist stellenweise sehr sandig. Je nach Wetterlage muss man zwischen dem ersten See und der ersten Furt bis zu 10 km schieben (s. u., „Alternativpisten").

Im Süden/Nähe Hofsjökull – Alternativpiste östlich des Sees Kvíslavatn: Diese Piste führt näher an die riesigen Gletscherzungen und das Naturschutzgebiet von Þjórsárver heran. Im Sommer fahren die Isländer gerne zum Angeln an den See *Kvíslavatn*. Direkt hinter dem See führt eine neue Piste zur F 26 – diese sollten Sie wählen. Die geradeaus führende ist nur selten befahren und teilweise schwer erkennbar. Dem Normalreisenden ist dringend von der Strecke abzuraten – bis auf einen Abstecher: Etwa 2 km nordöstlich des Flusses, der in der Nähe des Flugfeldes und einer Nothütte gefurtet werden muss, liegt *Innrahreysi*, die Ruinen der Behausung von *Fjalla-Eyvindur*, des berühmten Geächteten (vgl. Kasten S. 656).

Die Pisten **F 752/F 881/F 821** sind teilweise sehr holprig und uneben. Planen Sie als Autofahrer für die Strecke F 752 nach Laugafell ca. 1½ Stunden Fahrzeit ein. Auf der **F 881** müssen ein paar kurze, sandige Abschnitte gemeistert werden. Der Wind kann auf der gesamten Strecke ungehindert blasen und dann sind selbst 10 km eine sehr weite Strecke. Der Regen macht die graue Landschaft noch trister und Schutz ist selten zu finden.

Karten: In Hrauneyjar gibt es eine Faltkarte mit Infos zu Abendspaziergängen. Die Veiðivötn sind verzeichnet. In Nýidalur ist eine Wanderkarte erhältlich.

Naturschutzgebiet von Þjórsárver: Bei Km 56 steigt die Piste in einem Bogen auf einen Bergrücken mit herrlicher Aussicht auf die Gletscherzungen des Hofsjökull

Grandiose Weite

und das davor befindliche Naturschutzgebiet. In der wasserreichen Tundrenland-
schaft im Schutz des Gletschers liegt das wichtigste Brutgebiet der Kurzschnabelgans und vieler anderer Vogelarten. Einzigartig ist auch die Pflanzenwelt mit unzähligen Moos- und Flechtenarten sowie verschiedenen Gräsern. Zum Glück wurde der Wert des Gebietes rechtzeitig erkannt und ein Staudammprojekt am Kvíslavatn erheblich verkleinert.

Kurz vor *Versalir* (früher eine Berghütte, derzeit für die Allgemeinheit verschlossen) führt die alte Sprengisandur-Route geradeaus weiter, während die F 26 ins Tal
abbiegt. Ihr folgend, wird unmittelbar nach der Abzweigung auf einer Brücke ein
reißender Gletscherbach überquert. Nun verschlechtert sich die Piste merklich, die
Landschaft wird steiniger und hügeliger. Statt die Erhebungen zu umgehen, führt
die Straße auf einer durchschnittlichen Höhe von etwa 650 m schier endlos auf und
ab. Etwa bei Km 77 muss die *Svartá* gefurtet werden.

Hütten Nýidalur mitten im Niemandsland: Das Tal Nýidalur wird auch Jökuldalur
genannt und ist eine lang gestreckte Oase mit einer erstaunlich vielfältigen Vegetation. Eines dürfen Sie sicher erwarten: Bäume verstellen hier nirgends den Blick.

🥾 Wandern ab/bei Nýidalur   (→ Karte S. 653)

Ins Jökuldalur zur Schlucht (8) (unmarkiert, aber problemlos zu finden; Handtuch und Furtschuhe mitnehmen; hin/
zurück 3–3½ Std.): Faszinierende Tour
in Hochlandeinsamkeit. Vom ausgeschilderten Parkplatz geht es 500 m am
Fluss entlang, dann muss man diesen.
Auf der anderen Seite wartet relativ artenreiche Vegetation mit Engelwurz.
Das perfekte Gletschertal mit sanft gerundeten Hängen ist fotogen mit leuchtend grünen Moosstreifen verziert. Nach
2 und 2,7 km im flachen Talgrund sind
zwei kleine Taleinschnitte zu passieren,

erst dann hat man bei Km 4,6 die eigentliche Schlucht erreicht. Noch gut
700 m taleinwärts sind es bis zu einem
Aussichtspunkt, von dem man unterhalb von versteinerten Trollen einen Talgletscher in der Ferne bewundern kann.

**>>> Unser Tipp: Tagestour ins Geother-
malgebiet (9)**: Über den Mjóháls zu
den heißen Quellen auf über 1000 m
Höhe, nun markiert (8–10 Std.).
Mittelfristig ist auf diesem Weg eine
neue Hütte geplant. Infos und weitere
Wandertipps in der Hütte. **<<<**

Abstecher zu den Forellenseen Veiði-vötn (F 228)/Hütte Jökulheimar (F 229): Die Piste führt kurz bergab, um die sehr schmale, aber tiefe Staumauer des Vatnsfellslón zu überqueren. Weiter geht es durch graue, manchmal steinige, meist aber sandige Oberfläche, vorbei an markanten Bergen und dem größeren See Fellsendavatn. Nach ca. 17 km gelangt man an eine Kreuzung, von der eine Piste nach Norden zu der Forschungshütte Jökulheimar nahe dem Gletscher Vatnajökull abzweigt (35 km). 6 km später öffnet sich ein erster Blick auf die von saftigem Grün umgebenen Seen Veiðivötn. Ihre Entstehung haben die etwa dreißig Seen dem Vulkanismus zu verdanken: Sie füllen Explosionskrater, die von zwei Ausbrüchen aus den Jahren 900 und 1477 stammen. Dies sorgt für eine reizvolle Landschaft aus Wasser und moosüberzogenen Kratern. Im Sommer kommen viele Isländer zum Angeln hierher. Ein etwa 12 km langer Rundweg (mit Furten, davon eine tief) führt durch die Seenlandschaft zu den einzelnen Angelplätzen; die Straße verläuft bisweilen auf dem Kraterrand. Ziemlich sicher hat man das Glück, auf den Seen Eistaucher zu entdecken.

Furten Zwei Furten – die erste sandig und teils ausgefahren, die zweite steinig und in der Mitte sehr tief. Wir raten von einem Versuch mit einem kleinen Jeep ab.

Pistenzustand Sandig, sonst außer den Furten keine großen Schwierigkeiten. Die F 229 ist in relativ gutem Zustand.

Übernachten Hütten/Camping **7**, 64° 08,08′ – 18° 47,40′; mehrere Sommerhäuser verschiedener Größe, meist von Anglern belegt, und eine Hütte mit Schlafstätten in großen Räumen und einer kleinen Küche mit Herdplatten. SSU ISK 2000. Schöner Zeltplatz bei den Sommerhäusern nahe am See, WC, Kaltwasser. An anderer Stelle darf im Gebiet nicht gezeltet werden! Bei Ankunft hat man sich beim Warden zu melden. ✆ 8938407, www.veidivotn.is (Luftbild mit Beschriftung der Hütten unter „gisting").

Jökulheimar 6, 64° 18,65′ – 18° 14,33′, keine touristische Hütte. Verband der isländischen Gletscherforscher, www.jorfi.is.

Der Nordteil:
Hütte Nýidalur bis Wasserfall Goðafoss (F 26 = Hauptpiste)

Bis zum Fjórðungsvatn/dem Abzweig der 752: Die einfachste der Sprengisandur-Varianten. Gleich hinter den Hütten behindert das Schmelzwasser des nahen Gletschers die Fahrt. Anschließend fährt man durch die gras- und moosbewachsene Ebene *Tómasarhagi*, in der nach ca. 5 km ein Gletscherfluss mit evtl. starker Strömung und steinigem Untergrund gefurtet werden muss. Hinter dieser Furt zweigt die sehr schwierige Piste F 910 zur Askja ab (s. u.). Nach weiteren 13 km über graue Hügellandschaft erreicht man den vegetationslosen See *Fjórðungsvatn*. Bei Sonnenschein lassen die gleißenden Gletscher frohlocken, bei Regen und trüber Sicht kann man sich hier leicht eine üble Hochland-Depression einfangen.

Weiterfahrt nach Norden zum Goðafoss: Die graue Sand- und Schotterwüste setzt sich fort, dunkel, wie man es sich in schwärzesten Fantasien nicht ausmalen kann. Wenn allerdings entlang eines Flüsschens Giftgrün auf Basaltgrau trifft, wird die Monotonie durch Kontrast spannungsreich. Bei Km 158 weist ein Schild zur langen, schmalen Felsschlucht *Kiðagil*, die der Gletscherfluss Kiðagilsá in den Stein gegraben hat, und an deren Rand früher der ersehnte erste Weideplatz nach dem Sprengisandur lag. Da dieser Ort im berühmten Sprengisandurlied auftaucht, ist er heute noch von Interesse. Doch Grasflächen bleiben weiterhin dünn gesät. Von einigen Kuppen sieht man Askja, Herðubreið und Kverkfjöll. 43 km vor der Ringstraße fällt die Piste recht steil ab und ein Schafsgatter zeugt von der nahen bewohnten Welt.

Das unbewohnte Hochland → Karte S. 653

Spaziergang zum Wasserfall Aldeyarfoss: 40 km vor der Ringstraße führt von einem Parkplatz (WC) ein fünfminütiger Weg hinab zum *Aldeyarfoss*, den eine Galerie senkrechter reizvoller Basaltsäulen einrahmt. Beim Hof *Mýri* wird endgültig das Hochland verlassen. Ein schönes, kleines Birkenwäldchen, das kurz dahinter durchquert wird, lädt zu einer Rast ein. Noch knapp 34 km sind es auf gut zu befahrender Schotterstraße bis zum *Goðafoss* an der Ringstraße.

www.hrauneyjar.is (ausführlich!)

Streckenlänge   Ringstraße-Hrauneyjar-Nýidalur (26/F 26): 184 km, davon ca. 110 km Hochland, Nýidalur-Mýri-Goðafoss/Ringstraße (F 26/F 842/F 843): 132 km, davon 96 km Hochland.

Durchschnittliche Eröffnung   Ende Juni, früheste 13. Juni, späteste 3. Juli.

Hin & weg   Mit Reykjavík Excursions über die F 26 zum Mývatn; geführte 12-stündige Tour, Voranmeldung erforderlich.

Einkaufen   Hrauneyjar (tägl. 7–23 Uhr): Grundnahrungsmittel auf Anfrage, Süßigkeiten, Snacks, nächster Supermarkt im Sü-

Aldeyjarfoss

den bei Hella, im Norden relativ gut sortierter Laden am Goðafoss.

Furten   Vier tiefere und je nach Wetterlage mehrere kleine. Svartá: um 40 cm; Furt kurz vor Nýidalur: ca. 30 cm; Furten kurz nach Nýidalur (nördlich): erhebliche Schwankungen, erste 40–60 cm breit (im Extremfall fast 100 cm), zweite mind. 40–80 cm tief, nicht sehr breit, steinig, Strömung. Beide Gletscherflüsse sind meist trüb.

Pistenzustand   Die eigentliche Sprengisandur-Piste (Südteil) ist größtenteils eine zerfahrene und steinige, schlechte Piste.

Tanken   Hrauneyjar, im Norden nächste Tankstelle in Fosshóll/Goðafoss.

Übernachten/Essen   Hotel/Restaurant Hrauneyjar (FH) **8**, ganzjährig einfache, saubere DZ und EZ in einer ehemaligen Arbeiterunterkunft aus Wohnkästen. Im geräumigen Restaurant Hamburger und schnelle Gerichte, Tagessuppe. Camping ist nicht vorgesehen, Zelten ist um den Komplex herum Radlern gestattet, es gibt aber keine Einrichtungen. DZ ab ISK 14.100. SSU im Gästehaus neben dem Háland-Hotel ISK 6700. Duschen. ✆ 4877750/4877782, hrauneyjar@hrauneyjar.is, www.hrauneyjar.is.

Hotel Háland (FH), 1 km entfernt wurde 2005 das Hotel eröffnet, 4-Sterne-Service im Hochland! Hot Pot, Sauna, hervorragendes Restaurant (offene Küche), Sofaecke. 16 DZ zu ISK 28.800, vier Apartments. www.hotelhighland.is.

Hütte/Camping Nýidalur **5**, 64° 44,130' – 18° 04,350', zu buchen bei FÍ (s. o.), zwei große Hütten des isländischen Wandervereins FÍ (für 120 Pers.) zwischen zwei Flüssen, gemütlich, Küche, großes Sanitärhaus mit warmen Duschen. ISK 4500. Ranger des Nationalparks. Camping auf grüner Wiese neben den Hütten, ISK 1100. ✆ 8424377 vor Ort.

Hotel/Restaurant Kiðagil, im Bárðardalur an der Str. 842 kurz nach der Brücke über den Fluss und 22 km vor der Ringstraße, Mitte Juni bis Ende Aug., Schulgebäude, saubere DZ zu ISK 11.800, SSU 3600, Outlaw-Ausstellung. **Zelten** ISK 1500/Zelt. ✆ 4643290, www.kidagil.is.

Der heiße Pool von Laugafell

Abstecher und Alternativpisten nördlich von Nýidalur

Auf der F 752 zum heißen Bad nach Laugafell (*„lööjafedl"*, an Nýidalur ca.
49 km): Beim Fjórðungsvatn beginnt die F 752, die durch die graue Grundmoränenlandschaft zunächst direkt auf den mächtigen *Hofsjökull* zuführt. Nach
7,5 km muss der im Hochsommer von Blumen gesäumte Fluss Bergvatnskvísl
gefurtet werden. Nun wendet sich die schmale, steinige Piste nach Norden und
überwindet die Wasserscheide zwischen Süd und Nord. Nach einem moosge-
säumten Flusstal (kleine Furt) führt die Piste zwischen den 879 m bzw. 997 m hohen Bergen *Laugafell* (von oben gute Sicht) und *Laugafellshnjúkur* hindurch. Unterhalb kommt die kleine, grüne Oase von *Laugafell* zum Vorschein, die für ihre
700 m Höhe eine üppige Vegetation aufweist. Mitten in der Hochlandwüste tritt
hier ca. 40–50° C warmes Wasser zu Tage, das in einen schönen, steingefassten
Pool geleitet wird (Gletscherblick, Poolbenutzung ISK 300). Etwa 300 m vom
Pool entfernt befindet sich ein altes, winziges veraltetes Becken, das eine Frau genutzt haben soll, die auf der Flucht vor der Pest mit ihren Bediensteten einen
Winter bzw. ein Jahr lang hier gelebt und überlebt hat. Der Pfad dorthin führt an
der älteren Hütte vorbei und dann ein kleines Tal mit einem warmen Fluss hinauf. Das Wasser wird heute zum Beheizen der Hütten verwendet.

Stehpinkler im Hintertreffen

Nur im Sitzen können Sie hier die
einzigartige Toilette im oft so
„arschkalten" Island genießen. Sie
wird mit heißem Wasser betrieben
– keine noch so raffinierte Autositz-
heizung kann da mithalten.

Durchschnittliche Eröffnung Ende
Juni, früheste 13. Juni, späteste 6. Juli.

Furten Bis Laugafell drei nennenswerte
Furten – Bergvatnskvísl: bis zu 20 m breit,
ca. 30–50 cm tief; Fluss 21 km ab Abzweig
von der F 26: 20–30 cm, 10 m breit; kurz vor
Laugafell: ca. 30–40 cm, schmal.

Pistenzustand Die Piste ist holprig und
stellenweise leicht sandig.

Übernachten Hütten/Camping Laugafell **3**, 65° 01,700' – 18° 19,920', für ca. 35 Pers. in der alten, gemütlichen Hütte von 1948 und in einer neueren Hütte. Im neuen Wärterhaus 20 weitere Schlafplätze. Wärter Juli/Aug., einfach, Küchenecke, fließendes Warmwasser, Küche, Aufenthaltsraum, WC in der neueren Hütte. SSU ISK 4500 inkl. Pool mit 36°. Zeltplatz oberhalb, kein Windschutz, ISK 1100 inkl. Pool. Betreiber ist Ferðafélag Akureyrar (✆ 4622720, nur nachmittags, www.ffa.is.), Buchung im Sommer jedoch direkt in der Hütte unter ✆ 8225192.

Von Laugafell nördlich des Hofsjökull nach Varmahlíð (F 752, Skagafjarðarleið): Diese Piste verbindet den Sprengisandur mit dem nordwestlichen Teil des Landes. Nach Durchquerung von zwei Gletscherflüssen präsentiert sich die Landschaft zunehmend vegetationsreicher. Das Sumpf- und zugleich das größte Permafrostgebiet Islands am *Orravatn* mit Wollgras- und Seggenvegetation wird durchquert. Bei Km 23 zweigt eine selten befahrene, schwierige und 29 km lange Piste zur Hütte *Ingolfsskáli* unweit des Gletschers Hofsjökull ab (vgl. S. 661). Die Landschaft wird nun zunehmend grüner, endlich weicht die graue, eintönige Wüstenlandschaft einer niederen Heidevegetation. Bei Km 40 wird die Hochebene endgültig verlassen und eine ca. 5 km lange, steile und kurvenreiche Abfahrt ins Tal Vesturdalur beginnt. Die Piste endet bei *Gil* (Km 51), dem ersten Bauernhof, und nach weiteren 42 km erreicht man bei Varmahlíð die Ringstraße.

Streckenlänge Laugafell–Gil–Varmalíð (F 752/752) 103 km, davon 51 km Hochland.

Durchschnittliche Eröffnung s. o.

Furten Zwei größere Gletscherflüsse (40–50 cm, ca. 3 und 5 km nach Laugafell). Daneben je nach Witterung mehrere kleine.

Pistenzustand Piste in einem wesentlich schlechteren Zustand als die F 26, holprig, steinig, abschnittsweise je nach Wetter schlammig.

Übernachten An der Str. 752 mehrere Übernachtungs- und Zeltmöglichkeiten um Reykir sowie in Sölvanes, 14 km vor Reykir.

Von Laugafell zurück zur F 26 (F 881): Die Piste steigt zunächst stark an, um dann auf einer Höhe von bis zu 900 m ständig auf und ab über die hügelige, graue Landschaft zu führen. Nach 4 km zweigt die Piste F 821 nach Akureyri ab. Weitere 17 km muss der holprige Weg noch ertragen werden, bevor es kurz hinab zur Hauptsprengisandur-Route geht. Von den zahlreichen Hügeln bietet sich bei gutem Wetter ein fantastischer Rundblick: Vatnajökull, Hofsjökull, Askja, stellenweise sogar die Herðubreið sind zu sehen.

Von Laugafell nach Akureyri (F 821, Eyjafjarðarleið): Nach 4 km Steigung durch graue Landschaft zweigt die F 821 nach Akureyri ab. Durch hügelige Geröllwüste führt sie an einem See vorbei und wendet sich nach Norden, um etwa bei Km 20 den mit über 900 m höchsten Punkt zu erreichen. Ein herrlicher Blick zurück auf riesige Gletscher und auf das Tal *Eyjarfjarðardalur* lädt bei gutem Wetter zum kurzen Verweilen ein. Nun beginnt eine etwa 20 km lange, sehr steile Abfahrt in das enge Tal. Die Vegetation beginnt mit einzelnen Moosflächen und wird zunehmend grüner. Das Tal weitet sich und mit dem Hof *Hólsgerði* endet die Hochlandpiste (Km 40). Die nun gut zu befahrende Straße erreicht nach 44 km die Hauptstadt des Nordens. Weitere Informationen zu diesem Streckenabschnitt im Anschluss an die Beschreibung Akureyris.

Streckenlänge Laugafell–Tjarnir–Akureyri (F 887/F 821/821): 85 km, davon 40 km Hochland.

Durchschnittliche Eröffnung Mitte Juni, früheste 13. Juni, späteste 6. Juli.

Furten Je nach Wetter mehr oder weniger oft kleine Bachläufe.

Pistenzustand Piste wesentlich schlechter als die F 26, sehr holprig, teils steinig, bei der letzten Recherche allerdings fest sitzende Steine.

Für absolute Profis: Die Pisten
von der Sprengisandur zum Vulkan Askja   (F 910)

Schwarzer Lavasand, Lavaplatten, eine weite, vegetationslose Ebene, ein riesiger Eisschild – so landschaftlich einmalig die Strecken auch sind, sie sind sehr schwierig zu befahren. So wundert es nicht, dass sie auf zahlreichen Campingplätzen im Hochland Gesprächsthema sind.

Die Piste beginnt nördlich des Gletschers Tungafellsjökull und durchquert leicht moosbewachsene Grundmoränenlandschaft. Mehrere Gletscherflüsse müssen im Folgenden gefurtet werden und kurz nach der Brücke über den *Skjálfandarfljót* (Km 25) verzweigt sich die Piste in eine nördliche (F 910) und eine südliche (Gæsavatnaleið) Route. In der Mitte der beiden Routen erhebt sich der Berg *Trölladyngja* („Schild des Riesen"), Islands größter, völlig gleichmäßig geformter Schildvulkan.

Routenwahl/Streckeninfo: Die Verbindungen warten mit allen erdenklichen Schwierigkeiten auf. Ein großes Hindernis ist das Sanderfeld vor der Askja. Mit 10–20 km Schieben und Sandstürmen muss man sich oft abfinden. Da es oft zu Wetterstürzen mit Schneestürmen oder zu Nebel kommt, ist immer mit der Notwendigkeit einer Übernachtung zu rechnen. Man sollte wegen der Wasserstände in den Furten morgens fahren. Ende der achtziger Jahre wurde die nördliche Piste geschaffen. Ihr Vorteil liegt darin, dass sie tiefer liegt und somit längere Zeit befahrbar bleibt. Ein Begleitfahrzeug ist dringend zu empfehlen und man sollte sich in den Hütten von Nýidalur und der Askja ab- und wieder anmelden. Rechnen Sie mit Einsamkeit: Eine Engländerin ist die Strecke in fünf Tagen gelaufen – ihr begegnete kein einziges Auto! Wir raten von beiden Pisten ab.

Die nördliche Route (F 210): Markierungen wurden angebracht, aber eine wirkliche Pistenwartung findet nicht statt.

Die südlichere Route (nummernlos): Die höchstgelegene Piste Islands (ohne Nummer) wird nicht unterhalten. Jedes Jahr müssen leichtsinnige Touristen von der Piste geholt werden, die ihr Gefährt und ihre Fähigkeiten überschätzt haben. In den Sanden sind schon Geländewagen stecken geblieben nach frischer Aufschotterung durch die Gletscherflüsse. Manchmal ist die Strecke nicht klar zu erkennen. Ohne genaue Ortskenntnis und GPS und ohne einen Superjeep sollte man diese Strecke nicht befahren.

Tipps für Radler: Die Strecken sind eine Tortur für Mensch und Material, bei der man sich das Rad ruinieren kann. Das beginnt damit, dass scharfkantige Lavaplatten gerne die Reifenmäntel aufschlitzen. Die nördliche Hälfte bietet keine Möglichkeit, sich mit Wasser zu versorgen; in der südlichen Hälfte ist der See das letzte sichere Reservoir an klarem Wasser (ansonsten Gletscherwasser filtern). Auch im Hochsommer sind Altschneefelder zu überqueren. Das Zeltaufstellen ist auf oft hartem Untergrund sehr schwierig.

Die nördliche Route (F 910): Diese Piste führt um den Schildvulkan durch die endlose Lavawüste der Ódáðahraun und wird manchmal irreführend auch als „Gæsavatnaleið" bezeichnet. Zahlreiche Lavaplatten müssen überklettert und kurze steile Anstiege gemeistert werden. Die häufig auftretenden Sandstellen sind ein weiteres Hindernis. Wenige seichte Wasserläufe und kleine Seen sorgen zeitweilig für

Abwechslung. Etwa bei Km 64 wird der letzte kleine Wasserlauf passiert. Das Dyngjufjöll-Massiv, das sich aus der Lavafläche hervorhebt, begleitet nun die folgende Strecke. Etwa bei Km 94 mündet die südliche Piste ein.

Die südliche Route („Gæsavatnaleið", ohne Nummer): Diese Variante ist eher ein Off-Road-Gelände denn eine Piste. Noch erkennbar erreicht sie nach ca. 9 km die Seen *Gæsavötn*, kurz darauf beginnt ein steiler Anstieg. Nach mehreren Kilometern Steigung wird die 1190 m hohe Passhöhe durch zahlreiche Steinmännchen markiert. Bei gutem Wetter begleitet eine weite, faszinierende Aussicht die folgenden Kilometer. Immer wieder erschweren Lavaplatten und Altschneefelder das Vorankommen und lassen den Pistenverlauf zeitweilig völlig verschwinden. Eine wenige Kilometer unterhalb des 1446 m hohen Hyaloklastit-Berges *Kistufell* gelegene Nothütte wird passiert und weist den richtigen Weg. Etwa 8 km später lohnt ein kurzer Halt am Schildvulkan *Urðarháls*. Der gewaltige Krater, eingefasst durch Felsen, bildet eine etwa 100 m tiefe Hohlform. Steil geht es nun bergab. Steinfelder und Lava lassen jedwede Streckenführung verschwinden und erfordern etwas Spurensuche. Unten angekommen, stellt das mit zahlreichen Rinnsalen durchzogene Schwemmland unweit einer gewaltigen Gletscherzunge ein weiteres Hindernis dar. Eine neue Markierung leitet durch Lava westlich am Schwemmland vorbei. Langsam wird der Untergrund wieder trockener, aber auch sandiger und die nördliche Route wird erreicht. Oft fegen Sandstürme über die nun zu durchfahrende Ebene. Der folgende, sehr flache See *Dyngjuvatn* wird östlich umfahren und weist auf das nahe Ende der Tortur hin. Langsam steigt die Piste durch eine Bimssteinebene an und erreicht den Zeltplatz Dreki an der Askja – ringsum nichts als öde, weite Fläche.

Streckenlänge Nördliche Route (F 910): 112 km, südliche Route (Gæsavatnaleið): 121 km.

Eröffnungszeiten Keine offizielle Angabe; im August meist schneefrei, in manchen Jahren gar nicht passierbar.

Furten Abschnitt Sprengisandur-Skjálfandafljót: mehrere Flüsse, am anspruchsvollsten die Furt nach ca. 10 km (steinig, bis zu 80 cm tief), nach ca. 19 und 21 km (jeweils mehrere Arme bis 50 cm).

Nichts als Lava

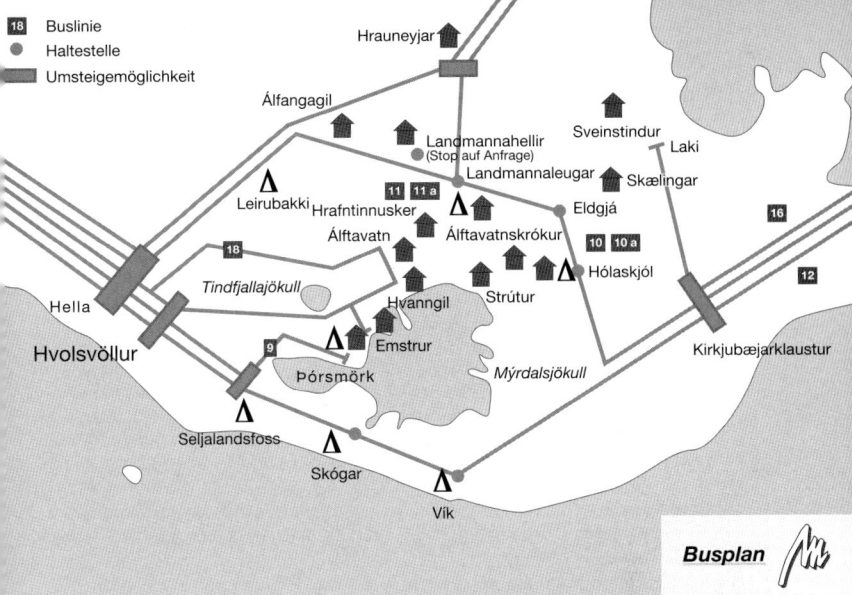

Busplan

Landmannalaugar und Eldgjá (F 208/F 225)

Bunte Berge, leuchtendes Grün, heiße Quellen im Kampf mit Schnee und Eis: Landmannalaugar ist das Glanzlicht des Hochlands. Mehrere Pisten und zahlreiche Wanderwege erschließen die einzigartige Bergwelt, die auch mit Pkw zu erreichen ist. Landmannalaugar ist zudem Ausgangspunkt für die beliebteste Trekkingtour Islands, die Strecke Richtung Südküste via Þórsmörk. Weiter östlich ist die „Feuerspalte" Eldgjá zu bewundern.

Streckenlängen Hrauneyjar – Landmannalaugar: 36 km, Landmannaleið: 49 km, Landmannalaugar – Eldgjá: 32 km, Eldgjá – Búland: 27 km.

Durchschnittliche Eröffnungszeiten Hrauneyjar – Landmannalaugar: Anfang Juni, früheste 12. Mai, späteste 13. Juni, Landmannaleið: Anfang Juni, früheste 12. Mai, späteste 22. Juni, Landmannalaugar – Eldgjá: Mitte Juni, früheste 22. Mai, späteste 24. Juni.

Hin & weg Routenübersicht siehe Routenübersicht. Reykjavík Excursions bedient im Sommer die Strecke Reykjavík – Landmannalaugar und weiter nach Skaftafell und umgekehrt mit Aufenthalt in Landmannalaugar und in der Eldgjá. Unterwegs an der Hekla ein Fotostopp. Umweg über Landmannahellir auf Anfrage.

Tankmöglichkeiten Keine (letzte Möglichkeit: Leirubakki an der 26) .

Furten Hrauneyjar – Landmannalaugar: keine. Landmannaleið: zwei seichte Furten. Landmannalaugar – Eldgjá: je nach Witterung 15–20 Furten! Meist nicht tiefer als 20 cm. 3–4 Furten je nach Wetter ca. 50 cm tief, stellenweise Treibsande. Direkt vor Landmannalaugar aufgestaute Bäche, ausgefahren, ca. 40 cm tief.

Eldgjá – Búland: kurz nach der Eldgjá, ca. 40 cm, Abstecher in die Eldgjá: recht breit und ausgefahren, ca. 50 cm tief.

Die nördliche Verbindung (F 208): Man folgt der Beschilderung um den Stausee *Hrauneyjalón*. Auf steiniger Piste wird nun ein Bergrücken überwunden, von dem sich ein weiter Blick auf die zu durchquerende Lavaebene mit der Bergwelt um

Landmannalaugar im Hintergrund bietet. Trotz spärlicher Vegetation und grauem Sand ist die Landschaft auf der folgenden Strecke beeindruckend. Mit einem Schafsgatter nach ca. 8 km beginnt an einer Stromschnelle der Tungnaá das Naturschutzgebiet *Fjallabak*, in dem sich die oft sandige und wellblechartige Piste die Berge entlangschlängelt. Der kleine Umweg zum „Hnausapollur" lohnt sich (Hinweisschild). Ein niedriger Rücken wird überwunden und kurz dahinter die Einmündung der Piste Landmannaleið erreicht (Fortsetzung s. u.).

Streckeninfo/Tipps für Radler: Nach Landmannalaugar ins Gebiet Fjallabak („Hinter den Bergen") führen drei Pisten: Von Westen von der F 26 als südliche Variante die Landmannaleið (oder „Fjallabaks nýrðri") F 225, als nördlichere Variante von Hrauneyjar die F 208. Radler müssen sich auf beiden Routen auf sandige Abschnitte einstellen. Die Strecke von Osten von der Schlucht Eldgjá ist in gutem Zustand, einige Steilstücke machen Radlern zu schaffen. Mit Wellblech ist auf allen Pisten zu rechnen, auf der Landmannaleiðroute von Westen insbesondere im Bereich der Hekla.

Mit dem Pkw: Die F 208 ist für Kleinwagen machbar (für Mietwagen allerdings i. d. R. nicht erlaubt). Tipp: Fahren Sie bis Leirubakki, ab hier den Bus von Reykjavik Excursions nehmen.

Umweg über Landmannahellir („landmannahedlir"): Die Piste nach Landmannalaugar F 225 verzweigt sich mitten in der Furt des Helliskvisl. Die nördliche Strecke ist zwar länger, aber man fährt an einer Unterkunftshütte mit Camping in der Nähe einer kleinen Höhle vorbei, die früher als Schutz für die Schaftreiber diente. Streckenlänge 8 km.

Ausflug zum See Langisjór (F 235): Die Piste führt zu einem der schönsten Seen Islands. Auf dem Weg dorthin geht es durch etwa 20 flache Flussarme und in eine verkehrte Welt aus grünen Gipfeln und kahlen Tälern. Für einen exzellenten Blick über das Hochland besteigen Sie den Sveinstindur (1090 m, unmarkiert, ca. 40 Min.).

Verbindungspisten von der F 225 zur F 210/Fjallabaks syðri: Es gilt die Regel für Islandabenteurer: Man muss selbst wissen, was man sich zutraut, will man einen der nummernlosen Tracks befahren. Die Strecken weisen Schnee bis Ende Juli auf, ggf. muss man den Reifendruck bei der Querung reduzieren. Fahrerisches Können ist gefragt, besonders auf Steilstücken. Die Strecken sind mit einem ausgewachsenen Jeep (kein Vitara) machbar. Beachten Sie, dass auf manchen Karten von Touristinformationen die Tracks falsch eingezeichnet sind oder Wege verzeichnet sind, die nur zur Anlage von Stromleitungen genutzt wurden, dann aber sofort erodierten.

Die abwechslungsreiche südliche Verbindung „Landmannaleið" (F 225): Die Piste führt durch schwarzgraue Bims- und Aschewüste im Angesicht der furchterregenden Hekla (vgl. Kap. „Südwesten"). Nur fleckenhaft ist eine Grasnarbe vorhanden. Es folgt eine Urlandschaft aus rabenschwarzen Flächen, ein Meer von vom Wind gewellten Lavaflächen. Mal sorgen rote Kraterhänge, mal moosgrüne Flanken für Farbtupfer in dieser wilden Szenerie, die Lavaströme sind grau bemoost. In der grasbewachsenen Ebene des Flusses Helliskvisl wird es lieblicher, nur die Berge sind pechschwarz und manchmal mit grünen Moos-Strähnen verziert. Nach dem Abzweig der Querverbindungspiste zum Krakatindur (Schild) kann man sich auf einem ca. 2 km langen Pfad nach Süden zum hübschen Wasserfall *Rauðufossar* die Beine vertreten. Die Berge sind zerfurcht, oben in den Nischen liegt meist noch etwas Schnee. Vor und nach dem See Dómadalsvatn sind noch zwei Pässe zu überwinden, die schwarze Urlandschaft gewinnt wieder die Oberhand. Bald ist der Forellensee Frostaðavatn erreicht, und nach einem kleinen Pass ist man endlich am Ziel, das die rötlichen Flussschotter schon ankündigen.

Geothermalgebiet Landmannalaugar ("landmannalöüchar")

In Landmannalaugar treffen sich Tagesausflügler, hartgesottene Radler, erschöpfte oder frohgemut startende Mehrtagestrekker. Am Parkplatz steht eine Jeepparade zur Begutachtung bereit. Es herrscht Basecamp-Atmosphäre: Expeditionstaugliche Zelte geben sich ein Stelldichein, Profifotografen positionieren ihre Stative für den Sonnenuntergang, und auf dem Camping, im Pool oder im Waschhaus tauscht man die neuesten Schauergeschichten über abgelegene Hochlandrouten und gebrochene Zeltstangen aus.

Das Geologenparadies Landmannalaugar liegt mitten in der aktiven Vulkanzone. Für das Nebeneinander verschiedenster Krater, Laven und Gesteine ist eine besondere Situation verantwortlich: Hier grenzen die riesige, auf 400.000 Jahre geschätzte *Torfajökull*-Caldera, in der all die bunten Berge aus Rhyolith-Gestein liegen, und das energiereiche Vulkansystem der *Bárðarbunga* mit ihren Vulkanspalten direkt aneinander.

Geologie Vielfältige Lavaströme: Das helle Rhyolith entstammt einer isolierten Magmakammer des Torfajökull, die dunklen basaltischen Laven im Norden aus der Bárðarbunga-Magmakammer, die mit dem Magma des Erdmantels in Verbindung steht. Die ryholithischen Lavaströme, wie das Laugahraun aus dem Jahr 1477 direkt hinter der Hütte, sind relativ zähflüssig und deswegen höher aufgetürmt als die basaltischen, flüssigeren nördlich davon. Auffällige Felsformationen sind die „Finger" bzw. „Trolle", die aus den Ryholithbergen ragen. Sie entstehen, wenn bei der Eruption Löcher ins Eis geschmolzen wurden.

Berge in verschiedenen Farben: Der graublaue, kahle Hausberg Bláhnjúkur ist subglazial entstanden, der Krater Ljótipollur ist ein Explosionskrater auf der Veiðivötnspalte, die zum Bárðabunga-system gehört. Im Laugahraun findet sich auch vulkanisches Glas, das glänzende Obsidian; es entsteht, wenn Lava schnell abkühlt (vgl. Kap. Geologie). Auf der Wanderung zum Berg Skalli bzw. auf dem Laugavegurtrek sieht man sogar grüne Steine, sie sind eine Variante davon.

Information Freundliche und kompetente Wärter und Ranger, die gerne informieren und helfen! Landkartenverkauf: Karte von FÍ 1:25.000 (sehr zu empfehlen) oder einfaches Infoblatt. Ansonsten die 1:100.000er Karte. Sehr interessant ist das Buch Fjallabak von FÍ (ISK 6000). ✆ 8603335.

www.fi.is;
www.landmannalaugar.info.
Übrigens: In Landmannalaugar wird Müll penibel getrennt.

Hin & weg Tägl. Busse (s. o.).

Einkaufen/Essen In Landmannalaugar, Juli/Aug., tägl. geöffnet. In einem alten, grünen Bus günstig frisch gefangener Fisch aus den Seen der Umgebung (größere Mengen auf Best.). Daneben in einem weiteren grünen Bus Grundnahrungsmittel wie Brot, Milch, Suppen, Pasta etc. zu angemessenen Preisen, auch Gebäck. Kaffee und Tee.

Reiten: Mehrtagestouren veranstalten Hekluhestar, ✆ 4876598; Eldhestar, ✆ 4804800; Íshestar ✆ 5557000. *Ausflüge vor Ort:* Touren mit einem lokalen Anbieter ab ISK 5900; ✆ 8685577, www.hnakkur.com.

Übernachten/Information Hütte Landmannalaugar, 63° 59,600' – 19° 03,660', vorbuchen (bis Mitte August sehr ratsam, da oft überfüllt, oder bei FÍ, Reservierung unter ✆ 5682533), relativ lange geöffnet, manchmal Mitte Juni bis Mitte Okt. Geräumige Holzhütte, Schlafsäle unterm Dach und im Erd-

Das unbewohnte Hochland → Karte S. 653

geschoss, Küche, Warmwasser, WC außerhalb. ISK 4500. Duschen ISK 500. ☎ 8603335.

Hütte Landmannahellir, 4 einfache Hütten in sehr schöner Umgebung (20 km entfernt an der Zufahrt von Westen, s. o.), ISK 3600. ☎ 8938407, www.landmannahellir.is.

Camping Landmannalaugar, im Südteil steinig, weiter nach Norden Grasflecken, dafür aber feuchte (Zeltunterlage sinnvoll). Kein Windschutz, Steine zum Beschweren aber im Übermaß vorhanden. WC, Kaltwasser, Dusche, ISK 1000.

Landmannahellir, ISK 1000/Pers.

Achtung, Badefreunde: Im Pool in Landmannalaugar wurden in den letzten Jahren von Enten übertragene Parasiten („swimmers' itch") nachgewiesen. Allerdings klagen nur sehr wenige über Beschwerden (Jucken), sodass sich kaum einer vom Bad abhalten lässt. Der Parasit soll sich im Menschen zudem nicht lange halten können. Erkundigen Sie sich vor einem Bad. Die Wärter verleihen Handtücher/Badesachen.

🥾 Wanderungen

Landmannalaugar ist nicht nur abenteuerlustigen Trekkern vorbehalten, sondern auch „normalen Wanderern", denen wir Tagestouren ans Herz legen. Man kann bei der Auswahl kaum etwas falsch machen – alle beschriebenen Touren führen durch spektakuläres Gelände. Wer nur einen ausgedehnteren Spaziergang unternehmen will, marschiert durch das Lavafeld Richtung Brennisteinsalda und dann entlang der Schlucht Grænagil zurück. Die Wege sind gut markiert – die Ranger und Volontäre haben ganze Arbeit geleistet.

Brennisteinsalda/Grænagil   (855 m) (10) (Trittsicherheit, etwas Kondition; ca. 6 km, 1½ Std.): Besteigung der Schönheitskönigin aus Rhyolithgestein, das durch geothermale Aktivität besonders bunt gestaltet wurde. Das knallige Rot stammt vom Eisenoxid. Aus dem Krater direkt unterhalb des Berges floss das Laugahraun bis zur Hütte. Man durchquert es auf dem Laugavegur mit der rotweißen Markierung, steigt dann in 10 bis 15 Min von der Wegkreuzung auf die Brennisteinsalda (Markierung). Der Abstieg erfolgt nach Norden hin, und bald ist man wieder im Grünen, links eine Schlucht mit Dampfaustritten. Nach einem steilen, rutschigen Stück steht man in einer nahezu lieblichen Ebene mit Schäfchen – weiße Tupfer, passend zum Wollgras. Folgen Sie den weißen Stäben zurück bis zur bekannten Verzweigung; ab dort in 20 Min auf dem Weg zum Campingplatz durch die glasige Lava.

Bláhnjúkur-Besteigung   (940 m) (11) (Kondition, Trittsicherheit; Stöcke, evtl. Furtschuhe und Handtuch mitnehmen; 3–4 Std.): Markanter, kahler, gräulicher Berg mit Panoramablick, der von unten unglaublich hoch aussieht, aber gut zu besteigen ist. Man geht von mindestens zwei subglazialen Ausbrüchen aus, die den Berg formten, wer genau hinsieht, erkennt Farbunterschiede. Die älteren Steine sind heller, die jüngeren dunkler. Vom Campingplatz aus passiert man die Pferdekoppel. Am Schild „Bláhnjúkur" links halten und die Fußgängerbrücke überqueren. Nun geht es auf dem grauen Schutt nach oben, erst gerade auf dem Bergrücken, dann im Zickzack bis zum Gipfel mit der Windrose, den man nach ca. 1 Std. und 2,3 km Strecke erreicht.

Beim Abstieg biegt man nach einer Weile rechts ab (unmarkiert) und steigt ins Bachbett, ggf. muss man hindurchwaten. Der Bach wird oberhalb der Schlucht Grænagil verlassen. Man stößt auf einen Pfad, den man rechts einschlägt. Entweder läuft man dann auf dem weiß markierten Weg, oder man folgt zunächst einer Spur am rechten Lavarand durchs Lavalabyrinth, bis man wieder auf den weiß markierten Weg stößt.

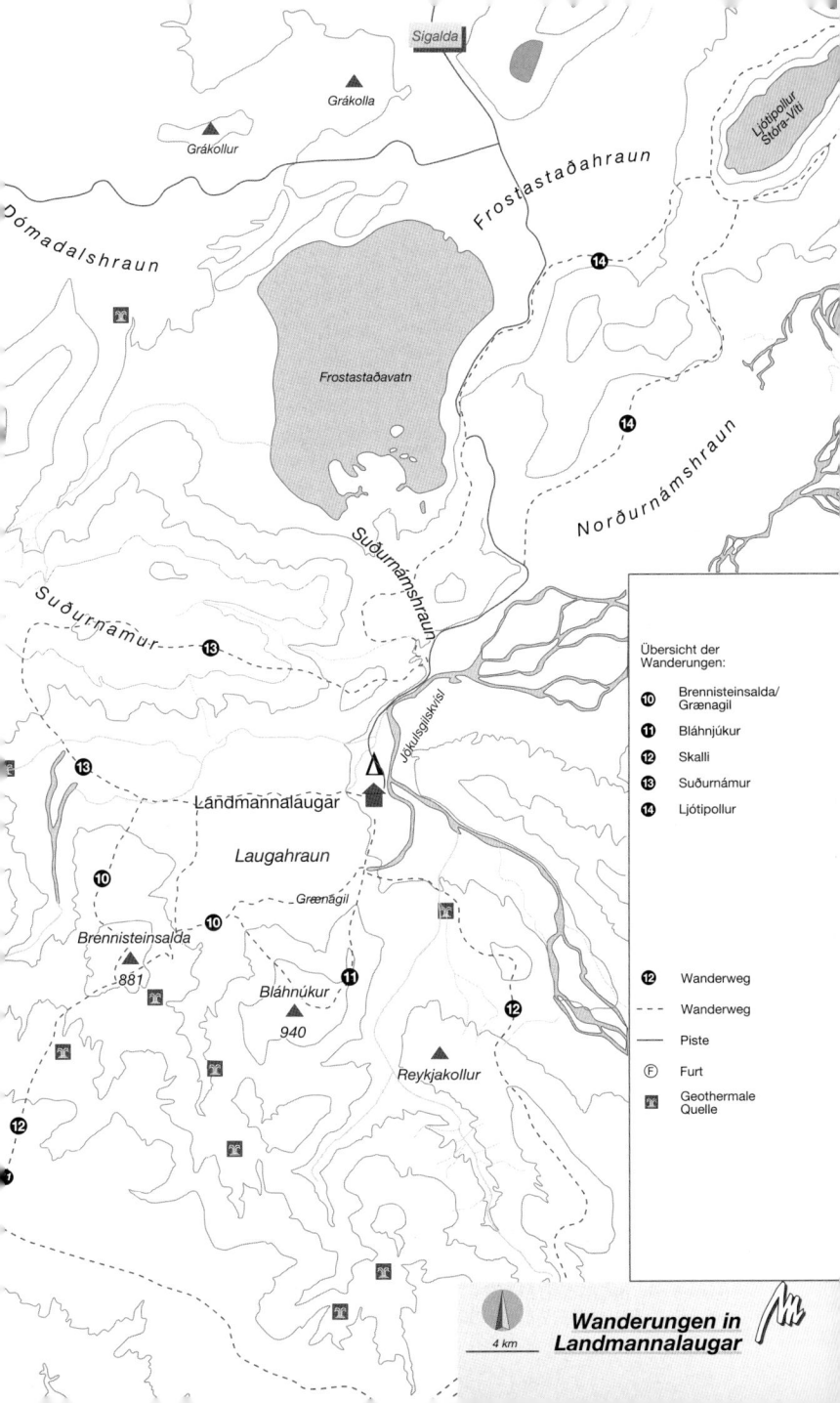

Sigalda

Grákolla

Grákollur

Dómadalshraun

Frostastaðahraun

Ljótipollur
Stóra-Víti

Frostastaðavatn

Suðurnámshraun

Norðurnámshraun

Suðurnámur

Jökulsgilskvísl

Landmannalaugar

Laugahraun

Greenágil

Brennisteinsalda

881

Bláhnúkur

940

Reykjakollur

Übersicht der
Wanderungen:

⑩ Brennisteinsalda/
   Grænagil

⑪ Bláhnúkur

⑫ Skalli

⑬ Suðurnámur

⑭ Ljótipollur

⑫ ——— Wanderweg

   - - - Wanderweg

   ——— Piste

   Ⓕ Furt

   Geothermale
   Quelle

4 km

Wanderungen in
Landmannalaugar

Skalli-Runde (12) (Kondition, Trittsicherheit; Stöcke sinnvoll; 17,5 km mit der Runde über die Brennisteinsalda; 5–6 Std.): Bunte Berge erwarten Sie und fantastische Rundblicke auf alle umliegenden Gletscher! Vom Zeltplatz geht es zunächst nach Süden über die Fußgängerbrücke am Bláhnjúkur (den man rechts liegen lässt) und über die Flussschotter (ggf. seichten Bach furten). Es geht rasch bergan, vorbei an einigen Quellaustritten zu einem ersten Gletscherblick-Gipfel, der nach 3 km und etwa 1 Std. erreicht ist. Relativ flach geht es über Frostschuttflächen bis zum Skalliantieg – der markierte Pfad führt links um den Gipfel, wir empfehlen jedoch unbedingt einen Abstecher zum Gipfel – hier hat man Blick auf alles, was Rang und Namen hat in der Vulkan- und Gletscherwelt von Fjallabak, sowie auf ein paar Dampfquellen, die auch um Aufmerksamkeit heischen.

Der gut markierte Weg führt nun in der Höhe weiter nach Westen, bis er auf den rot gepflockten Laugavegur trifft. Hier biegt man rechts ab – vorher sollte man unbedingt den grünen Obsidianschutt in der Schlucht westlich des Wegs ansehen. Der Pfad führt an Schwefelquellen und Dampfaustritten vorbei und weiter bis zum Brennisteinsalda-Abzweig. Es bietet sich der Rückweg über diesen Berg an (s. o.).

Der Calderarand Suðurnámur (13) (etwas Kondition, Trittsicherheit; Wasser und Wanderstöcke mitnehmen; 6,8 km, 2½–3 Std.): Von der Hütte folgt man der rot/weißen Markierung durchs Lavafeld Laugahraun, das man mit Blick auf die rot schimmernde Brennisteinsalda in ca. 30 Min. durchquert, bis man auf die wollgrasbestandene, sumpfige Ebene stößt, wo man rechts abbiegt auf den weiß gepflockten Pfad Richtung „Háalda/Vondugil".

Verpassen Sie nicht den Abzweig nach rechts im Flussschotter, queren Sie hier mehrere seichte Bäche (meist ohne Schuhwechsel mögl.), bis Sie rechts des Wasserfalls einen flachen Bergrücken erreichen. Ein Pfad führt in etwa 20 Min. nach oben, bis zu einem Abzweig Richtung „Suðurnámur" nach rechts (ab hier rote Markierungspflöcke).

Über Schutthänge steigt man nun weiter nach oben auf einen Bergrücken, der einer schroffen Bergflanke vorgelagert ist. Nach etwa 45 Min. Aufstieg und insgesamt ca. 3,5 km erreichen Sie ein Gipfelsteinmännchen und nach weiteren 10 Min. ein zweites – genießen Sie den traumhaften Blick auf die Lavafelder und die Gletscher! Ab dem nächsten Steinmännchen geht's über Hochgebirgsvegetation und Heide hinab zur Straße – von hier sind es noch 15 Min. bis zum Ausgangspunkt.

Frostaðavatn/Kratersee Ljótipollur (14) (keine besondere Schwierigkeit; 13 km; 4 Std.): Tour zu winzigen und riesigen Kratern. Der Krater Ljótipollur entstand 1477, Aktivität in der Torfajökull-Caldera und in der nach Norden angrenzenden Bárðabunga-System gleichzeitig. Wer Lust hat, in der Landschaft zu lesen, sieht sich die verschiedenen Lavaströme unterwegs genauer an. Von der Brücke über den Fluss in Landmannalaugar neben dem hoch aufgetürmten Laugahraun läuft man auf der Straße Richtung Norden und biegt am Schild „Frostaðavatn" links auf einen blau gepflockten Pfad ab.

Man steigt rechts neben der weich bepolsterten Suðurnámur-Lava auf einem Trampelpfad nach oben, wo man auf den See im Vordergrund, den Gletscher Hofjökull in der Ferne, die bunte rhyolitische Suðurnámur-Flanke linkerhand und den Minikrater Stútur rechterhand blickt.

Man steigt zur Straße ab (bis hier 3 km), die man gleich wieder verlässt und eine Extrarunde auf einem rot gepflockten Pfad zum Krater unternimmt (15 Min.). Weiter geht es in das Rund eines großen Kraters (unbeschildert). Folgen Sie den Pflöcken bis zu einer Parkbucht an der Straße mit dem Schild „Ljótipollur" („hässlicher Krater"). In 30 Min., nach insgesamt 7 km, steht man am Krater mit seinen rostroten und grün bemoosten Wänden.

Von hier geht es zurück Richtung Landmannalaugar. Nach 15 Min. halten Sie sich an der Wegverzweigung links (kein Schild), am Hang geht es nun bergab zum dritten Lavafeld des Tages mit seinen flachen Platten und Lavahöhlen, das man durchquert, bis man wieder an der Straße ist. Im Gegensatz zu den anderen Lavaströmen ist dieses Lavafeld basaltisch, d. h. schneller ausgeflossen und deswegen flach und plattig.

🥾 Trekking auf dem Laugarvegur   T 11 (→ Karte S. 681)

Von Landmannalaugar nach Þórsmörk: Islands bekannteste Wanderstrecke führt durch fantastische Landschaften. Die Tour ist für viele der Höhepunkt einer Islandreise! Glatt geschliffene Höhenzüge in vielfältigen Farbschattierungen wechseln ab mit schroffen, schwarzen Lavafeldern. Aus Tälern steigt der Dampf heißer Quellen. Eiskalte Bäche müssen durchwatet werden, bis man das von Birkenwald bestandene Þórsmörk-Tal erreicht. Besonderer Tipp 1: Besteigen Sie unterwegs den Háskerðingur („Hochpassberg", 1281 m), von dort hat man einen fantastischen Blick auf alle Gletscher der Umgebung. Tipp 2: Wir empfehlen, bis Skogar den neuen Vulkan vorbeizumarschieren (weitere 2 Tage, vgl. Kap. Þórsmörk im Südwesten). Falls Sie Rekorde aufstellen wollen – nehmen Sie Abstand davon: Die Bestleistung liegt bereits bei 4 Std. 38 Min. für die gesamte Strecke!

1. Etappe: Landmannalaugar – Hrafntinnusker (ca. 12 km). Die Tour startet gleich hinter der Info-Hütte mit einem kurzen Anstieg auf das Lavafeld. Nach einem weiteren Aufstieg beginnt eine Landschaft glatter, vielfarbiger Bergrü- cken. Führte die Route bisher immer mehr oder weniger bergauf, so beginnt sie jetzt wieder leicht zu fallen und man erreicht das Heiße-Quelle-Gebiet *Stórihver* („*Storikwer*"). Ein letzter, etwa 3 km langer Anstieg bringt einen über

Badestelle unterhalb des Lavastroms

Schneefelder zum Etappenziel, der *Hrafntinnuskerhütte* (1027 m, „hraptinnusker"). Die Campingmöglichkeiten sind eher schlecht. Von hier aus bietet sich ein Abendspaziergang zu einer kollabierten Eishöhle an der Westseite des Berges an (mit gelben Stöcken markiert). Auch der Blick auf das *Austurdalir* mit seinen vielen heißen Quellen im Abendlicht lohnt. Um zur Höhle zu gelangen, umrundet man den Berg auf seiner Nordseite.

2. Etappe: Hrafntinnusker – Álftavatn

(ca. 12 km, „Aulftavatn"). Von der Hütte aus führt die Tour mit ständigem Auf und Ab hinunter in eine Hochebene aus schwarzbraunem Fels. Anfangs werden noch einige Schneefelder durchquert. Nach knapp 4 km führt der Weg entlang des *Kaldaklofsfjöll* auf den Kamm des Jökultungur-Bergrückens. Oft machen scharfer Wind oder Nebel beim nun folgenden, sehr steilen Abstieg zu schaffen. Weiter führt der Weg durch ein Bachtal, in dem zum ersten Mal zusammenhängende Vegetation in Form von Heide angetroffen wird. Nach 1 km kann der Bach – an manchen Tagen trockenen Fußes von Stein zu Stein springend – überquert werden (besser mit Wanderstöcken). Noch einen kleinen Hügel gilt es zu überwinden, bevor man das Tal des Sees *Álftavatn* (540 m) erreicht. Nach einiger Zeit fordert ein Wegweiser den Wanderer dazu auf, rechts abzubiegen. Nun sind es noch etwa 2 km bis zum Ende dieser Etappe.

3. Etappe: Álftavatn – Botnar (Emstrur)

(ca. 16 km). Nach Überwindung des Höhenzuges im Süden der Hütte zwingt der Fluss an dessen Fuß, zum ersten Mal die Watschuhe zu benutzen. Die Pfähle leiten nun an den Hütten des grünen Tales *Hvanngil* („kwanngil", Hütte mit Übernachtungsmöglichkeit) vorbei zu einer Fußbrücke über einen reißenden Fluss. Nach der Überquerung steht in Nähe der Autofurt an einer Kreuzung mehrerer Pisten ein Wegweiser. Die Route geht auf der Piste mit

der Bezeichnung F 261 weiter. Nach kurzer Zeit kreuzt ein breiterer Fluss den Weg und zum zweiten Mal an diesem Tag kommen die Watschuhe zum Einsatz. Das Wasser ist je nach Wetterlage etwa knietief. Die Landschaft, die nun folgt, begleitet einen den ganzen Tag: eine graue Wüste groben Sandes, spärlich durchsetzt von gelben Grasbüscheln, eingerahmt von Bergen, auf denen leuchtend grünes Moos und Gräser wachsen und so für die einzige lebendige Farbe im tristen Panorama sorgen.

Nach Überquerung einer Brücke verlässt die Route die Piste in südwestlicher Richtung und läuft auf zwei Berge zu. Nachdem man die Talschlucht hinter sich gelassen hat, folgt wieder die graue Wüste, die sich noch ewig hinzuziehen scheint. Zu guter Letzt, nachdem man über den letzten Hügel gelaufen ist, taucht die *Botnar-Hütte* (380 m) auf, von der man auf den Mýrdalsjökull blickt. Auch hier sollte unbedingt ein Abendspaziergang eingeplant werden.

Genau westlich der Hütte, in weniger als 1 km Entfernung, verläuft der beeindruckende, mehr als hundert Meter tiefe Flusscanyon des Markarfljót.

4. Etappe: Botnar – Þórsmörk

(ca. 13 km). Nach 1 km führt eine Brücke über einen Seitencanyon. Stahlseile helfen auf dem Weg aus dem Canyon heraus. Nach einem kurzen Anstieg führt der Weg nun größtenteils bergab durch eine graue Steinlandschaft mit gelegentlichen Ausblicken auf den *Mýrdalsjökull*. Nach gut 7 km trifft man auf eine weitere Brücke, kurz danach, in einem Bachtal voller Flusskiesel, durchquert man zum letzten Mal einen schnell fließenden Gletscherbach. Unvermittelt stehen auf den Hügeln Krüppelbirken. Durch diesen Birkenwald, in dem auch Farne und Gräser wachsen und sich kleine Bäche ihren Weg suchen, führt der Weg zu einem der beiden möglichen Etappenziele im Þórsmörk (200 m). Sowohl im Húsadalur als auch im Langidalur steht eine Übernachtungshütte. Von hier aus können mehrere kleine Ausflüge in den umliegenden Birkenwäldern unternommen werden.

Auch wenn es sich um die populärste Tour handelt: Die eigentlich einfache Strecke kann bei schlechtem Wetter tückisch werden. Seit 2004 ein Wanderer wegen unzureichender Ausrüstung kurz vor der Hrafntinnusker-Hütte in Nebel und Regen ums Leben kam, müssen sich alle Trekker vor Beginn der Wanderung in Landmannalaugar oder Þórsmörk bei den Rangern anmelden. Am Ende der Tagesetappe werden die Namen an den Hütten abgehakt. Falls man die Tour abbricht, muss man ebenfalls Bescheid sagen, da sonst eine Suchaktion eingeleitet wird. Besorgen Sie sich in Landmannalaugar oder bei FÍ das Büchlein, das die Wanderung detailliert beschreibt (ISK 2000).

Anspruch Die gut markierte Strecke fällt von Landmannalaugar nach Þórsmörk allmählich ab. Die Tagesetappen sind mit 4–6 Std. Gehzeit für durchschnittlich Konditionierte problemlos zu machen. Das schwierigste Stück ist der steile Abstieg ins Álftavatn-Tal. Ein nicht zu unterschätzender Faktor ist das Wetter: Gerade auf den Höhenzügen kann es neblig und windig werden. 2° C, Winde über 80 km/h, Dauerregen und 100 m Sicht werden von einem hart gesottenen Warden der Hrafntinnuskerhütte als durchaus akzeptable Wanderbedingungen angesehen: „not so bad" war sein (sarkastischer?) Kommentar. Doch solche Bedingungen sind nicht der Normalfall auf Islands Trekkingautobahn. Ein Leser schrieb uns, dass er diese Tour sogar mit seiner kleinen Tochter problemlos bewältigt hat.

Ausrüstung Mehrere knietiefe Gletscherbäche machen Furtsandalen zur Pflicht. Camper benötigen ein windstabiles Zelt mit footprint.

Karten Karte im Maßstab 1:100.000, die für diese Tour völlig ausreicht.

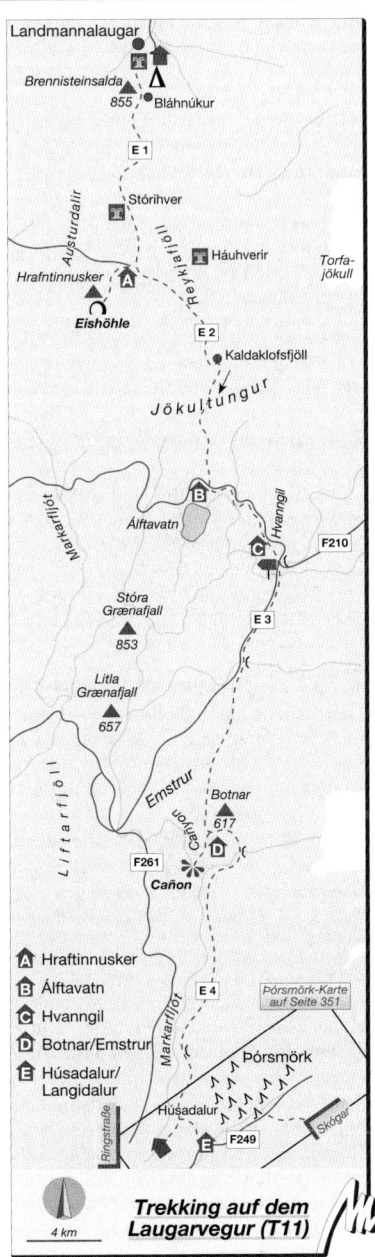

Hin & weg Bus Nr. 18 von Reykjavík Excursions steuert mehrmals die Woche von Reykjavik aus die Hütten Álftavatn, Hvanngil und Emstrur an.

Verpflegung Einfache Einkaufsmöglichkeiten in Landmannalaugar und Þórsmörk.

Übernachten Die Hütten sollten bei FÍ vorgebucht werden (fi@fi.is, www.fi.is).

Hütte Hraftinnusker (FÍ), 63° 56,014' – 19° 10,109' 63° 55,840' – 19° 09,700', Platz für 56 Leute, für viele die gemütlichste Hütte.

Hütte Álftavatn (FÍ), 63° 51,470' – 19° 13,640', (FÍ), zwei Hütten mit ca. 72 Schlafplätzen, Küche, Dusche, Anfang Juli bis Ende Aug. mit Wärter, Hütte mit schönem Blick auf den See, ISK 4500, Küche, WC außerhalb,

Kaltwasser, einfacher Zeltplatz auf einer Wiese etwas unterhalb der Hütte, kein Windschutz, ISK 1100. 10 km von der Hrafantinnusker-Hütte.

Hütte Hvanngil (FÍ), 64° 49,93' – 19° 12,27', 5 km vom Álftavatn entfernt in dem schönen Tal, für 60–70 Pers., Anfang Juli bis Ende Aug., geräumige, holzverkleidete neue Hütte, Küche, WC, ISK 4500, heiße Dusche; alte Hütte nebenan, keine Küche, WC in der anderen Hütte, schöner Zeltplatz auf einer Wiese, leicht geschützt durch umgebende Lavaplatten, ISK 1100. ✆ 8603336, www.fi.is.

Hütte Emstrur/Botnar (FÍ), 63° 45,980' – 19° 22,450', drei kleinere Hütten für je ca. 20 Pers., Zeltmöglichkeit auf der Wiese im Tal, ISK 1100.

✎ Trekkinganregung Landmannalaugar – Leirubakki/Str. 26   T 12 (Karte S. 677)

Man kann nun auch auf der Strecke (Leirubakki-) Rjúpnavellir – Áfangagil (S. 676) – Landmannahellir (s. o.) und auf weiteren 17 km bis nach Landmannalaugar auf einem markierten Weg trecken. Pdf (derzeit nur isländisch) unter http://www.afangagil.org/skjol/00%20Hellismannalei%C3%B0.pdf.

Rjúpnavellir, mit dem Pkw zu erreichen, 17 km von Áfangagil, SSU zu ISK 2700 in zwei 20-Mann-Hütten. ✆ 8920409, http://

rjupnavellir.123.is, rjupnavellir@simnet.is.

Áfangagil, 22 km von Landmannahellir (s. .). ✆ 8459500, www.afangagil.org, blo@verkis.is.

✎ Trekkinganregung vom Langisjór zur Hütte Hólaskjól   T 13 (Karte S. 677)

Die erste Hütte befindet sich in der Nähe der Skaftá südlich des Sveinstindur (nicht mit öffentlichen Verkehrsmitteln zu erreichen). Der Weg von hier zur Skælingar-Hütte ist nicht markiert und stellenweise nicht einfach zu finden. Von hier marschiert man zur Hütte nach Hólaskjól. Schließen Sie sich einer geführten Wanderung von Útivist an!

Information In Kirkjubæjarklaustur oder in Hólaskjól.

Übernachten Hütte Sveinstindur, 64° 05,17' – 18° 24,98', südl. des gleichnamigen Berges und westlich des Flusses Skaftá. Von Útivist, Kocher, Ofen, 18 Plätze, WC. Häufig von Gruppen des Wandervereins Útivist besucht. ISK 2800. ✆ 5621000, utivist

@utivist.is, www.utivist.is.

Hütte Skælingar, 63° 58,85' – 18° 31,32', westlich des Flusses Skaftá. Von Útivist, 16 Plätze, Kocher, Heizung, urige ehemalige Schaftreiberhütte, kein Wärter. Die Hütten besser vorbuchen! ISK 2800. ✆ 5621000, utivist@utivist.is, www.utivist.is.

✎ Trekking auf dem Strútsstígur   T 14 (Karte S. 677)

Die Route verläuft von der F 210 zu den Hütten Álftavötn/ Álftavatnakrókur und Strútur, dann weiter zur Hütte Hvanngil auf dem Laugavegur. Der Bus bringt einen dann über die Fjallabaksleið Syðri aus dem Hochland, man kann aber auch nach Norden oder Süden weitertrekken. Útivist bietet Touren mit Gepäcktransport an. Interessanter Reisebericht unter http://icelandlogbook.blogspot.com, 5.–12. Juli 2009. Furterfahrungen unter http://www.islandreise.info/viewtopic.php?f=15&t=4101.

Übernachten Álftavötn (nicht verwechseln mit Álftavatn am Laugavegur!), 63° 53,890' – 18° 41.467', ca. 7 km von Hólaskjól.

Für 20 Leute, kein Wärter, von Útivist, renoviert, Gaskocher, ehemalige Schaftreiberhütte. ISK 2800. ISK 2.800. ✆ 5621000, utivist

@utivist.is, www.utivist.is.

Hütte Strútur, 63° 50,330′ − 18° 58,477′. Von Útivist, SSU ISK 2800, Küche, WC, fließend

Wasser. Wärter im Sommer. ☎ 5621000, utivist@utivist.is, www.utivist.is.

Weiterfahrt nach Osten zur Schlucht Eldgjá (F 208)   (32 km)

Eingezwängt zwischen einem Lavastrom und dem Gletscherfluss Jökulgilskvísl bahnt sich die F 208 die folgenden 2 km ihren Weg, um an einer besonders günstigen Stelle den oft reißenden Fluss auf einer 1966 gebauten Brücke zu überqueren. Nun wird die *Tungnaá* umfahren, die hier einen natürlichen See bildet, umgeben von sumpfigen Wiesen. Nach Überwinden eines Ausläufers des Rhyolithberges Kirkjufell endet das Naturschutzgebiet Fjallabak und ein sehr furtenreicher Abschnitt beginnt. Teilweise führt die Piste direkt an den tief eingeschnittenen, engen Flussschotterebenen entlang, auf denen immer wieder der Hauptfluss und seine Zuflüsse gefurtet werden müssen. Zwischendrin geht es steil hoch und wieder herunter. Bizarre Lavaformationen, teilweise pechschwarz, teilweise mit grünem Moos überzogen, säumen die Piste.

Höhle eines Geächteten

Von den Bergrücken bieten sich herrliche Blicke über das bergige Fjallabak-Hochland. Besonders eindrucksvoll ist der Anstieg aus den Tälern von *Jökuldalir*. Unmittelbar danach erhebt sich der Hyaloklastitberg Herðubreið (779 m), der nicht nur dem Namen nach an seine wesentlich bekanntere Schwester erinnert. Kurz steigt die F 208 jetzt an, bis sie steil in die Vulkanspalte *Eldgjá* hinabfällt.

Die Eldgjá – eine gewaltige Feuerspalte

Sie sucht ihresgleichen auf der Erde: Vom Mýrdalsjökull erstreckt sie sich mit Unterbrechungen über 40 km nach Nordosten bis zur Spitze des *Gjátindur*. Einst quollen ungeheure Lavamengen aus ihr empor und heute ist die sehr eindrucksvolle Spalte bis zu 200 m tief und 600 m breit. Entdeckt wurde sie durch *Þorvaldur Thoroddsen* im Jahr 1893. Aus alten Aufzeichnungen des Landnahmebuches schloss er auf einen Vulkanausbruch um 940 und hatte recht: Durch Bohrungen im grönländischen Eisschild konnte man den Ausbruch mit sehr hoher Genauigkeit auf das Jahr 934 datieren. Die ausgeflossene Lavamenge schätzt man auf 9000 km³. Sie zerstörte auf ihrem Weg bis nahe der Küste viele Anwesen.

In der Schlucht stürzt der *Ófærufoss*, einer der sehenswertesten Wasserfälle Islands, in mehreren Stufen aus der Hochfläche in die Vulkanspalte. Bis 1995 überspannte

Gespenstisches Hochland

eine natürliche Basaltbrücke den Wasserfall. Hier war der Sage nach der Eingang zur germanischen Unterwelt. Nun ist sie wohl für immer verschlossen. Kurz hinter der Schlucht wartet die letzte Furt der F 208.

Per Pkw von Osten: Wer kein geländegängiges Auto besitzt, kann bis zur Furt fahren und den restlichen Weg zur Vulkanspalte zu Fuß zurücklegen (Fußgängerbrücke etwas oberhalb der Furt).

Wandern in der Eldgjá

Rundwanderung (15) (2 Std.): Tour zum berühmten Wasserfall Ófærufoss. Wer mit dem Pkw von Osten kommt, parkt vor der ersten Furt und läuft über die Fußgängerbrücke weiter Richtung Landmannalaugar. Nach 2 km erreicht man den Eldgjá-Abzweig, von dort sind es noch 2 km bis zum Parkplatz (vor dem Fluss). Von hier geht es nun richtig los. Auf Pfaden geht es über Stock und Stein (Felssturzbrocken) in der Schlucht entlang talaufwärts, bis links der Wasserfall in Sicht kommt (Holzstufen).

Besteigung des Gjátindur (16) (3–4 Std.): Direkt im Flussbett an der ersten Furt, wenn man von Osten kommt, zweigt eine Piste ab (beschildert: Gjátindur 7 km), die oberhalb der Eldgjá entlangführt und unterhalb des markanten, 935 m hohen Berges Gjátindur endet. Die relativ einfache Besteigung (Dauer von dort ca. 1½ Std.) wird mit einem Blick über die Eldgjá und die umliegende Berglandschaft belohnt.

Weiterfahrt nach Westen: Durch teils grüne Wiesen, teils moosbedeckte Lava aus dem Laki-Ausbruch von 1783 kommt man nun auf recht guter Piste voran. Zwei Bergrücken müssen noch überwunden werden, bis sie steil abfällt und beim Hof Búland endgültig bewohntes Gebiet erreicht.

www.eldgja.is

Übernachten Hütte/Camping Hólaskjól, 6 km östl. der Eldgjá. SSU im Schlafsaal ISK 3500. Ebener Campingplatz auf der Wiese nebenan vor Lavabrocken, ISK 1000, WC, Duschen ISK 500. Drei Hütten für 6 Pers. ISK 3900/Pers. Geöffnet Mitte Juni bis Ende Aug, Ranger. ☎ 8555812 und 8657432. holaskjol@holaskjol.com.

Für Profis: Fjallabaksleið syðri/Mælifellsandur (F 210/F 261)

Bis ins 20. Jh. hinein war die F 210 eine Hauptverbindungsstrecke, denn die Sanderflächen der Küstenroute waren oft unpassierbar. Nachdem alle Flüsse der Sander überbrückt worden sind, hat die Piste diese Bedeutung völlig verloren.

> **Streckeninfo F 210/F 261**: Die Pisten können ein echter Härtetest sein – kurz hinter Keldur Lavafeld mit spitzen Steinen. Mælifellsandur: bei großer Trockenheit Weichsand, bei Regenwetter glatt und gut zu befahren. Je nach Wetterlage sind einige reißende Gletscherflüsse zu durchqueren, bei Trockenheit ist die große Sanderfläche für Sandstürme prädestiniert. In manchen Jahren müssen selbst große Jeeps kapitulieren, manchmal reicht sogar ein kleiner Jeep. Die Strecke wird im Sommer mehrmals die Woche von einem Bus befahren.

Nordzufahrt vom Hof Keldur (F 210): Auf der Str. 264 von Hella kommend, gelangt man kurz vor dem Hof Keldur zur Abzweigung der Hochlandpiste F 210. Sie kämpft sich erst mitten durch das Lavafeld Skógshraun. Gut zu erkennen sind die *Hekla*, Islands aktivster Vulkan, und der Gletscher *Tindfjallajökull*, die die Piste die folgenden Kilometer begleiten. Die Landschaft wird immer schwärzer und wilder, denn vulkanische Aktivitäten vernichteten fast jegliche Vegetation. Nach einem Anstieg öffnet sich ein aschebedecktes Hochtal, umgeben von steilen Bergen. Über 10 km muss das schwarze Tal durchfahren werden, bis die Piste vor dem markanten Rhyolithberg Laufafell (1164 m) rechts abbiegt.

Verbindung nach Landmannalaugar/zur F 225: Vom Laufafell („löüwafeðl") führt nach Norden eine Piste über das rauchende, imposante Reykjadalir zur Piste Landmannaleið. Nach wenigen Kilometern teilt sich diese auf. Es ist ratsam, die rechte Verbindung zu nehmen, denn diese ist markiert, zudem zweigt eine Stichstraße nach *Hrafntinnusker* ab, ein Gebiet mit Dampfquellen und einer Eishöhle.

Weiterfahrt auf der F 210: Die Piste ändert nun fast völlig ihren Charakter: Sie windet sich stellenweise direkt in einem Flusslauf durch moosgrüne Berge. Bei Km 46 wartet die sehr schwere Furt durch den reißenden Gletscherfluss *Markarfljót*. Im weiteren Verlauf öffnet sich immer wieder ein fantastischer Blick über leuchtend grüne Berge zum riesigen Gletscher Mýrdalsjökull. Nach Durchquerung einer weiteren Furt erreicht man bei Km 56 der von Bergen eingerahmte See *Álftavatn* („Schwanensee"). Wenig später wird ein tief eingeschnittenes Tal (Furt) durchquert und das grasbewachsene Tal von Hvanngil erreicht. Jetzt öffnet sich die schwarze Sandfläche des *Mælifellsandur*, doch unmittelbar vorher ist es noch nicht unproblematische Furt durch den Fluss Kaldaklofskvísl zu bewältigen, der für Wanderer überbrückt ist. Von Westen mündet die Piste F 261 ein.

Südzufahrt vom Fljótsdalur (F 261): Mit herrlichem Blick über das Schotterbett des Markarfljót auf den Gletscher Eyjafjallajökull beginnt die Piste am Ende des Fljótsdalurs. Gleich zu Beginn erreicht man den ersten Gletscherfluss. Weiter geht es am Nordrand der aufgeschotterten Flussebene des *Markarfljóts* entlang. Bei Km 9 wartet eine Furt durch die Gilsá, kurz darauf steigt die Piste in die Bergwelt der *Fauskheiði* an. Grüne Gras- und Mooslandschaft säumt die Piste. Markant erhebt sich links der Berg *Einhyrningur* („Einhorn"), der beim weiteren Anstieg um-

Das Hochland ist ein Wanderparadies!

fahren wird. Wenig später muss das tief eingeschnittene Tal des reißenden Gletscherflusses Markarfljót (zunächst Brücke, dann Furt) durchquert werden. Die Landschaft wird nun grauer und steiniger. Mehrere Flüsse durchziehen die folgende Vorebene des großen Gletschers und bei Km 36 mündet diese Piste nach einer 20–30 cm tiefen Furt in die F 210.

Weiterfahrt auf der F 210: Gleich nach dem Abzweig zwingt ein Feld von scharfkantigen Lavaplatten zur Vorsicht. Nun beginnt die weite, schwarze Sandfläche des ca. 600 m hoch gelegenen *Mælifellsandurs*. Im starken Kontrast stehen die ihm näher kommenden Ausläufer des Gletschers *Mýrdalsjökull*. Zunächst säumen Steine die Piste, doch nach und nach treten sie in den Hintergrund, bis man schließlich nur noch vom dunklen Lavasand umgeben ist. Man fährt direkt auf den kegelförmigen Hyaloklastitberg Mælifell zu, dessen zartes Grün einen leuchtenden Farbtupfer bildet. Bevor dieser umfahren wird, müssen zwei verzweigte Gletscherflüsse gefurtet werden (meist problemlos). Näher kommt man nun dem Gletscher nicht mehr. Mächtig erhebt er sich nur knapp 2 km neben der Piste, sein Schwemmfächer mit mehreren kleinen, sich ständig verändernden Bachläufen muss im Folgenden durchfahren werden.

Abstecher zur heißen Quelle Strútslaug („strutslöüch", Straußenquelle): Vom Berg Mælifell zweigt eine Piste ab zur von Útivist seit 2002 betriebenen Hütte (s. o.). Von hier führt ein Pfad zur Strútslaug (zwei Becken; hin 1–2 Std.). Trekkingtour s. o.

Weiterfahrt auf der F 210 zur F 208: Die Piste entfernt sich vom Mýrdalsjökull, schließlich wird nach 20 km der Sander wieder verlassen und langsam wird die Umgebung vegetationsreicher. Das letzte schwierige Hindernis der Hochlanddurchquerung ist die breite, meist klare Furt durch die *Hólmsá*. Nach 3 km lohnt ein Abstecher zum sehenswerten Wasserfall *Axlarfoss*, der von Basaltsäulen umgeben in eine Schlucht stürzt. Die Piste steigt nun kurz an und gibt bei gutem Wetter eine herrliche Sicht bis zum Meer frei. Begleitet durch einen beeindruckenden Blick über nun grüne Landschaft auf die mächtige Gletscherkappe des Mýrdalsjökulls, geht es im weiteren Verlauf mehrmals auf und ab, bis ein Schafsgatter das nahe Ende der Piste ankündigt, die wenig später steil hinab ins Tiefland fällt. Kurz darauf erreicht man *Snæbýli*, den ersten Hof. Auf befestigter Straße wird nun ein niedriger Bergrücken überwunden und bei der Kirche Gröf mündet sie in die Str. 208, die zur Ringstraße führt.

Streckenlängen Keldur-Mælifellsandur-Snæbýli (F 210): 110 km, Fljótsdalur-Mælifellsandur-Snæbýli (F 261/F 210): 99 km.

Durchschnittliche Eröffnung Ende Juni

Hin & weg Mit dem Bus von Reykjavík Excursions mehrmals/Woche.

Furten F 210 – mehrere schwierige Furten. Problematisch v. a. die Gletscherflüsse Markarfljót (bis zu 1 m tief, stark strömend, drei Arme, Hauptarm über 20 m breit, unbedingt nach guter Stelle suchen), der Gletscherfluss Kaldaklofkvísl (stark strömend, bis 80 cm) und die breite Holmsá (60–70 cm tief, stellenweise sandig).

Verbindung F 210 mit der F 225: zwei Furten, die erste über 50 cm tief, stark strömend; die zweite hat mehrere niedrige Flussarme.

F 261: gleich zu Beginn Flussschotterfeld mit tieferen Furten (bis 60 cm, steinig), dann anschließend mehrere Furten (bis ca. 50 cm).

Übernachten s. Kap. Landmannalaugar/Trekking.

Ausflug von der Südostküste zur Laki-Vulkanspalte

Am Ende der 25 km langen „Lakagígar" thront der Laki-Krater (816 m). 14 Milliarden Kubikmeter Material förderten etwa 130 Kegel und Krater 1783 über acht Monate hinweg. Dazu kamen 80 Millionen Tonnen schwefliger und aschehaltiger Dunst. Ascheteilchen schwebten in einer trüben Atmosphäre, glühende Lavafontänen jagten über 1000 m in die Höhe. Der Effekt war grauenvoll: Die Wiesen waren vergiftet, der Viehbestand der Insel wurde auf etwa ein Drittel dezimiert. Das verwüstete Land konnte die Siedler nicht mehr ernähren, Tausende starben den Hungertod – das isländische Volk war existentiell bedroht. Verständlich, dass man dieses Ereignis eigentlich nur als die Skaftá-Feuer, Laki-Katastrophe oder *Móðuharðindi*, die trübe Hungerszeit, bezeichnet.

Streckeninfo: Die F 206 ist, dem Ziel angemessen, keine der leichtesten Strecken und für Allrad-Pkw kaum machbar, allerdings i. d. R. für kleine Jeeps – manchmal erfordern die Bedingungen allerdings einen großen Jeep! Die Furten sind wenig reißend und gut zu bewältigen. Schwieriger ist da schon der letzte, äußerst enge und holprige Part der Lakagígar-Runde. Planen Sie für die Tour einen ganzen Tag ein.

Info/Übernachtung: Blágil, 65° 16,400, 21° 27,540, Rangerstation, Camping, Übernachtung nach Vorbuchung, ✆ 842 4378.

Anfahrt/Tipps für Radler Eine 45 km lange Piste biegt 6 km vor Kirkjubæjarklaustur nach Norden ab. In der Regel nur mit Jeeps oder per Bus! Radlern (mit breiten Reifen!) empfehlen wir Tagesgepäck oder so früh wie möglich ein Zelt aufzuschlagen. Bei der zweiten Furt führt ein Weg zum „schönen Wasserfall", dem *Fagrifoss*, wo die Geirlandsá in zwei Kaskaden in die Tiefe stürzt. Wenig später, vorbei an kahlen Hängen mit herrlicher Aussicht auf Vatna- und Mýrdalsjökull, weisen Informationstafeln auf das Naturschutzgebiet hin. Die Krater sind 20–50 m hoch, einige ragen 100 m aus dem ausgedehnten Lavafeld auf. Der Laki-Rundweg leitet durch sandige Mulden und entlang der schwarzen, bemoosten Lava und tangiert das Gebiet des Laki-Kraters (818 m, Wandermöglichkeit). Der leicht ansteigende Straßenverlauf gewährt Blicke auf die bemooste Kraterreihe mit ihrem roten und schwarzen Farbspiel.

Fassen Sie eine Erweiterung der Runde in die beeindruckende Fjaðrárgljúfur-Schlucht ins Auge (Infotafel an der Ringstraße).

Hin & weg Bus von **Skaftafell** (ca. 8 Uhr) oder ab **Kirkjubæjarklaustur** (9 Uhr). Der Fahrer legt Stopps bei der Schlucht Fjaðrárgljúfur, am Fagrifoss, in Galti, am Laki-Krater (1½ Std. Aufenthalt) und an der Tjarnargígur (2 Std., WC, Wandermöglichkeit) ein, ca. ISK 9400 ab Klaustur (hin/zurück). Rückkehr 19.15/20.10 Uhr. Die Abfahrtszeiten ändern sich von Jahr zu Jahr leicht.

Laki – der Beginn der trüben Hungerszeit

„Der Winter 1782–83 war auf Island außergewöhnlich mild gewesen. Das Jahr schien den Bauern Segen zu verheißen, die eine reichliche Ernte und wohlgenährtes Vieh erhoffen konnten, aber diese Freude währte nicht lange. Bereits am 1. Juni wurden in Skaftáfellssysla heftige Erdbeben gefühlt. Etwas südlicher konnten die Einwohner in Landbrot deutlich wahrnehmen, dass diese Wolkenschicht von mehreren Rauchsäulen gebildet wurde, die von der wilden Gebirgsgegend bei den Quellen der Skaftá aufsteigen. Diese Wolkenwand wurde von einem nordöstlichen Winde über Síða gejagt, wo sie beim Vorüberziehen Ströme von Asche und Sand, mit feinen grauen, glasartig flimmernden Fäden und Mineralnadeln vermischt, ergoss, die den Erdboden mit einer zolldicken schwarzen Schicht bedeckten. Oben in den Gebirgen hatte der Lavaausbruch sicherlich schon begonnen, denn in der Ansiedelung ließ sich ein ständiges Kochen und Brausen vernehmen, das dem Getös vieler Wasserfälle und dem Überschäumen eines riesenhaften Kochtopfes glich. Der Fluss Skaftá, der damals 70 Faden (140 m) breit und an der Fähre sehr tief war, begann bereits am 9. abzunehmen und am 10. Juni konnte man von den Ansiedelungen deutlich mehrere leuchtende Feuersäulen ihren dunkelroten Schein über den nördlichen Himmel verbreiten sehen, indes die Erdbeben noch zunahmen. Niederfallende Regenschauer riefen Schmerzen auf der bloßen Haut und in den Augen hervor, auch verursachten sie Schwindel, gleichzeitig verpestete ein widerlicher Schwefelgestank die Luft. Die eigentliche Skaftá verschwand völlig.

Um diese Zeit [Anm.: 18. Juni] besuchte der Pfarrer Jón Steingrimsson, der am besten und ausführlichsten diesen Ausbruch beschrieben hat, die Gegend an der Mündung der Skaftá-Kluft. Da floss der Lavastrom mit reißender Schnelligkeit durch die Kluft, wie ein Fluss bei plötzlichem Tauwetter im Frühjahr, ungefähr wie Hvitá bei Skálholtshammar, wenn der Fluss angeschwollen ist. Mitten in dem glühenden Strom, der wie fließendes, geschmolzenes Kupfer aussah, tummelten sich haushohe Felsen und Lavaschollen wie Wale, und wenn diese zusammenstießen, stoben die Funken nach allen Seiten. Abgedämmte Gewässer verwandelten sich in Dämpfe oder sammelten sich zu kochenden, übelriechenden Pfützen, auch verdichteten sich ab und zu die Wasserdämpfe in der Luft und fielen unter Donner und Blitz als heftige Schauer auf die Erde herab, sodass reißende Wasserströme den Rasen an den Gebirgshängen zerstörten und ihn in großen Stücken fortschwemmten.

In den Kirchenspielen, in denen sonst 20 Todesfälle pro Jahr verzeichnet wurden, starben jetzt 200 Menschen. Dies allgemeine Elend löste die Ordnung der bürgerlichen Gemeinschaft auf, Diebstähle und andere Verbrechen nahmen in beunruhigendem Grade zu. Im Ganzen starben auf Island in den beiden Jahren 1784 und 1785 9551 Individuen mehr als geboren wurden, demnach mehr als ein Fünftel der ganzen Bevölkerung. Islands Bevölkerung, die im Jahre 1733 48.884 Menschen zählte, war im Jahre 1786 auf 38.363 gesunken."

Aus: Thoroddsen, Die Geschichte der isländischen Vulkane, 1925

Herðubreið und Askja   (F 88/F 910)

Schon von Weitem imponiert nördlich des Vatnajökull-Eispanzers die fast kreisrunde Herðubreið – Islands „Königin der Berge", zu deren Füßen eine wunderschöne Oase liegt. Senkrechte Felswände erheben sich aus steilen Geröllhalden. Durch eine regelrechte Mondlandschaft gelangt man anschließend zum gefürchteten Zentralvulkan Askja mit einer ausgedehnten Caldera, in der ein kalter dunkelblauer See und ein warmer badetauglicher Explosionskratersee aneinandergeraten.

Routenplanung: Planen Sie für den Ausflug zu den beiden Vulkanen 1½ bis 2½ Tage ein. Es gibt zwei Zufahrtswege: Die F 88 ist schneller zu befahren, die Alternative F 905 zur Askja ist aufregender und die Furten sind etwas einfacher – dafür kommt man zunächst nicht an der Herðubreiðoase vorbei. Man kommt auf dem 910er-Abschnitt nicht schnell voran, rechnen Sie mit 35–40 km/Std. Fahren Sie nicht abseits der Piste – der Schaden für die Natur ist groß und die Strafen sind hoch.

Streckeninfo/Tipps für Radler: Die Piste ist unproblematisch, wenngleich teilweise steinig und oft „wellblechig". Bei trockener Witterung müssen zwischen der Herðubreið und der Askja wenige kurze Sandpassagen durchschoben werden. Die ganze Strecke bis zur Askja steigt leicht an. Ein Sturm ist in der Bimssteinwüste nach der Herðubreið sehr unangenehm.

Tagesausflüge zu den Vulkanen für Pkw und Busreisende: Sehr zu empfehlen von Mööðrudalur an der Str. 901 (vgl. S. 421, www.fjalladyrd.is). Auch vom Mývatn Tagestouren (in der Touristinformation erkundigen, Dauer 11–12 Std., in der Hauptsaison täglich). U. a. 45 Min. Aufenthalt in Herðubreiðarlindir und 2½ Std. bei der Askja. Man kann sich auch erst einige Tage später wieder abholen lassen.

Die Herðubreið, die „Breitschultrige", galt lange Zeit als unbezwingbar, war doch der Respekt vor dem ehrwürdigen Berg zu groß, der nicht nur als Hochsitz des Asengottes *Odin* dient, sondern die Manifestation der Götterburg *Asgard* selbst darstellt. Erst 1908 wurde er erstmals von dem Deutschen *Hans Reck* und dem Isländer *Sigurður Sumarliðason* bestiegen. Die erste nachgewiesene Begehung der Askja ist auf den 31. Juli 1838 datiert. Der isländische Kartograf *Björn Gunnlaugsson* verirrte sich bei einer Durchquerung der Missetäterwüste auf sie.

Anfahrt über die F 88: Beim ca. 10.000 Jahre alten Ringwallkrater *Hrossaborg* zweigt die Piste zur Askja ab. Bestimmen anfänglich noch Grashügel das Bild, so werden diese ziemlich bald spärlicher, bis schließlich eine schwarze Sand- und Geröllwüste beginnt. Zeitweilig müssen Ausläufer der sich westlich erstreckenden, großen Lavaebene *Ódáðahraun* durchquert werden. Eindrucksvoll erhebt sich die Herðubreið über 1000 m aus der Ebene empor; ihr Anblick lässt die triste Umgebung schnell vergessen. Etwa bei Km 30 ändert sich das Bild. Vor einer Erhebung wendet sich die Piste kurz nach links zur wilden Flussebene der *Jökulsá á Fjöllum*, wo das Naturschutzgebiet um die Herðubreið beginnt. Die Furt durch Grafarlandaá unterhalb eines kleinen Wasserfalls, ca. 8 km weiter, ist umgeben von saftiger Vegetation.

Das unbewohnte Hochland → Karte S. 653

Doch nur kurz währt das Grün. Die Landschaft wird wieder grau und wenig später lässt einen die Lava spüren, was es heißt, sie durchqueren zu wollen. Nach knapp 4 km ist es geschafft, doch schon wartet die breite, für Radfahrer schwere Furt durch die Lindaá.

Die Oase Herðubreiðarlindir: Hier tritt das Regenwasser, das in der porösen Lava versickerte, wieder hervor und zaubert eine vielfältige Tier- und Pflanzenwelt herbei. Majestätisch erhebt sich dahinter die häufig mit einer Wolkenhaube bedeckte *Herðubreið*. In einer kleinen Lavahöhle unweit der Hütte soll der bekannte Geächtete *Fjalla-Eyvindur* den strengsten Winter (1774/75) verbracht haben. Als Höhlendach soll das Rückgrat eines Pferdes, bedeckt mit Zweigen, gedient haben.

Unterkunft der Geächteten – die Lavawüste Ódáðahraun

Herðubreið und Askja liegen am Rand bzw. in Islands größtem Lavafeld, dem Ódáðahraun, „Lavafeld der Missetäter". Es bedeckt etwa eine Fläche von 4500 km² und ist das Ergebnis zahlreicher nacheiszeitlicher, wild übereinander geschobener Lavaströme, die aus unzähligen Kratern und Spalten hervorquollen. Einer der mächtigsten Lavaströme stammt aus dem vorbildlich symmetrisch geformten Schildvulkan *Trölladyngja*. Er ist über 100 km lang. Nur an ganz wenigen Stellen ist ein Anflug von Vegetation, z. B. Sandhafer oder halb verdorrte Moose, zu finden, denn das Wasser versickert sofort durch die zahllosen Löcher und Spalten in den Untergrund. Bedrückend und faszinierend zugleich wirken die Lavafelder. „Wie grimmige Riesen aus Sagazeiten, wie graue Göttergestalten der nordischen Vorwelt reckten sich dräuend die Gesteinsmassen", so beschrieb sie *Heinrich Erkes* 1909. Man mag es nicht glauben, aber es wurden Steinwarten gefunden, die auf einen alten Reitweg hinweisen. Seinen Namen erhielt das Lavafeld wegen der Vogelfreien, die hierher zogen, um vor Verfolgung sicher zu sein. Sie fristeten ein elendes Dasein und fielen nicht selten Schneestürmen oder dem Hunger zu Opfer. Ein Unterschlupf ist in der Nähe des Kverkfjöll gefunden worden (s. u.).

⚡ Wanderungen an der Herðubreið   (→ Karte S. 653)

Direkt hinter der Übernachtungshütte *Herðubreiðarlindir* beginnen vier markierte Wanderrouten im Lavafeld Lindahraun. Wer nur flugs zu der Behausung des Geächteten will, folgt den zunächst gemeinsamen grünen und blauen Markierungen (ca. 200 m).

Seeumrundung (17) (einfach, 1 Std.): Die rot markierte und wohl interessanteste Route umrundet ein überraschend großes Seegebiet, in dem ein Schwanenpärchen nistet. Oft entdeckt man auch das Odinshühnchen mit seinem roten Hals und dem grauen Körper. Ca. 30 Vogelarten können in der Oase beobachtet werden.

Lavaformationen (18) (einfach, Trittsicherheit; ca. 40 Min.): Die grün markierte Route führt an mustergültiger Stricklava vorbei.

Am Fluss entlang (19) (einfach, 1 Std.): Die blau markierte Strecke führt am Lavarand ein Bächlein entlang zu einem kleinen Wasserfall. Zurück geht's mit herrlichem Bergblick über die Schotterebene.

Zum Zusammenfluss der Gletscherflüsse (20) (einfach, 1 Std.): Die gelb

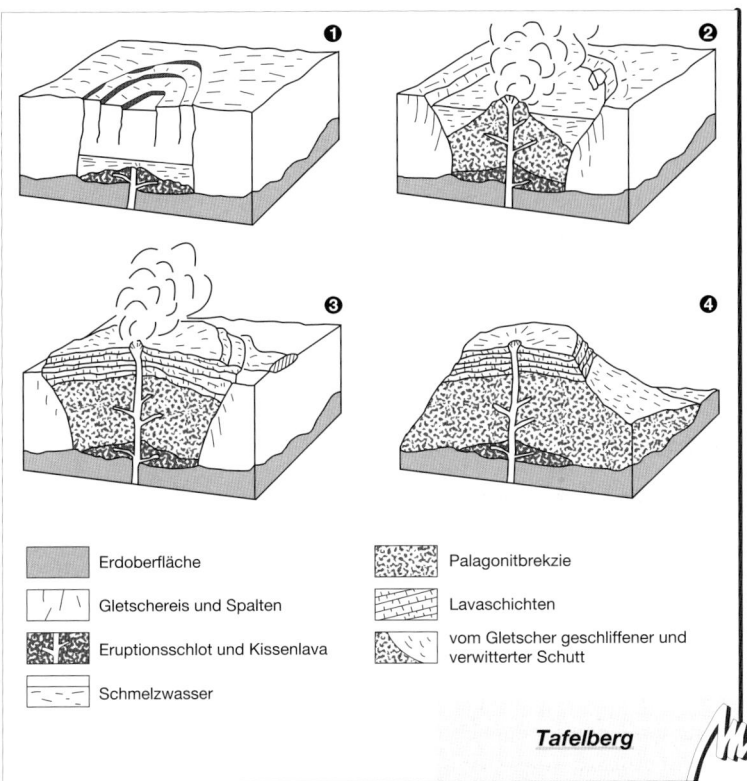

Erdoberfläche

Gletschereis und Spalten

Eruptionsschlot und Kissenlava

Schmelzwasser

Palagonitbrekzie

Lavaschichten

vom Gletscher geschliffener und
verwitterter Schutt

Tafelberg

markierte Strecke beginnt rechts der Rangerhütte. Über Lava geht's zum Zusammenfluss, zurück über einen idyllischen Trampelpfad.

Für Erfahrene – Besteigung der Herðubreið (1682 m, 21) (11–12 Std.): Die gelbe Stangenmarkierung führt von der Hütte in Herðubreiðarlindir durch das Lavafeld direkt zum Fuß des Berges und weiter im Bogen um dessen Nordseite herum bis zur Einstiegsstelle, die man ge nau auf der Westseite der Herðubreið in 2½–3 Std. erreicht. Kennzeichen des richtigen Ausgangspunktes für den Aufstieg sind ein kleiner Parkplatz, steinmannähnliche Haufen (bei der letzten Recherche in rot eingefärbte Netze verpackter Lava-

brocken) und das rechtwinklige Abbiegen des markierten Wegs vom Berg weg nach Westen. Das immer wieder angeführte Kennzeichen der von unten deutlich sichtbaren torähnlichen Lücke in dem ansonsten den Zugang zum Gipfel versperrenden Felsenkranz ist nicht eindeutig und gerade auf dem hier beschriebenen Anmarschweg von Herðubreiðarlindir aus trügerisch.

Der richtige, am Parkplatz beginnende Aufstieg führt über ein anfangs zügig zu durchschreitendes, später etwas beschwerliches Geröllfeld aufwärts, zunächst am Rand einer kleinen Rinne, dann über einen Rücken. Der recht markante Lavabuckel auf (scheinbar) halber Höhe, den man auf dem Anfangsstück

Traumtag mit Blick auf die Herðubreið

ansteuern sollte, ist links haltend zu er-
steigen. Bald danach erreicht man den
Beginn des großen, steilen (!) Schnee-
felds, über das der Weg, teilweise durch
Geröllstrecken unterbrochen, bis zum
Hochplateau des Herðubreið führt
(Helm, ggf. Steigeisen, ggf. Eispickel!).

Auf dem flachen Hochplateau weiter im
Schnee etwa Richtung Ostsüdost zu
dem Schutthaufen, der den eigentlichen
Gipfel bildet. Dauer für Auf- und
Abstieg ab Parkplatz 5–6 Std., unbe-
dingt bei den Rangern anmelden.

Entstanden unter dem Eis: der Tafelberg Herðubreið

Sie ist das beeindruckendste und schönste Beispiel eines Tafelberges, dessen
Entstehung wie folgt abläuft: Unter dem dicken Eisschild bricht ein Vulkan
aus und die Hitze lässt das Eis von unten her schmelzen. Die ausströmende
Lava erstarrt sofort unter dem Druck des Schmelzwassers zu Kissenlava und
bildet einen leichten Hügel. Hält nun die Eruption weiter an, nimmt mit zunehmender Höhe der Wasserdruck ab und vulkanische Gase und Wasserdampf können explosionsartig entweichen. Dabei wird die ausströmende
Lava in feine Teile zertrümmert, die Palagonite, die sich um den Vulkan-
schlot anlagern. Hat dieser die Eisoberfläche erreicht und ist das Wasser ab-
geflossen, so fließt die Lava in gewöhnlichen Schichten über die Palagonite.
In der Nacheiszeit schmilzt der Gletscher dann ab und gibt diese einmalige
Bergform frei.

Von der Herðubreið zur Askja   (F 88/F 910)

Wieder durch Lavafelder quält man sich die nächsten 6 km ab der Oase Herðubreiðarlindir. Lohnenswert ist ein kurzer Stopp ca. 500 m nach Ende des Naturschutz-
gebietes. Der reißende Gletscherfluss *Jökulsá á Fjöllum* stürzt, umrandet von abge-
rundeten Basaltformationen, in eine kleine Schlucht. Weiter bahnt sich die Piste

durch Sand, Geröll und immer wieder Lava ihren Weg. Kurz vor dem Hyaloklastit-Bergrücken Herðubreiðartögl zweigt eine unmarkierte Piste zur Westseite der Herðubreið ab, wenige Kilometer später die F 910. Helle Bimssteinwüste mit zahlreichen dunklen Lavasteinen bildet den Rahmen für den letzten Abschnitt zum *Dyngjufjöll-Massiv*. Neil Armstrong und Kollegen haben hier für die Mondlandung trainiert, da diese Gegend der Landschaft des Erdtrabanten am ähnlichsten ist.

Direkt unterhalb der Bergwände befindet sich die Hütte *Dreki* nebst Zeltplatz, umgeben von einer unwirtlichen und vegetationslosen, aber gerade deshalb so beeindruckenden Landschaft. Das gesamte Gebiet der Askja steht unter Naturschutz.

Lebendige Riesen – das Dyngjufjöll-Massiv mit der Askja

Das ca. 600 km² große Massiv entstand durch zahlreiche Vulkanausbrüche und ist bis heute aktiv. Der Lavastrom, der unweit der Hütte endet, stammt vom letzten größeren Ereignis im Jahre 1961. Die unzähligen schroffen Gipfel hielt man in der Sagenwelt für drohende Riesen. Wie einen Schatz scheinen sie die Askja und den Öskjuvatn zu beschützen. Die Caldera Askja ist ein ca. 45 km² großes Rund, umgeben von bis zu 300 m höher aufragenden Bergen. Ihr Ursprung liegt über 4500 Jahre zurück. Eine unter ihr liegende Magmakammer entleerte sich, worauf der Boden absank. Bei einer gewaltigen Eruption entstand 1875 der Víti-Krater und eine Caldera in der Caldera senkte sich im Lauf der Zeit immer mehr ab und füllte sich mit Wasser, sodass das *Öskjuvatn*, der Askjasee, entstand. Heute ist er 11 km² groß und mit 220 m Islands tiefster See. Der Ausbruch hatte verheerende Folgen, denn er begrub große Teile Ostislands unter einer Ascheschicht. Sogar im heutigen Polen ging noch Staub nieder.

ⵊ Wanderungen an der Askja   (→ Karte S. 653)

In die Drachenschlucht (22) (Trittsicherheit; hin/zurück 30 Min.): Unmittelbar hinter der Dreki-Hütte beginnt die *Drekagil*, die Drachenschlucht. Namensgeber sind die bizarren Lavaformationen, die die schroffen Felswände zieren. Die Wände sind gespickt von vulkanischen Bomben. Am Ende wartet ein sehenswerter Wasserfall (Vorsicht vor herabfallenden Steinen).

In den riesigen Krater mit seinen beiden Seen (23) (Trittsicherheit; Vorsicht am Víti – Abstieg ist steil und rutschig; 70 Min.): Wie eine Festung umrahmen die aufragenden Berge die riesige Caldera der Askja, die sich nur an einer Stelle relativ gefahrlos betreten lässt, an der Öffnung *Öskjuop*, die auch die durch einen düsteren Lavastrom steil ansteigende, 7,5 km lange Piste 894 nutzt. Die mondähnliche Landschaft ist atemberaubend und furchterregend zugleich. Am Parkplatz beginnt ein Fußmarsch durch das schwarz-braune, weite Rund der Askja zu dem märchenhaften Calderasee Öskjuvatn und dem kleinen, schwefligen Explosionskrater Víti kurz davor. Wunderschön sind an ruhigen Tagen die Spiegelungen der schwarzen Bergwände mit den weißen Restschneefeldern in dem tiefblauen und eiskalten See. Ein unvergessliches Erlebnis ist ein Bad in dessen warmen Bruder, dem milchblauen *Víti*. Die Wassertemperatur im ca. 7 m tiefen und 100 m breiten Krater schwankt von 20 bis 27° C.

Streckenlängen über F 88 Ringstraße–Herðubreið: 60 km, Herðubreið–Askja Dreki: 35 km, Askja Dreki–Parkplatz Askja: 7,5 km. Über die F 905 81 km zur Askja.

Durchschnittliche Eröffnung Mitte Juni, früheste 13. Juni, späteste 29. Juni.

Furten Drei – Grafarlandaá: ca. 40–60 cm tief, Lindaá: ca. 50–70 cm tief, Untergrund aus kleinen, losen Steinen, leichte Furt bei der Hütte am Herðubreið.

Tanken/Einkaufen Keine Möglichkeit, nur in Möðruvellir an der 901.

Übernachten Hütte Þorsteinsskáli, 65° 11,56′ – 16° 13,39′, an der Oase Herðubreiðarlindir **1**. Schöner, von Vegetation umgebener **Zeltplatz** auf einer Wiese in der Nähe der Hütte. Hütte mit 20 Matratzenlagern unterm Dach, kleine Küche, WC, heiße Dusche außerhalb; übliches Preisniveau. ✆ 8424357, vorbuchen sinnvoll, (Wanderverein Akureyri, www.ffa.is; in der Vor- und Nachsaison kann man dort den Hüttenschlüssel abholen, ✆ 8424357, ffa@ffa.is).

Hütte Dreki 2, 65° 02,52′ – 16° 35,72′, von Ferðafélag Akureyrar an der Askja, einfache, kleine Hütte, Kochgelegenheit, Toilette außerhalb. Um die Hütte Zeltplatz auf steinigem Untergrund, Zelt gut abspannen, da oft Stürme. Dusche. Neuere Hütte von 2005 für 45 Pers., Küche, WC; übliches Preisniveau. ✆ 8424357, www.ffa.is, ffa@ffa.is.

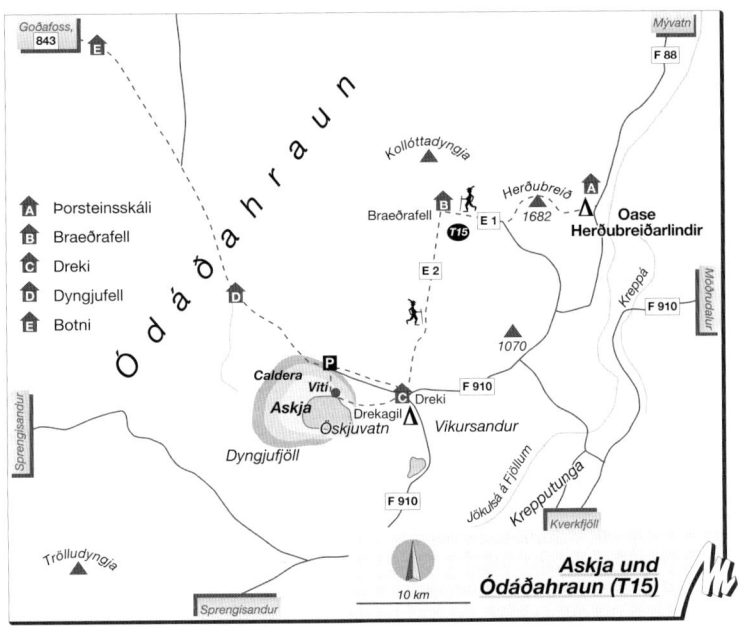

- **A** Þorsteinsskáli
- **B** Braeðrafell
- **C** Dreki
- **D** Dyngjufell
- **E** Botni

Ódáðahraun

Goðafoss, 843 **E**

Mývatn

F 88

Kollóttadyngja

Braeðrafell **B** **T15** **E 1** Herðubreið 1682 **A** Oase **Herðubreiðarlindir**

E 2

Kreppá

F 910

Möðrudalur

D

1070

Sprengisandur

Caldera Viti **P**

Askja Drekagil Drekagil **C** Dreki F 910

Öskjuvatn Vikursandur

Dyngjufjöll

F 910

Jökulsá á Fjöllum

Krepputunga

Kverkfjöll

Trölludyngja

Sprengisandur

10 km

Askja und Ódáðahraun (T15)

🥾 **2 bis 5 Tage Trekking durch die Lavawüste für Ambitionierte** T 15

Wanderung durch die Lavawüste Ódáðahraun im Angesicht der Herðubreið. Die Tour kann ausgebaut werden zur Hütte *Dyngjufell* am 3. Tag, dann zur Botni-Hütte und an Tag Fünf bis zum *Hof Svartárkot*.

1. Tag: Von der Hütte Þorsteinsskáli führt eine markierte Route um den Nordrand der Herðubreið zur *Bræðrafell-Hütte* (ca. 18 km, 240 Höhenmeter, 5–6 Std.).

2. Tag: Richtung Süden zur *Dreki-Hütte* an der Ostseite des Dyngjufjöll-Massives (25 km; ca. 8 Std., kein Wasser unterwegs).

Übernachten Bræðrafell, 65° 02,520' – 16° 35,720', Winzlingshütte aus den 1970ern für 12 Pers., Ferðafélag Akureyrar unter ☎ 4622720, ww.ffa.is, Voranmeldung sinnvoll. Trinkwasser ist gesammeltes Regenwasser.

Tödliche Forschungsreise

Etwas westlich des kleinen Kraters erinnert ein Denkmal an das Schicksal der beiden deutschen Forscher Walter von Knebel und Max Rudloff. Im Rahmen einer Forschungsreise im Juli 1907 befuhren die beiden trotz vieler Warnungen das Öskjuvatn mit einem einfachen Segeltuchboot. Der Student Hans Spethmann, der nicht mitfuhr, wartete vergeblich auf ihre Rückkehr. Trotz mehrfacher Nachforschungen waren ein Ruder und ein Deckel die einzigen Teile, die gefunden wurden. Auch Ina von Grumbkov, die Braut von W. v. Knebel, war bei ihrer Suche erfolglos. Zu Ehren der Verunglückten wird das Öskjuvatn auch „Knebelsee" und der Vítikrater „Rudloffkrater" genannt.

Verbindungsstrecke F 910: Askja – Jökuldalur – Snæfell

Die Strecke bietet sich als Alternativroute von und zur Askja an. Auch zum Kverkfjöll muss sie streckenweise befahren werden. Landschaftlich fasziniert vor allem das surreal anmutende Flussbasalt-Labyrinth der Kreppatunga mit herrlichem Blick auf die Herðubreið.

Streckeninfo/Tipps für Radler: Ab dem Abzweig von der Askjapiste bis wenige Kilometer vor der Brücke über die Kreppa muss mit bis zu 10 km Sandschieben gerechnet werden. Hier wünscht man sich Regenwetter, denn dann ist der Sand festgefahren und das mühselige Schieben wird verkürzt. Nicht zu unterschätzen ist ein Sturm, bei dem die leichten Bimssteine waagrecht durch die Luft sausen. Nach der Kreppatunga besitzt die Piste keine größeren Schwierigkeiten mehr. Es sollte genügend Wasser mitgenommen werden.

Routenplanung ab Brú: Westlich von Brú kann man entweder über die Str. 907 zum idyllisch an einem See gelegenen Torfgehöft fahren (vgl. S. 421) oder in das „Karahnjúkar" ausgeschilderte Tal. Durch das tief eingeschnittene Tal Jökuldalur sind es ab Brú noch 31 km bis zur Ringstraße.

Zwischen Askja und 905-Abzweig/Krepputunga: Westlich der Jökulsá führt die Strecke durch sandige Bimssteinwüste, übersät mit hervorstehenden Lavasteinen. Die sanften Formen der Ostseite des geologisch aktiven Bergmassivs *Upptyppingar* strahlen eine gewisse Ruhe aus, jäh unterbrochen vom Getöse des Gletscherflusses Jökulsá á Fjöllum, der glücklicherweise auf einer Brücke überquert werden kann (22 km von der Dreki-Hütte an der Askja entfernt). Östlich davon zweigt die westliche Strecke zum Kverkfjöll ab, 3 km weiter östlich die östliche (17 km westlich der Kreppa-Brücke). Zwischen den beiden reißenden Gletscherflüssen Jökulsá und Kreppa ist die Natur so bizarr, dass sie sich kein Landschaftsmaler je ausdenken könnte – Unmengen an Grautönen, verfeinert mit dem Beige der Bimssteinkiesel, als Fluchtpunkt die majestätische Herðubreið.

Östlich der Kreppa ändert sich der Charakter der Landschaft. Hügelige, graue Bergketten flankieren die Piste und zwei relativ flache Flüsse im Abstand von 2,5 km
müssen westlich des 905er-Abzweigs gefurtet werden. Auf der F 905 gelangt man
nach 20,5 km durch karges Land etwas südlich von *Möðrudalur* (Campingplatz,
Cafeteria) auf die Ringstraße (vgl. S. 421).

Furten: Gletscherflüsse Jökulsá á Fjöllum und Kreppá seit Mitte der 80er Jahre überbrückt.
Danach zwei klare Flüsse, nur nach starkem Regen problematisch (ca. 25–50 cm).

Zwischen 905-Abzweig und Brú: Die F 910 windet sich durch ein Tal, das sich später öffnet und dessen nördliches Ende vom recht großen See *Príhyrningsvatn* eingenommen wird. Etwas Grün in der Ebene lockert die monotone Schuttlandschaft
auf. Weiter nach Osten bahnt sich die Piste ihren Weg durch den lang gezogenen
kahlen Bergrücken Príhyrningsfjallgarður.

Furten: Zwei klare Flüsse, unproblematisch (ca. 25–40 cm).

Zwischen Brú und der Asphaltstraße zum Karahnjúkar-Damm: 12 km östlich von
Brú liegt der Hof Aðalból, gleichzeitig ein Versorgungszentrum en miniature. Hier
muss die Hrafnkelsá durchquert werden. Die Piste hinaus aus dem *Hrafnkelsdalur*
hinauf auf die karge, steinige Hochebene kommt fast ohne Kehren aus. Oben muss
erneut ein Fluss gefurtet werden (zur Weiterfahrt vgl. Kap. Snæfell).

Furten: Zwei klare Flüsse, unproblematisch (ca. 25–45 cm).

Einkaufen/Tanken   Kiosk (Brot, Sandwichs) und Tankstelle in Aðalból, 12 km
südlich von Brú.

Camping Aðalból, wenig romantische Zeltmöglichkeit (ISK 1000) und SSU (ISK 4000),
✆ 4712788. Abendessen auf Vorbestellung.

Geothermalgebiet Kverkfjöll   (F 902/903)

Eishöhlen, brodelnde und fauchende heiße Quellen in direkter Nachbarschaft des ewigen Eises und rauschende Bäche aus einer gewaltigen Gletscherzunge – mitten in einem überdimensionierten vulkanischen Skulptu-
renpark. Bei gutem Wetter und guter Kondition versetzt eine Gletscherwanderung mit den Rangern nicht nur Freizeitgeologen in Extase, sie ist einer der
faszinierendsten Ausflüge, die man auf Island überhaupt unternehmen kann.

Streckeninfos/Tipps für Radler: Die östliche Strecke ist sehr viel abwechs-
lungsreicher als die westliche. Zwar geht es auch hier durch Lava und Sand,
doch muss nicht so lange geschoben werden (auf der südlichen Route etwa
2–3 km). Gleichsam als Belohnung führt die Ostroute in das grüne Tal Hvannalindir, eine Oase in der Wüste, durch die ein Fluss sprudelt. Dies ist zwar
die einzige Wasserversorgung, doch gibt es auf der westlichen Strecke überhaupt kein Wasser. Zelten ist bis zum Kverkfjöll nicht nur verboten, es finden
sich auch kaum geeignete Plätze.

Bei den Kverkfjöll-Bergen (1929 m; „kverkfjödl") mit ihrer weithin sichtbaren
Scharte befindet sich einer der größten und aktivsten Feuerherde unter dem Vatnajökull, ein riesiger Zentralvulkan mit einer eisgefüllten Caldera. Seine Energieleis-
tung wird auf über 1300 MW geschätzt. Gewaltige Wassermengen, die durch Ausbrüche abgeschmolzen wurden, schwemmten zuletzt 1995 und 1996 mehrere Pis-
tenverbindungen weg. Ein heißer Bach ließ Islands berühmteste Eishöhle entstehen.

Östliche Route über die Oase Hvannalindir (F 903, 27 km bis Einmündung in die Str. 902): Durch die Sand- und Lavawüste der Krepputunga führt die Piste entlang eines Bergrückens. Nach dessen Ende muss in ihrem eingeschnittenen Flusstal die Lindaá gefurtet werden. Wenig später beginnt die grüne Vegetationsoase *Hvannalindir*, die ihre Existenz dem unter der Lava entspringenden Fluss verdankt (18 km vor der Einmündung; Rangerhütte; Camping verboten!). Die Engelwurz (isl. *hvönn*) gab dem Ort seinen Namen. Nach der Oase wird die Landschaft schnell wieder dunkler und braunschwarze Berge werden durchquert.

Wanderung (→ Karte S.653)

Zum Unterschlupf des Geächteten (24) (35 Min): Ausgangspunkt ist der Parkplatz 2,9 km östlich der Str. 903 (WC). In den von 1767 stammenden Ruinen, die neben der Lava zu finden sind, soll der geächtete *Fjalla-Eyvindur* kurzzeitig gelebt haben. Im Sommer ein sehr lieblicher Ort!

Westliche Route (Kverkfjallaleið, F 902): Nach zunächst grauer Landschaft beginnt eine faszinierende Anfahrt. Ein Lavastrom muss umfahren werden. Dieser drückt die Piste regelrecht an einen Berghang! Ist die Höhe des Lavastroms erreicht, bietet sich ein weiter Blick bis Askja und die Herðubreið. Immer näher kommt das gewaltige Massiv des Kverkfjölls. Im starken Kontrast stehen die schwarzen Bergpfeiler zu dem weißen Gletscher. Im Nebel scheinen die bizarren Lavaformationen zu tanzen und zahlreiche Trolle und Elfen zu erwachen. Die verbleibenden 16 km sind mit düsteren Hügelketten nicht minder aufregend. Wenige Kilometer vor der Hütte beginnt eine steinige, graue Grundmoränenlandschaft, die von Gletscherläufen überprägt wurde. Im Westen ruht ein riesiger Fächer aus Eis mit einer von schlammgrauen Flussarmen wüst zerfurchten Schwemmebene.

Die Gletscherhöhle.– schön, aber gefährlich

🚶 Wanderungen am Kverkfjöll-Massiv   (→ Karte S.653)

Zur imposanten Eishöhle (25) (30 Min): Hinter dem Warnschild am Parkplatz auf der Moräne, 5 km von der Hütte, führt ein passabel markierter Weg hinab zu einer riesigen Eishöhle. Rechnen Sie damit, über den einen oder anderen kleinen Gletscherbach springen zu müssen, bevor Sie die Brücke über den Eishöhlenbach erreichen. Auf dem Weg zurück zur Hütte werden ihnen bestimmt die wie von Geisterhand zerteilten Steine auffallen, das „Trollbrot" (vgl. Kap. Geologie).

Hausberg Virkisfell (26) (1–2 Std.): Der markierte Weg auf den 1000 m hohen braunen „Vorberg" beginnt direkt hinter der Hütte. Wer eine längere Tour unternehmen mag, nimmt den 1.240 m aufragenden Biskupsfell in Angriff (4 Std., markiert).

Beachtenswert Der Gletscher am Kverkfjöll ändert sich wie jeder Gletscher ständig. Die geothermale Aktivität macht ihn noch viel wechselhafter, Wege werden unpassierbar oder verschwinden, Eishöhlen bilden sich oder stürzen ein. Gefährlich ist der auf dem Eis oft unvermutet auftauchende Nebel. Schon einige Personen haben sich verirrt! Eine Begehung der Eishöhle ist ausdrücklich verboten, da sich Eisbrocken von der Decke lösen können. Es wird sogar davon abgeraten, zur Eishöhle zu gehen, da Gefahr durch über den Gletscher rollende Steine besteht. Für die geführten Touren werden Steigeisen verliehen. Ein Unkostenbeitrag ist zu entrichten. Die Ranger sind auch Ansprechpartner, um sich über weitere Wandermöglichkeiten zu informieren.

> **≫ Unser Tipp:** für Pkw-Fahrer und Busreisende: geführte Mehrtagestouren ab Mööðrudalur (vgl. S. 421). ≪

Streckenlänge Westliche Route (F 902): 40 km, östliche Route (F 903): 43 km.

Durchschnittliche Eröffnung 19. Juni

Mit dem Ranger zum Geothermalgebiet am Gletscherrand (26) (7–9 Std.): Den Eishöhlenparkplatz auf 900 m wird man mit etwas Herzklopfen und Steigeisen in den Händen verlassen. Morgens scheint der Gletscher noch im Schlaf zu sein, kaum ein Bächlein rinnt auf dem Eis hinab. Zeit für die erste Pause ist am „Chocolate Mountain", einem dunklen Schutthügel. Das Ziel scheint greifbar nahe, aber der Anstieg über das Firnfeld dauert schon ein Weilchen. Die Ranger steuern nun je nach Gruppe und Wetter verschiedene Ziele an. Standard ist das Geothermalgebiet *Hveradalir*. Schwefeldampf entweicht aus der tonigen Erde, die von Gletschereis flankiert wird. Auch hier gibt es Eishöhlen, die allerdings nur von (todesmutigen) Forschern begangen werden. Folgt man dem oft schneefreien tuffigen Bergrücken bis zum Ende, werden noch einige Schlammtöpfe und fauchende Quellen passiert. Unterhalb von schroffen Lavaspitzen steigen unzählige Rauchwolken auf. Evtl. wird auch die winzige Hütte „Jörfi" der Gletscherforschungsgesellschaft auf 1.800 m angesteuert, wo weitere Highlights den Atem rauben: linker Hand eine milchig türkise Eislagune, die in den 1960ern entstand, rechter Hand eine königsblaue Lagune, die manchmal trocken fällt. Bisweilen wird auch die Bergschulter an der Scharte angelaufen – der Blick auf den Gletscher, der hier durchströmt, ist faszinierend. Auf dem Rückweg zum Parkplatz gibt sich der Gletscher gerne etwas sulziger als am Morgen und auf dem Eispanzer wird eine Unzahl von kleinen, eisigen Rinnsalen und ellenbreiten Wasserläufen überquert werden.

Hin & weg/Tour Mit *sba* geführte Tour bis Mitte August immer Mo ab Akureyri ober ab Mývatn, 2 Nächte (ISK 33.500 ohne Unterkunft) oder Tagestouren ab Mööðrudalur. www.sba.is.

Furten Westliche Route: keine; östliche Route: Klarwasserfluss Lindaá zweimal zu durchqueren (20–40 cm).

Pistenzustand Die westliche Piste ist teilweise sehr sandig, auch die östliche weist kurze sandige Stellen auf. V. a. nach dem Zusammentreffen der Pisten ragen Lavaspitzen hervor, wenige Kilometer vor der Hütte wird es sehr uneben und steinig.

Übernachten Hütte Sigurðarskáli am Kverkfjöll **4**, 64° 44,850' – 16° 37,850', auf 820 m, wie auf einer Alpenhütte, stilvoller, alter Schlafraum und ein neues Matratzenlager unterm Dach, heller, großer Aufenthaltsraum und Küche, herrlicher Blick, WC, heiße Dusche (ISK 500) außerhalb. Zeltplatz bei der Hütte auf inmitten der Schuttwüste extra angelegten Rasenstücken ISK 1100. SSU ISK 4500. ✆ 8424369/8639236, zu buchen direkt oder unter ✆ 4712000/8635813, Wanderverein Húsavík/Egilsstaðir, www.fljotsdalsherad.is/ferdafelag.

Der Vulkan Snæfell   („sneifedl", F 910/F 909)

Der 1833 m hohe Vulkangipfel mit der Eiskappe lässt weit über Lavawüste und Eispanzer des Vatnajökull blicken und fordert zu einer Besteigung geradezu heraus.

Die Strecke Egilsstaðir – Snæfell – Brú á Jökuldalur führt über die leicht bewachsene, seenreiche Hochebene Fljótsdalsheiði direkt auf den von ewigem Eis bedeckten, markanten Berg Snæfell und den dahinter liegenden Vatnajökull zu. Dieses Gebiet ist zudem das Verbreitungsrevier der seit 1771 eingeführten Rentiere. Zum Kalben halten sich die Tiere im Sommer zum großen Teil beim Brúarjökull am Oberlauf der Jökulsá á Brú auf, während sie im Winter weiter nach Norden der Fljótsdalsheiði und zu den Fjorden bis in besiedelte Regionen vorstoßen. Dieses Gebiet steht unter Schutz und darf im Sommer nicht betreten werden. Durch das große Staudammprojekt wurde die Landschaft östlich des Snæfells stark verändert.

Streckeninfos/Tipps für Radler: Wer zur Hütte unterhalb des Snæfell will, muss eine 14 km lange Sackgasse in karger Landschaft mit mehreren Furten in Kauf nehmen. Die steile Auffahrt aus dem Fljótsdalur kostet trotz bestem Asphalt auf der F 910 einige Mühen. Wer unmittelbar an den Rand des großen Gletschers gelangen will, folgt der Piste geradeaus weiter. Steile Anstiege und mehrere Flussdurchquerungen machen ab der Hütte einen Jeep unabdingbar.

Abstecher zum Hot Pot: Kurz vor dem Snæfell-Abzeig führt eine Piste links kurz und steil hinunter nach *Laugarfell* zu Hütten mit einem Hot Pot, der klassisch mit Steinplatten eingefasst ist und von dem aus der Snæfell schon begutachtet werden kann (neuer Pool geplant).

🚶 Wanderung   (→ Karte S. 700/701)

Besteigung des markanten Snæfell (27) 6–8 Std.): Tour auf einen atemberaubenden Aussichtsposten. Einige Meter südlich der Hütte sind links am Fluss Parkgelegenheiten. Der relativ einfache Aufstieg ist markiert. Man steigt zunächst am Rand eines Tales auf und folgt später dem schneebedeckten Bergrücken auf den Gipfel. Das erste Wegstück führt durch unruhiges Moränengelände, das von giftgrün gesäumten Wasserläufen durchzogen ist. Es folgen Abschnitte mit Gesteinsscherben (Frostsprengung!), Bodenfließen und

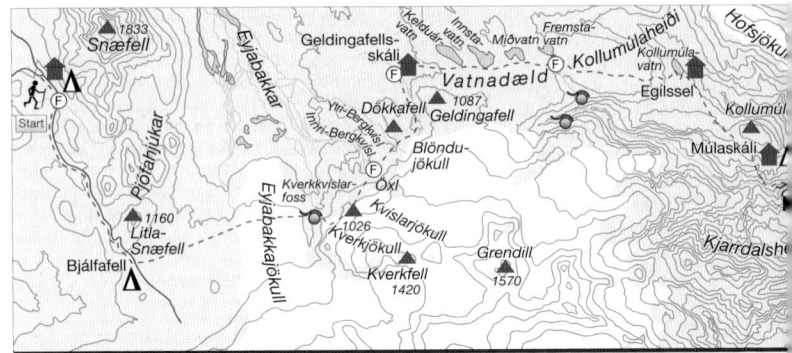

Lavageröll. Nach dem ersten Wegstück in der Ebene steigt der Weg links steil an und führt dann auf höherem Niveau, weiterhin ansteigend, zurück in Richtung Hütte, bevor er sich nach links wendet. Hier ist die Markierung unzulänglich, sodass man sich rechts am Hang auf die Bergspitze zu bewegt. Nun beginnt leicht linker Hand der eigentliche Aufstieg über steile Partien und Schneefelder. Bei schönem Wetter ist der weite Rundblick vom Gipfel über die gewaltige Eislinse Vatnajökull und das Hochland mit der Herðubreið und Kverkfjöll unvergleichlich. Dauer: 5– 6 Std.

Abstecher vom Snæfell zum Vatnajökull (18 km): Von der Hütte Snæfellsskáli führt südwärts eine gut befahrbare Piste geradewegs in einen Kühlschrank, genauer: ins Gefrierfach.

Nach mehreren Bachüberquerungen und dem Passieren einer ungeheuren, steilen Endmoräne steht man vor einer breiten Front aus Eis, die hier flach ausläuft. Da die schwarze Lava sich schneller erwärmt, entsteht vor dem Gletscher relativ zur Luft über dem hellen Eis eine starke Lufterwärmung; Luft steigt auf, sodass vom Gletscher eisig kalte Luft nach unten nachströmt.

Vorbereitung   Wanderschuhe reichen normalerweise aus. Wasser und ggf. Stöcke mitnehmen. 1000 Höhenmeter sind zurückzulegen! Im oberen Bereich Schneefelder. Insgesamt für Bergerfahrene problemlos machbar. Wegen des Antauens der Schneefelder und der Wolkenbildung am besten morgens starten. Markierungspfähle in großzügigen Abständen, unten Pfähle, oben Steinhäufchen. Unbedingt vorher in der Hütte das Foto des Berges studieren, hier ist die Wanderroute eingezeichnet.

Möglichkeiten der Weiterfahrt: Vom Snæfell kann man entweder auf der F 910 über das Hrafnkellstal nach Brú fahren (vgl. S. 696, eine 25–45 cm-Furt) oder zum Karahnjúkardamm, der eine immense Fläche unter Wasser setzte. Wer Richtung Westen oder zum idyllisch gelegenen Torfgehöft Sænautasel an der F 907 will, kann vom Damm aus eine unnummerierte Piste nach Norden nehmen (eine 20–40 cm tiefe Furt). Geheimtipp unterwegs: Ein 2,9 km langer Abstecher zur verlassenen Kate **Laugarvellir** (400 m davor 20 cm tiefe Furt) mit ihren grünen Wiesen und einem heißen Wasserfall. Den Siedlern war hier oben wenig Glück beschieden, verheerende Stürme vertrieben sie nach sechs Jahren wieder – vor Ort kann man das Drama der Besiedlung nachlesen.

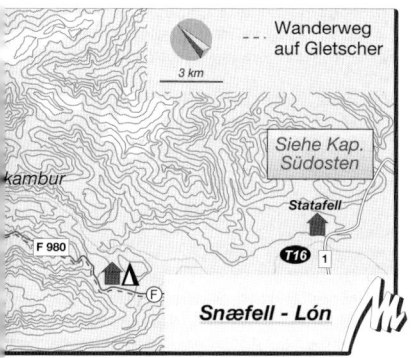

Wanderweg auf Gletscher

3 km

Siehe Kap. Südosten

Statafell

F 980

Snæfell - Lón

Streckenlängen Fljótsdalur–Snæfell: ca. 55 km, Snæfell–Brú: 46 km. Karahnjúkar– F 910 westl. von Brú: ca. 30 km.

Hin & weg Bei Drucklegung von Egilsstaðir aus keine Busverbindung.

Furten F 909 zum Snæfell: mehrere, allerdings nicht sehr tiefe Furten.

Tanken Etwas entfernt in Aðalból, täglich geöffnet (s. o).

Übernachten Hütte Snæfellskáli, vom Ferðafélag Fljótsdalshéraðs, 64° 48,250′ – 15° 38,510′; Aufsicht Anfang Juli bis Mitte Sept., gemütliche, holzverkleidete Schlafräume im Erdgeschoss, ein größerer unterm Dach, Küche, warme Dusche (ISK 500), ISK 4500, nebenan einfacher Zeltplatz, kein Windschutz, ISK 1100. Es werden geführte Touren angeboten. ✆ 8631393.

Infos zum Damm und zum Kraftwerk Fljótsdalur: www.landsvirkjun.com.

Trekkingtour Snæfell-Lónsöræfi   T 16 (mit GPS-Punkten)

Der majestätische Snæfell, weite Blicke über das Hochland, der mächtige Vatnajökull und als krönender Abschluss der Abstieg in die bunte Zauberwelt der Lónsöræfi – die faszinierende, anspruchsvolle und fast unmarkierte 3- bis 4-Tagestour ist ein Geheimtipp für alle, die Islands raue Natur lieben. Bei Isländern in den letzten Jahren ein populärer Trip. Wir empfehlen, sich einer geführten Tour mit einem der Wandervereine anzuschließen. Möglich sind verschiedene Varianten, die schwerste führt am 1. Tag über den Gletscher Eyjabakkajökull zur Geldingafellshütte, einfacher ist die Strecke dorthin östlich des Eyjabakkar via Hütte Eyjakofi. Die Routen sind auf der regionalen Nationalparkkarte eingezeichnet.

Information Infos über den Strecken- und Gletscherzustand in der Hütte am Snæfell.

Hin & weg Derzeit keine Busverbindung zum Snæfell. Der Endpunkt der Wanderung liegt an der Ringstraße nahe von Höfn.

Anspruch Diese Tour ist definitiv nichts für Ungeübte. Den richtigen Verlauf der Route zu finden erfordert Erfahrung im wegelosen Gelände. Auch die Wetterverhältnisse sorgen gern für Überraschungen. Die auf der Gletschervariante zu überquerenden Eiszungen haben wenig Spalten. Grödeln, zumindest aber griffige Schuhe und Wanderstöcke sind trotzdem dringend zu empfehlen. Das Gehen in dem oft morastigen Boden (oberflächliche Auftauschicht

Die Ringstraße ist nah!

über Permafrost) erfordert viel Kraft. Der Abstieg in die Lónsöræfi und der Anstieg zum Illkambur sind sehr steil.

Ausrüstung Gute Wanderausrüstung, Regenkleidung, Profilschuhe und Wanderstöcke, Steigeisen oder Grödeln sind Pflicht für die Bewältigung dieser Wanderung.

Furten Auf der Tour gibt es mehrere Flüsse, bei denen Watschuhe nötig sind. Teilweise kann man auf den Gletscher oder auf Schneebrücken ausweichen. Die Wasserführung der zumeist Gletscherflüsse kann stark variieren.

Karten Beste verfügbare Karte ist die Spezialkarte „Lónsöræfi" von Mál og menning, Maßstab 1:100.000.

Verpflegung Keine Einkaufsmöglichkeit am Snæfell und in der Lónsöræfi.

Übernachten Hütten Snæfell, 64° 48,24' – 15° 38,51', die Hütten am Snæfell und in der Lónsöræfi werden von Anfang Juli bis Ende Aug. durch einen Hüttenwirt beaufsichtigt. **Parkplatz Bjálfafell**: 64° 43,11' – 15° 41,05'. Die einfachen, aber gemütlichen Hütten **Geldingafell** für 16 Pers. (vom Ferðafélag Fljótsdalshéraðs,   64°   41,69'-15°   21,69', ✆ 8601393) und **Egilssel** für 22 Pers. am Kollumúlavatn (vom Ferðafélag Fljótsdalshéraðs, ✆ 8601393) sind nicht bewacht, aber unverschlossen. Neben den Hütten gibt es jeweils Zeltmöglichkeiten. Der Untergrund neben der Geldingafellhütte ist sehr steinig. **Múlaskáli**, 64° 33,200 – 15° 09,077, für 30 Pers. von Ferðafélag Austur-Skaftfellinga, www. gonguferdir.is. ✆ 6991424. Vorbuchung generell ratsam, da oft durch Gruppen belegt.

1. Etappe: Hütte Snæfellskáli – Bjálfafell, Þjofahjúkar (ca. 12 km, 3–4 Std.). Um zum eigentlichen Beginn der Wanderung am Bjálfafell zu gelangen, wandert man entlang der Piste nach Süden. Gruppen werden normalerweise bis hierher chauffiert.

2. Etappe: Bjálfafell – Geldingafell (ca. 20 km, 8–10 Std.). Für diese unmarkierte Etappe sollte man genügend Zeit und Kraft einplanen, denn morastiger Untergrund, Gletscherüberquerungen, Anstiege, Flussdurchquerungen und nicht zuletzt das Wetter erschweren das Vorankommen ungemein.

3. Etappe: Geldingafell – Kollumulavatn (ca. 16 km, 6–7 Std.). Immer wieder herrliche Rundblicke über Täler, Gletscher, Wasserfälle.

4. Etappe: Kollumulavatn – Mulaskáli (ca. 9 km, 3–4 Std.). Auf dieser Etappe muss der Basaltgang Brenniklettur gemeistert werden. Ggf. auf ein Durchwaten der Seitenarme des Gletscherflusses ausweichen.

5. Etappe: Mulaskáli – Illkambur (2 km, 45 Min.) – **Ringstraße**. Von Illkambur kann man mit etwas Glück einen Ausflugsbus besteigen.

Der erste Schnee fällt meist Ende August

Kaldidalur   (F 550)

„Hochland für Anfänger" wird der Weg manchmal genannt. Dies trifft durchaus zu, denn abgesehen von den grobsteinigen Abschnitten bietet er keine fahrtechnischen Schwierigkeiten und trotzdem eine beeindruckende Kulisse: Beiderseits der grauen Hochebene erheben sich eindrucksvolle Gletscherkappen, auf der östlichen Seite teilweise mit riesigen Ausmaßen.

Früher führte hier ein oft benutzter Reitpfad zu den Þingversammlungen entlang, doch war der Weg durch den Kaldidalur eine echte Herausforderung. Schon der Name („kaltes Tal") wirkt nicht sehr einladend. „Still wie das Grab und unheimlich schaurig ist diese Gegend. Pferdegerippe liegen hier und da am Wege", schrieben die Romantiker W. Preyer und F. Zirkel 1860.

Tipps für Radler: Die Strecke bietet ein richtiges Hochlanderlebnis, weist aber bei gutem Wetter keine großen Schwierigkeiten auf. Trotzdem sollte der Weg nicht unterschätzt werden, denn zum einen müssen über 500 Höhenmeter gemeistert werden (steile und lange Anstiege), zum anderen gibt es viele steinige Stellen. Bei Regen verwandelt sich die Straße zudem in eine schlammige Lehmpiste, die das Vorankommen ebenso erschweren kann wie der teilweise hier wütende Sturm. Auch diese Piste hat schon manchen Radwanderer zum Aufgeben gezwungen.

Das unbewohnte Hochland → Karte S. 653

Mit dem Fahrrad auf der Kaldidalurpiste

Die südliche Zufahrt zur Kaldidalurpiste erfolgt über die Str. 52 entweder von Bogarnes oder von Þingvellir. Über leicht hügelige, steinige und mit Moos bedeckte Landschaft steigt die Piste langsam auf die zu durchfahrenden Berge an. Westlich erhebt sich der wie ein Schild geformte, durch seine Eiskappe weithin sichtbare Schildvulkan *Ok*. Flankiert durch die weiß glitzernden Gletscher von Ok und *Þórisjökull* führt die Piste über hügelige, graue Grundmoränenlandschaft. Der mächtige, eisige *Langjökull* kommt zum Vorschein und etwa bei Km 20 markieren Steinwarten die Passhöhe (727 m). Mit herrlicher Aussicht beginnt nun eine längere Abfahrt. Dann ist die grüne Talebene erreicht. Wie Balsam für Augen und Seele wirkt nach all dem Grau der Birkenwald, in dem die Kaldidalurpiste endet.

Gletscher-Abstecher: Nach Durchquerung eines steinigen Abschnittes zweigt eine 6 km lange Piste ab, die direkt an die Gletscherzunge des *Langjökull* heranführt. Der Langjökull („langer Gletscher") ist mit seiner Fläche von 953 km² der zweitgrößte Gletscher des Landes. Sehr eindrucksvoll sind die letzten 1,5 km dieses Abstechers. Durch das Rauschen der Gletscherbäche begleitet, klettert man inmitten von jungen Endmoränen direkt auf den Gletscher zu. Oben wartet ein herrlicher Ausblick über die weite Ebene. Zurück auf der Hauptroute folgt man dem Gletscherfluss Geitá, der stellenweise interessante Schluchten geformt hat.

Streckenlänge 40 km.

Durchschnittliche Eröffnung 13. Juni

Furten Keine

Pistenzustand Bei der letzten Recherche schlecht, viele steinige Abschnitte. Teilweise grobsteinige Stellen.

Einkaufen Kleiner Laden in Húsafell, 10–21, Sa bis 22 Uhr.

Tanken Þingvellir/Húsafell

Übernachten → Þingvellir (Kap. „Goldener Zirkel") oder Húsafell (Kap. „Westen").

Abseits der Touristenwege: Arnarvatnsheiði (F 578)

Die Arnarvatnsheiði bietet eine weite, seenreiche Heidelandschaft und ewige Steinwüsten, dazu fantastische Blicke auf den Tafelberg Eiríksjökull und den mächtigen Gletscher des Langjökull („laungjökudl"), die sich beide hier aus der Ebene erheben.

Streckeninfo/Tipps für Radler: Die Piste wird selten befahren und ist in manchen Mietwagenverträgen selbst für Jeeps ausgeschlossen. Sie ist stellenweise nicht gut markiert – informieren Sie sich in Húsafell über den aktuellen Zustand. Dem Tourenradler kann man von dieser Strecke nur abraten, für einen Mountainbike-Freak ist sie eine echte Herausforderung. Trotzdem: Auf Schieben muss man sich einstellen und für den besonders anspruchsvollen, ca. 25 km langen Abschnitt zwischen den Abzweig zum Úlfsvatn und dem Arnarvatn sollte man ca. 5 Std. einplanen Bei Regenwetter kann das Fahrrad so verschlammen, dass man es ständig säubern muss, um überhaupt noch voranzukommen.

Die relativ flache Hochebene ist mit zahlreichen Seen durchsetzt, die bei Forellenanglern sehr beliebt sind. Die Wiesen und die niedere Heidevegetation werden von den Bauern als Schafsweide genutzt. Früher führte über die Arnarvatnsheiði eine oft benutzte Verbindung aus dem Nordland in den Süden, denn sie war auch im Winter passierbar. Wegen des Fehlens markanter Anhöhen ist die Orientierung allerdings nicht immer einfach.

Furten Hilfreich dürften die Erfahrungen eines Lesers sein: „Einzig die Furt durch den Norðlingaflјót ist ein wirklicher Knackpunkt (...), die im trüben Gletscherwasser nicht sichtbaren Steine (...) sind eine Herausforderung."

Tanken In Húsafell

Übernachten Viele Hütten im Gebiet der Heiði, die meisten sind von Sportfischern belegt und nicht für Touristen. Informieren Sie sich in Húsafell.

Was haben Sie entdeckt? Können Sie ein schönes Hotel oder Café empfehlen oder haben Sie einen neuen Wanderweg entdeckt? Wenn Sie Informationen, Tipps, aber auch Kritikpunkte haben, lassen Sie es uns wissen.

Schreiben Sie an: Christine Sadler und Jens Willhardt, Stichwort „Island" | c/o Michael Müller Verlag GmbH | Gerberei 19, D – 91054 Erlangen | christine.sadler@michael-mueller-verlag.de und jens.willhardt@michael-mueller-verlag.de

Etwas Isländisch

Die richtige Aussprache des Isländischen ist keine leichte Übung, die Abweichungen vom Schriftbild sind ziemlich stark. Eine weitere, aber nicht allzu große Hürde sind die beiden Buchstabenpaare ð/Ð und þ/Þ, eine isländische Besonderheit, die außerhalb Islands oder auf manchen Karten in der Umschrift „d" bzw. „th" auftaucht. Isländisch kommt einem aber wenigstens soweit entgegen, dass die Aussprache der Zeichen immer eindeutig ist. Die „Akzente" dienen nicht der Hervorhebung einer Silbe, sondern verändern die Aussprache des Vokals (im Altisländischen hingegen waren sie ein Längenzeichen). Die Betonung liegt immer auf der ersten Silbe.

Schnellkurs: Buchstaben, die keiner kennt ...

„ð" klingt wie englisch „th" in there und kommt äußerst oft vor, „æ" wie „ei" in Eis, z. B. in den Wörtern für Straße, stræti, oder Hof, bær. „Í" ist ein deutsches „i", ein isländisches „i" dagegen eher ein deutsches „e". Dann gibt es noch **Buchstaben mit „Kommas"**: „Ú" ist ein deutsches „u", isländisch „u" ein deutsches „ü". „ó" klingt eher nach engl. „oh", und „á" ist ein deutsches „au" – da das Wort „á" Fluss heißt, wird es Ihnen auf Schildern oft begegnen.

Für Lernbegierige: Laut für Laut

Vokale

a	„a", vor ng, nk „au" (Langjökull), vor gi „ai"
á	dt. „au", z. B. in Skaftá
e	ähnlich dt. „ä", vor ng, nk, gi, gj „ei"
é	wie dt. „jä"
ý, í	sehr hohes „i"
y, i	zw. dt. „i" und „e"
o	„o"
ó	wie in engl. „so"
ö	„ö", vor ng, nk und gi wie in „Feuilleton"
u	„ü", vor ng, nk „u"
ú	„u"
au	wie dt. „öü"
æ	wie dt. „ei"
ei, ey	wie „ey" in engl. „grey"

Konsonanten

Doppelkonsonanten werden im Isländischen gedehnter bzw. deutlich ausgesprochen als im Deutschen. Manche Konsonanten werden in bestimmten Lautumgebungen behaucht ausgesprochen.

ð	stimmhaftes engl. „th", vor Konsonant stimmlos
f	am Wortanfang und vor k, s, t, k wie dt. „f", sonst wie dt. „w"
fl	wie dt. „bl"
fn	wie dt. „bn"/"pn"
g	ähnlich wie dt. „g", zwischen Vokalen einerseits und Vokalen (außer i) und ð, r weich wie g in Berlinerisch „Tage". Nach Vokal und vor i und j wie dt. „j", z. B. in Egill.
h	vor j, l, n und r stärker gehauchte Aussprache
hv	wie dt. „kw"
k	ähnlich wie im Dt., kk wie „hk", vor hellen Vokalen behaucht (Richtung „kch").
ll	Zwischen zwei Vokalen oder Vokal und n bzw. r wie dt. „dl"
nn	„dn" nach á, é, í, ó, ú, ý, æ, ei, ey und au
p	wie „f" vor t,k
r	gerolltes „r"
rl, rn	wie dt. „rdl" bzw. „rdn"
v	wie dt. „w"
þ	stimmloses englisches „th"

Das Alphabet lautet A/a, Á/á, B/b, D/d, Ð/ð, E/e, É/é, F/f, G/g, H/h, I/i, Í/í, J/j, K/k, L/l, M/m, N/n, O/o, Ó/ó, P/p, R/r, S/s, T/t, U/u, Ú/ú, V/v, X/x, Y/y, Ý/ý, Þ/þ, Æ/æ und Ö/ö.

Ein unbedarftes und ahnungslosen Herangehen an isländische Wörter führt selten zur richtigen Aussprache; der isländische Muttersprachler kann allerdings erahnen, was man meint. Für die heimische Bilder-Show ist es natürlich nicht von tragender Bedeutung, ob man nun am Gletscher „Vatnajökull" oder „Vatnajöküdl" war; allein aus Höflichkeit und Respekt vor dem Lande sollte man aber wenigstens einige Aussprachregeln beherrschen – und dabei hoffentlich nicht dem seinerzeit viel zitierten Satz Winklers (1861) über die Sprache der Isländer zustimmen: „Aus tiefer Kehle gesprochen, mit den oft sich wiederholenden Endungen -ar, -ir, -um, klingt sie so altertümlich ernst, als ob sie aus dem Munde von Bewohnern des Unterberges oder des Kyffhäusers käme." Man möge sich sein Urteil selbst bilden!

Kleine Zungenübung für Anfänger ...

„Landmannalaugar" (Landmannalöüchar), „Mývatn" (Miwaʰtn), „Geysir" (Geiesir), „Haukadalur" (Höükadalür), „Hella" (Hedla), „Laufás" (Löüwaus), „Látrabjarg" (Lautrabjarg), „Fjallabaksleið" (Fjadlabaksleieð), „Hestur" (Hestür), „Skál" (Skaul), „karlar" (kardlar), „sundlaug" (sündloich), „Eldgjá" (Eldgjau), „Hvolsvöllur" (Kwolsvödlür), „Helgafell" (Helgafedl), „Snæfell" (Sneifedl), „Höfn" (Höbn), „Hverabraut" (Kwerabröüt), „Árni" (Aurdni), „Öræfi" (Öreiwi), „Þórsmörk" (engl. Th!), „Sandur" (Sandür) und „Keflavík" (Keblawik).

Selbst wenn ein Isländer zwinkernd verkündet, Isländisch zu sprechen sei ungefähr der Art, als wenn Engländer die Sprache der Shakespeare-Zeit sprächen, soll das nicht von der Beschäftigung mit der Sprache abschrecken; vielleicht ist damit ja auch ein Anreiz zum Erlernen der Sprache gegeben.

Elementare Verständigung

ja	já	*Ich heiße...*	Ég heiti...
nein	nei	*Auf Wiedersehen*	bless/bless bless
ich	ég	*Guten Morgen*	góðan daginn
du	þú	*Guten Tag*	góðan daginn
er/sie	hann/hún	*Guten Abend*	góða kvöldið
wie bitte?	Ha!	*Entschuldigen Sie*	Afsakið
bitte	Gjörðu svo vel	*Wie viel kostet das?*	Hvað kostar þetta?
danke	takk	*Was kostet die Fahrt?*	Hvað kostar í rútuna?
hallo	Sæll! Pl.: Sælir/Sælar		
Vielen Dank!	Takk fyrir	*Gute Reise*	Góða ferð

Praktisches

geöffnet	opið	*Herr/Herren*	karl/karlar
geschlossen	lokað	*Dame/Damen*	kona/konur
frei	laust	*Kind*	barn
besetzt	upptekið	*Junge/Mädchen*	drengur/stúlka
viel/wenig	mikið/lítið	*Erwachsener*	fullorðinn
groß/klein	stór/lítill	*Müll*	rusl
gut/schlecht	góður/vondur	*heute/gestern/morgen*	í dag/í gær/á morgun

Unterkunft

Sommerhaus	sumarhús	*Schlafsackunterkunft*	svefnpokapláss
Nothütte	neyðarskýli	*Zimmer*	herbergi

Jugendherberge	Farfuglaheimili	Dusche	sturta
Gästehaus	Gistiheimili	Toilette	Snyrting
Hotel	hótel	Ist ein Zimmer frei?	Er laust herbergi?
Zelt	tjald	Frühstück	morgunmatur
Schlafsack	svefnpoki	Mittagessen	hádegismatur
Einzelzimmer	eins manns herbergi	Könnten wir hier zelten?	
Abendessen	kvöldmatur	Megum við tjalda hér?	
Doppelzimmer	tveggja manna herbergi		

Wochentage und Zeit

Montag	mánudagur	Mittag	hádegi
Dienstag	þriðjudagur	Nachmittag	eftirmiðdagur
Mittwoch	miðvikudagur	Abend	kvöld
Donnerstag	fimmtudagur	Stunde	klukkustund
Freitag	föstudagur	Tag	dagur
Samstag	laugardagur	Woche	vika
Sonntag	sunnudagur	Jahr	ár
Vormittag	fyrir hádegi		

Zahlen

1	einn, ein, eitt	12	tólf	40	fjörutíu
2	tveir, tvær, tvö	13	þrettán	50	fimmtíu
3	þrír, þrjár, þrjú	14	fjórtán	60	sextíu
4	fórir, fjórar, fjögur	15	fimmtán	70	sjötíu
5	fimm	16	sextán	80	áttatíu
6	sex	17	sautján	90	níutíu
7	sjö	18	átján	100	hundrað
8	átta	19	nítján	200	tvö hundruð
9	níu	20	tuttugu	1000	þúsund
10	tíu	21	tuttugu og einn		
11	ellefu	30	þrjátíu		

Einfache Kommunikation

Ich bin Deutscher	Ég er Þjóðverji
Wo ist ...?	Hvað er...?
Ich brauche	Mig vantar
Ich möchteÉg ætla	að fá
Ich verstehe nicht.	Ég skil ekki.
Ich spreche kein Isländisch.	Ég tala ekki íslensku.
Wie heißt du?	Hvað heitir þú?
Was heißt das auf Isländisch?	Hvað þýðir það á íslensku?
Wie alt bist du?	Hvað ert þú gamall (masc.)/gömul (fem.)?

Wie geht's? – Danke, gut	Hvað segir þú? – Allt ágætt; Hvernig hefur þú það? – Ég hef það gott.
Ich studiere/lerne	Ég er að læra
Was sind Sie von Beruf?	Hvað starfar þú?
Das ist schön.	Það er fallegt.
Das gefällt mir.	Þetta líkar mér.
O.k.	allt í lagi
Können Sie mir helfen?	Getur þú hjálpað mér?
Kann ich das Zimmer sehen?	Má ég sjá herbergið?
Ist das der Weg nach..?	Er þetta leiðin til…?
Darf ich hier zelten?	Má ég tjalda hérna?

Himmelsrichtungen und Orientierung

Süden	suður	Von/nach	frá/til
Norden	norður	Links/rechts	vinstri/hægri
Osten	austur	Geradeaus	beint áfram
Westen	vestur	Hier/dort	hér/þar

Geografisches (Singular, Plural)

Fluss	á, ár	Meer	haf, höf
Ufer	bakki, bakkar	Bergsattel/-rücken	háls, hálsar
Fels	drangur, drangar	Hochebene, Heide	heiði, heiðar
Klippe	bjarg, björg	Höhle	hellir, hellar
Hang	brekka, brekkur	Stricklava	helluhraun
Gehöft, Stadt	bær, bæir	Gipfel	hnjúkur, hnjúkar
Brücke	brú, brýr	steinige Anhöhe	holt
Tal	dalur, dalir	Hügel	hóll, hólar
tief	djúpur	kleine Insel	hólmur, hólmar
Kuppe, Schildvulkan	dyngja, dyngjur	Kap	höfði, höfðar
Feuer	eldur, eldar	Lava	hraun
Vulkan	eldfjall, eldfjöll	Gemeinde	hreppur, hreppar
Wiese	engi	Haus	hús
Insel	ey, eyjar	heiße Quelle	hver, hverir
Landenge	eyri, eyrar	Hügel	hvoll, hvolir
kleiner Berg	fell	Anhöhe	hæð, hæðir
Berg	fjall, fjöll	Hafen	höfn, hafnir
Fjord	fjörður, firðir	Eis	ís, ísar
Fluss, Strom	fljót	Gletscherfluss	jökulá, jökulár
Bucht	flói, flóar	Gletscher	jökull, jöklar
Wasserfall	foss, fossar	Dorf	kauptún
Garten	garður, garðar	Stadt	kaupstaður, kaupstaðir
Krater	gígur, gígar	Felsen	klettur, klettar
Schlucht	gil	kleiner Bauernhof	kot
Spalte	gjá, gjár	Nebenfluss	kvísl, kvíslar
Dampf	gufa, gufur	warme Quelle	laug, laugar

Lagune	lón	Strand, Küste	strönd, strendur
Bach	lækur, lækir	Sund	sund
Kies	melur, melar	Kreis, Bezirk	sýsla, sýslur
Moor, Sumpf	mýri, mýrar	Landzunge	tangi, tangar
bewaldetes Gebiet	mörk	Teich	tjörn, tjarnir
Halbinsel	nes	Hauswiese	tún
Bergspitze	núpur, núpar	Wasser, Gewässer	vatn, vötn
Wüste	öræfi	Bucht	vík, víkur
Rauch	reykur, reykir	Explosionskrater	víti (wörtl: Hölle)
Halbinsel	skagi, skagar	Bucht	vogur, vogar
Pass	skarð, skörð	Feld, Ebene	völlur, vellir
Wald	skógur, skógar	Nebenfluss	þvera, þverár
Ort, Platz	staður, staðir	Mineralquelle	ölkelda, ölkeldur

Straßenverkehr und Verkehrsschilder

Straße	gata/braut/stræti	Weg	vegur
Gasse	stígur	Parkplatz	bifreiðastæði od.
Hauptstraße	aðalgata		bílastæði
Brücke	brú	Gefahr	hætta
Durchfahrt verboten	aðgangur bannaður	Sichtbehinderung	blindhæð
verboten	bannað	Gefälle	brekka
gesperrt	lokað	Umleitung	vegarlykkja
Vorsicht	Varúð	Privatweg	einkavegur
Vorfahrtsstraße	aðalbraut		

Telefon und Post

Brief	bréf	Postkarte	póstkort
Paket	böggull	Stempel	stimpill
Telefon	sími	Briefkasten	póstkassi
Telefonbuch	símaskrá	Luftpost	flugpóstur
Briefmarke	Frímerki	Postamt	pósthús

Medizinisches

Wo ist ein Krankenhaus?		Ich brauche ein Mittel gegen ...	
	Hvar er sjúkrahús?		Ég þarf lyf gegn ...
Ich habe Schmerzen.	Ég er með verki.	Fieber	hiti
Ich bin schwanger.	Ég er ófrísk.	Verstopfung	harðlífi
Ich habe eine Allergie.	Ég er með ofnæmi.	Abszess	ígerð
Kopfschmerzen	höfuðverkur	Tablette	tafla
Magenschmerzen	magaverkur	Salbe	krem
Halsschmerzen	hálsbólga	Arznei	meðal
Durchfall	niðurgangur	Zäpfchen	still
Zahnschmerzen	Tannpína		

Essen und Trinken

Ausführliche Übersetzungstabelle: http://www.norden.org/faktaof/
Tabel-med-latin.htm

Fische und Meeresfrüchte

Aal	áll
Seehase	rauðmagi
Rotbarsch	karfi
Lachs	lax
Heilbutt	lúða
Makrele	makrill
Krabbe, Garnele	rækja
Dorsch	þorskur
Kammmuschel	hörpuskel
Miesmuschel	kræklingur
Wellhornschnecke	beitukóngur
Steinbutt	sandhverfa
Hering	síld
Forelle	silungur
Scholle	skarkoli
Seezunge	sólflúra
Seewolf	steinbítur
Seelachs	ufsi
Schellfisch	ýsa
Seesaibling	bleikja
Hummer, Languste	humar
Wal	hvalur
Robbe	selur

Vögel und Eier

Papageientaucher	lundi
Schneehuhn	rjúpa
Alk	svartfugl
Wildgans	villigæs
Pute	kalkúni
Wildente	villiönd
Hähnchen	kjúklingur

Fleisch

Rind	naut
Rentier	hreindýr
Pferdefleisch	hrossakjöt
Lamm	lamb
Steak	bauti
Kalbfleisch	kálfakjöt
Hammelfleisch	kindakjöt
Lammfleisch	lambakjöt
Rindfleisch	nautakjöt
Schweinefleisch	svínakjöt
Geräuchertes Lamm	hangikjöt
Schinken	skinka
Pökelfleisch	saltkjöt

Milchprodukte

Butter	smjör
Margarine	smjörlíki
Butteraufstrich	smjörvi
Hüttenkäse	kotasæla
Ähnelt Edamer	brauðostur
Ähnelt Emmentaler	óðalsostur
Schimmelkäse	gráðaostur
Streichkäse	smurostur
Sahne	rjómi
Skyr	skyr
Frucht-Skyr	ávaxtaskyr
Puddingdessert	smámál
Joghurt	jógúrt
Crème fraîche	sýrður rjómi
Eis	ís

Obst und Gemüse

Apfel	epli
Birne	pera
Banane	banani
Pfirsich	ferskja
Erdbeere	jarðarber
Weintraube	vínber
Zitrone	sítróna
Apfelsine	appelsína
Bohne	baun
Erbse	erta
Blumenkohl	blómkál
Karotten	gulrætur
Sauerkraut	súrkál
Tomate	tómatur
Weißkohl	hvítkál
Gurke	gúrka

Champignon	ætisveppur	Kaffee	kaffi
Rübe	rófa	Tee	te
		Wasser	vatn

Getränke

		Limonade	gosdrykkur
Vollmilch	nýmjólk	Saft	safi
fettarme Milch	léttmjólk	Bier	öl, bjór
Dickmilch	súrmjólk	Wein	vín
Magermilch	undanrenna	Schnaps	brennivín
haltbare Milch	G-mjólk		

Rund ums Auto und ums Fahrrad

| | | Felge | felga |
| | | Gabel | gaffall |

Auto

abschleppen	draga burt	Gepäckträger	bögglaberi
einstellen	stilla	Kette	keðja
erneuern	endurnýja	Kettenblatt	tannhjól
kontrollieren	athuga	Ritzel	aftur tannhjól
Achse	öxull	Lenker	stýri
Bremse	bremsur	Pedale	fótstig
Getriebe	Ganghjól	Rad	hjól
Lager	lega	Rahmen	stell
Kupplung	kúpling	Reifen	dekk
Lenkung	stýrishjól	Sattel	hnakkur
Motor	vél	Schaltung	gírskipting
Öl	olía	Schaltzug	gírvír
Stoßdämpfer	dempari	Schlauch	slanga
Vergaser	blöndungur	Schutzblech	aurbretti
		Speiche	hjólteinn

Fahrrad

		Ständer	standari
Achse	öxull	Steuerkopf	stýrislega
Bremse	hemill		

Wer noch mehr wissen will …

Lehrbuch: Hildur Jónsdóttir, *Lextra Sprachkurs Plus*, Cornelsen 2011, mit Audio-CD.

Wer's genau wissen will: Ari Páll Kristinsson, *The Pronunciation of Modern Icelandic*, Reykjavík. Daniel Scholten, Einführung in die isländische Grammatik, München. Bruno Kress, Isländische Grammatik, München.

Für unterwegs: *Langenscheidts Universalwörterbuch Isländisch*. Berlin, München.

Abruzzen • Ägypten • Algarve • Allgäu • Allgäuer Alpen *MM-Wandern* • Altmühltal & Fränk. Seenland • Amsterdam *MM-City* • Andalusien • Andalusien *MM-Wandern* • Apulien • Athen & Attika • Australien – der Osten • Azoren • Bali & Lombok • Baltische Länder • Bamberg *MM-City* • Barcelona *MM-City* • Bayerischer Wald • Bayerischer Wald *MM-Wandern* • Berlin *MM-City* • Berlin & Umgebung • Bodensee • Bretagne • Brüssel *MM-City* • Budapest *MM-City* • Bulgarien – Schwarzmeerküste • Chalkidiki • Cilento • Cornwall & Devon • Dresden *MM-City* • Dublin *MM-City* • Comer See • Costa Brava • Costa de la Luz • Côte d'Azur • Cuba • Dolomiten – Südtirol Ost • Dominikanische Republik • Ecuador • Elba • Elsass • Elsass *MM-Wandern* • England • Fehmarn • Franken • Fränkische Schweiz • Fränkische Schweiz *MM-Wandern* • Friaul-Julisch Venetien • Gardasee • Gardasee *MM-Wandern* • Genferseeregion • Golf von Neapel • Gomera • Gomera *MM-Wandern* • Gran Canaria • Graubünden • Griechenland • Griechische Inseln • Hamburg *MM-City* • Harz • Haute-Provence • Havanna *MM-City* • Ibiza • Irland • Island • Istanbul *MM-City* • Istrien • Italien • Italienische Adriaküste • Kalabrien & Basilikata • Kanada – Atlantische Provinzen • Kanada – der Westen • Karpathos • Katalonien • Kefalonia & Ithaka • Köln *MM-City* • Kopenhagen *MM-City* • Korfu • Korsika • Korsika Fernwanderwege *MM-Wandern* • Korsika *MM-Wandern* • Kos • Krakau *MM-City* • Kreta • Kreta *MM-Wandern* • Kroatische Inseln & Küstenstädte • Kykladen • Lago Maggiore • La Palma • La Palma *MM-Wandern* • Languedoc-Roussillon • Lanzarote • Lesbos • Ligurien – Italienische Riviera, Genua, Cinque Terre • Ligurien & Cinque Terre *MM-Wandern* • Liparische Inseln • Lissabon & Umgebung • Lissabon *MM-City* • London *MM-City* • Lübeck *MM-City* • Madeira • Madeira *MM-Wandern* • Madrid *MM-City* • Mainfranken • Mallorca • Mallorca *MM-Wandern* • Malta, Gozo, Comino • Marken • Mecklenburgische Seenplatte • Mecklenburg-Vorpommern • Menorca • Mittel- und Süddalmatien • Mittelitalien • Montenegro • Moskau *MM-City* • München *MM-City* • Münchner Ausflugsberge *MM-Wandern* • Naxos • Neuseeland • New York *MM-City* • Niederlande • Niltal • Nord- u. Mittelgriechenland • Nordkroatien – Zagreb & Kvarner Bucht • Nördliche Sporaden – Skiathos, Skopelos, Alonnisos, Skyros • Nordportugal • Nordspanien • Normandie • Norwegen • Nürnberg, Fürth, Erlangen • Oberbayerische Seen • Oberitalien • Oberitalienische Seen • Odenwald • Ostfriesland & Ostfriesische Inseln • Ostseeküste – Mecklenburg-Vorpommern • Ostseeküste – von Lübeck bis Kiel • Östliche Allgäuer Alpen *MM-Wandern* • Paris *MM-City* • Peloponnes • Pfalz • Pfalz *MM-Wandern* • Piemont & Aostatal • Piemont *MM-Wandern* • Polnische Ostseeküste • Portugal • Prag *MM-City* • Provence & Côte d'Azur • Provence *MM-Wandern* • Rhodos • Rom & Latium • Rom *MM-City* • Rügen, Stralsund, Hiddensee • Rumänien • Rund um Meran *MM-Wandern* • Sächsische Schweiz *MM-Wandern* • Salzburg & Salzkammergut • Samos • Santorini • Sardinien • Sardinien *MM-Wandern* • Schleswig-Holstein – Nordseeküste • Schottland • Schwarzwald Mitte/Nord *MM-Wandern* • Schwäbische Alb • Shanghai *MM-City* • Sinai & Rotes Meer • Sizilien • Sizilien *MM-Wandern* • Slowakei • Slowenien • Spanien • Span. Jakobsweg *MM-Wandern* • St. Petersburg *MM-City* • Südböhmen • Südengland • Südfrankreich • Südmarokko • Südnorwegen • Südschwarzwald • Südschwarzwald *MM-Wandern* • Südschweden • Südtirol • Südtoscana • Südwestfrankreich • Sylt • Teneriffa • Teneriffa *MM-Wandern* • Thassos & Samothraki • Toscana • Toscana *MM-Wandern* • Tschechien • Tunesien • Türkei • Türkei – Lykische Küste • Türkei – Mittelmeerküste • Türkei – Südägäis • Türkische Riviera – Kappadokien • Umbrien • Usedom • Venedig *MM-City* • Venetien • Wachau, Wald- u. Weinviertel • Westböhmen & Bäderdreieck • Warschau *MM-City* • Westliche Allgäuer Alpen und Kleinwalsertal *MM-Wandern* • Westungarn, Budapest, Pécs, Plattensee • Wien *MM-City* • Zakynthos • Zentrale Allgäuer Alpen *MM-Wandern* • Zypern

REYKJAVIK I DENVER I NEW YORK I MINNEAPOLIS / ST. PAUL I ORLANDO
SEATTLE I WASHINGTON D.C. I TORONTO I HALIFAX I BOSTON

MIT ICELANDAIR DAS GANZE JAH
DIREKT & GÜNSTIG NACH ISLAND

... UND WEITER IN DIE USA & NACH KANADA

75 Jahre Flugerfahrung - Flüge nach Island, USA & Kanada
Kurzurlaube in Island, Städtreisen Reykjavik
Stopover in Island auf Transatlantikflügen ohne Flugaufpreis möglich

+ www.icelandair.de
Tel. 069 29 99 78

75 | YEARS OF AVIATION

ICELANDAIR
WWW.ICELANDAIR.DE

Machen **Sie** mit uns **Island** zu Ihrem **Erlebnis**

Unser Reisetipp:

Islands Naturschauspiele
8-tägige Rundreise mit Wandern
inkl. Flug, 7 Übernachtungen in
Mittelklassehotels, Verpflegung,
3 Wanderungen, Besuch des Nationalpark Thingvellir mit Gullfoss
und Geysir, Halbinsel Snæfellsnes,
Wikinger-Reiseleitung

Gern erstellen wir Ihnen Ihr
persönliches, maßgeschneidertes
Gruppenreise-Angebot.

Infos und Kataloge:
mail@wikinger.de
0 23 31 - 90 46

WIKINGER REISEN

Urlaub, der bewegt.

Lassen Sie sich inspirieren!

www.wikinger.de

Register

Abtragung 41
Akranes 548
Akureyri 460
Aldeyarfoss, Wasserfall
668
Álfaborg 414
Álftavatn, See
680, 685
Alkohol 172
Allmännerschlucht (= Al-
mannagjá) 300, 301
Alþingi 110,
300, 301
Aluminium 153
Andey, Insel 393
Angeln 17

Anreise

mit dem
Flugzeug 158
mit dem Schiff 160

apalhraun (Brockenlava) 50
Arason, Jón, Bischof 87,
121
Arbeiten 173
Archäologische Aus-
grabungen 116
Architektur 92
Arnaker, Höhle 277
Arnarson, Ingólfur 108, 211
Arnarstapi 589
Arnarvatnsheiði 705
Árnes 326
Arnoddsson, Þorbjörn 401
Ásbyrgi, Schlucht 424
Asche 49
ASeibert 703
Askja 689
Atomdichter 89
Aurora Borealis
(Nordlichter) 22
Ausrüstung 173

Austurdalur 488
Axlarfoss 686

Æðey, Insel 610

Bakkafjörður 452
Bakkagerði (= Borgarfjörður
eystri) 414
Baldursdóttir, Kristín Marja
92
Bárðarlaug 588
Barðaströnd 636
Barnafoss, Wasserfall 545
Basalte 48
Básendar 251
Bauernhof 202
Baugsstaðir, Gehöft 341
Baula, Berg 534
Baumgartner, Alexander
396
Behinderte 199
Beinahóll, Hügel 659
Berghütten 205
Bergsson,Guðbergur 89
Bergsteigen 30
Bergþór, Riese 313
Berserkjahraun 574
Berufjörður 389
Bessastaðir, Präsiden-
tensitz 274
Bevölkerungsentwicklung
135
Bildende Kunst 97
Bíldudalur 631
Bimsstein 49
Biskupsháls 421
Bjarkalundur 642
Bjarnadóttir, Halldóra 514
Bjarnarhöfn, Haifischhof 575
Björk 103
Björnsson, Sveinn 127
Blaue Lagune 257

Blesi, Quelle 311
Blöndulón 656
Blönduós 512
Bolungarvík 619, 620
Bomben (Gesteins-
formation) 49
Bordeyri 598
Borg á Mýrum, Saga-Hof
593
Borgarfjörður eystri (=
Bakkagerði) 414
Borgarnes 536
Borgarvirki, Felsenburg
529
Breiðafjörður 568
Breiðavík 416
Breiðdalsvík 390
Brennisteinsalda 676
Brennivín 173
Brjánslækur, Fähranleger
630, 636
Brot 180
Brúarárskörð, Schlucht 309
Brúarhlöð 316
Bruun, Daniel 655
Bryðe 362
Búðardalur 562
Búðir 590
Búlandshöfði, Kap 578
Búlandstindur 387
Bunsen, Robert 57
Bus 168
Bustarfell, Torfgehöft 450

Caldera 55
Camping 204
Christianisierung 113
Containerschiff 161

Dalbær 610
Dalir 561, 644
Dalvík 492

Island und andere kontrastreiche Ziele
in kleinen Gruppen oder individuell erleben

Aktivreisen

Individualreisen

Reisebausteine

www.contrastravel.com   D - 04322 - 88 90 00

deCODE, Biotechnologie-
    Firma 136, 140
Deflation 42
Deildartunguhver, Quellen
    541
Dettifoss,
    Wasserfall 424
Dimmuborgir 439
Diplomatische
    Vertretungen 175
Djúpalónssandur 587
Djúpavík 606
Djúpivogur 387
Doppelspat-Mine 396
Dranga-Halbinsel 609
Drangajökull 610
Drangajökull, Gletscher
    610
Drangey, Insel
    505, 521
Drangsnes 604
Drekagil 693

Dritvík 587
Dverghamrar 368
Dyngjufjöll 693
Dynjandi, Wasserfall 630
Dyrafjöll,
    Bergkette 305
Dyrfjöll 415
Dyrhólaey 357, 358

Edda 85
Edda-Hotels 201
Egill 540
Egill Skallagrímsson 83
Egils saga 83, 297, 537
Egilsstaðir 407, 420
Eiðar 413
Eiderdaunen 643
Einarsdóttir, Þuríður 340
Einarsson, Gissur, Bischof
    121
Einkaufen 175
Einreise 206

Eiríksson, Leifur 567
Eiríksstaðir 564
Eiríkur der Rote 567
Eisbär 65
Eisbären 522
Eldborg 593
Eldey, Insel 254
Eldgjá,
    Vulkanspalte 683
Eldjárn, Kristján 495
Elfen 144, 232, 267
Elfenschal 452
Elfenschule 232
Energie 154
Enni, Berg 580
Erdbeben 58
Erdgeschichte 45
Erró 100
Esja-Massiv 559
Eskifjörður 394
Essen 176, 177

Eyjafjalljökull 353
Eyjafjarðará-Tal 481
Eyrarbakki 338
Eyrbyggja saga 574
Eysteinsson,
  Hildir 366
Eyvindr Vopni 451

Fagridalur 394
Fagrifoss,
  Wasserfall 687
Fahrrad 169
Fahrradmitnahme 159
Fährverbindungen 160
Fast Food 180
Fauna 63
Feen 144
Feiertage 183
Fellabær 407
Feste 183
Feuerpredigt 366
Film 104
Fimmvörðuháls 351
Finnbogadóttir, Vigdís 131
Finsen, Niels 230
Fisch 178
Fischer, Bobby 129
Fiskibyrgi 586
Fjallabaksleið syðri 684, 685
Fjalla-Eyvindur 656
Fjórðungsvatn 667
Fjórðungsvatn,
  See 667
Fladenlava 50
Flatey, Insel 569
Flateyjarbók 98, 529
Flateyri 622, 623
Fljótshlíð 346
Flókalundur 630
Flora 63
Flúðir 316
Flutbasalte 40
Fnjóskárdalur 448

Fotografieren 184
Fremdenverkehrsamt 186
Friðjónsson, Helgi Þorgils
  100
Friðriksson, Friðrik Þór 105
Frostmusterböden 41
Frostsprengung 41
Fúlilækur, Fluss 357
Fumarolen 57

Gæsavatnaleið 672
Garðar Svárvarsson 436
Garðskagi 248
Garður 248
Gásir 486
Gästehäuser 203
Gay Pride 217
Geirsalda 659
Geister 144
Geitfell 415
Geld 185
Geologie 45
Gerpir 396
Geschichte 106
Gesellschaft 135
Gesteine 47
Geysir 57, 310
Gisla saga 627
Gissur der Weise 114
Gjáin, Schlucht 328
Gjástykki 441
Gjátindur 684
Gjögur 607
Gláma-Halbinsel 609
Gláma-Plateau 630
Glaumbær, Torfgehöft 515
Glerárdalur 479
Gletscher 58, 59
Gletscherflüsse 42
Gletscherläufe 43
Gletscherschrammen 61
Gletschertouren 19
Gljúfurárjökull, Gletscher
  496

Glufrafoss 354
Glymur, Wasserfall 559
Goðanes 420
Goden 110
Goldener Zirkel 296
Golf 20
Grábrók, Krater 534
Grettis saga 83, 521
Grettislaug, Badestelle
  519
Grímsey, Insel
  (Nordwesten) 480
Grímsey, Insel
  (Westfjorde) 604
Grimsson, Ólafur Ragnar
  132
Grímsvötn 371
Grindavík 254
Grjótagjá 442
Gröf, Torfkirche 507
Grönland 35
Grönland saga 516
Grundarfjörður 576
Grýla 334
Grýta, Gehöft 483
Guðmundsson, Einar Már
  90
Guðmundsson, Páll 545
Gudni, Georg 101
Gullborgarhellir, Höhle
  595
Gullbringa 495
Gullfoss 314
Gullkista 309
Gunnarsholt 343
Gunnuhver,
  Quelle 253
GusGus 104
Gýgjarfoss 661

Hængsson, Hrafn 342
Hafnarberg, Vogelfelsen
  252
Hafnarfjörður 264
Hafnir 252

Hafstein, Hannes 88, 125
Haifischfermentierung 575
Hákarl 181
Håkon Håkonarson, norweg. König 117
Hallgrímsson, Jónas 88
Hallmundarhraun, Höhlen 546
Hallormsstaður 412
Hamarsfjörður 387
Hangikjöt 181
Hanse 120
Harald Blauzahn, dän. König 111
Harald Schönhaar 109
Harðfiskur 181
Hauganes 490
Haukadalur 313, 564
Héðinsfjörður 504
Heidenkult 144
Heimaey, Insel 283
Heimaey, Vulkanausbruch 285
Heimskringla 82
Hekla, Vulkan 344
Helgadóttir, Gerður 102
Helgafell, Berg 274
Helgafell, Hügel 570
Helgason, Hallgrímur 91
Helgason, Sölvi 504
Helgi der Magere 113
Hella 341
Hellisheiði 332
Hellissandur-Rif 583
Hellnar 588
helluhraun (Schollenlava) 50
Hengifoss, Wasserfall 412
Hengill-Gebiet 305
Héraðsvötn 485
Herðubreið 689
Hering-Mädchen 455
Heringsmuseum Siglufjörður 503

Hesteyri 646
Hilmarsson, Hilmar Örn 144
Hjálparfoss, Wasserfall 327
Hjalteyri 490
Hjörleifshöfði 363
Hjörleifur 284
Hlíðarfjall 443
Hljóðaklettar 425
Hnjótur, Museum 638
Hochtemperaturgebiet 58
Höfn 377
Hofsós 505
Hólahólar, Krater 586
Hólar, Bischofssitz 496, 507
Hólar, Gehöft 482
Hólasandur 446
Hólmatindur 394
Hólmavík 602
Holozän (= Nacheiszeit) 62
Hóp, Haff 525
Hornbjarg, Vogelfelsen 650
Hornstrandir 645
Hornvík 646
Hot Pots 26
Hotels 201
Hot-Spot-Theorie 47
Hrafnkell, Freysgoði 411
Hrafnseyri 630
Hrafntinnusker 679, 685
Hraundrangi 484
Hrauneyjar 665
Hraunfossar, Wasserfälle 544
Hrísey, Insel 491
Hródmarsson, Hörleifur 108
Hrútafjörður 526
Huldufólks 232

Húni II, Eichenboot 478
Húsafell 545
Húsavík 428
Húsavík, Hof (Pflanzenversteinerungen) 599
Húsey 410
Húshólmi 261
Hvalfjörður 554
Hvalsneskirkja 250
Hvammstangi 531
Hvannadalshnjúkur 373
Hvannagil 381
Hvannalindir 697
Hvanneyri 540
Hveraborg, heiße Quelle 527
Hveragerði 333
Hveravellir, Ebene 657
Hverfell 438
Hvítárgljúfur, Schlucht 315
Hvítárvatn 658, 659
Hvítserkur 530
Hvolsvöllur 346
Hyaloklastit 48

Icelandic Farm Holidays (FH) 203
Ice-Pop (Popmusik) 103
Ignimbrit 49
Indriðason, Arnaldur 92
Information 186
Ingjaldssandur 626
Ingólfsfjall 332
Ingólfsfjörður 608
Ingólfshöfði, Insel 374
Inlandsflüge 159, 171
Innra Hvanngil 415
Internet 186
Ísafjarðardjúp 609
Ísafjörður 615
Íshellir, Höhle 547
Islandmoos 71
Islandpferd 23, 63

Íslendingabók 107

Íslendingur, Wikinger-
schiff 247

Jochumsson, Matthías
88, 476

Jöklasel 376

Jökuldalsheiði 420

Jökulfirðir 21,
609, 610

Jökulheimar, Hütte 667

Jökulsá á Fjöllum, Fluss
422

Jökulsárlón 374

Jón úr Vör 89

Jónsson, Einar 101, 234,
235

Jónsson, Samúel 633

Jugendherbergen 203

Kabeljaukriege 130

Kaffee 182

Kajak 21

Kaldbakur, Berg 629

Kaldidalur 703

Kálfhamarsvík 521

Kap Hólmanes 394

Kap Reykjanes 253

Kárahnjúkur 696

Kárason, Einar 91

Kargletscher 60

Katla, Vulkan 365

Keflavík 240, 241, 242

Keflavíkurbjarg,
Vogelfelsen 582

Keldur,Torfhof 343

Kerið, Krater 324

Kerlingarfjöll 661

Ketill der Törichte 365

Ketillaugarfjall, Berg 375

Kiðagil 667

Kinder 188

Kinderermäßigung (Flug)
158

Kirkjubæjarklaustur 364,
365

Kirkjufell 575

Kirkjufell, Berg 578

Kirkjugólf 367

Kissenlava 50

Kjalvegur 655

Kjarval, Jóhannes
Sveinsson 99, 233

Kjölur 654, 655

Kleifarvatn, See 262

Kleppjárnsreykir 547

Klima 72, 74

Klofningsnes, Halbinsel
565

Kloster Þykkvibær 364

Klúka, Museum 605

Knappstaðir 499

Knebel, Walter von 695

Knudsen, Villi 238

Kochtopfrevolution 133

Kollumúli 382

Konsulate 175

Kontinentalverschiebung
45

Kópasker 458

Kormákur,
Baltasar 105

Kört, Museum 607

Krafla, Vulkan 440

Kreditkarte 185

Kriminalitätsrate 140

Kringlan 215

Króksbjarg, Vogelfelsen
522

Króksfjarðarnes 644

Krossneslaug, Schwimm-
bad 608

Krýsuvíkurkirkja 261

Küchler, Karl 439

Kverkfjöll 696

Kvíslavatn, See 665

Lagarfljót, See 411

Lagarfljótswurm 411

Laki, Krater 687

Lakiausbruch 688

Landkarten 188

Landmannalaugar 675

Landmannaleið 674

Landnahmebuch 109

Landnahmezeit 108

Landnámabók 80

Landschaften 39

Landwirtschaft 152

Langabúð 388

Langanes 454

Langjökull, Gletscher 704

Lapilli 49

Látrabjarg, Vogelfelsen 637

Laufás 448

Laugafell 669

Laugar 565

Laugarás 318

Laugarbakki 525

Laugardalur 306

Laugarhóll 605

Laugarvatn 306

Laugarvatnshellir, Höhle
306

Laugarvegur 679

Lava 50

Lavaformen 47

Lavaringe 54

Lavatunnel 50

Laxárdalur 512

Laxdæla saga 83, 562

Laxness, Halldór 89, 230

Laxnessmuseum
Gljúfrasteinn 297

Lebenserwartung 136

Leifs, Jón 103

Leirhnjúkur 440

Leirubakki 344

Leyningshólar 482

Liederedda (= Poetische
Edda) 86

Literatur 80, 189

Litla-Árskógssandur 490

Lögberg 301

Lógmagnúpur 368

ISLAND
Erlebnisreisen   Island wärmt die Seele...

Entdecken Sie Islands Naturwunder - auf eigene
Faust oder zusammen mit einer Gruppe. Unser
islanderfahrenes und -begeistertes Team berät Sie
kompetent und engagiert bei der Reiseplanung.
Islands Reitwege sind genauso abwechslungsreich wie das Land selbst.
Wo keine Straße mehr hinführt, ist es
am schönsten. Genau dort erwarten Sie pures Vergnügen und
intensives Naturerlebnis!

Haupt- und Reitkatalog anfordern: 04103-90 00 770 info@islanderlebnis.de
www.islanderlebnis.de

Lögrétta 302

Lóndrangar 587

Lónsöræfi 380

Lúdent 443

Luftwaffenstützpunkt
Keflavík 246

Lundey 427

Maar 55

Mælifell 686

Mælifellsandur 685

Magnússon, Árni 84, 235

Magnússon, Skúli 122, 212

Málmey, Insel 505

Mánárbakki 428

Mánáreyjar 427

Markt Mosskógar 299

Medien 192

Medizinische Versorgung
185

Melrakkaslétta 456

Methúsalem Methúsa-
lemsson 450

Miðfjarðardalur 525

Miðnes, Halbinsel 247

Mietfahrzeuge 166

Militärbasis, amerika-
nische 128

Minerale 49

Mitfahrzentrale 167

Mittelatlantischer Rücken 45

Mitternachtssonne 74

Mittwinterfest Þorrablót 183

Mjóifjörður 398, 399, 611

Möðrudalur, Farm 421

Möðruvellir
483, 489

Moräne 61

Mosfellsbær 555

Mosfellsdalur 297

Muggur 99

Mugison 104

Munkaþverá 483

Musik 102

Mýrar 375

Mýrdalsjökull 686

Mývatn 432

Mývatn, See 418, 420

Naddakross 413

Naddoður 107

Námafjall 440

Namensregelung 139

Nationalpark Snæfellsnes
585

Nationalpark Þingvellir 299

Naturschutz 192, 193

Naturschutzgebiet
Reykjanes 260

Nesjavellir, Kraftwerk 306

Neskaupsstaður 398

Niedertemperaturgebiet
58

Njáls saga 83, 348

Njarðvík 241

Nonni (= Jón Sveinsson)
473

Norðurfjörður 608

Notfälle 195
Núpskatla 457
Núpsstaður, Torfgehöft 368
Nýidalur 666

Óbrennishólmi 261
Obsidian 48
Ódáðahraun 690, 694
Ófærufoss, Wasserfall 683
Ófeigsfjörður 608
Öffnungszeiten 195
Ok, Berg 704
Ökologie 193
Ólafsfjörður 497
Ólafsson, Eggert 88
Ólafsson, Rögnvaldur 97
Ólafsson, Sigurjón 102
Ólafsvík 578
Ólafur Tryggvason, norweg. König 113, 115
Ölkelda, Mineralquelle 592
Öndverðarnes 586
Öræfajökull 369
Örlygsstaðir 485
Óskar, Jón 101
Öskjuvatn 693
Ostfjorde 383
Ósvör 620
Óþerrishola, Quelle 312
Otto Wathne 403
Öxarfjörður 427
Öxnadalur 484

Palagonit 48
Pálsson, Bjarni 237
Pannenhilfe 164
Papageientaucher 280
Papey, Insel 388
Patreksfjörður 635
Peningagjá, Schlucht 303

Pétursey 357
Pétursson, Dagur Kári 105
Pétursson, Hallgrímur 87, 250
Pferdeabtrieb 25
Pferdevorführungen 320, 488, 510
Piraten 284
Pisten 164
Plateaugletscher 60
Polarfuchs 65
Politik 106
Post 196
Preise 196
Prosa-Edda (Snorri) 85
Pseudokrater 55, 442
Pytheas von Massilia 106

Quellflüsse 43

Raben-Flóki 108
Rauðamelsölkelda, Mineralquelle 593
Rauðasandur 637
Rauðfeldargjá 590
Rauðinúpur 457
Raufarhöfn 455
Raufarhólshellir, Höhle 277
Reformation 120
Regierungsform 131
Reiseveranstalter 196, 197
Reisezeit 72, 74
Reiten 22, 23
Religion 144
Rentiere 66, 699
Reyðarfjörður 393
Reykhólar 642
Reykholt 319, 541
Reykir, Museum 526
Reykjafjörður, Schwimmbad 631
Reykjahlíð 435
Reykjanes, Halbinsel 239

Reykjanes, Westfjorde 610, 611
Reykjanesviti 253
Reykjavegur, Wanderweg 252

Reykjavík 210
Alþingishús 230
Árbær-Museum 236
Árni-Magnússon-Institut 235
Botanischer Garten 238
Dómkirkjan 230
Einar-Jónsson-Museum 234
Elfenschule 232
Festivals 217
Hallgrímskirkja 229
Kjarvalsstaðir 233
Kulturhaus 235
Living Art Museum 237
Menntaskólinn 230
Nationalbibliothek 237
Nationalgalerie 233
Nationalmuseum 231
Naturgeschichtliches Museum 238
Penismusum 237
Perlan 237
Rathaus 231
Seefahrtsmuseum 238
Seltjarnarnes 237
Settlement-Ausstellung 230
Sigurjón-Ólafsson-Museum 235
Skulpturenmuseum Ásmundur Sveinsson 234
Stjórnarráðshúsið 230
Städtische Galerie 233
Tjörnin, See 231
Volcano Show 238
Zoo 238

Reynisdrangar 361

Island und andere kontrastreiche Ziele
in kleinen Gruppen oder individuell erleben

Aktivreisen

Individualreisen

Reisebausteine

www.contrastravel.com   D - 04322 - 88 90 00

Reynisfjall 362
Rhyolith 48
Riesenalk, Vogelart 255
Rif 583
rímur (Lieder) 87
Ringwall-Vulkane 54
Rittersagas 87
River Rafting 23
Robbenzentrum 532
Rollstuhlfahrer 199
Rudloff, Max 695
Rundflüge 25
Rundhöcker 61
Rútshellir 354

Sænautasel,
  Torfgehöft 421
Sagas 82
Salzfisch 151
Samuélsson,
  Guðjón 97
Sander 42, 61
Sandgerði 249

Sauðárkrókur 517
Saurbær, Torfkirche 482
Saxhóll, *Krater* 586
Saxhólsbjarg, Vogelfelsen
  586
Schafabtrieb 25
Scheving, Gunnlaugur 99
Schildvulkane 54
Schlacken 49
Schlackenkegel 54
Schlafsackunterkünfte
  204
Schrift 77
Schwimmbäder 26
Seasonal Active Disorder
  207
Seehundbänke 529
Seen 43
Selárdalur 633
Selatangar 261
Selfoss 337
Seljalandsfoss 354
Selskógur 408

Seltún (Geothermalgebiet)
  262
Selvogur 276
Seyðisfjörður 400
Seyðishólar,
  Krater 324
Sicherheit 199
Sigfússon, Sæmundur 80,
  343
Siglufjarðarskarð 499
Siglufjörður 500
Sigur Rós 103
Sigurðadóttir, Johanna
  134, 143
Sigurðadóttir, Steinunn 92
Sigurðsson, Jón 124, 125, 630
Sigurjón, Ólafsson 235
Sívertsen, Bjarni 267, 272
Sjón 89
Sjónarsker 372
Skagafjörður 485
Skagaströnd 522
Skagi, Halbinsel 515

Skálaberg 454
Skálanes 404
Skálavík 622
Skaldik 85
Skálholt, Bischofssitz 320
Skaftafell 369
Skarðsvík 586
Skeggjason, Hjalti 114
Skeiðará 370
Skeiðarársandur 368
Skessugarður 421
Skíðadalur 495
Skifahren 19, 26, 27
Skjálfandi-Bucht 427
Skógar 354
Skriðuklaustur 411
Skrúður, Insel 393
Skrúður, Ziergarten 626
Skútustaðir 436, 442
Snæfell 699
Snæfell, Vulkan 699
Snæfellsás, Bárður 586
Snæfellsnes, Halbinsel 560
Snæfjallaströnd 610
Snækollur 663
Solataren 57
Sólheimajökull 357
Sólheimar, Öko-Dorf 323
Solifluktion 42
Sommerhäuser 203
Sommerhotels 202
Sönghellir, Höhle 590
Spaltenvulkanismus 52
Spassky, Boris 129
Sprache 76
Sprachgeschichte 76
Sprachkomitee 78
Sprachkurse 79
Sprengisandur 664
Stabkirche Vest-
mannaeyjar 292
Stakkholtsgjá 350
Stefánsdóttir, Erla 146

Stefánshellir, Höhle 546
Stefánsson, Davíð 477
Stefánsson, Jón Kalman 91
Stephensen, Magnús 124
Stockfisch = Trockenfisch 151
Stöð, Berg 578
Stöðvarfjörður 391
Stokkseyri 340
Stöng 93
Stöng, Ausgrabungsstätte 328
Stóragilshellir, Höhle 308
Stóragjá 442
Stórurð 415
Strandarkirkja, Kirche 276
Strandirküste 598
Stratovulkane 53
Straumsvík 265
Strokkur, Geysir 311
Strom 199
Strútslaug 686
Strýtur 658
Stuðmenn 104
Sturlunga saga 83
Sturlungenzeit 117
Sturlunger, Clan 117
Sturluson, Snorri 85, 117, 541
Stykkishólmur 570
Súðavík 613
Suðureyri 622
Suðursveit 375
Sugarcubes 103
Súlur, Berg 479
SÚM, Künstlerverband 100
Sundabakki 237
Surtarbrandsgil 637
Surtarbrandur 69
Surtsey, Insel 281
Surtshellir, Höhle 546
Surtur, Feuerriese 281

Svarfaðardalur 494, 495
Svarfdæla saga 495
Svartifoss 372
Svárvarsson, Garðar 108, 429
Sveinsdóttir, Petra 392
Sveinsson, Ásmundur 101, 234
Sveinsson, Jón (= Nonni) 473
Sveinstindur 674
Svínavatn, See 515
Systrafoss 367

Tageslänge 73
Talgletscher 60
Tálknafjörður 634
Tanken 164
Tauchen 28
Telefonieren 199
Tephra 49

Þakgil 364
Thing 110
Þingeyrar, Kirche 528
Þingeyri 627
Þingvallavatn 298
Þingvellir 300
Þjóðhátíð Vestmannaeyja, Volksfest 288
Þjóðveldisbær, Museumshof 329
Þjófadalir 658
Þjórsá, Fluss 325
Þjórsárdalslaug, Schwimmbad 327
Þjórsárdalur 327
Þjórsárver 666
Þór, Gott 113
Þorgeir von Ljósavatn 114
Þorgeirsson, Njáll 348
Þorgilsson, Ari 80, 107
Þórisjökull, Gletscher 704
Þórisvatn, See 665

Þorlák, Heiliger 276
Þorlákshöfn 276
Þórláksson, Guðbrandur,
  Bischof 87
Þórshöfn 453
Þórsmörk 349
Þorsteinsson, Bjarni 102
Þorvaldsson, Gissur 117
Þrasi 355
Þúfubjarg, Vogelfelsen
  587
Þykkvibær 342
Þykkvuhverir, Quellen 312

Tierwelt 63
Tindfjöll 351
Tjörnin, See 231
Tölt 64
Tómasdóttir, Sigriður 314
Tómasson, Þórdur 355
Torfkirchen 96
Tourismus 155
Trampen 167
Treibholz 598
Trinkgeld 185
Trinkwasser 178
Trockenfisch = Stockfisch
  151
Trölladyngja 671
Tröllaskagi, Halbinsel 489
Trolle 144
Tryggvadóttir, Nína 99
Tuff 49
Tulinius, Ottó 379
Tungufljót 319
Türkenraub 284

Übernachten 200
Ultima Thule 106
Umgangsformen 187
Unabhängigkeit 123
Unfall 164

Unterwegs
  in Island 162
  mit Auto und Motorrad
    162
  mit dem Bus 168
  mit dem Fahrrad 169
Úthlíð, Feriencenter 309
Uxahver, Quelle 446

Vaðlavík 397
Vaglaskógur 448
Valahnjúkur 351
Valþjófsstaður 411
Varmahlíð 486
Varmaland 540
Vatnsdalshólar 525
Vatnsdalur 527
Vatnsnes, Halbinsel 529
Vegamót 592
Vegetation 69
Veiðivötn 665
Veiðivötn, Seen 667
Verkehrsregeln 166
Versalir 666
Verwitterung 40, 41
Vestmannaeyjar (= West-
  männerinseln) 278
Vesturdalur 425
Vídalín, Þórdur 380
Viðey, Insel 236
Viðfjörður 397
Víðgelmir, Höhle 547
Víðidalur 529
Víðimýri, Torfkirche 511
Vigur, Insel 613
Vík í Mýrdal 361
Vilgerðarson, Flóki 108
Vilhjálmsson, Thor 89
Vindbelgjarfjall 442
Vindheimamelar 487
Virkisfell 698

Víti, Kratersee 693
Vogar 259
Vögel 66
Vopnafjörður 451
Vulcanic Film
  Show 290
Vulkane, subglaziale 55
Vulkane, submarine 55
Vulkanismus 51

Walfang 556
Walmuseum 431
Wandern 30
Wasserfälle 44
Wegener, Alfred 45, 47
Wellness 27
West Nordic Council 129
Westfjorde 596
Wetter 72
Wetterinformation 75
Wikinger 107
Wikingerfestival 268
Wildwasserflüsse 43
Wirtschaft 147
Wyville-Thomson-Rücken
  47

Ystihver, Quelle 446

Zauberei 599
Zeit 206
Zentralvulkane 52
Zentralvulkanismus 53
Zentrum für Volksmusik
  Siglufjörður 502
Zoega, Geir 659
Zoll 206
Zollfreier Einkauf 176
Zweiter Weltkrieg 127

Was haben Sie entdeckt? Können Sie ein schönes Hotel oder Café empfehlen oder haben Sie einen neuen Wanderweg entdeckt? Wenn Sie Informationen, Tipps, aber auch Kritikpunkte haben, lassen Sie es uns wissen.

Schreiben Sie an: Christine Sadler und Jens Willhardt, Stichwort „Island" | c/o Michael Müller Verlag GmbH | Gerberei 19, D – 91054 Erlangen | christine. sadler@michael-mueller-verlag.de und jens.willhardt@michael-mueller-verlag.de

Fotonachweis

Die meisten Bilder stammen von den Autoren, einige von Andreas Seibert (AS) und Markus Grönewäller.
Bilder der Autoren von Michael Waldenberger und Andreas Seibert.

Text und Recherche Kapitel Hochland: Tobias Bolch, Nachrecherche Jens Willhardt. Text und Recherche Kapitel Westfjorde: Christine Sadler, 1.& 2. Auflage Tobias Bolch. Mit Beiträgen von Dr. W. Pagel (Besteigung der Herdubreid), Tim Oelmann (Wanderungen Kjalvegur, Laugarvegur) und P. Gapsky (Wanderung ab Stafafell). Vielen Dank auch für die Beiträge von Anke Jentsch und Udo Weierich.

Herzlichen Dank für Tipps, Gespräche und uneigennützige Hilfe an die vielen Isländer, ohne deren spontane Hilfsbereitschaft und Aufgeschlossenheit das Buch nie möglich gewesen wäre, sowie an Freunde und Verfasser von Zuschriften. Außerdem Dank an Simone Weisel und Monika Frühwald.

Die in diesem Reisebuch enthaltenen Informationen wurden von den Autoren nach bestem Wissen erstellt und von ihm und dem Verlag mit größtmöglicher Sorgfalt überprüft. Dennoch sind, wie wir im Sinne des Produkthaftungsrechts betonen müssen, inhaltliche Fehler nicht mit letzter Gewissheit auszuschließen. Daher erfolgen die Angaben ohne jegliche Verpflichtung oder Garantie des Autors bzw. des Verlags. Autor und Verlag übernehmen keinerlei Verantwortung bzw. Haftung für mögliche Unstimmigkeiten. Wir bitten um Verständnis und sind jederzeit für Anregungen und Verbesserungsvorschläge dankbar.

ISBN 978-3-89953-689-8

© Copyright Michael Müller Verlag GmbH, Erlangen 1997–2012. Alle Rechte vorbehalten. Alle Angaben ohne Gewähr. Druck: Wilhelm & Adam, Heusenstamm.

Aktuelle Infos zu unseren Titeln, Hintergrundgeschichten zu unseren Reisezielen sowie brandneue Tipps erhalten Sie in unserem regelmäßig erscheinenden Newsletter, den Sie im Internet unter **www.michael-mueller-verlag.de** kostenlos abonnieren können.

Straßenentfernungen

Entfernung in km	Reyk-javík	Sel-foss	Vík	Höfn í H.	Egils-staðir	Aku-reyri	Ísafjör-ður	Bor-garnes
Akranes	49	90	219	491	617	352	419	37
Akureyri	389	430	559	512	265	0	567	315
Borgarnes	74	115	244	516	580	315	382	0
Djúpivogur	553	496	367	104	146	411	978	611
Egilsstaðir	654	639	510	247	0	265	832	580
Hólmavík	274	315	444	716	610	345	224	200
Húsavík	480	521	650	467	220	91	658	406
Hveravellir (Kjölur)	215	161	266	539	470	205	535	273
Höfn	458	401	272	0	247	512	898	516
Ísafjörður	456	497	626	898	832	567	0	382
Landmanna-laugar	194	138	122	300	486	270	635	252
Nýidalur (Sprengis.)	264	207	254	431	350	134	611	322
Patreksfjörður	401	442	571	843	794	529	173	327
Raufarhöfn	630	672	776	512	265	242	808	557
Reykjavík	0	57	186	458	654	389	456	74
Sauðárkrókur	290	331	460	632	385	120	468	217
Selfoss	57	0	129	401	639	430	497	115
Siglufjörður	386	427	556	703	457	192	564	312
Skaftafell	326	269	140	136	374	639	766	384
Stykkishólmur	172	213	342	614	628	363	389	99
Tálknafjörður	401	442	571	843	794	529	162	327
Varmahlíð	294	335	464	606	359	94	472	221
Vík í Mýrdal	186	129	0	272	510	559	626	244
Þingeyri	409	450	579	851	802	537	49	335
Þingvellir	50	45	174	446	670	406	473	91
Þorlákshöfn	51	28	157	429	667	425	492	110

set
geo-aktiv
reisen

Island, Grönland
Spitzbergen, Färöer Inseln
Individual- und Gruppenreisen

Wir nehmen uns Zeit für Ihre Individualität. Aufgrund
unserer Landeskenntnisse und langjährigen Erfahrung
sind wir auf die individuelle Reiseplanung spezialisiert.

Hertz.

set geo-aktiv reisen GmbH – Holzbacher Str. 11 – 94081 Fürstenzell
Tel.: +49 (0) 85 02 91 71 78-0 – Fax: +49 (0) 85 02 91 71 78-9 – info@set-geo-aktiv.de
www.set-geo-aktiv.de